CARMEN & ANTONIA

CARMEN

TEXTOS
Antonia Frering

FOTOGRAFIAS
Romulo Fialdini

&ANTONIA

Duas gerações à mesa

Af *edições* | 2024

SANCTA

TERESIA

CONCEITO E DIREÇÃO GERAL
Antonia Frering

ASSISTENTE DE PRODUÇÃO
Juliana Alves

DIREÇÃO DE ARTE
Victor Burton

ASSISTENTE DE DESIGN
Adriana Moreno

TABLE SETTING
José Hue

IMPRESSÃO
Gráfica Ipsis

STEINWAY & SONS

Carmen foi uma pessoa excelente, uma amiga impecável, alegre, leve, generosa, bondosa. Acredito que todos sentem até hoje muitas saudades dela. Ela vivia para o Tony, grande paixão da vida dela.

– Nininha de Magalhães Lins

Depoimento do dia 23 de agosto de 2024

Carmen foi uma grande amiga, alegre e espirituosa. Ainda que bem relacionada nunca foi pretenciosa. Nosso relacionar sincero contava com bons conselhos, sempre bem-vindos. De espírito dinâmico, Carmen, propiciava àqueles à sua volta um convívio extremamente agradável e divertido como o que tenho, hoje em dia, com Antonia: mulher, mãe e avó dedicada, moderna, generosa e plural.

– Georgina Brandolini d'Adda

Depoimento do dia 28 de julho de 2024

Carmen era generosa, nada deslumbrada e corajosa diante da vida. Em seus almoços ou jantares cuidava de tudo sozinha.
A pontualidade era sua marca registrada. Foi uma grande amiga. Sinto saudades.

–Rosa Maria Barreto

Depoimento do dia 30 de julho de 2024

Antonia recebendo é sinônimo de capricho. Por trás de cada flor, de cada detalhe da mesa lindamente posta, existe um carinho com o convidado. Um prato que ela sabe que você adora, uma sobremesa que você não resiste ou até mesmo sua flor predileta.
Receber bem é muito além de seguir as regras da etiqueta, requer atenção e acolhida ao convidado, detalhe que Antonia não esquece, proporcionando verdadeiros encontros em volta da mesa! Luxo máximo nos dias de hoje!

– Isabela Lage

Depoimento do dia 2 de agosto de 2024

Minha querida amiga, Carmen Therezinha Solbiati, depois, Carmen Mayrink Veiga, era uma mulher rara que deixou um forte imprint *no Rio de Janeiro. Dona de uma beleza que se destacava pela* allure, *além disso, era generosa no convívio com seus amigos e uma* hostess *fantástica. Sabia escolher seus menus e entendia muitíssimo de culinária.*

– Vivi Nabuco

Depoimento do dia 24 de agosto de 2024

Antonia Mayrink Veiga Frering
Apresentação
13

As Mesas
35

Entradas
36

Pratos principais
56

Doces
80

Diversos
100

As Receitas
141

English translation
165

Antonia Mayrink Veiga Frering

Apresentação

De onde surgiu a ideia deste livro? Primeiro, pelo meu desejo de dividir com tantos admiradores de minha mãe e seguidores das minhas redes sociais algo que lhes desperta curiosidade e interesse: a arte de receber. Segundo, pela ideia de nos juntar, as duas, através de almoços, jantares e tantos outros eventos que ficaram em minha memória por meio de receitas, louças e outros detalhes que trago neste livro.

Quando reencontrei seu caderno de receitas em meio aos meus inúmeros livros, lembrei das diversas ocasiões nas quais procurei registrar seus depoimentos de vida. Entendo e respeito o fato de minha mãe nunca ter concordado que alguém publicasse sua biografia. Partindo daí, pensei: por que não publicar um livro de suas receitas? Será? Só isso? Muito pouco!

Idealizei um projeto que pudesse abranger suas receitas no contexto de suas mesas, em conversa com as minhas.

Por intermédio dessas lembranças, convido o leitor a partilhar comigo essas vivências, passando por paladares, aromas e cores.

Recorte de uma época, as receitas deste livro são saboreadas, ainda hoje, em família e por amigos, tal qual à época de minha mãe e de minha avó Mima – Maria de Lourdes Solbiati. Entre elas incluí o Cuscuz à Paulista, responsável por resgatar as raízes paulistas de minha família materna.

Como a prática de receber expressa, sem dúvida, um gesto de afeição e de amizade, busquei neste livro viver todo o encantamento, zelo e recordações que uma mesa proporciona ao seu entorno.

1.

2.

3.

4.

5.

Sempre creditei às mulheres a missão de preservar o legado das memórias. É justamente daí que nasce em mim a intenção de resgatar o glamour *do Rio de Janeiro dos anos 1960-1980, adaptado à vida contemporânea.*

Por meio dos manuscritos das receitas de minha mãe, dos seus scrapbooks *com registros fotográficos – aliás, guardo mais de 10 mil fotos no meu acervo privado –, além dos da imprensa, pude incorporar o conceito de suas mesas às minhas.*

Memórias são muito valiosas. Como é desafiador revisitar o recorte de um tempo, ou de um determinado savoir-vivre, *sem que pareçam inautênticos.*

Necessário dizer que, assim como foi para minha avó Mima e minha mãe Carmen, a religião é essencial em minha vida. Tão logo acordo, rezo, agradecendo a Deus as oportunidades que a vida me concede diariamente. Movida por essa gratidão, consagro este livro, portanto, à Santa Terezinha.

Quanto à importância da minha fé, recordo-me como atriz de uma realização inesquecível ao interpretar Nossa Senhora na Paixão de Cristo em Nova Jerusalém. Uma produção espetacular, montada e encenada na Fazenda Nova, em Pernambuco.

Todos os anos, na Sexta-Feira Santa, seguem para lá caravanas de 12 a 15 mil fiéis para assistirem a esse espetáculo. Lembro-me naquela ocasião do meu agente perguntar: "Mas você não vai fazer laboratório?". Ao que respondi: "Para quê? Nossa Senhora é a minha melhor amiga, sou íntima dela". Foi, sem dúvida, uma honra interpretá-la.

Mas, voltemos para que eu possa descrever particularidades de minha mãe como anfitriã. É espantoso constatar quão claro os roteiros dos almoços, jantares e recepções brotam em minha memória.

Para começar, os convites na maioria das vezes eram impressos e os convidados respondiam ao RSVP, coisa rara hoje em dia. Se neles constasse 20h30min, às 21h30min o jantar era servido. Uma característica de minha mãe, e aqueles que com ela privaram sabiam, era sua pontualidade.

1. Eneas e Lourdes Solbiati com Carmen no colo; 2. Carmen e Tony em seu casamento; 3. Antonia interpretando Nossa Senhora; 4. Carmen menina; 5. Carmen com Antonia e Antenor pequenos.

NA PÁGINA 12: Maria de Lourdes Solbiati com sua filha Carmen.

NCESA PARA UMA PLEBÉIA!
Eles são ricos, jovens, simples e caseiros.
...mo do Embaixador de Portugal
Contigo
Coluna de Carlos Swann
Quem sabe sabe
Os condes Chandon recebem no Hippo
Coluna de Carlos Swann
Interview
...os intervalos
Na plateia, o drama da elegância

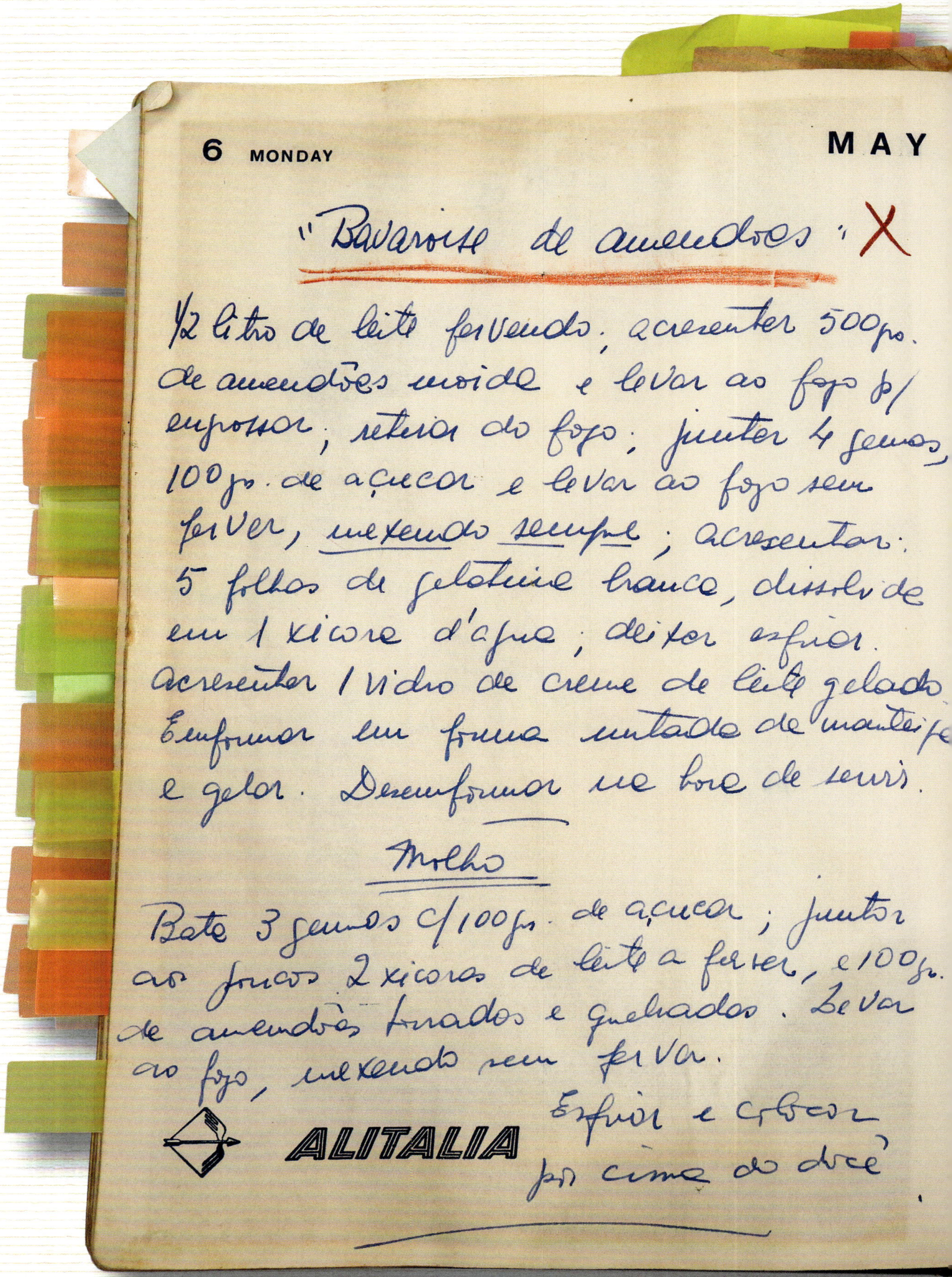

6 MONDAY MAY

"Bavaroise de amendoas" X

½ litro de leite fervendo, acrescentar 500 grs. de amendoas moida e levar ao fogo p/ engrossar; retirar do fogo; juntar 4 gemas, 100 grs. de açucar e levar ao fogo sem ferver, mexendo sempre; acrescentar: 5 folhas de gelatina branca, dissolvida em 1 xicara d'agua; deixar esfriar. Acrescentar 1 vidro de creme de leite gelado. Enformar em forma untada de manteiga e gelar. Desenformar na hora de servir.

Molho

Bate 3 gemas c/100 grs. de açucar; juntar aos poucos 2 xicaras de leite a ferver, e 100 grs. de amendoas torradas e queimadas. Levar ao fogo, mexendo sem ferver.

Esfriar e colocar por cima do doce.

ALITALIA

Caderno de receitas da Carmen, com a letra dela, posteriormente marcadas as páginas por Antonia para escolher algumas das receitas deste livro.

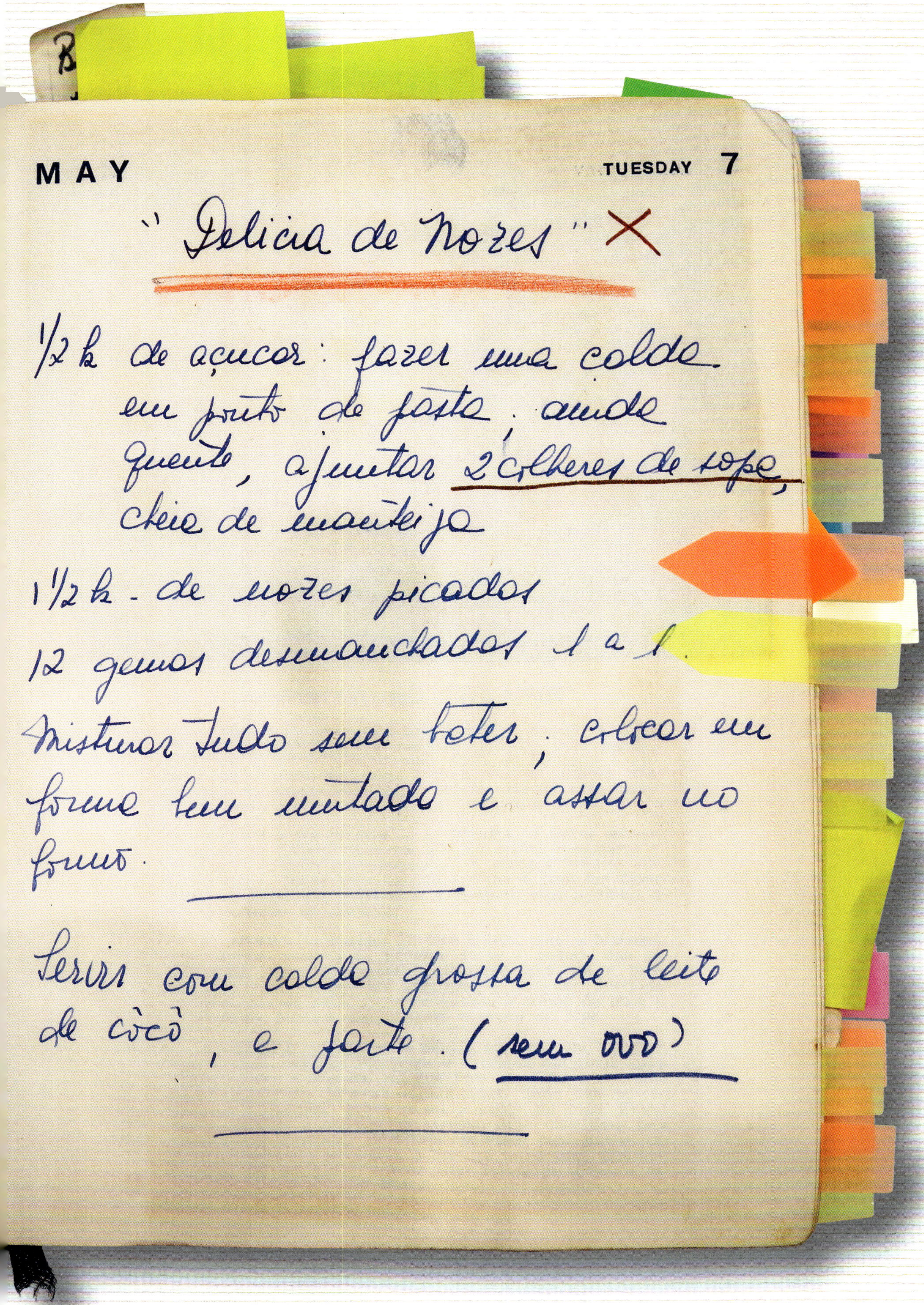

MAY — TUESDAY 7

"Delícia de nozes" ✕

1/2 k de açucar: fazer uma calda em ponto de pasta, ainda quente, ajuntar 2 colheres de sopa, cheia de manteiga

1 1/2 k. de nozes picadas

12 gemas desmanchadas 1 a 1.

Misturar tudo sem bater, colocar em forma bem untada e assar no forno.

Servir com calda grossa de leite de côco, e pasta. (sem ovo)

Carmen em um dos inúmeros jantares em sua casa.

Não existia a possibilidade de esperar que todos chegassem para se passar à mesa na hora marcada, nem mesmo a pessoa homenageada escapava dessa regra.

Em minha casa sigo o mesmo protocolo. Se convido para um almoço às 13 horas, às 14h já estamos almoçando.

A montagem das mesas passava pelo crivo do seu olhar atento e experiente. Para decorá-las, usava antúrios, estrelícias, costelas-de-adão, entre outras espécies. Ela própria idealizava seus arranjos sem nunca ter chamado um florista.

Naquela época não era comum o uso de orquídeas na decoração. Cultivo-as há mais de 20 anos, enfeitando a casa e, por vezes, minhas mesas. Após a floração são amarradas nas árvores e assim se renovam continuamente. Raramente compro flores, aproveito aquilo que o jardim me oferece; jamais uso flores artificiais em casa. Aliás, falando de flor, sou contrária em colocá-las no lavabo; nele, uso apenas vela aromática. Por sinal, mamãe adorava espalhar pela casa as velas da Rigaud Cyprès *de Paris, cujo aroma traz à minha memória uma lembrança particular. Uma curiosidade dessas velas é que, em 1960, foram introduzidas por Jacqueline Kennedy na Casa Branca.*

Detalhes de mesas variadas na casa de Carmen. A louça acima atualmente pertence à Antonia.

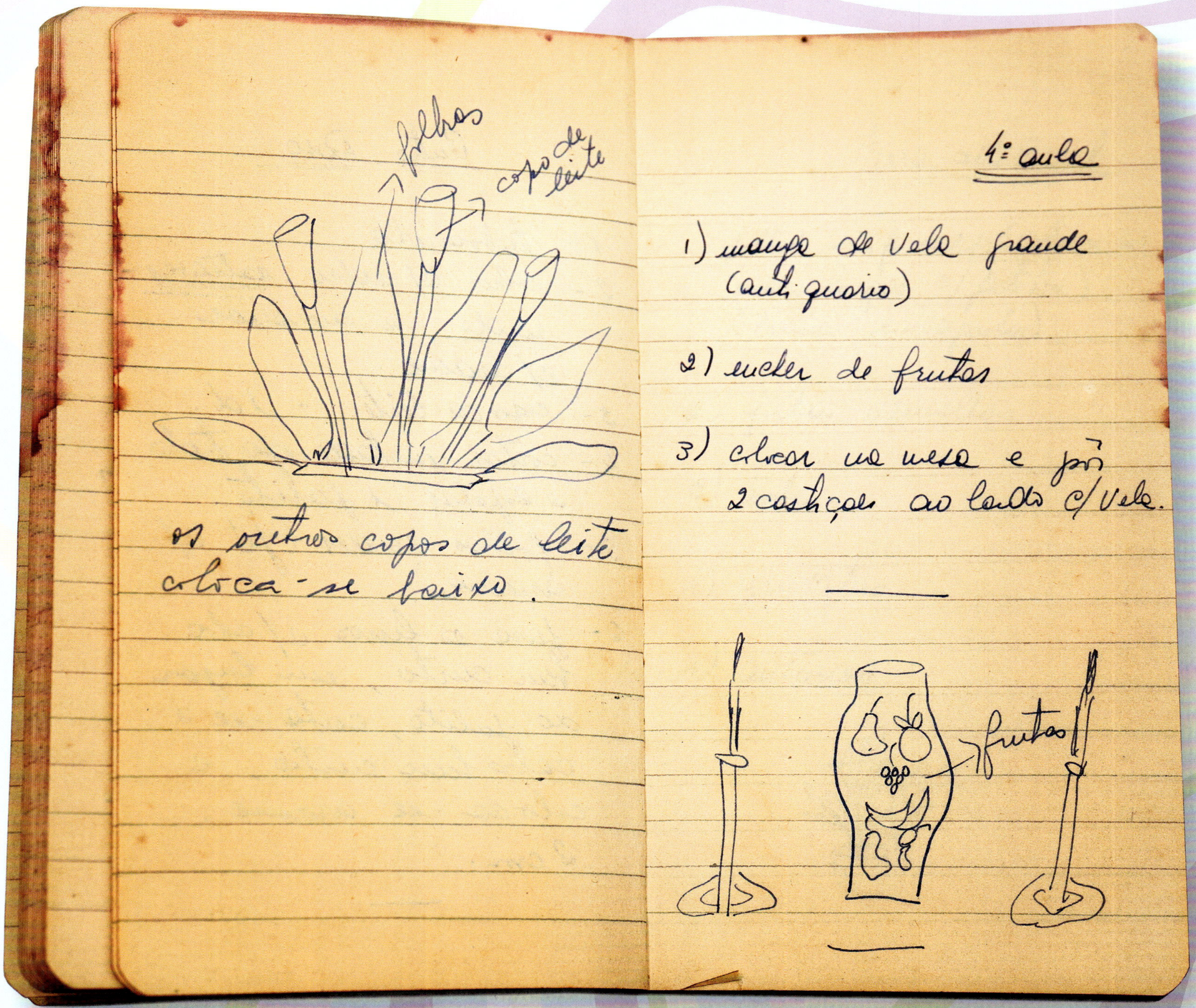

O caderno ao lado tem anotações e desenhos referentes a um curso que Carmen fez sobre arranjos florais.

Mamãe tinha por hábito servir três tipos de canapés, *dois frios e um quente, uma tradição que procuro manter. Um deles consta das receitas deste livro.*

Tudo era pensado por ela, desde a toalha, os guardanapos, a louça, os talheres, os cristais, os sousplats *como, ainda, o* placement, *os* marque-places *e o* menu, *sempre escritos de próprio punho. Habitualmente, suas mesas eram compostas por 12 até 24 convidados sentados, servidos à francesa.* Dragèes *coloridos eram distribuídos em torno das mesas e das salas.*

Via de regra havia um copeiro para cada seis convidados, além de um dedicado exclusivamente aos vinhos.

A sobremesa, por sua vez, era um doce, com opção de uma fruta. O café era geralmente acompanhado pelo chocolate de menta After-Eight.

Foi em casa de meus pais que comecei a perceber e a traduzir aquele mundo, onde circulavam pessoas interessantes e que despertavam minha atenção.

Lembro-me de alguns de seus amigos próximos, entre eles, o Embaixador Walter Moreira Salles, tio Walter, como o chamava, sempre muito carinhoso e atencioso comigo, e o Ermelino Matarazzo que, quando nos convidava para sair em seu barco, me deixava incrédula ao vê-lo esquiar sem os esquis nos pés. E ainda o Ivo Pitanguy, com quem eu jogava uma biriba imaginária.

Devo dizer que, ao contrário da geração atual, sempre gostei desde menininha de estar entre as pessoas mais velhas. Eram elas que frequentemente me fascinavam e continuam a me encantar com suas histórias e vivências.

As conversas com Gisela Amaral e Nininha Magalhães Lins, estas duas, queridíssimas em minha vida, guardo no meu coração.

Um episódio divertido que não me esqueço foi quando o Tarcísio Meira esteve lá em casa. Eu tinha apenas 12 anos de idade. Para a ocasião formulei perguntas correspondentes a cada ano de minha vida. Escrevi todas elas e fiquei esperando por ele na porta com o questionário em mãos. Quando ele chegou, com a Glória Menezes, comecei a entrevistá-lo achando o máximo aquela performance *"jornalística". E ele, pacientemente, respondeu a todas as minhas perguntas...*

Em outra ocasião, mamãe ofereceu um almoço para algumas de suas amigas. Queria muito participar, mas era dia de escola. Como estava certa de que todas elas eram

Carmen, Tony, Antenor e Antonia.

Carmen Mayrink Veiga.

Carmen e Tony saindo para a Lua de Mel.

Antonia, Antenor e Carmen em Paris nos anos 90.

bem mais interessantes que as lições do colégio, sem rodeios inventei um pretexto qualquer para voltar para casa. Ao chegar, mamãe, achando aquilo tudo engraçado, falou: "Sei que você só quer participar do almoço, não é?". "Quero sim!", respondi. Então me arrumei e fiquei para almoçar.

O apartamento da Rui Barbosa recebeu boa parte do que se chamava de jet set. *Figuras da moda como meu amado Hubert de Givenchy e Valentino Garavani, Frank Sinatra, entre tantos outros... Eu sempre ajudei mamãe a recepcionar seus convidados. Ela contava com isso. Para mim era um deleite interagir com todos eles!*

Meus pais viveram um Rio de Janeiro cosmopolita e sofisticado, acostumado às recepções, aos jantares black-tie *e ao* glamour *das embaixadas. Naquela época, via de regra, as mulheres trajavam longo e os homens, por sua vez,* smoking *ou terno azul marinho.*

As mulheres caprichavam. Era um tempo de muita peruca... mamãe usava várias, não só pela praticidade, mas porque detestava cabeleireiro. As poucas vezes que ia até lá, ao chegar em casa, desmanchava e refazia todo o penteado sem qualquer ajuda. A maquiagem, também, feita sempre sozinha, herdei isso dela.

Aprendi a me maquiar ainda jovem. Em seu banheiro havia um degrauzinho onde me sentava e a observava se maquiando diante do espelho. Por conta dessas observações atentas, ao longo dos anos, me maquio super-rápido. Bastam 10 minutos no máximo. São raras as minhas idas ao maquiador.

Todas essas lembranças me levam a constatar que, em nosso admirável mundo novo tudo mudou e, com ele, assim como eu, mudaram as pessoas e suas maneiras de se relacionarem.

A correria em nossos dias não favorece um convívio como aqueles de antigamente; sem dúvida, a noção de tempo mudou. Atenta a isso, nas brechas da minha agenda procuro estar, sempre que possível, com minhas amigas, nem que seja para um café ou um chá à tarde, acompanhados dos biscoitinhos da vovó Mima ou de sanduichinhos pois, para mim, o importante é o convívio.

"Hubert (Givenchy) era uma pessoa muito querida e amada pela família. Nunca deixei de ir a Paris sem visitá-lo. Essa foto ao lado é na última entrevista que ele deu em vida, que foi em meu canal no YouTube".

Último desfile do Givenchy, onde fui a noiva e minha filha a daminha

Antonia em sua casa em Londres nos anos 90.
Já trabalhando como atriz.

Aliás, como é viva a memória da vovó fazendo suas balas de coco. Achava fascinante ficar observando quando ela esticava e cortava em pequenos pedaços aquela massa branca e perfumada sobre a bancada de mármore... vendo tudo aquilo se transformar naquelas deliciosas balinhas.

Por considerar todas essas memórias importantíssimas, adoro propiciar para os meus filhos e netos momentos que marcaram a minha infância. O biscoito Globo com suco de frutas ou, ainda, um piquenique improvisado em um jardim. Estou certa de que são esses momentos especiais que eles levarão para suas vidas. Sem dúvida é por meio desses hiatos que recarrego minha bateria em meio ao corre-corre da vida.

Supervalorizo o high-low *e dentro desse espírito brinco, dando margens à imaginação. Adoro combinar uma louça mais formal, por exemplo, com potinhos recheados de balas de coco ou, ainda, alguma fruta como a fruta-do-conde, a maçã verde ou vermelha, o caju, a mexerica, ou outra qualquer, em substituição às flores para as mesas que imagino. Nunca sigo um roteiro determinado, admitindo, assim, o tempero da surpresa para cada ocasião.*

Atualmente opto por organizar almoços ou jantares com três ou quatro casais no máximo, sem formalidades.

Tendo em vista que o glamour *da época de minha mãe passou, procuro fazer tudo com naturalidade, levando em conta que a vida, por si só, já é complicada.*

Por vezes apelo, sem a menor cerimônia, para algum delivery *– por que não? Peço um arroz de pato ou alguma outra coisa que possa agradar. Organizo uma mesa simpática e pronto, todos adoram!*

Procuro sempre estar atenta a eventuais restrições alimentares, buscando oferecer a todos aquilo que creio adequado. Entendo ser esse cuidado uma demonstração de carinho àqueles que convido para estarem à mesa comigo.

Durante a semana, meus jantares são marcados, usualmente, para as 19h30min, visto que a vida hoje em dia é bastante corrida para todos nós.

Tenho por hábito deixar meus convidados super à vontade para que o formalismo não impeça a boa conversa e o

Foto tirada para a Vogue Brasil, edição de maio 2024.

FOTOS: PEDRO BUCHER; STYLING: JUJU BONJOUR; BELEZA: G.JUNIOR *bom momento de convívio. Para essas ocasiões costumo substituir a porcelana pela cerâmica. Por sua vez, os copos de cristal altero pelos de vidro coloridos, os talheres de prata por aqueles de cabo de bambu. As toalhas de renda, bordadas ou de organza, troco pelas de algodão ou, ainda, pelos jogos americanos de tecido ou, eventualmente, de palha.*

Tudo isso me dá a possibilidade de brincar, reinventando para cada ocasião algo divertido, que traduza minha maneira descontraída de ser. Só em almoços ou jantares sentados, mais formais, utilizo as toalhas mais elaboradas, o placement, *o* sousplat, *a louça especial, o cristal mais fino, a prata e, geralmente nessas ocasiões, sirvo à francesa. Nunca uso uma louça ou mesmo cristais com detalhes dourados para almoços, muito menos velas.*

Meu maior desejo com este livro é de apresentar a minha dinâmica pessoal em receber, seja formal ou descontraidamente. Adoro o exercício de criar e me permitir surpreender com minhas ideias. Busco harmonizar receitas caseiras que vieram de minha avó, de minha mãe ou as que invento, aquelas que qualquer um pode procurar fazer em suas casas, como o Picadinho Clássico, entre outras.

A coisa mais importante para mim é fazer com que o leitor se deixe levar pela imaginação.

O fato de não ter uma toalha bordada não é um empecilho; há sempre a possibilidade de substituí-la por uma branca ou, na falta das duas opções, por que não um tecido de algodão xadrez de uma cor divertida qualquer? Tudo é válido... Quanto aos copos, se não se tem os de cristal, nada impede de trocá-los pelos de vidro, como as frutas em substituição às flores... quem disse que tem que ser orquídea? Aliás, as frutas que decoraram a mesa podem virar sucos ou, ainda, saboreadas posteriormente como sobremesa.

Este livro testemunha, portanto, todo o amor que aflora do meu coração. Foi idealizado como uma possibilidade, não como uma conclusão em si. O que conta para mim é poder expressar a todos os leitores o meu prazer genuíno em receber oferecendo o meu melhor e, portanto, estar e interagir com minha família e meus amigos ao redor de uma mesa.

Antonia com seus filhos Guilherme, Lorenzo e Maria.

Na dinâmica do mundo moderno e em suas múltiplas facetas, sempre fui contrária em permanecer em um mesmo quadrado.

Não cabe reproduzir aqui aquele tempo de minha mãe, pois ele reflete em minha memória, tão somente, o recorte natural de uma época.

Atuar em uma novela das oito, interpretar em um palco uma personagem, desfilar em uma escola de samba ou fazer este livro, surge da minha alegria incomensurável de viver, da minha vontade de abraçar o novo e descartar o óbvio pois, a meu ver, são dessas vivências que alcançamos e ampliamos novas visões em nossas vidas.

Assim sendo, este livro é o registro de dois tempos distintos que se entrelaçam: a época de minha mãe e a minha. Duas gerações, testemunhas de visões significativamente diferentes, diante de um mundo dinâmico e intenso que segue seu rumo.

AS MESAS

Fundo de alcachofra

Comecei a fazer esta receita quando morávamos em Londres. É uma entrada diferente e deliciosa. Acho esta mesa linda, por ser alegre e divertida. Na falta de vasinhos coloridos podem ser usados aqueles de vidro ou os de cristal transparentes, brincando com diversos tipos de flores que enfeitarão a mesa do mesmo modo.

RECEITA NA PÁGINA 143

Torta de espaguete

Comíamos muito esse bolo em casa de minha mãe.
Hoje, a receita se repete aqui em casa com os meus filhos.
As coisas não precisam, necessariamente,
combinarem entre si. Às vezes temos um enfeite qualquer
em casa que nunca pensamos em colocá-lo na mesa –
e por que não experimentar?

RECEITA NA PÁGINA 143

Christofle

Torta de beringela da tia Nininha

Com esta receita faço uma homenagem à tia Nininha de Magalhães Lins, grande amiga de minha mãe. Provei esse prato na sua casa e amei. A louça era da mamãe, assim como os talheres e o porta sal. Desse modo, posso homenagear as duas ao mesmo tempo. O caju é uma das frutas mais tropicais que temos. Acho bem interessante inseri-lo na mesa como enfeite, principalmente quando recebo estrangeiros, que nem sempre o conhecem.

RECEITA NA PÁGINA 144

Mousse *de aipo*

Receita simples que faço normalmente em casa. Gosto do contraponto da Companhia das Índias com os talheres com cabo de bambu e o jogo americano de palha, uma opção elegante para qualquer contexto. Hoje, existe uma infinidade de modelos em diferentes lojas. As frutas-do-conde, além de decorativas, são deliciosas para se comer depois.

RECEITA NA PÁGINA 144

Salada primaveril

Uma ótima opção para uma entrada ou um rápido almoço. A mistura dos guardanapos, cada um com uma mensagem especial, os vasos, os papagaios e o jogo americano de palha geram um clima descontraído. Nada aqui é de um mesmo jogo. Acho divertido, em um outro contexto, usar guardanapos coloridos e substituir a cor da palha por uma mais neutra.

RECEITA NA PÁGINA 144

ame
muito

Brinde
Sorria
ame!

Coquetel de camarão

Todas as vezes que sirvo essa receita minhas amigas falam:
"Poxa, eu comia tanto isso na casa da mamãe!".
Então, por que não comer hoje em dia, também?
É tão simples de fazer.
Gosto do detalhe das rosas vermelhas para dar um toque
romântico em uma mesa já tão formal.
Para quem não tem taça de coquetel de camarão, uma opção
seria aquele potinho de vidro que você tem em
casa e nunca usou. O que importa é estar junto à família e
amigos e a receita estar bem-feita.

RECEITA NA PÁGINA 145

Capelletti in brodo

Receita da minha avó, muito apreciada por gerações.
Gosto de potinhos com balas de coco espalkadas
pela mesa, pois trazem a lembrança eterna da minha avó puxando
seu ponto para oferecê-las às minhas amigas e eu.
As velas sempre dão um toque suave à noite. Existem vários tipos
de velas que irão, certamente, combinar com
a sua mesa, de acordo com o que você tem em casa.

RECEITA NA PÁGINA 145

Tarte tatin *de figo com medalhões de queijo de cabra e base de beterraba*

Receita superfácil, simples e bem gostosa.
Acho bonita a opção por uma mesa em tons de verde. Já vi em diversos lugares jogos americanos parecidos com estes, imitando folhas sobrepostas. Aqui, substituo os passarinhos por papagaios.

RECEITA NA PÁGINA 146

Torta de camarão

Quem não gosta de uma empadinha ou um empadão?
Pratos típicos do nosso dia a dia.
As louças e os copos eram de minha mãe e hoje
estão com o meu irmão Antenor.
Adoro o detalhe das maçãs, para sair do óbvio.
Além do que, sempre as reaproveito em suco
ou uma torta, coisas que adoro.

RECEITA NA PÁGINA 147

STYLE

Risoto de abobrinha

Aqui brinco com os macacos e uma folha de
costela-de-adão do meu jardim, utilizando-a como jogo americano.
Acho superdivertido e combina bem com a mesa.
Risoto de abobrinha é uma opção para os vegetarianos.
Pode ser feito, também, com outros vários legumes.
Eu adoro todo tipo de risoto: o de camarão, o de funghi, sendo
sempre uma opção perfeita para qualquer hora e dia.
Mas cabe lembrar que é um prato que deve ser consumido
de imediato, não permitindo ser requentado.

RECEITA NA PÁGINA 148

Camarão com gergelim

*Em determinadas mesas como esta,
gosto do detalhe dos passarinhos e dos oncidium.
Na brincadeira crio enfeites mais simples,
que é tão a minha cara, alterando
um copo mais imponente, com detalhes dourados,
em substituição a um mais simples.*

RECEITA NA PÁGINA 148

Robalo com espuma de espinafre

O empratado sempre foi uma opção rara aqui em casa,
mas devido a sua praticidade está se tornando
cada dia mais frequente.
Amo esta louça com os detalhes das borboletas
coloridas. As rosinhas dão o toque final, porém podem ser
substituídas por qualquer outro tipo de flor.

RECEITA NA PÁGINA 149

Salmão com molho de maracujá

*Esta mesa foi criada para um almoço só de homens.
Resolvi trazer os livros da biblioteca para compor a decoração,
juntamente com os tomatinhos cereja e pequenos arranjos verdes.
Achei que o uso de flores era, aqui, dispensável.
A bandeja em forma de peixe é um acontecimento
inesperado para o evento.
Os tomates, mesmo não sendo cereja, sempre se prestam
como um bonito adereço em qualquer tipo de mesa.*

RECEITA NA PÁGINA 149

LEO TOLSTOY
LEO TOLSTOY
LEO TOLSTOY

Cuscuz à paulista

Lembro-me da minha infância saboreando esse prato em família, na casa da minha avó Mima, em São Paulo. Até hoje amo esta receita. Para ela, escolhi esta louça verde, que foi de minha mãe e que hoje é de minha filha, Maria. Na foto, quatro gerações estão representadas. Uma coisa linda de se estar em volta de uma mesa é que, entre sabores e aromas, ela sempre nos traz memórias de momentos especiais.

RECEITA NA PÁGINA 150

Escalope de vitela com batata estufada

Toda essa louça, incluindo o jogo americano e os copos, foram criados inspirados na louça verde da minha mãe que apresentei com o Cuscuz à paulista. Gostei muito do resultado. O escalopinho de vitela é sempre uma opção mais leve de carne vermelha. Não é necessário que o jogo americano seja igual à louça. Nesse caso, qualquer jogo americano simples, de preferência branco, entraria bem também.

RECEITA NA PÁGINA 150

Carne assada

Adoro carne assada com batata palha e, ainda mais, um sanduíche no pão francês com o que sobrou dela. Esta louça alegre, com o jogo americano combinando, costumo usar para reunir a família. Gosto muito dessa sopeirinha, que no caso usei como molheira.

RECEITA NA PÁGINA 151

Arroz de pato

Adoro esta louça com este jogo americano, mas não vejo problema algum se for um outro. As velas dão sempre um toque harmônico e acolhedor para a noite. O arroz de pato é uma boa opção para aqueles não aficionados por carne vermelha. A garrafa de vinho sobre a mesa dá um toque mais informal e aconchegante, sobretudo quando ele é servido por você.

RECEITA NA PÁGINA 152

ARVORES
Douro
2018

Maria
Tony

Pernil com cebola caramelizada e farofa de Neston

Essa é uma mesa bastante formal, com direito a placement*, velas e louça antiga. Acompanha a farofa de Neston, que era um clássico em casa de minha mãe.*

RECEITA NA PÁGINA 152

Picadinho

Quem não ama um picadinho com arroz, feijão e farofa?! Prato tradicional brasileiro, deve ser servido, de preferência, de modo informal. Perfeito para um almoço em família.

RECEITA NA PÁGINA 153

Mousse *de fruta-do-conde*

Adoro esta sobremesa e aproveito a época da fruta-do-conde para prepará-la. Aliás, gosto de qualquer mousse, de preferência com a fruta da estação.

As frutas servem para enfeitar, como também para aqueles que não querem comer doces.

RECEITA NA PÁGINA 154

Pera do Zé

Toda compota, seja ela qual for, é uma coisa simples de preparar.
Pode ser servida fria ou quente, acompanhada de um sorvete ou mesmo de um queijo suave, tipo minas.
A louça, encontrei jogada em um antiquário em Paris.
Por conta das iniciais AF, ninguém se interessou por ela.
Olhem só, estava lá esperando por mim!

RECEITA NA PÁGINA 154

Baba de camelo

Adoro o nome deste doce. Pelo fato de ser bem molinho, o ideal é que seja servido em uma doceira funda para não derramar.

RECEITA NA PÁGINA 155

Delícia de coco

Como consta nas anotações da minha mãe, este doce é muito difícil e nem sempre dá certo. Melhor ter sempre uma segunda opção, para não ficar na hora de "saia justa". Mas quando dá certo, vale muito a pena.

RECEITA NA PÁGINA 155

Doces da sogrinha: flan *de coco e quindim da dona Beatriz*

Compota de figo com queijo minas, flan *de coco com calda de ameixa, ou quindim, são doces certos de se ter na casa da minha sogrinha. Quando ela viu o meu sufoco, tentando organizar tudo para este livro, me mandou todos eles de presente.*
É sempre importante lembrar que os doces em calda têm que ser servidos em uma travessa ou doceira mais funda para, ao se servir, a calda não cair.

RECEITA NA PÁGINA 156

Papo de anjo

Esta receita também é de minha mãe e uma de minhas favoritas, pois adoro todos os tipos de doce de ovos. Caiu em desuso – uma pena! –, porém aqui em casa segue em alta.
Gosto do detalhe do prato florido e do passarinho para enfeitar.

RECEITA NA PÁGINA 157

Soufflé *de chocolate*

Uma das minhas sobremesas favoritas.

O suflê tem que ser posto no forno quando o segundo prato está sendo servido para que chegue à mesa bem "altinho", pois murcha muito rápido. Podemos servir com sorvete de creme ou com calda quente de chocolate, mas confesso que mesmo puro ele já é maravilhoso.

Não é necessário servi-lo nesse recipiente de prata. Um de palha é uma outra ótima opção.

RECEITA NA PÁGINA 157

LEO TOLSTOY
THE COLLECTED STORIES
I
LEO TOLSTOY
THE COLLECTED STORIES
II
LEO TOLSTOY
THE COLLECTED STORIES
III
FOLIO
CERVANTES
D. QUIXOTE

Bolo de frutas vermelhas

Receita que é uma das minhas
preferidas, pois não contém glúten, nem mesmo lactose.
Pode ser servida como sobremesa ou no chá da tarde.
Acho esses pratos lindos, combinam
bastante com este doce.
O guardanapo com as minhas iniciais é uma mania
que tenho. Adoro colocá-las em tudo, mas vale qualquer
tipo de guardanapo, ao gosto de cada um.

RECEITA NA PÁGINA 158

A. G

Mesa de chá: receita de bolo de nozes com goiabada

Se sinto o cheiro de um bolo quente vou correndo para o forno esperar ele ficar pronto. Arranco a casquinha da "tampa" (a parte de cima do bolo) e como inteira sozinha, ou seja, destruo-a na hora. Este aqui é um dos meus favoritos, sendo mais uma das minhas receitas dairy free. *Vale lembrar que o doce de goiaba pode ser substituído por outra fruta ou até mesmo não existir... vai do gosto de cada um.*

RECEITA NA PÁGINA 158

Rocambole de goiabada com calda quente de requeijão

Difícil encontrar quem não goste de goiabada com queijo, um doce típico brasileiro. Na cozinha tudo se cria e transforma e, assim sendo, por que não um rocambole de goiabada com calda quente de requeijão? Fica uma delícia.

RECEITA NA PÁGINA 159

Café da manhã

O café da manhã é para mim uma refeição muito importante. Gosto de pães com fermentação natural, e este bolo de aveia, super saudável, pode ser servido a qualquer hora. Todo tipo de louça, ainda que diferente entre si, pode ser usada. O importante é começar o dia de modo saudável e feliz.

RECEITA NA PÁGINA 159

Mesa de chá na biblioteca

Sanduíche em camadas

É uma ótima opção para um lanche ou mesmo um rápido almoço. O bom é que pode ser consumido de um dia para o outro. Seus recheios podem ser variados, porém no livro incluí aquele que habitualmente fazemos.

RECEITA NA PÁGINA 160

Sanduíche de queijo de cabra

Este sanduíche é feito com queijo de cabra e pão glúten free. Mas para quem gosta e pode, todas as opções de queijos, presuntos e pães são possíveis. Ele é uma delícia e pode ser servido a qualquer hora do dia.

RECEITA NA PÁGINA 160

Canapé quente

Outro prato predileto.
A receita vem de minha mãe. Feito em casa,
só com produtos naturais.
Evito ao máximo qualquer coisa
que leve corante.

RECEITA NA PÁGINA 160

LE BRISTOL
PARIS
LE BRISTOL
PARIS

Biscoitos da vovó Mima

Este mini croissant da Mima remete à minha infância e a momentos felizes quando eu ficava esperando por ele sair do forno. Adorava quando a casquinha do queijo soltava, para comê-la bem torradinha. Hoje, só posso comer com queijo de cabra e acho maravilhoso. Além de me remeter aos meus sabores da infância, é uma opção maravilhosa de lanche para você e as visitas.

RECEITA NA PÁGINA 160-161

Torta de espinafre

Mais uma opção vegetariana que pode ser servida como entrada ou acompanhamento. Optei por colocar a torta em um prato simples, porém bonito. Faço uso novamente dos papagaios bordados, nessa versão, no jogo americano. Insisto em dizer que o que vale é uma companhia agradável, compartilhando uma receita apetitosa.

RECEITA NA PÁGINA 161

Massa parafuso com atum

Adoro esta massa! Superprática, é sempre uma ótima opção de última hora. Pode ser servida quente ou fria. Para a foto utilizei um jogo americano que adoro, presente da minha sogra. Quem guardou um presente de família aí no baú?

RECEITA NA PÁGINA 161

Frutas no jardim

Uma opção bastante saudável que pode ser servida a toda hora, além de contar com a sorte de termos frutas maravilhosas ao longo do ano.

Mousse *de patê*

RECEITA NA PÁGINA 161

Suco de pitaya

Aperitivos na piscina

Às vezes recebemos uma visita inesperada e temos que colocar a imaginação para funcionar, usando o que temos em casa. A tapioquinha no forno, seja com queijo de cabra ou outro qualquer, também com azeite, ervas e um pouquinho de sal é sempre uma opção simples, fácil de fazer e gostosa! Afora as bolachas de arroz e as nuts, *o que quer que se tenha em casa, é só compor em uma bandeja bonita e servir como uma entrada, um lanche, pois vale para qualquer hora do dia. Gosto desta petisqueira que, tendo várias divisões, é perfeita para criar possibilidades diversas. Para quem não tem uma assim, não importa: bandejinhas variadas estão valendo!*

Cafezinho

*Às vezes você só quer servir um café à tarde.
O detalhe do chocolatinho ao lado do pires,
ou mesmo um biscoitinho, sempre propicia um tom
acolhedor e a visita agradece. Ao ver a foto cogitei em
não a utilizar, pois percebi que uma das colheres
estava do lado oposto das demais. Imediatamente
reconsiderei sua utilização ao constatar que no dia
a dia as coisas nem sempre são perfeitas.*

Picnic

No picnic tudo é válido; o que importa é a farra com aquilo que você tiver em casa e o que estiver a fim de fazer.

Casinha da árvore:

biscoito Globo e suco de laranja

Biscoito Globo é para toda e qualquer hora, mesmo quando há convidados; por vezes os sirvo no lanche, e quentinhos no forno também ficam ótimos. As crianças adoram, sendo sempre uma opção prática e divertida.

Peru com farofa de miúdos e Torta de bacalhau

*Peru com farofa de miúdos e Delícia de nozes
eram receitas de minha mãe, mas a torta de bacalhau é minha.
Tudo isso é combinado em uma festa na noite natalina.
Para mim, vale tudo no Natal. Papais Noéis em profusão,
velas douradas, nozes, bolas, pratinhos temáticos, tudo junto e misturado,
pois a importância máxima é a reunião da família.*

RECEITA NA PÁGINA 162

Rabanada e Delícia de nozes

Delícia de nozes é um prato típico da minha infância, assim como a rabanada. Essas duas sobremesas só comi na casa da mamãe e aqui em casa. O nosso jeito de fazer rabanada é diferente, e eu adoro. Gosto desses dois doces servidos quentes.

RECEITA NA PÁGINA 163

Mesa de Natal

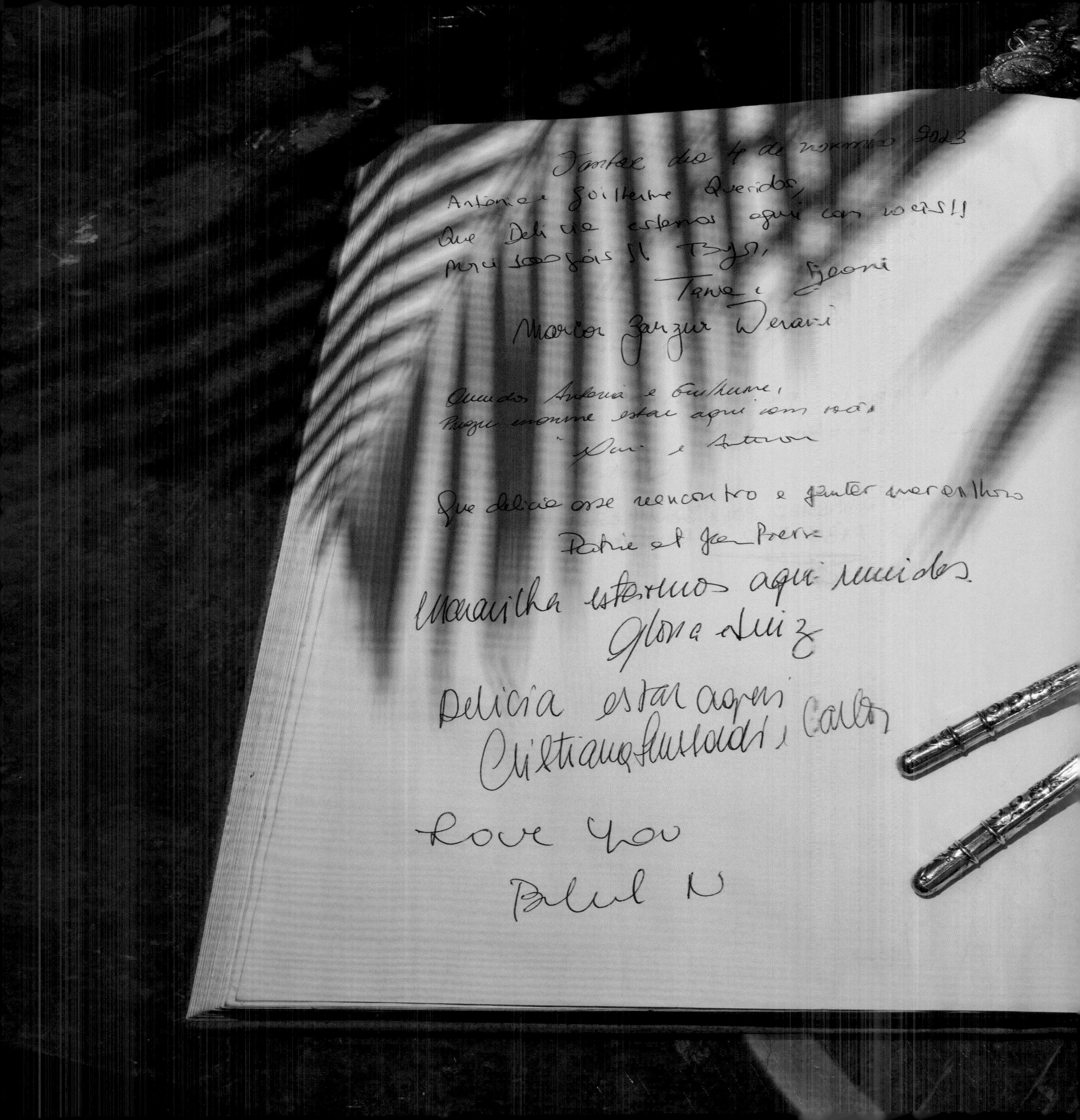
Jantar dia 4 de novembro 2023
Que Delícia estarmos aqui com vocês!!
Marcos Zarzur Derani
Que delícia esse reencontro e jantar maravilhoso
Maravilha estarmos aqui queridos.
Delícia estar aqui
Love You

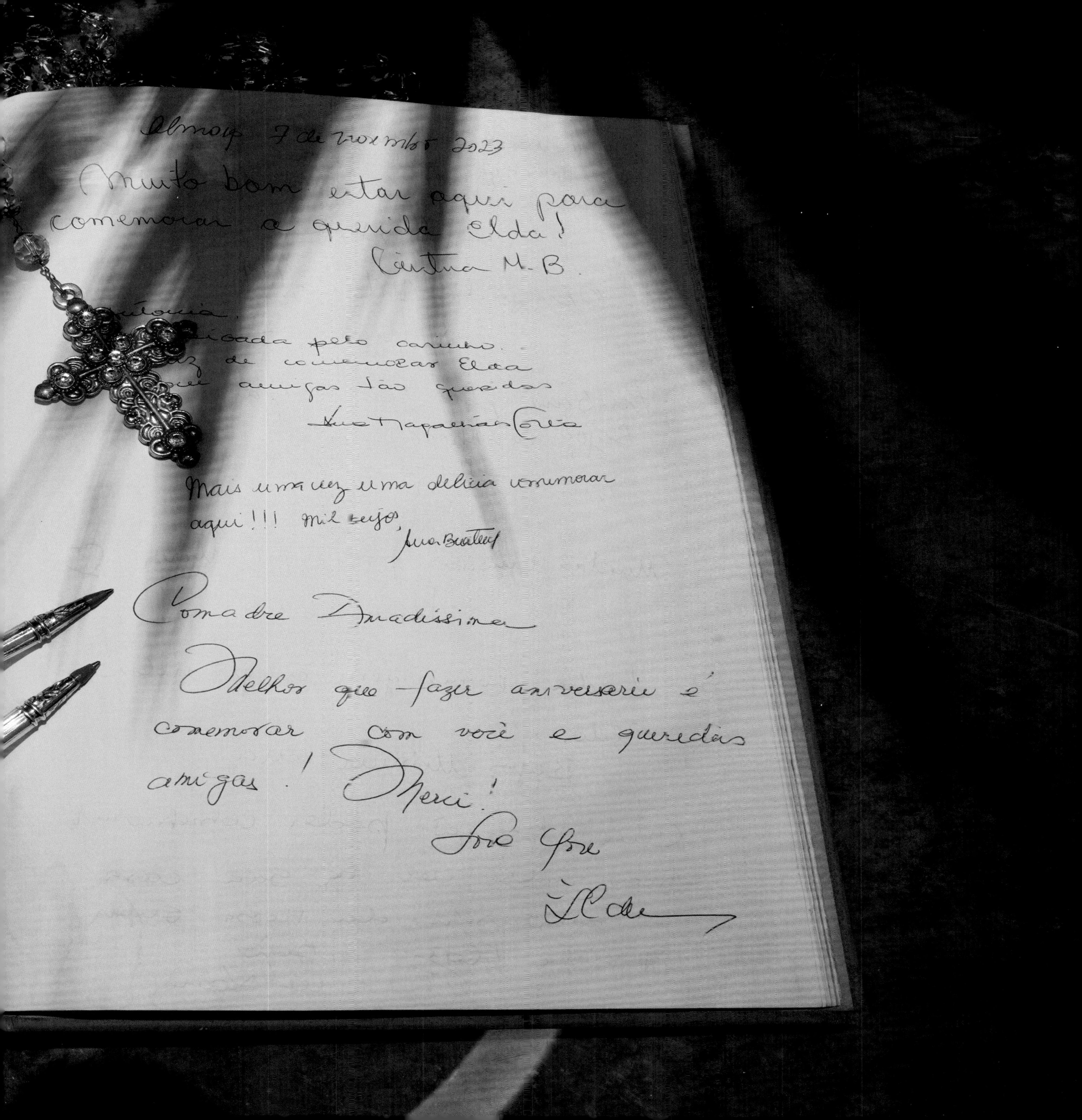
Almoço 7 de novembro 2023
Muito bom estar aqui para
comemorar a querida Elda!
Cinthia M. B.
pelo carinho.
de comemorar Elda
amigas tão queridas
Mais uma vez uma delícia comemorar
aqui!!! Mil beijos,
Comadre Amadíssima
Melhor que fazer aniversário é
comemorar com você e queridas
amigas! Merci!

A equipe

Jeiza Aprijo
Juliana Alves
José Hue
Márcia Orbe
Silvio Silva
Maria Aparecida Baptista
(Cida)
Eronildes Pereira
(Nilde)
Fabiana Ramalho
Josecleido Ferreira
(Cleido)

AS RECEITAS

Fotografia: Shutterstock

"Bavaroise de amendoas" X

[l]itro de leite fervendo; acrescentar 500grs.
amendoas moida e levar ao fogo p/
[en]grossar; retirar do fogo; juntar 4 gemas,
[10]0grs. de açucar e levar ao fogo sem
[f]erver, mexendo sempre; acrescentar:
5 folhas de gelatina branca, dissolvida
em 1 xicara d'agua; deixar esfriar.
[A]crescentar 1 vidro de creme de leite gelado.
Enformar em forma untada de manteiga
e gelar. Desenformar na hora de servir.

Molho

Bate 3 gemas c/100grs. de açucar; juntar
aos poucos 2 xicaras de leite a ferver, e 100grs.
de amendoas torrados e quebrados. Levar
ao fogo mexendo sem ferver.
Esfriar e colocar

1/2 k
1 1/2 k
12
Mis
for
for

Entradas

Fundo de alcachofra com alho-poró e farofa de biscoito

INGREDIENTES:

REFOGADO DE ALHO-PORÓ:

2 COLHERES (SOPA) DE AZEITE
2 ALHOS-PORÓS LIMPOS, CORTADOS EM RODELAS FINAS (A PARTE BRANCA E A VERDE MAIS TENRA)
SAL E PIMENTA-DO-REINO A GOSTO

FAROFA DE BISCOITO:

1/4 DE XÍCARA DE MANTEIGA
10 BISCOITOS TIPO ÁGUA E SAL LIGEIRAMENTE ESMIGALHADOS
1 COLHER (SOPA) DE MANJERICÃO PICADO
SAL A GOSTO
8 FUNDOS DE ALCACHOFRA COZIDOS
AZEITE PARA UNTAR
AZEITE PARA REGAR
FOLHAS DE MANJERICÃO PARA DECORAR

PREPARO:

REFOGADO | *Em uma frigideira pequena, aquecer o azeite em fogo médio e refogar o alho-poró por 3 minutos, até ficar ligeiramente macio. Temperar com sal e pimenta. Reservar.*

FAROFA | *Em uma tigela, juntar a manteiga, a farofa de biscoito, o manjericão, o sal e misturar até formar uma farofa crocante. Dispor os fundos de alcachofra em um refratário untado com azeite. Em seguida, encaixar cada fundo de alcachofra em um aro de 7cm para enformar, acrescentando um pouco da farofa, pressionando-a levemente. Acrescentar por cima da farofa outro fundo de alcachofra, de modo a obter camadas intercaladas, cobri-lo com uma porção do refogado e, por fim, espalhar 50g do queijo. Repetir o procedimento com os fundos restantes. Levar ao forno quente (250° C) por 5 minutos ou servir frio. (Obs.: retirar o aro só na hora de servir.) Regar com azeite e decorar com manjericão ao servir. Rende 4 porções.*

Torta de espaguete

Servido em travessa redonda, fica bonito. É mais uma dessas receitas práticas, boas para qualquer hora

INGREDIENTES:

1 PACOTE DE ESPAGUETE FINO (COZIDO EM ÁGUA E SAL)
4 OVOS (SEPARADAMENTE, BATER 4 GEMAS BEM BATIDAS E 4 CLARAS EM NEVE)
1 PACOTE DE QUEIJO PARMESÃO RALADO
1 PACOTE DE QUEIJO *EMMENTAL* RALADO (OU DO TIPO PRATO)
250G DE MANTEIGA SEM SAL.

PREPARO:

Usar uma forma (com furo no meio), untá-la com manteiga polvilhando-a com farinha de rosca. Tão logo o macarrão cozido e escorrido, voltá-lo à panela, acrescentando os ovos, o queijo e a manteiga e mexer bem. Preencher a forma e levá-la para assar em forno médio, entre 30 a 40 minutos. Servir com um molho de sua preferência, separadamente, numa molheira.

Observações:
a) Distintos molhos para acompanhar são adequados: o picadinho tradicional com molho de tomate; o molho de linguiça calabresa também é bom; o ensopadinho de frango; ou ainda um queijo cremoso (o requeijão comum ou o Catupiry, derretidos no banho-maria). E o camarão pequenininho com polpa de tomate, que tal? Qualquer um desses molhos como acompanhamento fica excelente.

b) É importante lembrar de servir o bolo com o molho, à parte, em uma molheira. Certa vez, passei a receita a uma amiga e, ao servir, ela só pôs na mesa o bolo, esquecendo-se do acompanhamento. Este bolo de macarrão, sem molho, é um tanto seco. Para cortá-lo, usar uma faca bem afiada, pois a base do bolo transforma-se numa crostinha.

Torta de berinjela da Tia Nininha

INGREDIENTES:

1 E ½ KG DE BERINJELA
1 PIMENTÃO VERMELHO
1 PIMENTÃO AMARELO
1 PIMENTÃO VERDE
1 CEBOLA CORTADA EM CUBINHOS
4 OVOS
½ XÍCARA DE FARINHA DE ROSCA
MOLHO DE TOMATE DE SUA PREFERÊNCIA OU MOLHO DE TOMATE FRESCO
SAL A GOSTO

PREPARO:

Refogar a cebola junto com os pimentões em um pouco de azeite.
Acrescentar a berinjela já descascada e cortada em cubinhos.
Quando a berinjela começar a cozinhar, desligar o fogo e deixar esfriar.
Depois, levar os ingredientes ao processador, juntamente com os ovos, o sal e a farinha de rosca, e bater até formar um creme.
Untar com azeite uma forma média de pudim e polvilhá-la com farinha de rosca, vertendo todo o creme.
Assar em forno a 180° C por 30 a 35 minutos.
Ao retirar do forno, esperar amornar para desenformar.
Cobrir a torta com o molho vermelho e decorá-la com folhas de manjericão.

Mousse de aipo

INGREDIENTES:

1 AIPO GRANDE
250G DE MAIONESE (VIDRO MÉDIO)
1 COLHERINHA (CHÁ) DE MOLHO INGLÊS
1 COLHER (SOBREMESA) RASA DE SUCO DE LIMÃO
GELATINA SEM SABOR (20G | 2 PACOTINHOS)
SAL A GOSTO

PREPARO:

Limpar o aipo, retirar todas as folhas, os fiapos e picá-lo.
Hidratar a gelatina em 1 copo de água fria e, em seguida aquecer por 30 segundos no micro-ondas.
Bater todos os ingredientes no liquidificador.
Colocar em forma (no modelo que preferir) ou em potinhos individuais.
Resfriar em geladeira por 4 a 6 horas.
Desenformar em um prato redondo e enfeitar a gosto.

Salada primaveril

INGREDIENTES:

1 CABEÇA DE ALFACE
½ MAÇO DE AGRIÃO
1 E ½ XÍCARA DE FOLHAS DE ESPINAFRE PEQUENAS E NOVINHAS
4 CEBOLINHAS PICADAS
3 RABANETES MÉDIOS CORTADOS EM FATIAS FINAS E REDONDAS
4 TOMATES CORTADOS EM QUARTO
1 ENDÍVIA DESFOLHADA
12 AZEITONAS (DE VIDRO OU LATA)

PREPARO:

Misturar as folhas cortadas à mão e decorar com os outros ingredientes antes de servir.

Coquetel de camarão

INGREDIENTES:

1KG DE CAMARÃO MÉDIO
SAL A GOSTO
200G DE MAIONESE
ALFACE
GELO
CORANTE VERDE

PREPARO:

Cortar o camarão em pedaços pequenos.
Fervê-los em água e sal, por 5 minutos no máximo (para sua textura ficar macia)
Ferver alguns camarões inteiros para a decoração final.
Reservar, levando-os à geladeira.
Cortar a alface bem fininha. Reservar.
Picar o gelo. Reservar.
Misturar a maionese ao camarão. Reservar.

MONTAGEM:

Misturar o gelo picado ao corante verde no fundo da taça, própria para coquetel de camarão, para conservar tudo resfriado.
Logo em seguida, no recipiente que se encaixa sobre a taça, acrescentar a alface picadinha e, por cima, o camarão misturado à maionese.
Decorar cada taça com um camarão inteiro cozido.

Capelletti in brodo

Outro prato predileto. A receita vem de minha mãe. Feito em casa, só com produtos naturais. Evito sempre ao máximo qualquer coisa que leve corante.

MASSA:
6 OVOS
1 COLHER (CHÁ) DE SALMOURA (ÁGUA E SAL MISTURADOS)
1 COLHER (CHÁ) DE MANTEIGA
2 COLHERES (SOPA) DE QUEIJO PARMESÃO RALADO
FARINHA DE TRIGO

RECHEIO:
1 KG DE LOMBO CRU
2 OVOS INTEIROS
1 NOZ-MOSCADA RALADA BEM FININHA
2 COLHERES (SOPA) DE QUEIJO PARMESÃO RALADO
1 COLHER (CHÁ) DE MANTEIGA
SAL E PIMENTA-DO-REINO A GOSTO
3 COLHERES (SOPA) DE FARINHA DE ROSCA

BRODO:
6 LITROS DE ÁGUA FRIA
1 GALINHA INTEIRA (SE POSSÍVEL CAIPIRA, A MELHOR DE TODAS)
1 RAMO INTEIRO DE AIPO
2 BATATAS INGLESAS
3 CENOURAS
2 CEBOLAS

PREPARO:

MASSA | *Amassar os ingredientes junto com a farinha de trigo até dar um ponto bem duro.*
Deixar descansar por meia hora.
Abrir a massa exatamente como massa de pastel: polvilhar com farinha de trigo a pedra mármore (bancada), abrir a massa bem fininha sobre ela, cortá-la em tirinhas e em seguida em quadradinhos de 5cm x 5cm. Dentro de cada quadradinho, colocar uma bolinha de recheio (ver em seguida).
Fechar os quadradinhos dobrando as duas pontas laterais.
Ficam parecidos com os comprados prontos, só que um pouco mais grosseiros, porque são absolutamente artesanais.

RECHEIO | *Os* capelletti *clássicos, italianos, são feitos com lombo. Refogar o lombo muito bem e assar em uma panela.*
Depois de assado, retirar toda a gordura, cortar em pedaços e passar pela máquina de moer carne (ou no processador).
Numa tigela, acrescentar ao lombo moído, os ovos, a noz-moscada ralada bem fininha, o queijo parmesão ralado, a manteiga, sal e pimenta-do-reino a gosto (prefiro bem apimentado) e a farinha de rosca.
Mexer, fazer bolinhas do preparado e rechear a massa.
Guardar os capelletti *numa travessa forrada com um pouquinho de farinha de trigo e coberta com guardanapo apenas úmido, enquanto se prepara o caldo (*brodo *em italiano).*

BRODO (CALDO/CONSOMÊ) | *Colocar a água fria num caldeirão alto, acrescentar a galinha inteira, o ramo inteiro de aipo, as batatas inglesas, as cenouras e as cebolas.*
Cozinhar a galinha até reduzir o caldo.
Com a escumadeira retirar parte da gordura que levantou da fervura.
Ao término do cozimento, coar o caldo e deixá-lo ferver.
Em seguida, mergulhar os capelletti *nesse caldo.*
Os capelletti *levam de 3 a 5 minutos para cozinhar* al dente. *(Sendo massa feita em casa, ela é bem delicada e o tempo de cozimento pode ser até menor.)*
Servir numa sopeira, acompanhada por duas queijeiras.

Tarte tatin *de figo com medalhõezinhos de queijo de cabra e buquê de folhas*

INGREDIENTES:

200G DE MASSA FOLHADA PRONTA
2 FIGOS FRESCOS E FIRMES
2/3 DE XÍCARA (CHÁ) DE VINAGRE BALSÂMICO
120G DE QUEIJO DE CABRA FRESCO, TIPO *BOURSIN*
1 COLHER (SOPA) DE AÇÚCAR MASCAVO
3 COLHERES (SOPA) DE ÁGUA
1 RAMO DE TOMILHO
3 COLHERES (SOPA) DE AZEITE
SAL A GOSTO
FLOR DE SAL A GOSTO PARA FINALIZAR
FOLHAS VERDES A GOSTO

PREPARO:

Abrir a massa e cortá-la em 2 discos com mais ou menos 8cm de diâmetro cada um. Deixá-los na geladeira por 20 minutos e depois levar para assar.
Cortar os figos em quatro e grelhá-los dos dois lados, em uma frigideira bem quente.
Retirar os figos do fogo, temperá-los com azeite, sal e algumas folhas do ramo de tomilho. Reservar.
Em uma panela, colocar o vinagre balsâmico e o restante do tomilho, a água, o açúcar e deixar reduzir até atingir consistência licorosa. Reservar.

MONTAGEM:

Amassar o queijo de cabra e modelá-lo em forma de 2 medalhõezinhos com 3cm de diâmetro cada.
Reservar.
Dispor os figos grelhados sobre a massa assada e levar ao forno rapidamente, para servir quente.
Servir a tartelete *com um buquê de folhas e os medalhões de queijo de cabra por cima.*
Regar com a redução de balsâmico, o azeite e salpicar flor de sal.

Torta de camarão

INGREDIENTES:

MASSA:

½ KG DE FARINHA DE TRIGO
300G DE MANTEIGA
2 GEMAS

RECHEIO:

CAMARÕES PEQUENOS E MÉDIOS DESCASCADOS
CEBOLA
ALHO
SALSA
TOMATE SEM PELE
PIMENTÕES VERDE E VERMELHO
PIMENTA-DO-REINO
SAL
1 COLHER (SOBREMESA) DE *KETCHUP*

PREPARO:

MASSA | *Misturar a farinha de trigo e a manteiga até formar uma farofa. Acrescentar as gemas e manipular a massa até ficar homogênea. Deixar, de preferência, que ela descanse um pouco, porém, não há problema em enformar sem a massa descansar.*

MOLHO | *Refogar a cebola e o alho e acrescentar todos os outros ingredientes do recheio (menos o camarão) até formar um molho espesso. Temperar o camarão com sal e pimenta-do-reino e dourá-lo rapidamente no azeite. Acrescentar os camarões ao molho e deixá-lo engrossar em fogo baixo.*

MONTAGEM:

Utilizar metade da massa para forrar uma assadeira com fundo removível. Aplicar o recheio sobre a massa. Usar o restante da massa para fechar a torta. Pincelar a cobertura com gemas e levar ao forno médio, pré-aquecido, por aproximadamente [illegible] minutos. Opcional: antes de levar ao forno, pode-se decorar a cobertura da torta com o que restar da massa.

Principais

Risoto de abobrinha

INGREDIENTES:

5 ABOBRINHAS BEM VERDES
2 XÍCARAS DE ARROZ ARBÓREO
1 CEBOLA GRANDE
2 DENTES DE ALHO
1 COPO DE VINHO BRANCO
QUEIJO PARMESÃO RALADO OPCIONAL.

PREPARO:

*Raspar um pouco da casca das abobrinhas.
Cortá-las ao meio (ao comprido) retirando as sementes.
Ralar como se fosse batata palha ou cortar cubinhos (como desejar).
Grelhar. Reservar.
Em uma panela colocar: uma cebola grande, 2 dentes de alho, alho poró, aipo, cenoura, louro, 2 tabletes de caldo* knor *de galinha e 3 litros de água; cozinhar até reduzir um pouco e formar um caldo (consomê). Reservar.
Refogar o arroz no alho e na cebola. Adicionar ½ copo de vinho e mexer bem.
Acrescentar o caldo ao arroz (de 2 em 2 conchas) até ele ficar* al dente *ou macio (a gosto).
Pronto o arroz, acrescentar o restante do vinho e mexer bem.
Ao servir, incorporar a abobrinha ao arroz.
O queijo parmesão pode ser uma boa opção para finalizar, servido à parte.*

Camarão com gergelim

INGREDIENTES:

1 POTE DE KARO (PODE SER COM MEL CRU)
½ XÍCARA DE MEL
1 KG DE CAMARÃO GRANDE (VG)
GERGELIM PRETO E BRANCO
6 DENTES DE ALHO
1 LATA DE ABACAXI EM CALDA
4 FIGOS (OPCIONAL).
MIX DE FOLHAS DE ALFACE
TOMATES CEREJA (A GOSTO)
1 CENOURA RALADA

PREPARO:

*Passar o camarão no Karo e em seguida no gergelim.
Grelhar os camarões na frigideira antiaderente.
Separar.
Cortar os dentes de alho em lascas e dourar no azeite.
Misturar, ainda na frigideira, meia xícara de mel.
Separar.
Grelhar as fatias de abacaxi e os figos em azeite. Separar.*

MONTAGEM:

*Empratar os camarões e espalhar a calda de alho e mel por cima.
Enfeitar com as fatias de abacaxi e os figos grelhados.
Finalizar com o* mix *de folhas de alface, os tomates cereja e a cenoura ralada.*

Robalo com espuma de espinafre

INGREDIENTES:

PEIXE:

POSTAS DE ROBALO
PIMENTA-DO-REINO (A GOSTO)
SAL (A GOSTO)
AZEITE (A GOSTO)

ESPUMA DE ESPINAFRE:

½ CEBOLA
2 DENTES DE ALHO
1 COLHER (SOPA) DE AZEITE
500 GRAMAS DE ESPINAFRE
200ML DE CREME DE LEITE FRESCO
SAL E PIMENTA-DO-REINO (A GOSTO)

PREPARO:

PEIXE | *Dispor o peixe em postas, temperá-lo normalmente com sal, pimenta-do-reino, 3 dentes de alho e adicionar 1 colher (sopa) de azeite.*
Levar ao forno em assadeira/tabuleiro untado com azeite com camada de cebola em rodelas, por cerca de 25min, a 180°C.

ESPUMA DE ESPINAFRE | *Picar a cebola e o alho e refogar no azeite.*
Ferver o espinafre rapidamente (apenas um choque térmico).
Colocar tudo no liquidificador com o creme de leite.
Espalhar sobre o peixe ao servir.

Salmão com molho de maracujá

INGREDIENTES:

2KG DE FILÉ DE SALMÃO
4 DENTES DE ALHO AMASSADOS
SAL (A GOSTO)
PIMENTA (A GOSTO)
LIMÃO (A GOSTO)
1 COPO DE SUCO DE MARACUJÁ NATURAL
1 COLHER (SOBREMESA) DE MAISENA
MEL (A GOSTO)

PREPARO:

PARA O SALMÃO | *Temperar o filé de salmão com alho, sal, pimenta e suco de meio limão.*
Preparar forma com uma cama de cebolas cortadas em rodelas e regadas com azeite.
Acomodar o salmão temperado nessa cama, regando com mais azeite.
Cobrir a forma com papel alumínio e levar ao forno por 30min.
Retirar o papel alumínio e deixar o salmão dourar por mais uns 10 min. Reservar.

PARA O MOLHO DA BASE | *Bater no liquidificador o molho do salmão (com as cebolas) que restou na forma. Se o molho ficar muito ralo, engrossar usando um pouco de farinha de trigo. Reservar.*

PARA O MOLHO DE MARACUJÁ | *Colocar o suco de maracujá natural em uma panela e engrossá-lo com 1 colher de maisena e mel a gosto.*
Mexer até dar o ponto de molho.

MONTAGEM:

Em uma travessa, colocar o molho batido e dispor o salmão por cima.
Regar com um pouco do molho de maracujá, e o restante deixar à parte em uma molheira para a hora de servir.

Cuscuz à paulista

INGREDIENTES:

1KG DE FARINHA DE MILHO
1 E ½ KG DE CAMARÃO JÁ DESCASCADO, SENDO
6 DE TAMANHO GIGANTE
1 PALMITO FRESCO (OU O PALMITO EM LATA)
1 CEBOLA RALADA
1 MAÇO DE SALSINHA E OUTRO DE CEBOLINHA PICADAS
1 LATA DE SARDINHA NO AZEITE
2 TOMATES (SEM PELE E SEM SEMENTES)
AZEITONAS PRETAS
3 OVOS COZIDOS
4 COLHERES (SOPA) DE MANTEIGA SEM SAL
2 COLHERES (SOPA) DE GORDURA DE COCO
PIMENTA FRESCA (A GOSTO)
AZEITE (A GOSTO)

PREPARO:

Umedecer a farinha de milho com água.
Fazer um refogado no azeite com cebola, tomates, 2 colheres (sopa) de manteiga sem sal, 2 colheres de gordura de coco (é difícil de achar, mas existe), a salsinha e a cebolinha picadas e pimenta fresca (daquela ardida).
Por último, acrescentar o camarão e mexer por cerca de 2 minutos.
Depois do refogado pronto, acrescentar mais 2 colheres de manteiga e misturá-lo (ainda bem quente) à farinha, e mexer bem. Esse é o grande mistério do cuscuz: a manteiga muito quente misturada à farinha.
O palmito, refogado à parte, também é adicionado muito quente ao cuscuz.
Acrescentar as azeitonas, os ovos cozidos e as sardinhas, continuando a misturar bem.
No fundo da forma própria para esta receita (a cuscuzeira), dispor rodelas de ovo cozido, uma sardinha inteira e os camarões grandes que estavam reservados.
Cozinhar em banho-maria por no mínimo 1 hora.
Obs.: regra geral, esse cuscuz é servido com arroz branco simples e/ou arroz crioulo.

Escalope de vitela com batata estufada

INGREDIENTES:

2KG DE VITELA
SAL (A GOSTO)
ALHO (A GOSTO)
3 CEBOLAS PICADAS
PIMENTA-DO-REINO (A GOSTO)
3 FOLHAS DE LOURO
½ XÍCARA DE VINHO BRANCO
AZEITE (A GOSTO)
3 TOMATES SEM CASCA E SEMENTES
1 COLHER DE *KETCHUP* (OU MASSA DE TOMATE)

PREPARO:

Temperar a carne com alho, pimenta-do-reino, sal, louro, um pouco de vinho branco e deixá-la descansando por 1 hora mais ou menos.
Refogar a cebola no azeite e acrescentar o escalope temperado. Refogar até a carne tornar-se bem morena.
Adicionar os tomates e o ketchup. *(É opcional o uso de massa de tomate.)*
Deixar cozinhar até que a carne fique bem macia.

ACOMPANHAMENTO:

Batata estufada

É um acompanhamento que propicia uma lindíssima apresentação; por exemplo, como acompanhamento de rosbife. Nomeia-se também batata suflê (do francês soufflé = soprada); prefiro dizer estufada porque assim era chamada em casa.

INGREDIENTES:

BATATAS GRAÚDAS (CADA UMA SERVE ATÉ DUAS PESSOAS)
ÁGUA E SAL
150G DE MANTEIGA SEM SAL
100G DE QUEIJO PARMESÃO RALADO (OU GRUYÈRE)
2 COLHERES (SOPA) DE CREME DE LEITE
2 GEMAS DE OVO
6 CLARAS EM NEVE

PREPARO:

Selecionar as batatas necessárias para o número de convidados e cozinhá-las com casca, somente na água e sal.
Quando cozidas, mas ainda firmes, retirá-las do fogo, cortá-las ao meio, uma por uma, retirar a polpa e amassá-la com um garfo.
Acrescentar à polpa a manteiga sem sal, o queijo parmesão ralado (ou gruyère), o creme de leite e as gemas de ovo, misturando bem.
Preencher as cascas das batatas com esse recheio e acomodá-las numa assadeira para ir ao forno.
Paralelamente, bater as claras em neve com um pouquinho de sal.
Adicionar uma colher (sopa) das claras em neve em cima de cada batata.
Assar em forno médio até dourar (um dourado claro).
E estão prontas! A apresentação é realmente bonita, além de muito saborosas.

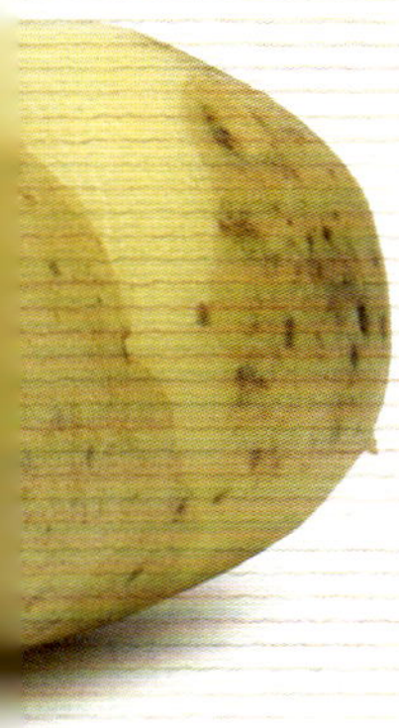

Carne assada

INGREDIENTES:

2KG DE LAGARTO REDONDO OU ALCATRA
SAL (A GOSTO)
1 COLHER (CAFÉ) DE AÇÚCAR
PIMENTA-DO-REINO (A GOSTO)
3 FOLHAS DE LOURO
½ XÍCARA DE VINHO TINTO
½ XÍCARA DE CHÁ DE AZEITE
1 COLHER (CHÁ) RASA DE AÇÚCAR
½ CENOURA
½ TALO DE ALHO PORÓ
½ TALO DE AIPO

PREPARO:

Misturar todos os temperos, o vinho e 1 colher (sopa) de azeite à carne.
Amarrar a carne com barbante e deixá-la marinando nesse molho por cerca de 1 hora.
Em uma panela grande, colocar ½ xícara de azeite e 1 colher (café) de açúcar. Caramelizar um pouco e colocar a carne aí para selar todos os lados, até ficar uniforme. Acrescentar à panela o molho do tempero, um pedaço de cenoura, outro de aipo e o alho poró e misturar bem com o caldo da carne.
Adicionar água aos poucos e deixar reduzir, repetindo o processo até a carne assar por completo.
Quando a carne estiver no ponto, arrumá-la numa travessa para servir, e separar o molho.
O molho excedente, bater no liquidificador com mais 2 colheres (sopa) de vinho tinto. Coá-lo e servi-lo em uma molheira como acompanhamento.

Obs.: se for uma carne dura, pode transferi-la juntamente com o molho (exceto a cenoura) para uma panela de pressão por alguns minutos, a fim de amaciá-la. Após, voltar todo o conteúdo para a panela normal.

ACOMPANHAMENTO:

3 cenouras cortadas em espiral ou rodelas, levemente cozidas e refogadas. Batata palha feita em casa ou outra de sua preferência.

Arroz de pato

INGREDIENTES:

PATO INTEIRO DE 2 ½ KG, OU 2KG DE PEITO DE PATO
SAL (A GOSTO)
2 CEBOLAS GRANDE
1 TALO DE ALHO PORÓ
1 TALO DE AIPO
CALABRESA (A GOSTO)
PIMENTA (A GOSTO)
ALHO (A GOSTO)
1 XÍCARA DE VINHO TINTO
FOLHAS DE LOURO (A GOSTO)
3 XÍCARAS DE ARROZ BRANCO
200G DE AZEITONAS PRETAS
SALSA PICADA (A GOSTO)

PREPARO:

Lavar o pato com limão, vinagre, sal e água quente.
Temperá-lo com sal, pimenta, alho, louro e o vinho.
Deixar descansar.
Reservar esse molho do tempero.
Acomodar o pato temperado em uma assadeira com cebola cortada grosseiramente, alho poró, aipo, calabresa em rodelas e paio. Regar com azeite e cobrir com papel alumínio.
Assar em forno médio por 1h30min ou até ficar macio.
Ir regando aos poucos durante o cozimento com o molho do tempero.
Cozinhar o arroz e reservar.
Após assado, desfiar o pato em pedaços médios aproveitando toda a carne. Reservar.
Misturar ao pato desfiado o molho que sobrou na assadeira (sem o alho poró e o aipo).
Acrescentar as azeitonas e a salsa picada.
Misturar bem o arroz a esse molho.
Arrumar em um refratário/pirex e levar ao forno médio por 20min antes de servir

Pernil

INGREDIENTES:

2KG DE PERNIL
4 DENTES DE ALHO AMASSADOS
1 XÍCARA DE VINHO BRANCO
1 COLHER (SOBREMESA) RASA DE COMINHO (SEMPRE)
1 COLHER (CHÁ) DE PIMENTA DO REINO
SAL (A GOSTO)
3 FOLHAS FRESCAS DE LOURO
1 CEBOLA GRANDE
1 TALO DE ALHO PORÓ
1 TALO DE AIPO
1 CENOURA MÉDIA
AZEITE (A GOSTO)

PREPARO:

Temperar o pernil com uma mistura de vinho branco, alho, cominho, pimenta- do-reino, folhas de louro e sal a gosto, e deixar descansar por pelo menos 1 hora.
Após o descanso, reservar esse molho – que será utilizado para regar aos poucos o pernil enquanto estiver assando.
Colocar em uma forma/tabuleiro uma base de azeite e cebolas cortadas em rodelas grosseiras.
Acomodar o pernil em cima dessa base; acrescentar 1 pedaço de alho poró, 1 talo de aipo, 1 cenoura média e regar tudo com azeite.
Tampar com papel alumínio e levar a assar por aproximadamente 1h30min em forno médio.
De vez em quando verificar o cozimento regando aos poucos para a carne não ressecar.

ACOMPANHAMENTOS:

Cebola caramelizada

INGREDIENTES:

CEBOLINHAS PEQUENAS (A GOSTO)
2 XÍCARAS DE AÇÚCAR

PREPARO:

Pré-cozinhar as cebolinhas em água fervendo, sem deixar que amoleçam. Reservar.
Colocar em uma panela 2 xícaras de açúcar em fogo baixo e ir mexendo até caramelizar. Acrescentar meia xícara de água e deixar o caramelo engrossar.
Misturar as cebolas e manter fervura até reduzir.

Farofa de Neston

A farofa que Carmen sempre menciona é a de Neston. Quando comecei a fazê-la, ninguém conhecia; ficou uma coisa do outro mundo, sensacional. Ela não tem nada de mais; só há um mistério: tem que ser feita numa frigideira grande e a manteiga tem que estar bem quente. É preciso paciência para mexer o Neston sem parar para não empelotar, até a farofa pegar um tom marrom mais escuro.
Obs.: para 2 xícaras (chá) de Neston, usar mais ou menos 200g de manteiga com sal.

Picadinho

INGREDIENTES:

2KG DE ALCATRA OU MIGNON
SAL (A GOSTO)
ALHO (A GOSTO)
CEBOLA PICADA (A GOSTO)
PIMENTA-DO-REINO (A GOSTO)
3 FOLHAS FRESCAS DE LOURO
½ XÍCARA DE VINHO TINTO
AZEITE (A GOSTO)
3 TOMATES SEM PELES E SEMENTES
1 COLHER (SOBREMESA) DE *KETCHUP*
PIMENTÕES VERDE E VERMELHO (A GOSTO)
1 TALO DE AIPO

PREPARO:

Picar a carne em cubos.
Temperá-la com sal, alho amassado, um pouco de vinho tinto e pimenta-do-reino.
Refogar a carne temperada no azeite.
Quando esta estiver bem refogada, adicionar a cebola picada e mexer até dourar; juntar [illegible] com a carne.
Acrescentar os tomates e o louro e continuar mexendo (sem adicionar água!)
Adicionar um pedaço de aipo, os pimentões verde e vermelho, o ketchup e, se preferir, um tablete de caldo de carne ou legumes.
Regar com um pouco de água quente e [illegible] a carne cozinhar, juntamente com o caldo [illegible] (reduzido).
Servir com arroz, batatas ou farofa.

Doces

Mousse *de fruta-do-conde*

INGREDIENTES:

6 FRUTAS -DO-CONDE
90G PACOTE DE GELATINA EM PÓ INCOLOR E SEM GOSTO
1 E ½ LATA DE LEITE CONDENSADO

PREPARO:

Separar as polpas das frutas-do-conde (sem os caroços, reservar ½ xícara de chá para a calda.
Dissolver a gelatina em uma xícara de água fria.
Acrescentar ½ xícara de água quente para a gelatina dissolver por completo.
Bater no liquidificador a polpa das frutas-do-conde com 1 lata e ½ de leite condensado.
Após bater por 1 minuto, acrescentar a gelatina dissolvida e bater por mais 1 minuto.
Assentar a mistura numa forma e levar à geladeira por pelo menos 6 horas antes de desenformar.

CALDA | *Bater no liquidificador um pouco da polpa da fruta-do-conde, com açúcar e água (pode optar pelo uso do leite condensado).*

Opcional: substituir a água por água de coco.

Peras do Zé

INGREDIENTES:

10 A 12 MINIPERAS
1 XÍCARA DE AÇÚCAR CRISTAL
2 XÍCARAS DE VINHO BRANCO
1 PITADA DE NOZ MOSCADA
3 PAUS DE CANELA
CRAVO (A GOSTO)
2 LIMÕES SICILIANO (CASCAS)

PREPARO:

Selecionar de 10 a 12 miniperas.
Descascá-las delicadamente mantendo o cabo.
Em uma panela, diluir em fogo médio 1 xícara de açúcar cristal em 2 xícaras de vinho branco, 1 pitada de noz moscada, canela em pau, cravo a gosto e raspa de um limão siciliano.
Quando começar a ferver, abaixar o fogo e arrumar as peras na panela com os cabos voltados para cima.
Tampar a panela e deixar cozinhar por cerca de 20min, regando as peras com a calda que se formou no fundo da panela, para que fiquem douradas.
Importante que as peras não fiquem muito moles.
Se achar necessário, adicionar durante o cozimento mais uma xícara de vinho com 1/2 xícara de açúcar.
Após os 20min, apagar o fogo, acrescentar cascas em tiras finas de limão siciliano e deixar descansar por meia hora, com a panela tampada.
Arrumar as peras em uma compoteira e regá-las com a calda.
Sugestão: servir na temperatura ambiente, com uma bola de sorvete de baunilha.

Baba de camelo

INGREDIENTES:

2 LATAS DE LEITE CONDENSADO
1 PACOTE DE BISCOITO MARIA
50ML DE CREME DE LEITE FRESCO

PREPARO:

Cozinhar na panela de pressão por 25min as latas fechadas de leite condensado (se for usar a panela normal, por 40min). Deixar esfriar (o leite condensado tornar-se-á um doce de leite escuro).
Colocar esse doce de leite em uma tigela e misturar bem. Reservar.
Bater o creme de leite fresco na batedeira até encorpar.
Misturar numa tigela o doce de leite e o creme de leite fresco batido.
Bater no processador o biscoito Maria até virar uma farinha.

MONTAGEM:

Em uma vasilha de vidro intercalar as camadas de creme e de farinha de biscoito finalizando a última camada com a farinha de biscoito.
Pode-se enfeitar com farinha de amêndoas, frutas vermelhas ou mesmo pedaços de biscoito Maria.
Levar à geladeira por pelo menos 4 horas antes de servir.

Delícia de coco (dificílimo)

INGREDIENTES:

800G DE AÇÚCAR EM PONTO DE FIO
1 VIDRO DE 200ML DE LEITE DE COCO
10 GEMAS DE OVOS, SENDO 5 COM AS CLARAS

PREPARO:

Colocar o açúcar numa panela (em fogo baixo), e quando a calda engrossar (ponto de fio) acrescentar o leite de coco.
Ferver novamente até alcançar o ponto de fio.
Deixar esfriar.
Bater as 10 gemas, misturando-as à calda.
Revestir uma forma com a calda de açúcar (em temperatura ambiente), adicionando a mistura de gemas.
Cozinhar em banho-maria, por 45 minutos (fogo brando).
Em seguida, levar ao forno o banho-maria por mais 1h45min (observando para manter o nível da água).
Depois de fria, levá-la à geladeira por no mínimo 4 horas antes de servir.

Flan de coco da dona Beatriz

INGREDIENTES:

1 LATA DE LEITE CONDENSADO
1 LATA DE LEITE DE COCO
1 LATA DE ÁGUA (CHEIA PELA METADE)
1 ENVELOPE DE GELATINA BRANCA

PREPARO:

Diluir a gelatina na água, levando-a ao fogo em banho-maria (sem deixar ferver!).
Misturar todos os ingredientes e passá-los na peneira.
Separar uma forma (com buraco no meio) e untá-la com óleo (de milho ou canola).
Tirar o excesso do óleo com papel-toalha.
Despejar o flan *na forma e levá-lo ao congelador por 2 horas, até ficar firme.*
Transferir o flan *do congelador para a geladeira.*
Desenformar na hora de servir.
Obs.: cuidar para que o flan *não congele!*

Quindim da dona Beatriz

INGREDIENTES:

12 GEMAS
1 OVO INTEIRO
400G DE AÇÚCAR
100G DE MARGARINA (1 TABLETE)
1 COCO RALADO
1 CASQUINHA (ESPIRAL) DE LIMÃO

PREPARO:

Juntar às gemas, o ovo inteiro e o coco ralado.
Mexer bem (sem batedeira!).
Acrescentar o açúcar, a margarina e a casquinha de limão, continuando a mexer (com batedor de arame ou garfo).
Quando bem homogênea a mistura, colocá-la em forma redonda, sem furo no meio (não pode ser a de aro removível!), untada e polvilhada com açúcar.
Assar em banho-maria (temperatura do forno como para assar bolo: cerca de 180°C).

Obs.: se quiser a massa mais tenra (menos firme), não incluir o ovo inteiro, só a gema.

Papo de anjo

INGREDIENTES:

12 GEMAS
½ FAVA DE BAUNILHA (OU ESSÊNCIA)
1KG DE AÇÚCAR
½ LITRO DE ÁGUA

PREPARO:

Bater as gemas até ficarem esbranquiçadas.
Em seguida, fazer uma calda com a água, o açúcar e a baunilha até obter o ponto de fio.
Em forminhas untadas com manteiga, preenchê-las com as gemas batidas.
Em seguida, levar ao forno pré-aquecido a 180º para assar por cerca de 40min.
Quando as gemas batidas estiverem crescidas e douradas retirá-las do forno.
Deixar esfriar para desenformar.
Colocar os papos-de-anjo desenformados em uma compoteira e regá-los com a calda quente, encharcando-os bem. (obs.: se a calda estiver espessa acrescente um pouco de água quente para diluí-la).
Os papos-de-anjo podem ser servidos na própria calda ou, ainda, escorridos e passados no açúcar cristalizado.

Soufflé *de chocolate*

INGREDIENTES:

200G DE AÇÚCAR
200G DE CHOCOLATE MEIO AMARGO
4 OVOS
200G DE MANTEIGA

PREPARO:

Derreter o chocolate em banho-maria.
Derreter a manteiga.
Separar as gemas das claras, batendo-as em neve.
Reservar.
Bater as gemas com o açúcar até obter um creme homogêneo.
Misturar as gemas batidas às claras em neve delicadamente.
Adicionar o chocolate e a manteiga a esse creme e misturar bem (sem bater, com auxílio de uma colher).
Usar uma forma alta para assar o suflê, forrada com papel manteiga.
Levar ao forno para assar por 10 a 15 minutos (observar a massa subir e chegar ao ponto de suflê).
Obs.: retirar o suflê do forno na hora de servir (para que ele não murche).

Bolo de frutas vermelhas

INGREDIENTES:

1 E ½ XÍCARA DE FARINHA DE TRIGO PENEIRADA
1 XÍCARA DE AÇÚCAR PENEIRADO
1 XÍCARA DE LEITE
1 COLHER DE FERMENTO EM PÓ
2 COLHERES DE MANTEIGA OU ÓLEO DE COCO
3 OVOS

PREPARO:

Colocar na batedeira as 3 gemas, as 2 colheres de manteiga ou óleo de coco e o açúcar.
Bater até obter um creme esbranquiçado.
Acrescentar a farinha de trigo aos poucos e o leite, batendo sem parar. Por último, adicionar o fermento, misturando-o suavemente.
Bater as claras em neve separadamente e misturá-las à massa, mexendo levemente com o auxílio de uma colher.
Colocar em uma forma média (untada com manteiga e polvilhada com farinha de trigo) e levar ao forno a 150° C, por 50 minutos (o forno deve estar pré-aquecido a 180° C).
Cortar a massa ao meio e espalhar o recheio.

RECHEIO | *300g de ameixas pretas sem caroço cortadas 1 xícara de água filtrada.*
Levar ao fogo para ferver até que vire uma pasta.
Desligar o fogo, acrescentar 2 colheres (sopa) bem cheias de doce de leite de sua preferência e misturar bem.

CALDA | *Levar ao fogo 1 xícara de açúcar e ½ xícara de água.*
Acrescentar amoras, cerejas e morangos e deixar ferver, de modo a obter uma caldinha rala. Depois de coar a calda, espalhá-la por cima do bolo.
Decorar com as frutas vermelhas de sua preferência.

Bolo de nozes com goiabada

INGREDIENTES:

3 OVOS
1 E ½ XÍCARA DE AÇÚCAR
1 XÍCARA DE ÓLEO
2 XÍCARAS DE FARINHA DE ARROZ
1 XÍCARA DE NOZES PICADA
1 XÍCARA DE GOIABADA
1 COLHER (CHÁ) DE FERMENTO EM PÓ

PREPARO:

Bater na batedeira os ovos, açúcar, óleo e a farinha de arroz.
Misturar à massa as nozes, a goiabada e o fermento.
Assar em forno pré-aquecido a 180° C, de 30 a 40 minutos.

Rocambole de goiabada com calda quente de requeijão

INGREDIENTES:

PARA O PÃO DE LÓ:

5 OVOS
5 COLHERES (SOPA) DE FARINHA DE TRIGO
1 COLHER (CHÁ) RASA DE FERMENTO EM PÓ

PARA O RECHEIO:

GOIABADA MOLE

PARA A CALDA:

REQUEIJÃO EM COPO

PREPARO:

1ª ETAPA: PÃO DE LÓ | *Bater as claras em neve e acrescentar as gemas uma a uma (sem parar de bater). Adicionar o açúcar e continuar a bater até formar um creme espesso e esbranquiçado.*

Juntar a farinha de trigo peneirada com o fermento e misturar bem.
Espalhar a massa em um tabuleiro forrado com papel-manteiga e untado com manteiga, e assar em forno quente.

2ª ETAPA | *Retirar o pão de ló do forno e desenformá-lo sobre um guardanapo úmido.*
Espalhar por cima o recheio e enrolar em seguida com o auxílio do guardanapo.
Deixar o pão de ló enrolado por cerca de 20 minutos, ou até esfriar.
Remover o guardanapo e dispor o rocambole em prato.
Derreter um pouco o requeijão, em fogo baixo ou em banho-maria (para ficar quentinho e mais ralo) e, em seguida, cobrir o rocambole com o requeijão.

Diversos

Bolo de aveia

INGREDIENTES:

2 XÍCARAS DE AVEIA
2 OVOS INTEIROS
1 XÍCARA DE ÓLEO
1 XÍCARA DE AÇÚCAR
1 COLHER (SOBREMESA) DE FERMENTO
½ XÍCARA DE ÁGUA MORNA (SE PRECISAR)

PREPARO:

Bater todos os ingredientes na batedeira até formar uma massa homogênea.
Acrescentar o fermento e misturar suavemente.
Despejar a massa em uma forma de bolo untada e polvilhada de farinha de trigo.
Levar ao forno médio, pré-aquecido, por cerca de 40 minutos, ou até assar/dourar.
Opcional: misturar à massa pedaços de frutas de sua preferência: banana picada, ameixa, ou cubinhos de maçã.

Sanduíche em camadas

INGREDIENTES:

1 PACOTE DE PÃO DE FORMA SEM CASCA E CORTADO EM FATIAS
1 E ½ LATA DE LEITE DE AVEIA
1 CENOURA
1 LATA DE ATUM
15 FOLHAS DE ESPINAFRE
1 VIDRO PEQUENO DE MAIONESE
1 VIDRO DE GELEIA DE MORANGO
1 VIDRO DE GELEIA DE DAMASCO
3 COLHERES (SOPA) DE AZEITE
4 COLHERES (SOPA) DE MOSTARDA
4 COLHERES (SOPA) DE *KETCHUP*

PREPARO:

Ralar a cenoura sem a casca (bem fininha).
Em um recipiente, adicionar a cenoura, o atum e 1 colher (sopa) de maionese e misturar bem.
Cozinhar o espinafre por 10 minutos; em seguida cortá-lo bem fininho e adicionar 1 colher de azeite para refogar.
Depois de refogado, adicionar 1 colher (sopa) de maionese e misturar bem para obter uma pastinha.
Banhar o pão no leite de aveia e intercalar as camadas: pão, pasta de atum; pão, pasta de espinafre; pão geleia de morango; pão, ketchup*; pão, geleia de damasco, assim por diante.*
Depois do sanduíche montado, (com quantas camadas preferir), cobri-lo por inteiro com uma fina camada com o restante da maionese e levar à geladeira por pelo menos 30 minutos antes de servir.

Sanduíche de queijo de cabra

INGREDIENTES: (PORÇÃO PARA 2 PESSOAS)

4 FATIAS DE PÃO SEM GLÚTEN E SEM CASCA
4 COLHERES (SOPA) DE FARINHA DE TRIGO SEM GLÚTEN
4 XÍCARAS DE LEITE DE AVEIA
1 CEBOLA
2 COLHERES DE AZEITE
1 PEDAÇO DE QUEIJO DE CABRA (200G)
4 FATIAS DE PEITO DE PERU
SAL A GOSTO

PREPARO:

Cortar a cebola e refogá-la no azeite.
Depois que a cebola dourar, adicionar o leite e a farinha e mexer por 10 minutos, em fogo médio.
Levar essa mistura para o liquidificador.
Acrescentar metade do queijo de cabra, um pouco de sal e bater até obter um creme.
Em um refratário dispor, sobrepondo, um pouco do creme, uma camada de pão, presunto e queijo de cabra em finas fatias.
Adicionar mais uma camada de creme, salpicar queijo de cabra e levar ao forno até dourar.

Canapé quente

INGREDIENTES:

1 CEBOLA RALADA
QUEIJO PRATO RALADO OU DE SUA PREFERÊNCIA (A GOSTO)
MAIONESE (A GOSTO)
SAL (A GOSTO)
MOLHO INGLÊS (A GOSTO)
PÃO DE FORMA INTEGRAL SEM CASCA OU DE SUA PREFERÊNCIA

PREPARO:

Ralar a cebola e retirar a umidade excessiva pressionando-a contra um pano limpo ou papel-toalha.
Misturar o queijo ralado e a maionese à cebola, formando uma pastinha. Acrescentar o molho inglês e o sal (a gosto). Arrumar porções da pastinha sobre pedaços quadrados ou redondos do pão de forma
Levar ao forno para gratinar.

Biscoito da Vovó Mima

INGREDIENTES:

2 OVOS INTEIROS
1 GEMA PARA PINCELAR
SAL (A GOSTO)
1 XÍCARA DE LEITE
2 COLHERES (SOPA) DE QUEIJO RALADO
1 PEDAÇO DE QUEIJO PARA O RECHEIO DE SUA PREFERÊNCIA
2 COLHERES (SOPA) RASAS DE MANTEIGA
2 E ½ XÍCARAS DE CHÁ DE FARINHA DE TRIGO

PREPARO:

Misturar bem todos os ingredientes até obter um ponto firme de massa.
Enrolar a massa como pequeninos croissants adicionando em seu interior o queijo de sua preferência.
Pincelar com gema de um ovo.
Assar no forno pré-aquecido (até dourar).

Torta de espinafre

INGREDIENTES

6 MOLHOS DE ESPINAFRE
2 XÍCARAS DE MIGALHAS DE PÃO FRESCO
1 XÍCARA DE LEITE
4 OVOS
2 COLHERES (SOPA) DE MANTEIGA
SAL (A GOSTO)
PIMENTA (A GOSTO)
FARINHA DE ROSCA
MANTEIGA

PREPARO:

Lavar os espinafres e cozinhá-los (juntar uma pitada de bicarbonato se desejar que fiquem bem verdes).
Escorrer a água do cozimento. Amolecer o pão no leite (passá-lo na peneira ou liquidificador).
Acrescentar os ovos inteiros, os outros temperos e misturá-los aos espinafres e à manteiga. Untar uma forma lisa com manteiga e farinha de rosca e despejar a mistura, assando-a no forno, em banho-maria.
Experimentar o cozimento do pudim espetando-o com uma lâmina de faca: ela sairá limpa quando o pudim estiver cozido. Retirar do forno, deixar esfriar um pouco e desenformar no centro de um prato. Decorar à vontade, com ovos cozidos e folhinhas de espinafre.

Massa parafuso com atum

INGREDIENTES:

500G DE MASSA PARAFUSO (RENDE 4 PORÇÕES)
2 LATAS DE ATUM
SAL (A GOSTO)
AZEITE DE OLIVA TIPO EXTRAVIRGEM (A GOSTO)
QUEIJO PARMESÃO (A GOSTO)
MANTEIGA (A GOSTO)

PREPARO:

Depois de cozida em água e sal, bem al dente, escorrer a massa e retorná-la à mesma panela. Acrescentar 2 latas de atum (já amassado ou esmigalhado com um pouco de azeite de oliva, do tipo extravirgem). Deixar um pouco em fogo baixo e o prato estará pronto para ser servido. Não utilizo manteiga nem tampouco queijo. Prefiro utilizar a massa parafuso, pois esta absorve melhor o atum. Este é um prato ótimo para emergência na hora. Se você tem uma emergência, aparece alguém para jantar ou almoçar (filho, neto, amigo qualquer), e não sabe o que fazer, esta receita é simples e bem saborosa.

Mousse *de patê*

INGREDIENTES

400G DE PATÊ DO SEU GOSTO
1 VIDRO MÉDIO DE MAIONESE
2 SACHÊS DE GELATINA SEM SABOR
1 COLHER (CHÁ) DE MOLHO INGLÊS

PREPARO:

Hidratar a gelatina em meio copo de água fria.
Acrescentar mais meio copo de água filtrada e levar ao micro-ondas por 30 segundos. Bater no liquidificador o patê com a maionese, o molho inglês e a gelatina.
Provar o sal e se necessário acrescentar um pouco mais.
Enformar em forma molhada com água gelada.
Levar à geladeira por pelo menos 2 horas.
Desenformar na hora de servir enfeitando-o com picles inteiros ou em rodelinhas e alface.

Peru

INGREDIENTES:

VINHA-D'ALHOS:

(É RECOMENDÁVEL PREPARAR PELA MANHÃ)

PERU
2 CEBOLAS RALADAS
3 DENTES DE ALHO
1 XÍCARA DE AZEITE PORTUGUÊS
100ML DE VINAGRE BRANCO
SAL
PIMENTA DO REINO
200ML DE VINHO BRANCO SECO

RECHEIO:

MIÚDOS DO PERU
2 COLHERES (SOPA) DE MANTEIGA
15 AZEITONAS VERDES SEM CAROÇO
1 1/2 NOZ-MOSCADA RALADA, SAL À VONTADE
BASTANTE PIMENTA
2 COLHERES DE QUEIJO PARMESÃO RALADO
3 OVOS
1/2 XÍCARA (CHÁ) DE FARINHA DE PÃO
AZEITE

PREPARO:

VINHA-D'ALHOS | *Misturar as cebolas raladas, os dentes de alho, a xícara de azeite português, o vinagre branco, o sal, a pimenta do reino e o vinho branco seco.*
Depois que o peru estiver limpo, usar esse molho para untá-lo, por dentro e por fora, e deixar marinar.
Deixar o peru na vinha d'alhos ao longo da noite, fora da geladeira... (salvo se for o auge do verão: daí ele tem que ir para o refrigerador).

RECHEIO | *Picar todos os miúdos do peru e fazer um refogado acrescentando manteiga, azeitonas verdes sem caroço, a noz-moscada ralada, sal à vontade, bastante pimenta e o queijo parmesão ralado. Reservar.*
Numa vasilha à parte, bater gemas e claras de 3 ovos e espalhar por cima do refogado.
Acrescentar ainda a farinha de pão e misturar bem.
Rechear o peru com essa farofa, que estará bem molhadinha. Acomodar o peru numa assadeira grande untada com azeite, regar com mais azeite por cima do peru e tampar com papel alumínio. Levar ao forno à 200ºC por aproximadamente 2 horas (ou até assar).
Regar o peru com a vinha d'alhos coada enquanto assa, pois o deixa mais suculento.

(Obs.: pode-se ainda misturar meia lata de cerveja a este caldo para dar um gostinho a mais.)

ACOMPANHAMENTO:

Farofa de miúdos

Lavar todos os miúdos (moela, fígado, carnezinha do pescoço etc.) com bastante água.
Levar tudo para a frigideira, para selar homogeneamente.
Após selar, picar os miúdos sobre uma tábua.
Na mesma frigideira que selou, refogar uma cebola e acrescentar os miúdos picadinhos por uns 5 minutos.
Acrescentar azeite ou manteiga como opção e misturar bem.
Adicionar ainda farinha de mandioca ou de milho, finalizando com pimenta, sal e salsinha a gosto.

Torta de bacalhau

INGREDIENTES:

2 POSTAS DE BACALHAU DESSALGADAS
2 CEBOLAS
ALHO (A GOSTO)
PIMENTA (A GOSTO)
1 E ½ XÍCARA DE AZEITE
3 GEMAS PARA O RECHEIO
2 CLARAS EM NEVE PARA O RECHEIO
SALSA (A GOSTO)
3 FOLHAS FRESCAS DE LOURO
NOZ-MOSCADA (A GOSTO)
2 COLHERES (SOPA) LEITE DE COCO
1 COLHER (CAFÉ) PÁPRICA DOCE
500G DE FARINHA DE TRIGO
300G DE MANTEIGA
2 GEMAS PARA A MASSA

PREPARO:

RECHEIO | *Ferver as postas de bacalhau por 10 minutos e depois desfiá-las.*
Temperar o bacalhau desfiado com alho, pimenta e folhas de louro. Reservar.
Ralar ou picar a cebola e refogar no azeite.
Misturar à cebola o bacalhau temperado e acrescentar mais azeite (1 xícara ou mais).
Bater 3 gemas em ponto de gemada e misturá-las ao bacalhau na panela.
Acrescentar a salsa, um pouco de noz-moscada, 2 colheres (sopa) bem cheias de leite de coco e 1 colher (café) de páprica doce para dar uma cor.
Misturar tudo em fogo baixo, sem deixar a gema cozinhar.
Retirar do fogo e reservar.
Quando for rechear a torta, bater 2 claras em neve e misturá-las ao bacalhau com o auxílio de uma colher.

MASSA | *Amassar com as mãos a farinha e a manteiga até formar uma farofa.*
Acrescentar as gemas e manipular tudo até que a massa fique homogênea.
Deixar a massa descansar um pouco (contudo, não há problema em enformar sem descansar).

MONTAGEM:

Com metade da massa, forrar a base de uma forma com fundo removível.
Colocar o recheio e fechar com o restante da massa.
Enfeitar a gosto e levar ao forno para assar por 30 a 40 minutos.

Rabanada

INGREDIENTES:

PÃO DE FORMA SEM CASCA
1 XÍCARA DE CHÁ DE LEITE INTEGRAL
1 LATA DE LEITE CONDENSADO
6 OVOS (PODE VARIAR DEPENDENDO DA QUANTIDADE DE RABANADAS QUE SE QUER FAZER)
AÇÚCAR (A GOSTO)
CANELA (A GOSTO)

PREPARO:

Com a borda de um copo (ou outro objeto de borda circular) corte as fatias de pão de modo a transformá-las em rodelas. Bater os ovos inteiros na batedeira até virar um creme esbranquiçado como em neve.
Misturar o leite com o leite condensado e banhar cada fatia de pão. Depois, passar as fatias de pão nos ovos batidos. Fritar na frigideira com óleo quente.
Passar homogeneamente as rabanadas na mistura de açúcar com canela.
Obs.: a dica aqui é a mistura de ovos estar sempre como em neve.

Delícia de nozes

INGREDIENTES:

½ KG DE AÇÚCAR
1 E ½ KG DE NOZES PICADAS
2 COLHERES DE SOPA DE MANTEIGA
12 GEMAS

PREPARO:

Fazer uma calda com ½ kg de açúcar (ponto de pasta) e misturar 2 colheres (sopa) cheias de manteiga.
Acrescentar 1 e ½ kg de nozes picadas e 12 gemas desfeitas uma a uma.
Misturar tudo com uma colher, sem usar a batedeira.
Colocar em uma forma untada e assar em forno pré-aquecido.
Servir com calda espessa de leite de coco à parte.

Antonia Mayrink Veiga Frering

Presentation

Where did I get the idea for this book? First, from my desire to share with my mother's many admirers and my social media followers a subject that stirs their curiosity and interest: the art of hosting. Second, from the idea of reuniting us, mother and daughter, through lunches, dinners, and so many other events that remain in my memory by way of the recipes, tableware, and other details I present in this book.

When I rediscovered her recipe notebook among my numerous books, I remembered the several times I had sought to document her life experiences. I understand and respect the fact that my mother never agreed to anyone publishing her biography. So then I thought why not publish a book of her recipes? Would that do? Just recipes? It seemed like so little.

So I envisioned a project that would include her recipes within the context of her table settings, in dialogue with my own.

Through these memories, I invite the reader to share these moments with me, experiencing flavors, aromas, and colors.

A window to an era, the recipes in this book are still enjoyed today by family and friends, just as they were in my mother's time and in that of my grandmother Mima – Maria de Lourdes Solbiati. Among the recipes, I have included Cuscuz à Paulista, which serves to reconnect with the São Paulo roots of my mother's side of the family.

Welcoming people, being a host, is certainly a gesture of affection and friendship, so this book aims to convey all the enchantment, care, and memories that a table setting conveys within its surroundings.

I have always felt that the task of preserving memories falls to women. This belief is what spurs me to recall the glamour of Rio de Janeiro from the 1960s to 1980s, adapted in a way that fits well with contemporary life.

By referring to my mother's handwritten recipes along with her scrapbooks with photographs from that time – by the way, I keep more than 10,000 photos in my private collection – and using press clippings as additional reference material, I was able to incorporate the concept of her tables into my own.

Memories are very valuable. It is very challenging to revisit an era, or a particular savoir-vivre, *while keeping the tone entirely authentic.*

It is necessary to mention that, just as it was for my grandmother Mima and my mother Carmen, religion is an essential part of my life. The moment I wake up, I pray, thanking God for the blessings that life grants me each and every day. Out of this same gratitude, I dedicate this book to Saint Theresa of Holy Jesus.

Regarding the importance of my faith, I recall an unforgettable experience I had as an actress playing the Virgin Mary in the Passion of Christ staged at the Nova Jerusalém outdoor theater just outside the city of Fazenda Nova in the state of Pernambuco – a spectacular production.

Every year on Good Friday caravans of 12 to 15 thousand faithful travel there to watch this spectacle. I remember on that occasion my agent asking: "But aren't you going to do any character study for the role?" To which I replied: "What for? The Virgin Mary is my best friend, I'm close to her." It was, without a doubt, an honor to portray her.

But, getting back to describing my mother's unique approach to being a hostess, it is astonishing how clearly the routines of lunches, dinners, and receptions spring to mind.

To begin with, the invitations were most often printed, and guests would respond to the RSVP, which is rare nowadays. If the invitation stated 8:30 p.m., dinner would be served at 9:30 p.m. One of my mother's traits, well-known to those close to her, was her punctuality.

Dinner was served strictly on schedule, with no delays for late arrivals, not even if it was the guest of honor.

In my home, I follow the same protocol. When I invite people for lunch at 1 p.m., we are already eating by 2 p.m.

Her table settings needed to pass the scrutiny of her attentive and discerning eye. She would decorate them with anthuriums, bird of paradise flowers and monstera plants, among other species. She would design all her own arrangements without ever calling a florist.

In that era, it was not common to use orchids in decoration. I have been growing them for over 20 years, adorning the house with them, including on my tables sometimes. After their flowering phase, I tie them to trees where they get continuously renewed. I rarely buy flowers; instead, I use what the garden offers, and I never use artificial flowers in my home. Speaking of flowers, I would rather not use them in the guest bathroom, where I place scented candles instead. My mom, by the way, loved to accent the house with a scattering of Rigaud Cypres candles from Paris, whose fragrance evokes a particular memory. An interesting fact about these candles is that they were introduced to the White House by Jacqueline Kennedy during her time as First Lady in the early 1960s.

I remember that my mother would serve three types of canapés – two cold, and one hot – a tradition I seek to maintain. One of them is included in the recipes in this book.

She meticulously planned everything – from the tablecloth and napkins to the dinnerware, cutlery, crystal and charger plates, as well as the place cards and menus always penned by her own hand. Her tables were typically set for 12 to 24 seated guests, served in the French manner. Colorful dragées were distributed around the tables and rooms.

As a rule, there was one server for every six guests, in addition to one focused solely on the wines.

For dessert there was just one sweet dish, with the option of a fruit. The coffee was usually accompanied by After Eight mint chocolates.

It was in my parents' home that I began to perceive and interpret that world, where interesting people circulated and caught my attention.

I remember some of her close friends, including Ambassador Walter Moreira Salles – Uncle Walter, as I called him – who was always very kind and attentive to me, and Ermelino Matarazzo, who at times invited me along on his boat, where I would watch with astonishment as he waterskied barefoot, without skis. And Ivo Pitanguy, with whom I would play an imaginary game of biriba.

I must say that, unlike the current generation, I have always enjoyed being around older people, ever since I was a little girl. They were the ones who often fascinated me and continue to enchant me with their stories and experiences.

I also remember the conversations with Gisela Amaral and Nininha Magalhães Lins, who are very dear to me, forever in my heart.

I recall in particular one funny episode when Tarcísio Meira visited our apartment, when I was just 12 years old.

For the occasion, I thought up a series of questions corresponding to each year of my life. I wrote them all down and waited for him at the door with the questionnaire in hand. When he arrived with Glória Menezes, I started to interview him, thinking all the while how great my "journalistic" performance was. And he patiently answered all my questions...

Another time, mom hosted a lunch for some of her friends. I wanted very much to join in, but it was a school day. Knowing that they were all far more interesting than my school lessons, I gave an excuse to return home. When I got there, mom thought it was amusing and said, "I know you just want to join in with us for lunch, don't you?" "Yes, I do!" I replied. So I freshened up and stayed for lunch.

The apartment on Rua Barbosa hosted a good part of what was called the jet set. Fashion figures like my beloved Hubert de Givenchy, as well as Valentino Garavani, Frank Sinatra, and many others... I always helped mom welcome her guests. She relied on me for that. I was thrilled to interact with all of them!

My parents lived in a cosmopolitan and sophisticated Rio de Janeiro, abuzz with receptions, black-tie dinners, and the glamour of embassies. In those days, as a rule, women wore long dresses and men sported black-tie outfits or navy blue suits.

Women took great care with their appearance. Wigs were often worn... my mother had several, not just for practical reasons, but because she hated going to the hairdresser. On the few occasions that she did go to a hair stylist, as soon as she got home she would dismantle and remake the entire hairdo all on her own. And she always did her makeup by herself as well – I inherited that from her.

I learned to do my makeup at a young age. In her bathroom there was a little step I would sit on, to watch her as she sat before the mirror applying her makeup.

Thanks to those attentive observations and much practice gained over the years, I can now do my makeup in a flash. It takes me just ten minutes at most. I rarely visit a makeup artist.

All these memories make me realize that in our brave new world everything has changed – including all of us, and our ways of relating to each other.

The hectic pace of our current world leaves little room for shared experiences like we used to have; and certainly the very notion of time itself has changed. Aware of this, in the gaps of my schedule, I try to be with my friends whenever possible, even if it is just for coffee or afternoon tea, to share some of Grandma Mima's cookies or little sandwiches because, for me, the important thing is sharing time together.

My memory of grandma making her homemade coconut candies is still vivid. I would watch entranced as she stretched and cut that enticingly fragrant white mixture into small pieces on the marble countertop... watching it all transform into those delicious little candies.

Because all these memories are extremely important to me, I love to recreate these special moments of my childhood for my children and grandchildren. Crunchy Globo snack puffs with fruit juice or an impromptu picnic in a garden. I am sure that these are the special moments they will carry with them all through their lives. Without a doubt, it is with these delightful pauses that I recharge my batteries in the midst of life's hustle and bustle.

I am deeply fond of the high-low mix, and I play with this approach, giving free rein to my imagination. I love combining formal tableware with something more informal. For example, I might use little bowls filled with coconut candies or even some sort of fruit, like custard apples, green or red apples, cashew fruits, or tangerines, instead of flowers on the table settings I invent. I never follow a set pattern, thus spicing up each occasion with a touch of surprise.

Nowadays, I generally hold lunches or dinners with three or four couples at most, without formalities.

Because the glamour of my mother's era is now a thing of the past, I try to do everything naturally, since life itself is already complicated.

Sometimes I resort, without the slightest pretense, to ordering some takeout food – why not? I order duck rice or something else I think will be to their liking. I set a pleasant table, and that's all there is to it, everyone loves it!

I always stay mindful of any dietary restrictions someone might have, making sure that my guests are offered a suitable option. I see this extra care as a demonstration of affection for those I invite to be together around the table with me.

During the week, I usually schedule my dinners for 7:30 in the evening, since life is quite hectic for all of us these days.

I always seek to make my guests very comfortable, so that formality does not hinder good conversation and enjoyable moments. For these occasions, I opt for more casual choices: ceramic tableware replaces porcelain, colored glass is used instead of crystal, and eating utensils with bamboo handles take the place of silverware. Rather than lace, embroidered, or organza tablecloths, I use cotton ones, or even placemats made of fabric or occasionally woven natural fibers.

All of this provides me opportunities for some enjoyable creativity, reinventing something fun for each occasion that reflects my casual way of being. Only at more formal sit-down lunches or dinners do I use the more elaborate tablecloths, place settings, charger plates, special tableware, finer crystal, silver, and generally on these occasions, I serve in the French style. I never use fine china or even crystal with golden details for lunch, much less candles.

My greatest wish for this book is to present my personal approach to hosting, whether formally or casually. I love the challenge of its creation and allowing myself to be surprised by my ideas. I have selected homemade recipes that came from my grandmother and my mother, harmonizing them with others that I invented, along with popular ones made in many homes, like the Classic Picadinho, among others.

The most important thing for me is to encourage the reader to let their imagination run free.

If one doesn't have an embroidered tablecloth, that's not an obstacle; a white one can be used instead, or, in the absence of both, why not a checkered cotton fabric in a fun color? Everything is valid... As for glasses, if you don't have crystal ones, nothing prevents you from using regular glass ones instead – just as I mentioned fruits replacing flowers... who says it has to be an orchid? In fact, the fruits that decorated the table can later be turned into juices or even enjoyed as a dessert.

This book, therefore, reflects all the love that flows from my heart. It was conceived to present possibilities, not fixed conclusions. The important thing for me is being able to express to all readers a sense of the genuine pleasure I get from hosting, from offering my best, and from being together with my family and friends, interacting with them around a table.

In the dynamics of the modern world and its multiple facets, I have always tried not to remain in the same box.

There is no way to reproduce my mother's era here, as what remains in my memory is but a natural slice of that era.

Whether it is acting in a prime-time soap opera, playing a character in a theatrical play, dancing in a carnival parade, or making this book, it all arises from my boundless joy of living, from my desire to embrace the new and reject the obvious because, I feel, it is from these experiences that we achieve and expand new horizons in our lives.

In essence, this book bridges two distinct but intertwining times: my mother's era and mine. Two generations, each with its own distinct outlook, amidst an intense ever-changing world that continues on its way.

EST ENIM
MEUM
Sanguinis
pro nobis
peccatorum

COLOPHON

*Este livro foi editado na
primavera de 2024
na cidade de São Sebastião
do Rio de Janeiro
e impresso nas oficinas da Ipsis
Foram usadas fontes Didot,
criadas por Firmin Didot
em 1804*

DADOS INTERNACIONAIS DE CATALOGAÇÃO NA PUBLICAÇÃO (CIP)
(CÂMARA BRASILEIRA DO LIVRO, SP, BRASIL)

Frering, Antonia
Carmen & Antonia : duas gerações à mesa / Antonia Frering. — Rio de Janeiro : Ed. da Autora, 2024.

ISBN 978-65-01-15116-8

1. Decoração 2. Etiqueta à mesa 3. Receitas (Culinária) I. Título.

24-227026 CDD-641.5

ÍNDICES PARA CATÁLOGO SISTEMÁTICO:

1. Receitas : Culinária 641.5
Eliete Marques da Silva - Bibliotecária - CRB-8/9380

FSC
www.fsc.org
MISTO
Papel | Apoiando o manejo florestal responsável
FSC® C011095

Moderna PLUS

CB121603

BIOLOGIA 1

BIOLOGIA DAS CÉLULAS

AMABIS • MARTHO

CADERNO DO ESTUDANTE

Organizadora: Editora Moderna
Obra coletiva concebida, desenvolvida
e produzida pela Editora Moderna.
Editora Executiva:
Rita Helena Bröckelmann

Moderna PLUS

Coordenação de Projeto e Inovação: Sérgio Quadros, Sandra Homma
Coordenação editorial: Rita Helena Bröckelmann, Isabel Farah Schwartzman
Elaboração de originais: Ana Carolina Suzuki Dias Cintra, Carmen Lidia Amorim Pires-Zottarelli, Érika Maria de Jesus, Juliana Barci, Leila de Lourdes Longo, Nathália Fernandes de Azevedo, Thaís Pires Miranda
Edição de texto: Vanessa Shimabukuro (coordenação), Ana Carolina Suzuki Dias Cintra, André Haruo Kanamura
Preparação de textos: Cláudia Padovani
Coordenação de *design* e projetos visuais: Sandra Homma
Projeto gráfico e capa: Everson de Paula, Marta Cerqueira Leite
Foto: Carlos Luvizari/Cid
Coordenação de produção gráfica: André Monteiro, Maria de Lourdes Rodrigues
Coordenação de revisão: Elaine Cristina del Nero
Revisão: Equipe Moderna, Livraria Editora Mania de Livro Ltda., Nancy H. Dias, São Sebastião Serviços Editoriais Ltda., Todaescrita Serviços Ltda.
Coordenação de arte: Wilson Gazzoni Agostinho
Edição de arte: Ana Carlota Rigon
Ilustrações: Adilson Secco, Edilson Antonio da Silva, Jurandir Ribeiro, Osni de Oliveira, Osvaldo Sanches Sequetin, Paulo Manzi
Setup Bureau Editoração Eletrônica
Cartografia: Alessandro Passos da Costa
Editoração eletrônica: Setup Bureau Editoração Eletrônica
Coordenação de pesquisa iconográfica: Ana Lucia Soares
Pesquisa iconográfica: Camila D'Angelo, Flávia Aline de Morais
As imagens identificadas com a sigla CID foram fornecidas pelo Centro de Informação e Documentação da Editora Moderna
Coordenação de *bureau*: Américo Jesus
Tratamento de imagens: Fábio N. Precendo, Luiz C. Costa, Rubens M. Rodrigues
Pré-impressão: Helio P. de Souza Filho, Marcio H. Kemoto, Everton L. de Oliveira
Coordenação de produção industrial: Wilson Aparecido Troque

Dados Internacionais de Catalogação na Publicação (CIP)
(Câmara Brasileira do Livro, SP, Brasil)

Amabis, José Mariano
Biologia das células / José Mariano Amabis, Gilberto Rodrigues Martho. – 3. ed. – São Paulo : Moderna, 2009.

Conteúdo: V. 1. Origem da vida – Citologia e histologia – Reprodução e desenvolvimento
Bibliografia.

1. Biologia (Ensino médio) I. Martho, Gilberto Rodrigues. II. Título.

09-07085 CDD-574.07

Índices para catálogo sistemático:
1. Biologia : Ensino médio 574.07

ISBN – 978-85-16-06328-3 (LA)
ISBN – 978-85-16-06329-0 (LP)

EDITORA MODERNA LTDA.
Rua Padre Adelino, 758 - Belenzinho
São Paulo - SP - Brasil - CEP 03303-904
Vendas e Atendimento: Tel. (0_ _11) 2602-5510
Fax (0_ _11) 2790-1501
www.moderna.com.br
2012
Impresso na China

1 3 5 7 9 10 8 6 4 2

Apresentação

Caro estudante

Este material foi produzido para auxiliá-lo em seus estudos. A essência do *Caderno do estudante* é o apoio ao fichamento do livro-texto a partir do resumo, do destaque e da organização dos principais conceitos. Para isso, este *Caderno* está organizado em Capítulos correspondentes aos do livro-texto.

No início de cada Capítulo, há atividades de preparação, isto é, para você realizar antes de estudar o respectivo Capítulo do livro-texto.

Em seguida, há atividades correspondentes às Seções do livro-texto. Nessas atividades, os termos e conceitos específicos da disciplina são destacados e trabalhados. Há também ferramentas, chamadas organizadores gráficos, que estimulam a memória por meio da visualização e facilitam a compreensão e a fixação dos conceitos. Assim, você organiza as ideias e explicita as correlações entre elas.

No final de cada Capítulo, você faz uma síntese e avalia o que aprendeu no livro-texto.

No final do *Caderno do estudante* há o **Índice remissivo**, que possibilita localizar com rapidez as páginas do livro-texto em que cada assunto é tratado.

O seu *Caderno do estudante* pode ser usado para rever o conteúdo abordado em aula e também como material de estudo e revisão para as avaliações.

Bons estudos!

Organização do *Caderno*

A. Antes de estudar o Capítulo

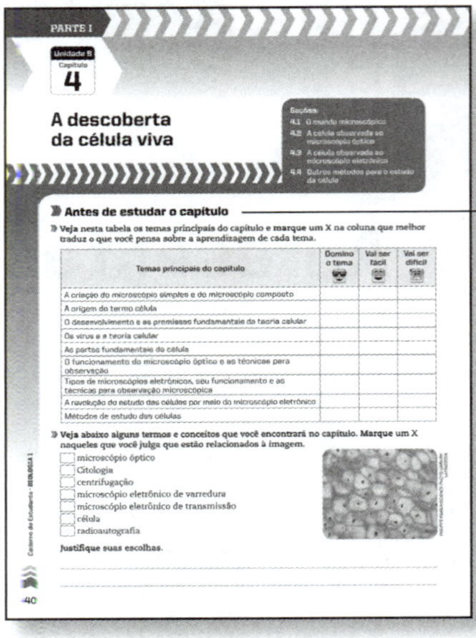

Na primeira página de cada Capítulo você vai avaliar seu conhecimento prévio e as dificuldades que você acha que encontrará ao estudar o livro-texto.

B. Após estudar cada Seção do Capítulo

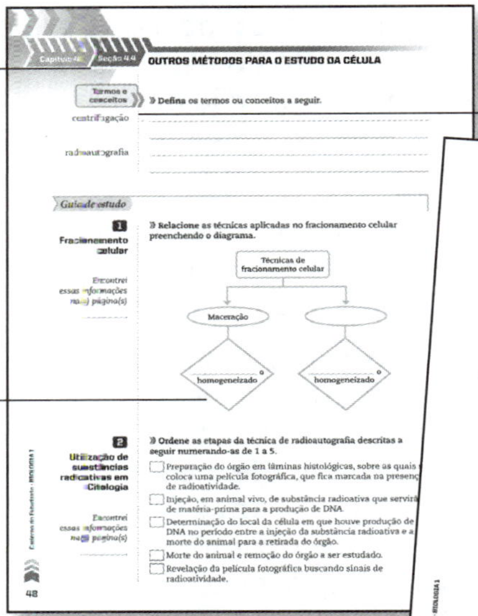

Você vai identificar ou definir os termos e conceitos mais importantes de cada Seção.

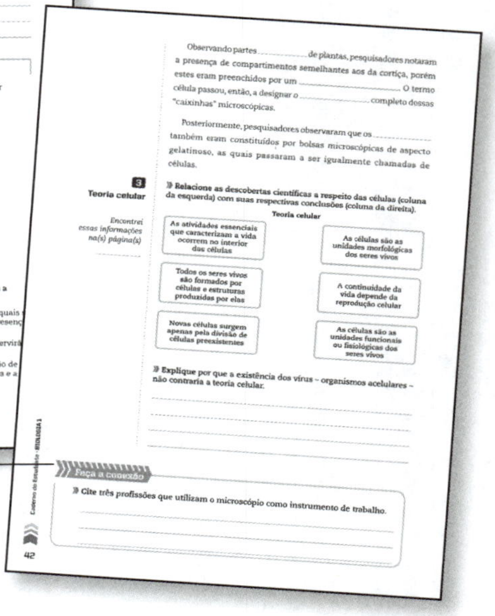

Com a ajuda do *Caderno do estudante* você vai fazer um fichamento do seu livro-texto após a leitura de cada Seção.

Entre outras atividades, você vai preencher organizadores gráficos que sintetizam o conteúdo do livro-texto.

Algumas atividades proporcionam a você oportunidades de fazer conexões entre o conteúdo da Seção e outros conhecimentos.

C. Após estudar o Capítulo

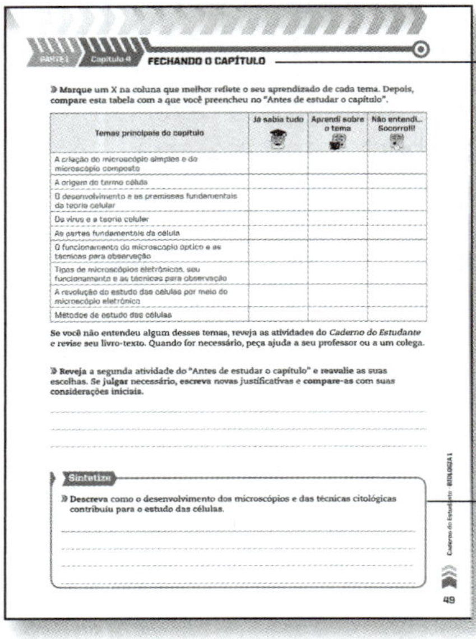

Na última página de cada Capítulo você avalia o que aprendeu e retoma os temas nos quais ainda tenha dúvida.

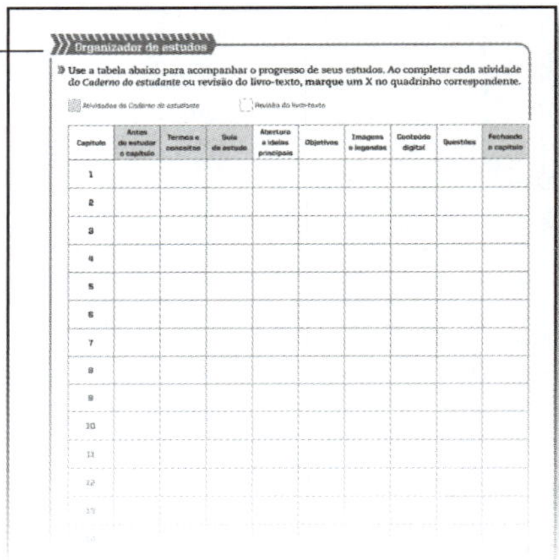

Em um quadro, no final do *Caderno do estudante*, você pode monitorar seu avanço nos diferentes elementos que compõem o **Moderna Plus**.

Para terminar, você escreve uma síntese das principais ideias estudadas em cada Capítulo.

Sumário

Capítulo 1 ›› Biologia e ciência

› Antes de estudar o capítulo ... 7

Seção 1.1 Origem da Biologia e bases do pensamento científico ... 8

Seção 1.2 Procedimentos em ciência ... 10

Seção 1.3 Características dos seres vivos ... 12

Seção 1.4 Níveis de organização biológica ... 15

› Fechando o capítulo ... 16

Capítulo 2 ›› Origem da vida na Terra

› Antes de estudar o capítulo ... 17

Seção 2.1 A formação da Terra ... 18

Seção 2.2 Abiogênese *versus* biogênese ... 19

Seção 2.3 Teorias modernas sobre a origem da vida ... 21

Seção 2.4 Evolução e diversificação da vida ... 24

› Fechando o capítulo ... 26

Capítulo 3 ›› Bases moleculares da vida

› Antes de estudar o capítulo ... 27

Seção 3.1 A Química e a vida ... 28

Seção 3.2 A água e os seres vivos ... 29

Seção 3.3 Glicídios ... 30

Seção 3.4 Lipídios ... 31

Seção 3.5 Proteínas ... 33

Seção 3.6 Vitaminas ... 36

Seção 3.7 Ácidos nucleicos ... 37

› Fechando o capítulo ... 39

Capítulo 4 ›› A descoberta da célula viva

› Antes de estudar o capítulo ... 40

Seção 4.1 O mundo microscópico ... 41

Seção 4.2 A célula observada ao microscópio óptico ... 43

Seção 4.3 A célula observada ao microscópio eletrônico ... 46

Seção 4.4 Outros métodos para o estudo da célula ... 48

› Fechando o capítulo ... 49

Capítulo 5 ›› Fronteiras da célula

› Antes de estudar o capítulo ... 50

Seção 5.1 Membrana plasmática ... 51

Seção 5.2 Permeabilidade celular ... 52

Seção 5.3 Endocitose e exocitose ... 54

Seção 5.4 Envoltórios externos à membrana plasmática ... 55

› Fechando o capítulo ... 56

Capítulo 6 ›› Citoplasma e organelas citoplasmáticas

› Antes de estudar o capítulo ... 57

Seção 6.1 O citoplasma ... 58

Seção 6.2 Organelas citoplasmáticas ... 59

› Fechando o capítulo ... 64

Capítulo 7 ›› Núcleo e cromossomos

› Antes de estudar o capítulo ... 65

Seção 7.1 Componentes do núcleo celular ... 66

Seção 7.2 Cromossomos da célula eucariótica ... 68

Seção 7.3 Cromossomos humanos ... 71

› Fechando o capítulo ... 73

Capítulo 8 ›› Divisão celular: mitose e meiose

› Antes de estudar o capítulo ... 74

Seção 8.1 Importância da divisão celular ... 75

Seção 8.2 Mitose ... 77

Seção 8.3 Regulação do ciclo celular ... 79

Seção 8.4 Meiose ... 80

› Fechando o capítulo ... 82

Capítulo 9 ›› Metabolismo energético (I): respiração celular e fermentação

› Antes de estudar o capítulo ... 83

Seção 9.1 Energia para a vida ... 84

Seção 9.2 ATP, a "moeda energética" do mundo vivo ... 86

Seção 9.3 Respiração celular ... 87

Seção 9.4 Fermentação ... 89

› Fechando o capítulo ... 90

Capítulo 10 ›› Metabolismo energético (II): fotossíntese e quimiossíntese

› Antes de estudar o capítulo ... 91

Seção 10.1 Fotossíntese ... 92

Seção 10.2 Transformações de energia na fotossíntese ... 94

Seção 10.3 Quimiossíntese ... 97

› Fechando o capítulo ... 98

Capítulo 11 ›› O controle gênico das atividades celulares

› Antes de estudar o capítulo ... 99

Seção 11.1 Natureza química dos genes ... 100

Seção 11.2 Genes e RNA: a transcrição gênica ... 102

Seção 11.3 Mecanismo de síntese das proteínas ... 105

› Fechando o capítulo ... 106

Capítulo 12 ›› Tecidos epiteliais

› Antes de estudar o capítulo ... 107
Seção 12.1 A estratégia multicelular ... 108
Seção 12.2 Estrutura e funções dos tecidos epiteliais ... 109
Seção 12.3 Especializações das células epiteliais ... 111
Seção 12.4 Estrutura e funções da pele humana ... 113
› Fechando o capítulo ... 116

Capítulo 13 ›› Tecidos conjuntivos

› Antes de estudar o capítulo ... 117
Seção 13.1 Características gerais dos tecidos conjuntivos ... 118
Seção 13.2 Tecidos conjuntivos propriamente ditos ... 120
Seção 13.3 Tecidos conjuntivos especiais ... 122
› Fechando o capítulo ... 124

Capítulo 14 ›› Tecido sanguíneo

› Antes de estudar o capítulo ... 125
Seção 14.1 O sangue e a origem das células sanguíneas ... 126
Seção 14.2 Componentes do sangue humano ... 128
› Fechando o capítulo ... 131

Capítulo 15 ›› Tecidos musculares

› Antes de estudar o capítulo ... 132
Seção 15.1 Características dos tecidos musculares ... 133
Seção 15.2 Tecido muscular estriado esquelético ... 134
Seção 15.3 Tecido muscular estriado cardíaco ... 137
Seção 15.4 Tecido muscular não estriado (ou tecido muscular liso) ... 138
› Fechando o capítulo ... 139

Capítulo 16 ›› Tecido nervoso

› Antes de estudar o capítulo ... 140
Seção 16.1 Características do tecido nervoso ... 141
Seção 16.2 Células do tecido nervoso ... 142
Seção 16.3 Impulso nervoso ... 144
› Fechando o capítulo ... 145

Capítulo 17 ›› Reprodução e ciclos de vida

› Antes de estudar o capítulo ... 146
Seção 17.1 Tipos de reprodução ... 147
Seção 17.2 Tipos de ciclo de vida ... 149
Seção 17.3 Reprodução humana ... 151
› Fechando o capítulo ... 154

Capítulo 18 ›› Noções de embriologia animal

› Antes de estudar o capítulo ... 155
Seção 18.1 Aspectos gerais do desenvolvimento embrionário ... 156
Seção 18.2 Segmentação e formação da blástula ... 157
Seção 18.3 Gastrulação ... 159
Seção 18.4 Formação de tecidos e órgãos ... 161
› Fechando o capítulo ... 163

Capítulo 19 ›› Desenvolvimento embrionário de mamíferos

› Antes de estudar o capítulo ... 164
Seção 19.1 Aspectos gerais do desenvolvimento em mamíferos ... 165
Seção 19.2 Embriologia dos mamíferos placentários ... 167
Seção 19.3 Parto ... 169
› Fechando o capítulo ... 170

› **Índice remissivo** ... 171

Unidade A
Capítulo
1

Biologia e ciência

Seções:

1.1 Origem da Biologia e bases do pensamento científico
1.2 Procedimentos em ciência
1.3 Características dos seres vivos
1.4 Níveis de organização biológica

Antes de estudar o capítulo

» **Veja** nesta tabela os temas principais do capítulo e **marque** um X na coluna que melhor traduz o que você pensa sobre a aprendizagem de cada tema.

Temas principais do capítulo	Domino o tema	Vai ser fácil	Vai ser difícil
O racionalismo e a revolução científica renascentista			
O procedimento hipotético-dedutivo (método científico)			
A falseabilidade de hipóteses			
Fato, hipótese, teoria e lei científica			
Principais características dos seres vivos			
Organização celular, metabolismo, reprodução e evolução biológica			
Níveis de organização da vida			

» **Veja** abaixo alguns termos e conceitos que você encontrará no capítulo. **Marque** um X naqueles que você julga que estão relacionados à imagem.

- [ ] substância orgânica
- [ ] ecossistema
- [ ] hipótese
- [ ] teoria
- [ ] experimentação
- [ ] multicelular
- [ ] organismo
- [ ] população biológica

Justifique suas escolhas.

ORIGEM DA BIOLOGIA E BASES DO PENSAMENTO CIENTÍFICO

Termos e conceitos

» **Defina** os termos ou conceitos a seguir.

Biologia ____

racionalismo ____

____

Guia de estudo

1

Origem da Biologia

Encontrei essas informações na(s) página(s) ________.

» **Defina e organize** as entidades da natureza propostas por Lamarck em 1778, completando o diagrama.

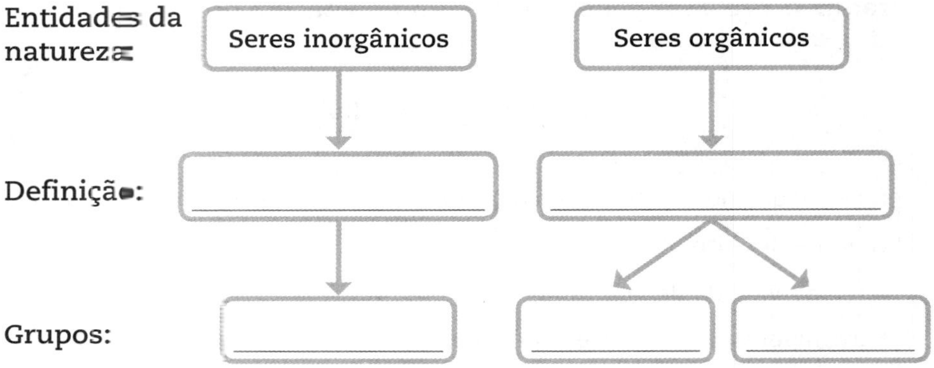

2

A origem do racionalismo

Encontrei essas informações na(s) página(s) ________.

» **Caracterize** o racionalismo preenchendo as lacunas do texto. Em seguida, **resuma** a ideia principal desse conceito, completando o diagrama.

A valorização da compreensão dos fatos e dos fenômenos da natureza pela ____________________ e pelo uso da ____________________, sem considerar explicações de cunho religioso, foi introduzida pelo ____________________, que, após cerca de 2 mil anos, deu origem à ____________________.

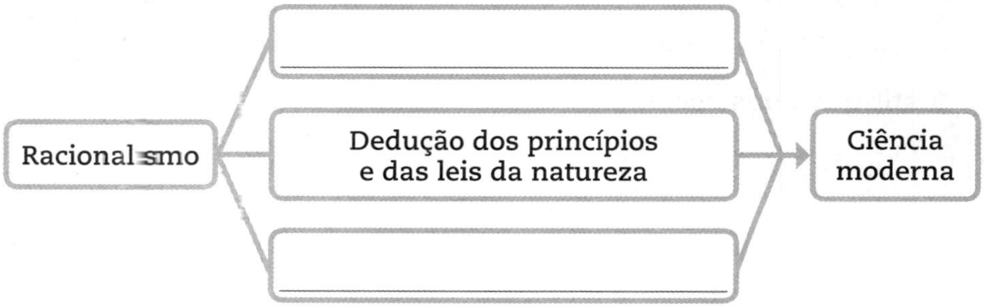

3

O racionalismo na Idade Média e no Renascimento

Encontrei essas informações na(s) página(s) ______.

» **Descreva** a revolução científica, preenchendo as informações corretas na tabela.

Revolução científica	
Onde e quando ocorreu:	Contribuições para o pensamento científico:
Movimento intelectual a que foi associada e suas características:	Exemplos de estudiosos e suas contribuições:

Faça a conexão

» **Sumarize** alguns eventos históricos relacionados ao desenvolvimento do pensamento científico, construindo uma linha do tempo.

PROCEDIMENTOS EM CIÊNCIA

Termos e conceitos

» **Associe termos ou conceitos encontrados no livro-texto a cada definição enunciada a seguir.**

1. ______________
____
2. ______________
3. ______________

1. Procedimento rigoroso de teste e de formulação de explicações para os fenômenos observados na natureza.

2. Previsão das consequências determinadas a partir da validade de uma hipótese.

3. Situação artificial criada pelo cientista para verificar se as consequências previstas por uma hipótese se confirmam ou não.

Guia de estudo

1 Uma nova forma de estudar a natureza

Encontrei essas informações na(s) página(s) ______.

» **Leia a frase abaixo. Em seguida, resuma, nos quadros, as principais contribuições dos estudiosos mencionados.**

"A ciência moderna propõe novos métodos para o estudo da natureza, baseados nas ideias de Francis Bacon e Galileu Galilei."

Francis Bacon	______ ______ ______	Galileu Galilei	______ ______ ______

2 O método hipotético-dedutivo

Encontrei essas informações na(s) página(s) ______.

» **Leia, no quadro da direita, os procedimentos do método hipotético-dedutivo de investigação da natureza. Em seguida, reescreva-os na ordem correta em que devem ser efetuados.**

1. ______________
2. ______________
3. ______________
4. ______________
5. ______________

Levantamento de deduções a partir da hipótese.

Formulação de uma hipótese.

Identificação de um problema.

Conclusões sobre a validade ou não da hipótese.

Teste das deduções, por meio de novas observações ou de experimentos.

Encontrei essas informações na(s) página(s) ______.

» **Descreva** a ideia de falseabilidade de hipóteses no diagrama abaixo.

Hipótese
- é ______ quando ______.
- é ______ quando ______

Encontrei essas informações na(s) página(s) ______.

» **Defina** e **exemplifique** os termos da tabela abaixo.

	Hipótese	Teoria	Lei científica
Definição			
Exemplo			

3 A comunicação em ciência

Encontrei essas informações na(s) página(s) ______.

» **Explique** a importância da publicação de ideias e conclusões científicas em revistas científicas especializadas.

______

Faça a conexão

» **Cite** uma situação do cotidiano em que o método hipotético-dedutivo pode ser aplicado. Em seguida, **formule** uma hipótese para tal situação e uma maneira de testá-la.

______

CARACTERÍSTICAS DOS SERES VIVOS

Termos e conceitos

» **Associe** termos ou conceitos encontrados no livro-texto a cada definição enunciada a seguir.

1. ________ — 1. Unidade básica de todos os seres vivos, considerada a unidade da vida.
2. ________ — 2. Ser vivo constituído por mais de uma célula.
3. ________ — 3. Grupo de células especializadas em realizar funções diversas.
4. ________ — 4. Estrutura resultante da organização dos tecidos que executa funções definidas no organismo.
5. ________ — 5. Processo de união dos gametas.

Guia de estudo

1 O que é vida?

Encontrei essas informações na(s) página(s) ________.

» **Identifique** algumas características dos seres vivos e **preencha** o diagrama abaixo.

Características dos seres vivos

2 Composição química dos seres vivos

Encontrei essas informações na(s) página(s) ________.

» **Indique** os elementos químicos presentes em quantidades altas nas substâncias orgânicas e seus símbolos, completando o diagrama abaixo.

Moléculas das substâncias orgânicas

Elementos em maior proporção	Elementos em menor proporção
________ ( )	________ ( )
________ ( )	________ ( )
________ ( )	
________ ( )	

3

Organização da matéria viva

Encontrei essas informações na(s) página(s) ________.

» **Diferencie** os organismos cujas estruturas são apresentadas na tabela, assinalando um X em suas respectivas características de organização.

	Bactéria	Planta	Vírus
	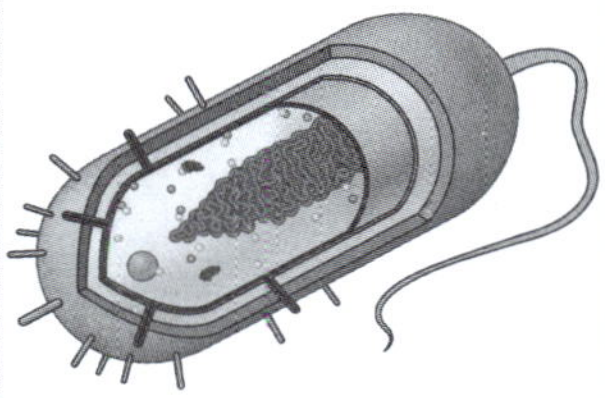	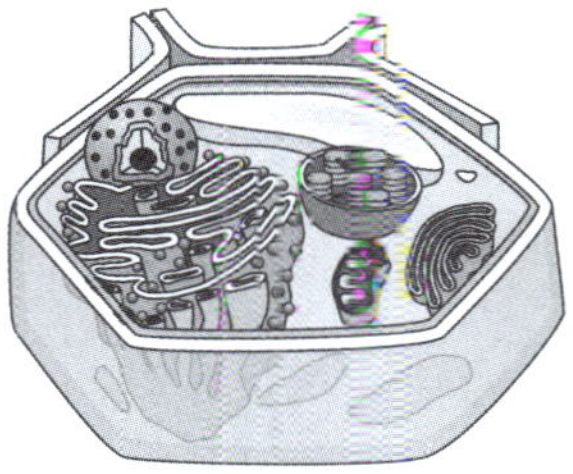	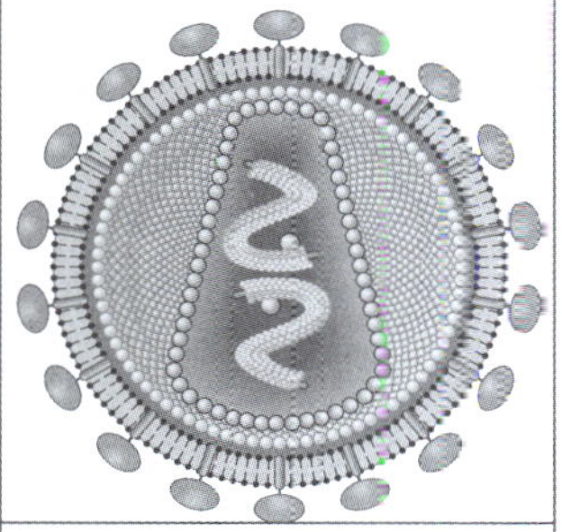
celular			
acelular			
célula procariótica			
célula eucariótica			
unicelular			
multicelular			

4

Metabolismo

Encontrei essas informações na(s) página(s) ________.

» **Complete** os quadros abaixo e, em seguida, **relacione** os conceitos de transformação às definições corretas.

Transformação química	Definição
________	Conjunto de reações químicas que ocorrem no interior das células
Metabolismo	Conjunto de reações em que há degradação de substâncias complexas
________	________

5

Reação e movimento

Encontrei essas informações na(s) página(s) ________.

» **Exemplifique** algumas das vantagens da movimentação em animais e em plantas.

Animais: ________

Plantas: ________

6

Crescimento e reprodução

Encontrei essas informações na(s) página(s) ____________.

» **Observe** as imagens e **classifique** os tipos de reprodução que elas representam. Em seguida, **defina** cada um deles.

Reprodução ________________

Reprodução ________________

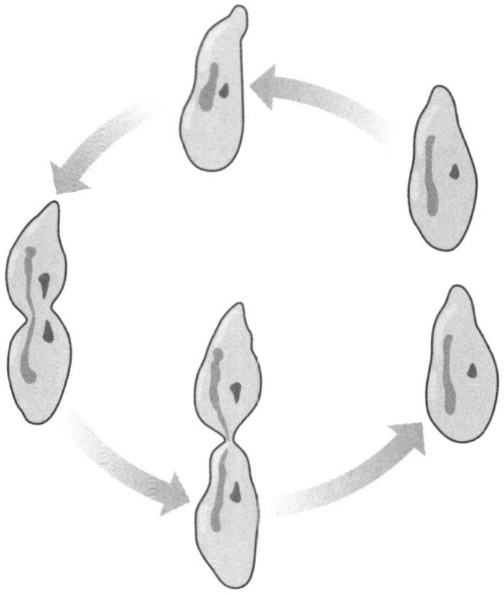

Definição:

____

____

____

____

____

Definição:

____

____

____

____

____

7

Hereditariedade

8

Variabilidade genética, seleção natural e adaptação

Encontrei essas informações na(s) página(s) ____________.

» **Nomeie** as definições dadas com termos associados à teoria evolucionista, completando o diagrama abaixo.

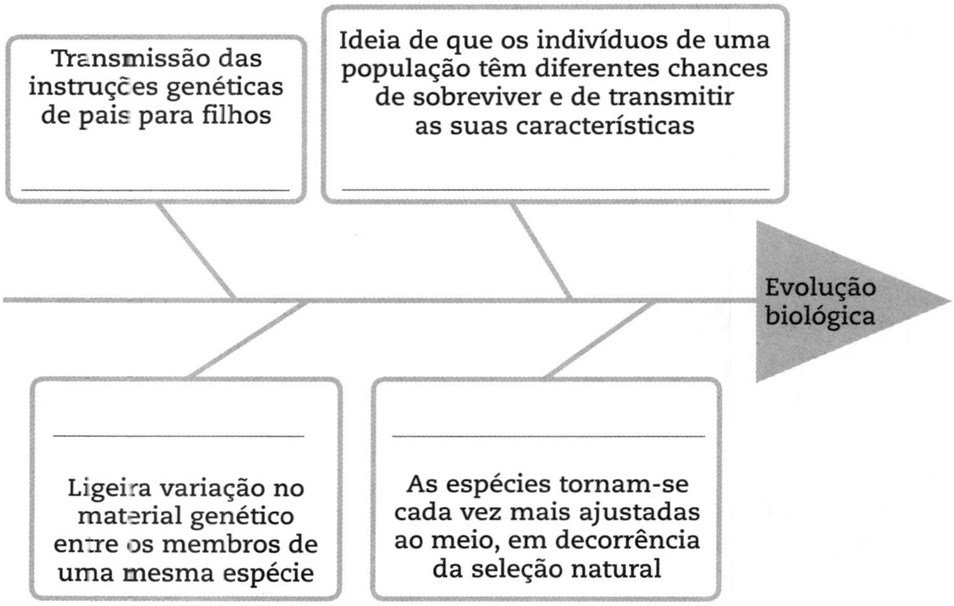

NÍVEIS DE ORGANIZAÇÃO BIOLÓGICA

Termos e conceitos

» **Defina** os termos ou conceitos a seguir.

organismo ______________________________

biótopo ______________________________

____

Guia de estudo

Os níveis hierarquicos da vida

Encontrei essas informações na(s) página(s) ________.

» **Observe** as imagens e **nomeie** os conceitos de I a XII de acordo com os níveis de organização biológica.

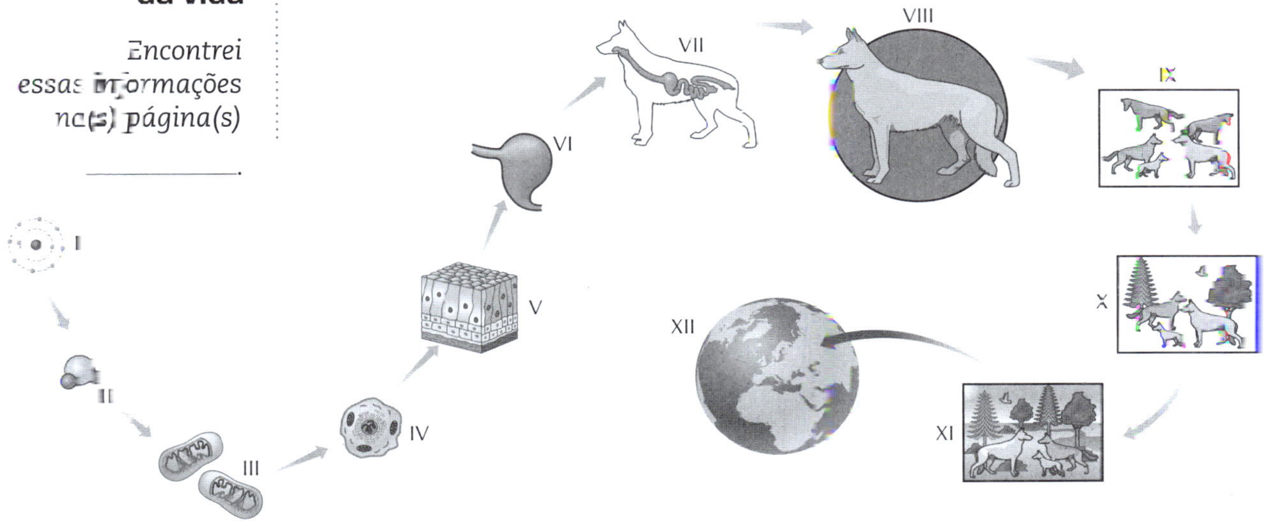

____

____

____

» **Associe** corretamente os termos às suas definições.

a. população biológica
b. comunidade biológica
c. ecossistema
d. biosfera
e. sistemas de órgãos

☐ A mais alta das hierarquias biológicas e que reúne todos os ecossistemas da Terra.
☐ Conjunto de indivíduos de uma mesma espécie que habitam determinada região geográfica.
☐ Conjunto de populações diferentes que coexistem em determinada região, interagindo direta ou indiretamente; também conhecido como biocenose.
☐ Conjunto de órgãos integrados funcionalmente.
☐ Conjunto formado pela interação da biocenose e do biótopo.

FECHANDO O CAPÍTULO

» **Marque** um X na coluna que melhor reflete o seu aprendizado de cada tema. Depois, **compare** esta tabela com a que você preencheu no "Antes de estudar o capítulo".

Temas principais do capítulo	Já sabia tudo	Aprendi sobre o tema	Não entendi... Socorro!!!
O racionalismo e a revolução científica renascentista			
O procedimento hipotético-dedutivo (método científico)			
A falseabilidade de hipóteses			
Fato, hipótese, teoria e lei científica			
Principais características dos seres vivos			
Organização celular, metabolismo, reprodução e evolução biológica			
Níveis de organização da vida			

Se você não entendeu algum desses temas, reveja as atividades do *Caderno do Estudante* e revise seu livro-texto. Quando for necessário, peça ajuda a seu professor ou a um colega.

» **Reveja** a segunda atividade do "Antes de estudar o capítulo" e **reavalie** as suas escolhas. Se **julgar** necessário, **escreva** novas justificativas e **compare-as** com suas considerações iniciais.

Sintetize

» **Redija** um texto breve sobre o método científico, incluindo as suas etapas e a sua importância.

Unidade A
Capítulo
2

Origem da vida na Terra

Seções:
2.1 A formação da Terra
2.2 Abiogênese *versus* biogênese
2.3 Teorias modernas sobre a origem da vida
2.4 Evolução e diversificação da vida

Antes de estudar o capítulo

Veja nesta tabela os temas principais do capítulo e **marque** um X na coluna que melhor traduz o que você pensa sobre a aprendizagem de cada tema.

Temas principais do capítulo	Domino o tema	Vai ser fácil	Vai ser difícil
A formação da Terra			
Teoria da Grande Explosão (*Big Bang*)			
Teoria da geração espontânea			
Os experimentos que refutaram a geração espontânea			
A importância dos trabalhos de Pasteur e de Koch			
Teorias da origem da vida: panspermia e evolução química ou molecular			
Condições na Terra primitiva			
Origem pré-biótica de compostos orgânicos			
Hipótese do "mundo do RNA"			
Evolução dos processos de obtenção de energia			
Origem da célula eucariótica			
Hipótese endossimbiótica ou simbiogênica			
Origem da multicelularidade			

A FORMAÇÃO DA TERRA

Termos e conceitos

» **Defina** os termos ou conceitos a seguir.

universo ______________________________

teoria da Grande Explosão ______________________________
____

galáxia ______________________________

estrela ______________________________
____

Sol ______________________________

Via-Láctea ______________________________

Guia de estudo

A Terra primitiva

Encontrei essas informações na(s) página(s) ________.

» **Descreva** a formação da Terra, preenchendo as lacunas do texto.

Há aproximadamente ______________________, a aglomeração de poeira, rochas e gases levou à formação de ______________________ ______________________, a Terra. Durante sua formação, a Terra começou lentamente a ______________ e a receber ______________, proveniente de corpos vindos do espaço. Após seu resfriamento e o aparecimento de uma ______________________, foi possível a formação dos ______________________, originados do acúmulo de água nas depressões de sua superfície.

» **Explique** por que a Terra em formação não poderia abrigar seres vivos.

____
____

Encontrei essas informações na(s) página(s) ________.

» **Determine**, preenchendo as lacunas abaixo, a sequência de eventos que, segundo a teoria da Grande Explosão (*Big Bang*), originou o universo.

No início, o universo era um ______________ ______________ ultradenso.	→	Há aproximadamente ______________ de anos, expandiu-se súbita e violentamente, fenômeno conhecido como a grande ______________.	→	Originaram-se o ______________, o ______________, a ______________ e a ______________ existentes no universo.

ABIOGÊNESE *VERSUS* BIOGÊNESE

Termos e conceitos

» **Defina** o termo ou conceito a seguir.

microrganismo ______________________________

Guia de estudo

1 A teoria da geração espontânea

2 O experimento de Redi

3 O experimento de Joblot

Encontrei essas informações na(s) página(s) ______.

» **Defina** a teoria da geração espontânea, preenchendo o diagrama abaixo.

A teoria da geração espontânea ou ______________________________

↓ afirmava que

____

↓ poderiam surgir

____

↓ como

espontaneamente, de matéria não viva

Encontrei essas informações na(s) página(s) ______.

» **Cite** alguns dos estudiosos associados à teoria da geração espontânea.

Acreditavam na teoria da geração espontânea	Refutavam a teoria da geração espontânea

4

Needham *versus* Spallanzani

Encontrei essas informações na(s) página(s) ______.

» **Compare** os experimentos e as conclusões de John Needham e de Lazzaro Spallanzani, completando o diagrama.

Needham

1. ______ em geração espontânea.
2. Argumentou que a ______ por tempo prolongado causou a perda da ______.
3. Argumentou que a ______ poderia ser restabelecida com a ______.

Experimentos utilizando frascos com caldo nutritivo fervido.

Spallanzani

1. ______ em geração espontânea.
2. Quebrou os gargalos dos frascos fervidos por tempo prolongado e ______ ______.
3. ______ ______ a ideia do restabelecimento da "força vital".

5

Pasteur e a derrubada da abiogênese

Encontrei essas informações na(s) página(s) ______.

» **Liste** as principais contribuições dos cientistas Louis Pasteur e Robert Koch.

	Principais contribuições
Pasteur	
Koch	

Faça a conexão

» **Exemplifique** alimentos encontrados em sua casa que sofrem o processo de pasteurização durante sua produção.

TEORIAS MODERNAS SOBRE A ORIGEM DA VIDA

Termos e conceitos

» **Defina** os termos ou conceitos a seguir.

fermentação ______________________________

fotossíntese ______________________________

respiração aeróbia ______________________________

Guia de estudo

1

Panspermia e evolução química

Encontrei essas informações na(s) página(s) ______.

» **Nomeie** as duas hipóteses atualmente aceitas pela ciência para a origem da vida na Terra.

Teoria de que a vida na Terra se originou a partir de substâncias precursoras a ela ou de seres vivos provenientes de outros locais do cosmo. → ______________________________

Teoria de que a vida é resultado de um processo em que compostos inorgânicos se combinaram originando moléculas orgânicas simples. Estas, por sua vez, se combinaram originando substâncias mais complexas, com capacidade de autoduplicação e metabolismo. → ______________________________

» **Indique** os fatores necessários para o surgimento de vida na Terra, completando o diagrama abaixo.

Condições fundamentais para o surgimento de vida na Terra →
- ______________________________
- ______________________________
- ______________________________

2

Quais eram as condições na Terra primitiva?

Encontrei essas informações na(s) página(s) _______.

» **Caracterize,** no diagrama a seguir, a Terra primitiva, indicando as condições ambientais durante a sua formação.

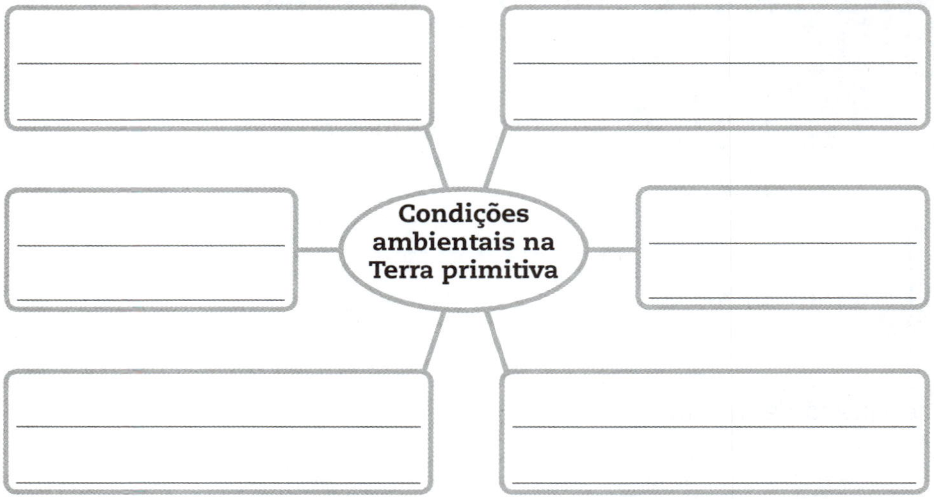

3

Primeiros vestígios de vida na Terra

Encontrei essas informações na(s) página(s) _______.

» **Descreva** o vestígio mais antigo de vida encontrado pelos cientistas preenchendo a ficha abaixo.

Vestígio mais antigo de vida	
Descrição:	______________________ ______________________
Datação:	______________________
Conclusões:	A vida originou-se no planeta Terra há mais de 2,7 bilhões de anos, provavelmente há ______________________.

4

Origem pré-biótica de compostos orgânicos

Encontrei essas informações na(s) página(s) _______.

» **Recorde** o experimento realizado em 1953 por Stanley Lloyd Miller, completando o texto com as palavras do quadro abaixo.

aminoácidos – primitiva – abióticas – gasosos – proteínas
simulação – ciclo da água – gases – descargas elétricas

O experimento de Miller consistia na ______________ do que ele acreditava serem as prováveis condições existentes na Terra ______________, tais como a presença de um ______________ e de ______________, semelhantes às produzidas por tempestades. Uma mistura de ______________, semelhante à de planetas ______________ como Júpiter, Saturno, Urano e Netuno, simulava a atmosfera da Terra. Um dos resultados de Miller foi, partindo de condições ______________, a formação de ______________ — componentes fundamentais das ______________.

5

O "mundo do RNA"

Encontrei essas informações na(s) página(s) ______.

» **Defina** e **caracterize** o "mundo do RNA", completando a ficha abaixo.

"Mundo do RNA"	
O que é?	
Características do RNA que sustentam tal hipótese:	1. ______ 2. ______ 3. ______

6

Evolução dos processos energéticos

Encontrei essas informações na(s) página(s) ______.

» **Associe** corretamente os conceitos com suas definições.

a. seres autotróficos

b. seres heterotróficos

c. hipótese autotrófica

d. hipótese heterotrófica

e. quimiolitotróficos

☐ Ideia de que os primeiros seres vivos seriam quimiolitoautotróficos e, a partir destes, teriam surgido os outros tipos de seres vivos.

☐ Seres capazes de produzir seu próprio alimento a partir de substâncias inorgânicas e energia obtidas do ambiente.

☐ Seres incapazes de produzir seu próprio alimento; necessitam obtê-lo do meio externo na forma de moléculas orgânicas.

☐ Seres capazes de produzir suas próprias substâncias alimentares pelo aproveitamento da energia liberada por reações químicas entre componentes inorgânicos da crosta terrestre.

☐ Ideia de que a fonte de alimento dos primeiros seres vivos seria constituída de moléculas orgânicas produzidas de modo abiogênico e acumuladas nos mares e lagos primitivos.

Encontrei essas informações na(s) página(s) ______.

» **Compare** os processos de fotossíntese e de respiração aeróbia, preenchendo a tabela a seguir.

	Fotossíntese	Respiração aeróbia
Processo realizado por seres		
Reagentes do processo		
Produtos do processo		
Processo dependente de		

EVOLUÇÃO E DIVERSIFICAÇÃO DA VIDA

Termos e conceitos

» Associe termos ou conceitos encontrados no livro-texto a cada definição enunciada a seguir.

1. ____________________
1. Célula na qual o citoplasma é um labirinto de túbulos e bolsas membranosas e o material hereditário fica contido em uma bolsa especial, o núcleo.

2. ____________________
2. Hipótese que admite que tanto mitocôndrias como plastos originaram-se de bactérias primitivas que, em um passado muito distante, associaram-se às primitivas células eucarióticas.

3. ____________________
3. Vestígio de seres vivos impresso em rochas, que fornece pistas para reconstituir eventos ocorridos no passado.

4. ____________________
4. Cronologia da Terra que divide em etapas o tempo de existência do planeta, apoiando-se em registros fósseis para a sua elaboração.

5. ____________________
5. Placa de rocha que se apoia sobre o magma.

6. ____________________
6. A movimentação contínua dos continentes terrestres.

Guia de estudo

1 Origem da célula eucariótica

Encontrei essas informações na(s) página(s) ____________.

» Recorde a provável origem das células eucarióticas completando o texto com as palavras do quadro abaixo.

membrana plasmática – núcleo – extremos – uma única célula material hereditário – unicelulares – procariótico – semelhantes

Observando a simplicidade das arqueas, seres ____________ microscópicos, e os ambientes ____________ em que vivem, muitos cientistas chegaram à conclusão de que tais ambientes eram muito ____________ aos possivelmente existentes na Terra primitiva.

Por essa razão, acredita-se que os primeiros seres vivos deviam ser muito simples, constituídos de ____________ e mais próximos a um ancestral ____________.

As células eucarióticas provavelmente surgiram por meio de invaginações da ____________ de um ancestral procariótico, tornando possível, assim, a formação de um compartimento membranoso especial, o ____________, capaz de proteger o ____________.

2 Hipótese endossimbiótica ou simbiogênica

Encontrei essas informações na(s) página(s) ________.

» **Resuma** a hipótese endossimbiótica ou simbiogênica, completando o diagrama abaixo.

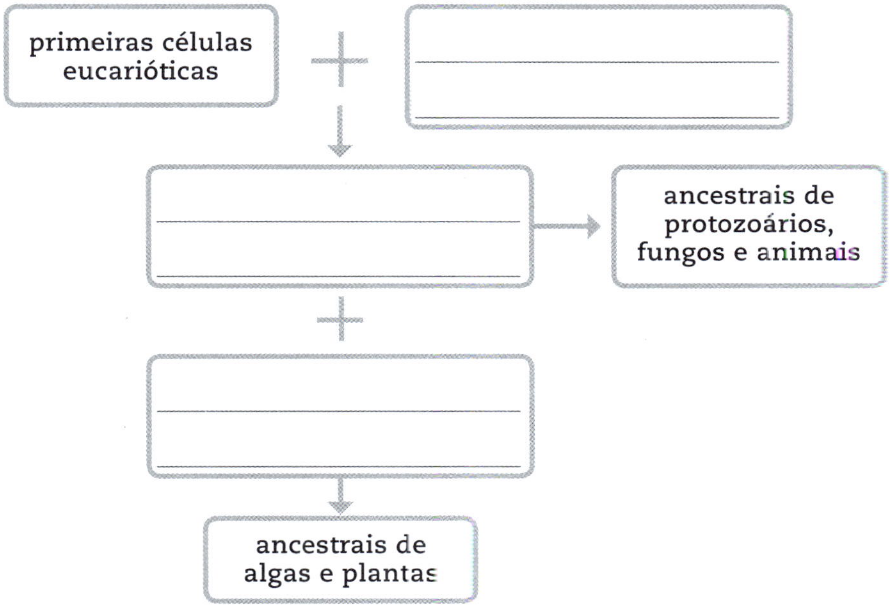

Encontrei essas informações na(s) página(s) ________.

» **Cite** três evidências que sustentam a veracidade da hipótese endossimbiótica ou simbiogênica.

Evidências que sustentam a hipótese endossimbiótica	
	1. ________
	2. ________
	3. ________

3 Origem da multicelularidade

Encontrei essas informações na(s) página(s) ________.

» **Identifique** e **caracterize** os tipos de seres esquematizados abaixo de acordo com o número de células que os constituem.

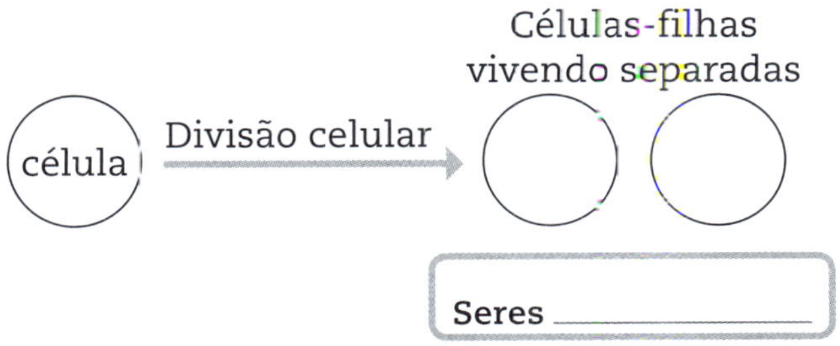

O ser unicelular possui uma célula na qual se concentram todas as funções e atividades para a sua sobrevivência.

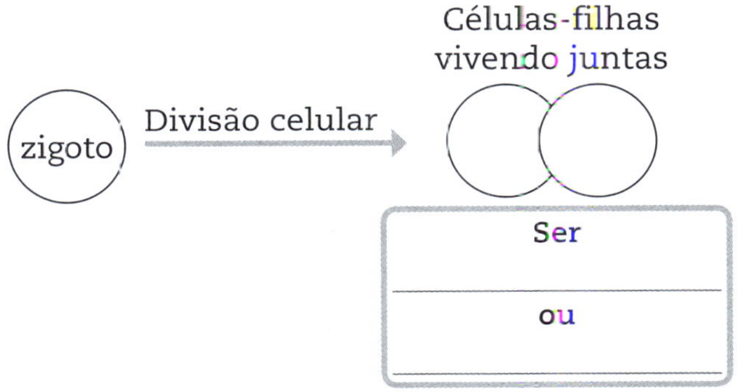

____
____
____
____
____

FECHANDO O CAPÍTULO

» **Marque** um X na coluna que melhor reflete o seu aprendizado de cada tema. Depois, **compare** esta tabela com a que você preencheu no “Antes de estudar o capítulo”.

Temas principais do capítulo	Já sabia tudo	Aprendi sobre o tema	Não entendi... Socorro!!!
A formação da Terra			
Teoria da Grande Explosão (*Big Bang*)			
Teoria da geração espontânea			
Os experimentos que refutaram a geração espontânea			
A importância dos trabalhos de Pasteur e de Koch			
Teorias da origem da vida: panspermia e evolução química ou molecular			
Condições na Terra primitiva			
Origem pré-biótica de compostos orgânicos			
Hipótese do “mundo do RNA”			
Evolução dos processos de obtenção de energia			
Origem da célula eucariótica			
Hipótese endossimbiótica ou simbiogênica			
Origem da multicelularidade			

Se você não entendeu algum desses temas, reveja as atividades do *Caderno do Estudante* e revise seu livro-texto. Quando for necessário, peça ajuda a seu professor ou a um colega.

Sintetize

» **Elabore** um resumo sobre as principais teorias acerca da origem da vida na Terra.

Unidade A

Capítulo

3

Bases moleculares da vida

Seções:
3.1 A Química e a vida
3.2 A água e os seres vivos
3.3 Glicídios
3.4 Lipídios
3.5 Proteínas
3.6 Vitaminas
3.7 Ácidos nucleicos

Antes de estudar o capítulo

» **Veja** nesta tabela os temas principais do capítulo e **marque** um X na coluna que melhor traduz o que você pensa sobre a aprendizagem de cada tema.

Temas principais do capítulo	Domino o tema	Vai ser fácil	Vai ser difícil
Os componentes da matéria viva			
Estrutura e propriedades da água, e sua importância para a vida			
Classificação dos glicídios e suas funções			
Tipos e funções dos lipídios			
Composição, estrutura e funções das proteínas			
Doenças relacionadas à nutrição			
Tipos de vitaminas e avitaminoses			
Composição, tipos e estrutura dos ácidos nucleicos			

» **Veja** abaixo alguns termos e conceitos que você encontrará no capítulo. **Marque** um X naqueles que você julga que estão relacionados à imagem.

- [ ] água
- [ ] glicídios
- [ ] lipídios
- [ ] proteínas
- [ ] vitaminas
- [ ] ácidos nucleicos

© L. MATTON BILD/CID

Justifique suas escolhas.

____

____

____

A QUÍMICA E A VIDA

Termos e conceitos

Associe termos ou conceitos encontrados no livro-texto a cada definição enunciada a seguir.

1. ______________ 1. Minúscula partícula que constitui a matéria.

2. ______________ 2. Substância inorgânica formada por íons e que pode ser fundamental para o bom funcionamento dos seres vivos.

3. ______________ 3. Concentração relativa de íons de hidrogênio em um meio.

4. ______________ 4. Cada tipo de átomo.

5. ______________ 5. Íons importantes para a nutrição do organismo.

Guia de estudo

1 O desenvolvimento da Bioquímica

Encontrei essas informações na(s) página(s) __________.

Analise as afirmações abaixo e **assinale** V para as verdadeiras e F para as falsas.

☐ Segundo a teoria atômica, todas as substâncias existentes na natureza, inclusive as que constituem os seres vivos, são formadas pelas combinações entre os átomos.

☐ O vitalismo, crença difundida no século XVIII, era baseado na ideia de que a produção das substâncias orgânicas dependia da "força vital", presente apenas nos seres vivos.

☐ O experimento de Wöhler sustentou o dogma vitalista vigente, porque demonstrou que era impossível produzir substâncias orgânicas em laboratório.

☐ As substâncias podem ser definidas, em relação aos elementos que constituem suas moléculas, como inorgânicas e orgânicas, sendo que as últimas possuem átomos de carbono e hidrogênio em sua composição.

2 Componentes da matéria viva

Encontrei essas informações na(s) página(s) __________.

Ordene, de acordo com a abundância, as principais substâncias que constituem os seres vivos.

Abundância decrescente ↓
____
____
____
____

A ÁGUA E OS SERES VIVOS

Termos e conceitos

» **Defina** os termos ou conceitos a seguir.

solvente ______________________________

solução ______________________________

soluto ______________________________

reação de hidrólise ______________________________

____

Guia de estudo

1

Estrutura molecular da água

Encontrei essas informações na(s) página(s) ________.

» **Esquematize** uma molécula de água. Em seguida, **defina** as pontes de hidrogênio e **explique** como elas ocorrem.

Definição: ______________________________

____

Como ocorrem: ______________________________

____

2

Importância da água para a vida

Encontrei essas informações na(s) página(s) ________.

» **Indique**, conforme solicitado no quadro abaixo, as principais propriedades da água ou exemplos de sua importância para a vida.

Propriedades da água	
1. ______________ **Exemplo:** Citosol é uma solução aquosa que contém glicídios, sais, aminoácidos, proteínas e outras substâncias nela dissolvidas.	**2.** Participante de reações químicas **Exemplo:** ______________ ______________
3. Moderador de temperatura **Exemplo:** ______________ ______________	**4.** ______________ ______________ **Exemplo:** Deslocamento da seiva bruta por meio da coesão e adesão, desde as raízes até o topo das árvores.

GLICÍDIOS

Termos e conceitos

» **Associe** termos ou conceitos encontrados no livro-texto a cada definição enunciada a seguir.

1. ______ 1. Molécula orgânica constituída fundamentalmente por átomos de carbono, hidrogênio e oxigênio, que é a principal fonte de energia para os seres vivos.

2. ______ 2. Glicídio composto de dois monossacarídios unidos quimicamente.

3. ______ 3. Glicídio formado por centenas ou mesmo milhares de monossacarídios quimicamente ligados.

4. ______ 4. Substância produzida por plantas e algas, constituída pela condensação química de milhares de moléculas de α glicose.

5. ______ 5. Polissacarídio presente em células animais cuja molécula tem estrutura similar à da amilopectina, diferindo desta por ser maior, mais ramificada e mais compacta.

6. ______ 6. Polissacarídio filamentoso e altamente resistente, que é o principal componente da parede de células vegetais.

Guia de estudo

1 Características gerais dos glicídios

Encontrei essas informações na(s) página(s) ______.

» **Caracterize** os glicídios preenchendo o quadro abaixo com as funções que desempenham nos seres vivos e com alguns exemplos de alimentos em que são encontrados.

Glicídios	Principais funções: 1. ______ ______ 2. ______ ______
	Presentes em: ______

2 Classificação dos glicídios

Encontrei essas informações na(s) página(s) ______.

» **Indique** os grupos de glicídios e **exemplifique** cada um deles no diagrama abaixo.

Glicídios
- ______ — Exemplos: ______ ______
- ______ — Exemplos: ______
- ______ — Exemplos: ______ ______

LIPÍDIOS

Termos e conceitos

» **Associe** termos ou conceitos encontrados no livro-texto a cada definição enunciada a seguir.

1. ____________ **1.** Tipo de lipídio constituído por moléculas de glicerol ligadas a uma, duas ou três moléculas de ácidos graxos.

2. ____________ **2.** Tipo de lipídio formado por uma molécula de álcool, que não a do glicerol, unida a uma ou mais moléculas de ácidos graxos.

3. ____________ **3.** Categoria especial de lipídio constituída por átomos de carbono interligados, formando quatro anéis carbônicos, aos quais estão ligadas cadeias carbônicas, assim como grupos hidroxila e átomos de oxigênio.

4. ____________ **4.** Tipo de esteroide que é um importante componente das membranas das células animais e um precursor de hormônios esteroides.

5. ____________ **5.** Tipo de lipídio que, formado por um glicerídio e um grupo fosfato, é o principal componente da membrana plasmática.

6. ____________ **6.** Tipo de lipídio que constitui pigmentos de cor vermelha, laranja ou amarela.

Guia de estudo

1

O que são lipídios

Encontrei essas informações na(s) página(s) ____________.

» **Defina e exemplifique** os lipídios.

Lipídios	
Definição:	____________
Exemplos:	____________

2

Tipos de lipídio

Encontrei essas informações na(s) página(s) ____________.

» **Indique**, no diagrama a seguir, **os tipos de lipídio e, em seguida, cite substâncias ou estruturas constituídas por eles.**

Encontrei essas informações na(s) página(s) ______.

» **Cite** a principal função dos glicerídios e **explique** como essa função ocorre em plantas e em animais.

Principal função dos glicerídios: ______ ______	Em plantas: ______ ______
	Em aves e mamíferos: ______ ______

Encontrei essas informações na(s) página(s) ______.

» **Preencha** as lacunas do texto empregando as palavras do quadro. Atenção! Algumas palavras podem ser usadas mais de uma vez.

insolúveis – perda de água – ceras – impermeáveis

As ______ são altamente ______ em água, sendo muito úteis para as plantas e para alguns animais que vivem em ambientes terrestres. Nas plantas e em diversos insetos, as ______ recobrem partes do organismo, tornando-os ______ e, dessa forma, reduzindo sua ______.

Encontrei essas informações na(s) página(s) ______.

» **Indique**, na imagem, o principal componente das membranas celulares e **nomeie-o**. Em seguida, **identifique** qual característica desse componente está relacionada à elasticidade das membranas biológicas.

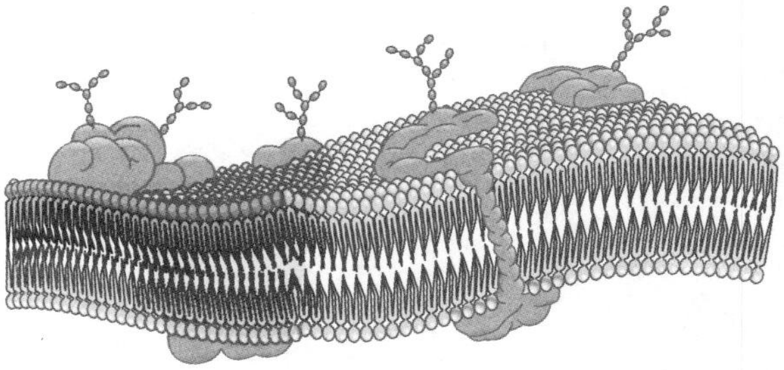

Principal componente da membrana celular: ______

Característica relacionada à sua elasticidade: ______

______

______

Faça a conexão

» **Repare** nas substâncias e nos produtos presentes no local onde você vive. **Identifique** alguns que sejam ou que contenham lipídios.

______

PROTEÍNAS

Termos e conceitos

» **Defina** os termos ou conceitos a seguir.

proteína ______________________________

aminoácido ______________________________

ligação peptídica ______________________________

peptídio ______________________________

desnaturação ______________________________

enzima ______________________________

modelo chave-fechadura ______________________________

fenilcetonúria ______________________________

Guia de estudo

1

A descoberta das proteínas

Encontrei essas informações na(s) página(s) ________.

» **Cite** quantos tipos diferentes de aminoácidos podem estar presentes nas proteínas dos seres vivos.

____

2

Aminoácidos

Encontrei essas informações na(s) página(s) ________.

» **Complete** o esquema de um aminoácido hipotético, identificando os grupos que são comuns a todos os aminoácidos e o grupo que os diferencia.

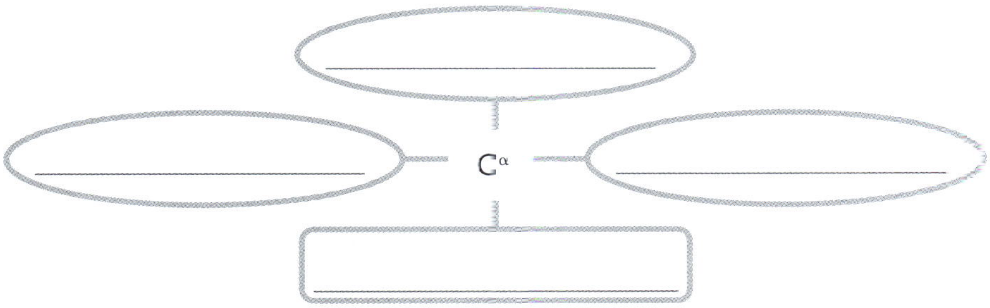

3 Ligação peptídica

Encontrei essas informações na(s) página(s) ________.

» **Identifique**, na equação a seguir, os grupos que constituem os reagentes, os produtos formados e a ligação que ocorre entre eles, indicada pela seta.

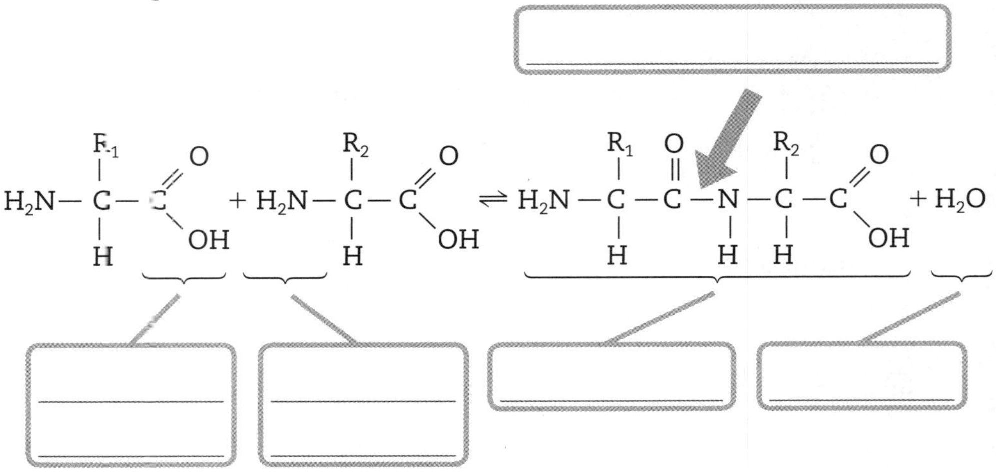

4 Em que diferem as proteínas?

Encontrei essas informações na(s) página(s) ________.

» **Recorde** as possíveis variações nas cadeias polipeptídicas capazes de diferenciar uma proteína de outra, transcrevendo-as no diagrama.

Aspectos que podem diferenciar proteínas umas das outras

→ ________________

→ ________________

→ ________________

5 Arquitetura das proteínas

Encontrei essas informações na(s) página(s) ________.

» **Caracterize** a estrutura espacial das proteínas completando o diagrama abaixo.

Aminoácido 1 + Aminoácido 2 + Aminoácido 3 + ...

↓ define

________________ → enrolamento helicoidal → ________________

↓ dobramento sobre si mesma

____

↓ ligação com outra cadeia polipeptídica

____

Encontrei essas informações na(s) página(s) ________.

» **Liste** os fatores responsáveis pela alteração na estrutura espacial das proteínas.

Fatores responsáveis pela desnaturação das proteínas	1. ________
	2. ________
	3. ________
	4. ________

6

Funções das proteínas

Encontrei essas informações na(s) página(s) ________.

» **Descreva** as principais funções das proteínas completando o esquema abaixo.

Funções das proteínas

- Funcionamento celular
  - ________ Exemplos: ________ ________
- ________
  - ________ Exemplos: proteínas de citoesqueleto
  - ________ Exemplos: proteínas integrantes das membranas celulares

Encontrei essas informações na(s) página(s) ________.

» **Explique** o que são os pontos indicados pelas setas nos gráficos de atividade enzimática representados abaixo.

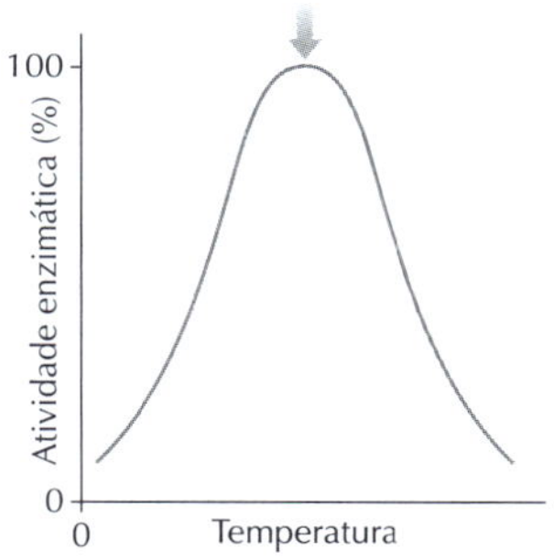

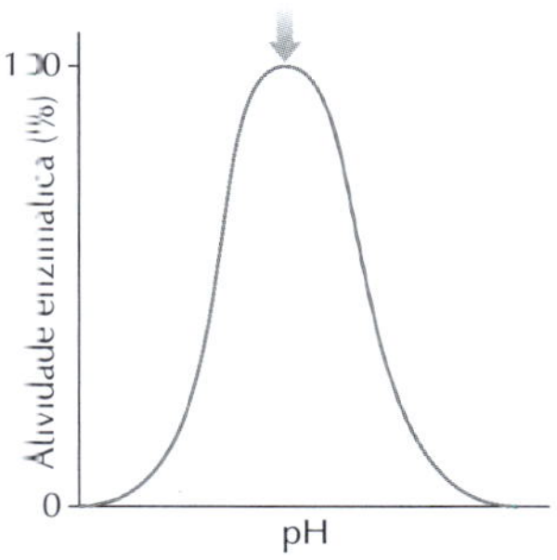

____

____

Faça a conexão

» **Comente** a frase a seguir empregando os conceitos de aminoácidos essenciais (aqueles que o organismo não consegue produzir e que precisam fazer parte da dieta alimentar).

"Pessoas que se alimentam de uma dieta exclusivamente vegetariana devem cuidar para que ela seja bastante variada, evitando a desnutrição."

____

____

____

VITAMINAS

Termos e conceitos

» **Defina** os termos ou conceitos a seguir.

vitamina ______________________________

____

escorbuto ______________________________

beribéri ______________________________

____

avitaminose ______________________________

Guia de estudo

1

A descoberta das vitaminas

Encontrei essas informações na(s) página(s) ________.

» **Analise** as afirmações abaixo e **assinale** V para as verdadeiras e F para as falsas.

- [ ] As vitaminas são substâncias orgânicas que os organismos conseguem produzir e que são necessárias em grande quantidade.
- [ ] A alimentação pobre e pouco variada dos marinheiros, durante a época das grandes navegações a vela, levou ao desenvolvimento de doenças nutricionais e até à morte.
- [ ] O escorbuto, doença que era comum entre os marinheiros, é causada pela falta de vitamina C.
- [ ] O principal sintoma do beribéri é a cegueira.

2

Fontes de vitaminas e avitaminoses

Encontrei essas informações na(s) página(s) ________.

» **Compare** as características das vitaminas lipossolúveis com as das hidrossolúveis.

	Classificação	Características
Vitaminas	Lipossolúveis	
	Hidrossolúveis	

» **Associe** as avitaminoses da coluna da esquerda com suas respectivas doenças.

Carência de:

1. Vitamina A
2. Vitamina C
3. Vitamina D
4. Vitamina K

Doenças:

- [ ] hemorragias
- [ ] cegueira noturna
- [ ] raquitismo
- [ ] escorbuto

ÁCIDOS NUCLEICOS

Termos e conceitos

» **Defina** os termos ou conceitos a seguir.

ácido nucleico ______________________________

____

DNA ______________________________

RNA ______________________________

base nitrogenada ______________________________

____

nucleotídio ______________________________

____

Guia de estudo

1

Características gerais dos ácidos nucleicos

Encontrei essas informações na(s) página(s) ________.

» **Diferencie** os ácidos nucleicos completando a tabela abaixo.

	Tipos	Monossacarídio presente
Ácidos nucleicos		

2

Componentes dos ácidos nucleicos

Encontrei essas informações na(s) página(s) ________.

» **Assinale** as bases nitrogenadas presentes em cada tipo de ácido nucleico.

	Bases nitrogenadas				
Ácido nucleico	adenina	citosina	guanina	timina	uracila
DNA					
RNA					

Encontrei essas informações na(s) página(s)

____________.

» **Recorde** a unidade estrutural dos ácidos nucleicos nomeando as estruturas A, B, C e D do esquema abaixo.

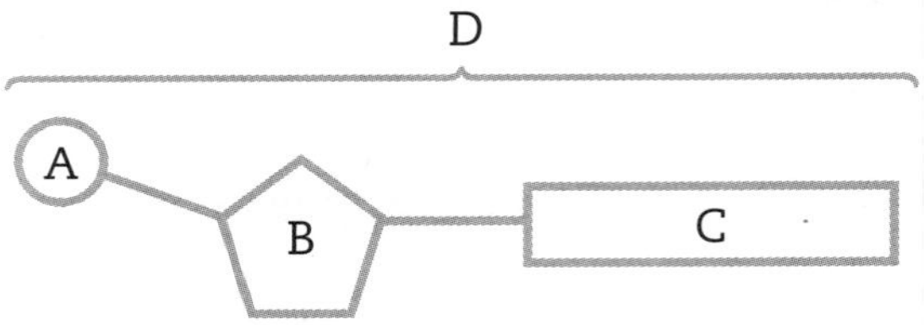

A: ____

B: ____

C: ____

D: ____

3 Estrutura espacial dos ácidos nucleicos

Encontrei essas informações na(s) página(s)

____________.

» **Observe** as imagens abaixo. Em seguida, **caracterize** as moléculas de DNA e de RNA completando a tabela.

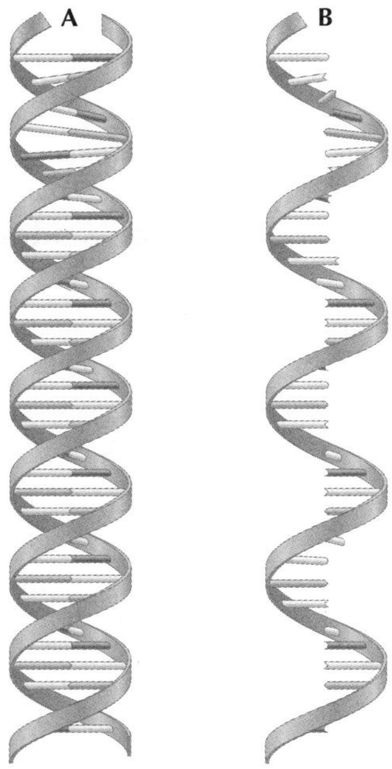

	Imagem	Estrutura espacial	Tipo de emparelhamento de bases complementares
DNA	______	______	______
RNA	______	______	______

FECHANDO O CAPÍTULO

» **Marque** um X na coluna que melhor reflete o seu aprendizado de cada tema. Depois, **compare** esta tabela com a que você preencheu no “Antes de estudar o capítulo”.

Temas principais do capítulo	Já sabia tudo	Aprendi sobre o tema	Não entendi... Socorro!!!
Os componentes da matéria viva			
Estrutura e propriedades da água, e sua importância para a vida			
Classificação dos glicídios e suas funções			
Tipos e funções dos lipídios			
Composição, estrutura e funções das proteínas			
Doenças relacionadas à nutrição			
Tipos de vitaminas e avitaminoses			
Composição, tipos e estrutura dos ácidos nucleicos			

Se você não entendeu algum desses temas, reveja as atividades do *Caderno do Estudante* e revise seu livro-texto. Quando for necessário, peça ajuda a seu professor ou a um colega.

» **Reveja** a segunda atividade do “Antes de estudar o capítulo” e **reavalie** as suas escolhas. Se **julgar** necessário, **escreva** novas justificativas e **compare-as** com suas considerações iniciais.

Sintetize

» **Elabore** uma tabela com as principais substâncias componentes dos seres vivos estudadas no capítulo. **Registre** suas constituições, suas principais funções e onde elas podem ser encontradas.

Unidade B
Capítulo
4

A descoberta da célula viva

Seções:
4.1 O mundo microscópico
4.2 A célula observada ao microscópio óptico
4.3 A célula observada ao microscópio eletrônico
4.4 Outros métodos para o estudo da célula

Antes de estudar o capítulo

» **Veja** nesta tabela os temas principais do capítulo e **marque** um X na coluna que melhor traduz o que você pensa sobre a aprendizagem de cada tema.

Temas principais do capítulo	Domino o tema	Vai ser fácil	Vai ser difícil
A criação do microscópio simples e do microscópio composto			
A origem do termo célula			
O desenvolvimento e as premissas fundamentais da teoria celular			
Os vírus e a teoria celular			
As partes fundamentais da célula			
O funcionamento do microscópio óptico e as técnicas para observação			
Tipos de microscópios eletrônicos, seu funcionamento e as técnicas para observação microscópica			
A revolução do estudo das células por meio do microscópio eletrônico			
Métodos de estudo das células			

» **Veja** abaixo alguns termos e conceitos que você encontrará no capítulo. **Marque** um X naqueles que você julga que estão relacionados à imagem.

- [ ] microscópio óptico
- [ ] Citologia
- [ ] centrifugação
- [ ] microscópio eletrônico de varredura
- [ ] microscópio eletrônico de transmissão
- [ ] célula
- [ ] radioautografia

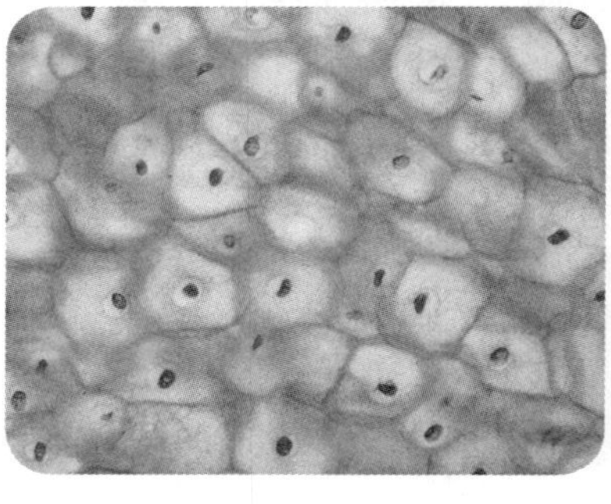

PHILIPPE PSAILA/SCIENCE PHOTO LIBRARY/ LATINSTOCK

Justifique suas escolhas.

O MUNDO MICROSCÓPICO

Termos e conceitos

» **Defina** os termos ou conceitos a seguir.

Citologia ______________________________

microscópio simples ______________________________
____

microscópio composto ______________________________
____

célula ______________________________

mitose ______________________________
____

Guia de estudo

1

Microscópio simples e microscópio composto

Encontrei essas informações na(s) página(s) ______.

» **Analise** as afirmações abaixo e **assinale** V para as verdadeiras e F para as falsas.

- [ ] A descoberta das células foi possível devido à invenção do microscópio.
- [ ] O novo campo de investigação científica inaugurado com a descoberta das células foi a Citologia.
- [ ] A construção do microscópio simples, dotado de apenas uma lente, não foi suficiente para permitir que Leeuwenhoek descobrisse microrganismos, hemácias e espermatozoides por meio da observação de água estagnada, sangue e esperma respectivamente.
- [ ] O microscópio composto é assim chamado por possuir dois sistemas de lentes e foi desenvolvido pelo físico Robert Hooke.

2

Origem do termo "célula"

Encontrei essas informações na(s) página(s) ______.

» **Descreva** a origem do termo "célula" preenchendo as lacunas com as palavras do quadro.

cortiça – vivas – animais – célula – material gelatinoso cavidades – conteúdo – *cellula*

O termo ______________ deriva do latim ______________ e foi empregado para denominar pequenas ______________ encontradas em fatias finas de ______________, observadas por Robert Hooke ao microscópio.

Observando partes ____________ de plantas, pesquisadores notaram a presença de compartimentos semelhantes aos da cortiça, porém estes eram preenchidos por um ____________________. O termo célula passou, então, a designar o ____________ completo dessas "caixinhas" microscópicas.

Posteriormente, pesquisadores observaram que os ____________ também eram constituídos por bolsas microscópicas de aspecto gelatinoso, as quais passaram a ser igualmente chamadas de células.

3 Teoria celular

Encontrei essas informações na(s) página(s) ____________.

» **Relacione** as descobertas científicas a respeito das células (coluna da esquerda) com suas respectivas conclusões (coluna da direita).

Teoria celular

As atividades essenciais que caracterizam a vida ocorrem no interior das células	As células são as unidades morfológicas dos seres vivos
Todos os seres vivos são formados por células e estruturas produzidas por elas	A continuidade da vida depende da reprodução celular
Novas células surgem apenas pela divisão de células preexistentes	As células são as unidades funcionais ou fisiológicas dos seres vivos

» **Explique** por que a existência dos vírus – organismos acelulares – não contraria a teoria celular.

____

____

____

____

Faça a conexão

» **Cite** três profissões que utilizam o microscópio como instrumento de trabalho.

____

____

____

A CÉLULA OBSERVADA AO MICROSCÓPIO ÓPTICO

Termos e conceitos

» **Associe** termos ou conceitos encontrados no livro-texto a cada definição enunciada a seguir.

1. ____________________

2. ____________________

3. ____________________

1. Unidade do sistema métrico que corresponde a um milésimo do milímetro, ou a um milionésimo do metro, representada por µm.

2. Unidade que corresponde a um milésimo do micrometro, representada por nm.

3. Substância colorida que tem afinidade por certas estruturas celulares, associando-se a elas.

Guia de estudo

1

Partes fundamentais da célula

Encontrei essas informações na(s) página(s) ____________.

» **Identifique** o tipo de célula e suas principais estruturas preenchendo os esquemas a seguir.

Célula ____________________

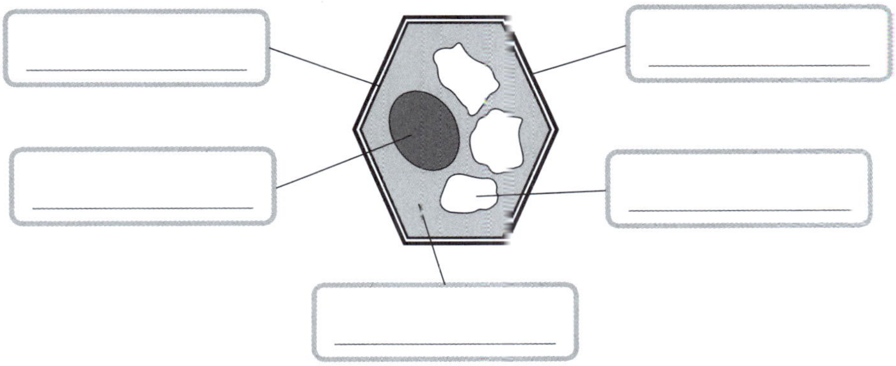

Célula ____________________

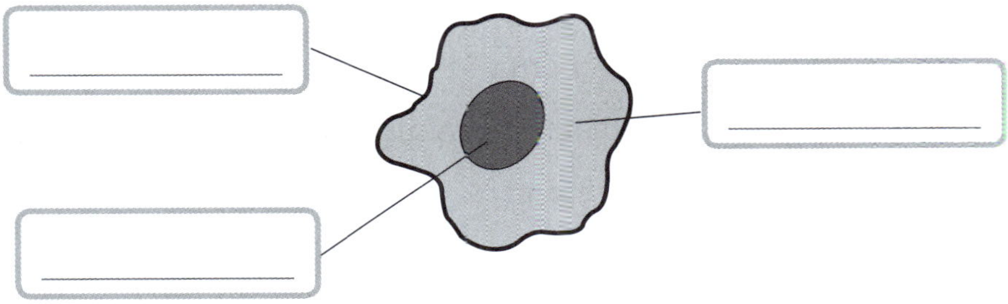

2 Como funcionam os microscópios ópticos

Encontrei essas informações na(s) página(s) ______.

» **Dê** a função dos conjuntos principais de lentes ópticas que compõem os microscópios ópticos modernos.

Conjunto de lentes ópticas	Função
Condensador	______
Objetivas	______
Oculares	______

» **Observe** o esquema. Em seguida, **resuma** o caminho percorrido pela luz até chegar ao observador completando o diagrama.

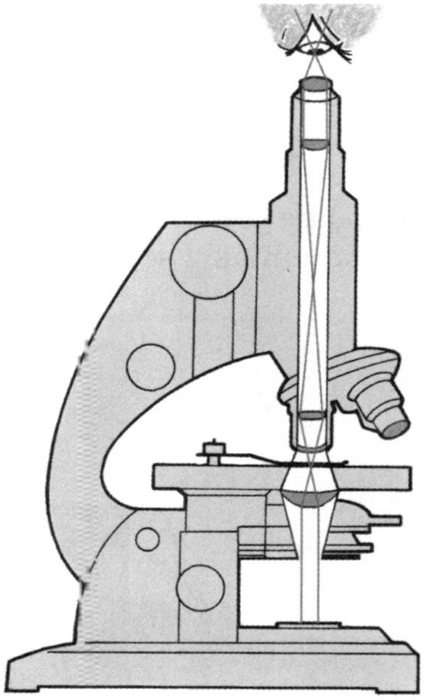

Microscópio óptico (fotônico)

Observador
↑
______
↑
Objeto
↑
______
↑
Luz

Encontrei essas informações na(s) página(s) ______.

» **Preencha** as lacunas usando as palavras do quadro. Atente ao fato de que há palavras a mais.

limite óptico – limite de resolução – cem
poder de resolução – quatrocentas – poder de ampliação

A capacidade de distinguir pontos muito próximos em uma imagem chama-se ______. O ______ é a distância mínima que deve haver entre pontos que formam uma imagem para que sejam distinguidos pelo olho humano. O poder de resolução de um microscópio óptico é cerca de ______ vezes maior que a resolução do olho nu.

3

Técnicas para observação ao microscópio óptico

Encontrei essas informações na(s) página(s) ____________.

» **Relacione** o nome da técnica citológica com os respectivos procedimentos efetuados para realizá-la.

Por meio da técnica citológica de...
1. coloração
2. esfregaço
3. fixação
4. observação vital
5. corte histológico
6. inclusão
7. esmagamento

o material é...
mergulhado em uma substância inicialmente líquida que o preenche e o envolve completamente. Essa substância posteriormente se solidifica e o material pode, então, ser cortado em fatias muito finas por um micrótomo. (   )
espalhado sobre uma lâmina de microscopia. (   )
colocado entre a lâmina e a lamínula e observado a fresco ao microscópio. (   )
mergulhado em soluções que contêm corantes. Diferentes estruturas da célula tornam-se coloridas de acordo com a afinidade do corante. (   )
colocado entre lâmina e lamínula e esmagado pela pressão suave do dedo polegar. (   )
mergulhado em líquidos fixadores, matando suas células rapidamente e preservando suas estruturas. (   )
cortado em fatias finas e observado a fresco entre a lâmina e a lamínula. (   )

Faça a conexão

» **Exemplifique** uma situação do cotidiano em que a observação de células ao microscópio óptico é empregada.

A CÉLULA OBSERVADA AO MICROSCÓPIO ELETRÔNICO

Termos e conceitos

» **Defina** os termos ou conceitos a seguir.

célula eucariótica ______________________________

____

célula procariótica ______________________________

____

Guia de estudo

1

Como funcionam os microscópios eletrônicos

Encontrei essas informações na(s) página(s) ________.

» **Organize, na tabela abaixo, as informações dadas a seguir, de acordo com o tipo de microscópio eletrônico.**

- Um feixe de elétrons é projetado sobre o material a ser observado, passando por toda sua superfície.
- Ao atravessar o material, o feixe de elétrons deixa de ser homogêneo e constitui uma imagem eletrônica.
- O material emite elétrons que são captados por um sensor. A interpretação computadorizada dos elétrons emitidos permite compor imagens tridimensionais do material.
- Um feixe de elétrons atravessa o material a ser observado.

	Microscópio de varredura	Microscópio de transmissão
Projeção do feixe de elétrons		
Formação de imagens		

2

Técnicas para observação ao microscópio eletrônico

Encontrei essas informações na(s) página(s) ________.

» **Identifique qual a coloração utilizada para a observação de um material biológico em cada um dos microscópios citados.**

	Microscópio óptico	Microscópio eletrônico de transmissão
Corante vital		
Corante eletrônico		
Corante que, associado às estruturas celulares, torna-as coloridas		
Corante capaz de tornar as estruturas celulares pouco permeáveis ao feixe de elétrons		

3

Descobrindo o interior das células vivas

Encontrei essas informações na(s) página(s) ________.

» **Explique** como a microscopia eletrônica revolucionou o estudo das células completando o diagrama abaixo.

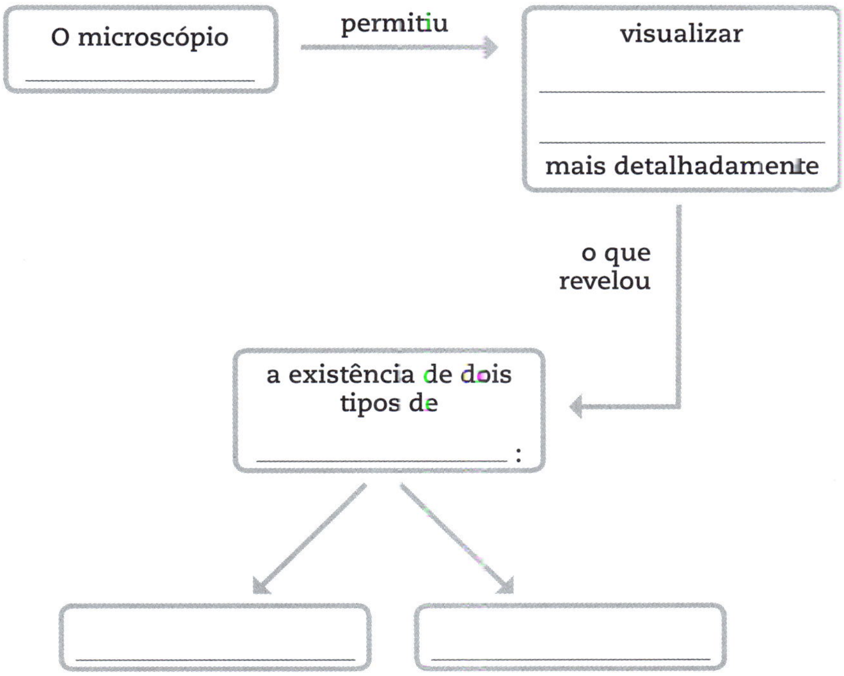

Faça a conexão

» **Relacione** os assuntos já estudados às disciplinas correspondentes ligando as colunas.

- As técnicas de coloração e fixação de material biológico.
- As lentes dos microscópios e o aumento de imagens.
- As diferenças de poder de resolução dos microscópios.
- O funcionamento dos microscópios eletrônicos por meio de feixe de elétrons.
- O microscópio eletrônico revolucionou o estudo das células.

- Física
- Artes
- Química
- Português
- Matemática
- Geografia
- História

OUTROS MÉTODOS PARA O ESTUDO DA CÉLULA

Termos e conceitos

» **Defina** os termos ou conceitos a seguir.

centrifugação ______________________________

____

radioautografia ______________________________

____

Guia de estudo

1

Fracionamento celular

Encontrei essas informações na(s) página(s) ________.

» **Relacione as técnicas aplicadas no fracionamento celular preenchendo o diagrama.**

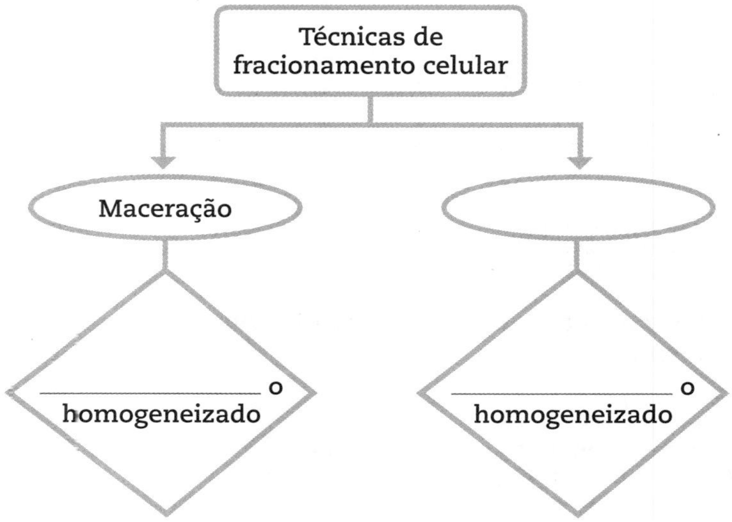

2

Utilização de substâncias radioativas em Citologia

Encontrei essas informações na(s) página(s) ________.

» **Ordene as etapas da técnica de radioautografia descritas a seguir numerando-as de 1 a 5.**

☐ Preparação das células em lâminas histológicas, sobre as quais se coloca uma película fotográfica, que fica marcada na presença de radioatividade.

☐ Fornecimento, às celulas vivas, de substância radioativa que servirá de matéria-prima para a produção do componente em estudo.

☐ Determinação do local da célula em que houve produção do componente em estudo no período entre o fornecimento da substância radioativa e a morte da célula.

☐ Morte da célula e remoção da substância radioativa não incorporada aos componentes das células.

☐ Revelação da película fotográfica buscando sinais de radioatividade.

FECHANDO O CAPÍTULO

» **Marque** um X na coluna que melhor reflete o seu aprendizado de cada tema. Depois, **compare** esta tabela com a que você preencheu no "Antes de estudar o capítulo".

Temas principais do capítulo	Já sabia tudo	Aprendi sobre o tema	Não entendi... Socorro!!!
A criação do microscópio simples e do microscópio composto			
A origem do termo célula			
O desenvolvimento e as premissas fundamentais da teoria celular			
Os vírus e a teoria celular			
As partes fundamentais da célula			
O funcionamento do microscópio óptico e as técnicas para observação			
Tipos de microscópios eletrônicos, seu funcionamento e as técnicas para observação			
A revolução do estudo das células por meio do microscópio eletrônico			
Métodos de estudo das células			

Se você não entendeu algum desses temas, reveja as atividades do *Caderno do Estudante* e revise seu livro-texto. Quando for necessário, peça ajuda a seu professor ou a um colega.

» **Reveja** a segunda atividade do "Antes de estudar o capítulo" e **reavalie** as suas escolhas. Se **julgar** necessário, **escreva** novas justificativas e **compare-as** com suas considerações iniciais.

Sintetize

» **Descreva** como o desenvolvimento dos microscópios e das técnicas citológicas contribuiu para o estudo das células.

Unidade B
Capítulo
5

Fronteiras da célula

Seções:
5.1 Membrana plasmática
5.2 Permeabilidade celular
5.3 Endocitose e exocitose
5.4 Envoltórios externos à membrana plasmática

Antes de estudar o capítulo

» **Veja** nesta tabela os temas principais do capítulo e **marque** um X na coluna que melhor traduz o que você pensa sobre a aprendizagem de cada tema.

Temas principais do capítulo	Domino o tema	Vai ser fácil	Vai ser difícil
Composição e características da membrana plasmática			
Modelo do mosaico fluido			
Transporte de substâncias através da membrana celular			
Tipos de endocitose (fagocitose e pinocitose)			
O processo de exocitose			
Constituição e funções dos diferentes envoltórios externos à membrana plasmática			

» **Veja** abaixo alguns termos e conceitos que você encontrará no capítulo. **Marque** um X naqueles que você julga que estão relacionados à imagem.

- [ ] exocitose
- [ ] membrana plasmática
- [ ] endocitose
- [ ] pseudópode
- [ ] transporte passivo
- [ ] fagocitose
- [ ] plasmodesmo
- [ ] difusão facilitada

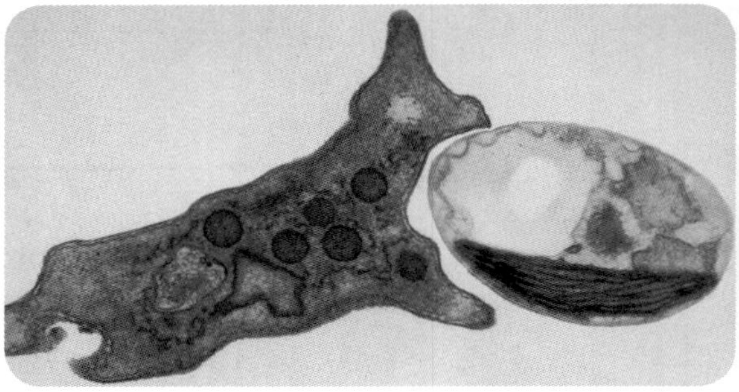

BIOPHOTO ASSOCIATES/PHOTO RESEARCHERS/LATINSTOCK

Justifique suas escolhas.

MEMBRANA PLASMÁTICA

Termos e conceitos

» **Defina** os termos ou conceitos a seguir.

membrana plasmática ______________________________

modelo do mosaico fluido ______________________________

Guia de estudo

Características gerais da membrana plasmática

Encontrei essas informações na(s) página(s) ________.

» **Identifique** os aspectos gerais da membrana plasmática completando o diagrama abaixo.

Função: ______________________________

Função: ______________________________

Membrana plasmática

Constituição: ______________________________

Encontrei essas informações na(s) página(s) ________.

» **Desenhe** um esquema simplificado da estrutura da membrana plasmática e, em seguida, **explique** o modelo do mosaico fluido.

Modelo do mosaico fluido: ______________________________

PERMEABILIDADE CELULAR

Termos e conceitos

» **Associe** termos ou conceitos encontrados no livro-texto a cada definição enunciada a seguir.

1. ____________ **1.** Processo em que substâncias atravessam a membrana plasmática espontaneamente, sem gasto de energia.

2. ____________ **2.** Bombeamento de certas substâncias pela membrana plasmática para dentro ou para fora da célula, com gasto de energia.

3. ____________ **3.** Processo passivo de transporte relacionado à tendência das partículas a se espalhar.

4. ____________ **4.** Caso especial de difusão em que apenas a água difunde-se através da membrana semipermeável das células, do ambiente onde sua concentração é maior para o menos concentrado em água (portanto, mais concentrado em solutos).

5. ____________ **5.** Tipo de transporte passivo realizado por proteínas transportadoras.

6. ____________ **6.** Pressão gerada pela maior tendência de difusão de solvente através de uma membrana semipermeável.

7. ____________ **7.** Célula aumentada até que a pressão da parede celulósica se torna equivalente à pressão osmótica.

8. ____________ **8.** Célula com grande diminuição de volume que leva ao descolamento da membrana plasmática da parede celulósica.

Guia de estudo

Passagem de substâncias pela membrana plasmática

Encontrei essas informações na(s) página(s) ________.

» **Diferencie** e **exemplifique** os tipos de transporte de substâncias que ocorrem através da membrana plasmática.

Transporte

com gasto de energia → ____________ — Exemplo: ____________

sem gasto de energia → ____________ — Exemplo: ____________

Encontrei essas informações na(s) página(s) ________.

» **Indique** a direção em que ocorre o transporte passivo de solutos, desenhando uma seta.

Menor concentração de solutos | Maior concentração de solutos

Encontrei essas informações na(s) página(s) ______.

» **Caracterize** os tipos de transporte passivo completando a tabela abaixo.

	O que é transportado?	Há participação de proteínas?
Osmose		
Difusão simples		
Difusão facilitada		

Encontrei essas informações na(s) página(s) ______.

» **Resuma** o processo conhecido como bomba de sódio-potássio completando o diagrama abaixo. Em seguida, **explique** a importância desse processo.

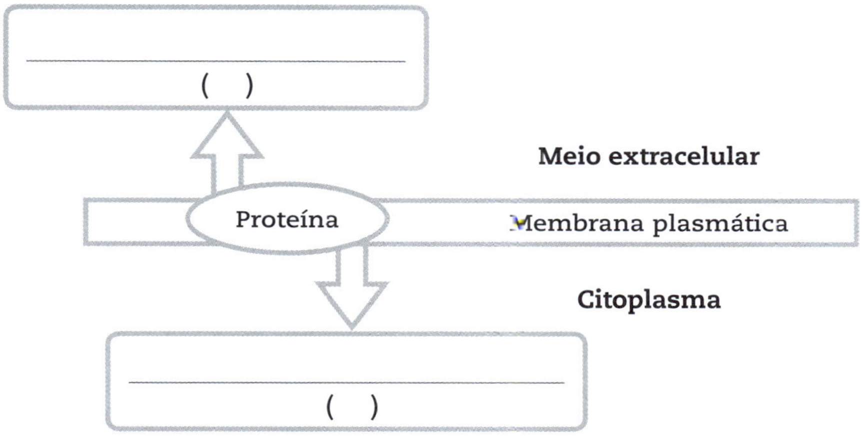

Importância: ______

Faça a conexão

» Leia o texto abaixo:

"Quando temperamos uma salada de alface com azeite e sal, observamos, após certo tempo, que as folhas de alface murcham e que, no fundo da vasilha, acumula-se água."

Relacione tal situação com os processos de passagem de substâncias através das membranas, estudados nessa seção.

______

ENDOCITOSE E EXOCITOSE

Termos e conceitos

» **Associe** termos ou conceitos encontrados no livro-texto a cada definição enunciada a seguir.

1. ____________

2. ____________

1. Processo no qual as células capturam materiais em bolsas formadas por invaginações da membrana.

2. Processo pelo qual algumas células eliminam substâncias ou estruturas para o meio externo por meio de bolsas que se fundem à membrana.

Guia de estudo

O transporte por meio de bolsas membranosas

Encontrei essas informações na(s) página(s) ____________.

» **Esquematize** os processos de fagocitose e pinocitose e, em seguida, **indique** os principais aspectos desses processos.

Fagocitose

Tipos de partículas: ____________

Modc de captura: ____________

Pinocitose

Tipos de partículas: ____________

Modo de captura: ____________

» **Compare** os processos de endocitose e de exocitose completando a tabela a seguir.

	Endocitose	Exocitose
Sentido do transporte de substâncias		
Exemplo de função		

ENVOLTÓRIOS EXTERNOS À MEMBRANA PLASMÁTICA

Termos e conceitos

» **Defina** os termos ou conceitos a seguir.

glicocálix ______________________________

____

parede celulósica ______________________________

____

plasmodesmo ______________________________

Guia de estudo

1 Glicocálix

2 Paredes celulares

Encontrei essas informações na(s) página(s) ________.

» **Compare** os envoltórios externos à membrana plasmática completando a tabela a seguir com as suas características.

	Glicocálix	Parede bacteriana	Parede celulósica
Constituição			
Tipo de célula em que estão presentes			
Principais funções			

Faça a conexão

» **Pesquise** a composição do papel e **tente** associá-la a um dos envoltórios externos à membrana plasmática.

____

____

____

FECHANDO O CAPÍTULO

» **Marque** um X na coluna que melhor reflete o seu aprendizado de cada tema. Depois, **compare** esta tabela com a que você preencheu no "Antes de estudar o capítulo".

Temas principais do capítulo	Já sabia tudo	Aprendi sobre o tema	Não entendi... Socorro!!!
Composição e características da membrana plasmática			
Modelo do mosaico fluido			
Transporte de substâncias através da membrana celular			
Tipos de endocitose (fagocitose e pinocitose)			
O processo de exocitose			
Constituição e funções dos diferentes envoltórios externos à membrana plasmática			

Se você não entendeu algum desses temas, reveja as atividades do *Caderno do Estudante* e revise seu livro-texto. Quando for necessário, peça ajuda a seu professor ou a um colega.

» **Reveja** a segunda atividade do "Antes de estudar o capítulo" e **reavalie** as suas escolhas. Se julgar necessário, **escreva** novas justificativas e **compare-as** com suas considerações iniciais.

Sintetize

» **Redija** um pequeno roteiro para um documentário sobre a membrana plasmática. **Inclua** em seu texto as informações que considerar mais importantes e que não poderão faltar no filme, tais como: a composição da membrana, sua organização molecular, suas funções, os tipos de transporte e a constituição e a função dos envoltórios externos a ela.

Citoplasma e organelas citoplasmáticas

Seções:
6.1 O citoplasma
6.2 Organelas citoplasmáticas

Antes de estudar o capítulo

» **Veja** nesta tabela os temas principais do capítulo e **marque** um X na coluna que melhor traduz o que você pensa sobre a aprendizagem de cada tema.

Temas principais do capítulo	Domino o tema	Vai ser fácil	Vai ser difícil
Organização geral do citoplasma			
Componentes do citoplasma de células procarióticas e suas funções			
Principais diferenças no citoplasma de células procarióticas e eucarióticas			
Composição, estrutura e funções das principais organelas citoplasmáticas e do citoesqueleto			
A integração existente entre as funções de diferentes organelas e o metabolismo celular			

» **Veja** abaixo alguns termos e conceitos que você encontrará no capítulo. **Marque** um X naqueles que você julga que estão relacionados à imagem.

- [ ] organela citoplasmática
- [ ] núcleo celular
- [ ] célula procariótica
- [ ] retículo endoplasmático granuloso
- [ ] mitocôndria
- [ ] complexo golgiense
- [ ] lisossomo
- [ ] célula eucariótica

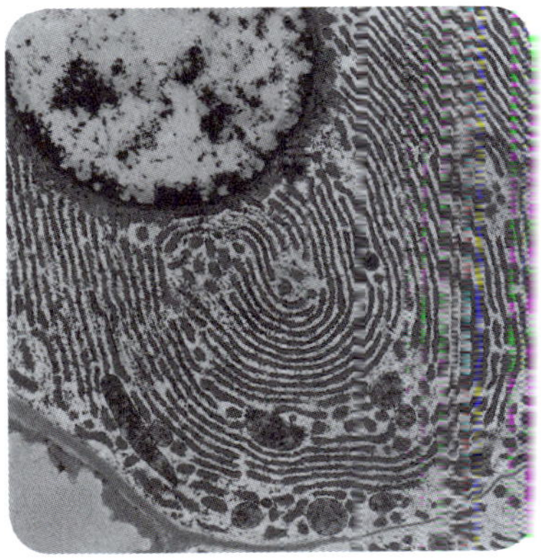

CNRI/SCIENCE PHOTO LIBRARY/LATINSTOCK

Justifique suas escolhas.

O CITOPLASMA

Termos e conceitos

» **Defina** o termo ou conceito a seguir.

citoplasma ______________________________

____

Guia de estudo

Organização geral do citoplasma

Encontrei essas informações na(s) página(s) ________.

» **Identifique**, no diagrama abaixo, as três características compartilhadas por todas as células.

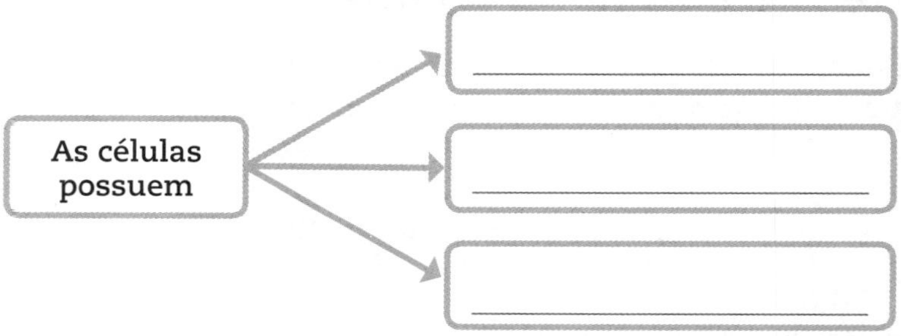

Encontrei essas informações na(s) página(s) ________.

» **Defina** corretamente os componentes do citoplasma de uma célula procariótica associando as duas colunas a seguir.

A. citosol
B. ribossomo
C. nucleoide
D. plasmídio

( ) Estrutura granulosa, formada por RNA e proteínas, especializada na produção de proteínas.
( ) Pequena molécula circular de DNA.
( ) Líquido viscoso e semitransparente composto de água, em sua maior parte, e de proteínas, lipídios, glicídios e aminoácidos, bases nitrogenadas, vitaminas, íons etc.
( ) Região do citoplasma onde o cromossomo bacteriano é encontrado, de forma emaranhada.

Encontrei essas informações na(s) página(s) ________.

» **Compare** o citoplasma de células procariótica e eucariótica preenchendo a tabela abaixo.

Características	Célula procariótica	Célula eucariótica
Tamanho e organização celular		
Carioteca		
Citoescueleto		
Componentes citoplasmáticos		
Material genético		
Presentes em:		

ORGANELAS CITOPLASMÁTICAS

Termos e conceitos

» **Associe** termos ou conceitos encontrados no livro-texto a cada definição enunciada a seguir.

1. ______________ 1. Rede citoplasmática de tubos e bolsas membranosos presente em células eucarióticas.

2. ______________ 2. Conjunto de bolsas membranosas achatadas, empilhadas umas sobre as outras, responsável pela secreção celular.

3. ______________ 3. Processo de eliminação por células secretoras de substâncias úteis no meio extracelular.

4. ______________ 4. Bolsa membranosa que contém dezenas de tipos de enzimas digestivas, capazes de digerir grande variedade de substâncias orgânicas.

5. ______________ 5. Principal centro organizador de microtúbulos presente em células animais. Também conhecido como centro celular.

6. ______________ 6. Modo de locomoção típico das amebas, que consiste na formação dos pseudópodes: projeções celulares para a movimentação e captura de alimento.

7. ______________ 7. Organela citoplasmática, com forma de bastonete, responsável pela respiração aeróbia celular.

8 ______________ 8. Organela citoplasmática presente apenas em células de plantas e de algas, responsável pela fotossíntese.

Guia de estudo

1

Retículo endoplasmático

Encontrei essas informações na(s) página(s) ______.

» **Caracterize** e **diferencie** o retículo endoplasmático preenchendo a tabela abaixo.

	Retículo endoplasmático granuloso	Retículo endoplasmático não granuloso
Estrutura		
Função		

2 Complexo golgiense

Encontrei essas informações na(s) página(s) ______.

» **Identifique** as funções do retículo endoplasmático e do complexo golgiense que se relacionam para realizar o processo de secreção celular preenchendo o diagrama abaixo.

Retículo endoplasmático:
______
______
______
______
______
______
______

vesículas de transição →

Complexo golgiense:
______
______
______
______
______
______
______

Encontrei essas informações na(s) página(s) ______.

» **Compare** as funções do complexo golgiense em células animal e vegetal e **liste**, a seguir, aquelas exclusivas de cada tipo celular.

Célula animal
______
______
______

Função secretora
Glicosilação de proteínas
Síntese de alguns carboidratos

Célula vegetal
______
______
______

3 Lisossomos

Encontrei essas informações na(s) página(s) ______.

» **Sintetize**, nos diagramas abaixo, as funções autofágica e heterofágica do lisossomo.

Função autofágica
______
+
lisossomo primário
↓
lisossomo secundário
↓
vacúolo digestivo
______

Função heterofágica
______ ou ______
+
lisossomo primário
↓
lisossomo secundário
↓
vacúolo digestivo
______

______
______
← momentos em que tais funções ocorrem →
______
______

4

Peroxissomos

Encontrei essas informações na(s) página(s) ______.

» **Cite**, no diagrama abaixo, algumas das funções dos peroxissomos.

Peroxissomos

5

Vacúolos da célula vegetal

Encontrei essas informações na(s) página(s) ______.

» **Liste** as principais funções do vacúolo central em células vegetais.

Funções do vacúolo central

1. ______
2. ______
3. ______

6

Citoesqueleto

Encontrei essas informações na(s) página(s) ______.

» **Identifique** a composição e as funções do citoesqueleto preenchendo o diagrama abaixo.

Citoesqueleto

Componentes

1. ______
2. ______
3. ______

Funções

1. ______
2. ______
3. ______

7 Centríolos

Encontrei essas informações na(s) página(s) ________.

» **Caracterize** os centríolos preenchendo a ficha abaixo.

Centríolos	
Constituição:	Origem:
Estrutura:	Ocorrem em:

8 Cílios e flagelos

Encontrei essas informações na(s) página(s) ________.

» **Identifique** as características comuns e as exclusivas dos cílios e dos flagelos completando o diagrama abaixo.

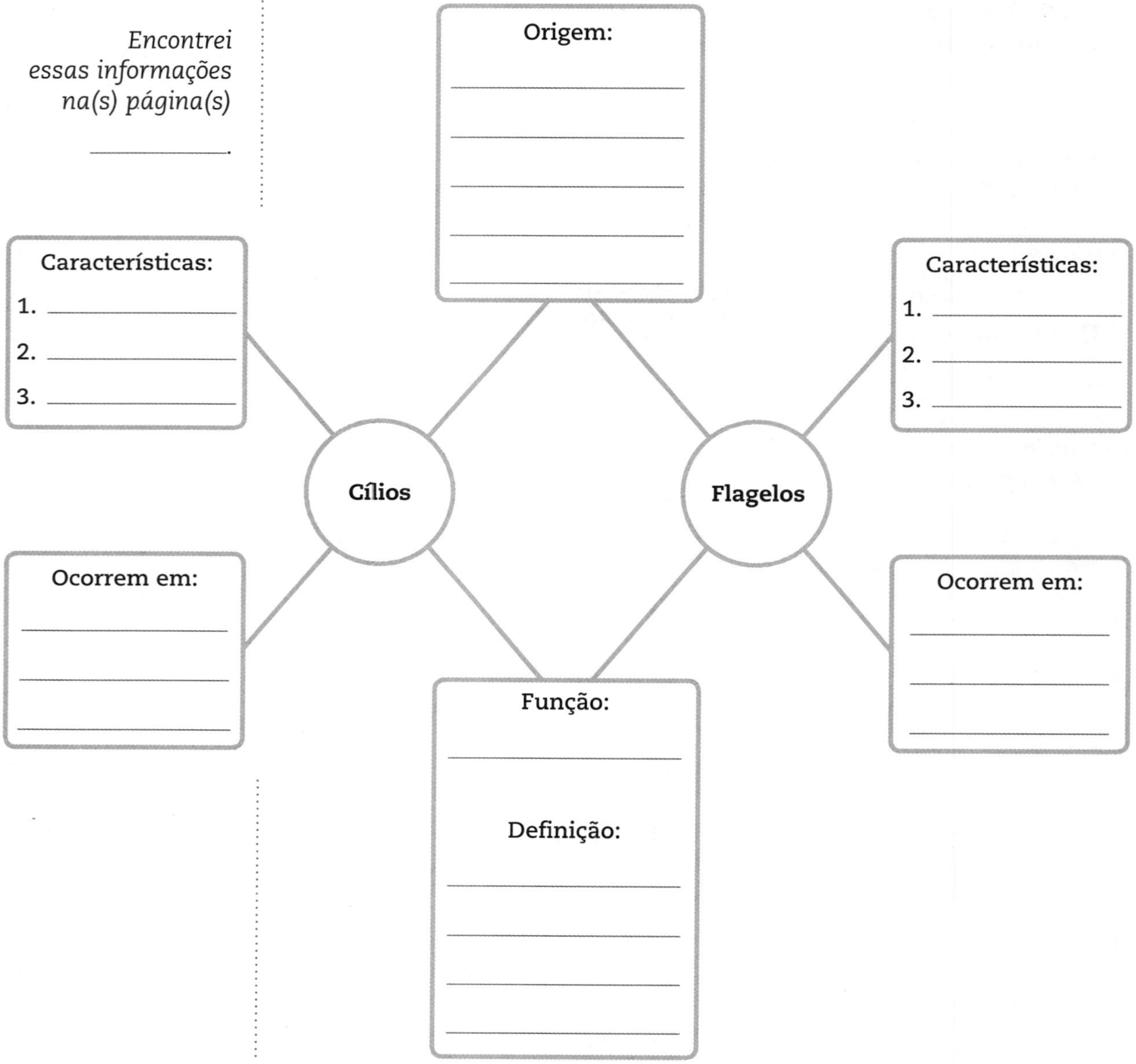

9 Mitocôndrias

Encontrei essas informações na(s) página(s) ______.

» **Nomeie** e **descreva** o processo pelo qual a mitocôndria é responsável preenchendo a ficha abaixo.

Processo	
Descrição	
Reagentes	
Produtos	

10 Hidrogenossomos e mitossomos

Encontrei essas informações na(s) página(s) ______.

» **Cite** algumas características comuns aos hidrogenossomos e aos mitossomos.

Hidrogenossomos e mitossomos
Função:
Presentes em:
Ambiente em que se encontram as células portadoras:

11 Plastos

Encontrei essas informações na(s) página(s) ______.

» **Identifique** e **caracterize**, no diagrama a seguir, os principais tipos de plastos.

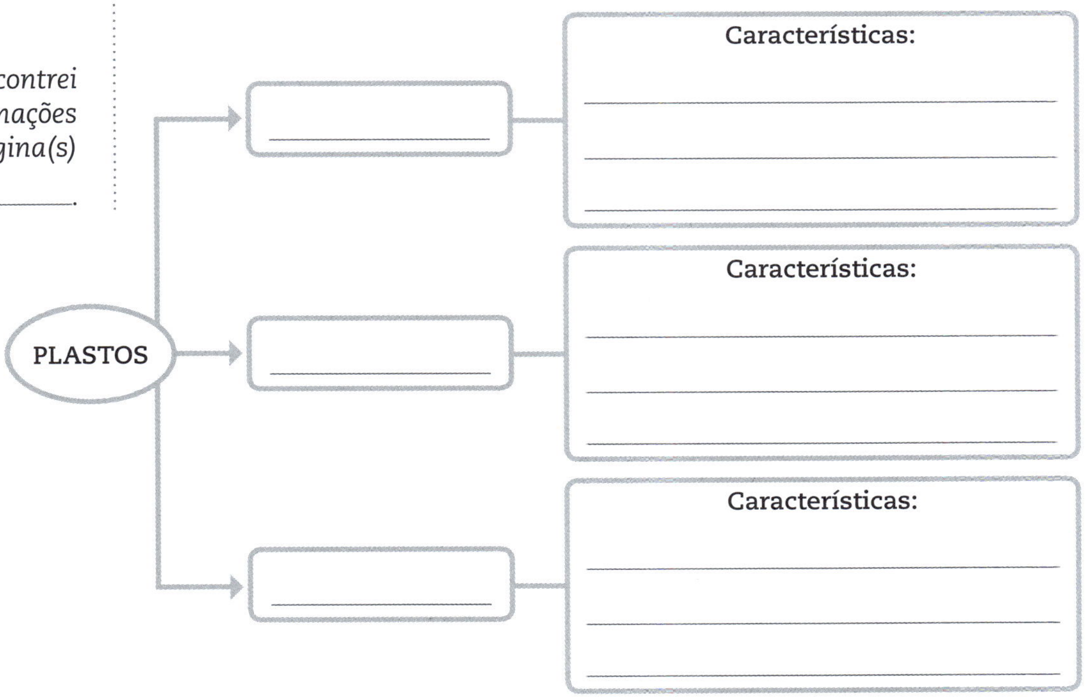

FECHANDO O CAPÍTULO

» **Marque** um X na coluna que melhor reflete o seu aprendizado de cada tema. Depois, **compare** esta tabela com a que você preencheu no "Antes de estudar o capítulo".

Temas principais do capítulo	Já sabia tudo	Aprendi sobre o tema	Não entendi... Socorro!!!
Organização geral do citoplasma			
Componentes do citoplasma de células procarióticas e suas funções			
Principais diferenças no citoplasma de células procarióticas e eucarióticas			
Composição, estrutura e funções das principais organelas citoplasmáticas e do citoesqueleto			
A integração existente entre as funções de diferentes organelas e o metabolismo celular			

Se você não entendeu algum desses temas, reveja as atividades do *Caderno do Estudante* e revise seu livro-texto. Quando for necessário, peça ajuda a seu professor ou a um colega.

» **Reveja** a segunda atividade do "Antes de estudar o capítulo" e **reavalie** as suas escolhas. Se **julgar** necessário, **escreva** novas justificativas e **compare-as** com suas considerações iniciais.

Sintetize

» **Elabore** uma tabela que sintetize as funções das principais organelas e estruturas citoplasmáticas de células eucarióticas.

Núcleo e cromossomos

Secções:

- 7.1 Componentes do núcleo celular
- 7.2 Cromossomos da célula eucariótica
- 7.3 Cromossomos humanos

Antes de estudar o capítulo

» Veja nesta tabela os temas principais do capítulo e **marque** um X na coluna que melhor traduz o que você pensa sobre a aprendizagem de cada tema.

Temas principais do capítulo	Domino o tema	Vai ser fácil	Vai ser difícil
Componentes do núcleo celular e suas funções			
Cromossomos: estrutura e organização			
Classificação dos cromossomos			
Genoma humano			
Citogenética			
Cariótipo e idiograma humano			
Alterações cromossômicas na espécie humana			

» Veja abaixo alguns termos e conceitos que você encontrará no capítulo. **Marque** um X naqueles que você julga que estão relacionados à imagem.

- [ ] cromatina
- [ ] cariótipo
- [ ] cromossomos homólogos
- [ ] nucléolo
- [ ] citogenética
- [ ] carioteca
- [ ] nucleoplasma

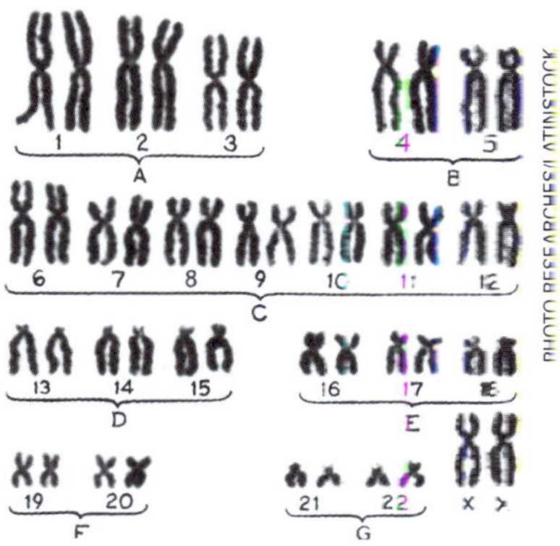

Justifique suas escolhas.

COMPONENTES DO NÚCLEO CELULAR

Termos e conceitos

» **Defina** os termos ou conceitos a seguir.

núcleo celular ______________________________

____

carioteca ______________________________

____

nucléolo ______________________________

Guia de estudo

1

O núcleo celular

Encontrei essas informações na(s) página(s) ________.

» **Localize** os quatro componentes fundamentais do núcleo celular e **identifique** em que tipo de célula essa estrutura pode ser encontrada.

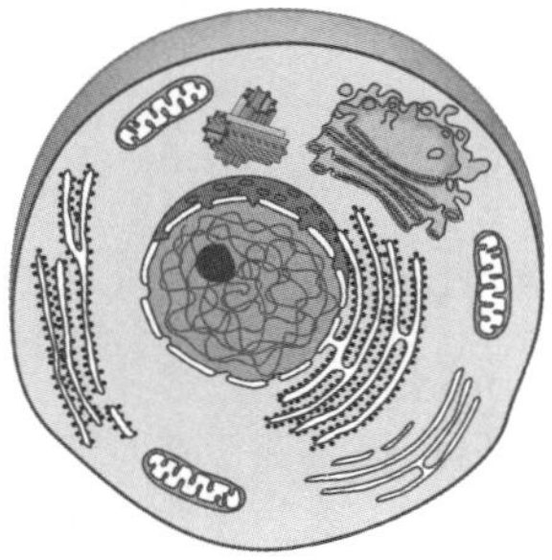

O núcleo celular pode ser encontrado em células ______________.

2

Carioteca ou envelope nuclear

Encontrei essas informações na(s) página(s) ________.

» **Identifique** a estrutura que seleciona ativamente o que entra no núcleo e o que sai dele. **Exemplifique** substâncias que participam do processo.

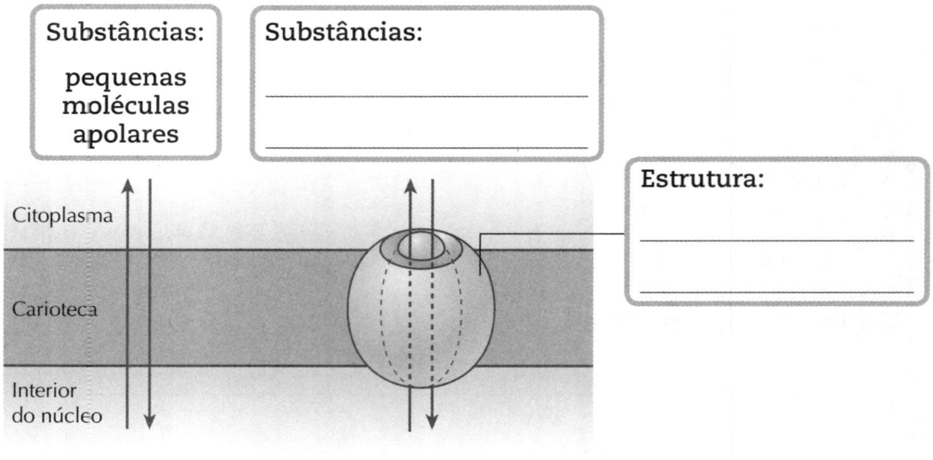

3

Cromatina

Encontrei essas informações na(s) página(s) ______.

» **Defina** e **caracterize** a cromatina completando o diagrama.

Cromatina

Conjunto de ______________________ presente no núcleo

____

Definição: ______________________

Eucromatina

Definição: ______________________

4

Nucléolos

Encontrei essas informações na(s) página(s) ______.

» **Caracterize** o nucléolo completando o diagrama abaixo.

Principal constituição: ______________________

Nucléolo

Função: ______________________

5

Nucleoplasma ou cariolinfa

Encontrei essas informações na(s) página(s) ______.

» **Defina** nucleoplasma e **descreva** sua composição.

Constituição: ______________________

Nucleoplasma ou cariolinfa

Definição: ______________________

Faça a conexão

» **Explique** por que a ausência de nucléolos compromete a síntese de proteínas em uma célula eucariótica.

____

CROMOSSOMOS DA CÉLULA EUCARIÓTICA

Termos e conceitos

» **Associe** termos ou conceitos encontrados no livro-texto a cada definição enunciada a seguir.

1. ____________
2. ____________
3. ____________
4. ____________
____

1. Longo fio constituído por uma molécula de DNA associada a diversas proteínas, em um arranjo altamente complexo.
2. Região especial pela qual os cromossomos se prendem aos microtúbulos do fuso durante a divisão celular.
3. As cópias unidas de um cromossomo duplicado.
4. Os dois representantes de cada tipo de cromossomo, um herdado do pai e outro da mãe, de uma célula originada do zigoto.

Guia de estudo

1 Cromossomos

Encontrei essas informações na(s) página(s) ____________.

» **Descreva** a estrutura da cromatina – conjunto de cromossomos – nos períodos de divisão celular e entre divisões preenchendo a tabela a seguir.

	Período entre divisões	Durante a divisão
Descrição		

2 Arquitetura do cromossomo eucariótico

Encontrei essas informações na(s) página(s) ____________.

» **Nomeie** as estruturas formadas em cada nível de compactação do cromossomo preenchendo o diagrama abaixo.

____________ → ____________ → fibra cromossômica → ____________ → ____________

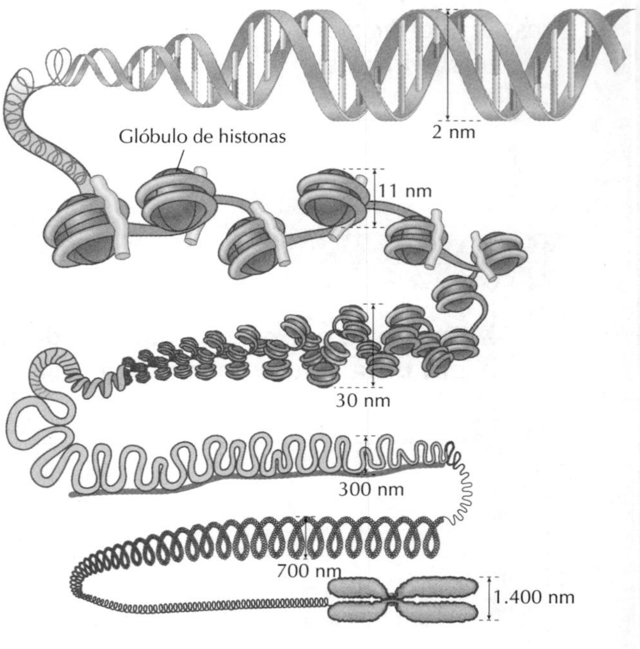

3

Características gerais dos cromossomos

Encontrei essas informações na(s) página(s) ______.

Descreva as fases do ciclo celular e **caracterize** os cromossomos em cada uma delas.

Interfase
Descrição:
______
______
Os cromossomos estão ______
______.

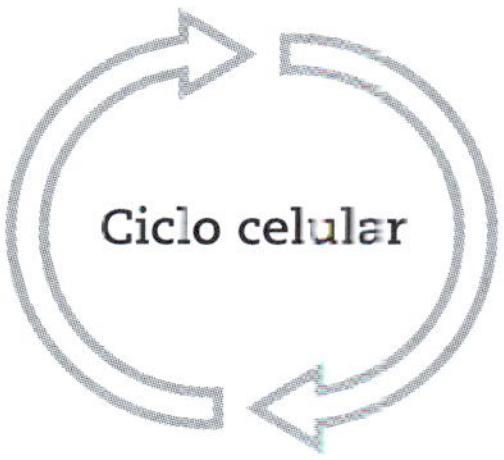

Divisão celular
Descrição:
______
______
Os cromossomos estão ______
______.

Classifique os cromossomos eucarióticos de acordo com a posição do centrômero.

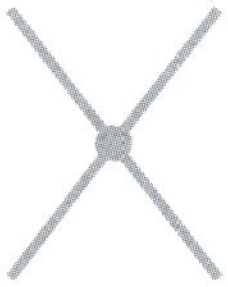

______

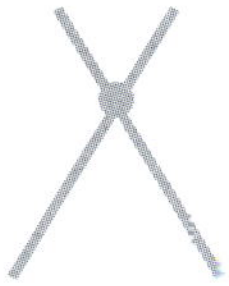

______

______

______

4

Cromossomos e genes

Encontrei essas informações na(s) página(s) ______.

Defina os termos a seguir completando o diagrama.

Genoma — ______
______

Cromossomos

- **Autossomos** — ______
______
- **Cromossomos sexuais** — ______
______
______

Gene — ______
______

5

Cromossomos homólogos

Encontrei essas informações na(s) página(s) __________.

» **Defina** e **exemplifique** as células diploide e haploide completando o diagrama abaixo.

Diploide (2n)	Haploide (n)
Definição: __________	**Definição:** __________
Exemplos: __________	**Exemplos:** __________

Encontrei essas informações na(s) página(s) __________.

» **Identifique**, na figura abaixo, as estruturas presentes em cromossomos homólogos. Em seguida, **liste** três características dos cromossomos homólogos.

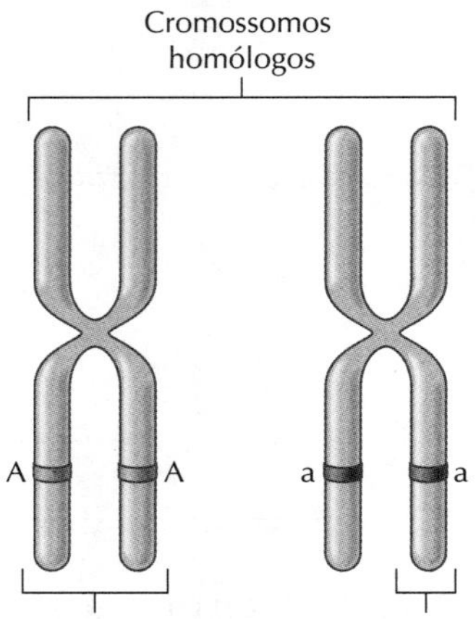

__________ __________

Características compartilhadas por cromossomos homólogos:

1 - __________

2 - __________

3 - __________

Faça a conexão

» **Cite** alguns dos possíveis benefícios do estudo do genoma humano.

____

CROMOSSOMOS HUMANOS

Termos e conceitos

» **Associe** termos ou conceitos encontrados no livro-texto a cada definição enunciada a seguir.

1. ______________

1. Ramo da Genética que possui procedimentos para identificar pessoas com problemas cromossômicos e prever o risco de seus filhos virem a ser afetados por certas doenças hereditárias.

2. ______________

2. Montagem na qual os cromossomos são fotografados e organizados por ordem decrescente de tamanho e de acordo com a posição de seus centrômeros.

3. ______________

3. Conjunto de características morfológicas dos cromossomos de uma célula.

Guia de estudo

1 Citogenética humana

Encontrei essas informações na(s) página(s) ______.

» **Caracterize** a importância do aconselhamento genético preenchendo o diagrama abaixo.

Aconselhamento genético

Consiste em:

____

Possibilita:

____

2 Cariótipo humano normal

Encontrei essas informações na(s) página(s) ______.

» **Descreva** o cariótipo de cada célula humana representada abaixo supondo uma configuração cromossômica normal.

____
1 cromossomo sexual Y

23, Y

23, X

→ 46, XY

____

____

Encontrei essas informações na(s) página(s) ______.

» **Cite** os cariótipos normais da mulher e do homem preenchendo o diagrama abaixo.

Cariótipo da mulher → ______

Cariótipo do homem → ______

Encontrei essas informações na(s) página(s) ______.

» **Identifique** e **defina** os tipos de alterações cromossômicas presentes na espécie humana preenchendo o diagrama abaixo.

Alterações cromossômicas humanas

- ______ → Definição: ______
- estruturais → Definição: ______

Encontrei essas informações na(s) página(s) ______.

» **Identifique**, preenchendo a tabela abaixo, a causa genética, sexo e características dos indivíduos que apresentam as seguintes síndromes humanas.

Síndrome	Causa genética	Sexo do indivíduo	Características que podem estar presentes
de Down	______	______	______
de Turner	______	______	Baixa estatura, problemas no desenvolvimento dos órgãos genitais, infertilidade, atraso mental e pescoço alado.
de Klinefelter	______	______	Problemas no desenvolvimento dos órgãos genitais, geralmente acompanhados de infertilidade e retardo mental leve.

FECHANDO O CAPÍTULO

» **Marque** um X na coluna que melhor reflete o seu aprendizado de cada tema. Depois, **compare** esta tabela com a que você preencheu no "Antes de estudar o capítulo".

Temas principais do capítulo	Já sabia tudo	Aprendi sobre o tema	Não entendi... Socorro!!!
Componentes do núcleo celular e suas funções			
Cromossomos: estrutura e organização			
Classificação dos cromossomos			
Genoma humano			
Citogenética			
Cariótipo e idiograma humano			
Alterações cromossômicas na espécie humana			

Se você não entendeu algum desses temas, reveja as atividades do *Caderno do Estudante* e revise seu livro-texto. Quando for necessário, peça ajuda a seu professor ou a um colega.

» **Reveja** a segunda atividade do "Antes de estudar o capítulo" e **reavalie** as suas escolhas. Se **julgar** necessário, **escreva** novas justificativas e **compare-as** com suas considerações iniciais.

Sintetize

» **Elabore** um resumo sobre os cromossomos humanos que contemple os conceitos correspondentes às palavras do quadro abaixo.

cromatina – centrômero – cromossomos condensados – heterocromatina
eucromatina – cromátides-irmãs – cromossomos descondensados

Unidade B

Capítulo

8

Divisão celular: mitose e meiose

Seções:

8.1 Importância da divisão celular
8.2 Mitose
8.3 Regulação do ciclo celular
8.4 Meiose

Antes de estudar o capítulo

» **Veja** nesta tabela os temas principais do capítulo e **marque** um X na coluna que melhor traduz o que você pensa sobre a aprendizagem de cada tema.

Temas principais do capítulo	Domino o tema	Vai ser fácil	Vai ser difícil
A importância da divisão celular em organismos unicelulares e multicelulares			
As principais subdivisões do ciclo celular			
A sequência e características das principais fases da mitose e da meiose			
Os mecanismos de separação das cromátides-irmãs			
A citocinese em células de animais e em células de plantas			
Os pontos de checagem do ciclo celular			
A ocorrência de meiose em diferentes organismos			

» **Veja** abaixo alguns termos e conceitos que você encontrará no capítulo. **Marque** um X naqueles que você julga que estão relacionados à imagem.

- ☐ divisão celular
- ☐ interfase
- ☐ metáfase
- ☐ anáfase
- ☐ quiasma
- ☐ apoptose
- ☐ citocinese

PETER ARNOLD/OTHER IMAGES

Justifique suas escolhas.

____

____

IMPORTÂNCIA DA DIVISÃO CELULAR

Termos e conceitos

» **Defina** os termos ou conceitos a seguir.

divisão celular ______________________

ciclo celular ______________________

____

mitose ______________________

citocinese ______________________

interfase ______________________

Guia de estudo

1

Por que as células se dividem?

Encontrei essas informações na(s) página(s) ________.

» **Diferencie** o papel da divisão celular em organismos unicelulares e multicelulares completando o diagrama abaixo.

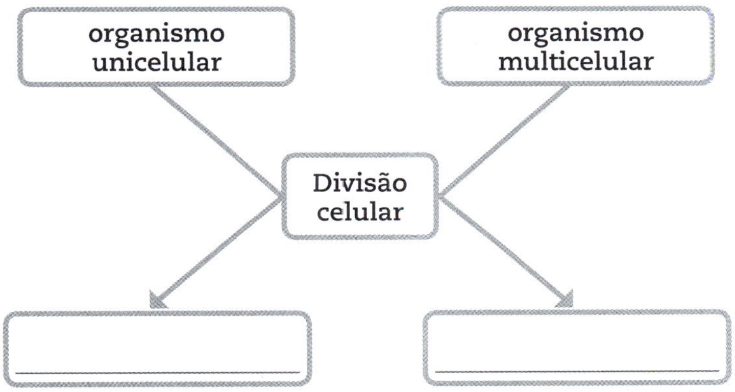

2

O conceito de ciclo celular

Encontrei essas informações na(s) página(s) ________.

» **Identifique** as etapas do ciclo celular preenchendo o diagrama a seguir.

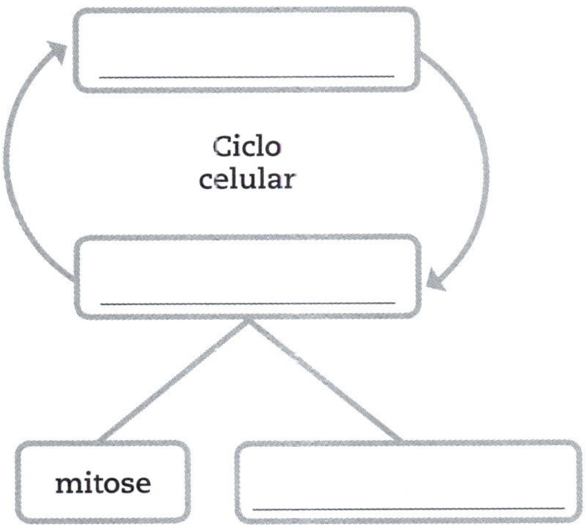

Encontrei essas informações na(s) página(s) ______.

» **Caracterize** a interfase completando a tabela abaixo.

Interfase	
Descrição do período	
Fases	

» **Construa** o gráfico da variação da quantidade de DNA em uma célula durante o ciclo celular.

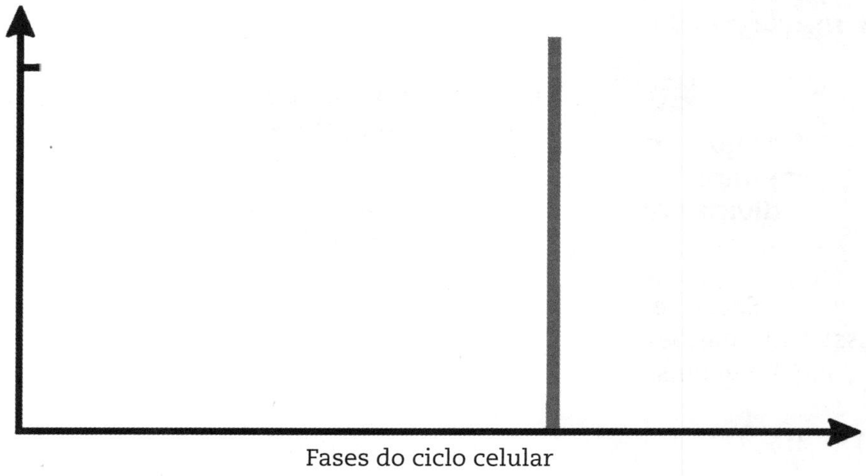

Encontrei essas informações na(s) página(s) ______.

» **Explique** como ocorre o ciclo celular em cada um dos casos a seguir.

	Ciclo celular
No início do desenvolvimento embrionário de animais	
Em células que se dividem com pouca frequência	
Em células nervosas e musculares	

MITOSE

Termos e conceitos

» **Associe termos ou conceitos encontrados no livro-texto a cada definição enunciada a seguir.**

1. ______________
2. ______________
3. ______________
4. ______________
5. ______________
6. ______________
7. ______________

1. A primeira fase da mitose.

2. Conjunto de microtúbulos orientados de um polo a outro da célula.

3. Fase que sucede a prófase.

4. Estrutura proteica localizada na região do centrômero e que tem afinidade pelas fibras do fuso.

5. Conjunto de cromossomos estacionados na região mediana da célula.

6. Fase em que as cromátides-irmãs estão migrando para polos opostos do fuso mitótico.

7. Última fase da mitose; nos polos do fuso mitótico formam núcleos-filhos.

Guia de estudo

1 Eventos da divisão celular

2 Fases da mitose

Encontrei essas informações na(s) página(s) ______.

» **Descreva, resumidamente, as fases da mitose completando a tabela abaixo.**

Fases da mitose	Descrição
______	1. ______ 2. ______ 3. ______
______	1. ______ 2. ______ 3. ______
______	1. ______ 2. ______ 3. ______ ______
______	1. ______ 2. ______ ______ 3. ______

Encontrei essas informações na(s) página(s) ______.

» **Observe** as imagens abaixo e **indique** as fases da mitose correspondentes.

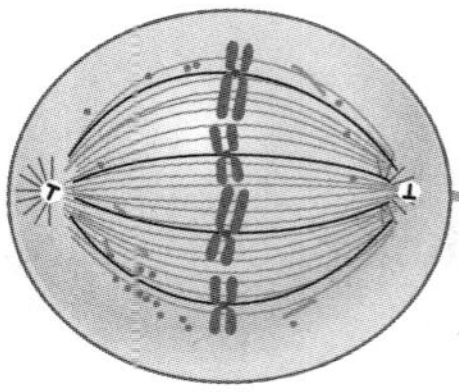

______

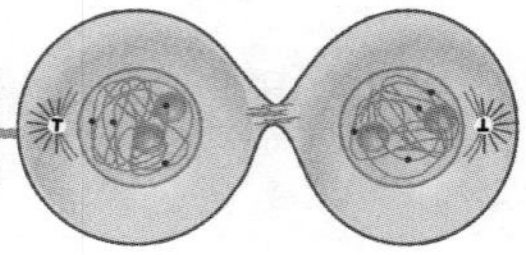

______

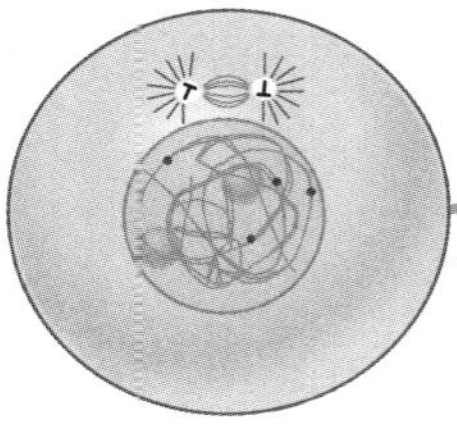

______

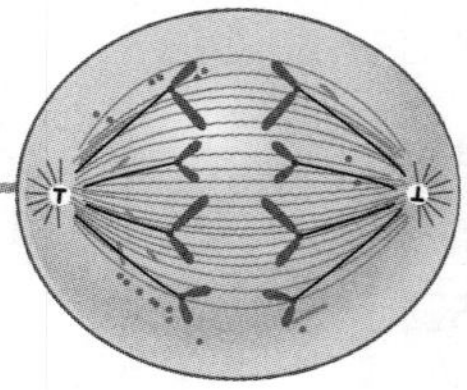

______

Encontrei essas informações na(s) página(s) ______.

» **Descreva** as funções dos seguintes processos que ocorrem na prófase.

Condensação dos cromossomos
Função: ______

Formação do fuso mitótico
Função: ______

Esses processos contribuem na distribuição dos cromossomos para as células-filhas

3

Citocinese

Encontrei essas informações na(s) página(s) ______.

» **Compare** a citocinese animal e a citocinese vegetal preenchendo a tabela abaixo.

	Citocinese animal	Citocinese vegetal
Tipo de divisão citoplasmática		
Direção da divisão		
Descrição do processo		

REGULAÇÃO DO CICLO CELULAR

Termos e conceitos

» **Defina** os termos ou conceitos a seguir.

apoptose ______

tumor ______

câncer ______

______

metástase ______

oncogene ______

Guia de estudo

Pontos de checagem do ciclo celular

» **Indique** as fases em que ocorrem os pontos de checagem e **descreva** os motivos que podem interromper o progresso do ciclo celular completando o diagrama abaixo.

Encontrei essas informações na(s) página(s) ______.

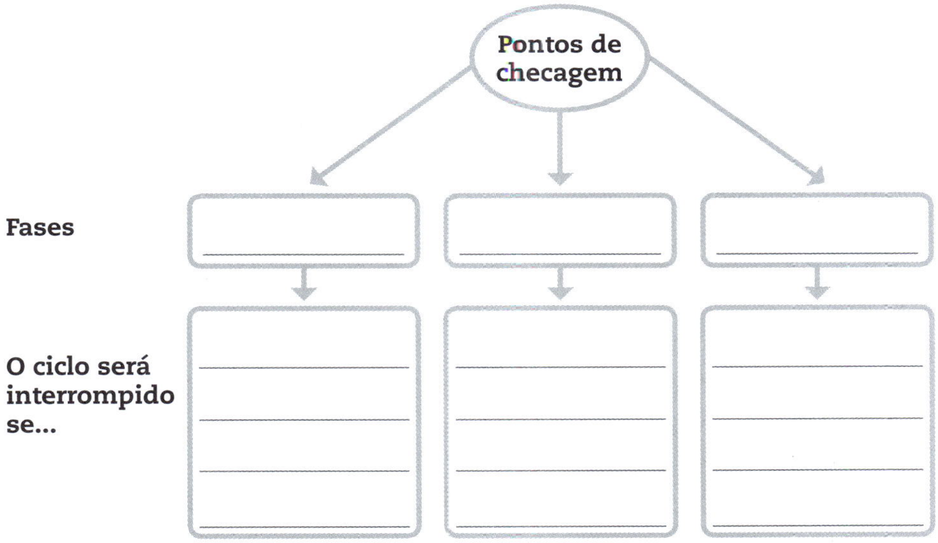

» **Explique** a importância da interrupção do ciclo celular nos seguintes casos.

DNA lesado: ______

______

______

DNA não duplicado: ______

______

______

MEIOSE

Termos e conceitos

» **Associe** termos ou conceitos encontrados no livro-texto a cada definição enunciada a seguir.

1. ______ 1. Processo de divisão que leva à redução, pela metade, do número de cromossomos nas células-filhas.

2. ______ 2. Emparelhamento (ou pareamento) dos cromossomos homólogos.

3. ______ 3. Fenômeno que leva à troca de pedaços entre cromossomos homólogos.

4. ______ 4. Figura que surge quando as cromátides se cruzam em determinados pontos devido à permutação.

Guia de estudo

1

Fases da meiose

Encontrei essas informações na(s) página(s) ______.

» **Observe** a imagem. Em seguida, **identifique** e **nomeie** as divisões nucleares e suas respectivas fases.

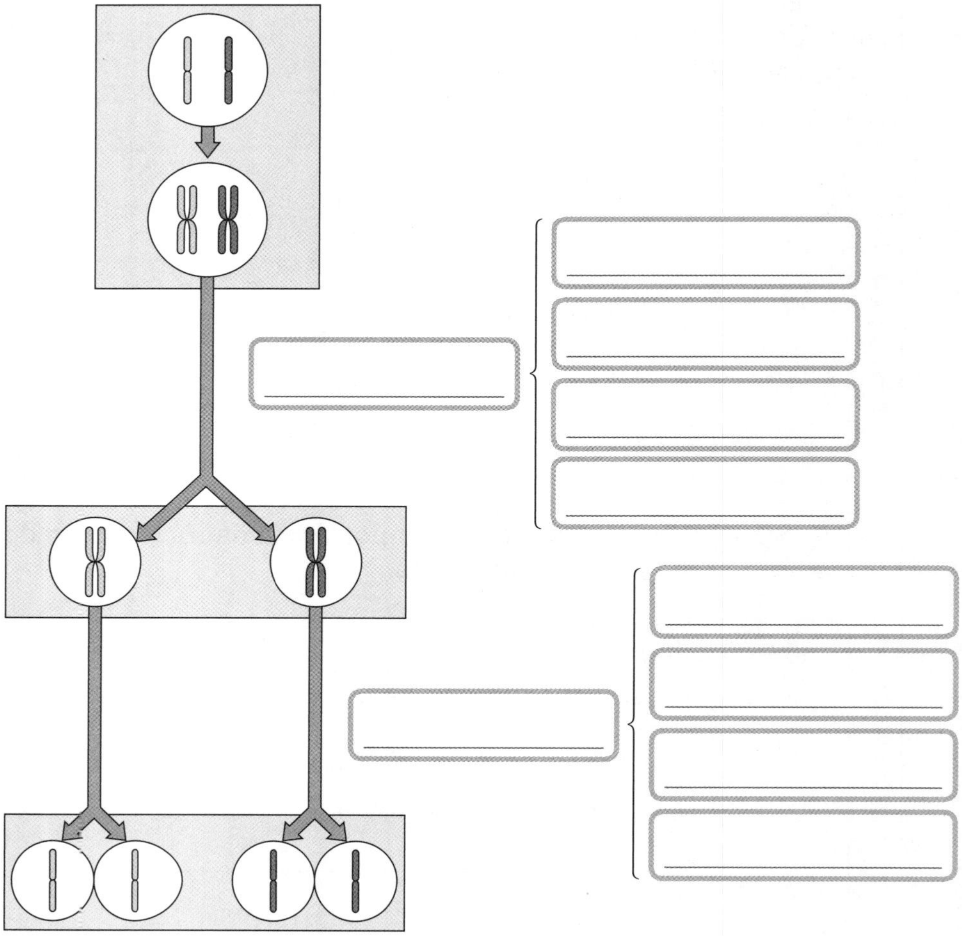

Encontrei essas informações na(s) página(s) ______.

» **Indique** o que ocorre durante cada divisão nuclear preenchendo o diagrama abaixo.

Meiose I →	Separação de ______
Meiose II →	Separação de ______

Encontrei essas informações na(s) página(s) ______.

» **Resuma** as subfases da prófase I indicando a principal característica de cada uma delas.

Leptóteno: ______

Zigóteno: ______

Paquíteno: ______

Diplóteno: ______

Diacinese: ______

2 Onde e quando ocorre a meiose

Encontrei essas informações na(s) página(s) ______.

» **Compare** os processos de meiose e mitose preenchendo a tabela abaixo.

	Meiose	Mitose
Número de divisões		
Células resultantes		
Importância biológica		

FECHANDO O CAPÍTULO

» **Marque** um X na coluna que melhor reflete o seu aprendizado de cada tema. Depois, **compare** esta tabela com a que você preencheu no "Antes de estudar o capítulo".

Temas principais do capítulo	Já sabia tudo	Aprendi sobre o tema	Não entendi... Socorro!!!
A importância da divisão celular em organismos unicelulares e multicelulares			
As principais subdivisões do ciclo celular			
A sequência e características das principais fases da mitose e da meiose			
Os mecanismos de separação das cromátides--irmãs			
A citocinese em células de animais e em células de plantas			
Os pontos de checagem do ciclo celular			
A ocorrência de meiose em diferentes organismos			

Se você não entendeu algum desses temas, reveja as atividades do *Caderno do Estudante* e revise seu livro-texto. Quando for necessário, peça ajuda a seu professor ou a um colega.

» **Reveja** a segunda atividade do "Antes de estudar o capítulo" e **reavalie** as suas escolhas. Se julgar necessário, **escreva** novas justificativas e **compare-as** com suas considerações iniciais.

Sintetize

» **Redija** um texto pequeno sobre o tema: "A importância do ciclo celular". **Escolha** alguns aspectos do ciclo celular e **relacione-os** a diferentes processos biológicos.

Unidade C

Capítulo 9

Metabolismo energético (I): respiração celular e fermentação

Seções:

9.1 Energia para a vida
9.2 ATP, a "moeda energética" do mundo vivo
9.3 Respiração celular
9.4 Fermentação

Antes de estudar o capítulo

» **Veja** nesta tabela os temas principais do capítulo e **marque** um X na coluna que melhor traduz o que você pensa sobre a aprendizagem de cada tema.

Temas principais do capítulo	Domino o tema	Vai ser fácil	Vai ser difícil
Obtenção de energia para a vida			
Metabolismo e suas reações fundamentais			
Reações endergônicas e exergônicas			
Energia de ativação e enzimas			
Estrutura do trifosfato de adenosina (ATP)			
As etapas da respiração celular			
A formação do ATP			
Tipos de fermentação e suas características			

» **Veja** abaixo alguns termos e conceitos que você encontrará no capítulo. **Marque** um X naqueles que você julga que estão relacionados à imagem.

- [ ] metabolismo
- [ ] anabolismo
- [ ] catabolismo
- [ ] trifosfato de adenosina
- [ ] respiração celular
- [ ] ciclo de Krebs
- [ ] fermentação

Justifique suas escolhas.

ENERGIA PARA A VIDA

Termos e conceitos

» **Associe** termos ou conceitos encontrados no livro-texto a cada definição enunciada a seguir.

1. __________

1. Reação química em que há transferência de elétrons entre substâncias participantes. Também pode ser chamada de reação de oxidação-redução.

2. __________

2. Quantidade mínima de energia inicial que as moléculas reagentes devem possuir para que uma reação química aconteça.

Guia de estudo

1 A energia dos alimentos

Encontrei essas informações na(s) página(s) ______.

» **Identifique** a origem da energia necessária para a sobrevivência dos seres vivos completando o diagrama a seguir.

[______ / ______ / ______] → **Energia** → Seres vivos → dormir / comer / exercitar-se

2 Anabolismo e catabolismo

Encontrei essas informações na(s) página(s) ______.

» **Defina** metabolismo e, em seguida, **descreva** suas reações fundamentais.

Metabolismo

Definição: ____________________

Anabolismo	**Catabolismo**
Conjunto de reações de __________, que consistem em: __________	Conjunto de reações de __________, que consistem em: __________

3

Reações endergônicas e reações exergônicas

Encontrei essas informações na(s) página(s) ______.

» **Classifique** a reação química de acordo com o tipo de transferência de energia que ocorre entre ela e o ambiente.

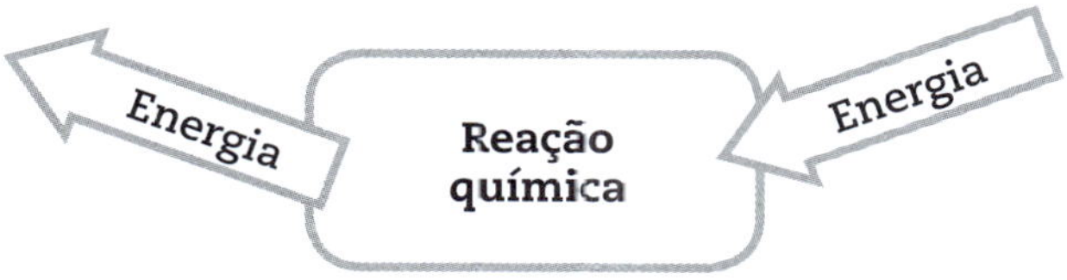

Reação que libera energia para o ambiente:

______

______

Reação que absorve energia do ambiente:

______

______

4

Energia de ativação e enzimas

Encontrei essas informações na(s) página(s) ______.

» **Observe** o esquema abaixo. Em seguida, **cite** o nome dado às proteínas catalisadoras e **descreva** seu papel nas reações químicas.

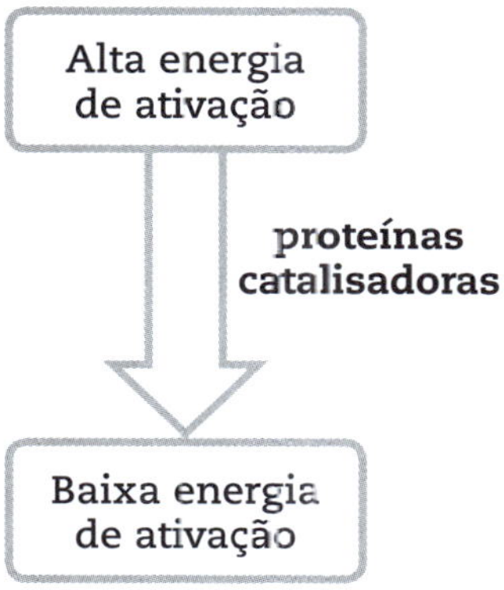

Nome dado às proteínas catalisadoras: ______

Papel dessas proteínas ______

______

______

______

Encontrei essas informações na(s) página(s) ______.

» **Indique** as moléculas orgânicas que sofrem oxidação aeróbia e os produtos dessa reação.

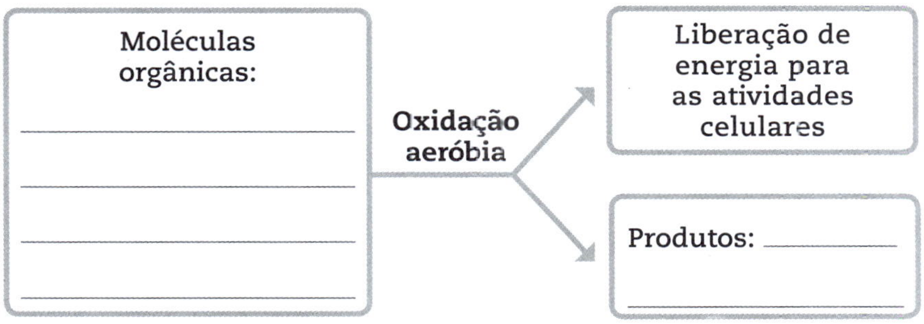

ATP, A "MOEDA ENERGÉTICA" DO MUNDO VIVO

Termos e conceitos

» **Defina** os termos ou conceitos a seguir.

ATP ______________________________

ADP ______________________________

Guia de estudo

Estrutura química do ATP

Encontrei essas informações na(s) página(s) ________.

» **Caracterize** a estrutura do ATP localizando, no diagrama abaixo, as ligações de alta energia e **nomeie** a molécula precursora de sua síntese. Em seguida, **descreva** a principal função do ATP nas células.

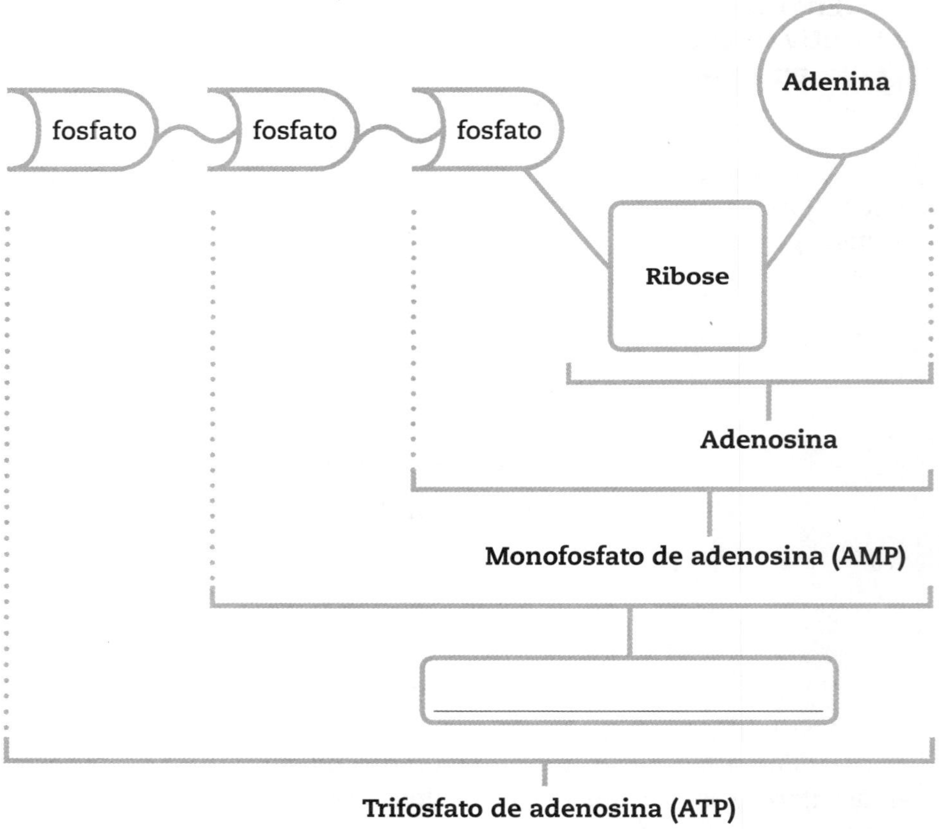

A principal função do ATP nas células é ______________________________

____

____

____

____

RESPIRAÇÃO CELULAR

Termos e conceitos

» **Associe termos ou conceitos encontrados no livro-texto a cada definição enunciada a seguir.**

1. ______ **1.** Processo de oxidação em que o gás oxigênio atua como agente oxidante de moléculas orgânicas.

2. ______ **2.** Sequência de reações químicas na qual uma molécula de glicose é quebrada em duas moléculas de ácido pirúvico.

3. ______ **3.** Substância que captura elétrons de alta energia e íons H^+.

4. ______ **4.** Oxidação completa do acetil-CoA em um conjunto de nove reações químicas sequenciais que formam um ciclo; também conhecido como ciclo de Krebs.

5. ______ **5.** Processo de produção de ATP pela adição de fosfato ao ADP.

6. ______ **6.** Conjunto de proteínas, dispostas em sequência, que participam na condução dos elétrons liberando gradativamente seu excesso de energia.

Guia de estudo

1 A oxidação biológica da glicose

Encontrei essas informações na(s) página(s) ______.

» **Identifique** e **escreva** abaixo as equações químicas gerais referentes ao processo da respiração celular.

______

______

______

2 Etapas da respiração celular

Encontrei essas informações na(s) página(s) ______.

» **Identifique** e **caracterize** as etapas da respiração celular completando a tabela.

Etapas	Local onde ocorre	Dependente de gás oxigênio	Descrição
______	______	______	Quebra da glicose
ciclo de Krebs	______	______	______
______	mitocôndria	______	______

Encontrei essas informações na(s) página(s) ____________.

» **Observe** a imagem abaixo e **determine** a composição, a localização e o papel da sintetase do ATP. Em seguida, **explique** sua relação com a teoria quimiosmótica.

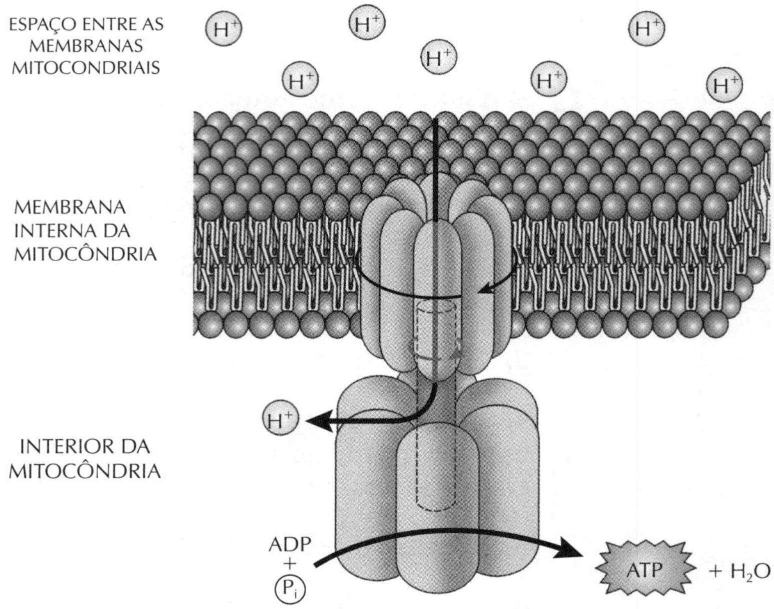

Sintetase do ATP

Composição: ____________

Localização: ____________

Função/ papel: ____________

A teoria quimiosmótica explica ____________

____

____

3 Fontes de energia para a respiração celular: glicídios e ácidos graxos

Encontrei essas informações na(s) página(s) ____________.

» **Caracterize** as principais fontes de energia para a respiração celular nos seres humanos e **indique** qual delas possui maior rendimento por grama.

Fontes de energia para a respiração celular

- **Glicídios** — Armazenados no: ____________ ____________
- **Lipídios** — Armazenados no: ____________ ____________

Fonte que possui maior rendimento: ____________

____

____

FERMENTAÇÃO

Termos e conceitos

» **Defina** o termo ou conceito a seguir.

fermentação

____

____

Guia de estudo

A importância da fermentação

Encontrei essas informações na(s) página(s) ________.

» **Caracterize** o processo de fermentação preenchendo a ficha abaixo.

Fermentação	
Condição ou situação em que ocorre:	Rendimento energético comparado à respiração celular:
______________________________	______________________________
______________________________	______________________________

» **Identifique**, no esquema abaixo, os produtos que diferenciam as fermentações láctica e alcoólica.

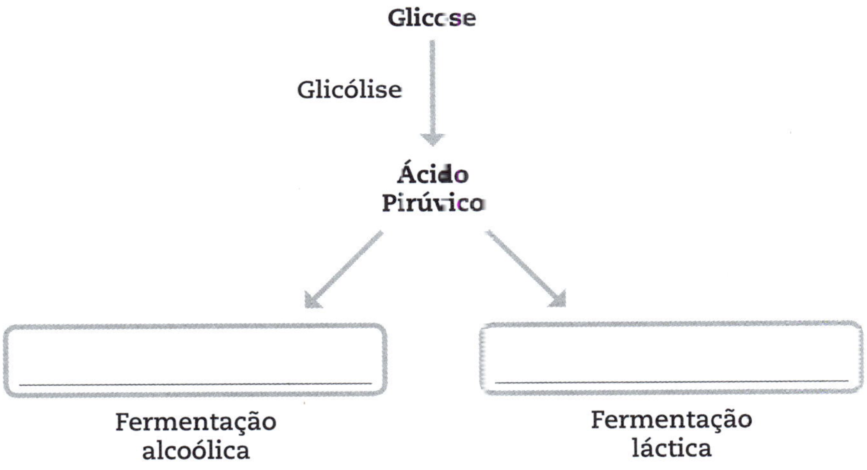

Faça a conexão

» **Exemplifique** produtos ou alimentos encontrados em sua casa que sofrem o processo de fermentação durante sua produção.

____

____

____

FECHANDO O CAPÍTULO

» **Marque** um X na coluna que melhor reflete o seu aprendizado de cada tema. Depois, **compare** esta tabela com a que você preencheu no "Antes de estudar o capítulo".

Temas principais do capítulo	Já sabia tudo	Aprendi sobre o tema	Não entendi... Socorro!!!
Obtenção de energia para a vida			
Metabolismo e suas reações fundamentais			
Reações endergônicas e exergônicas			
Energia de ativação e enzimas			
Estrutura do trifosfato de adenosina (ATP)			
As etapas da respiração celular			
A formação do ATP			
Tipos de fermentação e suas características			

Se você não entendeu algum desses temas, reveja as atividades do *Caderno do Estudante* e revise seu livro-texto. Quando for necessário, peça ajuda a seu professor ou a um colega.

» **Reveja** a segunda atividade do "Antes de estudar o capítulo" e **reavalie** as suas escolhas. Se **julgar** necessário, **escreva** novas justificativas e **compare-as** com suas considerações iniciais.

Sintetize

» **Esquematize** uma célula localizando onde ocorrem as diferentes etapas da respiração aeróbia em eucariontes.

Unidade C

Capítulo

10

Metabolismo energético (II): fotossíntese e quimiossíntese

Seções:

10.1 Fotossíntese
10.2 Transformações de energia na fotossíntese
10.3 Quimiossíntese

Antes de estudar o capítulo

» **Veja** nesta tabela os temas principais do capítulo e **marque** um X na coluna que melhor traduz o que você pensa sobre a aprendizagem de cada tema.

Temas principais do capítulo	Domino o tema	Vai ser fácil	Vai ser difícil
Aspectos gerais e etapas da fotossíntese			
A relação do espectro da luz visível com a fotossíntese			
Pigmentos fotossintetizantes e excitação da clorofila			
Fotossistemas (PSI e PSII)			
Fotofosforilação cíclica e fotofosforilação acíclica			
Ciclo das pentoses e destino dos glicídios			
O processo de quimiossíntese			

» **Veja** abaixo alguns termos e conceitos que você encontrará no capítulo. **Marque** um X naqueles que você julga que estão relacionados à imagem.

- [ ] fotossíntese
- [ ] membrana tilacoide
- [ ] fotossistema
- [ ] cloroplasto
- [ ] quimiossíntese
- [ ] estroma
- [ ] clorofila

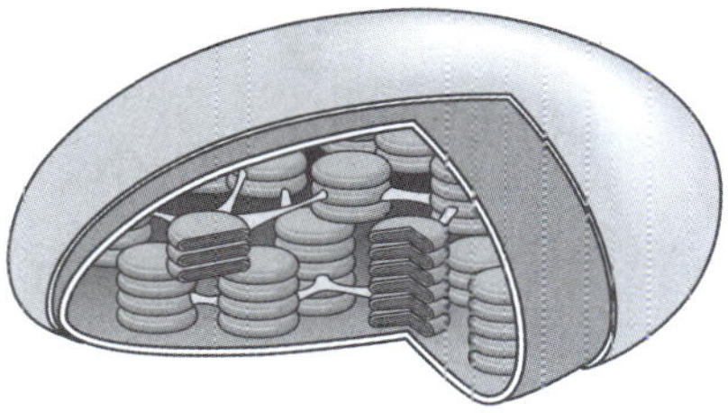

Justifique suas escolhas.

____

____

____

FOTOSSÍNTESE

Termos e conceitos

» **Defina** os termos ou conceitos a seguir.

fotossíntese ____________________

clorofila ____________________

quimiosmose ____________________

fotofosforilação ____________________

Guia de estudo

1 Aspectos gerais da fotossíntese

Encontrei essas informações na(s) página(s) ________.

» **Indique** os reagentes e os produtos da fotossíntese no diagrama abaixo. Em seguida, **exemplifique** organismos em que esse processo ocorre.

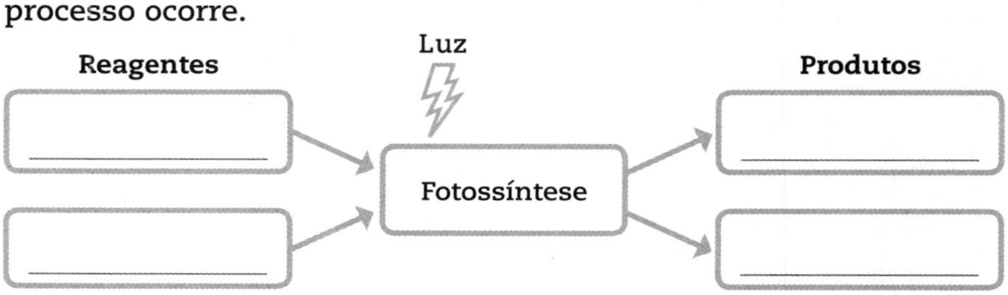

A fotossíntese ocorre em: ____________________

2 Cloroplasto, a sede da fotossíntese

Encontrei essas informações na(s) página(s) ________.

» **Identifique** a organela citoplasmática representada abaixo. Em seguida, **indique** sua importância e **nomeie** suas partes estruturais.

Organela citoplasmática: ____________________

Importância: ____________________

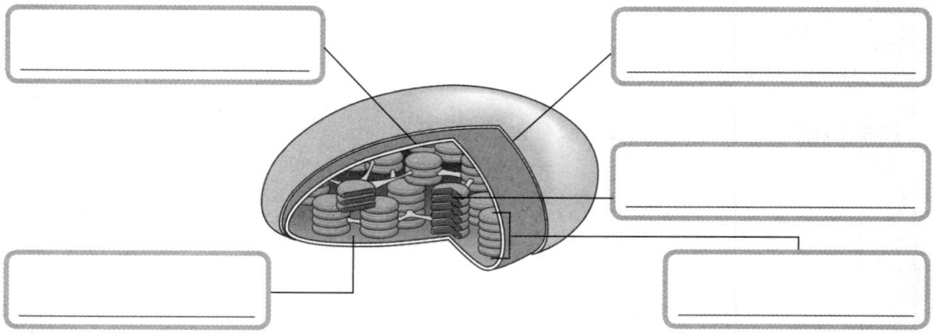

3

Etapas da fotossíntese

Encontrei essas informações na(s) página(s) __________.

» **Liste** as etapas do processo de fotossíntese e o local do cloroplasto onde elas ocorrem. Em seguida, **classifique** cada etapa como reação de claro ou de escuro.

Etapa da fotossíntese	Local onde ocorre	Reação de

» **Descreva** resumidamente as etapas da fotossíntese e, em seguida, **equacione** suas respectivas reações.

Etapas

Etapas	
Absorção de luz	Descrição: __________ Equação: __________
Transporte de elétrons	Descrição: __________ Equação das 1ª e 2ª etapas reunidas: __________
Produção de ATP	Descrição: __________ Equação: __________
Fixação do carbono	Descrição: __________ Equação: __________

TRANSFORMAÇÕES DE ENERGIA NA FOTOSSÍNTESE

Termos e conceitos

» **Associe** termos ou conceitos encontrados no livro-texto a cada definição enunciada a seguir.

1. ______________

2. ______________

1. Pacote de energia que constitui a luz.

2. Conjunto formado pelo complexo de antena, com o centro de reação e os aceptores de elétrons.

Guia de estudo

1 O espectro da luz visível e fotossíntese

Encontrei essas informações na(s) página(s) __________.

» **Descreva** a conclusão a que Thomas Engelmann chegou em seu experimento e **explique** em que ela contribuiu para o conhecimento da fotossíntese.

Conclusão de Engelmann	______________
Contribuição ao conhecimento da fotossíntese	______________

2 Pigmentos fotossintetizantes e fotossistemas

Encontrei essas informações na(s) página(s) __________.

» **Caracterize** os pigmentos fotossintetizantes preenchendo o diagrama com suas respectivas funções e com os organismos em que estão presentes.

Pigmentos fotossintetizantes

Clorofila *a*	Clorofila *b*	Carotenoides
Função:	Função:	Funções:
Presente em:	Presente em:	Presentes em:

3

Excitação da clorofila

Encontrei essas informações na(s) página(s) ____.

» **Indique** as formas de energia emitidas pela clorofila após excitação pela luz em cada situação abaixo.

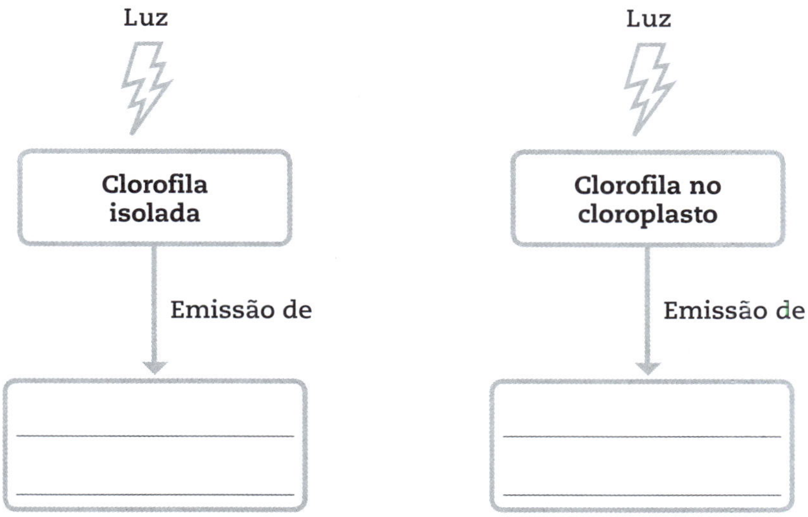

4

Da energia luminosa à energia química: fotofosforilação

Encontrei essas informações na(s) página(s) ____.

» **Compare** os fotossistemas I e II quanto à localização, à função e à constituição do centro de reação, completando a tabela.

	PSI	PSII
Localização		
Função		
Complexo clorofila-proteína		

Encontrei essas informações na(s) página(s) ____.

» **Observe** os diagramas dos processos de fotofosforilação cíclica e de fotofosforilação acíclica e, em seguida, **identifique** os fotossistemas que atuam em cada processo.

Fotofosforilação cíclica

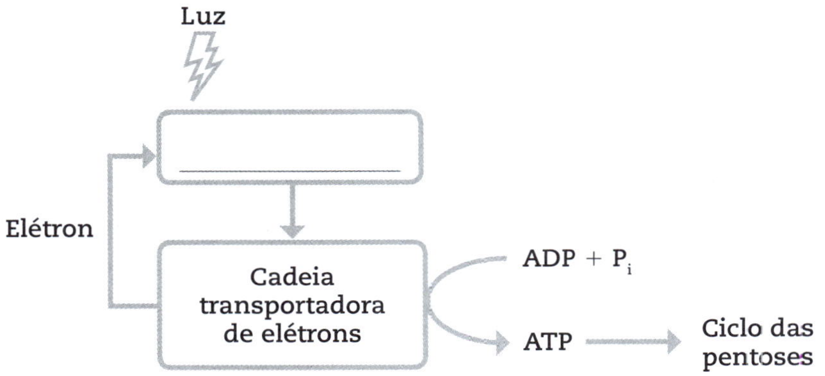

Fotofosforilação acíclica

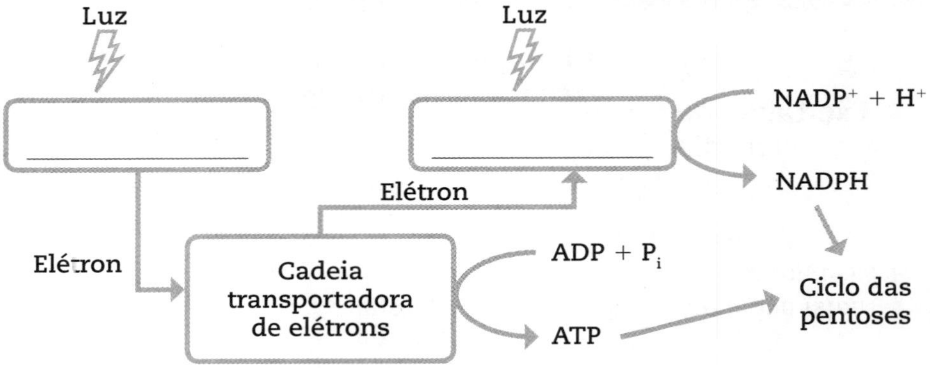

5 Ciclo das pentoses

Encontrei essas informações na(s) página(s) ______.

» **Caracterize** o ciclo das pentoses preenchendo o quadro abaixo.

Ciclo das pentoses	
Definição: ______	Onde ocorre: ______
Reagentes: ______	Produtos: ______

Encontrei essas informações na(s) página(s) ______.

» **Descreva** o destino dos produtos do ciclo das pentoses – os glicídios – completando o diagrama abaixo.

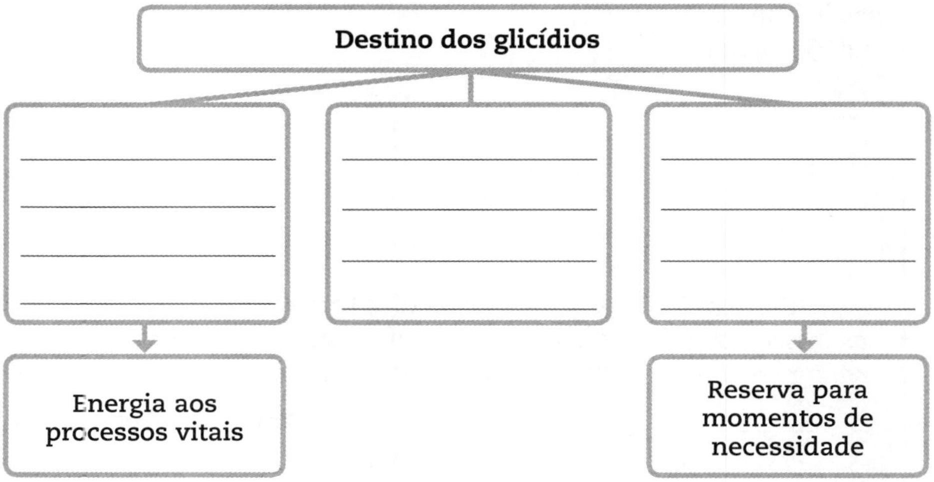

Faça a conexão

» **Comente** a importância da fotossíntese para os seres humanos.

QUIMIOSSÍNTESE

Termos e conceitos

quimiossíntese

» **Defina** o termo ou conceito a seguir.

____

____

____

Guia de estudo

A importância da quimiossíntese

Encontrei essas informações na(s) página(s) __________.

» **Liste** os organismos que realizam o processo de quimiossíntese e **caracterize** os ambientes onde eles vivem.

Tipos de organismos	Ambientes onde vivem

» **Indique**, assinalando um X, quais reagentes são necessários para os processos de quimiossíntese, fotossíntese e respiração celular. (**Consulte** os capítulos anteriores se tiver dúvidas.)

	Luz	Substâncias orgânicas	Substâncias inorgânicas	Gás carbônico	Gás oxigênio
Quimiossíntese					
Fotossíntese					
Respiração celular					

Faça a conexão

» **Comente** a importância ecológica de bactérias quimiossintetizantes. Faça uma pesquisa rápida, caso seja necessário.

____

____

____

____

FECHANDO O CAPÍTULO

» **Marque** um X na coluna que melhor reflete o seu aprendizado de cada tema. Depois, **compare** esta tabela com a que você preencheu no "Antes de estudar o capítulo".

Temas principais do capítulo	Já sabia tudo	Aprendi sobre o tema	Não entendi... Socorro!!!
Aspectos gerais e etapas da fotossíntese			
A relação do espectro da luz visível e a fotossíntese			
Pigmentos fotossintetizantes e excitação da clorofila			
Fotossistemas (PSI e PSII)			
Fotofosforilação cíclica e fotofosforilação acíclica			
Ciclo das pentoses e destino dos glicídios			
O processo de quimiossíntese			

Se você não entendeu algum desses temas, reveja as atividades do *Caderno do Estudante* e revise seu livro-texto. Quando for necessário, peça ajuda a seu professor ou a um colega.

» **Reveja** a segunda atividade do "Antes de estudar o capítulo" e **reavalie** as suas escolhas. Se **julgar** necessário, **escreva** novas justificativas e **compare-as** com suas considerações iniciais.

Sintetize

» **Resuma**, no diagrama abaixo, as informações que você considera mais importantes sobre a fotossíntese.

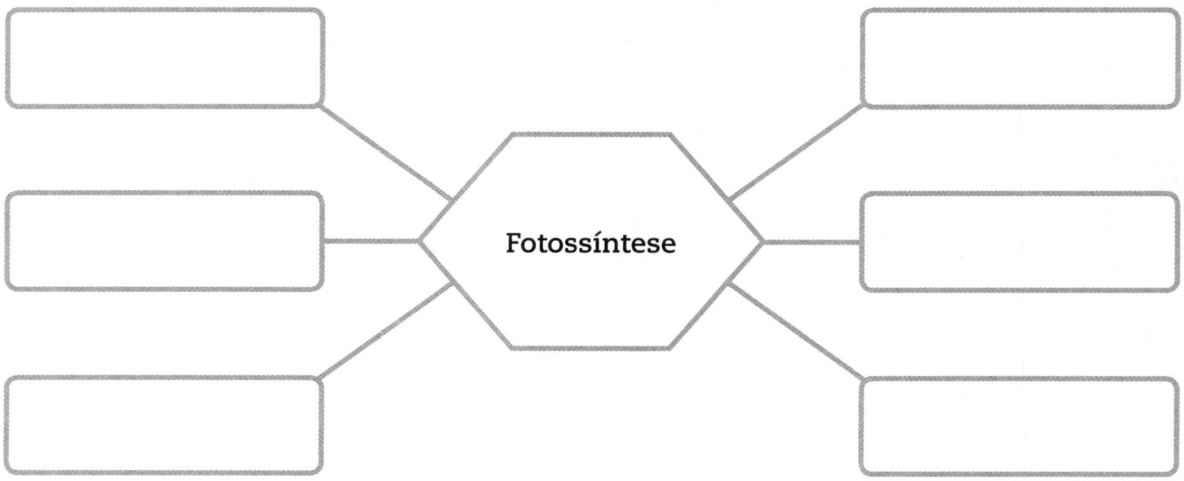

Unidade C

Capítulo

11

O controle gênico das atividades celulares

Seções:

11.1 Natureza química dos genes

11.2 Genes e RNA: a transcrição gênica

11.3 Mecanismo de síntese das proteínas

Antes de estudar o capítulo

» **Veja** nesta tabela os temas principais do capítulo e **marque** um X na coluna que melhor traduz o que você pensa sobre a aprendizagem de cada tema.

Temas principais do capítulo	Domino o tema	Vai ser fácil	Vai ser difícil
A descoberta do DNA			
A estrutura molecular do DNA			
O processo de duplicação semiconservativa do DNA			
Genes, cromossomos e DNA			
O processo de transcrição gênica			
Os principais tipos de RNA e suas funções			
O funcionamento do código genético			
A síntese de proteínas			

» **Veja** abaixo alguns termos e conceitos que você encontrará no capítulo. **Marque** um X naqueles que você julga que estão relacionados à imagem.

- [ ] gene
- [ ] DNA
- [ ] tradução gênica
- [ ] duplicação semiconservativa do DNA
- [ ] código genético
- [ ] transcrição gênica
- [ ] nucléolo

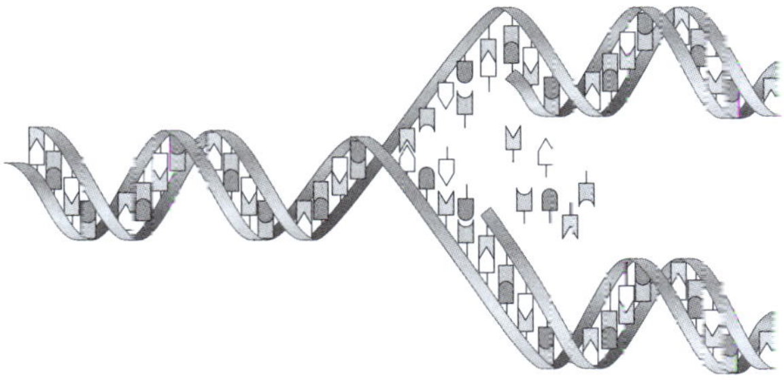

Justifique suas escolhas.

NATUREZA QUÍMICA DOS GENES

Termos e conceitos

» **Defina** os termos ou conceitos a seguir.

gene ______________________________

DNA ______________________________

____

duplicação semiconservativa do DNA ______________________________

____

polimerase do DNA ______________________________

____

Guia de estudo

1

A descoberta do DNA

Encontrei essas informações na(s) página(s) ____________.

» **Relacione** os pesquisadores listados a seguir com suas respectivas descobertas científicas, completando o diagrama.

- Avery, MacLeod e McCarty
- Johann Miescher
- Watson e Crick

______________________ → Descoberta da nucleína, que posteriormente seria denominada ácido nucleico.

______________________ → Conclusão de que o DNA estava relacionado às características hereditárias.

______________________ → Modelo da estrutura molecular do DNA.

2

Estrutura molecular do DNA

Encontrei essas informações na(s) página(s)

_______________.

» **Descreva** a molécula de DNA preenchendo a ficha abaixo.

DNA	
Estrutura:	Composição:
Organização das unidades em cada cadeia:	Ligação das cadeias:

Encontrei essas informações na(s) página(s)

_______________.

» **Explique** a importância do código genético para os seres vivos.

3

Duplicação semiconservativa do DNA

Encontrei essas informações na(s) página(s)

_______________.

» **Ordene** as etapas do processo de duplicação do DNA descritas no quadro da direita.

1. _______________

↓

2. _______________

↓

3. _______________

↓

4. _______________

Uma enzima promove a polimerização entre os nucleotídios emparelhados à cadeia molde.

Nucleotídios livres presentes na célula unem-se às cadeias desemparelhadas.

Formação de duas moléculas de DNA idênticas.

As pontes de hidrogênio que unem as bases nitrogenadas complementares são desfeitas e as cadeias se separam.

GENES E RNA: A TRANSCRIÇÃO GÊNICA

Termos e conceitos

» **Associe** termos ou conceitos encontrados no livro-texto a cada definição enunciada a seguir.

1. ______________________

1. Processo de produção de RNA a partir de uma cadeia molde de DNA.

2. ______________________

2. Trinca de bases presente no RNAt que se emparelha ao códon do RNAm.

3. ______________________

3. Trinca de bases presente no RNAm que se emparelha ao anticódon do RNAt.

Guia de estudo

1 Relação entre genes, cromossomos e DNA

Encontrei essas informações na(s) página(s) __________.

» **Relacione** os termos abaixo completando a frase.

Gene | DNA | Cromossomos | RNA

______________ é uma região particular do ______________, o constituinte fundamental dos ______________, que determina a produção de uma molécula específica de ______________.

» **Explique** por que não é recomendada a denominação "DNA-lixo" para as sequências de nucleotídeos que não produzem RNA.

A denominação "DNA lixo" não é recomendada por ______________________________

____

____

2 Transcrição gênica

Encontrei essas informações na(s) página(s) __________.

» **Compare** os processos de duplicação do DNA e transcrição gênica anotando, na tabela a seguir, as principais características de cada um deles.

	Duplicação do DNA	Transcrição gênica
Tipo de ácido nucleico formado		
Nº de cadeias de DNA-molde		
Principal enzima		

Encontrei essas informações na(s) página(s) ______.

» **Reproduza** a regra de emparelhamento nos processos abaixo completando o diagrama com as bases nitrogenadas adequadas.

Duplicação do DNA			**Transcrição gênica**		
DNA	⇔	**DNA**	**DNA**	⇔	**RNA**
______	⇔	______	______	⇔	______
______	⇔	______	______	⇔	______
			______	⇔	______
			______	⇔	______

3

Os limites de um gene

Encontrei essas informações na(s) página(s) ______.

» **Identifique** e **nomeie**, no diagrama abaixo, a região promotora do gene e a sequência de término de transcrição. Em seguida, **defina** e **caracterize** cada uma das regiões.

______
______

______
______

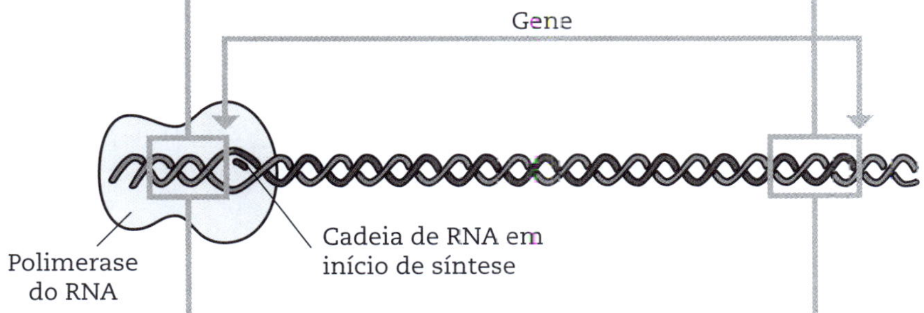

Definição:
______
______
______

Função:
______
______
______

Definição:
______
______
______

Função:
______
______
______

4 Principais tipos de RNA

Encontrei essas informações na(s) página(s) ______.

» **Defina** os principais tipos de RNA completando o diagrama abaixo.

Tipos de RNA

RNA ribossômico:
______

RNA mensageiro:
______

RNA transportador:
______

Encontrei essas informações na(s) página(s) ______.

» **Indique**, no diagrama abaixo, o códon e o anticódon.

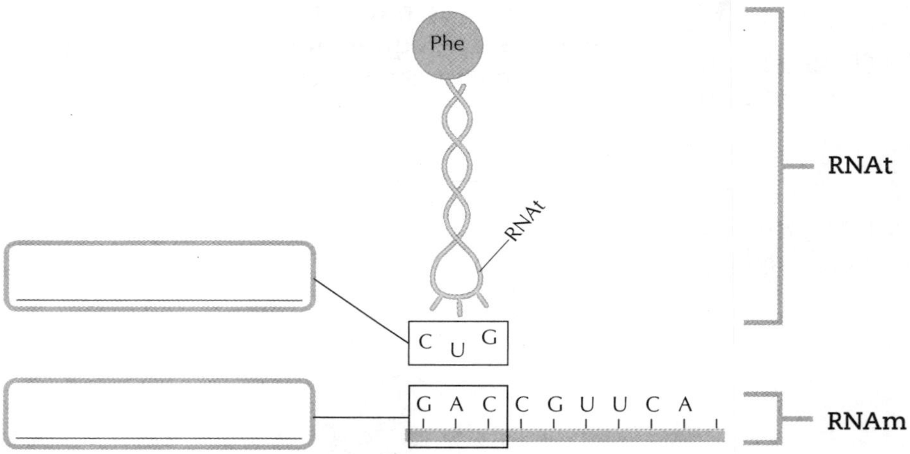

5 O código genético

Encontrei essas informações na(s) página(s) ______.

» **Caracterize** o código genético completando o diagrama abaixo.

Código genético

O que é?
______

Como suas unidades se combinam?
______

MECANISMO DE SÍNTESE DAS PROTEÍNAS

Termos e conceitos

» **Associe** termos ou conceitos encontrados no livro-texto a cada definição enunciada a seguir.

1. ____________
2. ____________
3. ____________
4. ____________
5. ____________
6. ____________

1. Processo de síntese de uma cadeia polipeptídica a partir de um RNAm.

2. Códon AUG, que determina o local da molécula de RNAm em que tem início a informação para a produção da cadeia polipeptídica.

3. Local do ribossomo em que se aloja o primeiro códon do RNAm (AUG) e no qual se encaixa o RNAt de metionina.

4. Local do ribossomo no qual se aloja o RNAt, que carrega o aminoácido a ser incorporado na cadeia polipeptídica em formação. Fica ao lado do sítio P.

5. Códon para o qual não há aminoácido correspondente; é o último estágio da síntese de um polipeptídio.

6. Conjunto formado por vários ribossomos traduzindo um mesmo RNAm.

Guia de estudo

A tradução gênica

Encontrei essas informações na(s) página(s) ____________.

» **Cite** os fatores que participam da tradução gênica completando o diagrama abaixo.

Fatores da tradução gênica

____
____
____
____
____

» **Descreva** o processo da síntese de uma cadeia polipeptídica representado pelo esquema abaixo.

DNA → RNAm → cadeia polipeptídica

A síntese de uma cadeia polipeptídica consiste em: ____________

FECHANDO O CAPÍTULO

» **Marque** um X na coluna que melhor reflete o seu aprendizado de cada tema. Depois, **compare** esta tabela com a que você preencheu no "Antes de estudar o capítulo".

Temas principais do capítulo	Já sabia tudo	Aprendi sobre o tema	Não entendi... Socorro!!!
A descoberta do DNA			
A estrutura molecular do DNA			
O processo de duplicação semiconservativa do DNA			
Genes, cromossomos e DNA			
O processo de transcrição gênica			
Os principais tipos de RNA e suas funções			
O funcionamento do código genético			
A síntese de proteínas			

Se você não entendeu algum desses temas, reveja as atividades do *Caderno do Estudante* e revise seu livro-texto. Quando for necessário, peça ajuda a seu professor ou a um colega.

» **Reveja** a segunda atividade do "Antes de estudar o capítulo" e **reavalie** as suas escolhas. Se **julgar** necessário, **escreva** novas justificativas e **compare-as** com suas considerações iniciais.

Sintetize

» **Elabore** um texto explicando a relação entre a transcrição e a tradução gênicas, bem como a importância desses processos para a célula.

Tecidos epiteliais

Seções:
12.1 A estratégia multicelular
12.2 Estrutura e funções dos tecidos epiteliais
12.3 Especializações das células epiteliais
12.4 Estrutura e funções da pele humana

Antes de estudar o capítulo

Veja nesta tabela os temas principais do capítulo e **marque** um X na coluna que melhor traduz o que você pensa sobre a aprendizagem de cada tema.

Temas principais do capítulo	Domino o tema	Vai ser fácil	Vai ser difícil
Vantagens da multicelularidade			
Funções gerais dos tecidos epiteliais			
Características e funções dos epitélios de revestimento			
Glândulas endócrinas, exócrinas e mistas			
Funções das especializações das células epiteliais			
Características e funções das especializações da borda celular			
Funções da pele humana			
Características dos anexos epidérmicos			

Veja abaixo alguns termos e conceitos que você encontrará no capítulo. **Marque** um X naqueles que você julga que estão relacionados à imagem.

- [ ] epiderme
- [ ] multicelular
- [ ] glândula sudorípara
- [ ] glândula endócrina
- [ ] cílios
- [ ] microvilosidades
- [ ] tecido epitelial

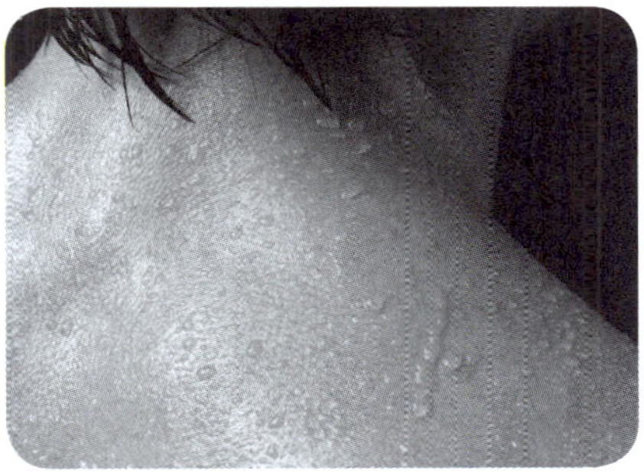

SCOTT KLEINMAN/GETTY IMAGES

Justifique suas escolhas.

A ESTRATÉGIA MULTICELULAR

Termos e conceitos

» **Defina** os termos ou conceitos a seguir.

tecido ______________________________

____

Histologia ______________________________

____

Guia de estudo

Vantagens da multicelularidade

Encontrei essas informações na(s) página(s) ________.

» **Defina** e **exemplifique**, no esquema abaixo, organismos unicelulares e multicelulares.

Organismo unicelular	Organismo multicelular
Definição: ______________________________	**Definição:** ______________________________
Exemplo: ______________________________	**Exemplo:** ______________________________

Encontrei essas informações na(s) página(s) ________.

» **Caracterize** multicelularidade e **identifique** que vantagem ela apresenta em relação à estratégia unicelular.

Multicelularidade: ______________________________

____

↓

Vantagem: ______________________________

____

ESTRUTURA E FUNÇÕES DOS TECIDOS EPITELIAIS

Termos e conceitos

» **Defina** o termo ou conceito a seguir.

epitélio de revestimento

____

____

Guia de estudo

Encontrei essas informações na(s) página(s) ______.

» **Indique**, no diagrama abaixo, as principais funções do tecido epitelial.

Funções do tecido epitelial
- → ______________________________
- → ______________________________
- → ______________________________

1 Epitélios de revestimento

Encontrei essas informações na(s) página(s) ______.

» **Determine** ou **exemplifique** as funções do epitélio de revestimento.

Epitélio de revestimento

Função: Revestimento externo do corpo **Exemplo:** ______________	**Função:** ______________ **Exemplo:** endotélio

» **Classifique** os epitélios de revestimento com relação ao número de camadas celulares e à forma das células preenchendo os diagramas a seguir.

Número de camadas celulares
- Uma camada de células: ______________________________
- Uma camada de células, mas com núcleos em diferentes alturas: ______________________________
- Mais de uma camada de células: ______________________________

Forma das células

- Células achatadas: ____________________
- Células com forma de cubo: ____________________
- Células alongadas, em forma de coluna: ____________________
- Células de forma variável: ____________________

2 Epitélios glandulares

Encontrei essas informações na(s) página(s) ________.

» **Cite** os critérios de classificação das glândulas exócrinas preenchendo o diagrama abaixo.

Glândulas exócrinas

» **Defina** os tipos de glândulas quanto à forma de secretar e **exemplifique** cada um deles.

Endócrina

Mista

Exócrina

ESPECIALIZAÇÕES DAS CÉLULAS EPITELIAIS

Termos e conceitos

» **Associe** termos ou conceitos encontrados no livro-texto a cada definição enunciada a seguir.

1. ____________
2. ____________
3. ____________

1. Junção celular constituída por duas placas circulares de proteínas, uma na membrana de uma célula e a outra na membrana da célula vizinha.
2. "Tapete" molecular, constituído por moléculas de glicoproteínas imersas em uma rede de colágeno, na qual o tecido epitelial se apoia.
3. Estrutura que lembra metade de um desmossomo envolvida na adesão das células epiteliais mais internas à lâmina basal.

Guia de estudo

1 Junções celulares

Encontrei essas informações na(s) página(s) ____________.

» **Identifique** a função geral das junções celulares e **cite** exemplos desse tipo de especialização das células epiteliais.

Função: ____________

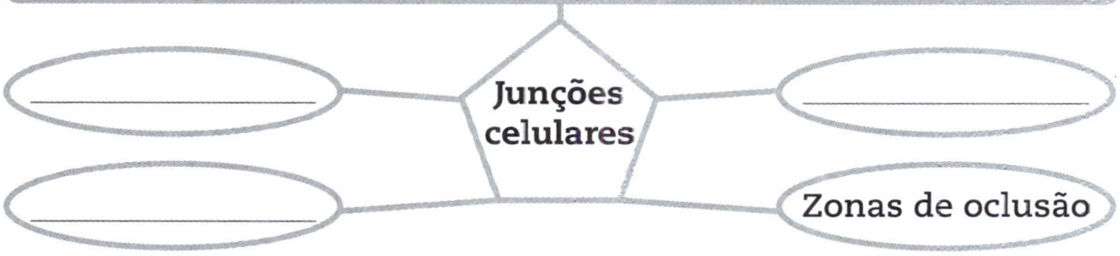

Encontrei essas informações na(s) página(s) ____________.

» **Descreva** a função das estruturas especiais presentes nas células epiteliais preenchendo a tabela abaixo.

Estrutura	Função
Desmossomos	
Zonas de adesão	
Zonas de oclusão	
Junções tipo *gap*	
Hemidesmossomos	
Membrana basal	

2 Especializações da borda celular

Encontrei essas informações na(s) página(s) ______.

» **Indique** e **caracterize** os tipos de especializações da borda celular preenchendo a tabela abaixo.

Especializações da borda celular	Descrição	Função	Exemplo
Microvilosidades			
	dobras internas da membrana celular, presentes em epitélios especializados no intercâmbio de substâncias		
			epitélios da superfície interna da traqueia e do interior das tubas uterinas

Faça a conexão

» **Observe** as imagens abaixo obtidas em microscópio eletrônico de varredura e, em seguida, **responda** à questão.

A

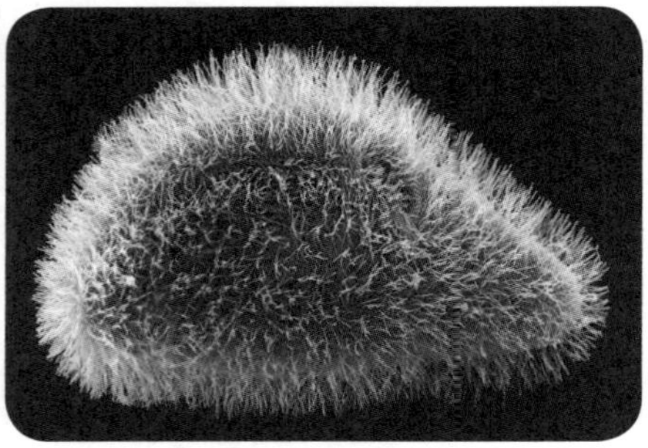

STEVE GSCHMEISSNER/SCIENCE PHOTO LIBRARY/LATINSTOCK

B

PROF. P. MOTTA/DEPT. OF ANATOMY/ UNIVERSITY "LA SAPIENZA", ROME/ SCIENCE PHOTO LIBRARY/LATINSTOCK

A - Paramécio, organismo unicelular ciliado.

B - Superfície interna da tuba uterina humana, mostrando os cílios presentes nas células do tecido epitelial.

Os cílios, observados nas imagens A e B, possuem a mesma função no paramécio e no epitélio tubário humano? **Justifique** sua resposta.

ESTRUTURA E FUNÇÕES DA PELE HUMANA

Termos e conceitos

» **Defina** os termos ou conceitos a seguir.

epiderme ______________________________

glândula sebácea ______________________________

glândula sudorípara ______________________________

Guia de estudo

1

Características estruturais da epiderme

Encontrei essas informações na(s) página(s) ________.

» **Nomeie** ou **caracterize** as camadas da epiderme da pele humana. Em seguida, **indique** a origem embrionária da pele humana.

- **Pele**
  - **Epiderme:** tecido epitelial
    - ________ : células achatadas, queratinizadas e mortas
    - Camada granulosa: ________
    - ________ : células com muitos prolongamentos
    - Camada germinativa: ________
  - **Derme:** tecido conjuntivo

Origem embrionária da pele humana:

Epiderme → ______________________________

Derme → ______________________________

Encontrei essas informações na(s) página(s) ____________.

» **Associe** as células especiais presentes na epiderme às suas respectivas funções.

Células	Funções
Melanócitos	Reconhecer e destruir agentes estranhos que entram na pele, além de alertar o sistema de defesas corporais para combater invasores.
Células de Langerhans	Perceber estímulos mecânicos, transmitindo-os às fibras nervosas.
Células de Merkel	Produzir melanina, que absorve parte da energia contida na radiação ultravioleta da luz solar e neutraliza radicais livres.

» **Descreva** os termos encontrados no diagrama abaixo e, em seguida, **cite** a função da melanina no organismo.

Melanócito:

____

____

____

____

↓ produz

Melanina:

____

____

____

→ **Função:** ____________________

2

As funções da pele humana

Encontrei essas informações na(s) página(s) ________

» **Cite** e **descreva**, resumidamente, as principais funções da pele humana.

Principais funções da pele humana

____

____

____

3

Anexos epidérmicos: pelos, unhas e glândulas

Encontrei essas informações na(s) página(s) ________

» **Compare** os anexos epidérmicos da pele humana presentes no esquema abaixo.

Pelos		Unhas
O que são?	Origem:	O que são?
Onde estão localizados?		Onde estão localizados?

Faça a conexão

» **Explique** por que é recomendável que toda criança recém-nascida tome banhos de sol em horários e quantidades adequados.

____

FECHANDO O CAPÍTULO

» **Marque** um X na coluna que melhor reflete o seu aprendizado de cada tema. Depois, **compare** esta tabela com a que você preencheu no "Antes de estudar o capítulo".

Temas principais do capítulo	Já sabia tudo	Aprendi sobre o tema	Não entendi... Socorro!!!
Vantagens da multicelularidade			
Funções gerais dos tecidos epiteliais			
Características e funções dos epitélios de revestimento			
Glândulas endócrinas, exócrinas e mistas			
Funções das especializações das células epiteliais			
Características e funções das especializações da borda celular			
Funções da pele humana			
Características dos anexos epidérmicos			

Se você não entendeu algum desses temas, reveja as atividades do *Caderno do Estudante* e revise seu livro-texto. Quando for necessário, peça ajuda a seu professor ou a um colega.

» **Reveja** a segunda atividade do "Antes de estudar o capítulo" e **reavalie** as suas escolhas. Se **julgar** necessário, **escreva** novas justificativas e **compare-as** com suas considerações iniciais.

Sintetize

» **Elabore** um texto breve resumindo as principais funções do tecido epitelial humano (epitélio de revestimento e glandular da pele humana).

Tecidos conjuntivos

Seções:
13.1 Características gerais dos tecidos conjuntivos
13.2 Tecidos conjuntivos propriamente ditos
13.3 Tecidos conjuntivos especiais

Antes de estudar o capítulo

» **Veja** nesta tabela os temas principais do capítulo e **marque** um X na coluna que melhor traduz o que você pensa sobre a aprendizagem de cada tema.

Temas principais do capítulo	Domino o tema	Vai ser fácil	Vai ser difícil
Classificação dos tecidos conjuntivos			
Estrutura e composição do tecido conjuntivo			
Tipos de tecido conjuntivo propriamente dito			
Células dos tecidos conjuntivos e suas funções			
Características e funções do tecido cartilaginoso			
Características e funções do tecido ósseo			
Função do tecido hematopoiético			

» **Veja** abaixo alguns termos e conceitos que você encontrará no capítulo. **Marque** um X naqueles que você julga que estão relacionados à imagem.

- [ ] osteócito
- [ ] tecido ósseo
- [ ] tecido cartilaginoso
- [ ] condroblastos
- [ ] tecido conjuntivo
- [ ] fibras elásticas
- [ ] tecido adiposo

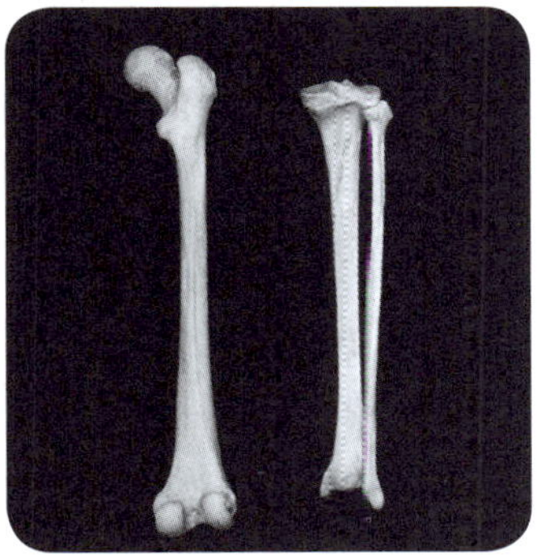
PHOTO RESEARCHERS/LATINSTOCK

Justifique suas escolhas.

____

____

CARACTERÍSTICAS GERAIS DOS TECIDOS CONJUNTIVOS

Termos e conceitos

» **Defina** os termos ou conceitos a seguir.

tecido conjuntivo ___

matriz extracelular ___

Guia de estudo

1 O que são tecidos conjuntivos?

Encontrei essas informações na(s) página(s) ___.

» **Classifique** os tecidos conjuntivos completando o diagrama abaixo.

- **Tecido conjuntivo**
  - Propriamente dito
    - ___
    - denso
      - ___
      - ___
  - Especiais
    - ___
    - ___
    - ___

2 Componentes da matriz extracelular

Encontrei essas informações na(s) página(s) ___.

» **Descreva** do que são formados os principais componentes da matriz extracelular.

- **Componentes da matriz extracelular**
  - Substância fundamental amorfa — Composição: ___
  - Fibras conjuntivas — Tipos: ___

Encontrei essas informações na(s) página(s) ________.

» **Identifique** e **caracterize** os tipos de fibras conjuntivas da matriz extracelular.

Fibras conjuntivas da matriz extracelular

Tipo: colágenas	Tipo: ________	Tipo: ________
Constituição: ________	Constituição: elastina e fibrilina	Constituição: ________
Confere: ________	Confere: ________	Confere: ligação com tecidos vizinhos

Faça a conexão

» **Leia** o trecho abaixo e, em seguida, **responda** às questões.

"[...] É a pata de bovinos sem o casco. Utiliza-se no preparo tanto de pratos salgados como de doces. Salgado, é feito um cozido lento, com as patas escaldadas, temperadas com sal, pimenta, salsa, louro, toucinho, limão, mostarda e vinagre, acrescentando-se ou não alguma verdura. Sua aplicação doce mais conhecida é a geleia [...]. Nos dois casos, é muito saboroso e nutritivo. [...]"

Fonte: GOMENSORO, Maria Lucia. *Pequeno dicionário de gastronomia.* Rio de Janeiro: Objetiva, 1999. p. 268.

A qual alimento brasileiro o trecho acima se refere?

____

____

Você conhece outros produtos ou alimentos que são constituídos de colágeno? Quais?

____

____

____

____

TECIDOS CONJUNTIVOS PROPRIAMENTE DITOS

Termos e conceitos

» **Associe termos ou conceitos encontrados no livro-texto a cada definição enunciada a seguir.**

1. ______________________

2. ______________________

3. ______________________

4. ______________________

5. ______________________

1. Rede frouxa de fibras elásticas e finas fibras colágenas dispostas em todas as direções; os grandes espaços entre as fibras são ocupados por uma matriz semifluida e por células conjuntivas.

2. Tecido em que se encontram as células especializadas no armazenamento de substâncias lipídicas.

3. Célula grande com forma ameboide, originada a partir da diferenciação de um tipo de glóbulo branco do sangue.

4. Célula arredondada ou ovoide, rica em vacúolos citoplasmáticos que acumulam principalmente heparina e histamina.

5. Célula dotada de alta capacidade de multiplicação e de diferenciação.

Guia de estudo

1

Tipos de tecidos conjuntivos propriamente ditos

Encontrei essas informações na(s) página(s) ________.

» **Caracterize** os tipos de tecido conjuntivo na tabela abaixo.

	Tecido conjuntivo frouxo	Tecido adiposo	Tecido conjuntivo denso não modelado	Tecido conjuntivo denso modelado
Composição				
Propriedade				
Onde ocorre				

2

Células dos tecidos conjuntivos propriamente ditos

Encontrei essas informações na(s) página(s)

______.

» **Identifique** a principal função das células dos tecidos conjuntivos apresentadas no diagrama abaixo.

Tipo de célula	Principal função
Fibroblasto	
Macrófago	
Mastócito	
Mesenquimatosa	

Faça a conexão

» **Relacione** o que você aprendeu sobre multicelularidade e organização de tecidos no capítulo anterior com a variedade de tipos de células do tecido conjuntivo e suas funções.

TECIDOS CONJUNTIVOS ESPECIAIS

Termos e conceitos

» **Defina** os termos ou conceitos a seguir.

condroblasto ______________________________

condrócito ______________________________

osteoblasto ______________________________

osteócito ______________________________

osteoclasto ______________________________

Guia de estudo

1

Tecido cartilaginoso

Encontrei essas informações na(s) página(s) ________.

» **Caracterize** os tipos de cartilagem no esquema abaixo.

Descrição	Tipos de cartilagem	Onde é encontrada?
É o tipo mais comum, possui matriz homogênea e poucas fibras colágenas.	**Hialina**	______
______	**Elástica**	Orelha, septo nasal e epiglote.
______	**Fibrosa**	______

2

Tecido ósseo

Encontrei essas informações na(s) página(s) ______.

» **Descreva** resumidamente, no esquema abaixo, as principais funções do tecido ósseo e do tecido cartilaginoso e, em seguida, **identifique** as principais células desses tecidos e a composição principal de sua matriz intercelular.

Tecido ósseo	**Tecido cartilaginoso**
Funções:	Funções:
Principais células do tecido:	Principais células do tecido:
Composição principal da matriz intercelular:	Composição principal da matriz intercelular:

3

Tecido hematopoiético

Encontrei essas informações na(s) página(s) ______.

» **Descreva** a principal função do tecido hematopoiético.

Faça a conexão

» **Relacione** um tipo de lesão comum nos joelhos de atletas, como corredores e jogadores de futebol, com o que você aprendeu sobre as funções da cartilagem neste capítulo.

FECHANDO O CAPÍTULO

» **Marque** um X na coluna que melhor reflete o seu aprendizado de cada tema. Depois, **compare** esta tabela com a que você preencheu no "Antes de estudar o capítulo".

Temas principais do capítulo	Já sabia tudo	Aprendi sobre o tema	Não entendi... Socorro!!!
Classificação dos tecidos conjuntivos			
Estrutura e composição do tecido conjuntivo			
Tipos de tecido conjuntivo propriamente dito			
Células dos tecidos conjuntivos e suas funções			
Características e funções do tecido cartilaginoso			
Características e funções do tecido ósseo			
Função do tecido hematopoiético			

Se você não entendeu algum desses temas, reveja as atividades do *Caderno do Estudante* e revise seu livro-texto. Quando for necessário, peça ajuda a seu professor ou a um colega.

» **Reveja** a segunda atividade do "Antes de estudar o capítulo" e **reavalie** as suas escolhas. Se **julgar** necessário, **escreva** novas justificativas e **compare-as** com suas considerações iniciais.

Sintetize

» **Sumarize** as principais funções dos tecidos conjuntivos ósseo, cartilaginoso, hematopoiético e conjuntivo propriamente dito.

Unidade D
Capítulo
14

Tecido sanguíneo

Seções:
14.1 O sangue e a origem das células sanguíneas
14.2 Componentes do sangue humano

Antes de estudar o capítulo

» **Veja** nesta tabela os temas principais do capítulo e **marque** um X na coluna que melhor traduz o que você pensa sobre a aprendizagem de cada tema.

Temas principais do capítulo	Domino o tema	Vai ser fácil	Vai ser difícil
Características e funções do sangue			
Origem das células sanguíneas			
Componentes do sangue humano			
Composição e função do plasma sanguíneo			
Principais características das hemácias			
Tipos de leucócitos e suas funções			
Origem e funções das plaquetas			

» **Veja** abaixo alguns termos e conceitos que você encontrará no capítulo. **Marque** um X naqueles que você julga que estão relacionados à imagem.

- [ ] diapedese
- [ ] glóbulos brancos
- [ ] hemácias
- [ ] timo
- [ ] leucócitos
- [ ] eritrócitos
- [ ] plaquetas
- [ ] hemoglobina
- [ ] medula óssea vermelha

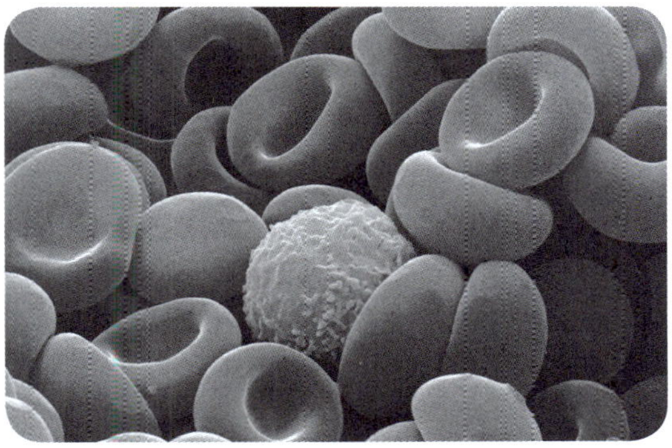
ANDREW SYRED/SCIENCE PHOTO LIBRARY/ LATINSTOCK

Justifique suas escolhas.

O SANGUE E A ORIGEM DAS CÉLULAS SANGUÍNEAS

Termos e conceitos

» **Defina** os termos ou conceitos a seguir.

sangue ______________________________

plasma sanguíneo ______________________________

timo ______________________________

Guia de estudo

1

Características do sangue

Encontrei essas informações na(s) página(s) ________.

» **Indique** nos esquemas abaixo os componentes do sangue.

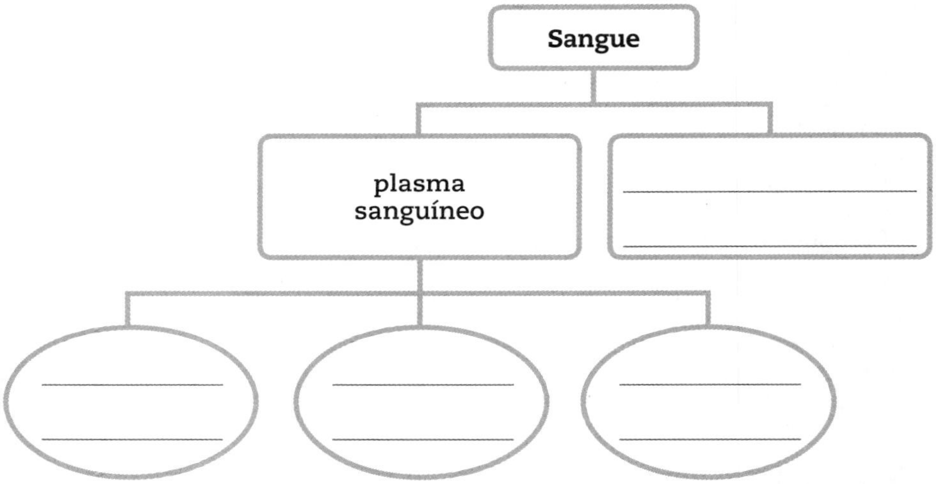

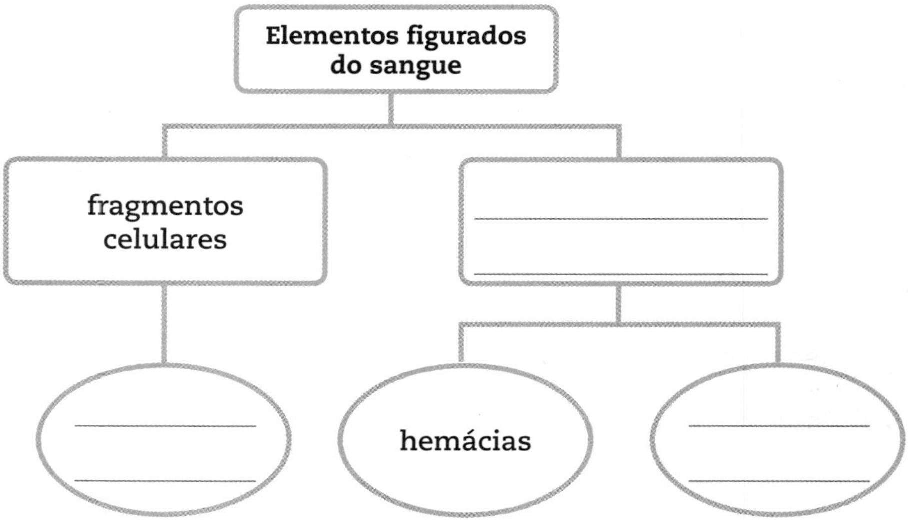

Encontrei essas informações na(s) página(s) ________.

» **Identifique** três funções que o sangue exerce em animais vertebrados.

Funções do sangue em animais vertebrados

____
____

____
____

____

» **Cite** exemplos de substâncias transportadas por meio do sangue nas situações representadas no diagrama abaixo.

____
____

sangue → **células**

células → **sangue**

____
____

2 Tecidos hematopoiéticos ou hemocitopoiéticos

Encontrei essas informações na(s) página(s) ________.

» **Caracterize** a medula óssea vermelha no esquema abaixo.

Medula óssea vermelha
Definição: Rede de tecido conjuntivo frouxo, que contém conjuntos de células--tronco hematopoiéticas e uma vasta rede de sinusoides sanguíneos.
Função: ____
Localização: ____ ____ ____

COMPONENTES DO SANGUE HUMANO

Termos e conceitos

» **Associe** termos ou conceitos encontrados no livro-texto a cada definição enunciada a seguir.

1. ______________
2. ______________
3. ______________
4. ______________
5. ______________

1. Proteína responsável pela captura de gás oxigênio nos pulmões e por seu transporte para todos os tecidos do corpo.

2. Condição em que o transporte de gás oxigênio encontra-se prejudicado devido à diminuição da quantidade de hemoglobina no sangue.

3. Fenômeno em que os neutrófilos saem dos vasos sanguíneos, espremendo-se pelos espaços entre as células da parede dos capilares, e atingem os tecidos.

4. Célula muito ativa na fagocitose de microrganismos invasores, de resíduos e de células mortas.

5. Imunoglobulina que reconhece e combate microrganismos e substâncias estranhas que penetram no corpo.

Guia de estudo

1

Plasma sanguíneo

Encontrei essas informações na(s) página(s) ______.

» **Indique** a composição e a função do plasma sanguíneo.

Composição:

____

____

____

Plasma sanguíneo

Função:

____

____

____

____

____

2

Hemácias (glóbulos vermelhos)

Encontrei essas informações na(s) página(s) ______.

» **Caracterize** as hemácias, preenchendo a tabela abaixo.

Hemácias	
Definição:	Tempo de vida na espécie humana:
Função:	Origem e destruição:

Encontrei essas informações na(s) página(s) ______.

» **Identifique** as substâncias transportadas por hemácias e pelo plasma sanguíneo no esquema abaixo.

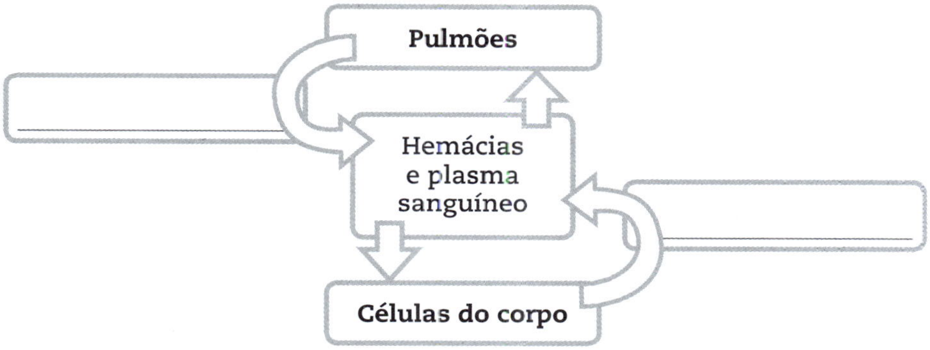

3

Leucócitos (glóbulos brancos)

Encontrei essas informações na(s) página(s) ______.

» **Classifique** os cinco tipos básicos de leucócitos. Em seguida, **identifique** a função mais importante desse tipo de célula.

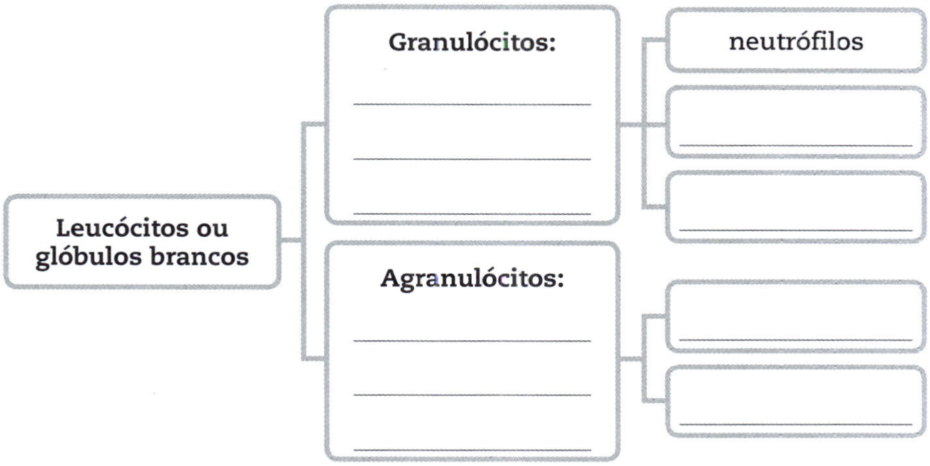

Função mais importante dos leucócitos: ______________________________

Encontrei essas informações na(s) página(s) ______.

» **Determine** as funções dos tipos básicos de leucócitos.

Leucócitos	Funções
Neutrófilos	
Eosinófilos	
Basófilos	
Monócitos	
Linfócitos	

4

Plaquetas (trombócitos)

Encontrei essas informações na(s) página(s) ______.

» **Identifique** a origem, definição e função das plaquetas.

Plaquetas

Origem:

O que são?

Função:

Faça a conexão

» **Explique** por que se alimentar com bife de fígado de boi ajuda a combater a anemia.

FECHANDO O CAPÍTULO

» **Marque** um X na coluna que melhor reflete o seu aprendizado de cada tema. Depois, **compare** esta tabela com a que você preencheu no "Antes de estudar o capítulo".

Temas principais do capítulo	Já sabia tudo	Aprendi sobre o tema	Não entendi... Socorro!!!
Características e funções do sangue			
Origem das células sanguíneas			
Componentes do sangue humano			
Composição e função do plasma sanguíneo			
Principais características das hemácias			
Tipos de leucócitos e suas funções			
Origem e funções das plaquetas			

Se você não entendeu algum desses temas, reveja as atividades do *Caderno do Estudante* e revise seu livro-texto. Quando for necessário, peça ajuda a seu professor ou a um colega.

» **Reveja** a segunda atividade do "Antes de estudar o capítulo" e **reavalie** as suas escolhas. Se **julgar** necessário, **escreva** novas justificativas e **compare-as** com suas considerações iniciais.

Sintetize

» **Elabore** uma tabela que sumarize todos os componentes sanguíneos e suas funções no organismo.

Unidade D
Capítulo
15

Tecidos musculares

Seções:

15.1 Características dos tecidos musculares
15.2 Tecido muscular estriado esquelético
15.3 Tecido muscular estriado cardíaco
15.4 Tecido muscular não estriado (ou tecido muscular liso)

Antes de estudar o capítulo

» **Veja** nesta tabela os temas principais do capítulo e **marque** um X na coluna que melhor traduz o que você pensa sobre a aprendizagem de cada tema.

Temas principais do capítulo	Domino o tema	Vai ser fácil	Vai ser difícil
Função geral e localização dos tecidos musculares			
Tecido muscular estriado esquelético e a contração muscular			
Características do tecido muscular estriado cardíaco			
Papel do tecido muscular cardíaco na estrutura e função do coração			
Características do tecido muscular não estriado			

» **Veja** abaixo alguns termos e conceitos que você encontrará no capítulo. **Marque** um X naqueles que você julga que estão relacionados à imagem.

- [ ] tecido muscular estriado esquelético
- [ ] tecido muscular estriado cardíaco
- [ ] tecido muscular não estriado
- [ ] tônus muscular
- [ ] marca-passo cardíaco
- [ ] miócito

KOLVENBACH/ALAMY/OTHER IMAGES

Justifique suas escolhas.

CARACTERÍSTICAS DOS TECIDOS MUSCULARES

Termos e conceitos

» **Defina** o termo ou conceito a seguir.

tecido muscular ____

____

Guia de estudo

O papel dos músculos

Encontrei essas informações na(s) página(s) ____________.

» **Identifique** os tecidos componentes dos músculos, completando o diagrama abaixo.

Músculos

- tecido ____________
  - ____________
  - ____________
  - não estriado (ou liso)
- tecido ____________
  - vasos sanguíneos

» **Explique** a importância da contração muscular para os seres humanos.

____

____

____

» **Descreva** o processo de contração da musculatura, preenchendo as lacunas com as palavras do quadro.

miofibrilas – contração – actina – filamentos miofilamentos – miosina – proteínas

As células musculares se contraem devido ao encurtamento de ____________ proteicos citoplasmáticos dispostos ao longo de seu comprimento, que são denominados ____________ ou ____________. Esses filamentos são constituídos por diversas ____________, principalmente ____________ e ____________, e estão organizados de tal maneira que deslizam uns sobre os outros, levando à ____________ muscular.

TECIDO MUSCULAR ESTRIADO ESQUELÉTICO

Termos e conceitos

» **Associe** termos ou conceitos encontrados no livro-texto a cada definição enunciada a seguir.

1. ____________ 1. Tecido que constitui a maior parte da musculatura dos vertebrados e forma o que se chama popularmente de "carne".

2. ____________ 2. Estrutura celular resultante da fusão de inúmeras células; também conhecido por fibra muscular estriada esquelética.

3. ____________ 3. Estrutura cilíndrica que percorre toda a fibra muscular no sentido longitudinal; também denominada miofilamento.

4. ____________ 4. Unidade de repetição das miofibrilas; também denominada sarcômero.

5. ____________ 5. Substância altamente energética, presente nas fibras musculares em uma concentração maior que a de ATP.

6. ____________ 6. Estado de tensão muscular sustentado, responsável pela firmeza dos músculos e importante na manutenção da postura do corpo.

Guia de estudo

1

Estrutura da fibra muscular estriada esquelética

Encontrei essas informações na(s) página(s) ____________.

» **Identifique** ou **caracterize** os componentes de um miócito, completando a tabela abaixo.

Componente	Características
____________	Constituída de actina, miosina e proteínas associadas.
sarcolema	____________
____________	Citoplasma do miócito.
túbulos T	____________
____________	Armazena os íons de cálcio.
mitocôndria	____________
____________	Proteína que pode armazenar gás oxigênio para momentos de grande atividade muscular.

Encontrei essas informações na(s) página(s) ______.

» **Identifique** as partes de um miômero e, em seguida, **resuma** a contração muscular, completando a frase.

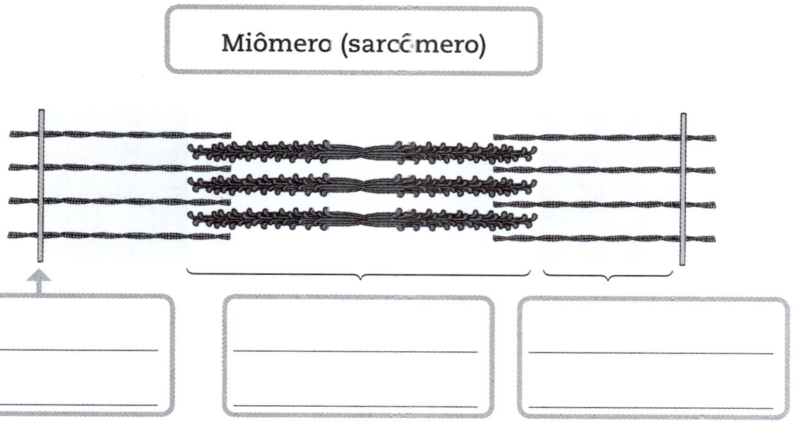

Com a contração muscular, o miômero se ______, devido ao deslizamento dos filamentos de actina sobre os de miosina; a banda ______ diminui de largura, enquanto a banda ______ mantém o seu tamanho.

2

Dinâmica da contração muscular

Encontrei essas informações na(s) página(s) ______.

» **Ordene** as etapas do processo de contração da musculatura estriada esquelética descritas no quadro da direita.

1. ______
2. ______
3. ______
4. ______

Os íons Ca^{2+} são liberados no citosol e entram em contato com as miofibrilas.

As extremidades de miosina dobram-se com força e rapidez, deslocando os filamentos de actina.

Estímulo nervoso atinge o retículo sarcoplasmático.

Moléculas de ATP reagem com as moléculas de miosina e estas se ligam às moléculas de actina.

Encontrei essas informações na(s) página(s) ______.

» **Descreva**, no esquema abaixo, a sequência de eventos que ocorre após cessar a estimulação nervosa que desencadeia uma contração muscular.

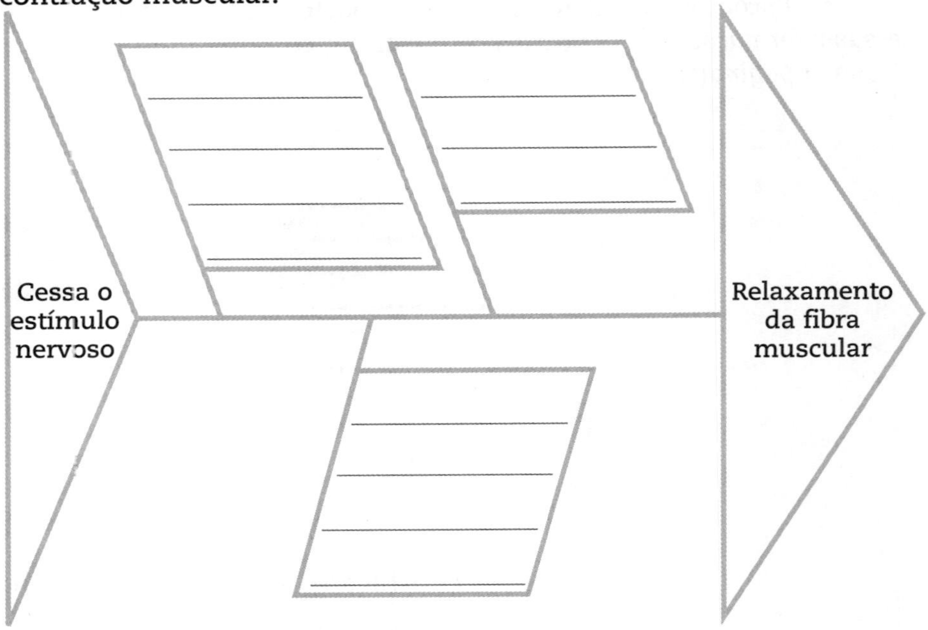

» **Identifique** as fontes de energia utilizadas durante a contração muscular.

Fonte **direta** de energia para a contração muscular → ______

Fonte **indireta** de energia para a contração muscular → ______

» **Compare** os processos de produção de ATP, completando a tabela abaixo.

Tipo de processo	Condições em que ocorre	Consequências do processo
______ ______	há gás oxigênio ligado à mioglobina	______ ______
______ ______	______ ______ ______ ______ ______	produção de ATP e de ácido láctico

TECIDO MUSCULAR ESTRIADO CARDÍACO

Termos e conceitos

» **Defina** os termos ou conceitos a seguir.

tecido muscular estriado cardíaco

marca-passo cardíaco

Guia de estudo

Encontrei essas informações na(s) página(s) ______.

» **Diferencie** a contração das células do tecido muscular estriado esquelético da contração das células do tecido muscular estriado cardíaco.

Músculo estriado esquelético:

Músculo estriado cardíaco:

» **Liste**, no esquema abaixo, alguns dos fatores que podem alterar a frequência cardíaca.

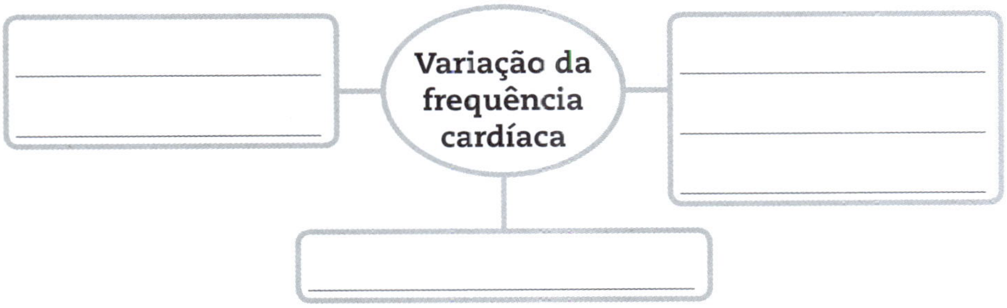

» **Explique** a consequência do aumento da frequência cardíaca.

TECIDO MUSCULAR NÃO ESTRIADO (OU TECIDO MUSCULAR LISO)

Termos e conceitos

» **Defina** o termo ou conceito a seguir.

tecido muscular não estriado ______________________________

____

Guia de estudo

Encontrei essas informações na(s) página(s) ________.

» **Caracterize** o tecido muscular não estriado, completando a tabela abaixo.

Tecido muscular não estriado	
Presente em	
Descrição das células musculares	
Outros nomes do tecido	

Encontrei essas informações na(s) página(s) ________.

» **Compare** a contração das células do tecido muscular não estriado à contração das células do tecido muscular estriado esquelético, assinalando o quadro abaixo.

	Contração mais rápida	Contração mais lenta	Maior tempo de contração	Menor tempo de contração
Tecido muscular não estriado				
Tecido muscular estriado esquelético				

Faça a conexão

» **Responda** à pergunta a seguir.

Qual tecido muscular está relacionado ao processo digestório?

____

____

____

FECHANDO O CAPÍTULO

» **Marque** um X na coluna que melhor reflete o seu aprendizado de cada tema. Depois, **compare** esta tabela com a que você preencheu no "Antes de estudar o capítulo".

Temas principais do capítulo	Já sabia tudo	Aprendi sobre o tema	Não entendi... Socorro!!!
Função geral e localização dos tecidos musculares			
Tecido muscular estriado esquelético e a contração muscular			
Características do tecido muscular estriado cardíaco			
Papel do tecido muscular cardíaco na estrutura e função do coração			
Características do tecido muscular não estriado			

Se você não entendeu algum desses temas, reveja as atividades do *Caderno do Estudante* e revise seu livro-texto. Quando for necessário, peça ajuda a seu professor ou a um colega.

» **Reveja** a segunda atividade do "Antes de estudar o capítulo" e **reavalie** as suas escolhas. Se **julgar** necessário, **escreva** novas justificativas e **compare-as** com suas considerações iniciais.

Sintetize

» **Resuma**, na tabela abaixo, as principais características dos tecidos musculares.

	Tecido muscular estriado esquelético	Tecido muscular estriado cardíaco	Tecido muscular não estriado
Localização			
Núcleos por célula			
Estrias transversais			
Velocidade de contração			
Capacidade de se manter contraído			
Contração voluntária ou involuntária			

Unidade D
Capítulo
16

Tecido nervoso

Seções:
16.1 Características do tecido nervoso
16.2 Células do tecido nervoso
16.3 O impulso nervoso

Antes de estudar o capítulo

» **Veja** nesta tabela os temas principais do capítulo e **marque** um X na coluna que melhor traduz o que você pensa sobre a aprendizagem de cada tema.

Temas principais do capítulo	Domino o tema	Vai ser fácil	Vai ser difícil
Características do tecido nervoso			
Estrutura e funções dos neurônios			
Características e funções dos gliócitos			
Comparação funcional de neurofibras mielinizadas e não mielinizadas			
Propagação do impulso nervoso			
Tipos de sinapses nervosas			

» **Veja** abaixo alguns termos e conceitos que você encontrará no capítulo. **Marque** um X naqueles que você julga que estão relacionados à imagem.

- ☐ dendrito
- ☐ axônio
- ☐ estrato mielínico
- ☐ corpo celular do neurônio
- ☐ neurofibra mielinizada
- ☐ gliócito
- ☐ sinapse nervosa

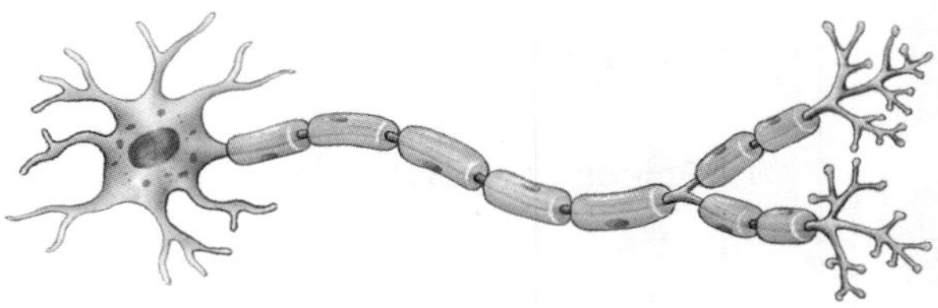

Justifique suas escolhas.

____

____

____

CARACTERÍSTICAS DO TECIDO NERVOSO

Termos e conceitos

» **Associe** termos ou conceitos encontrados no livro-texto a cada definição enunciada a seguir.

1. ______________
2. ______________
3. ______________

1. Tecido que forma os diversos componentes do sistema nervoso.
2. Fio esbranquiçado e fino constituído por prolongamentos de células nervosas, que se ramifica e atinge todas as regiões do corpo.
3. Aglomerado de células nervosas, envolto por uma cápsula de tecido conjuntivo fibroso, que ocorre em certos nervos.

Guia de estudo

Organização do sistema nervoso

Encontrei essas informações na(s) página(s) ______________.

» **Caracterize** o sistema nervoso central e o sistema nervoso periférico no esquema abaixo.

Composto por: ______________ ← **Sistema nervoso central** → Funções: ______________

Sistema nervoso periférico → Composto por: ______________ ; → Funções: ______________

Faça a conexão

» **Explique**, de maneira sucinta, por que uma lesão na coluna vertebral pode comprometer a sensibilidade e movimentos dos nossos membros.

____

CÉLULAS DO TECIDO NERVOSO

Termos e conceitos

» **Defina** os termos ou conceitos a seguir.

neurônio ____________________

gliócito ____________________

____

Guia de estudo

1

Neurônios

Encontrei essas informações na(s) página(s) ________.

» **Identifique** e **caracterize** cada estrutura que compõe os neurônios no esquema abaixo.

Estruturas do neurônio
- corpo celular — ____________________
- ____________ — ____________________
- ____________ — Prolongamento citoplasmático que conduz impulsos para fora do corpo celular.

Encontrei essas informações na(s) página(s) ________.

» **Identifique** e **caracterize** os tipos de neurônios de acordo com sua função.

Sensoriais
____

____
Conduzem impulsos nervosos do sistema nervoso central para os órgãos que efetuam a resposta.

____
____

2

Gliócitos

Encontrei essas informações na(s) página(s) ________.

» **Caracterize** as diferentes células gliais no esquema abaixo.

Macróglias

Astrócitos

Funções:

____

Oligodendrócitos

Funções:

____

Células de Schwann

Funções:

Seus prolongamentos formam o estrato mielínico nos neurônios do SNP, protegendo-os e auxiliando em seu funcionamento.

Micróglias

Funções:

____

3

Neurofibras mielinizadas e não mielinizadas

Encontrei essas informações na(s) página(s) ________.

» **Identifique** e **caracterize** as neurofibras mielinizadas e as não mielinizadas no esquema abaixo. Em seguida, **indique** em qual delas os impulsos nervosos têm maior velocidade de propagação.

A

B

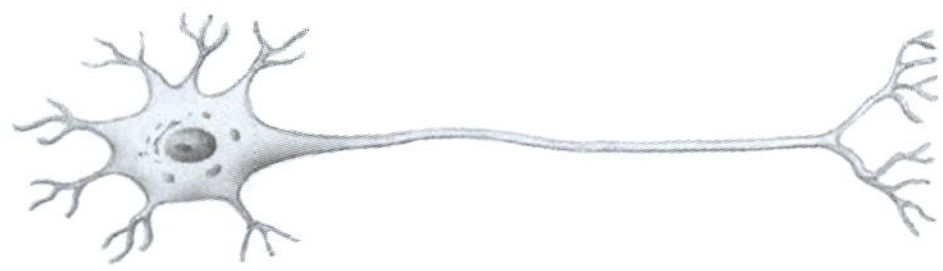

A

Tipo de neurofibra:

____

Forma de propagação do impulso:

____

B

Tipo de neurofibra:

____

Forma de propagação do impulso:

____

A neurofibra que tem maior velocidade de propagação é a

________.

O IMPULSO NERVOSO

Termos e conceitos

» **Defina** os termos ou conceitos a seguir.

potencial de repouso ______

potencial de ação ______

impulso nervoso ______

Guia de estudo

1 Propagação do impulso nervoso

Encontrei essas informações na(s) página(s) ______.

» **Descreva** sucintamente o processo de propagação do impulso em um neurônio e, em seguida, **indique** o sentido dessa propagação, ordenando os termos apresentados abaixo.

______

axônio – corpo celular – extremidade do axônio – dendritos

______ → ______ → ______ → ______

2 Sinapses nervosas

Encontrei essas informações na(s) página(s) ______.

» **Defina** sinapse nervosa e **diferencie** a sinapse elétrica da sinapse química, completando o diagrama abaixo.

Sinapse nervosa: ______

Elétrica: O impulso passa de um neurônio ao outro ______

Química: O impulso passa de um neurônio ao outro ______

FECHANDO O CAPÍTULO

» **Marque** um X na coluna que melhor reflete o seu aprendizado de cada tema. Depois, **compare** esta tabela com a que você preencheu no "Antes de estudar o capítulo".

Temas principais do capítulo	Já sabia tudo	Aprendi sobre o tema	Não entendi... Socorro!!!
Características do tecido nervoso			
Estrutura e funções dos neurônios			
Características e funções dos gliócitos			
Comparação funcional de neurofibras mielinizadas e não mielinizadas			
Propagação do impulso nervoso			
Tipos de sinapses nervosas			

Se você não entendeu algum desses temas, reveja as atividades do *Caderno do Estudante* e revise seu livro-texto. Quando for necessário, peça ajuda a seu professor ou a um colega.

» **Reveja** a segunda atividade do "Antes de estudar o capítulo" e **reavalie** as suas escolhas. Se **julgar** necessário, **escreva** novas justificativas e **compare-as** com suas considerações iniciais.

Sintetize

» **Descreva** resumidamente o processo de transmissão de um impulso nervoso a partir de um estímulo em um neurônio até chegar ao neurônio seguinte por meio de uma sinapse química.

Unidade E
Capítulo
17

Reprodução e ciclos de vida

Seções:
17.1 Tipos de reprodução
17.2 Tipos de ciclo de vida
17.3 Reprodução humana

Antes de estudar o capítulo

» **Veja** nesta tabela os temas principais do capítulo e **marque** um X na coluna que melhor traduz o que você pensa sobre a aprendizagem de cada tema.

Temas principais do capítulo	Domino o tema	Vai ser fácil	Vai ser difícil
Tipos de reprodução assexuada			
Características da reprodução sexuada			
Classificação e características dos ciclos de vida			
Anatomia dos sistemas genitais feminino e masculino			
Os processos de ovulogênese e espermatogênese			
Fecundação ou fertilização			
Métodos contraceptivos ou anticoncepcionais			
Doenças sexualmente transmissíveis (DSTs)			

» **Veja** abaixo alguns termos e conceitos que você encontrará no capítulo. **Marque** um X naqueles que você julga que estão relacionados à imagem.

- [ ] brotamento
- [ ] fecundação
- [ ] reprodução assexuada
- [ ] esporulação
- [ ] espermatozoide
- [ ] estaquia
- [ ] gameta
- [ ] reprodução sexuada

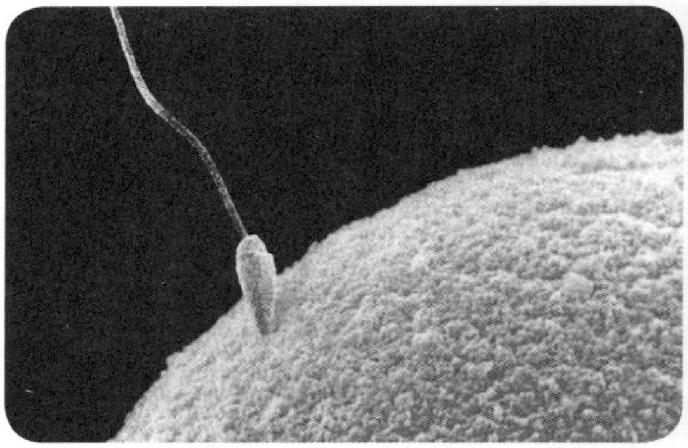
DON W. FAWCETT/PHOTO RESEARCHERS/LATINSTOCK

Justifique suas escolhas.

TIPOS DE REPRODUÇÃO

Termos e conceitos

» **Associe** termos ou conceitos encontrados no livro-texto a cada definição enunciada a seguir.

1. ______________

1. Tipo de reprodução assexuada em que um organismo unicelular duplica seu material genético e dividi-se, originando duas células geneticamente idênticas, dois novos indivíduos. Também conhecida por cissiparidade ou fissão binária.

2. ______________

2. Tipo de reprodução assexuada em que o indivíduo forma células especializadas que são liberadas no ambiente e germinam ao encontrar condições favoráveis, originando um novo organismo geneticamente idêntico.

3. ______________

3. Tipo de reprodução assexuada em que o indivíduo forma brotos que, ao se separarem do corpo do genitor, passam a ter vida independente, constituindo novos indivíduos.

4. ______________

4. Tipo de caule nos quais se desenvolvem brotos que originam novos indivíduos.

5. ______________

5. Forma comum de propagação assexuada, muito utilizada por agricultores e jardineiros, baseada na grande capacidade de regeneração das plantas. Também chamada de propagação por estacas.

Guia de estudo

1

Reprodução assexuada

Encontrei essas informações na(s) página(s) ______.

» **Defina** reprodução assexuada e **classifique** suas diferentes formas de acordo com os organismos em que ela ocorre.

Reprodução assexuada: ______________________

Ocorre em: organismos unicelulares ______________

Ocorre em: certos fungos e em certas algas ______________

Ocorre em: certos fungos, em alguns animais e em muitas algas e plantas ______________

Ocorre em: plantas ______________

2 Reprodução sexuada

Encontrei essas informações na(s) página(s) ______.

» **Defina** e **caracterize** a reprodução sexuada preenchendo o diagrama abaixo.

Reprodução sexuada

Definição:

____
____
____
____
____
____
____
____
____
____

Ocorre em:

____
____
____
____
____
____

Origina:

____
____
____
____

» **Indique** dois aspectos importantes da reprodução sexuada, sendo (1) também presente na reprodução assexuada e (2) a base da evolução biológica.

Aspectos importantes da reprodução sexuada

1. ______________________

2. ______________________
____

Faça a conexão

» **Explique** de que forma a utilização da estaquia permite uma padronização na qualidade da plantação de cana-de-açúcar.

____
____
____
____
____

TIPOS DE CICLO DE VIDA

Termos e conceitos

» **Defina** os termos ou conceitos a seguir.

ciclo de vida ______________________________

gameta ______________________________

zigoto ______________________________

Guia de estudo

1
O conceito de ciclo de vida

Encontrei essas informações na(s) página(s) ______.

» **Classifique** os ciclos de vida, no diagrama abaixo, de acordo com suas respectivas descrições.

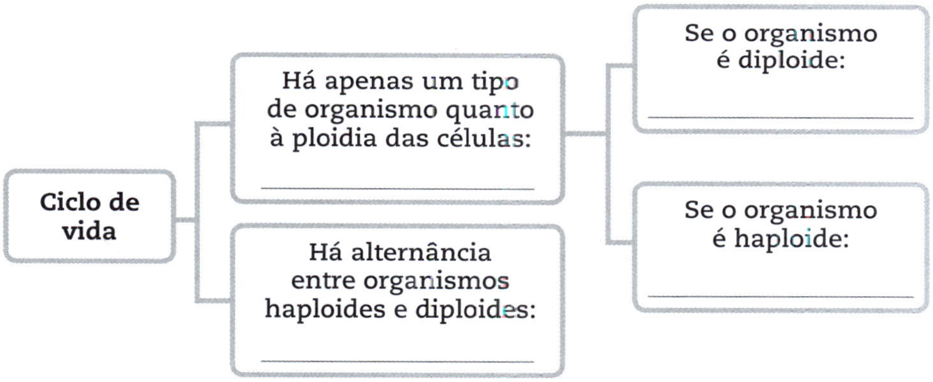

2
Ciclo haplobionte diplonte

3
Ciclo haplobionte haplonte

Encontrei essas informações na(s) página(s) ______.

» **Compare** os diferentes tipos de ciclo de vida caracterizando-os na tabela abaixo.

	Haplobionte diplonte	Haplobionte haplonte
Tipo de meiose		
Ploidia dos indivíduos adultos		
Presença de esporos		
Grupos de organismos em que ocorrem		

Encontrei essas informações na(s) página(s) ______.

» **Nomeie** os ciclos de vida representados abaixo e **indique** em qual etapa do processo ocorre a meiose.

______

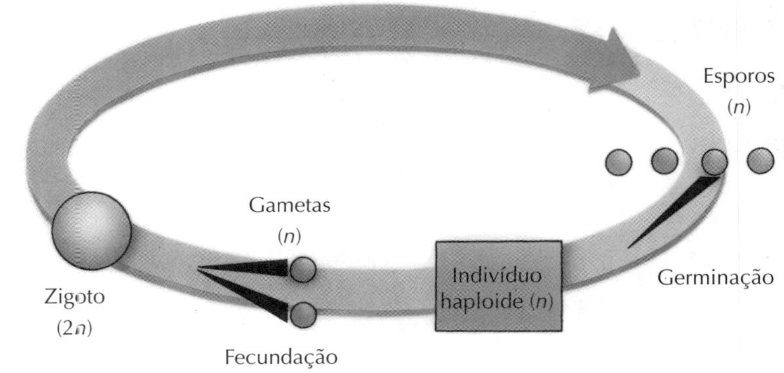

______

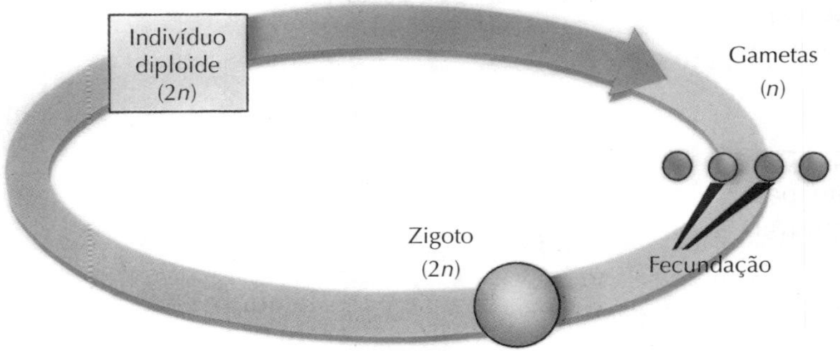

4 Ciclo diplobionte

Encontrei essas informações na(s) página(s) ______.

» **Caracterize**, no diagrama abaixo, o ciclo diplobionte indicando em que passo ocorrem os processos de fecundação, de germinação, de meiose e de mitose; qual o tipo de meiose que ocorre; e a ploidia de cada estágio de vida.

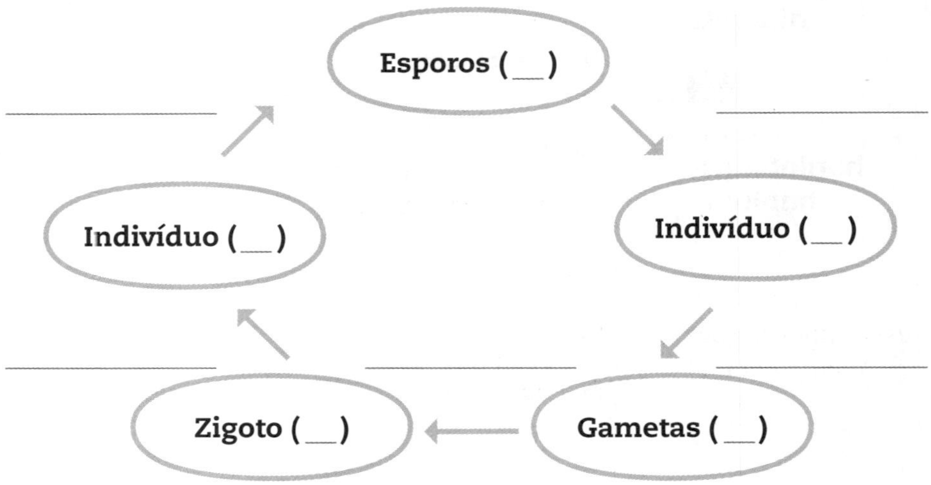

REPRODUÇÃO HUMANA

Termos e conceitos

» **Associe** termos ou conceitos encontrados no livro-texto a cada definição enunciada a seguir.

1. ______________ 1. Tubo de paredes fibromusculares, com cerca de 10 centímetros de comprimento, que vai do pudendo feminino à base do útero, com o qual se comunica.

2. ______________ 2. Órgão muscular, oco, de tamanho e forma parecidos com os de uma pera, onde o embrião se desenvolve.

3. ______________ 3. Tecido rico em glândulas, em vasos sanguíneos e em vasos linfáticos que reveste o útero.

4. ______________ 4. Período entre uma menstruação e outra.

5. ______________ 5. Estrutura ovoide com cerca de 3 centímetros de comprimento, localizado na cavidade abdominal, na região das virilhas.

6. ______________ 6. Órgão copulador masculino.

7. ______________ 7. Estrutura alojada no interior do escroto, constituída por milhares de tubos finos e enovelados – os túbulos seminíferos – e por camadas envoltórias de tecido conjuntivo.

8. ______________ 8. Fluido leitoso formado por espermatozoides e por líquidos nutritivos. Também pode ser chamado de sêmen.

9. ______________ 9. Processo de eliminação do esperma através da uretra no clímax da excitação sexual masculina.

Guia de estudo

1 **Sistema genital feminino**

2 **Sistema genital masculino**

Encontrei essas informações na(s) página(s) ______________.

» **Nomeie** as estruturas que compõem o sistema genital feminino e o sistema genital masculino preenchendo os diagramas a seguir.

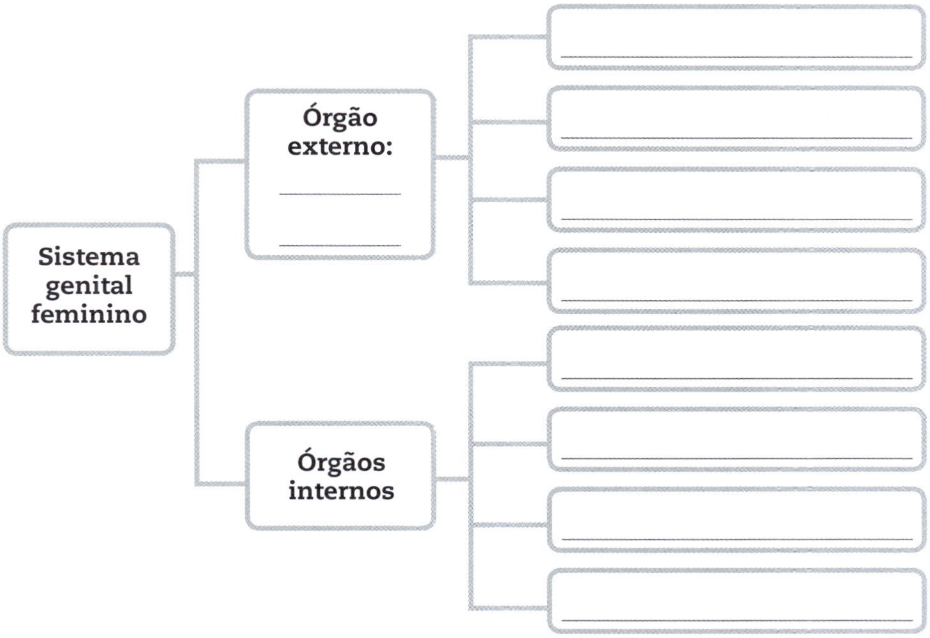

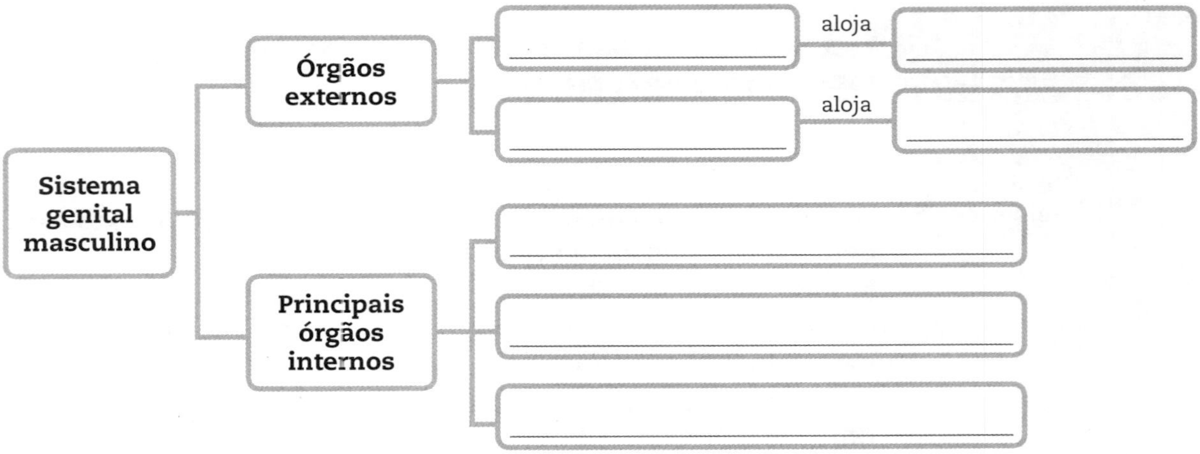

Encontrei essas informações na(s) página(s) __________.

» **Nomeie** as estruturas formadas ao final dos processos representados abaixo e, em seguida, **indique** onde ocorrem a mitose e as 1ª e 2ª divisões da meiose.

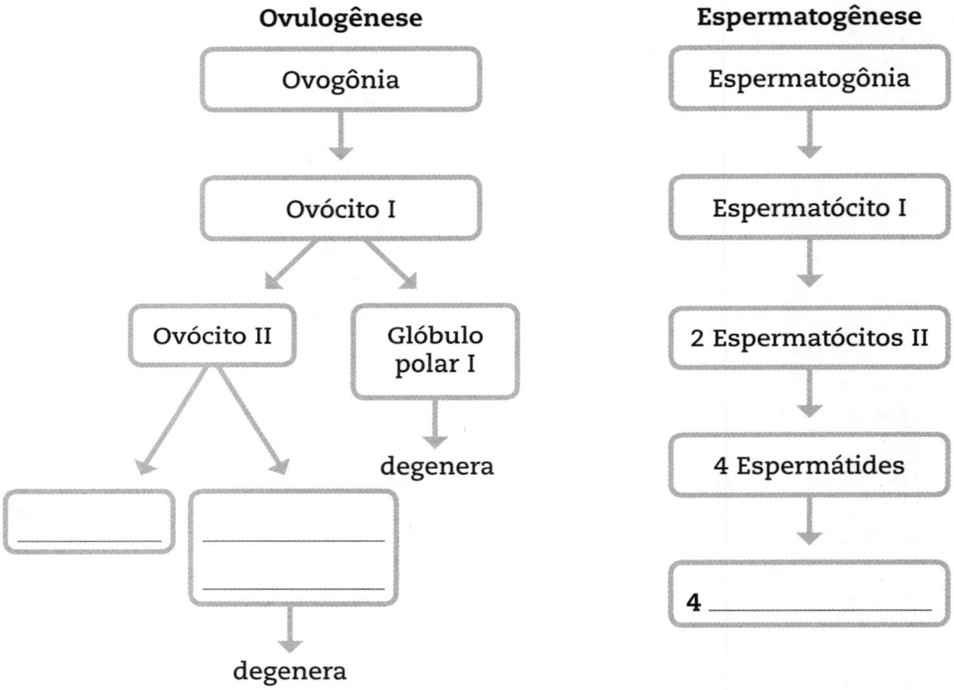

3 Fecundação

Encontrei essas informações na(s) página(s) __________.

» **Descreva** o processo de fecundação completando o diagrama abaixo.

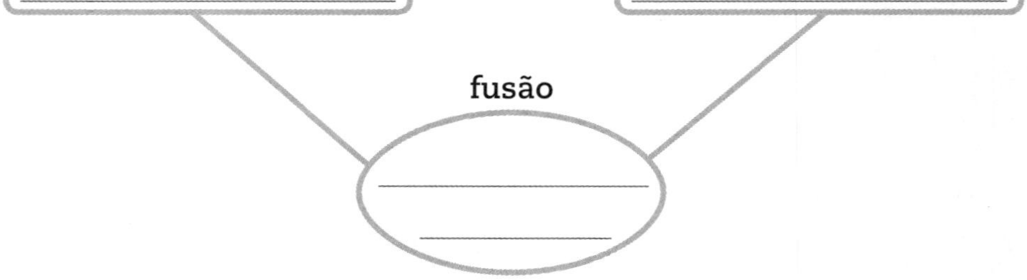

Encontrei essas informações na(s) página(s) ______.

» **Cite** alguns dos métodos contraceptivos que podem ser usados para o controle da reprodução humana.

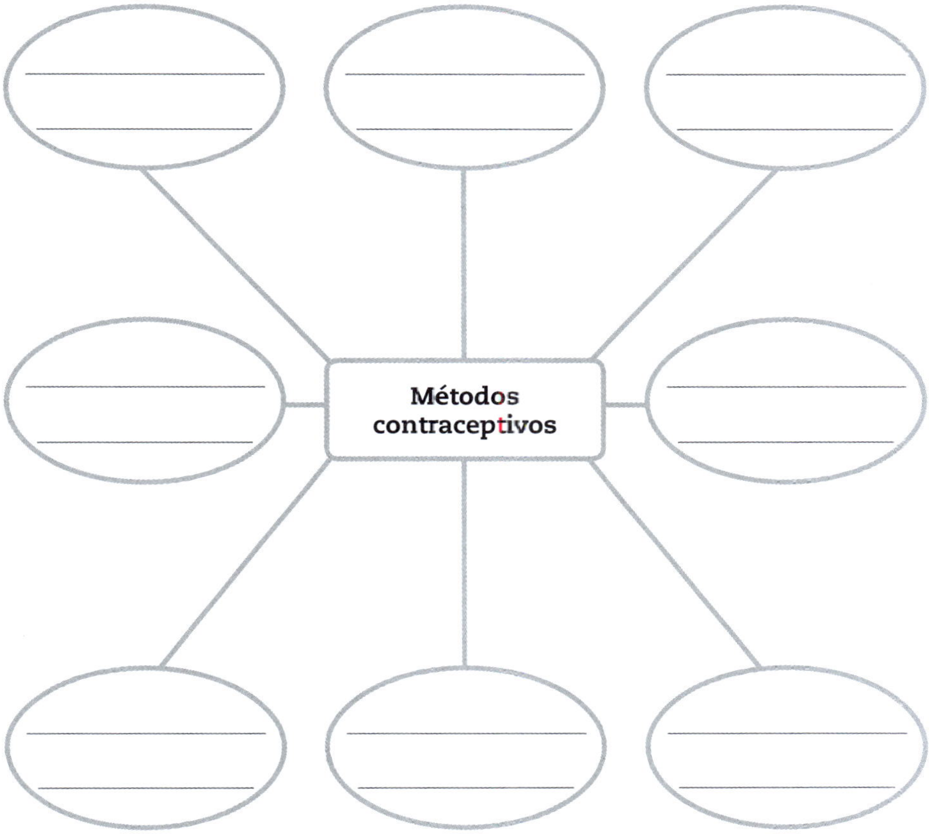

Encontrei essas informações na(s) página(s) ______.

» **Determine**, na tabela abaixo, as doenças sexualmente transmissíveis ou seus respectivos agentes causadores.

	Agente causador	Doença
Doenças sexualmente transmissíveis (DSTs)	vírus	______
		Condiloma acuminado
		______
	______	Cancro mole
		______
		Linfogranuloma venéreo
		______
	protozoário	______

FECHANDO O CAPÍTULO

» **Marque** um X na coluna que melhor reflete o seu aprendizado de cada tema. Depois, **compare** esta tabela com a que você preencheu no "Antes de estudar o capítulo".

Temas principais do capítulo	Já sabia tudo	Aprendi sobre o tema	Não entendi... Socorro!!!
Tipos de reprodução assexuada			
Características da reprodução sexuada			
Classificação e características dos ciclos de vida			
Anatomia dos sistemas genitais feminino e masculino			
Os processos de ovulogênese e espermatogênese			
Fecundação ou fertilização			
Métodos contraceptivos ou anticoncepcionais			
Doenças sexualmente transmissíveis (DSTs)			

Se você não entendeu algum desses temas, reveja as atividades do *Caderno do Estudante* e revise seu livro-texto. Quando for necessário, peça ajuda a seu professor ou a um colega.

» **Reveja** a segunda atividade do "Antes de estudar o capítulo" e **reavalie** as suas escolhas. Se **julgar** necessário, **escreva** novas justificativas e **compare-as** com suas considerações iniciais.

Sintetize

» **Descreva** e **exemplifique** resumidamente os tipos de reprodução que existem, destacando a importância desses processos.

Unidade E

Capítulo 18

Noções de embriologia animal

Seções:

18.1 Aspectos gerais do desenvolvimento embrionário
18.2 Segmentação e formação da blástula
18.3 Gastrulação
18.4 Formação de tecidos e órgãos

Antes de estudar o capítulo

» **Veja nesta** tabela os temas principais do capítulo e **marque** um X na coluna que melhor traduz o que você pensa sobre a aprendizagem de cada tema.

Temas principais do capítulo	Domino o tema	Vai ser fácil	Vai ser difícil
Hipóteses sobre o desenvolvimento embrionário			
Fases do desenvolvimento embrionário			
Classificação de células-ovo quanto à quantidade e distribuição do vitelo			
Tipos de segmentação da célula-ovo			
Formação da blástula			
Processo de gastrulação nos animais			
Desenvolvimento dos folhetos germinativos e eixos corporais			
Formação dos órgãos e tecidos a partir dos folhetos germinativos			

» **Veja abaixo** alguns termos e conceitos que você encontrará no capítulo. **Marque** um X naqueles que você julga que estão relacionados à imagem.

- [ ] nêurula
- [ ] celoma
- [ ] arquêntero
- [ ] gastrulação
- [ ] mórula
- [ ] tubo nervoso
- [ ] embrião

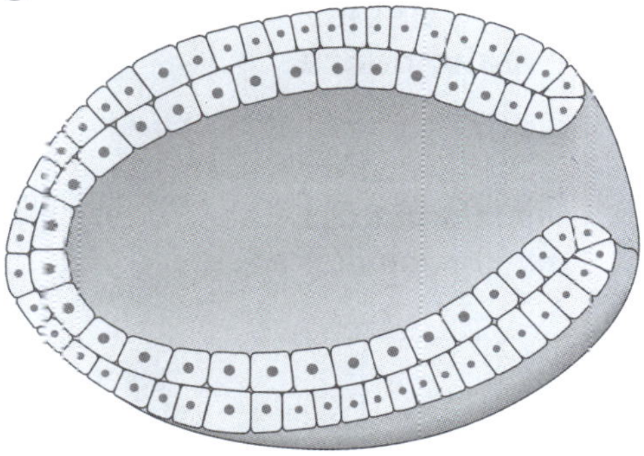

Justifique suas escolhas.

ASPECTOS GERAIS DO DESENVOLVIMENTO EMBRIONÁRIO

Termos e conceitos

» **Defina** o termo ou conceito a seguir.

desenvolvimento embrionário ______________________________

____

Guia de estudo

1

Primeiras ideias sobre desenvolvimento

Encontrei essas informações na(s) página(s) ________.

» **Caracterize** as hipóteses sobre o desenvolvimento embrionário e **identifique** a descoberta científica responsável pela sua consolidação ou refutação.

Pré-formação — **Definição:** ______________________________ — **Hipótese refutada pela comprovação de que** ______________________________

Epigênese — **Definição:** ______________________________ — **Hipótese consolidada pela comprovação de que** ______________________________

2

Do zigoto ao organismo: visão geral do desen-volvimento

Encontrei essas informações na(s) página(s) ________.

» **Resuma** as diferentes etapas do desenvolvimento embrionário, completando o diagrama a seguir.

- Zigoto
- Segmentação ↓
- ________
- Gastrulação ↓
- ________
- Formada por: ________ | Mesoderma | Endoderma
- Organogênese ↓
- Diferenciação dos diversos tecidos que existirão no adulto

SEGMENTAÇÃO E FORMAÇÃO DA BLÁSTULA

Termos e conceitos

» **Associe** termos ou conceitos encontrados no livro-texto a cada definição enunciada a seguir.

1. ______ 1. Célula resultante da divisão do zigoto.

2. ______ 2. Estágio do desenvolvimento no qual o embrião se assemelha a uma amora microscópica.

3. ______ 3. Substância nutritiva constituída por proteínas e lipídios presente nos zigotos de praticamente todas as espécies animais.

4. ______ 4. Estágio embrionário no qual o embrião apresenta blastocela.

Guia de estudo

1 As primeiras divisões do zigoto

Encontrei essas informações na(s) página(s) ______.

» **Nomeie** as fases do desenvolvimento embrionário no esquema abaixo.

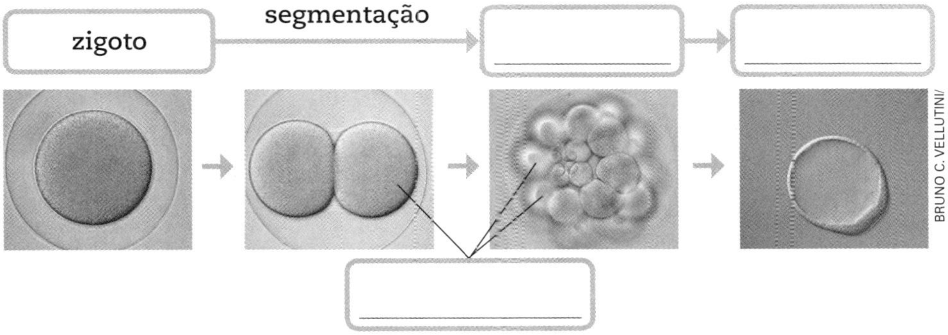

BRUNO C. VELLUTINI/ ORGANELAS.COM

2 Distribuição de vitelo nos ovos

Encontrei essas informações na(s) página(s) ______.

» **Descreva** a distribuição de vitelo em cada um dos tipos de ovo presentes no diagrama abaixo.

Tipos de ovo	Distribuição de vitelo:
Isolécitos	
Heterolécitos	
Telolécitos	
Centrolécitos	

3 Tipos de segmentação

Encontrei essas informações na(s) página(s) ______.

» **Identifique** os tipos de segmentação e os tipos de ovo envolvidos em cada um dos processos presentes no diagrama abaixo.

Segmentações que originam blastômeros aproximadamente do mesmo tamanho.

Tipo de segmentação: ______________________.

Tipo de ovo: ______________________.

Segmentações que geram quatro células pequenas no polo animal e quatro células maiores no polo vegetativo.

Tipo de segmentação: ______________________.

Tipo de ovo: ______________________.

Segmentações que formam membranas celulares delimitando células-filhas apenas na região do disco germinativo, enquanto o restante do zigoto, onde está acumulado o vitelo, não se divide.

Tipo de segmentação: ______________________.

Tipo de ovo: ______________________.

Inicialmente somente os núcleos se dividem. Após certo número de divisões, os núcleos migram para a periferia do ovo, onde se formam membranas que individualizam células dispostas na periferia do embrião.

Tipo de segmentação: ______________________.

Tipo de ovo: ______________________.

4 Formação da blástula

Encontrei essas informações na(s) página(s) ______.

» **Defina** blastocela e **indique** sua localização nos três embriões abaixo.

Blastocela é ____

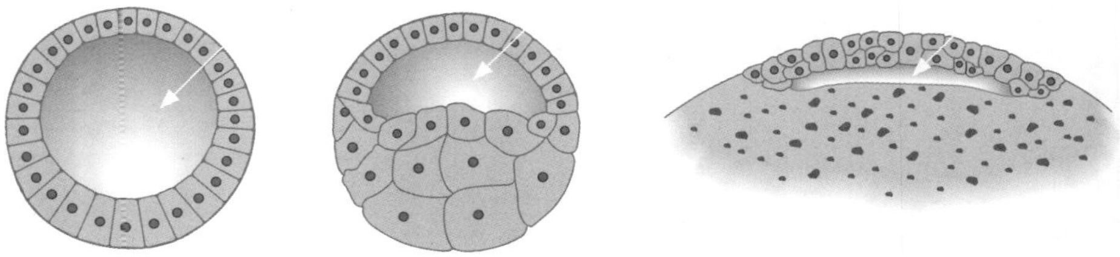

GASTRULAÇÃO

Termos e conceitos

» **Defina** os termos ou conceitos a seguir.

blastóporo ______

deuterostômio ______

protostômio ______

diblástico ______

triblástico ______

Guia de estudo

1

Características gerais da gastrulação

Encontrei essas informações na(s) página(s) ______.

» **Caracterize** a gastrulação preenchendo o esquema abaixo.

Descrição do processo: ______

Gastrulação

Ao final dessa fase, o embrião é chamado de: ______

Cavidade formada no embrião: ______

2

Tipos de movimentos celulares na gastrulação

Encontrei essas informações na(s) página(s) ______.

» **Caracterize** os modos de migração de células durante a gastrulação preenchendo o esquema abaixo.

Embolia ______

Involução ______

Epibolia ______

Ingressão ______

Delaminação ______

3 Eixos corporais

Encontrei essas informações na(s) página(s) ______.

» **Identifique**, na imagem abaixo, os três eixos que definem a estrutura corporal dos animais.

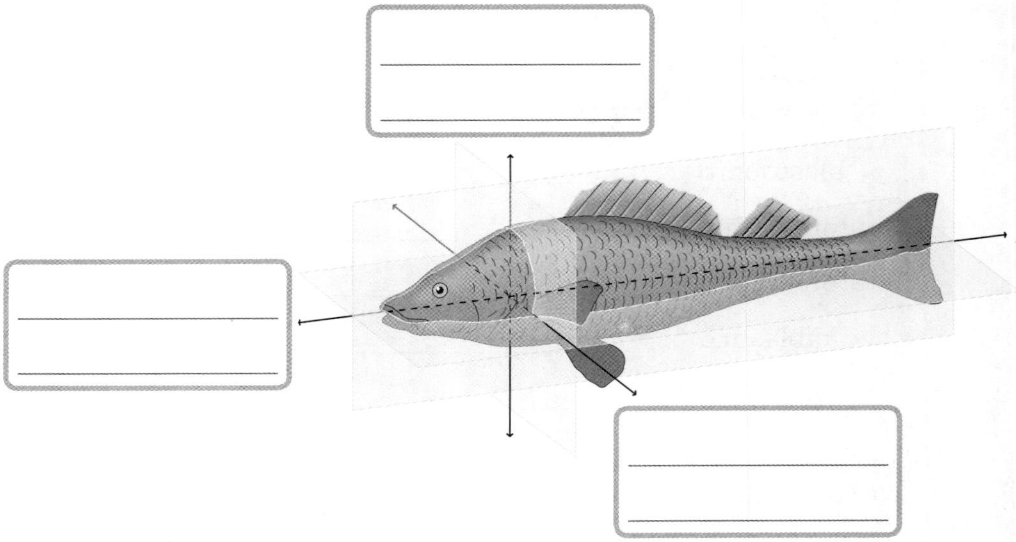

4 Formação dos folhetos germinativos

Encontrei essas informações na(s) página(s) ______.

» **Defina** folheto germinativo e, em seguida, **determine** as estruturas originadas a partir de cada folheto no desenvolvimento embrionário.

Folhetos germinativos: ______

Ectoderma — **Origina:** ______

Endoderma — **Origina:** ______

Mesoderma — **Origina:** ______

FORMAÇÃO DE TECIDOS E ÓRGÃOS

Termos e conceitos

» **Defina** os termos ou conceitos a seguir.

nêurula ______________________________

notocorda ______________________________

____

celoma ______________________________

Guia de estudo

1

Formação do tubo nervoso e da notocorda

Encontrei essas informações na(s) página(s) ______.

» **Identifique**, no esquema abaixo, a função de cada estrutura da nêurula em vertebrados.

Nêurula		
Tubo nervoso	**Cristas neurais**	**Notocorda**

2

Diferenciação do mesoderma e do endoderma

Encontrei essas informações na(s) página(s) ______.

» **Nomeie** cada estrutura apontada na imagem abaixo, utilizando os termos listados no quadro.

Notocorda - Mesoderma - Tubo nervoso - Arquêntero
Ectoderma - Celoma - Endoderma

NÊURULA (corte transversal)

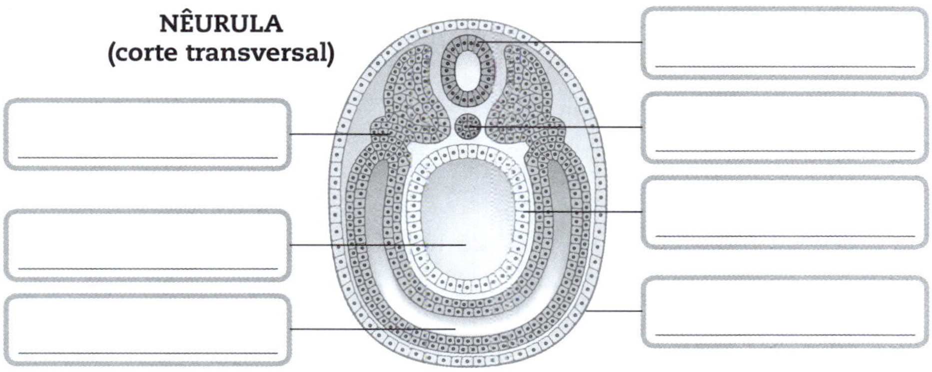

Encontrei essas informações na(s) página(s) ________.

» **Identifique**, na imagem abaixo, as estruturas apontadas.

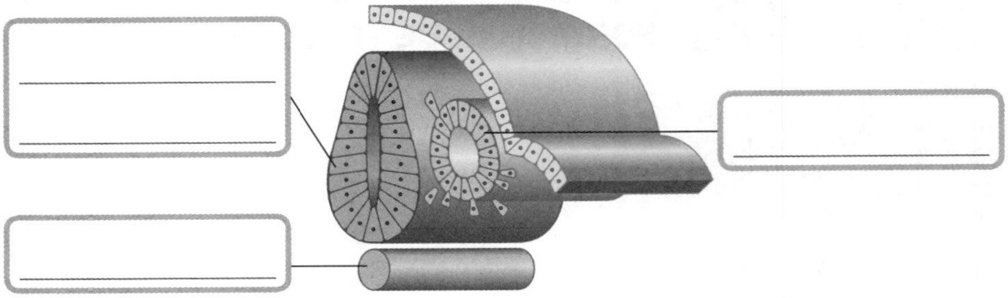

3 Endoderma

Encontrei essas informações na(s) página(s) ________.

» **Exemplifique** tecidos e estruturas relacionadas que se diferenciam a partir do endoderma.

Endoderma

Encontrei essas informações na(s) página(s) ________.

» **Defina** anexos embrionários e **caracterize** aqueles presentes no desenvolvimento dos répteis, aves e mamíferos.

Anexos embrionários: ________

Saco vitelínico: ________

Âmnio: ________

Alantoide: ________

Cório: ________

FECHANDO O CAPÍTULO

» **Marque** um X na coluna que melhor reflete o seu aprendizado de cada tema. Depois, **compare** esta tabela com a que você preencheu no "Antes de estudar o capítulo".

Temas principais do capítulo	Já sabia tudo	Aprendi sobre o tema	Não entendi... Socorro!!!
Hipóteses sobre o desenvolvimento embrionário			
Fases do desenvolvimento embrionário			
Classificação de células-ovo quanto à quantidade e distribuição do vitelo			
Tipos de segmentação da célula-ovo			
Formação da blástula			
Processo de gastrulação nos animais			
Desenvolvimento dos folhetos germinativos e eixos corporais			
Formação dos órgãos e tecidos a partir dos folhetos germinativos			

Se você não entendeu algum desses temas, reveja as atividades do *Caderno do Estudante* e revise seu livro-texto. Quando for necessário, peça ajuda a seu professor ou a um colega.

» **Reveja** a segunda atividade do "Antes de estudar o capítulo" e **reavalie** as suas escolhas. Se **julgar** necessário, **escreva** novas justificativas e **compare-as** com suas considerações iniciais.

Sintetize

» **Descreva** resumidamente o processo de desenvolvimento embrionário desde o zigoto, passando pelos principais estágios, até a nêurula.

Unidade E

Capítulo

19

Desenvolvimento embrionário de mamíferos

Seções:

19.1 Aspectos gerais do desenvolvimento em mamíferos
19.2 Embriologia dos mamíferos placentários
19.3 Parto

Antes de estudar o capítulo

» **Veja** nesta tabela os temas principais do capítulo e **marque** um X na coluna que melhor traduz o que você pensa sobre a aprendizagem de cada tema.

Temas principais do capítulo	Domino o tema	Vai ser fácil	Vai ser difícil
Principais dificuldades no estudo do desenvolvimento embrionário de mamíferos			
Desenvolvimento embrionário nos diferentes grupos de mamíferos			
Segmentação e formação do blastocisto nos mamíferos placentários			
Anexos embrionários nos mamíferos placentários			
Nidação nos mamíferos placentários			
A formação da placenta			
O nascimento de um ser humano			
Origens dos gêmeos dizigóticos e monozigóticos			

» **Veja** abaixo alguns termos e conceitos que você encontrará no capítulo. **Marque** um X naqueles que você julga que estão relacionados à imagem.

- [ ] monotremado
- [ ] marsupial
- [ ] placentário
- [ ] blastocisto
- [ ] nidação
- [ ] placenta
- [ ] cordão umbilical

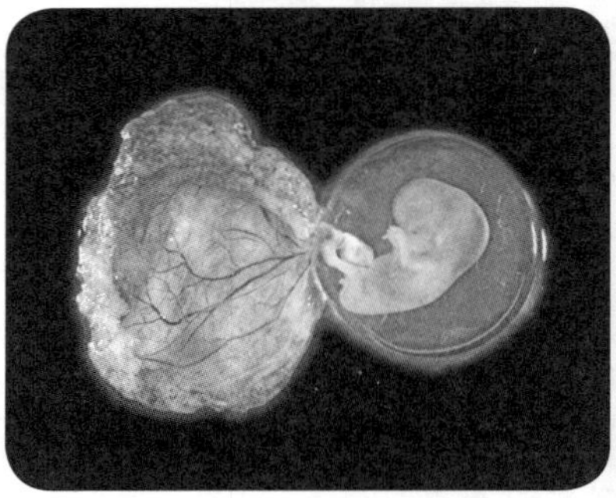

CNRI/SCIENCE PHOTO LIBRARY

Justifique suas escolhas.

ASPECTOS GERAIS DO DESENVOLVIMENTO EM MAMÍFEROS

Termos e conceitos

» **Defina** os termos ou conceitos a seguir.

monotremados ______________________________

____

marsupiais ______________________________

____

placentários ______________________________

____

Guia de estudo

Encontrei essas informações na(s) página(s) ______.

» **Cite** as dificuldades encontradas nos primeiros estudos do desenvolvimento embrionário dos mamíferos.

Dificuldades nos primeiros estudos → ______________________________

Dificuldades nos primeiros estudos → **Obtenção dos zigotos de mamíferos** → ______________________________

Obtenção dos zigotos de mamíferos → ______________________________

Desenvolvimento embrionário nos diferentes grupos de mamíferos

Encontrei essas informações na(s) página(s) ______.

» **Caracterize** os diferentes grupos de mamíferos, completando as tabelas abaixo.

Monotremados	
Atualmente encontrados: ______	Tipo de ovo: ______
Desenvolvimento do embrião: ______	Representantes: ______

Marsupiais	
Atualmente encontrados: ____	Tipo de ovo: ____
Desenvolvimento do embrião: ____	Representantes: ____

Placentários	
Atualmente encontrados: ____	Tipo de ovo: ____
Desenvolvimento do embrião: ____	Representantes: ____

Encontrei essas informações na(s) página(s) ____.

» **Compare** os grupos de mamíferos, assinalando, na tabela abaixo, as características correspondentes de cada grupo.

	Monotremados	Marsupiais	Placentários
Ovíparo			
Vivíparo			
Presença de pelos			
Presença de glândulas mamárias			
Presença de mamilos			

Faça a conexão

» **Leia** o trecho a seguir.

"Atualmente, as dificuldades para o estudo do desenvolvimento embrionário dos mamíferos têm sido superadas graças à tecnologia à disposição dos cientistas".

Agora, comente a relação entre a superação das dificuldades e a tecnologia.

EMBRIOLOGIA DOS MAMÍFEROS PLACENTÁRIOS

Termos e conceitos

» **Associe termos ou conceitos encontrados no livro-texto a cada definição enunciada a seguir.**

1. __________ **1.** Envoltório glicoproteico que reveste o ovócito secundário.

2. __________ **2.** Nome dado à blástula dos mamíferos.

3. __________ **3.** Fenômeno de implantação do embrião no útero.

4. __________ **4.** Hormônio produzido pelo cório, que estimula a atividade do corpo-amarelo ovariano.

5. __________ **5.** Estrutura tubular que liga o embrião à placenta.

Guia de estudo

1

Segmentação e formação do blastocisto

Encontrei essas informações na(s) página(s) __________.

» **Descreva o processo de segmentação nos mamíferos placentários, preenchendo as lacunas com as palavras do quadro.**

embrião - células - holoblástica - gravidez blastocisto - mórula - blastômeros - zigoto

A segmentação nos mamíferos é __________ e igual, isto é, o __________ divide-se totalmente e os __________ têm aproximadamente o mesmo tamanho. A partir de oito blastômeros, as __________ resultantes das divisões passam a ter contato mais próximo, transformando o __________ em uma bola compacta, a __________. O aparecimento de uma cavidade cheia de líquido no interior do embrião marca o estágio de __________, que se implanta na mucosa uterina, dando início à __________.

2

Formação dos folhetos germinativos e dos anexos embrionários

Encontrei essas informações na(s) página(s) __________.

» **Enuncie a função de cada anexo embrionário no desenvolvimento de embriões de mamíferos.**

Anexo embrionário	Função
bolsa amniótica	
alantoide	
cório	
saco vitelínico	

3 Nidação

Encontrei essas informações na(s) página(s)

______.

» **Ordene** as etapas do processo de nidação descritas no quadro da direita.

1. ______
2. ______
3. ______
4. ______
5. ______
6. ______

Multiplicação das células do embrioblasto e produção dos tecidos extraembrionários.

Formação de lacunas de sangue na decídua uterina, nas quais o sangue materno fica em contato íntimo com o tecido embrionário.

Rompimento da membrana pelúcida, saída do embrião, que é capturado pela rede de proteínas fibrosas.

Digestão da membrana pelúcida por ação da enzima estripsina.

Origem do sinciciotrofoblasto e abertura de cavidades no endométrio.

Aumento da pressão osmótica do fluido que preenche a blastocela.

4 Formação da placenta

Encontrei essas informações na(s) página(s)

______.

» **Conceitue** placenta e **explique** sua função.

Placenta: ______

Função: ______

PARTO

Termos e conceitos

» **Defina** os termos ou conceitos a seguir.

parto

gêmeos dizigóticos

gêmeos monozigóticos

Guia de estudo

O nascimento de um ser humano

Encontrei essas informações na(s) página(s) ______.

» **Determine** as etapas do parto natural de um ser humano completando a sequência abaixo.

Dilatação do ______

Contração rítmica da ______

Rompimento da bolsa amniótica

______

______

Expulsão do feto através da vagina

Desprendimento e expulsão da parte fetal da placenta através da vagina

Encontrei essas informações na(s) página(s) ______.

» **Diferencie** os gêmeos dizigóticos e monozigóticos na tabela abaixo.

	Dizigóticos (ou fraternos)	Monozigóticos
Número de ovócitos fecundados		
Grau de semelhança		

FECHANDO O CAPÍTULO

» **Marque** um X na coluna que melhor reflete o seu aprendizado de cada tema. Depois, **compare** esta tabela com a que você preencheu no "Antes de estudar o capítulo".

Temas principais do capítulo	Já sabia tudo	Aprendi sobre o tema	Não entendi... Socorro!!!
Principais dificuldades no estudo do desenvolvimento embrionário de mamíferos			
Desenvolvimento embrionário nos diferentes grupos de mamíferos			
Segmentação e formação do blastocisto nos mamíferos placentários			
Anexos embrionários nos mamíferos placentários			
Nidação nos mamíferos placentários			
A formação da placenta			
O nascimento de um ser humano			
Origens dos gêmeos dizigóticos e monozigóticos			

Se você não entendeu algum desses temas, reveja as atividades do *Caderno do Estudante* e revise seu livro-texto. Quando for necessário, peça ajuda a seu professor ou a um colega.

» **Reveja** a segunda atividade do "Antes de estudar o capítulo" e **reavalie** as suas escolhas. Se **julgar** necessário, **escreva** novas justificativas e **compare-as** com suas considerações iniciais.

Sintetize

» **Resuma**, no diagrama abaixo, os principais eventos do desenvolvimento e nascimento de um mamífero, estudados no capítulo.

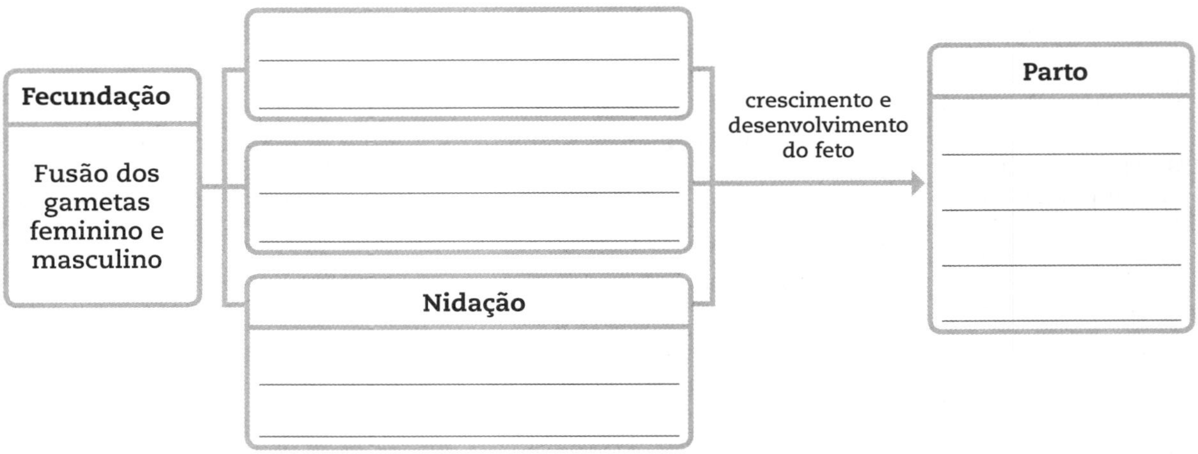

Moderna PLUS

BIOLOGIA 1

AMABIS • MARTHO

BIOLOGIA DAS CÉLULAS

ÍNDICE REMISSIVO • LIVRO-TEXTO

ÍNDICE REMISSIVO

A

Aberrações cromossômicas, 216; (relação com idade materna), 244
Abiogênese, *ver* geração espontânea
Absorção de luz na fotossíntese, *ver* luz (absorção)
Aceptor de elétron, 267
Aceptor de hidrogênio, *ver* aceptor de elétrons
Acetabularia, 207, 208
Acetil-CoA, *ver* coenzima A
Acetil-coenzima A, *ver* coenzima A
Acetilcolina, *ver* neurotransmissor
Ácido cítrico, *ver* ciclo de Krebs
Ácido desoxirribonucleico, *ver* DNA
Ácido fosfórico, *ver* ácido nucleico, ATP, DNA e RNA
Ácido graxo, 64, 65i, (reagente na respiração celular) 272
Ácido nucleico (composição e estrutura geral), 109, *ver também* DNA e RNA
Ácido oxalacético, *ver* ciclo de Krebs
Ácido pirúvico, 266
Ácido ribonucleico, *ver* RNA
Acidófilo, *ver* eosinófilo
Aconselhamento genético, 214
Acrocêntrico, *ver* cromossomo (tipos)
Acrossomo, (formação) 178, (papel na fecundação) 441
Actina, (na contração muscular) 394, *ver também* microfilamento
Açúcar, *ver* glicídios
Açúcar de cana, *ver* sacarose
Adaptação, (conceito) 39
Adenina, 109, 264, 309, *ver também* ácido nucleico, ATP, DNA e RNA
Adenosina, *ver* ADP e ATP
Adipócito, 360, 362
ADP (ou **difosfato de adenosina**, ou **adenosina difosfato**), 264, *ver também* ATP
Adrenalina (ou **epinefrina**), *ver* neurotransmissor
Aeróbico, 273, *ver também* anaeróbico
Água
— adesão, 88
— calor específico, 85
— calor latente de fusão, 85
— calor latente de vaporização, 85
— coesão, 88
— como moderador de temperatura, 85
— como produto de reação química, *ver* síntese por desidratação
— como reagente, *ver* reação de hidrólise
— estrutura molecular, 83
— solvente universal, 84
— tensão superficial, 88
Aids, *ver* síndrome da imunodeficiência adquirida
Alantocório (ou **corioalantoide**), 402, 403i
Alantoide, 487
Albume, *ver* proteína (descoberta)
Albumina, *ver* plasma sanguíneo
Alécito, *ver* ovo (tipo)
Alérgeno, *ver* mastócito
Alga diatomácea, *ver* plasto
Alga marrom, *ver* plasto
Alimento, (funções) 59
Alternância de gerações, *ver* ciclo de vida diplobionte
Ameba, 186
Amido, 91, (fórmula) 62i, (síntese na fotossíntese) 285
Amilase salivar (ou **ptialina**), 104
Amilopectina, *ver* amido
Amiloplasto, *ver* leucoplasto
Amilose, *ver* amido
Aminoácido 99
— essencial, 102
— fórmula geral, 99
— não essencial (ou natural), 102
Âmnio, 486, 487
AMP, (monofosfato de adenosina ou adenosina monofosfato) 208i, *ver também* ADP e ATP
Anabolismo, 36, 261
Anaeróbico, 273, *ver também* aeróbico
Anáfase da mitose, 226, 229, 232, (em raiz de cebola) 233
Anáfase I da meiose, 241, 242, 243
Anáfase II da meiose, 241, 242, 243
Anatomia, 18
Anemia, 377
Anemia falciforme, *ver* Siclemia
Anexo embrionário, 484, 486, 408
Anfíbio, (desenvolvimento embrionário) 481, 482, 483
Anfimixia, *ver* cariogamia
Anfioxo, (desenvolvimento embrionário) 478, 479, 480
Angiogênese, *ver* câncer
Angstrom, 127
Ânion, 80
Anisogamia, 431
Anterozoides, 433, 434
Antibiótico, (ação sobre ribossomos) 179
Anticódon, 316
Anticorpo, 375, 379
Antígeno, *ver* grupo sanguíneo
Antraz (ou **carbúnculo**), 54
Aparelho, *ver* sistema
Aparelho de Golgi, *ver* complexo golgiense
Aparelho mitótico, *ver* fuso acromático
Apoenzima, 105
Apoptose, 236
Appert, Nicholas, 52
Área pelúcida, *ver* epiblasto
Aristóteles, *ver* geração espontânea, *ver* embriologia
Arquea (ou **arqueobactéria**), 35, 60
Arquêntero (ou **gastrocela**), 471, 472
Arqueobactéria, *ver* arquea
Arrhenius, **Svante August**, *ver* panspermia
Asbestose, *ver* lisossomo e doenças
Áster, 230
Astrócito, 407, 409
Atmosfera primária, *ver* Terra (atmosfera primitiva)
Átomo, 51, 53, *ver também* Vida, níveis de organização
ATP (ou **trifosfato de adenosina**, ou **adenosina trifosfato**)
— estrutura química, 264
— formação, 265, 268
— papel na contração muscular, 395
— papel no metabolismo, 265
— papel no transporte ativo, 151
— síntese por quimiosmose, 288, *ver também* teoria quimiosmótica
Autofagia, *ver* lisossomo
Autofecundação, 38

Autossomo, 212
Autotrófico, 59
Avitaminose, 107
Axônio, 407, *ver também* neurônio

B

Baço, *ver* tecido linfoide
Bactéria, *ver também* célula procariótica, cromossomo bacteriano e plasmídios
— fotossintetizante, *ver* cianobactéria
— Gram positiva e Gram negativa, *ver* parede celular bacteriana
— tamanho e forma da célula, **130**
Bainha de mielina, *ver* estrato mielínico
Bandas (músculo estriado) A, H e I, **393**
Barnes, Charles, 284
Base nitrogenada, *ver* ácido nucleico
Basófilo, 379
Bebê de proveta, 443
Benson, Andy, 296
Beribéri, 107
Bernard, Claude, 124
Berzelius, Jöns Jakob, 78
1,5-bifosfato de ribulose, 296
Big Bang, *ver* Teoria da Grande Explosão
Biocenose, *ver* comunidade biológica
Biogênese, 49
Biologia, (conceito) 18
Bioquímica, 78
Biosfera, 41
Bivalente, 239, 242
Blastocela, 470
Blastocisto, 500, 501
Blastoderma, 495
Blastodisco, 470
Blastômero, 467
Blastóporo, 471
Blástula, (tipos) 470
Blenorragia, *ver* gonorreia
Bolha de sabão, 98
Bolor negro do pão (***Rhyzopus***), ver esporulação
Bolsa amniótica, *ver* âmnio
Bomba de cloro, 152
Bomba de sódio-potássio, 150, 151
Botânica, 20
Bradicinina, 380
Brotamento, 428, 429
Brown, Robert, 126, 207
Bulbo de Krause, 348

C

Cabelo, 348, *ver* pelo
Cadeia carbônica, *ver* substância orgânica
Cadeia respiratória, *ver* cadeia transportadora de elétrons
Cadeia transportadora de elétrons, (na respiração celular) 269, (na fotossíntese) **287**
Cálcio, (papel na contração muscular) **394**
Calo ósseo, *ver* osso (regeneração de fratura)
Calor de fusão, *ver* água
Calor de vaporização, *ver* água
Calor específico, *ver* água
Caloria, *ver* quilocaloria
Calvin, Melvin, 285, 296
Camada de ozônio, 62
Camisinha, (contraceptivo) **444**, **445**
Canal de Havers, *ver* sistema haversiano
Câncer, 236, (taxa de incidência) **237**, (origens)
Cancro duro, *ver* sífilis
Cancro mole, 448
Cancro venéreo simples, *ver* cancro mole
Canguru, *ver* marsupial
Capilaridade, 88
Carboidrato, *ver* glicídio
Carbúnculo, *ver* antraz
Carcinoma, *ver* câncer
Cariogamia, (ou **anfimixia**) **442**
Cariolinfa, (ou **nucleoplasma**) **206**
Carioteca, *ver* envelope nuclear
Cariótipo, 214, (humano)
Caroteno, *ver* carotenoide
Carotenoide, 94, 97, (na fotossíntese) **290**, **291**
Cartilagem, *ver* tecido cartilaginoso
Catabolismo, 36, 261
Catalase, 183
Catalisador biológico, *ver* enzima
Cátion, 80
Cavalo (DST), *ver* cancro mole
Cavidade pericárdica, 477
Cavidade peritonial, 477
Cavidade pleural, 477
Cavidade subgerminal, 485
Cebola, *ver* técnica citológica, esmagamento
Cech, Thomas R., 59, *ver também* RNA (mundo do)
Celoma, 477
Célula, *ver também* vida (níveis de organização)
— acinosa do pâncreas, **178**
— adiposa, *ver* adipócito
— animal (aspectos gerais), **174**
— CD4 e CD8, *ver* linfócito T, *ver* síndrome da imunodeficiência adquirida
— conceito, **35**, **36**
— da mucosa bucal, **130**
— de Langerhans, **347**
— de Merkel, **347**
— de raiz de cebola, **131**
— de Schwann, **407**, **408**, **409**
— diploide, **210**
— eucariótica (aspectos gerais), **35**, **135**, (origem evolutiva), **63**, **64**, **132**
— germinativa primordial, *ver* linhagem germinativa
— glial, *ver* gliócito
— haploide, **210**
— mesenquimatosa, **358**
— movimentação, **143-144**, **143i**
— multipotente, **293**, **299-300**, **306**, **315-316**
— muscular, **390**
— origem do termo, **123**
— partes fundamentais, **126**
— plasmolisada, **148**, *ver também* osmose
— procariótica (aspectos gerais), **35**, **132**, **135**, **172**
— sanguínea, *ver* tecido sanguíneo
— tronco, *ver* célula multipotente
— túrgida, **146**, **148**, (*ver também* osmose)
— vegetal, (osmose) **126**, (organização geral) **158**
Celulose, 92, (fórmula), *ver* parede celular celulósica
Cenozoico, *ver* Terra (idades da)
Centrífuga, 136
Centríolo, 186
Centro ativo enzimático, 104
Centro celular, *ver* centrossomo
Centro de reação (fotossíntese), *ver* fotossistema

Centro organizador de microtúbulos, *ver* centrossomo
Centrolécito, *ver* ovo (tipo)
Centrômero, 211
Centrossomo (ou **centro celular**), 184, (nas divisões celulares) 211
Cera, 95
Cérvix uterino (ou **colo uterino**), *ver* útero
Cesariana, *ver* parto
Chlamydia trachomatis, *ver* linfogranuloma venéreo
Chlamydomonas, 433
Chlorella, *ver* Calvin, Melvin
Chromista (reino), 191
Choque anafilático, *ver* mastócito
Cianobactéria, 56, 173, 174
Cicatrização, *ver* fibroblasto
Ciclo celular,
— duração, 226
— em células embrionárias, 228
— etapas, 226, 227
— ponto de checagem, 235
— regulação, 235
— variação do conteúdo de DNA, 237
Ciclo das pentoses (ou de Calvin-Benson), 294, 295
Ciclo de Calvin-Benson, *ver* Ciclo das pentoses
Ciclo de Krebs (ou ciclo do ácido cítrico) 268 (resultado líquido), *ver também* respiração celular
Ciclo de vida,
— (tipos), 431, 432, 433, 434
— conceito, 431
— diplobionte, 433
— haplobionte diplonte, 431
— haplobionte haplonte, 432
Ciclo do ácido cítrico, *ver* ciclo de Krebs
Ciclo menstrual, 436
Ciclose, 185
Cílio, 187, 345
Cinetócoro, 231, 232
Cissiparidade, *ver* divisão binária
Citocinese, 227, (na meiose) 229
Citocromo, *ver* cadeia transportadora de elétrons
Citoesqueleto, 104, 184, 230, *ver* célula (movimentação)
Citologia, 136
Citoplasma,
— constituição básica, 172
— de células eucarióticas, 174
— de células procarióticas, 172
— etimologia, 172
— organização geral, 148, 172, 174
Citosina, 109, *ver também* ácido nucleico, DNA e RNA
Citosol, (conceito) 84, 147
Citotrofoblasto, 504
Clasmocitose, *ver* lisossomo
Clitóris, *ver* pudendo feminino
Clivagem, *ver* segmentação
Clonagem, (humana) 443, (de mamíferos) 458
Cloreto de sódio (ou **sal de cozinha**), (formação) 80, (dissolução em água) 84
Clorofila
— absorção de luz, 287
— excitação pela luz, 292
— fluorescência, 289, 290
— fórmula, 286
— tipos, 290
Cloroplasto
— estrutura, 286
— etapas da fotossíntese, 297
— tipos, 189, 189i, 281i
Clostridium tetani, *ver* esporulação
Coacervato, 33i, *ver também* Oparin, Aleksandr I.
Coagulação do sangue, 383
Coanócito, *ver Codosiga*
Coanoflagelado, *ver Codosiga*
Código genético, 310, 316, 317
Códon, 316, *ver também* código genético
Codosiga, 336
Coenzima, 105
Coenzima A (ou **CoA**), 268, *ver também* respiração celular
Coesina, 211, 231
Cofator enzimático, 105
Coito interrompido, 444
Colágeno, *ver* fibra colágena
Colcemide, 232
Colchicina, 214, 232
Cólera, *ver* Koch, Robert
Colesterol, 96
Colo uterino (ou cérvix uterino), *ver* útero
Colônia, 336
Coloração, *ver* técnica citológica
Combustão da glicose, 263
Combustão do metano, 262, 263
Complexo de antena, *ver* fotossistema
Complexo de Golgi, *ver* complexo golgiense
Complexo do poro, *ver* poro nuclear
Complexo golgiense
— estrutura, 177
— papel na formação do acrossomo, 178
— papel na secreção celular, 177, 178, 179
Complexo sinaptonêmico, 239
Composto orgânico, (síntese pré-biótica) 57
Comunidade biológica, 41
Condensina, 230
Condiloma acuminado, 448
Condroblasto, 360, 364
Condrócito, 364
Conexons, 145
Conhecimento científico, (natureza) 16, 17
Contração muscular
— dinâmica, 394, 395
— involuntária, 398
— mecanismo, 395
— voluntária, 390
Contracepção, 444
Coquetel antiviral, *ver* síndrome da imunodeficiência adquirida
Corante, *ver* técnica citológica
Corante vital, *ver* técnica citológica
Corda dorsal, *ver* notocorda
Cordão umbilical, 506
Cório (ou **serosa**), 486, 487
Corioalantoide, *ver* alantocório
Corpo amarelo (ou **corpo-lúteo**), *ver* ovulação
Corpo celular, *ver* neurônio
Corpo-lúteo (ou **corpo amarelo**), *ver* ovulação
Corpúsculo de Meissner, 348, 349
Corpúsculo de Paccini, 348, 349
Corpúsculo polar, *ver* ovulogênese
Corte, *ver* técnica citológica
Cortiça, (estrutura microscópica) 123
Creatina-fosfato, *ver* fosfocreatina
Crescimento, 32
Crick, Francis, 308
Crista de galo (DST), *ver* condiloma acuminado
Crista neural, 474, (em anfíbio) 475, (em ave e réptil) 486
Cromátide, 211, 231
Cromátide-irmã, (separação nas divisões celulares) 231
Cromatina, 206, 209

Cromômero, 239, 242
Cromoplasto, 190
Cromossomo
— aspectos gerais, 206, 211
— bacteriano, 173, 234
— componentes químicos e arquitetura, 211,
— condensação, 211, (na mitose) 231
— descondensação, (na mitose) 231, 232
— duplicação, 227
— homólogos, 213
— humanos, 214, (técnica de preparação) 215
— migração na anáfase, 232
— não disjunção, 232
— não sexual, *ver* autossomo
— organizador do nucléolo, 209
— sexual, 212, 213
— união ao fuso acromático, 240
— tipos (quanto à posição do centrômero), 212
Crossing-over, *ver* permutação cromossômica
Cuíca, *ver* marsupial

D

Darwin, Charles, 20
Decartes, René, *ver* geração espontânea
Decídua uterina, 504
Dedução (em ciência), 25
Defecação celular, *ver* lisossomo
Delaminação, 472
Dendrito, 407, 408, *ver também* neurônio
Deriva continental, 68, 69
Dermátomo, 476, 477
Derme, 345, 347, 348
Desenvolvimento embrionário, *ver* embriologia
Desmossomo, 343
Desoxirribose, 308, *ver também* glicídio e DNA
Despolarização da membrana plasmática, 412
Deuterostômio, 471
Diacinese, 240
Diafragma (contraceptivo), 444, 445
Diapedese, 378, 380
Diblástico, 474
Difosfato de adenosina, *ver* ADP
Difusão facilitada, 150
Difusão simples, 146
Digestão intracelular, *ver* lisossomo
Dinossauro (extinção), 66
Diplobionte, *ver* ciclo de vida
Diploide, 213, 431
Diplonte, *ver* ciclo de vida
Diplóteno, 241, 242
Disco de Merkel, 348, 349
Disco embrionário, *ver* epiblasto
Disco germinativo, *ver* blastodisco
Disco intercalar cardíaco, 398
Disco Z, *ver* linha Z
Dispositivo intrauterino (ou **DIU**), 362, 444, 446
Dissacarídio, (conceito e fórmula geral), (tipos principais) 90, *ver também* glicídio
DIU, *ver* dispositivo intrauterino
Divisão binária, 234
Divisão celular, *ver também* mitose e meiose
— conceito e importância, 211
— em bactéria, 234
— etapa do ciclo celular, 226
DNA
— composição química e estrutura geral, 109, 110, 308
— descoberta, 308
— duplicação semiconservativa, 311
— localização no cromossomo, 314
— material genético, 38
— mitocondrial, 188
— modelo da dupla-hélice, 308
— modelo para o RNA, *ver* transcrição gênica
— não codificante, 313
DNA polimerase, *ver* polimerase do DNA
Doença da vaca louca, *ver* lisossomo e doenças, *ver* príon
Doença hemorrágica, *ver* coagulação do sangue
Doença sexualmente transmissível (ou **DST**), 447
Dolly, *ver* clonagem de mamíferos
Dopamina, *ver* neurotransmissor
Down, *ver* síndrome de Down
DST, *ver* doença sexualmente transmissível
Duto deferente, 440

E

Ecologia, 32
Ecossistema, 41
Ectoderma, *ver* folheto germinativo
Ectoderma primitivo, *ver* epiblasto
Ectoplasma, 185, *ver também* movimento ameboide
Einstein, Albert, 47
Eixo corporal, 478
Ejaculação, 440
Elemento químico, 79
Elétron, 79
Eletronegatividade, 262, *ver também* reação de oxirredução
Embolia (ou **invaginação**), 472
Embrião, (anfíbio) 480, (anfioxo) 393*i*, 394*i*, (réptil e ave), 484, (humano), (comparação entre aves e répteis e mamíferos placentários) 500
Embrioblasto (ou **botão embrionário**), 501
Embriologia, 14, 380, (experimental) 465, (anfioxo) 478, (anfíbio) 500, (répteis e aves) 484, (mamíferos placentários) 501, (da ovulação à nidação) 406, (principais ocorrências em humanos) 423
Encéfalo, 406
Encefalopatia espongiforme transmissível, *ver* lisossomos e doenças, *ver* príons
Endocitose, (conceito) 474, (tipos) 154
Endoderma, *ver também* folheto germinativo
Endométrio, *ver* útero
Endomísio, 392
Endoneuro, 411
Endoplasma, 186, *ver também* movimento ameboide
Energia de ativação, 263, *ver também* enzima
Engelmann, Thomas, (experimento de) 289
Envelope nuclear, 206, (desaparecimento na prófase), (reaparecimento na telófase) 231
Envelope vitelínico, *ver* zona pelúcida
Envoltório celular externo, *ver* parede celular e glicocálix
Enzima,
— e doença, 106
— fatores que afetam a atividade, 105
— modo de ação, 104
— nomenclatura, 104
Eosinófilo, 378
Epiblasto (ou **ectoderma primitivo**), 485, 502
Epibolia (ou **recobrimento**), 472
Epiderme, 345
Epidídimo, 438
Epigênese, 464
Epímero, *ver* mesoderma dorsal

Epimísio, 392
Epinefrina (ou **adrenalina**), *ver* neurotransmissor
Epineuro, 411
Epitélio, *ver* tecido epitelial
Época geológica, *ver* Terra (idades da)
Equidna, *ver* monotremado
Era geológica, *ver* Terra (idades da)
Ergastoplasma, *ver* retículo endoplasmático granuloso
Eritroblasto, 376
Eritrócito, *ver* hemácia
Eritropoetina, 376
Escherichia coli, *ver* divisão binária
Esclerose múltipla, 411
Esclerótomo, 476
Escorbuto, 107, 358
Escroto, 438
Esfregaço, *ver* técnica microscópica
Esmagamento, *ver* técnica microscópica
Espectro da luz, *ver* luz (espectro)
Espectro de absorção da clorofila, 289
Esperma, 440
Espermátide, *ver* espermatogênese
Espermatócito, *ver* espermatogênese
Espermatogênese, 437, 439
Espermatogônia, *ver* espermatogênese
Espermatozoide, (formação do acrossomo) **178**, **439**
Espermiogênese, 439
Espinha bífida, 475
Esplancnopleura, 477
Esporo, (assexual) **429**, (sexual) **434**, *ver também* meiose (tipos)
Esporulação, 353, 353*i*
Esqueleto humano, 297*i*, *ver também* tecido ósseo
Estaca, *ver* estaquia
Estaquia, 429
Esteroide, 96
Estolão, *ver* brotamento
Estolho, *ver* brotamento
Estrato mielínico, 410, 411
Estrela, 47
Estroma (cloroplasto), **190**, **286**
Estromatólitos, 31*i*
Eucariótico, *ver* célula eucariótica
Eucromatina, *ver* cromatina
Euglena, *ver* plasto
Eutheria, *ver* placentário
Evolução biológica, 17, 19, 39
Evolução molecular, *ver* evolução química
Evolução química, 55
Exame a fresco, *ver* técnica citológica
Exocitose, 154
Experimento (em ciência), **25**

F

FAD (ou **dinucleotídio de flavina-adenina**), *ver* ciclo de Krebs
Fagocitose, 154, 155
Fagossomo, *ver* fagocitose
Fases da interfase (G_1, S, G_2 e G_0), *ver* interfase (fases)
Fator de crescimento celular, *ver* ciclo celular (regulação)
Fecundação, (conceito), (em mamíferos) **38**, **440**
Fenilcetonúria, 106
Fermentação, *ver também* glicólise
— alcoólica, **37**
— conceito, **272**
— láctica no músculo, **395**
— tipos (alcoólica e láctica), **274**
Ferredoxina, 294
Fertilização, *ver* fecundação
Feto, 507
Fibra colágena, 357
Fibra cromossômica, *ver* solenoide
Fibra do áster, *ver* áster
Fibra do fuso, *ver* fuso acromático
Fibra elástica, 356, 357
Fibra muscular (*ver também* miócito e mioblasto)
— estrutura e organização geral, **392**, **394**
— origem, **391**
— rápida e lenta, **396**, **397**
Fibra nervosa, *ver* neurofibra
Fibra reticular, 274, 392
Fibrina, *ver* coagulação do sangue
Fibrinogênio, *ver* coagulação do sangue
Fibroblasto, (ciclo celular) **235**, **358**, **359**, (cicatrização) **361**
Fibrócito, 361
Fibrose cística, 152, 153
Filamento de actina, *ver* microfilamento
Filamento intermediário, 184
Fisiologia, 28
Fixação, *ver* técnica citológica
Fixação do carbono, 288
Fixador, *ver* técnica citológica (fixação)
Flagelo, 187
Flagelo bacteriano, 173
Flavina-adenina-dinucleotídio, *ver* FAD
Flemming, W., 124, (desenhos) **229**
Fluorescência da clorofila, 292
Foice de Koller, 485
Folheto embrionário, *ver* folheto germinativo
Folheto germinativo (ou **folheto embrionário**), **474**, (origem dos tecidos), (formação em mamíferos)
Folículo ovariano, *ver* ovário
Folículo piloso, *ver* pelo
Força vital, 51, 78 (*ver também* vitalismo)
Fórmula química, 83
3-Fosfato de gliceraldeído (ou **PGAL**), **284**
Fosfato inorgânico, 264
Fosfocreatina (ou **creatina-fosfato**, ou **fosfato de creatina**), **395**
Fosfolipídio, 97
Fosforilação oxidativa, 269, 270, *ver também* respiração celular
Fotofosforilação
— acíclica, **294**
— cíclica, **295**
— conceito, **290**
Fotólise da água, 287
Fóton, 290
Fotossíntese
— aspectos gerais, **282**
— conjunto de reações, **297*i***
— desenvolvimento da equação, **282**, **283**, **284**, **285**
— em cianobactérias (equação), **61**
— em sulfobactérias (equação), **61**
— etapa fotoquímica, **287**, **288**
— etapa puramente química, **287**, **288**
— origem do termo, **283**, **284**
— origem evolutiva, **60**
— relação com a respiração aeróbica, **62**
Fotossistema, (conceito) **289**, **290**, (tipos PSI e PSII) **292**, **293**
Foulcalt, M., 18
Fox, S., 58

Fracionamento celular, 136
Fragmoplasto, 234
Frequência cardíaca, 398
FSH, *ver* hormônio folículo estimulante
Fuso acromático, 230
Fuso mitótico, *ver* fuso acromático

G

Galáxia, 47
Gambá, *ver* marsupial
Gameta, (conceito) 38, 421, (formação), *ver* gametogênese (ovulogênese e espermatogênese)
Gametogênese, 437
Gamow, G., 47
Gânglio nervoso, 406
Gás oxigênio
— evolução na atmosfera, 61
— holocausto do, 61
— na atmosfera atual, 282
— na fotossíntese, *ver* fotólise da água
— na respiração celular, 270, 271
Gastrocela, *ver* Arquêntero
Gástrula, *ver* Gastrulação
Gastrulação, 485, 470, 471
GDP (ou **difosfato de guanosina**), 268
Gêmeos dizigóticos (ou **fraternos**), 425, (formação), **426*i***
Gêmeos humanos, 510, 511, 512
Gêmeos monozigóticos, 510, (formação), 512
Gêmeos unidos, 511, 512
Gene, *ver também* alelo
— conceito e aspectos gerais, 208, 211, 308
— limites, 314, 315
— região promotora, 314, 315
— sequência de término de transcrição, 315
— supressor de tumor, 236, 237
Genética, 20
Genoma, (conceito) 211, (tamanho) 212, 213
Geração espontânea (teoria da) (ou **abiogênese**), 18, 49, 51
Gestação, *ver* gravidez
Glande, *ver* pênis
Glândula
— bulbouretral, 438
— classificação, 340
— endócrina, 341
— exócrina, 340, 342
— mista, ou anfícrina, 341
— origem, 340, 341*i*
— sebácea, 350
— seminal, 440
— sudorípara, 340, 350
Gliceraldeído 3-fosfato (ou PGAL), *ver* 3-fosfato de gliceraldeído
Glicerídio, 94, 95, 96
Glicerol, 94, 95
Glicídio
— classificação, 89, 90
— fórmula geral, 89
— funções nos seres vivos, 89
— importância para a vida, 93
— produção na fotossíntese, 93
Glicocálix, 145, 156
Glicogênio, (fórmula) 92, (nas células musculares) 395
Glicólise, 267, (resultado líquido) 268, *ver também* fermentação e respiração celular
Gliconeogênese, 395
Glicose
— fórmulas (configurações alfa e beta), 92
— reagente na respiração celular, 271, 272
Gliócitos, 407, 408, 409
Glioxissomo, 183
Glóbulo branco, *ver* leucócito
Glóbulo polar (ou **corpúsculo polar**), *ver* ovulogênese
Glóbulo vermelho, *ver* hemácia
Gnu, *ver* placentário
Golgi, *ver* complexo golgiense
Gônada feminina, *ver* ovário
Gônada masculina, *ver* testículo
Gonadotrofina coriônica, 505
Gondwana, 69
Gonococo, *ver* gonorreia
Gonorreia, 448
Gordura, *ver* lipídio
Gould, Stephen J., 29
Gram, Hans Christian J., 157
Grana, *ver* granum
Grânulo cortical (do óvulo), 440
Granum (plural grana), 190
Grão de amido, *ver* leucoplasto
Gravidez (ou **gestação**), 501
Gravidez ectópica, 505
Grupo amina, *ver* aminoácido
Grupo carboxila, *ver* aminoácido
Grupo controle, 27
Grupo experimental, 27
Grupo heme, *ver* hemoglobina
GTP (ou **trifosfato de guanosina**), 268
Guanina, 109, 309, *ver também* ácido nucleico, DNA e RNA

H

Haemophilus ducreyi, *ver* cancro mole
Haldane, John B. S., *ver* evolução química
Hämmerling, J., 207
Haplobionte, *ver* ciclo de vida
Haploide, (conceito) 213, 433
Haplonte, *ver* ciclo de vida
Harvey, W., 464
HDL (*high density lipoprotein*), **96**, *ver também* colesterol
Helmont, Jan B. van, *ver* geração espontânea
Hemácia (ou **eritrócito**, ou **glóbulo vermelho**), (amadurecimento) 372, 375, 377
Hemicelulose, *ver* parede celular celulósica
Hemidesmossomo, 343, 344
Hemofilia, *ver* coagulação do sangue
Hemoglobina, 376, 377
Hereditariedade, 20
Herpes genital (DST), 448
Herpes simplex (HSV), *ver* herpes genital
Heterocromatina, *ver* cromatina
Heterolécito, *ver* ovo (tipo)
Heteroplasmia, *ver* DNA mitocondrial
Heterotrófico (conceito), 59
Hidrato de carbono, *ver* glicídio
Hidrogenossomo, 189
Hill, R., 287
Hímen, 435, 436
Hipertrofia muscular, 396
Hipoblasto, 495
Hipoderme, *ver* tela subcutânea
Hipômero, *ver* mesoderma intermediário
Hipótese (em ciência), 24, 25
Hipótese autotrófica (para a origem da vida), 60

Hipótese endossimbiótica (hipótese simbiogênica), 64
Hipótese heterotrófica (para a origem da vida), 60
Hipótese simbiogênica, *ver* hipótese endossimbiótica
Histamina, *ver* mastócito e basófilo
Histologia, 337
Histona, *ver* nucleossomo
HIV, *ver* síndrome da imunodeficiência adquirida
HLA, *ver* complexo HLA
Holoblástica, *ver* segmentação (tipos)
Holoenzima, 105
Homero, 50
Homogeneizado celular, 136, 137
Homoplasmia, *ver* DNA mitocondrial
Homúnculo, *ver* pré-formação
Hooke, Robert, 123
Hormônio, *ver* glândula endócrina
Hormônio folículo estimulante (ou **FSH**), 437
Horowitz, N., 34
HPV (ou **papilomavírus**), *ver* condiloma acuminado
HSV (ou **vírus *Herpes simplex***), *ver* herpes genital
Hubble, E. P., 47
Hume, D., 28
Huxley, T., *ver* evolução química
Hydra, *ver* brotamento

I

Ictiologia, 14
Idades da Terra, *ver* Terra (idades)
Idiograma, 214, 215, 216
Ilhota pancreática, *ver também* pâncreas, 341i
Ilíada, 50
Impulso nervoso, 413
Imunoglobulina, *ver* anticorpo
Inclusão, *ver* técnica microscópica
Ingen-Housz, J., 283
Ingressão, 471, 472
Inibição enzimática, 105
Insulina, 144
Interfase, 211, 226, 227, (fases) 227, 228
Interleucina, 381
Interneurônio, 408
Invaginação (da membrana plasmática), 344
Involução, 470, 471
Íon, (conceito) 91, (principais tipos na matéria viva), 82
Irmãos siameses, *ver* gêmeos unidos
Isogamia, 433
Isolécito, *ver* ovo (tipo)

J

Janssen, Zacharias e Hans, 122
Joblot, L., 51
Junção adesiva, 344
Junção tipo *gap*, 343

K

Kelvin, Lord (William Thomson), *ver* panspermia
Klinefelter, *ver* síndrome de Klinefelter
Koch, R., 54
Krause, *ver* bulbo de Krause
Krebs, H. A., *ver* ciclo de Krebs
Kuru, *ver* lisossomo e doenças, *ver* príon
Kwashiorkor, 102, 103, 375

L

Lábio dorsal do blastóporo, 471, 472, 481
Lábio maior, *ver* pudendo feminino
Lábio menor, *ver* pudendo feminino
Lactose, (*ver também* Glicídio e Fermentação láctica), 90
Lamarck, JB., 19
Lâmina basal, 343, 344
Lâmina nuclear, 207
Laqueadura tubária (contraceptivo), 446
Laurásia, 69
LDL (*low density lipoprotein*), 96, *ver também* colesterol e pinocitose
Leeuwenhoek, Antonie van, 51, 123
Lemaître, G., 47
Leptóteno, 239
Leucemia, *ver* câncer
Leucócito (ou **glóbulo branco**), 378, 379
Leucoplasto, 190, 191
Ligação de hidrogênio (ou **ponte de hidrogênio**), 309
Ligação glicosídica, 90
Ligação peptídica, (formação) 100
Ligação química, 80
Limite de resolução, 128
Linfa, *ver* tecido linfoide
Linfócito (B e T), 378i (na defesa corporal) 379, 380
Linfogranuloma venéreo (DST), 449
Linfonodos, *ver* tecido linfoide
Linha primitiva, 485, 486
Linha Z, 393
Linhagem germinativa, 472
Linhagem somática, 472
Lipídio, 94-96
Lisossomo
— e doenças, 181, 182
— estrutura, 179
— função, 179, 180
Lister, J., 54
Luz
— absorção na fotossíntese, 289, 290
— espectro de luz visível, 290
— natureza, 290
— ultravioleta (UV), *ver* radiação ultravioleta e raios uvA e uvB

M

Macroelemento mineral, *ver* macronutriente mineral
Macrófago, 358, 359, 361, *ver* DIU
Macrômero, 468, 481
Macromolécula, 91
Macronúcleo, 206
Macronutriente mineral (ou **macroelemento**), 82
Malnutrição, 103
Malpighi, M., 464
Mamífero, (subclasses) 498, 499
Marasmo, 103
Marcapasso cardíaco, *ver* nó sinoatrial
Margulis, Lynn (holocausto do oxigênio), 61
Marsupial (ou **Metatheria**), 499
Marsúpio, 499
Mastócito, 359, 363

Material genético, 32, *ver também* genoma, cromatina e cromossomos
Maynard Smith, J., 34
Mayr, E., 34
Mediador químico, *ver* neurotransmissor
Medula espinal, 406, 407
Medula óssea, *ver* tecido hematopoiético, (originando neurônios) 366, 373, 374
Megacariócito, 383
Meiose
— comparação com mitose, 238
— conceito, 238, 432
— fases da meiose, 238
— tipos (espórica, gamética e zigótica) 243, *ver também* ciclo de vida
Meiose I e II, *ver* meiose
Meissner, *ver* corpúsculo de Meissner
Melanina, 346
Melanócitos, 346
Membrana celular, *ver* membrana plasmática
Membrana esquelética celulósica, *ver* parede celular celulósica
Membrana intergrana, 190
Membrana nuclear, *ver* envelope nuclear
Membrana pelúcida, 440, 441, 500, 501
Membrana plasmática
— função, 145
— organização molecular, 144, 145
— permeabilidade, 145
Membrana tilacoide, 286, 293
Menstruação, *ver* ciclo menstrual
Mergulhão, *ver* ovo
Merkel, *ver* célula de Merkel e disco de Merkel
Meroblástica, *ver* segmentação (tipos)
Meselson e Stahl (experimento de), 312, 313
Mesoderma, *ver* folheto germinativo
Mesoderma dorsal (ou **epímero**), 476, 477
Mesoderma intermediário (ou **mesômero**), 477
Mesoderma ventral (ou **hipômero**), 477
Mesômero, *ver* mesoderma intermediário
Mesossomo, 173
Mesozoico, *ver* Terra (idades da)
Metabolismo (conceito), 36, 260
Metacêntrico, *ver* cromossomo, tipos
Metáfase da mitose, 226, 229, 231 (em raiz de cebola) 233
Metáfase I da meiose, 240, 241, 242, 243
Metáfase II da meiose, 241, 242, 243
Metamorfose (em anfíbio), 482
Metatheria, *ver* marsupial
Método anticoncepcional, *ver* contracepção
Método contraceptivo, *ver* contracepção
Método do ritmo ovulatório (ou **tabelinha**), 444
Método hipotético-dedutivo (ou **método científico**), 24
Microelemento mineral, *ver* macronutriente mineral
Microfilamento, 184, 185
Micróglia, 409
Micrômero, 468, 470, 481
Micrômetro (unidade de medida), 127
Micronúcleo, 206
Micronutriente mineral (ou **microelemento**), 82
Microrganismo, 51
Microscópio
— composto, 123
— de Hooke, 123
— de Leeuwenhoek, 123
— eletrônico de transmissão, 132, 133
— eletrônico de varredura, 133
— óptico, 127, 128
Microsfera, *ver também* Fox, Sidney, 59
Micrótomo, 130, 131
Microtúbulo, 231, 232, *ver também* cílios e flagelos, fuso acromático e colchicina
Microtúbulo astral, 234
Microtúbulo cromossômico, 181*i*, 182*i*, 184
Microvilosidade, 343, 344
Mielina, *ver* estrato mielínico
Miescher, J. F., 308
Miller, S. L., 57
Mimosa pudica (ou **sensitiva**), 37
Mioblasto, 206, 392
Miócito, 392
Miofibrila, 389, 390, (organização) 393
Mioglobina, 392
Miômero, 393
Miosina, 185, (na contração muscular) 394
Miótomo, 477
Mitchell, P., *ver* teoria quimiosmótica
Mitocôndria
— autoduplicação, 188
— estrutura e organização geral, 188, 261, 268
— organização da membrana interna, 270, *ver também*, cadeia transportadora de elétrons
— origem endossimbiótica, 64
— papel na respiração celular, 267, 270, 271
Mitose,
— descoberta, 124
— fases, 230, (em raiz de cebola) 233
— origem do termo, 228
— tipos (astral e anastral, cêntrica e acêntrica), 234
Mitossomo, 189, 190
Modelo chave-fechadura, *ver* enzima (modo de ação)
Molécula, 80, *ver também* Vida, níveis de organização
Molécula orgânica, *ver* substância orgânica
Mongolismo, *ver* síndrome de Down
Monócito, 379
Monossacarídio, *ver também* glicídio
— conceito e fórmula geral, 90
— principais tipos, 90
Monotremado (ou **subclasse Prototheria**), 498
Morangueiro, *ver* brotamento
Mórula, (tipos) 465, 470
Mosaico fluido (modelo), *ver* membrana plasmática (organização molecular)
Movimento ameboide, 186, 187
Movimento celular, *ver* ciclose, *ver também* movimento ameboide
Mula (DST), *ver* linfogranuloma venéreo
Mulder, Gerardus Johannes, 99
Multicelular (pluricelular)
— conceito, 36, 336
— origem evolutiva, 65
Mundo do RNA, *ver* RNA (mundo)
Músculo eretor do pelo, *ver* pelo
Músculo esquelético, 390, 391, *ver também* tecido muscular
— e exercício físico, 395, 396
Mycobacterium tuberculosis, 53

N

N-acetilglucosamina
— fórmulas, 92
NAD (ou **dinucleotídio adenina-nicotinamida**), 267
NADP (ou **dinucleotídio adenina-nicotinamida-fosfato**), 267, 287

Nanometro (unidade de medida), 127
Não disjunção cromossômica, *ver* cromossomo (não disjunção)
Nebulosa, 48
Needham, J., 51, 79, 80
Neisseria gonorrhoeae, *ver* gonorreia
Neoglicogênese, *ver* gliconeogênese
Neurofibras, 407
Neuroglia, *ver* gliócito
Neurônio, 406, 407
— tipos estruturais (bipolar, multipclar e pseudobipolar) **406, 407**
— tipos funcionais (sensitivo, motor, associativo ou interneurônio), **407, 408**
Neurotransmissor, 414, 415
Nêurula, 476, 477, 490, 493
Neutrófilo, 377, 379, 380
Nêutron, *ver* átomo
Newton, I., 29, 49
Nicholson, G., *ver* membrana plasmática (organização molecular)
Nicotinamida-adenina-dinucleotídio, *ver* NAD
Nicotinamida-adenina-dinucleotídio-fosfato, *ver* NADP
Nidação, 500, 501, 503, 504, 505, 505*i*, 506*i*
Niel, C. B. Van, *ver* Van Niel, Cornelis B.
Nitrobacter, *ver* quimiossíntese
Nitrosomonas, *ver* quimiossíntese
Níveis de organização, *ver* vida
Nó de Hansen, 485, 486
Nó neurofibroso, 410
Nó sinoatrial, 398
Nódulo de Ranvier, *ver* nó neurofibroso
Nódulo linfático, *ver* tecido linfoide
Noradrenalina (ou **norepinefrina**), *ver* neurotransmissor
Notocorda, 390, (em anfíbio) **476, 483**, (em anfioxo) **480**, (em ave e réptil) **486**
Nucleína, 308
Núcleo atômico, 79
Núcleo celular
— componentes, **207, 208, 209**
— comportamento na divisão celular, **206**
— conceito, **35, 208**
— descoberta e origem do termo, **206, 207**
— estrutura e organização geral, **206**
Nucleoide, (definição) 172, 173
Nucléolo, 208, 209, (comportamento nas divisões celulares) **231, 232, 316**
Nucleoplasma, *ver* cariolinfa
Nucleossomo, 208, 209
Nucleotídio, 109, 264, 309, *ver também* ácido nucleico, ATP, DNA e RNA
Número atômico, 79
Nutrição orgânica, 282

O

Observação vital, *ver* técnica citológica
Oceano (origem) 56
Óleo, *ver* lipídio
Oligodendrócito, 407, 410
Oligolécito, *ver* ovo (tipo)
Oligopeptídio, *ver* peptídio
OMG, *ver* transgênicos
Oncogene, 236, 237
Oosfera, 433, 434
Oparin, A. I., 55, *ver também* evolução química
Orceína, 233, 243
Organela citoplasmática (*ver* citoplasma de células eucarióticas) (*ver também* vida, níveis de organização)
Organismo geneticamente modificado (ou **OMG**), *ver* transgênicos
Organogênese, 465
Órgão, 40
Ornitorrinco, *ver* monotremado
Osmose, 147, 150, (modelo físico) **149**
Ossificação endocondral, 365, 366, 367
Ossificação intramembranosa, 367
Osso, (reservatório de cálcio) **366**, (regeneração de fratura) **367**, *ver* tecido ósseo
Osteoblasto, 360, 365
Osteócito, 365, 366
Osteoclasto, 360, 365
Osteomalacia, 367
Osteônio, 365, 366, 367
Osteoporose, 366
Ovário, 436
Oviduto, *ver* tuba uterina
Ovíparo, 464
Ovo, (tipos) **466, 468**, (de sapo) **481**, (de ave e réptil) **484, 487**, (de mamífero) **489**
Ovócito, *ver* ovulogênese
Ovogônia, *ver* ovulogênese
Ovovivíparo, 464
Ovulação, 435-437
Óvulo, *ver* ovulogênese
Ovulogênese (ou **ovogênese**), 436, 437
Oxidação, *ver* reação de oxirredução
Oxidase, *ver* catalase
Oxiemoglobina, 376
Oxigênio, *ver* gás oxigênio

P

Paccini, *ver* corpúsculo de Paccini
Paleozoico, *ver* Terra (idades da)
Pâncreas, 178, *ver* glândula mista
Pangea, 69*i*
Panspermia, 55
Pantalassa, 69
Papilomavírus (ou **HPV**), *ver* condiloma acuminado
Paquíteno, 239, 240, 242
Paramecium, *ver* divisão binária
Parasitas intracelulares, *ver* vírus
Parede celular, (bacteriana), **156, 157**, (celulósica) **158**, (primária e secundária) **157**
Parto, 508, 509
Pasteur, L.,
— doença das lagartas da seda, **54**
— experimentos sobre biogênese, **47, 51-53**
— raiva, **54**
Pasteurização, 28
Pectina, *ver* parede celular celulósica
Pele humana,
— anexos, **345, 347, 348, 350**
— camadas, **346, 349, 350, 351**
— cuidados com, **350, 351**
— funções, **347-351**
Pelo, 347-348
Pênis, 438
Peptídio, 101, 102
Peptidioglicano, *ver* parede celular bacteriana
Perforina, 382
Pericôndrio, *ver* tecido cartilaginoso

Perimísio, 392
Perineuro, 411
Período fértil (da mulher), *ver* método do ritmo ovulatório
Período geológico, *ver* Terra (idades da)
Período glacial, 66
Periósteo, 365, 366
Permeabilidade celular, 146-153
Permeabilidade seletiva, *ver* permeabilidade celular
Permease, 150, *ver* difusão facilitada
Permutação cromossômica (*crossing-over*), 239, 240
Peroxissomo, 183
PGAL, *ver* 3-fosfato de gliceraldeído
Pílula anticoncepcional, 445
Pílula do dia seguinte (contraceptivo), *ver* pílula anticoncepcional
Pinocitose, 155
Pinossomo, *ver* pinocitose
Piruvato, *ver* ácido pirúvico
Placa celular, *ver* citocinese
Placa equatorial, *ver* placa metafásica
Placa metafásica, 231
Placa neural, 474, 475, (em anfíbio) 478, (em anfioxo) 480, (em ave e réptil) 486
Placa tectônica, *ver* tectônica de placas
Placenta, 499, 500, (formação) 506, 507, (expulsão no parto) 508
Placentação vitelínica, 499
Placentário (ou **Eutheria**), 499
Planeta (origem), 48
Plaqueta sanguínea (ou **trombócito**), 383
Plasma sanguíneo, 375
Plasmalema, *ver* membrana plasmática
Plasmídio, (definição) 173, 309
Plasmócito, 360
Plasmodesmo, 159
Plasto
— autoduplicação, 190, 191
— classificação (cromoplastos e leucoplastos), 190
— estrutura e função, 190, 191
— origem endossimbiótica, 64, 199
Plastocianina 293, 294, 295
Pluricelular, *ver* multicelular
Pneumocystis carinii, *ver* síndrome da imunodeficiência adquirida
Poder de resolução, 128
Polimerase do DNA, 311
Polimerase do RNA, 314, 315
Polipeptídio, *ver* peptídio
Polirribossomo, 321
Polissacarídio (*ver também* glicídio) 61
Polissomo, *ver* polirribossomo
Polo animal (do ovo), 466, 467
Polo vegetativo (do ovo), 467, 468
Ponte de hidrogênio, *ver* ligação de hidrogênio
Popper, K., 24
População biológica, 41
Poro nuclear, 208
Potência de dez, 127
Potencial de ação, 412
Potencial de repouso, 412
Pré-cambriano, *ver* Terra (idades da)
Pré-formação, 464
Preservativo (contraceptivo), *ver* camisinha
Pressão osmótica, 148, 149
Priestley, Joseph, 226 (experimento de), 283
Princípio vital, *ver* vitalismo
Príon, 103, 182
Procarionte, *ver* célula procariótica
Prófase da mitose, 226, 229, 231
Prófase I da meiose, 238, 241, 242, 243
Prófase II da meiose, 241, 242, 243
Projeto Genoma Humano, 212, 314
Prometáfase, 231
Promotor, *ver* gene (região promotora)
Pronúcleo (masculino e feminino), *ver* cariogamia
Proplasto, 190, 191
Próstata, 438, 440
Prótalo, 433, 434
Proteína (ou **protídio**)
— arquitetura (estruturas primária, secundária, terciária e quaternária) 101
— descoberta, 103
— desnaturação, 102, 103
— fibrosa e globular, 101, 102
— funções, 104
— proteína, p53, 237
— simples e conjugada, 104
— síntese, *ver* tradução gênica
Protídio, *ver* proteína
Próton, 79
Protostômio, 470
Prototheria, *ver* monotremado
Protrombina, *ver* coagulação do sangue
Pseudanabaena, *ver* cianobactéria
Pseudópode, 186
Ptialina, *ver* amilase salivar
Pudendo feminino, 435, 436

Q

Queratina (na pele), 345, 346
Quiasma, 239, 240, 242
Quilocaloria, 260
Química inorgânica, 78
Química orgânica, 78
Quimiolitoautotrófico, 60
Quimiossíntese, 297
Quinona, 293
Quitina, 92

R

Radiação ultravioleta, 61, 351
Radioautografia, *ver* técnica citológica
Raios uvA e uvB, 351
Raiva, *ver* Pasteur, Louis
Raiz de cebola, *ver* técnica citológica (esmagamento)
Raquitismo, 366
Reação anafilática, *ver* mastócito
Reação de claro, *ver* fotossíntese, etapa fotoquímica
Reação de degradação, *ver* catabolismo
Reação de escuro, *ver* fotossíntese, etapa puramente química
Reação de hidrólise, 84, 85
Reação de Hill, *ver* fotólise da água na fotossíntese
Reação de oxirredução, 261, 262, 263
Reação de síntese, *ver* anabolismo
Reação endergônica, 261, 262, 263
Reação endotérmica, *ver* reação endergônica
Reação exergônica, 261
Reação exotérmica, *ver* reação exergônica
Reação redox, *ver* reação de oxirredução
Redi, F., 50, 51, 50i

Redução, *ver* reação de oxirredução
Região determinadora do sexo (no cromossomo Y), 215
Região promotora, *ver* gene
Repolarização da membrana, 412
Reprodução, (assexuada) 34, 429, 430, (humana) 435-437, (sexuada) 34, 430, 431, (tipos) 431, 432
Respiração aeróbica, *ver* respiração celular
Respiração celular
— conceito, 188, 264, 265
— etapas, 266, *ver também*, glicólise, cadeia respiratória, ciclo de Krebs *e* fosforilação oxidativa
— origem evolutiva, 61
— relação com a fotossíntese, 62
— rendimento energético, 266, 270, 271
Resposta inflamatória, 380-382
Retículo endoplasmático granuloso, (estrutura) 175, 176, (função) 175, 176
Retículo endoplasmático não granuloso, (estrutura) 174, 176, (função) 176
Retículo sarcoplasmático, 394
Reticulócito, 375, 376
Retinal, *ver* carotenoide
Rhizopus (bolor negro do pão), *ver* esporulação
Ribose, *ver* glicídio *e* RNA
Ribossomo, 173, *ver também* tradução gênica
— alvo de antibióticos, 173
— das células procarióticas, 173
— local de formação, 209
— papel na síntese de proteínas, 175, 176
— sítios A e P, 318, 319
Ribozimas, 59, 104
Rizoma, *ver* brotamento
RNA
— como material genético, 39
— composição e estrutura geral, 109
— mensageiro (RNAm), 176, 316, 317
— mundo, 59, *ver também* evolução química
— papel na síntese de proteínas, 176
— síntese a partir do DNA, *ver* transcrição gênica
— ribossômico (RNAr), 176, 209, 316
— transportador (RNAt), 176, 209, 315
RNA polimerase, *ver* polimerase do RNA
Rubisco, 296
Ruffini, *ver* terminal de Ruffini

S

Sacarose ou açúcar de cana, 90, (hidrólise) 84, (modelo) 78, (síntese na fotossíntese) 296
Saccharomyces cerevisae, 429, *ver também* fermentação alcoólica
Saco escrotal, *ver* escroto
Saco vitelínico (ou **vesícula vitelínica**), 486, 487, 488
Sal de cozinha, *ver* cloreto de sódio
Sal mineral, 81
Samambaia, 434
Sangue, *ver* tecido sanguíneo
Sapo, (amplexo nupcial) 481*i*, (ovos) 481
Sarcolema, 392
Sarcoma, *ver* câncer
Sarcoma de Kaposi, *ver* síndrome da imunodeficiência adquirida
Sarcômero, *ver* miômero
Saussere, N. T., 284
Schleiden, M., 123
Schwann, T., 123
Secreção celular, 177, 178
Segmentação (ou **clivagem**), 465, (tipos) 468, 469, (em mamíferos) 500, 501
Seleção natural, 39
Sêmen, *ver* esperma
Semipermeável, *ver* permeabilidade seletiva
Sensitiva, *ver* Mimosa pudica
Sequência de término de transcrição, *ver* gene
Serosa, *ver* cório
Serotonina, *ver* neurotransmissor
Siclemia (anemia falciforme), 377
Sida (aids), *ver* síndrome da imunodeficiência adquirida
Sífilis (DST), 449
Silicose, *ver* lisossomo e doenças
Simbiose, 64
Sinapse cromossômica, 239
Sinapse nervosa, 413, (elétrica) 413, (química) 414, (neuromuscular) 413
Sincício, 392
Sinciciotrofoblasto, 504
Síndrome da imunodeficiência adquirida (ou **aids**), 447, 448
Síndrome de Down, 216, relação com idade materna, 244
Síndrome de Klinefelter, 217
Síndrome de Turner, 217
Singer, S. J., *ver* membrana plasmática (organização molecular)
Síntese por desidratação, 84, 85
Sintetase do ATP, 270, 271, 298
Sistema genital feminino, 435, 436
Sistema genital masculino, 438, 440
Sistema haversiano, 365
Sistema nervoso, *ver* tecido nervoso
Sistema, 40
Sistema solar (origem), 47
Slipher, Vesto M., 47
Sol (origem), 48
Solenoide, 210, 211
Solução (conceito), 84, (hipertônica, isotônica e hipotônica) 149, 150
Solução aquosa, 84
Soluto, 84
Solvente, 84
Somatopleura, 477
Somito, *ver* mesoderma dorsal
Soro positivo, *ver* síndrome da imunodeficiência adquirida
Spallanzani, L., 51
Spirogyra, 189
Submetacêntrico, *ver* cromossomo (tipos)
Subnutrição, 103
Substância branca, 409, *ver também* tecido nervoso
Substância cinzenta, 409, *ver também* tecido nervoso
Substância hidrófila, 84, 85
Substância hidrófoba, 84, 85
Substância orgânica
— composição, 78
— conceito, 78
— porcentagem na matéria viva, 81
— principais tipos na matéria viva, 78, 79
Substância química, (conceito) 81
Substrato enzimático, 102, 103
Suor, *ver* glândula sudorípara

T

Tabelinha, *ver* método do ritmo ovulatório
Talassemia, *ver* poro nuclear
Tartaruga marinha, *ver* ovo

Tay-Sachs (doença de), *ver* lisossomo e doenças
Tecido (*ver também* vida, níveis de organização)
— adiposo 359-363
— cartilaginoso, **364**
— conceito, **337**
— conjuntivo, **356-367**, (classificação), (tipos celulares) 358-367
— embrionário de mamíferos, **502**
— epitelial de revestimento, **338**, (classificação), **337-339**
— epitelial glandular, **340-342**
— extraembrionário de mamíferos, **502**, (formação) **503**
— hematopoiético, **367**, **372-377**
— linfoide, **375**, **376**
— muscular, (tipos) **390**, (estriado esquelético) **391-400**, (estriado cardíaco) **398-399**, (não estriado, ou liso) 399-400
— nervoso, **405**, **406**
— ósseo, 365, **367**
— origem embrionária, **474**, **477**
— sanguíneo, **372-384**, (composição) **372**
— subcutâneo, *ver* tela subcutânea
— tipos principais nos animais, **337**
Técnica citológica
— coloração, (microscopia óptica) **129**, **130**, (microscopia eletrônica) **134**
— corte histológico, **131**, (microscopia eletrônica) **134**
— corte manual, **131**
— esfregaço, **130**
— esmagamento, **131**, **233**, **243**
— fixação, (microscopia óptica) **129**, (microscopia eletrônica) **131**
— inclusão, (microscopia óptica) **131**
— observação vital, **129**
— radioautografia, **138**
Tecnologia (conceito), **31**
Tectônica de placas, **68**, **69**
Tela subcutânea (ou **hipoderme**), **346**, **347**
Telocêntrico, *ver* cromossomo (tipos)
Telófase da mitose, **226**, **229**, **231**, **232**, (em raiz de cebola) **183***i*
Telófase I da meiose, **241-244**
Telófase II da meiose, **241-244**
Telolécito, *ver* ovo (tipo)
Telomerase, *ver* telômero
Telômero, **212**
Tempo geológico, *ver* Terra (idades da)
Tendão calcâneo, **358**, **359**
Tensão superficial, *ver* água, tensão superficial
Teoria, (conceito) **24**, **25**
Teoria celular, **123**, **124**
Teoria da Evolução Biológica, *ver* Evolução biológica
Teoria da Grande Explosão (ou ***Big Bang***), **47**
Teoria quimiosmótica, **271**
Teratópago, *ver* gêmeos unidos
Terminal de Ruffini, **348-350**
Terra, (atmosfera primitiva) **46**, (condições primitivas) **55**, (idades da) **55**, **56**
Teste de gravidez, *ver* gonadotrofina coriônica
Testículo, **438**, **439**
Tétrade, *ver* bivalente
Tilacoide, **190**, **286**
Timina, **109**, **309**, *ver também* ácido nucleico, DNA
Timo, **374**
Tonoplasto, **183**
Tonsila, *ver* tecido linfoide
Tônus muscular, **396**
Tradução gênica, **314**, **315**
— crescimento da cadeia polipeptídica, **317**, **318**
— início da síntese da cadeia polipeptídica, **318**, **319**, **320**
— término da síntese da cadeia polipeptídica, **321**
Transcrição gênica, **315**
Transgênico, **32**
Transporte ativo (conceito) **146**, (tipos) **150**, **151**
Transporte de elétrons, *ver* cadeia transportadora de elétrons
Transporte passivo (conceito) **146**, (tipos) **146**, **150**
Trapoeraba-roxa, **129**
Trato nervoso, **406-409**
Treponema pallidum, *ver* sífilis
Triblástico, **474**
Trichomona vaginalis, *ver* hidrogenossomo, *ver* tricomoníase
Tricomoníase (DST), **448**
Trifosfato de adenosina, *ver* ATP
Trissomia do cromossomo 21, *ver* síndrome de Down
Trofectoderma, *ver* trofoblasto
Trofoblasto (ou **trofectoderma**), **501**
Trombina, *ver* coagulação do sangue
Trombócito, *ver* plaqueta sanguínea
Tromboplastina, *ver* coagulação do sangue
Tuba uterina, **436**
Tuberculose, *ver* Koch, Robert
Tubo nervoso (origem embrionária), **475**, (em anfíbio) **475**, (em anfioxo) **480**, (em ave e réptil), **486**
Tubulina, *ver* microtúbulo
Túbulo seminífero, *ver* testículo
Túbulo T, **392**
Tumor benigno, **236**
Tumor maligno, *ver* câncer
Turner, *ver* síndrome de Turner

U

Ultravioleta, *ver* radiação ultravioleta
Unha, **350**
Unicelular, **36**, **336**
Unidade de medida microscópica, **127**
Universo (origem) **47**, **48**
Uracila, **109**, *ver também* ácido nucleico e RNA
Uretra, **438**
Urey, H., *ver* Miller, Stanley L.
Útero, **436**
UV, *ver* radiação ultravioleta

V

Vacinação, *ver* antraz
Vacúolo
— autofágico, *ver* lisossomo
— da célula vegetal (organização) **174**, (formação) **178**, **183**, **184**
— digestivo, *ver* lisossomo
— heterofágico, *ver* lisossomo
— pulsátil, **149**
— residual, *ver* lisossomo, *ver também* exocitose
Vagina, **436**
Valência química, **80**
Van Niel, C. B., **284**
Variabilidade genética, **39**, *ver* reprodução sexuada e meiose
Vasectomia (contraceptivo), **446**
Verdade em ciência, **29**

Vesícula seminal, *ver* glândula seminal
Vesícula vitelínica, *ver* saco vitelínico
Vestíbulo vaginal, *ver* pudendo feminino
Via-Láctea, 48
Vida (conceito), 34
— diversificação e evolução, **62, 65**
— níveis de organização, **40, 41**
— primeiros vestígios, **56**
Vilosidade coriônica, 504, 505, 506, 507
Violeta africana, 430
Virchow, Rudolf, 124
Vírus, 35, 36, (e a teoria celular) **126**
Vitalismo (ou **Teoria da Força Vital**), 78
Vitamina
— conceito, **107**
— descoberta, **107**
— hidrossolúvel e lipossolúvel, **108**
— principais e sintomas de deficiência, **108**
Vitamina A, (na formação dos ossos) **366**, *ver* carotenoide
Vitamina C, (relação com colágeno) **366**, (na formação dos ossos), **366**
Vitamina D, *ver* raquitismo
Vitamina K, *ver* coagulação do sangue
Vitelo, *ver* ovo (tipo)
Vivíparo, 464
Vogt, W., (experimento de) **465**
Volvox, 336

W

Wallace, A., 39
Watson, J., 308
Wilmut, I., *ver* clonagem de mamíferos
Wöhler, F., 78

Z

Zignema, 189
Zigóteno, 239
Zigoto, (conceito) **38, 431, 432**, (formação) *ver* fecundação
Zona de oclusão, 343, 344
Zona pelúcida, (liberação do embrião) **440, 500**
Zoologia, 20

Moderna PLUS

CARO ALUNO,

Acesse o portal **MODERNA PLUS** e descubra os conteúdos exclusivos que preparamos para você. Para se cadastrar, basta ter um endereço de e-mail válido e um código de acesso. É simples e rápido.

1 PRIMEIRO ACESSO

- Acesse o site http://www.modernaplus.com.br
- Clique em **Primeiro acesso** no menu superior.
- Digite seu código de acesso no local indicado e clique em **Avançar**.

Seu código de acesso é:

A 57616 BIOLOGIA 1 69487

2 INFORMAÇÕES PESSOAIS

Preencha os campos com seus dados pessoais e clique em **Avançar**.
Atenção: seu endereço de e-mail e seu CPF são essenciais para a validação do cadastro. Informe-os corretamente.

3 INFORMAÇÕES ESCOLARES

Preencha os campos com seus dados escolares e clique em **Avançar**.

4 INFORMAÇÕES DE ACESSO

Seu endereço de e-mail será o login de acesso ao portal Moderna Plus. Agora, crie uma senha de 6 a 10 caracteres. Em seguida, confirme sua senha. Depois, leia os termos de uso do portal e clique em **Concluir**. Você receberá por e-mail a confirmação do cadastro com seus dados de acesso.

Pronto! A partir de agora, você terá acesso a todos os conteúdos exclusivos do portal **Moderna Plus**.

Tira-dúvidas

Acesse o endereço **http://www.modernaplus.com.br/faq** a qualquer momento. Nele você encontrará respostas para as dúvidas mais frequentes.

Requisitos desejáveis para acesso ao portal

- Sistema operacional: Windows 98 ou superior
- Processador Pentium II 233 MHz ou superior
- Mínimo de 128 Mb de memória RAM
- Resolução de vídeo: 1024 x 768
- Acesso à internet por linha discada (conexão mínima de 56 Kb) ou banda larga
- Caixas de áudio ou fone de ouvido
- Aplicativos: Flash Player e Acrobat Reader 5 ou superior
- Navegadores: Internet Explorer versão 6.0 ou superior; Mozilla firefox 2.0 ou superior (sem bloqueador de pop-up)

Atenção

Após cadastrar-se no site Moderna Plus, seu acesso terá validade de 1 ano.

www.modernaplus.com.br

Moderna PLUS

BIOLOGIA 1

BIOLOGIA DAS CÉLULAS

AMABIS • MARTHO

José Mariano Amabis
Doutor em Biologia/Genética pelo Instituto de Biociências da Universidade de São Paulo (USP).

Gilberto Rodrigues Martho
Licenciado em Ciências Biológicas pelo Instituto de Biociências da Universidade de São Paulo (USP).

3ª edição

Moderna PLUS

Coordenação de Projeto e Inovação: Sérgio Quadros, Sandra Homma
Coordenação editorial: Rita Helena Bröckelmann
Edição de texto: Lídia Toshie Tamazato e Vanessa Shimabukuro (coordenação), Alexandre Albuquerque da Silva, Valquíria Baddini Tronolone, Edna Emiko Nomura, Nathália Fernandes de Azevedo, Horácio Nakazone, Roberta Bueno, Manuel Carlos Garcez Kopenzinski
Preparação de textos: Silvana Cobucci Leite, Karen Tibursky Alves Ventura, Cláudia Padovani
Assistência editorial: Paula Coelho Carvalho da Cruz, Rodrigo Antunes Caires
Coordenação de *design* e projetos visuais: Sandra Homma
Projeto gráfico e capa: Everson de Paula, Marta Cerqueira Leite
Foto: Steve Gschmeissne/SPL DC/Latinstock
Coordenação de produção gráfica: André Monteiro, Maria de Lourdes Rodrigues
Coordenação de revisão: Elaine Cristina del Nero
Revisão: Livraria Editora Mania de Livro Ltda., São Sebastião Serviços Editoriais Ltda.
Coordenação de arte: Wilson Gazzoni Agostinho
Edição de arte: Ana Carlota Rigon, Fernanda Fencz, Alexandre de Paula
Assessoria de projetos visuais: William Hiroshi Taciro
Edição de infografia: Alexandre Albuquerque da Silva, Vanessa Shimabukuro
Ilustrações: A7 estúdio, Adilson Secco, Cecília Andrade, Cecília Iwashita, Edilson Antonio da Silva, Jurandir Ribeiro, Nilson Cardoso, Osni de Oliveira, Osvaldo Sanches Sequetin, Paulo Manzi, Setup Bureau Editoração Eletrônica
Cartografia: Alessandro Passos da Costa
Editoração eletrônica: Setup Bureau Editoração Eletrônica
Coordenação de pesquisa iconográfica: Ana Lucia Soares
Pesquisa iconográfica: Camila D'Angelo, Flávia Aline de Morais, Thais R. Semprebom, Vera Lucia Barrionuevo
As imagens identificadas com a sigla CID foram fornecidas pelo Centro de Informação e Documentação da Editora Moderna
Coordenação de *bureau*: Américo Jesus
Tratamento de imagens: Fábio N. Precendo, Luiz C. Costa, Rubens M. Rodrigues
Pré-impressão: Helio P. de Souza Filho, Marcio H. Kamoto, Everton L. de Oliveira
Coordenação de produção industrial: Wilson Aparecido Troque

Dados Internacionais de Catalogação na Publicação (CIP)
(Câmara Brasileira do Livro, SP, Brasil)

Amabis, José Mariano
Biologia das células / José Mariano Amabis, Gilberto Rodrigues Martho. – 3. ed. – São Paulo : Moderna, 2009.

Conteúdo: V. 1. Origem da vida – Citologia e histologia – Reprodução e desenvolvimento
Bibliografia.

1. Biologia (Ensino médio) I. Martho, Gilberto Rodrigues. II. Título.

09-07085 CDD-574.07

Índices para catálogo sistemático:
1. Biologia : Ensino médio 574.07

ISBN – 978-85-16-06328-3 (LA)
ISBN – 978-85-16-06329-0 (LP)

EDITORA MODERNA LTDA.
Rua Padre Adelino, 758 - Belenzinho
São Paulo - SP - Brasil - CEP 03303-904
Vendas e Atendimento: Tel. (0_ _11) 2602-5510
Fax (0_ _11) 2790-1501
www.moderna.com.br
2012
Impresso na China

1 3 5 7 9 10 8 6 4 2

Apresentação

Prezado estudante, prezada estudante

A Biologia é uma das ciências de maior destaque e mais promissoras do século XXI. Conhecer a natureza da vida é cada vez mais importante para o exercício pleno da cidadania e para ajudar a preservar o ambiente em que vivemos.

Neste volume são abordados, principalmente, os conhecimentos científicos sobre o mundo invisível a olho nu, que é o das moléculas e das células. Conhecer a organização microscópica dos seres vivos é a base para compreender as manifestações da vida em seus mais diversos níveis, desde o organismo até a biosfera

Visando tornar o estudo mais motivador, apresentamos novas descobertas científicas, suas aplicações tecnológicas e os debates entre os cientistas nas fronteiras do conhecimento.

A Biologia é desafiadora, pois há muitos conceitos e processos a compreender, o que exige dedicação e paciência. Considere este livro um parceiro nessa ambiciosa empreitada que é desvendar os segredos da vida.

Note que, no início de cada seção dos capítulos, apresentamos os objetivos didáticos e os termos e conceitos que consideramos importantes. Eles são diretrizes para tornar seu estudo mais focalizado e eficiente.

O estudo requer rigor conceitual, mas procuramos tornar o texto do livro o mais leve e ilustrado possível.

O quadro Amplie seus conhecimentos destaca e aprofunda assuntos relevantes tratados no capítulo. O quadro Ciência e cidadania ajuda na compreensão do poder da ciência e da maneira como ela está presente no cotidiano de nossas vidas.

Faça as atividades propostas e teste seus conhecimentos; reveja os conceitos sempre que surgirem dúvidas. Para agilizar a revisão, consulte o índice remissivo, apresentado ao final do *Caderno do estudante*.

Temos certeza de que seus esforços serão recompensados. Além de se sentir seguro e preparado para provas e exames, você passará a ter uma visão mais ampla da natureza. Os conhecimentos que você irá adquirir o ajudarão a ver relações entre fatos aparentemente desconexos, e você sentirá o prazer de ser parte integrante desse enorme organismo que é o planeta Terra.

José Mariano Amabis e Gilberto Martho

ORGANIZAÇÃO DESTE LIVRO

Na coleção *Moderna Plus Biologia*, o conteúdo de cada ano letivo é encadernado em três partes separadas. Assim, você pode levar para a sala de aula apenas a Parte na qual se encontra o conteúdo estudado no momento.

Abertura de Parte
Cada Parte está organizada em Unidades, com seus respectivos Capítulos.

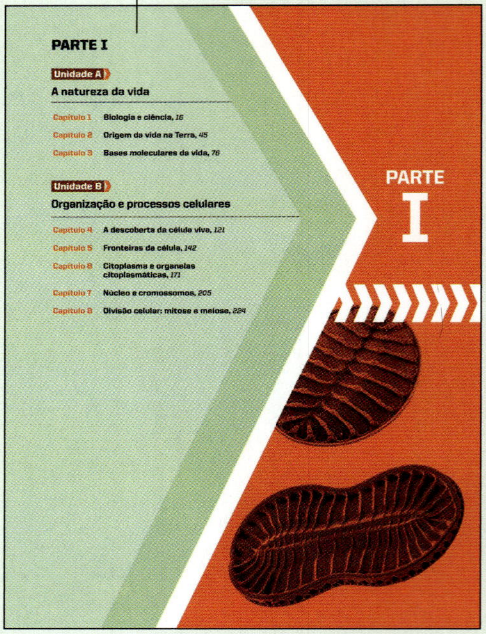

Abertura de Unidade
Cada Unidade reúne Capítulos, subordinados a um tema mais amplo.

Abertura de Capítulo
Cada Capítulo é composto de diversas Seções, que abordam itens do tema tratado. Na página de abertura do Capítulo são apresentados o assunto em pauta e a ideia central de cada Seção.

Alguns temas foram destacados em infografias, recursos gráfico-visuais em que imagens são integradas a textos curtos, sintetizando informações. A infografia também apresenta questões relevantes sobre o tema proposto.

Abertura de Seção

No início de cada Seção são apresentados os Objetivos e a lista de Termos e conceitos mais relevantes do tema tratado.

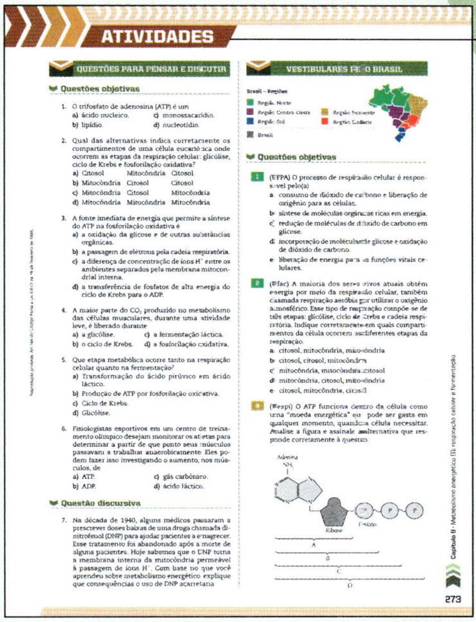

Questões para pensar e discutir

Questões desafiadoras e/ou sugestões de pesquisas e atividades, úteis para discussões de fechamento dos assuntos.

Vestibulares pelo Brasil

Em cada Capítulo há um elenco de questões extraídas de exames vestibulares das cinco regiões do país. Cada região é identificada por uma cor. Há ainda uma cor para as questões extraídas de exames nacionais.

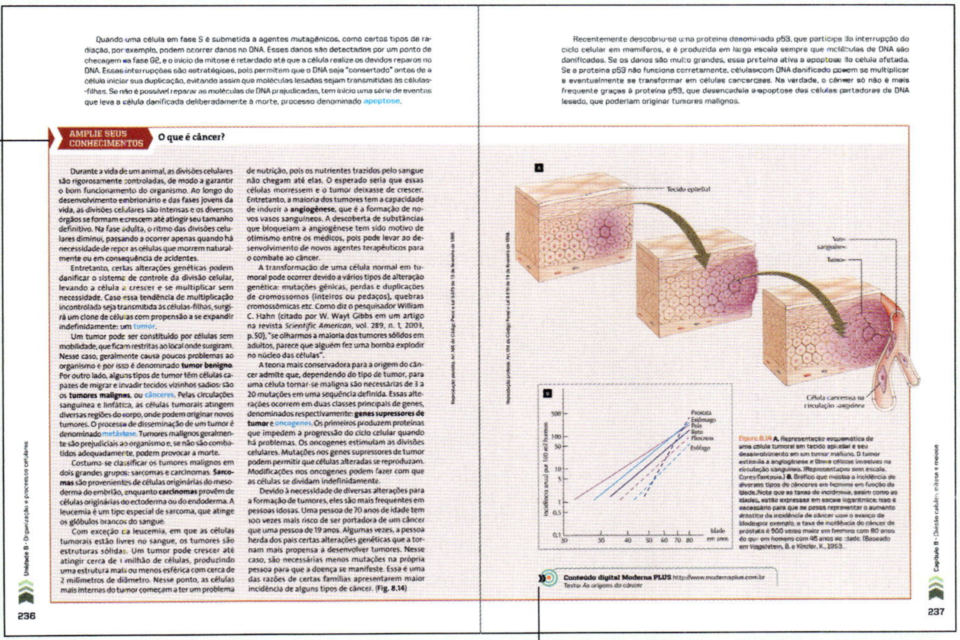

Temas em destaque

Ciência e cidadania – Textos em que se associam o conhecimento científico ao exercício da cidadania.
Amplie seus conhecimentos – Textos que complementam o tema em estudo.

Conteúdo digital Moderna Plus

Indicação de conteúdo digital disponível no portal do *Projeto Moderna Plus*, como leituras complementares, animações, exercícios extras, simulações e vídeos relativos ao tema estudado.

SUMÁRIO GERAL

PARTE I

Unidade A A natureza da vida

Capítulo 1
Biologia e ciência 16

Seção

1.1 Origem da Biologia e bases do pensamento científico, 18
1. Origem da Biologia 18
2. A origem do racionalismo 19
   Hipócrates, 19
   Aristóteles, 20
3. O racionalismo na Idade Média e no Renascimento 21
   A revolução científica, 22

1.2 Procedimentos em ciência, 23
1. Uma nova forma de estudar a natureza 23
2. O método hipotético-dedutivo 24
› **Amplie seus conhecimentos** Exemplos pioneiros de procedimento científico em Biologia 26
   Falseabilidade de uma hipótese, 28
   Teoria, hipótese e lei em ciência, 29
3. A comunicação em ciência 29
› **Ciência e cidadania** Ciência e tecnologia 31
› **Amplie seus conhecimentos** Reflexões sobre higiene 32

1.3 Características dos seres vivos, 34
1. O que é vida? 34
2. Composição química dos seres vivos 34
3. Organização da matéria viva 35
4. Metabolismo 36
5. Reação e movimento 37
6. Crescimento e reprodução 37
7. Hereditariedade 38
8. Variabilidade genética, seleção natural e adaptação 39

1.4 Níveis de organização biológica, 40
1. Os níveis hierárquicos da vida 40
› **Atividades** 42

Capítulo 2
Origem da vida na Terra 45

Seção

2.1 A formação da Terra, 46
   A Terra primitiva 46
› **Amplie seus conhecimentos** Origem do universo e do Sistema Solar 47

2.2 Abiogênese *versus* biogênese, 49
1. A teoria da geração espontânea 49
2. O experimento de Redi 50
3. O experimento de Joblot 51
4. Needham *versus* Spallanzani 51
› **Ciência e cidadania** Pesquisas sobre geração espontânea geram novas tecnologias 52
5. Pasteur e a derrubada da abiogênese 52
› **Ciência e cidadania** Caçadores de micróbios promovem avanços na Medicina 54

2.3 Teorias modernas sobre a origem da vida, 55
1. Panspermia e evolução química 55
2. Quais eram as condições na Terra primitiva? 55
3. Primeiros vestígios de vida na Terra 56
4. Origem pré-biótica de compostos orgânicos 57
   O experimento de Miller, 57
› **Amplie seus conhecimentos** A matéria-prima da vida veio do espaço? 58
   Sistemas isolados, um grande passo para a vida, 58
5. O "mundo do RNA" 59

6. Evolução dos processos energéticos — 59
Hipótese heterotrófica, 60
Hipótese autotrófica, 60
Origem da fotossíntese, 60

› **Amplie seus conhecimentos**
O holocausto do gás oxigênio — 61
Origem da respiração aeróbia — 62

2.4 Evolução e diversificação da vida, 63
1. Origem da célula eucariótica — 63
2. Hipótese endossimbiótica ou simbiogênica — 64
3. Origem da multicelularidade — 65

› **Amplie seus conhecimentos**
Dinâmica planetária e as idades da Terra — 66

› **Atividades** — 70

Capítulo 3
Bases moleculares da vida — 76

Seção

3.1 A Química e a vida, 78
1. O desenvolvimento da Bioquímica — 78

› **Amplie seus conhecimentos**
Átomos, substâncias e ligações químicas — 79

2. Componentes da matéria viva — 81
Principais elementos químicos dos seres vivos, 81
Substâncias químicas dos seres vivos, 81

› **Amplie seus conhecimentos**
Sais minerais e seu papel no corpo humano — 81

3.2 A água e os seres vivos, 83
1. Estrutura molecular da água — 83
Pontes de hidrogênio, 83
2. Importância da água para a vida — 83
A água como solvente, 84
A água nas reações químicas dos seres vivos, 84
A água como moderador de temperatura, 85

› **Ciência e cidadania**
Água: um recurso cada vez mais precioso — 86

Importância biológica da coesão e adesão da água, 88

3.3 Glicídios, 89
1. Características gerais dos glicídios — 89
2. Classificação dos glicídios — 89
Monossacarídios, 90
Dissacarídios, 90
Polissacarídios, 91
Amido, 91
Glicogênio, 91
Celulose, 91
3. Importância dos glicídios — 93

3.4 Lipídios, 94
1. O que são lipídios — 94
2. Tipos de lipídio — 94
Glicerídios, 94
Ceras, 95
Esteroides, 96
Fosfolipídios, 97
Carotenoides, 97

› **Amplie seus conhecimentos**
A química de uma bolha de sabão — 98

3.5 Proteínas, 99
1. A descoberta das proteínas — 99
2. Aminoácidos — 99
3. Ligação peptídica — 100
4. Em que diferem as proteínas? — 100
5. Arquitetura das proteínas — 101
Estrutura primária, 101
Estrutura espacial, 101
Proteínas globulares e fibrosas, 102
Desnaturação das proteínas, 102

› **Amplie seus conhecimentos**
Aminoácidos essenciais — 102

6. Funções das proteínas — 104
Enzimas, 104
Cofatores e coenzimas, 105
Inibição da atividade enzimática, 105
Fatores que afetam a atividade das enzimas, 105

› **Ciência e cidadania**
"Teste do pezinho" pode impedir manifestação de doença grave — 106

SUMÁRIO GERAL

3.6 Vitaminas, 107

1. A descoberta das vitaminas 107
   Escorbuto e beribéri, 107
2. Fontes de vitaminas e avitaminoses 107

3.7 Ácidos nucleicos, 109

1. Características gerais dos ácidos nucleicos 109
2. Componentes dos ácidos nucleicos 109
3. Estrutura espacial dos ácidos nucleicos 110

› **Atividades** 111

Unidade B **Organização e processos celulares**

Capítulo 4
A descoberta da célula viva 121

Seção

4.1 O mundo microscópico, 122

1. Microscópio simples e microscópio composto 122
2. Origem do termo "célula" 123
3. Teoria celular 123

› **Amplie seus conhecimentos**
Os vírus confrontam a teoria celular? 125

4.2 A célula observada ao microscópio óptico, 126

1. Partes fundamentais da célula 126

› **Amplie seus conhecimentos**
Medidas para o mundo microscópico 127

2. Como funcionam os microscópios ópticos 127
   Poder de resolução e limite de resolução, 128
3. Técnicas para observação ao microscópio óptico 128
   Observação vital, 129
   Fixação e coloração das células, 129
   Esfregaço, 130
   Esmagamento, 130
   Corte manual, 130
   Inclusão e corte com o micrótomo, 130

4.3 A célula observada ao microscópio eletrônico, 132

1. Como funcionam os microscópios eletrônicos 132
   Microscópio eletrônico de transmissão, 132
   Microscópio eletrônico de varredura, 133
2. Técnicas para observação ao microscópio eletrônico 133
   Fixação, 133
   Inclusão, corte com o ultramicrótomo e coloração, 134
3. Descobrindo o interior das células vivas 134

4.4 Outros métodos para o estudo da célula, 136

1. Fracionamento celular 136
2. Utilização de substâncias radioativas em Citologia 137
   Radioautografia, 138

› **Atividades** 139

Capítulo 5
Fronteiras da célula 142

Seção

5.1 Membrana plasmática, 144

Características gerais da membrana plasmática 144
Organização molecular da membrana plasmática, 144
Modelo do mosaico fluido, 144
Funções das proteínas da membrana plasmática, 145

5.2 Permeabilidade celular, 146

Passagem de substâncias pela membrana plasmática 146
Transporte passivo, 146
Difusão simples, 146
Osmose, 147

› **Amplie seus conhecimentos**
Por que a célula vegetal não estoura devido à osmose? 148

Difusão facilitada, 150
Transporte ativo, 150
Bomba de sódio-potássio, 150

› **Amplie seus conhecimentos**
Fibrose cística: um distúrbio na permeabilidade celular 152

5.3 Endocitose e exocitose, 154
1. O transporte por meio de bolsas membranosas ___ 154
Endocitose, 154
Fagocitose, 154
Pinocitose, 155
Exocitose, 155

5.4 Envoltórios externos à membrana plasmática, 156
1. Glicocálix ___ 156
2. Paredes celulares ___ 156
Parede bacteriana, 156
› **Amplie seus conhecimentos**
Bactérias Gram-positivas e Gram-negativas ___ 157
Parede celulósica, 158
Plasmodesmos, 159
› **Atividades** ___ 159

Capítulo 6
Citoplasma e organelas citoplasmáticas 171

Seção

6.1 O citoplasma, 172
1. Organização geral do citoplasma ___ 172
O citoplasma das células procarióticas, 172
O citoplasma das células eucarióticas, 174

6.2 Organelas citoplasmáticas, 175
1. Retículo endoplasmático ___ 175
Funções do retículo endoplasmático granuloso, 175
Funções do retículo endoplasmático não granuloso, 176
2. Complexo golgiense ___ 177
Secreção celular, 177
3. Lisossomos ___ 179
Função heterofágica dos lisossomos, 180
Função autofágica dos lisossomos e rejuvenescimento celular, 180
› **Ciência e cidadania**
Os pequenos lisossomos e seus grandes efeitos ___ 181
4. Peroxissomos ___ 183
5. Vacúolos da célula vegetal ___ 183
6. Citoesqueleto ___ 183
Microtúbulos, 184
Microfilamentos ou filamentos de actina, 185
Filamentos intermediários, 185
Citoesqueleto e movimento celular, 185
Ciclose, 185
Movimento ameboide, 185
7. Centríolos ___ 186
8. Cílios e flagelos ___ 187
9. Mitocôndrias ___ 188
Autoduplicação das mitocôndrias, 188
10. Hidrogenossomos e mitossomos ___ 189
11. Plastos ___ 189
Cloroplastos, 190
Cromoplastos e leucoplastos, 190
Autoduplicação dos plastos, 190
› **Amplie seus conhecimentos**
Rastreando a evolução de plastos e mitocôndrias ___ 191
› **Atividades** ___ 192

Capítulo 7
Núcleo e cromossomos 205

Seção

7.1 Componentes do núcleo celular, 206
1. O núcleo celular ___ 206
2. Carioteca ou envelope nuclear ___ 207
› **Amplie seus conhecimentos**
A descoberta do núcleo celular ___ 207
Organização do poro nuclear, 208
3. Cromatina ___ 209
4. Nucléolos ___ 209
5. Nucleoplasma ou cariolinfa ___ 209

7.2 Cromossomos da célula eucariótica, 210
1. Cromossomos ___ 210
2. Arquitetura do cromossomo eucariótico ___ 210
3. Características gerais dos cromossomos ___ 211
Cromátides-irmãs, 211
Centrômero e classificação dos cromossomos, 211
Telômeros, 212
4. Cromossomos e genes ___ 212
Conceito de genoma, 212

5. Cromossomos homólogos ______ 213
Células diploides e células haploides, 213

7.3 Cromossomos humanos, 214

1. Citogenética humana ______ 214
2. Cariótipo humano normal ______ 214

› **Ciência e cidadania**
Alterações cromossômicas na espécie humana ______ 216

› **Atividades** ______ 216

Capítulo 8
Divisão celular: mitose e meiose 224

Seção

8.1 Importância da divisão celular, 226

1. Por que as células se dividem? ______ 226
2. O conceito de ciclo celular ______ 226
A interfase, 227

8.2 Mitose, 229

1. Eventos da divisão celular ______ 229
2. Fases da mitose ______ 230
Prófase, 230
Condensação dos cromossomos, 230
Início da formação do fuso acromático, 230
Fragmentação da carioteca, 230
Metáfase, 231
Anáfase, 232
Não disjunção na mitose, 232
Telófase, 232
3. Citocinese ______ 234

› **Amplie seus conhecimentos**
A divisão celular das bactérias ______ 234

8.3 Regulação do ciclo celular, 235

1. Pontos de checagem do ciclo celular ______ 235

› **Amplie seus conhecimentos**
O que é câncer? ______ 236

8.4 Meiose, 238

1. Fases da meiose ______ 238
Prófase I, 239
Leptóteno: visualização dos cromômeros, 239
Zigóteno: emparelhamento cromossômico, 239
Paquíteno: formação dos bivalentes, 239
Diplóteno: visualização dos quiasmas, 240
Diacinese: terminalização dos quiasmas, 240
Metáfase I, 240
Anáfase I, 241
Telófase I, 241
Citocinese I, 241
Meiose II, 241
2. Onde e quando ocorre a meiose ______ 244

› **Amplie seus conhecimentos**
Falhas na meiose levam a alterações cromossômicas ______ 244

› **Atividades** ______ 245

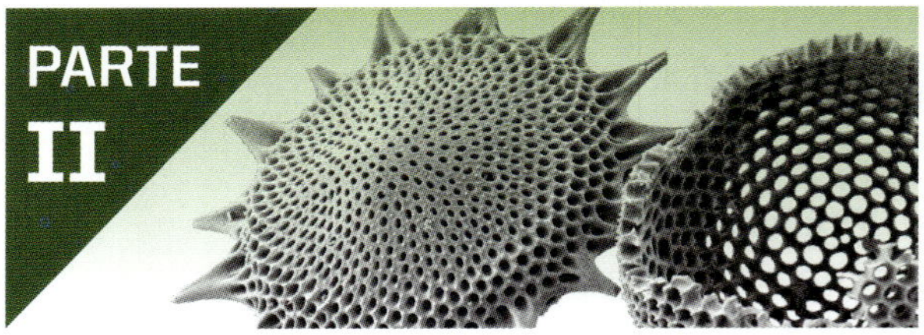

Unidade C O metabolismo celular

Capítulo 9
Metabolismo energético (I): respiração celular e fermentação 258

Seção

9.1 Energia para a vida, 260

1. A energia dos alimentos ______ 260
2. Anabolismo e catabolismo ______ 261
3. Reações endergônicas e reações exergônicas ______ 261
4. Energia de ativação e enzimas ______ 262

› **Amplie seus conhecimentos**
A energia nas reações químicas ______ 262

9.2 ATP, a "moeda energética" do mundo vivo, 264

1. Estrutura química do ATP ______ 264

9.3 Respiração celular, 266

1. A oxidação biológica da glicose ______ 266
2. Etapas da respiração celular ______ 266
Glicólise, 266
Ciclo de Krebs ou ciclo do ácido cítrico, 268

Fosforilação oxidativa, 269
Cadeia transportadora de elétrons, 269
Rendimento energético na respiração celular, 271

› **Amplie seus conhecimentos**
A teoria quimiosmótica que explica a produção de ATP 271

3. Fontes de energia para a respiração celular: glicídios e ácidos graxos 272

9.4 Fermentação, 273
1. A importância da fermentação 273

› **Ciência e cidadania**
Tipos de fermentação e sua importância para a humanidade 274

› **Atividades** 275

Capítulo 10
Metabolismo energético (II): fotossíntese e quimiossíntese 281

Seção

10.1 Fotossíntese, 282
1. Aspectos gerais da fotossíntese 282

› **Amplie seus conhecimentos**
"Construindo" a equação da fotossíntese 283

2. Cloroplasto, a sede da fotossíntese 286
3. Etapas da fotossíntese 287
Absorção de luz, 287
Transporte de elétrons, 287
Produção de ATP, 288
Fixação do carbono, 288
Reações de claro e reações de escuro na fotossíntese, 288

10.2 Transformações de energia na fotossíntese, 289
1. O espectro da luz visível e fotossíntese 289

› **Amplie seus conhecimentos**
A natureza da luz 290

2. Pigmentos fotossintetizantes e fotossistemas 290
Clorofilas e carotenoides, 290
Fotossistemas, 291
3. Excitação da clorofila 292
4. Da energia luminosa à energia química: fotofosforilação 292
Fotossistemas: PSI e PSII, 292
Fotofosforilação acíclica, 293
Fotofosforilação cíclica, 295
5. Ciclo das pentoses 296
Destino dos produtos do ciclo das pentoses 297

10.3 Quimiossíntese, 298
1. A importância da quimiossíntese 298

› **Atividades** **299**

Capítulo 11
O controle gênico das atividades celulares 307

Seção

11.1 Natureza química dos genes, 308
1. A descoberta do DNA 308
2. Estrutura molecular do DNA 308

› **Amplie seus conhecimentos**
Decifrando o código genético 310

3. Duplicação semiconservativa do DNA 311

› **Amplie seus conhecimentos**
Uma evidência experimental da duplicação semiconservativa do DNA 312

11.2 Genes e RNA: a transcrição gênica, 314
1. Relação entre genes, cromossomos e DNA 314
2. Transcrição gênica 315
3. Os limites de um gene 316
4. Principais tipos de RNA 316
RNA ribossômico, 316
RNA transportador, 316
RNA mensageiro, 317
5. O código genético 317

11.3 Mecanismo de síntese das proteínas, 318
1. A tradução gênica 318
Início da síntese da cadeia polipeptídica, 318
Crescimento da cadeia polipeptídica, 319
Término da síntese da cadeia polipeptídica, 321
Polirribossomos (ou polissomos), 321

› **Atividades** 322

SUMÁRIO GERAL

Unidade D A diversidade celular dos animais

Capítulo 12
Tecidos epiteliais 334

Seção

12.1 A estratégia multicelular, 336
1. Vantagens da multicelularidade 336
   Tecidos animais, 337

12.2 Estrutura e funções dos tecidos epiteliais, 338
1. Epitélios de revestimento 338
   Classificação dos epitélios de revestimento, 338
2. Epitélios glandulares 340
   Glândulas exócrinas, 340
   Classificação das glândulas exócrinas, 340
   Glândulas endócrinas, 341
   Glândula mista ou anfícrina: o pâncreas, 341
   Origem das glândulas, 342

12.3 Especializações das células epiteliais, 343
1. Junções celulares 343
   Lâmina basal e hemidesmossomos, 344
2. Especializações da borda celular 344

12.4 Estrutura e funções da pele humana, 345
1. Características estruturais da epiderme 346
2. As funções da pele humana 347
   Proteção, 348
   Regulação da temperatura corporal, 348
   Função sensorial, 348
3. Anexos epidérmicos: pelos, unhas e glândulas 348
   Pelos, 348
   Unhas, 350
   Glândulas sebáceas e glândulas sudoríparas, 350

› **Ciência e cidadania**
Pele bronzeada é sinal de saúde? 351

› **Atividades** 352

Capítulo 13
Tecidos conjuntivos 355

Seção

13.1 Características gerais dos tecidos conjuntivos, 356
1. O que são tecidos conjuntivos? 356
2. Componentes da matriz extracelular 357
   Substância fundamental amorfa, 357
   Fibras conjuntivas, 357

13.2 Tecidos conjuntivos propriamente ditos, 358
1. Tipos de tecidos conjuntivos propriamente ditos 358
   Tecido conjuntivo frouxo, 358
   Tecido adiposo, 359
   Tecido conjuntivo denso não modelado, 359
   Tecido conjuntivo denso modelado, 360
2. Células dos tecidos conjuntivos propriamente ditos 360
   Fibroblastos, 361
   Papel dos fibroblastos na cicatrização, 361
   Macrófagos, 361
   Mastócitos, 362
   Células mesenquimatosas, 362

› **Ciência e cidadania**
Alergia e reação anafilática 363

› **Amplie seus conhecimentos**
A derme da pele humana 363

13.3 Tecidos conjuntivos especiais, 364
1. Tecido cartilaginoso 364
   Tipos de cartilagem, 364
2. Tecido ósseo 365
   Funções do tecido ósseo, 366
   Formação dos ossos: ossificação, 366
3. Tecido hematopoiético 367

› **Amplie seus conhecimentos**
Como nossos ossos se recuperam de uma fratura? 367

› **Atividades** 368

Capítulo 14
Tecido sanguíneo 371

Seção

14.1 O sangue e a origem das células sanguíneas, 372
1. Características do sangue 372
2. Tecidos hematopoiéticos ou hemocitopoiéticos 373

14.2 Componentes do sangue humano, 375

1. Plasma sanguíneo 375
2. Hemácias (glóbulos vermelhos) 375
Hemoglobina, 376
Anemia, 377
3. Leucócitos (glóbulos brancos) 378
Neutrófilos, 378
Eosinófilos (acidófilos), 378
Basófilos, 379
Monócitos, 379
Linfócitos, 379
Linfócitos B, 379
Linfócitos T, 379
› **Amplie seus conhecimentos**
A resposta inflamatória 380
4. Plaquetas (trombócitos) 383
A coagulação do sangue, 383
› **Atividades** 384

Capítulo 15
Tecidos musculares 389

Seção

15.1 Características dos tecidos musculares, 390
1. O papel dos músculos 390

15.2 Tecido muscular estriado esquelético, 391
1. Estrutura da fibra muscular estriada esquelética 392
Componentes da fibra muscular, 393
Organização das miofibrilas, 393
2. Dinâmica da contração muscular 394
Energia para a contração, 395
› **Ciência e cidadania**
Músculos e exercício físico 396

15.3 Tecido muscular estriado cardíaco, 398

15.4 Tecido muscular não estriado (ou tecido muscular liso), 399
› **Atividades** 400

Capítulo 16
Tecido nervoso 405

Seção

16.1 Características do tecido nervoso, 406
1. Organização do sistema nervoso 406

16.2 Células do tecido nervoso, 407
1. Neurônios 407
Classificação morfológica dos neurônios, 407
Classificação fisiológica dos neurônios, 408
Localização dos neurônios no SN, 408
Substância cinzenta e substância branca, 409
2. Gliócitos 409
Astrócitos, 410
Oligodendrócitos, 410
Células de Schwann, 410
Micróglias, 410
3. Neurofibras mielinizadas e não mielinizadas 410

16.3 O impulso nervoso, 412
1. Propagação do impulso nervoso 413
2. Sinapses nervosas 413
Sinapse elétrica, 414
Sinapse química, 414
› **Atividades** 414

PARTE III

Unidade E Reprodução e desenvolvimento

Capítulo 17
Reprodução e ciclos de vida 426

Seção

17.1 Tipos de reprodução, 428
1. Reprodução assexuada 428
Divisão binária, 428
Esporulação, 429
Brotamento, 429
Estaquia, 430
2. Reprodução sexuada 430

17.2 Tipos de ciclo de vida, 431
1. O conceito de ciclo de vida 431
2. Ciclo haplobionte diplonte 431
3. Ciclo haplobionte haplonte 432
4. Ciclo diplobionte 433

17.3 Reprodução humana, 435

1. Sistema genital feminino 435
   - Pudendo feminino, 435
   - Vagina e útero, 435
   - Tubas uterinas (ovidutos) e ovários, 436
     - Formação dos óvulos: ovulogênese, 436
     - Ovulação, 437
2. Sistema genital masculino 438
   - Pênis, escroto e testículos, 438
     - Formação dos espermatozoides: espermatogênese, 439
   - Ductos deferentes, glândulas seminais e próstata, 440
     - Eliminação dos espermatozoides: ejaculação, 440
3. Fecundação 440
   - Cariogamia ou anfimixia, 442

› **Amplie seus conhecimentos**
Bebês de proveta e clonagem humana 443

› **Ciência e cidadania**
O controle da reprodução humana 444

› **Ciência e cidadania**
Doenças sexualmente transmissíveis (DSTs) 447

› **Atividades** 450

Capítulo 18
Noções de embriologia animal 462

Seção

18.1 Aspectos gerais do desenvolvimento embrionário, 464
1. Primeiras ideias sobre desenvolvimento 464
2. Do zigoto ao organismo: visão geral do desenvolvimento 466

18.2 Segmentação e formação da blástula, 467
1. As primeiras divisões do zigoto 467
2. Distribuição de vitelo nos ovos 467
3. Tipos de segmentação 468
   - Segmentação holoblástica (total), 468
   - Segmentação meroblástica (parcial), 470
4. Formação da blástula 470

18.3 Gastrulação, 471
1. Características gerais da gastrulação 471
2. Tipos de movimentos celulares na gastrulação 472
3. Eixos corporais 473
4. Formação dos folhetos germinativos 474

18.4 Formação de tecidos e órgãos, 475
1. Formação do tubo nervoso e da notocorda 475
   - Tubo nervoso, 475
   - Notocorda, 475
2. Diferenciação do mesoderma e do endoderma 476
   - Epímero e somitos, 476
   - Mesômero e hipômero, 477
3. Endoderma 477

› **Amplie seus conhecimentos**
Desenvolvimento embrionário em alguns grupos de animais 478

› **Atividades** 489

Capítulo 19
Desenvolvimento embrionário de mamíferos 496

Seção

19.1 Aspectos gerais do desenvolvimento em mamíferos, 498
1. Desenvolvimento embrionário nos diferentes grupos de mamíferos 498
   - Monotremados, 498
   - Marsupiais, 499
   - Placentários, 499

19.2 Embriologia dos mamíferos placentários, 500
1. Segmentação e formação do blastocisto 500
2. Formação dos folhetos germinativos e dos anexos embrionários 502
   - Formação dos folhetos germinativos, 502
   - Formação dos tecidos extraembrionários, 503
3. Nidação 503
   - Gravidez ectópica, 505
   - Gonadotrofina coriônica, 505
4. Formação da placenta 506

19.3 Parto, 508
- O nascimento de um ser humano 508

› **Amplie seus conhecimentos**
Gêmeos humanos 510

› **Atividades** 513

Siglas de vestibulares 521
Bibliografia 524
Créditos das fotos 526

PARTE I

Unidade A

A natureza da vida

Capítulo 1 Biologia e ciência, *16*

Capítulo 2 Origem da vida na Terra, *45*

Capítulo 3 Bases moleculares da vida, *76*

Unidade B

Organização e processos celulares

Capítulo 4 A descoberta da célula viva, *121*

Capítulo 5 Fronteiras da célula, *142*

Capítulo 6 Citoplasma e organelas citoplasmáticas, *171*

Capítulo 7 Núcleo e cromossomos, *205*

Capítulo 8 Divisão celular: mitose e meiose, *224*

PARTE

I

Capítulo

1

Biologia e ciência

Compreender a natureza da ciência, seus alcances e suas limitações auxilia os cidadãos a tomar decisões de interesse público. Este capítulo traz um breve histórico das origens da Biologia como ciência e discute o processo de construção do conhecimento científico.

1.1 Origem da Biologia e bases do pensamento científico

A Biologia é o ramo das ciências naturais que estuda a vida. Para a ciência, os fatos da natureza devem ser compreendidos pela ação conjunta da observação e da razão.

1.2 Procedimentos em ciência

O principal objetivo da ciência é fornecer explicações para os fenômenos naturais. Essas explicações são conferidas por meio de procedimentos rigorosos, baseados na observação da natureza e na formulação e teste de hipóteses.

1.3 Características dos seres vivos

Os seres vivos compartilham uma série de características típicas, entre elas a composição química peculiar, a organização celular, a reprodução e a capacidade de adaptação e evolução.

1.4 Níveis de organização biológica

A vida na Terra se manifesta como um sistema organizado em níveis hierárquicos, que vão do mundo submicroscópico das moléculas à totalidade da biosfera.

Uma nova visão do mundo

O desenvolvimento da ciência levou a humanidade não apenas a compreender a natureza, mas também a interagir com ela em um nível nunca antes imaginado.

Há cerca de 2.500 anos

Sábios gregos começaram a separar o estudo da natureza das questões religiosas, passo fundamental para o desenvolvimento da ciência. Surgia assim o pensamento naturalista, que tentava explicar os fenômenos naturais com base em fatos e processos da própria natureza e não em termos místicos e sobrenaturais, como ocorria em muitas sociedades primitivas.

Aristóteles foi pioneiro no estudo dos seres vivos e um dos primeiros a classificá-los.

350 a.C.	170	1663
Aristóteles apresenta uma das primeiras classificações dos animais.	Galeno descobre que as artérias transportam sangue e não ar, como se pensava.	Robert Hooke observa células de cortiça ao microscópio.

A revolução científica

Na Europa, durante os séculos XV, XVI e XVII, ocorreram mudanças radicais na maneira de encarar a natureza e foram lançadas as bases das concepções científicas modernas.

A ciência hoje

Atualmente o conhecimento científico ultrapassa as fronteiras dos laboratórios e atinge toda a sociedade. A ciência terá papel decisivo nos muitos desafios que a humanidade terá de enfrentar neste século e nos futuros.

Lamarck foi um dos primeiros a ressaltar a natureza única dos seres vivos, conceito que ajudou a Biologia a se firmar como ciência.

Ernst Mayr foi um dos artífices da moderna teoria da evolução da vida e do conceito biológico de espécie.

Francis Bacon defendia a observação acurada da natureza como o primeiro passo para a compreensão dos fenômenos naturais.

Para pensar

Transgênicos, aquecimento global, clonagem e identificação de pessoas pelo DNA: você acha que esses temas têm algo a ver com a ciência?

1839 – Schleiden e Schwann propõem a teoria celular.

1858 – Charles Darwin concebe uma teoria de evolução biológica baseada na seleção natural.

1865 – Gregor Mendel descobre as leis básicas da hereditariedade.

1953 – Watson e Crick propõem a estrutura em dupla-hélice do DNA.

2003 – O projeto Genoma Humano é completado.

Seção 1.1

Origem da Biologia e bases do pensamento científico

Objetivos

- Compreender a ciência como uma realização humana voltada à aquisição de conhecimento sobre a natureza, com poderes e limitações, e valorizar seu papel na sociedade contemporânea.
- Compreender o papel dos filósofos gregos na origem do modo científico de pensar e proceder.

Termos e conceitos

- Biologia
- racionalismo

1 Origem da Biologia

Você já pensou que a característica mais notável de nosso planeta é estar repleto de vida? Do alto das montanhas às profundezas oceânicas, nos desertos, nas geleiras e em fendas profundas de rochas, encontramos seres vivos em plena atividade. O estudo da vida, em seus mais diversos aspectos e manifestações, constitui o ramo das ciências naturais denominado **Biologia** (do grego *bios*, vida, e *logos*, estudo).

Embora o interesse das pessoas pelos seres vivos seja muito antigo, a Biologia só se estabeleceu como ramo independente da ciência entre o final do século XVIII e o início do século XIX. Antes disso, um conceito abstrato de vida ainda não existia e os cientistas limitavam-se a estudar determinados aspectos dos animais e dos vegetais, tais como sua classificação e anatomia. A maioria acreditava na teoria da geração espontânea, segundo a qual animais como os sapos, por exemplo, podiam surgir espontaneamente a partir de materiais inanimados, como o lodo dos brejos onde vivem. Também havia a crença de que algumas espécies podiam dar origem a outras. Assim, pensava-se que certas plantas produziam carneiros no interior de seus frutos e, apesar de ninguém ignorar que sapos e carneiros têm filhotes, não se excluía a possibilidade de que eles pudessem surgir de outras maneiras, além da reprodução. Hoje sabemos que seres vivos somente se originam pela reprodução de seres de sua espécie. **(Fig. 1.1)**

Os cientistas do século XVIII ainda não tinham uma visão unificada dos seres vivos e dos processos biológicos e classificavam as entidades da natureza em três grandes reinos: animal, vegetal e mineral. Essa separação mostra que os vegetais eram considerados tão diferentes dos animais quanto estes são dos minerais. O filósofo francês Michel Foucault (1926-1984) expressou muito bem esse fato ao dizer que "[...] até o fim do século XVIII, a vida não existe. Existem apenas seres vivos".

Figura 1.1
Ilustração feita pela artista Una Woodruff (1979), inspirada em relatos atribuídos ao naturalista romano Plínio (23-79 d.C.), que mostra insetos tricópteros surgindo de gotas de orvalho. Essa crença de que matéria inanimada poderia dar origem a seres vivos ficou conhecida como abiogênese.

Ao longo do século XVIII, o grande avanço do conhecimento sobre a natureza mostrou que animais e vegetais compartilham características únicas, que os distinguem completamente dos minerais. Essas características são, principalmente, a organização corporal complexa e a capacidade de crescer, de se reproduzir e mesmo de morrer. Com base nesses parâmetros, o naturalista francês Lamarck propôs, em 1778, a divisão da natureza em dois grandes grupos: o dos minerais, que ele chamou de **seres inorgânicos** (sem organização), e o dos animais e vegetais, denominados **seres orgânicos** (com organização corporal).

Assim surgia a Biologia como ciência. Além do próprio Lamarck, os naturalistas alemães Gottfried Reinhold Treviranus (1776-1837) e Lorenz Oken (1779-1851) sugeriram, independentemente um do outro, a utilização do termo Biologia para designar o estudo dos seres vivos. **(Fig. 1.2)**

Figura 1.2 Retrato de Jean-Baptiste Pierre Antoine de Monet (1744-1829), portador do título de Cavaleiro de Lamarck e por isso conhecido na literatura científica como Lamarck. Esse importante naturalista forneceu contribuições de destaque na área da Biologia, dentre as quais uma das primeiras teorias de evolução biológica.

2 A origem do racionalismo

Há cerca de 2.500 anos, alguns sábios gregos deram um passo fundamental para o surgimento e o desenvolvimento da ciência ao fazer uma distinção entre o estudo da natureza e as questões religiosas. Nasceu assim o pensamento naturalista, que tentava explicar os fenômenos naturais com base em fatos e processos da própria natureza, e não em termos místicos e sobrenaturais, como se costumava fazer nas sociedades antigas.

O pensamento naturalista desenvolveu-se entre os séculos VII e IV a.C. em Jônia, conjunto de colônias gregas localizadas nas ilhas e no litoral asiático do mar Egeu, na atual Turquia. Os filósofos jônios (ou iônios) foram os primeiros a valorizar explicações naturais para os fenômenos físicos, tendo por base a observação dos fatos e o pensamento racional. Admite-se que Tales de Mileto (624-548 a.C.) foi um dos fundadores desse tipo de filosofia da natureza, que ficou conhecida como ciência grega.

Tales e seus seguidores assumiam a existência da causalidade, afirmando que todo evento possui uma causa natural que inevitavelmente produz um efeito, o qual não é alterado por forças sobrenaturais. Surgia assim a ideia de que havia uma ordem natural no universo, com princípios e leis inerentes à própria natureza.

Os filósofos jônios também admitiam que a mente humana era capaz de compreender os princípios e as leis da natureza, deduzindo-os a partir da observação dos fatos e do raciocínio. Essa maneira de pensar, segundo a qual o funcionamento do universo deve ser compreendido pela observação e pela razão, e não por revelação divina, ficou conhecida como **racionalismo** e cerca de 2 mil anos mais tarde deu origem à ciência moderna.

O racionalismo foi aplicado à interpretação do mundo vivo quando os estudiosos voltaram sua atenção para a estrutura interna dos animais com o objetivo de entender sua organização e funcionamento. Um dos primeiros a estudar a estrutura dos seres vivos foi Alcméon, discípulo de Pitágoras (580-497 a.C.), que viveu entre 560 e 500 a.C. na antiga cidade grega de Crotona, localizada no sudeste da Itália atual. Entre os estudos de Alcméon destacam-se descrições detalhadas do nervo óptico e do desenvolvimento do embrião de galinha no interior do ovo.

Hipócrates

Um dos nomes mais importantes associado à introdução do racionalismo no estudo dos seres vivos é o de Hipócrates (460?-377? a.C.), que viveu em Cós, ilha grega localizada a cerca de 4 km da costa da atual Turquia. Na opinião de Hipócrates, que ficou conhecido como "pai da Medicina", a saúde do corpo depende do funcionamento adequado e harmonioso de suas partes e, quando isso não ocorre, sobrevêm as doenças. O papel do médico, segundo ele, é observar atentamente o enfermo para localizar as falhas de funcionamento e, então, programar ações apropriadas para corrigi-las. Essas ações não consistiam em rezas ou sacrifícios para afastar os demônios, como era comum na época, mas sim em propiciar ao paciente descanso, higiene adequada, ar fresco e alimentação saudável. Assim, o tratamento ideal consistia em deixar as leis da natureza efetuarem a cura, afastando qualquer interpretação de ordem mística.

Figura 1.3 Conhecido como "Pai da Medicina", Hipócrates tinha ideias revolucionárias sobre as causas das doenças e relacionava seu aparecimento à falta de higiene.

O grande mérito de Hipócrates foi trazer uma visão naturalista à Medicina, área até então dominada por magia e superstições. Suas ideias tiveram grande influência no desenvolvimento da Medicina ocidental. Até hoje, durante a cerimônia de formatura, os médicos fazem o chamado "juramento de Hipócrates", no qual, entre outras coisas, prometem manter-se fiéis "aos preceitos da honestidade, da caridade e da ciência" ao exercer sua profissão. Apesar de os historiadores afirmarem que esse juramento foi escrito cerca de seis séculos depois da morte de Hipócrates, ele sem dúvida expressa muito bem as ideias do pai da Medicina. (**Fig. 1.3**)

O racionalismo de Hipócrates também aparece em sua explicação para a transmissão das características físicas de pais para filhos, até então abordada de forma mística ou sobrenatural. De acordo com Hipócrates, cada parte do corpo produziria partículas (gêmulas), que seriam transmitidas para a descendência no momento da concepção. Isso explicaria a hereditariedade. A partir das gêmulas recebidas dos pais, o novo ser formaria as diversas partes de seu corpo.

Essa explicação, conhecida como pangênese, permaneceu como a única teoria geral de hereditariedade até o final do século XIX, sendo inclusive adotada pelo grande naturalista Charles Darwin. A pangênese só foi abandonada no início do século XX, com o surgimento da Genética, que é o estudo da transmissão das características hereditárias. A respeito dessa hipótese de Hipócrates, o biólogo John Moore (1915-2002) comentou: "Embora não pareça, a hipótese de Hipócrates para a hereditariedade foi um grande começo: ele identificou um problema científico (possivelmente o passo mais difícil de todos), propôs uma explicação (hipótese) e escreveu-a de uma maneira compreensível. A elaboração de uma análise assim, há dois mil e quinhentos anos, é algo excepcional".

Aristóteles

O estudo dos seres vivos na Antiguidade atingiu seu ponto mais alto com o filósofo grego Aristóteles, que, entre outros feitos, descreveu as características e os hábitos de cerca de 500 tipos ou "espécies" de animais. Além disso, ele reconheceu que as espécies podiam ser agrupadas em categorias, ou seja, classificadas de acordo com suas semelhanças.

Aristóteles notou, muito acertadamente, que certas semelhanças entre as espécies animais eram superficiais e não deviam ser levadas em conta na classificação. Os golfinhos, por exemplo, têm semelhanças corporais e de hábitat com os peixes, mas diferem deles em aspectos importantes. Os estudos de Aristóteles mostraram que os golfinhos têm pulmões, respiram ar e por isso morrem se mantidos submersos por muito tempo; têm sangue quente e seus embriões desenvolvem-se no interior do corpo materno, alimentando-se através da placenta. Com base nessas observações, o filósofo grego concluiu que os golfinhos deviam ser agrupados com os mamíferos e não com os peixes. Nessa interpretação, ele estava quase dois mil anos à frente de seu tempo: na Europa, até a Idade Média, os golfinhos, assim como as baleias, foram considerados peixes.

Aristóteles foi o primeiro a fazer perguntas relevantes sobre os animais do ponto de vista da Biologia e a fornecer algumas respostas até hoje adotadas nesta disciplina; por isso, é considerado o pai da Zoologia, o ramo da Biologia que estuda os animais. Ele utilizou, de forma pioneira, dois passos fundamentais do procedimento científico: coletar informações na natureza e refletir racionalmente sobre elas. (**Fig. 1.4**)

Figura 1.4 Aristóteles (384-322 a.C.) foi uma das figuras mais significativas da ciência grega e fez contribuições importantes para a Biologia.

Um discípulo de Aristóteles, Teofrasto (371?-286? a.C.), deu continuidade ao trabalho de seu mestre, descrevendo cuidadosamente cerca de quinhentas espécies de plantas. Por isso, é considerado o fundador da Botânica, o ramo da Biologia que estuda as plantas.

3 O racionalismo na Idade Média e no Renascimento

Nos séculos que se seguiram à época de Aristóteles, com a decadência da civilização grega e a ascensão do Império Romano, houve grande declínio no estudo dos seres vivos. A maioria dos estudiosos romanos contentava-se em coletar e preservar as descobertas do passado, com pouca contribuição original para o estudo da natureza.

Um dos últimos pesquisadores do mundo antigo a realizar estudos importantes sobre os seres vivos foi o médico greco-romano Galeno (130-200 d.C.), que viveu em Roma e atuou como cirurgião de gladiadores. Apesar da prática habitual dos cruéis e sangrentos combates nas arenas, os romanos proibiam a dissecação de cadáveres; Galeno só tinha oportunidade de observar a anatomia humana nos gladiadores feridos que tratava. Grande parte de seus estudos anatômicos fundamentavam-se em dissecações de animais como cachorros, ovelhas e macacos. Com base nesses estudos, Galeno escreveu uma extensa obra sobre anatomia e fisiologia humanas. Apesar de apresentar vários erros, decorrentes sobretudo da impossibilidade de estudar diretamente o corpo humano, essa obra exerceu influência na Medicina até o século XVI. (**Fig. 1.5**)

No final do século IV, o Império Romano Ocidental estava em franco declínio e a Igreja católica era a única instituição estável e poderosa na Europa. O ensino formal era ministrado quase que exclusivamente em mosteiros e escolas religiosas, tendo como foco o estudo da Bíblia. O interesse pelo estudo da natureza havia praticamente desaparecido pois, na visão cristã da época, o importante não era o mundo dos sentidos e sim o mundo divino, que só podia ser alcançado por revelação bíblica. A ideia dos antigos filósofos gregos de que havia leis naturais, que podiam ser desvendadas pela observação e pela razão, foi substituída pela visão de um mundo constantemente sujeito à intervenção milagrosa de Deus e dos santos.

A partir do século XI, principalmente em decorrência das incursões para a reconquista das terras santas no Oriente Médio, então sob domínio árabe, os europeus tomaram conhecimento de alguns escritos de filósofos gregos traduzidos para o árabe nos séculos IX e X e comentados por pensadores muçulmanos. A redescoberta dos trabalhos gregos permitiu o desenvolvimento da Escolástica, um método que tentava conciliar o racionalismo grego, especialmente as ideias de Aristóteles e de Platão, com a Bíblia. O objetivo central da Escolástica era fornecer evidências da existência de Deus. Alguns escolásticos notáveis foram o bispo e teólogo inglês Robert Grosseteste (1168?-1253) e um de seus discípulos, o filósofo e monge franciscano inglês Roger Bacon (1214-1294); eles aplicaram e desenvolveram métodos aristotélicos de estudo da natureza que podem ser considerados precursores de procedimentos da ciência moderna.

A evolução dos estudos escolásticos foi praticamente interrompida em meados do século XIV, principalmente devido à peste negra, doença que dizimou cerca de um terço da população europeia, sobretudo nas cidades. A recorrência de novos surtos da peste e de outras doenças desestruturou as sociedades urbanas e provocou o contínuo declínio da população por cerca de um século, contribuindo para a interrupção dos estudos da natureza.

Figura 1.5 Arte do século XIX que retrata Galeno durante uma palestra, em Roma, na qual se utilizava de esqueletos de animais para suas explanações.

A revolução científica

A chamada **revolução científica** foi um movimento que ocorreu na Europa durante os séculos XV, XVI e XVII. Nesse período a forma de encarar a natureza passou por mudanças radicais que estabeleceram as bases das concepções científicas modernas. A revolução científica está associada ao Renascimento, o amplo movimento intelectual europeu que procurou recuperar valores e modelos da Antiguidade greco-romana, renovando as artes plásticas, a arquitetura, as letras e a organização política e econômica da sociedade.

O Renascimento começou na Itália, por volta do século XIV, e intensificou-se com a tomada da cidade de Constantinopla pelos turcos otomanos, em 1453. Este evento pôs fim a 1.100 anos de existência do Império Romano Bizantino e provocou o êxodo de estudiosos de Constantinopla para o oeste europeu, particularmente a Itália. Essa migração de intelectuais bizantinos propiciou a reintrodução de muitos textos greco-romanos na Europa ocidental.

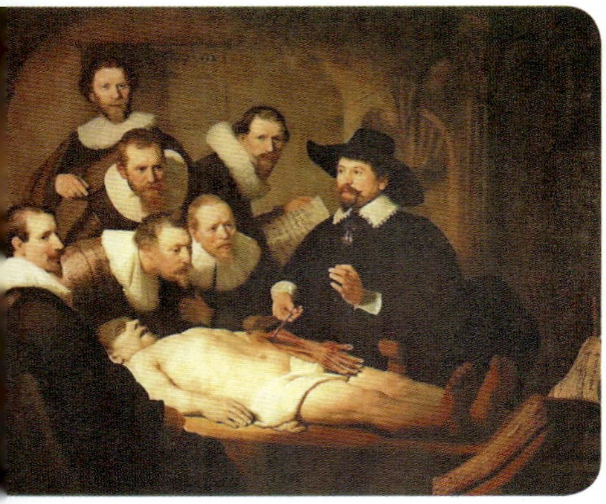

Figura 1.6 Ilustração sobre uma aula de anatomia durante o Renascimento. A fé nos textos clássicos era tamanha que qualquer inconsistência entre o observado na dissecação e o descrito no livro era considerada defeito do cadáver, pois o livro é que conteria a verdade.

Durante os séculos XV e XVI, a intelectualidade europeia estava deslumbrada com a restauração do antigo conhecimento sobre a natureza e com a facilidade de disseminação das novas ideias por meio da forma de impressão que o alemão Johann Gensfleish Gutenberg (1397?-1468) inventara em 1440. Os textos clássicos eram, então, a mais importante fonte de conhecimento; as especulações que eles traziam sobre fenômenos naturais eram muitas vezes aceitas dogmaticamente, como se fossem verdades incontestáveis. Entretanto, essa idolatria à autoridade dos antigos logo foi questionada pelos novos estudiosos da natureza. (**Fig. 1.6**)

Um dos primeiros a desafiar abertamente a infalibilidade dos antigos conhecimentos foi o cientista polonês Nicolau Copérnico (1473-1543). Na época, a Igreja defendia as ideias de Aristóteles e de Ptolomeu sobre o universo. De acordo com essas ideias, a Terra ocupava o centro do universo (modelo geocêntrico) e, sendo a humanidade a mais importante criação de Deus, era óbvio pensar que ela devia ocupar uma posição central no universo e na criação. Copérnico formulou um modelo cósmico muito mais consistente, em que o Sol ocupava a posição central, com os planetas girando ao redor (modelo heliocêntrico). Essas ideias já haviam sido propostas, séculos antes, por pensadores gregos, hindus e mulçumanos.

Copérnico publicou sua teoria heliocêntrica (ou heliocentrismo) no livro *De revolutionibus orbium coelestium* (Das revoluções das esferas celestes). O primeiro exemplar impresso desse livro chegou às mãos de Copérnico exatamente no dia de sua morte, em 24 de maio de 1543; ele continha um prefácio anônimo, adicionado sorrateiramente pelo teólogo luterano Andreas Osiander, alertando que a ideia de o Sol ser o centro do sistema solar, ali apresentada, não era uma verdade e sim um artifício matemático para calcular as posições dos planetas. A farsa só foi desmascarada 50 anos mais tarde pelo astrônomo alemão Johannes Kepler (1571-1630), que restabeleceu a ideia original de Copérnico.

Na área da Biologia, um dos principais contestadores dos textos clássicos foi o anatomista belga Andreas Vesalius (1514-1564); em 1543, ele publicou uma obra em sete volumes, intitulada *De humani corporis fabrica* (Da organização do corpo humano), considerada uma das mais influentes obras de Anatomia Humana de todos os tempos. Ilustrada com exatidão por artistas competentes, a obra de Vesalius apresentava um exame acurado dos órgãos e de toda a estrutura do corpo humano, baseado em dissecações cuidadosas de cadáveres. Nela, Vesalius corrigiu muitos dos erros de Galeno e estabeleceu a importância da dissecação, da observação e de uma visão mecanicista da anatomia para a compreensão do funcionamento corporal. (**Fig. 1.7**)

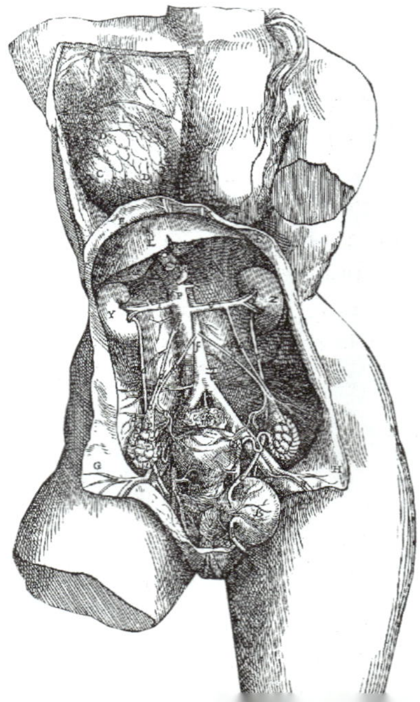

Figura 1.7 Ilustração de uma etapa da dissecação da cavidade abdominal humana, contida no quinto volume da obra *De humani corporis fabrica*, publicada por Andreas Vesalius em 1543.

Seção 1.2

Procedimentos em ciência

Objetivos

- Familiarizar-se com conceitos e procedimentos empregados pelos cientistas e perceber a possibilidade de aplicá-los em situações do cotidiano.
- Reconhecer os papéis da observação, da formulação de hipóteses e da experimentação nos procedimentos científicos.
- Distinguir fato, hipótese, lei e teoria.
- Relacionar ciência e tecnologia.

Termos e conceitos

- método hipotético-dedutivo
- hipótese
- dedução
- experimentação
- teoria
- lei científica

1 Uma nova forma de estudar a natureza

Os trabalhos de Copérnico e de Vesalius fortaleceram a revolução científica ao romper com o procedimento medieval de interpretar a natureza com base em escritos clássicos e teológicos. Por isso, esses trabalhos marcam o início da ciência moderna, que se consolidou no decorrer do século XVII e cuja característica principal foi a elaboração de novos métodos para o estudo da natureza.

Esses novos métodos fundamentavam-se na evidência empírica, ou seja, naquilo que pode ser percebido por meio de nossos sentidos, aliada à importância da Matemática na descrição e interpretação dos fenômenos naturais; por outro lado, descartavam explicações baseadas nos textos clássicos e na Bíblia. Dentre os proponentes e divulgadores das novas ideias, destacam-se o filósofo inglês Francis Bacon (1561-1626) e o físico italiano Galileu Galilei (1564-1642).

Francis Bacon recusava-se a aceitar tanto os dogmas elaborados a partir dos escritos de Aristóteles e outros sábios antigos quanto as "verdades reveladas" contidas nos textos religiosos. A seu ver, as explicações para os fenômenos da natureza deviam basear-se na observação empírica e não nos livros clássicos. Assim, para determinar o número de dentes do cavalo, por exemplo, era melhor contá-los diretamente nesses animais, em vez de simplesmente aceitar o valor estimado por Aristóteles séculos atrás. Em resumo, Bacon propunha que o estudo da natureza devia começar pela observação dos fatos e não pela fé nos livros. (**Fig. 1.8**)

Uma preocupação central de Francis Bacon foi a elaboração de procedimentos padronizados, que permitissem chegar a explicações válidas para os fenômenos naturais. Em uma série de textos publicados entre 1606 e 1626, ano de sua morte, o filósofo inglês procurou estabelecer métodos para organizar as observações da natureza. Ele afirmava que, partindo de casos particulares, era possível chegar a causas ou explicações gerais para determinado fenômeno, método conhecido como indução. Bacon difundiu o procedimento indutivo na pesquisa da natureza, embora não tenha conseguido explicar claramente como, a partir de fatos isolados, se podia obter uma explicação geral.

Galileu Galilei, apesar de católico fervoroso, combateu a física aristotélica defendida pela Igreja cristã da época. Ele discordava de alguns procedimentos utilizados por Aristóteles na interpretação dos fenômenos naturais e afirmava que tais fenômenos deviam ser compreendidos a partir da experimentação e da abordagem matemática. Além disso, Galileu acrescentou ao procedimento baconiano a ideia de que era preciso submeter a testes a explicação para um fenômeno natural, com o objetivo de verificar se ela era falsa ou verdadeira. A ideia de testar hipóteses aparece em diversos momentos na história da ciência; o primeiro a sugeri-la parece ter sido Francis Bacon, mas foi Galileu quem a expôs com clareza. (**Fig. 1.9**)

Figura 1.8 Retrato de Francis Bacon, filósofo inglês que propôs a utilização de métodos rigorosos para estudar a natureza, sendo um precursor da ciência moderna.

Por sua preocupação em estabelecer procedimentos para estudar a natureza, Francis Bacon é considerado o fundador da Filosofia da Ciência. Galileu Galilei, por sua vez, é considerado o "pai" da Física moderna e da ciência experimental. As ideias de Bacon e de Galileu, entre outros estudiosos, foram ampliadas e modificadas no decorrer do século XVII, originando o método hipotético-dedutivo, que veremos a seguir.

Figura 1.9 Folha de rosto do livro *Il Saggiatore* ("O ensaiador"), escrito por Galileu Galilei e publicado em 1623. A ilustração expressa, por meio de ícones, a convicção de que a ciência e a Matemática são os pilares do estudo da natureza. A ciência é representada pela imagem feminina à esquerda, cuja cabeça envolta por raios indica a mente iluminada pela luz da razão. Em uma das mãos, ela segura um livro que contém os fatos sobre o universo, representado pela esfera, na outra mão. A Matemática é representada pela figura feminina à direita, cuja coroa a qualifica como a rainha das disciplinas. Em uma das mãos ela tem um compasso, utilizado para desenhar as trajetórias dos astros, indicadas na esfera celeste, na outra mão.

2 O método hipotético-dedutivo

O principal objetivo da ciência é fornecer explicações para os fenômenos da natureza. Essas explicações são formuladas e testadas por meio de procedimentos rigorosos, dentre os quais se destaca o **método hipotético-dedutivo**, também chamado **método científico**.

O processo científico começa sempre com alguma observação que leva o observador a perguntar: "Por que tal fenômeno ocorre?" ou "Qual a relação entre determinados fatos?". Essas perguntas ocorrem quando ainda não há explicação para um fato observado, ou quando as explicações existentes não são consideradas satisfatórias. Em ciência, um problema é uma pergunta a que não se consegue responder diretamente com o conhecimento vigente. Como disse o filósofo da ciência austríaco Karl Popper (1902-1994), "[...] cada problema surge da descoberta de que algo não está de acordo com nosso suposto conhecimento; ou, examinado em termos lógicos, da descoberta de uma contradição interna entre nosso suposto conhecimento e os fatos".

Diante do problema, o cientista passa a imaginar possíveis explicações, ou **hipóteses**, capazes de solucioná-lo. Um dos passos mais difíceis no procedimento científico é definir a pergunta a ser feita, identificando claramente o problema para, então, formular as hipóteses e as estratégias para testá-las. Embora se possa dizer que uma hipótese científica é como um palpite sobre a possível causa de um fenômeno, ela não é um palpite qualquer. Para formular a hipótese, o cientista analisa, interpreta e reúne as informações disponíveis sobre o assunto. Uma condição fundamental para a elaboração de uma hipótese científica é a existência da possibilidade de submetê-la a testes, que permitam verificar se ela é falsa ou "verdadeira". Mais adiante explicaremos o uso de aspas na palavra "verdadeira".

O teste de uma hipótese baseia-se no seguinte raciocínio: se uma hipótese é válida, podem-se prever determinadas consequências disso, ou seja, podem-se fazer **deduções** a partir da validade da hipótese. Por isso esse tipo de procedimento é chamado de hipotético-dedutivo. Se as deduções não são confirmadas pelos resultados dos experimentos ou de novas observações, ou mesmo de simulações matemáticas, o cientista retrocede e modifica a hipótese, ou a substitui por outra. Por outro lado, se as previsões se confirmam, a hipótese é aceita.

Vejamos um exemplo. Um pesquisador estuda as informações disponíveis sobre as necessidades nutricionais das plantas, entre elas a de que a cor verde das folhas deve-se à presença de clorofila, substância que contém magnésio em sua composição química. A partir disso, o pesquisador elabora uma hipótese para explicar por que as folhas dos tomateiros cultivados em certa região ficaram amareladas: há deficiência de magnésio no solo, o que impede a síntese normal de clorofila. Com base nesse raciocínio, ele pode fazer as seguintes previsões: a) uma análise química do solo mostrará deficiência de magnésio; b) se magnésio for adicionado ao solo, as plantas deixarão de apresentar folhas amareladas.

Como veremos no próximo item, o teste de uma hipótese pode demonstrar que ela é falsa, mas nunca pode demonstrar que é verdadeira. Portanto, em ciência, podemos ter certeza de estarmos errados, mas nunca teremos certeza de estarmos certos. Explicações científicas, portanto, nunca são definitivas; elas são aceitas como "verdades" apenas enquanto não há motivos para duvidar delas, ou seja, enquanto não são rejeitadas pelos testes. É por isso que usamos aspas ao dizer que uma hipótese é "verdadeira".

Em termos simples, o procedimento hipotético-dedutivo de investigação da natureza costuma seguir estes passos lógicos:

1. Identificação de um problema.

2. Formulação de uma hipótese.

3. Levantamento de deduções a partir da hipótese.

4. Teste das deduções, por meio de novas observações ou de experimentos.

5. Conclusões sobre a validade ou não da hipótese.

Na prática, as deduções são testadas por meio de novas observações ou pela **experimentação**. Um experimento é uma situação artificial, criada pelo cientista com o objetivo de verificar se as consequências previstas por uma hipótese se confirmam ou não.

Um exemplo cotidiano de procedimento hipotético-dedutivo é apresentado na **Figura 1.10**. Analise-a, acompanhando o texto da legenda.

Figura 1.10 Exemplo de um procedimento científico. A partir da observação de moscas pousadas nas goiabas e da constatação de que elas podem ter "bichos", e tendo em mente a teoria de que todo ser vivo surge somente pela reprodução de outros seres vivos, um cientista elabora a seguinte hipótese: os "bichos" de goiaba são larvas de moscas. Com base nessa hipótese, pode ser feita uma dedução: se as goiabas forem protegidas com saquinhos de papel, nelas não se desenvolverão "bichos". Após a realização do experimento, a previsão se confirma e dá credibilidade à hipótese.

AMPLIE SEUS CONHECIMENTOS — Exemplos pioneiros de procedimento científico em Biologia

A história da febre puerperal

Um exemplo altamente ilustrativo de procedimento científico foi a descoberta, no começo do século XIX, da importância da higiene para a Medicina. Nessa época, no Hospital Geral de Viena, cerca de 25% a 30% das mulheres que tinham bebês eram acometidas por uma doença grave, geralmente fatal, conhecida como febre puerperal. O médico húngaro Ignác Fülöp Semmelweis (1818-1865) notara que as pacientes cujo parto era assistido por professores e estudantes de Medicina apresentavam maior incidência da doença que as pacientes assistidas por enfermeiras. Qual seria a explicação para essa diferença?

Adepto do procedimento científico, Semmelweis passou a reunir todos os fatos relacionados à febre puerperal para obter uma explicação. Dois fatos principais chamaram sua atenção:

Fato 1

A febre puerperal ocorria principalmente no ambiente hospitalar; mulheres que davam à luz em casa quase nunca apresentavam a doença. (**Fig. 1.11**)

Fato 2

Na ala das enfermeiras, muitas das mulheres assistidas permaneciam deitadas de lado durante o parto, enquanto na ala dos médicos e estudantes a parturiente sempre permanecia deitada de costas.

Com base nesses fatos, Semmelweis levantou a seguinte hipótese: dar à luz deitada de costas, no hospital, aumenta o risco de ter febre puerperal. Para testar a validade de sua hipótese, ele fez a seguinte previsão: se também na ala dos médicos os partos passassem a ser realizados com as parturientes deitadas de lado, a incidência de febre puerperal deveria diminuir, tornando-se semelhante à da ala das enfermeiras. Para testar sua hipótese, ele convenceu alguns médicos a adotarem o procedimento usado pelas enfermeiras, isto é, deitar as parturientes de lado. A mudança, entretanto, não reduziu em nada a incidência da doença. Assim, a previsão não se confirmou e a hipótese foi rejeitada.

Continuando a investigar o assunto, Semmelweis tomou conhecimento de um fato novo, que parecia sugerir uma nova explicação para a febre puerperal.

Fato 3

Um médico cortou-se com o bisturi enquanto dissecava um cadáver, vindo a morrer com os mesmos sintomas da febre puerperal.

Ligando esse novo fato aos anteriores, Semmelweis teve o palpite de que a enfermidade das parturientes podia ser causada por algo presente nos cadáveres que, de alguma maneira, era transmitido a elas pelos médicos. Seguindo essa nova pista, o pesquisador lembrou-se de outro fato.

Fato 4

Médicos e estudantes de Medicina costumavam cuidar das parturientes após terem dissecado cadáveres nas aulas de Anatomia; em geral, eles não lavavam as mãos nem os instrumentos cirúrgicos entre as duas atividades.

Com base nesses fatos novos, Semmelweis formulou uma nova hipótese: a febre puerperal é causada por alguma matéria presente nos cadáveres, transmitida às parturientes pelas mãos de médicos e estudantes, e por instrumentos cirúrgicos contaminados. Com base nessa nova hipótese, Semmelweis fez a seguinte dedução: se médicos e estudantes lavarem bem as mãos e os instrumentos cirúrgicos antes de atenderem as parturientes, a incidência de febre puerperal deverá diminuir.

Com muito custo, Semmelweis convenceu alguns médicos e estudantes a lavarem as mãos com solução de cloro antes de atenderem as parturientes. O resultado foi que, entre as pacientes assistidas pelos que adotaram essa prática, a doença desapareceu. Em vista desse resultado, ele aceitou a hipótese da contaminação pelos cadáveres como explicação para a origem da doença.

Os procedimentos de Semmelweis não convenceram a maioria de seus colegas médicos, incapazes de compreender e de aceitar as evidências. Somente anos depois, os princípios de higiene passaram a ser adotados na maioria dos hospitais da Europa. Hoje sabemos que a febre puerperal é causada por microrganismos que proliferam nos cadáveres e não por matéria cadavérica, como Semmelweis havia pensado. Isso mostra uma das grandes vantagens do método científico: mesmo sem saber a "verdade" completa sobre os fatos, é possível adotar um procedimento adequado, com base nas previsões a partir de hipóteses.

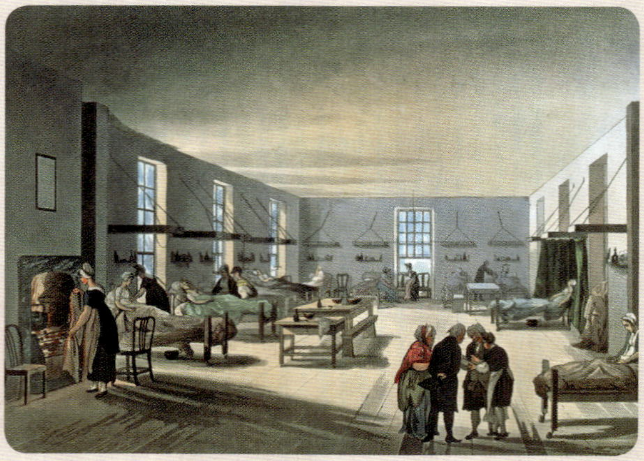

Figura 1.11 Ilustração de uma maternidade no século XIX.

Estudo do fototropismo pelos Darwin

Para exemplificar a formulação de uma hipótese e seu teste experimental, escolhemos um outro exemplo simples. Você já deve ter notado que plantas cultivadas dentro de casa crescem em direção à janela; caso você gire o vaso, as folhas das plantas, após alguns dias, estarão novamente voltadas para o local de onde vem a luz. Uma pergunta que se pode fazer é: qual parte da planta "percebe" de onde vem a luz?

Há mais de 100 anos, Charles Darwin e seu filho Francis fizeram essa mesma pergunta e, a partir de observações prévias, formularam a seguinte hipótese: a luz é percebida pela ponta do caule das plantas. Com base nesse palpite, os Darwin fizeram uma previsão: se é realmente a ponta do caule que percebe a luz, então plantas decapitadas, ou com as pontas dos caules cobertas, perderão a capacidade de se curvar em direção à fonte luminosa.

Para testar sua hipótese, eles decapitaram algumas plantas jovens de alpiste e de aveia e colocaram-nas perto de uma janela, juntamente com plantas intactas. Alguns dias depois, verificaram que as plantas intactas haviam crescido curvadas em direção à luz, ao passo que as plantas decapitadas haviam crescido eretas, sem se curvar.

Em outra experiência, os Darwin cobriram pontas de plantas com papel preto, à prova de luz: as plantas cobertas, como as decapitadas, também cresceram eretas. O resultado das experiências confirmou a previsão e a hipótese adquiriu validade.

Diversas perguntas podem ter ocorrido durante o experimento dos Darwin, como, por exemplo: "De que modo a planta percebe a luz?" ou: "Qual é o mecanismo que faz a planta se curvar?". Essas questões não precisam ser respondidas para validar a hipótese original. No entanto, ilustram algo que costuma ocorrer na ciência: os experimentos, além de testarem hipóteses, levantam outras questões, para as quais serão elaboradas outras hipóteses e feitos novos experimentos; é assim que o conhecimento científico progride.

Tanto os procedimentos realizados por Semmelweis como os dos Darwin são exemplos de experimentos científicos controlados. Nesse tipo de experimento comparam-se os resultados obtidos em um grupo experimental com os obtidos em um grupo controle. O grupo controle é praticamente idêntico ao grupo experimental com exceção de um aspecto, cujo efeito está sendo testado.

Nos experimentos dos Darwin, por exemplo, os grupos experimentais eram as plantas decapitadas ou com o ápice coberto; o comportamento desses grupos era comparado com o dos grupos de controle, constituídos pelas plantas intactas descobertas ou com a cobertura em local diferente da ponta do caule. Nos experimentos de Semmelweis, o controle foi representado pelas parturientes assistidas pelos médicos que se recusaram a aceitar a proposta de lavar cuidadosamente as mãos e os instrumentos cirúrgicos. Nos partos assistidos por esses médicos, a mortalidade continuou tão alta quanto antes, servindo de comparação com a mortalidade no grupo experimental, praticamente reduzida a zero. Os controles fornecem ao pesquisador uma base de comparação, para que se possam estabelecer relações de causa e efeito no problema investigado. **(Fig. 1.12)**

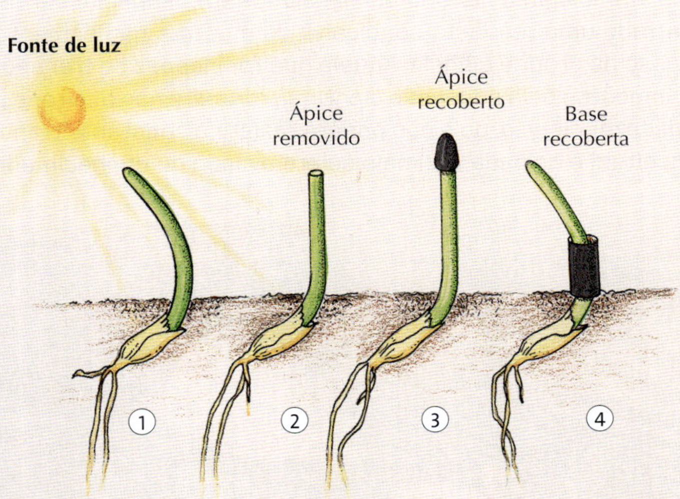

Figura 1.12 Representação do experimento sobre o efeito da luz no movimento das plantas de alpiste, realizado por Charles Darwin e seu filho Francis. As ilustrações 1 e 4 referem-se a grupos de controle, enquanto 2 e 3 representam os grupos experimentais. O controle 4 permite descartar a hipótese de que é o papel, independentemente de sua posição, o responsável pelo comportamento da planta.

Conteúdo digital Moderna PLUS http://www.modernaplus.com.br
Texto: *O experimento de Pasteur*

Falseabilidade de uma hipótese

Até as primeiras décadas do século XX, perdurou a visão de que a ciência era um caminho que levava à verdade e permitiria uma compreensão tão acurada e completa do mundo que nos daria a possibilidade de prever os acontecimentos e controlá-los. Entretanto, havia um grande problema, já apontado pelo filósofo escocês David Hume (1711-1776) no século XVIII: o raciocínio indutivo adotado no procedimento científico não tem sustentação lógica, uma vez que não se pode passar de uma série de enunciados singulares para um enunciado universal. Por exemplo, o fato de termos observado um cisne branco, um segundo cisne branco, um terceiro cisne branco e assim por diante não nos permite induzir um enunciado universal de que "todos os cisnes são brancos". Não há validade lógica nessa generalização porque sempre será possível haver um cisne não branco que, por algum motivo, não foi observado. (**Fig. 1.13**)

Transpondo esse raciocínio para o procedimento científico, concluímos que não importa a quantos testes uma hipótese "sobreviva": nunca teremos a prova definitiva de que ela é verdadeira.

Foi o filósofo Karl Popper quem propôs uma solução para o problema da indução no procedimento científico. De acordo com ele, os cientistas realmente fazem hipóteses sobre a natureza do mundo e, então, submetem-nas a testes rigorosos. Esses testes, no entanto, não são tentativas para provar a hipótese (o que seria uma forma de indução e, portanto, destituída de lógica), mas sim tentativas de negá-la. Provar uma hipótese é algo logicamente impossível de se fazer, pois requereria a tarefa de documentar todas as situações, inclusive aquelas que ainda não ocorreram; por outro lado, um único exemplo contra uma hipótese é suficiente para negá-la. Voltando ao exemplo dos cisnes, para provar o enunciado de que todos eles são brancos seria preciso observar todos os cisnes do universo, inclusive os que já existiram e os que irão existir. Entretanto, bastaria encontrar um único cisne negro para negar aquela hipótese.

Uma hipótese é aceita quando os testes a que ela é submetida não conseguem falseá-la. Essa ideia, conhecida como falseabilidade ou falsificação da hipótese, ajudou a estabelecer uma nova visão de conhecimento científico, em substituição ao dogmatismo da infalibilidade da ciência.

Os resultados, em ciência, nunca devem ser aceitos como definitivos e inquestionáveis. Uma explicação científica será aceita enquanto não houver motivos para duvidar dela, ou seja, enquanto ela for "verdadeira" acima de qualquer suspeita. Sobre essa nova visão, o cientista francês François Jacob (n. 1920), prêmio Nobel em Medicina ou Fisiologia, comentou: "No final deste século XX, é preciso que fique claro para todos que nenhum sistema explicará o mundo em todos os seus aspectos e detalhes. Ter ajudado na destruição da ideia de uma verdade intangível e eterna talvez seja uma das mais valiosas contribuições da metodologia científica".

Vale lembrar também o alerta do professor Luiz Carlos Bombassaro em seu livro *Ciência e mudança conceitual: notas sobre epistemologia* e *história da ciência* (1995): "Especialmente em ciência, aquele que julga ter encontrado uma resposta conclusiva dá mostras não somente de seu fracasso mas também do fracasso da própria ciência. Aquele que for incapaz de transpor os limites do pensamento dogmático, impostos pela educação científica formal, e não aceitar o jogo do pensamento crítico está longe de fazer ciência, pois não poderá resistir à constante transformação das teorias, à mudança conceitual e ao cada vez mais célere avanço do conhecimento".

Figura 1.13
O fato de observarmos *vários* cisnes brancos não nos permite afirmar que *todos* os cisnes são brancos.

Teoria, hipótese e lei em ciência

Os termos "hipótese" e "teoria" são muitas vezes utilizados na linguagem cotidiana sem precisão científica; por exemplo, às vezes se emprega a expressão "Isso não passa de uma teoria", como se teoria fosse inferior a um fato. Em ciência, fatos, hipóteses, teorias e leis são coisas diferentes, cada uma ocupando seu lugar no conhecimento científico. A respeito disso o biólogo norte-americano Stephen J. Gould (1941-2002) escreveu em 1989: "[...] Fatos e teorias são coisas diferentes e não degraus de uma hierarquia de certeza crescente. Os fatos são os dados do mundo. As teorias são estruturas que explicam e interpretam os fatos. Os fatos não se afastam enquanto os cientistas debatem teorias rivais. A teoria da gravitação de Einstein tomou o lugar da de Newton, mas as maçãs não ficaram suspensas no ar, aguardando o resultado [...]".

Muitas vezes, o termo hipótese é usado como sinônimo de teoria, mas há uma diferença entre eles. Como vimos anteriormente, hipótese é uma tentativa de explicação para um fenômeno isolado, enquanto teoria é uma ideia ampla ou um modelo que explica coerentemente um conjunto de observações e de fatos abrangentes da natureza. **Teorias** são visões de como o mundo funciona; são elas que dão sentido ao que vemos, e é com base nelas que podemos elaborar hipóteses sobre fatos e fenômenos observados. A teoria celular, por exemplo, procura explicar a vida a partir de informações sobre a estrutura e o funcionamento das células. A teoria da gravitação universal de Newton procurava explicar os movimentos dos corpos celestes com base na força de atração gravitacional.

Uma **lei científica**, por sua vez, é a descrição da regularidade com que um fenômeno natural se manifesta sob certas circunstâncias. Ela assemelha-se aos postulados da Matemática e geralmente é aceita como verdadeira e universal.

3 A comunicação em ciência

Uma das exigências da ciência é que as ideias e conclusões científicas sejam tornadas públicas, para que possam ser criticadas. Fatos, teorias, hipóteses e leis só passam a fazer parte integrante do corpo da ciência se forem publicados, na forma de artigo, em uma revista científica especializada, credenciada pela comunidade acadêmica. Esse tipo de publicação é imprescindível, pois é o que dá credibilidade às informações e permite não apenas sua consulta e referência por outros cientistas e pelo público em geral, mas também possibilita a crítica, a refutação ou o aperfeiçoamento das ideias nela contidas.

Uma revista científica é uma publicação periódica vinculada a uma sociedade científica ou a uma instituição de pesquisa. Os editores de revistas científicas são pesquisadores de renome na comunidade, e sua função é promover a avaliação dos artigos recebidos para publicação. Nesse trabalho, eles são auxiliados por outros cientistas que atuam como árbitros anônimos, com a incumbência de avaliar os artigos e recomendar sua aceitação na forma original, ou após correções, ou ainda sugerir sua rejeição. Essa avaliação prévia dos artigos científicos tem por objetivo excluir banalidades e excentricidades e verificar o ineditismo, a relevância, a qualidade e a adequação da investigação apresentada. Esse procedimento, conhecido como julgamento por pares, evita que autoridade e fama por si sós sejam suficientes para a aceitação de uma ideia em ciência. Qualquer pesquisador, seja ele um iniciante ou um cientista consagrado, passa pelo mesmo ritual de julgamento sempre que quiser validar cientificamente uma ideia. **(Fig. 1.14)**

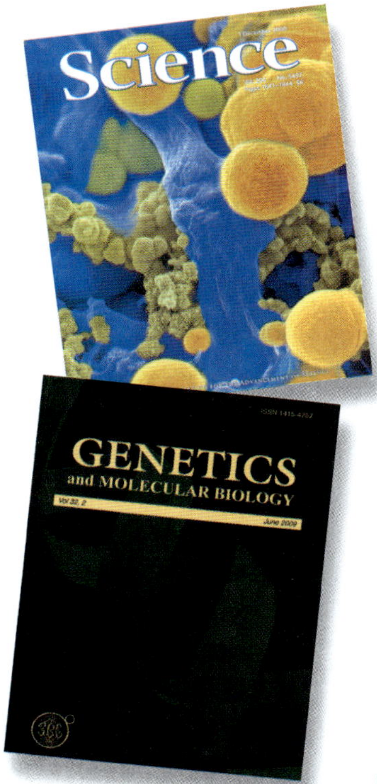

Figura 1.14 Capas da revista estadunidense *Science*, publicada pela American Society for the Advance of Science, e da revista brasileira *Genetics and Molecular Biology*, publicada pela Sociedade Brasileira de Genética. *Science* é uma das mais conceituadas revistas científicas do mundo e publica artigos em diversas áreas das ciências naturais; *Genetics and Molecular Biology* é especializada na publicação de artigos na área da Genética.

Conteúdo digital Moderna PLUS http://www.modernaplus.com.br
Texto: *A verdade em ciência*

Um artigo científico é geralmente estruturado da seguinte maneira: introdução, materiais e métodos, resultados, discussão e referências bibliográficas. A introdução tem por finalidade situar o tema em estudo, apresentando os objetivos da investigação realizada, as hipóteses testadas e estudos relacionados já publicados em revistas científicas. O item relativo a materiais e métodos tem por objetivo descrever detalhadamente os materiais e os procedimentos utilizados na investigação, de modo que, em uma eventual repetição, possam ser obtidos os mesmos resultados. No item relativo aos resultados, descreve-se minuciosamente o que foi observado durante os estudos. A discussão visa analisar criticamente o trabalho efetuado e as hipóteses testadas, confrontando os resultados obtidos com o conhecimento vigente apresentado em outras publicações e avaliando a contribuição do estudo realizado. O item relativo às referências bibliográficas relaciona todos os artigos citados, com indicação dos autores, nome da revista, volume, páginas e data da publicação. **(Fig. 1.15)**

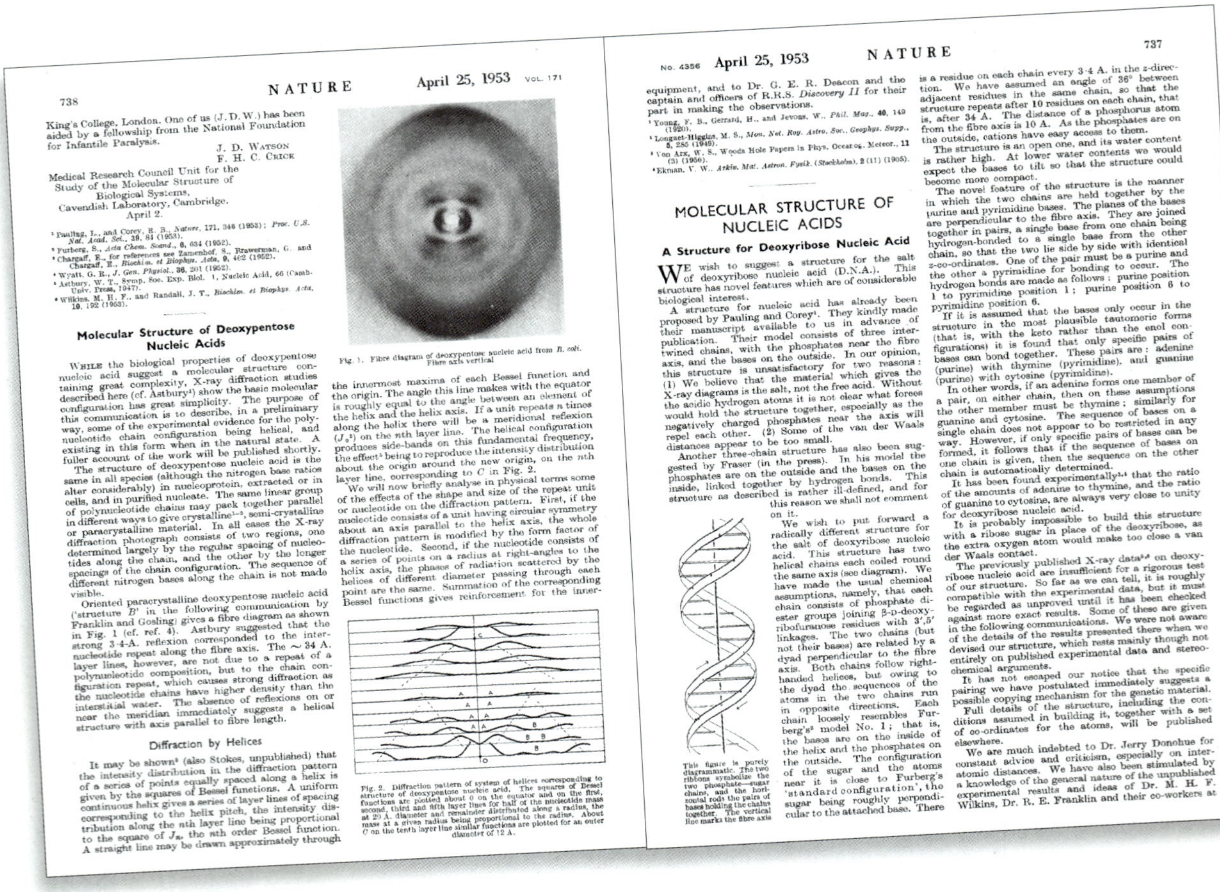

Figura 1.15 Artigo de J. D. Watson e de F. H. C. Crick intitulado *Molecular structure of nucleic acids*, publicado na revista inglesa *Nature* (vol. 171, pp. 737-738, 1953), em que os dois cientistas propõem um modelo para a estrutura molecular do DNA.

Será que artigos veiculados em jornais, em revistas de divulgação ou em livros são comparáveis aos publicados em revistas científicas especializadas? A resposta é não. Tais artigos não são submetidos à avaliação pelos pares, ou seja, por especialistas credenciados pela comunidade científica. Publicações em jornais e revistas de divulgação, assim como programas de televisão sobre ciência, desempenham papel importante na popularização do conhecimento científico, mas não trazem novos conhecimentos à ciência. Essas publicações são muitas vezes redigidas por jornalistas especializados, que se empenham em interpretar para o grande público artigos de interesse publicados em revistas científicas.

Livros didáticos também não têm o objetivo de agregar ideias originais ao conhecimento científico. Seu papel é apresentar, de forma organizada e coerente, as ideias centrais vigentes em uma área do conhecimento, para ajudar o estudante a compreender e a integrar conceitos-chave que lhe permitam desenvolver uma visão científica do mundo.

Ciência e tecnologia

Vivemos em um mundo admirável, que se transforma a cada dia. As principais forças responsáveis por essa transformação são as tecnologias advindas do saber científico.

Ciência é um modo de obter conhecimento sobre a natureza; tecnologia, por sua vez, é a utilização de conhecimentos, científicos ou não, para a obtenção de resultados práticos. Por exemplo, a descoberta de que micróbios causadores de doenças presentes no leite morrem quando submetidos a temperaturas superiores a 65 °C — um conhecimento sobre a natureza — permitiu o desenvolvimento da técnica de pasteurização, uma tecnologia de tratamento por calor que livra o leite de eventuais germes patogênicos.

A tecnologia é quase tão antiga quanto a própria humanidade. O conhecimento de que objetos de borda afiada eram cortantes permitiu aos nossos antepassados lascar pedras e produzir diversas ferramentas primitivas, tais como pontas de flecha, facas e raspadores; essa tecnologia foi fundamental para a sobrevivência da espécie humana. A produção de objetos de pedra lascada, principal evidência do início da cultura humana, mostra que a capacidade tecnológica está presente desde os primórdios da humanidade. (**Fig. 1.16A**)

Veja um exemplo interessante de uma antiga tecnologia que algumas tribos indígenas do Brasil ainda utilizam para pescar. Conhecendo as propriedades anestésicas de certas plantas, os índios as esmagam e fazem com elas uma preparação, que é jogada no rio. Quando os peixes atordoados começam a flutuar, são capturados.

Ao longo da história, a tecnologia modelou a civilização e permitiu, entre outras coisas, a construção de uma infinidade de aparelhos mecânicos, elétricos e eletrônicos. No mundo contemporâneo, ciência e tecnologia estão fortemente ligadas: conhecimentos produzidos por cientistas são amplamente aplicados em diversas áreas, como a indústria, a agricultura, a medicina etc. Pense, por exemplo, na quantidade de conhecimento científico envolvido na tecnologia da tomografia computadorizada, que permite observar detalhes internos do corpo de uma pessoa e fazer apurados diagnósticos médicos. (**Fig. 1.16B**)

Por outro lado, a construção de armas como a bomba de nêutrons, capaz de eliminar populações inteiras sem danificar um só edifício, também exigiu o emprego de inúmeros conhecimentos científicos. Esse é um péssimo exemplo de aplicação de conhecimento científico.

Em princípio, a humanidade utiliza a tecnologia para construir um mundo melhor. Entretanto, os resultados do emprego do conhecimento tecnológico são complexos e nem sempre previsíveis. Apesar dos benefícios, também há custos e riscos. A poluição e os desequilíbrios ecológicos do mundo contemporâneo são os principais subprodutos negativos do desenvolvimento de sociedades tecnológicas.

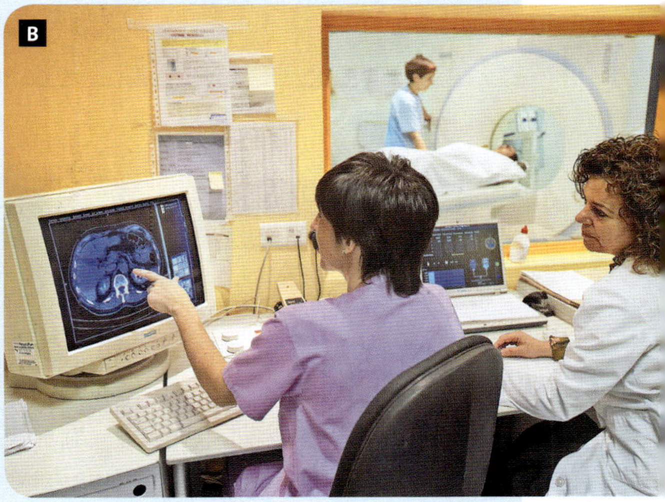

Figura 1.16 Alguns exemplos de tecnologia. **A.** Ferramentas de pedra lascada, fabricados no paleolítico e neolítico. **B.** Aparelho médico computadorizado utilizado para detectar problemas ósseos.

Biologia, presente e futuro

Um dos maiores desafios enfrentados atualmente pela humanidade é a preservação do ambiente. O crescimento acelerado das populações humanas tem levado à destruição de ambientes naturais, à poluição e à extinção de inúmeras espécies. Isso afeta a qualidade dos ambientes e se reflete diretamente no bem-estar humano. Não é por acaso que a Ecologia, o ramo do conhecimento que estuda a interação dos seres vivos com o ambiente, vem se tornando cada vez mais popular.

O problema ambiental tem causas complexas, mas resulta, basicamente, do grande aumento da população humana e do mau uso dos recursos naturais. No início do século XXI, a população humana foi estimada em 6 bilhões de habitantes, e a tendência é que ela continue a crescer em ritmo acelerado. Os resíduos produzidos pela atividade humana vêm se acumulando e degradando o ambiente natural, fazendo com que os recursos se tornem mais escassos e mais caros. A discussão do problema ecológico envolve não apenas aspectos científicos, mas também questões econômicas, políticas, filosóficas e religiosas. A Biologia tem muito a oferecer nessas discussões; por exemplo, pode ajudar a controlar a explosão populacional, tanto pelo desenvolvimento de novos métodos anticoncepcionais como pela compreensão dos mecanismos que regulam o crescimento das populações humanas.

Juntamente com a Química e a Física, a Biologia também deve participar do controle da poluição ambiental. A conservação do solo, o manejo dos ambientes naturais e a preservação das espécies são pontos em que a participação das ciências biológicas tem se mostrado decisiva.

Você provavelmente já ouviu falar da Engenharia Genética, um campo de pesquisa biológica recente que consiste em um conjunto de técnicas e métodos para manipular o material genético e criar organismos antes inexistentes. Por exemplo, genes de uma espécie podem ser isolados e introduzidos em outras espécies, conferindo-lhes propriedades hereditárias novas, ausentes nos ancestrais. Organismos produzidos dessa forma são denominados transgênicos, ou organismos geneticamente modificados (OGM).

A primeira aplicação comercial dos organismos transgênicos começou em 1982, com a produção de insulina por bactérias geneticamente modificadas. Com essa tecnologia, genes humanos são implantados nas bactérias, que passam a produzir proteínas humanas de interesse médico. Desse modo, aproveita-se a capacidade de multiplicação das bactérias para transformá-las em verdadeiras fábricas de substâncias que nos interessam, como a insulina ou o hormônio do crescimento, entre outras.

AMPLIE SEUS CONHECIMENTOS

Reflexões sobre higiene

Faz relativamente pouco tempo que a humanidade desenvolveu a noção de higiene e sua relação com a saúde. A grande epidemia de peste bubônica na Idade Média, que matou 25% da população europeia, estabeleceu-se devido às condições precárias de higiene da época. Como surgiram as noções modernas de higiene? Já imaginou como seria sua higiene pessoal e familiar se você morasse em um vilarejo medieval, na Europa, lá pelo ano de 1350? Ou nas condições precárias de higiene em que vive boa parcela da humanidade, ainda hoje?

As modernas tecnologias de Engenharia Genética têm permitido obter com relativa facilidade organismos geneticamente modificados, sobretudo plantas. O cultivo em larga escala de plantas transgênicas, no entanto, tem sido alvo de discussões acaloradas entre defensores e opositores dessa tecnologia, como você já deve ter acompanhado pela imprensa. Os defensores acreditam que a inovação tecnológica poderá causar uma verdadeira revolução na agricultura, com aumento da produção de alimentos e todas as consequências benéficas daí derivadas. Os que se opõem ao uso de organismos transgênicos reclamam contra os possíveis perigos para o ambiente e para a saúde humana. (**Fig. 1.17**)

Em nossa opinião, por um lado é preciso ter certo grau de segurança quanto ao emprego dos organismos transgênicos, levando em conta seus potenciais riscos para o ambiente e para a saúde. Entretanto, também não se pode simplesmente abrir mão de uma tecnologia capaz de trazer melhorias substanciais à qualidade de vida das pessoas. Não deixe de acompanhar essas discussões e formar sua opinião a respeito. Exercite sua cidadania.

A

Figura 1.18
A. O melhoramento de plantas e animais, que atualmente já emprega recursos de engenharia genética, permite alterar características dos seres vivos, como o tamanho de frutos de tomate, por exemplo.
B. Bezerro geneticamente modificado com o objetivo de produzir hormônio de crescimento humano.

B

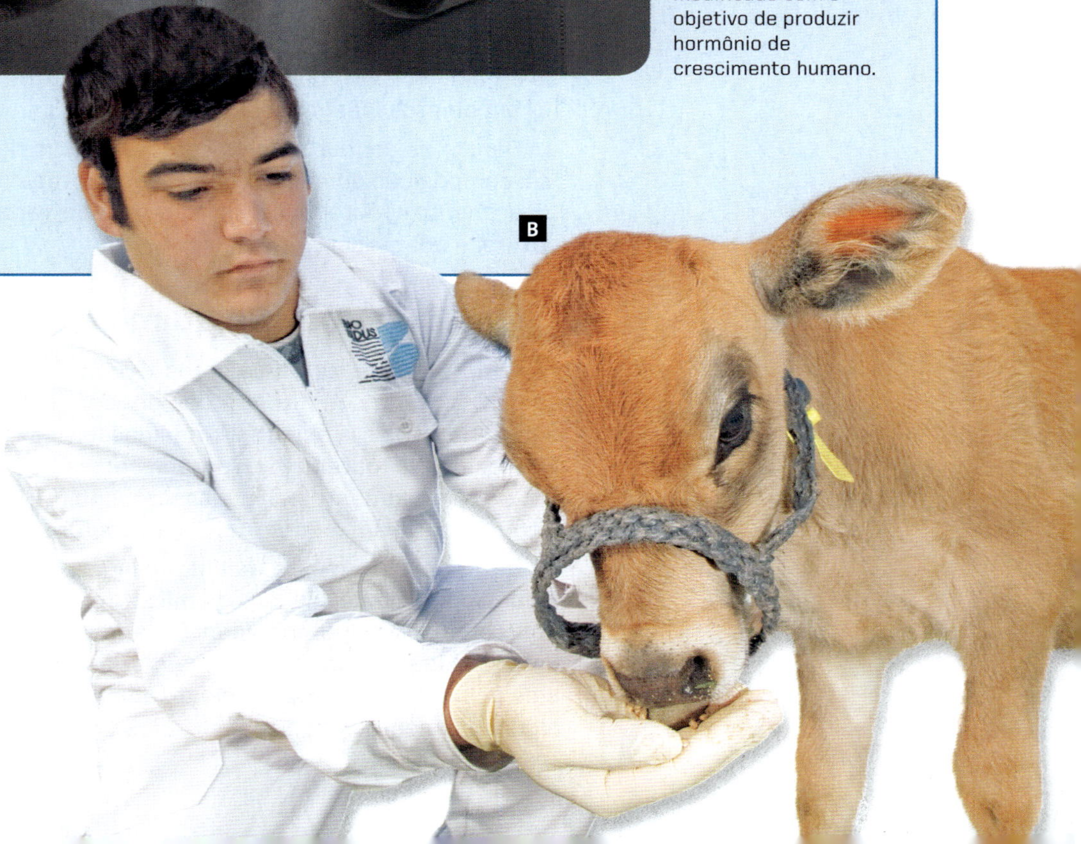

Seção 1.3

Características dos seres vivos

Objetivos

- Estar informado sobre as dificuldades dos estudiosos em definir vida.
- Identificar e explicar as principais características dos seres vivos: organização celular, metabolismo, reprodução e evolução biológica.

Termos e conceitos

- substância orgânica
- célula
- unicelular
- multicelular
- tecido
- órgão corporal
- metabolismo
- reprodução assexuada
- reprodução sexuada
- fecundação
- hereditariedade
- variabilidade genética
- seleção natural

1 O que é vida?

Muitos biólogos têm se empenhado na tarefa de definir vida; contudo, nenhuma das definições obtidas até hoje foi plenamente satisfatória. Dentre as diversas tentativas, podem-se citar algumas. Em 1959, o geneticista norte-americano Norman Horowitz (1915-2005) afirmou que a vida "caracteriza-se por autorreplicação, mutabilidade e troca de matéria e energia com o meio ambiente". Em 1986, o biólogo evolucionista inglês John Maynard Smith (1920-2004) considerou que "[...] entidades com propriedades de multiplicação, variação e hereditariedade são vivas, e entidades que não apresentam uma ou mais dessas propriedades não o são". O bioquímico evolucionista Jeffrey S. Wicken, por sua vez, em 1987, definiu vida como "uma hierarquia de unidades funcionais que, através da evolução, têm adquirido a habilidade de armazenar e processar a informação necessária para sua própria reprodução".

Note que essas não são definições do que seja vida, mas propriedades essenciais para garantir a evolução por seleção natural. Assim, além de conter a visão bastante difundida de que os seres vivos são sistemas químicos altamente organizados, que se mantêm à custa de gasto de energia e que podem se multiplicar, as propostas dos autores mencionados consideram que uma das características intrínsecas à vida é sua capacidade de evoluir, adaptando-se aos ambientes.

Há cientistas eminentes que consideram impossível definir claramente o que é vida. Entre estes últimos, destaca-se o renomado zoólogo alemão, naturalizado norte-americano, Ernst Mayr (1904-2005); em 1982, ele escreveu: "Tentativas foram feitas repetidamente para definir 'vida'. Esses esforços são um tanto fúteis, visto que agora está inteiramente claro que não há uma substância, um objeto ou uma força especial que possa ser identificada à vida". Apesar de não achar possível definir vida, Ernst Mayr admite a possibilidade de definir o que ele chama de "processo da vida". Diz ele: "O processo da vida, contudo, pode ser definido. Não há dúvida de que os organismos vivos possuem certos atributos que não são encontrados [...] em objetos inanimados".

Dentre os atributos mais característicos dos seres vivos, destacam-se: composição química; organização; metabolismo; reação e movimento; crescimento e reprodução; hereditariedade; variabilidade genética, seleção natural e adaptação.

2 Composição química dos seres vivos

A matéria que forma os seres vivos é constituída por átomos, assim como a matéria constituinte das entidades não vivas. Isso significa que a matéria viva está sujeita às mesmas leis naturais que regem o universo conhecido. Na matéria viva, porém, certos tipos de elemento químico estão sempre presentes. São eles: carbono (C); hidrogênio (H); oxigênio (O); nitrogênio (N); em menor proporção, fósforo (P) e enxofre (S).

Dezenas, centenas e mesmo milhões de átomos desses elementos, unidos por meio de ligações químicas, formam as moléculas constituintes dos seres vivos, genericamente chamadas de **substâncias orgânicas**. Entre essas substâncias destacam-se as proteínas, os glicídios, os lipídios e os ácidos nucleicos. Observe a **Tabela 1.1** e compare a porcentagem de alguns elementos químicos em seres vivos e no mundo não vivo.

Tabela 1.1	Alguns elementos químicos em seres vivos e no mundo não vivo					
Elemento químico	Símbolo	Ocorrência de átomos do elemento (%)				
		Universo	Terra	Espécie humana	Alfafa	Bactéria
Carbono	C	0,02	0,2	10,6	6,7	6,6
Hidrogênio	H	99	0,2	61,5	61,9	65,0
Nitrogênio	N	0,04	Traços	2,4	0,4	1,4
Oxigênio	O	0,06	47	23,0	30,6	26,7
Fósforo	P	Traços	Traços	0,13	0,16	0,12
Enxofre	S	Traços	Traços	0,13	0,02	0,06

3 Organização da matéria viva

Os seres vivos estão entre as entidades mais complexas do universo. Basta dizer que, no espaço microscópico de uma célula viva, podem estar reunidos até 35 elementos químicos diferentes, dos 92 elementos que ocorrem naturalmente no universo. Além disso, os elementos químicos que compõem os seres vivos estão organizados em alguns milhares de substâncias orgânicas diferentes. Essas substâncias, distribuídas e combinadas de forma também altamente organizada, constituem as **células**, consideradas as unidades da vida.

Há dois tipos básicos de célula: procarióticas e eucarióticas. A célula procariótica é relativamente mais simples que a eucariótica e em seu interior geralmente não há compartimentos membranosos. A célula eucariótica apresenta inúmeros compartimentos e estruturas membranosas internas, que desempenham funções específicas como digestão, transporte e armazenamento de substâncias. Além disso, a célula eucariótica tem um compartimento especial, o núcleo, no qual se localiza o material genético (que forma os genes).

Apenas bactérias e arqueas têm células procarióticas; todos os demais seres vivos – protozoários, algas, fungos, plantas e animais – têm células eucarióticas. (**Fig. 1.18**)

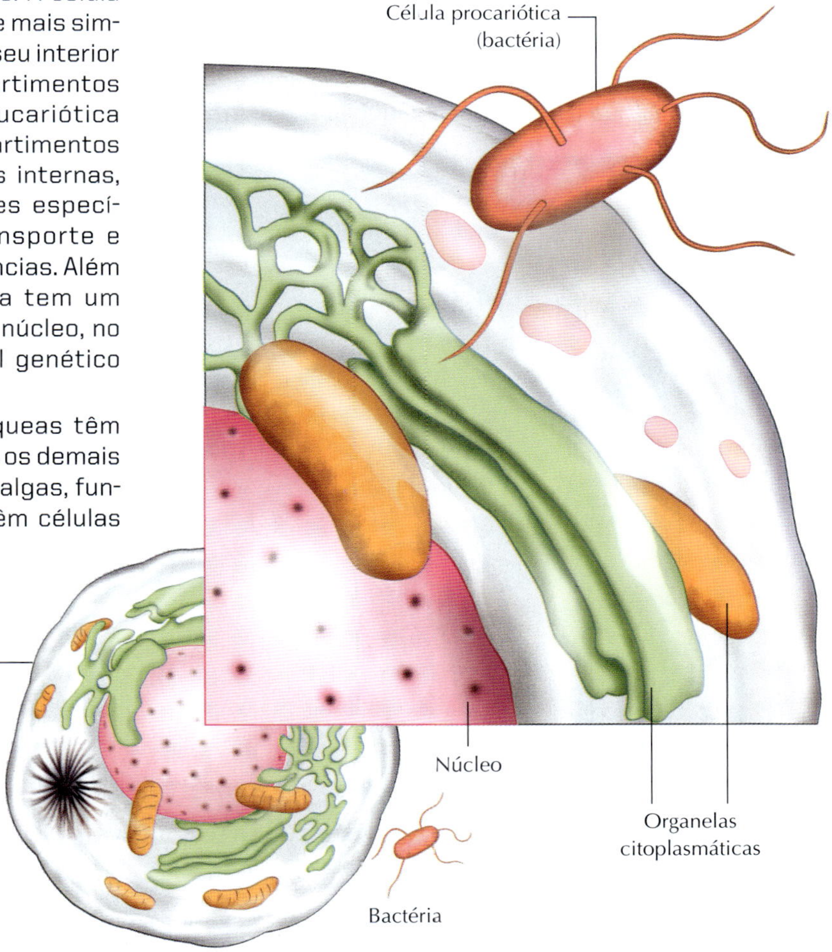

Figura 1.18 Representação esquemática em que se comparam a célula eucariótica de um animal e a célula procariótica de uma bactéria. A célula eucariótica é maior e mais complexa, apresentando núcleo e organelas citoplasmáticas (vistas por transparência, e em cores-fantasia).

Seres vivos constituídos por uma única célula – bactérias, protozoários, algumas algas e uns poucos fungos – são chamados seres **unicelulares**. Os que são constituídos por mais de uma célula (desde poucas dezenas até bilhões ou trilhões) são chamados seres **multicelulares** ou **pluricelulares**. Na maioria dos seres multicelulares há grupos de células especializadas em realizar funções diversas, os **tecidos**, que podem se organizar em **órgãos corporais**.

Muitos biólogos não incluem os vírus entre os seres vivos porque eles não apresentam organização celular. Vírus são seres acelulares, constituídos por uma ou algumas moléculas de ácido nucleico, que pode ser o DNA ou o RNA, envoltas por moléculas de proteínas. Recentemente, foram encontrados uns poucos casos, considerados exceções, em que a partícula viral apresenta os dois tipos de ácidos nucleicos. Vírus são sempre parasitas intracelulares, pois somente conseguem se reproduzir no interior de células de outros seres vivos, como animais, plantas, fungos ou bactérias.

4 Metabolismo

A maioria das substâncias celulares é constantemente degradada e substituída por substâncias recém-fabricadas. Essa atividade intensa de montagem e desmontagem de substâncias requer energia, que a célula obtém pela degradação de certos tipos de moléculas orgânicas, genericamente chamadas de nutrientes orgânicos. Além de fornecer a energia necessária à manutenção da vida, os nutrientes orgânicos fornecem matéria-prima para a célula produzir novas moléculas. Toda essa atividade de transformação química que ocorre no interior de uma célula constitui o **metabolismo**, palavra de origem grega (*metabole*) que significa mudança ou transformação.

O metabolismo é geralmente dividido em anabolismo e catabolismo. **Anabolismo** refere-se a todos os processos em que há produção de novas substâncias a partir de substâncias mais simples (reações de condensação ou síntese). Por exemplo, a produção de proteínas a partir da união de aminoácidos faz parte do anabolismo. **Catabolismo** refere-se ao processo inverso, ou seja, às reações em que há degradação de substâncias complexas em outras mais simples, como a quebra de moléculas do açúcar glicose ($C_6H_{12}O_6$) em moléculas de gás carbônico (CO_2) e de água (H_2O), processo que libera energia. **(Fig. 1.19)**

Figura 1.19 A manutenção da vida de um ser vivo, assim como toda atividade que ele realiza, depende das transformações químicas que ocorrem em suas células e que constituem o metabolismo.

5 Reação e movimento

Os animais são capazes de perceber o que se passa ao seu redor e de reagir a diferentes tipos de estímulo. Essa reação quase sempre envolve a realização de movimentos. Por exemplo, o cheiro de um leão levado pelo vento provoca a fuga imediata de um bando de antílopes. A capacidade de se movimentar rápida e ativamente, correndo, voando ou nadando, permite à maioria dos animais explorar o ambiente à procura de alimento, de abrigo e de condições adequadas à sobrevivência.

As plantas também reagem a estímulos, embora sua reação seja bem mais lenta que a dos animais. A maioria das plantas altera a posição das folhas no decorrer do dia; em certas espécies, as folhas chegam mesmo a acompanhar a trajetória do Sol, o que lhes possibilita aproveitar melhor a luminosidade. Certas plantas apresentam reações bastante rápidas. É o caso da sensitiva (*Mimosa pudica*) e de certas plantas "carnívoras", cujas folhas se fecham rapidamente ao ser tocadas. **(Fig. 1.20)**

Entre os seres microscópicos, muitos são capazes de perceber as condições ambientais, movimentando-se ativamente em resposta a certos estímulos. Certas algas, protozoários e bactérias possuem filamentos móveis, que atuam como nadadeiras microscópicas e permitem deslocamento em meio líquido.

Embora a reação a estímulos e a movimentação ativa sejam características da maioria dos seres vivos, sobretudo dos animais, há formas de vida que não reagem a estímulos nem são capazes de se movimentar ativamente. É o caso de certos tipos de bactéria que somente se deslocam quando transportados pela água, pelo ar ou por outros seres vivos.

Figura 1.20 A reação das folhas da sensitiva (*Mimosa pudica*) ao toque é um exemplo extremo da resposta das plantas a estímulos. As folhas (abertas em **A**) ao serem tocadas (**B**) fecham-se em segundos (**C**).

6 Crescimento e reprodução

Com exceção dos vírus, todo ser vivo cresce. Alguns minerais também crescem, mas por processos completamente diferentes dos que se verificam nos seres vivos. Certos cristais, por exemplo, podem aumentar de tamanho pela simples agregação de matéria. O crescimento de um ser vivo, por sua vez, ocorre sempre pela produção organizada de substâncias, por meio do metabolismo celular.

Organismos unicelulares crescem pelo aumento do tamanho de sua única célula. Organismos multicelulares crescem principalmente pelo aumento do número de células em seu corpo. As células crescem até atingir determinado tamanho, podendo ou não se dividir em duas células menores, fundamentalmente semelhantes à original. No caso dos seres unicelulares, a divisão da célula em duas corresponde ao próprio processo de reprodução. Nos organismos multicelulares, a vida de um novo ser começa a partir de uma única célula que se multiplica, ou a partir de um grupo de células que se desprende do corpo de um indivíduo preexistente.

Os biólogos costumam distinguir dois modos básicos de reprodução: assexuada e sexuada. **Reprodução assexuada** é aquela em que um novo ser surge a partir de uma célula ou de um grupo de células produzido por um único ser parental. Nesse caso, o organismo filho recebe as mesmas instruções genéticas presentes no parental e geralmente é idêntico a ele. **Reprodução sexuada** é aquela em que um novo ser surge a partir de uma única célula, o zigoto, originado pela união de duas células sexuais, os gametas, produzidas por um ou, mais comumente, por dois seres parentais.

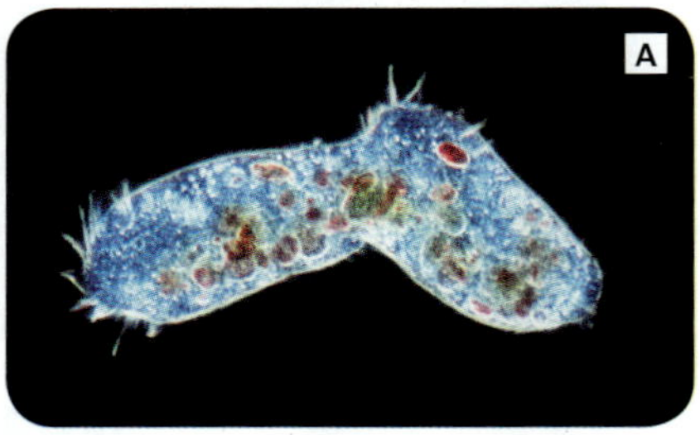

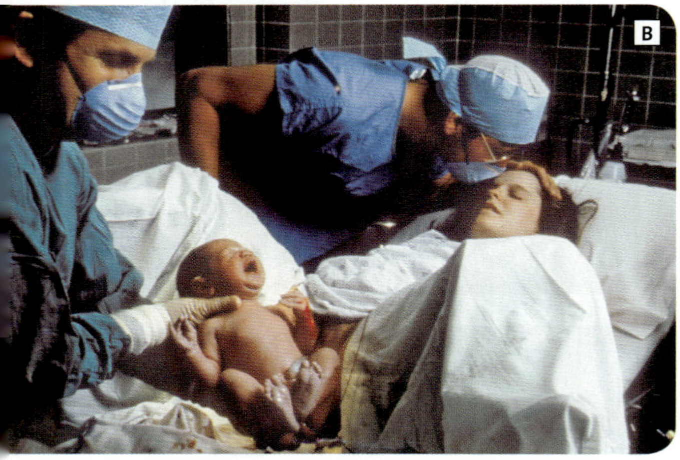

O processo de união dos gametas é a **fecundação**. Se os gametas são provenientes do mesmo ser parental, fala-se em **autofecundação**. Quando os gametas que se fundem originam-se de dois indivíduos parentais, fala-se em **fecundação cruzada**. (**Fig. 1.21**)

A reprodução é uma característica essencial da vida. O princípio da reprodução é sempre o mesmo: membros de uma geração transmitem ao descendente uma "semente" básica, representada por uma ou mais células (exceto nos vírus). É por meio da reprodução que a vida vem se perpetuando ininterruptamente desde que surgiu, há mais de 3,5 bilhões de anos.

Figura 1.21 A capacidade de se reproduzir é uma das características fundamentais da vida. **A.** Micrografia de um organismo unicelular (protozoário) dividindo-se (microscópio óptico; aumento desconhecido). **B.** Nascimento de um ser humano, que se originou pela fusão de células especiais, os gametas, provenientes de dois indivíduos.

7 Hereditariedade

A **hereditariedade** é outra característica essencial da vida, intimamente ligada à reprodução. Um ser vivo, ao se reproduzir, transmite a seus descendentes um conjunto de instruções em código, inscritas no material genético, e uma estrutura celular básica a partir da qual o novo ser desenvolverá sua organização típica. Herdamos de nossos pais todas as instruções genéticas e a organização celular mínima para desenvolver nosso corpo conforme os padrões típicos de nossa espécie. Uma bactéria, uma samambaia, um cachorro ou qualquer outro ser vivo desenvolvem as características típicas de sua espécie a partir das instruções genéticas e da base celular que receberam pela reprodução de seus "pais". (**Fig. 1.22**)

Figura 1.22 Uma característica fundamental da vida é a hereditariedade, isto é, a transmissão de características de pais para filhos.

As instruções genéticas estão presentes em moléculas de uma substância química denominada ácido desoxirribonucleico, ou DNA. Apenas uns poucos tipos de vírus não possuem DNA; seu material genético é o ácido ribonucleico, ou RNA. O material genético controla o metabolismo celular e define as características típicas de cada célula e do conjunto de células que constituem o organismo multicelular.

8 Variabilidade genética, seleção natural e adaptação

O material genético varia ligeiramente entre os membros de uma mesma espécie, o que se denomina **variabilidade genética**. Graças a essa variabilidade, os indivíduos que nascem a cada geração são ligeiramente diferentes uns dos outros; alguns deles podem ter mais chance de sobreviver e de se reproduzir e, assim, de transmitir suas características à descendência. Essa ideia, de que os indivíduos de uma população têm diferentes chances de sobreviver e de deixar descendentes, foi proposta em meados do século XIX pelos naturalistas ingleses Charles Darwin (1809-1882) e Alfred Wallace (1823-1913) e denominada **seleção natural**.

A seleção natural é a base da teoria evolucionista, segundo a qual os seres vivos modificam-se ao longo do tempo, ajustando-se, ou adaptando-se, aos ambientes em que vivem. A adaptação é explicada pela teoria evolucionista da seguinte maneira: entre os indivíduos de uma geração de organismos vivos, devido à variabilidade genética, sempre há aqueles que se ajustam melhor ao meio em que vivem; estes têm mais chance de sobreviver e de se reproduzir, transmitindo aos descendentes suas características, entre elas as "adaptativas". Em decorrência dessa seleção operada pela natureza geração após geração, as espécies vivas vão se tornando cada vez mais ajustadas ao meio, isto é, cada vez mais adaptadas. O bico de um beija-flor, por exemplo, é perfeitamente adaptado ao modo como esse pássaro se alimenta, pois, graças a seu formato longo e afilado, pode ser introduzido no interior das flores para lamber o néctar.

Como a teoria evolucionista explicaria essa adaptação? Durante a evolução dos pássaros, eles se adaptaram à exploração de diferentes tipos de alimentos; certas linhagens desenvolveram bicos longos e finos, adaptados para sugar o néctar das flores, como é o caso dos beija-flores. **(Fig. 1.23)**

Segundo a teoria evolucionista, as diferentes formas de adaptação levaram à diversificação da vida e ao surgimento da grande variedade de espécies biológicas hoje existentes, cada uma adaptada a um modo de vida particular.

Figura 1.23 De acordo com os cientistas, a adaptação dos seres vivos a seu modo particular de vida, como o ajuste do bico do beija-flor à flor da planta da qual ele extrai néctar, é resultado da evolução biológica por meio da seleção natural.

Seção 1.4

Níveis de organização biológica

Objetivo

- Identificar diferentes níveis hierárquicos de organização do mundo vivo: células, tecidos, órgãos corporais, organismos, populações, comunidades biológicas, ecossistemas e biosfera.

Termos e conceitos

- átomo
- molécula
- organela celular
- sistema de órgãos
- organismo
- população biológica
- comunidade biológica
- biótopo
- ecossistema
- biosfera

Os níveis hierárquicos da vida

Ao estudar a vida, podemos distinguir diversos níveis hierárquicos de organização biológica, que vão do submicroscópico ao planetário. Começando do plano submicroscópico, vemos que a matéria viva é constituída de **átomos**, que se reúnem quimicamente formando as **moléculas** das diversas substâncias orgânicas. Proteínas, por exemplo, são substâncias constituídas por centenas, milhares ou mesmo milhões de átomos, principalmente dos elementos carbono (C), hidrogênio (H), oxigênio (O) e nitrogênio (N).

Continuando a "subir" na hierarquia da organização biológica, vemos que as moléculas orgânicas estão organizadas de modo a formar diversos tipos de **organelas** ou **organoides** celulares que se integram na constituição das **células**, consideradas as unidades básicas de todos os seres vivos, com exceção dos vírus. Organelas são estruturas celulares especializadas em diversas funções; por exemplo, as mitocôndrias produzem energia para os processos metabólicos.

Do nível celular passamos ao nível seguinte, que ocorre apenas em alguns grupos de organismos multicelulares (animais e plantas): as células se especializam e se congregam, originando conjuntos celulares funcionais, os **tecidos**. O tecido muscular, por exemplo, é formado por células especializadas em se contrair, produzindo movimentos.

Diversos tipos de tecido organizam-se formando os **órgãos**, unidades anatômicas e funcionais dos seres multicelulares complexos. Por exemplo, o coração é um órgão constituído por diversos tecidos, principalmente o muscular, cuja função é bombear sangue pelo corpo.

Os órgãos atuam integradamente para o desempenho de funções corporais específicas. Um conjunto de órgãos integrados funcionalmente constitui um **sistema de órgãos**. Um exemplo de sistema corporal é o sistema digestório, formado por diversos órgãos, como boca, esôfago, estômago, intestino e diversas glândulas que atuam na digestão. Os sistemas de órgãos, em seu conjunto, compõem o nível do **organismo**. É nesse nível que estamos conversando por meio deste texto, de pessoa (organismo) para pessoa.

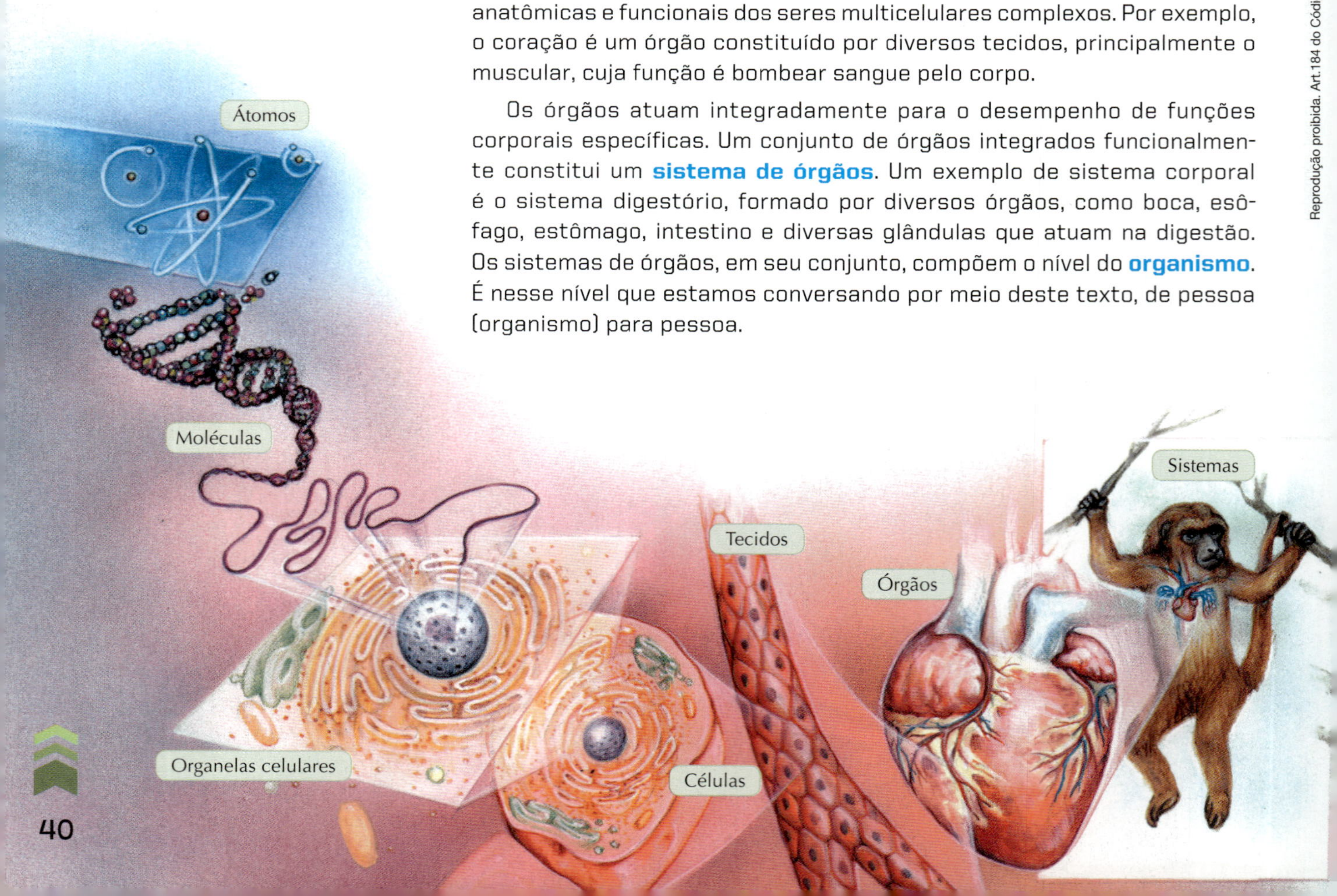

A hierarquia da organização biológica não para por aí; os indivíduos não vivem isolados, mas interagem entre si e com o ambiente. O conjunto de indivíduos de uma mesma espécie que habita determinada região geográfica constitui uma **população biológica**. Exemplos são as populações humanas dos diversos países; ou uma população de macacos.

Membros de uma população interagem com indivíduos de populações de outras espécies, que habitam a mesma região geográfica. Ao conjunto de populações diferentes que coexistem em determinada região, interagindo direta ou indiretamente, dá-se o nome de **comunidade biológica** (ou **biocenose**). Por exemplo, a comunidade da qual faz parte uma população de macacos inclui as populações de plantas e de animais que com ela coabitam.

Os membros de uma comunidade biológica, além de interagir entre si, interagem com o ambiente em que vivem, que os biólogos denominam **biótopo**. Aspectos do biótopo são temperatura, umidade, luminosidade e componentes químicos, entre outros. Por exemplo, os organismos são influenciados pela composição química e pela temperatura da água dos rios, pela umidade do ar e por diversos outros fatores climáticos. Por outro lado, os seres vivos da comunidade também influenciam os fatores ambientais. As plantas de uma biocenose, por exemplo, criam um microclima mais úmido que o proporcionado pelo clima regional. Ao longo do tempo, plantas e animais modificam a composição química do solo, enriquecendo-o em matéria orgânica. Ao grande conjunto formado pela interação da biocenose e do biótopo dá-se o nome de **ecossistema**.

A mais alta das hierarquias biológicas é a que reúne todos os ecossistemas da Terra: a **biosfera**. (Fig. 1.24)

Figura 1.24
Representação esquemática de diferentes níveis de organização da vida, do molecular (à esquerda) ao planetário (à direita).

ATIVIDADES

QUESTÕES PARA PENSAR E DISCUTIR

Questões objetivas

Considere as alternativas a seguir para responder às questões 1 e 2.

a) Controle experimental.
b) Experimento.
c) Hipótese.
d) Observação.

1. Um pesquisador demarcou uma área de floresta e contou o número de indivíduos de cada uma das diferentes espécies de árvore existentes no local. Qual das alternativas corresponde a esse tipo de atividade?

2. Com o objetivo de testar a eficiência de uma nova vacina contra uma doença chamada febre aftosa, vacinou-se um lote de vinte vacas, deixando outras vinte sem vacinar. Após algum tempo, injetou-se em todas as vacas o vírus causador da febre aftosa. O que representa o lote não vacinado?

3. "(1) Se os bichos de goiaba surgem de ovos de moscas colocados nos frutos, (2) goiabas embrulhadas não devem ficar bichadas." As partes (1) e (2) dessa frase correspondem, respectivamente, a
a) dedução e hipótese.
b) hipótese e dedução.
c) hipóteses.
d) deduções.

4. O uso de organismos vivos para a produção de bebidas alcoólicas é um exemplo de
a) experimento científico.
b) conhecimento científico.
c) tecnologia.
d) engenharia genética.

5. O que garante a continuidade da vida em nosso planeta é a capacidade que os seres vivos têm de
a) crescer.
b) reagir a estímulos.
c) se movimentar.
d) se reproduzir.

6. O longo bico dos beija-flores, que lhes permite sugar o néctar das flores, é um exemplo de
a) adaptação.
b) movimento.
c) reação.
d) crescimento.

7. Venenos como o cianeto matam porque bloqueiam reações químicas celulares. Pode-se dizer, assim, que esses venenos atuam diretamente sobre a(o)
a) homeostase.
b) reação.
c) metabolismo.
d) crescimento.

8. O açúcar de cana, formado por átomos de carbono, hidrogênio e oxigênio unidos entre si, é um exemplo de
a) elemento químico.
b) substância orgânica.
c) célula.
d) tecido.

Considere as alternativas a seguir para responder às questões de 9 a 11.

a) Organismo.
b) População.
c) Comunidade biológica.
d) Ecossistema.

9. O conjunto de micos-leões-dourados que habitam a mata da Tijuca no Rio de Janeiro corresponde a que nível de organização?

10. Um lago, com seus habitantes em interação com os fatores físicos e químicos, é um exemplo de que nível de organização?

11. A que nível de organização corresponde o conjunto de seres vivos que habitam um lago?

Questões discursivas

12. Foi o médico inglês Edward Jenner quem desenvolveu um método de prevenção contra a varíola que mais tarde seria chamado vacinação. O interesse de Jenner pela varíola parece ter surgido quando ouviu uma ordenhadora de vacas se vangloriar de ser imune à varíola humana, segundo ela porque já havia contraído anteriormente varíola bovina. Jenner teve, então, a ideia de transmitir varíola bovina a pessoas, para verificar se elas se tornariam imunes à varíola humana, doença muito mais perigosa que a varíola bovina. Em maio de 1796, ele injetou, em um menino de oito anos, material retirado das erupções cutâneas das mãos de uma ordenhadora atacada pela varíola bovina. Dois meses depois, injetou no mesmo menino material retirado de erupções cutâneas de uma pessoa atacada por varíola humana. Como se imaginava, o menino não desenvolveu a forma grave da doença. O método foi testado diversas vezes por Jenner e por outros médicos, confirmando a eficácia do tratamento, que logo se difundiu por toda a Europa.
a) Enuncie a hipótese testada por Jenner.
b) Como Jenner testou sua hipótese?

13. Em 1971, os pesquisadores Rock e Hodgson realizaram o seguinte experimento: alimentaram larvas de uma espécie de mosca com dietas que diferiam quanto à presença de aminoácidos, substâncias que fazem parte das proteínas. Um grupo de larvas foi alimentado com uma dieta completa, com todos os 20 tipos de aminoácidos que constituem as proteínas, além de água, sais, açúcares e vitaminas. Cinco outros grupos de larvas, semelhantes ao primeiro, foram alimentados com dietas nas quais faltava um ou outro dos aminoácidos. Os resultados obtidos pelos cientistas estão representados no gráfico a seguir.

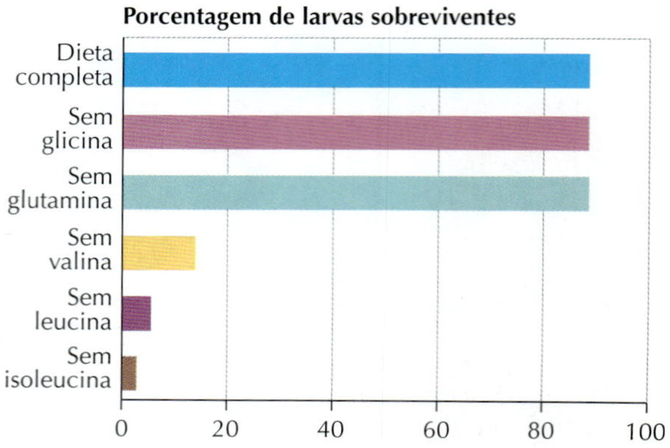

A partir dessas informações, responda às seguintes questões:

a) Qual era a provável hipótese testada pelos cientistas?

b) Qual grupo de larvas representa o controle experimental e qual é sua importância para o experimento?

c) Qual foi a variável testada nos grupos experimentais?

d) A que conclusões podemos chegar com base nos resultados experimentais?

14. Pesquise definições de ciência e de tecnologia em dicionários, enciclopédias etc. Pergunte a pessoas ligadas aos meios científico e tecnológico (professores, médicos, biólogos, físicos, químicos, engenheiros etc.) quais as suas concepções de ciência e de tecnologia (não se esqueça de gravar as respostas ou de anotá-las imediatamente). Elabore uma lista com as definições que julgar mais claras, precisas e interessantes. Escolha a melhor definição de ciência e de tecnologia entre as pesquisadas, ou elabore a sua, reunindo os melhores pontos de vista de cada definição encontrada.

15. Para saber mais sobre a origem da ciência, é fundamental pesquisar o período histórico conhecido como Renascimento, o grande movimento artístico e cultural ocorrido entre os séculos XIV e XVI na Europa. Consulte sua professora ou professor de História e peça orientações sobre o assunto. Lembre-se de que cruzar informações provenientes de diferentes áreas do conhecimento permite compreender mais amplamente o mundo.

VESTIBULARES PELO BRASIL

Brasil – Regiões

- Região Norte
- Região Centro-Oeste
- Região Sul
- Região Nordeste
- Região Sudeste
- Brasil

Questões objetivas

1 (Cesmac/Fejal-AL) Aquele tipo de conhecimento que, quando fundamentado na objetividade e na evidência de fatos demonstrados experimentalmente, adquire um caráter de validade geral, denomina-se

a) científico.

b) empírico.

c) intuitivo.

d) filosófico.

2 (UFMS) A biologia é constituída por diversos níveis organizacionais, o que facilita a compreensão de seu estudo. Com base nessa afirmação, adote o homem como ponto de partida e assinale a(s) alternativa(s) que completa(m) as lacunas do texto a seguir.

Quando um organismo é analisado em detalhe, é possível observar a existência de vários sistemas que permitem sua sobrevivência. Um sistema é constituído por um conjunto de _________ que, se vistos em detalhe, revelam camadas sucessivas, sendo cada uma delas correspondente a um _________. Os mesmos, quando observados ao microscópio, demonstram a existência de pequenas unidades que se assemelham na forma e na função: as _________. Estas, por sua vez, possuem no seu interior uma certa quantidade de _________ que, analisados bioquimicamente, mostram em sua composição _________, que nada mais são que a reunião de átomos, comuns a todos os seres vivos.

[Dê como resposta a soma dos números associados às proposições corretas.]

001) moléculas – tecido – células – átomos – moléculas

002) tecido – órgão – moléculas – átomos – organoides

004) órgãos – tecido – células – organoides – moléculas

008) células – tecido – moléculas – organismo – sistemas

016) organoides – células – moléculas – átomos – sistemas

032) órgãos – organoides – moléculas – tecido – células

3 (Fuvest-SP) Observando plantas de milho, com folhas amareladas, um estudante de agronomia considerou que essa aparência poderia ser devida à deficiência mineral do solo. Sabendo que a clorofila contém magnésio, ele formulou a seguinte hipótese: "As folhas amareladas aparecem quando há deficiência de sais de magnésio no solo". Qual das alternativas descreve um experimento correto para testar tal hipótese?

a) Fornecimento de sais de magnésio ao solo em que as plantas estão crescendo e observação dos resultados alguns dias depois.

b) Fornecimento de uma mistura de diversos sais minerais, inclusive sais de magnésio, ao solo em que as plantas estão crescendo e observação dos resultados dias depois.

c) Cultivo de um novo lote de plantas, em solo suplementado com uma mistura completa de sais minerais, incluindo sais de magnésio.

d) Cultivo de novos lotes de plantas, fornecendo à metade deles mistura completa de sais minerais, inclusive sais de magnésio, e à outra metade, apenas sais de magnésio.

e) Cultivo de novos lotes de plantas, fornecendo à metade deles mistura completa de sais minerais inclusive sais de magnésio, e à outra metade, uma mistura com os mesmos sais, menos os de magnésio.

4 (Unimontes-MG) O texto a seguir representa parte de um resumo publicado em anais de um congresso científico. Analise-o.

Clonagem de um fragmento gênico do receptor de IGF-I (Insulin-Likegrowth Factor - (I)Receptor) da *Leishmania*, apresentando similaridade à cadeia alfa do receptor humano.

RIBEIRO, F. H. Mercês; COTRIM, P. C.; H. Instituto de Medicina Tropical de São Paulo – USP; Lab. Imunofisiopatologia, ICB-IV, São Paulo – SP

Introdução: Leishmaniose é uma doença infecciosa causada pelo parasita *Leishmania*. O controle e o tratamento desta não sofreram evoluções significativas ao longo dos anos. **Objetivos**: Clonar o gene do IGF-IR da *Leishmania* e analisar o produto obtido. **Material e Métodos**: Foram desenvolvidos oito oligonucleotídios degenerados, baseados nas similaridades das sequências de aminoácidos do IGF-IR de determinadas espécies animais. O DNA genômico, obtido por extração fenólica de formas amastigotas de *L. Major*, foi amplificado pela Reação em Cadeia da Polimerase (PCR), utilizando-se os oito "primers" em diferentes combinações. **Resultados**: A amplificação do DNA gerou um fragmento de 554 bp, a partir de uma das combinações dos "primers". Observou-se também a existência de regiões conservadas entre as sequências intercaladas por regiões bastante divergentes. **Conclusão**: O fragmento gênico obtido, como esperado, apresenta similaridades regionais em suas sequências de nucleotídios.

Considerando as etapas do método científico, analise as afirmativas abaixo e assinale a alternativa **correta**.

a) A metodologia apresentada, quando refeita por outro pesquisador, mostrará resultados diferentes.

b) A confiabilidade de um resultado diminui com o aumento do tamanho da amostra.

c) O levantamento de questões só pode ser feito durante a elaboração das hipóteses.

d) O resultado da pesquisa apresentado define se a hipótese foi aceita ou rejeitada.

5 (Vunesp) A sequência indica os crescentes níveis de organização biológica:

célula → I → II → III → população → IV → V → → biosfera.

Os níveis I, III e IV correspondem, respectivamente, a

a) órgão, organismo e comunidade.

b) tecido, organismo e comunidade.

c) órgão, tecido e ecossistema.

d) tecido, órgão e bioma.

e) tecido, comunidade e ecossistema.

6 (Unigranrio-RJ) A interação dos componentes de uma comunidade biológica entre si e com os fatores abióticos forma um(a)

a) ecossistema.

b) população.

c) espécie animal ou vegetal.

d) conjunto de organismos da mesma espécie.

7 (Acafe-SC) "O Projeto de pesquisa, que existe desde 2001, ainda está longe do fim, explica a pesquisadora. É um processo demorado mesmo. Porém, com mais um ano, já teremos novos resultados, quem sabe, ainda mais positivos."

"A expectativa do grupo é saber se a ação contra o causador da malária vai ser realmente confirmada. Vamos ver a viabilidade disso nos modelos experimentais [animais]."

"O estudo feito pela UnB, em parte, também contou com a participação da Embrapa (Empresa Brasileira de Pesquisa Agropecuária). O processo de isolamento e síntese dos peptídios já está patenteado."

Sobre a atividade científica, podemos inferir:

a) O conhecimento científico é o único tipo de conhecimento válido, já que é produzido por meio de métodos experimentais preciosos e seguros.

b) A veracidade dos conhecimentos produzidos pela ciência é efêmera. Isto significa que aquilo que a ciência, hoje, intitula como válido, pode não ser verdade amanhã.

c) A ciência é um empreendimento autônomo que não depende de esforços políticos nem econômicos. Ela se automantém.

d) A visão de mundo de cada época não interfere na produção do conhecimento científico.

e) A atividade científica deve ser desenvolvida sem levar em consideração suas implicações sociais, já que o objetivo dos cientistas é descobrir a verdade dos fenômenos naturais.

Capítulo

2 Origem da vida na Terra

A Terra vista do espaço, mostrando a América do Sul, a América Central e parte da América do Norte. De um polo a outro, o planeta é repleto de seres vivos. O conjunto de áreas da Terra em que há condições propícias à vida, com sua enorme diversidade de ambientes e de seres vivos, é a biosfera.

Como a vida surgiu na Terra? Como se originou o universo e suas incontáveis galáxias, uma delas a Via Láctea, onde vivemos?

Essas são algumas das questões sobre nossas origens tratadas neste capítulo, em que são apresentadas ideias científicas atuais sobre as origens do universo, do Sistema Solar, da Terra e dos seres vivos.

2.1 A formação da Terra

Saber como a Terra surgiu e como se transformou ao longo do tempo é fundamental para entender a história da vida no planeta.

2.2 Abiogênese *versus* biogênese

As discussões que acabaram por derrubar a teoria da geração espontânea trouxeram novas visões sobre os seres microscópicos e permitiram melhorias significativas para a vida humana.

2.3 Teorias modernas sobre a origem da vida

Há diversas evidências de que as substâncias precursoras da vida estavam presentes na Terra primitiva. Como essas substâncias teriam originado os primeiros seres vivos? Responder a essa questão é um dos grandes desafios da Biologia.

2.4 Evolução e diversificação da vida

A história da vida na Terra pode ser traçada com base em teorias científicas bem consolidadas. Os cientistas têm conseguido relacionar momentos importantes na evolução da vida à história geológica do planeta.

Seção 2.1

A formação da Terra

Objetivo

▶ Compreender a visão científica atual sobre as origens do universo, do Sistema Solar, da Terra e dos seres vivos, de modo a acrescentar opções para a reflexão sobre si mesmo perante o mundo.

Termos e conceitos

- universo
- teoria da Grande Explosão
- galáxia
- estrela
- Sol
- Via Láctea
- Sistema Solar

A Terra primitiva

Uma pergunta que alguns estudantes costumam fazer é: por que estudar a história da Terra em um curso de Biologia? Não seria esse um assunto exclusivo da Geografia ou da Geologia? A razão é que a vida está intimamente ligada às características físicas, químicas e estruturais do planeta; toda espécie de ser vivo está adaptada às condições do ambiente onde vive. Assim, saber como a Terra surgiu e mudou no decorrer do tempo é importante para a compreensão da própria história da vida.

É a história evolutiva da vida que permite compreender as semelhanças e diferenças entre a estrutura e a fisiologia das diversas espécies, sua distribuição geográfica e as interações que mantêm entre si e com o ambiente; enfim, é ela que dá sentido aos fatos biológicos. Como disse o biólogo russo, naturalizado norte-americano, Theodosius Dobzhansky (1900-1975): "Interpretada à luz da evolução, a Biologia é, talvez, sob o ponto de vista intelectual, a mais inspirada e satisfatória das ciências. [...] Sem essa luz, a Biologia se torna uma miscelânea de fatos – alguns deles interessantes ou curiosos –, mas desprovidos de significado quando considerados em conjunto".

Há evidências científicas de que a Terra surgiu há aproximadamente 4,56 bilhões de anos, a partir da aglomeração de poeira, rochas e gases que giravam ao redor do Sol em formação (veja no quadro **Amplie seus conhecimentos**, p. 47 e 48). A maioria dos cientistas acredita que o processo de aglomeração gerou tanta pressão e calor que o material rochoso se fundiu, originando uma esfera incandescente, a Terra. A partir de então, o planeta começou lentamente a esfriar devido à irradiação de calor para o espaço.

Durante os primeiros 700 milhões de anos de existência, a Terra foi bombardeada por corpos rochosos vindos do espaço, muitos com centenas de quilômetros de diâmetro. Acredita-se que alguns desses corpos fossem cometas ou asteroides, que teriam trazido a maior parte da água hoje presente na Terra.

Quando a Terra tinha cerca de 1 milhão de anos de idade, sua superfície já havia esfriado o bastante para permitir a existência de uma crosta sólida. Em breve, água proveniente das chuvas torrenciais que então ocorriam começou a se acumular em depressões da crosta terrestre, dando início ao processo de formação dos oceanos. (**Fig. 2.1**)

Figura 2.1 Representação artística das condições que teriam ocorrido na Terra primitiva. Lavas incandescentes cobriam grande parte da superfície terrestre, que era continuamente bombardeada por corpos provenientes do espaço. Supõe-se que o choque de um enorme asteroide arrancou um pedaço da Terra e originou a Lua.

AMPLIE SEUS CONHECIMENTOS

Origem do universo e do Sistema Solar

A teoria da Grande Explosão (*Big Bang*)

Uma questão que desperta a curiosidade dos seres humanos desde os tempos mais remotos é como teria surgido o **universo**, a imensidão constituída por espaço, tempo, matéria e energia. Essa pergunta tem recebido diferentes tipos de resposta, principalmente das religiões. Recentemente, o grande avanço das ciências naturais permitiu a elaboração de teorias científicas para a origem do universo. (**Fig. 2.2**)

Figura 2.2 **A.** Pintura que representa o mito da criação segundo aborígines australianos. Na parte superior, uma divindade, a Estrela da Manhã, cria o Sol e um homem, o qual se unirá com a mulher, representada na parte inferior da pintura, à direita. **B.** Pintura do teto da Capela Sistina no Vaticano, feita por Michelangelo (1475-1564), que representa a criação do ser humano por Deus.

Atualmente, a teoria científica mais aceita para a origem do universo é chamada de **teoria da Grande Explosão** (em inglês, ***Big Bang***). A elaboração dessa teoria foi consequência direta do grande desenvolvimento da Física e da Astronomia no início do século XX.

As equações matemáticas usadas por Albert Einstein (1879-1955) em sua teoria da relatividade preveem que o universo está em expansão. Além disso, as observações do céu por potentíssimos telescópios mostraram aos astrônomos estadunidenses Vesto M. Slipher (1875-1969) e Edwin P. Hubble (1889-1953) que as galáxias estão se afastando umas das outras, reforçando a ideia de um universo em expansão.

Se as galáxias estão se afastando umas das outras, a lógica leva-nos a concluir que, no passado, elas deviam estar bem mais próximas entre si do que hoje. Levando essa ideia ao extremo, teria havido um momento em que todos os componentes do universo estariam aglomerados em um único ponto, que devia ser extremamente denso. Seguindo essa linha de raciocínio, o padre e astrônomo belga Georges Lemaître (1894-1966) e o físico russo, naturalizado estadunidense, George Gamow (1904-1968) postularam que o universo começou como um grão primordial ultradenso, que, por razões desconhecidas, se expandiu súbita e violentamente, originando, de uma só vez, o espaço, o tempo, a matéria e a energia nele existentes. Calcula-se que esse evento, ao qual Gamow deu o nome de *Big Bang*, ocorreu há aproximadamente 13,7 bilhões de anos.

Os cientistas imaginam que, imediatamente após a "explosão" inicial, a temperatura no universo era tão alta que impossibilitava a existência de elementos químicos. Alguns segundos depois, porém, essa temperatura já havia diminuído o bastante para permitir o surgimento dos primeiros átomos, do mais simples elemento químico: o hidrogênio (H). Desde então, o universo continua a se expandir e a esfriar.

Algumas centenas de milhões de anos após a formação do universo, grandes nuvens de hidrogênio começaram a originar as primeiras galáxias e estrelas. **Galáxias** são grandes aglomerados de matéria onde surgem as **estrelas**, corpos celestes constituídos principalmente por gases em altíssimas temperaturas que em tem energia na forma de luz e calor. A energia emitida pelas estrelas provém de reações de fusão nuclear entre seus átomos, processo pelo qual elementos químicos mais simples se fundem, originando elementos com átomos mais pesados. As primeiras gerações de estrelas eram compostas praticamente apenas de hidrogênio. Ao se fundir, os átomos de hidrogênio produzem um novo elemento químico, o hélio (He). É por meio dos processos de fusão que ocorrem nas estrelas que surgem outros elementos químicos, como o carbono (C), o ferro (Fe) etc.

Quando uma estrela atinge determinada idade e explode, seus átomos são lançados no espaço e passam a fazer parte da poeira cósmica, que eventualmente se agregará, originando uma grande nuvem de matéria — uma nebulosa —, a qual pode originar novas estrelas, planetas e outros corpos celestes. Assim, à medida que as gerações de estrelas se sucederam, surgindo e explodindo, fusões entre elementos em seu interior originaram os diversos tipos de elemento químico que hoje constituem a matéria universal.

Origem do Sistema Solar

O **Sol** é uma das 100 bilhões de estrelas que constituem a galáxia espiralada chamada **Via Láctea**. Calcula-se que o Sol surgiu há cerca de 5 bilhões de anos, a partir da compactação de uma nebulosa presente na Via Láctea. Devido à força gravitacional, partículas de gases e de poeira dessa nebulosa foram se atraindo e se juntando na região mais central. À medida que a massa central crescia, sua força gravitacional aumentava e atraía ainda mais partículas e gases. Após alguns milhões de anos de compactação, a temperatura no centro do "caroço" de matéria que originou o Sol atingiu nada menos que 10 milhões de graus Celsius (10.000.000 °C), desencadeando as reações de fusão nuclear em que quatro núcleos do elemento hidrogênio (H) se fundem e produzem o elemento hélio (He). As reações de fusão nuclear liberam enormes quantidades de energia, emitidas na forma de luz e calor. (**Fig. 2.3**)

Figura 2.3 Representação artística da formação do Sol a partir da compactação de uma nebulosa da Via Láctea.

Origem dos planetas

Restos da nebulosa que formou o Sol permaneceram girando ao redor dele, como uma nuvem gasosa em torno de um "caroço" compacto, quente e brilhante. Entre 5 bilhões e 4,5 bilhões de anos atrás, diversos pontos dessa nuvem teriam sofrido condensações, originando aglomerados compactos, precursores de planetas, satélites, asteroides e cometas. Formou-se assim o **Sistema Solar**, constituído pelo Sol e pelos demais astros que orbitam ao seu redor. (**Fig. 2.4**)

Será que, além do Sol, outras estrelas possuem planetas em sua órbita? Há tempos já se admitia que, em dezenas de bilhões de galáxias, cada uma podendo conter centenas de bilhões de estrelas, era muito provável a existência de outros sistemas planetários, alguns possivelmente semelhantes ao Sistema Solar. Recentemente, descobriram-se diversas evidências da presença de planetas ao redor de algumas estrelas estudadas.

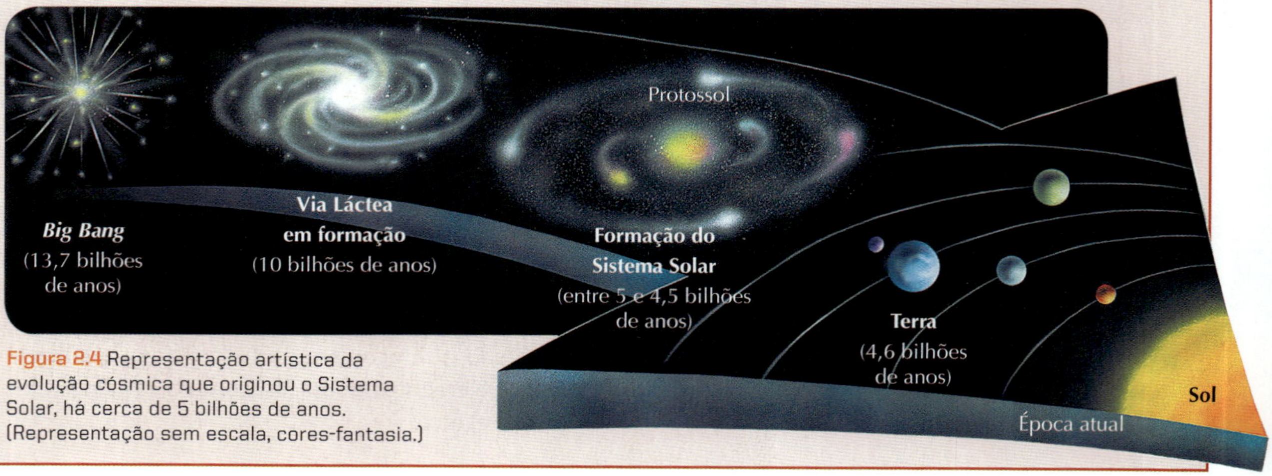

Figura 2.4 Representação artística da evolução cósmica que originou o Sistema Solar, há cerca de 5 bilhões de anos. (Representação sem escala, cores-fantasia.)

Seção 2.2

Abiogênese *versus* biogênese

Objetivo

- Conhecer a polêmica histórica entre os defensores da abiogênese e os defensores da biogênese, reconhecendo a importância do debate de ideias como essas para a melhoria da vida humana.

Termos e conceitos

- **teoria da geração espontânea**
- **microrganismos**

1 A teoria da geração espontânea

Os avanços do conhecimento científico, a partir do século XVIII, abriram caminho para as modernas discussões sobre a origem da vida na Terra. Contribuíram para essas discussões: os experimentos do pesquisador francês Louis Pasteur, que sepultaram a ideia de que seres vivos podiam surgir por geração espontânea; e a teoria evolucionista do naturalista inglês Charles Darwin, segundo a qual os primeiros seres vivos surgiram num passado remoto e desde então evoluíram, originando a variedade de seres atuais.

A ideia de que alguns seres vivos podiam surgir por outros processos além da reprodução foi muito difundida até meados do século XIX, sendo conhecida como **teoria da geração espontânea** ou **teoria da abiogênese**. Admitia-se, por exemplo, que cobras, rãs e crocodilos podiam se formar a partir da lama de lagos e rios, e que gansos podiam surgir pela transformação de crustáceos marinhos. (**Fig. 2.5**)

O filósofo grego Aristóteles (384-322 a.C.) admitia a geração espontânea, e seu pensamento levou filósofos e cientistas ilustres do Renascimento, como o francês René Descartes (1596-1650) e o inglês Isaac Newton (1642-1727), a adotarem a abiogênese para explicar a origem de certos organismos. Ficou famoso por sua originalidade o médico de Bruxelas e pesquisador da fisiologia das plantas Jan Baptista van Helmont (1577-1644), que elaborou um método para produzir ratos por geração espontânea.

A

Certas semelhanças entre um tipo de crustáceo marinho (classe Crustacea, gênero *Lepas*) e um tipo de ganso (classe Aves, gênero *Branta*) levaram à crença, no século XVIII, de que gansos podiam se originar pela transformação dos crustáceos.

C

Casal de elefantes com dois filhotes de diferentes idades.

B

Acreditava-se que sapos, cobras e crocodilos podiam surgir pela transformação do odo dos charcos.

Figura 2.5 **A.** e **B.** Ideias antigas sobre a origem dos seres vivos **C.** A Biologia moderna tem como premissa básica a ideia de que um ser vivo pode originar-se apenas pela reprodução de seres semelhantes.

Dizia ele: "[...] colocam-se, num canto sossegado e pouco iluminado, camisas sujas. Sobre elas espalham-se grãos de trigo e o resultado será que, em vinte e um dias, surgirão ratos [...]". Van Helmont acreditava tanto na geração espontânea que nem considerava a possibilidade de os ratos serem atraídos pelas condições favoráveis (abrigo e alimento) e não produzidos espontaneamente.

A crença na abiogênese não resistiu, porém, à expansão do conhecimento científico e aos rigorosos testes efetuados por cientistas criteriosos como Redi, Spallanzani e Pasteur, dentre outros. Esses pesquisadores forneceram evidências irrefutáveis de que seres vivos surgem somente pela reprodução de seres de sua própria espécie, teoria que ficou conhecida como **biogênese**.

2 O experimento de Redi

Um dos primeiros experimentos científicos sobre a origem de seres vivos foi realizado pelo médico italiano Francesco Redi (1626-1697), em meados do século XVII. Na época, muitos acreditavam que os seres vermiformes que surgem nos cadáveres de pessoas e animais eram resultantes da transformação espontânea da carne em putrefação. Redi não aceitava essa ideia e formulou a hipótese de que tais "vermes" eram estágios imaturos (larvas) do ciclo de vida de moscas. Ele afirmava que as larvas nasciam de ovos colocados por moscas na carne e não por geração espontânea.

A

B

Figura 2.6 A. Representação esquemática do experimento de Redi, que descartou a hipótese da geração espontânea dos "vermes" (larvas) da carne em putrefação. No frasco à esquerda, tapado com gaze, não surgiram larvas. No frasco à direita, onde as moscas puderam entrar, apareceram larvas, que se alimentavam da carne. **B.** Pintura que ilustra Aquiles contemplando o corpo de Pátrocles. Essa cena, relatada por Homero na *Ilíada*, serviu de inspiração para Redi idealizar seu experimento.

Em seu livro intitulado "Experimentos sobre a geração de insetos" (em latim, *Experimenta circa generationem insectorum*), Redi conta como teve a ideia de que os "vermes" dos cadáveres eram parte do ciclo de vida de moscas. Ao ler o poema épico *Ilíada*, datado dos séculos VIII e IX a.C. e cuja autoria é atribuída ao grego Homero, o médico italiano se perguntou: "[...] por que, no canto XIX da *Ilíada*, Aquiles teme que o corpo de Pátrocles se torne presa das moscas? Por que ele pede a Tétis que proteja o corpo contra os insetos que poderiam dar origem a vermes e assim corromper a carne do morto?". E concluiu que os antigos gregos já sabiam que as larvas encontradas nos cadáveres originavam-se de moscas que pousavam sobre eles e ali depositavam seus ovos.

Seguindo os procedimentos da ciência moderna, Redi fez o seguinte raciocínio: se os "vermes" (larvas) surgem a partir de ovos colocados por moscas – essa é a hipótese –, então eles não aparecerão se impedirmos que moscas pousem na carne – essa é uma dedução a partir da hipótese.

Para testar a hipótese, Redi realizou o seguinte experimento: colocou animais mortos em frascos de boca larga, vedou alguns deles com uma gaze muito fina e deixou outros abertos. Nestes últimos, nos quais as moscas podiam entrar ou deles sair livremente, logo surgiram "vermes". Nos frascos tapados com a gaze, que impedia a entrada das moscas, não apareceu nenhum "verme", mesmo depois de muitos dias. A dedução feita a partir da hipótese confirmou-se e esta foi aceita. **(Fig. 2.6)**

A teoria da geração espontânea, que perdera credibilidade com o experimento de Redi, voltou a ser utilizada para explicar a origem dos seres microscópicos, ou **microrganismos**, descobertos em meados do século XVII pelo holandês Antonie van Leeuwenhoek (1632-1723). (**Fig. 2.7**)

A teoria da geração espontânea parecia adequada para explicar a origem dos microrganismos, pois era difícil imaginar que seres aparentemente tão simples e variados, presentes em quase todos os lugares, pudessem surgir por meio da reprodução. Muitos estudiosos, porém, estavam convencidos de que a geração espontânea não ocorria, nem para seres grandes, nem para seres microscópicos.

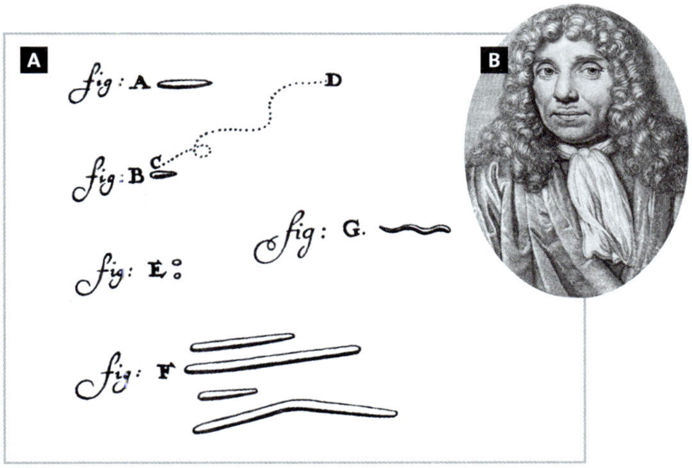

Figura 2.7 Em **A**, desenhos de seres microscópicos, popularmente chamados de micróbios, realizados por Antonie van Leeuwenhoek. Em **B**, retrato de Leeuwenhoek.

3 O experimento de Joblot

Em 1711, o francês Louis Joblot (1645-1723) realizou um experimento no qual distribuiu, em frascos cuidadosamente limpos, caldo nutritivo preparado à base de carne e previamente fervido, de modo a matar todos os microrganismos eventualmente presentes. Alguns dos frascos foram mantidos abertos, enquanto outros foram tapados com um pergaminho (feito a partir de pele animal). Após alguns dias, Joblot observou os caldos dos frascos ao microscópio; no dos frascos destapados, havia grande quantidade de microrganismos, ausentes no caldo dos frascos tapados.

Com esse experimento, o cientista francês acreditou ter resolvido o problema da origem dos seres microscópicos. Ele concluiu que os microrganismos surgiam a partir de "sementes" provenientes do ar e não pela transformação espontânea da matéria inanimada constituinte do caldo nutritivo.

4 Needham *versus* Spallanzani

A hipótese da geração espontânea, no entanto, não estava derrotada. Em 1745, o inglês John Needham (1713-1781) distribuiu um caldo nutritivo em diversos frascos, que foram fervidos por 30 minutos e imediatamente fechados com rolhas de cortiça. Depois de alguns dias, os caldos estavam repletos de seres microscópicos.

Assumindo que a fervura eliminara todos os seres eventualmente existentes no caldo original e que nenhum ser vivo poderia ter penetrado através das rolhas, Needham argumentou que só havia uma explicação para a presença de microrganismos nos frascos: eles haviam surgido por geração espontânea.

Dando continuidade à polêmica, o padre e pesquisador italiano Lazzaro Spallanzani (1729-1799) refez os experimentos de Needham. Ele preparou oito frascos com caldos nutritivos previamente fervidos: quatro deles foram fechados com rolhas de cortiça, como fizera Needham, e os outros quatro tiveram os gargalos derretidos no fogo; além disso, estes últimos frascos foram fervidos por longo tempo. Após alguns dias, microrganismos haviam surgido nos frascos arrolhados com cortiça, mas não nos frascos cujos gargalos foram hermeticamente fechados no fogo. Spallanzani concluiu que a vedação e o tempo de fervura utilizados por Needham haviam sido ineficientes para impedir a contaminação do caldo.

Em resposta, Needham alegou que, devido à fervura prolongada, o caldo poderia ter perdido sua "força vital", um princípio imaterial que seria indispensável ao surgimento de vida.

Spallanzani, então, quebrou os gargalos fundidos de alguns frascos que ainda se mantinham livres de microrganismos, expondo seu conteúdo ao ar. Em pouco tempo, eles ficaram repletos de microrganismos, mostrando que a fervura prolongada não havia destruído a "força vital" do caldo.

Needham contra-argumentou mais uma vez, sugerindo a hipótese de que o princípio ativo, embora deteriorado pelo longo tempo de fervura, se restabelecera com a entrada de ar fresco, permitindo que os microrganismos surgissem espontaneamente. Dessa vez, Spallanzani não conseguiu elaborar um experimento para descartar esse argumento e a controvérsia não foi resolvida.

CIÊNCIA E CIDADANIA

Pesquisas sobre geração espontânea geram novas tecnologias

A invenção da indústria dos enlatados

É interessante pensar que foram os experimentos de Spallanzani sobre geração espontânea que abriram caminho para o desenvolvimento da indústria de alimentos enlatados. Ao saber das pesquisas e controvérsias sobre a origem dos microrganismos, o confeiteiro francês Nicholas Appert (1749-1841) suspeitou que eles realmente poderiam ser responsáveis pela deterioração dos alimentos, problema então enfrentado pelos fabricantes de produtos alimentícios. Partindo do princípio de que caldos nutritivos previamente fervidos poderiam ser guardados sob vedação hermética sem se estragar, como Spallanzani havia demonstrado, Appert desenvolveu uma tecnologia para produzir alimentos enlatados, os quais poderiam ser armazenados por longo tempo sem sofrer deterioração. **(Fig. 2.8)**

Figura 2.8
Uma das consequências práticas das polêmicas sobre a origem dos microrganismos foi o surgimento da indústria dos enlatados. Os alimentos, esterilizados e hermeticamente fechados nas latas, preservam-se da ação de microrganismos decompositores e duram por muito mais tempo.

5 Pasteur e a derrubada da abiogênese

No início da década de 1860, a Academia Francesa de Ciências ofereceu um prêmio em dinheiro para quem realizasse um experimento definitivo sobre a origem dos microrganismos. Estimulado pelo desafio, Louis Pasteur começou a trabalhar no assunto. Em um experimento, ele preparou quatro frascos de vidro com caldos nutritivos, amoleceu seus gargalos no fogo, esticando-os e curvando-os em forma de um pescoço de cisne. Em seguida, aqueceu os frascos com caldo até que saísse vapor pelas extremidades dos gargalos e deixou que resfriassem. O objetivo de Pasteur, ao curvar os gargalos dos frascos, era permitir a entrada do ar, mas fazer com que as partículas em suspensão ficassem retidas nas paredes do gargalo curvo, que funcionava como um filtro.

Apesar de o caldo estar em contato direto com o ar, em nenhum dos quatro frascos com "pescoço de cisne" surgiram microrganismos. Os microrganismos do ar ficavam retidos nas curvas do gargalo e não conseguiam chegar ao líquido do frasco. Então Pasteur quebrou os gargalos de alguns dos frascos e verificou que, em poucos dias, seus conteúdos ficaram repletos de microrganismos. Esses experimentos demonstraram irrefutavelmente que o surgimento de microrganismos em caldos nutritivos dá-se pela contaminação por germes provenientes do ambiente externo e não por geração espontânea. **(Fig. 2.9)**

A origem da pasteurização

A pasteurização, processo de eliminação seletiva de microrganismos pelo aquecimento brando, é hoje largamente empregada na indústria de alimentos. Em diversos países, inclusive no Brasil, é obrigatório pasteurizar o leite e seus derivados antes de comercializá-los. Nesse processo, o leite é mantido a 62 °C por 30 minutos, o que elimina a bactéria *Mycobacterium tuberculosis*, um microrganismo frequentemente presente no gado bovino e que pode causar tuberculose em seres humanos. O tratamento elimina também a maioria dos microrganismos responsáveis pela deterioração do leite, prolongando sua vida útil.

A história da origem do processo remonta à década de 1850. Nessa época, o pesquisador francês Louis Pasteur (1822-1895), já famoso por seus estudos sobre os microrganismos, interessou-se por um problema de deterioração do vinho, que afetava a indústria vinícola de Arbois, sua terra natal. Em experimentos anteriores, ele próprio já demonstrara que a transformação do suco de uvas em vinho resulta da atividade de microrganismos denominados leveduras, ou fermentos. Sua hipótese, agora, era que a deterioração do vinho era decorrente da contaminação por algum outro tipo de microrganismo.

Ao observar ao microscópio amostras de vinhos estragados, Pasteur encontrou outros microrganismos além das leveduras, o que reforçava sua hipótese. A questão era: como se livrar desses invasores indesejáveis sem alterar o sabor do vinho? Este não podia ser fervido, pois perderia totalmente suas qualidades.

Pasteur descobriu que o aquecimento do vinho por apenas alguns minutos, a 57 °C, era suficiente para eliminar os microrganismos indesejáveis sem alterar o sabor da bebida; estava inventado o processo que em sua homenagem recebeu o nome de pasteurização.

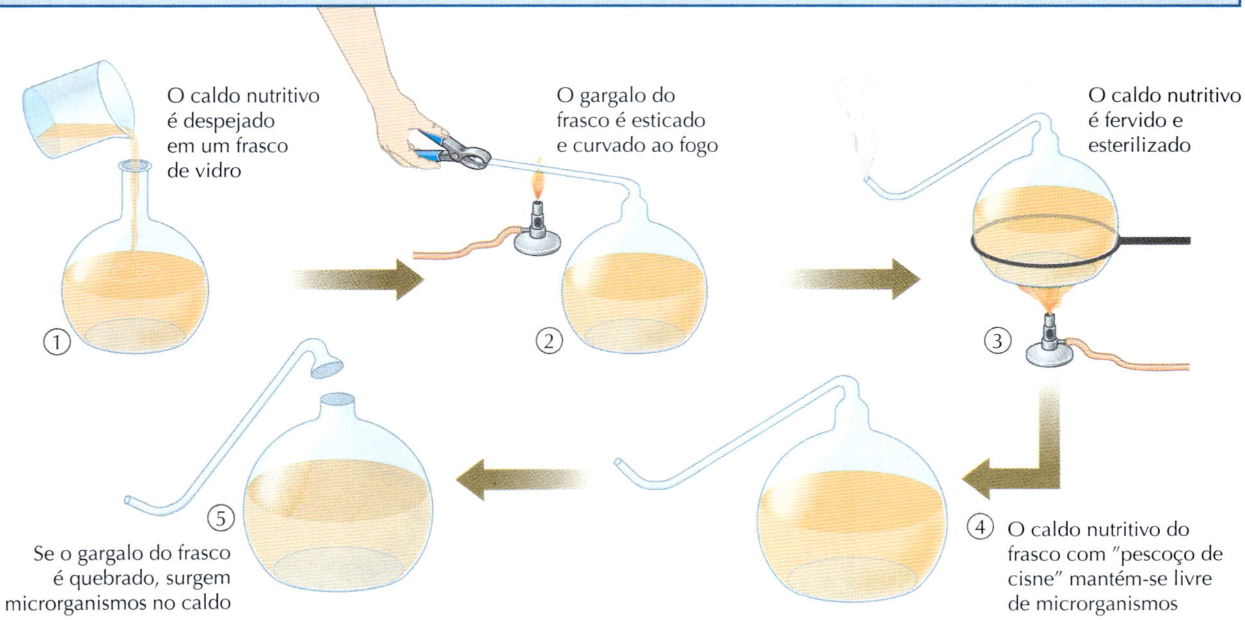

Figura 2.9 Representação da sequência de etapas do célebre experimento realizado por Pasteur, que sepultou definitivamente a teoria da geração espontânea. (Imagens sem escala, cores-fantasia.)

CIÊNCIA E CIDADANIA

Caçadores de micróbios promovem avanços na Medicina

Em 1865, Pasteur foi chamado ao sul da França para ajudar a combater uma doença que atacava as lagartas de bicho-da-seda e causava enormes prejuízos à indústria têxtil de seda. Embora conhecesse pouco esses animais, o cientista francês aceitou esse novo desafio.

Depois de várias experiências malsucedidas, Pasteur e seus colaboradores descobriram que as lagartas sadias ficavam doentes depois de comer as fezes ou os cadáveres de lagartas afetadas pela doença. Nesse caso, no corpo das lagartas apareciam glóbulos microscópicos, que aumentavam em número à medida que a enfermidade progredia. Os pesquisadores concluíram que esses glóbulos microscópicos eram microrganismos parasitas, responsáveis pela doença. Os criadores foram orientados a eliminar as lagartas doentes e a realizar um exame microscópico das fêmeas após a postura, utilizando apenas os ovos comprovadamente sadios. Com isso, a praga foi controlada.

Entusiasmado com o sucesso obtido na erradicação da doença das lagartas e imaginando que doenças humanas também poderiam ser causadas por microrganismos, Pasteur escreveu: "Está no poder da humanidade fazer com que as doenças parasitárias desapareçam da face da Terra, se a doutrina da geração espontânea é falsa, como estou certo que é".

Influenciado pelas ideias de Pasteur, o médico escocês Joseph Lister (1827-1912) imaginou que a grande mortalidade de pessoas submetidas a cirurgias podia ser provocada por microrganismos infecciosos vindos do ar. Lister passou a usar substâncias desinfetantes nos instrumentos, no ambiente e nas ataduras que recobriam os cortes cirúrgicos. Devido a essa prática, a mortalidade entre os pacientes operados em seu hospital caiu de 45% para 15%, de 1865 a 1869.

Enquanto Pasteur fazia pesquisas com vinhos, cervejas e doenças das lagartas, o jovem médico alemão Robert Koch (1843-1910), sem formação em pesquisa e munido apenas de um microscópio, estava prestes a demonstrar que certos microrganismos realmente podiam causar doenças e morte. Koch encontrou microrganismos no sangue de ovelhas mortas pelo carbúnculo, doença também conhecida como antraz, que afeta animais herbívoros e eventualmente ataca seres humanos, podendo levar à morte. Ele isolou esses microrganismos e transferiu-os para o humor aquoso de olho de vaca, utilizado como meio nutritivo. Depois que os microrganismos se multiplicaram, injetou-os em ratos sadios, que logo contraíram a doença.

Koch também descobriu que os microrganismos transmissores do carbúnculo produziam esporos resistentes, que podiam ficar dormentes no capim dos pastos por longo tempo até serem ingeridos por um herbívoro e causar a doença. Essa foi a primeira demonstração irrefutável de que microrganismos podiam provocar doenças contagiosas. Em sua incessante caça aos microrganismos "assassinos", Koch acabou descobrindo os causadores da tuberculose e da cólera, dentre outros.

Ao tomar conhecimento das descobertas de Koch, Pasteur resolveu aprofundar o estudo dos microrganismos causadores do antraz. Ele e seus colaboradores isolaram linhagens atenuadas desses micróbios, que produziam sintomas brandos de antraz quando injetadas em ovelhas. Após se restabelecerem, os animais injetados tornavam-se imunes à doença, mesmo quando reinjetados com as linhagens microbianas mais contagiosas. Surgia, assim, a primeira forma de vacinação contra o antraz.

Pasteur voltou-se, então, para outra terrível doença, a raiva, que provocava a morte dolorosa de animais e pessoas. Apesar de não ter conseguido identificar microscopicamente o agente causador da raiva (o que o levou a concluir que se tratava de um ser muito pequeno), Pasteur conseguiu cultivá-lo no sistema nervoso de coelhos vivos; com esses micróbios, ele desenvolveu uma das primeiras formas de tratamento contra a raiva. (**Fig. 2.10**)

Figura 2.10 Retratos de Louis Pasteur (à esquerda) e de Robert Koch (à direita), considerados, respectivamente os fundadores da Imunologia e da Bacteriologia.

Seção 2.3

Teorias modernas sobre a origem da vida

Objetivos

- Conhecer, em linhas gerais, as condições reinantes na Terra primitiva antes do surgimento da vida.
- Conhecer os principais passos que teriam levado à origem dos primeiros seres vivos: formação de substâncias orgânicas precursoras, sua organização em sistemas isolados e aparecimento da reprodução.
- Comparar as hipóteses heterotrófica e autotrófica para a origem da vida e justificar a tendência atual de aceitar a hipótese autotrófica.

Termos e conceitos

- panspermia
- teoria da evolução química
- autotrófico
- heterotrófico
- hipótese heterotrófica
- fermentação
- hipótese autotrófica
- fotossíntese
- respiração aeróbia

1 Panspermia e evolução química

A queda definitiva da teoria da geração espontânea levou a uma nova questão: se os seres vivos não surgem espontaneamente da matéria inanimada, então como foi que eles surgiram na Terra? A ciência admite atualmente duas hipóteses para explicar a origem da vida no planeta: a panspermia e a teoria da evolução química.

Segundo a **panspermia**, a vida na Terra originou-se a partir de substâncias precursoras da vida, ou mesmo de seres vivos, provenientes de outros locais do cosmo. Essas ideias surgiram entre o fim do século XIX e o início do século XX, tendo entre seus primeiros defensores o físico irlandês William Thomson (1824-1907), mais conhecido como Lord Kelvin, e o químico sueco Svante August Arrhenius (1859-1927). Atualmente, a teoria da panspermia voltou a ganhar força com a descoberta de moléculas orgânicas em cometas e outros corpos celestes; isso sugere que o espaço interestelar não é um ambiente tão hostil à vida como se pensava.

A **teoria da evolução química**, também chamada **teoria da evolução molecular**, foi proposta inicialmente pelo biólogo inglês Thomas Huxley (1825-1895) e retomada na década de 1920 pelo biólogo inglês John Burdon S. Haldane (1892-1964) e pelo bioquímico russo Aleksandr I. Oparin (1894-1980). De acordo com essa teoria, a vida é resultado de um processo de evolução química em que compostos inorgânicos se combinaram, originando moléculas orgânicas simples, como aminoácidos, açúcares, bases nitrogenadas, ácidos graxos etc. Da combinação dessas substâncias surgiram outras ainda mais complexas, como proteínas, lipídios, ácidos nucleicos etc. Finalmente, essas substâncias originaram estruturas com capacidade de autoduplicação e metabolismo, que seriam os primeiros seres vivos.

As duas teorias não são antagônicas. Os defensores da moderna panspermia admitem que, onde quer que a vida tenha surgido, o processo deve ter ocorrido por evolução molecular. Todos concordam, também, que algumas condições são fundamentais para o surgimento da vida como a conhecemos na Terra: água em estado líquido, moléculas orgânicas e fonte de energia para as reações químicas. Os defensores da origem terrestre da vida argumentam que tais condições estavam presentes na Terra primitiva e que, portanto, não é necessário recorrer à possibilidade de viagens interplanetárias de seres ancestrais para explicar nossas origens.

2 Quais eram as condições na Terra primitiva?

Como vimos, o início da existência da Terra foi turbulento. A temperatura era altíssima, a ponto de fundir as rochas na superfície terrestre. Além disso, a jovem Terra era continuamente bombardeada por asteroides provenientes do espaço sideral. Estes se chocavam com a superfície terrestre em eventos catastróficos, contribuindo para o aumento da temperatura e da massa do planeta.

Os cientistas estimam que as colisões de corpos celestes agregaram pelo menos 10^{18} toneladas de matéria à Terra em formação. Considerando que a massa da Terra é de quase 6×10^{21} toneladas, conclui-se que parte substancial dos componentes terrestres originou-se de asteroides e meteoritos provenientes do espaço. Descobertas recentes sugerem que a maior parte da água e do elemento carbono (C) existentes na Terra chegou a bordo dos asteroides que se incorporaram ao planeta durante sua formação. A intensidade dos choques com asteroides diminuiu drasticamente entre 4,2 e 3,8 bilhões de anos atrás.

A água trazida pelos corpos celestes evaporava em decorrência do impacto e se acumulava como vapor na atmosfera da Terra em formação. Ao atingir as camadas superiores e frias da atmosfera, o vapor d'água se condensava, produzindo nuvens carregadas e precipitando-se em forma de chuva. Devido às temperaturas elevadas da superfície terrestre, a água voltava a evaporar e o processo se repetia. Acredita-se que, na Terra de pouco mais de 500 milhões de anos de idade, tempestades torrenciais ocorreram continuamente, durante dezenas de milhões de anos.

A partir de determinado momento, a superfície da Terra já havia esfriado o suficiente para que água líquida se acumulasse nas regiões mais baixas da crosta, formando imensas áreas alagadas, precursoras dos oceanos. Foi provavelmente em um cenário como esse que surgiram os primeiros seres vivos, dos quais descendem todas as formas de vida passadas e presentes. **(Fig. 2.11)**

Figura 2.11 Representação artística das mudanças que teriam ocorrido gradualmente no ambiente da Terra primitiva (**A**, **B** e **C**) e que permitiram o surgimento da vida.

3 Primeiros vestígios de vida na Terra

Os cientistas que estudam a origem da vida enfrentam uma grande dificuldade: a falta de vestígios dos primeiros seres vivos, quase totalmente destruídos pelas drásticas transformações ocorridas na crosta terrestre nos primeiros milhões de anos de sua existência.

Foram encontrados vestígios de atividade biológica em rochas datadas de 2,7 bilhões de anos, provavelmente deixados por ancestrais de cianobactérias. Acredita-se, entretanto, que a vida teve início na Terra muito antes, há aproximadamente 3,5 bilhões de anos, embora não existam evidências fósseis sobre isso.

4 Origem pré-biótica de compostos orgânicos

De onde teriam vindo as moléculas orgânicas que originaram os primeiros seres vivos? Ainda não há resposta definitiva para essa questão. Como já mencionamos, uma das possibilidades, embasada em descobertas recentes, é que substâncias precursoras da vida tenham vindo do espaço sideral, a bordo de cometas e asteroides. Algumas experiências, no entanto, mostram que a combinação química de substâncias inorgânicas gasosas presentes na Terra primitiva poderia ter dado origem a moléculas orgânicas.

O experimento de Miller

Em 1953, o estadunidense Stanley Lloyd Miller (1930-2007), então aluno do químico Harold C. Urey (1893-1981), construiu um aparelho simulador onde se tentava recriar as condições existentes na Terra primitiva. Urey acreditava que a atmosfera da Terra, em seus primórdios, era semelhante à de planetas gasosos como Júpiter, Saturno, Urano e Netuno, sendo constituída fundamentalmente por metano (CH_4), amônia (NH_3) e hidrogênio (H_2). O simulador de Miller consistia em um aparelho formado por tubos e balões de vidro interligados, no interior dos quais havia a mistura de gases supostamente presentes na Terra primitiva, além de vapor-d'água (H_2O).

A mistura gasosa era submetida a fortes descargas elétricas, que simulavam os raios produzidos durante as grandes tempestades que devem ter ocorrido no planeta em formação. No simulador, também havia um condensador que resfriava a mistura de gases. O resfriamento levava o vapor-d'água a se condensar e escorrer para a parte inferior do aparelho, onde um aquecedor fazia a água ferver e transformar-se novamente em vapor; este retornava ao sistema. Assim, Miller tentava simular as chuvas e a evaporação da água que deviam ocorrer na superfície quentíssima do jovem planeta Terra. (**Fig. 2.12**)

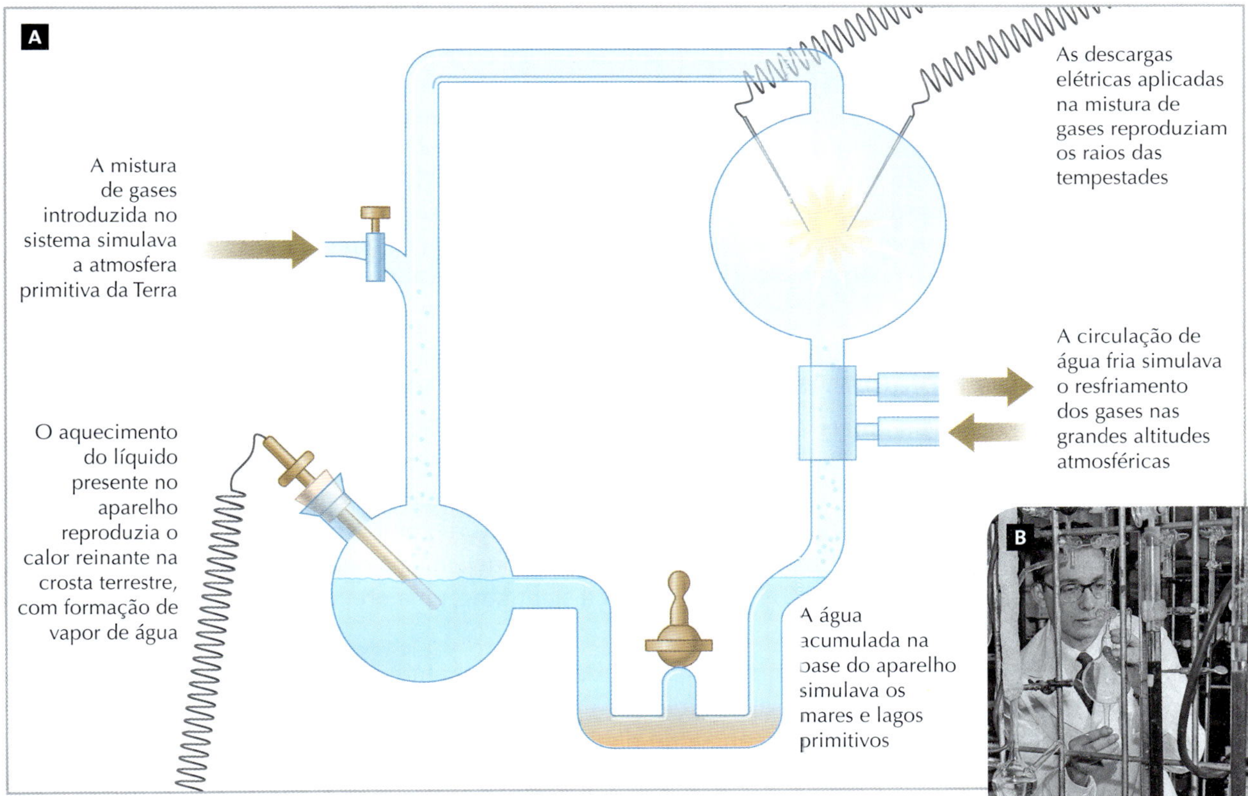

Figura 2.12 **A.** Representação esquemática do simulador utilizado por S. L. Miller em seu experimento sobre a origem da vida. (Representação sem escala, cores-fantasia.) **B.** Fotografia de S. L. Miller ao lado do aparelho.

Conteúdo digital Moderna PLUS http://www.modernaplus.com.br
Animação: *Origem da vida*

Miller deixou o simulador funcionando durante uma semana e, então, examinou o líquido acumulado em sua parte inferior. Testes químicos revelaram substâncias ausentes no início do experimento, com destaque para diversos tipos de aminoácidos, ácidos graxos simples e ureia, entre outras substâncias. Na fase gasosa foram detectados monóxido de carbono (CO), dióxido de carbono (CO_2) e gás nitrogênio (N_2).

O experimento de Miller ficou famoso por ter sido o primeiro a demonstrar a possibilidade da síntese de aminoácidos, componentes fundamentais das proteínas, nas condições abióticas supostamente existentes na Terra primitiva. Atualmente se sabe, porém, que planetas rochosos como a Terra nunca tiveram atmosferas fortemente redutoras (por serem ricas em hidrogênio), como era a mistura de gases utilizada no experimento. Dados recentes sugerem que a atmosfera terrestre, entre 4 e 3,5 bilhões de anos atrás, era neutra, constituída por dióxido de carbono (CO_2), metano (CH_4), monóxido de carbono (CO) e gás nitrogênio (N_2). Os cientistas admitem que, nessas condições, seria quase impossível a formação de aminoácidos, cuja síntese demanda condições fortemente redutoras.

O experimento de Miller é aplicável aos planetas gasosos, onde o ambiente era, e ainda é, fortemente redutor e, portanto, propício à síntese abiótica de aminoácidos. Em 1969, caíram meteoritos na Austrália nos quais havia aminoácidos semelhantes aos produzidos no experimento de Miller.

AMPLIE SEUS CONHECIMENTOS

A matéria-prima da vida veio do espaço?

Estudos têm mostrado que substâncias orgânicas são relativamente comuns no espaço sideral. Os astrônomos já encontraram evidências de substâncias orgânicas em diferentes lugares, como nuvens de gases interestelares, grãos de poeira cósmica e asteroides. Foram detectadas substâncias orgânicas nos famosos cometas Halley e Hale-Bopp, na nebulosa de Órion e em meteoritos caídos na Terra.

Praticamente todas as substâncias químicas fundamentais dos seres vivos já foram detectadas em corpos celestes ou produzidas em laboratório, em condições simuladas. Portanto, os ingredientes básicos para a formação de vida poderiam estar disponíveis desde os primórdios da existência da Terra. Diante disso, a questão mais relevante passa a ser: como esses ingredientes reuniram-se para criar complexos moleculares isolados, com capacidade de reprodução e de metabolismo? Em outras palavras, como esses ingredientes deram origem a seres vivos?

Sistemas isolados, um grande passo para a vida

Nos seres vivos atuais, os processos químicos que caracterizam a vida ocorrem sempre no interior de células, compartimentos isolados do ambiente externo por uma finíssima membrana. Essa membrana garante um ambiente adequado aos processos e reações químicas essenciais à vida. Ela é tão importante que, se é rompida, a estrutura celular se desorganiza rapidamente e a célula morre. Por isso, o aparecimento de sistemas químicos delimitados por uma membrana que os separava do meio foi, de acordo com os cientistas, uma etapa fundamental para a origem da vida na Terra.

Em meados do século XX, diversos cientistas tentaram explicar como sistemas isolados poderiam ter surgido na Terra primitiva. Um deles foi o russo Aleksandr Oparin (1894-1980). Químico de formação, Oparin sabia que a mistura de proteínas e outras substâncias orgânicas à água produz microscópicos aglomerados de moléculas orgânicas delimitados por uma película de água. O fenômeno é denominado coacervação e os aglomerados, **coacervatos**. Segundo Oparin, os coacervatos poderiam ter sido um passo importante rumo à formação de sistemas biológicos.

Em 1958, o pesquisador estadunidense Sidney Fox (1912-1998) aqueceu aminoácidos em uma superfície seca e, em seguida, adicionou água levemente salgada. Ao analisar a solução ao microscópio, ele observou a presença de pequenos glóbulos que podiam aumentar de tamanho e se fragmentar em glóbulos menores. Estes eram bolsas delimitadas por membranas proteicas, formadas pela união dos aminoácidos durante o aquecimento a seco. Fox denominou os glóbulos de **microsferas**, levantando a hipótese de que elas poderiam ter sido importantes no processo de formação dos primeiros seres vivos.

Os coacervatos de Oparin e as microsferas de Fox não são seres vivos e estão muito longe de resolver as dúvidas sobre como a vida começou. Entretanto, eles mostram que moléculas precursoras da vida podem ter originado aglomerados isolados do ambiente e capazes de se manter organizados por algum tempo.

O salto definitivo para a vida, porém, só ocorreu quando isolados moleculares adquiriram a capacidade de produzir seus próprios componentes, podendo crescer e se reproduzir. Descobrir como isso aconteceu ainda é um dos grandes desafios da ciência.

5 O "mundo do RNA"

O passo crucial na origem dos seres vivos foi adquirir a capacidade de **reprodução**, ou seja, de originar seres com características semelhantes que perpetuam a linhagem. Na reprodução biológica como a conhecemos hoje, instruções para o funcionamento das células (informações genéticas) são transmitidas à descendência. Na quase totalidade dos seres vivos atuais, as informações genéticas estão escritas, em um código químico, nas moléculas filamentosas de DNA.

Há algumas décadas, surgiu a hipótese de que outra substância dos seres vivos, o RNA, pode ter sido o material genético primordial. Sabe-se que, em alguns vírus, o RNA tem capacidade de se multiplicar. Testes laboratoriais deram sustentação a essa hipótese ao mostrar que moléculas de RNA podem ser produzidas em condições abióticas. Na década de 1980, o bioquímico estadunidense laureado com um Prêmio Nobel, Thomas R. Cech (n. 1947), e seus colaboradores descobriram que diversos tipos de reações importantes, como a união dos aminoácidos na produção das proteínas, por exemplo, são diretamente controladas por moléculas de RNA denominadas ribozimas.

Qual a importância da descoberta das ribozimas para as pesquisas sobre origem da vida? Alguns cientistas acreditam que a capacidade do RNA em se duplicar e controlar reações químicas vitais sugere sua presença desde o início da vida na Terra. Muitos chegam a falar em um "mundo do RNA", para se referir ao hipotético período que teria precedido o aparecimento da vida na Terra. A seleção natural, ou, em outras palavras, a "sobrevivência dos mais capazes", teria começado a atuar nessa etapa da história da vida. Ao se multiplicar, as moléculas de RNA deviam produzir versões ligeiramente diferentes entre si; algumas delas tinham maior capacidade de se perpetuar e de se reproduzir, transmitindo essas capacidades à descendência. Acredita-se que esse foi o primeiro passo em direção ao desenvolvimento de um "sistema genético", que pode ter surgido antes mesmo do aparecimento de sistemas isolados por membranas.

Atualmente, os cientistas tentam explicar um passo seguinte na trajetória da vida: a passagem do "mundo do RNA" para um "mundo de DNA e proteínas", como é o dos seres vivos atuais.

6 Evolução dos processos energéticos

Embora ainda não tenhamos um "retrato" exato dos seres vivos mais antigos, acredita-se que eles eram de tamanho microscópico e delimitados por algum tipo de membrana. Em seu interior, reações químicas ordenadas e controladas pelas informações genéticas transformavam moléculas de alimento em componentes do próprio corpo desses seres, o que permitia seu crescimento e reprodução.

De que se alimentavam os primeiros seres vivos? Essa é outra questão que divide a opinião dos cientistas. Os seres atuais têm duas estratégias principais para obter alimento: a) eles mesmos o produzem; b) têm de obtê-lo de fora. No primeiro caso, fala-se em seres **autotróficos** (do grego *autós*, próprio, e *trophos*, alimento), capazes de produzir seu próprio alimento a partir de substâncias inorgânicas e de energia obtidas do ambiente. No segundo caso, fala-se em seres **heterotróficos** (do grego *hetero*, diferente); incapazes de produzir seu próprio alimento, eles têm de obtê-lo do meio externo na forma de moléculas orgânicas. São autotróficos alguns tipos de bactérias, todas as algas e todas as plantas atuais; são heterotróficos os fungos, certas bactérias, todos os protozoários e todos os animais.

Hipótese heterotrófica

Há algumas décadas, a hipótese mais aceita sobre o modo de nutrição dos primeiros seres vivos era a **hipótese heterotrófica**. De acordo com essa hipótese, a fonte de alimento dos primeiros seres seria constituída de moléculas orgânicas produzidas de modo abiogênico e acumuladas nos mares e lagos primitivos. O principal argumento em favor dessa ideia é que os primeiros seres vivos, por serem muito simples, ainda não teriam desenvolvido a capacidade de produzir substâncias alimentares e seriam, portanto, heterotróficos, alimentando-se de substâncias orgânicas disponíveis no meio.

Esses primitivos seres heterotróficos deviam extrair energia das moléculas nutritivas por meio de processos bioquímicos relativamente simples como a **fermentação**, por exemplo, realizada atualmente por certas bactérias e fungos. Na fermentação, moléculas orgânicas são quebradas e originam compostos orgânicos mais simples, liberando energia, utilizada para suprir os gastos do metabolismo. Um dos tipos de fermentação bem conhecido é a fermentação alcoólica da glicose, em que esse açúcar é transformado em álcool etílico (etanol) e gás carbônico, segundo a equação:

$$\underset{\text{Glicose}}{1\,C_6H_{12}O_6} \rightarrow \underset{\text{Etanol}}{2\,C_2H_5OH} + \underset{\text{Gás carbônico}}{2\,CO_2} + \text{Energia}$$

Os defensores da hipótese heterotrófica admitem que, com o passar do tempo, a fonte de alimento diminuiria, principalmente devido ao aumento de consumo pela população crescente de seres heterotróficos. Supõe-se que, nessa época, algumas linhagens daqueles seres pioneiros já teriam evoluído a ponto de captar energia luminosa do Sol e empregá-la para produzir moléculas orgânicas, utilizadas como alimento. Essas linhagens originariam os seres autotróficos fotossintetizantes.

Hipótese autotrófica

Atualmente, a hipótese mais aceita sobre o modo de nutrição dos primeiros seres vivos é a **hipótese autotrófica**. Seus defensores argumentam que na Terra primitiva não haveria moléculas orgânicas em quantidade suficiente para sustentar a multiplicação dos primeiros seres vivos até o surgimento da fotossíntese. Os primeiros seres vivos, de acordo com essa hipótese, seriam quimiolitoautotróficos (do grego *litós*, rocha), isto é, produziriam suas próprias substâncias alimentares pelo aproveitamento da energia liberada por reações químicas entre componentes inorgânicos da crosta terrestre. Uma possibilidade é que eles utilizassem compostos de ferro e de enxofre (por exemplo, FeS e H_2S), supostamente abundantes na Terra primitiva. Essa ideia tem se consolidado devido à descoberta de microrganismos chamados arqueas, alguns dos quais vivem em ambientes inóspitos como fontes de água quente e vulcões submarinos, onde há liberação contínua de gás sulfídrico (H_2S). Essas arqueas obtêm energia a partir de reações químicas como a mostrada a seguir:

$$\underset{\text{Sulfeto de ferro}}{FeS} + \underset{\text{Sulfeto de hidrogênio (gás sulfídrico)}}{H_2S} \rightarrow \underset{\text{Dissulfeto de ferro}}{FeS_2} + \underset{\text{Gás hidrogênio}}{H_2} + \text{Energia}$$

Segundo a hipótese autotrófica, a partir dos primeiros seres quimiolitoautotróficos teriam surgido os outros tipos de seres vivos, primeiro os que realizam fermentação, depois os fotossintetizantes e, por fim, os que respiram gás oxigênio (aeróbios).

Origem da fotossíntese

Um passo importante na história da vida na Terra foi o aparecimento da **fotossíntese**. Esse processo, atualmente realizado por algas, plantas e certas bactérias, consiste na produção de substâncias energéticas alimentares (geralmente glicídios) a partir de substâncias inorgânicas simples como água (H_2O) e gás carbônico (CO_2), utilizando luz como fonte de energia. Além de produzir glicídios, a maioria dos seres autotróficos atuais também produz gás oxigênio (O_2), liberado para o ambiente.

Acredita-se que, no início, os reagentes para a fotossíntese eram gás carbônico (CO_2) e sulfeto de hidrogênio (H_2S). Ainda hoje, algumas espécies de bactéria, as sulfobactérias, realizam fotossíntese utilizando esses dois ingredientes, como se pode ver na equação a seguir:

$$\underset{\text{Gás carbônico}}{6\,CO_2} + \underset{\text{Sulfeto de hidrogênio}}{12\,H_2S} + \text{Energia luminosa} \rightarrow \underset{\text{Glicose}}{C_6H_{12}O_6} + \underset{\text{Enxofre}}{6\,S_2} + \underset{\text{Água}}{6\,H_2O}$$

As primeiras bactérias fotossintetizantes capazes de utilizar água (H_2O) em lugar de gás sulfídrico (H_2S) teriam surgido há pouco menos de 3 bilhões de anos; a abundância de água na Terra permitiu que essas bactérias se espalhassem por todo o planeta. As bactérias fotossintetizantes pioneiras teriam sido ancestrais das cianobactérias atuais, que realizam o processo de fotossíntese mostrado na seguinte equação geral:

$$\underset{\text{Gás carbônico}}{6\,CO_2} + \underset{\text{Água}}{12\,H_2O} + \text{Energia luminosa} \rightarrow \underset{\text{Glicose}}{C_6H_{12}O_6} + \underset{\text{Gás oxigênio}}{6\,O_2} + \underset{\text{Água}}{6\,H_2O}$$

A capacidade de utilizar substâncias simples e energia da luz solar permitiu que as bactérias fotossintetizantes primitivas invadissem os mares e todos os ambientes úmidos do planeta. A proliferação foi tanta que o gás oxigênio liberado por essas bactérias teria alterado significativamente a composição da atmosfera terrestre. A partir de 2,5 bilhões de anos atrás, a concentração de gás oxigênio, praticamente inexistente até então, aumentou progressivamente até atingir a porcentagem atual, em torno de 21%. (**Fig. 2.13**)

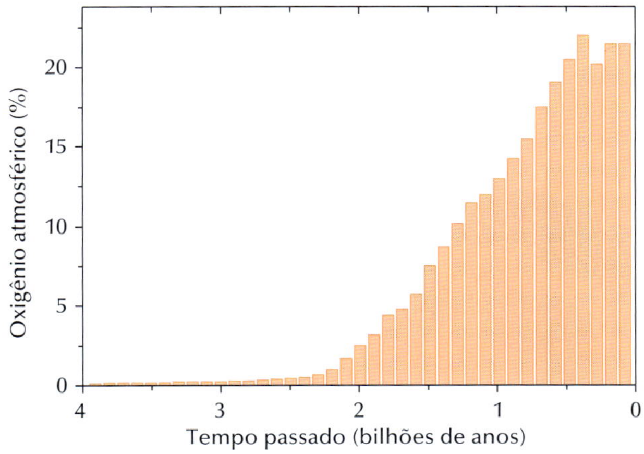

Figura 2.13 Gráfico que mostra a variação da porcentagem de gás oxigênio (O_2) na atmosfera da Terra desde sua formação. No início, a atmosfera terrestre tinha pouco O_2, que era produzido principalmente pela decomposição de moléculas de água sob ação da radiação ultravioleta do Sol. A quantidade de O_2 atmosférico aumentou exponencialmente devido ao aparecimento de seres fotossintetizantes.

Fonte: Vieyra e Souza-Barros, em *O que é vida?* de El-Hani e Videira (Orgs.).

AMPLIE SEUS CONHECIMENTOS — O holocausto do gás oxigênio

O gás oxigênio liberado na atmosfera devido à explosão populacional dos seres fotossintetizantes provavelmente causou grande impacto ambiental. Muitos metais foram oxidados, formando compostos que se alojaram no fundo de mares e rios e originaram os depósitos de minérios, como a hematita e a pirita, hoje explorados pela humanidade. Ao reagir com compostos orgânicos, o gás oxigênio provocaria sua degradação. Os cientistas acreditam que hoje seria impossível o surgimento da vida como ocorreu no passado, devido à grande concentração de gás oxigênio na atmosfera: ele provocaria a oxidação imediata das substâncias essenciais ao processo da vida, destruindo-as.

Segundo a bióloga Lynn Margulis (n. 1938), o gás oxigênio, precioso nos dias atuais, foi um terrível poluente atmosférico para a maioria dos seres que habitavam o planeta há aproximadamente 2 bilhões de anos. Os seres que ainda não haviam desenvolvido processos para se proteger dos efeitos nocivos do gás oxigênio extinguiram-se. Hoje, todos os seres vivos (exceto bactérias anaeróbias obrigatórias) têm eficientes mecanismos químicos de proteção contra os efeitos oxidantes do gás oxigênio.

A suposta mortandade causada pela presença do gás oxigênio na atmosfera foi, de acordo com Margulis, um "holocausto do oxigênio". O termo holocausto vem do grego *holókauston* e refere-se a uma antiga forma de sacrifício em que a vítima era inteiramente queimada.

Origem da respiração aeróbia

A vida, que traz em sua essência a capacidade de se adaptar e se perpetuar, encontrou uma saída para o aumento do gás oxigênio na atmosfera. Os seres ancestrais das cianobactérias, além de desenvolverem sistemas químicos antioxidantes, passaram a aproveitar o poder oxidante do gás oxigênio para quebrar as moléculas orgânicas dos alimentos que elas mesmas produziam pela fotossíntese. A oxidação controlada das substâncias orgânicas utilizadas como alimento garantiria alta eficiência na obtenção de energia; surgia, assim, a **respiração aeróbia**, processo de obtenção de energia cuja equação simplificada é:

$$\underset{\text{Glicose}}{C_6H_{12}O_6} + \underset{\text{Gás oxigênio}}{6\,O_2} \rightarrow \underset{\text{Gás carbônico}}{6\,CO_2} + \underset{\text{Água}}{6\,H_2O} + \text{Energia}$$

Note que a equação da respiração aeróbia é praticamente inversa à da fotossíntese. Assim, há cerca de 2 bilhões de anos, começou a se estabelecer, na Terra, um equilíbrio dinâmico entre fotossíntese e respiração aeróbia, que perdura até hoje. Na fotossíntese, gás carbônico e água são utilizados como reagentes e originam, como produtos, moléculas orgânicas e gás oxigênio (O_2); na respiração aeróbia, moléculas orgânicas reagem com moléculas de gás oxigênio (O_2) e originam, como produtos, água (H_2O) e gás carbônico (CO_2). **(Fig. 2.14)**

Uma consequência da presença de gás oxigênio na atmosfera terrestre foi a formação de uma camada de gás ozônio (O_3) na estratosfera, entre 12 e 50 quilômetros de altitude. O ozônio origina-se do gás oxigênio (O_2) e bloqueia a passagem da maior parte da radiação ultravioleta proveniente do Sol, que teria efeito letal sobre os seres vivos. Antes do surgimento da camada de ozônio, a vida estava restrita aos ambientes protegidos de lagos e mares. Foi a filtração de radiação ultravioleta pela camada de ozônio atmosférica que deu aos seres vivos a possibilidade de colonizar ambientes de terra firme, expostos à luz solar.

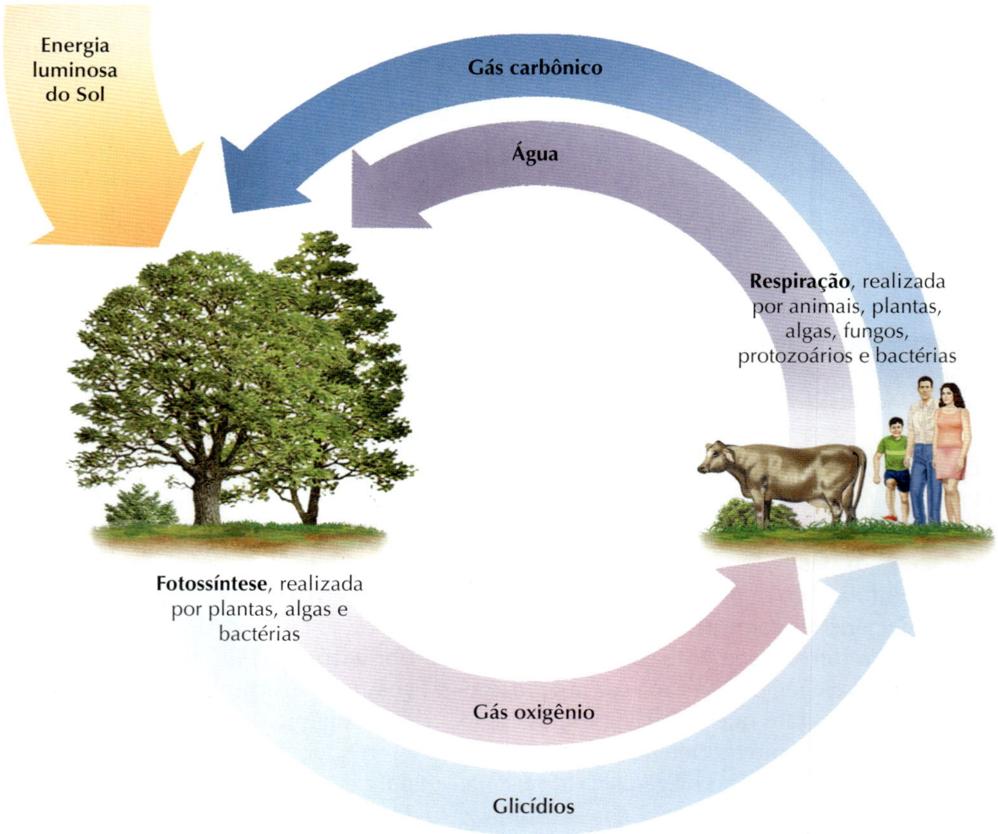

Figura 2.14 Representação esquemática do equilíbrio dinâmico entre a fotossíntese e a respiração aeróbia. Na fotossíntese, os reagentes gás carbônico (CO_2) e água (H_2O) originam glicídios e gás oxigênio (O_2) como produtos. Na respiração aeróbia, ocorre o inverso: os reagentes são gás oxigênio (O_2) e substâncias orgânicas e os produtos são gás carbônico (CO_2) e água (H_2O). (Representação sem escala, cores-fantasia.)

Seção 2.4

Evolução e diversificação da vida

Objetivos

- Reconhecer a importância, na história da vida na Terra, do aparecimento da célula eucariótica e da multicelularidade.
- Conhecer a ideia central da hipótese endossimbiótica (ou hipótese simbiogênica) para a origem da célula eucariótica.
- Estar informado sobre eventos de importância biológica que ocorreram na história da Terra (por exemplo, o surgimento dos principais grupos de seres vivos), relacionando-os a eras, períodos e épocas geológicas.

Termos e conceitos

- célula eucariótica
- hipótese endossimbiótica
- organismo multicelular
- período glacial
- fóssil
- tempo geológico
- placa tectônica
- teoria da deriva continental

1 Origem da célula eucariótica

Os primeiros seres vivos deviam ser muito simples, constituídos por uma única célula; esta era, talvez, ainda mais simples que a célula de seres unicelulares microscópicos recentemente descobertos, as **arqueas**. A maioria das arqueas vive em ambientes extremos, como fontes de águas quentes, lagos salgados e pântanos. A simplicidade das arqueas e os ambientes onde elas vivem levam os cientistas a conjecturar se elas não seriam descendentes das primeiras formas de vida, originadas em ambientes semelhantes possivelmente existentes na Terra primitiva. (**Fig. 2.15**)

Por volta de 2 bilhões de anos atrás, ocorreu uma grande inovação na estrutura dos seres vivos: surgiu a **célula eucariótica**, mais complexa que a célula procariótica, atualmente presente apenas em bactérias e arqueas. Todos os outros seres vivos têm células eucarióticas; nestas, o citoplasma é um labirinto de túbulos e bolsas membranosas e o material hereditário fica contido em uma bolsa especial, o núcleo. O citoplasma da célula eucariótica possui também um sistema de sustentação esquelética, constituído por tubos e filamentos de proteínas, o citoesqueleto.

Acredita-se que os compartimentos membranosos das células eucarióticas surgiram por invaginações da membrana plasmática em um ancestral procariótico. A possível vantagem é que a presença de dobras na membrana aumentaria a superfície de contato da célula com o ambiente, facilitando a troca de substâncias (entrada de nutrientes e saída de excreções). Com o tempo, os compartimentos membranosos teriam se diferenciado e passado a desempenhar funções específicas, aumentando a eficiência do funcionamento celular.

Figura 2.15 Vista aérea de um lago de águas quentes do Parque Nacional de Yellowstone, nos Estados Unidos. Note a passarela para visitantes, abaixo à direita, para ter ideia da escala. As cores verde, amarela e marrom, junto à borda do lago, são produzidas pela enorme quantidade de seres microscópicos procarióticos (arqueas termófilas) presentes na água.

2 Hipótese endossimbiótica ou simbiogênica

O citoplasma das células eucarióticas atuais tem mitocôndrias e plastos, organelas especializadas em realizar processos de obtenção e de transformação de energia. Mitocôndrias estão presentes em praticamente todas as células eucarióticas e nelas ocorre a respiração celular. Plastos estão presentes em células de algas e plantas e neles ocorre a fotossíntese.

Os cientistas acreditam que tanto mitocôndrias como plastos originaram-se de bactérias primitivas que, em um passado distante, associaram-se às primitivas células eucarióticas. Essa é a ideia central da **hipótese endossimbiótica**, ou **hipótese simbiogênica**. O termo simbiose, que compõe ambas as denominações, significa "viver juntos". (**Fig. 2.16**)

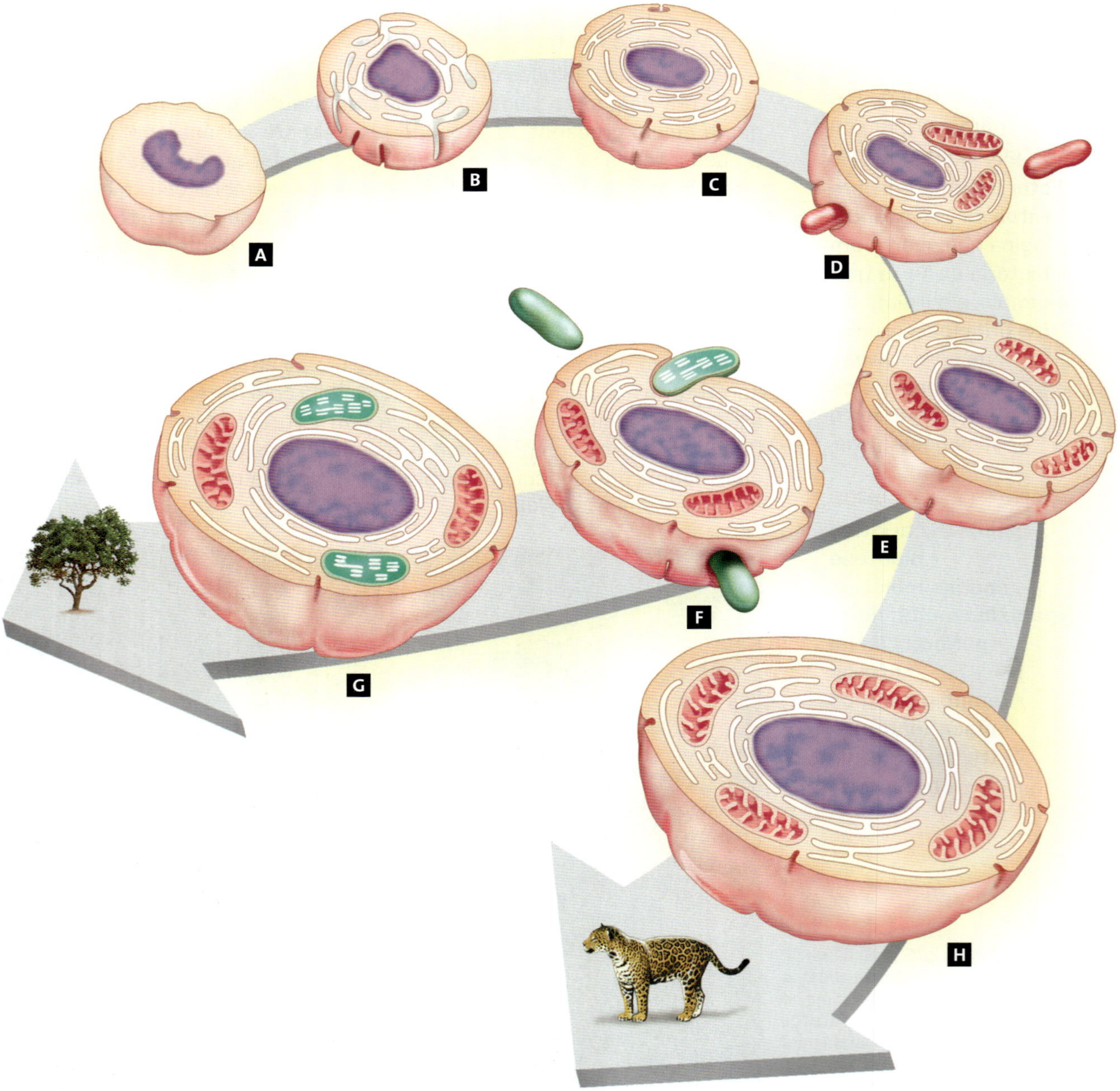

Figura 2.16 Representação esquemática dos processos que deram origem à célula eucariótica segundo a hipótese endossimbiótica (ou simbiogênica). De **A** a **C**, formação de compartimentos membranosos internos por invaginação da membrana plasmática. Em **D** e **E**, origem das mitocôndrias por endossimbiose. Em **F** e **G**, origem dos plastos por endossimbiose. A célula representada em **G** seria a ancestral de todas as algas e plantas, enquanto a representada em **H** teria dado origem aos protozoários, aos fungos e aos animais. (Representação sem escala, cores-fantasia.)

Segundo essa hipótese, as primeiras células eucarióticas adquiriram capacidade de respirar gás oxigênio quando passaram a abrigar, em seu citoplasma, células procarióticas respiradoras. Estabeleceu-se, então, uma troca de benefícios entre esses seres: a célula eucariótica garantia abrigo e alimento à célula procariótica e esta lhe fornecia energia, obtida por meio da respiração aeróbia. De acordo com os cientistas, a associação foi tão bem-sucedida que se tornou permanente e os primitivos "inquilinos" procarióticos se transformaram em mitocôndrias, organelas essenciais à sobrevivência da célula eucariótica.

De acordo com a hipótese endossimbiótica, a história dos plastos é muito semelhante à das mitocôndrias. Os plastos teriam surgido pela associação entre primitivas células eucarióticas (então já associadas às ancestrais das mitocôndrias) e bactérias fotossintetizantes. Portanto, as células de algas e de plantas atuais seriam o resultado de uma tripla associação de seres primitivos.

Diversas evidências dão sustentação à hipótese da origem endossimbiótica da célula; por exemplo, as mitocôndrias e os plastos têm DNA próprio, sintetizam algumas de suas próprias proteínas e são capazes de se autoduplicar. Acredita-se que os ancestrais diretos das mitocôndrias foram organismos procarióticos de um grupo conhecido como bactérias púrpuras, que se instalaram nas primitivas células eucarióticas provavelmente entre 2 bilhões e 1,9 bilhão de anos atrás. Os ancestrais dos plastos, por sua vez, seriam bactérias fotossintetizantes e se instalaram nas células eucarióticas hospedeiras pouco tempo depois.

A associação bem-sucedida entre células eucarióticas primitivas e células procarióticas determinou os novos rumos que a vida seguiu na Terra. Células eucarióticas portadoras apenas de mitocôndrias originaram protozoários, fungos e animais. As algas e as plantas atuais, por sua vez, evoluíram a partir das células eucarióticas portadoras tanto de mitocôndrias quanto de plastos. **(Fig. 2.17)**

Os cientistas acreditam que vários outros eventos endossimbióticos podem ter ocorrido na formação de certas espécies de seres atuais. Muitas espécies de algas, por exemplo, têm cloroplastos constituídos por três ou até por quatro membranas. Supõe-se que esses cloroplastos tenham surgido a partir de múltiplos eventos de endossimbiose, em que uma alga englobada por outra originou seu cloroplasto.

Alguns defensores da teoria da endossimbiose acreditam, também, que o complexo sistema de microtúbulos presente em células eucarióticas, responsável por sua sustentação esquelética e movimentação, originou-se de bactérias englobadas por uma célula eucariótica ancestral. Alguns chegam mesmo a pensar que até o núcleo celular teria surgido por endossimbiose.

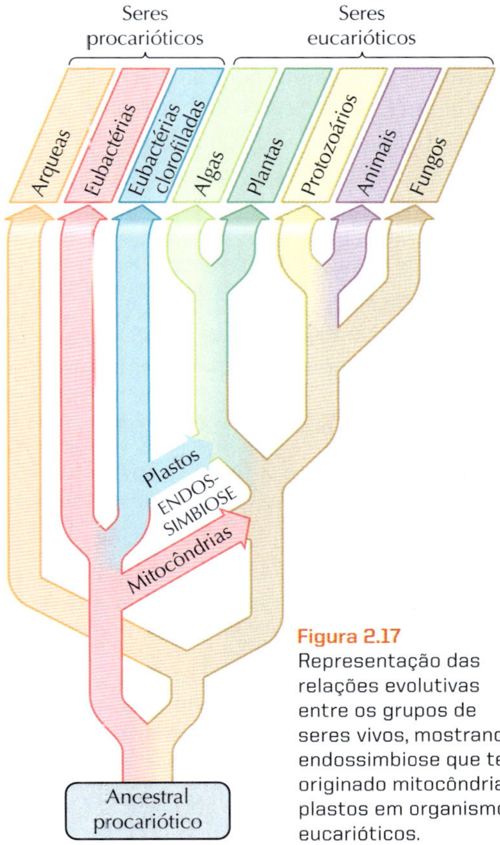

Figura 2.17 Representação das relações evolutivas entre os grupos de seres vivos, mostrando a endossimbiose que teria originado mitocôndrias e plastos em organismos eucarióticos.

3 Origem da multicelularidade

Um passo importante na história da vida foi o aparecimento dos seres eucarióticos **multicelulares**, isto é, constituídos por muitas células. Na estratégia multicelular, células resultantes da multiplicação de uma célula inicial, o zigoto, passam a viver juntas e a dividir as tarefas de sobrevivência, constituindo tecidos e órgãos.

Fósseis de seres multicelulares – algas filamentosas e animais invertebrados semelhantes a águas-vivas e vermes – aparecem pela primeira vez em rochas com cerca de 1 bilhão de anos de idade. Estudaremos mais detalhadamente a origem e evolução dos grandes grupos de seres vivos no volume 3 desta coleção.

Períodos glaciais

O período inicial de formação da Terra foi marcado por temperaturas altíssimas e pelo bombardeamento contínuo por asteroides, como vimos. Apesar de hoje a situação ser bem mais estável, as transformações da superfície terrestre nunca cessaram e o planeta continua a ter ambientes bastante dinâmicos.

A média das temperaturas terrestres, por exemplo, tem sofrido variações periódicas, com alternância de períodos quentes e frios, estes últimos conhecidos por **períodos glaciais**. Há inúmeros indícios de que o planeta passou por períodos glaciais severos entre 750 milhões e 590 milhões de anos atrás.

Acredita-se que ocorreram quatro períodos relativamente quentes, intercalados com períodos de frio tão intenso que os mares congelaram e o planeta se transformou em uma bola de gelo. Existem evidências de que, entre 600 e 590 milhões de anos atrás, a Terra ficou coberta por uma camada de gelo de um quilômetro de espessura, que se estendia dos polos ao equador. Apenas as regiões com atividade vulcânica mantiveram temperaturas elevadas e provavelmente serviram de refúgio para as espécies sobreviventes. O último período glacial, bem mais ameno que os mencionados anteriormente (o gelo não chegou aos trópicos), terminou há cerca de 10 mil anos.

Grandes extinções

Desde sua origem, a Terra é bombardeada por corpos celestes, hoje em quantidades incomparavelmente menores do que no início da existência do planeta. Eventualmente, um meteorito de maior dimensão atinge a superfície da Terra. Há 65 milhões, um asteroide de grandes dimensões caiu na região de Chicxulub, no México, abrindo uma cratera de 180 quilômetros de diâmetro e levantando uma nuvem de poeira que bloqueou a luz solar durante meses. A catástrofe teria levado à extinção da maior parte dos seres vivos, inclusive os dinossauros, animais dominantes na época.

A queda do asteroide em Chicxulub pode ter alterado drasticamente a vida no planeta. Ao provocar a extinção dos dinossauros e de outras formas de vida, abriu caminho para a diversificação dos mamíferos e o surgimento de nossa espécie. É possível que outras extinções também tenham sido causadas pela queda de grandes asteroides ou por grandes erupções vulcânicas.

Os cientistas têm indícios de cinco grandes extinções ocorridas nos últimos 500 milhões de anos. Há 440 milhões de anos, cerca de 85% das espécies viventes na época foram extintas. Há mais ou menos 365 milhões de anos, houve outra grande extinção em massa, principalmente de espécies marinhas. Há 251 milhões de anos, ocorreu a mais grave das extinções em massa, que fez desaparecer da face da Terra 96% das espécies então existentes. Há 205 milhões de anos, desapareceram cerca de 76% das espécies, principalmente de organismos marinhos. Finalmente, há 65 milhões de anos, ocorreu a mais conhecida extinção em massa, que destruiu entre 75% e 80% das espécies viventes, dentre elas todo o grupo de dinossauros, que dominava os ambientes de terra firme.

Os cientistas conseguem reconstituir esses e outros eventos ocorridos no passado analisando os vestígios de seres vivos impressos nas rochas, os **fósseis**, que fornecem pistas importantíssimas para reconstituir a história do planeta. Sabe-se que houve uma onda de extinções em massa quando o documentário fóssil apresenta uma descontinuidade, ou seja, quando os tipos e a diversidade dos fósseis mudam bruscamente entre rochas formadas em um dado período e no período imediatamente seguinte.

Divisões do tempo geológico

A partir dos registros fósseis encontrados em rochas de diversas partes do mundo, os geólogos elaboraram uma cronologia da Terra, dividindo em etapas o tempo de existência da Terra, que é chamado de **tempo geológico**. Esse costuma ser dividido em quatro grandes intervalos, as **eras geológicas**, cada uma caracterizada por ocorrências marcantes. Em sequência, as eras são: Pré-cambriana, Paleozoica, Mesozoica e Cenozoica. Com exceção da era Pré-cambriana, todas as demais são subdivididas em unidades menores, os **períodos geológicos**. Recentemente no final da era Pré-cambriana foi incluído um período, denominado Ediacarano, que se estende de 600 milhões a 570 milhões de anos atrás. Na era Cenozoica, os períodos são ainda subdivididos em unidades menores, as **épocas geológicas**.

Conteúdo digital Moderna PLUS http://www.modernaplus.com.br
Texto: *O dia em que a Terra incendiou-se*

O limite entre a era Pré-cambriana e a Paleozoica é definido por um aumento significativo no número de fósseis. As rochas pré-cambrianas contêm poucos fósseis, enquanto as rochas paleozoicas são relativamente ricas em vestígios de organismos que viveram na época de sua formação. A análise das rochas formadas no limite entre essas duas eras, cerca de 570 milhões de anos atrás, revela também profundas mudanças climáticas, com o reaquecimento do planeta após o término do mais drástico período glacial de que se tem notícia. (**Tab. 2.1**)

Tabela 2.1 **Eventos biológicos durante o tempo geológico**

Era	Período	Época	Milhões de anos atrás	Eventos biológicos importantes
Cenozoica	Quaternário	Recente	0 - 0,01	Dispersão do *Homo sapiens* moderno pelo planeta e aparecimento da civilização humana; declínio das grandes florestas e considerável extinção de espécies.
		Pleistoceno	0,01 - 2	Aparecimento da espécie humana moderna; extinção de mamíferos de grande porte.
	Terciário	Plioceno	2 - 6	Aparecimento dos hominídeos; expansão dos mamíferos de grande porte.
		Mioceno	6 - 24	Expansão dos campos e diminuição das florestas.
		Oligoceno	24 - 37	Aparecimento dos macacos antropoides e de muitas famílias de plantas modernas.
		Eoceno	37 - 58	Aparecimento das ordens modernas de mamíferos e expansão das aves.
		Paleoceno	58 - 66	Diversificação dos mamíferos e das plantas angiospermas; aparecimento dos primeiros primatas (prossímios).
Mesozoica	Cretáceo		66 - 144	Extinção dos dinossauros e de diversas espécies de animais e plantas; aparecimento dos mamíferos placentários e das plantas angiospermas.
	Jurássico		144 - 208	Apogeu dos dinossauros; abundância de plantas gimnospermas; aparecimento dos ancestrais das aves.
	Triássico		208 - 245	Aparecimento dos dinossauros, dos mamíferos e de plantas gimnospermas dos grupos das cicas e dos gincos.
Paleozoica	Permiano		245 - 286	Diversificação dos répteis e declínio dos anfíbios; aparecimento das plantas gimnospermas (coníferas) e da maioria das ordens modernas de insetos.
	Carbonífero		286 - 360	Diversificação dos anfíbios; aparecimento dos répteis; expansão de insetos e de florestas de plantas semelhantes a pteridófitas, que deram origem aos depósitos de carvão mineral.
	Devoniano		360 - 408	Aparecimento das primeiras plantas com sementes, dos anfíbios e dos insetos. Abundância de moluscos e de trilobites e considerável diversidade de peixes dotados de mandíbula.
	Siluriano		408 - 438	Aparecimento das primeiras plantas vasculares em ambiente de terra firme e dos primeiros peixes dotados de mandíbula.
	Ordoviciano		438 - 505	Continuidade da diversificação das algas e grande expansão dos invertebrados e dos peixes sem mandíbulas.
	Cambriano		505 - 570	Diversificação das algas e dos invertebrados, com aparecimento dos primeiros animais dotados de esqueleto.
Pré-Cambriana (de 570 milhões a 4,6 bilhões de anos atrás)	Ediacarano		570 - 600	Diferenciação dos seres multicelulares.
			1.000 2.000 2.500 3.500 4.000	Origem provável: • dos primeiros seres vivos multicelulares. • das primeiras células eucarióticas. • da fotossíntese. • das primeiras células (procarióticas). • da vida na Terra.

(Modificado de Mader, S. S., 1998.)

Tectônica de placas e deriva continental

Um aspecto interessante da dinâmica terrestre é a constante transformação das placas rochosas que constituem a crosta terrestre, fenômeno que os geólogos denominam tectônica de placas. A superfície da Terra é formada por enormes placas de rocha que se apoiam sobre material fundido, o magma. Essas placas, chamadas de **placas tectônicas**, encaixam-se umas às outras como ladrilhos em um piso. O fundo dos oceanos é constituído por placas tectônicas praticamente nuas, cobertas apenas por uma fina camada de material sedimentar. Nos continentes, ao contrário, as placas são cobertas por grandes depósitos de material rochoso e sedimentos.

As placas tectônicas crescem por agregação de magma interno, que extravasa por fendas existentes no fundo dos oceanos. O crescimento faz as placas empurrarem as vizinhas; nos locais em que as placas se encostam, conhecidos como zonas de subtração, elas mergulham umas sob as outras, fundindo-se ao magma. (**Fig. 2.18**)

Ao se deslocar, as placas carregam os continentes que se assentam sobre elas. Isso faz com que os continentes terrestres se movimentem continuamente, afastando-se, chocando-se ou partindo-se em dois ou mais pedaços. A ideia de que ocorre movimentação dos continentes terrestres é chamada de **teoria da deriva continental**. (**Fig. 2.19**)

No meio do oceano, Atlântico, há atualmente uma fenda na crosta por onde ocorre extravasamento de magma, provocando o afastamento das placas da América do Sul e da África. Em decorrência disso, esses continentes afastam-se à velocidade de dois centímetros por ano.

Acredita-se que a tectônica de placas desempenha papel importante para a vida na Terra, participando ativamente do ciclo do elemento carbono (C) na natureza. Parte do gás carbônico (CO_2) atmosférico dissolve-se nos lagos e oceanos, formando, com o cálcio, o composto carbonato de cálcio ($CaCO_3$), uma substância sólida que se deposita no fundo submerso. Quando as placas se fundem e se misturam ao magma, nas zonas de colisão, o carbonato de cálcio decompõe-se, liberando gás carbônico; este é eliminado em erupções vulcânicas, retornando à atmosfera.

Se não houvesse ocorrido essa reciclagem de gás carbônico, é provável que a concentração desse gás na atmosfera fosse menor, com redução na taxa de fotossíntese. Isso levaria, por sua vez, a uma diminuição na oferta de alimento para os seres heterotróficos. Além disso, a diminuição da taxa de gás carbônico na atmosfera teria reduzido o efeito estufa, com consequente resfriamento da Terra.

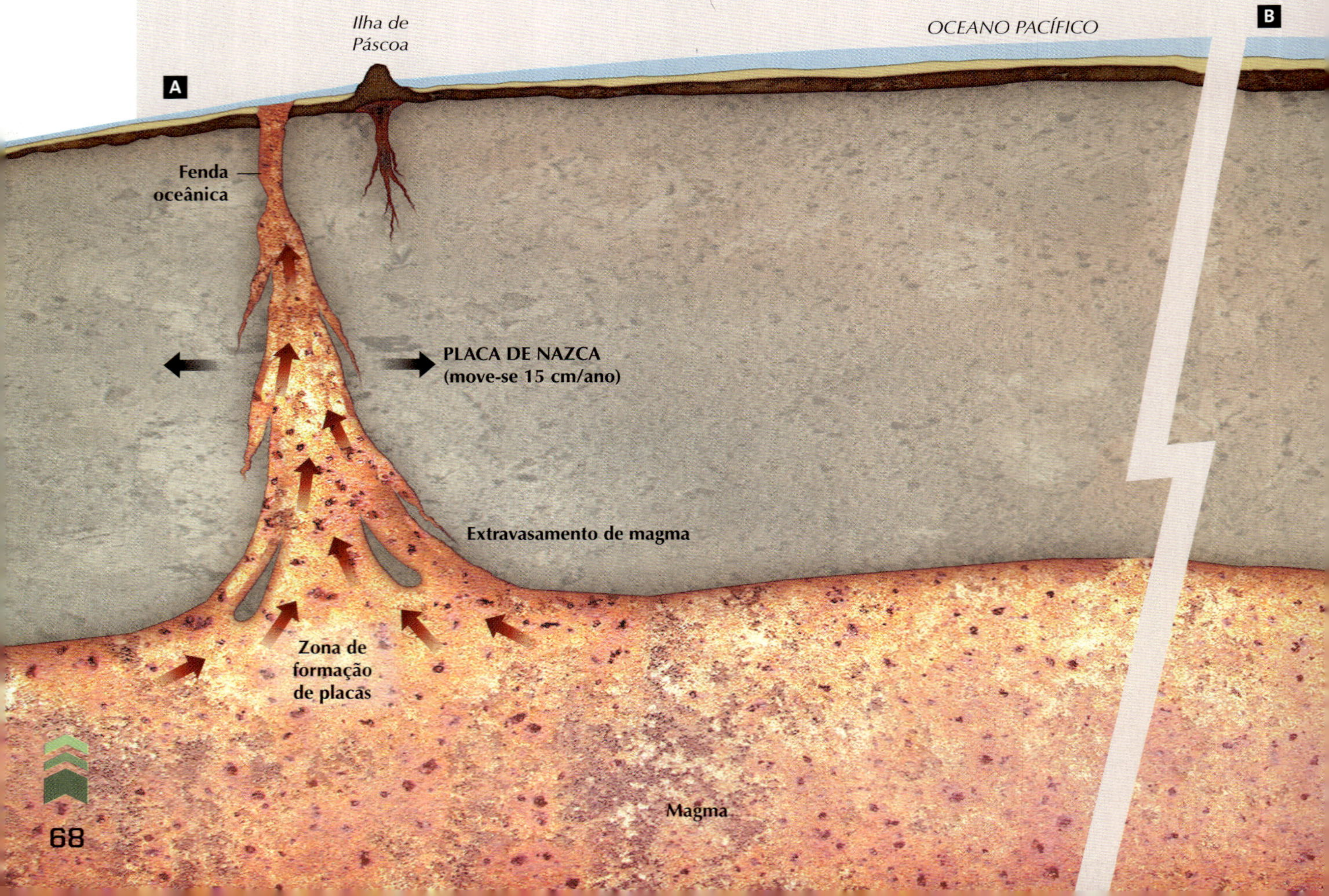

Acredita-se que foi justamente isso que ocorreu em Marte, onde não há movimentos tectônicos. Há indícios de que, logo após a formação do Sistema Solar, as condições em Marte e na Terra eram muito semelhantes, com grande concentração de gás carbônico e água na atmosfera. Em ambos os planetas, o gás carbônico dissolvia-se na água e formava carbonato de cálcio, que se depositava no fundo dos lagos e oceanos. Como em Marte não há tectônica de placas, o gás carbônico não pôde ser liberado e reciclado. Com isso, o efeito estufa desapareceu e Marte se resfriou. Por fim, a água evaporou e se perdeu no espaço ou congelou sob a superfície marciana e o planeta tornou-se árido e frio.

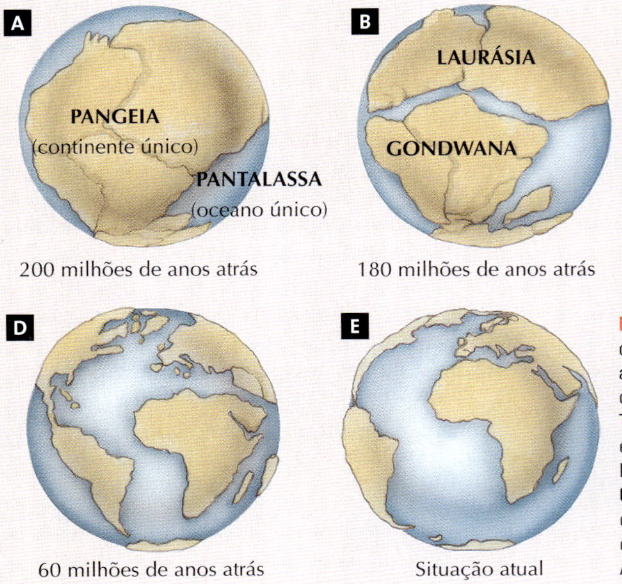

Figura 2.19 Representação da sequência da movimentação dos continentes nos últimos 200 milhões de anos, segundo a teoria da deriva continental. **A.** De início, havia um único continente denominado Pangeia (do grego *pan*, todo, e *gea*, Terra) e um único oceano, o Pantalassa (do grego *pan*, todo, e *thalassa*, mar). **B.** A Pangeia dividiu-se em dois blocos: Laurásia, situada ao norte, e Gondwana, situada mais ao sul. **C, D, E.** A Laurásia dividiu-se posteriormente em dois blocos, que originaram a América do Norte e a Eurásia; a Gondwana dividiu-se em América do Sul, África, Índia, Austrália e Antártida. (Baseado em Harrison, R. E., *Smithsonian Magazine*.)

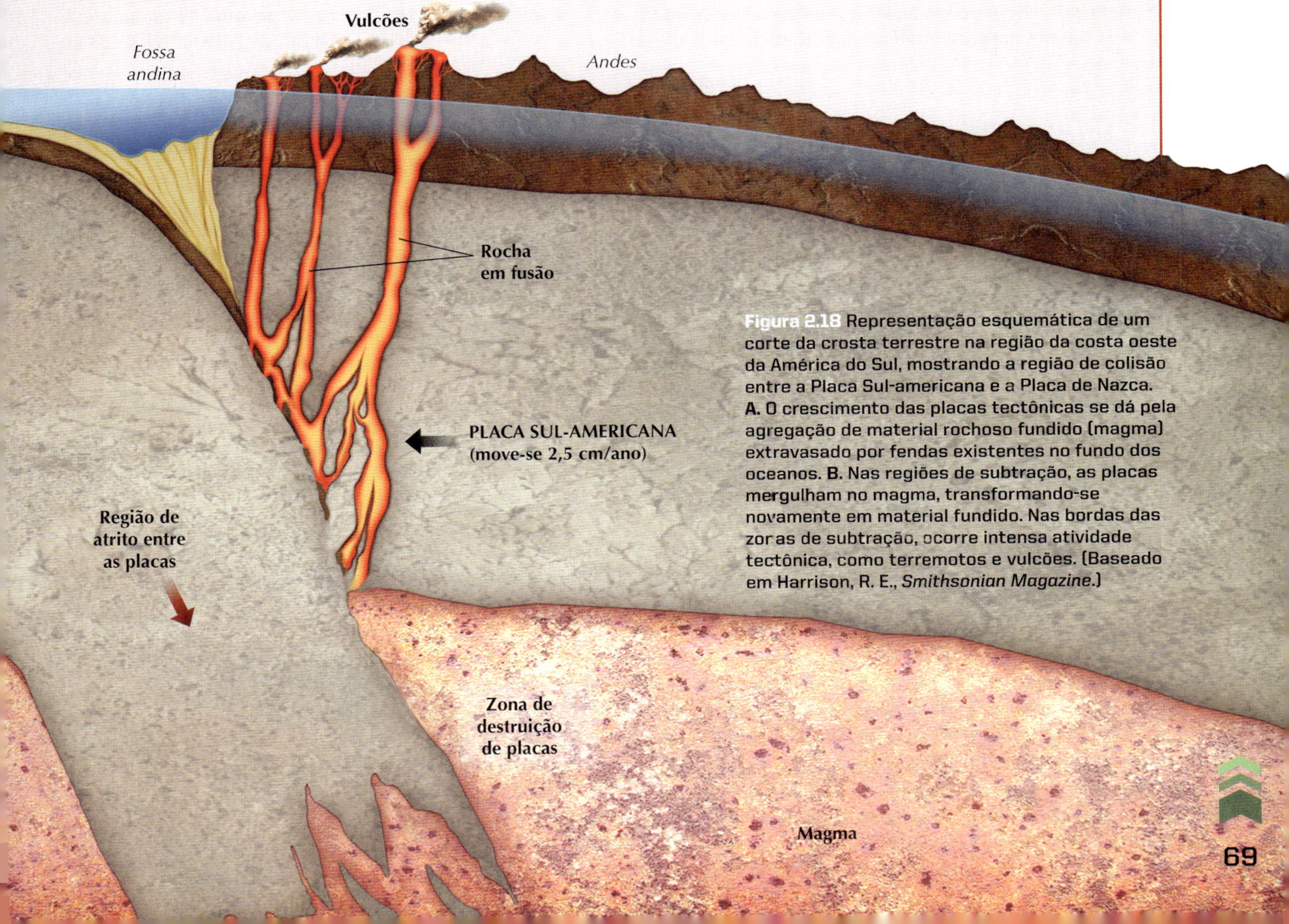

Figura 2.18 Representação esquemática de um corte da crosta terrestre na região da costa oeste da América do Sul, mostrando a região de colisão entre a Placa Sul-americana e a Placa de Nazca. **A.** O crescimento das placas tectônicas se dá pela agregação de material rochoso fundido (magma) extravasado por fendas existentes no fundo dos oceanos. **B.** Nas regiões de subtração, as placas mergulham no magma, transformando-se novamente em material fundido. Nas bordas das zonas de subtração, ocorre intensa atividade tectônica, como terremotos e vulcões. (Baseado em Harrison, R. E., *Smithsonian Magazine*.)

ATIVIDADES

QUESTÕES PARA PENSAR E DISCUTIR

Questões objetivas

Considere as alternativas a seguir para responder às questões de 1 a 5.

a) Biogênese.
b) Força vital.
c) Geração espontânea.
d) Pasteurização.
e) Reprodução.

1. Qual é o nome do processo em que bebidas ou alimentos são aquecidos à temperatura adequada e por tempo suficiente para destruir os microrganismos patogênicos neles presentes, sem alterar o sabor e outras propriedades?

2. Qual é a teoria segundo a qual um ser vivo somente se origina a partir de organismos semelhantes?

3. Biólogos pioneiros acreditavam na existência de um princípio imaterial, fundamental à geração de vida a partir de matéria não viva. Que princípio era esse?

4. Como se denomina o processo pelo qual um ser vivo origina descendentes?

5. Como se chama a teoria segundo a qual a vida pode surgir a partir da matéria inanimada?

6. Os microrganismos somente foram observados após
   a) a formulação da Teoria Celular.
   b) a invenção do microscópio.
   c) o surgimento da Biotecnologia.
   d) o desenvolvimento da Engenharia Genética.

7. Como exemplo de caldo nutritivo, pode-se citar
   a) água com sal.
   b) água destilada.
   c) álcool.
   d) suco de frutas.

Considere as alternativas a seguir para responder às questões de 8 a 11.

a) Antonie van Leeuwenhoek
b) Francesco Redi
c) Louis Joblot
d) Louis Pasteur

8. A quem se atribui a descoberta dos microrganismos?

9. A teoria da geração espontânea dos micróbios foi definitivamente desacreditada pelos experimentos de qual cientista?

10. Qual pesquisador elaborou os experimentos pioneiros para questionar a ideia da geração espontânea dos microrganismos?

11. Qual pesquisador demonstrou, pela primeira vez, que os seres vermiformes presentes na carne podre se originam de ovos depositados por moscas?

12. Os cientistas acreditam que a vida na Terra surgiu
    a) há 10 mil anos.
    b) há aproximadamente 3,5 milhões de anos.
    c) há 65 milhões de anos.
    d) entre 4 bilhões e 5 bilhões de anos atrás.

13. A importância do trabalho de Miller foi ter demonstrado, pela primeira vez, que
    a) os primeiros seres vivos vieram do espaço.
    b) a vida surgiu nos mares primitivos.
    c) moléculas orgânicas poderiam ter se formado nas condições da Terra primitiva.
    d) os primeiros seres vivos eram heterotróficos.

14. Os cientistas tomam como marco para o aparecimento da vida na Terra a formação
    a) dos aminoácidos.
    b) das proteínas.
    c) dos ácidos nucleicos.
    d) de sistemas moleculares com capacidade de metabolizar e de se reproduzir.

Considere as alternativas a seguir para responder às questões de 15 a 19.

a) Autotrófico.
b) Célula.
c) Coacervato.
d) Heterotrófico.
e) Quimiolitoautotrófico.

15. Como se denomina o organismo que utiliza energia liberada por reações químicas entre componentes inorgânicos da crosta terrestre para sintetizar seu próprio alimento?

16. Como se denomina o organismo que precisa obter substâncias orgânicas do ambiente para usá-las como fonte de energia e de matéria-prima para se manter vivo?

17. Qual é a denominação dada a um organismo capaz de sintetizar seu próprio alimento a partir de substâncias inorgânicas e de energia obtidas do ambiente?

18. Qual é o nome da unidade dos seres vivos que é um compartimento membranoso no interior do qual acontecem as reações químicas essenciais à vida?

19. Qual o nome de um aglomerado de moléculas orgânicas, revestido por uma película de moléculas de água e que, na opinião de alguns cientistas, pode ter sido um dos primeiros passos rumo à origem da vida?

20. Há cerca de 13,5 bilhões de anos, todo o universo estava contido em um pequeno ponto muitíssimo denso e quente. Uma explosão deu início a um processo de expansão que continua até hoje. Poucos minutos após essa grande explosão, partículas atômicas se juntaram, formando os gases hidrogênio e hélio, os quais, nos bilhões de anos que se seguiram, originaram galáxias, estrelas, seres vivos e tudo o mais que existe.
    Esse texto descreve sucintamente a
    a) formação da Terra.
    b) origem do Sistema Solar.
    c) teoria do *Big Bang*.
    d) formação de nebulosas.

Questões discursivas

21. Alimentos preparados de forma adequada e guardados em frascos hermeticamente fechados conservam-se inalterados por muito tempo. Um exemplo é o leite "longa vida", que se conserva fora da geladeira por vários meses. Na embalagem de algumas marcas de leite longa vida, podem ser lidos os seguintes avisos: "Após a abertura da embalagem, deve ser conservado sob refrigeração"; "Tratado pelo processo U.H.T. (*ultrahigh temperature*) à temperatura de 150 °C por de 2 a 4 segundos, tornando-se estéril".

    Com base no que aprendeu no capítulo, em conhecimentos que já possui e em pesquisas que poderá fazer, responda:

    a) O que significa dizer que o processo U.H.T. torna o leite estéril?

    b) Qual é a razão da recomendação do fabricante para conservar o leite longa vida sob refrigeração depois de aberta a embalagem?

22. O médico belga Jan Baptista van Helmont escreveu: "[...] colocam-se, num canto sossegado e pouco iluminado, camisas sujas. Sobre elas espalham-se grãos de trigo, e o resultado será que, em vinte e um dias, surgirão ratos [...]".

    a) Qual era a hipótese de van Helmont?

    b) Planeje um experimento para testar essa hipótese, lembrando-se do controle experimental. A que conclusões deveríamos chegar considerando os conhecimentos atuais sobre a origem dos seres vivos?

23. Que hipótese Miller testou em seu experimento? Que dedução ele fez a partir dessa hipótese?

VESTIBULARES PELO BRASIL

Brasil – Regiões

- Região Norte
- Região Centro-Oeste
- Região Sul
- Região Nordeste
- Região Sudeste
- Brasil

Questões objetivas

1 (UFPA-Adaptado) Em 1953, Miller submeteu à ação de descargas elétricas de alta voltagem uma mistura de vapor de água, amônia (NH_3), metano (CH_4) e hidrogênio. Obteve como resultado, entre outros compostos, os aminoácidos glicina, alanina, ácido aspártico e ácido aminobutírico. Com base nesse experimento, qual(is) das afirmações a seguir está(ão) correta(s)? (Mais de uma alternativa pode estar correta.)

a) Ficou demonstrada a hipótese da geração espontânea.

b) Não se podem produzir proteínas artificialmente; elas provêm necessariamente dos seres vivos.

c) Formam-se moléculas orgânicas complexas em condições semelhantes às da atmosfera primitiva.

d) A vida tem origem sobrenatural, que não pode ser descrita em termos físicos nem químicos.

e) Compostos orgânicos podem se formar em condições abióticas.

2 (UFPI) "Todo ser vivo se origina por reprodução de outro ser vivo da mesma espécie."

O texto acima está de acordo com a

a) teoria da geração espontânea.

b) teoria da biogênese.

c) hipótese heterotrófica da origem da vida.

d) hipótese autotrófica da origem da vida.

e) hipótese do criacionismo.

3 (Uespi-Adaptado) O desfecho final na controvérsia relativa à origem dos seres vivos (teoria da biogênese *versus* teoria da abiogênese) deve-se

a) a Lazzaro Spallanzani, que realizou experimentos mostrando que, ao aquecer prolongadamente substâncias orgânicas acondicionadas em recipientes fechados e providos de válvula de escape, não ocorria o desenvolvimento de microrganismos.

b) aos experimentos de Louis Pasteur com os seus balões do tipo "pescoço de cisne".

c) à descoberta da "força vital" por John T. Needham.

d) aos experimentos de Francesco Redi, que mostrou que, ao se colocar pedaços de carne crua em frascos, deixando alguns abertos e outros fechados com gaze, observava-se a presença de larvas, ovos e moscas após alguns dias somente nos frascos abertos e sobre a gaze dos frascos fechados.

e) à descoberta do microscópio.

4 (Uece) A história da Biologia está repleta de experimentos que foram relevantes para a explicação da biogênese e da origem da vida. Associe corretamente os cientistas da Coluna A aos experimentos que constam na Coluna B.

COLUNA A	COLUNA B
1. Redi	( ) Usou frascos com gargalo em forma de pescoço de cisne.
2. Spallanzani	( ) Observação dos coacervatos.
3. Pasteur	( ) Explicação biogênica para o surgimento de larvas na carne em putrefação.
4. Oparin	( ) Produção de aminoácidos.
5. Miller	( ) Esterilização de caldos nutritivos, experimento muito criticado por Needham.

Assinale a alternativa que contém a sequência correta, de cima para baixo.

a) 2, 5, 1, 4, 3

b) 3, 4, 1, 5, 2

c) 3, 4, 2, 5, 1

d) 2, 1, 5, 3, 4

5 (UFC-CE) A origem dos seres vivos é um dos assuntos que direcionam e delimitam a Biologia como ciência. Ao longo da história dessa área do conhecimento, vários investigadores propuseram teorias para explicar a origem dos seres vivos. Assinale a alternativa que indica, corretamente, o pesquisador e a teoria por ele usada para explicar essa origem.

a) John Needham — biogênese.
b) Francesco Redi — abiogênese.
c) Charles Darwin — geração espontânea.
d) Jan Baptista van Helmont — abiogênese.
e) Lazzaro Spallanzani — geração espontânea.

6 (F. Visconde de Cairu-BA) "As perguntas sobre a origem da vida são tão velhas quanto o Gênesis e tão jovens como cada manhã." Para os cientistas, ainda não existem respostas definitivas. Contudo, apesar das divergências, os cientistas podem concordar, quando se considera que seria fundamental para o estabelecimento da vida que as primeiras formas vivas fossem capazes de

a) reconhecer o ambiente e realizar movimentos.
b) realizar a síntese do seu próprio alimento.
c) crescer e manter a sua organização.
d) reproduzir-se e transmitir informações.
e) obter energia das moléculas orgânicas, usando o oxigênio.

7 (UFPI) Sobre a origem da vida, uma das maiores dúvidas referia-se à produção do alimento utilizado pelos primeiros seres vivos. Duas hipóteses tentam explicar como eles conseguiam obter e degradar o alimento para sua sobrevivência.

Sobre essas hipóteses, é correto afirmar:

a) Um processo importante para a hipótese autotrófica foi o aparecimento da fotossíntese, realizado por algas e plantas, que sintetizam seu próprio alimento a partir do O_2 e H_2O.
b) A via metabólica mais simples para degradar alimento sem O_2 é a fermentação.
c) Por meio da respiração, o alimento é degradado em O_2 e H_2O.
d) São autotróficos alguns tipos de bactérias, algumas algas e todas as plantas atuais.
e) São heterotróficos alguns fungos, todas as bactérias, os protozoários e os animais.

8 (Uece) Na hipótese heterotrófica de origem dos seres vivos, o processo metabólico de obtenção de energia é a

a) fermentação.
b) quimiossíntese.
c) fotossíntese.
d) respiração aeróbia.

9 (Unifor-CE)

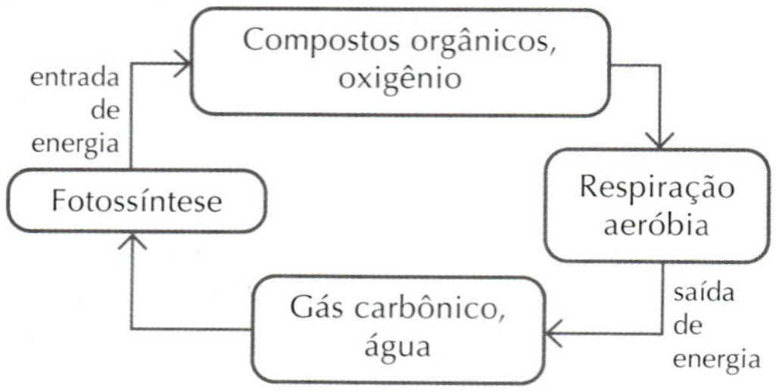

O esquema anterior representa o ciclo de carbono, hidrogênio e oxigênio na maioria dos seres vivos. Sobre eles, foram feitas as seguintes afirmações:

I. As primeiras formas de vida na Terra não apresentavam esse ciclo de vida completo.
II. Na respiração aeróbia, moléculas orgânicas são quebradas com o uso de oxigênio.
III. Os organismos fotossintetizadores usam a energia do sol e matéria-prima inorgânica para sintetizarem matéria orgânica e assim, indiretamente, alimentarem quase todos os outros tipos de seres vivos do planeta.
IV. Na época em que o oxigênio enriqueceu a atmosfera da Terra, ele exerceu uma pressão de seleção negativa contra os organismos de respiração aeróbia.

Está correto o que se afirmou em

a) I e II somente.
b) II e III somente.
c) III e IV somente.
d) I, II e III somente.
e) I, II, III e IV.

10 (UEMS) As afirmações a seguir relacionam-se com as origens da vida: "enche-se de trigo e fermento um vaso, que é fechado com uma camisa suja, de preferência de mulher. Um fermento vindo da camisa, transformado pelo odor dos grãos, transforma em ratos o próprio trigo..." e "[...] prováveis gases da atmosfera primitiva, ao sofrerem os efeitos de descargas elétricas de frequentes tempestades e raios ultravioleta do Sol, reagiram entre si, formando moléculas orgânicas simples que permitiram o surgimento de moléculas mais complexas e a estrutura da vida no planeta...", e referem-se, respectivamente, a

a) Teoria do criacionismo e Teoria da geração divina.
b) Teoria da abiogênese e Teoria da biogênese.
c) Teoria da geração espontânea e Teoria da abiogênese.
d) Teoria da evolução gradual dos sistemas químicos e Teoria da biogênese.
e) Teoria da biogênese e Teoria da abiogênese.

11 (UEMS) Das teorias sobre a Origem do Universo, qual tem maior aceitação no meio científico?

a) Teoria da criação divina
b) Teoria do caos
c) Teoria do *Big Bang*
d) Teoria da conservação das massas
e) Teoria de Gaia

12 (UFMG) Observe esta figura.

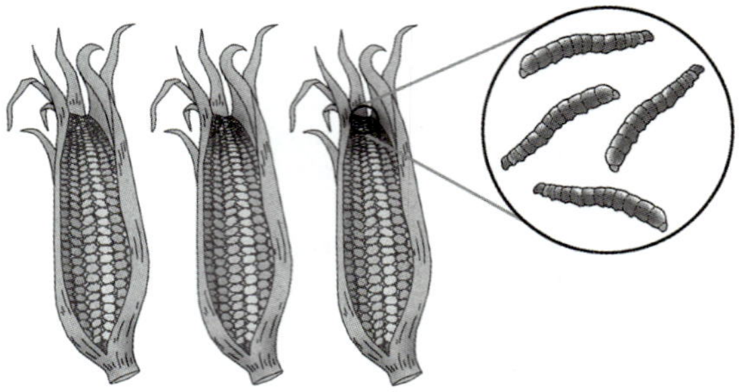

É **correto** afirmar que a presença de lagartas em espigas de milho se deve

a) ao processo de geração espontânea comum aos invertebrados.

b) à transformação dos grãos em lagartas.

c) ao desenvolvimento de ovos depositados por borboletas.

d) ao apodrecimento do sabugo e dos grãos.

13 (Unigranrio-RJ) Sua devoção à ciência, dentre outros importantes resultados alcançados, envolveu experimentos que provaram a inviabilidade da teoria da abiogênese ou geração espontânea. Menção feita a

a) Miller.

b) Fox.

c) Louis Pasteur.

d) Calvin.

14 (Cesgranrio-RJ) Em 1995 — cem anos da morte de Pasteur —, o prédio do antigo correio, no Rio de Janeiro, abrigou uma exposição comemorativa: Vida. Estava lá representada a conhecida experiência dos frascos com pescoço de cisne, contendo líquidos nutritivos que, após fervura, não apresentavam microrganismos. Com essa experiência, Pasteur conseguiu

a) incentivar a geração espontânea.

b) incentivar a teoria do fixismo.

c) derrubar a hipótese heterotrófica.

d) derrubar a abiogênese.

e) destruir a lei do uso e desuso.

15 (Unesp) Uma vez que não temos evidência por observação direta de eventos relacionados à origem da vida, o estudo científico desses fenômenos difere do estudo de muitos outros eventos biológicos. Em relação a estudos sobre a origem da vida, apresentam-se as afirmações seguintes.

I. Uma vez que esses processos ocorreram há bilhões de anos, não há possibilidade de realização de experimentos, mesmo em situações simuladas, que possam contribuir para o entendimento desses processos.

II. Os trabalhos desenvolvidos por Oparin e Stanley Miller ofereceram pistas para os cientistas na construção de hipóteses plausíveis quanto à origem da vida.

III. As observações de Oparin sobre coacervatos ofereceram indícios sobre um processo que se constitui, provavelmente, em um dos primeiros passos para a origem da vida, qual seja, o isolamento de macromoléculas do meio circundante.

Em relação a estas afirmações, podemos indicar como corretas

a) I apenas.

b) II apenas.

c) I e II apenas.

d) II e III apenas.

e) I, II e III.

16 (Fuvest-SP) Qual das alternativas distingue organismos heterotróficos de organismos autotróficos?

a) Somente organismos heterotróficos necessitam de substâncias químicas do ambiente.

b) Somente organismos heterotróficos fazem respiração celular.

c) Somente organismos heterotróficos possuem mitocôndrias.

d) Somente organismos autotróficos podem viver com nutrientes inteiramente inorgânicos.

e) Somente organismos autotróficos não requerem gás oxigênio.

17 (Unifal-MG) Observe o esquema abaixo, que representa algumas das etapas da hipótese de que as células eucarióticas surgiram, em parte, como resultado evolutivo de um processo gradual de endossimbiose:

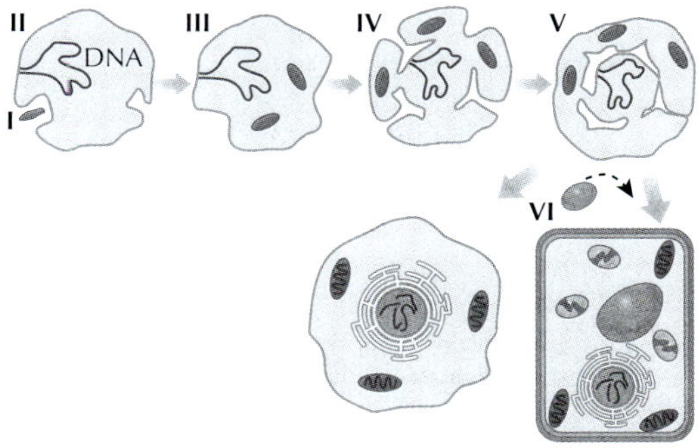

Utilizando o esquema como base, assinale a afirmativa **incorreta**.

a) A endossimbiose de um procariota fotossintético VI com um proeucariota originou as células eucarióticas heterotróficas atuais.

b) As invaginações da membrana plasmática aumentaram a superfície de contato e a capacidade de transporte em procarióticos IV.

c) Uma célula procariótica aeróbia I associou-se a uma procariótica heterotrófica anaeróbia II, aumentando o potencial energético.

d) Como resultado das invaginações, um envelope nuclear precursor formou-se em uma célula proeucariótica V.

e) Uma célula procariótica III teve a sua capacidade aeróbia aumentada, em virtude da compartimentalização das membranas nas mitocôndrias.

18 (UFV-MG-Adaptado) Observe os dados abaixo.

I. Origem da célula eucarionte

II. Fotossíntese

III. Origem da célula

IV. Respiração

V. Fermentação

VI. Evolução orgânica

Considerando-se o atual conhecimento dos mecanismos geradores de energia celular, qual sequência de eventos é mais provável que tenha ocorrido na evolução desses mecanismos, desde os ambientes primitivos, há 3,5 × 10^9 anos?

a) VI, III, V, II, IV, I.

b) I, II, III, IV, V, VI.

c) VI, V, IV, III, II, I.

d) III, I, II, IV, V, VI.

e) V, VI, II, IV, III, I.

19 (Ufla-MG) Muito se tem falado sobre o aquecimento global, sendo esse atribuído ao fato de que há uma liberação acentuada de gás carbônico na atmosfera, aumentando, dessa forma, o efeito estufa. Relacionado a essa situação, existe um fenômeno fotobiológico de extrema importância para o mundo vivo: a fotossíntese. Indique abaixo a alternativa **correta**.

a) A fotossíntese contribui para a manutenção das taxas de gás carbônico e de oxigênio na atmosfera, fixando o oxigênio atmosférico e liberando o gás carbônico.

b) A fotossíntese contribui para a manutenção das taxas de gás carbônico e de oxigênio na atmosfera, fixando o gás carbônico atmosférico e o oxigênio.

c) A fotossíntese contribui para a manutenção das taxas de gás carbônico e de oxigênio na atmosfera, liberando o gâs carbônico atmosférico e o oxigênio.

d) A fotossíntese contribui para a manutenção das taxas de gás carbônico e de oxigênio na atmosfera, fixando o gás carbônico e liberando o oxigênio.

20 (UFF-RJ) De acordo com o tipo de nutrição, os seres vivos podem ser classificados em autotróficos e heterotróficos. Entretanto, ambos sintetizam ATP, principal moeda energética, a partir de diferentes moléculas para manter suas vias metabólicas.

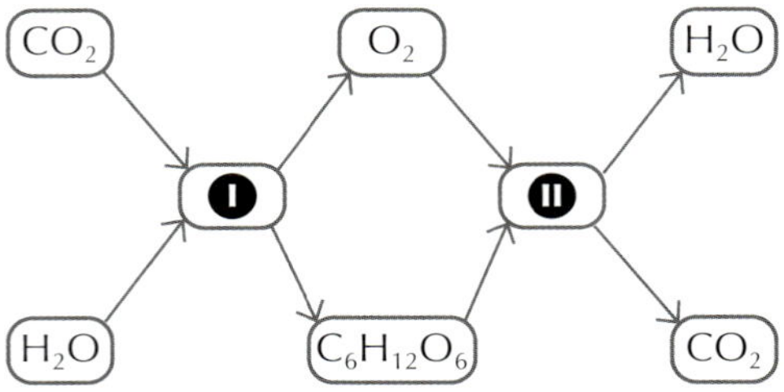

Após a análise das vias metabólicas (I e II) representadas no esquema, é correto afirmar que

a) I ocorre nos cloroplastos de células vegetais e II ocorre nas mitocôndrias das células animais e vegetais.

b) I ocorre em cloroplastos de células vegetais e II ocorre somente nas mitocôndrias das células animais.

c) I ocorre somente nas mitocôndrias das células animais e II ocorre em cloroplastos de células vegetais.

d) I ocorre nas mitocôndrias das células animais e vegetais e II ocorre somente nos cloroplastos de células vegetais.

e) I e II ocorrem tanto em mitocôndrias e cloroplastos de células animais e vegetais.

21 (Unifal-MG) Do início da vida na Terra até o aparecimento dos seres vivos atuais, aconteceram vários eventos, como, por exemplo:

I. formação das primeiras células;

II. formação de moléculas orgânicas complexas;

III. aparecimento de organismos capazes de produzir alimentos pela fotossíntese.

IV. surgimento dos primeiros organismos aeróbios.

Marque a alternativa que indica a ordem mais **aceita atualmente**, para o acontecimento desses eventos.

a) I; II; IV; III.

b) II; III; IV; I.

c) I; IV; III; II.

d) II; I; III; IV.

22 UFPR) Considerando as teorias mais aceitas atualmente para a origem da vida e o início da história dos seres vivos, considere as seguintes afirmativas.

1. A simbiose teve papel relevante na origem dos eucariontes.
2. A diversidade de funções desempenhadas pelo RNA leva a crer que este tenha sido precursor do DNA.
3. Organismos multicelulares, como as plantas, foram responsáveis pelo início do grande aumento da concentração de oxigênio na atmosfera terrestre.
4. A existência do oxigênio na atmosfera terrestre foi imprescindível para o surgimento da vida.

Assinale a alternativa correta.

a) Somente as afirmativas 1 e 3 são verdadeiras.

b) Somente as afirmativas 2 e 4 são verdadeiras.

c) Somente as afirmativas 1, 2 e 4 são verdadeiras.

d) Somente as afirmativas 3 e 4 são verdadeiras.

e) Somente as afirmativas 1 e 2 são verdadeiras.

23 (UCS-RS) Louis Pasteur (1822-1895) foi um grande cientista que trouxe uma série de contribuições para a ciência. Uma delas foi a comprovação de que organismos microscópicos transformavam açúcares em moléculas como o ácido lático, e outra foi

a) o desencadeamento da indústria de laticínios.

b) a prova do surgimento de microrganismos a partir de compostos orgânicos sem vida.

c) o impulso ao desenvolvimento de produtos esterilizados.

d) o desenvolvimento do processo de fermentação.

e) a refutação da teoria abiogênica.

24 (UFRGS-RS-Adaptado) O desenho a seguir representa, de forma esquemática, o aparelho que Miller usou em suas experiências, em 1953, para testar a produção de aminoácidos a partir de uma mistura de metano, hidrogênio, amônia e água, submetida a descargas elétricas.

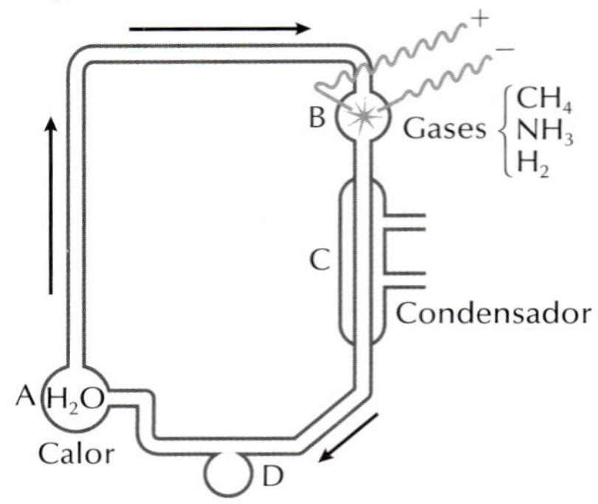

A seguir são feitas quatro afirmações:

I. Com esta experiência, Miller demonstrou que havia produção de aminoácidos em condições semelhantes às que havia na atmosfera primitiva da Terra.

II. Como a circulação do material por dentro do aparelho está completamente isolada do meio externo, não houve possibilidade alguma de contaminação com outras substâncias.

III. As substâncias resultantes das reações químicas acumularam-se em C e em D.

IV. Com esta experiência, Miller também descobriu a composição química da atmosfera primitiva da Terra.

Quais das afirmações anteriores são corretas?

a) I e II.
b) II e IV.
c) III e IV.
d) I e III.
e) II e III.

25 (PUC-RS) A chamada "estrutura procariótica" apresentada pelas bactérias nos indica que estes seres vivos são

a) destituídos de membrana plasmática.
b) formadores de minúsculos esporos.
c) dotados de organelas membranosas.
d) constituídos por parasitas obrigatórios.
e) desprovidos de membrana nuclear.

26 (PUC-RS) Nos primórdios da vida em nosso planeta, ocorreram dois fatos que se encontram intimamente relacionados. São eles:

a) quimiossíntese e aparecimento dos vírus.
b) formação dos mares e extinção dos anaeróbios.
c) fotossíntese e vida aeróbia.
d) formação de argilas e origem das algas.
e) coacervação e evolução dos poríferos.

27 (UFRGS-RS) A multicelularidade caracteriza-se por uma associação de células com interdependência estrutural e funcional. Considere as seguintes afirmações sobre as vantagens da multicelularidade dos eumetazoários.

I. Ela propicia uma grande diversificação de seres vivos adaptados a diferentes ambientes.

II. Ela favorece uma maior independência dos seres vivos em relação ao meio ambiente, mantendo as condições do seu meio interno.

III. Ela fornece uma maior proteção às colônias de procariontes.

Quais estão corretas?

a) Apenas I.
b) Apenas II.
c) Apenas I e II.
d) Apenas II e III.
e) I, II e III.

Questões discursivas

28 (Unicamp-SP) A hipótese mais aceita para explicar a origem da vida sobre a Terra propõe que os primeiros seres vivos eram heterótrofos.

a) Que condições teriam permitido que um heterótrofo sobrevivesse na Terra primitiva?
b) Que condições ambientais teriam favorecido o aparecimento posterior dos autótrofos?
c) Além das condições ambientais, qual o outro argumento para *não* se aceitar que o primeiro ser vivo tenha sido autótrofo?

29 (Unicamp-SP) Analise o gráfico abaixo, no qual é mostrada a variação do nível de oxigênio na atmosfera terrestre em função do tempo em bilhões de anos.

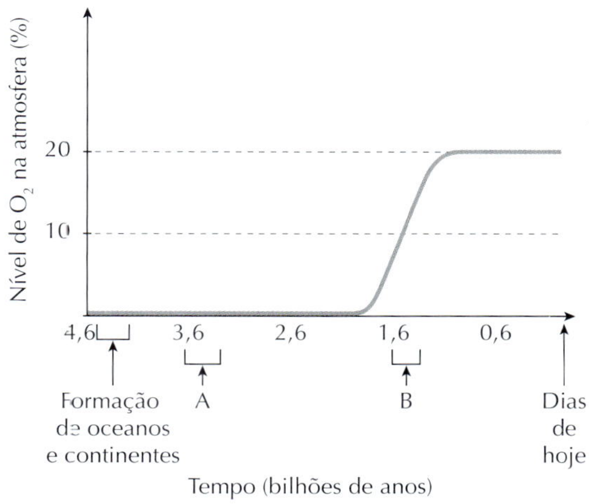

a) Em que período (A ou B) devem ter surgido os primeiros organismos eucariotos capazes de fazer respiração aeróbia? E os primeiros organismos fotossintetizantes? Justifique as duas respostas.
b) Qual organela celular foi imprescindível para o aparecimento dos organismos eucariotos aeróbios? E para os organismos eucariotos fotossintetizantes?
c) Explique a teoria cientificamente mais aceita sobre a origem dessas organelas. Dê uma característica comum a essas organelas que apoie a teoria.

30 (Uerj) A procura de formas de vida em nosso Sistema Solar tem dirigido o interesse de cientistas para Io, um dos satélites de Júpiter, que é coberto por grandes oceanos congelados. As condições na superfície são extremamente agressivas, mas supõe-se que, em grandes profundidades, a água esteja em estado líquido e a atividade vulcânica submarina seja frequente.

Considerando que tais condições são similares às do bioma abissal da Terra, aponte o tipo de bactéria que poderia ter-se desenvolvido em Io e indique como esse tipo de bactéria obtém energia para a síntese de matéria orgânica.

Capítulo 3

Bases moleculares da vida

A aplicação de conhecimentos advindos da Química permitiu reconhecer que a organização e a fisiologia dos seres vivos são determinadas pelos átomos e pelas moléculas que os constituem. Neste capítulo apresentamos aspectos históricos do desenvolvimento da química da vida e a constituição atômica e molecular das substâncias fundamentais dos seres vivos.

3.1 A Química e a vida

A compreensão do mundo dos átomos e das moléculas dos seres vivos tem sido de fundamental importância para o avanço da Biologia e a melhoria da qualidade da vida humana.

3.2 A água e os seres vivos

A água, indispensável à vida, é a substância mais abundante em qualquer ser vivo, constituindo cerca de 70% a 85% de sua massa corporal.

3.3 Glicídios

Os glicídios constituem a principal fonte de energia para os seres vivos e estão presentes em diversos tipos de alimento.

3.4 Lipídios

Os lipídios, além de serem fonte de energia, são constituintes fundamentais das células.

3.5 Proteínas

As proteínas são substâncias de fundamental importância na estrutura e no funcionamento dos seres vivos.

3.6 Vitaminas

Muitas vitaminas atuam como cofatores em reações enzimáticas.

3.7 Ácidos nucleicos

Os ácidos nucleicos constituem os genes, responsáveis pela herança biológica.

Água virtual, gasto real

Muita água é utilizada em processos de produção, seja deste livro, dos alimentos que comemos ou de um computador. A quantidade de água gasta para produzir algo é sua água virtual.

2.520 L *

Cheeseburger

A carne utilizada em um hambúrguer – cerca de 150 gramas – requer aproximadamente 2.400 litros de água para ser produzida. Durante a vida, um boi consome cerca de 24 mil litros de água e 8,5 toneladas de pasto e grãos, cujo cultivo requer nada menos que 3 milhões de litros de água. O pão do sanduíche contém mais de 80 litros de água virtual e uma fatia de 10 gramas de queijo precisa de 50 litros de água para sua produção.

200 L *

Refrigerante (350 mL)

A maior parte da água virtual de um refrigerante é gasta no processo de produção do açúcar.

185 L *

Pacote de batata *chips* (200 g)

Uma porção de batatas fritas industrializadas contém o triplo da água virtual que a mesma quantidade de batatas cozidas.

PROMOÇÃO POR APENAS 770,35 L

UMA REFEIÇÃO SAUDÁVEL AJUDA A ECONOMIZAR OS RECURSOS HÍDRICOS DO PLANETA.

83 L

Salada mista (160 g)

O mesmo volume de água utilizado na produção da carne de um hambúrguer seria suficiente para produzir quase 30 saladas como essa.

585 L

Filé de frango (150 g)

Aves convertem ração em proteína de forma bem mais eficiente que os bovinos. Mesmo assim, a produção de 1 quilograma de frango "custa" 3.900 litros de água virtual.

52 L

Batata cozida (200 g)

Um quilograma de batatas consome cerca de 250 litros de água para sua produção, fora a água gasta no cozimento.

50 L

Laranja (unidade)

O suco de laranja industrializado contém mais água virtual do que um suco de laranja natural.

0,35 L

Copo de água natural (350 mL)

Se um copo de água fosse envasado industrialmente, ele passaria a conter 1 litro de água virtual.

Calça e camiseta: 13.700 litros

Para produzir um quilograma de tecido de algodão utilizado na confecção de roupas são gastos cerca de 11 mil litros de água. Dessa água virtual, aproximadamente 85% vão para o crescimento da planta.

Para pensar

A água potável é um recurso natural cada vez mais escasso. Que atitudes poderíamos adotar para economizar esse bem tão precioso?

A Química e a vida

Objetivos

- Reconhecer a existência de uma realidade invisível aos olhos – o nível dos átomos e das moléculas – que pode ser investigada cientificamente e incorporada às nossas visões e explicações do mundo.
- Compreender que os seres vivos são constituídos por átomos de vários elementos químicos, organizados em diversos tipos de substâncias orgânicas, principalmente: glicídios, lipídios, proteínas e ácidos nucleicos.

Termos e conceitos

- átomo
- substância orgânica
- Bioquímica
- elemento químico
- sais minerais
- pH (potencial hidrogeniônico)
- nutrientes minerais

1 O desenvolvimento da Bioquímica

O desenvolvimento da Química nos séculos XIX e XX foi determinante para o desenvolvimento da Biologia atual. Sem a base proporcionada pela Química, seria impossível penetrar no mundo submicroscópico e descobrir como a célula funciona no nível molecular.

Um passo importante para estudar a estrutura e o funcionamento dos seres vivos foi o desenvolvimento da teoria atômica, segundo a qual a matéria é constituída por minúsculas partículas, os **átomos**. De acordo com essa teoria, a enorme variedade de substâncias existentes na natureza, inclusive as que formam os seres vivos, é decorrente das diferentes combinações possíveis entre os átomos dos 89 elementos químicos naturais. Por exemplo, sempre que dois átomos do elemento hidrogênio (H) se combinam com um átomo do elemento oxigênio (O) forma-se uma molécula de água (H_2O). A combinação de dois átomos de hidrogênio com um átomo de enxofre (S), por outro lado, dá origem a um gás malcheiroso, o gás sulfídrico (H_2S).

A Química Inorgânica – que estuda as substâncias componentes da matéria inanimada – já estava razoavelmente desenvolvida no início do século XIX. Havia métodos eficientes para analisar substâncias químicas e identificar seus componentes fundamentais, bem como métodos de síntese, que permitiam a produção de substâncias sintéticas, isto é, feitas em laboratório. Além disso, os químicos já sabiam extrair, purificar e analisar diversas substâncias encontradas em seres vivos, as substâncias orgânicas, e começavam a constatar que elas eram formadas por átomos também presentes em materiais inanimados. Entretanto, ainda predominava a crença de que as substâncias orgânicas podiam ser produzidas apenas no interior dos organismos vivos.

Alguns estudiosos se perguntavam: se os seres vivos e os seres inanimados têm os mesmos componentes, qual é a diferença entre eles? Muitos acreditavam que, apesar de ambos serem compostos pela mesma matéria, as leis que regiam o funcionamento do mundo vivo deviam ser especiais, diferentes das que regiam o mundo inanimado.

No século XVIII, tornou-se bastante difundida a ideia de que a produção das substâncias orgânicas dependia de uma essência imaterial, a **força vital**, que estaria presente apenas nos seres vivos. Essa crença, conhecida por **vitalismo**, teve seguidores importantes, entre os quais o naturalista inglês John Needham (1713-1781) e o químico sueco Jöns Jakob Berzelius (1779-1848).

O vitalismo começou a perder força a partir de 1828, quando o químico alemão Friedrich Wöhler (1800-1882) conseguiu fabricar ureia, substância orgânica presente na urina de muitos animais, a partir de uma substância inorgânica, o cianato de amônia. A experiência de Wöhler abalou o dogma vitalista então vigente ao mostrar que era possível obter substâncias orgânicas em laboratório, com os mesmos métodos de produção de substâncias inorgânicas.

Desde então, a aplicação de princípios e métodos da Química no estudo das substâncias orgânicas tem sido proveitosa tanto para os químicos como para os biólogos. Para os primeiros, abriu-se um novo campo de estudo, a **Química Orgânica**, que se ocupa das **substâncias orgânicas**, definidas como aquelas que apresentam carbono (C) e hidrogênio (H) em sua composição. Atualmente, os químicos conseguem "dissecar" em laboratório qualquer substância orgânica, identificando os átomos componentes e a maneira como eles se organizam nas moléculas. É possível, também, produzir em laboratório praticamente todas as substâncias orgânicas conhecidas (proteínas, açúcares, hormônios e gorduras etc.), sem falar na possibilidade de criar substâncias inexistentes na natureza. **(Fig. 3.1)**

Figura 3.1 Nos laboratórios farmacêuticos modernos, tecnologias sofisticadas permitem a fabricação de substâncias sintéticas utilizadas em medicamentos.

Para os biólogos, o desenvolvimento da Química foi essencial para desvendar a estrutura e o funcionamento das células vivas. O ramo das ciências naturais que estuda a química da vida é atualmente denominado **Bioquímica**. A Bioquímica permitiu a descoberta da existência de milhares de substâncias diferentes em uma única célula e das intricadas redes de reações químicas das quais elas participam. A variedade de moléculas reunidas no espaço microscópico de uma célula levou os cientistas a concluir que os seres vivos são os entes mais complexos e organizados do universo. E a vida caracteriza-se exatamente pela complexidade e pela organização.

A compreensão do mundo dos átomos e das moléculas dos seres vivos tem sido fundamental para o avanço da Bioquímica, da Biologia, da Medicina e das aplicações tecnológicas dessas ciências, que melhoram a qualidade da vida humana. Isso mostra como a Química é importante.

AMPLIE SEUS CONHECIMENTOS — Átomos, substâncias e ligações químicas

Estrutura dos átomos

Toda matéria, orgânica ou inorgânica, é constituída por partículas muito pequenas, os átomos. Conhecem-se até o momento 109 tipos de átomo, 89 dos quais são encontrados na natureza; os 20 restantes só podem ser obtidos em condições especiais de laboratório. Cada tipo de átomo é um **elemento químico**.

De acordo com o modelo atômico atualmente aceito, os átomos de todos os elementos são constituídos por uma região central mais densa, o **núcleo atômico**, em torno do qual se movimentam minúsculas partículas, os **elétrons**.

O núcleo é a parte do átomo em que está concentrada a maior parte de sua matéria. O núcleo atômico é constituído basicamente por dois tipos de partícula, de massa semelhante: **prótons** e **nêutrons**. O próton tem carga elétrica positiva (+), enquanto o nêutron não tem carga elétrica, ou seja, é neutro. O elétron, por sua vez, tem carga elétrica negativa (−), mas sua massa é muito menor que a de prótons e nêutrons, pouco contribuindo para a massa total do átomo. Um átomo apresenta sempre o mesmo número de prótons e de elétrons, sendo, portanto, eletricamente neutro, uma vez que as cargas elétricas de sinais diferentes se neutralizam.

Cada elemento químico caracteriza-se pelo número de prótons presentes no núcleo de seus átomos, chamado de **número atômico**. Átomos de hidrogênio (H), por exemplo, têm apenas um próton no núcleo e seu número atômico é 1, enquanto átomos de carbono (C) têm seis prótons no núcleo e seu número atômico é 6. (**Fig. 3.2**)

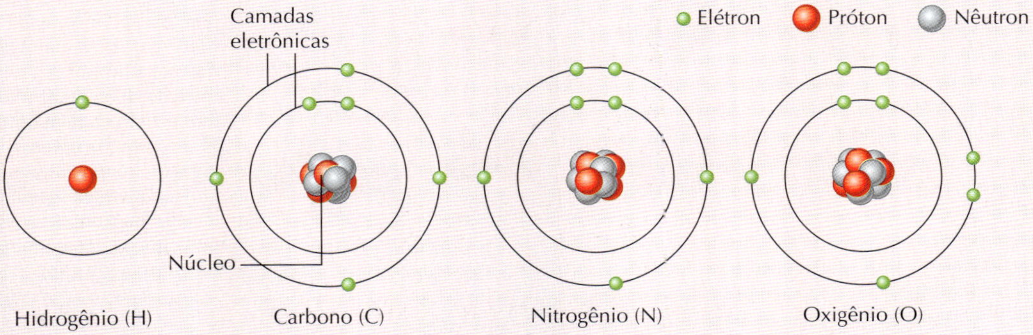

Figura 3.2 Modelos que representam os átomos de alguns elementos químicos presentes na matéria viva. Prótons e nêutrons constituem o núcleo atômico, ao redor do qual se localizam os elétrons.

Substâncias e ligações químicas

Na natureza, são raros os átomos encontrados em estado isolado; na maioria dos casos, eles se ligam formando **substâncias químicas**. Dependendo do tipo de ligação química entre os átomos, as substâncias podem ser moléculas ou compostos iônicos.

Nas **moléculas**, os átomos unem-se por meio de **ligações covalentes**, compartilhando pares de elétrons. É esse tipo de ligação que ocorre, por exemplo, na molécula de água (H_2O), substância formada por dois átomos de hidrogênio (H) unidos, por meio de ligações covalentes, a um átomo de oxigênio (O).

Nos **compostos iônicos**, não há compartilhamento de elétrons, mas transferência de um ou mais elétrons de um átomo para outro; o átomo que cede elétrons fica com carga elétrica positiva, sendo chamado de cátion; o átomo que recebe elétrons fica com carga elétrica negativa, sendo chamado de ânion. Cátions e ânions ou grupos de átomos carregados eletricamente são chamados de **íons**. É a atração entre íons de cargas elétricas opostas que forma a **ligação iônica**. O sal de cozinha (NaCℓ), por exemplo, é um composto iônico no qual um átomo de sódio (Na) cede um elétron para um átomo de cloro (Cℓ). (**Fig. 3.3**)

Os átomos de um elemento químico podem estabelecer uma ou mais ligações químicas com outros átomos. O número de ligações que o átomo de um elemento é capaz de estabelecer é sua **valência química**. O átomo de hidrogênio (H), por exemplo, pode estabelecer apenas uma ligação química; por isso, diz-se que ele é **monovalente**. O átomo de oxigênio (O) pode estabelecer duas ligações químicas, sendo, portanto, **bivalente**. O enxofre (S) é bivalente, o nitrogênio (N) e o fósforo (P) são **trivalentes**, o carbono (C) é **tetravalente**. Confira essas informações na **Figura 3.4**.

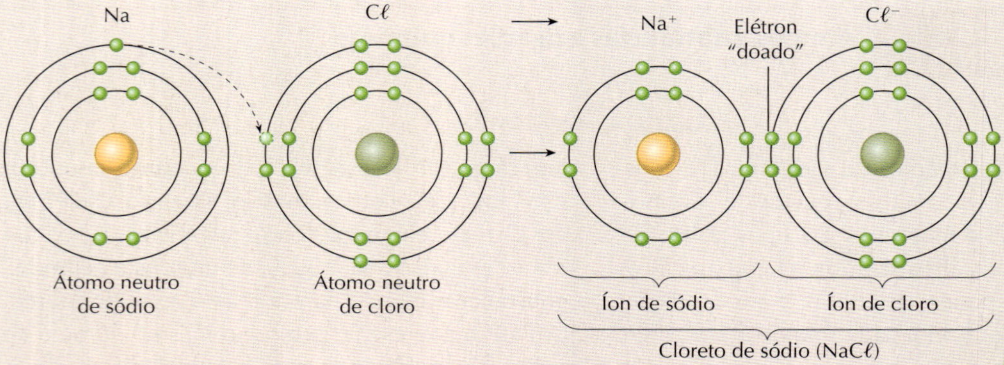

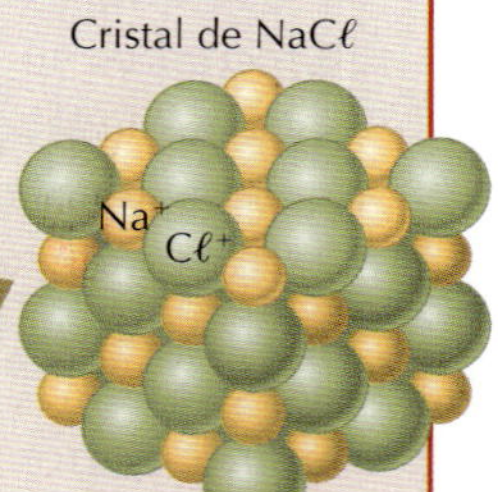

Figura 3.3 O cloreto de sódio, popularmente chamado de sal de cozinha, é formado por cristais em que ânions $C\ell^-$ e cátions Na^+ estão unidos por meio de ligações iônicas. A sequência na parte superior da ilustração mostra como se forma esse tipo de ligação.

	Água	Gás carbônico	Gás oxigênio	Gás metano
Fórmulas moleculares	H_2O	CO_2	O_2	CH_4
Modelos de esferas sem pinos	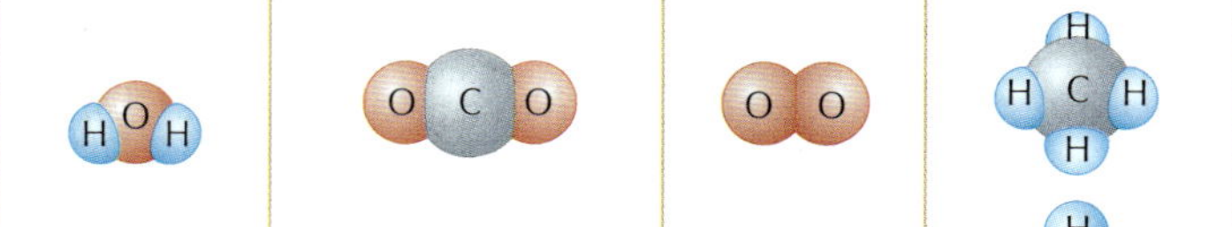			
Modelos de esferas com pinos	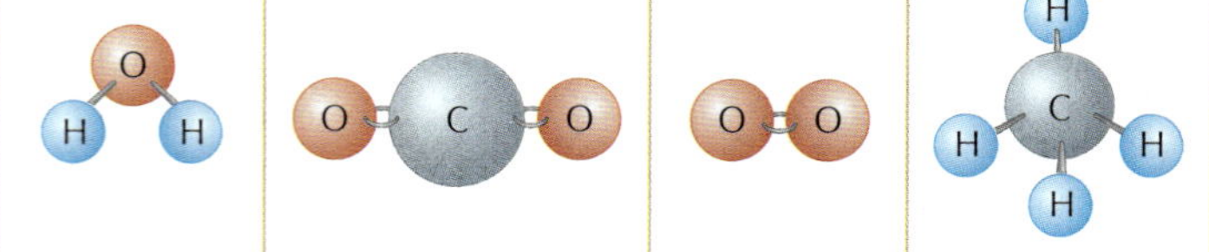			
Fórmulas estruturais planas	H—O—H (angular)	O═C═O	O═O	H—C(—H)(—H)—H

Figura 3.4 Diferentes maneiras de representar as substâncias químicas. As fórmulas moleculares (primeira linha) indicam a proporção relativa entre os tipos de átomo que constituem cada substância. Os modelos de esferas, sem pinos (segunda linha) ou com pinos indicativos das ligações covalentes (terceira linha), mostram as posições relativas dos átomos no espaço. As fórmulas estruturais planas (quarta linha) indicam, por meio de letras, como os átomos de uma substância estão ligados entre si.

2 Componentes da matéria viva

Principais elementos químicos dos seres vivos

Na matéria que constitui os seres vivos, predominam certos elementos químicos: **carbono** (**C**), **hidrogênio** (**H**), **oxigênio** (**O**), **nitrogênio** (**N**), **fósforo** (**P**) e **enxofre** (**S**). Alguns professores utilizam o acrônimo "CHONPS" para facilitar a memorização desses seis elementos predominantes na matéria viva e que constituem cerca de 98% da massa corporal da maioria das espécies biológicas. Diversos outros elementos químicos, como veremos, também são necessários ao funcionamento dos organismos vivos, mas em proporções bem menores.

O carbono é o constituinte essencial de todas as moléculas orgânicas. É a versatilidade dos átomos de carbono, que podem ligar-se entre si e com átomos de diversos elementos químicos, que torna possível a grande variedade de moléculas orgânicas.

Substâncias químicas dos seres vivos

A **água** é a substância mais abundante em um ser vivo, constituindo cerca de 70% a 85% de sua massa corporal. O restante distribui-se entre **proteínas** (10% a 15%), **lipídios** (2% a 3%), **glicídios** (1%) e **ácidos nucleicos** (1%), além de 1% de **sais minerais** e de outras substâncias. Se desidratássemos hipoteticamente uma pessoa de 60 kg, ela ficaria reduzida a cerca de 12 kg, sendo aproximadamente 8,5 kg de proteínas, 1,8 kg de lipídios, 0,5 kg de açúcares, 0,5 kg de ácidos nucleicos e 0,5 kg de outras substâncias e minerais diversos. (**Fig. 3.5**)

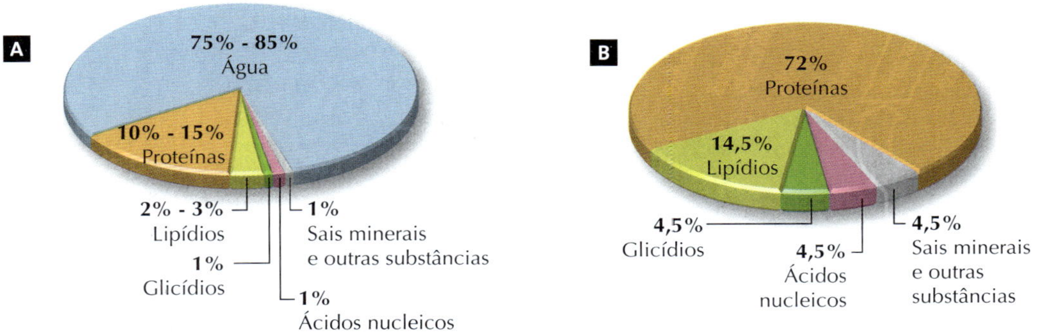

Figura 3.5 Gráficos que representam as porcentagens, em massa, das principais substâncias presentes na matéria viva. Em **A**, os cálculos incluem a água; em **B**, a água não é considerada.

AMPLIE SEUS CONHECIMENTOS — **Sais minerais e seu papel no corpo humano**

Sais minerais são substâncias inorgânicas formadas por íons, muitos dos quais são fundamentais para o bom funcionamento dos seres vivos. A falta de certos minerais pode afetar seriamente o metabolismo e até causar a morte. Na espécie humana, por exemplo, os íons de cálcio (Ca^{2+}) participam das reações de coagulação do sangue e da contração muscular, além de serem componentes fundamentais dos ossos. É fácil imaginar as consequências desastrosas de sua falta para o organismo. Os íons de magnésio (Mg^{2+}), de manganês (Mn^{2+}) e de zinco (Zn^{2+}), entre outros, participam de reações químicas vitais às células. Os íons de sódio (Na^{+}) e de potássio (K^{+}) são responsáveis, entre outras funções, pelo funcionamento das células nervosas.

Íons inorgânicos, como os fosfatos (PO_4^{3-}) e os carbonatos (CO_3^{2-}), são importantes para o controle da acidez do ambiente interno das células. A acidez depende da concentração relativa de íons de hidrogênio (H^{+}), que os químicos denominam **pH**, abreviatura de **potencial hidrogeniônico**. Quanto maior a concentração de H^{+} em um meio, maior a acidez desse meio e menor o valor do pH ($pH = -\log[H^{+}]$). O pH neutro é igual a 7. Muitas reações químicas essenciais à vida só ocorrem se as condições de acidez são favoráveis; sais como os fosfatos e os carbonatos conseguem neutralizar o excesso de íons H^{+}, regulando as condições de acidez do meio interno dos seres vivos.

Íons importantes para a nutrição do organismo são denominados **nutrientes minerais**. Alguns, como os íons de cálcio, fósforo, enxofre, potássio, sódio, cloro e magnésio, são necessários ao organismo em quantidades relativamente grandes, superiores a 100 mg por dia; por isso, são denominados **macronutrientes minerais** ou **macroelementos**. Outros íons, como os de ferro e de zinco, são necessários em quantidades relativamente baixas, inferiores a 20 mg por dia; por isso, são denominados **micronutrientes minerais** ou **microelementos**. (**Tab. 3.1**)

Tabela 3.1 Alguns minerais e suas funções no organismo humano

	Funções	Fontes
Cálcio	Componente importante dos ossos e dos dentes. Essencial à coagulação do sangue; necessário para o funcionamento normal de nervos e músculos.	Vegetais, leite e laticínios.
Cloro	Principal ânion no líquido extracelular. Importante no balanço de líquidos do corpo.	Sal de cozinha e muitos tipos de alimento.
Cobalto	Componente da vitamina B_{12}. Essencial para a produção das hemácias.	Carnes e laticínios.
Cobre	Componente de muitas enzimas. Essencial para a síntese da hemoglobina.	Fígado, ovos, peixe, trigo integral e feijão.
Cromo	Importante para o metabolismo energético.	Carne, cereais integrais e levedo de cerveja.
Enxofre	Componente de muitas proteínas. Essencial para a atividade metabólica normal.	Carnes e legumes.
Ferro	Componente da hemoglobina, mioglobina e enzimas respiratórias. Fundamental para a respiração celular.	Fígado, carnes, gema de ovo, legumes e vegetais verdes.
Flúor	Componente dos ossos e dos dentes. Protege os dentes contra cáries.	Água fluorada.
Fósforo	Componente importante dos ossos e dos dentes. Essencial para o armazenamento e a transferência de energia no interior das células (componente do ATP); componente do DNA e do RNA.	Leite e laticínios, carnes e cereais.
Iodo	Componente dos hormônios da tireoide, que estimulam o metabolismo.	Frutos do mar, sal de cozinha iodado e laticínios.
Magnésio	Componente de muitas coenzimas. Necessário para o funcionamento normal de nervos e músculos.	Cereais integrais, vegetais verdes.
Manganês	Necessário para a ativação de diversas enzimas.	Cereais integrais, gema de ovo e vegetais verdes.
Molibdênio	Importante para a ação de algumas enzimas, atuando como cofator.	Cereais integrais, leite e leguminosas.
Potássio	Principal cátion no interior das células. Influencia a contração muscular e a atividade dos nervos.	Carnes, leite e muitos tipos de frutas.
Selênio	Importante para enzimas que previnem câncer.	Carne, moluscos, fígado e leguminosas.
Sódio	Principal cátion no líquido extracelular. Importante no balanço de líquidos do corpo; essencial para a condução do impulso nervoso.	Sal de cozinha e muitos tipos de alimento.
Zinco	Componente de dezenas de enzimas, como as envolvidas na digestão.	Diversos alimentos.

Seção 3.2

A água e os seres vivos

Objetivos

▶ Reconhecer e compreender os principais aspectos da importância da água para a vida.

▶ Estar informado sobre os procedimentos que os cidadãos podem adotar para evitar o desperdício de água potável e assim preservar esse recurso natural.

Termos e conceitos

- ponte de hidrogênio
- solução
- solvente
- soluto
- reação de hidrólise

1 Estrutura molecular da água

A molécula de água, de fórmula química H_2O, é constituída por um átomo de oxigênio (O) unido por meio de ligações covalentes a dois átomos de hidrogênio (H). Estes formam entre si um ângulo de 104,5° (cento e quatro graus e meio), o que torna a molécula de água **polarizada** e explica muitas de suas propriedades. Observe a polaridade da molécula de água na **Figura 3.6**.

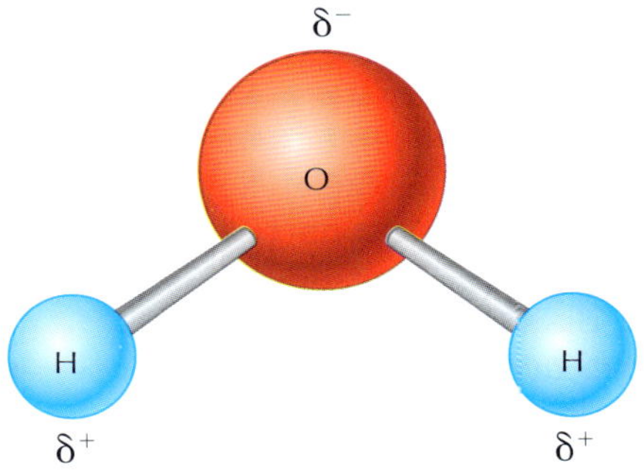

Figura 3.6 A molécula de água é polarizada: o átomo de oxigênio tem carga elétrica negativa parcial, representada por δ^-, e os átomos de hidrogênio têm carga elétrica positiva parcial, simbolizada por δ^+. (Representação sem escala, cores-fantasia.)

Pontes de hidrogênio

Na água em estado líquido e sólido (gelo), as moléculas encontram-se unidas entre si por um tipo de ligação química denominada **ponte de hidrogênio**, ou **ligação de hidrogênio**. A ponte de hidrogênio resulta da atração entre a parte negativa de uma molécula de água (onde se localiza o oxigênio) e a parte positiva de uma molécula vizinha (onde se localiza um hidrogênio). Na água em estado líquido, as pontes de hidrogênio se rompem e se refazem continuamente, o que explica a grande fluidez da água líquida. No gelo, devido à baixa temperatura, as moléculas de água movem-se menos e as pontes de hidrogênio são mais estáveis, formando uma estrutura cristalina. **(Fig. 3.7)**

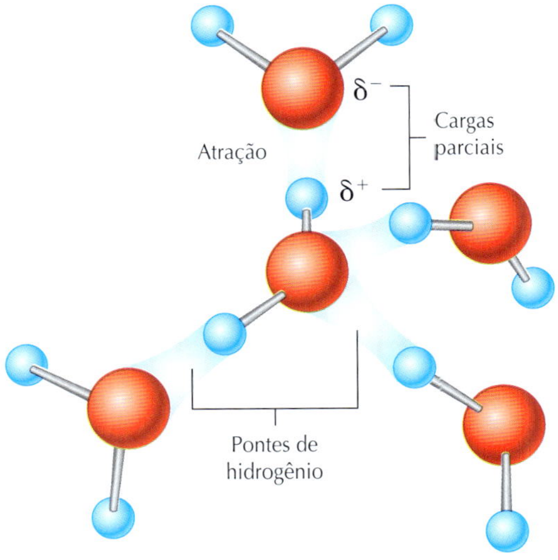

Figura 3.7 As regiões eletricamente positivas de uma molécula de água atraem a região eletricamente negativa de outras, formando ligações denominadas pontes de hidrogênio, ou ligações de hidrogênio. (Representação sem escala, cores-fantasia.)

2 Importância da água para a vida

Por suas propriedades, a água é indispensável à vida em nosso planeta. Entre as propriedades da água importantes para os seres vivos, discutiremos o papel dessa substância como solvente, como participante de reações químicas e como moderador de temperatura, além da adesão e da coesão entre suas moléculas, decisivas para o funcionamento das plantas.

A água como solvente

Atividades essenciais à vida, como o transporte de substâncias e reações químicas enzimáticas, necessitam que as moléculas participantes estejam dissolvidas em um meio líquido. Nesse aspecto, a água desempenha papel fundamental por ser um excelente solvente. Ela é capaz de dissolver grande variedade de substâncias químicas, como sais, gases, açúcares, aminoácidos, proteínas e ácidos nucleicos; por isso, costuma-se atribuir à água o título de "solvente universal".

Dissolver, do ponto de vista químico, consiste em separar, por meio de um solvente, os agregados ou cristais que formam determinada substância. Por exemplo, quando colocamos açúcar ou sal em um copo com água, as moléculas dessa substância intrometem-se entre as partículas que constituem os cristais de açúcar ou de sal, separando-as, isto é, dissolvendo sua união. A dissolução, nesse caso, leva à formação de uma mistura homogênea, a **solução**, composta pelo **solvente**, ou seja, a água, e pelas substâncias dissolvidas, genericamente chamadas de **solutos**. (**Fig. 3.8**)

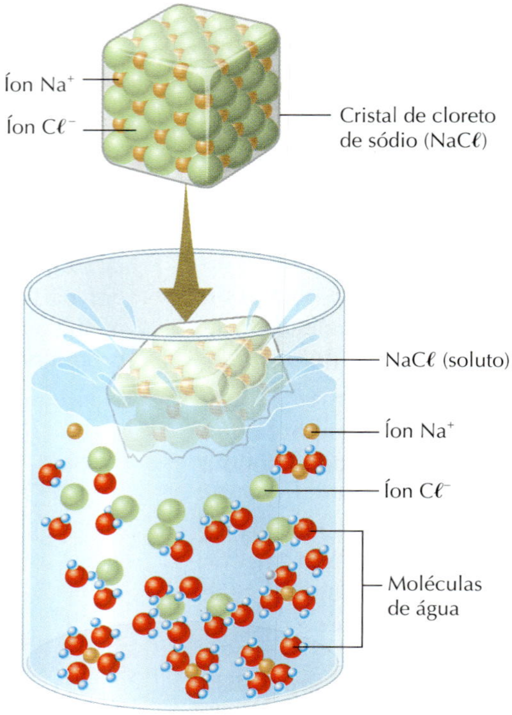

Figura 3.8 Dissolução de sal de cozinha em água. As regiões eletricamente negativas das moléculas de água são atraídas pelos íons positivos de sódio (Na^+), associando-se a eles; enquanto isso, as regiões das moléculas de água eletricamente positivas são atraídas pelos íons negativos de cloro ($C\ell^-$). A associação com a água causa separação dos íons Na^+ e $C\ell^-$, rompendo a estrutura cristalina do sal, que se dissolve na água. (Representação sem escala, cores-fantasia.)

O líquido que preenche as células vivas, denominado **citosol**, consiste em uma solução aquosa de diversas substâncias. O sangue e outros líquidos corporais dos seres multicelulares também são soluções aquosas. As principais substâncias dissolvidas nessas soluções biológicas são glicídios, sais, aminoácidos e proteínas, entre outras.

Substâncias cujas moléculas têm afinidade pela água, dissolvendo-se nela, são chamadas de **hidrofílicas** (do grego *hydro*, água, e *philos*, amigo). Grande parte dos glicídios e muitas proteínas constituem exemplos de substâncias orgânicas hidrofílicas. A solubilidade deve-se ao fato de as moléculas hidrofílicas apresentarem regiões eletricamente carregadas e, por isso, capazes de interagir com as moléculas polarizadas da água. Por outro lado, substâncias que não se dissolvem em água são chamadas de **hidrofóbicas** (do grego *hydro*, água, e *phobos*, medo, aversão). Os óleos e as gorduras são exemplos de substâncias hidrofóbicas. A insolubilidade dessas substâncias ocorre porque suas moléculas não apresentam cargas elétricas, isto é, são apolares; por isso, não conseguem interagir com as moléculas polarizadas da água e ficam agregadas, sem se dissolver.

A água nas reações químicas dos seres vivos

Reação química é o processo de transformação de uma ou mais substâncias, genericamente chamadas de **reagentes**, em moléculas de outra ou outras substâncias, chamadas de **produtos**. Nos seres vivos ocorre interruptamente um número enorme de reações químicas, mediante as quais as células obtêm energia e produzem as substâncias necessárias à sua vida. Em algumas dessas reações, a água participa como reagente; em outras, ela é gerada como produto.

Em determinadas reações químicas ocorre união entre moléculas (síntese) e formação de água como produto. Essas reações são denominadas **reações de condensação**, ou **sínteses por desidratação**. Por exemplo, as reações de união entre aminoácidos que levam à formação das proteínas são sínteses por desidratação; para cada par de aminoácidos que se unem forma-se uma molécula de água. Por outro lado, há reações de quebra (lise) de moléculas orgânicas em que a água participa como reagente; essas reações são denominadas **reações de hidrólise** (do grego, *hydro*, água e *lise*, quebra), que significa "quebra pela água". A digestão do açúcar sacarose, que se transforma em glicose e em frutose, é um exemplo de reação de hidrólise. (**Fig. 3.9**)

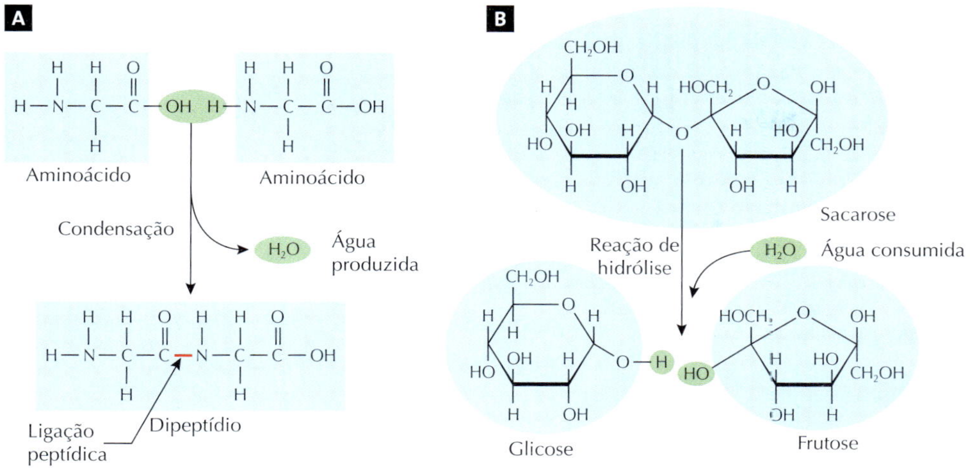

Figura 3.9 **A.** Reação de condensação (síntese por desidratação) que ocorre na união de aminoácidos para constituir as proteínas. **B.** Exemplo de reação de hidrólise, no caso a digestão do açúcar sacarose, que resulta em glicose e frutose.

A água como moderador de temperatura

A maioria dos seres vivos só pode viver em uma estreita faixa de temperatura, fora da qual ocorre a morte ou o metabolismo cessa. Nesse aspecto, a água é importante para ajudar a evitar variações bruscas na temperatura dos organismos. Para entender como isso ocorre, precisamos compreender algumas das propriedades físicas da água relacionadas ao calor.

Os físicos definem **calor específico** como a quantidade de calor que um grama de uma substância precisa absorver para aumentar sua temperatura em 1 °C (um grau Celsius), sem que haja mudança de estado físico. Nesse aspecto, a água difere bastante da maioria das outras substâncias, pois pode absorver ou ceder grandes quantidades de calor com pequena alteração de temperatura. Em termos físicos, o calor específico da água é extraordinariamente alto. Se colocarmos a mesma quantidade de água e de ferro no forno, veremos que o ferro se aquece muito mais depressa que a água. Por outro lado, o ferro também se resfria mais depressa que a água. Para uma mesma quantidade de calor absorvida, o ferro se aquece dez vezes mais que a água e, portanto, possui calor específico dez vezes menor que ela. Assim, é fácil compreender por que meios aquosos sofrem menos variações de temperatura. Isso vale tanto para os ambientes aquáticos (mares, rios, lagos etc.), onde a temperatura média varia bem menos que a dos ambientes aéreos, como para o meio interno dos seres vivos.

Calor latente de vaporização é definido como a quantidade de calor absorvida durante a vaporização de uma substância em seu ponto de ebulição. A água tem elevado calor de vaporização quando comparada a outros líquidos. Essa propriedade é consequência da forte coesão entre as moléculas da água. Para a água passar do estado líquido para o gasoso, as pontes de hidrogênio que mantêm suas moléculas unidas precisam se romper, o que demanda muita energia. Isso garante uma certa estabilidade térmica dos meios aquosos.

A evaporação da água é um mecanismo importante para os seres vivos, pois, graças a ele, os organismos que vivem em terra firme evitam o superaquecimento. As folhas das plantas, por exemplo, não se aquecem demais durante um dia de sol intenso porque a maior parte do calor que recebem é utilizada para evaporar a água dos tecidos, no processo de transpiração foliar. A evaporação do suor de nossa pele, por sua vez, demanda energia e ajuda a resfriar a superfície do corpo em um dia quente ou quando fazemos atividades físicas que geram calor em excesso.

Por fim, outra propriedade importante da água é seu elevado **calor latente de fusão**, definido como a quantidade de calor necessária para transformar um grama de determinada substância do estado sólido para o estado líquido, na temperatura de fusão. Em contrapartida, para a água se solidificar, isto é, tornar-se gelo, ela precisa liberar muito calor, o que requer exposição a temperaturas inferiores a 0 °C por tempo prolongado. O alto calor de fusão da água protege os organismos vivos dos efeitos danosos do congelamento; se a água de suas células congelasse facilmente, os seres vivos morreriam devido aos cristais formados dentro delas, que causariam danos às membranas celulares.

Atualmente, é um procedimento relativamente comum congelar células vivas e conservá-las em nitrogênio (N_2) líquido, a uma temperatura de cerca de −196 °C. Essa técnica de congelamento é empregada, por exemplo, em embriões humanos antes de serem implantados no útero materno, nos processos de reprodução assistida. Nesses casos, as células são tratadas previamente com substâncias químicas, que impedem a formação de cristais de gelo, e congeladas seguindo um método especial.

CIÊNCIA E CIDADANIA — Água: um recurso cada vez mais precioso

Além de conhecer as principais características da água e sua importância para a vida em nosso planeta, todo cidadão responsável também tem de estar informado sobre o valor da água como recurso natural. Uma das competências a serem desenvolvidas pelos professores do ensino médio, dentre as avaliadas pelo Enem, é a importância da água para a humanidade.

Já há escassez de água potável em países da África e do Oriente Médio e um relatório recente da ONU traz a sombria previsão de que, até o ano de 2050, cerca de 4 bilhões de pessoas viverão em condições de extrema falta de água. A essas más notícias soma-se a previsão da redução das chuvas como consequência da mudança climática global.

Cerca de 97,5% da água presente em nosso planeta é salgada, constituindo mares e oceanos. O restante, cerca de 2,5%, é de água doce; porém, esta se encontra quase que toda congelada ou no subsolo; apenas aproximadamente 0,01% está acessível para o consumo humano.

O Brasil detém quase 14% da água potável disponível no mundo. Entretanto, esse recurso distribui-se desigualmente pelo país. Na Bacia Amazônica, por exemplo, concentram-se mais de 73% do volume de água doce brasileiro, servindo a apenas cerca de 7% da população. O restante, cerca de 27%, distribui-se de maneira desigual por nosso território. A região Nordeste, por exemplo, conta com cerca de 5% das reservas de água potável do país, embora nela vivam quase 28% da população brasileira.

A falta de água pode ser evitada?

Conhecer melhor o ciclo da água e racionalizar seu consumo são providências importantes para o futuro da humanidade e todos podem (e devem) participar dessa empreitada. Por isso, os governos precisam investir em estudos sobre os recursos hídricos e todos os cidadãos devem aprender a usar racionalmente a água potável. Ainda há muito desperdício desse recurso na agricultura, na indústria e no uso doméstico.

De acordo com a Organização das Nações Unidas, cada pessoa necessita de cerca de 110 L de água por dia para atender às necessidades de consumo e higiene. No entanto, no Brasil, o consumo por pessoa pode chegar a mais de 200 L/dia. Veja a seguir algumas maneiras de racionalizar o consumo de água no seu dia a dia.

Lavando roupa:
No tanque, com a torneira aberta por quinze minutos, o gasto de água pode chegar a 279 L. Acumule uma quantidade razoável de roupas. Encha o tanque com água e ensaboe as roupas, mantendo a torneira fechada. Reutilize a água do enxágue para lavar o quintal ou a calçada.

Regando as plantas:
Com mangueira por dez minutos: 186 L.
Durante o verão faça rega de manhãzinha ou à noite, o que reduz a perda de água por evaporação. No inverno, faça a rega em dias alternados, pela manhã.

Lavando a calçada:
Com mangueira durante quinze minutos: 279 L.
Use vassoura e balde com a água de enxágue das roupas.

Lavando o carro:
Com a torneira não muito aberta, durante trinta minutos: 216 L.
Com balde: 40 L.

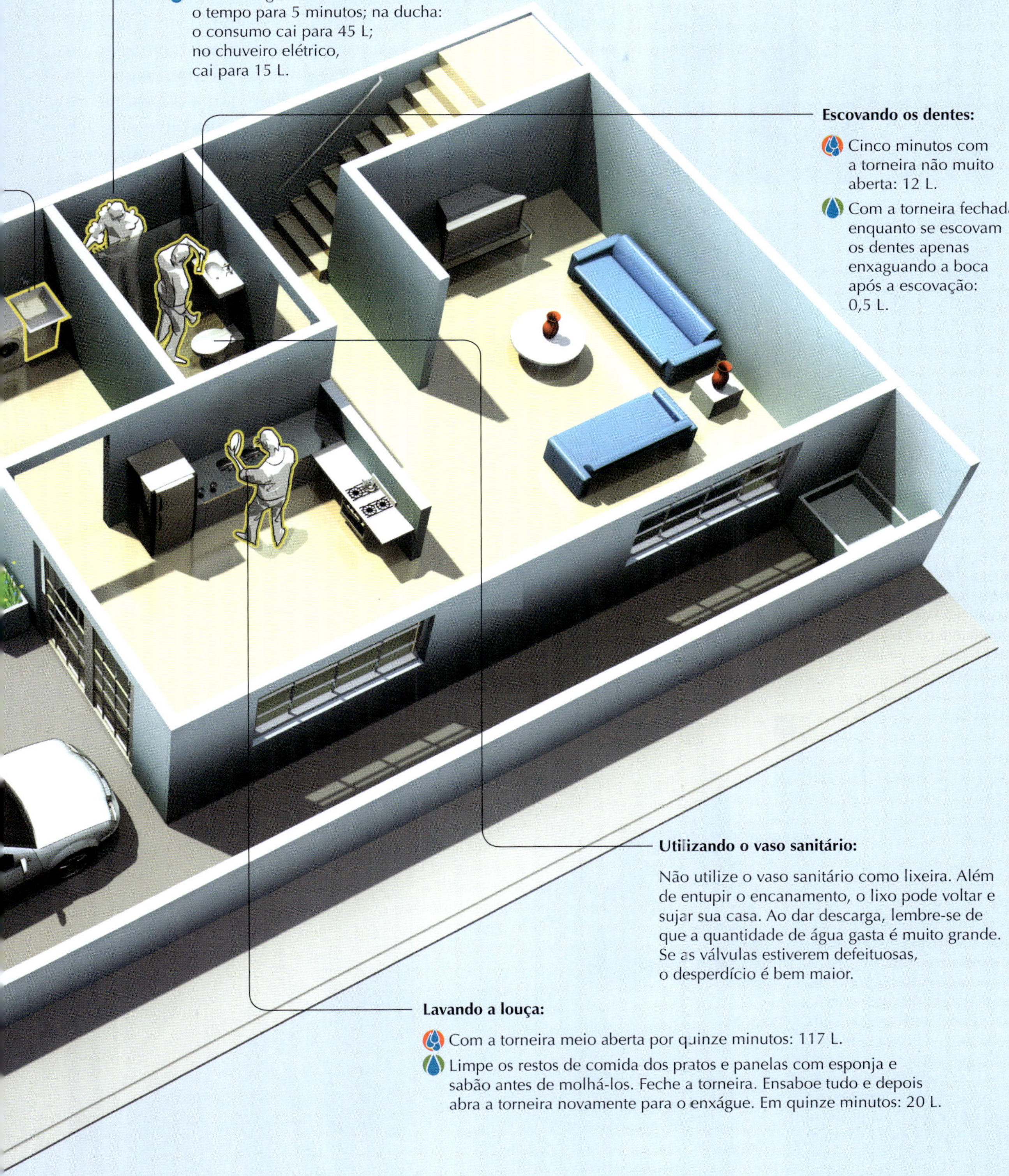

Desperdício

Consumo consciente

Tomando banho:

Quinze minutos com o registro aberto na ducha: 135 L; no chuveiro elétrico: 45 L.

Feche o registro ao se ensaboar e reduza o tempo para 5 minutos; na ducha: o consumo cai para 45 L; no chuveiro elétrico, cai para 15 L.

Escovando os dentes:

Cinco minutos com a torneira não muito aberta: 12 L.

Com a torneira fechada enquanto se escovam os dentes apenas enxaguando a boca após a escovação: 0,5 L.

Utilizando o vaso sanitário:

Não utilize o vaso sanitário como lixeira. Além de entupir o encanamento, o lixo pode voltar e sujar sua casa. Ao dar descarga, lembre-se de que a quantidade de água gasta é muito grande. Se as válvulas estiverem defeituosas, o desperdício é bem maior.

Lavando a louça:

Com a torneira meio aberta por quinze minutos: 117 L.

Limpe os restos de comida dos pratos e panelas com esponja e sabão antes de molhá-los. Feche a torneira. Ensaboe tudo e depois abra a torneira novamente para o enxágue. Em quinze minutos: 20 L.

Fonte dos dados: http://www.sabesp.com.br
Acesso em: jun. 2009.

Figura 3.10 A tensão superficial da água resulta da formação de uma película de moléculas de água fortemente aderidas entre si na zona de contato com o ar. A película de tensão superficial mantém a forma peculiar das gotas de orvalho na superfície das plantas e permite também que pequenos insetos flutuem sobre a água, como vemos na foto.

Importância biológica da coesão e adesão da água

Duas propriedades da água – a coesão e a adesão – são extremamente importantes para a vida das plantas. **Coesão** é o fenômeno que mantém as moléculas de água unidas umas às outras por meio de pontes de hidrogênio. Esse fenômeno é bem evidente na superfície de um lago, por exemplo, onde há uma película relativamente resistente formada por moléculas de água firmemente aderidas umas às outras, na zona de contato com o ar. Essa propriedade que faz com que a superfície de um líquido se comporte como se houvesse um filme elástico distendido sobre ela é chamada de **tensão superficial**. A tensão superficial da água é maior que a da maioria dos outros líquidos. Pequenos insetos e pequenas folhas, por exemplo, flutuam na água, devido à tensão superficial. Essa tensão atua na superfície das gotas de água e é responsável pela forma peculiar que elas possuem. (**Fig. 3.10**)

As moléculas de água, por serem polarizadas, aderem a superfícies constituídas por substâncias polares. Esse fenômeno é denominado **adesão**. Devido a essa propriedade, a água molha materiais como tecidos de algodão, papel etc. e sobe pelas paredes de tubos finos, fenômeno conhecido como **capilaridade**.

Quando a extremidade de um tubo fino de paredes hidrófilas é mergulhada em água, suas moléculas literalmente "sobem pelas paredes" internas do tubo. Nessa elevação, as moléculas de água aderidas à parede arrastam as moléculas mais internas da coluna líquida, às quais estão ligadas por coesão. Nas plantas, as propriedades de adesão e coesão da água atuam no deslocamento da seiva mineral, desde as raízes, onde ela é absorvida do solo, até o topo das árvores. (**Fig. 3.11**)

Figura 3.11
A. A elevação da coluna de água em tubos capilares é inversamente proporcional ao diâmetro do tubo: quanto mais fino, mais a água sobe no capilar. (Representação sem escala, cores-fantasia.)
B. As propriedades de adesão e coesão da água contribuem para elevar a coluna de seiva mineral (água e sais minerais) pelos microscópicos vasos lenhosos das plantas, desde as raízes até as folhas, mesmo em árvores de dezenas de metros de altura, como a sequoia da foto.

Seção 3.3

Glicídios

Objetivo

▶ Conhecer os glicídios quanto às suas características químicas principais (tipo de componentes, estrutura molecular etc.) e suas funções gerais nos seres vivos.

Termos e conceitos

- glicídio
- monossacarídio
- dissacarídio
- polissacarídio
- amido
- glicogênio
- celulose

1 Características gerais dos glicídios

Glicídios, também chamados de **açúcares**, **carboidratos** ou **hidratos de carbono**, são moléculas orgânicas constituídas fundamentalmente por átomos de carbono, hidrogênio e oxigênio. O termo açúcar costuma ser associado ao sabor doce, mas nem todos os representantes desse grupo de substâncias são adocicados. Por isso, os cientistas preferem usar o termo glicídio, que é mais genérico. Por sua vez, as denominações carboidrato e hidrato de carbono devem-se ao fato de muitos glicídios apresentarem fórmula geral $C(H_2O)$; ou seja, para cada átomo de C há dois átomos de H e um de O. A estrutura química dos glicídios, todavia, não apresenta nada que corresponda à denominação; trata-se apenas do que a fórmula geral sugere.

Os glicídios constituem a principal fonte de energia para os seres vivos e estão presentes em diversos tipos de alimento. O mel, por exemplo, contém o glicídio denominado glicose; o açúcar de cana, largamente utilizado no dia a dia, é o glicídio sacarose; o leite contém o açúcar lactose; frutos adocicados contêm frutose e glicose, entre outros tipos de glicídio.

Além de constituir a mais importante fonte de energia para os seres vivos, os glicídios também desempenham papel relevante na estrutura corporal dos seres vivos. A celulose, por exemplo, que forma a parede das células vegetais e dá sustentação ao corpo das plantas, é um glicídio com função estrutural. Outro exemplo é a quitina, glicídio cuja molécula contém átomos de nitrogênio e constitui o mais importante componente da parede celular de fungos e do exoesqueleto dos artrópodes (insetos, aranhas, camarões etc.). (**Fig. 3.12**).

Os glicídios também fazem parte da estrutura dos ácidos nucleicos (DNA e RNA), que contêm instruções hereditárias e controlam indiretamente a maior parte das atividades celulares. O ATP (trifosfato de adenosina), a principal substância envolvida nos processos energéticos biológicos, também apresenta um glicídio (a ribose) em sua composição.

Figura 3.12 Na cana-de-açúcar (foto maior), a celulose que constitui as paredes celulares e a sacarose (o açúcar de cana) são glicídios. Na foto menor, o exoesqueleto que a libélula está abandonando, bem como o novo exoesqueleto formado são constituídos pelo polissacarídio nitrogenado denominado quitina, um tipo de glicídio.

2 Classificação dos glicídios

Os glicídios podem ser classificados em três grupos, de acordo com o tamanho e a organização de sua molécula: monossacarídios, dissacarídios e polissacarídios.

Monossacarídios

Monossacarídios são os glicídios mais simples, que apresentam entre 3 e 7 átomos de carbono na molécula e fórmula geral $\mathbf{C_n(H_2O)_n}$. Isso significa que a molécula de um monossacarídio com 6 átomos de carbono tem quase sempre 12 átomos de hidrogênio e 6 átomos de oxigênio. O nome genérico desses açúcares compõe-se de um prefixo indicativo do número de carbonos da molécula, acompanhado do sufixo **-ose**. Glicídios de três carbonos e fórmula geral ($C_3H_6O_3$) são denominados **trioses**; os de quatro carbonos e fórmula geral $C_4H_8O_4$ são **tetroses**; e assim por diante: **pentoses** ($C_5H_{10}O_5$), **hexoses** ($C_6H_{12}O_6$) e **heptoses** ($C_7H_{14}O_7$).

Além dos nomes genéricos, os monossacarídios têm nomes específicos, de acordo com suas características químicas. Com certeza você já ouviu falar em glicose, frutose e galactose; eles são hexoses, isto é, monossacarídios com 6 carbonos na molécula. Por outro lado, a ribose presente no RNA é um monossacarídio do tipo pentose. (**Fig. 3.13**)

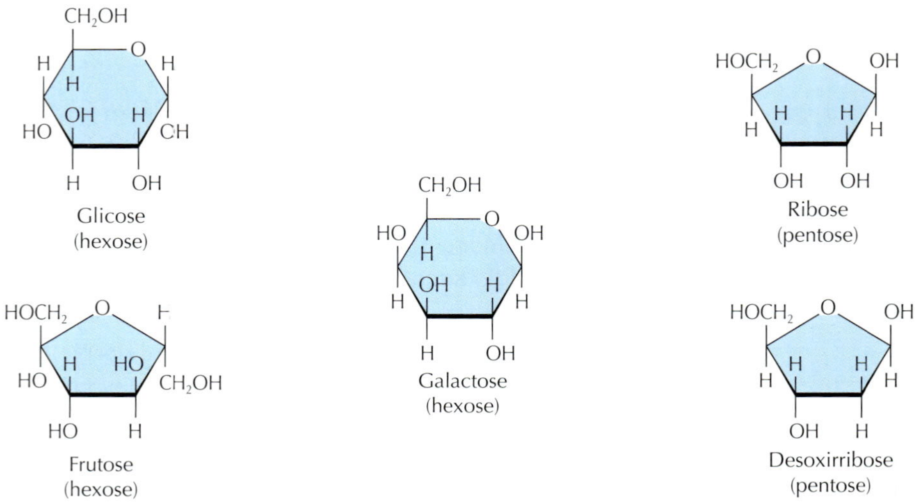

Figura 3.13 Fórmulas de alguns monossacarídios. Nesses compostos, os átomos de carbono unem-se formando anéis pentagonais ou hexagonais. As fórmulas acima estão simplificadas e omitem os átomos de carbono localizados nos vértices dos anéis. Note que a desoxirribose é o único dos cinco que não apresenta fórmula geral $C_n(H_2O)_n$.

Dissacarídios

Dissacarídios são glicídios constituídos por dois monossacarídios quimicamente unidos. A reação de formação de um dissacarídio é uma síntese por desidratação: um dos monossacarídios perde um hidrogênio (—H), o outro perde uma hidroxila (—OH) e eles se unem por meio de uma ligação covalente, que neste caso denomina-se especificamente **ligação glicosídica**; ao mesmo tempo, o hidrogênio e a hidroxila também se unem, produzindo uma molécula de água.

A **sacarose**, o principal açúcar presente na cana-de-açúcar, é um dissacarídio formado pela união de uma glicose e uma frutose. Outro exemplo de dissacarídio é a **lactose**, o açúcar do leite, constituído pela união de uma glicose e uma galactose. (**Fig. 3.14**)

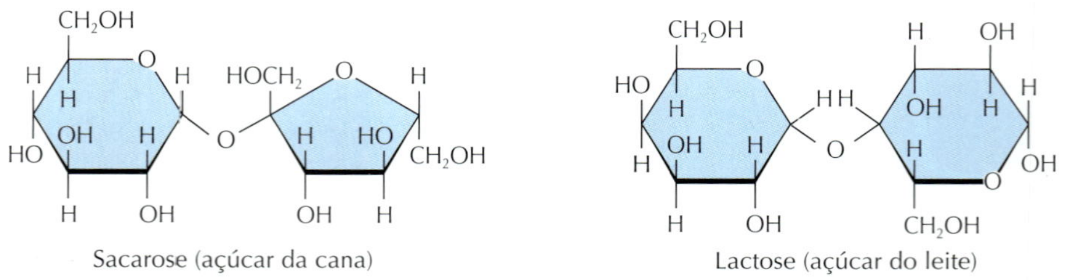

Figura 3.14 Fórmulas dos dissacarídios sacarose e lactose. Quando essas moléculas são digeridas em nosso intestino delgado, ocorre hidrólise e formam-se glicose e frutose a partir da sacarose, e glicose e galactose a partir da lactose. Quando adultas, muitas pessoas deixam de produzir a enzima lactase, responsável pela digestão da lactose, e por isso apresentam certa intolerância ao leite.

Polissacarídios

Polissacarídios são glicídios constituídos por centenas ou mesmo milhares de monossacarídios quimicamente ligados. Moléculas de polissacarídios são relativamente grandes quando comparadas à maioria das outras moléculas, e por isso são consideradas **macromoléculas** (do grego *makros*, grande).

Polissacarídios são polímeros, denominação que se dá a moléculas constituídas pela repetição de centenas ou milhares de unidades idênticas (ou semelhantes), os monômeros. Exemplos de polissacarídios são o amido (cujo monômero é a α glicose), o glicogênio (o monômero também é a α glicose), a celulose (o monômero é a β glicose) e a quitina (o monômero é a *N*-acetilglucosamina). A α glicose e a β glicose são formas de glicose interconversíveis, isto é, que podem se transformar uma na outra, diferindo quanto à posição do hidrogênio (—H) e da hidroxila (—OH) ligados ao chamado carbono 1. (**Fig. 3.15**)

Amido

O **amido** é uma substância produzida por plantas e algas, constituída pela condensação química de milhares de moléculas de α glicose. O que se denomina amido são, na realidade, dois tipos de polímeros de α glicose: **amilose**, cujas moléculas são lineares, e **amilopectina**, cujas moléculas são ramificadas.

Ao fazer fotossíntese, as células da planta produzem amido, que é armazenado. Em momentos de necessidade (à noite, por exemplo, quando não há luz para a fotossíntese), o amido é quebrado (hidrolisado), transformando-se em moléculas de glicose, utilizadas como fonte de energia e de matéria-prima para a produção das demais substâncias celulares. (**Fig. 3.15A**, na página seguinte.)

O amido produzido pelas plantas é uma das principais fontes de alimento da espécie humana. O trigo e o milho, por exemplo, são ricos em amido, principal componente das farinhas desses grãos, empregadas, entre outras coisas, na fabricação de pães. Certos tipos de caule e de raízes, como a batata-inglesa e a mandioca, também armazenam grandes quantidades de amido e constituem uma das bases da alimentação humana.

Glicogênio

A maioria dos animais, inclusive a espécie humana, produz em suas células o polissacarídio **glicogênio**, cujas moléculas têm estrutura similar à da amilopectina, diferindo desta por serem maiores, mais ramificadas e mais compactas.

A função do glicogênio para os animais é equivalente à do amido para as plantas. Após uma refeição rica em glicídios, as células de nosso fígado absorvem ativamente moléculas de glicose do sangue, unindo-as quimicamente para produzir moléculas de glicogênio. Quando a taxa de glicose no sangue diminui, como ocorre nos períodos entre as refeições, as células do fígado quebram (hidrolisam) o glicogênio, reconvertendo-o em moléculas de glicose; estas são devolvidas ao sangue, que as leva a todas as células do corpo. A glicose é utilizada pelas células como fonte de energia e de matéria-prima para o metabolismo. Células musculares também armazenam grande quantidade de glicogênio, fonte de energia para a contração muscular. O glicogênio estocado no fígado e nos músculos representa uma forma de os animais armazenarem energia.

Celulose

Outro polissacarídio fundamental ao mundo vivo é a **celulose**. As moléculas filamentosas e altamente resistentes da celulose são o principal componente da parede celular, o esqueleto básico das células vegetais. A celulose compõe-se de milhares de moléculas de β glicose quimicamente ligadas. (**Fig. 3.15B**, na página seguinte.)

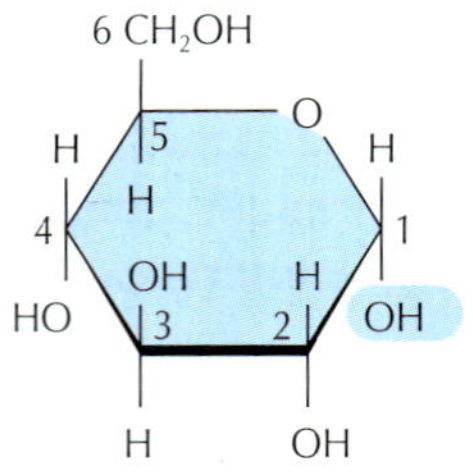

A_1. Configuração α da glicose e enumeração dos átomos de carbono.

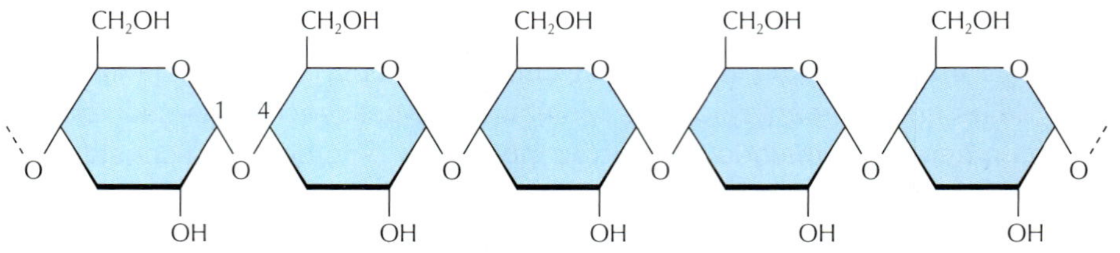

A_2. Cadeia de unidades de glicoses unidas por ligações 1-4 α glicosídicas, presente na amilose, na amilopectina e no glicogênio.

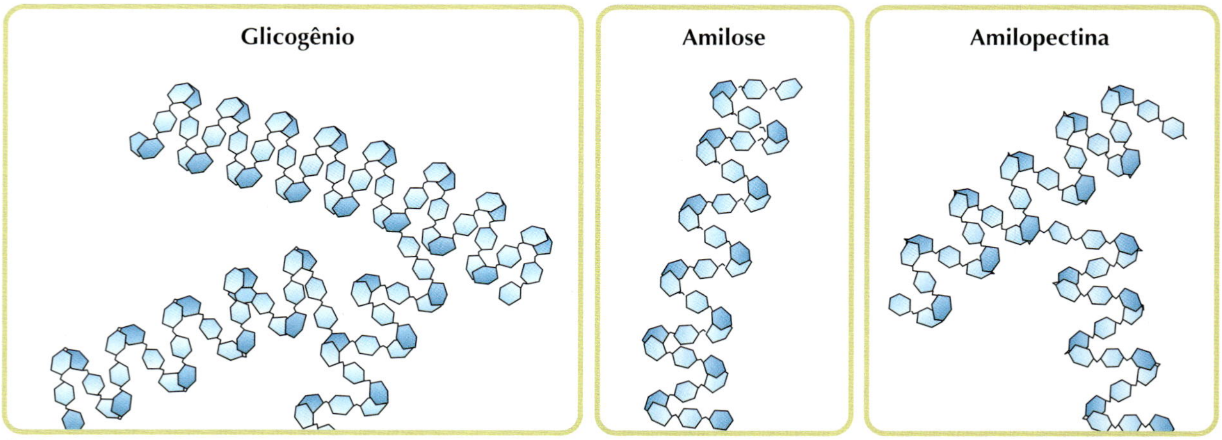

A_3. Representação esquemática de moléculas de glicogênio, de amilose e de amilopectina.

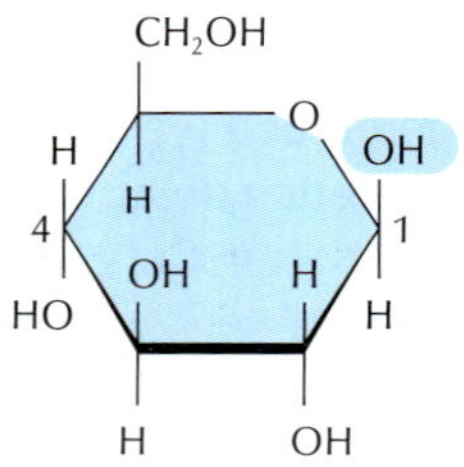

B_1. Configuração β da glicose.

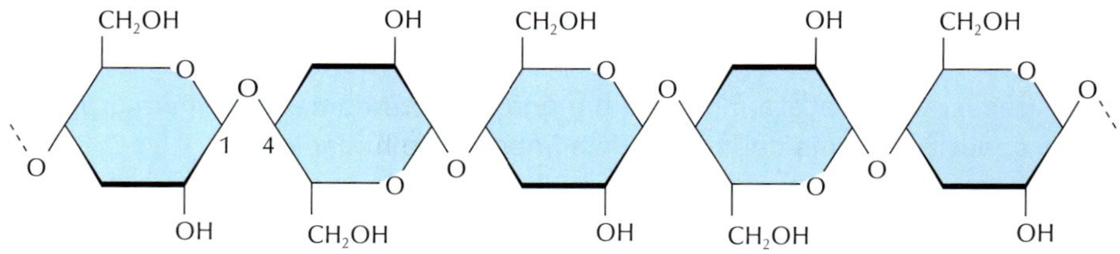

B_2. Cadeia de unidades de glicoses unidas por ligações 1-4 β glicosídicas, presente na celulose.

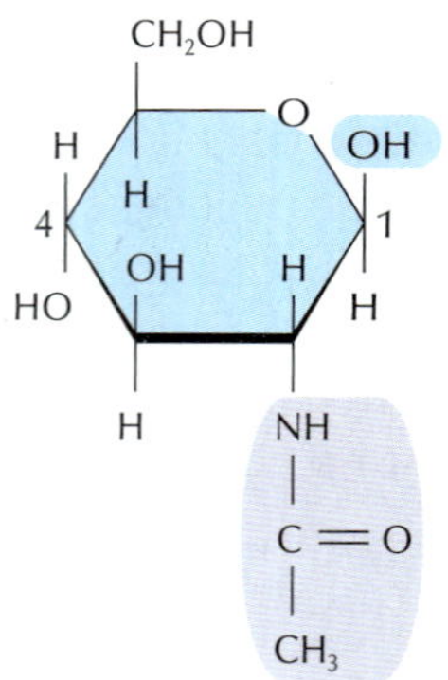

C_1. Configuração da *N*-acetilglucosamina.

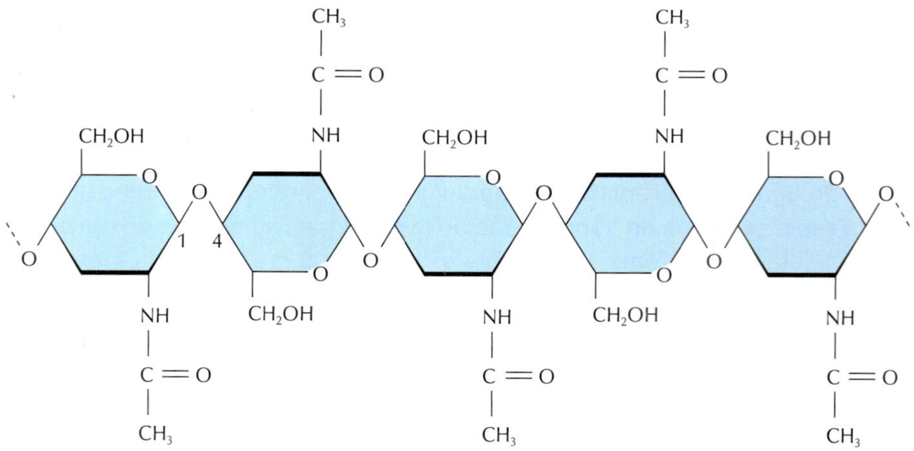

C_2. Cadeia de *N*-acetilglucosaminas unidas por ligações 1-4 β glicosídicas, presente na quitina.

Figura 3.15 Estrutura de alguns polissacarídios. **A.** A α glicose é a unidade dos polissacarídios amilose e amilopectina constituintes do amido, e do glicogênio; a diferença entre esses polissacarídios é a presença ou não de ramificações e sua quantidade. **B.** A celulose apresenta cadeias de β glicose unidas pelos carbonos 1 e 4 (ligação 1-4 β glicosídica). **C.** A quitina apresenta cadeias de *N*-acetilglucosamina unidas pelos carbonos 1 e 4 (ligação 1-4 β glicosídica).

A celulose é uma importante fonte de alimento para muitos animais herbívoros, principalmente os ruminantes (vacas, cabras etc.). Paradoxalmente, esses animais não são capazes de digerir, eles mesmos, as moléculas de celulose que ingerem. Essa tarefa é realizada por microrganismos (bactérias e protozoários) que vivem no estômago do ruminante como comensais. Periodicamente, o ruminante digere e aproveita grandes quantidades de microrganismos como alimento, além de se utilizar de produtos da celulose que eles liberam no meio. **(Fig. 3.16)**

Moléculas de celulose também são indigestas para nossa espécie, mas, ao contrário dos ruminantes, não possuímos em nosso tubo digestório microrganismos que nos ajudem a digeri-las. Apesar disso, ingerir alimentos ricos em celulose é importante para a saúde, pois as fibras celulósicas são higroscópicas (isto é, absorvem água) e dão volume e consistência à massa alimentar, ativando os movimentos intestinais.

As folhas do livro que você está lendo e, talvez, sua mesa e sua cadeira são constituídas por moléculas de celulose, o principal componente do papel e da madeira. Pense na importância dessa substância para a humanidade.

3 Importância dos glicídios

Nosso planeta não precisa importar matéria de lugar nenhum para manter a vida. Os elementos e substâncias químicas presentes na Terra se organizam e reorganizam a cada geração de seres vivos. Em outras palavras, a matéria é continuamente reciclada. Entretanto, a energia necessária para sintetizar toda essa matéria orgânica vem do Sol. A energia solar é captada pelas algas e plantas, que a utilizam para produzir moléculas de glicídios por meio da fotossíntese. Os glicídios armazenam, na forma de energia potencial química, boa parte da energia empregada em sua produção.

A fotossíntese consiste em um conjunto de reações químicas em que moléculas de gás carbônico e de água são convertidas em moléculas de glicídio e gás oxigênio. O resumo de todas as reações da fotossíntese pode ser descrito pela equação geral a seguir:

$$\underset{\text{Gás carbônico}}{6\,CO_2} + \underset{\text{Água}}{12\,H_2O} \xrightarrow{\text{LUZ}} \underset{\text{Glicídio}}{C_6H_{12}O_6} + \underset{\text{Gás oxigênio}}{6\,O_2} + \underset{\text{Água}}{6\,H_2O}$$

Uma vez que plantas, algas e algumas bactérias são os únicos seres que conseguem captar energia luminosa do Sol, a sobrevivência de praticamente todos os outros organismos depende, direta ou indiretamente, desses seres fotossintetizantes. Os animais herbívoros obtêm a energia necessária à sua vida comendo plantas ou algas. Os animais carnívoros, ao se alimentarem de herbívoros ou mesmo de outros carnívoros, estão usando indiretamente a energia originária dos glicídios produzidos na fotossíntese.

A dependência que os animais têm das plantas nos dá uma medida da importância dos seres fotossintetizantes e dos glicídios para a existência e a manutenção da vida na Terra.

Figura 3.16 Mamíferos ruminantes, como as ovelhas, abrigam em seus tubos digestórios enormes quantidades de microrganismos capazes de digerir celulose. A glicose produzida na digestão e boa parte dos microrganismos são utilizados como alimento pelos animais hospedeiros.

Seção 3.4

Lipídios

Objetivo

- Conhecer os lipídios quanto às suas características químicas principais – tipos de componentes, estrutura molecular etc. – e suas funções gerais nos seres vivos.

Termos e conceitos

- lipídio
- glicerídio
- cera
- esteroide
- colesterol
- fosfolipídio
- carotenoide

1 O que são lipídios

O termo **lipídio** designa alguns tipos de substância orgânica, como óleos, ceras e gorduras, cuja principal característica é a insolubilidade em água e a solubilidade em certos solventes orgânicos. Você já deve ter observado que óleos e gorduras não se misturam à água; a razão dessa insolubilidade é que as moléculas dos lipídios são **apolares** e, portanto, não têm afinidade pelas moléculas polarizadas da água. (**Fig. 3.17**)

2 Tipos de lipídio

Os principais tipos de lipídio são glicerídios, ceras, carotenoides, fosfolipídios e esteroides. Veremos, a seguir, as principais características de cada um deles.

Glicerídios

Glicerídios são constituídos por moléculas do álcool glicerol ligadas a uma, a duas ou a três moléculas de ácidos graxos; neste último caso, os glicerídios são conhecidos como triglicerídios ou triglicérides. São glicerídios os óleos e as gorduras, que diferem quanto ao ponto de fusão: óleos são líquidos à temperatura ambiente, e gorduras são sólidas.

O **glicerol** ($C_3H_8O_3$) é um álcool cujas moléculas têm três átomos de carbono, aos quais estão unidos grupos hidroxila (—OH). **Ácidos graxos** são formados por longas cadeias de número par de átomos de carbono com um grupo terminal denominado carboxila (—COOH). O ácido palmítico, por exemplo, contém 16 átomos de carbono ligados em cadeia, enquanto o ácido oleico é formado por 18 átomos de carbono encadeados. Em geral, não há moléculas livres de ácidos graxos no interior das células; quase sempre essas moléculas estão combinadas ao glicerol, constituindo glicerídios.

Uma curiosidade interessante sobre os glicerídios é relativa à fabricação das margarinas vegetais, bastante utilizadas atualmente em substituição à manteiga. Se você ler atentamente o rótulo de uma margarina, deverá encontrar a seguinte inscrição: "Fabricada com óleos vegetais hidrogenados". O que isso significa? Simplesmente que, por meio de uma reação química em que se adicionou hidrogênio às moléculas de óleos vegetais (hidrogenação), estes se tornaram sólidos e com consistência pastosa à temperatura ambiente.

Figura 3.17 Óleos e gorduras não se misturam com água; suas moléculas, apolares, não têm afinidade pelas moléculas polarizadas da água. As aves aquáticas lubrificam as penas com substâncias oleosas produzidas por uma glândula especial localizada na cauda, o que faz as penas repelirem a água, impedindo que a pele se molhe.

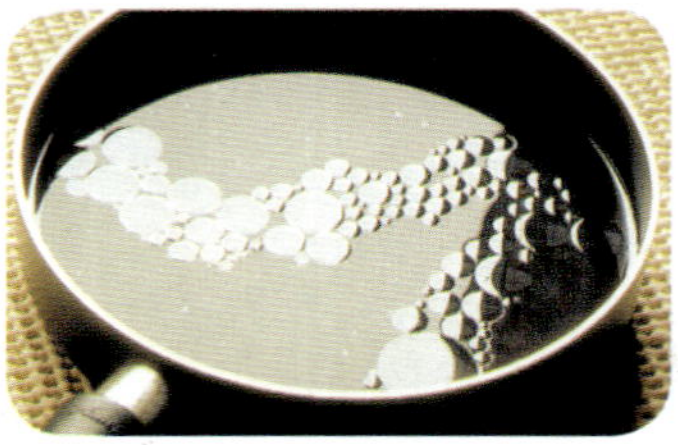

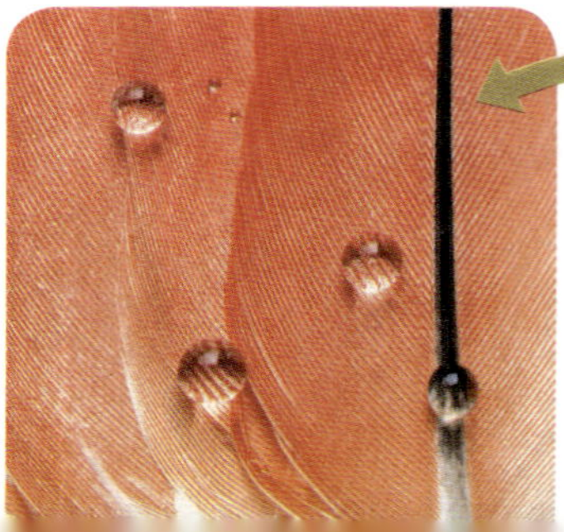

A possibilidade de transformar óleo em margarina decorre de uma propriedade das moléculas de ácidos graxos que compõem o glicerídio. Se os ácidos graxos forem todos de cadeia **saturada**, isto é, se todos os carbonos da cadeia de ácido graxo estiverem unidos por ligações simples, o glicerídio será uma gordura. Por outro lado, se um ou mais dos ácidos graxos do glicerídio tiverem cadeia **insaturada**, isto é, apresentarem dupla ligação entre um ou mais pares de carbonos da cadeia, o glicerídio será um óleo. Os químicos das indústrias de margarina promovem a ligação de átomos de hidrogênio aos carbonos que fazem a ligação dupla, desfazendo-a. Assim, as cadeias carbônicas de ácido graxo, artificialmente saturadas, tornam-se "retas" e podem adquirir um empacotamento mais denso, passando a apresentar consistência pastosa à temperatura ambiente. **(Fig. 3.18)**

Figura 3.18 Fórmula estrutural de um glicerídio constituído por três ácidos graxos distintos. Note que os dois ácidos graxos saturados têm cadeia carbônica "reta", enquanto o ácido oleico é insaturado devido à presença de dupla ligação, apresentando uma "dobra" na cadeia. Moléculas de ácidos graxos de cadeias saturadas podem aproximar-se mais umas das outras, formando um empacotamento mais denso; em consequência, seu conjunto é sólido (por exemplo, margarina e manteiga). Quando as cadeias carbônicas são insaturadas, as moléculas formam um empacotamento mais frouxo, produzindo um conjunto líquido à temperatura ambiente (por exemplo, óleo vegetal).

Os seres vivos utilizam glicerídios como reserva de energia para momentos de necessidade. Por exemplo, muitas plantas armazenam grande quantidade de óleo em suas sementes, cuja função é alimentar o embrião durante seu desenvolvimento. A soja, o girassol, o milho e a canola, entre outras plantas, têm sementes oleaginosas, utilizadas pela humanidade na fabricação de óleo de cozinha. Aves e mamíferos armazenam gordura em células especiais, em uma camada embaixo da pele. Além de servir de reserva energética, essa camada gordurosa atua como um isolante térmico, ajudando a manter constante a temperatura corporal.

Pesquisas científicas têm mostrado os perigos do consumo excessivo de alimentos gordurosos, principalmente os de origem animal. Os ácidos graxos saturados podem levar ao desenvolvimento da aterosclerose (deposição de lipídios na parede das artérias com perda de sua elasticidade), o que pode resultar em doenças cardiovasculares, causar infarto do coração e acidentes vasculares cerebrais (AVCs).

Uma dieta saudável deve conter certa quantidade de gorduras e óleos, pois, entre outras funções, eles são necessários para o organismo absorver as chamadas vitaminas lipossolúveis (vitaminas A, D, E e K), que só se dissolvem em lipídios. Além disso, também necessitamos de certos ácidos graxos que não conseguimos produzir, os chamados lipídios essenciais. Eles estão presentes em diversos óleos vegetais e em peixes marinhos (por exemplo, no conhecido óleo de fígado de bacalhau), e são importantes para a construção das membranas celulares e para a síntese das prostaglandinas, substâncias que regulam diversos processos orgânicos, como contração da musculatura lisa, agregação de plaquetas do sangue, processos inflamatórios etc.

Ceras

Ceras são substâncias formadas por uma molécula de álcool diferente do glicerol unida a uma ou mais moléculas de ácidos graxos. Há ceras constituídas por moléculas de álcool de até 16 átomos de carbonos na cadeia.

Por serem altamente insolúveis em água, as ceras são muito úteis para plantas e animais. As folhas de muitas plantas têm a superfície recoberta de cera, o que as torna impermeáveis, reduzindo a perda de água por transpiração. As ceras também estão presentes no revestimento corporal de diversos insetos; algumas espécies, como as abelhas, utilizam cera na construção das colmeias.

Esteroides

Os **esteroides** diferem marcadamente de glicerídios e ceras, constituindo uma categoria especial de lipídios. As moléculas de esteroides são compostas por átomos de carbono interligados, formando quatro anéis carbônicos, aos quais estão ligadas cadeias carbônicas, grupos hidroxila ou átomos de oxigênio. **(Fig. 3.19)**

O **colesterol** é um dos esteroides mais conhecidos, principalmente por estar associado ao infarto do coração e a outras doenças do sistema cardiovascular. Sabe-se que a ingestão exagerada de colesterol nas gorduras animais pode trazer diversos distúrbios à saúde. Entretanto, o colesterol é necessário ao organismo humano porque, entre outras razões, é um importante componente das membranas das células animais, sendo também precursor de hormônios esteroides como a progesterona e a testosterona. Curiosamente, as membranas das células de plantas e de células bacterianas não têm colesterol.

O colesterol é produzido em nosso próprio organismo, principalmente no fígado, ou obtido em alimentos de origem animal. Depois de absorvido no intestino, ele é transportado aos diversos tecidos por proteínas especiais presentes no sangue. As células utilizam colesterol como matéria-prima para a produção das membranas celulares e dos hormônios esteroides. O estrógeno e a testosterona, respectivamente os hormônios sexuais feminino e masculino dos animais vertebrados, são produzidos a partir do colesterol.

Talvez você já tenha ouvido falar em "colesterol bom" e "colesterol ruim". Essas expressões não se referem à molécula de colesterol em si, que é sempre a mesma, mas às proteínas sanguíneas encarregadas do transporte de colesterol e de diversos outros lipídios. Essas proteínas associam-se a lipídios, formando lipoproteínas, que são conhecidas pelas siglas **LDL** (do inglês *Low Density Lipoprotein*, lipoproteína de baixa densidade) e **HDL** (do inglês *High Density Lipoprotein*, lipoproteína de alta densidade).

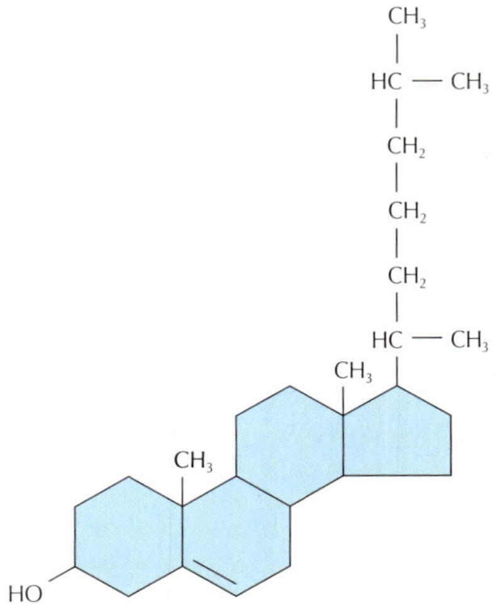

Colesterol

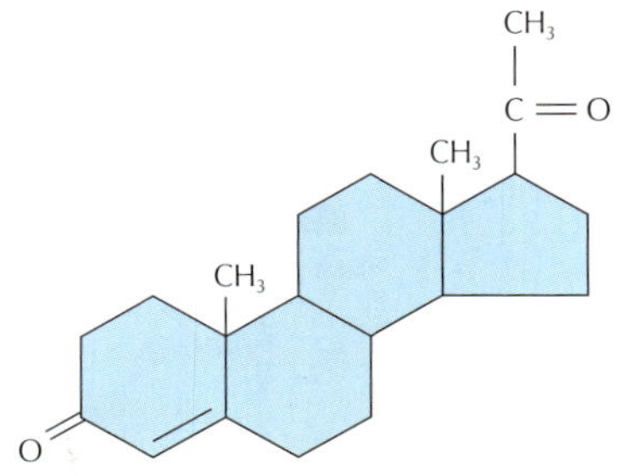

Progesterona (hormônio feminino)

Figura 3.19 Fórmulas de dois esteroides, o colesterol e a progesterona. Os hexágonos e os pentágonos são representações simplificadas da fórmula: em cada vértice há um átomo de carbono ligado a átomos de hidrogênio, não mostrados. Note que esses dois esteroides têm o mesmo "esqueleto" básico, formado por quatro anéis interligados.

As LDL são as principais transportadoras de colesterol, enquanto as HDL são as principais transportadoras de fosfolipídios (lipídios associados a fosfatos). Ambas, porém, podem transportar os dois tipos de lipídio. O colesterol sintetizado no fígado ou absorvido no intestino é transportado pelo sangue na forma de LDL; nos tecidos do corpo, o conjunto colesterol-proteína é englobado e degradado pelas células, e o colesterol é utilizado como matéria-prima para a síntese das membranas celulares.

Concentrações muito elevadas de colesterol no sangue, no entanto, interferem no processo de captação do complexo LDL pelas células. Com sua absorção diminuída, o LDL em excesso no sangue oxida-se e deposita-se na parede dos vasos sanguíneos, causando aterosclerose. Por isso, o colesterol associado ao LDL é chamado "colesterol ruim".

As proteínas do complexo HDL capturam parte do excesso de colesterol do sangue, transportando-o até o fígado, que o excreta na bile. As lipoproteínas HDL ajudam, portanto, a eliminar colesterol do sangue e, por isso, são chamadas de "colesterol bom". Acredita-se que a ingestão de óleos vegetais insaturados, como os presentes no azeite de oliva, contribui para manter os níveis normais de colesterol no sangue e para aumentar a produção de HDL ("colesterol bom"). O azeite também aumenta a taxa de secreção de bile pelo fígado, estimulando a digestão e a absorção das gorduras e das vitaminas lipossolúveis.

Fosfolipídios

Os **fosfolipídios** são os principais componentes das membranas celulares. Do ponto de vista químico, um fosfolipídio é um glicerídio combinado a um grupo fosfato. A molécula de fosfolipídio lembra um palito de fósforo, com uma "cabeça" eletricamente carregada e uma haste sem carga elétrica, constituída por duas "caudas" de ácido graxo.

As membranas biológicas são formadas por fosfolipídios organizados em duas camadas, nas quais se incrustam moléculas de certas proteínas. Essas membranas são elásticas porque as moléculas de fosfolipídios podem mover-se livremente nelas, reorganizando-se sem perder o contato umas com as outras. Essa capacidade de reorganização evita a ruptura das membranas e explica sua alta capacidade de regeneração. (**Fig. 3.20**)

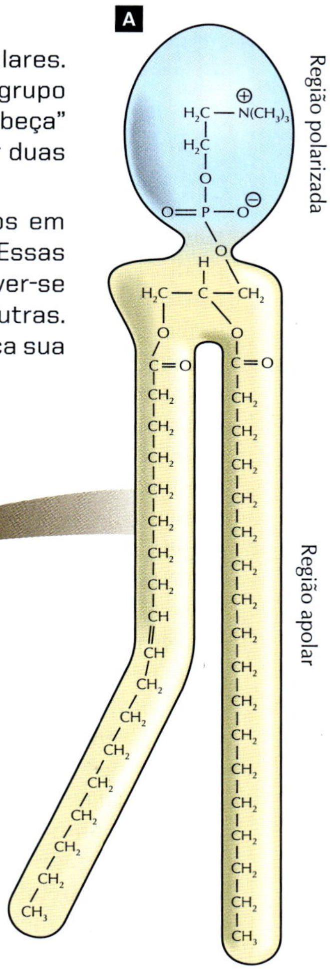

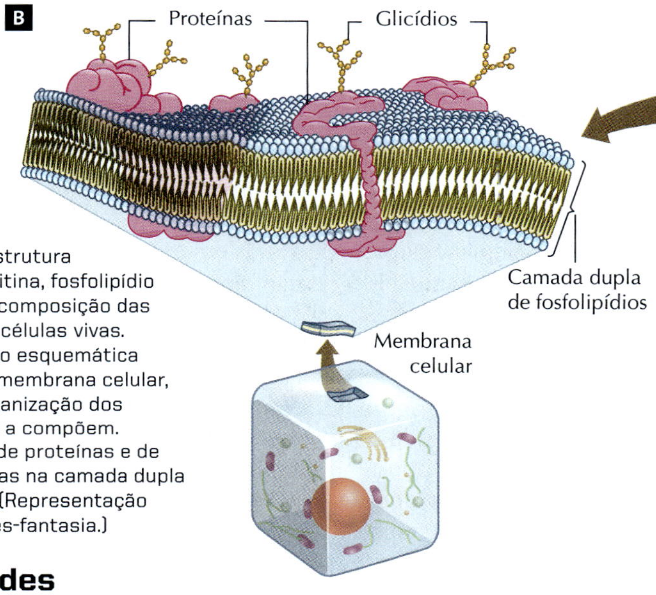

Figura 3.20 **A.** Estrutura molecular da lecitina, fosfolipídio fundamental na composição das membranas das células vivas. **B.** Representação esquemática da estrutura da membrana celular, mostrando a organização dos fosfolipídios que a compõem. Note moléculas de proteínas e de glicídios dispersas na camada dupla de fosfolipídios. (Representação sem escala, cores-fantasia.)

Carotenoides

Carotenoides são pigmentos, de cor vermelha, laranja ou amarela, insolúveis em água e solúveis em óleos e solventes orgânicos. Estão presentes nas células de todas as plantas, nas quais desempenham papel importante no processo de fotossíntese.

Os carotenoides são importantes também para muitos animais. Por exemplo, a molécula de **caroteno**, um carotenoide alaranjado presente na cenoura e em outros vegetais, é matéria-prima para a produção da **vitamina A**, essencial a muitos animais. Essa vitamina é importante, por exemplo, para nossa visão, pois é precursora do **retinal**, uma substância sensível à luz presente na retina dos olhos dos vertebrados. (**Fig. 3.21**)

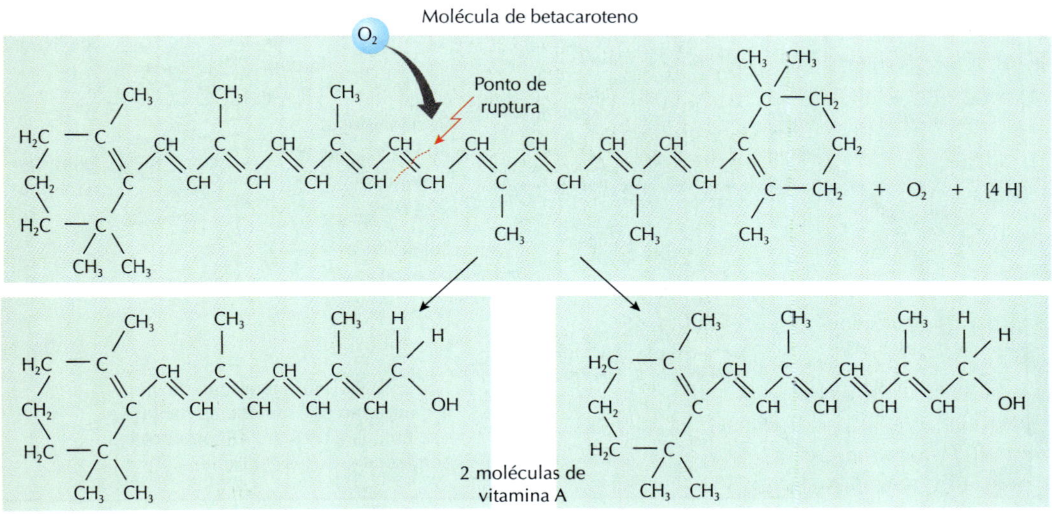

Figura 3.21 A molécula do betacaroteno, presente em diversas plantas, quando absorvida por nossas células origina duas moléculas de vitamina A, importante para a visão.

AMPLIE SEUS CONHECIMENTOS

A química de uma bolha de sabão

Se você já brincou com bolhas de sabão, então conhece uma das membranas lipídicas mais simples. O sabão é obtido pelo tratamento de gorduras com substâncias alcalinas. Uma antiga receita caseira para produzir sabão consiste em ferver sebo (gordura animal) com um pouco de água e soda cáustica (NaOH). As moléculas de gordura presentes no sebo — os ácidos graxos — reagem com NaOH, transformando-se em sabão.

As moléculas de sabão apresentam uma "cauda", constituída por cadeias lineares de ácidos graxos, e uma "cabeça" formada por um grupamento ácido (carboxila), combinado com um íon de sódio. Enquanto a "cabeça" da molécula de sabão apresenta-se eletricamente carregada, a "cauda" é eletricamente neutra.

Quando mergulhadas em água, as cabeças das moléculas de sabão, portadoras de cargas elétricas negativas, atraem moléculas de água, uma vez que estas possuem carga elétrica positiva em seus átomos de hidrogênio. As cabeças das moléculas de sabão são, portanto, hidrofílicas, enquanto as caudas, sem carga elétrica, são hidrofóbicas e tendem a repelir as moléculas de água.

Ao imaginarmos moléculas de sabão mergulhadas em água, a primeira ideia que nos ocorre é que a água só pode interagir com a cabeça da molécula, que é hidrofílica. Entretanto, ocorre uma situação de duplo ajustamento: as moléculas de sabão expõem suas cabeças eletricamente carregadas à água, ao mesmo tempo em que escondem suas caudas sem carga elétrica, voltando-as para os grupos igualmente sem carga de suas parceiras ou para o ar. Nesse processo, as moléculas de sabão tendem a formar três tipos básicos de estruturas: monocamadas, micelas e camadas duplas.

As **monocamadas** formam-se na superfície da água. As moléculas de sabão ordenam-se lado a lado sobre a superfície líquida, com as cabeças mergulhadas na água e as caudas para fora, em contato com o ar.

As **micelas**, por sua vez, formam-se no interior da água. As moléculas de sabão se agrupam em estruturas esféricas, com as caudas voltadas para dentro, protegidas do contato com a água, e as cabeças voltadas para fora, satisfazendo sua afinidade pelo líquido ao redor.

As **camadas duplas** também se formam no interior da massa de água. Na verdade, elas são bolhas de sabão com água em seu interior. A membrana da bolha é composta por uma camada dupla de moléculas de sabão. Como existe água tanto fora como dentro da bolha, as moléculas das camadas interna e externa ficam com as cabeças voltadas para a água e com as caudas em contato. Ao agitar uma mistura de água e sabão, vemos que na superfície se formam bolhas, que podem eventualmente se desprender e flutuar no ar. (**Fig. 3.22**)

As membranas dessas bolhas também são estruturas em dupla camada; porém, nelas, as caudas das moléculas de sabão ficam voltadas tanto para fora como para dentro da bolha, em contato com o ar, enquanto as cabeças ficam voltadas para dentro da película, em contato com uma finíssima camada de água, situada entre as duas camadas de sabão. A presença de água na bolha fica evidente quando ela estoura e a água respinga.

Podemos passar uma agulha através de uma bolha de sabão sem rompê-la. As moléculas de sabão se reorganizam rapidamente, evitando o rompimento. Podemos até mesmo partir uma bolha de sabão ao meio, obtendo duas bolhas menores. Quando duas bolhas de sabão se chocam, elas se fundem rapidamente e formam uma bolha maior, evidenciando assim a rápida reorganização molecular dessas membranas lipídicas. É a capacidade dos lipídios de formar camadas duplas que torna as bolhas de sabão e as membranas das células flexíveis e resistentes.

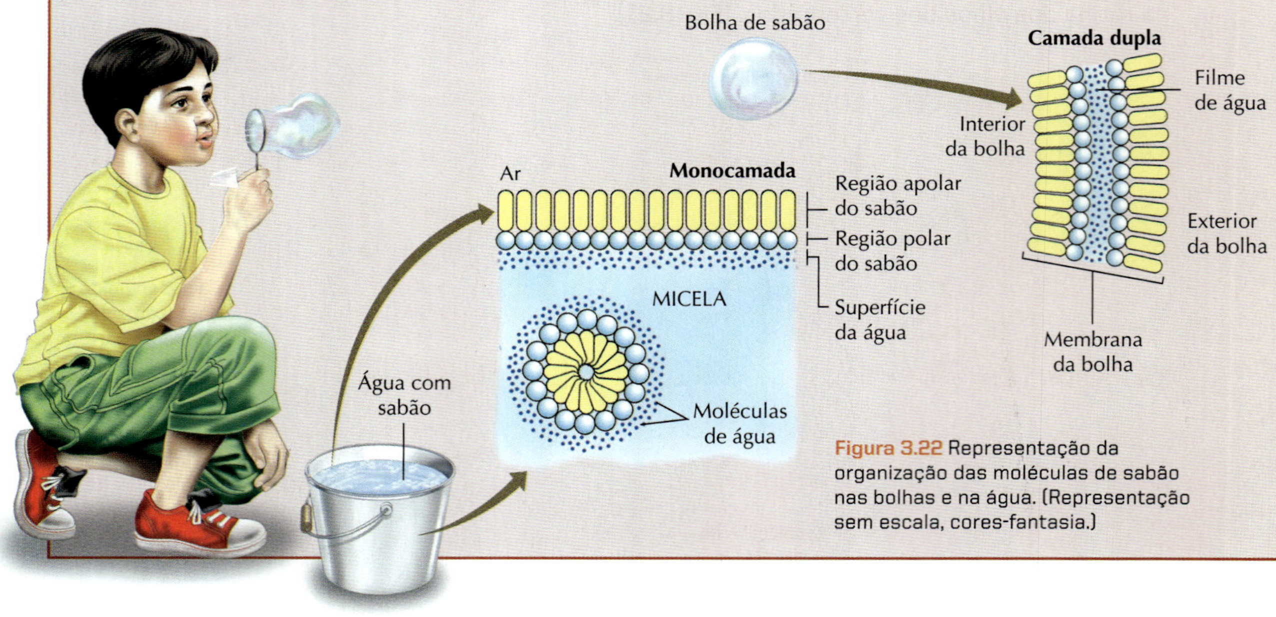

Figura 3.22 Representação da organização das moléculas de sabão nas bolhas e na água. (Representação sem escala, cores-fantasia.)

Seção 3.5

Proteínas

› Objetivos

▶ Conhecer as proteínas quanto às suas características químicas principais – tipos de componente, estrutura molecular etc. – e suas funções gerais nos seres vivos.

▶ Reconhecer o papel de um grupo especial de proteínas – as enzimas – como catalisadores biológicos responsáveis pelo controle de praticamente todas as reações fundamentais à vida.

› Termos e conceitos

- proteína
- aminoácido
- ligação peptídica
- peptídio
- desnaturação da proteína
- enzima
- modelo chave-fechadura
- fenilcetonúria

1 A descoberta das proteínas

No início do século XIX, um dos materiais orgânicos mais estudados era a clara de ovos de aves, então chamada de albume (do latim *albus*, branco). O que mais chamava a atenção dos primeiros bioquímicos era a curiosa propriedade da clara de ovo de coagular e solidificar-se com o aquecimento.

Os cientistas verificaram que certas substâncias orgânicas presentes no leite e no sangue, formadas pelos mesmos tipos de átomo que a clara de ovo (carbono, nitrogênio, hidrogênio, oxigênio e um pouco de enxofre), também coagulavam quando aquecidas. Por isso, essas substâncias foram chamadas de albuminoides, isto é, semelhantes ao albume. **(Fig. 3.23)**

Os estudos mostraram que muitos constituintes importantes dos seres vivos eram substâncias albuminoides. Em um artigo publicado em 1838, o químico holandês Gerardus Johannes Mulder (1802-1880) usou pela primeira vez o termo proteína (do grego *proteios*, primeiro, primitivo) para se referir a essas substâncias. Na verdade, foi o sueco Jöns Jacob Berzelius (1779-1848), um dos mais importantes químicos da época, quem sugeriu o termo a Mulder, por acreditar que as substâncias albuminoides eram os constituintes fundamentais de todos os seres vivos.

Na virada para o século XX, o interesse pelas proteínas continuou a crescer. Os químicos estudaram minuciosamente as proteínas, descobrindo que a quebra de suas moléculas liberava moléculas menores, os aminoácidos. Por volta de 1900 já haviam sido identificados 12 aminoácidos diferentes, liberados pela degradação de proteínas. Esses resultados levaram o químico alemão Franz Hofmeister (1850-1922) a sugerir, em 1902, que as proteínas eram constituídas por aminoácidos quimicamente unidos entre si.

Em 1906 já haviam sido identificados 15 tipos de aminoácido liberados durante a degradação de proteínas; em 1935, esse número subiu para 18 e, em 1940, chegou a 20, completando a lista dos aminoácidos presentes nas proteínas dos seres vivos.

2 Aminoácidos

Hoje sabemos que as moléculas de **proteína** são formadas por dezenas, centenas ou milhares de moléculas de aminoácido ligadas em sequência, como elos em uma corrente. Em outras palavras, proteínas são polímeros em que os monômeros são aminoácidos. Um **aminoácido** é uma molécula orgânica formada por átomos de carbono, hidrogênio, oxigênio e nitrogênio unidos entre si de maneira característica, como veremos a seguir. Alguns tipos de aminoácido podem também conter átomos de enxofre.

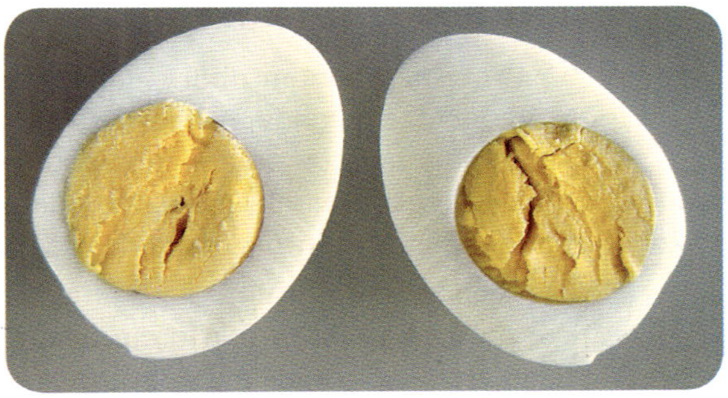

Figura 3.23
O ovo é muito rico em proteínas. Seu cozimento provoca uma alteração na forma espacial de suas moléculas, que se aglomeram provocando o endurecimento da clara e da gema.

Se compararmos as fórmulas dos vinte aminoácidos que entram na composição das proteínas, notaremos que todas elas apresentam um átomo de carbono denominado carbono-alfa, ao qual se ligam um grupo amina (—NH_2), um grupo carboxila (—COOH), um átomo de hidrogênio (—H) e um quarto grupo genericamente denominado —R (de radical), que varia nos diferentes aminoácidos, caracterizando-os. Por exemplo, na glicina, —R é um átomo de hidrogênio; na alanina, é o grupamento —CH_3; e, na cisteína, é o grupamento —CH_2SH. **(Fig. 3.24)**

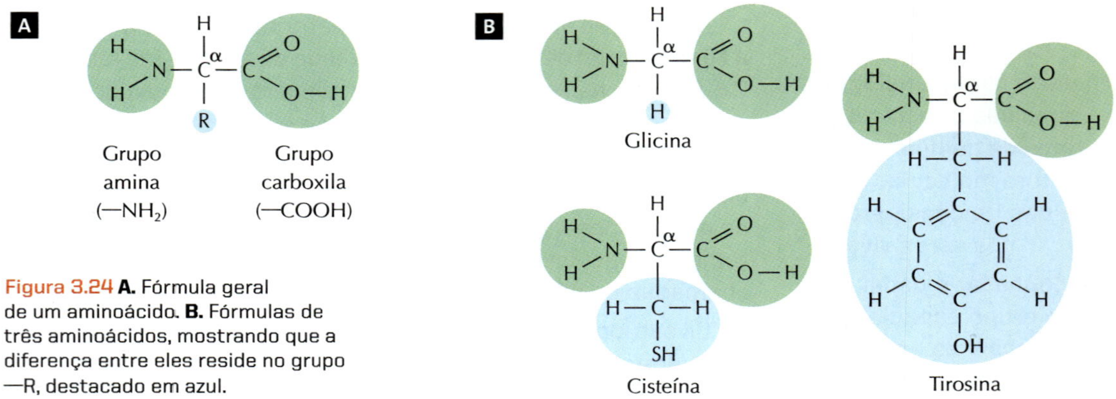

Figura 3.24 **A.** Fórmula geral de um aminoácido. **B.** Fórmulas de três aminoácidos, mostrando que a diferença entre eles reside no grupo —R, destacado em azul.

3 Ligação peptídica

A ligação entre dois aminoácidos vizinhos em uma molécula de proteína é denominada **ligação peptídica** e ocorre sempre entre o grupo amina de um aminoácido e o grupo carboxila do vizinho.

Durante a formação das ligações peptídicas, quando a proteína está sendo produzida, o grupo carboxila de um dos aminoácidos perde um grupamento —OH (hidroxila), ficando com uma ligação livre. Ao mesmo tempo, o grupo amina do outro aminoácido perde um hidrogênio (—H), ficando igualmente com uma ligação livre. Os aminoácidos unem-se por essas ligações livres, estabelecendo a ligação peptídica. Simultaneamente, o grupo —OH da carboxila de um dos aminoácidos une-se ao —H do grupo amina do outro, formando uma molécula de água. A união entre dois aminoácidos é uma reação de condensação (síntese por desidratação). **(Fig. 3.25)**

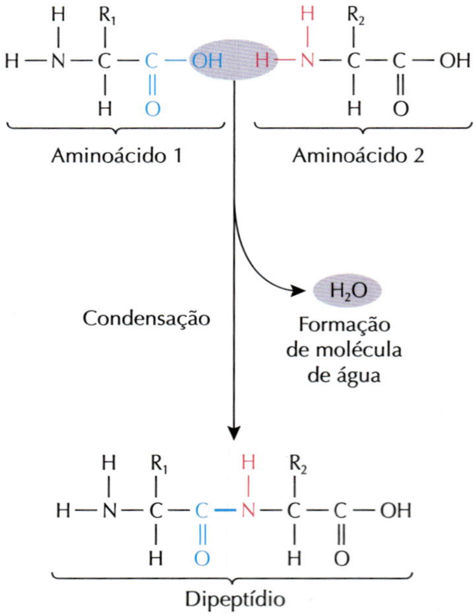

Figura 3.25 Representação esquemática da formação de uma ligação peptídica entre dois aminoácidos.

Moléculas resultantes da condensação de aminoácidos são genericamente chamadas **peptídios**. Dois aminoácidos formam um **di**peptídio, três formam um **tri**peptídio, quatro um **tetra**peptídio e assim por diante. Os termos **oligopeptídio** (do grego *oligo*, pouco) e **polipeptídio** (do grego *poli*, muito) são também usados para denominar as moléculas formadas, respectivamente, por poucos e por muitos aminoácidos. Proteínas são geralmente constituídas por grande número de aminoácidos e, por isso, pertencem à categoria dos polipeptídios.

4 Em que diferem as proteínas?

Proteínas podem diferir umas das outras nos seguintes aspectos: a) pela quantidade de aminoácidos da cadeia polipeptídica; b) pelos tipos de aminoácidos presentes na cadeia; c) pela sequência em que os aminoácidos estão unidos na cadeia. Assim, mesmo que duas proteínas possuam exatamente o mesmo número e as mesmas proporções de tipos de aminoácido, elas podem ser diferentes, dependendo da sequência em que esses aminoácidos estão unidos.

Teoricamente, há um número imenso de combinações possíveis entre os vinte tipos de aminoácido nas proteínas. E, de fato, já foram identificados milhares de tipos de proteína nos organismos vivos; calcula-se que no corpo de uma pessoa existam entre 100 mil e 200 mil tipos diferentes de proteína.

5 Arquitetura das proteínas

Estrutura primária

A sequência linear de aminoácidos de uma cadeia polipeptídica é denominada **estrutura primária** e tem fundamental importância para a função que a proteína irá desempenhar. A substituição de um único aminoácido em certas proteínas pode causar doenças sérias ou mesmo levar à morte precoce. Por exemplo, a anemia falciforme, ou siclemia, uma forma hereditária de anemia humana grave, é causada pela substituição de um único aminoácido na hemoglobina, proteína de cor vermelha presente nas células de nosso sangue e responsável pelo transporte de gás oxigênio dos pulmões aos tecidos.

Estrutura espacial

A estrutura primária de um polipeptídio (isto é, a sequência de aminoácidos que o constituem) determina os tipos de enrolamentos e dobramentos que ocorrerão na cadeia. Em outras palavras, é a estrutura primária do polipeptídio que determina sua forma no espaço, genericamente chamada de estrutura espacial. A maioria dos polipeptídios apresenta um primeiro nível de enrolamento helicoidal, comparável ao de um fio de telefone. Esse nível de enrolamento, chamado de **estrutura secundária**, é causado pela atração entre certos grupos de aminoácidos próximos.

A cadeia polipeptídica, já enrolada helicoidalmente em estrutura secundária, costuma dobrar-se sobre si mesma formando o que os bioquímicos chamam de **estrutura terciária**. O dobramento resulta da atração entre diferentes partes da molécula e também da atração e repulsão que os radicais dos aminoácidos exercem sobre as moléculas de água circundante.

Certas proteínas são constituídas por uma única cadeia polipeptídica, mas há outras compostas de duas ou mais cadeias polipeptídicas quimicamente unidas. Assim, além da estrutura terciária apresentada pelas cadeias polipetídicas isoladas, surge mais um nível de organização espacial, denominado **estrutura quaternária**. A hemoglobina do nosso sangue, por exemplo, é composta por quatro cadeias polipeptídicas, sendo um par de cadeias α e um par de cadeias β, ligadas a um grupamento químico que contém ferro. (Fig. 3.26)

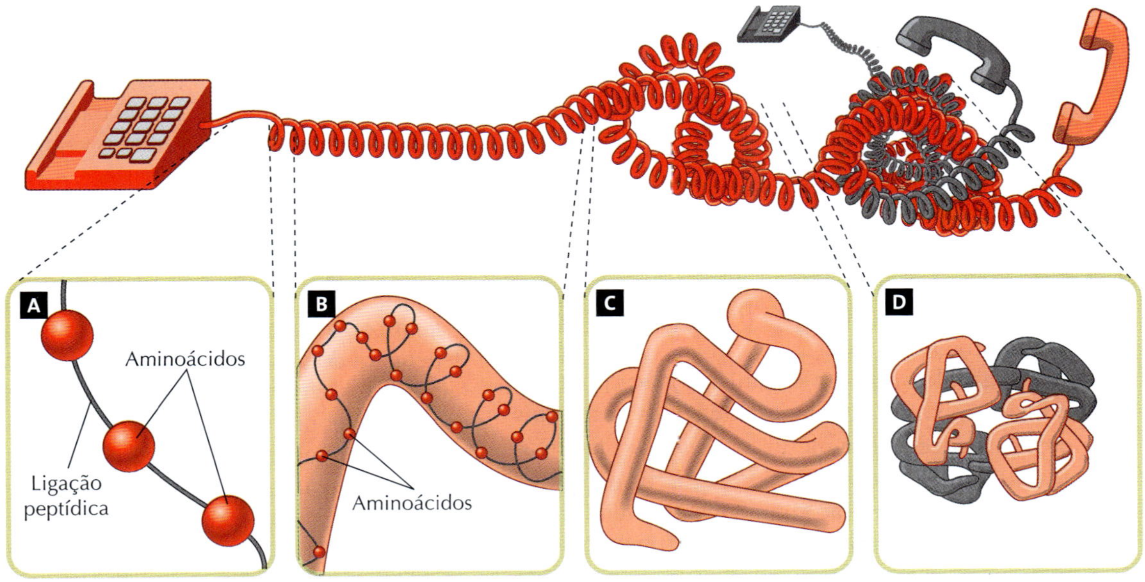

Estrutura primária | Estrutura secundária | Estrutura terciária | Estrutura quaternária

Figura 3.26 Analogia entre os níveis de enrolamento de uma proteína e os de um fio de telefone. **A.** A sequência de aminoácidos de uma molécula de proteína é sua estrutura primária. **B.** Interações por pontes de hidrogênio entre os aminoácidos da cadeia polipeptídica fazem o filamento proteico enrolar-se em forma de hélice (ou em outra configuração regular), produzindo a estrutura secundária. **C.** A estrutura terciária resulta do dobramento da estrutura helicoidal sobre si mesma, devido principalmente a interações entre os radicais (—R) dos aminoácidos. **D.** Proteínas formadas por mais de uma cadeia polipeptídica têm estrutura quaternária, que resulta da associação entre as cadeias. (Representações sem escala, cores-fantasia.)

Proteínas globulares e fibrosas

As proteínas podem ser diferenciadas quanto à configuração espacial da molécula proteica. Nesse aspecto, pode-se falar em proteínas globulares e proteínas fibrosas. **Proteínas globulares** são aquelas em que as cadeias polipeptídicas apresentam-se enoveladas, formando glóbulos arredondados ou elípticos. **Proteínas fibrosas** apresentam cadeias com forma de fibras torcidas, semelhantes às de uma corda. Um exemplo de proteína globular é a albumina do ovo. Um exemplo de proteína fibrosa é a queratina, o constituinte básico de cabelos e unhas.

Desnaturação das proteínas

Temperatura, grau de acidez, concentração de sais e a polaridade do meio podem afetar a estrutura espacial das proteínas, fazendo com que suas moléculas se desenrolem e modificando a configuração espacial original. A alteração da estrutura espacial de uma proteína é chamada **desnaturação**. (**Fig. 3.27**)

O calor excessivo desnatura as proteínas porque o aumento da agitação molecular causada pela alta temperatura rompe ligações fracas, responsáveis pela manutenção da forma das moléculas. Por exemplo, em um ovo fresco cada molécula de albumina encontra-se na forma de um pequeno glóbulo em solução aquosa, o que determina a consistência semilíquida da clara. Com o calor do cozimento, as moléculas de albumina se desnaturam, desenrolando-se e emaranhando-se umas às outras; isso leva à formação da massa compacta e sólida da clara do ovo cozido ou frito.

AMPLIE SEUS CONHECIMENTOS

Aminoácidos essenciais

Conhecer a importância das proteínas na alimentação humana permitiu descobrir por que motivo ocorrem determinadas doenças relacionadas à malnutrição.

Para produzir proteínas, as células precisam da matéria-prima, os aminoácidos. Estes podem ser obtidos pela ingestão de alimentos ricos em proteínas ou produzidos pelas próprias células pela transformação de outras moléculas orgânicas. Alguns organismos, particularmente os seres autotróficos, são capazes de produzir todos os 20 tipos de aminoácido necessários para a síntese das proteínas e, consequentemente, não precisam ingerir aminoácidos no alimento. Outros organismos, entre os quais nossa espécie, conseguem produzir alguns aminoácidos, mas outros não; por isso, estes últimos precisam ser obtidos prontos no alimento ingerido.

Aminoácidos que um organismo não consegue produzir são chamados de **aminoácidos essenciais** e precisam fazer parte da dieta alimentar; aminoácidos que podem ser produzidos a partir de outras substâncias celulares são chamados de **aminoácidos não essenciais** ou **naturais**. As células humanas conseguem produzir doze dos vinte tipos de aminoácido que compõem as proteínas; esses são, portanto, os aminoácidos naturais para a espécie humana. Os oito tipos de aminoácido essenciais para os seres humanos, que devem ser obtidos pela ingestão de alimentos ricos em proteína, são: isoleucina, leucina, valina, fenilalanina, metionina, treonina, triptofano e lisina; os recém-nascidos, além desses, não conseguem sintetizar histidina.

Nossas principais fontes alimentares de aminoácidos essenciais são as carnes, o leite, os queijos e outros alimentos de origem animal. Alimentos de origem vegetal geralmente são deficientes em um ou em alguns aminoácidos essenciais. Pessoas vegetarianas, entretanto, podem obter todos os aminoácidos essenciais se fizerem a combinação correta dos vegetais utilizados na alimentação. (**Fig. 3.28**)

Doenças relacionadas à nutrição: *kwashiorkor* e marasmo

Em certas regiões do mundo, onde as pessoas dependem de uma ou poucas fontes vegetais para se alimentar, são comuns as deficiências nutricionais em componentes proteicos, necessários ao pleno desenvolvimento físico e mental. Em algumas localidades pobres da África e da América do Sul, por exemplo, as crianças são desmamadas precocemente (em geral porque a mãe engravidou de novo) e passam a ser alimentadas com uma dieta rica em carboidratos e pobre em proteínas, em geral, açúcar de cana e banana. Nesses casos, é comum manifestar-se o quadro de desnutrição conhecido como ***kwashiorkor***. Essa palavra, originária da África Ocidental, quer dizer, justamente, "doença que afeta uma criança quando nasce outra".

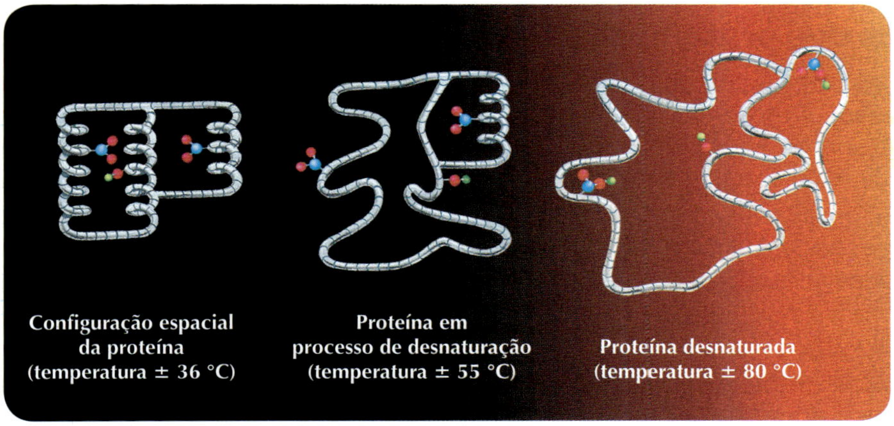

Figura 3.27 Representação esquemática da sequência de desnaturação de uma proteína. Temperatura alta e alterações na acidez (pH) do meio podem fazer as proteínas perderem sua forma espacial e a capacidade de funcionar. (Representação sem escala, cores-fantasia.)

Meios fortemente ácidos ou básicos também podem desnaturar proteínas, desmantelando as atrações elétricas que ajudam a manter a configuração espacial das moléculas proteicas. Na fabricação dos queijos e iogurtes, o acúmulo de ácido láctico liberado por microrganismos fermentadores acidifica o leite e desnatura suas proteínas, que se emaranham e solidificam.

Conteúdo digital Moderna PLUS http://www.modernaplus.com.br
Texto: *Os príons*

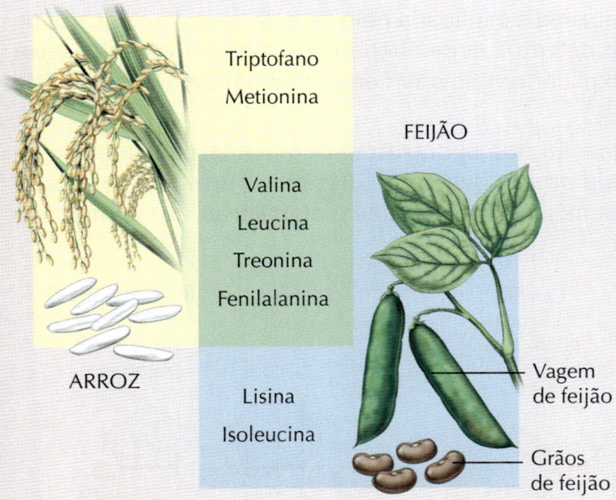

Figura 3.28 A mistura de arroz e feijão, típica na alimentação dos brasileiros, fornece todos os aminoácidos humanos essenciais. Note que no feijão faltam triptofano e metionina, e no arroz faltam lisina e isoleucina. Juntos, esses dois alimentos se complementam nesse aspecto nutricional.

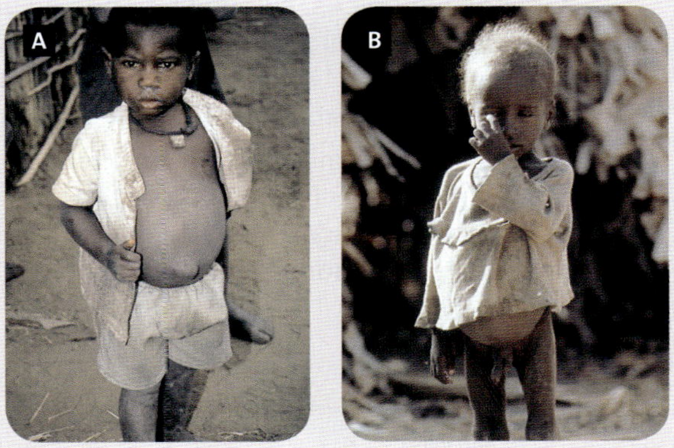

Figura 3.29 **A.** Criança com sintomas de *kwashiorkor*, doença causada pela falta de proteínas na dieta e caracterizada por grande inchaço do abdome; frequentemente essa forma de malnutrição causa prejuízos ao desenvolvimento do sistema nervoso, levando ao retardamento mental. **B.** Criança com desnutrição devida à falta de alimento, quadro conhecido como marasmo. A pele é frouxa e tem aparência envelhecida, e os músculos são atrofiados. O abdome é distendido devido a gases intestinais liberados por bactérias.

O *kwashiorkor* resulta de uma deficiência grave de aminoácidos essenciais, que compromete a síntese de proteínas nas células e causa diminuição do conteúdo proteico do sangue. Com isso, a pressão osmótica sanguínea diminui e água começa a passar do sangue para os tecidos, nos quais se acumula, provocando inchaços (edemas), particularmente evidentes no abdome. As pessoas não passam fome, mas estão sendo alimentadas incorretamente, ou seja, são **malnutridas**.

No Brasil, o principal problema alimentar das crianças em regiões carentes não é a malnutrição, mas a **subnutrição**. Quando ingere uma quantidade de alimento insuficiente, que não supre a demanda energética necessária às atividades celulares, a criança é subnutrida. Nesses casos, ela se torna muito magra, com músculos atrofiados, pele frouxa e aparência envelhecida, quadro conhecido por **marasmo**. (Fig. 3.29)

6 Funções das proteínas

Proteínas são substâncias de fundamental importância na estrutura e no funcionamento dos seres vivos. A forma das células, por exemplo, deve-se à presença de um esqueleto interno constituído por filamentos proteicos, o **citoesqueleto**. Além disso, as proteínas fazem parte da estrutura de todas as membranas celulares e dão consistência ao citoplasma.

Além da função estrutural, um grupo de proteínas – as enzimas – participa de praticamente todas as reações químicas vitais, estimulando-as. Consequentemente, todo o metabolismo depende da ação dessas proteínas enzimáticas, como veremos a seguir.

Enzimas

Enzimas são proteínas que participam de processos biológicos, aumentando sua velocidade, porém sem se alterar durante o processo. Capacidade semelhante já havia sido observada em certas substâncias inorgânicas, que aumentavam a velocidade de determinadas reações químicas, mas podiam ser recuperadas intactas, ao fim da reação. Para os químicos, esses agentes são chamados de catalisadores. Para os biólogos, que tomaram emprestado o termo da Química, as enzimas são **catalisadores biológicos**.

Hoje se sabe que moléculas de RNA também catalisam certas reações químicas da célula, como a formação das ligações peptídicas na síntese das proteínas, por exemplo. Moléculas de RNA com ação enzimática são denominadas **ribozimas**.

Uma enzima é uma molécula polipeptídica geralmente de grande tamanho, enrolada sobre si mesma formando um glóbulo. Na superfície da enzima há saliências e reentrâncias, que permitem o encaixe das moléculas sobre as quais a enzima atuará, genericamente chamados de substratos enzimáticos. Locais da enzima que propiciam o encaixe ao substrato são denominados **centros ativos**.

As enzimas têm atuações específicas, isto é, uma enzima atua somente em uma ou em poucas reações biológicas. A especificidade de uma enzima é explicada pelo fato de seus centros ativos se encaixarem corretamente apenas a seus substratos específicos, como uma chave se encaixa apenas à sua fechadura. Esse modelo para explicar o funcionamento enzimático é chamado de **modelo chave-fechadura**.

O encaixe com a enzima facilita a modificação dos substratos, originando os produtos da reação. Estes se libertam da enzima, que pode atuar novamente. Assim, as enzimas catalisam as reações químicas sem ser consumidas e sem sofrer alterações moleculares, cumprindo seu papel de catalisadores biológicos. (**Fig. 3.30**)

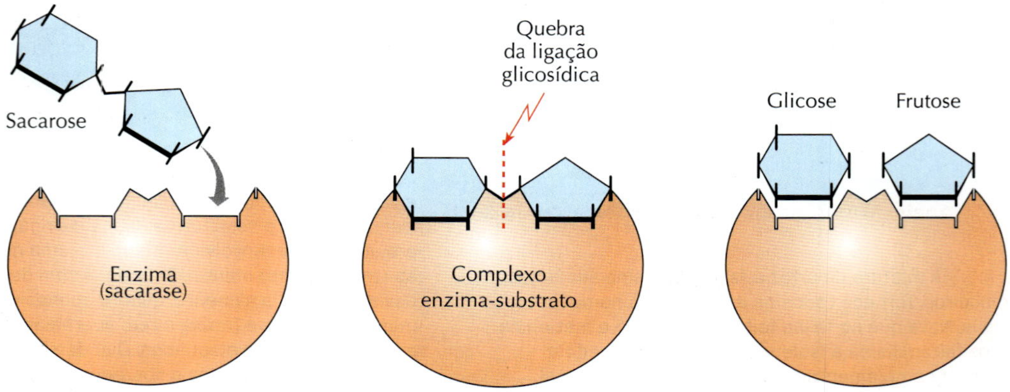

Figura 3.30 Modelo da chave-fechadura para a ação enzimática, aqui representando a enzima sacarase ou invertase. Ao se ligar à molécula de sacarose, a enzima facilita a quebra da ligação entre os monossacarídios que a compõem, a glicose e a frutose. Ao final da reação, a sacarase encontra-se intacta, pronta para se associar novamente a outra sacarose.

Em algumas reações enzimáticas, as moléculas de substrato são quebradas em moléculas menores. É o que ocorre, por exemplo, quando moléculas de amido presentes no alimento são "atacadas" por moléculas da enzima **ptialina**, ou **amilase salivar**, presente na saliva. A ptialina catalisa a quebra (hidrólise) da molécula de amido, liberando moléculas de maltose, um dissacarídio. Talvez você já tenha notado que, ao mastigar um pedaço de pão por muito tempo, ele começa a adquirir sabor adocicado. Essa mudança deve-se à quebra do amido, que leva à produção de maltose, glicídio de sabor doce.

Em certos casos, as enzimas favorecem a união de moléculas para formar moléculas maiores. Por exemplo, a reação de produção de amido exige participação de enzimas que reúnem e ligam moléculas de glicose (substrato) para formar as longas cadeias de amilose e amilopectina, constituintes do amido.

Em outros casos, ainda, as enzimas favorecem a transformação de uma substância em outra pela modificação de ligações entre seus átomos. Esses tipos de reações químicas ocorrem continuamente no interior de qualquer organismo vivo.

A nomenclatura das enzimas costuma utilizar o nome do substrato enzimático (proteína, lipídio etc.) acrescido do sufixo **-ase**. Para designar as enzimas que digerem proteínas, por exemplo, falamos em **proteases**; enzimas que digerem lipídios são **lipases**. O sufixo -ase também é utilizado para denominações mais específicas; por exemplo, a enzima que quebra lactose em galactose e glicose é denominada **lactase**.

Cofatores e coenzimas

Muitas enzimas são **proteínas simples**, isto é, constituídas apenas por cadeias polipeptídicas. Outras, entretanto, são **proteínas conjugadas**, constituídas por uma parte proteica (uma ou mais cadeias polipeptídicas), chamada de **apoenzima**, combinada a uma parte não proteica, denominada **cofator**. Para algumas enzimas, os cofatores são íons metálicos; a maioria dos íons que necessitamos ingerir na dieta, entre eles os de cobre, de zinco e de manganês, atuam como cofatores de enzimas.

O cofator enzimático pode ser uma substância orgânica, nesse caso denominada **coenzima**. A maioria das vitaminas que nosso organismo precisa receber na dieta atua como coenzima ou como precursor de coenzimas. A apoenzima e o cofator atuam em conjunto, formando a **holoenzima** (do grego *holos*, total). Essa interação está sumarizada a seguir:

$$\underset{\text{(inativa)}}{\text{APOENZIMA}} + \underset{\text{(inativo)}}{\text{COFATOR}} = \underset{\text{(ativa)}}{\text{HOLOENZIMA}}$$

Inibição da atividade enzimática

A atividade das enzimas pode ser inibida por certos tipos de substância química. Em alguns casos, a inibição é irreversível, levando à inativação definitiva da molécula enzimática; em outros, a inibição é reversível e a enzima volta a funcionar. Um exemplo de inibidor irreversível é o íon de cianeto (CN^-); ele se combina à enzima citocromo oxidase, importante na respiração das células, inativando-a permanentemente. A inativação dessa enzima impede as células de respirar, causando sua morte.

Diversos antibióticos são eficazes no combate às infecções bacterianas por provocar a inibição irreversível de enzimas das bactérias sobre as quais atuam, causando sua morte. A penicilina, por exemplo, inibe a enzima transpeptidase, fundamental à fabricação da parede celular bacteriana. A bactéria, incapacitada de produzir parede celular, não consegue se reproduzir, tarefa que envolve a fabricação de novas paredes celulares para as células-filhas. Nossas células não utilizam essa enzima em seu metabolismo, de modo que a penicilina e seus derivados não causam inibições enzimáticas no organismo humano, embora possam ser nocivos às pessoas alérgicas.

Fatores que afetam a atividade das enzimas

A temperatura é um fator importante na atividade das enzimas. Dentro de certos limites, a velocidade de uma reação enzimática aumenta proporcionalmente com a elevação da temperatura. Isso ocorre porque o aumento da temperatura causa aumento na movimentação das moléculas, que desse modo têm mais possibilidade de se chocar para reagir. Entretanto, se for ultrapassada certa temperatura limite, a agitação molecular torna-se tão intensa que ocorre desnaturação da enzima. Com isso, a atividade enzimática cessa, pois a alteração drástica da forma espacial impede que as moléculas da enzima se encaixem convenientemente ao substrato. A inativação de uma enzima pelo calor é irreversível, pois a proteína desnaturada não consegue readquirir sua configuração original.

Cada tipo de enzima atua melhor em uma faixa de temperatura característica (temperatura ótima), quando a velocidade da reação catalisada é máxima, sem desnaturar a enzima. A maioria das enzimas humanas tem sua temperatura ótima entre 35 °C e 40 °C, que corresponde à faixa de temperatura normal de nosso corpo. Bactérias que vivem em fontes de água quente têm enzimas cuja temperatura ótima situa-se ao redor de 70 °C, ou mais. (**Fig. 3.31A**)

Outro fator que afeta a atividade das enzimas é o grau de acidez do meio, ou pH (potencial hidrogeniônico), expresso em uma escala logarítmica que vai de 0 a 14. Esses valores de pH expressam a concentração relativa do íon de hidrogênio (H^+) em determinado meio. Como já foi mencionado anteriormente neste capítulo, o valor 7 representa um meio neutro, nem ácido nem básico; valores abaixo de 7 são progressivamente mais ácidos e os acima de 7 são progressivamente mais básicos (alcalinos). Por exemplo, uma solução de hidrogenocarbonato de sódio, também chamado bicarbonato de sódio ($NaHCO_3$), tem pH da ordem de 9, enquanto o vinagre tem pH em torno de 4. Isso quer dizer que, no vinagre, a concentração de íons H^+ é cerca de 100 mil vezes maior que a da solução de bicarbonato de sódio.

Cada enzima tem um pH ótimo de atuação, no qual sua atividade é máxima. Fora dessa faixa de pH, a enzima deixa de funcionar adequadamente. O pH ótimo para a maioria das enzimas celulares situa-se ao redor de 7, próximo ao neutro. Mas há exceções; a enzima pepsina, por exemplo, que atua em nosso estômago, funciona mais eficientemente em valores de pH fortemente ácidos, em torno de 2, condição em que a maioria das outras enzimas deixa de funcionar. A tripsina, por sua vez, enzima digestiva que atua no ambiente alcalino do intestino, tem pH ótimo situado em torno de 8. (**Fig. 3.31B**)

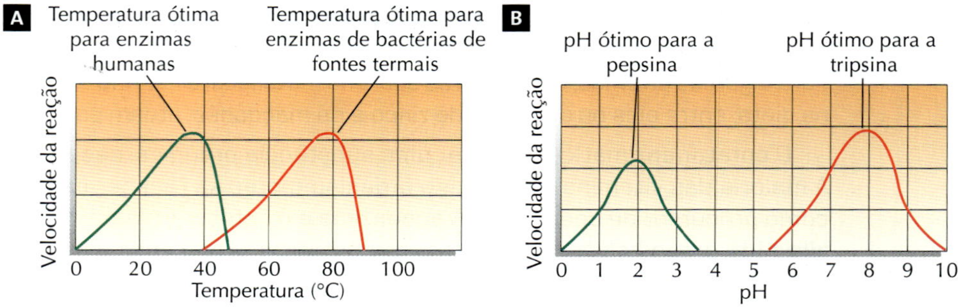

Figura 3.31 Curvas de atividade de diferentes enzimas em condições diversas de temperatura (gráfico **A**) e de grau de acidez (pH) (gráfico **B**). Note que cada enzima tem uma temperatura e um pH ótimos, em que sua atividade é máxima. (Baseado em Campbell, N. e cols., 1999.)

CIÊNCIA E CIDADANIA

"Teste do pezinho" pode impedir manifestação de doença grave

O conhecimento científico sobre enzimas e genes tem permitido o desenvolvimento de diagnósticos precisos e, em alguns casos, tratamento para doenças de origem genética. Um exemplo refere-se à **fenilcetonúria**, uma doença humana decorrente da incapacidade inata de uma pessoa produzir determinada enzima. Essa doença pode ser evitada quando diagnosticada no recém-nascido. Para isso basta uma gota de sangue, obtida por uma leve punção no pé da criança.

A pessoa portadora da condição genética responsável pela fenilcetonúria não produz a enzima que transforma o aminoácido fenilalanina em tirosina. Nessa situação, a fenilalanina tende a se acumular no corpo e pode causar danos às células cerebrais, principalmente na infância.

Os piores efeitos da fenilcetonúria são evitados se a doença é detectada prematuramente e se o portador passa a receber uma dieta que forneça apenas as quantidades mínimas de fenilalanina necessárias ao desenvolvimento. O conhecido "teste do pezinho", realizado com uma gota de sangue retirada do pé dos recém-nascidos, destina-se justamente a detectar os portadores dessa deficiência antes que ela possa causar estragos ao sistema nervoso. Pessoas fenilcetonúricas devem evitar o excesso de proteínas na alimentação e o uso de adoçantes artificiais feitos à base de aspartame, que contêm fenilalanina e ácido aspártico. (**Fig. 3.32**)

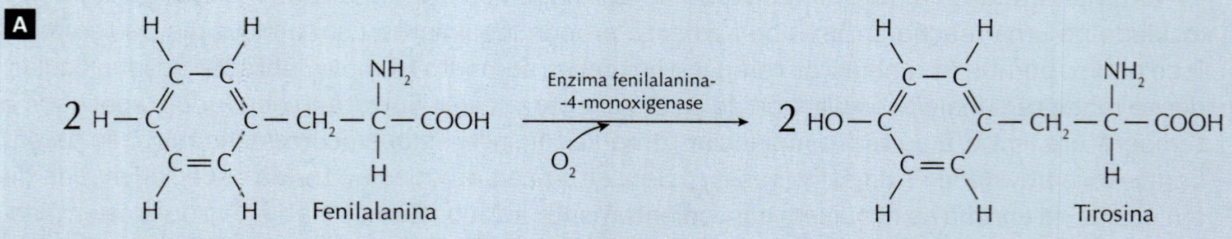

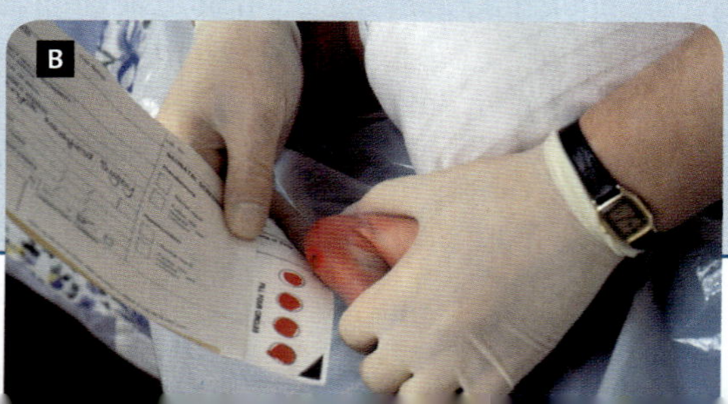

Figura 3.32 **A.** Reação catalisada pela enzima fenilalanina-4-monoxigenase, cuja ausência é a principal causa da fenilcetonúria, que afeta uma em cada 20 mil pessoas. **B.** Retirada de sangue do pé de um recém-nascido para o teste de fenilcetonúria (teste do pezinho).

Vitaminas

Objetivos

- Caracterizar vitamina e reconhecer a importância desse tipo de substância para o nosso organismo.
- Estar informado sobre os principais tipos de vitamina, suas fontes e consequências da carência vitamínica sobre o organismo.

Termos e conceitos

- vitamina
- escorbuto
- beribéri
- avitaminose

1 A descoberta das vitaminas

Vitamina não é uma classe particular de substâncias, e sim a designação de qualquer substância orgânica que o organismo não consegue produzir e é necessária em pequena quantidade para seu bom funcionamento. A vitamina C, por exemplo, é o ácido ascórbico, essencial ao bom funcionamento do organismo humano e dos demais primatas (símios e macacos). Há outros animais que também necessitam de ácido ascórbico, mas conseguem produzi-lo em suas próprias células; por isso, para eles, o ácido ascórbico não é uma vitamina.

Os cientistas descobriram que muitas vitaminas atuam como cofatores em reações enzimáticas. Nesse caso, a deficiência de uma dada vitamina diminui a quantidade de enzima ativa (holoenzima) formada, alterando negativamente o metabolismo celular.

A importância da alimentação variada começou a ser reconhecida durante a época das grandes navegações a vela. A dieta da tripulação dos navios era pobre, constituída basicamente por biscoitos secos e carne salgada. Após algumas semanas no mar, os marinheiros tornavam-se fracos, desatentos, tinham fortes hemorragias nasais e muitos chegavam a morrer. Bastava, no entanto, que os doentes passassem alguns dias em terra firme, alimentando-se de frutas e verduras frescas, para que os sintomas rapidamente desaparecessem.

Escorbuto e beribéri

Uma doença comum entre os marinheiros era o **escorbuto**. Descobriu-se que, para evitá-la, bastava ingerir regularmente suco de limão ou de laranja. A marinha inglesa chegou mesmo a baixar uma lei tornando obrigatória a inclusão dessas frutas na dieta dos marinheiros. Hoje se sabe que o escorbuto é causado pela deficiência da vitamina C, o ácido ascórbico.

Os marinheiros chineses e japoneses, cuja dieta era constituída basicamente de peixes e arroz branco (sem casca), apresentavam uma doença que ficou conhecida como **beribéri**, que em japonês significa "eu não posso! eu não posso!", supostamente porque o doente não podia levantar-se do leito quando requisitado por seu capitão, devido à fraqueza. O principal sintoma do beribéri é o enfraquecimento dos músculos, que pode levar a pessoa à total paralisia. Os médicos japoneses descobriram que a doença podia ser prevenida e curada por uma dieta constituída de vegetais, carne, leite condensado e arroz integral.

O termo vitamina foi criado quando se descobriu que pequeníssimas quantidades de uma substância, a tiamina, pertencente ao grupo das aminas (que têm grupos nitrogenados) conseguiam evitar o beribéri. Por causa disso, essa substância foi chamada de vitamina, que significa "amina vital". Entretanto, pouco tempo depois foram descobertos outros fatores nutricionais orgânicos, também necessários em pequeníssimas quantidades, mas que não eram aminas. O termo vitamina, todavia, já estava consagrado pelo uso.

2 Fontes de vitaminas e avitaminoses

As fontes naturais das vitaminas são os alimentos. Atualmente as vitaminas também podem ser encontradas no comércio na forma purificada, sendo prescritas pelos médicos para eliminar as deficiências vitamínicas, geralmente causadas por uma dieta pobre ou desbalanceada.

Para que os alimentos não percam seu valor vitamínico é preciso ter certos cuidados, pois certas vitaminas são facilmente destruídas pelo calor ou pela exposição ao gás oxigênio (O_2) do ar. Uma regra geral para preservar ao máximo o valor vitamínico de verduras e legumes é consumi-los crus ou levemente cozidos em pequena quantidade de água. Vegetais para saladas e frutas só devem ser cortados no momento de ser servidos, para evitar a oxidação destrutiva de suas vitaminas pelo ar.

As vitaminas costumam ser classificadas em hidrossolúveis e lipossolúveis. A importância dessa classificação está relacionada ao modo como as vitaminas devem ser ingeridas e a seu armazenamento no organismo.

Vitaminas hidrossolúveis, assim chamadas por serem substâncias polares e dissolverem-se em água, são armazenadas em quantidades pequenas no corpo e devem ser ingeridas diariamente. **Vitaminas lipossolúveis**, assim chamadas por serem substâncias apolares e dissolverem-se em lipídios e em outros solventes orgânicos, são armazenadas no tecido adiposo e não precisam ser ingeridas diariamente.

As doenças resultantes da falta de vitaminas são denominadas **avitaminoses**. Veja as principais avitaminoses e seus sintomas na tabela a seguir. (**Tab. 3.2**)

Tabela 3.2

Vitaminas hidrossolúveis			
Vitamina	**Principal uso no corpo**	**Sintomas de deficiência**	**Principais fontes**
B_1 (Tiamina)	Auxilia na oxidação dos carboidratos. Estimula o apetite. Mantém o tônus muscular e o bom funcionamento do sistema nervoso. Previne o beribéri.	Perda de apetite, fadiga muscular, nervosismo, beribéri.	Cereais na forma integral e pães, feijão, fígado, carne de porco, ovos, fermento de padaria, vegetais de folha.
B_2 (Riboflavina)	Auxilia a oxidação dos alimentos. Essencial à respiração celular. Mantém a tonalidade saudável da pele. Atua na coordenação motora.	Ruptura da mucosa da boca, dos lábios, da língua e das bochechas.	Vegetais de folha (couve, repolho, espinafre etc.), carnes magras, ovos, fermento de padaria, fígado, leite.
B_3 (Niacina ou ácido nicotínico)	Mantém o tônus nervoso e muscular e o bom funcionamento do sistema digestório. Previne a pelagra.	Inércia e falta de energia, nervosismo extremo, distúrbios digestivos, pelagra.	Levedo de cerveja, carnes magras, ovos, fígado, leite.
B_5 (Ácido pantotênico)	É componente da coenzima A, participante de processos energéticos celulares.	Anemia, fadiga e dormência dos membros.	Carne, leite e seus derivados, verduras e cereais integrais.
B_6 (Piridoxina)	Auxilia a oxidação dos alimentos. Mantém a pele saudável.	Doenças da pele, distúrbios nervosos, inércia e extrema apatia.	Levedo de cerveja, cereais integrais, fígado, carnes magras, leite.
B_8 (Biotina)	Atua como coenzima em processos energéticos celulares, na síntese de ácidos graxos e das bases nitrogenadas púricas.	Inflamações na pele e distúrbios neuromusculares.	Carnes, legumes, verduras e bactérias da flora intestinal.
B_9 (Ácido fólico)	Importante na síntese das bases nitrogenadas e, portanto, na síntese de DNA e multiplicação celular.	Anemia; esterilidade masculina; na gravidez predispõe a uma malformação do feto conhecida como espinha bífida.	Vegetais verdes, frutas, cereais integrais e bactérias da flora intestinal.
B_{12} (Cianocobalamina)	É essencial para a maturação das hemácias e para a síntese de nucleotídios.	Anemia perniciosa; distúrbios nervosos.	Carne, ovos, leite e seus derivados.
C (Ácido ascórbico)	Mantém a integridade dos vasos sanguíneos e a saúde dos dentes. Previne infecções e o escorbuto.	Inércia e fadiga em adultos, insônia e nervosismo em crianças, sangramento das gengivas, dores nas juntas, dentes alterados, escorbuto.	Frutas cítricas (limão, lima, laranja), tomate, couve, repolho, outros vegetais de folha, pimentão.
Vitaminas lipossolúveis			
A (Retinol)	Necessária para o crescimento normal e para o bom funcionamento dos olhos, do nariz, da boca, dos ouvidos e dos pulmões. Previne resfriados e várias infecções. Evita a "cegueira noturna".	Cegueira noturna (xeroftalmia), "olhos secos" em crianças, cegueira total.	Vegetais amarelos (cenoura, abóbora, batata-doce, milho), pêssego, nectarina, abricó, gema de ovo, manteiga, fígado.
D* (Calciferol)	Atua no metabolismo do cálcio e do fósforo. Mantém os ossos e os dentes em bom estado. Previne o raquitismo.	Problemas nos dentes, ossos fracos, contribui para os sintomas da artrite, raquitismo.	Óleo de fígado de bacalhau, fígado, gema de ovo.
E (Tocoferol)	Promove a fertilidade. Previne o aborto. Atua no sistema nervoso involuntário, no sistema muscular e nos músculos involuntários.	Esterilidade masculina, aborto.	Óleo de germe de trigo, carnes magras, laticínios, alface, óleo de amendoim.
K (Filoquinona)	Atua na coagulação do sangue. Previne hemorragias.	Hemorragias.	Vegetais verdes, tomate, castanha.

* A vitamina D não é encontrada pronta na maioria dos alimentos; estes contêm, em geral, um precursor que se transforma em vitamina D quando exposto aos raios ultravioleta da radiação solar.

Seção 3.7

Ácidos nucleicos

Objetivo

▶ Conhecer os ácidos nucleicos quanto às suas características químicas principais – tipos de componente, estrutura molecular etc. – e suas funções gerais nos seres vivos.

Termos e conceitos

- ácido nucleico
- ácido desoxirribonucleico (DNA)
- ácido ribonucleico (RNA)
- base nitrogenada
- nucleotídio

1 Características gerais dos ácidos nucleicos

Os **ácidos nucleicos** são assim chamados por seu caráter ácido e por terem sido originalmente descobertos no núcleo das células, no século XIX. A partir da década de 1940, os ácidos nucleicos passaram a ser detalhadamente estudados, pois descobriu-se que eles constituem os **genes**, responsáveis pela herança biológica. Somos parecidos com nossos pais porque recebemos, nos gametas que nos originaram, genes paternos e maternos, constituídos por ácido desoxirribonucleico.

Há dois tipos de ácido nucleico: o **ácido desoxirribonucleico**, conhecido pela sigla **DNA** (do inglês, ***d**esoxyribo**n**ucleic **a**cid*), e o **ácido ribonucleico**, conhecido pela sigla **RNA** (do inglês, ***r**ibo**n**ucleic **a**cid*). Esses nomes referem-se ao fato de o DNA e o RNA apresentarem, respectivamente, os monossacarídios desoxirribose e ribose em suas moléculas.

2 Componentes dos ácidos nucleicos

Os ácidos nucleicos são constituídos por três tipos de componentes: **glicídios** do grupo das pentoses (desoxirribose no DNA e ribose no RNA), **ácido fosfórico** e **bases nitrogenadas**. Dos cinco tipos de base nitrogenada presentes nos ácidos nucleicos, três ocorrem tanto no DNA quanto no RNA; são elas: **adenina (A)**, **citosina (C)** e **guanina (G)**. A base nitrogenada **timina (T)** ocorre exclusivamente no DNA, enquanto a base **uracila (U)** está presente apenas no RNA. As bases adenina e guanina são constituídas por dois anéis de carbono e nitrogênio, sendo denominadas bases púricas, ou purinas. Citosina, timina e uracila apresentam apenas um anel de carbono e nitrogênio, sendo denominadas bases pirimídicas, ou pirimidinas. (**Fig. 3.33**)

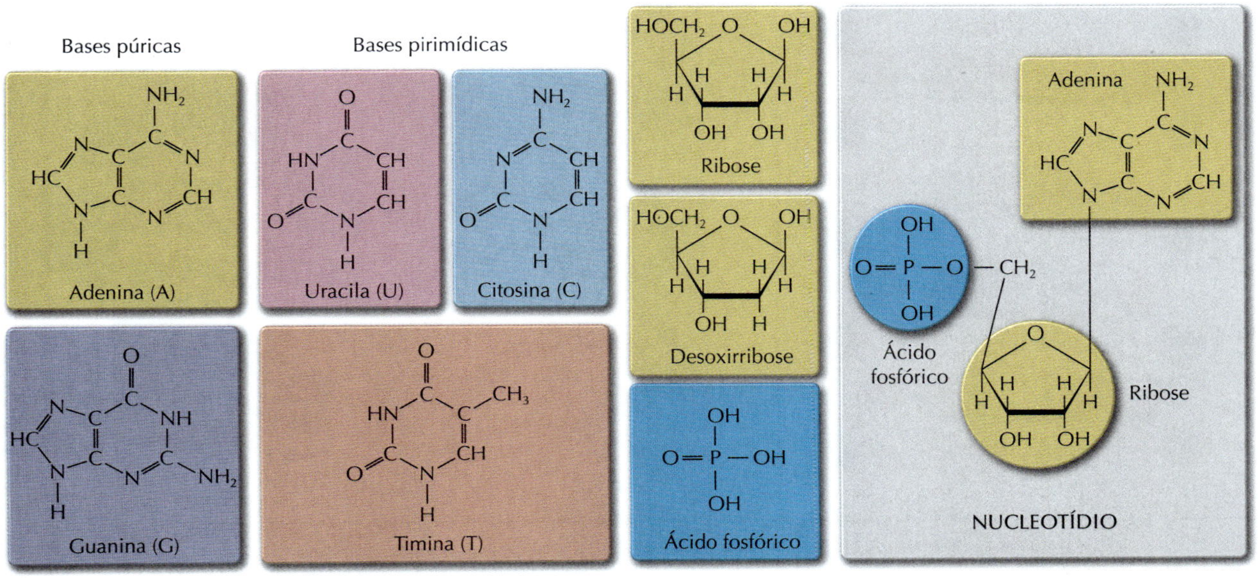

Figura 3.33 Componentes dos ácidos nucleicos. O açúcar desoxirribose e a base nitrogenada timina ocorrem exclusivamente no DNA. O açúcar ribose e a base uracila, por sua vez, são exclusivos do RNA. Os demais componentes são comuns ao DNA e ao RNA.

Os três componentes dos ácidos nucleicos organizam-se em um trio molecular denominado **nucleotídio**. Este é constituído por uma pentose, unida a uma molécula de ácido fosfórico e a uma base nitrogenada. Tanto o DNA como o RNA são constituídos por nucleotídios ligados em sequência em longas cadeias polinucleotídicas. A união entre os nucleotídios dá-se entre o açúcar de um deles e o fosfato do outro e é denominada ligação fosfodiéster.

3 Estrutura espacial dos ácidos nucleicos

As moléculas de DNA são constituídas por duas cadeias polinucleotídicas enroladas uma sobre a outra, lembrando uma comprida escada helicoidal. As duas cadeias mantêm-se unidas entre si por meio de pontes de hidrogênio entre pares de bases específicas: a adenina emparelha-se com a timina, por meio de duas pontes de hidrogênio (A = T), e a guanina emparelha-se com a citosina, por meio de três pontes de hidrogênio (G ≡ C). (**Fig. 3.34**)

As moléculas de DNA são geralmente muito longas, com até milhões de nucleotídios unidos em sequência. No núcleo de nossas células, constituindo nossos cromossomos, existem moléculas de DNA que atingem mais de 10 centímetros de comprimento, embora sejam finíssimas, com cerca de apenas 0,000002 milímetros de diâmetro.

As moléculas de RNA são geralmente formadas por uma cadeia única, que se enrola sobre si mesma pelo emparelhamento entre bases complementares na mesma cadeia polinucleotídica. O estudo dos ácidos nucleicos será retomado com maiores detalhes nos capítulos 7 e 12 deste volume.

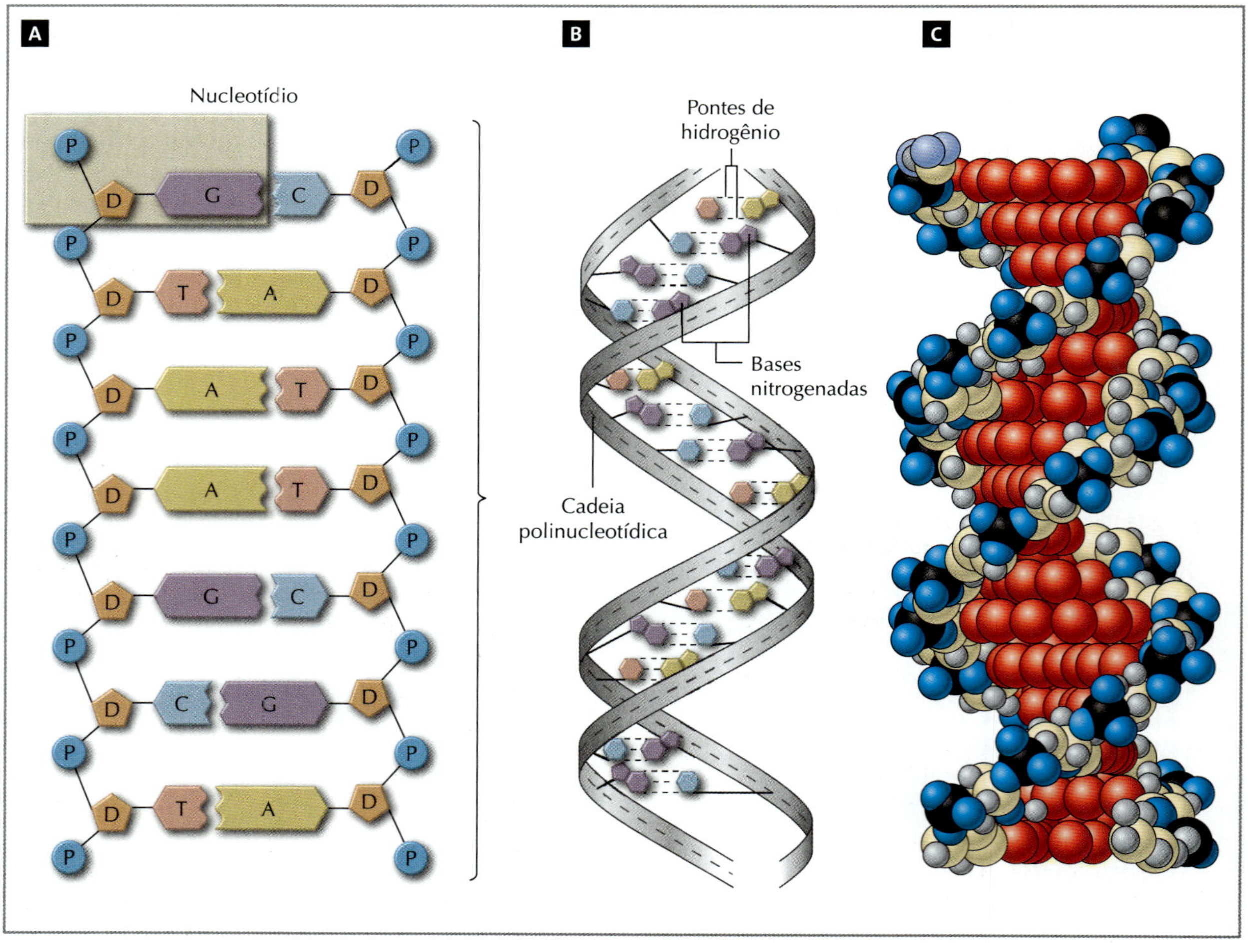

Figura 3.34 Diferentes formas de representar a molécula de DNA. **A.** Representação plana, mostrando as duas cadeias unidas por meio de suas bases nitrogenadas, em que uma purina se emparelha a uma pirimidina. Em destaque, um nucleotídio. **B.** Representação da dupla-hélice no espaço, mostrando as pontes de hidrogênio entre as bases nitrogenadas. **C.** Representação dos átomos por esferas e sua disposição espacial. (Representações sem escala, cores-fantasia.)

ATIVIDADES

QUESTÕES PARA PENSAR E DISCUTIR

Questões objetivas

1. A Química Orgânica desenvolveu-se a partir da descoberta
   a) da teoria da força vital.
   b) de que as substâncias orgânicas podiam ser estudadas pelos métodos da Química.
   c) dos plásticos e das borrachas.
   d) de que os seres vivos não contêm substâncias inorgânicas.

2. Os tipos de átomo que se combinam para formar a maioria dos compostos químicos presentes na matéria viva são
   a) carbono, hidrogênio, oxigênio e cloro.
   b) carbono, hidrogênio, fósforo e enxofre.
   c) carbono, hidrogênio, oxigênio e nitrogênio.
   d) carbono, hidrogênio, cloro e sódio.

3. As substâncias orgânicas de um ser vivo são, em ordem decrescente de abundância,
   a) ácidos nucleicos > proteínas > glicídios > lipídios.
   b) lipídios > glicídios > proteínas > ácidos nucleicos.
   c) proteínas > glicídios > ácidos nucleicos > lipídios.
   d) proteínas > lipídios > glicídios > ácidos nucleicos.

Considerar as alternativas a seguir para responder às questões de 4 a 8.
a) Ponte de hidrogênio.
b) Reação de hidrólise.
c) Síntese por desidratação.
d) Substância hidrofílica.
e) Substância hidrofóbica.

4. Quando em estado líquido e sólido, que tipo de interação há entre as moléculas de água?

5. Como são chamadas as substâncias cujas moléculas não têm afinidade por moléculas de água?

6. Como são chamadas as substâncias cujas moléculas têm afinidade por moléculas de água?

7. Qual é o nome da reação química em que ocorre união de moléculas reagentes com formação de água como um dos produtos finais?

8. Qual é o nome da reação química em que ocorre quebra de moléculas com participação da água como um dos reagentes?

9. A hidrólise de determinada molécula produziu glicerol e ácidos graxos; isso indica que a molécula hidrolisada era
   a) uma proteína.
   b) um lipídio.
   c) um carboidrato.
   d) um ácido nucleico.

10. Para degradarmos uma proteína a seus aminoácidos constituintes precisamos quebrar
    a) ligações peptídicas, o que consome água como reagente.
    b) ligações peptídicas, o que consome gás oxigênio como reagente.
    c) pontes de hidrogênio, o que consome água como reagente.
    d) pontes de hidrogênio, o que não consome reagentes.

11. Nossa dieta necessita conter, necessariamente, o aminoácido triptofano, pois o corpo humano não consegue produzi-lo. O bolor do pão, por sua vez, não precisa ter nenhum aminoácido em sua dieta, pois é capaz de produzir todos os vinte tipos de aminoácido de que necessita. O triptofano é, portanto, um aminoácido
    a) essencial para a espécie humana, mas natural para o bolor do pão.
    b) natural para a espécie humana, mas essencial para o bolor do pão.
    c) essencial tanto para a espécie humana quanto para o bolor do pão.
    d) natural tanto para a espécie humana quanto para o bolor do pão.

12. Quando uma proteína se desnatura, ela
    a) tem sua estrutura primária modificada.
    b) tem sua estrutura espacial modificada.
    c) sofre hidrólise.
    d) tem suas ligações peptídicas quebradas.

13. "Quando separamos as quatro cadeias polipeptídicas que constituem uma molécula de hemoglobina, porém sem alterar a estrutura espacial de cada uma delas, estamos modificando apenas a estrutura (■) da proteína." Qual das alternativas completa corretamente a frase?
    a) primária.
    b) secundária.
    c) terciária.
    d) quaternária.

Responda às questões de 14 a 16 considerando um dos termos a seguir.
a) Dissolução.
b) Hidrólise.
c) Ionização.
d) Síntese por desidratação.

14. A produção de um dissacarídio ocorre pela união de dois monossacarídios com perda de uma molécula de água. Qual é o nome desse processo?

15. A produção de um ácido nucleico ocorre pela união de nucleotídios, com perda de uma molécula de água por ligação formada. Qual é o nome desse processo?

16. A reação de degradação de uma molécula de amido produz moléculas de glicose, consumindo moléculas de água. Qual é o nome desse processo?

17. Qual a alternativa correta sobre os ácidos nucleicos (I e II) cujos resultados de análise química estão mostrados na tabela a seguir?

	Ácidos nucleicos	
	I	II
Tipo de açúcar	desoxirribose	ribose
Tipo de base nitrogenada	adenina timina citosina guanina	adenina uracila citosina guanina

a) Trata-se de DNA em ambos os casos.
b) Trata-se de RNA em ambos os casos.
c) O ácido nucleico I é DNA e o II, RNA.
d) O ácido nucleico I é RNA e o II, DNA.

Questões discursivas

18. É importante ter consciência dos tipos de substância que comemos, suas quantidades e seu valor calórico (quantidade de energia que fornecem), principalmente quando se trata de produtos industrializados. Ultimamente, com o lançamento de muitos produtos dietéticos, os fabricantes foram obrigados por lei a descrever, na embalagem, dados sobre a composição química do produto.

Faça uma pesquisa nos alimentos que porventura tenha em sua casa e descubra aqueles cujas embalagens trazem dados sobre a composição química do conteúdo.

Se necessário, vá a um supermercado e anote os dados dos rótulos de diversos produtos. Compare os resultados de suas pesquisas com os de seus colegas e classifique os produtos de acordo com seu conteúdo em proteínas, em glicídios e em lipídios.

19. Você pode relembrar os bons tempos em que brincava com bolhas de sabão ao mesmo tempo em que pesquisa as incríveis propriedades das membranas lipídicas.

Lembre-se que as membranas das células vivas também são constituídas de lipídios, e suas propriedades assemelham-se às de uma bolha de sabão. Prepare uma solução concentrada de água e sabão e faça bolhas com o auxílio de um canudinho ou de um aro de arame revestido com barbante. Corte as bolhas, tente juntá-las e observe sua elasticidade. Acompanhe a pesquisa das bolhas com a leitura do texto "A química de uma bolha de sabão", na página 98 do capítulo.

20. Observe as fórmulas moleculares de dois glicídios, representadas a seguir; um deles é um monossacarídio, e o outro, um dissacarídio.

$C_7H_{14}O_7$ $\quad$ $C_6H_{10}O_5$

a) O que permite caracterizar essas duas substâncias como glicídios?
b) Qual deles é o monossacarídio? Por quê?
c) Quanto ao número de carbonos, como eram as moléculas que originaram o dissacarídio?

21. Observe a fórmula do aminoácido valina, encontrado nas proteínas dos seres vivos. Note que há partes da molécula destacadas e numeradas.

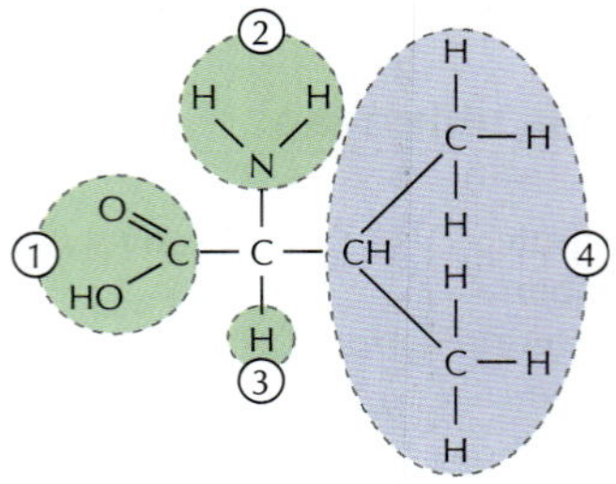

Sobre esses destaques responda:
a) O que representam os números 1, 2, 3 e 4?
b) Qual desses grupos destacados varia de acordo com o aminoácido?

22. Observe o gráfico a seguir, que ilustra a ação da enzima estomacal pepsina, em diferentes faixas de acidez (pH).

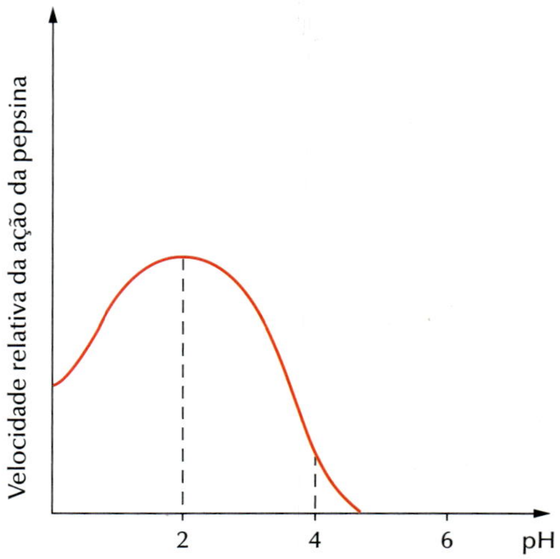

Com base nos dados apresentados no gráfico, responda:
a) Qual é a faixa de pH mais favorável à ação dessa enzima?
b) A partir de que valores de pH a pepsina para de atuar?

23. Os dados a seguir mostram os resultados de análises químicas a que foram submetidas quatro amostras de ácidos nucleicos (I a IV). Determine, para cada amostra, se o ácido nucleico é DNA ou RNA, justificando a resposta.

Amostra	Resultado da análise química
I	Presença de ribose
II	Presença de timina
III	Presença de uracila
IV	Presença de desoxirribose

24. A explicação para a especificidade de uma enzima por seu substrato recebe a denominação de modelo chave-fechadura. Redija um breve texto argumentando a favor dessa denominação.

VESTIBULARES PELO BRASIL

Brasil – Regiões

- Região Norte
- Região Centro-Oeste
- Região Sul
- Região Nordeste
- Região Sudeste
- Brasil

Questões objetivas

1 (Ufac) Os carboidratos são compostos orgânicos geralmente constituídos de carbono, hidrogênio e oxigênio, os quais podem ser divididos em três grupos:

a) monossacarídios, oligossacarídios e polissacarídios.

b) monossacarídios, oligossacarídios e glicogênio.

c) oligossacarídios, polissacarídios e celulose.

d) oligossacarídios, polissacarídios e glicose.

e) polissacarídios, monossacarídios e amido.

2 (UFPA) Nos últimos anos, o açaí vem se destacando no cenário nacional como uma bebida energética, muito consumida por esportistas, principalmente halterofilistas, que consomem grandes quantidades de calorias durante os treinamentos. Seu alto valor calórico é devido a elevados teores de lipídios. Além da função energética, os lipídios são importantes por serem

a) substâncias inorgânicas que participam de reações químicas mediadas por enzimas.

b) moléculas orgânicas constituintes das membranas celulares e atuarem como hormônios.

c) peptídios constituintes dos ácidos nucleicos.

d) oligossacarídios indispensáveis à formação da membrana plasmática.

e) compostos estruturais da parede celular vegetal.

3 (Unama-PA)

O ritmo acelerado da vida, o estresse e a busca incessante para manter um *status* social fazem com que os indivíduos trabalhem muito, se alimentem mal e não façam exercícios, o que cria uma condição propícia para a ocorrência de doenças cardíacas. [...] Além da herança genética, característica predominante em muitos casos de infarto, obesidade, diabetes, tabagismo, hipertensão arterial, **colesterol** elevado, excesso de trabalho, falta de exercícios físicos e péssimos hábitos alimentares contribuem incisivamente para a incidência de doenças coronarianas.

(Adaptado do jornal *Diário do Pará*, Belém, 9 set. 2007.)

Sobre o composto químico, em destaque, no texto podemos afirmar:

I. É encontrado em membranas de células animais.

II. É encontrado em membranas de células vegetais.

III. É provocado pelo aumento da taxa de glicose no sangue.

IV. Constitui matéria-prima para a produção de hormônios sexuais.

As afirmativas corretas são:

a) I e IV apenas.
b) I e II apenas.
c) II e III apenas.
d) I, II, III, IV.

4 (Unama-PA) Os alimentos que ingerimos, diariamente, devem conter tanto substâncias que forneçam energia, quanto substâncias construtoras e, ainda, as reguladoras das funções do corpo. Dentre essas substâncias, destacamos as **proteínas** e as **vitaminas**. O quadro abaixo indica algumas funções das substâncias em destaque.

I	II
São consideradas reguladoras e o organismo necessita de pequenas quantidades para manter o seu bom funcionamento.	São construtoras porque fornecem matéria-prima para o crescimento e para substituir células mortas e tecidos desgastados.
Sua carência no organismo pode causar doenças como: escorbuto, raquitismo, anemia, entre outras.	São encontradas, principalmente, em alimentos de origem animal como: peixe, queijo, carne e ovos.

Assinale a alternativa correta sobre as citadas substâncias (I e II).

a) Trata-se de vitamina, em ambos os casos.

b) Trata-se de proteína, em ambos os casos.

c) I é proteína e II é vitamina.

d) I é vitamina e II é proteína.

5 (Cesupa-PA) As vitaminas são substâncias orgânicas essenciais ao metabolismo humano e precisam ser obtidas a partir dos alimentos ingeridos. A vitamina D, obtida do óleo de fígado, fígado e gema de ovo, atua no(a)

a) coagulação do sangue, evitando hemorragias.

b) metabolismo do cálcio e do fósforo, prevenindo o raquitismo.

c) respiração celular, garantindo a tonalidade saudável da pele.

d) sistema nervoso involuntário, evitando o escorbuto.

6 (Uneb-BA)

O conceito-chave de "sopa primitiva", "caldo primordial" ou "caldo pré-biótico" aparece com frequência no discurso de cientistas que estudam o problema da origem da vida. A formação desse "caldo" pressupõe a existência de água em estado líquido na superfície da Terra. A vida ocorre em uma fase aquosa porque a água

a) tem mínima capacidade de absorver calor do meio circundante.

b) evita a auto-organização de moléculas de gorduras em películas.

c) substitui, com menor dispêndio energético, as enzimas.

d) constitui o meio para transporte de nutrientes e remoção de resíduos do metabolismo.

e) bloqueia a formação de pontes de hidrogênio entre moléculas.

7 (Uece) Sabe-se que o carboidrato é o principal fator a contribuir para a obesidade, por entrar mais diretamente na via glicolítica, desviando-se para a produção de gordura, se ingerido em excesso. Uma refeição composta de bolacha (amido processado industrialmente) e vitamina de sapoti (sapoti, rico em frutose), leite (rico em lactose) e açúcar (sacarose processada industrialmente) pode contribuir para o incremento da obesidade, por ser, conforme a descrição acima, visivelmente rica em

a) lipídios.
b) proteínas.
c) vitaminas.
d) glicídios.

8 (Unifor-CE) As fibras musculares estriadas armazenam um carboidrato a partir do qual se obtém energia para a contração. Essa substância de reserva se encontra na forma de

a) amido.
b) glicose.
c) maltose.
d) sacarose.
e) glicogênio.

9 (Unifor-CE) Atribuíram as seguintes funções aos lipídios, grupo de substâncias sempre presentes nas células:

I. Como substâncias de reserva são exclusivos de células animais.
II. Podem ter função energética, ou seja, fornecem energia para as atividades celulares.
III. Têm função estrutural, uma vez que entram na composição das membranas celulares.

É correto o que se afirma **somente** em

a) I.
b) II.
c) III.
d) I e II.
e) II e III.

10 (Unifor-CE) Considere as frases abaixo, referentes às enzimas.

I. Aumentam a velocidade das reações.
II. São específicas, cada uma atuando sobre um determinado substrato.
III. Apresentam alteração em sua composição química após a reação.
IV. Participam somente uma vez de um certo tipo de reação.

Somente são corretas

a) I e II.
b) I e III.
c) II e III.
d) II e IV.
e) III e IV.

11 (Unifor-CE) Uma molécula de glicose está para uma molécula de amido do mesmo modo que uma molécula de

a) sacarose está para o glicogênio.
b) vitamina está para a enzima.
c) pentose está para o DNA.
d) esteroide está para a testosterona.
e) aminoácido está para a proteína.

12 (UFMA) As enzimas biocatalisadoras da indução de reações químicas reconhecem seus substratos através da

a) temperatura do meio.
b) forma tridimensional das moléculas.
c) energia de ativação.
d) concentração de minerais.
e) reversibilidade da reação.

13 (UFPE-Adaptado) Considerando que na figura abaixo tem-se uma representação plana de um segmento da molécula de DNA, analise as proposições a seguir.

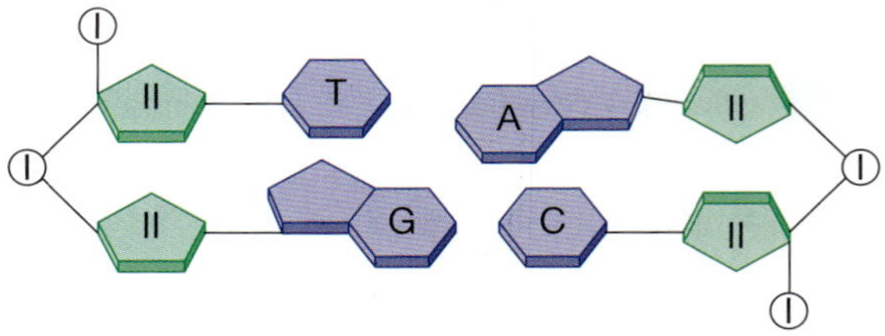

1. Um nucleotídio é formado por um grupo fosfato (I), uma molécula de açúcar desoxirribose (II) e uma molécula de base nitrogenada.
2. Um nucleotídio com timina (T) em uma cadeia pareia com um nucleotídio com adenina (A) em outra cadeia.
3. Um nucleotídio com guanina (G) em uma cadeia pareia com um nucleotídio com citosina (C) em outra cadeia.
4. Pontes de hidrogênio se estabelecem entre as bases nitrogenadas T e A e entre as bases nitrogenadas C e G.

Está(ão) correta(s):

a) 1 apenas.
b) 2 e 3 apenas.
c) 1, 2 e 3 apenas.
d) 2, 3 e 4 apenas.
e) 1, 2, 3 e 4.

14 (Uece) Com relação à composição das moléculas, o RNA e o DNA diferem entre si quanto ao tipo de

a) açúcar apenas.
b) base nitrogenada e de açúcar apenas.
c) base nitrogenada e de fosfato apenas.
d) base nitrogenada, açúcar e de fosfato.

15 (UFRN) Embora seja visto como um vilão, o colesterol é muito importante para o organismo humano porque ele é

a) precursor da síntese de testosterona e progesterona.
b) agente oxidante dos carboidratos.
c) responsável pela resistência de cartilagens e tendões.
d) cofator das reações biológicas.

16 (UFCG-PB) Os avanços da Química no século XX foram determinantes para o desenvolvimento da Biologia moderna, sendo possível estabelecer-se o funcionamento da célula. Na natureza, são raros os átomos que ocorrem em estado isolado. Na maioria dos casos, eles se combinam formando moléculas, que constituem as substâncias químicas, inclusive as que formam e mantêm os seres vivos.

Leia as afirmativas e assinale as corretas.

I. A vida na Terra se baseia essencialmente no elemento carbono, que constitui a estrutura básica de todas as moléculas orgânicas.

II. Na espécie humana, por exemplo, os íons de cálcio (Ca^{2+}) participam das reações de coagulação do sangue e da contração muscular, além de serem componentes fundamentais dos ossos.

III. A concentração de íons H^+, denominada potencial hidrogeniônico (pH), é o que determina o nível de acidez de um meio.

IV. Os glicídios são moléculas orgânicas constituídas fundamentalmente por átomos de carbono, hidrogênio, oxigênio, nitrogênio e enxofre.

V. O ATP (trifosfato de adenosina), a principal substância envolvida nos processos energéticos celulares, também apresenta um glicídio (ribose) em sua composição.

VI. Uma reação química por desidratação ocorre quando uma proteína está sendo produzida, durante a formação das ligações peptídicas entre os aminoácidos.

VII. A dieta precisa conter, necessariamente, os aminoácidos não essenciais, pois as células humanas não conseguem sintetizar os aminoácidos naturais.

Assinale a alternativa cujas afirmações estão corretas.

a) I, III, V, VI, VII.
b) II, III, IV, V, VI.
c) III, IV, V, VI, VII.
d) I, II, III, V, VI.
e) II, IV, V, VI, VII.

17 (UFC-CE-Adaptado) As vitaminas foram descobertas há cerca de 100 anos e, a partir dos anos 1980, invadiram as prateleiras das farmácias, na forma de suplementos vitamínicos, com dosagens acima das recomendadas pelas organizações de saúde, o que ainda hoje gera muita discussão sobre os benefícios ou malefícios que esse "banho" de vitaminas pode acarretar ao organismo. Contudo, é relevante saber a importância dessas substâncias para a saúde e de quais fontes alimentícias podemos obtê-las.

Considere o quadro abaixo.

Vitamina	Sintoma da carência no organismo	Fontes alimentares
A	1	Fígado, leite, cenoura
B_1	2	Cereais integrais, carnes magras
C	3	Frutas cítricas
D	4	Peixe, leite, gema de ovo
K	5	Vegetais com folhas verdes, tomate

Qual a alternativa que preenche corretamente o quadro acima, substituindo, respectivamente, os números 1, 2, 3, 4 e 5 pelos sintomas causados devido à carência de cada vitamina no organismo?

a) Cegueira noturna, hemorragias, escorbuto, raquitismo e disfunção do sistema nervoso.
b) Escorbuto, cegueira noturna, raquitismo, disfunção do sistema nervoso e hemorragias.
c) Cegueira noturna, raquitismo, hemorragias, escorbuto e disfunção do sistema nervoso.
d) Disfunção do sistema nervoso, raquitismo, escorbuto, cegueira noturna e hemorragias.
e) Cegueira noturna, disfunção do sistema nervoso, escorbuto, raquitismo e hemorragias.

18 (Uespi) Vitaminas são substâncias necessárias em pequenas quantidades para as atividades metabólicas de um organismo; sua deficiência causa diferentes sintomas. Com relação a esse assunto, numere a 2ª coluna de acordo com a 1ª, relacionando cada vitamina citada ao sintoma causado por sua deficiência.

1. Vitamina C (Ácido ascórbico)	( ) Beribéri (inflamação e degeneração dos nervos).
2. Vitamina B_6 (Piridoxina)	( ) Irritabilidade, convulsões, anemia, contrações musculares involuntárias.
3. Vitamina B_2 (Riboflavina)	( ) Raquitismo e enfraquecimento ósseo.
4. Vitamina B_1 (Tiamina)	( ) Escorbuto (lesões na mucosa intestinal, com hemorragias; sangramento gengival, fraqueza).
5. Vitamina D (Calciferol)	( ) Fissuras na pele, tais como rachaduras nos cantos da boca.

A sequência correta é:

a) 4, 2, 5, 1, 3.
b) 2, 4, 5, 3, 1.
c) 4, 2, 1, 3, 5.
d) 2, 1, 3, 4, 5.
e) 1, 2, 3, 4, 5.

19 (UFMS-Adaptado) Os carboidratos apresentam importantes funções, entre as quais destacam-se as energéticas e as estruturais. Classificam-se em: monossacarídios, oligossacarídios (os dissacarídios são os mais conhecidos nesse grupo) e polissacarídios. Em relação aos carboidratos, é correto afirmar:

001) A glicose é classificada como dissacarídio.
002) A celulose exerce importante função estrutural, participando da parede celular dos vegetais.
004) O amido é classificado como polissacarídio e desempenha importante função de reserva energética em vegetais.
008) A sacarose, encontrada na cana-de-açúcar e na beterraba, é classificada como monossacarídio.
016) A quitina, classificada como polissacarídio, exerce importante função estrutural, a exemplo do exoesqueleto dos artrópodes e da parede celular dos fungos.
032) O glicogênio é classificado como oligossacarídio e apresenta funções energéticas e estruturais em animais e vegetais.

Dê como resposta a soma dos números associados a afirmações corretas.

20 (UFG-GO) Leia o texto abaixo.

As três décadas de estudos sobre os alimentos, o metabolismo humano e a fisiologia do esporte mostram que as dietas radicais não funcionam. Na busca do corpo saudável e esbelto, a melhor dieta é a do bom senso. Uma das dietas mundialmente conhecidas proíbe o consumo de leite e derivados e limita muito o consumo de proteínas. Essas restrições levam à carência de minerais, especialmente o cálcio e ferro.

Veja, São Paulo, mar. 2007, n. 11, p. 62. [Adaptado.]

Um indivíduo adulto que adotou essa dieta por um período prolongado pode apresentar

a) hemorragia e escorbuto.
b) cegueira noturna e xeroftalmia.
c) beribéri e pelagra.
d) bócio endêmico e cãibras.
e) osteoporose e anemia.

21 (UEMS) Qual o composto biológico que tem como função facilitar e aumentar a velocidade das reações envolvendo biomoléculas orgânicas nas células?

a) esteroides
b) carboidratos
c) polissacarídios
d) lipídios
e) proteína com função enzimática

22 (UEMS) Das moléculas constituintes dos seres vivos, quais são as responsáveis pela transmissão dos caracteres hereditários?

a) carboidratos
b) proteínas
c) ácidos nucleicos
d) ácidos graxos
e) glicoproteínas

23 (UEMS) Com relação ao ácido ribonucleico (RNA), é correta a afirmação:

a) A molécula de RNA possui aspecto de dupla-hélice.
b) Quanto às bases nitrogenadas, o RNA não difere das bases que formam a molécula de DNA.
c) A síntese de moléculas de RNA ocorre a partir de moléculas de RNA.
d) Quanto às bases nitrogenadas, o RNA é composto por: adenina, guanina, citosina, uracila.
e) É encontrado apenas no núcleo das células associado às proteínas.

24 (UEMS) O DNA e o RNA são polímeros de unidades químicas denominadas nucleotídios. Um nucleotídio de uma molécula de DNA (ácido desoxirribonucleico) é formado pela reunião de

a) ribose, ácido fosfórico e uracila.
b) desoxirribose, ácido fosfórico e uma base nitrogenada.
c) adenina, uracila e guanina.
d) desoxirribose, uracila e fosfato.
e) pentose, guanina e uracila.

25 (Unigranrio-RJ) São os compostos orgânicos mais abundantes da matéria viva. Menção feita

a) à água.
b) aos sais minerais.
c) às proteínas.
d) aos carboidratos.

26 (Unigranrio-RJ) É o mais abundante polissacarídio da natureza e abrange perto de metade do carbono orgânico da biosfera. Menção feita

a) à sacarose.
b) ao amido.
c) ao glicogênio.
d) à celulose.

27 (Uerj) O papel comum é formado, basicamente, pelo polissacarídio mais abundante no planeta. Esse carboidrato, nas células, tem a seguinte função:

a) Revestir as organelas.
b) Formar a membrana plasmática.
c) Compor a estrutura da parede celular.
d) Acumular reserva energética no hialoplasma.

28 (Fuvest-SP)

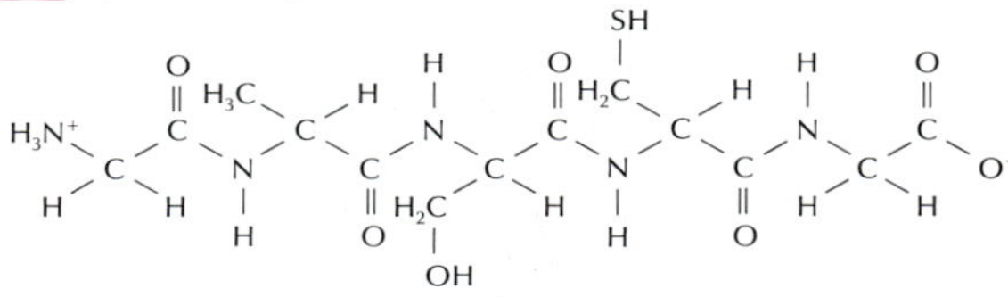

A hidrólise de um peptídio rompe a ligação peptídica, originando aminoácidos. Quantos aminoácidos *diferentes* se formam na hidrólise total do peptídio representado acima?

a) 2
b) 3
c) 4
d) 5
e) 6

29 (Fuvest-SP) Leia o texto a seguir, escrito por Jacob Berzelius em 1828. "Existem razões para supor que, nos animais e nas plantas, ocorrem milhares de processos catalíticos nos líquidos do corpo e nos tecidos. Tudo indica que, no futuro, descobriremos que a capacidade de os organismos vivos produzirem os mais variados tipos de compostos químicos reside no poder catalítico de seus tecidos." A previsão de Berzelius estava correta, e hoje sabemos que o "poder catalítico" mencionado no texto deve-se

a) aos ácidos nucleicos.
b) aos carboidratos.
c) aos lipídios.
d) às proteínas.
e) às vitaminas.

30 (Unesp) As proteínas são moléculas complexas formadas por unidades denominadas ■, que se unem uma às outras por meio de ■. Cada unidade é formada por um átomo de carbono, ao qual se ligam um grupo ■, um grupo ■, que apresenta um átomo de nitrogênio e um radical de estrutura variável.

Os termos que completam corretamente os espaços são, pela ordem,

a) monopeptídios; ligação glicosídica; carboxila; amina.
b) monopeptídios; ligação peptídica; amina; carboxila.
c) aminoácidos; ligação peptídica; carboxila; amina.
d) aminoácidos; ligação glicosídica; amina; carboxila.
e) nucleotídios; reação de desidratação; carboxila; amina.

31 (Mackenzie-SP) A velocidade de um processo celular foi medida durante 10 horas. Nesse período, a temperatura foi aumentada gradativamente, passando de 20 °C para 40 °C. O resultado foi expresso no gráfico abaixo.

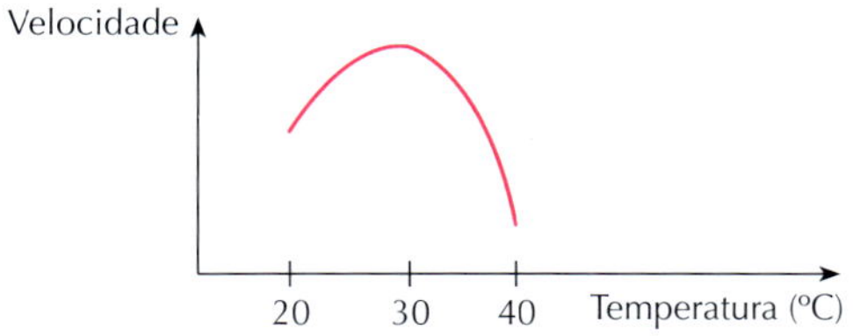

A esse respeito, são feitas as seguintes afirmações:

I. A temperatura de aproximadamente 30 °C é ótima para as enzimas envolvidas nesse processo.

II. Na temperatura de 40 °C, pode ter havido desnaturação completa de todas as enzimas envolvidas.

III. Se a célula fosse submetida a uma temperatura menor do que 20 °C, ela certamente morreria, devido à falta de atividade.

Assinale:

a) Se somente as afirmativas I e II forem corretas.
b) Se somente as afirmativas II e III forem corretas.
c) Se todas as afirmativas forem corretas.
d) Se somente as afirmativas I e III forem corretas.
e) Se somente a afirmativa II for correta.

32 (UFRRJ-Adaptado) As plantas e animais utilizam diversos componentes químicos na formação de partes importantes de seus organismos ou na construção de estruturas importantes em sua sobrevivência. A seguir estão citados alguns:

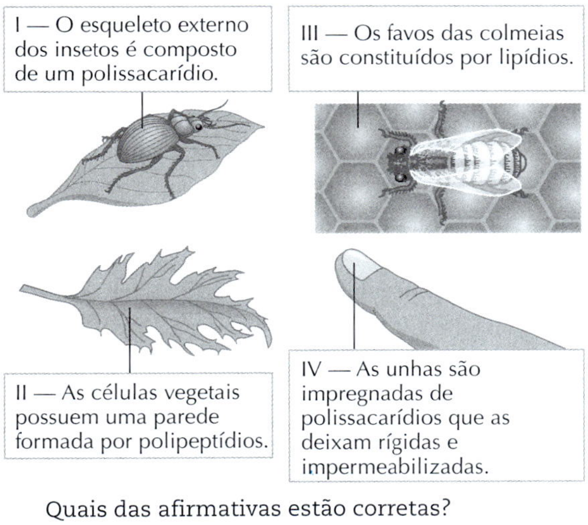

Quais das afirmativas estão corretas?

a) I e II.
b) I e III.
c) I e IV.
d) II e III.
e) II e IV.

33 (Unigranrio-RJ) Identifique a opção que contém informação **incorreta**.

a) Ovos são fontes de vitamina A, E, B_1 e B_2.
b) Os vegetais produzem caroteno que no corpo animal se transforma em vitamina A.
c) Cenoura e laranja são fontes de vitamina A.
d) As frutas cítricas (limão, laranja) não são fontes de vitamina C.

34 (Unigranrio-RJ) Se uma criança sofre de raquitismo (crescimento retardado, ossos moles, dentição defeituosa e apresenta inadequada absorção de cálcio e fósforo em seu organismo), que tipo de vitamina ela deve ingerir mediante uso do leite e seus derivados, gema de ovo, fígado de vaca ou óleo de fígado de bacalhau?

a) Vitamina K
b) Vitamina C
c) Vitamina PP
d) Vitamina D

35 (Unigranrio-RJ) Identifique a **afirmação falsa**.

a) A vitamina D é encontrada no óleo de fígado de bacalhau e a sua carência no organismo pode provocar o raquitimo.
b) A vitamina PP só é encontrada no abacaxi e a sua carência no organismo pode provocar cegueira noturna.
c) A vitamina C é encontrada nas frutas cítricas e a sua carência no organismo pode provocar o escorbuto.
d) A vitamina K é encontrada em vegetais como alface, acelga, couve e protege o organismo, sendo anti-hemorrágica.

36 (Eaesp) Um grupo de pesquisadores constatou os seguintes sintomas de avitaminose em diferentes populações da América do Sul: escorbuto, raquitismo e cegueira noturna.

Para solucionar essa situação propuseram fornecer as seguintes vitaminas, respectivamente:

a) C, D, E.
b) C, D, A.
c) E, B, A.
d) A, B, E
e) C, B, A

37 (UFF-RJ) A vitamina K — vitamina lipossolúvel descoberta em 1939 — é uma vitamina

a) que, como todas as vitaminas lipossolúveis, deve ser ingerida em grandes quantidades, por ser considerada substrato energético importante para as nossas células.
b) importante para a síntese de rodopsina e sua carência resulta em maior dificuldade de adaptação a ambientes mal iluminados.
c) que participa ativamente da absorção intestinal do cálcio e da sua fixação nos ossos e dentes.
d) que participa ativamente da síntese do colágeno e sua carência provoca escorbuto.
e) essencial para a formação da protrombina e de alguns outros fatores envolvidos na coagulação sanguínea.

38 (Ufla-MG) As vitaminas são necessárias e essenciais a muitos processos metabólicos. A deficiência de vitaminas na dieta provoca alguns distúrbios. Assinale a alternativa que relaciona **corretamente** a vitamina com os distúrbios causados devido à sua carência no organismo.

a) vitamina A — anemia perniciosa; vitamina B_1 — beribéri; vitamina D — raquitismo; vitamina E — esterilidade e aborto
b) vitamina A — cegueira noturna; vitamina B_3 — pelagra; vitamina D — raquitismo; vitamina K — hemorragia
c) vitamina A — cegueira noturna; vitamina B_1 — beribéri; vitamina C — escorbuto; vitamina B_{12} — raquitismo
d) vitamina B_1 — beribéri; vitamina C — degeneração do sistema nervoso central; vitamina D — raquitismo; vitamina E — esterilidade e aborto

39 (PUC-Minas) As vitaminas são compostos orgânicos que funcionam como coenzimas, ou seja, atuam juntamente com as enzimas envolvidas no metabolismo celular. A deficiência de vitaminas provoca enfermidades chamadas de doenças de carências.

Sejam dados os seguintes sintomas de carências:

1. córnea ressecada
2. raquitismo na infância
3. deficiência na coagulação sanguínea
4. anemia perniciosa

Os sintomas carenciais enumerados acima estão relacionados, respectivamente, com a deficiência das seguintes vitaminas:

a) K, E, B_2 e B_{12}.

b) B_1, D, C e E.

c) A, D, K e B_{12}.

d) A, E, K e C.

40 (Unimontes-MG) Através da biotecnologia, foi produzida uma nova variedade de arroz, denominada arroz dourado (*Golden rice*). Essa variedade apresenta elevados teores de β-caroteno, precursor da vitamina A. Analise as alternativas abaixo e assinale a que apresenta uma doença que **pode ser prevenida** pelo consumo do arroz dourado na alimentação.

a) Cegueira

b) Raquitismo

c) Beribéri

d) Escorbuto

41 (Unesp) A figura representa um segmento de uma molécula de ácido nucleico.

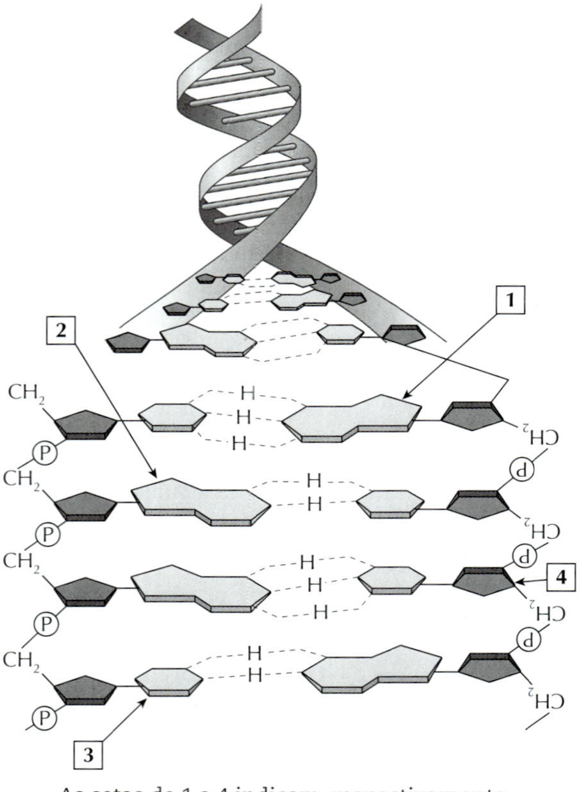

As setas de 1 a 4 indicam, respectivamente,

a) guanina, adenina, uracila e ribose.

b) guanina, citosina, uracila e ribose.

c) guanina, adenina, timina e desoxirribose.

d) adenina, timina, guanina e desoxirribose.

e) citosina, guanina, timina e desoxirribose.

42 (UEM-PR-Adaptado) A figura a seguir mostra as velocidades de reação de duas enzimas: enzima humana (A) e de bactérias de fontes termais (B).

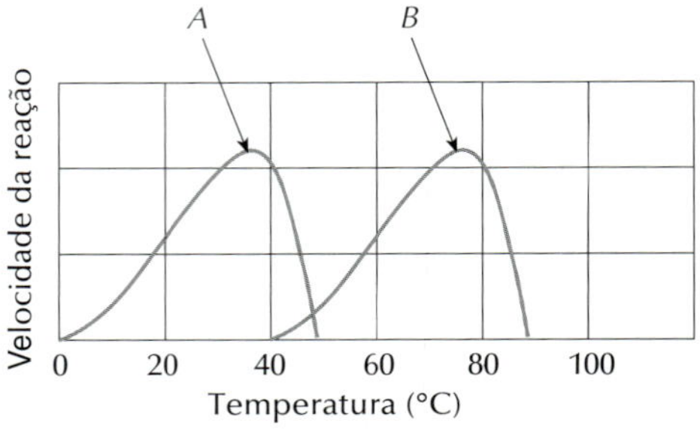

Considerando os dados da figura e a ação da temperatura na atividade enzimática, qual das afirmativas é correta?

01) A temperatura é um fator importante para a atividade enzimática.

02) Dentro de certos limites, a velocidade de uma reação enzimática aumenta com o aumento da temperatura.

04) A partir de determinado ponto, o aumento de temperatura faz com que a velocidade de reação diminua bruscamente e cesse.

08) A temperatura ótima para a atividade de enzima humana está em torno de 37 °C.

16) A temperatura ótima para a atividade de enzimas de bactérias de fontes termais está em torno de 78 °C.

32) Somente na enzima humana o aquecimento acima da temperatura ótima provoca desnaturação.

64) Para ambas as enzimas, se for ultrapassada a temperatura ótima, a agitação das moléculas se torna tão intensa que as ligações que estabilizam a estrutura espacial da enzima se rompem.

Cite, como resposta, a soma das alternativas corretas, caso haja alguma ou mais de uma.

43 (Udesc) Assinale a alternativa **correta**, em relação aos componentes químicos da célula.

a) Os glicídios, a água, os sais minerais, os lipídios e as proteínas são componentes orgânicos.

b) As proteínas, os ácidos nucleicos, os lipídios e os glicídios são componentes orgânicos.

c) Os glicídios, os sais minerais, os lipídios e as proteínas são componentes orgânicos.

d) A água, os sais minerais e os glicídios são componentes inorgânicos.

e) A água, os sais minerais, os lipídios e as proteínas são componentes inorgânicos.

44 (Cefet-PR) Os polissacarídios são formados por vários monossacarídios unidos entre si, são insolúveis em água e podem ser desdobrados em açúcares simples por hidrólise. A insolubilidade dos polissacarídios permite que eles sejam componentes estruturais ou armazenadores de energia. Sobre os polissacarídios é correto afirmar que

a) a celulose é um polissacarídio encontrado nos vegetais com função de reserva.

b) os glicerídios são polissacarídios com função estrutural nos animais.

c) o amido é encontrado nos fungos e nos animais e tem função de reserva.

d) o glicogênio constitui as moléculas de DNA e RNA dos vegetais.

e) a quitina é formada por cadeias de vários açúcares com grupos amina (NH_2).

45 (UFPel-RS) Durante muito tempo acreditou-se que os carboidratos tinham funções apenas energéticas para os organismos. O avanço do estudo desses compostos, porém, permitiu descobrir outros eventos biológicos relacionados aos carboidratos.

Adaptado de *Ciência Hoje*, v. 39, 2006.

Baseado no texto e em seus conhecimentos, é **incorreto** afirmar que

a) os carboidratos são fundamentais no processo de transcrição e replicação, pois participam da estrutura dos ácidos nucleicos.

b) os carboidratos são importantes no reconhecimento celular, pois estão presentes externamente na membrana plasmática, onde eles formam o glicocálix.

c) os triglicérides ou triacilglicerídios, carboidratos importantes como reserva energética, são formados por carbono, hidrogênio e oxigênio.

d) Tanto quitina, que forma a carapaça dos artrópodes, quanto a celulose, que participa da formação da parede celular, são tipos de carboidratos.

e) O amido encontrado nas plantas e o glicogênio, encontrado nos fungos e animais, são exemplos de carboidratos e têm como função a reserva de energia.

46 (UEPG-PR) As proteínas, que são moléculas grandes, apresentam estrutura complexa, já que uma molécula de proteína é constituída por várias unidades menores, ligadas entre si, que são os aminoácidos. A respeito dos aminoácidos, assinale o que for correto.

01) São exemplos de aminoácidos naturais: glicina, alanina, serina, cisteína, tirosina, fenilalanina, valina, lisina e leucina.

02) Os seres vivos necessitam de 20 aminoácidos para promover a síntese de suas proteínas. Os vegetais são capazes de produzir todos eles, ao passo que os animais, tendo em vista que suas células só sintetizam 12 deles, obtêm os 8 restantes a partir dos alimentos.

04) Toda molécula de aminoácido tem um grupo ácido carboxílico (—COOH) e um grupo amina (—NH_2) ligado a um átomo de carbono. A esse mesmo carbono se liga ainda um átomo de hidrogênio e um radical (—R), que pode ser um simples átomo de hidrogênio (na glicina), um —CH_3 (na alanina), ou grupos mais complexos (em outros aminoácidos). Assim, os aminoácidos existentes na natureza diferem entre si apenas quanto aos seus radicais.

08) Na molécula de proteína, dois aminoácidos se unem por meio de uma ligação peptídica entre as suas carboxilas, com a perda de uma molécula de água, caracterizando uma síntese por desidratação.

Dê como resposta a soma dos números associados a afirmações corretas.

47 (Unicuritiba-PR) Os organismos, para se manterem vivos, precisam realizar diversas reações químicas no interior de suas células. Essas reações ocorrem rapidamente devido à ação das enzimas.

Observe o gráfico abaixo e julgue as afirmativas a seguir [em Verdadeiras (V) ou Falsas (F)].

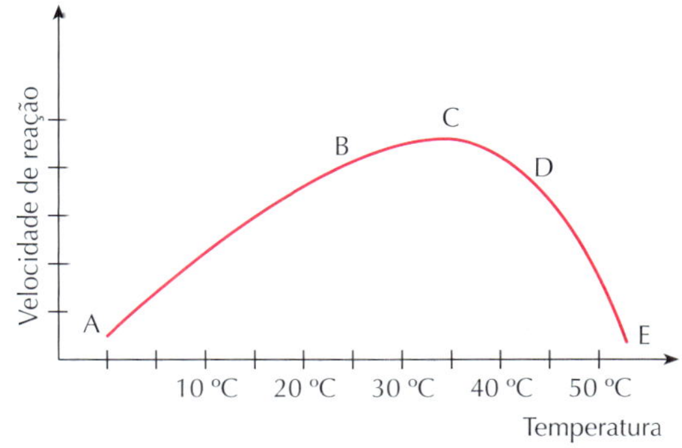

a) ( ) De acordo com algumas condições celulares, as enzimas podem sofrer variações em sua velocidade de reação. Temperatura e pH podem estar entre essas condições.

b) ( ) O gráfico mostra como uma febre acima de 40 °C pode comprometer o funcionamento celular e trazer risco de morte para o indivíduo.

c) ( ) Entre 20 e 45 °C as velocidades da reação são equivalentes.

d) ( ) O melhor rendimento da atividade enzimática ocorre a 35 °C.

e) ( ) Acima de 50 °C, a reação pode aumentar sua velocidade.

48 (PUC-RS) Responder à questão com base no diálogo abaixo.

Paciente: *Doutor, minhas gengivas sangram, meus dentes estão caindo e algumas feridas custam muito para cicatrizar.*

Médico: *No que o senhor trabalha?*

Paciente: *Sou marinheiro. Passo longos meses em alto-mar.*

Médico: *Como é sua alimentação?*

Paciente: *O que mais eu como é peixe e pão.*

Médico: *E frutas e vegetais, o senhor come?*

Paciente: *Quase nunca, Doutor.*

Médico: *Veja: o senhor apresenta sintomas e hábitos que indicam a presença de uma doença chamada escorbuto.*

O paciente apresentaria escorbuto por não ingerir vitamina

a) A.

b) C.

c) B.

d) K.

e) D.

49 (PUC-RS) Responder à questão com base na representação gráfica da formação do nucleotídio e nas informações a seguir.

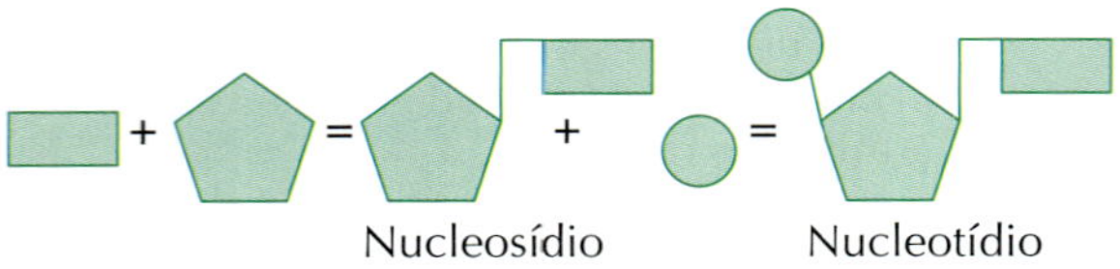

Os ácidos nucleicos (DNA e RNA) são compostos de monômeros chamados nucleotídios, os quais são formados por subunidades representadas por um retângulo, um pentágono e um círculo.

As formas geométricas citadas no texto acima representam, respectivamente, base ■, ■ e grupo ■.

a) pirimídica	ribose	fosfato
b) nitrogenada	desoxirribose	nitrato
c) púrica	ribose	fosfato
d) pirimídica	desoxirribose	nitrato
e) nitrogenada	pentose	fosfato

50 (Unioeste-PR-Adaptado) A dupla-hélice como modelo de estrutura tridimensional do DNA foi proposta por Watson e Crick em 1953. Relativo a essa estrutura, é correto afirmar que

01) os dois filamentos de DNA estão unidos um ao outro por ligações fosfodiéster.

02) a quantidade de bases púricas é igual à quantidade de bases pirimídicas.

04) a sequência de nucleotídios de um filamento é sempre idêntica à sequência de nucleotídios do filamento complementar.

08) em uma dupla fita de DNA com 200 pares de nucleotídios, encontram-se 400 desoxirriboses, 400 grupos fosfatos, 200 bases púricas e 200 bases pirimídicas.

16) bases púricas e bases pirimídicas possuem 1 e 2 anéis, respectivamente.

32) citosina e timina são bases pirimídicas; guanina e adenina são bases púricas.

64) o DNA possui carga positiva.

Dê como resposta a soma dos números associados a afirmações corretas.

Questões discursivas

51 (UEG-GO) Em 1747, o médico escocês James Lind publicou um tratado no qual esclareceu a prevenção do escorbuto. Sobre esse tema, responda ao que se pede.

a) Que vitamina hidrossolúvel encontra-se deficiente nas pessoas com escorbuto?

b) Qual a função das vitaminas nas reações enzimáticas?

52 (Vunesp) Os açúcares complexos, resultantes da união de muitos monossacarídios, são denominados polissacarídios.

a) Cite dois polissacarídios de reserva energética, sendo um de origem animal e outro de origem vegetal.

b) Indique um órgão animal e um órgão vegetal, onde cada um desses açúcares pode ser encontrado.

53 (Unicamp-SP) Os lipídios têm papel importante na estocagem de energia, estrutura de membranas celulares, visão, controle hormonal, entre outros. São exemplos de lipídios: fosfolipídios, esteroides e carotenoides.

a) Como o organismo humano obtém os carotenoides? Que relação têm com a visão?

b) A quais das funções citadas no texto os esteroides estão relacionados? Cite um esteroide importante para uma dessas funções.

c) Cite um local de estocagem de lipídios em animais e um em vegetais.

Capítulo 4 A descoberta da célula viva

A invenção do microscópio mostrou que há grande semelhança entre os organismos, quando observados no nível microscópico: todos são constituídos por células, minúsculos compartimentos nos quais ocorrem as reações fundamentais à vida.

Neste capítulo, apresentamos uma breve história da descoberta das células e do desenvolvimento de seu estudo, a Citologia.

4.1 O mundo microscópico

A invenção do microscópio possibilitou a descoberta das células e inaugurou um novo campo de investigação científica, a Citologia. Para compreender plenamente o fenômeno da vida, é preciso conhecer as células.

4.2 A célula observada ao microscópio óptico

A invenção e o aperfeiçoamento do microscópio óptico, aliados ao desenvolvimento de técnicas de estudo, como fixação, corte e coloração, possibilitaram conhecer a estrutura básica de células animais e vegetais.

4.3 A célula observada ao microscópio eletrônico

Os microscópios eletrônicos possibilitaram estudos altamente detalhados da estrutura interna das células e revolucionaram a Citologia em meados do século XX.

4.4 Outros métodos para o estudo da célula

A Citologia desenvolveu-se de forma espetacular não apenas por avanços da microscopia óptica e eletrônica, mas também pelo desenvolvimento de métodos de análise bioquímica das partes celulares.

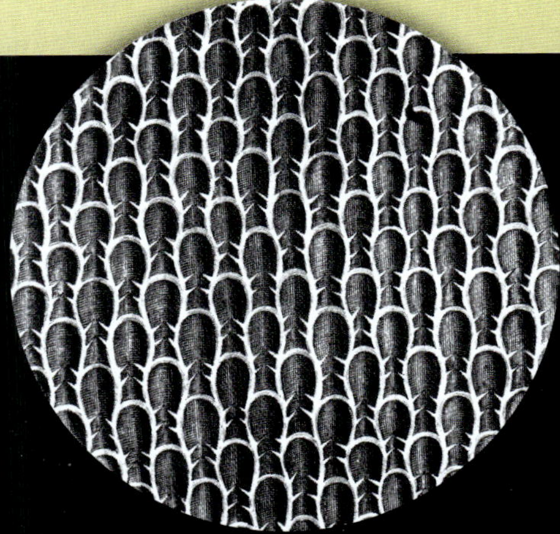

Desenho de células de uma alga marinha feito por Hooke com base em suas observações ao microscópio.

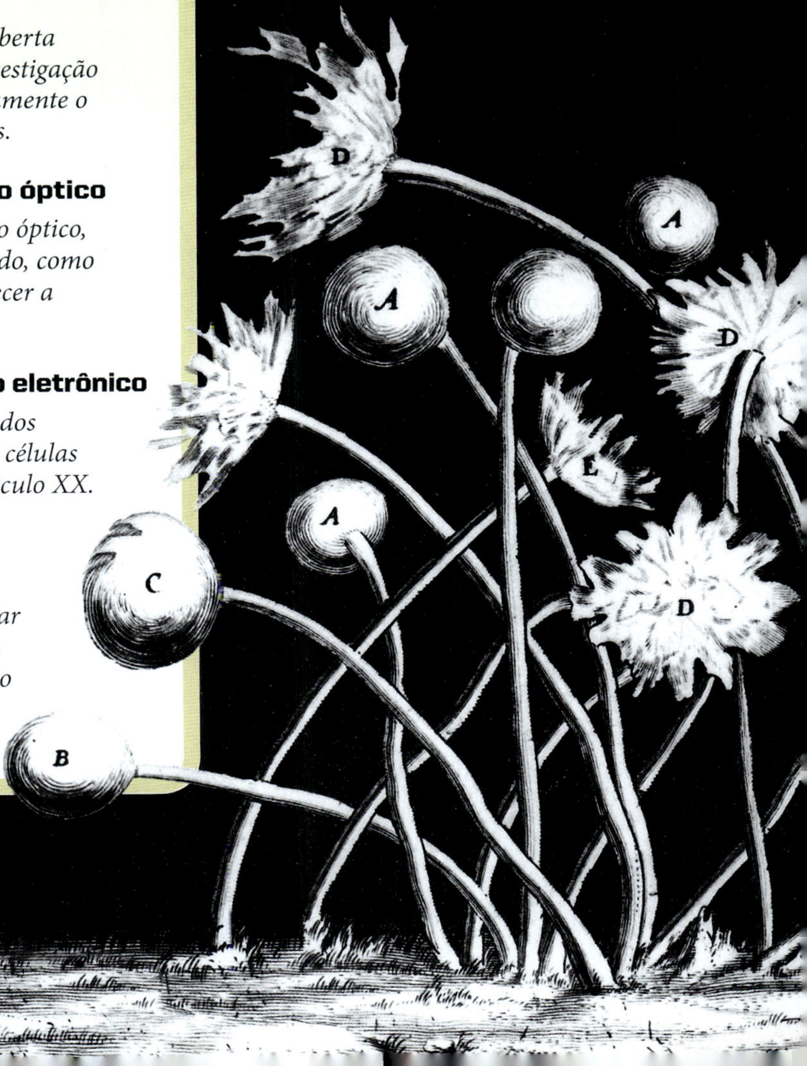

Desenho de fungos crescendo sobre uma folha de roseira feito pelo microscopista pioneiro Robert Hooke (1635-1703) e publicado no livro *Micrographia*.

Seção 4.1

O mundo microscópico

Objetivos

- Reconhecer a existência de uma realidade invisível aos olhos – o mundo microscópico – que pode ser investigada cientificamente e incorporada às nossas visões e explicações do mundo.
- Conhecer alguns fatos históricos sobre a teoria celular e compreender sua importância como unificadora dos conhecimentos de Biologia.
- Reconhecer que os vírus não são constituídos de células (são acelulares) e compreender por que isso não enfraquece a teoria celular, nem se opõe a ela.

Termos e conceitos

- Citologia
- microscópio simples
- microscópio composto
- célula
- teoria celular
- mitose
- vírus

1 Microscópio simples e microscópio composto

Há menos de 400 anos, um vasto mundo novo foi descoberto pela humanidade: o mundo microscópico. Em vez de chegar a ele a bordo de caravelas, os pesquisadores pioneiros foram transportados pelas lentes de seus rudimentares microscópios. Hoje, os sucessores daqueles primeiros microscopistas utilizam aparelhos altamente sofisticados, com os quais conseguem visualizar até mesmo a imagem de átomos. A invenção do microscópio possibilitou a descoberta das células e inaugurou um novo campo de investigação científica, a **Citologia** (do grego *kytos*, célula, e *logos*, estudo).

Acredita-se que o primeiro microscópio tenha sido construído em 1591 por Zacharias Janssen e seu pai, Hans Janssen, dois holandeses fabricantes de óculos. Eles descobriram que duas lentes de vidro, montadas apropriadamente nas extremidades de um tubo, ampliavam as imagens e permitiam observar objetos muito pequenos, invisíveis a olho nu. Não há registro, porém, de que os Janssen tenham usado sua invenção com finalidades científicas.

O holandês Antonie van Leeuwenhoek (1632-1723) foi o primeiro estudioso a empregar um microscópio na investigação da natureza, registrando cuidadosamente suas observações. Leeuwenhoek aprendeu técnicas ópticas e construiu microscópios de uma só lente, com os quais observou água estagnada, sangue e esperma, descobrindo nesses materiais, respectivamente, microrganismos, hemácias (células vermelhas do sangue) e espermatozoides. O microscópio de Leeuwenhoek é chamado de **microscópio simples**, por ter apenas uma lente. (**Fig. 4.1**)

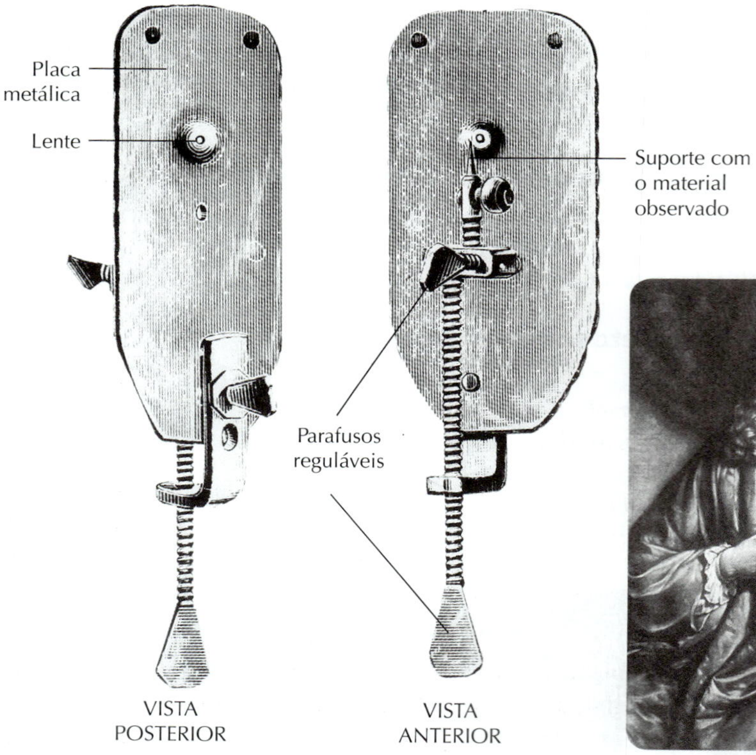

Figura 4.1 Os microscópios de Leeuwenhoek consistiam em uma pequena lente de vidro inserida em uma placa de metal, a qual estava conectada a parafusos reguláveis com suporte para o material observado. O observador mantinha a lente próxima ao olho, de modo a poder examinar através dela objetos mantidos na ponta do suporte. No detalhe, Antonie van Leeuwenhoek.

Estimulados pelas descobertas de Leeuwenhoek, cientistas ingleses encarregaram o físico Robert Hooke (1635-1703) de construir um microscópio de alta qualidade, capaz de se equiparar aos do holandês ou mesmo superá-los. Hooke desenvolveu então um modelo de microscópio dotado de duas lentes ajustadas a um tubo de metal. Por ter dois sistemas de lentes, esse aparelho ficou conhecido como **microscópio composto**.

2 Origem do termo "célula"

Em 8 de abril de 1663, Robert Hooke apresentou seu microscópio aos cientistas londrinos; o material escolhido para observação microscópica foi uma planta de musgo. Em novo encontro, na semana seguinte, o físico inglês mostrou aos cientistas finas fatias de cortiça, material cuja baixa densidade deve-se a sua porosidade, no nível microscópico. Ele comparou as cavidades microscópicas da cortiça às celas (pequenos quartos) de um convento, denominando-as, em inglês, *cells*. O termo em português, **célula**, deriva do latim *cellula*, diminutivo de *cella*, que significa pequeno compartimento.

Hooke continuou seus estudos microscópicos e obteve material suficiente para produzir um alentado livro sobre o assunto, intitulado *Micrographia*, publicado em 1665. Ao observar partes vivas de plantas, ele e outros pesquisadores notaram a presença de compartimentos semelhantes aos da cortiça, com a diferença de que o espaço interno das células vivas era preenchido por um material gelatinoso. Nos anos seguintes, o termo "célula" passou a denominar o conteúdo completo dessas "caixinhas" microscópicas que formam o corpo das plantas. **(Fig. 4.2)**

As observações microscópicas estenderam-se a todos os seres vivos e mostraram que os animais também eram constituídos por bolsas microscópicas de aspecto gelatinoso, cujo conteúdo parecia corresponder ao das caixinhas microscópicas presentes nas plantas; assim, essas bolsas também foram chamadas de células.

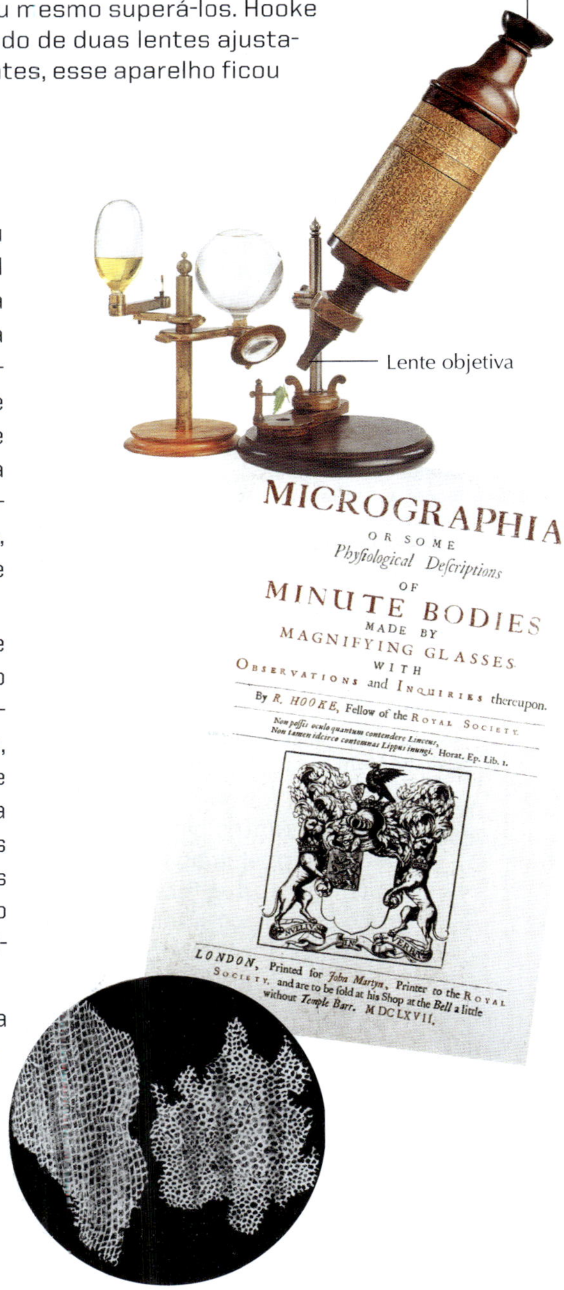

Figura 4.2 Réplica do microscópio composto de Hooke e imagem da capa do livro *Microgrcphia*, no qual Hooke descreve suas observações microscópicas. Esse livro traz o célebre desenho das fatias de cortiça (em detalhe, no círculo), cujas cavidades foram denominadas células.

3 Teoria celular

A microscopia entusiasmou os pesquisadores e desenvolveu-se rapidamente. Em pouco tempo, já havia estudos sobre muitos tipos de plantas e de animais. Baseados neles, os cientistas alemães Mathias Schleiden e Theodor Schwann lançaram a ideia de que todos os seres vivos são formados por células. Essa foi a base da **teoria celular**, que se desenvolveu nos anos seguintes.

Mathias Jakob Schleiden (1804-1881) era advogado, mas abandonou a profissão para se dedicar ao estudo da estrutura e da fisiologia das plantas. Theodor Schwann (1810-1882) era médico e dedicava-se ao estudo da anatomia dos animais. Em outubro de 1838, esses dois cientistas reuniram-se e discutiram suas ideias sobre a organização microscópica dos seres vivos.

Schleiden estava convencido de que todas as plantas eram constituídas por células. Schwann tinha a mesma opinião a respeito dos animais e escreveu: "[...] As partes elementares dos organismos são células, semelhantes no geral, mas diferentes em forma e função. Pode ser considerado certo que a célula é a mola-mestra universal do desenvolvimento e está presente em cada tipo de organismo. A essência da vida é a formação da célula [...]". Schwann e Schleiden publicaram essas ideias, independentemente, em 1838 e 1839, respectivamente. (**Fig. 4.3**)

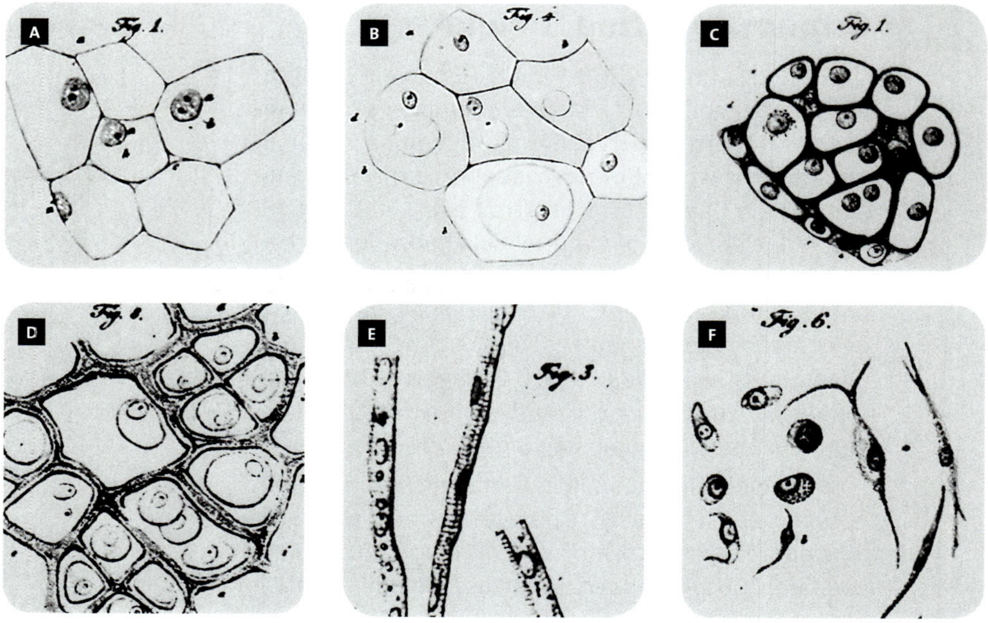

Figura 4.3 Desenhos de células publicados em 1834 por Theodor Schwann; ele foi um dos primeiros a afirmar que todos os seres vivos são constituídos por células. Os desenhos representam células de: **A.** Cebola. **B.** Notocorda de peixe. **C.** Cartilagem de sapo. **D.** Cartilagem de girino. **E.** Músculos de feto de porco. **F.** Células de embrião de porco.

Importantes biólogos da época, como o fisiologista francês Claude Bernard (1813-1878) e o patologista alemão Rudolph Virchow (1821-1902), apoiaram desde o início as ideias de Schleiden e Schwann, o que facilitou sua aceitação pela comunidade científica. Convencidos de que a célula era o constituinte fundamental de todos os seres vivos, os biólogos passaram a imaginar como elas surgiam. Alguns, como o próprio Schwann, acreditavam que as células se formavam espontaneamente a partir da aglomeração de determinados tipos de substância orgânica, enquanto outros afirmavam que uma célula somente podia originar-se de uma célula preexistente.

Um dos defensores desta última ideia era Rudolf Virchow, que, em 1855, sintetizou seu pensamento em uma frase em latim, a qual, depois, se tornou célebre: "*Omnis cellula ex cellula*", cujo significado é: "toda célula se origina de outra célula".

A ideia de que as células podiam surgir espontaneamente perdeu credibilidade com as observações microscópicas de células se dividindo em duas. Finalmente, em 1878, o biólogo alemão Walther Flemming (1843-1905) descreveu detalhadamente o processo de divisão de uma célula em duas, que ele denominou **mitose**. (**Fig. 4.4**)

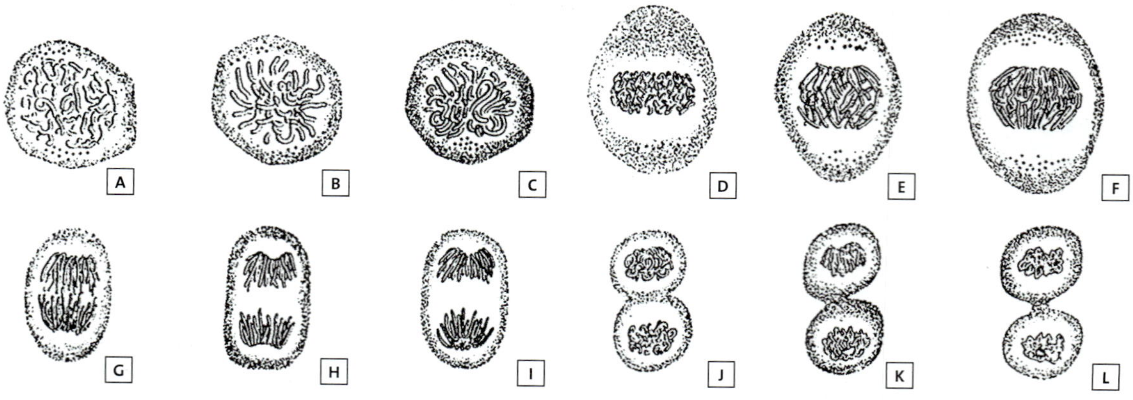

Figura 4.4 Desenhos de células vivas em divisão feitos por Flemming e publicados em 1879; a sequência mostra as etapas da divisão de uma célula em duas, processo denominado mitose.

A proposição inicial de Schleiden e Schwann (todos os seres vivos são formados por células), complementada por novas descobertas e conclusões, passou a constituir a teoria celular, que se apoia em três premissas fundamentais:

1. Todos os seres vivos são formados por células e por estruturas que elas produzem; as células são, portanto, as unidades morfológicas dos seres vivos.
2. As atividades essenciais que caracterizam a vida ocorrem no interior das células; estas são, portanto, as unidades funcionais ou fisiológicas dos seres vivos.
3. Novas células surgem apenas pela divisão de células preexistentes, por meio da divisão celular; a continuidade da vida depende, portanto, da reprodução celular.

A teoria celular é uma das mais importantes generalizações da Biologia. Ela estabelece que, apesar das diferenças quanto à forma e à função, todos os seres vivos têm em comum o fato de serem constituídos por células. Para compreendermos plenamente o fenômeno da vida, portanto, precisamos conhecer as células.

AMPLIE SEUS CONHECIMENTOS

Os vírus confrontam a teoria celular?

A partir da década de 1950, com o desenvolvimento da microscopia eletrônica, os **vírus** passaram a ser estudados detalhadamente. Possivelmente você já ouviu falar desses seres muito pequenos, menores que a maioria das bactérias e que podem causar doenças em seres humanos, dentre elas a varíola, o herpes e a aids. (**Fig. 4.5**)

As pesquisas mostraram que os vírus não apresentam células em sua constituição, isto é, são **acelulares**. Será que essas descobertas invalidam ou enfraquecem a teoria celular, segundo a qual todos os seres vivos são constituídos por pelo menos uma célula?

Essa é uma discussão interessante, uma vez que, apesar de não serem formados por células, todos os vírus precisam necessariamente invadir células vivas para produzir novos vírus. Em outras palavras, eles são **parasitas intracelulares obrigatórios**; se não encontram células vivas nas quais possam se reproduzir, os vírus não realizam nenhuma atividade vital. Isso confirma que as atividades essenciais à vida ocorrem somente no interior de células vivas e que estas são, de fato, as unidades básicas dos seres vivos.

Uma explicação possível para a estrutura tão simplificada dos vírus é sua adaptação extrema à vida parasitária. Ao longo de sua evolução como parasitas, os vírus conservaram apenas as características mais elementares de um ser vivo: a) as informações para produzir novos vírus, codificadas nos genes; b) algumas proteínas, necessárias para a invasão da célula hospedeira. Uma vez no interior dela, os genes virais assumem o comando e põem a célula para trabalhar na produção de novos vírus. A denominação de "piratas de células", dadas a esses seres, não poderia ser mais apropriada.

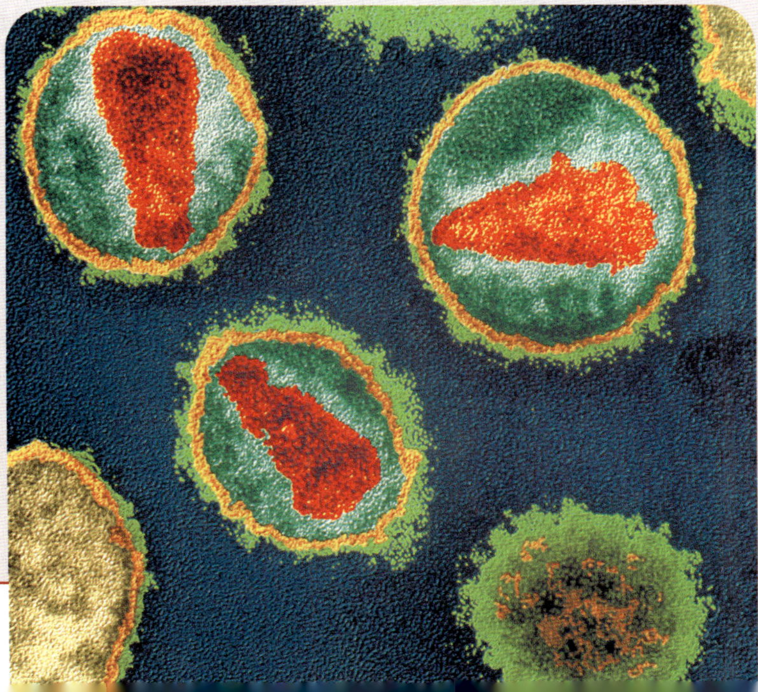

Figura 4.5
Vírus HIV (agente causador da aids) vistos em imagem obtida com microscopia eletrônica de transmissão (aumento ≃ 190.000×).

Seção 4.2

A célula observada ao microscópio óptico

Objetivos

- Conhecer os princípios básicos de funcionamento do microscópio óptico (fotônico) e estar informado sobre seu aumento, sua resolução e a possibilidade ou não de realizar observações vitais.
- Conhecer os fundamentos das principais técnicas de preparação de materiais biológicos para observação ao microscópio óptico.
- Conhecer as unidades de medida utilizadas em microscopia – micrometro, nanometro e angstrom –, comparando-as entre si e com o metro.

Termos e conceitos

- citoplasma
- membrana plasmática
- núcleo celular
- micrometro (μm)
- nanometro (nm)
- microscópio óptico
- poder de resolução
- observação vital
- fixação
- corante citológico
- técnica de esfregaço
- técnica de esmagamento
- corte histológico
- técnica de inclusão
- micrótomo

1 Partes fundamentais da célula

Os primeiros citologistas – como são chamados os cientistas que estudam as células – notaram que elas eram preenchidas por um líquido viscoso, que foi denominado **citoplasma** (do grego *kytos*, célula, e *plasma*, líquido). Nas células vegetais, sempre se observava um envoltório bem definido, a parede celular, inexistente nas células animais. Era de esperar, porém, que as células animais também tivessem algum tipo de película envolvente, que contém o citoplasma e o impede de se misturar a líquidos do meio externo. Por isso, mesmo sem visualizar nenhum envoltório, os pioneiros citologistas deduziram sua existência e o denominaram **membrana plasmática**.

O microscópio eletrônico confirmou que tanto células animais quanto vegetais têm uma finíssima membrana envolvendo o citoplasma. Células vegetais, além disso, apresentam uma parede celular relativamente espessa situada externamente à membrana plasmática, como se fosse uma caixa protetora. Foram exatamente as paredes celulares da cortiça, um tecido vegetal morto, cujas células estão vazias de citoplasma, que Hooke analisou em suas observações pioneiras.

Os primeiros citologistas já haviam percebido que o citoplasma das células de animais e de plantas geralmente apresenta uma estrutura esférica ou ovoide. Em 1833, o pesquisador escocês Robert Brown (1773-1858) lançou a hipótese de que essa estrutura era um componente importante e fundamental da célula. Ele a denominou **núcleo**, termo derivado da palavra grega *nux*, que significa semente, por considerar que devia ser tão essencial para a célula quanto a semente é para o fruto. Desde então, os biólogos passaram a admitir que todas as células têm três partes fundamentais: membrana plasmática, citoplasma e núcleo. (**Fig. 4.6**)

Com o desenvolvimento de novas técnicas microscópicas, descobriu-se que o citoplasma contém diversas estruturas, além do núcleo. Descobriu-se, também, que as células das bactérias não têm núcleo e são estruturalmente mais simples que as células de todos os outros seres vivos. Os detalhes desses tipos de células serão estudados mais adiante.

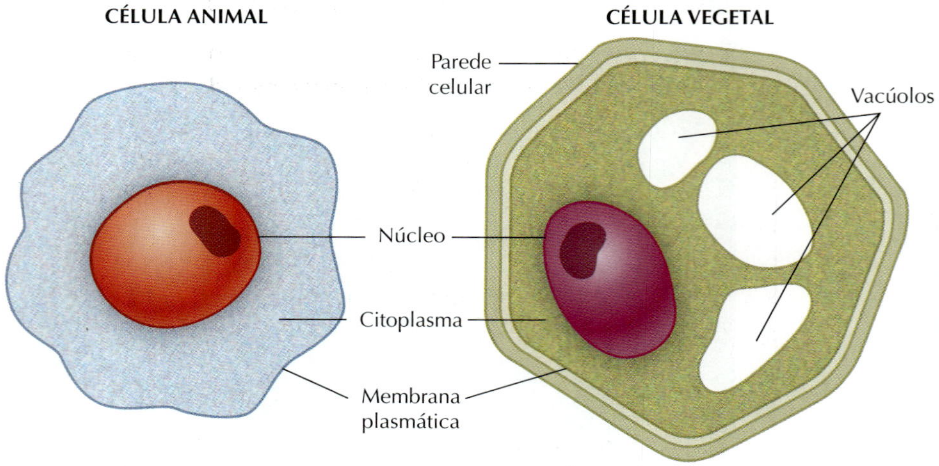

Figura 4.6 Desenhos de células animal e vegetal, na concepção dos citologistas do século XIX.

AMPLIE SEUS CONHECIMENTOS — Medidas para o mundo microscópico

Unidades de medida são padrões com os quais comparamos determinada grandeza que queremos avaliar. No sistema métrico, empregado pela maioria dos países, o padrão utilizado é o metro e seus múltiplos e submúltiplos, dentre eles o quilômetro (1.000 metros ou 10^3 m) e o milímetro (um milésimo de metro ou 10^{-3} m), respectivamente.

Para medir células e suas estruturas internas, precisamos utilizar unidades especiais, menores que as que empregamos no dia a dia. Uma delas é o **micrometro (μm)**, que corresponde a um milésimo do milímetro (10^{-3} mm) e, portanto, a um milionésimo do metro (10^{-6} m). Para dimensões ainda menores, costuma-se usar o **nanometro (nm)**, que corresponde a um milésimo do micrometro (10^{-3} μm, ou 10^{-6} mm, ou 10^{-9} m). Os físicos e os químicos também utilizam o **angstrom** (**Å**), 10 vezes menor que o nanometro e que corresponde a 10^{-10} metros.

Potências de 10

Você deve ter notado que, no item anterior, expressamos alguns números em forma de potências de 10; essa notação facilita operações matemáticas quando os valores são muito grandes ou muito pequenos. Trabalhar com o número 10^{14}, por exemplo, é bem mais fácil que lidar com 100.000.000.000.000. Do mesmo modo, as potências de 10 com expoentes negativos também simplificam cálculos com números muito pequenos. O decimal 0,000000000000005, por exemplo, pode ser escrito como 5×10^{-15}, uma forma bem mais prática e econômica de representá-lo.

O expoente positivo de uma potência de base 10 indica quantas vezes essa base deve ser multiplicada por ela mesma. Por exemplo, 10^3 é igual a $10 \times 10 \times 10$ ou 1.000. E se o expoente é negativo? Nesse caso, ele indica quantas vezes o inverso da base $\left(\frac{1}{10}\right)$ deve ser multiplicado por ele mesmo. Por exemplo, 1×10^{-1} é igual a 1 dividido por 10 ou 0,1; 1×10^{-2} é igual a 1 dividido por 100 ou 0,01. Cada vez que aumentamos o expoente negativo, estamos, na verdade, tornando o número menor (ao aumentar o expoente em uma unidade, por exemplo, estamos acrescentando um zero às casas decimais).

As regras de operação com potências negativas e positivas são as mesmas. Ao multiplicar dois números expressos em potências de 10, somamos seus expoentes; ao dividi-los, nós os subtraímos. Por exemplo, $(\mathbf{2 \times 10^{-5}}) \times (\mathbf{3{,}2 \times 10^{-7}})$ é igual a $\mathbf{6{,}4 \times 10^{-12}}$.

Veja um outro exemplo: $\mathbf{4 \times 10^{-3} \div 2 \times 10^{-2}}$ é igual a $\mathbf{2 \times 10^{-1}}$. Experimente converter esses números a suas formas decimais e efetuar os cálculos; conferindo os resultados, você verificará como esse tipo de representação numérica, chamada notação exponencial, facilita certos tipos de cálculo.

2 Como funcionam os microscópios ópticos

Os **microscópios ópticos** modernos, também chamados **microscópios fotônicos** (do grego *photos*, luz), possuem três conjuntos principais de lentes ópticas, fabricadas em vidro ou cristal. Um dos conjuntos é o **condensador**, cujas lentes têm por função concentrar os raios luminosos que atravessam o objeto em observação. Outro conjunto compõe as **lentes objetivas**, as mais importantes do microscópio, responsáveis pela formação da imagem. O terceiro compõe-se das **lentes oculares**, que ficam próximas ao olho do observador e no qual projetam a imagem.

A luz, após ser concentrada no condensador, atravessa o objeto em observação, passa pelas lentes da objetiva e da ocular e chega ao olho do observador, onde é percebida como uma imagem ampliada. Multiplicando o aumento fornecido pela ocular pelo aumento da objetiva, calculamos o valor final da ampliação. Se empregarmos, por exemplo, uma ocular de 10 vezes e uma objetiva de 50 vezes, o valor final da ampliação será 500 vezes.

Os microscópios ópticos modernos fornecem aumentos médios entre 100 e 1.500 vezes. Se um objeto que mede 0,01 mm de diâmetro (invisível a olho nu) for ampliado 1.000 vezes, sua imagem ampliada terá 10 mm (1 cm) e poderá ser visualizada. (**Fig. 4.7** na página seguinte.)

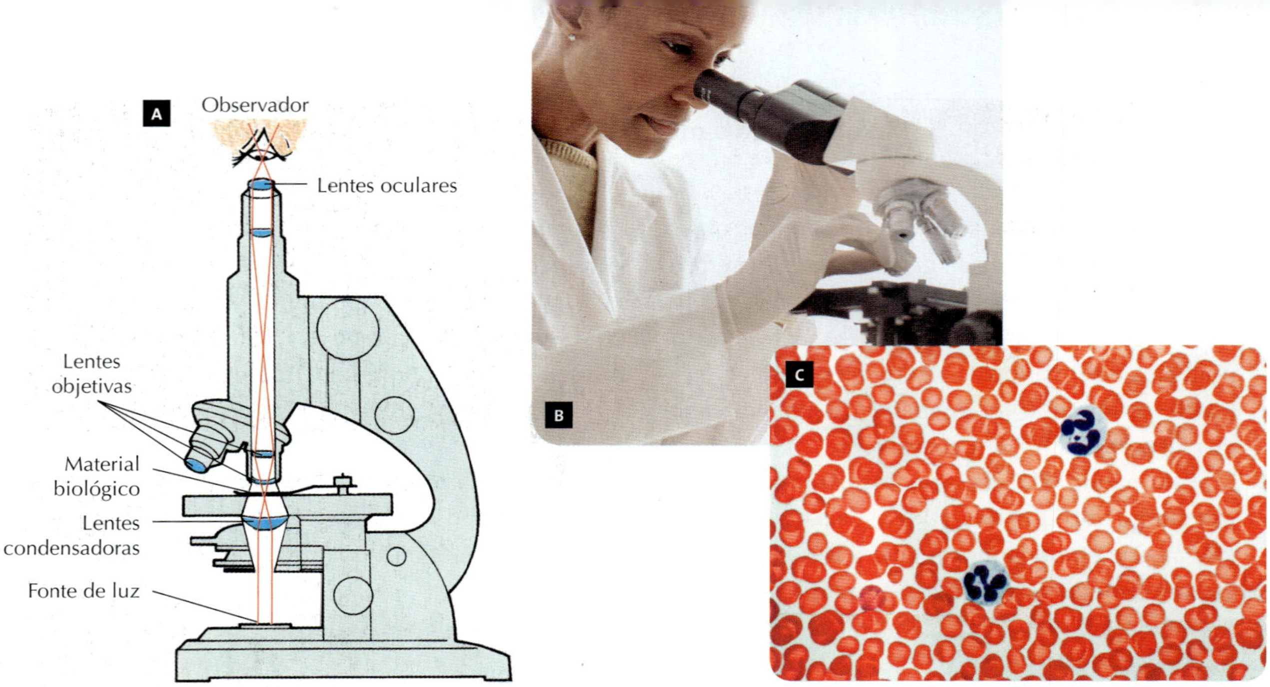

Figura 4.7 **A.** Representação esquemática das partes fundamentais de um microscópio óptico, mostrando o caminho percorrido pela luz (em vermelho) no interior do aparelho. **B.** Microscópio óptico moderno. **C.** Micrografia de esfregaço de sangue humano ao microscópio óptico, em que se veem dezenas de hemácias (glóbulos vermelhos) e dois glóbulos brancos (núcleos corados em azul) (aumento ≃ 650×).

Poder de resolução e limite de resolução

A qualidade de um microscópio não depende apenas da ampliação que ele consegue produzir, mas principalmente da capacidade de fornecer imagens nítidas e bem detalhadas. O exemplo a seguir nos ajudará a entender melhor essa questão.

Observando com uma lente de aumento fotos coloridas impressas em livros e revistas, podemos distinguir claramente que elas são formadas pela composição de pequenos pontos coloridos, de três cores básicas (amarelo, azul e magenta), além de pontinhos pretos. Como esses pontos são muito pequenos e muito próximos, a olho nu "misturamos" suas cores e temos a sensação das diversas cores das fotos. Uma lente de aumento "resolve" os pontos da imagem, isto é, permite vê-los como pontos separados. O verbo *resolver* vem do latim e significa, dentre outras coisas, *separar*. Assim, chegamos ao conceito de **poder de resolução**, que é a capacidade de distinguir pontos muito próximos em uma imagem.

A olho nu conseguimos distinguir (isto é, resolver) pontos que estejam, no máximo, a um décimo de milímetro (0,1 mm ou 100 μm) de distância um do outro. Pontos mais próximos que essa distância-limite são vistos como um ponto único, sem distinção. Portanto, o **limite de resolução** do olho humano é da ordem de 0,1 mm (100 μm). Quanto menor o limite de resolução de um instrumento óptico, mais nítidas e detalhadas serão as imagens que ele fornece, ou seja, maior seu poder de resolução.

Microscópios ópticos de boa qualidade têm limite de resolução da ordem de 0,25 μm (0,00025 mm), o que significa que eles permitem distinguir pontos separados por até 0,25 μm de distância. Portanto, a capacidade desses microscópios em mostrar detalhes de pequenos objetos, isto é, seu poder de resolução, é cerca de 400 vezes maior que a resolução do olho nu (100 μm ÷ 0,25 μm).

3 Técnicas para observação ao microscópio óptico

Para ser observado ao microscópio, o material biológico precisa ser submetido a uma série de processos denominados técnicas citológicas, que variam de acordo com o tipo de material e com o que se deseja observar. Geralmente, os materiais biológicos são colocados sobre uma placa retangular de vidro – a lâmina – e cobertos por uma placa de vidro bem fina – a lamínula. É importante que as células entre a lâmina e a lamínula disponham-se em uma camada bem fina, sem empilhamentos, de modo a permitir a passagem de luz necessária à formação da imagem. Há diversas técnicas de preparação de lâminas; a escolha de cada uma depende do material que se quer estudar e do tipo de estudo que se quer fazer. Algumas das técnicas citológicas mais comuns são descritas a seguir.

Observação vital

Uma técnica citológica relativamente simples é a **observação vital**, também conhecida por **exame a fresco**. O material biológico vivo é colocado entre a lâmina e a lamínula e observado. Essa técnica é utilizada, por exemplo, para observar células vegetais vivas. (**Fig. 4.8**)

Fixação e coloração das células

A observação a fresco permite distinguir poucas estruturas celulares. Para evidenciar os detalhes internos das células, o material biológico tem de passar por diferentes tratamentos antes de ser observado. Geralmente, o primeiro tratamento é a **fixação**, que consiste em matar rapidamente as células, preservando ao máximo sua estrutura interna, como se fosse uma espécie de mumificação. Para obter esse efeito, costuma-se mergulhar as células em líquidos fixadores (formol, ácido acético, álcool etc.), que têm a propriedade de coagular as proteínas do material, preservando o aspecto geral da célula e das estruturas celulares.

As estruturas celulares, mesmo depois de fixadas, apresentam contraste pequeno, distinguindo-se pouco umas das outras. Para superar essa dificuldade, os cientistas desenvolveram técnicas para colorir determinadas estruturas celulares, a fim de realçá-las. Depois de obter fatias finas de células previamente fixadas, elas são colocadas sobre lâminas de vidro e mergulhadas em soluções que contêm substâncias coloridas, os **corantes**. Os corantes têm afinidade por certas estruturas da célula, associando-se especificamente a elas. Depois que a preparação é retirada do corante, lavada e observada ao microscópio, essas estruturas tornam-se coloridas e destacam-se das demais.

Figura 4.8 Observação vital (ou exame a fresco) de células do pelo estaminal da trapoeraba-roxa (*Tradescantia pallida*), uma planta comum de jardim. **A.** Aspecto geral da planta em um canteiro. **B.** Folhas e flores. **C.** Detalhe da flor, mostrando os pelos estaminais (setas). **D.** Micrografia de pelos estaminais com células vivas, observadas ao microscópio óptico (aumento ≃ 110×). **E.** Micrografia de células do pelo estaminal observadas em maior aumento (≃ 270×).

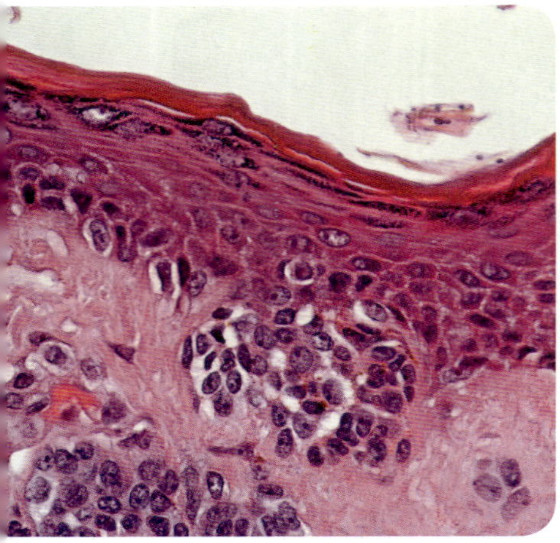

Figura 4.9 Micrografia de corte de pele humana corada com hematoxilina e eosina e observada ao microscópio óptico (aumento ≃ 300×).

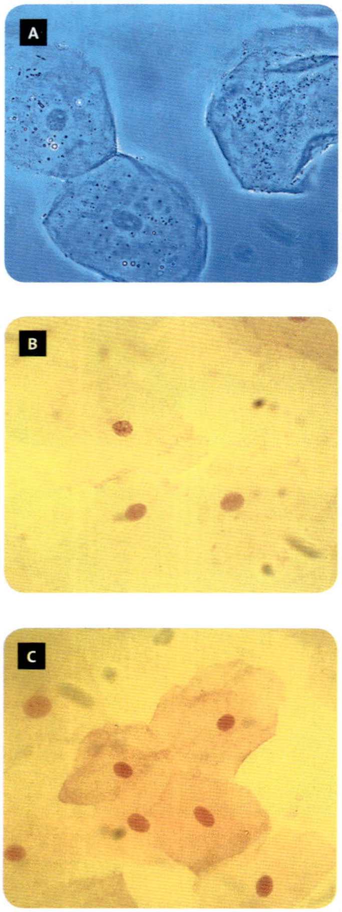

Figura 4.10 Micrografias de células da mucosa bucal humana ao microscópio óptico (aumento ≃ 240×). **A.** Sem coloração, com um recurso óptico que aumenta o contraste. **B.** Com coloração dos núcleos por hematoxilina. **C.** Com dupla coloração, por hematoxilina (colore núcleos) e eosina (colore o citoplasma).

Uma técnica comum de coloração citológica emprega os corantes hematoxilina e eosina. A hematoxilina é um corante azul-arroxeado com grande afinidade pelo núcleo celular e pouca afinidade pelo citoplasma; a eosina é um corante alaranjado com grande afinidade pelo citoplasma celular e pouca afinidade pelo núcleo. Células coradas simultaneamente com esses dois corantes aparecem ao microscópio com o núcleo arroxeado e o citoplasma alaranjado. (**Fig. 4.9**)

Nos exames a fresco, também podem-se utilizar alguns corantes especiais, conhecidos como **corantes vitais**, que penetram na célula e evidenciam suas estruturas sem matá-la. Exemplos de corantes vitais são o azul de metileno e o verde Janus, este último com grande especificidade na coloração de estruturas citoplasmáticas denominadas mitocôndrias.

Esfregaço

Se o material biológico é constituído por células isoladas ou pouco unidas entre si, pode-se simplesmente espalhá-lo sobre a lâmina de vidro, processo conhecido por **esfregaço**. Por exemplo, para preparar lâminas de sangue, pinga-se uma gota desse material sobre a lâmina e espalha-se bem, para formar uma camada fina. Isso evita que as células fiquem empilhadas e permite observá-las isoladamente.

A técnica de esfregaço também pode ser utilizada para observar células de revestimentos mucosos, as quais se soltam com certa facilidade. Por exemplo, para obter células do revestimento interno da boca, raspa-se levemente a superfície da mucosa bucal com um instrumento adequado, espalhando as células coletadas sobre uma lâmina de microscopia, de modo a obter o esfregaço. (**Fig. 4.10**)

Esmagamento

No caso de células frouxamente associadas, como as de partes moles de tecidos animais ou vegetais, pode-se preparar o material por meio da **técnica de esmagamento**. O material, geralmente já fixado e corado, é colocado entre uma lâmina e uma lamínula de vidro e esmagado pela pressão suave do dedo polegar. Em alguns casos, o material pode ser aquecido previamente para fazer com que suas células se separem com mais facilidade. (**Fig. 4.11**)

Corte manual

Quando o material biológico tem células firmemente unidas entre si, é necessário cortá-lo em fatias finas, denominadas **cortes histológicos**. É possível cortar manualmente certos materiais vegetais relativamente rígidos – caules, raízes, folhas etc. – com uma lâmina de barbear bem afiada e observá-los a fresco entre a lâmina e a lamínula. As estruturas vegetais, sendo geralmente mais rígidas que as dos animais, permitem a confecção de cortes suficientemente finos para uma observação vital satisfatória.

Inclusão e corte com o micrótomo

O estudo microscópio detalhado das células requer que elas sejam cortadas em fatias muito finas. Para isso, é preciso submeter os materiais biológicos a tratamentos que endurecem as células e facilitam o corte.

O método mais comum para enrijecer materiais biológicos é chamado de **inclusão**. O material é mergulhado em uma substância inicialmente líquida que depois endurece, preenchendo-o e envolvendo-o completamente. Em preparações destinadas ao microscópio óptico, mergulha-se em parafina derretida pelo calor o material já fixado e espera-se que ela esfrie e solidifique. O material fica, assim, incluído dentro de um bloco de parafina solidificada e pode ser cortado em fatias bem finas, com cerca de 5 micrometros de espessura. Para se realizarem cortes histológicos finos assim, emprega-se um aparelho chamado **micrótomo**. (**Fig. 4.12**)

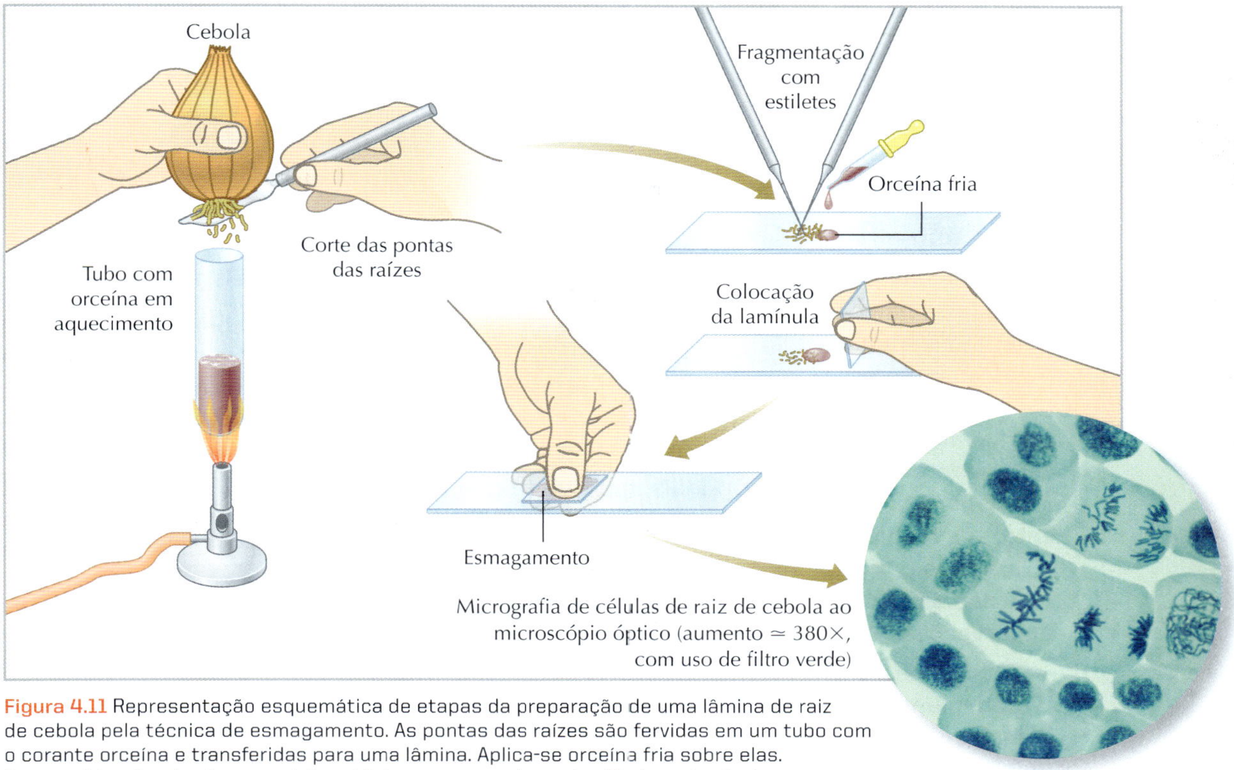

Figura 4.11 Representação esquemática de etapas da preparação de uma lâmina de raiz de cebola pela técnica de esmagamento. As pontas das raízes são fervidas em um tubo com o corante orceína e transferidas para uma lâmina. Aplica-se orceína fria sobre elas. Em seguida, são picadas com dois estiletes e esmagadas entre lâmina e lamínula.

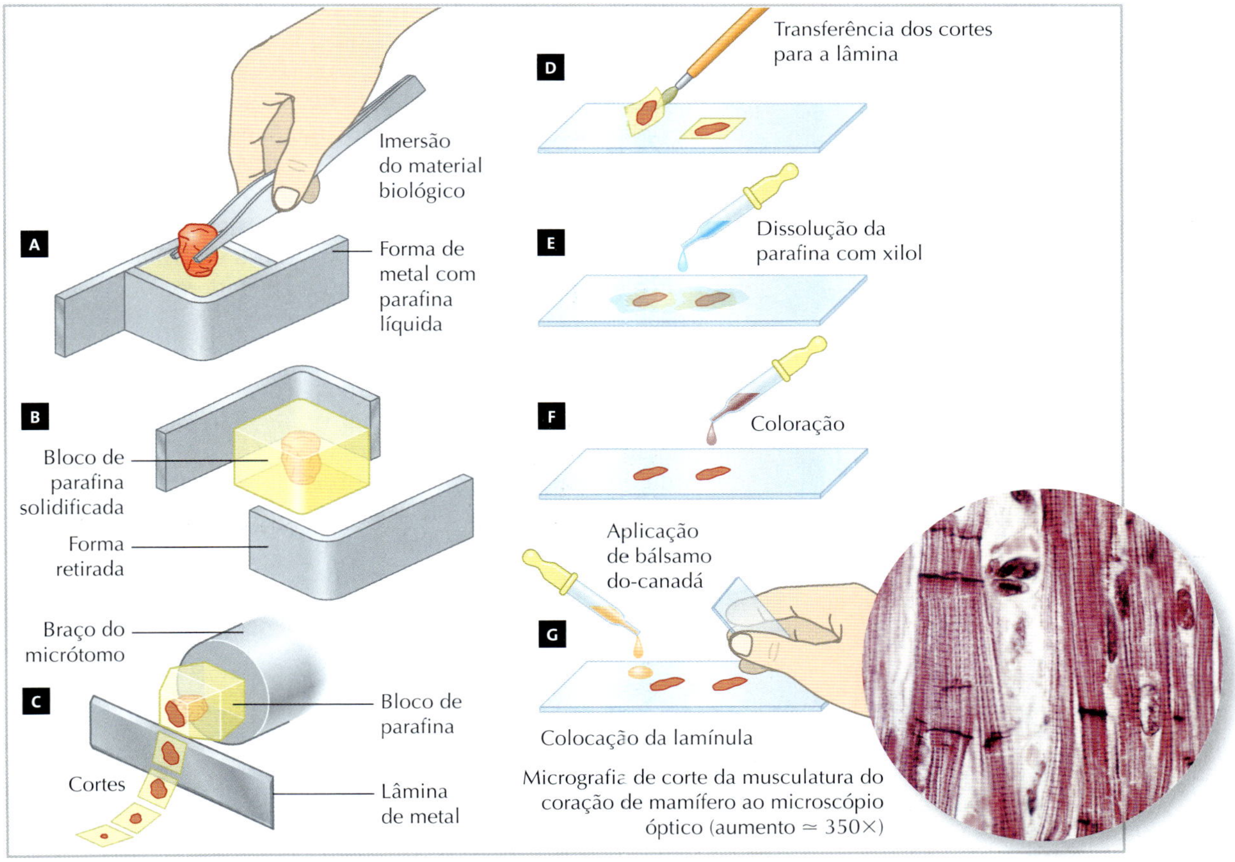

Figura 4.12 Representação esquemática das técnicas de inclusão em parafina e corte. Antes de ser mergulhado na parafina liquefeita pelo calor (**A**), a cerca de 65 °C, o material biológico é fixado, desidratado e impregnado de um solvente orgânico, o xilol. Depois que a parafina se solidifica (**B**), a peça que contém o material incluído é cortada no micrótomo (**C**). Os cortes são colocados sobre lâminas de vidro, a parafina é removida com xilol e faz-se a coloração. (**D**, **E**, **F**). Finalmente, os cortes de tecido biológico recebem gotas de uma cola especial (bálsamo-do-canadá) e são cobertos com uma lamínula (**G**).

A célula observada ao microscópio eletrônico

Objetivos

- Conhecer os princípios básicos de funcionamento dos microscópios eletrônicos de transmissão e de varredura e estar informado sobre seu aumento, sua resolução e a possibilidade ou não de realizar observações vitais.
- Conhecer os fundamentos das principais técnicas de preparação de materiais biológicos para observação ao microscópio eletrônico: fixação, coloração eletrônica, inclusão e corte.

Termos e conceitos

- microscópio eletrônico de transmissão
- microscópio eletrônico de varredura
- célula eucariótica
- célula procariótica

1 Como funcionam os microscópios eletrônicos

Na década de 1950, a pesquisa biológica começou a empregar microscópios eletrônicos, que possibilitaram estudos mais detalhados da estrutura interna das células. Enquanto os microscópios ópticos fornecem aumentos máximos em torno de 1.500 vezes, os microscópios eletrônicos modernos utilizam rotineiramente aumentos entre 5 mil e 100 mil vezes, ou ainda maiores.

Mais importante que o aumento é o alto poder de resolução dos microscópios eletrônicos; seu limite de resolução é da ordem de 0,001 μm (correspondente a 1 nm ou 0,000001 mm), o que significa que pontos distantes entre si até 0,001 μm são vistos como pontos separados; isso possibilita observações muito mais detalhadas que ao microscópio óptico. O poder de resolução do microscópio eletrônico é cerca de 250 vezes maior que o do microscópio óptico (0,25 μm $\div$ 0,001 μm = 250) e cerca de 100 mil vezes maior que o do olho nu (100 μm $\div$ 0,001 μm = 100.000).

Microscópio eletrônico de transmissão

O **microscópio eletrônico de transmissão** é assim chamado porque funciona com um feixe de elétrons, que atravessa o material biológico e produz a imagem. Esse microscópio consiste basicamente em um tubo de metal com cerca de 1 m de altura por 20 cm de diâmetro, conectado a uma bomba de vácuo que extrai o ar de seu interior. Na parte superior do tubo, há um filamento de tungstênio, que é submetido a uma tensão elétrica de aproximadamente 60 mil volts para emitir elétrons. Estes se propagam como um feixe em direção à parte inferior do tubo do microscópio, passando através de "lentes eletrônicas", bobinas elétricas especiais capazes de criar fortes campos eletromagnéticos. As lentes eletrônicas interagem com o feixe de elétrons, condensando-o ou ampliando-o.

O feixe eletrônico é projetado no material biológico, no qual algumas estruturas permitem a passagem de elétrons e outras não. Depois de atravessar o material biológico, o feixe de elétrons deixa de ser homogêneo e constitui uma "imagem" eletrônica das estruturas que atravessou. Essa imagem é ampliada e projetada em um monitor de vídeo ou em uma chapa fotográfica, na qual é registrada. (Fig. 4.13)

A

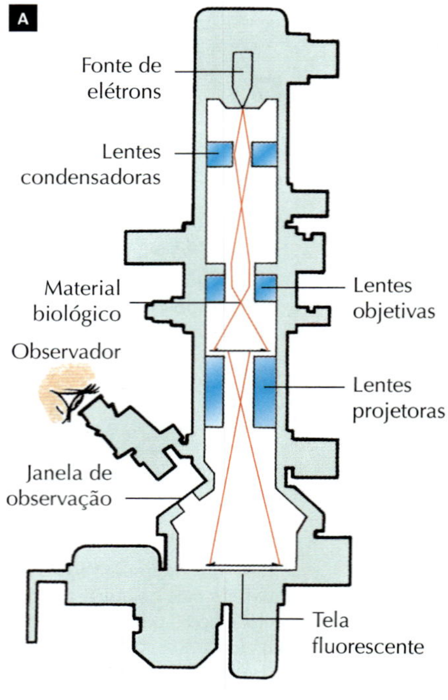

Figura 4.13 **A.** Representação esquemática das principais partes de um microscópio eletrônico de transmissão. O caminho do feixe de elétrons está indicado em vermelho. **B.** Microscópio eletrônico de transmissão e monitores para visualizar a imagem. **C.** Micrografia, obtida por microscópio eletrônico de transmissão, de um corte de célula humana colorizada artificialmente (aumento $\simeq$ 8.300×).

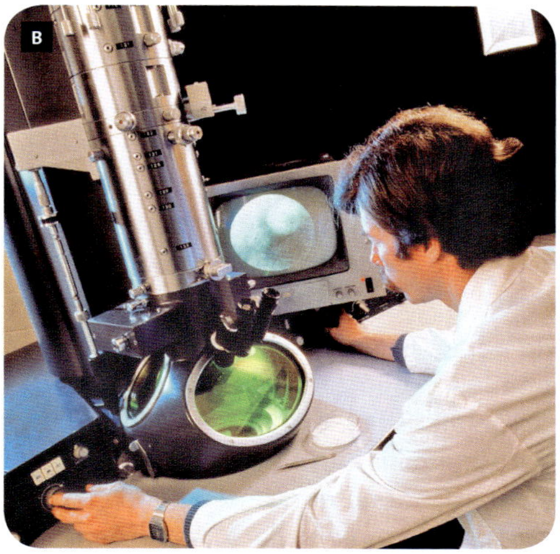

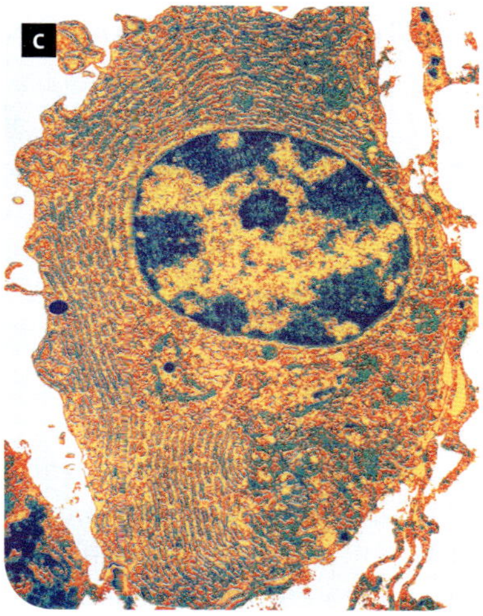

Microscópio eletrônico de varredura

Outro tipo de microscópio eletrônico, utilizado para estudar detalhes da superfície de objetos sólidos, é o **microscópio eletrônico de varredura**. Nesse aparelho, projeta-se um feixe de elétrons extremamente condensado sobre o material biológico previamente fixado e coberto com uma finíssima película metálica. Move-se o feixe de elétrons para a frente e para trás, "varrendo" todo o objeto. Durante essa varredura, a superfície do material emite elétrons, que são captados por um sensor. A interpretação computadorizada dos elétrons emitidos permite compor imagens tridimensionais, reproduzidas em um monitor e que podem ser impressas como fotomicrografias. (**Fig. 4.14**)

Figura 4.14 Microscópio eletrônico de varredura, que permite a obtenção de imagens tridimensionais de objetos em ampliações de até 300 mil vezes.

2 Técnicas para observação ao microscópio eletrônico

Apesar de o microscópio eletrônico de transmissão ter sido inventado na década de 1930, só começou a ser empregado amplamente em Biologia por volta de 1950; até então, não se sabia como preparar as células para esse novo aparelho. Entretanto, logo se desenvolveram técnicas para fixar, corar, incluir e cortar células para observação em microscopia eletrônica, como se havia feito em microscopia óptica mais de um século antes.

Fixação

No microscópio eletrônico, não é possível observar materiais vivos porque estes têm de ser colocados no vácuo e atravessados ou varridos por um feixe de elétrons. O primeiro procedimento na preparação do material para microscopia eletrônica é a fixação, geralmente feita com uma substância chamada glutaraldeído, que fixa principalmente proteínas. Em seguida, o material é tratado com tetróxido de ósmio (OsO_4), que fixa lipídios.

Inclusão, corte com o ultramicrótomo e coloração

Depois de fixado, o material biológico é desidratado (isto é, tem sua água removida), incluído e cortado em fatias muito finas, com espessura em torno de 0,05 μm. Esses procedimentos são necessários porque o feixe de elétrons possui pequeno poder de penetração e só consegue atravessar materiais de pouca espessura. Para obter cortes histológicos tão finos, é necessário endurecer previamente o material biológico, incluindo-o em resinas sintéticas. Em seguida, o bloco de resina com o material incluso é cortado em um tipo especial de micrótomo, o ultramicrótomo, equipado com navalhas de vidro ou de diamante.

O material cortado é, em seguida, corado com a utilização de sais de urânio e de chumbo. Os corantes eletrônicos, como são chamados esses sais metálicos, não são realmente coloridos, mas fazem com que as estruturas celulares se tornem diferencialmente "eletrodensas", isto é, apresentem maior ou menor permeabilidade ao feixe de elétrons. Estruturas que incorporam bastante corante aparecem em preto ou em tons escuros de cinza; as que incorporam pouco corante aparecem em tons de cinza mais claro. As fotomicrografias eletrônicas podem ser coloridas artificialmente, um recurso gráfico que facilita a distinção das estruturas celulares. (Fig. 4.15)

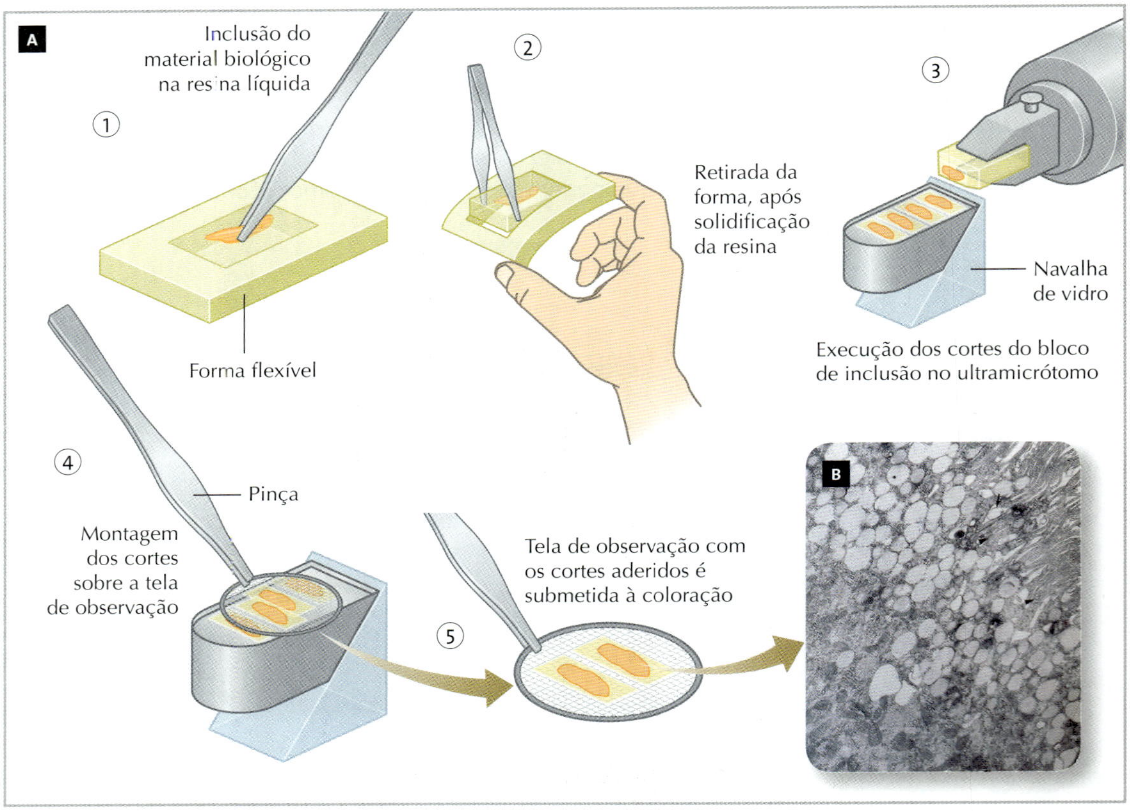

Figura 4.15 **A.** Representação esquemática das etapas de preparação de um material biológico para observação ao microscópio eletrônico de transmissão. **B.** Micrografia do ápice de uma célula produtora de seda de um inseto, obtida nesse tipo de microscópio. Veem-se as vesículas repletas de secreção, liberadas pelo complexo golgiense (na parte direita inferior), e as microvilosidades na superfície da célula (na parte esquerda superior) (aumento ≃ 4.000×).

3 Descobrindo o interior das células vivas

O microscópio eletrônico revolucionou o estudo das células, permitindo, por exemplo, a visualização da membrana plasmática, invisível ao microscópio óptico. O citoplasma das células de animais e de plantas, que parecia um líquido homogêneo ao microscópio óptico, revelou-se um complexo labirinto membranoso, com tubos, bolsas, grânulos e filamentos banhados por um fluido viscoso. Os microscópios eletrônicos mais modernos permitem visualizar até mesmo certas moléculas de grande tamanho, como as de proteínas e de DNA.

A microscopia eletrônica revelou a existência dos dois tipos básicos de célula: procariótica e eucariótica. A principal diferença entre elas é que as **células eucarióticas** (do grego *eu*, verdadeiro, e *karyon*, núcleo) têm o citoplasma repleto de canais, bolsas e outras estruturas membranosas, sendo uma delas o núcleo. As **células procarióticas** (do grego *protos*, primitivo, e *karyon*, núcleo) são mais simples que as eucarióticas: seu citoplasma não tem estruturas membranosas nem núcleo; o material genético se concentra em uma região da célula chamada nucleoide. A estrutura interna das células será estudada com mais detalhes nos próximos capítulos deste livro. (**Fig. 4.16**)

CÉLULA EUCARIÓTICA
(Animal)

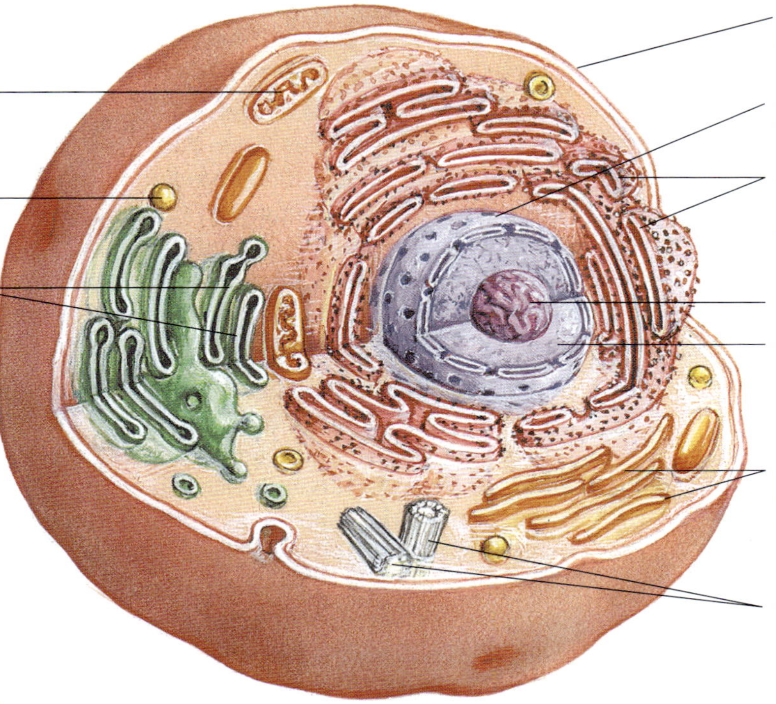

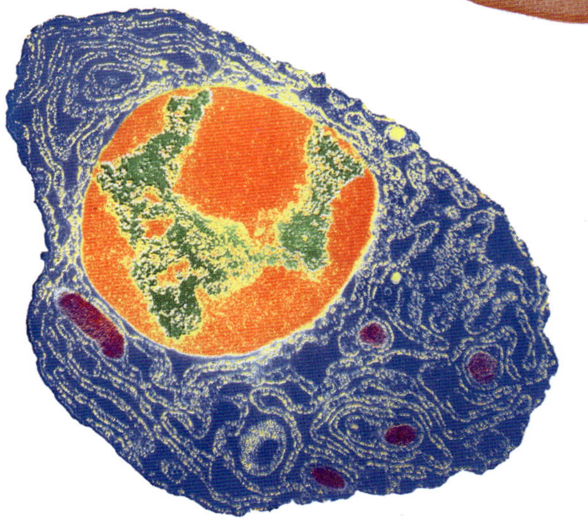

CÉLULA PROCARIÓTICA
(Bactéria)

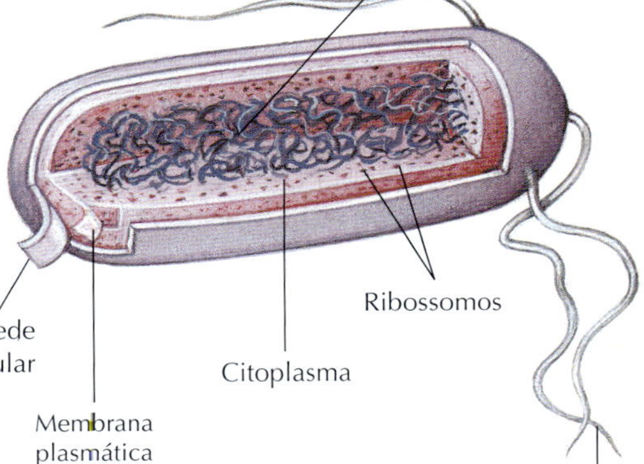

Figura 4.16 Acima, micrografia de uma célula de medula óssea humana ao microscópio eletrônico de transmissão, colorizada artificialmente (aumento $\simeq$ 5.500×). Note os detalhes do citoplasma revelados por esse instrumento. As ilustrações mostram uma célula eucariótica animal (na imagem superior ao centro) e uma célula procariótica de bactéria (imagem à direita). As duas células não estão representadas na mesma escala; o tamanho da célula procariótica equivale ao de uma mitocôndria na célula animal.

Seção 4.4

Outros métodos para o estudo da célula

Objetivo

- Conhecer a importância do fracionamento celular e da radioautografia como métodos de estudo das células.

Termos e conceitos

- centrifugação
- radioautografia

1 Fracionamento celular

A partir de 1950, a Citologia desenvolveu-se de forma espetacular, não apenas devido aos avanços da microscopia eletrônica, mas também à evolução dos métodos de análise bioquímica das partes celulares. Essas duas técnicas se complementam: enquanto o microscópio eletrônico revela a estrutura física das partes da célula, a análise bioquímica mostra sua composição química e permite deduzir suas funções.

A análise bioquímica das estruturas celulares geralmente começa com a maceração das células e sua homogeneização. Em seguida, o homogeneizado celular é submetido a altas rotações em aparelhos dotados de um motor de alta rotação que gera forças centrífugas, técnica denominada **centrifugação**. Exemplos de centrífugas domésticas são as lavadoras e secadoras de roupas, nas quais um tambor giratório aplica sobre a roupa molhada forças centrífugas que as espremem contra as paredes do tambor, forçando a água a sair.

Nas centrífugas de laboratório, coloca-se o homogeneizado em tubos presos ao eixo do rotor, que gira a grande velocidade. A rotação produz forças centrífugas que levam as partículas presentes no homogeneizado a se depositar no fundo do tubo; quanto maior for a rotação do motor, maior será a força centrífuga gerada. Forças centrífugas de baixa intensidade fazem afundar apenas partículas mais densas. Por exemplo, quando o homogeneizado é submetido a uma força de aceleração da ordem de 600 g (equivalente a 600 vezes a aceleração da gravidade terrestre) durante 10 minutos, apenas os núcleos celulares vão para o fundo do tubo, onde aderem devido à pressão da força centrífuga.

O líquido sobrenadante pode ser transferido para outro tubo e submetido a forças de centrifugação maiores, por exemplo, da ordem de 20.000 g. Com isso, estruturas celulares como as mitocôndrias depositam-se no fundo do tubo. Continuando a aplicar forças de centrifugação progressivamente maiores, é possível separar diversos componentes celulares. Cada componente celular isolado pode ser quimicamente analisado para identificação de seus constituintes moleculares. (**Fig. 4.17**)

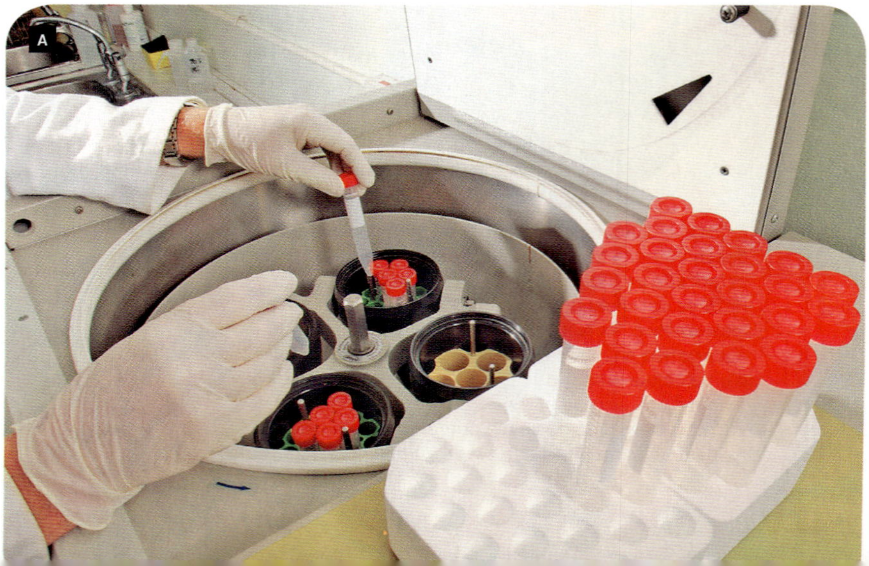

Figura 4.17
A. Foto de uma centrífuga, aparelho que permite submeter amostras a grandes forças de rotação.

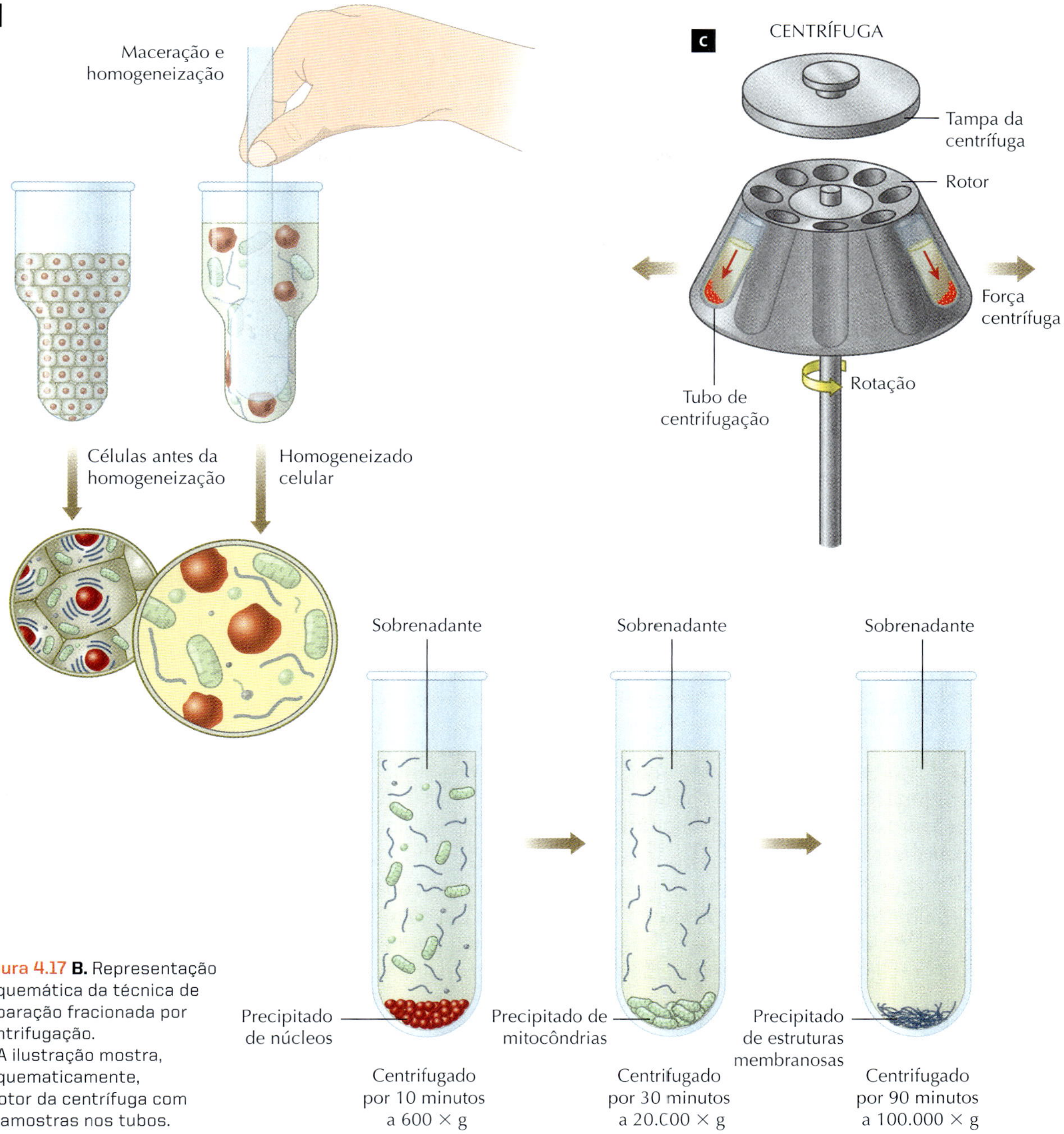

Figura 4.17 **B.** Representação esquemática da técnica de separação fracionada por centrifugação. **C.** A ilustração mostra, esquematicamente, o rotor da centrífuga com as amostras nos tubos.

2 Utilização de substâncias radioativas em Citologia

Uma das estratégias importantes na pesquisa biológica moderna é a utilização de substâncias radioativas. Com elas, é possível descobrir, dentre outras coisas, o momento exato em que certos compostos são produzidos na célula e o local onde isso está ocorrendo.

Se um pesquisador deseja saber se um órgão animal está produzindo DNA (ácido desoxirribonucleico), ele injeta no animal vivo uma substância radioativa que servirá de matéria-prima para a produção de moléculas de DNA. Nesse caso, é muito comum o emprego de timina radioativa porque as células utilizam essa substância apenas para produzir DNA. Assim, se a célula incorporar a timina radioativa, teremos certeza de que houve produção de DNA. Um analisador de radioatividade ou um filme altamente sensível permitirá a identificação da timina radioativa contida no DNA.

Algum tempo depois do fornecimento da timina radioativa, o animal é sacrificado e o órgão em estudo é removido. Procedimentos especiais permitem isolar o DNA dos demais componentes celulares e testá-lo em um aparelho que mede a radiação emitida pela timina radioativa incorporada. Caso o DNA apresente radioatividade, conclui-se que ele foi produzido no período entre a injeção da timina radioativa e a morte do animal. (**Fig. 4.18**)

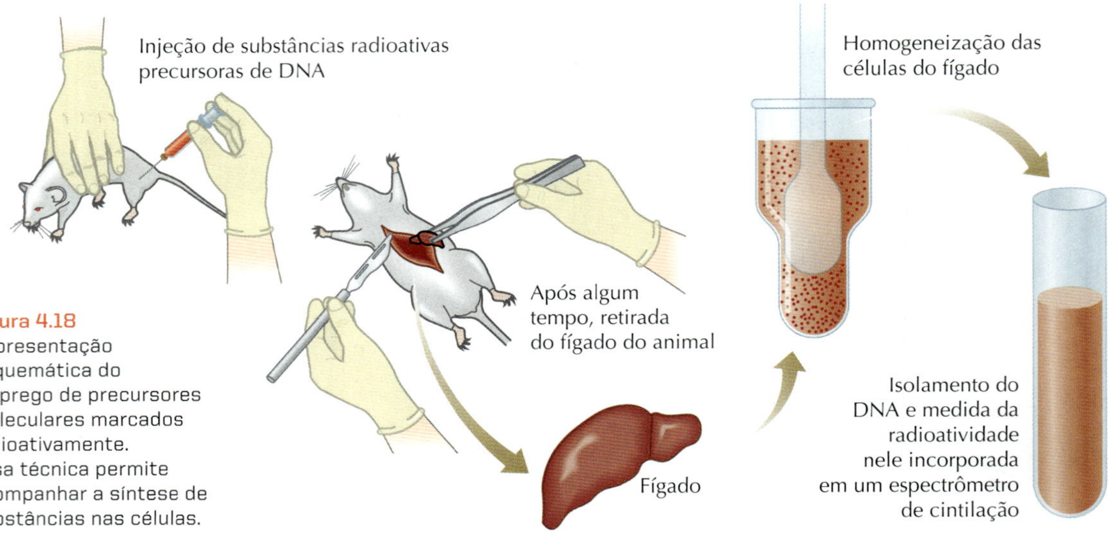

Figura 4.18 Representação esquemática do emprego de precursores moleculares marcados radioativamente. Essa técnica permite acompanhar a síntese de substâncias nas células.

Radioautografia

Para determinar em que local da célula o DNA está sendo produzido, podemos utilizar uma técnica conhecida por **radioautografia**. Nesse caso, o órgão do animal que recebeu timina radioativa é preparado em lâminas para observação microscópica. Em um quarto totalmente escuro, as lâminas são recobertas com uma fina película fotográfica virgem e guardadas em caixas à prova de luz.

Locais da célula em que há DNA radioativo, portanto, produzido após a injeção de timina radioativa, emitem radiação que impressiona a película fotográfica sobre a lâmina. Após alguns dias de exposição à radiação, revela-se a lâmina com a película fotográfica aderida. Se forem observados grãos negros no filme revelado, isso indicará a presença de substâncias radioativas nas células situadas imediatamente abaixo. Os grãos estarão localizados principalmente na área do filme sobre os núcleos celulares, onde se encontra a maior parte do DNA celular. (**Fig. 4.19**)

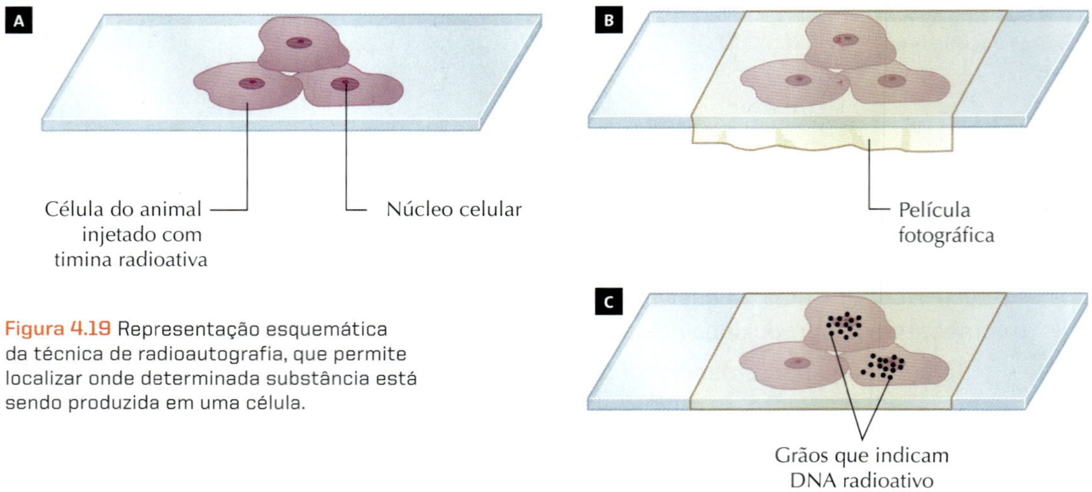

Figura 4.19 Representação esquemática da técnica de radioautografia, que permite localizar onde determinada substância está sendo produzida em uma célula.

Conteúdo digital Moderna PLUS http://www.modernaplus.com.br
Texto: *Uma história de 400 anos*

ATIVIDADES

QUESTÕES PARA PENSAR E DISCUTIR

Questões objetivas

Considere as alternativas a seguir para responder às questões de 1 a 3.

a) Antonie van Leeuwenhoek
b) Robert Hooke
c) Theodor Schwann
d) Robert Brown

1. Quem foi um dos formuladores da teoria celular?

2. Quem introduziu o termo célula na Biologia?

3. A quem se atribui a descoberta do mundo microscópico?

4. De acordo com a teoria celular, apesar de serem diferentes no nível macroscópico, todos os seres vivos são semelhantes em sua constituição fundamental, uma vez que
a) são capazes de se reproduzir sexualmente.
b) são constituídos por células.
c) contêm moléculas orgânicas.
d) se originam de gametas.

5. Os biólogos não consideram os vírus exceções à teoria celular porque eles
a) são formados por células.
b) formam gametas.
c) são organismos vivos.
d) só conseguem se reproduzir no interior de células vivas.

6. A Citologia, ramo da Biologia que estuda as células, surgiu após a invenção do
a) microscópio óptico.
b) microscópio eletrônico de transmissão.
c) microscópio eletrônico de varredura.
d) micrótomo.

7. Ao microscópio óptico, pode-se observar
a) apenas a parede celular.
b) apenas o citoplasma.
c) citoplasma, núcleo e parede celular.
d) citoplasma, núcleo e membrana plasmática.

8. Uma diferença entre o microscópio simples e o microscópio composto é que o primeiro
a) utiliza luz branca simples e, o segundo, feixes de elétrons.
b) utiliza feixes simples de elétrons e, o segundo, luz composta de sete cores.
c) possui apenas uma lente e, o segundo, duas lentes ou dois conjuntos de lentes.
d) possui duas lentes simples e, o segundo, apenas um conjunto de lentes.

9. A técnica de esfregaço é utilizada no estudo microscópico do sangue porque as células sanguíneas
a) estão firmemente unidas entre si.
b) estão separadas umas das outras.
c) possuem uma parede rígida, difícil de ser cortada.
d) possuem núcleos muito grandes e fáceis de se romper.

10. Para a observação de células firmemente unidas entre si, a técnica recomendada é o(a)
a) esfregaço.
b) esmagamento.
c) exame a fresco.
d) inclusão e corte.

11. A membrana das células, pelo fato de ter cerca de 5 nm (10-5 mm) de espessura, pode ser observada
a) ao microscópio óptico.
b) ao microscópio eletrônico de transmissão.
c) ao microscópio simples.
d) a olho nu.

12. Em uma fotomicrografia obtida com um microscópio eletrônico de transmissão, o núcleo de uma célula mede 5,5 cm de diâmetro. Sabendo-se que a ampliação da imagem é de 11.000 vezes, qual era o diâmetro real desse núcleo?
a) 5 cm.
b) 5 mm.
c) 5 μm (ou 0,005 mm).
d) 5 nm (ou 0,000005 mm).

13. Uma célula com diâmetro de 10 μm (ou 0,01 mm) foi fotografada ao microscópio óptico. Qual é o diâmetro dessa célula em uma fotomicrografia ampliada 1.000 vezes?
a) 1 mm.
b) 1 cm.
c) 10 cm.
d) 100 cm.

14. Um pesquisador estudou a célula de um organismo, verificando a ausência de compartimentos membranosos, até mesmo do núcleo. Com base nessas observações, ele poderá concluir que a célula pertence a
a) um fungo.
b) um animal.
c) uma planta.
d) uma bactéria.

15. A observação detalhada de estruturas internas membranosas de uma célula viva pode ser realizada
a) a olho nu.
b) ao microscópio óptico.
c) ao microscópio eletrônico de transmissão.
d) ao microscópio eletrônico de varredura.

Questões discursivas

16. Construa uma tabela que inclua os cientistas pioneiros citados a seguir e que indique a época em que eles atuaram, assim como o principal aspecto de seus trabalhos.
a) Antonie van Leeuwenhoek
b) Robert Hooke
c) Robert Brown
d) Mathias Schleiden
e) Theodor Schwann

17. Esquematize uma célula animal com suas partes básicas, tal como era entendida antes do advento do microscópio eletrônico. Não se esqueça de colocar setas e legendas para identificar as diferentes partes dos desenhos.

18. Suponhamos que você tenha recebido uma fotografia de uma célula ampliada. Medidos com uma régua, os diâmetros da imagem da célula e de seu núcleo, na fotografia, eram, respectivamente, 17,5 cm e 4,25 cm. A ocular e a objetiva usadas no microscópio eram de, respectivamente, 10× e 40× de aumento. A ampliação fotográfica para o papel foi de 5×, além do que foi ampliado e registrado no negativo do filme. Quanto medem, em micrometros, a célula e seu núcleo?

19. Ao preparar uma lâmina de fígado de rato para observação ao microscópio óptico, um citologista realizou os seguintes procedimentos:
   1. retirada do fígado e imersão em um líquido fixador;
   2. inclusão em parafina;
   3. corte no micrótomo;
   4. coloração por hematoxilina e eosina.

   Explique a razão de cada um dos procedimentos realizados.

20. Construa uma tabela que compare os microscópios óptico e eletrônico considerando os seguintes aspectos:
   1. tipo de lente utilizada;
   2. aumentos usuais;
   3. espessura dos cortes requeridos para observação;
   4. limite de resolução;
   5. possibilidade de observar material vivo (sim/não).

21. A Biologia moderna costuma dividir os seres vivos em procarióticos e eucarióticos. Justifique por que essa divisão foi possível apenas após a introdução do microscópio eletrônico na Citologia.

VESTIBULARES PELO BRASIL

Brasil – Regiões

- Região Norte
- Região Centro-Oeste
- Região Sul
- Região Nordeste
- Região Sudeste
- Brasil

Questões objetivas

1 (UFPA-Adaptado) A descoberta da célula foi feita em 1665 por ( ). Em 1838 e 1839, ( ) e ( ), através de observações de estruturas de muitas plantas e animais, concluíram que os seres vivos são constituídos por células. Qual a alternativa que completa corretamente as frases?

a) Hooke, Weismann, Schwann.
b) Virchow, Schleiden, Schwann.
c) Schleiden, Hooke, Schwann.
d) Hooke, Schleiden, Schwann.
e) Virchow, Weismann, Hooke.

2 (Uesc-BA-Adaptado) Em 1838, o zoólogo Schwann e, em 1839, o botânico Schleiden, com base em observações e experimentações que investigavam a organização dos seres vivos e desenvolvidas por diferentes pesquisadores a partir da histórica descoberta de Hooke, formularam, independentemente, uma teoria, cujos princípios deveriam subsidiar todas as áreas do conhecimento que se relacionavam com o estudo da vida.

Qual das afirmativas sintetiza a contribuição fundamental dessa teoria para a evolução das ciências?

a) A vida, em qualquer de suas manifestações, é a expressão da organização e dinâmica da célula.
b) Os organismos mais simples, como as bactérias e as leveduras, são desprovidos de organização celular.
c) Em organismos unicelulares e pluricelulares, os planos básicos de organização são, entre si, profundamente diferenciados.
d) A constituição química elementar da célula é qualitativamente diferenciada da composição elementar do ambiente não vivo.
e) O núcleo é a unidade morfológica e funcional da célula.

3 (Unifor-CE) A teoria celular, proposta por Schleiden e Schwann, afirmava que

a) toda célula provém de uma célula preexistente.
b) todas as células vivas têm núcleo individualizado.
c) há estreita relação entre a forma e função nas células.
d) células embrionárias multiplicam-se por mitose.
e) vegetais e animais são constituídos por células.

4 (Unifor-CE) Durante o processo de preparação de tecidos em cortes para estudo microscópico, uma das fases em que o tecido é endurecido, a fim de que possa ser cortado em fatias finíssimas, é denominada

a) fixação.
b) coloração.
c) inclusão.
d) montagem.

5 (UnB-DF) Quando se usa o microscópio, é importante saber de quanto o instrumento ampliou a imagem do objeto. Se, por exemplo, na ocular estiver marcado 5× e na objetiva 12×, a ampliação é de

a) 17 diâmetros (12× + 5×).
b) 7 diâmetros (12× − 5×).
c) 60 diâmetros (12× × 5×).
d) 2,4 diâmetros (12× ÷ 5×).

6 (Unigranrio-RJ) Os seres vivos, exceto um, são constituídos por unidades biológicas identificadas como células. As exceções são

a) as algas.
b) os vírus, considerados seres vivos pela maioria dos cientistas modernos.
c) os vermes.
d) as bactérias, ainda que consideradas seres vivos por uma minoria de pesquisadores.

7 (Vunesp) Os procariontes diferenciam-se dos eucariontes porque os primeiros, entre outras características,

a) não possuem material genético.

b) possuem material genético como os eucariontes, mas são anucleados.

c) possuem núcleo, mas o material genético encontra-se disperso no citoplasma.

d) possuem material genético disperso no núcleo, mas não em estruturas organizadas denominadas cromossomos.

e) possuem núcleo e material genético organizado nos cromossomos.

8 (Fuvest-SP) Qual das alternativas classifica corretamente o vírus HIV, o tronco de uma árvore, a semente de feijão e o plasmódio da malária quanto à constituição celular?

	Vírus HIV	Tronco de árvore	Semente de feijão	Plasmódio da malária
a)	acelular	acelular	unicelular	unicelular
b)	acelular	multicelular	multicelular	unicelular
c)	acelular	multicelular	unicelular	unicelular
d)	unicelular	acelular	multicelular	acelular
e)	unicelular	acelular	unicelular	acelular

9 (FMU/Fiam-Faam/Fisp-SP) Preparou-se, rapidamente, uma lâmina a ser examinada ao microscópio óptico; para identificar se o material é de origem animal ou vegetal, convém observar se as células possuem

a) núcleo.

b) membrana celular.

c) parede celular.

d) mitocôndrias.

e) nucléolos.

Questão discursiva

10 (Fuvest-SP-Adaptado) Quais as diferenças existentes entre células procariontes e eucariontes quanto a núcleo e citoplasma?

Capítulo

5 Fronteiras da célula

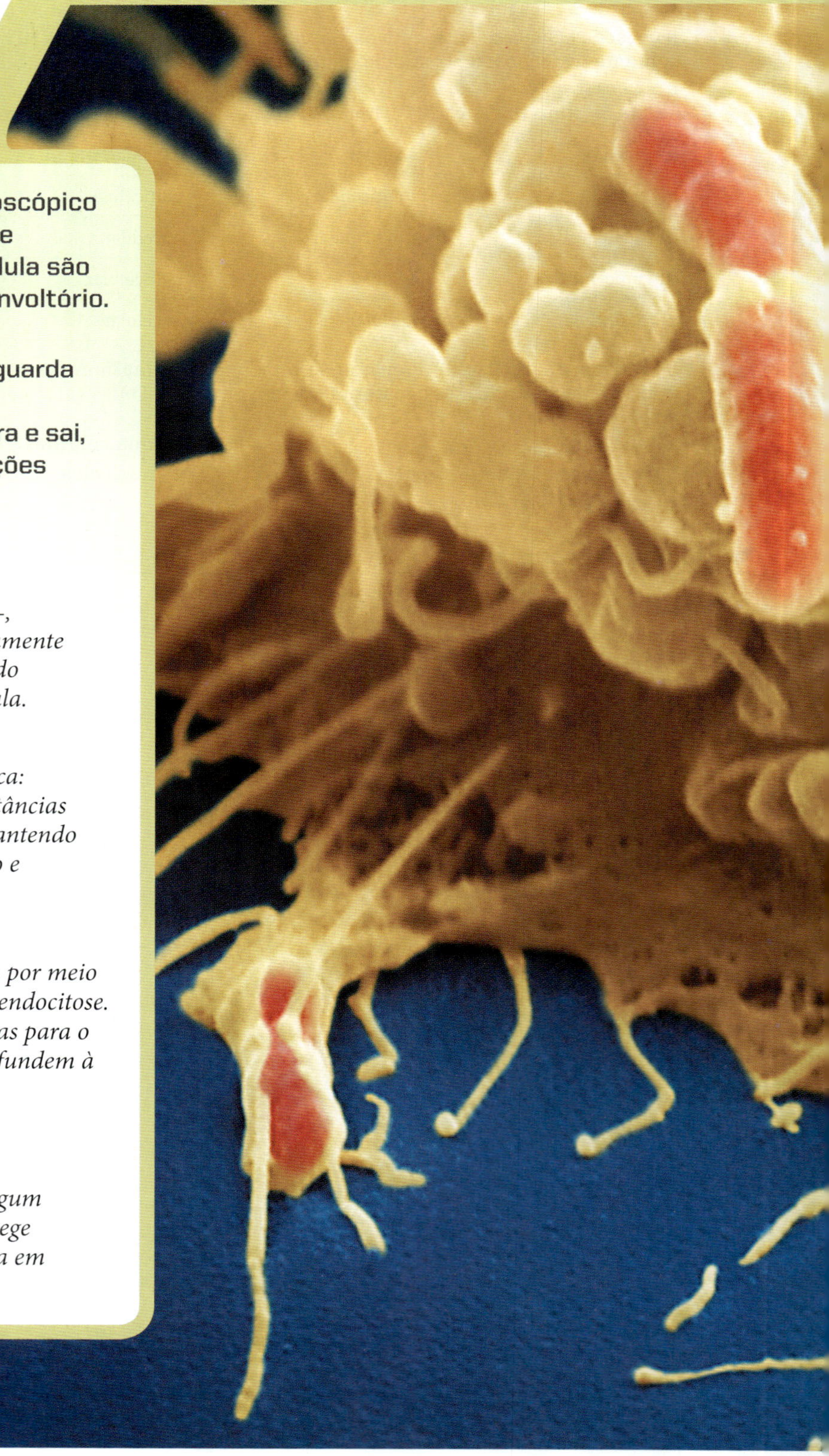

A célula viva é um mundo microscópico no qual ocorre intensa atividade bioquímica. As fronteiras da célula são delimitadas por um finíssimo envoltório.

Neste capítulo estudaremos a membrana plasmática, que resguarda o interior da célula e seleciona criteriosamente tudo o que entra e sai, mantendo adequadas as condições celulares internas.

5.1 Membrana plasmática

Apesar de muito fina — cerca de 5 nanometros (nm) de espessura —, a membrana plasmática é extremamente complexa e versátil, desempenhando papel fundamental na vida da célula.

5.2 Permeabilidade celular

A membrana plasmática é dinâmica: permite a passagem de certas substâncias e impede a passagem de outras, mantendo o meio celular interno diferenciado e adequado à vida.

5.3 Endocitose e exocitose

A entrada de substâncias na célula por meio de invaginações da membrana é a endocitose. A saída de estruturas ou substâncias para o exterior por meio de bolsas que se fundem à membrana é a exocitose.

5.4 Envoltórios externos à membrana plasmática

A maioria das células apresenta algum tipo de envoltório externo que protege a membrana plasmática e a auxilia em algumas funções.

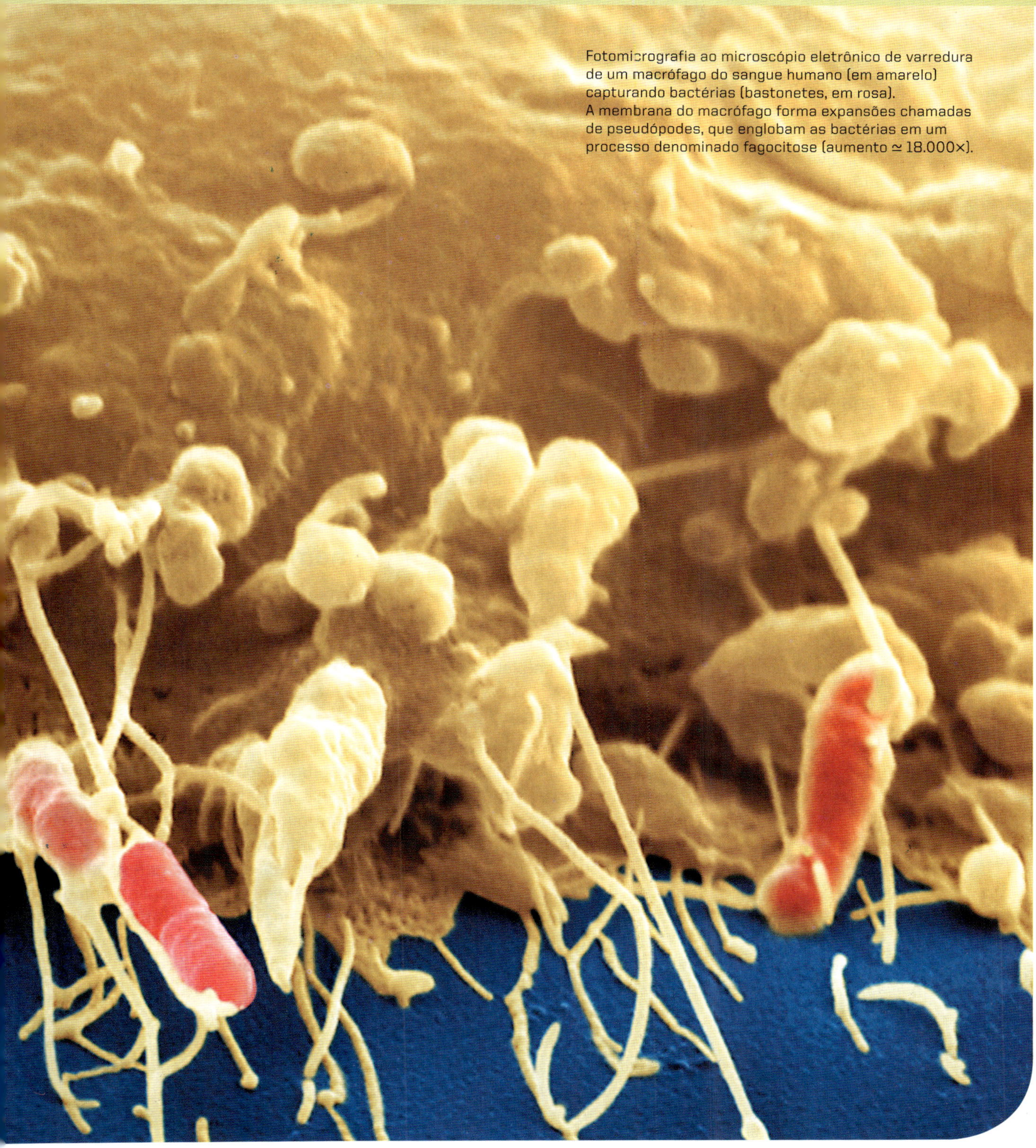
Fotomicrografia ao microscópio eletrônico de varredura de um macrófago do sangue humano (em amarelo) capturando bactérias (bastonetes, em rosa).
A membrana do macrófago forma expansões chamadas de pseudópodes, que englobam as bactérias em um processo denominado fagocitose (aumento ≃ 18.000×).

Seção 5.1

Membrana plasmática

Objetivos

- Reconhecer que conhecimentos específicos, tais como a estrutura e as propriedades das membranas biológicas, podem ser importantes para o avanço da ciência e para o desenvolvimento de tecnologias úteis à humanidade.
- Conhecer a composição molecular básica da membrana plasmática, compreendendo o significado do modelo que explica sua estrutura e propriedades.

Termos e conceitos

- membrana plasmática
- modelo do mosaico fluido

Características gerais da membrana plasmática

As pesquisas citológicas revelaram que a célula viva é um compartimento microscópico isolado do ambiente por uma finíssima película, a **membrana plasmática**, constituída basicamente por fosfolipídios e proteínas. A membrana é uma estrutura dinâmica, que permite a passagem de certas substâncias mas impede a passagem de outras, mantendo o meio celular interno adequado à vida.

Apesar de muito fina – cerca de 5 nanometros (nm) de espessura –, a membrana plasmática é extremamente complexa e versátil, desempenhando inúmeras funções. Por exemplo, os pigmeus africanos têm baixa estatura porque as membranas de suas células não contêm um tipo de proteína capaz de se combinar ao hormônio de crescimento, que eles produzem em quantidades normais.

Outra função importante da membrana plasmática revelou-se a partir do estudo da doença denominada diabetes melito, na qual a pessoa afetada tem altos níveis de glicose no sangue. No tipo mais comum de diabetes (tardio, ou do tipo II), as membranas celulares da pessoa diabética têm poucas proteínas receptoras para o hormônio insulina, necessário para que as células absorvam glicose. Na falta de receptores do hormônio, pouca glicose penetra nas células e o nível desse açúcar eleva-se no sangue, causando o quadro clínico do diabetes melito. O conhecimento desses fatos poderá contribuir para a descoberta de tratamentos mais eficazes ou, até mesmo, a cura para essa doença.

Organização molecular da membrana plasmática

Os componentes mais abundantes das membranas celulares são fosfolipídios e proteínas; por isso, costuma-se dizer que a constituição da membrana plasmática é lipoproteica. Além desses componentes, as membranas das células animais também contêm colesterol.

Modelo do mosaico fluido

Estudos recentes indicam que as moléculas de fosfolipídios da membrana plasmática dispõem-se lado a lado, como pessoas em uma multidão (relembre a disposição das moléculas na película das bolhas de sabão no capítulo 3). Os fosfolipídios deslocam-se continuamente, mas sem perder o contato uns com os outros, como se dançassem trocando de par o tempo todo, o que confere grande dinamismo às membranas biológicas. As proteínas da membrana estão incrustadas na dupla lâmina de fosfolipídios, como peças globulares de um mosaico, que se destacam na estrutura homogênea de fosfolipídios. Algumas das proteínas estão aderidas superficialmente à membrana, ao passo que outras mergulham na camada dupla de fosfolipídios, atravessando a membrana de lado a lado. Muitas proteínas também podem movimentar-se paralelamente ao plano da membrana.

Esse modelo para explicar a estrutura da membrana plasmática, comparando-a a um mosaico molecular em constante modificação, foi proposto originalmente em 1972 pelos pesquisadores S. Jonathan Singer e Garth L. Nicholson e apropriadamente chamado de **modelo do mosaico fluido**. (Fig. 5.1)

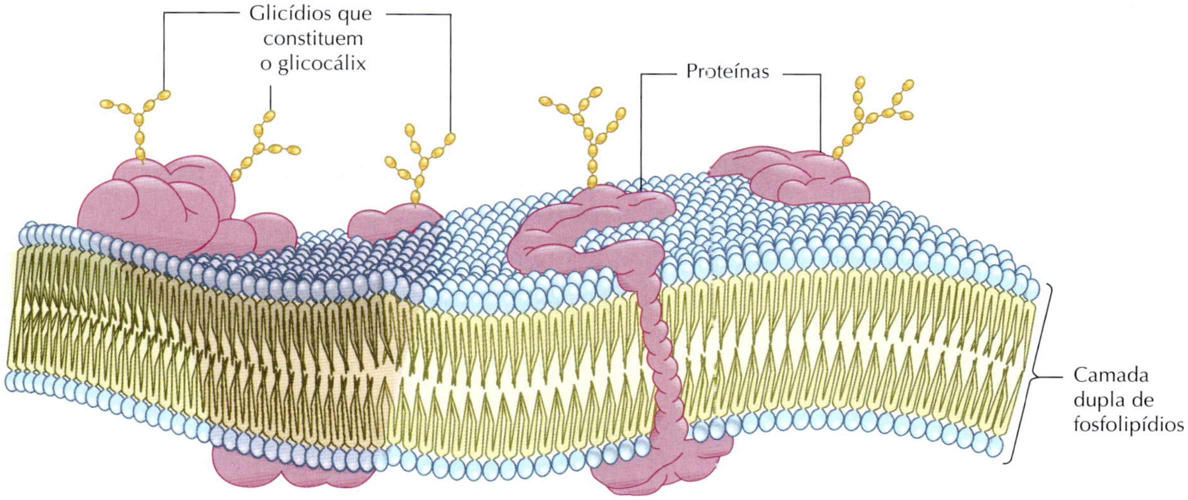

Figura 5.1 Representação esquemática da membrana plasmática segundo o modelo do mosaico fluido. (Representação sem escala, cores-fantasia.)

Funções das proteínas da membrana plasmática

Já foram identificados mais de 50 tipos de proteína nas membranas celulares. Algumas delas formam poros que permitem unicamente a passagem de moléculas de água. Outras capturam substâncias fora ou dentro da célula, transportando-as através da membrana e soltando-as do outro lado. Outras proteínas, ainda, reconhecem a presença de certas substâncias no meio, alertando a célula e estimulando-a a reagir. Este é o caso dos receptores hormonais que muitas células apresentam em sua membrana, como foi mencionado no exemplo do diabetes melito. **(Fig. 5.2)**

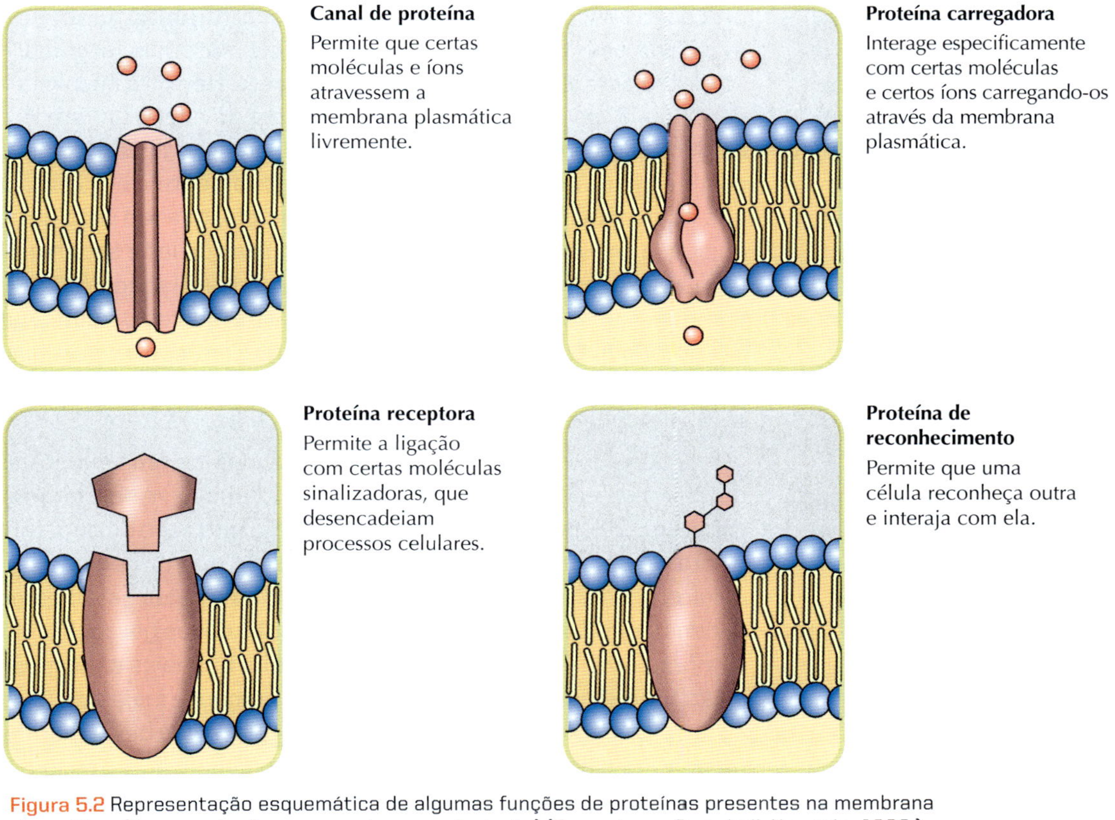

Figura 5.2 Representação esquemática de algumas funções de proteínas presentes na membrana plasmática. (Representação sem escala, cores-fantasia.) (Baseado em Campbell, N. e cols., 1999.)

Conteúdo digital Moderna PLUS http://www.modernaplus.com.br
Animação: *O mundo microscópico da célula*, veja aba *Estrutura e função da membrana plasmática*
Texto: *Conexons e bombas de cálcio*

Seção 5.2

Permeabilidade celular

Objetivos

- Compreender os princípios físico-químicos que regem a difusão e a osmose, aplicando-os para explicar processos que ocorrem em células vivas.
- Compreender como os processos de difusão simples, difusão facilitada e transporte ativo contribuem para a entrada ou a saída de substâncias na célula.

Termos e conceitos

- transporte passivo
- transporte ativo
- difusão simples
- osmose
- pressão osmótica
- célula túrgida
- célula plasmolisada
- difusão facilitada
- bomba de sódio-potássio

Passagem de substâncias pela membrana plasmática

A membrana plasmática é de fundamental importância para a vida, uma vez que contém e delimita o espaço interno da célula, isolando-o do ambiente ao redor. Esse isolamento, porém, não é absoluto, pois, para viver, a célula precisa permitir a entrada de certas substâncias úteis – água, gás oxigênio, alimento etc. – e a saída de outras, principalmente gás carbônico e substâncias tóxicas geradas no metabolismo celular. Por permitir a passagem de certas substâncias, mas não de outras, diz-se que a membrana plasmática apresenta **semipermeabilidade**, ou **permeabilidade seletiva**.

Certas substâncias podem atravessar a membrana espontaneamente, sem que a célula gaste energia com isso; é o que se chama de **transporte passivo**. A membrana também é capaz de absorver ou de expulsar ativamente certas substâncias, bombeando-as para dentro ou para fora da célula, gastando energia para isso. Nesse caso, fala-se em **transporte ativo**.

Transporte passivo

Difusão simples

Certas substâncias entram e saem da célula espontaneamente por um processo passivo de transporte denominado **difusão simples**. A difusão é explicada pelo fato de todas as partículas materiais (átomos, moléculas, íons etc.) estarem em constante movimento. Devido a essa movimentação contínua e casual, as partículas tendem a se espalhar, isto é, a se difundir. A difusão sempre ocorrerá da região em que as partículas estão mais concentradas (isto é, em quantidade relativamente maior) para regiões em que sua concentração é menor. Por exemplo, quando uma gota de leite é colocada em uma xícara de café, as partículas de leite espalham-se espontaneamente para as regiões em que sua concentração é baixa, isto é, para o café ao redor. O mesmo ocorre com as partículas de café, que invadem a gota de leite. O resultado dessa difusão será que as partículas de leite ficarão homogeneamente espalhadas entre as de café e sua concentração será a mesma em todos os pontos da xícara.

Há duas condições para que as partículas de uma substância entrem ou saiam da célula por difusão: 1) a membrana deve ser permeável a essa substância; 2) deve haver diferença na concentração da substância dentro e fora da célula. Por exemplo, a entrada de gás oxigênio (O_2) em nossas células ocorre por difusão simples. Como as células estão sempre consumindo O_2 em sua respiração, a concentração desse gás no interior celular é sempre baixa. Por outro lado, no líquido que banha as células, proveniente do sangue, a concentração de O_2 é relativamente mais alta, pois esse gás é continuamente absorvido pelo sangue que passa pelos pulmões. Como a membrana plasmática é permeável às moléculas de O_2, esse gás simplesmente se difunde para dentro das células.

Conteúdo digital Moderna PLUS http://www.modernaplus.com.br
Animação: *O mundo microscópico da célula*, veja aba *Transporte através da membrana*

O gás carbônico (CO_2) faz o caminho inverso também por difusão simples. As células estão sempre produzindo CO_2 na respiração, o que faz com que a concentração desse gás seja sempre maior no interior da célula que no meio externo. Por isso, o CO_2 difunde-se das células para a corrente sanguínea. Quando o sangue passa pelos pulmões, as moléculas desse gás difundem-se para o ar e são eliminadas do corpo. (**Fig. 5.3**)

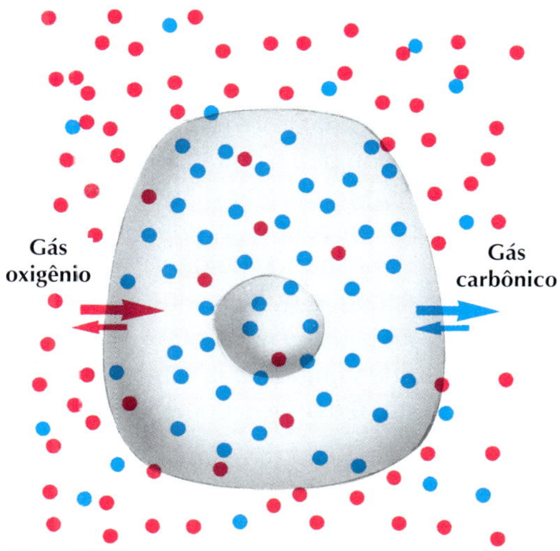

Figura 5.3 Representação esquemática das trocas de gases por difusão simples entre a célula e o ambiente. (Representação sem escala, cores-fantasia.)

Osmose

Se mergulhássemos uma célula animal em água pura, ela absorveria água sem controle, inchando até estourar (lise celular). Por outro lado, se a célula fosse mergulhada em uma solução altamente concentrada de sacarose, ela perderia água e murcharia. Como se explicam esses fenômenos?

Em ambas as situações ocorre a **osmose**, um caso especial de difusão em que apenas a água, o solvente das soluções biológicas, difunde-se através da membrana semipermeável das células. O citoplasma é uma solução aquosa, em que a água é o **solvente** e as moléculas dissolvidas no citosol (glicídios, proteínas, sais etc.) são os **solutos**. Quando uma de nossas células é colocada em água pura, a concentração externa desse solvente é necessariamente maior que sua concentração no interior da célula, em que a água divide o espaço com as moléculas de soluto citoplasmáticas. Consequentemente, a água tende a se difundir em maior quantidade para o interior celular que no sentido inverso, fazendo a célula inchar. Apenas a água se difunde porque a membrana plasmática, sendo semipermeável, impede ou dificulta a passagem de solutos, mas permite a livre passagem de moléculas de solvente. Osmose é precisamente essa difusão diferencial apenas de água através da membrana. Em outras palavras, na osmose apenas o solvente se difunde, ou o faz em taxa muitíssimo maior que a difusão dos solutos.

Se uma célula for colocada em uma solução concentrada de sacarose, por exemplo, haverá maior difusão de água de dentro para fora da célula, fazendo-a murchar. A explicação é que o meio externo, por ser mais concentrado em solutos, apresenta quantidade relativamente menor de água e esta tende a sair em maior quantidade da célula.

Quando se comparam duas soluções quanto à concentração, diz-se que a solução mais concentrada em solutos é **hipertônica** (do grego *hyper*, superior) em relação a uma outra, denominada solução **hipotônica** (do grego *hypo*, inferior). Quando duas soluções apresentam a mesma concentração de solutos, elas são chamadas de **isotônicas** (do grego *iso*, igual, semelhante). Na osmose, portanto, a difusão da água é mais intensa da solução hipotônica para a hipertônica. (**Fig. 5.4**)

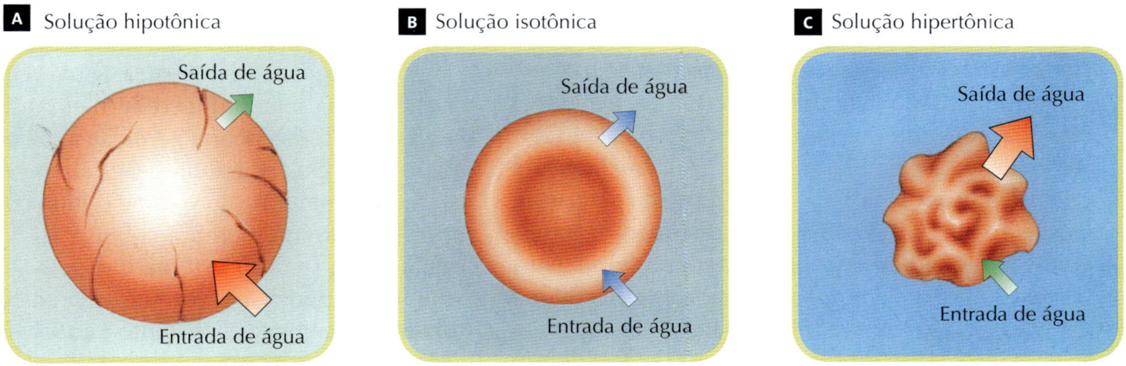

Figura 5.4 Representação esquemática do comportamento de uma célula animal (uma hemácia) em soluções de diferentes concentrações. A espessura das setas indica o volume relativo de água que atravessa a membrana da hemácia. (Representação sem escala, cores-fantasia.)

Conteúdo digital Moderna PLUS http://www.modernaplus.com.br
Animação: *Algas, fungos e protozoários*, veja aba *Protozoários*, botão *Controle osmótico*

As células de nosso corpo são banhadas por uma solução isotônica proveniente do sangue, na qual a concentração total de solutos equivale à concentração interna dos solutos citoplasmáticos. Por isso, nossas células não ganham nem perdem água por osmose. Por outro lado, seres como protozoários de água doce têm o citoplasma hipertônico em relação ao meio externo, de modo que a água tende a entrar continuamente em sua célula por osmose. Esses seres não estouram porque dispõem de um mecanismo para compensar a entrada excessiva de água: eles têm bolsas citoplasmáticas, chamadas de **vacúolos pulsáteis**, que acumulam água e a eliminam periodicamente da célula. Protozoários marinhos não enfrentam problemas osmóticos, pois a água do mar é praticamente isotônica em relação ao seu citoplasma. (**Fig. 5.5**)

As plantas aproveitam o potencial da osmose para absorver água e nutrientes. Graças a suas paredes celulósicas altamente resistentes, as células vegetais não correm o risco de estourar devido à osmose, como veremos no quadro **Amplie seus conhecimentos**, a seguir.

AMPLIE SEUS CONHECIMENTOS — Por que a célula vegetal não estoura devido à osmose?

Uma célula vegetal colocada em solução hipotônica absorve água por osmose, mas, ao contrário da célula animal, não corre o risco de estourar. Isso porque, à medida que a célula incha, a parede celulósica exerce pressões cada vez maiores sobre o citoplasma, forçando a água a sair e equilibrando a pressão de entrada de água pela osmose.

Pode-se comparar a célula vegetal mergulhada em solução hipotônica a uma bola de futebol que vai sendo inflada de ar. A bola contém uma câmara de borracha altamente elástica revestida por um envoltório de couro com menos elasticidade. Quando a bola está vazia, é fácil introduzir o ar em seu interior para enchê-la. A partir de certo ponto, porém, a câmara de borracha encosta no envoltório de couro e este passa a exercer pressão, dificultando a entrada de mais ar. A câmara de borracha da bola é comparável à membrana plasmática, e o envoltório de couro é comparável à parede celulósica. A água entra livremente na célula por osmose até a pressão da parede celular igualar-se à pressão de difusão das moléculas de água, isto é, à pressão osmótica. A partir daí, toda água que entra por osmose é forçada a sair devido à pressão exercida pela parede celulósica.

Um modelo físico pode ajudar-nos a entender o comportamento da célula vegetal com relação à osmose. Imagine um tubo de vidro com uma das extremidades fechada por uma membrana semipermeável (correspondente à membrana plasmática), parcialmente preenchido com uma solução concentrada de açúcar; esta será a solução hipertônica em nosso modelo, correspondendo ao conteúdo (citoplasma e vacúolo) da célula vegetal. A extremidade do tubo tapada pela membrana é mergulhada em um recipiente com água pura, uma solução hipotônica, até que os níveis dos líquidos dentro e fora fiquem na mesma altura. Logo, porém, o nível de líquido no interior do tubo tenderá a subir porque há maior passagem de água da solução hipotônica para a hipertônica, devido ao fenômeno da osmose.

Imagine agora que adaptemos um pistão ao tubo, exercendo pressão contrária à subida da coluna líquida e evitando que o nível da solução dentro do tubo suba. Esse pistão e a força que ele exerce correspondem, em nosso modelo, à pressão que a parede celular exerce, impedindo que a célula inche até estourar. Nessa condição, os líquidos nos dois compartimentos continuarão no mesmo nível. A força aplicada pelo pistão contrabalança a pressão osmótica gerada pela maior tendência de difusão de solvente para dentro do tubo. (**Fig. 5.6**)

A célula vegetal em diferentes soluções

O modelo anterior ajudará a compreender o comportamento osmótico da célula vegetal quando colocada em soluções de diferentes concentrações. Acompanhe as explicações com a análise da **Figura 5.7**. Em **A** está representada uma célula vegetal colocada em água pura; o volume celular aumenta até que a pressão da parede celulósica se torna equivalente à pressão osmótica; nessas condições, fala-se em célula túrgida. Em **B**, uma célula é colocada em uma solução de concentração idêntica à do conteúdo celular, ou seja, isotônica; nesse caso, as pressões de entrada e de saída de água por osmose são equivalentes e o volume celular não se modifica. Em **C**, a célula vegetal é colocada em uma solução hipertônica em relação ao seu conteúdo interno; ocorre perda de água por osmose, o conteúdo celular diminui e se retrai. Em continuação, a grande diminuição do volume celular pode levar ao descolamento da membrana plasmática da parede celulósica; a solução externa invade o espaço entre esses envoltórios, uma vez que a parede celulósica é totalmente permeável ao soluto e ao solvente. Nessas condições, fala-se em célula plasmolisada.

Uma célula plasmolisada colocada em meio isotônico ou hipotônico absorverá água e retornará à situação normal, no primeiro caso, ou se tornará túrgida, no segundo. Nesses casos falamos em deplasmólise. (**Fig. 5.7**)

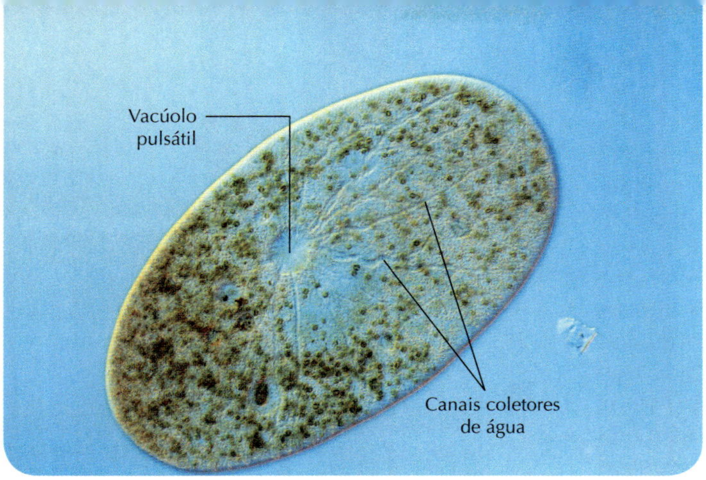

Figura 5.5 Micrografia de um protozoário vivo ao microscópio óptico; veem-se o vacúolo pulsátil e os canais coletores de água (aumento ≃ 290×).

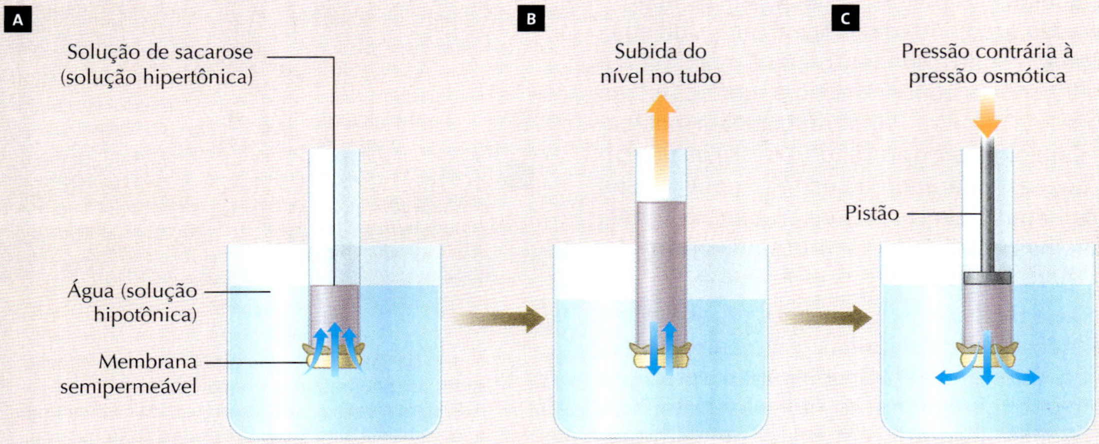

Figura 5.6 Representação esquemática de um sistema físico para demonstrar a osmose na célula vegetal; as setas azuis indicam o fluxo de água. **A**. Um tubo, tendo na base uma membrana semipermeável, é preenchido parcialmente com uma solução concentrada de sacarose e mergulhado em um recipiente com água pura, até que os níveis dos dois líquidos fiquem na mesma altura. **B**. A água entra por osmose, elevando o nível do líquido no tubo. **C**. Um pistão é colocado no tubo e forçado para baixo até que o nível do líquido retorne à posição inicial. A pressão aplicada ao pistão equivale à pressão osmótica da solução contida no tubo. (Representação sem escala, cores-fantasia.)

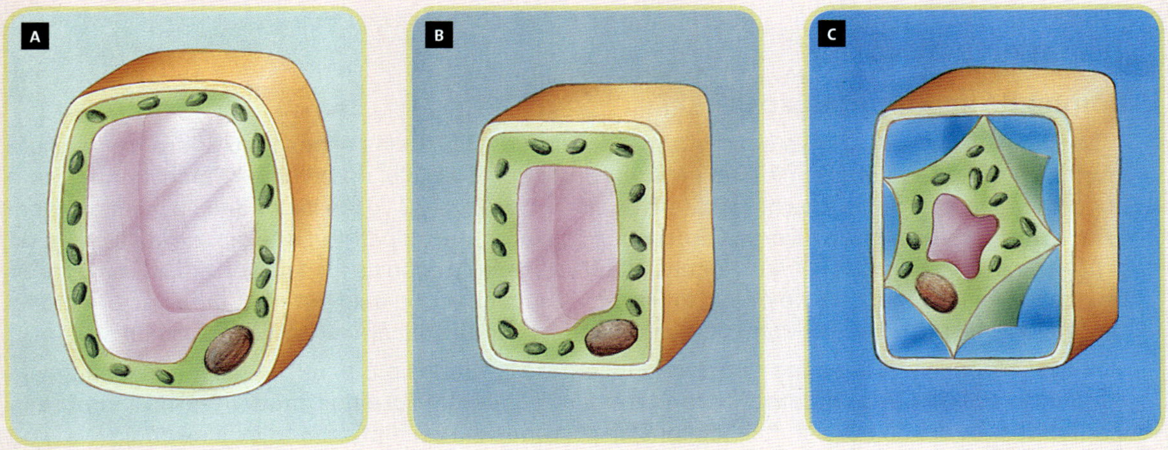

Figura 5.7 Representação esquemática de células vegetais colocadas em soluções de diferentes concentrações. Em **A**, solução hipotônica. Em **B**, solução isotônica. Em **C**, solução hipertônica. (Representação sem escala, cores-fantasia.)

Difusão facilitada

As células de nosso corpo são banhadas por um líquido isotônico proveniente do sangue, que contém água, gás oxigênio, glicídios (principalmente glicose), aminoácidos, íons e diversas outras substâncias. Poucos tipos de molécula e praticamente nenhum tipo de íon conseguem atravessar, em quantidades apreciáveis, a camada dupla de lipídios que constitui as membranas plasmáticas. Assim, o transporte da maioria das moléculas e dos íons para dentro e para fora da célula necessita da participação de proteínas componentes da membrana plasmática.

Algumas proteínas da membrana plasmática formam canais, através dos quais moléculas de água, certos tipos de íons e pequenas moléculas hidrofílicas se deslocam de acordo com seu gradiente de concentração, ou seja, da região onde a concentração é maior para a região onde a concentração é menor. Outras proteínas da membrana transportam moléculas específicas, capturando-as fora ou dentro da célula e liberando-as na face oposta. Elas são denominadas proteínas transportadoras, proteínas carregadoras, proteínas carreadoras ou permeases.

O transporte realizado por essas proteínas transportadoras segue as regras da difusão: se as substâncias transportadas estão em maior concentração no meio externo, sua tendência natural é entrar na célula, onde estão menos concentradas. As proteínas transportadoras facilitam essa entrada e a célula não gasta energia com isso. O transporte facilitado por essas proteínas da membrana plasmática é denominado **difusão facilitada** e também é um tipo de transporte passivo. **(Fig. 5.8)**

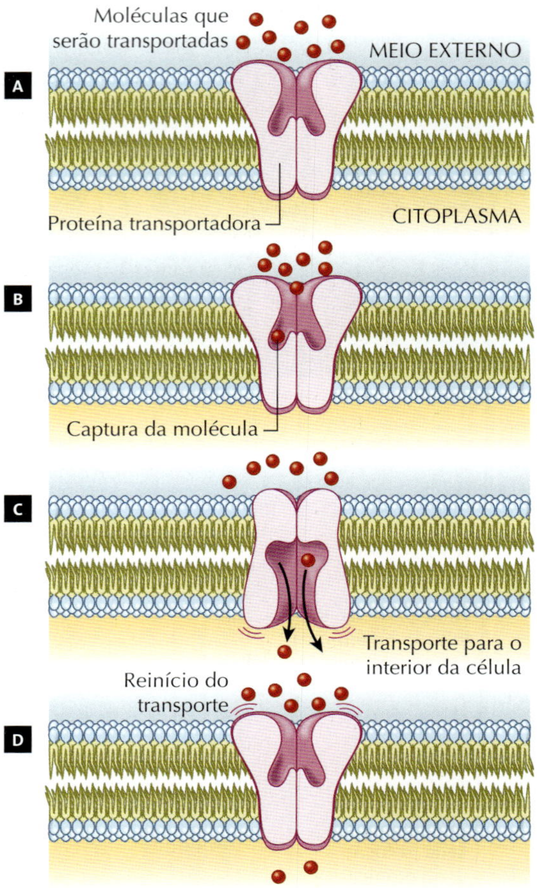

Figura 5.8 Representação esquemática da difusão facilitada por proteínas transportadoras. **A**. Proteína transportadora incrustada na membrana e moléculas a serem transportadas. **B**. Ao tocarem na proteína transportadora, as moléculas são capturadas. **C**. A proteína transportadora muda de forma e movimenta-se na camada de lipídios, carregando as moléculas capturadas para a face interna da membrana. **D**. As moléculas transportadas são liberadas dentro da célula e a proteína transportadora readquire sua configuração original, voltando a se expor na face externa da membrana, à espera de novas moléculas "passageiras". (Representação sem escala, cores-fantasia.) (Baseado em Lodish, H. e cols., 2004.)

Transporte ativo

Bomba de sódio-potássio

As células vivas mantêm a concentração interna de moléculas e íons bem diferente das concentrações dessas substâncias no meio externo. Por exemplo, as células humanas mantêm a concentração interna de íons de potássio (K^+) cerca de 20 a 40 vezes maior que no meio extracelular. O íon K^+ é essencial a diversos processos celulares, participando, por exemplo, da síntese de proteínas e da respiração celular. Por outro lado, a concentração de íons de sódio (Na^+) no interior de nossas células mantém-se cerca de 8 a 12 vezes menor que a do exterior; uma das principais razões para isso é a necessidade de compensar a grande concentração interna de íons K^+.

Para manter as diferenças entre as concentrações interna e externa desses íons, a célula despende energia, o que caracteriza o transporte ativo. Proteínas presentes na membrana plasmática atuam como "bombas" de íons, capturando ininterruptamente íons de sódio (Na^+) no citoplasma e transportando-os para fora da célula. Na face externa da membrana, essas proteínas capturam íons de potássio (K^+) do meio e os transportam para o citoplasma. Esse bombeamento contínuo, conhecido como **bomba de sódio-potássio**, compensa a incessante passagem desses íons por difusão simples.

O bombeamento de íons consome energia da célula, fornecida às proteínas transportadoras pelo trifosfato de adenosina, substância mais conhecida pela sigla de seu nome em inglês ATP (***a**denosine* ***t**ri**p**hosphate*). As moléculas de ATP, como veremos nos capítulos seguintes, são as fornecedoras de energia para todas as atividades celulares. Ao liberar energia, a molécula de ATP decompõe-se em uma molécula de adenosina difosfato (ADP) e em um grupo fosfato (P). **(Fig. 5.9)**

A manutenção das diferenças de concentração dos íons K^+ e Na^+ (e de outros íons) dentro e fora da célula é fundamental para o funcionamento celular. A diferença na distribuição iônica, entre outros fatores, faz com que a superfície externa da membrana plasmática apresente excesso de cargas positivas em relação à superfície interna. Isso gera uma diferença de potencial elétrico da ordem de 70 mV (milivolts).

Grande parte dos processos celulares baseia-se justamente nessa propriedade da membrana em atuar como um capacitor elétrico: sendo constituídas por moléculas não condutoras de eletricidade (lipídios), as membranas biológicas podem armazenar cargas elétricas positivas de um lado e negativas do outro. Como a célula pode controlar a passagem de íons pela membrana, por meio da abertura e fechamento de poros, ela consegue provocar alterações desse potencial elétrico, gerando trabalho.

Você está conseguindo ver este livro porque poros de passagem de íons estão continuamente se abrindo e se fechando nas membranas plasmáticas de suas células nervosas, permitindo que elas captem estímulos do ambiente e os transmitam ao cérebro, onde são interpretados. Isso nos dá uma ideia da importância das membranas celulares para a nossa vida. O capítulo 16 deste livro traz mais detalhes sobre o transporte iônico nas células nervosas.

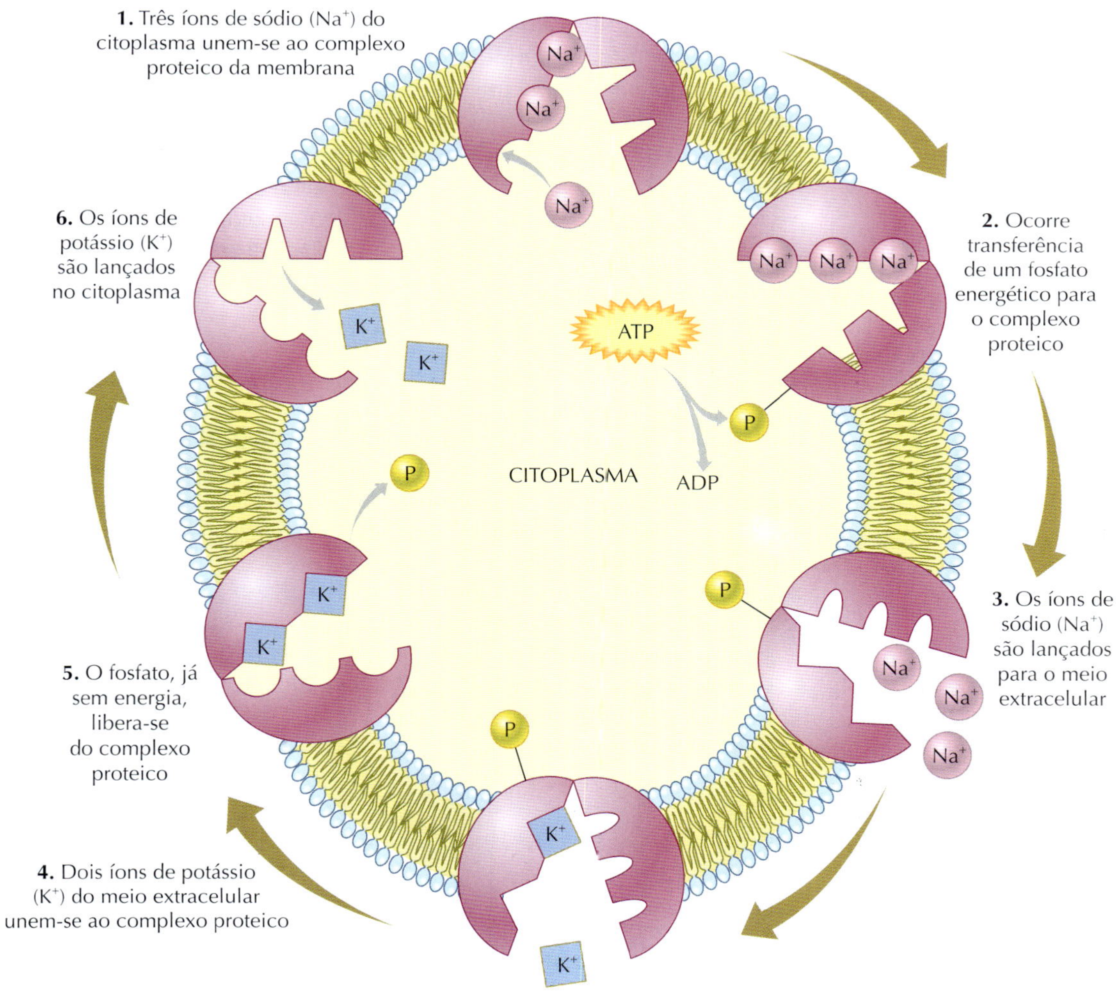

Figura 5.9 Representação esquemática do funcionamento da bomba de sódio-potássio, um processo de transporte ativo. Um complexo proteico incrustado na membrana transporta, em cada ciclo de atividade, três íons de sódio (Na^+) para fora da célula e dois íons de potássio (K^+) para o citoplasma. A energia para o processo provém das moléculas altamente energéticas do ATP. (Representação sem escala, cores-fantasia.) (Baseado em Campbell, N. e cols., 1999.)

AMPLIE SEUS CONHECIMENTOS

Fibrose cística: um distúrbio na permeabilidade celular

Os estudos de uma doença humana — a fibrose cística — têm ajudado a compreender a importância do transporte de íons através das membranas plasmáticas.

A fibrose cística caracteriza-se principalmente por distúrbios pancreáticos e pulmonares, problemas digestivos e infecções das vias respiratórias. Esse conjunto de sintomas ocorre porque, nas pessoas doentes, o muco secretado pelas células glandulares é anormalmente mais viscoso, o que dificulta seu fluxo pelos ductos das glândulas, que acabam bloqueados; nos pulmões e nas vias respiratórias, a secreção altamente viscosa se acumula e favorece a proliferação de bactérias patogênicas.

As pessoas afetadas por essa doença têm os dois genes para fibrose cística alterados, tanto o proveniente da mãe quanto o proveniente do pai. Nas pessoas de ascendência caucasiana, ela ocorre na frequência de 1 para 2.000, bem mais elevada que em outras etnias, como os afrodescendentes e os orientais.

A gravidade dos sintomas da fibrose cística pode variar. Geralmente a vida média dos doentes é de 26 anos, mas cerca de 10% das pessoas afetadas morrem antes de completar 10 anos de idade, enquanto outros vivem até os 50 ou 60 anos. Mais de 95% dos homens afetados pela doença são estéreis devido a problemas nos ductos do sistema genital. (**Fig. 5.10** na página seguinte.)

Com o desenvolvimento da Biologia Molecular foi possível isolar o gene responsável pela fibrose cística e compreender seu modo de ação. O problema é causado por uma alteração genética (mutação) que, por sua vez, leva à alteração de uma proteína transportadora da membrana plasmática cuja função é bombear íons de cloro ($C\ell^-$). A inatividade da proteína alterada leva a alterações anormais na quantidade de íons dentro e fora das células glandulares, com redução da quantidade de água na secreção. Com menos água, o muco torna-se mais concentrado e adquire consistência mais viscosa, o que causa o quadro clínico da doença. (**Fig. 5.11**)

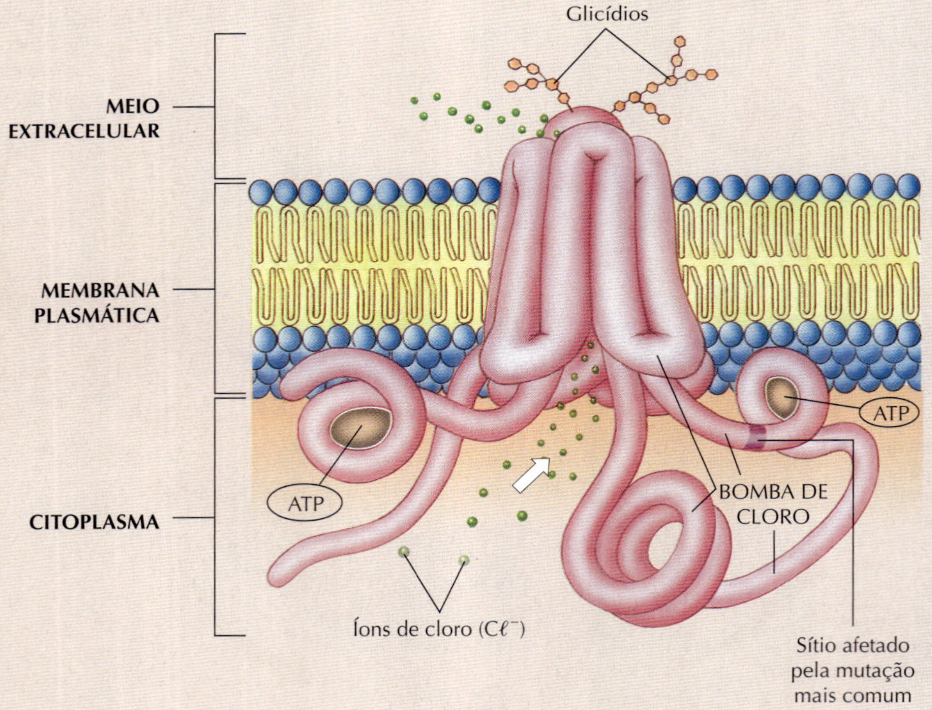

Figura 5.11 Representação esquemática da proteína da membrana plasmática alterada na fibrose cística; a função dessa proteína é bombear íons de cloro ($C\ell^-$) para fora da célula. (Representação sem escala, cores-fantasia.) (Baseado em Griffiths, A. e cols., 1999.)

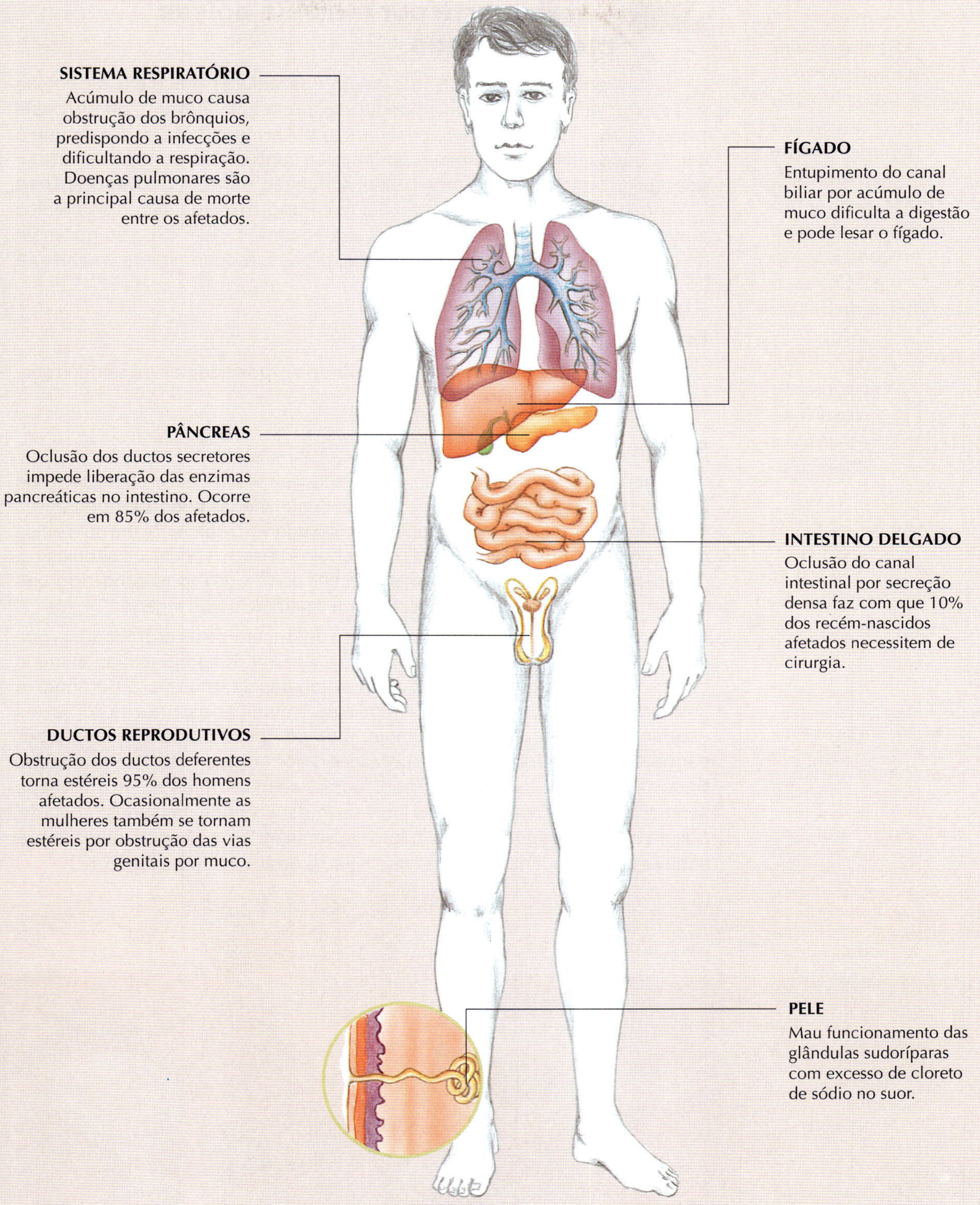

Figura 5.10 Representação dos órgãos do corpo humano afetados na fibrose cística, uma doença humana hereditária. (Representação sem escala, cores-fantasia.) (Baseado em Griffiths, A. e cols., 1999.)

Seção 5.3

Endocitose e exocitose

Objetivo

▶ Compreender e esquematizar os processos de endocitose (fagocitose e pinocitose) e de exocitose, respectivamente responsáveis pela entrada e saída de partículas e substâncias na célula.

Termos e conceitos

- endocitose
- exocitose
- fagocitose
- pinocitose

O transporte por meio de bolsas membranosas

Certas substâncias entram e saem das células por meio de bolsas que se formam na membrana plasmática, processo bastante distinto dos transportes passivo e ativo que vimos anteriormente. Materiais de que a célula necessita, por exemplo, podem ser capturados em bolsas formadas por invaginações da membrana, processo denominado **endocitose** (do grego *endos*, dentro, e *kytos*, célula). Por outro lado, algumas células podem eliminar estruturas ou substâncias para o meio externo por meio de bolsas que se fundem à membrana, processo denominado **exocitose** (do grego *exos*, fora, e *kytos*, célula).

Endocitose

Os citologistas costumam distinguir dois tipos básicos de endocitose: fagocitose e pinocitose.

Fagocitose

Fagocitose (do grego *phagein*, comer, e *kytos*, célula) é um processo em que a célula emite expansões citoplasmáticas denominadas **pseudópodes**; estes "abraçam" a partícula a ser englobada, envolvendo-a totalmente em uma bolsa membranosa, que se desprende da membrana e passa a circular no citoplasma. A bolsa contendo o material capturado recebe o nome de **fagossomo** (do grego *phagein*, comer, e *soma*, corpo), termo que significa "corpo ingerido".

Entre as células que fazem fagocitose destacam-se os protozoários, que utilizam o processo em sua alimentação. Alguns tipos de células animais também fazem fagocitose, não para se alimentar, mas para defender o corpo da invasão por microrganismos e para eliminar estruturas corporais desgastadas pelo uso. Por exemplo, quando nosso corpo é invadido por bactérias, a primeira defesa corporal ocorre por fagocitose. Determinados tipos de células do sangue, os macrófagos e os neutrófilos, saem dos vasos sanguíneos e deslocam-se até o local da infecção, onde passam a fagocitar ativamente os invasores, digerindo-os e eliminando-os. Mais detalhes sobre esse assunto encontram-se no capítulo 14 deste volume. (**Fig. 5.12**)

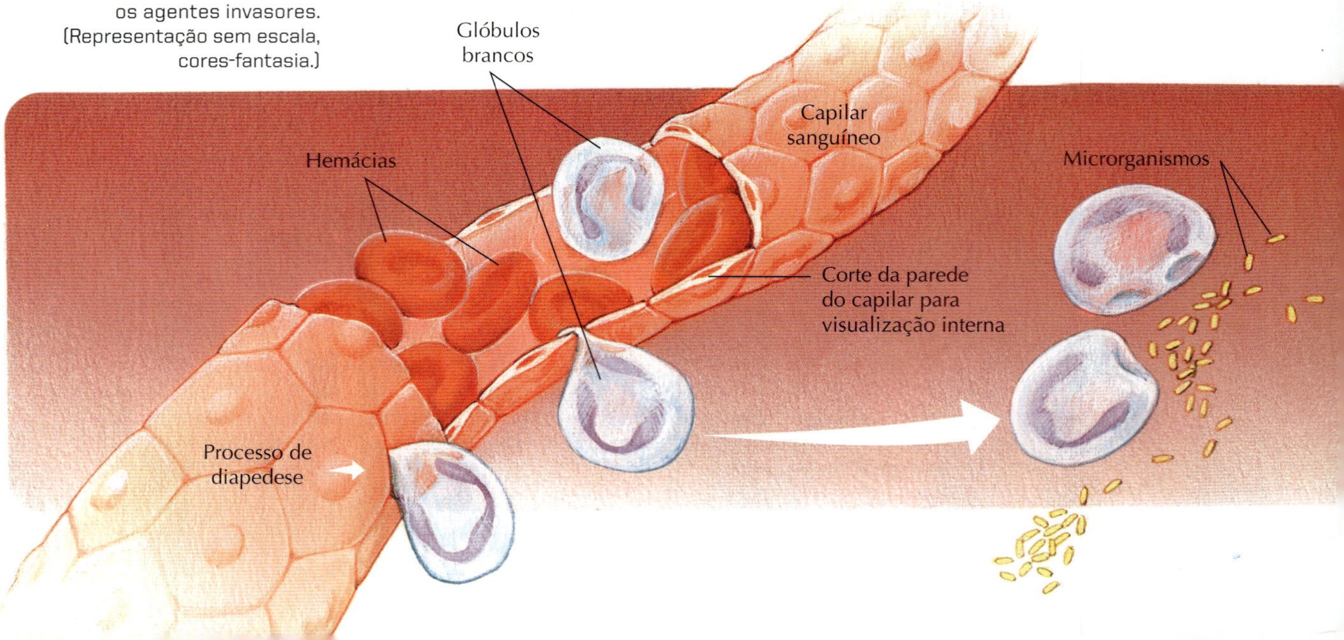

Figura 5.12
Representação esquemática do papel da fagocitose na proteção corporal. Quando há uma infecção bacteriana em nosso corpo, certos tipos de glóbulos brancos saem dos capilares sanguíneos (diapedese) e se deslocam até o local infectado, onde fagocitam ativamente os agentes invasores. (Representação sem escala, cores-fantasia.)

Pinocitose

Pinocitose (do grego *pinein*, beber) é um processo de englobamento de líquidos e de pequenas partículas que ocorre em praticamente todos os tipos de células. Uma célula humana é capaz de englobar, por dia, quantidades de líquido superiores a várias vezes seu próprio volume, algo equivalente a uma pessoa de 70 kg beber 200 litros de líquido por dia.

No processo de pinocitose, a membrana plasmática aprofunda-se no citoplasma e forma um canal que se estrangula nas bordas, liberando pequenas vesículas membranosas no interior da célula. As bolsas citoplasmáticas que contêm o material englobado por pinocitose são chamadas **pinossomos** (do grego *pinein*, beber, e *soma*, corpo). A pinocitose é o meio pelo qual as células do revestimento interno do intestino capturam gotículas de lipídios do alimento digerido; além disso, a maioria de nossas células engloba, por pinocitose, partículas de LDL (complexo transportador de lipídios de baixa densidade) para aproveitar o colesterol na produção de suas membranas. (**Fig. 5.13**)

Como veremos no próximo capítulo, tanto fagossomos quanto pinossomos podem fundir-se a bolsas citoplasmáticas que contêm enzimas digestivas, os chamados lisossomos. Nas bolsas resultantes dessa fusão, o material englobado do exterior é digerido pelas enzimas lisossômicas.

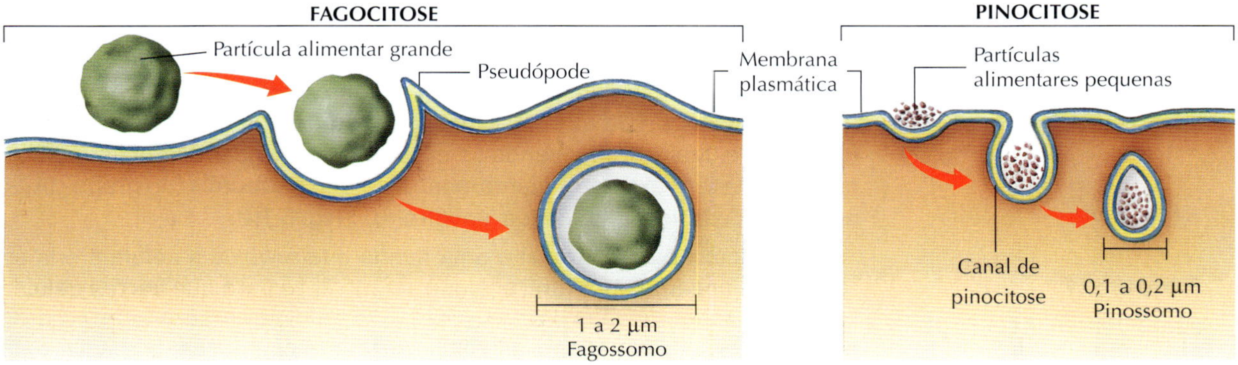

Figura 5.13 Representação esquemática de cortes na borda de uma célula, mostrando a fagocitose e a pinocitose. As principais diferenças entre os dois processos são o modo de captura e o tamanho das partículas capturadas. (Representação sem escala, cores-fantasia.)

Exocitose

Certas substâncias que devem ser eliminadas da célula são temporariamente armazenadas no interior de bolsas citoplasmáticas membranosas. Tais bolsas aproximam-se da membrana plasmática e fundem-se a ela, expelindo seu conteúdo. Esse processo é chamado **exocitose** (do grego *exos*, fora). É por meio da exocitose que certos tipos de célula eliminam os restos da digestão intracelular. A exocitose é também o processo pelo qual células glandulares secretam seus produtos.

Conteúdo digital Moderna PLUS http://www.modernaplus.com.br
Animação: *O mundo microscópico da célula*, veja aba *Transporte através da membrana*

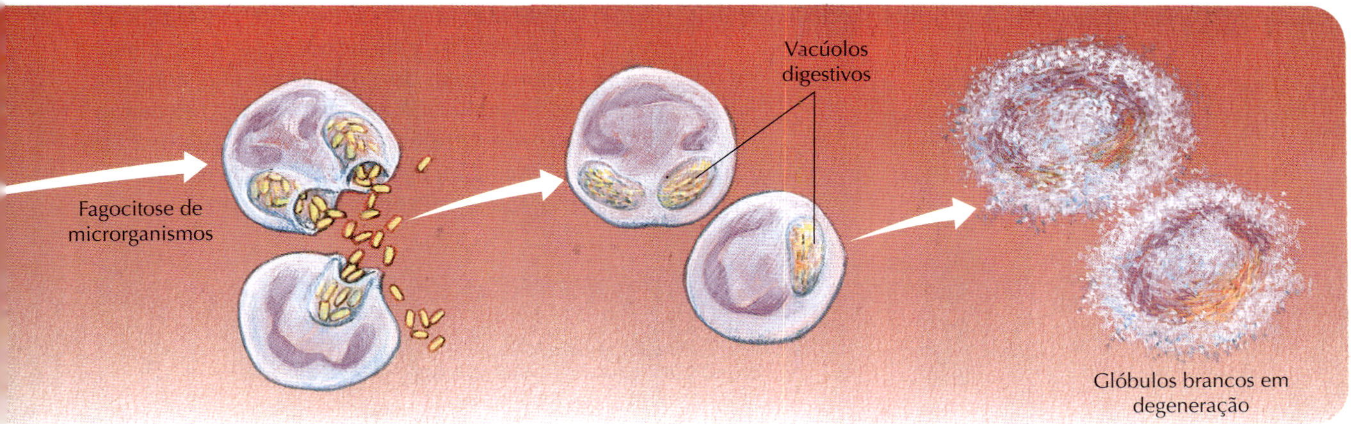

Envoltórios externos à membrana plasmática

Objetivo

▶ Conhecer a constituição básica e as funções do glicocálix de células animais e da parede celular de células vegetais.

Termos e conceitos

- glicocálix
- parede celulósica
- plasmodesmo

A membrana plasmática é relativamente frágil e na maioria das células é protegida por algum tipo de envoltório externo, que também a auxilia em suas funções. Um desses envoltórios é o glicocálix, presente na maioria das células animais e também em certos protozoários; outros tipos de envoltório são as paredes celulares, presentes em células de diversos organismos, como bactérias, fungos, certos protozoários, algas e plantas. Nas algas e nas plantas, a parede celular é constituída fundamentalmente pelo polissacarídio celulose, sendo por isso denominada parede celulósica.

1 Glicocálix

As células animais podem apresentar um revestimento externo intimamente associado à membrana plasmática, constituído por glicídios unidos a lipídios (glicolipídios) e por glicídios ligados a proteínas (glicoproteínas e proteoglicanos). Os glicídios constituintes das glicoproteínas, dos glicolipídios e dos proteoglicanos se entrelaçam, formando uma espécie de malha protetora externa à membrana, chamada **glicocálix** (do grego *glikys*, açúcar, e do latim *calyx*, casca, envoltório). (**Fig. 5.14**)

O glicocálix é comparável a uma malha que envolve a célula e cria ao redor dela um ambiente diferenciado, importante para que certas células executem suas funções. Por exemplo, nas células da parede interna de nosso intestino delgado, o glicocálix retém enzimas responsáveis pela digestão de proteínas e dissacarídios contidos no alimento. Aminoácidos e monossacarídios resultantes dessa digestão são prontamente absorvidos pela membrana plasmática.

2 Paredes celulares

Parede bacteriana

A parede da célula bacteriana é uma estrutura complexa e resistente, responsável pela forma das bactérias. Sua principal função é evitar que a bactéria "estoure" quando submetida a ambientes hipotônicos. Do ponto de vista médico, o estudo da parede bacteriana é importante porque substâncias nela presentes levam certas espécies de bactéria a causar doenças. Além disso, alguns tipos de antibiótico são capazes de impedir que as bactérias produzam a parede celular, o que causa sua morte; a penicilina, por exemplo, atua dessa forma sobre bactérias Gram-positivas.

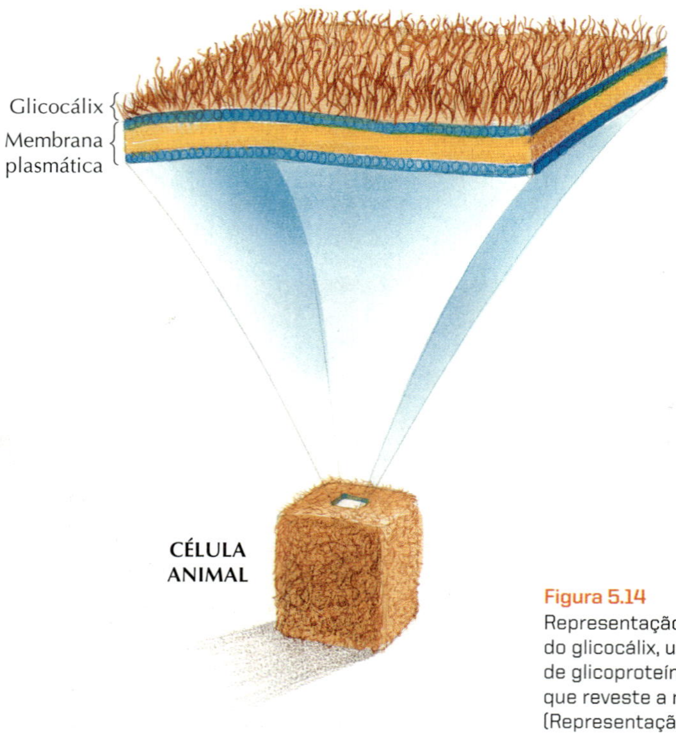

Figura 5.14
Representação esquemática do glicocálix, uma malha de moléculas de glicoproteínas e de glicolipídios que reveste a maioria das células animais. (Representação sem escala, cores-fantasia.)

AMPLIE SEUS CONHECIMENTOS — Bactérias Gram-positivas e Gram-negativas

A composição química da parede celular permite diferenciar dois grandes grupos de bactéria, as chamadas bactérias Gram-positivas e as bactérias Gram-negativas. A denominação deriva do nome do inventor da técnica de coloração que permite diferenciar os dois tipos de bactéria, o microbiologista dinamarquês Hans Christian J. Gram (1853-1938).

As paredes de praticamente todas as bactérias (com exceção das arqueas) contêm em sua estrutura um componente conhecido por peptidioglicano, constituído por moléculas do polissacarídio glicosaminoglicano unidas a cadeias de quatro aminoácidos (tetrapeptídios). Bactérias Gram-positivas têm uma camada grossa de peptidioglicanos em sua parede, enquanto bactérias Gram-negativas têm uma camada bem mais fina de peptidioglicanos, envolta por uma segunda membrana lipoproteica com polissacarídios incrustados. (**Fig. 5.15**)

Bactérias Gram-positivas são mais sensíveis à ação da penicilina porque esse antibiótico atua exatamente na produção de peptidioglicanos pela bactéria. A penicilina praticamente não tem efeito sobre bactérias Gram-negativas porque a membrana lipoproteica presente na parede dessas bactérias impede a absorção desse antibiótico.

Outra característica das bactérias Gram-negativas é que os componentes lipopolissacarídicos de sua parede são geralmente tóxicos ao nosso organismo; assim, quando essas bactérias invadem o sangue ou o sistema digestório, causam febre, cólicas intestinais ou complicações mais sérias.

A parede celular das arqueas (anteriormente denominadas arqueobactérias) não contêm peptidioglicanos; é formada apenas por polissacarídios e proteínas.

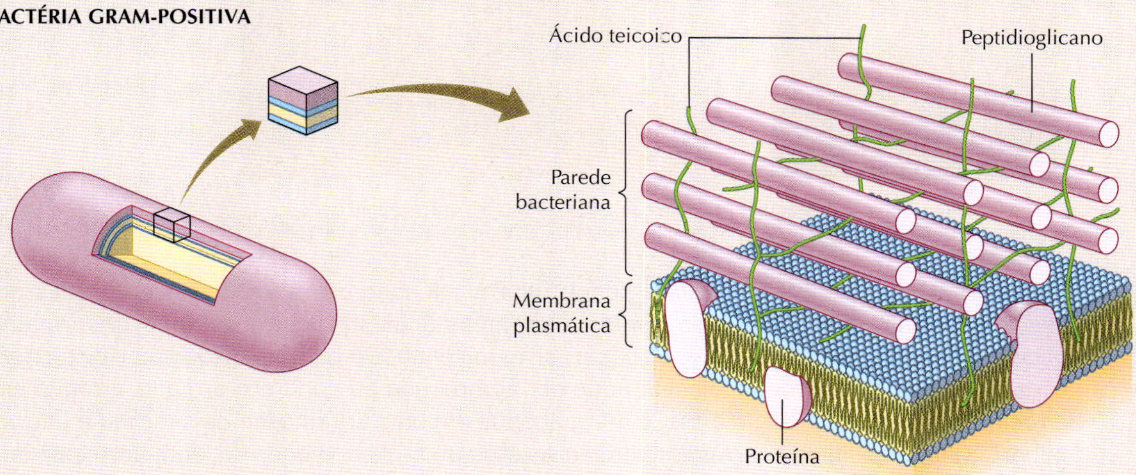

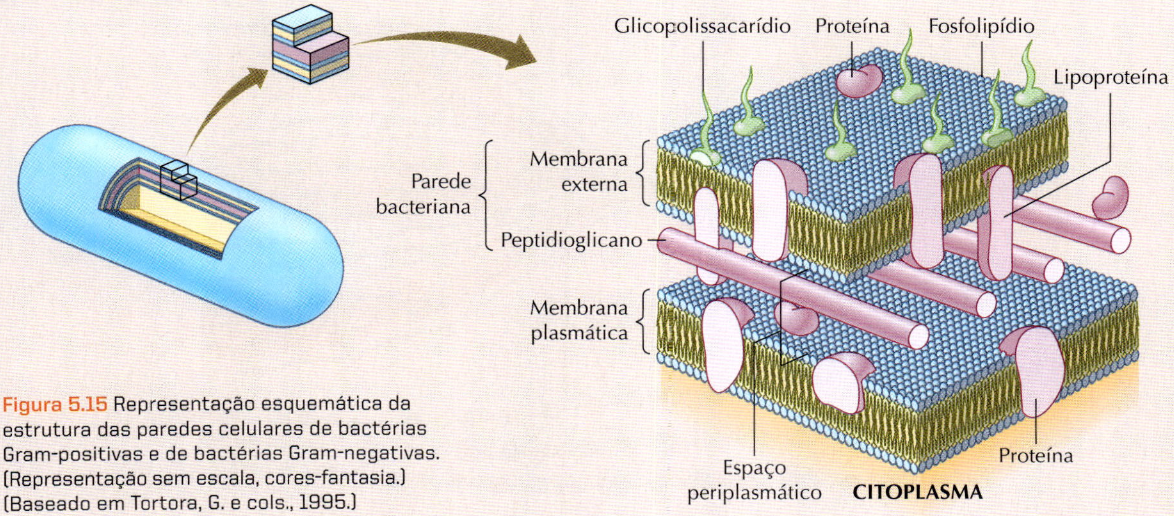

Figura 5.15 Representação esquemática da estrutura das paredes celulares de bactérias Gram-positivas e de bactérias Gram-negativas. (Representação sem escala, cores-fantasia.) (Baseado em Tortora, G. e cols., 1995.)

Parede celulósica

As células vegetais têm um envoltório externo espesso e resistente, denominado **parede celulósica**. Nas células vegetais jovens há apenas uma parede fina e flexível, a parede primária, elástica o suficiente para permitir o crescimento celular. Depois que a célula vegetal atinge seu tamanho definitivo, forma-se, internamente à parede primária, um envoltório mais espesso e mais rígido, a parede secundária. Esta pode conter outros tipos de componentes além da celulose, como a lignina (um polímero constituído por unidades fenólicas) e a suberina (um tipo de lipídio). A principal função das paredes das células vegetais é dar rigidez ao corpo das plantas, atuando na sustentação esquelética; por isso, a parede celulósica também é chamada de membrana esquelética celulósica. (**Fig. 5.16**)

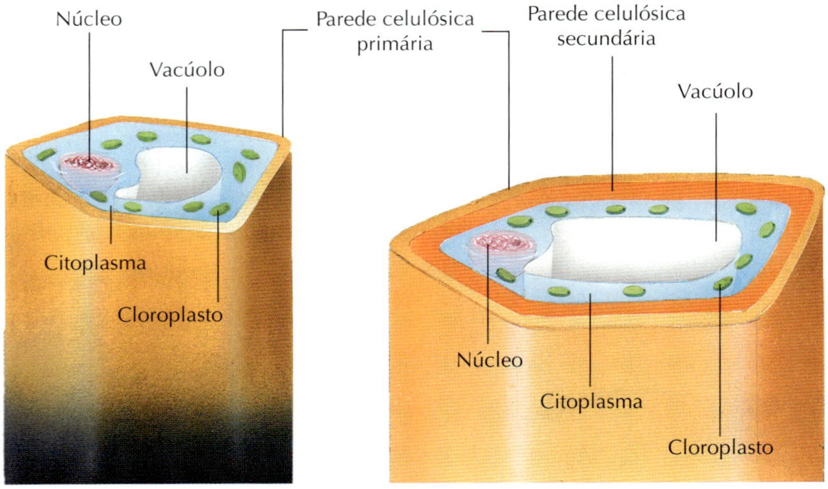

Figura 5.16 Representação esquemática de células vegetais em corte, mostrando paredes celulósicas primária e secundária. (Representação sem escala, cores-fantasia.)

A parede das células vegetais é constituída por longas e resistentes microfibrilas do polissacarídio celulose. Essas microfibrilas mantêm-se unidas graças a uma matriz formada por glicoproteínas (proteínas ligadas a açúcares), hemicelulose e pectina (polissacarídios). A estrutura molecular da parede celulósica pode ser comparada ao concreto armado, em que longas e resistentes varetas de ferro estão mergulhadas em uma argamassa de cimento e pedras; as microfibrilas de celulose correspondem às varetas de ferro do concreto, enquanto as glicoproteínas e os polissacarídios da matriz correspondem à argamassa. (**Fig. 5.17**)

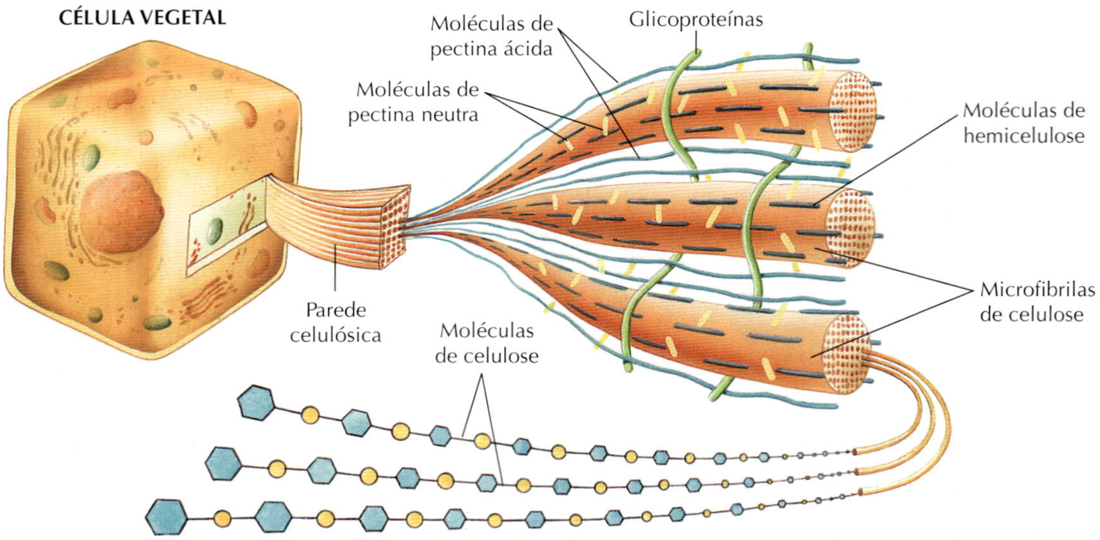

Figura 5.17 Representação esquemática da estrutura molecular da parede celulósica. (Representação sem escala, cores-fantasia.) (Baseado em Alberts, B. e cols., 1994.)

Plasmodesmos

Paredes de células vegetais adjacentes apresentam poros, por onde o citoplasma de células vizinhas se comunica, formando uma continuidade. Essas pontes citoplasmáticas que comunicam células vegetais adjacentes são denominadas **plasmodesmos**. Eles se formam entre células-irmãs ao final da divisão celular. **(Fig. 5.18)**

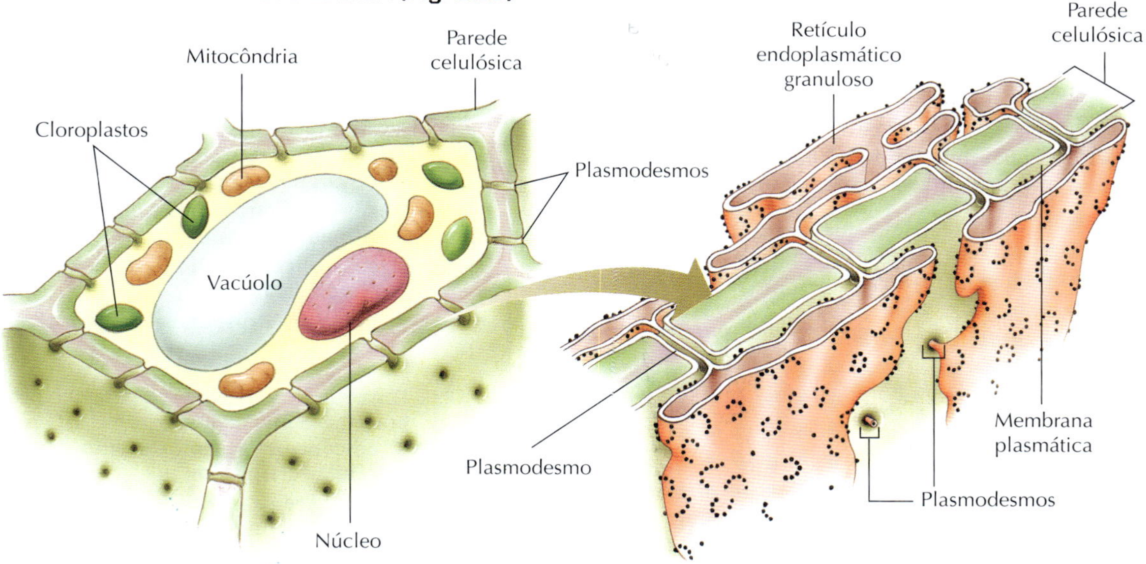

Figura 5.18 Representação esquemática de um corte de células vegetais adjacentes, mostrando as pontes citoplasmáticas (plasmodesmos) entre elas. No detalhe, estrutura dos plasmodesmos ilustrada a partir de micrografias ao microscópio eletrônico de transmissão. Note a continuidade da membrana plasmática em células vizinhas e, também, as bolsas do retículo endoplasmático que passam através dos plasmodesmos. (Representação sem escala, cores-fantasia.) (Baseado em Raven, P. e cols., 1999.)

ATIVIDADES

QUESTÕES PARA PENSAR E DISCUTIR

Questões objetivas

Utilize os termos a seguir para responder às questões de 1 a 4.

a) Difusão simples.
b) Difusão facilitada.
c) Osmose.
d) Permeabilidade seletiva.

1. A propriedade de a membrana plasmática deixar passar certas substâncias e impedir a passagem de outras recebe que denominação?

2. Como se denomina a passagem de substâncias através da membrana plasmática, sem necessidade de proteínas transportadoras?

3. Qual é a denominação da passagem de substâncias através da membrana plasmática, com o auxílio de proteínas transportadoras mas sem gasto de energia?

4. Como se denomina a passagem apenas de água através de uma membrana semipermeável, em direção ao local de maior concentração de solutos?

Considere os termos a seguir para responder às questões de 5 a 8.

a) Hipertônica.
b) Hipotônica.
c) Isotônica.
d) Transporte ativo.
e) Transporte passivo.

5. Como se denomina o processo de passagem de substâncias através da membrana plasmática quando não há gasto de energia por parte da célula?

6. Qual é a denominação do processo de passagem de substâncias através da membrana plasmática quando há gasto de energia por parte da célula?

7. Ao compararmos duas soluções, como denominamos a menos concentrada em solutos? E a mais concentrada?

8. Como é chamada uma solução com mesma concentração em solutos que outra?

9. O mecanismo de transporte ativo de íons Na^+ e K^+ através da membrana plasmática, com gasto de energia, é chamado de
a) bomba de sódio-potássio.
b) difusão facilitada.
c) fagocitose.
d) osmose.

Considere os termos a seguir para responder às questões de 10 a 12.

a) Membrana semipermeável.
b) Modelo do mosaico fluido.
c) Permease.

10. Qual é a denominação dada a uma proteína que facilita a difusão de certas substâncias através da membrana plasmática?

11. Qual termo se refere à passagem de solvente, mas não de solutos, através de uma membrana?

12. Como ficou conhecida a explicação para o arranjo das moléculas de fosfolipídios e proteínas na membrana plasmática?

Considere os termos a seguir para responder às questões 13 e 14.

a) Transporte passivo. c) Pinocitose.
b) Fagocitose. d) Osmose.

13. Como se denomina o ato de a célula englobar partículas relativamente grandes, com auxílio de pseudópodes?

14. Qual é a denominação para o ato de a célula englobar pequenas gotas de líquido extracelular por meio de canais membranosos que se aprofundam no citoplasma?

15. Bolsas membranosas que contêm substâncias capturadas por fagocitose e por pinocitose são chamadas, respectivamente, de
a) pseudópode e canal pinocitótico.
b) fagossomo e pinossomo.
c) pinossomo e fagossomo.
d) canal fagocitótico e pseudópode.

Considere os termos a seguir para responder às questões de 16 a 18.

a) Glicocálix.
b) Membrana plasmática.
c) Parede celulósica.
d) Parede bacteriana.

16. O que é um envoltório constituído basicamente por celulose, presente em células de plantas e de algas?

17. Como se denomina o envoltório semelhante a uma malha entrelaçada, formada por glicoproteínas e por glicolipídios, presente em células animais?

18. O que é um envoltório extracelular que possui peptidioglicano em sua composição e está presente em um grande grupo de organismos procarióticos?

19. Como não necessitam de energia para ocorrer, osmose e difusão são considerados tipos de
a) fagocitose. c) transporte ativo.
b) pinocitose. d) transporte passivo.

20. Durante a osmose a água passa através da membrana semipermeável da solução menos concentrada em soluto para a solução
a) hipertônica. c) isotônica.
b) hipotônica. d) osmótica.

21. O fornecedor de energia para o transporte ativo de substâncias através da membrana plasmática é o
a) ácido desoxirribonucleico (DNA).
b) colesterol.
c) fagossomo.
d) trifosfato de adenosina (ATP).

22. No caso de a membrana plasmática ser permeável a determinada substância, esta se difundirá para o interior da célula quando
a) sua concentração no ambiente for menor que no citoplasma.
b) sua concentração no ambiente for maior que no citoplasma.
c) sua concentração no ambiente for igual à do citoplasma.
d) houver ATP disponível para fornecer energia ao transporte.

23. Uma condição necessária para que ocorra osmose em uma célula é que
a) as concentrações de soluto dentro e fora da célula sejam iguais.
b) as concentrações de soluto dentro e fora da célula sejam diferentes.
c) haja ATP disponível para fornecer energia para o transporte de água.
d) haja um vacúolo no interior da célula onde o excesso de água será acumulado.

24. Quando a produção de energia em uma célula é inibida experimentalmente, a concentração de íons no citoplasma pouco a pouco se iguala à do ambiente externo. Qual dos mecanismos a seguir é o responsável pela manutenção da diferença de concentração de íons dentro e fora da célula?
a) Difusão facilitada. c) Osmose.
b) Difusão simples. d) Transporte ativo.

25. Neutrófilos e macrófagos combatem bactérias e outros invasores que penetram em nosso corpo, englobando-os com projeções de suas membranas plasmáticas (pseudópodes). Esse processo de ingestão de partículas é chamado
a) difusão. c) osmose.
b) fagocitose. d) pinocitose.

26. Uma célula vegetal mergulhada em solução (I) não estoura devido à presença de (II). Qual alternativa completa corretamente a questão?
a) (I) = hipotônica; (II) = parece celulósica.
b) (I) = hipotônica; (II) = vacúolo.
c) (I) = hipertônica; (II) = parece celulósica.
d) (I) = hipertônica; (II) = vacúolo.

Questões discursivas

27. Entre as diversas maneiras de verificar a difusão, mencionamos a seguir uma que pode ser realizada sem materiais ou instrumentos especiais. Ponha água em um recipiente largo de vidro transparente (uma placa de Petri ou um "pirex", desses usados na cozinha) e coloque sobre uma superfície branca, em um local bem iluminado. Espere até que a água pare de se agitar, e então pingue uma gota de tinta nanquim preta (ou tinta à base de látex) bem perto da superfície da água. Observe a difusão das

partículas de tinta. Teste o efeito da temperatura da água sobre a velocidade com que a difusão ocorre, colocando em um recipiente água bem gelada, e em outro, água bem quente. Em qual deles você espera que a difusão ocorra mais rapidamente? Por quê?

28. Três tubos de vidro têm, na extremidade inferior, membranas semipermeáveis (isto é, permeáveis à água, mas impermeáveis à sacarose) e foram mergulhados em um recipiente contendo uma solução aquosa de sacarose de concentração C = 10 g/L. Os tubos apresentavam, inicialmente, volumes iguais de soluções de sacarose de diferentes concentrações: C1 = 20 g/L (tubo 1); C2 = 10 g/L (tubo 2); C3 = 5g/L (tubo 3). O que se espera que ocorra com o nível de líquido, em cada um dos tubos, após algum tempo? Por quê?

Situação inicial

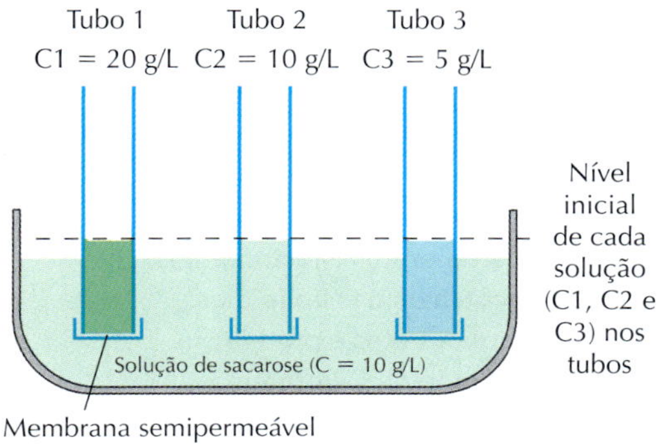

29. Um pesquisador verificou que a concentração de uma certa substância dentro da célula era vinte vezes maior do que fora dela. Sabendo-se que a substância em questão é capaz de se difundir facilmente através da membrana plasmática, como pode ser explicado o fato de não ser atingido o equilíbrio entre as concentrações interna e externa?

30. Considere a montagem esquematizada na figura abaixo, em que dois tubos (A e B) estão separados por uma membrana semipermeável. No tubo A foram colocados 20 mL de solução aquosa contendo 20% de cloreto de sódio (NaCℓ) e 5% de sacarose. No tubo B foram colocados 20 mL de solução aquosa contendo 5% de NaCℓ e 20% de sacarose. Considerando que a membrana entre os tubos é permeável à água e ao cloreto de sódio, mas impermeável à sacarose, responda às questões a seguir.

a) O que se espera que ocorra com a concentração de NaCℓ nos tubos A e B? Por quê?

b) Ocorrerá osmose? Por quê?

c) O que se espera que ocorra com o nível da solução nos tubos A e B?

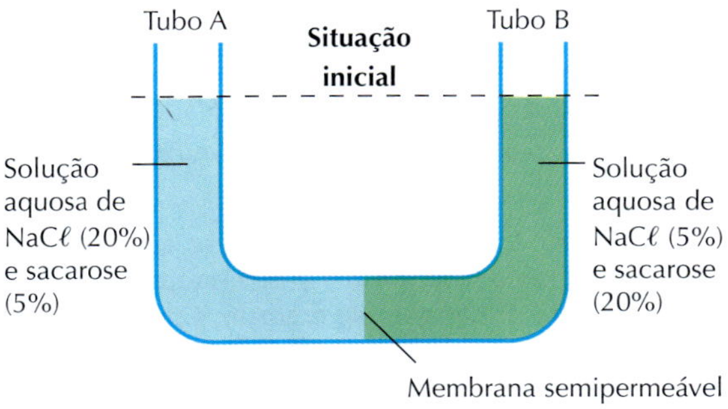

VESTIBULARES PELO BRASIL

Brasil – Regiões

Região Norte
Região Centro-Oeste
Região Sul
Região Nordeste
Região Sudeste
Brasil

Questões objetivas

1 (Ufam) A organização molecular da membrana celular é essencialmente baseada na presença de uma bicamada lipídica. Identifique, nas alternativas abaixo, as moléculas que fazem parte da organização da membrana.

a) Ptialina, glicolipídios e colesterol.

b) Ácidos nucleicos, fosfolipídios e insulina.

c) Fosfolipídios, glicolipídios e colesterol.

d) Adenina, fosfolipídios e aminoácidos.

e) Citosina, colesterol e glicolipídios.

2 (Unifap-Adaptado) A permeabilidade celular consiste no transporte de substâncias através da membrana plasmática. Para se manter íntegra e funcional, a célula necessita garantir a entrada de substâncias úteis à manutenção do seu metabolismo e permitir a saída de outras, tais como dióxido de carbono (CO_2) e excreções de catabólitos.

Leia as proposições, levando em consideração as informações do texto, para encontrar o valor da questão. Dê como resposta a soma dos números associados a afirmações corretas.

01) A capacidade de ser semipermeável da membrana plasmática dá-se graças aos **canais de proteínas** que permitem que determinadas moléculas e íons atravessem a membrana plasmática.

02) A permeabilidade seletiva da membrana plasmática deve-se às **proteínas carreadoras**, que interagem especificamente com algumas moléculas e íons carregando-os através da membrana.

04) Substâncias de diferentes composições estão em constante movimento através da membrana e, para que ocorra o **processo de difusão**, a membrana deve ser permeável a essas substâncias.

08) Para que ocorra a **difusão simples**, é necessário que haja uma diferença na concentração da substância dentro e fora da célula. Por exemplo, como as células estão sempre consumindo O_2, a concentração no interior da célula é sempre alta.

3 (Ufac) Estudos experimentais realizados com membranas celulares possibilitaram a descoberta de uma grande variedade de proteínas. Algumas dessas proteínas se organizam na membrana plasmática para formarem poros ou canais, os quais possibilitam a livre passagem de certas moléculas e íons, por tal membrana. O impedimento da formação de tais canais específicos para o trânsito de determinados íons pode se refletir como uma doença hereditária. No caso da fibrose cística, indique em qual das alter-

nativas consta o íon que está impedido de transitar pela membrana plasmática.

a) Sódio
b) Potássio
c) Cloro
d) Gás carbônico
e) Gás oxigênio

4 (UFPA) Sabemos que as células necessitam trocar substâncias com o meio para manterem-se vivas. Isto porque elas precisam receber nutrientes e oxigênio e eliminar resíduos de seu metabolismo. As trocas entre as células e o meio podem ocorrer sob diversas formas. A passagem do oxigênio para o interior das células e a do gás carbônico para o meio externo ocorrem devido a um processo que consiste no

a) transporte passivo através de membrana semipermeável com a passagem do soluto do meio mais concentrado para o menos concentrado.
b) transporte ativo através da membrana, no qual a energia é utilizada para manter a concentração elevada de um determinado íon no interior da célula, apesar de existir uma concentração baixa do mesmo íon no meio exterior.
c) transporte facilitado a partir do estabelecimento de diferença de cargas elétricas na membrana plasmática.
d) movimento de moléculas do meio onde elas estão mais concentradas para onde estão menos concentradas, no sentido de igualar a concentração.
e) movimento de substâncias do meio menos concentrado para o mais concentrado, com o auxílio de proteínas respiratórias.

5 (Ufam) Complete: A pressão osmótica depende da concentração de partículas de soluto na solução. Quando duas soluções apresentam concentrações diferentes de soluto, a mais concentrada é chamada de ________ e a mais diluída ____________ respectivamente.

a) solução plasmática; solução hipertônica
b) solução hipotônica; solução hipertônica
c) solução aquosa; solução hipotônica
d) solução hipertônica; solução hipertônica
e) solução hipertônica; solução hipotônica

6 (UFMA) Através da permeabilidade seletiva, a membrana plasmática exerce a importante função de manter condições físico-químicas internas favoráveis à realização das diferentes funções celulares. Sobre os mecanismos que permitem a entrada e a saída de substâncias através da membrana podemos afirmar que

a) a bomba de sódio e potássio é um tipo de transporte ativo que não necessita de gastos energéticos.
b) a fagocitose e a difusão são processos que consomem moléculas de ATP.
c) na osmose, para cada molécula que penetra na célula, há o consumo de duas moléculas de ATP.
d) a osmose e a difusão são processos de transporte passivo que não necessitam de gastos energéticos.
e) no transporte ativo, as substâncias entram ativamente nas células, não necessitando de energia de outras moléculas.

7 (UFMA) Das estruturas abaixo relacionadas, qual a alternativa que **não** está presente na célula animal?

a) Membrana plasmática
b) Citoplasma
c) Parede celular
d) Mitocôndrias
e) Cromossomos

8 (Uesb-BA) O esquema abaixo representa a estrutura da membrana plasmática segundo o modelo do mosaico fluido.

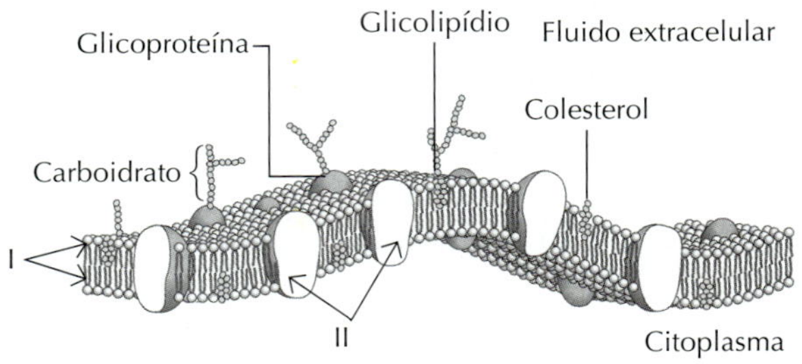

I e II correspondem, respectivamente, a moléculas de

a) carboidratos e fosfolipídios.
b) proteínas e fosfolipídios.
c) carboidratos e proteínas.
d) fosfolipídios e proteínas.
e) fosfolipídios e carboidratos.

9 (Uespi) O esquema abaixo ilustra a estrutura molecular da membrana plasmática, segundo o modelo do mosaico fluido. Analise-o e assinale a alternativa que indica os componentes indicados em (I) e em (II) nesta ordem.

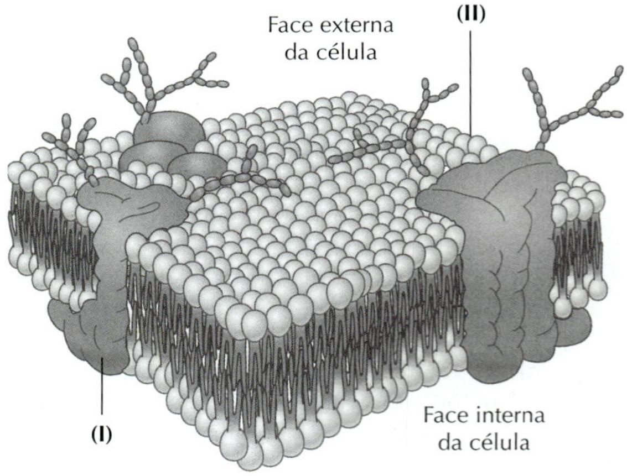

a) Proteína e lipídio
b) Lipídio e carboidrato
c) Carboidrato e proteína
d) Lipídio e proteína
e) Polissacarídio e hidratos de carbono

10 (UFRN) A obesidade pode levar ao acúmulo de lipídios no interior dos vasos, prejudicando a circulação do sangue. No entanto, a presença de gordura é fundamental na dieta, porque, entre outras funções, os lipídios contribuem diretamente para

a) o aumento da fermentação.
b) o início da síntese proteica.
c) a duplicação das cadeias de DNA.
d) a composição da membrana celular.

11 (Unifor-CE) As células secretoras da concha dos moluscos são capazes de apresentar uma elevada concentração de íons de cálcio, extraindo-os da água do mar, onde esses íons existem em menor quantidade. Esse processo realizado pela membrana plasmática é denominado

a) osmose.
b) pinocitose.
c) difusão simples.
d) transporte ativo.
e) difusão facilitada.

12 (Uespi) Quando se faz o salgamento de carnes, sabe-se que os microrganismos que "tentarem" se instalar morrerão por desidratação. Conclui-se, assim, que essas carnes constituem um meio

a) isotônico.
b) hipotônico.
c) hipertônico.
d) lipídico.
e) plasmolisado.

13 (Cesmac/Fejal-AL) Na figura abaixo, são mostrados glóbulos vermelhos do homem em três diferentes situações osmóticas. Analise-as e assinale a alternativa correta.

a) Em 1, o glóbulo está mergulhado numa solução com elevada concentração salina.
b) Em 2, o glóbulo está mergulhado numa solução hipertônica.
c) Em 3, o glóbulo foi mergulhado em solução isotônica.
d) Tanto em 1 quanto em 3, o glóbulo foi mergulhado em solução hipotônica.

14 (Uece) Considerando-se uma solução de NaCℓ a 0,9% isotônica para hemácias humanas, quando essas hemácias forem mergulhadas em solução hipertônica de NaCℓ a 1,1%, espera-se

a) nenhuma modificação da forma e volume das células.
b) um pequeno aumento no volume das hemácias.
c) um rompimento (hemólise) de todas as células.
d) uma redução no volume das células.

15 (Unifor-CE) Considere os casos a seguir.

I. Hemácias em um capilar de um alvéolo pulmonar.
II. Pelos absorventes retirando água do solo.
III. Células de folhas de alface temperadas com limão e sal.

Assinale a alternativa da tabela que indica corretamente os principais tipos de transporte de substâncias, através da membrana, realizados pelas células mencionadas nos três casos.

	I	II	III
a)	transporte ativo	difusão	difusão
b)	osmose	transporte ativo	difusão
c)	osmose	osmose	transporte ativo
d)	difusão	osmose	osmose
e)	difusão	transporte ativo	osmose

16 (UFPE) Medindo-se a concentração de dois importantes íons, Na^+ e K^+, observa-se maior concentração de íons Na^+ no meio extracelular do que no meio intracelular. O contrário acontece com os íons K^+. Íons de Na^+ são capturados do citoplasma para o meio extracelular, e íons de potássio (K^+) são capturados do meio extracelular para o meio intracelular, como mostrado na figura abaixo. Este processo é conhecido como

a) difusão facilitada por permeases intracelulares.
b) osmose em meio hipertônico.
c) difusão simples.
d) transporte ativo.
e) transporte por poros da membrana plasmática.

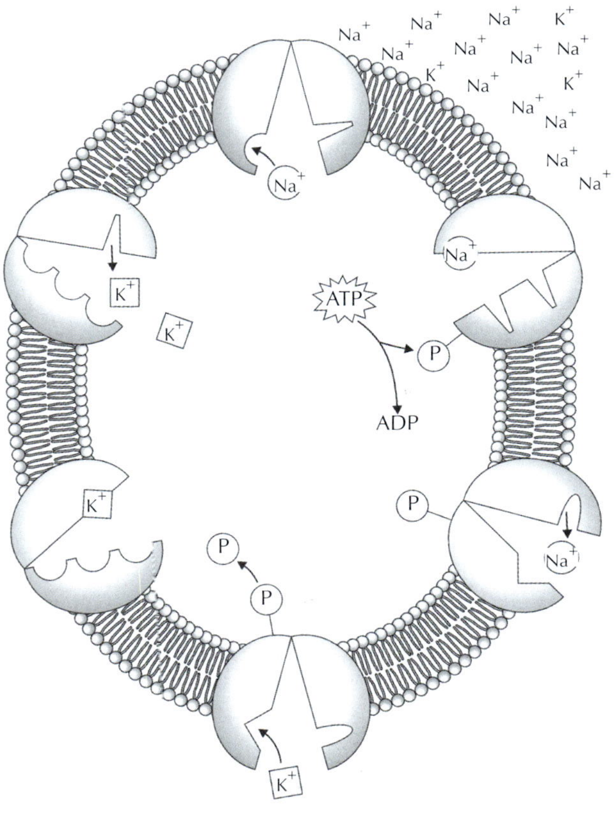

17 (FCC-BA) Observe o esquema abaixo. O processo representado chama-se

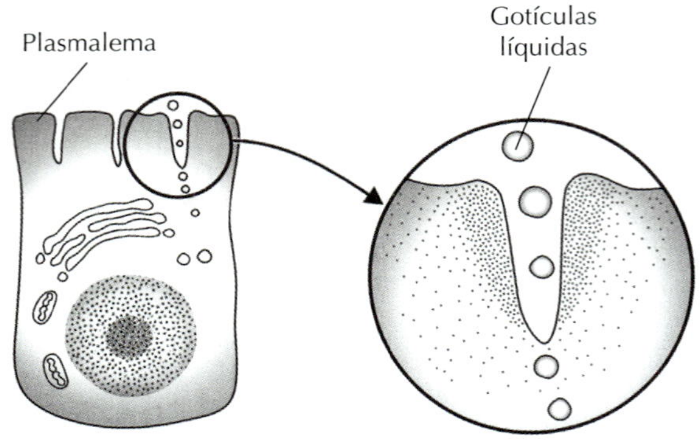

a) clasmocitose.
b) fagocitose.
c) pinocitose.
d) osmose.
e) difusão.

18 (UFRN) Os processos que se relacionam com a atividade da membrana plasmática são

a) fotossíntese e respiração.
b) pinocitose e fagocitose.
c) fotossíntese e fagocitose.
d) respiração e pinocitose.
e) respiração e fagocitose.

19 (Unifor-CE) A figura abaixo esquematiza uma função da membrana plasmática.

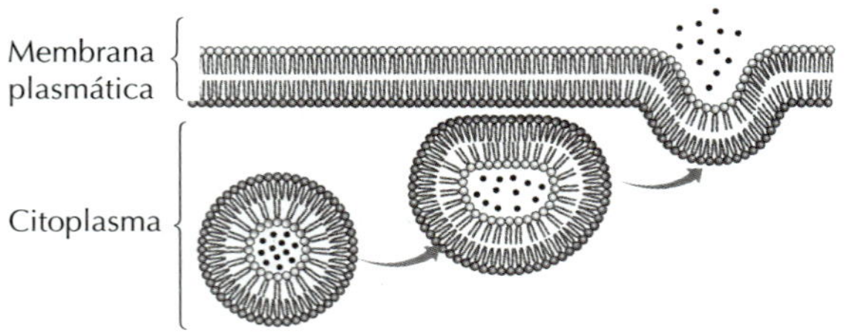

No organismo humano, essa função é importante em células que

a) têm função secretora.
b) armazenam gorduras.
c) recebem e transmitem estímulos.
d) atuam no mecanismo de defesa do corpo.
e) apresentam propriedades de contração e distensão.

20 (UFG-GO) Os reinos Monera, Protista, Fungo, Vegetal e Animal constituem cinco categorias que agrupam os seres vivos. Embora os indivíduos apresentem diferentes níveis de organização, eles compartilham a seguinte característica:

a) Parede celular
b) Carioteca
c) Vacúolo contrátil
d) Membrana citoplasmática
e) Plastídio com pigmentos

21 (UEMS) Qual das alternativas abaixo descreve o modelo aceito atualmente para a constituição e a função da membrana plasmática?

a) Constituição lipoproteica com duas camadas de lipídios e com função de impermeabilização do meio intra e extracelular.
b) Constituição lipoproteica com duas camadas de lipídios e com função de delimitação da célula e suas organelas, apresentando permeabilidade seletiva.
c) Constituição proteica em camadas duplas de proteína e com função de impermeabilização do meio intra e extracelular.
d) Constituição lipídica com camada única de lipídios e com função de delimitação das células e suas organelas, apresentando permeabilidade seletiva.
e) Constituição lipoproteica com camada única de lipídios e com função de impermeabilização do meio intra e extracelular.

22 (UEMS) Quando células são imersas em solução hipotônica, quais são os resultados esperados?

a) Nas células vegetais, ocorre entrada de água por osmose, provocando progressivo "inchamento" que pode terminar em rompimento da célula.
b) Nas células vegetais, ocorre entrada de água por osmose, provocando progressivo "inchamento" que, no entanto, é contido pela parede celular, impedindo o rompimento da célula.
c) Nas células animais, ocorre entrada de água por osmose, provocando progressivo "inchamento" que, no entanto, é contido pela parede celular, impedindo o rompimento da célula.
d) Nas células animais, ocorre entrada de água por osmose, provocando progressivo "inchamento" que, no entanto, é contido pelo fechamento de proteínas-canal, impedindo o rompimento da célula.
e) Nas células animais e vegetais, ocorre entrada de água por osmose, provocando progressivo "inchamento" que, no entanto, é contido pela ação de bombeamento dos vacúolos para o meio extracelular, impedindo o rompimento da célula.

23 (UFMS) Hemácias humanas foram imersas em três tubos de ensaio, denominados A, B e C, contendo líquidos diferentes. Foram observados: redução de volume das hemácias no tubo A; aumento do volume das hemácias no tubo B; e nenhuma modificação de volume nas hemácias do tubo C. Assinale a alternativa que indica a tonicidade das soluções A, B e C, respectivamente.

a) Isotônica, hipertônica e hipotônica.
b) Hipertônica, hipotônica e isotônica.
c) Hipotônica, hipertônica e isotônica.
d) Hipertônica, isotônica e hipotônica.
e) Hipotônica, isotônica e hipertônica.

24 (UFMS) Um grupo de estudantes realizou um experimento, de acordo com os seguintes procedimentos: foram preparados 11 tubos de ensaio, contendo, o primeiro, água destilada; e, os demais, soluções de sacarose nas concentrações de 0,1 M, 0,2 M, 0,3 M, 0,4 M, 0,5 M, 0,6 M, 0,7 M, 0,8 M, 0,9 M e 1 M. Em seguida, foram cortadas 22 fatias de beterraba de mesmo comprimento e espessura (5 × 0,5 cm), sendo feito um corte mediano longitudinal em cada fatia, de modo que ela ficasse seccionada em duas tiras, exceto na base (Fig. 1). Com um pincel, foi passada uma mistura de vaselina e cera de abelha nas laterais externas das tiras; e, na sequência, foram colocadas duas fatias de beterraba em cada tubo de ensaio (Fig. 2). Após duas horas, os estudantes observaram que, nas soluções de sacarose com concentrações 0,1 M, 0,2 M e 0,3 M, as fatias abriram-se (Fig. 3); na solução com concentração de 0,4 M, elas permaneceram fechadas (Fig. 4), nas demais concentrações, as fatias curvaram-se formando um orifício (Fig. 5).

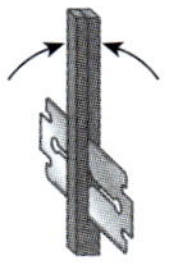
Fig. 1

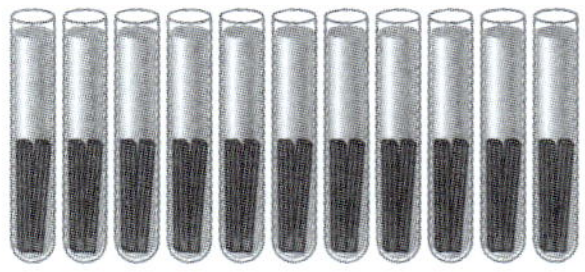
Fig. 2

Fig. 3

Fig. 4

Fig. 5

Sobre esse experimento, assinale a(s) proposição(ões) correta(s).

001) As soluções 0,1 M, 0,2 M e 0,3 M são hipertônicas.

002) A solução 0,3 M é hipotônica.

004) A solução 0,4 M é isotônica em relação ao déficit de pressão de difusão (d.p.d.) da beterraba.

008) As soluções 0,4 M e 0,5 M são isotônicas.

016) As soluções 0,5 M, 0,6 M e 0,7 M são hipertônicas.

032) Apenas as soluções 0,8 M, 0,9 M e 1 M são hipertônicas.

25 (UFG-GO) A incorporação de gotículas no citoplasma, por invaginação da membrana plasmática, formando vesículas, denomina-se

a) fagocitose.
b) clasmocitose.
c) endocitose.
d) pinocitose.
e) plasmólise.

26 (UEMS) Qual das alternativas descreve corretamente um dos processos de transporte através da membrana plasmática?

a) Fagocitose: processo de transporte que permite a entrada e saída de substâncias da célula espontaneamente.
b) Exocitose: processo de transporte que permite a ingestão de substâncias através do uso de energia — bomba de sódio.
c) Endocitose: processo de transporte que permite a eliminação de substâncias com dimensões maiores, que não atravessam a membrana plasmática.
d) Processo ativo: permite a ingestão de substâncias com dimensões maiores, que não atravessam a membrana plasmática, sem gasto de energia.
e) Processo passivo: processo de transporte que ocorre sem gasto de energia como difusão, difusão facilitada e osmose.

27 (UFMS) As células de plantas e animais são revestidas por uma película denominada membrana plasmática, que envolve o citoplasma e seleciona o que entra e o que sai da célula.

Assinale a(s) proposição(ões) correta(s) sobre a membrana plasmática. [Dê como resposta a soma dos números associados a afirmações corretas.]

001) A maioria das células apresenta envoltórios externos à membrana plasmática, como o glicocálix ou a parede celulósica.

002) As células jovens de plantas são portadoras da parede celulósica secundária.

004) A membrana plasmática de todas as células apresenta glicídios e proteínas como os seus principais componentes.

008) Todas as substâncias que entram ou que saem das células atravessam a membrana plasmática, nos dois sentidos, com a mesma facilidade e velocidade.

016) A diferença da concentração interna e externa, de determinadas moléculas ou íons nas células, é mantida graças ao processo denominado transporte ativo.

032) Determinadas proteínas presentes na membrana plasmática, as permeases, auxiliam os glicídios, por exemplo, a entrarem no citoplasma.

28 (PUC-Minas) A membrana plasmática apresenta, em sua superfície, moléculas especiais que permitem à célula detectar outras substâncias presentes no meio externo, dando a ela certa sensibilidade química. Essas moléculas fazem parte:

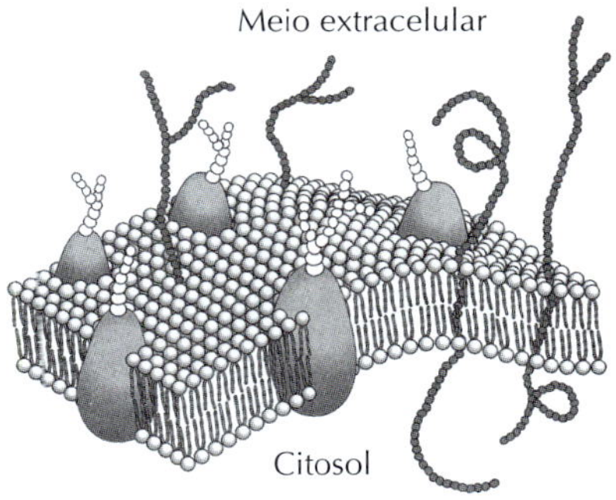

a) da cutícula.
b) do glicocálix.
c) dos desmossomos.
d) dos cílios.

29 (UEMG) Observe a figura abaixo. **A** representa hemácias mergulhadas em um meio isotônico. Ao serem mergulhadas no meio **B**, sofreram hemólise.

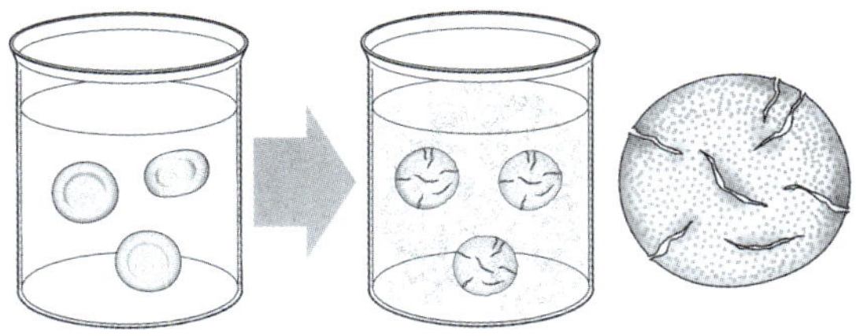
A **B**

Em relação ao fenômeno ocorrido, pode-se afirmar que

a) o meio B é hipotônico em relação às hemácias.
b) as hemácias são hipotônicas em relação ao meio B.

c) ocorreu difusão de solutos das hemácias para o meio.

d) a hemólise é provocada pelo transporte ativo de solvente, e não tem relação com a tonicidade das soluções.

30 (PUC-SP) Duas células vegetais, designadas por A e B, foram mergulhadas em meios diferentes. Logo após, notou-se que a célula A apresentou considerável aumento de volume vacuolar, enquanto a célula B apresentou retração de seu vacúolo e de seu citoplasma. A partir desses resultados, pode-se afirmar que as células A e B foram mergulhadas em soluções, respectivamente,

a) isotônica e hipertônica.

b) isotônica e hipotônica.

c) hipotônica e isotônica.

d) hipotônica e hipertônica.

e) hipertônica e hipotônica.

31 (UFVJM-MG) Analise o experimento representado abaixo.

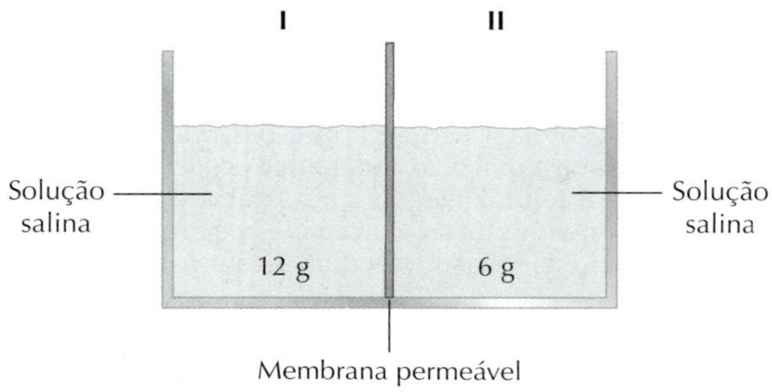

Com base nessa análise, é **correto** afirmar que

a) a solução I é hipotônica em relação à solução II, que é hipertônica.

b) a passagem de água de I para II caracterizará a osmose.

c) a difusão e a osmose são processos ativos.

d) ocorrerá difusão com passagem do sal de I para II.

32 (Uerj) Em um experimento realizado em um laboratório escolar, duas tiras de batata foram mergulhadas por 10 minutos, uma na solução A e a outra na solução B. Os resultados, após este tempo, estão resumidos na tabela abaixo.

Solução	Condição da tira de batata
A	amolecida
B	rígida

Em relação à tonicidade do citoplasma das células de batata, as soluções A e B são, respectivamente, classificadas como

a) hipotônica e isotônica.

b) isotônica e hipertônica.

c) hipertônica e hipotônica.

d) hipotônica e hipertônica.

33 (Unesp) No início da manhã, a dona de casa lavou algumas folhas de alface e as manteve em uma bacia, imersas em água comum de torneira, até a hora do almoço. Com esse procedimento, a dona de casa assegurou que as células das folhas se mantivessem

a) túrgidas, uma vez que foram colocadas em meio isotônico.

b) túrgidas, uma vez que foram colocadas em meio hipotônico.

c) túrgidas, uma vez que foram colocadas em meio hipertônico.

d) plasmolisadas, uma vez que foram colocadas em meio isotônico.

e) plasmolisadas, uma vez que foram colocadas em meio hipertônico.

34 (Fuvest-SP) Uma célula animal foi mergulhada em uma solução aquosa de concentração desconhecida. Duas alterações ocorridas na célula encontram-se registradas no gráfico.

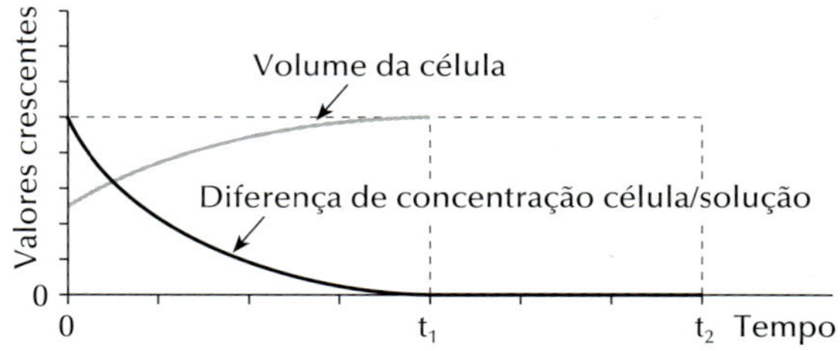

1. Qual a tonicidade relativa da solução em que a célula foi mergulhada?
2. Qual o nome do fenômeno que explica os resultados apresentados no gráfico?

a) Hipotônica, osmose.

b) Hipotônica, difusão.

c) Hipertônica, osmose.

d) Hipertônica, difusão.

e) Isotônica, osmose.

35 (UFSCar-SP) O diagrama apresenta a concentração relativa de diferentes íons na água (barras claras) e no citoplasma de algas verdes (barras escuras) de uma lagoa.

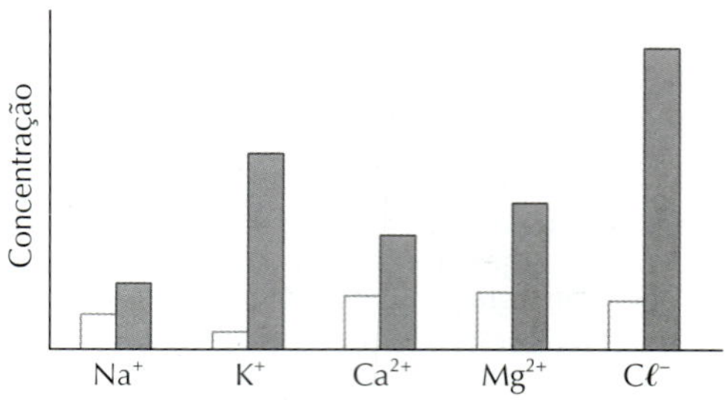

As diferenças na concentração relativa de íons mantêm-se devido a

a) osmose.

b) difusão através da membrana.

c) transporte passivo através da membrana.

d) transporte ativo através da membrana.

e) barreira exercida pela parede celulósica.

36 (Fatec-SP) Os esquemas abaixo representam células nas quais há passagem de substâncias através de suas membranas.

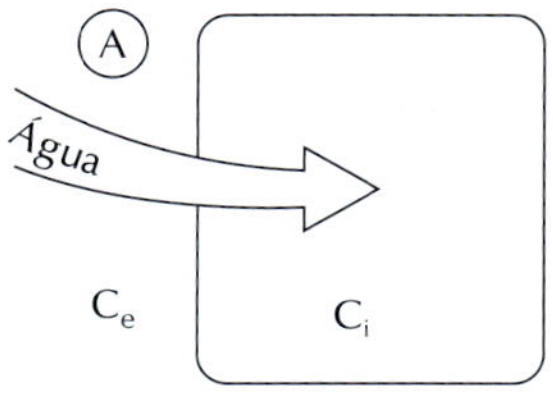

$C_e < C_i$

C_e Concentração extracelular

C_i Concentração intracelular

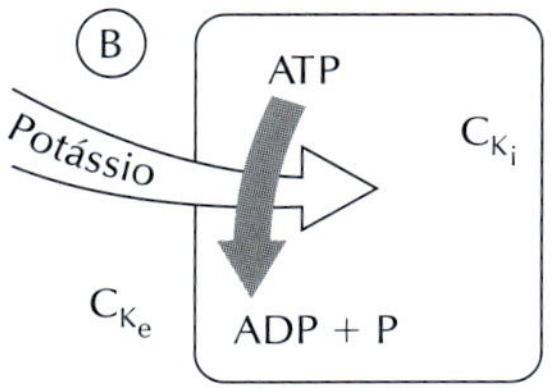

$C_{K_e} < C_{K_i}$

C_{K_e} Concentração extracelular de K

C_{K_i} Concentração intracelular de K

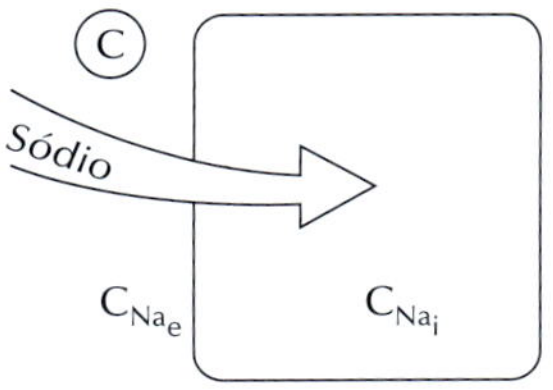

$C_{Na_e} > C_{Na_i}$

C_{Na_e} Concentração de Na extracelular

C_{Na_i} Concentração de Na intracelular

Os fenômenos representados em **A**, **B**, **C** são, respectivamente,

a) fagocitose, pinocitose, transporte ativo.
b) pinocitose, difusão, transporte ativo.
c) difusão, transporte ativo, osmose.
d) osmose, transporte ativo, difusão.
e) pinocitose, fagocitose, difusão.

37 (PUC-SP) O esquema abaixo refere-se às diferentes concentrações dos íons de sódio e de potássio no meio extracelular (ME) e no meio intracelular (MI). Essa situação é constatada em vários tipos celulares.

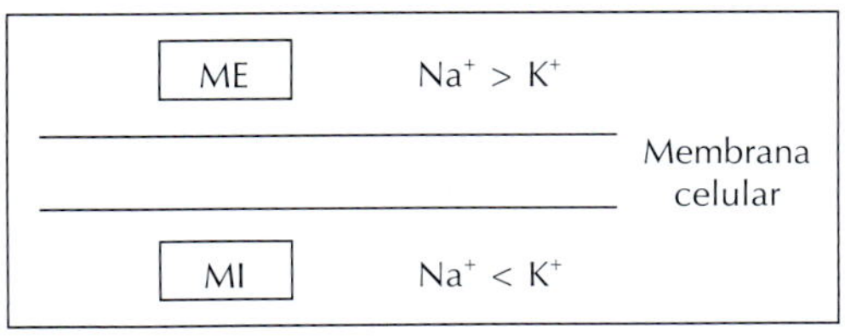

Se em uma célula nessa condição iônica for bloqueada a produção de ATP, espera-se que

a) ocorra passagem de toda a quantidade de íons de potássio para o meio extracelular.
b) ocorra passagem de toda a quantidade de íons de sódio para o meio intracelular.
c) as concentrações desses íons se tornem aproximadamente iguais nos dois meios.
d) diminua ainda mais a concentração de potássio no meio extracelular e de sódio no meio intracelular.
e) essa situação permaneça inalterada.

38 (Cefet-MG) Nos mamíferos, o sangue retira metabólitos e transporta substâncias nutritivas para as células sem entrar em contato com elas. Referindo-se aos mecanismos utilizados nesse processo, afirma-se que ocorre

I. difusão, com consumo energético.
II. osmose, com consumo energético.
III. pinocitose, sem dispêndio de energia.
IV. transporte ativo, com dispêndio de energia.
V. difusão facilitada, sem dispêndio de energia.

São corretas apenas as afirmativas:

a) I e II.
b) III e IV.
c) IV e V.
d) I, III e V.

39 (Unifal-MG) São poucas as células que realizam o transporte de substâncias por meio da fagocitose. As amebas (protozoários), por exemplo, utilizam esse processo em sua alimentação. Considerando esse tipo de transporte, analise as afirmativas abaixo.

I. Pela emissão de pseudópodes, a ameba captura o alimento, que é digerido no seu interior por meio de enzimas específicas.
II. A fagocitose é um transporte ativo, pois o alimento atravessa a membrana com a ajuda de proteínas que carregam o alimento para o interior da ameba.
III. Nos vertebrados, o processo de fagocitose é utilizado por algumas células de defesa, como, por exemplo, alguns glóbulos brancos.

Marque a alternativa correta.

a) Apenas I e III são corretas.
b) Apenas I e II são corretas.
c) Apenas II e III são corretas.
d) I, II e III são corretas.

40 (Unimontes-MG) A variedade de tomate "*Flavr Savr*", lançada no mercado em 1994, apresenta frutos que, ao amadurecerem, mantêm sua consistência por mais tempo. Essa variedade é resultante de modificações genéticas que provocam uma baixa produção da enzima responsável pela quebra de celulose. Considerando as informações acima e seus conhecimentos relacionados à célula vegetal, analise as alternativas abaixo e assinale a que **melhor justifica** o resultado apresentado no fruto.

a) Manutenção da viscosidade do citoplasma.
b) Aumento da permeabilidade celular.
c) Preservação da parede celular.
d) Inibição da digestão intracelular.

41 (USJ-SC) Alguns protozoários obtêm alimento englobando, por pseudópodes, partículas sólidas presentes no meio. Esse processo é denominado

a) fagocitose.
b) clasmocitose.
c) pinocitose.
d) difusão.

42 (PUC-RS) Instrução: Responder à questão com base na ilustração abaixo, que representa esquematicamente a estrutura das membranas celulares.

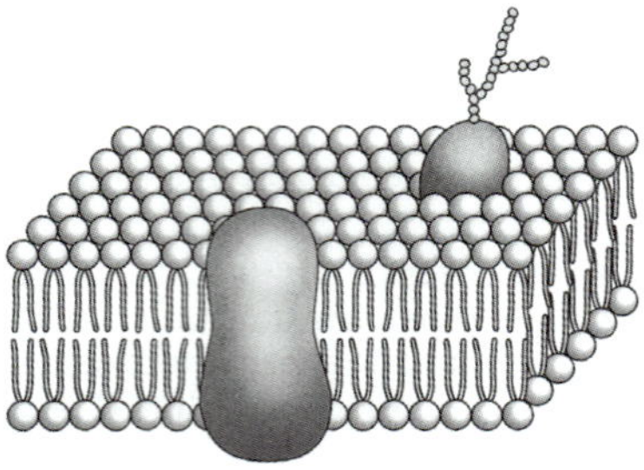

Das moléculas relacionadas a seguir, a única que não é encontrada na estrutura que compõe a membrana celular é

a) proteína.
b) fosfolipídio.
c) ácido nucleico.
d) glicoproteína.
e) ácido graxo.

43 (UEL-PR) Analise as figuras a seguir.

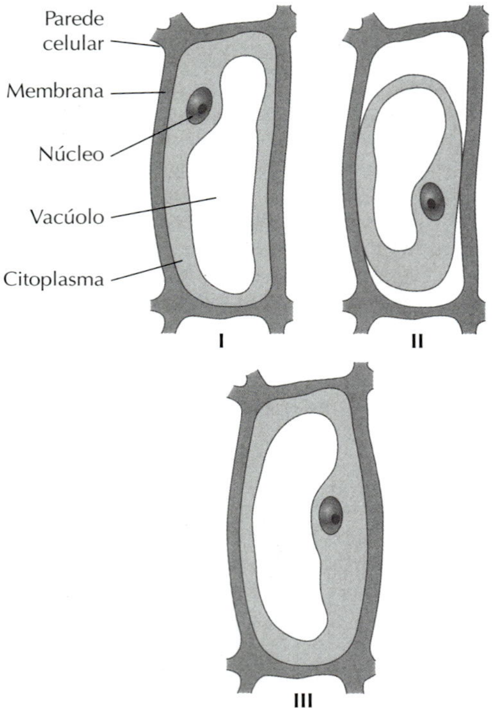

Fonte: Adaptado de JUNQUEIRA, L. C. e CARNEIRO, J. *Biologia celular e molecular*. Rio de Janeiro: Guanabara Koogan, 2000. p. 77.

As figuras I, II e III dizem respeito, respectivamente, a

a) deplasmólise; plasmólise; célula vegetal em meio isotônico.
b) plasmólise; deplasmólise; célula vegetal em meio isotônico.
c) célula vegetal em meio isotônico; plasmólise; deplasmólise.
d) célula vegetal em meio isotônico; deplasmólise; plasmólise.
e) deplasmólise; célula vegetal em meio isotônico; plasmólise.

44 (UPF-RS) Analise o esquema abaixo, que representa células vegetais imersas em soluções de diferentes concentrações. Em I a célula está túrgida; em II, plasmolisada, e, em III, a célula desplasmolisou voltando ao seu estado túrgido.

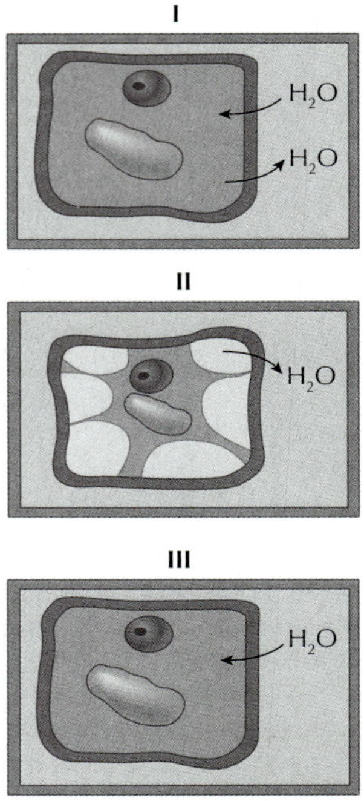

Com base nesta situação podemos afirmar:

a) A célula do ambiente I está imersa em uma solução hipertônica.
b) A célula do ambiente II está imersa em uma solução isotônica.
c) A célula do ambiente II está imersa em uma solução hipertônica.
d) A célula do ambiente III está imersa em uma solução hipertônica.
e) As células dos ambientes II e III estão imersas em soluções isotônicas.

45 (UFPel-RS) Atenção na cozinha: não é aconselhável temperar, com sal e vinagre, uma salada de verduras, ou um pedaço de carne, muito tempo antes de consumir. Provavelmente as folhas da verdura ficarão murchas, e a carne vai começar a liberar muito líquido.

Baseado no texto e em seus conhecimentos, é correto afirmar que em ambos os casos ocorrerá

a) a difusão do solvente do meio hipertônico para o hipotônico, por isso a carne e as verduras perderão água.
b) a lise celular e por isso as células liberarão água, pois foram submetidas a um meio hipotônico.
c) a deplasmólise, processo em que há perda de água para o ambiente e consequentemente a diminuição do volume celular.
d) um processo de osmose, em que as células perderão água por serem submetidas a um meio hipertônico.
e) um processo de transporte ativo, em que as células secretarão água para ocorrer a entrada de sal nas próprias células.

46 (Udesc) Algumas partículas sólidas podem ser transportadas ativa e passivamente pela membrana plasmática.

Com relação a isso, assinale a alternativa **correta**.

a) Será passivo, quando o soluto for transportado por osmose, a favor de um gradiente de concentração.
b) Será passivo, quando seu transporte for realizado por bombas, com gasto de energia.
c) Seu transporte será sempre ativo por difusão facilitada, com gasto de energia.
d) Será ativo, quando o soluto for transportado contra um gradiente de concentração e com gasto de energia.
e) Será sempre passivo, por pinocitose, sem gasto de energia.

47 (UFPR) Abaixo, pode-se observar a representação esquemática de uma membrana plasmática celular e de um gradiente de concentração de uma pequena molécula "X" ao longo dessa membrana.

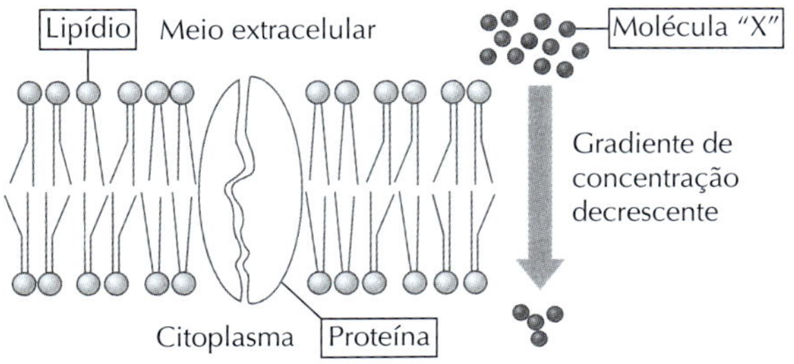

Com base nesse esquema, considere as seguintes afirmativas:

I. A molécula "X" pode se movimentar por difusão simples, através dos lipídios, caso seja uma molécula apolar.
II. A difusão facilitada da molécula "X" acontece quando ela atravessa a membrana com o auxílio de proteínas carreadoras, que a levam contra seu gradiente de concentração.
III. Se a molécula "X" for um íon, ela poderá atravessar a membrana com o auxílio de uma proteína carreadora.
IV. O transporte ativo da molécula "X" ocorre do meio extracelular para o citoplasma.

Assinale a alternativa correta.

a) Somente as afirmativas I e III são verdadeiras.
b) Somente as afirmativas I e II são verdadeiras.
c) Somente as afirmativas II e IV são verdadeiras.
d) Somente as afirmativas I, III e IV são verdadeiras.
e) Somente a afirmativa III é verdadeira.

48 (PUC-RS) Em 1965, David Phillips e seus colaboradores, pesquisando no Instituto Real de Londres, determinaram a estrutura da lisozima. Essa proteína é uma enzima protetora que todos os animais produzem para destruir bactérias invasoras. É encontrada, por exemplo, na lágrima, na saliva, no leite dos mamíferos e na clara do ovo das aves. A ação bactericida da lisozima consiste em clivar as cadeias de polissacarídios, os quais são os constituintes principais ____________ das bactérias.

a) da parede celular
b) do citoesqueleto
c) da membrana plasmática
d) dos cílios
e) do flagelo

Questões discursivas

49 (UFC-CE) Um técnico de laboratório preparou quatro soluções de sacarose nas seguintes concentrações molares: 0,8 M, 0,6 M, 0,4 M e 0,2 M, porém esqueceu de rotulá-las. Para identificar essas soluções, ele montou um experimento, baseado nos princípios de difusão e osmose, utilizando folhas de *Elodea* (uma planta aquática), lâminas e lamínulas, microscópio óptico, solução isotônica de NaCℓ, conta-gotas, e rotulou, aleatoriamente, as soluções de sacarose com A, B, C e D.

I. Preencha o quadro abaixo, a partir dos resultados do experimento.

Solução de sacarose gotejada sobre folhas de *Elodea*	Resultado observado	Tonacidade da solução em relação às células	Identificação da molaridade da solução (M)
Solução A	Células com o mesmo aspecto daquelas imersas na solução isotônica de NaCℓ	isotônica	0,4
Solução B	Células apresentaram-se mais túrgidas que aquelas da *Elodea* submetida à solução A		
Solução C	Células mais murchas que aquelas da *Elodea* submetida à solução A		
Solução D	Células mais murchas que aquelas da solução A, porém menos murchas que aquelas da solução C		

II. Explique por que as células de *Elodea* não estouraram quando colocadas na solução hipotônica.

50 (Unifesp) O esquema representa parte da membrana plasmática de uma célula eucariótica.

a) A que correspondem X e Y?

b) Explique, usando o modelo do "mosaico fluido" para a membrana plasmática, como se dá a secreção de produtos do meio intracelular para o meio extracelular.

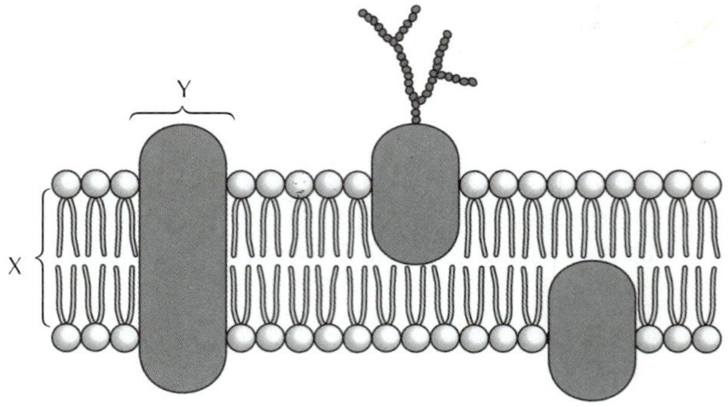

51 (Unicamp-SP) Ao estudar para o vestibular, um candidato percebeu que ainda tinha dúvidas em relação aos processos de difusão simples, transporte passivo facilitado e transporte ativo através da membrana plasmática e pediu ajuda para outro vestibulando. Este utilizou a figura abaixo para explicar os processos. Para testar se o colega havia compreendido, indicou os processos como A, B e C e solicitou a ele que os associasse a três exemplos. Os exemplos foram: (1) transporte iônico nas células nervosas; (2) passagem de oxigênio pelas brânquias de um peixe; (3) passagem de glicose para o interior das células do corpo humano.

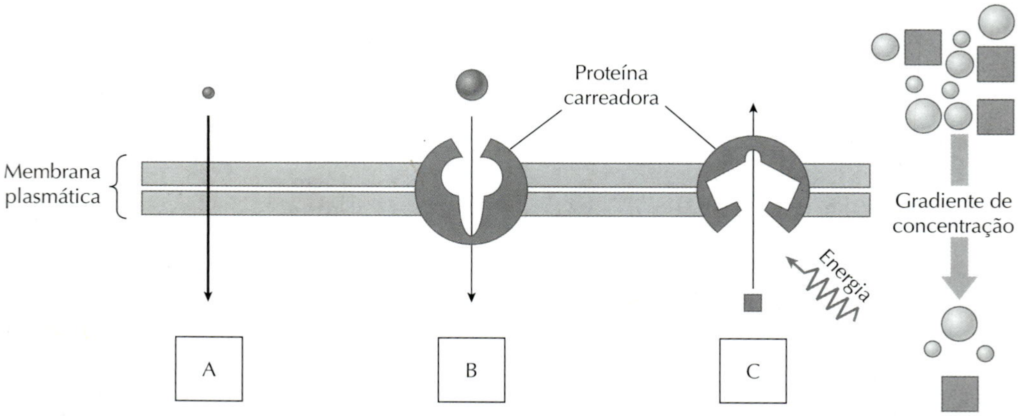

a) Indique as associações que o candidato deve ter feito corretamente. Explique em que cada um dos processos difere em relação aos outros.

b) Em seguida, o candidato perguntou por que a alface que sobrou do almoço, e tinha sido temperada com sal, tinha murchado tão rapidamente. Que explicação correta o colega apresentou?

52 (Fuvest-SP) Os protozoários de água doce, em geral, possuem vacúolos pulsáteis, que constantemente se enchem de água e se esvaziam, eliminando água para o meio externo. Já os protozoários de água salgada raramente apresentam essas estruturas.

Explique:

a) a razão da diferença entre protozoários de água doce e de água salgada, quanto à ocorrência dos vacúolos pulsáteis.

b) o que deve ocorrer com um protozoário de água salgada, desprovido de vacúolo pulsátil, ao ser transferido para água destilada.

53 (UFSCar-SP) A figura mostra três tubos deensaio (1, 2 e 3) contendo soluções de diferentes concentrações de NaCℓ e as modificações sofridas, após algum tempo, por células animais presentes em seu interior. O gráfico, abaixo dos tubos de ensaio, corresponde a duas alterações ocorridas nas células de um dos três tubos de ensaio.

Analisando a figura e o gráfico, responda:

a) a que tubo de ensaio correspondem os resultados apresentados no gráfico e qual a tonacidade relativa da solução em que as células estão mergulhadas?

b) em qual tubo de ensaio a tonacidade relativa da solução é isotônica? Justifique.

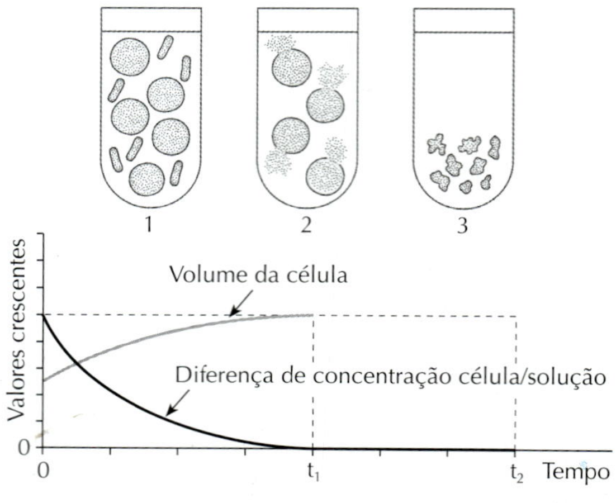

Capítulo 6 Citoplasma e organelas citoplasmáticas

Os primeiros citologistas imaginavam que as células eram bolsas microscópicas cheias de um fluido viscoso, o citoplasma. O aperfeiçoamento das técnicas citológicas revelou que o interior da célula é bem mais complexo do que se imaginava.

Neste capítulo, estudaremos a organização interna do citoplasma de células procarióticas e eucarióticas, bem como a estrutura e a função das principais organelas citoplasmáticas e do citoesqueleto.

6.1 O citoplasma

O citoplasma da célula eucariótica, além de conter bolsas e tubos membranosos, apresenta estruturas de sustentação comparáveis a um esqueleto altamente dinâmico, responsável pela forma e pelos movimentos celulares.

6.2 Organelas citoplasmáticas

As diversas estruturas presentes no citoplasma das células eucarióticas desempenham funções específicas, essenciais à vida da célula. Por serem comparáveis aos órgãos de um organismo, elas são denominadas orgânulos ou organelas celulares.

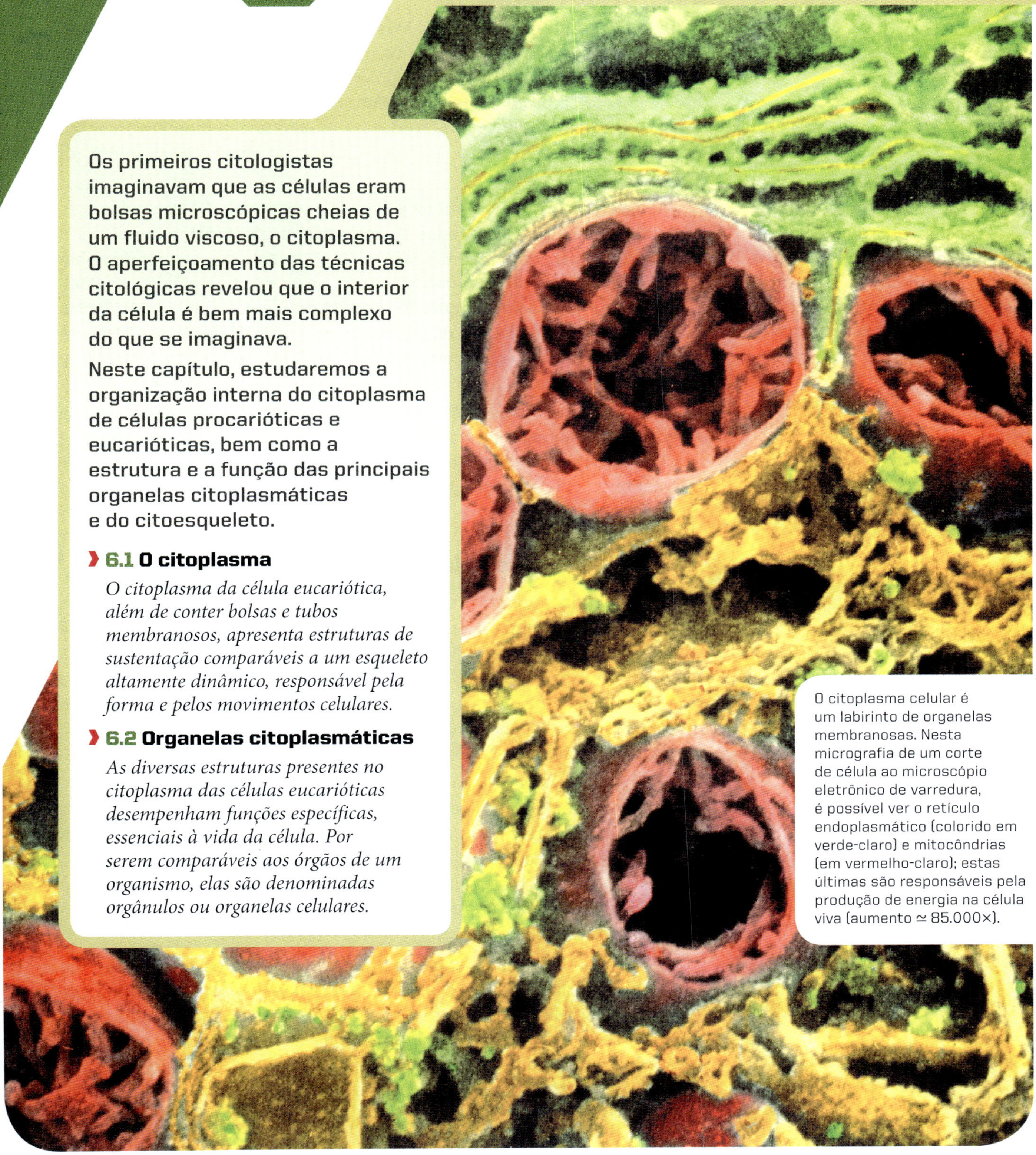

O citoplasma celular é um labirinto de organelas membranosas. Nesta micrografia de um corte de célula ao microscópio eletrônico de varredura, é possível ver o retículo endoplasmático (colorido em verde-claro) e mitocôndrias (em vermelho-claro); estas últimas são responsáveis pela produção de energia na célula viva (aumento $\simeq$ 85.000×).

Seção 6.1

O citoplasma

Objetivos

- Compreender a célula como uma entidade tridimensional, no interior da qual há diferentes estruturas que funcionam integradamente para a manutenção da vida celular.
- Relacionar as principais diferenças estruturais entre células procarióticas e células eucarióticas e identificar os grupos de seres vivos em que cada tipo de célula ocorre.

Termos e conceitos

- citoplasma
- citosol
- ribossomo
- nucleoide
- plasmídio

Organização geral do citoplasma

Estudos microscópicos dos seres vivos têm revelado a existência de milhares de tipos de células. Apenas no corpo humano, já foram identificados cerca de trezentos tipos celulares diferentes. Por exemplo, existem células nervosas cujas expansões percorrem o corpo como cabos elétricos, transmitindo informações de um local para outro; células musculares que possuem, internamente, feixes de proteínas capazes de se contrair e produzir os movimentos corporais; células especiais da pele – os melanócitos – que produzem melanina, um pigmento escuro que absorve a radiação ultravioleta da energia solar e evita danos ao organismo etc.

Apesar da diversidade, todas as células compartilham ao menos três características: a) são dotadas de **membrana plasmática**, que isola o conteúdo celular do ambiente externo e controla a passagem de substâncias; b) contêm **citoplasma** (do grego *kytos*, célula, e *plasma*, líquido), formado por um líquido viscoso (citosol) e por estruturas e substâncias necessárias às funções vitais; c) possuem material genético (DNA), no qual estão inscritas informações em código que controlam todo o funcionamento celular.

Quanto ao padrão básico de organização, existem dois tipos de célula: procariótica e eucariótica. As células procarióticas estão presentes apenas em bactérias e em arqueas (anteriormente chamadas de arqueobactérias), enquanto as células eucarióticas constituem todos os outros grupos de seres vivos.

O citoplasma das células procarióticas

Células procarióticas, presentes apenas em bactérias e arqueas, têm tamanho reduzido, entre 0,2 μm e 1,5 μm de diâmetro por de 2 μm a 8 μm de comprimento. Sua forma varia, podendo ser esférica (coco), alongada como um bastonete (bacilo), espiralada (espirilo) etc. Algumas espécies de bactéria possuem filamentos que se projetam da superfície celular e se movimentam devido a um microscópico motor presente na parede e na membrana plasmática; são os flagelos bacterianos.

O citoplasma das células procarióticas é todo o ambiente celular delimitado pela membrana plasmática. Ele constitui-se de um líquido viscoso e semitransparente, o **citosol**, composto por 80% de água e por milhares de tipos de proteínas, glicídios, lipídios, aminoácidos, bases nitrogenadas, vitaminas, íons etc. Mergulhados no citosol, há uma ou mais moléculas de DNA e milhares de **ribossomos**, estruturas granulosas especializadas na produção de proteínas. (**Fig. 6.1**)

Os ribossomos bacterianos são um pouco menores que os de uma célula eucariótica e possuem algumas proteínas ligeiramente diferentes em sua constituição. Por isso, certas drogas antibióticas atuam apenas nos ribossomos das bactérias, impedindo-os de sintetizar proteínas, sem afetar o metabolismo das células eucarióticas do hospedeiro. Os antibióticos estreptomicina, neomicina e tetraciclina, por exemplo, agem dessa maneira.

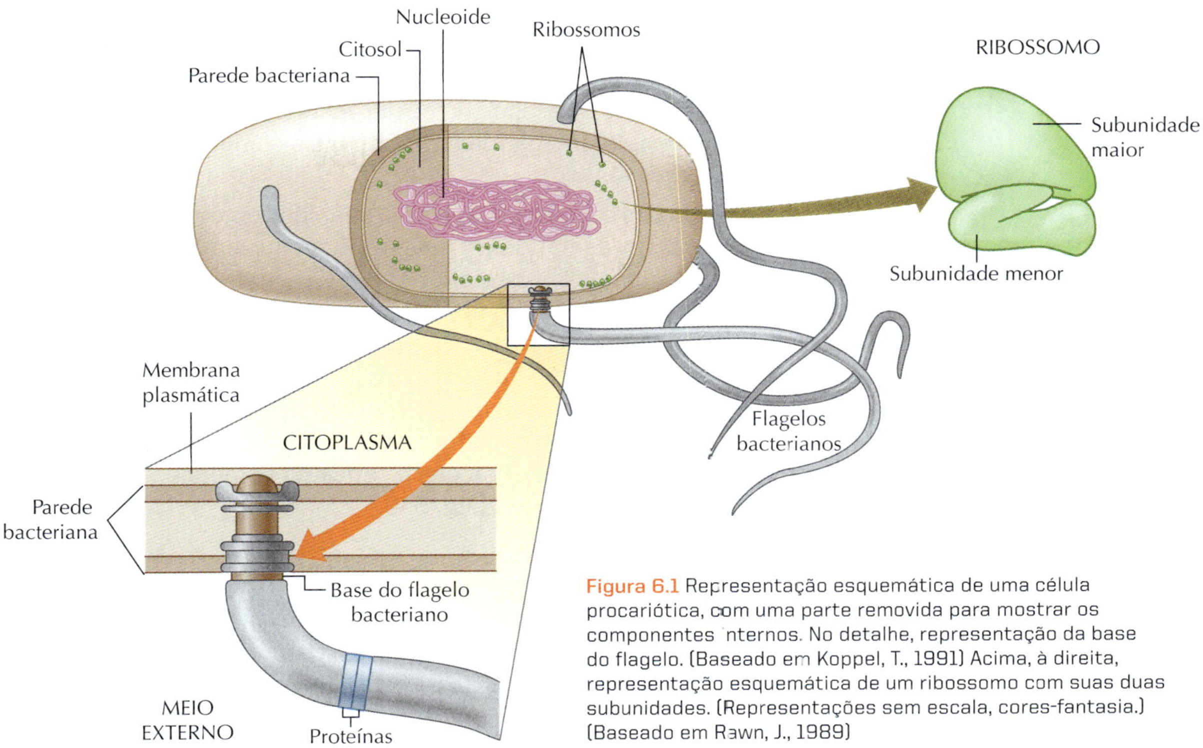

Figura 6.1 Representação esquemática de uma célula procariótica, com uma parte removida para mostrar os componentes internos. No detalhe, representação da base do flagelo. (Baseado em Koppel, T., 1991) Acima, à direita, representação esquemática de um ribossomo com suas duas subunidades. (Representações sem escala, cores-fantasia.) (Baseado em Rawn, J., 1989)

As células procarióticas não possuem núcleo, e o **cromossomo bacteriano**, constituído por uma longa molécula de DNA com as duas extremidades unidas entre si (cromossomo circular), encontra-se emaranhado numa região do citoplasma, formando o **nucleoide**. Além do cromossomo propriamente dito, a célula procariótica pode conter ainda pequenas moléculas circulares de DNA denominadas **plasmídios**. Embora não sejam indispensáveis à sobrevivência da bactéria, os plasmídios têm informações codificadas (genes) que podem ser importantes em determinadas situações. Por exemplo, diversos genes para enzimas que degradam antibióticos localizam-se em plasmídios e tornam as bactérias portadoras imunes à presença dessas drogas. (**Fig. 6.2**)

O citoplasma das células procarióticas, com exceção de bactérias fotossintetizantes, não possui membranas internas. A estrutura membranosa, denominada mesossomo, interpretada como uma invaginação da membrana plasmática, parece não existir na célula viva, sendo produzida artificialmente por certas técnicas empregadas na preparação do material para a microscopia eletrônica. Quando bactérias são preparadas por técnicas mais modernas, que evitam tratamentos drásticos, não se observam mesossomos.

Nas cianobactérias, um tipo de bactéria fotossintetizante, o citoplasma apresenta membranas lipoproteicas dispostas em várias camadas concêntricas a partir da periferia da célula; nelas, localizam-se substâncias que participam do processo de fotossíntese. (**Fig. 6.3**)

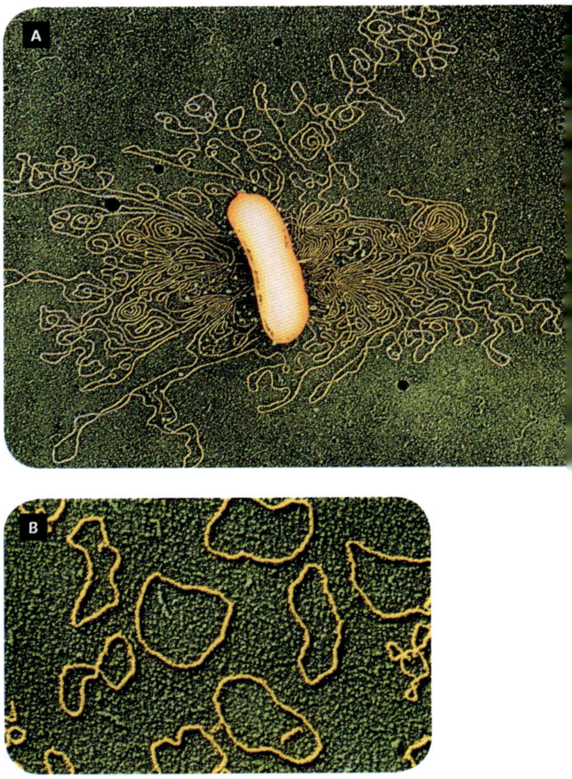

Figura 6.2 Micrografias de DNA de bactérias ao microscópio eletrônico de transmissão, colorizadas artificialmente. **A**. Bactéria rompida em decorrência de choque osmótico, mostrando o longo cromossomo espalhado ao redor da célula (aumento ≃ 4.000×). **B**. Plasmídios isolados de bactérias (aumento ≃ 40.000×).

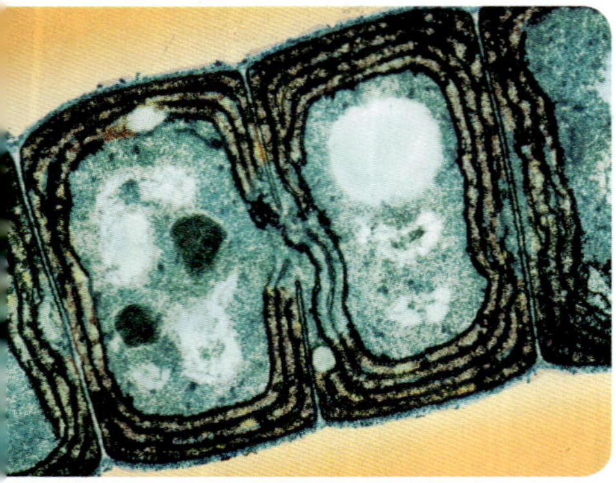

Figura 6.3 Micrografia ao microscópio eletrônico de transmissão de um corte da cianobactéria *Oscillataria* sp., colorizada artificialmente (aumento ≃ 21.500×).

O citoplasma das células eucarióticas

As células eucarióticas são bem maiores que as células procarióticas – imagine um melão e um bago de uva e você terá uma boa ideia dos tamanhos relativos desses dois tipos de célula. Além da diferença de tamanho, células eucarióticas têm organização muito mais complexa, como veremos no decorrer deste capítulo.

O citoplasma das células eucarióticas, definido como a região localizada entre a membrana plasmática e o envoltório do núcleo, contém um fluido semelhante ao das células procarióticas e também chamado de citosol (denominações mais antigas, como hialoplasma ou citoplasma fundamental, foram abandonadas). Nele, há diversas estruturas denominadas organelas citoplasmáticas, que atuam como pequenos órgãos. Há também o citoesqueleto, um complexo arcabouço de sustentação, formado por tubos e filamentos de proteína, que define a forma da célula e permite que ela realize movimentos. Observe nas ilustrações a seguir os componentes principais das células animais e vegetais. **(Fig. 6.4)**

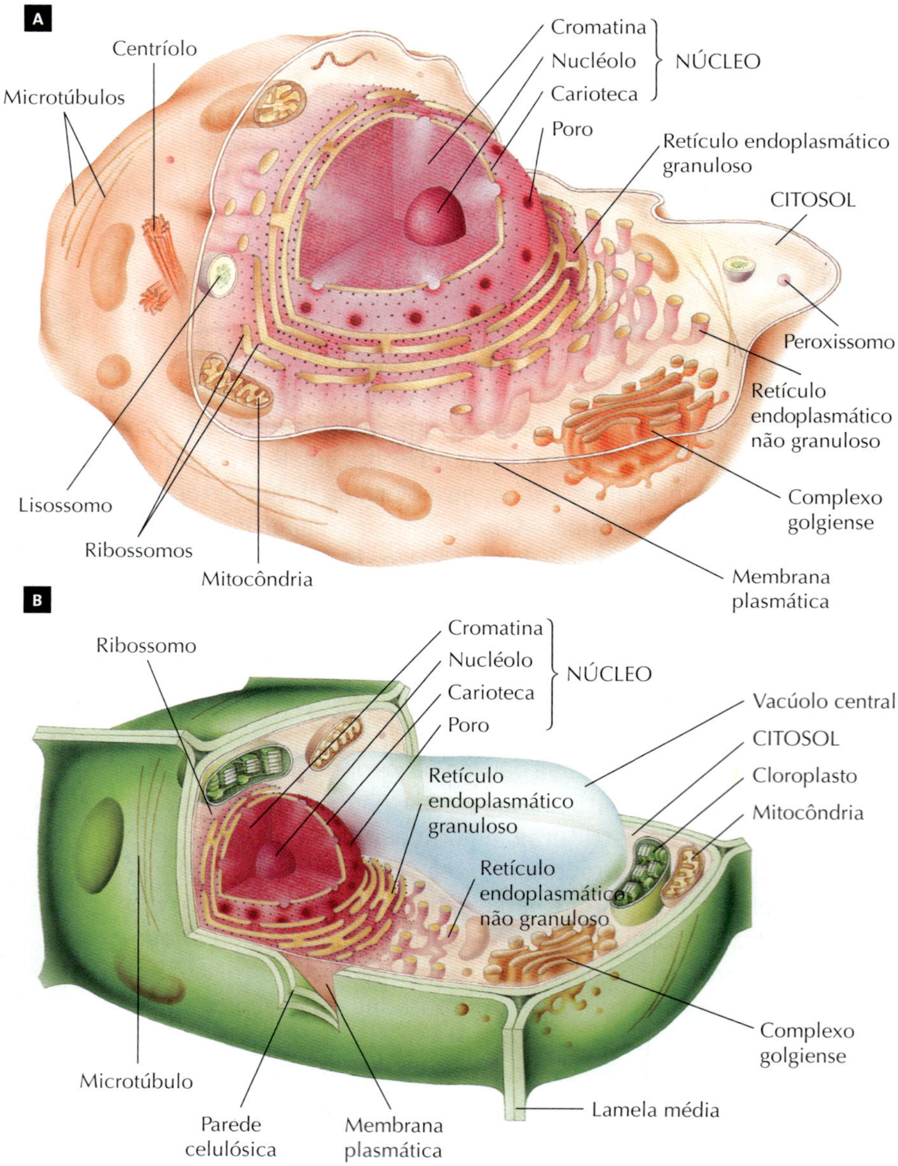

Figura 6.4 Representação esquemática de célula animal (**A**) e de célula vegetal (**B**) parcialmente cortadas para mostrar seus diversos componentes. (Imagens sem escala, cores-fantasia.)

Conteúdo digital Moderna PLUS http://www.modernaplus.com.br
Animação: *O mundo microscópio das células*, veja aba *Estruturas celulares e suas funções*

Organelas citoplasmáticas

Objetivos

- Valorizar os estudos detalhados sobre o interior da célula viva, reconhecendo-os como possíveis geradores de conhecimentos e tecnologias úteis à humanidade, dentre elas as relacionadas à saúde humana.
- Identificar, em esquemas e fotografias, diferentes partes das células, tais como: membrana plasmática, citosol, retículo endoplasmático, complexo golgiense, mitocôndria, plasto, centríolo, cílio e flagelo.
- Associar corretamente estrutura e função (ou funções) de cada uma das organelas celulares estudadas.

Termos e conceitos

- retículo endoplasmático
- complexo golgiense
- secreção celular
- lisossomo
- vacúolo digestivo
- peroxissomo
- citoesqueleto
- centrossomo
- movimento ameboide
- centríolo
- cílio
- flagelo
- mitocôndria
- plasto
- cloroplasto

1 Retículo endoplasmático

Como já mencionamos, toda célula eucariótica apresenta uma rede citoplasmática de tubos e bolsas membranosos denominada **retículo endoplasmático**. Em certas regiões do citoplasma, as membranas do retículo apresentam ribossomos aderidos à sua superfície, constituindo o chamado **retículo endoplasmático granuloso** ou retículo endoplasmático rugoso (antigamente denominado ergastoplasma). Em outras regiões, não há ribossomos aderidos às membranas e o retículo recebe a denominação de **retículo endoplasmático não granuloso** (ou retículo endoplasmático liso). (**Fig. 6.5**)

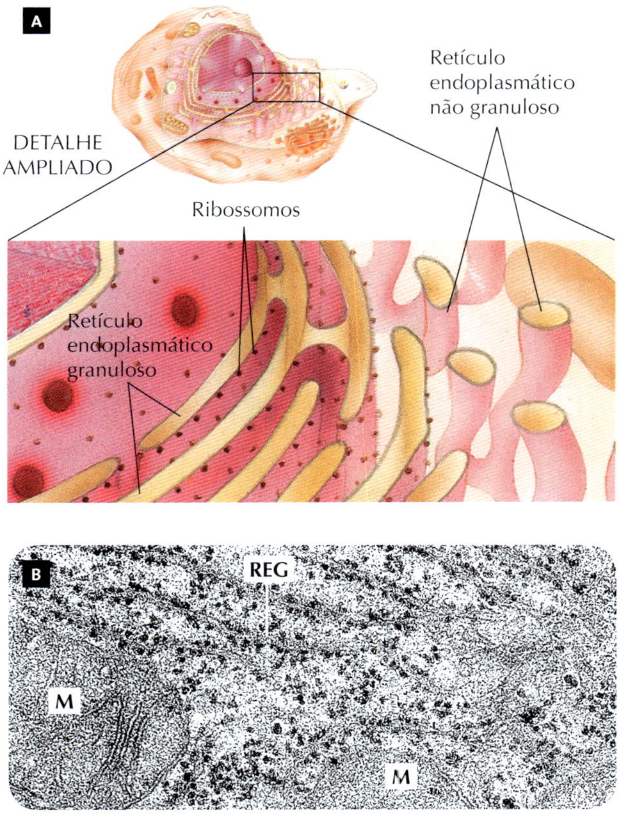

Figura 6.5
A. Representação tridimensional do retículo endoplasmático granuloso e do retículo endoplasmático não granuloso. (Representação sem escala, cores-fantasia.)
B. Micrografia de corte de célula animal mostrando retículo endoplasmático granuloso (REG) e mitocôndrias (M) (microscópio eletrônico de transmissão; aumento ≃ 47.500×).

Funções do retículo endoplasmático granuloso

Os ribossomos aderidos às membranas do retículo endoplasmático granuloso atuam na produção de certas proteínas celulares, principalmente aquelas que se destinam à "exportação", isto é, que serão eliminadas para atuar fora da célula. Por exemplo, as enzimas que digerem os alimentos ingeridos por uma pessoa são produzidas no retículo endoplasmático granuloso de células glandulares e eliminadas na cavidade do tubo digestório, onde atuam. O retículo endoplasmático granuloso também é responsável pela produção das enzimas lisossômicas, que fazem a digestão intracelular, e das proteínas que compõem as membranas celulares. Já as proteínas do citoesqueleto e as que atuam no citosol e no núcleo celular são produzidas por ribossomos livres no líquido citoplasmático.

Uma pergunta que você pode estar se fazendo é: como uma célula "sabe" quais proteínas devem ser produzidas por ribossomos livres e quais devem ser produzidas por ribossomos aderidos ao retículo endoplasmático? Na verdade, a síntese de toda proteína inicia-se em um ribossomo livre no citosol; o que determina se esse ribossomo continuará livre ou se ele se prenderá ao retículo é a sequência de aminoácidos iniciais da proteína que está sendo sintetizada. Quando essa proteína tem uma determinada sequência inicial de aminoácidos, denominada sequência-sinal, agentes identificadores citoplasmáticos entram em ação e fazem o ribossomo aderir à membrana do retículo. Através dos poros dessa membrana a cadeia de aminoácidos em crescimento penetra na cavidade do retículo. Ao término da síntese, a proteína pronta é liberada no interior da bolsa do retículo e o ribossomo solta-se da membrana. O retículo endoplasmático granuloso é, portanto, uma estrutura dinâmica, pois os ribossomos permanecem presos à sua superfície apenas enquanto estão produzindo proteínas. (**Fig. 6.6**)

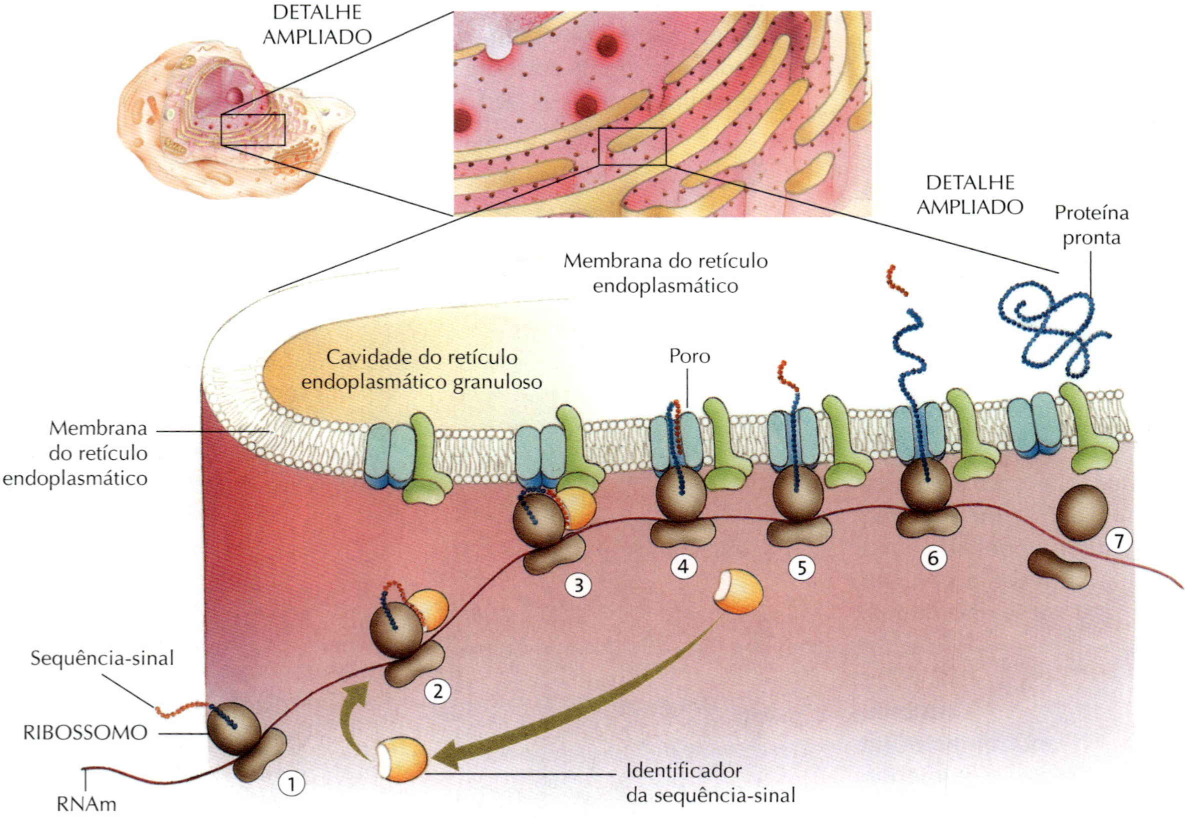

Figura 6.6 Representação esquemática da síntese de uma proteína que se destina à exportação pela célula. **1.** A síntese tem início com o ribossomo ainda livre no citosol. **2.** A sequência-sinal é reconhecida por um identificador, que se prende a ela. **3.** O ribossomo com a sequência-sinal identificada prende-se à membrana do retículo endoplasmático. **4.** A proteína em processo de síntese atravessa um poro que se abre na membrana e penetra na cavidade do retículo endoplasmático; o identificador da sequência-sinal solta-se do ribossomo. **5** e **6.** A sequência-sinal é eliminada da proteína. **7.** Ao final de sua síntese, a proteína solta-se no interior da bolsa do retículo, enquanto o ribossomo desprende-se da superfície externa e separa-se em suas duas subunidades. (Representações sem escala, cores-fantasia.) (Baseado em Lodish, H. e cols., 2004.)

Funções do retículo endoplasmático não granuloso

O retículo endoplasmático não granuloso é responsável pela síntese de ácidos graxos, de fosfolipídios e de esteroides, que ocorre no interior de suas bolsas e tubos membranosos.

A maioria das células possui pequena quantidade de retículo endoplasmático não granuloso, mas ele é abundante, por exemplo, em células do fígado (hepatócitos), onde tem por função alterar certas substâncias tóxicas, como álcoois, pesticidas e outras drogas, inativando-as e facilitando sua eliminação do corpo.

As células das gônadas, que produzem os hormônios sexuais, também apresentam retículo não granuloso bem desenvolvido, pois é nele que esses hormônios esteroides são sintetizados. Nas células musculares, bolsas do retículo endoplasmático não granuloso são especializadas no armazenamento de íons de cálcio (Ca^{2+}) que, ao serem liberados no citosol, promovem a contração muscular.

2 Complexo golgiense

Muitas proteínas produzidas pelos ribossomos do retículo granuloso são enviadas diretamente para outra estrutura membranosa citoplasmática: o **complexo golgiense**, ou **complexo de Golgi** (ou ainda aparelho de Golgi). Esse componente citoplasmático é constituído por de 6 a 20 bolsas membranosas achatadas, denominadas cisternas ou vesículas, empilhadas umas sobre as outras. Nas células vegetais, há conjuntos de cisternas dispersos pelo citoplasma, sendo cada conjunto denominado **golgiossomo** ou **dictiossomo**. Nas células animais, as cisternas do complexo golgiense se concentram em uma região específica do citoplasma, geralmente próxima do núcleo e de um par de estruturas tubulares conhecidas como centríolos, que estudaremos mais adiante.

Nas cisternas do complexo golgiense, certas proteínas produzidas no retículo granuloso são quimicamente modificadas pela adição de glicídios, processo denominado glicosilação de proteínas. É também no complexo golgiense que ocorre a síntese de determinados carboidratos.

Secreção celular

A maioria das proteínas que atuam no ambiente externo à célula, como as enzimas que fazem a digestão dos alimentos em nosso tubo digestório, passa pelo complexo golgiense, onde são "empacotadas" no interior de bolsas membranosas, denominadas grãos de zimogênio, para serem enviadas aos locais extracelulares em que atuarão. O complexo golgiense é, portanto, o responsável pela **secreção celular**, nome atribuído ao processo de eliminação de substâncias úteis por células secretoras.

A microscopia eletrônica e outras técnicas citológicas revelaram como se dá a transferência das proteínas produzidas no retículo endoplasmático granuloso para as cisternas do complexo golgiense: ela ocorre por meio das chamadas **vesículas de transição**, bolsas membranosas repletas de proteínas recém-sintetizadas, que surgem por brotamento na superfície das vesículas do retículo endoplasmático granuloso. Uma vez liberadas do retículo, as vesículas de transição deslocam-se em direção ao complexo golgiense e se fundem à sua cisterna mais externa, onde despejam o conteúdo proteico que transportam. Essa primeira cisterna golgiense a receber proteínas do retículo forma em suas bordas novas vesículas de transição repletas de proteína, as quais se fundem à cisterna imediatamente acima. A segunda cisterna golgiense origina, por sua vez, novas vesículas de transição que irão se fundir à cisterna seguinte e assim sucessivamente. As vesículas liberadas pela última cisterna da pilha dirigem-se a seu destino final, que pode ser o próprio citoplasma, no caso de a vesícula conter proteínas estruturais da membrana ou enzimas lisossômicas, ou o meio extracelular, no caso de a vesícula conter proteínas a serem secretadas.

Os citologistas costumam dizer que o conjunto de cisternas do complexo golgiense é polarizado, pois apresenta uma face na qual as vesículas provenientes do retículo endoplasmático granuloso se fundem, e uma face oposta, da qual se desprendem as vesículas em direção a seus destinos. A face do complexo golgiense voltada para o retículo granuloso é chamada **face cis** ou **face formativa**. A face oposta, em que brotam as vesículas contendo as proteínas modificadas e selecionadas de acordo com seu destino, é denominada **face trans** ou **face de maturação**. (Fig. 6.7)

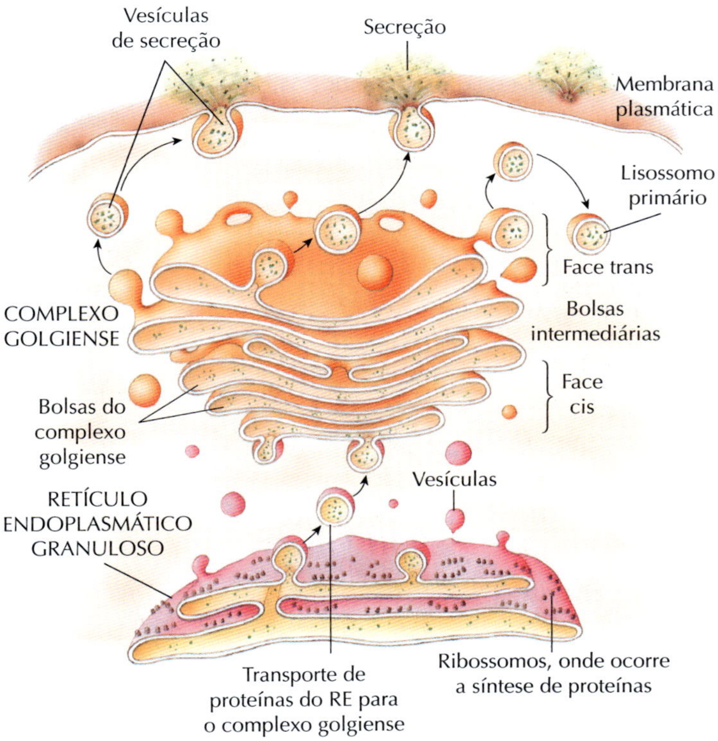

Figura 6.7 Representação esquemática da estrutura do complexo golgiense parcialmente cortado para mostrar sua organização. Note a face cis, por onde proteínas provenientes do retículo endoplasmático penetram no complexo golgiense, e a face trans, por onde as proteínas modificadas e empacotadas deixam o complexo. A ilustração mostra um instante congelado do processo; vesículas são continuamente liberadas pelo retículo e se fundem à face cis do complexo; as cisternas, por sua vez, liberam continuamente mais vesículas de transição. (Representação sem escala, cores-fantasia.) (Baseado em Lodish, H. e cols., 2004.)

Diversas substâncias de natureza proteica, além das enzimas digestivas já mencionadas, passam pelo complexo golgiense para ser secretadas; é o caso de certos hormônios e de substâncias mucosas, como as produzidas por nossas vias respiratórias. (**Fig. 6.8**)

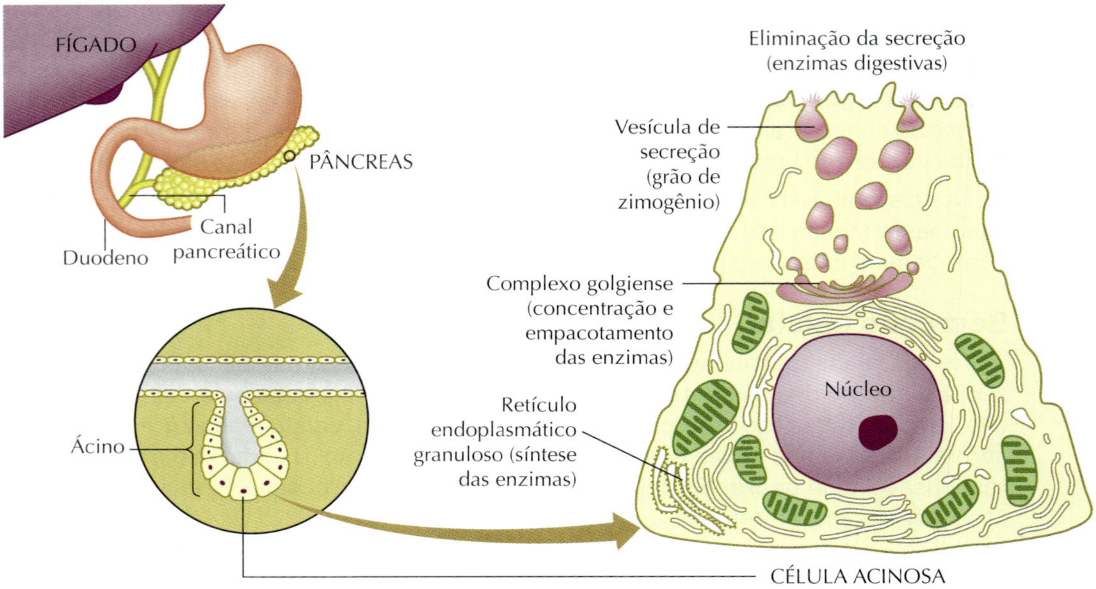

Figura 6.8 Representação esquemática da localização e da estrutura de uma célula acinosa. O pâncreas contém inúmeras bolsas, denominadas ácinos pancreáticos, cujas paredes são constituídas por células secretoras de enzimas digestivas (células acinosas). (Representação sem escala, cores-fantasia.)

Nas células vegetais, o complexo golgiense também desempenha função secretora. É por meio dele que são secretadas as glicoproteínas e alguns polissacarídios (pectina e hemicelulose) que integram a parede celular e constituem o "cimento" que une células vizinhas. Além disso, o complexo golgiense pode originar e "abastecer" de substâncias o vacúolo central típico das células vegetais. Vesículas liberadas do complexo golgiense se fundem continuamente a esse vacúolo, nele lançando enzimas que atuam na digestão intracelular aí realizada.

O complexo golgiense também desempenha papel importante na formação dos espermatozoides dos animais, originando o **acrossomo** (do grego *acros*, alto, topo, e *somatos*, corpo), uma grande vesícula repleta de enzimas digestivas, que ocupa a ponta da cabeça do espermatozoide. As enzimas digestivas contidas na vesícula acrossômica têm por função perfurar as membranas do óvulo na fecundação. (**Fig. 6.9**)

Dentre tantas funções, o complexo golgiense também é responsável pela produção da organela citoplasmática denominada lisossomo, como veremos a seguir.

Figura 6.9 Representação esquemática da diferenciação do espermatozoide. À medida que a espermátide se transforma em espermatozoide, as cisternas do complexo golgiense acumulam enzimas; estas se fundem e originam a vesícula acrossômica, localizada na extremidade da cabeça do espermatozoide. (Representação sem escala, cores-fantasia.)

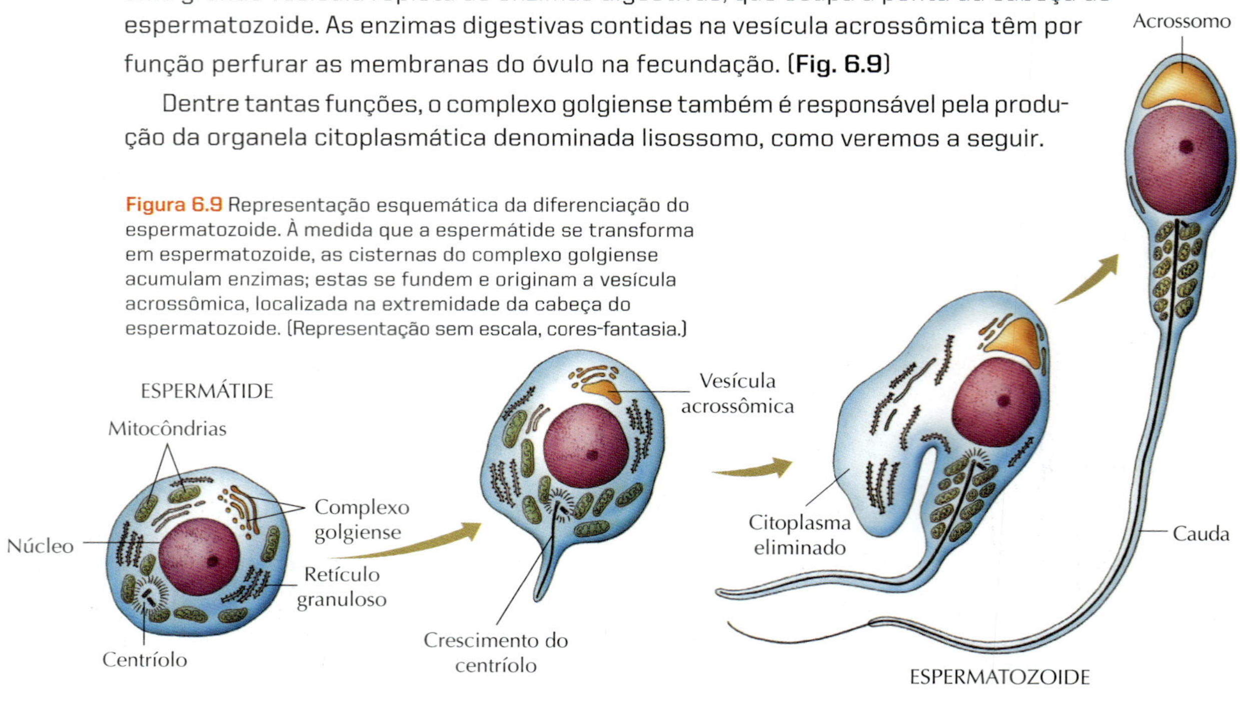

3 Lisossomos

Lisossomos (do grego *lise*, quebra) são bolsas membranosas que contêm dezenas de tipos de enzimas digestivas, capazes de digerir grande variedade de substâncias orgânicas. Dentre as enzimas lisossômicas, destacam-se as nucleases, que digerem ácidos nucleicos (DNA e RNA), as proteases, que digerem proteínas, as fosfatases, que atuam removendo fosfatos de nucleotídios, de fosfolipídios e de outros compostos, além de enzimas que digerem polissacarídios e lipídios. Células animais podem conter centenas de lisossomos.

A membrana lipoproteica dos lisossomos é capaz de bombear ativamente íons H^+ e $C\ell^-$ do citosol para o interior da organela. Esses íons formam ácido clorídrico ($HC\ell$), o que faz o interior do lisossomo ter um pH ácido, em torno de 4,8, ideal para a ação das enzimas lisossômicas. Essas enzimas praticamente não atuam em pH neutro, como o do citosol e o do líquido que banha as células. Assim, se eventualmente um lisossomo se rompe e libera suas enzimas no citoplasma, não chega a haver autodigestão da célula, pois o pH do citosol gira em torno de 7,0 e 7,3. Um mistério ainda não desvendado pelos cientistas é como a membrana do lisossomo consegue se proteger de ser digerida por suas próprias enzimas.

Os lisossomos recém-produzidos pelo complexo golgiense vagam pelo citoplasma até se fundir a bolsas membranosas contendo materiais a serem digeridos. Enquanto essa fusão não ocorre, eles são denominados **lisossomos primários**, pois ainda não iniciaram sua atividade de digestão. Quando se fundem a bolsas membranosas com os materiais que serão digeridos e suas enzimas entram em ação, eles passam a ser chamados de **lisossomos secundários**.

Lisossomos podem digerir material capturado do exterior por fagocitose ou por pinocitose, o que constitui sua função heterofágica, ou digerir partes desgastadas da própria célula, o que se denomina função autofágica. (**Fig. 6.10**)

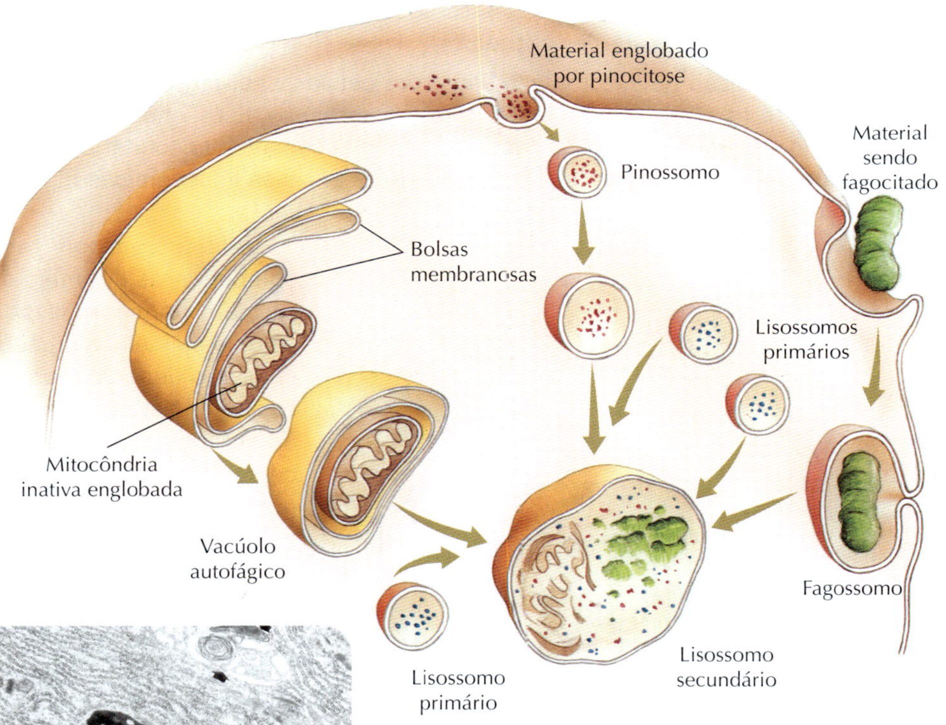

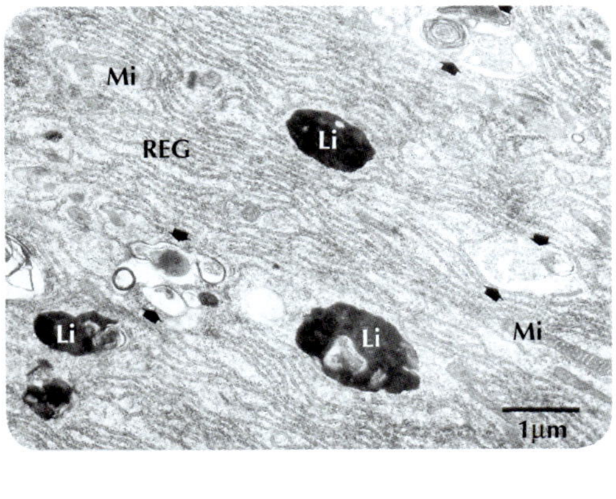

Figura 6.10 Acima, representação esquemática das funções heterofágica e autofágica dos lisossomos. (Representações sem escala, cores-fantasia.) (Baseado em Campbell, N. e cols., 1999.) À esquerda, micrografia de um corte de célula animal ao microscópio eletrônico de transmissão em que se veem lisossomos secundários (Li), alguns deles digerindo partes da própria célula (aumento ≃ 8.000×).

Função heterofágica dos lisossomos

Materiais que a célula engloba por fagocitose ou por pinocitose ficam contidos em bolsas membranosas respectivamente chamadas de fagossomos e pinossomos. Essas bolsas fundem-se a lisossomos primários e originam lisossomos secundários, também chamados de **vacúolos digestivos**, pois em seu interior ocorre a digestão intracelular. Como os materiais digeridos vêm de fora da célula, esses vacúolos são denominados **vacúolos heterofágicos** (do grego, *hetero*, diferente, e *fagos*, comer). A digestão de substâncias vindas de fora da célula constitui a função heterofágica dos lisossomos.

Substâncias úteis originadas do processo digestivo atravessam a membrana do vacúolo digestivo rumo ao citosol, onde podem ser utilizadas como matéria-prima para produzir novos componentes celulares ou como fonte de energia. Restos do processo digestivo acumulam-se no lisossomo secundário, que se torna inativo após algum tempo e passa a ser chamado de **vacúolo residual** (ou corpo residual). Este geralmente se funde à membrana plasmática e elimina seu conteúdo para o meio extracelular, processo denominado **defecação celular** ou **clasmocitose**.

Função autofágica dos lisossomos e rejuvenescimento celular

As células animais são capazes de digerir partes de si mesmas pela ação de seus lisossomos, processo denominado autofagia (do grego *autos*, próprio, e *phagein*, comer). Por exemplo, quando um organismo é privado de alimento e as reservas do corpo se esgotam, as células realizam autofagia num esforço de sobrevivência. Nesse caso, fala-se em função autofágica dos lisossomos. (**Fig. 6.11**)

Toda célula recorre à autofagia para eliminar partes de si mesma desgastadas pelo uso, reaproveitando alguns de seus componentes. Células nervosas do cérebro, por exemplo, que se formam na fase embrionária e nunca são substituídas, têm todos os seus componentes (exceto os genes) reciclados a cada mês. Em uma célula do fígado, ocorre reciclagem completa dos componentes a cada semana. A autofagia é, portanto, um importante processo por meio do qual as células mantêm sua "juventude".

No processo de autofagia, a estrutura celular a ser digerida é envolvida por membranas do retículo e fica contida em uma bolsa membranosa. Esta, chamada de autofagossomo, funde-se a lisossomos primários, dando origem a lisossomos secundários, nesse caso denominados **vacúolos autofágicos**. No interior deles, as enzimas lisossômicas digerem a estrutura celular a ser reciclada.

Células vegetais também reciclam seus componentes por meio da autofagia, mas não formam lisossomos secundários, como as células animais. A digestão dos componentes celulares desgastados ocorre no vacúolo central, onde há enzimas digestivas semelhantes às enzimas lisossômicas. Portanto, o vacúolo central das células vegetais é comparável a um grande lisossomo secundário. Vesículas que se soltam do complexo golgiense e transportam as enzimas digestivas até o vacúolo central são comparáveis aos lisossomos primários.

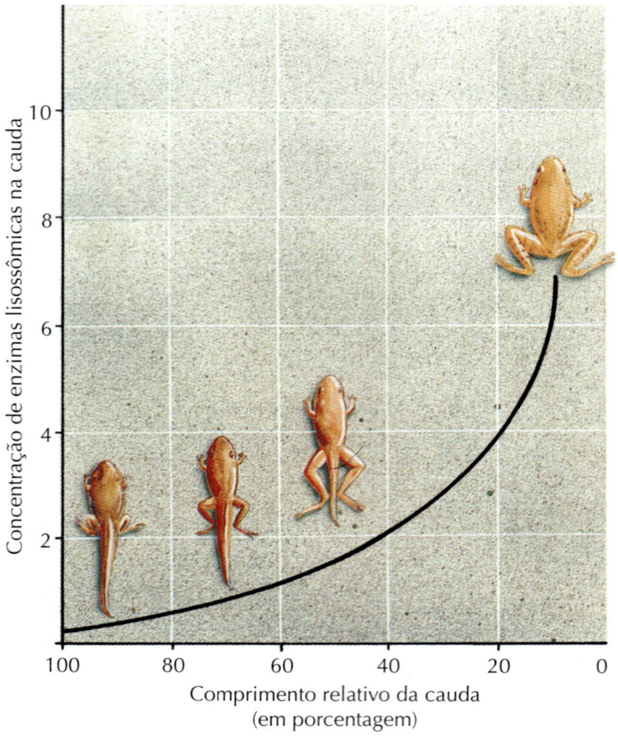

Figura 6.11
Gráfico que mostra o aumento da concentração de enzimas lisossômicas (no eixo das ordenadas) nas células da cauda de girinos durante o desenvolvimento. A regressão da cauda dos girinos ocorre devido à digestão de células por enzimas lissossômicas; o material resultante dessa autofagia entra na circulação sanguínea e é utilizado no crescimento do corpo. (Dados de De Duve, C., 1969.)

CIÊNCIA E CIDADANIA

Os pequenos lisossomos e seus grandes efeitos

O estudo aprofundado das células tem permitido entender os intricados caminhos que levam a determinadas doenças humanas, possibilitando eventualmente sua cura, tratamento e prevenção. Você sabia, por exemplo, que já se conhecem mais de 25 doenças resultantes de distúrbios digestivos das células?

Doença de Tay-Sachs

A doença de Tay-Sachs resulta de um defeito na enzima que atua em uma das etapas da digestão intracelular de um gangliosídio, substância normalmente presente nas membranas das células nervosas, mas que tem de ser continuamente reciclada por meio da digestão dos lisossomos. As autópsias mostram que as células nervosas dos doentes estão aumentadas devido ao inchaço dos lisossomos, que ficam repletos de gangliosídios não digeridos. Os sintomas da doença começam a se manifestar no primeiro ano de vida; por volta dos dois anos, a criança já apresenta sinais de demência e geralmente morre antes dos três anos de idade.

Silicose e asbestose

Duas outras doenças relacionadas aos lisossomos são a silicose e a asbestose, que afetam os pulmões.

A **silicose** é comum em pessoas constantemente expostas a pó de sílica, como os trabalhadores de marmorarias e os ceramistas, dentre outros. Os minúsculos cristais dessa substância ficam em suspensão no ar inalado e atingem os pulmões, onde são ingeridos por fagocitose por macrófagos, células de defesa que "patrulham" os alvéolos pulmonares. As partículas de sílica acumulam-se no interior dos lisossomos dos macrófagos e acabam por perfurá-los, levando ao derrame de enzimas ativas e a prejuízos às células pulmonares.

A **asbestose** é uma doença relacionada à inalação prolongada de poeira com alta concentração de fibras de amianto. À semelhança do que ocorre com a sílica, o amianto inalado acumula-se nos lisossomos das células dos alvéolos pulmonares e altera seu funcionamento. (**Fig. 6.12**)

O amianto, ou asbesto, pertence ao grupo dos silicatos cristalinos hidratados. Ambas as denominações referem-se ao fato de esse material ser incombustível, o que o levou a ser muito utilizado na produção de materiais antichamas. A estrutura fibrosa do amianto possui alta resistência mecânica, incombustibilidade, durabilidade e flexibilidade. Por isso, esse material é empregado na indústria, principalmente para a fabricação de telhas e caixas-d'água, de autopeças de veículos, dentre outras aplicações. O amianto já foi largamente utilizado como isolante térmico e proteção antichama nas décadas de 1940 e 1950.

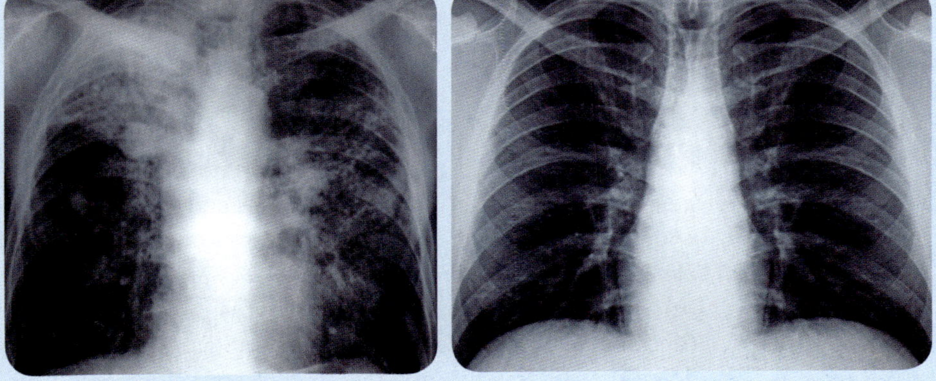

Figura 6.12 À esquerda, radiografia da caixa torácica de uma pessoa cujos pulmões estão fibrosados devido à asbestose. À direita, pulmões sadios.

O uso do amianto vem sendo proibido em vários países do mundo; embora ainda utilizado no Brasil, sua proibição é questão de tempo, segundo a auditora fiscal Fernanda Giannasi, do Ministério do Trabalho e Emprego, em entrevista à Agência Brasil, em 13/01/2007. Fundadora da Associação Brasileira dos Expostos ao Amianto (Abrae), ela diz que o risco de contrair doenças como câncer de pulmão ou asbestose é 57 vezes maior entre os trabalhadores do setor que são fumantes, se comparados a pessoas que não trabalham no setor e não fumam.

Embora para muitos essas precauções pareçam exageradas, Fernanda Giannasi sugere aos que têm um telhado de amianto que procurem instalar um forro ou alguma proteção para evitar o contato com o farelo das telhas, que se desprende principalmente com a umidade e o bolor. Ela recomenda também cuidados com a caixa-d'água, evitando o uso de escova de aço na limpeza e principalmente produtos agressivos, como a água sanitária. Deve-se tampar a caixa-d'água para impedir que ela se suje muito. O ideal, com o tempo, é substituí-la. Diz Fernanda: "Nós estamos, com a Prefeitura de São Paulo, fazendo uma campanha de esclarecimento junto à população. Essa campanha, Amianto Mata, está no *site* da Abrea".

Encefalopatias espongiformes transmissíveis

Os lisossomos estão implicados em uma série de doenças conhecidas como encefalopatias espongiformes transmissíveis, ou TSE (do inglês, ***t**ransmissible **s**pongiform **e**ncephalopathies*). A mais conhecida delas é a **doença da vaca louca**, ou BSE (do inglês, ***b**ovine **s**pongiform **e**ncephalopathy*); sua correspondente humana é a nova variante da doença de Creutzfeldt-Jakob, mais conhecida pela sigla nvCJD.

Essas doenças caracterizam-se por uma degeneração lenta do sistema nervoso central decorrente do acúmulo de uma proteína fibrosa infectante conhecida como **príon**, geralmente adquirida pela ingestão de carne contaminada. O aspecto esponjoso do cérebro dos doentes deve-se ao acúmulo de fibras dessa proteína.

Os surtos da doença da vaca louca no gado bovino da Inglaterra e de alguns outros países, nas décadas de 1980 e 1990, foram provavelmente causados pela prática de enriquecer a ração dos rebanhos com proteína animal derivada de carcaças. Animais eventualmente contaminados por príons tiveram suas carcaças reduzidas a pó e serviram de alimento a animais sadios, contaminando-os. Casos de nvCJD, principalmente em pessoas na Inglaterra, foram relacionados à ingestão de carne proveniente de animais infectados por príons. O Brasil está aparentemente livre da doença porque em nossa pecuária o gado é alimentado quase exclusivamente com produtos de origem vegetal.

O **kuru** é uma doença neurológica causada por príon, endêmica entre nativos da Nova Guiné, e cuja transmissão está ligada a rituais de canibalismo. Nessas populações, costuma-se macerar o cérebro do cadáver e utilizá-lo no preparo de uma sopa, ingerida pelos familiares do morto. Se este era portador da encefalopatia transmissível, os familiares correm o risco de contrair a doença. Como os sintomas levam anos para se manifestar, foi difícil estabelecer a relação entre os rituais e a aquisição da enfermidade.

Supõe-se que, quando uma pessoa ou um animal ingerem carne contaminada por príons, estes não são digeridos no tubo digestório e penetram intactos na circulação sanguínea. Pelo sangue, os príons chegam aos nervos e aos corpos celulares dos neurônios, onde começam a fazer com que proteínas normais similares a eles se transformem em novos príons. Estes, sendo resistentes à digestão, acumulam-se nos lisossomos e acabam por causar a morte das células nervosas. A lenta destruição dos neurônios afeta o funcionamento do sistema nervoso, levando ao aparecimento dos sintomas típicos da doença: perda gradativa da memória recente e de orientação espacial, incontinência urinária, demência e morte.

4 Peroxissomos

Peroxissomos são organelas membranosas, com cerca de 0,2 μm a 1 μm de diâmetro, presentes no citoplasma de células animais e de muitas células vegetais. Eles contêm diversos tipos de oxidases, enzimas que utilizam gás oxigênio (O_2) para oxidar substâncias orgânicas, processo em que se forma, como subproduto, peróxido de hidrogênio (H_2O_2), a popular água oxigenada. Essa substância é tóxica para as células, mas os peroxissomos, apropriadamente, contêm a enzima catalase, que transforma o peróxido de hidrogênio em água e gás oxigênio.

A principal função dos peroxissomos é oxidar ácidos graxos, preparando-os para serem utilizados como matéria-prima na respiração celular, destinada à obtenção de energia, e na síntese de compostos importantes, como o colesterol, por exemplo.

Os peroxissomos são particularmente abundantes nas células do fígado e dos rins, chegando a constituir até 2% do volume das células hepáticas. Nesses órgãos, eles têm por função oxidar diversos tipos de substâncias tóxicas absorvidas do sangue (álcool, por exemplo), transformando-as em produtos inócuos. No fígado, os peroxissomos também participam na produção dos ácidos biliares.

Acredita-se que novos peroxissomos surgem por autoduplicação de outros preexistentes. Nesse processo, um peroxissomo incorpora enzimas e novos componentes de sua membrana, cresce e divide-se em dois. As enzimas peroxissômicas são sintetizadas por ribossomos livres no citosol e, em seguida, incorporadas pela organela.

Células das sementes de certas plantas, principalmente as oleaginosas, possuem um tipo especial de peroxissomo, o **glioxissomo**, cuja função é fazer com que os lipídios armazenados na semente se transformem em açúcares, consumidos durante o processo de germinação.

5 Vacúolos da célula vegetal

A maioria das células vegetais adultas apresenta um grande **vacúolo central** que chega a ocupar até 80% do volume celular. Em células vegetais jovens, pequenos vacúolos surgem a partir de bolsas do retículo endoplasmático ou do complexo golgiense e vão aumentando progressivamente de tamanho e fundindo-se uns aos outros até constituir um vacúolo único na região central da célula. Este é delimitado por uma membrana lipoproteica semelhante às demais membranas celulares, denominada **tonoplasto**.

O vacúolo da célula vegetal contém uma solução aquosa ácida composta por íons inorgânicos, açúcares, aminoácidos, ácidos orgânicos e, em alguns casos, proteínas, como ocorre nas células das sementes. A concentração de sais pode tornar-se tão alta que eles cristalizam, assumindo formas geométricas específicas, como as drusas (cristais em forma de estrelas) e as ráfides (cristais em forma de agulhas). O vacúolo contém, também, inúmeras enzimas digestivas, desempenhando função semelhante à dos lisossomos das células animais.

Além de armazenar substâncias úteis, os vacúolos das células vegetais atuam como reservatório de substâncias potencialmente prejudiciais, que poderiam causar danos ao citoplasma; resíduos produzidos no metabolismo celular e toxinas como a nicotina e o tanino, por exemplo, são armazenados no vacúolo. Pigmentos solúveis em água, como as antocianinas, responsáveis pelas cores azul, violeta, púrpura e vermelho-escuro de folhas e pétalas de muitas plantas, também são armazenados no vacúolo central.

6 Citoesqueleto

Uma diferença marcante entre células procarióticas e eucarióticas é que as últimas apresentam **citoesqueleto**, uma complexa estrutura intracelular constituída por filamentos e tubos de proteína.

O citoesqueleto desempenha diversas funções: a) define a forma e organiza a estrutura interna da célula; b) permite a adesão das células a suas vizinhas e a superfícies extracelulares; c) possibilita o deslocamento de materiais no interior da célula. Além disso, ele é responsável por diversos tipos de movimento que uma célula eucariótica é capaz de realizar, como o movimento ameboide, a contração muscular, a movimentação dos cromossomos durante as divisões celulares e os movimentos de cílios e flagelos. (**Fig. 6.13**)

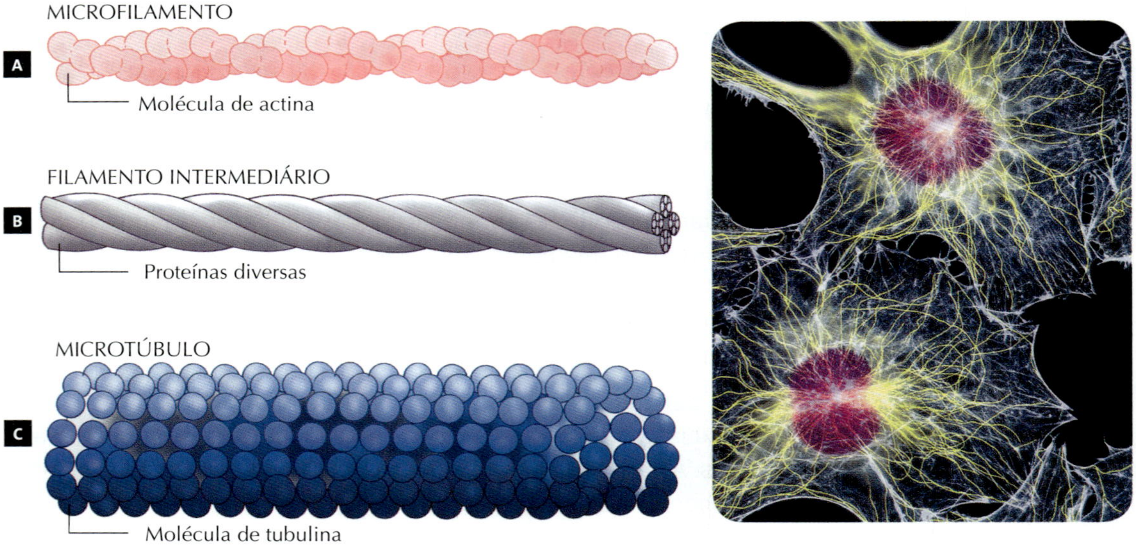

Figura 6.13 Representação esquemática dos três tipos de componentes do citoesqueleto. **A.** Microfilamento, constituído por moléculas de actina. **B.** Filamento intermediário, constituído por diversos tipos de proteína. **C.** Microtúbulo, constituído por moléculas de tubulina. (Representações sem escala, cores-fantasia.) (Baseado em Lodish, H. e cols., 2004.) A micrografia à direita, em microscópio óptico iluminado com luz ultravioleta, mostra o citoesqueleto de dois fibroblastos cujos componentes foram evidenciados em amarelo e azul, por uma técnica denominada imunofluorescência; o núcleo está evidenciado em rosa (aumento ≃ 580×).

Microtúbulos

Microtúbulos são tubos finíssimos constituídos por moléculas de um tipo especial de proteína, a tubulina, dispostas no espaço em um arranjo helicoidal compacto. Os microtúbulos podem aumentar ou diminuir em comprimento pela incorporação ou liberação de moléculas de tubulina em suas extremidades. Eles são constantemente desmontados e remontados em novas configurações, o que possibilita mudanças na forma da célula e redistribuição dos componentes em seu citoplasma.

Os microtúbulos originam-se sempre em um local especial do citoplasma, conhecido pela sigla MTOC, iniciais da expressão inglesa *micro**t**ubule-**o**rganizing **c**enter* (centro organizador de microtúbulos). As células animais possuem um centro organizador principal localizado perto do núcleo, na região conhecida como **centrossomo** ou **centro celular**; é aí que se origina a maioria dos microtúbulos. As células vegetais têm vários centros organizadores de microtúbulos perto da membrana plasmática. Desses centros partem feixes de microtúbulos que se alinham sob a membrana plasmática e orientam o posicionamento de cisternas do complexo golgiense contendo componentes da parede. Desse modo, os microtúbulos definem a direção do crescimento da célula vegetal. (**Fig. 6.14**)

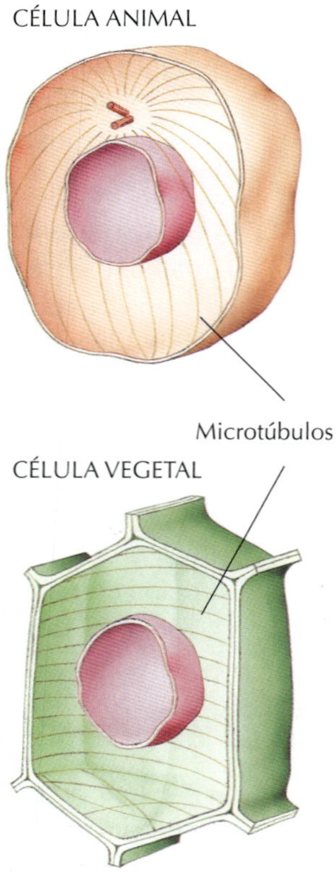

Figura 6.14 Representação esquemática de célula animal e de célula vegetal, mostrando a organização dos microtúbulos do citoesqueleto durante a fase em que a célula não se encontra em divisão (interfase). (Representação sem escala, cores-fantasia.)

Microfilamentos ou filamentos de actina

Microfilamentos são fios com espessura entre 7 nm e 9 nm, constituídos por moléculas da proteína actina; por isso, são conhecidos também por **filamentos de actina**. A actina é a proteína intracelular mais abundante nos organismos eucarióticos. Seus filamentos dispõem-se no citoplasma de duas maneiras principais: lado a lado, formando feixes, ou entrelaçados, formando redes. O esqueleto intracelular de actina é uma estrutura dinâmica; seus microfilamentos aumentam e diminuem em comprimento, e os feixes e as redes modificam-se continuamente.

A organização compacta dos filamentos de actina logo abaixo da membrana plasmática é responsável pela consistência firme (gel) da camada periférica do citoplasma, conhecida como **ectoplasma**. Na porção mais interna da célula, os filamentos de actina dispõem-se como uma teia tridimensional frouxa, conferindo ao citoplasma dessa região, conhecida como **endoplasma**, uma consistência gelatinosa fluida (sol).

Os filamentos de actina podem estar associados à **miosina**, uma outra proteína filamentosa. Esses dois tipos de filamento deslizam um sobre o outro, causando contrações de partes da célula ou mesmo da célula inteira, como ocorre nos músculos. O deslizamento da miosina sobre a actina requer energia, fornecida por moléculas de ATP.

Filamentos intermediários

Filamentos intermediários recebem essa denominação por terem cerca de 10 nm de espessura, intermediária entre a dos microtúbulos (24 nm) e a dos filamentos de actina (de 7 nm a 9 nm). Eles são constituídos por diversos tipos de proteína e estão presentes em praticamente todas as células de organismos multicelulares.

Ao contrário dos microtúbulos e dos microfilamentos, os filamentos intermediários são estruturas estáveis e não participam dos movimentos celulares. Sua principal função é dar sustentação à membrana plasmática nos locais de contato com as células vizinhas e com a matriz extracelular.

Citoesqueleto e movimento celular

O citoesqueleto, além de manter a forma da célula, permite a movimentação interna de seus componentes por meio da ciclose. Ele é responsável também pelo movimento ameboide, por meio do qual diversos tipos de célula se locomovem.

Ciclose

Ciclose é a denominação do contínuo movimento de organelas e substâncias do citosol, arrastadas por correntes citoplasmáticas resultantes da interação entre moléculas de actina e de miosina. Nesse processo, moléculas de miosina presas ao retículo endoplasmático deslizam sobre moléculas estacionárias de actina, gerando movimento. É o mesmo mecanismo que ocorre em nossas células musculares quando elas se contraem e, como este, demanda energia, fornecida pelo ATP.

A ciclose é importante para a distribuição intracelular de substâncias, principalmente em células que atingem grande tamanho, como as células vegetais e as de muitos protozoários.

Movimento ameboide

O **movimento ameboide** recebeu esse nome por ser o modo de locomoção típico das amebas; entretanto, esse tipo de movimentação é realizado por diversos tipos de célula, como os leucócitos (glóbulos brancos) de nosso sangue, por exemplo.

O movimento ameboide consiste na formação de projeções celulares denominadas **pseudópodes** (do grego *pseudo*, falso, e *podos*, pés). Como se fossem pés aderentes, os pseudópodes grudam em uma superfície e o citoplasma flui para seu interior, puxando a porção oposta da célula.

O fluxo citoplasmático no pseudópode é causado por mudanças na consistência do citoplasma, que passa de um estado mais consistente, denominado gel, para um estado mais fluido, denominado sol, e vice-versa. Quando um pseudópode se fixa ao substrato, o endoplasma (sol) flui rapidamente dentro dele e adquire a consistência de gel na camada em contato com a membrana plasmática. Na porção oposta da célula, o gel superficial adquire a consistência de sol e flui na direção do pseudópode, puxando a membrana plasmática. (**Fig. 6.15**)

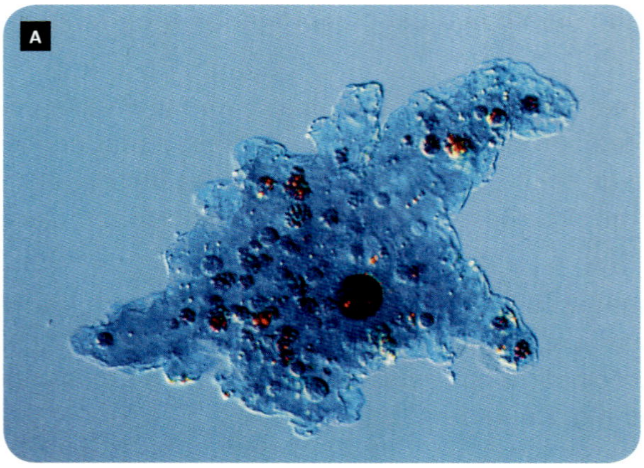

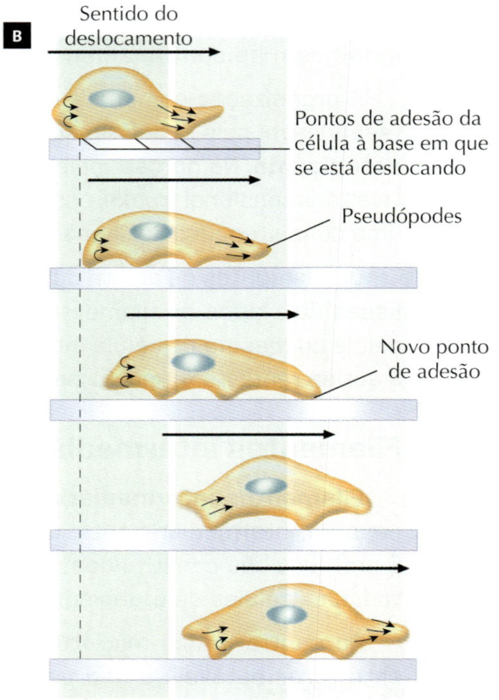

Figura 6.15 **A.** Micrografia de uma ameba de água doce ao microscópio óptico (aumento ≃ 120×). **B.** Representação esquemática das etapas sucessivas de deslocamento de uma célula por movimento ameboide. As setas menores indicam o fluxo de citoplasma. (Representação sem escala, cores-fantasia.)

7 Centríolos

Centríolo é um pequeno cilindro oco constituído por nove conjuntos de três microtúbulos, unidos por proteínas adesivas. A maioria das células eucarióticas, com exceção dos fungos e das plantas, possui um par de centríolos orientados perpendicularmente um ao outro na região do centrossomo.

Pouco antes de uma célula animal iniciar seu processo de divisão, os centríolos do centrossomo se autoduplicam. Ao lado de cada centríolo do par original, forma-se um novo, pela agregação de moléculas de tubulina presentes no citosol. Quando a célula inicia a divisão propriamente dita, o centrossomo divide-se em dois, cada um com um par de centríolos. (**Fig. 6.16**)

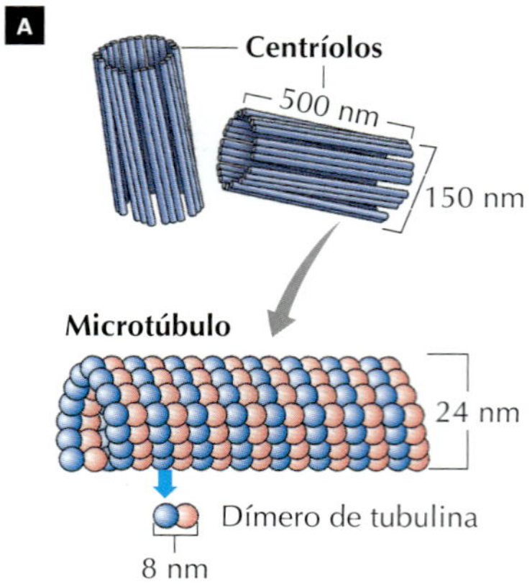

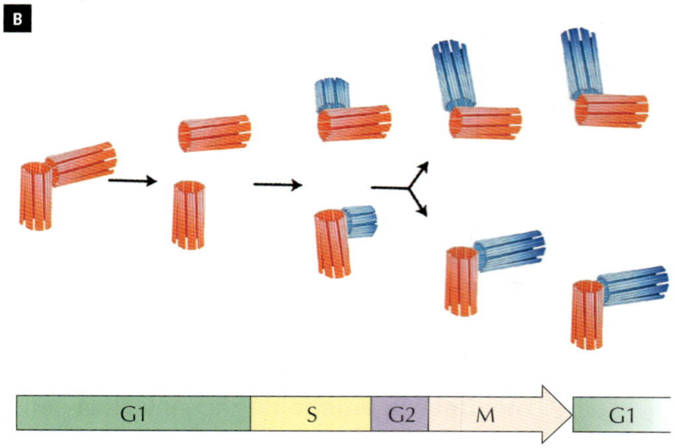

Figura 6.16 **A.** Representação esquemática de um par de centríolos e detalhe de um pedaço de microtúbulo, mostrando as moléculas de tubulina que o constituem. **B.** Comportamento dos centríolos no ciclo celular. Eles se duplicam na fase S da interfase, período em que também está ocorrendo a duplicação dos cromossomos (síntese de DNA) no núcleo (G_1 e G_2 são as outras fases da interfase, antes e depois de S). Na mitose (M), ou divisão celular, os pares de centríolos migram para polos opostos; cada par ficará em uma célula-filha. (Representação sem escala, cores-fantasia.) (Baseado em Lodish, H. e cols., 2004.) O processo detalhado da divisão celular será estudado no capítulo 8 deste livro.

8 Cílios e flagelos

Cílios e **flagelos** são estruturas filamentosas móveis que se projetam da superfície celular como se fossem pelos microscópicos. Os cílios são geralmente mais curtos e ocorrem em grande número na célula, enquanto os flagelos são mais longos e menos numerosos. Os movimentos ciliares assemelham-se aos de um chicote e atingem a incrível frequência de 10 a 40 batimentos por segundo. Os flagelos executam ondulações que se propagam da base em direção à extremidade livre. (**Fig. 6.17**)

Cílios e flagelos têm a mesma estrutura interna e originam-se de centríolos que migram para a periferia da célula e crescem pelo alongamento de seus microtúbulos. Durante a formação de um cílio ou de um flagelo, os microtúbulos centriolares se alongam e empurram a membrana plasmática, que também cresce e passa a envolvê-los como o dedo de uma luva. Comparando cortes transversais de centríolos a cortes transversais de cílios e flagelos, nota-se que os primeiros apresentam nove conjuntos triplos de microtúbulos, enquanto cílios e flagelos apresentam nove conjuntos duplos periféricos, além de dois microtúbulos centrais, ausentes nos centríolos.

A principal função de cílios e de flagelos é a locomoção celular. É por meio do movimento ciliar ou flagelar que a maioria dos protozoários e dos gametas masculinos de algas, de animais e de certas plantas consegue nadar no meio líquido. Alguns organismos, como certos protozoários e moluscos, criam correntes na água com o batimento de seus cílios, fazendo com que partículas alimentares sejam arrastadas até eles. Nossa traqueia é revestida internamente por células ciliadas, que estão sempre varrendo para fora o muco que lubrifica as vias respiratórias; nesse muco ficam presas bactérias e partículas inaladas junto com o ar.

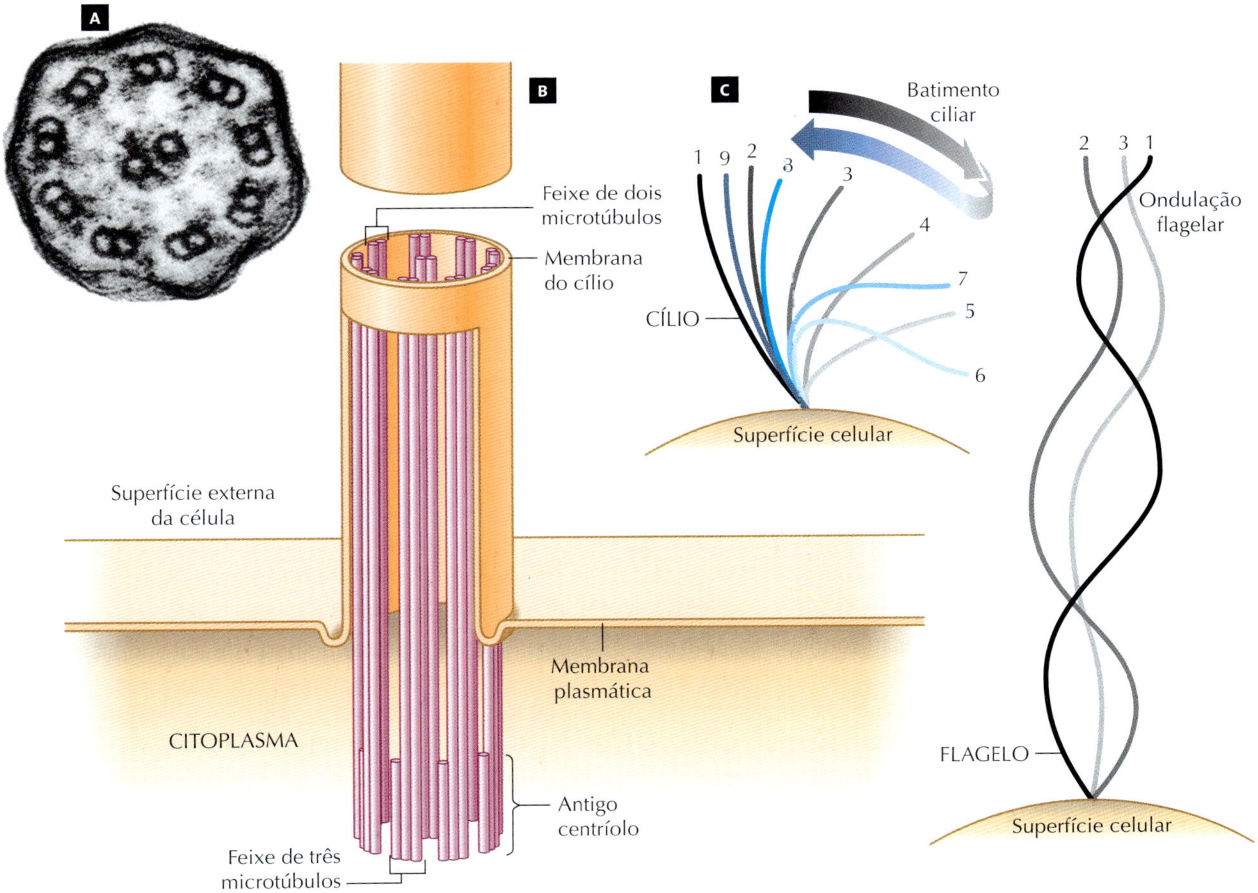

Figura 6.17 A. Micrografia de cílio cortado transversalmente (microscópio eletrônico de transmissão; aumento ≃ 125.000×). **B.** Representação tridimensional esquemática de um cílio parcialmente cortado para mostrar sua organização interna. **C.** Representação esquemática da movimentação de um cílio e de um flagelo, como seriam vistos em uma fotografia de múltipla exposição. O cílio movimenta-se como um chicote, com de 10 a 40 "chicotadas" por segundo. Os flagelos, mais longos que os cílios, executam ondulações. (Em **B** e **C**, representações sem escala, cores-fantasia.)

9 Mitocôndrias

Mitocôndrias são organelas citoplasmáticas com forma de bastonete e cerca de 2 μm de comprimento por 0,5 μm de diâmetro. Seu número na célula varia de dezenas a centenas, dependendo do tipo celular.

As mitocôndrias são delimitadas por duas membranas lipoproteicas. A mais externa é lisa e semelhante às demais membranas celulares, enquanto a membrana interna tem composição química diferente e apresenta dobras chamadas de cristas mitocondriais, que se projetam para o interior da organela. Este é preenchido por um líquido viscoso – a matriz mitocondrial – que contém diversas enzimas, DNA, RNA e ribossomos menores que os citoplasmáticos e muito semelhantes aos ribossomos bacterianos. (**Fig. 6.18**)

Nas mitocôndrias, ocorre a **respiração aeróbia**, processo em que moléculas orgânicas provenientes do alimento reagem com gás oxigênio (O_2), formando gás carbônico (CO_2) e água (H_2O) e liberando energia, que é armazenada em moléculas de ATP (trifosfato de adenosina). O ATP produzido nas mitocôndrias difunde-se para as outras regiões da célula e fornece energia para as mais diversas atividades celulares. O processo detalhado da respiração celular será estudado no capítulo 9 deste livro.

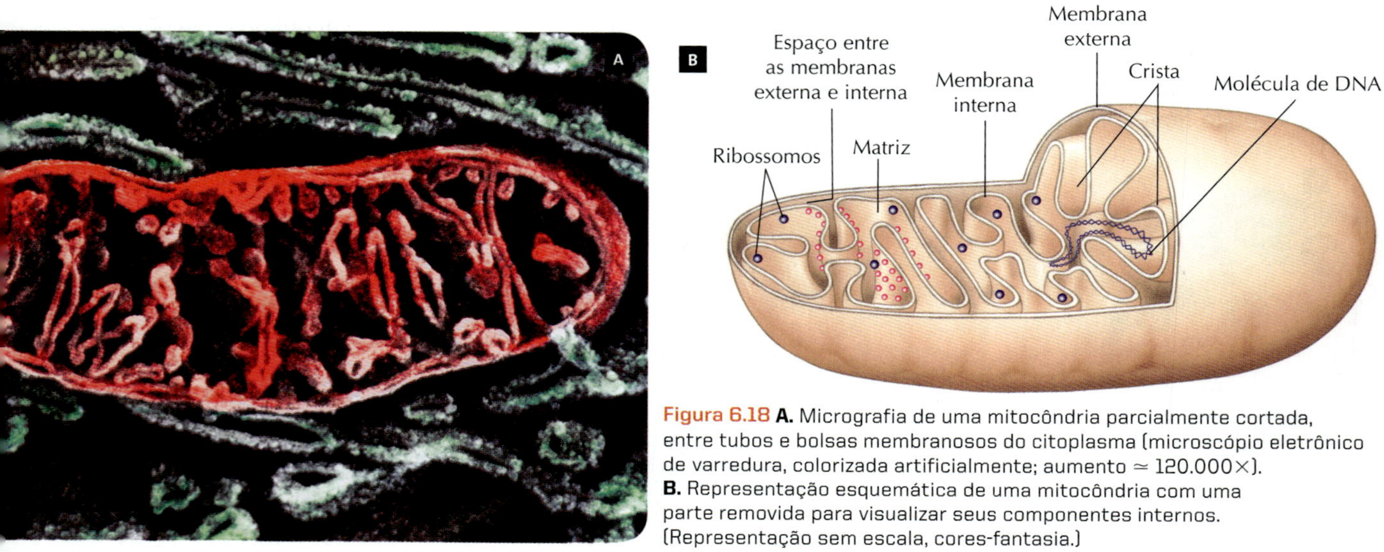

Figura 6.18 **A.** Micrografia de uma mitocôndria parcialmente cortada, entre tubos e bolsas membranosos do citoplasma (microscópio eletrônico de varredura, colorizada artificialmente; aumento ≃ 120.000×). **B.** Representação esquemática de uma mitocôndria com uma parte removida para visualizar seus componentes internos. (Representação sem escala, cores-fantasia.)

Autoduplicação das mitocôndrias

Mitocôndrias surgem exclusivamente por autoduplicação de mitocôndrias preexistentes. Quando a célula se divide, originando duas células-filhas, cada uma delas recebe aproximadamente metade do número de mitocôndrias existentes na célula-mãe. À medida que as células crescem, suas mitocôndrias se autoduplicam, restabelecendo o número original.

A complexidade das mitocôndrias, o fato de possuírem genes, sua capacidade de autoduplicação e a semelhança genética e bioquímica com certas bactérias sugerem que essas organelas sejam descendentes de seres procarióticos primitivos, que um dia se instalaram no citoplasma de primitivas células eucarióticas. Essa explicação para a origem evolutiva das mitocôndrias (e também dos plastos), já mencionada no capítulo 2, é conhecida como hipótese endossimbiótica ou simbiogênese.

Um fato interessante sobre as mitocôndrias é que, em animais com reprodução sexuada, essas organelas têm sempre origem materna. Apesar de os gametas masculinos possuírem mitocôndrias, elas degeneram logo após a fecundação, de modo que todas as mitocôndrias do zigoto, e consequentemente as de todas as células do novo indivíduo, descendem das que estavam presentes no gameta feminino.

Conteúdo digital Moderna PLUS http://www.modernaplus.com.br
Texto: *O DNA mitocondrial*

10 Hidrogenossomos e mitossomos

Certos protozoários e fungos que vivem em ambientes anaeróbios, isto é, desprovidos de gás oxigênio (O_2), não têm mitocôndrias. Eles apresentam outros tipos de organelas relacionadas com a produção de energia, que possivelmente evoluíram a partir de mitocôndrias, como uma adaptação a ambientes anaeróbios.

Uma dessas organelas é o **hidrogenossomo**, presente em certos fungos, em protozoários flagelados como o *Trichomonas vaginalis* (um parasita de órgãos genitais humanos) e em protozoários ciliados que vivem no trato digestório de mamíferos ruminantes. Os hidrogenossomos são bolsas aproximadamente esféricas, delimitadas por duas membranas lipoproteicas, em cujo interior ocorre degradação de ácido pirúvico ou de ácido málico, com produção de gás hidrogênio (H_2), gás carbônico (CO_2) e ácido acético ($C_2H_4O_2$). Nessas reações, é liberada energia, armazenada em moléculas de ATP. Hidrogenossomos se autoduplicam; apesar de os estudos não revelarem a presença de material genético na maioria dos casos, recentemente se descobriu que o hidrogenossomo do ciliado *Nyctotherus ovalis* possui DNA.

Um outro tipo de organela citoplasmática relacionada à produção de energia é o **mitossomo**, presente em certos protozoários anaeróbios como a ameba e a giárdia, que não possuem hidrogenossomos. Mitossomos são pequenas bolsas delimitadas por duas membranas lipoproteicas e que parecem se reproduzir por divisão, mas não possuem DNA. Apesar de não gerarem ATP diretamente, os mitossomos são o local de produção de complexos de ferro e enxofre (Fe-S), de que as células necessitam para gerar ATP.

11 Plastos

Plastos são organelas citoplasmáticas presentes apenas em células de plantas e de algas. Sua forma e tamanho variam conforme o tipo de organismo e da célula em que se encontram. Em algumas algas e em certas briófitas, cada célula possui apenas um ou poucos plastos, de grande tamanho e forma característica. Em células de outras algas e plantas, os plastos são menores e estão presentes em grande número. Células da folha de plantas angiospermas podem conter entre 40 e 50 plastos. Há três tipos principais de plastos: cloroplastos, cromoplastos e leucoplastos. (**Fig. 6.19**)

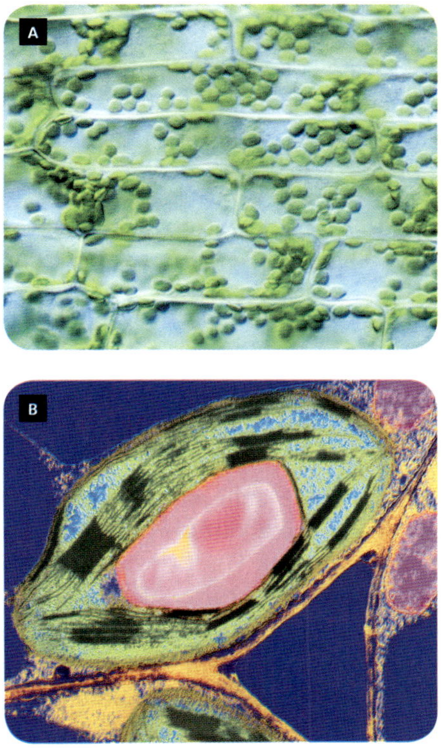

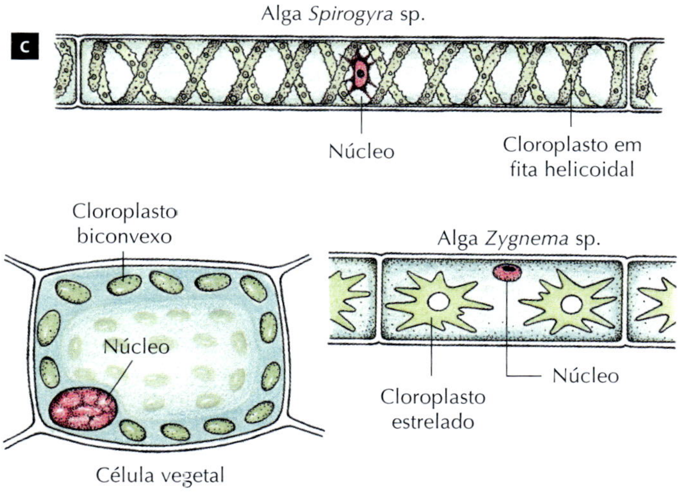

Figura 6.19 **A.** Micrografia de células vegetais ao microscópio óptico, mostrando os cloroplastos (grânulos verdes) (aumento ≃ 400×). **B.** Micrografia de corte de um cloroplasto ao microscópio eletrônico de transmissão, mostrando as membranas internas e um acúmulo de amido (região cor-de-rosa) (aumento ≃ 6.800×). **C.** Representação esquemática de alguns tipos de cloroplasto. Algumas algas têm plastos grandes e com formas peculiares. Outras algas e a maioria das plantas apresentam plastos pequenos e biconvexos, em forma de lentilha. (Representação sem escala, cores-fantasia.)

Cloroplastos

O principal tipo de plasto é o **cloroplasto**, que se caracteriza por apresentar cor verde, decorrente da presença do pigmento clorofila. Um cloroplasto típico tem forma de lentilha alongada, com cerca de 4 μm de comprimento por de 1 a 2 μm de espessura. A maioria dos cloroplastos possui duas membranas lipoproteicas e um complexo membranoso interno formado por pequenas bolsas discoidais achatadas e empilhadas. No entanto, há cloroplastos com três membranas, como os do protista clorofilado *Euglena* sp., e mesmo com quatro membranas, como os das algas diatomáceas e das algas marrons. Uma possível explicação para isso se encontra mais adiante, na hipótese endossimbiótica de mitocôndrias e plastos. (**Fig. 6.20**)

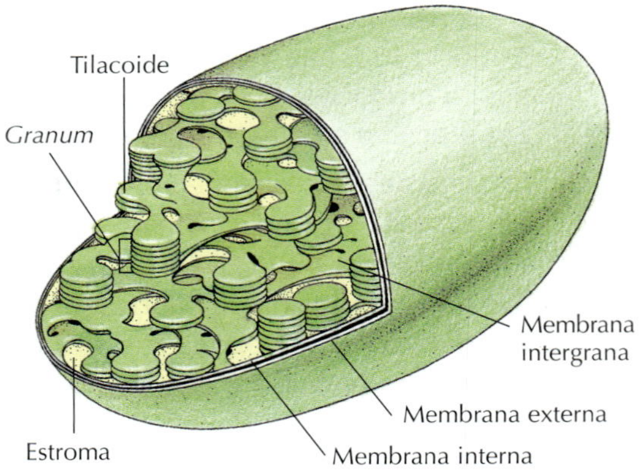

Figura 6.20 Representação esquemática de um cloroplasto parcialmente cortado, mostrando a estrutura interna. O pigmento clorofila localiza-se nas membranas dos tilacoides e nas membranas intergranas. (Representação sem escala, cores-fantasia.)

O espaço interno do cloroplasto é preenchido por um líquido semelhante ao que preenche as mitocôndrias, nesse caso denominado estroma. Nele, há enzimas, DNA, RNA, além de ribossomos semelhantes aos das células bacterianas. As moléculas do pigmento mais abundante no cloroplasto, a **clorofila**, dispõem-se organizadamente em suas membranas internas, de modo a captar a luz solar com a máxima eficiência. Nos cloroplastos, ocorre o processo de **fotossíntese**, no qual moléculas de gás carbônico (CO_2) e de água (H_2O) reagem formando glicídios e gás oxigênio (O_2). A energia necessária a essa reação provém da luz. Assim, por meio da fotossíntese, algas e plantas produzem glicídios, utilizados em suas próprias mitocôndrias para a produção de ATP. Como produzem seu próprio alimento, esses organismos são chamados de autotróficos. O processo bioquímico da fotossíntese será estudado mais detalhadamente no capítulo 10 deste livro.

Cromoplastos e leucoplastos

Alguns plastos não têm clorofila, e sim pigmentos vermelhos ou amarelos, sendo por isso denominados **cromoplastos** (do grego, *chromos*, cor). Essas organelas são responsáveis pelas cores de certos frutos e flores, de algumas raízes, como a cenoura, e de folhas que se tornam amareladas ou avermelhadas no outono. A função dos cromoplastos nas plantas ainda não é bem conhecida.

Certos tipos de plasto não possuem pigmentos, sendo por isso chamados de **leucoplastos** (do grego *leukos*, branco). Eles estão presentes em certas raízes e caules tuberosos, e sua função é o armazenamento de amido. Esse polissacarídio é fabricado a partir de glicídios produzidos na fotossíntese e acumula-se no leucoplasto, podendo ocupar totalmente o interior da organela, que cresce e se transforma em um **amiloplasto** (ou **grão de amido**). Em momentos de necessidade, o amido pode ser reconvertido em glicose e utilizado pela célula como matéria-prima e fonte de energia.

Autoduplicação dos plastos

Plastos se multiplicam por autoduplicação. Quando uma célula vegetal se divide e origina duas células-filhas, cada uma delas recebe aproximadamente metade do número de plastos existentes na célula-mãe. À medida que as células-filhas crescem, os plastos se autoduplicam, restabelecendo sua quantidade original em cada uma das células.

Células embrionárias de plantas contêm pequenas bolsas incolores com de 0,2 μm a 1 μm de diâmetro, os **proplastos**, que originam os plastos das células adultas. Proplastos contêm DNA, RNA e ribossomos, sendo capazes de produzir diversas proteínas. Eles têm origem exclusivamente materna, de modo que todos os plastos que uma planta virá a ter originam-se de proplastos presentes no gameta feminino.

Plastos de determinado tipo também podem se transformar em outro; leucoplastos, por exemplo, podem se transformar em cloroplastos e vice-versa, e ambos podem originar cromoplastos. (**Fig. 6.21**)

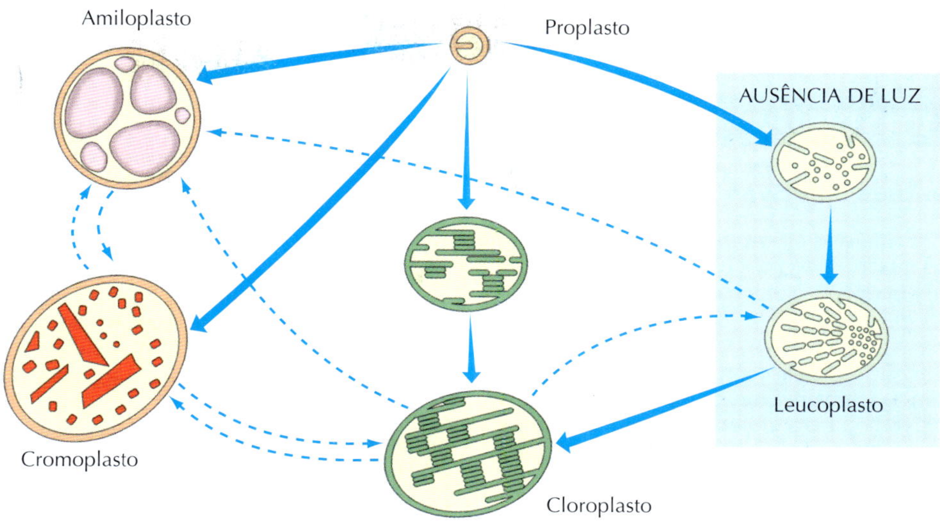

Figura 6.21 Representação esquemática de diferentes tipos de plastos. Originalmente, eles desenvolvem-se a partir de proplastos presentes no gameta feminino. Os proplastos originam os diversos tipos de plastos da planta, dependendo do tipo de célula e do ambiente em que ela se encontra. Plastos de um tipo podem transformar-se em outro tipo, como indicado pelas linhas tracejadas. (Representação sem escala, cores-fantasia.)(Baseado em Raven, P. e cols., 1999.)

AMPLIE SEUS CONHECIMENTOS

Rastreando a evolução de plastos e mitocôndrias

A capacidade de multiplicação dos plastos e suas semelhanças com as bactérias constituem fortes indícios de que essas organelas descendem de seres procarióticos que invadiram seres eucarióticos ancestrais das algas e plantas, há centenas de milhões de anos (relembre a hipótese endossimbiótica no capítulo 2). O mesmo teria ocorrido com as mitocôndrias. Segundo alguns cientistas, a dupla membrana que envolve mitocôndrias e plastos é uma evidência a favor da hipótese da origem endossimbiótica dessas organelas. A membrana interna corresponderia à membrana plasmática da bactéria ancestral que invadiu a célula eucariótica, enquanto a membrana externa seria correspondente à membrana da bolsa resultante do englobamento da bactéria ancestral.

A mesma hipótese permitiria explicar a existência de cloroplastos com mais de duas membranas, como o presente nas euglenas (três membranas) e nas algas marrons e diatomáceas (quatro membranas). De acordo com os cientistas, esses cloroplastos surgiram de múltiplos eventos de endossimbiose.

Como poderiam ser explicadas as três membranas que envolvem o cloroplasto da euglena, organismo unicelular de água doce, classificado no reino Protista (filo Euglenophyta)? Um ancestral protista heterotrófico das euglenas teria ingerido, por fagocitose, algas verdes unicelulares. Entretanto, estas não foram digeridas e continuaram ativas no citoplasma da célula hospedeira. No decorrer do tempo, teria se estabelecido uma relação de mútuo benefício entre o protista hospedeiro e a alga hóspede. Mais tarde, o núcleo da célula da alga e suas estruturas citoplasmáticas teriam desaparecido, restando apenas o cloroplasto. As duas membranas internas do cloroplasto de uma euglena atual representariam as membranas originais do cloroplasto da alga ancestral ingerida, enquanto a terceira membrana seria proveniente de sua membrana plasmática.

Com relação aos plastos dotados de quatro membranas, além do mesmo ocorrido com o plasto da euglena, teria perdurado ainda a membrana da bolsa do fagossomo, proveniente do próprio hospedeiro ancestral. Já se conhecem mais de 27 mil espécies de alga dotadas de cloroplastos com quatro membranas, o que levou alguns biólogos a defenderem a criação de um reino especial para elas; este seria denominado reino Chromista e incluiria, dentre outras, as algas marrons e as diatomáceas.

ATIVIDADES

QUESTÕES PARA PENSAR E DISCUTIR

Questões objetivas

Considere as alternativas a seguir para responder às questões de 1 a 4.

a) Complexo golgiense. c) Mitocôndria.
b) Cloroplasto. d) Ribossomo.

1. Em que organela ocorre um processo no qual substâncias provenientes do alimento reagem com gás oxigênio liberando energia, a qual é armazenada em moléculas de ATP?

2. Qual é a organela celular que capta energia luminosa e a utiliza para fabricar glicídios a partir de gás carbônico e água?

3. Qual é a estrutura celular diretamente responsável pela produção de proteínas?

4. Qual é a estrutura celular responsável pelo empacotamento e pela secreção de substâncias?

5. O processo de eliminação de substâncias úteis pelas células, a cargo do complexo golgiense, é a
a) digestão intracelular. c) respiração celular.
b) fotossíntese. d) secreção celular.

6. O processo de quebra enzimática de substâncias orgânicas que ocorre no interior dos lisossomos é a
a) digestão intracelular. c) respiração celular.
b) fotossíntese. d) secreção celular.

Considere as alternativas a seguir para responder às questões de 7 a 10.

a) Fotossíntese. c) Respiração celular.
b) Digestão intracelular. d) Síntese de proteínas.

7. Qual é a principal função do cloroplasto?

8. Qual é a principal função do lisossomo?

9. Qual é a principal função da mitocôndria?

10. Qual é a principal função do retículo endoplasmático granuloso?

11. Empacotamento de substâncias, secreção celular e produção de lisossomos são funções do
a) complexo golgiense. c) retículo granuloso.
b) centríolo. d) cloroplasto.

12. A síntese de lipídios na célula ocorre no
a) retículo não granuloso.
b) retículo granuloso.
c) complexo golgiense.
d) lisossomo.

13. A vesícula acrossômica presente no acrossomo dos espermatozoides forma-se diretamente a partir
a) das mitocôndrias.
b) do centríolo.
c) do retículo granuloso.
d) do complexo golgiense.

14. Qual das estruturas celulares abaixo está presente em praticamente todas as células animais e vegetais?
a) Cloroplastos. c) Centríolos.
b) Mitocôndrias. d) Cílios.

15. Qual das alternativas abaixo indica o caminho de uma enzima que irá atuar fora da célula, desde o local de sua produção até o local de atuação?
a) Complexo golgiense – retículo endoplasmático granuloso – meio extracelular.
b) Complexo golgiense – lisossomo – meio extracelular.
c) Retículo endoplasmático granuloso – complexo golgiense – meio extracelular.
d) Retículo endoplasmático granuloso – lisossomo – meio extracelular.

16. Quando um organismo é privado de alimento e as reservas de seu corpo se esgotam, como estratégia de sobrevivência no momento de crise, as células passam a digerir partes de si mesmas. As estruturas celulares diretamente responsáveis por esse processo de autofagia são
a) cílios. c) mitocôndrias.
b) lisossomos. d) ribossomos.

17. Certas células que revestem internamente nossa traqueia produzem e eliminam pacotes de subtâncias mucosas, que lubrificam e protegem a superfície traqueal. Qual é a organela citoplasmática diretamente responsável por essa eliminação de muco?
a) Complexo golgiense. c) Ribossomo.
b) Mitocôndria. d) Vacúolo digestivo.

As questões de 18 a 21 referem-se ao diagrama que relaciona os quatro conceitos apresentados a seguir.

a) Complexo golgiense. c) Lisossomos.
b) Lipídios. d) Proteínas.

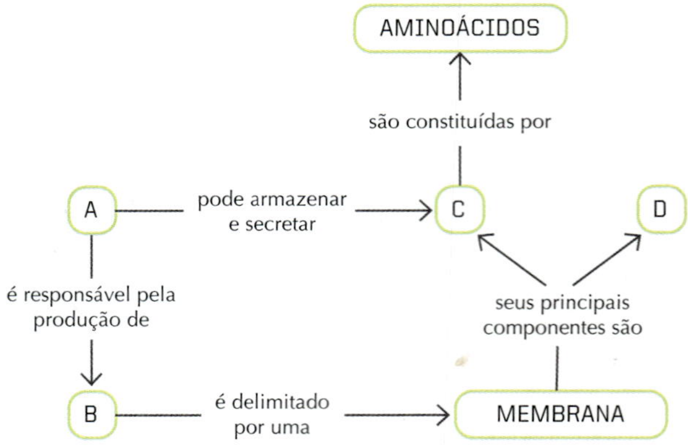

18. Qual dos conceitos melhor corresponde a A?

19. Qual dos conceitos melhor corresponde a B?

20. Qual dos conceitos melhor corresponde a C?

21. Qual dos conceitos melhor corresponde a D?

As questões de 22 a 25 referem-se ao diagrama que relaciona os quatro conceitos apresentados a seguir.

a) Cloroplasto.
b) Fotossíntese.
c) Mitocôndria.
d) Respiração celular.

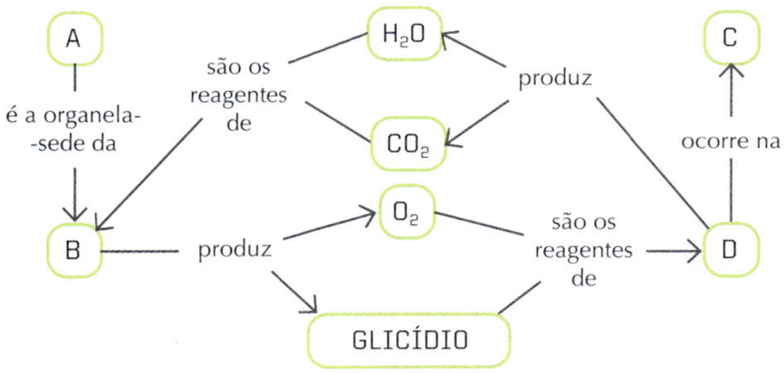

22. Qual dos conceitos melhor corresponde a A?

23. Qual dos conceitos melhor corresponde a B?

24. Qual dos conceitos melhor corresponde a C?

25. Qual dos conceitos melhor corresponde a D?

Questões discursivas

26. Espera-se encontrar maior quantidade de mitocôndrias em uma célula de pele ou de músculo? Por quê?

27. Em uma planta, espera-se encontrar maior quantidade de cloroplastos nas células das raízes ou nas células das folhas? Por quê?

28. Qual é a relação entre o retículo endoplasmático e o complexo golgiense na secreção de uma enzima por uma célula animal?

29. Observe as representações de uma célula animal e o de uma célula vegetal (abaixo), feitos a partir de observações ao microscópio eletrônico.
   a) Que partes dessas células são indicadas pelos fios numerados?
   b) Quais são as diferenças mais marcantes entre essas duas células?

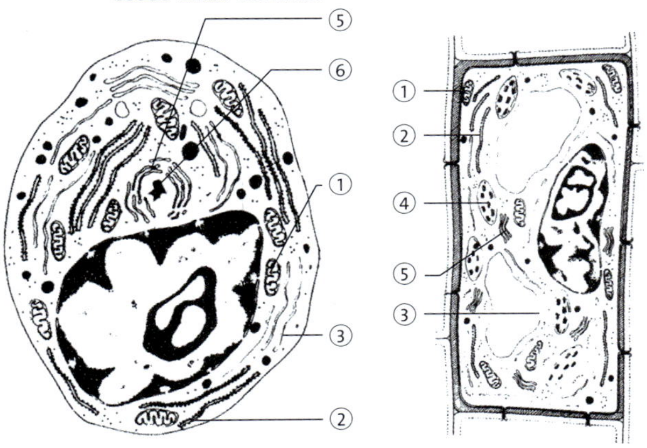

30. Sistematizar informações, de modo a poder compará-las com facilidade e rapidez, é uma atividade importante no estudo de qualquer assunto. Nossa proposta é que você sistematize as informações do capítulo sobre as organelas celulares construindo uma **tabela**. Consultando o texto, as figuras e as legendas, organize as seguintes informações sobre cada uma das organelas:
   a) breve descrição da forma;
   b) breve descrição da função;
   c) tipos de organismo em que ocorre (por exemplo, em células eucarióticas ou apenas em células vegetais etc.). (Se tiver dificuldades para isso, peça ajuda ao professor.) Acrescente à tabela qualquer outra informação que julgar importante.

VESTIBULARES PELO BRASIL

Brasil – Regiões

Região Norte
Região Centro-Oeste
Região Sul
Região Nordeste
Região Sudeste
Brasil

Questões objetivas

1 (Cesupa-PA) A célula é a menor unidade componente dos seres vivos que conserva as características da vida. A tabela a seguir apresenta dados referentes à presença (+) ou ausência (–) de alguns componentes das células X, Y e Z.

Componentes celulares	Células		
	X	Y	Z
Cloroplastos	–	+	–
Complexo de Golgi	+	+	–
Envoltório nuclear	+	+	–
Moticôndrias	+	+	–
Nucléolo	+	+	–
Parede celular	–	+	+
Ribossomos	+	+	+

Os dados permitem dizer que
a) X é uma bactéria.
b) Z é um vírus.
c) Y e Z são células de origem animal.
d) X e Y são células eucarióticas; Z é procariótica.

2 (UFPA-Adaptado) O retículo endoplasmático é um complexo sistema de túbulos, vesículas e sacos achatados formados por membranas. Algumas dessas membranas possuem ■ em sua superfície; elas são denominadas ■ e têm por função a ■. Qual das alternativas apresenta a sequência de termos que substituem corretamente os quadros escuros da afirmação anterior?
a) ribossomos, ergastoplasma, síntese de proteínas.
b) mitocôndrias, ergastoplasma, respiração celular.
c) mitocôndrias, complexo de Golgi, síntese de proteínas.
d) ribossomos, ergastoplasma, respiração celular.
e) ribossomos, complexo de Golgi, secreção celular.

3 (Unifap) Qual das afirmativas abaixo apresenta organelas citoplasmáticas em intensa atividade em uma célula glandular?
a) Lisossomas e complexo de Golgi.
b) Complexo de Golgi e mitocôndrias.
c) Retículo endoplasmático e mitocôndrias.
d) Retículo endoplasmático e complexo de Golgi.
e) Lisossomas e retículo endoplasmático.

4 (UFPA) Os organismos multicelulares exibem uma variedade de especializações celulares com funções e morfologia distintas. O citoplasma dessas células apresenta várias organelas ou estruturas, e, dependendo da especialização celular, irá predominar uma organela sobre as demais. A respeito das características típicas das organelas, é correto afirmar:
a) Ribossomos são grânulos constituídos por uma fita de DNA e proteínas; participam na síntese de proteínas.
b) O complexo de Golgi é composto por cisternas e vesículas; participa no processamento das proteínas e secreção celular.
c) Mitocôndrias são formadas por lamelas e preenchidas pelo estroma; participam no processo da fotossíntese.
d) Peroxissomos são lisossomos; participam no armazenamento de substâncias como proteínas e lipídios.
e) Retículo endoplasmático liso é formado por cristas e preenchido por uma matriz; participa na produção e liberação de energia.

5 (UFPA) Milhões de espermatozoides disputam uma "verdadeira maratona" até o óvulo, que culmina com a entrada de um deles. Essa "corrida" e a penetração no óvulo ocorrem graças a duas organelas celulares. Uma delas possibilita a agitação dos flagelos; a outra origina uma bolsa de enzimas digestivas — o acrossomo —, cuja função é perfurar o óvulo.

O texto refere-se, respectivamente, às seguintes organelas citoplasmáticas:
a) retículo endoplasmático e ribossomos.
b) complexo de Golgi e lisossomos.
c) microtúbulos e centríolos.
d) vacúolos e microtúbulos.
e) mitocôndria e complexo de Golgi.

6 (Ufam) Um material levemente eletrodenso denominado matriz mitocondrial preenche a cavidade interna da mitocôndria. Essa matriz contém
a) DNA, RNA, ribossomas e estômatos.
b) levedura, RNA, ribossomas e proteínas.
c) DNA, RNA, ribossomas e cloroplasto.
d) floema, xilema, DNA e RNA.
e) DNA, RNA, ribossomas e proteínas.

7 (UFPA) Embora a diversidade dos seres vivos seja extremamente grande, quase todos (exceto os vírus) são constituídos por células. As células dos organismos vivos são muito parecidas, mas apresentam diferenças importantes; por exemplo, a célula vegetal diferencia-se da animal por apresentar as seguintes estruturas celulares:
a) membrana celulósica e lisossomos.
b) membrana plasmática e centríolos.
c) membrana celulósica e cloroplastos.
d) membrana nucelar e lisossomos.

8 (UFPA) Segundo a teoria de Lynn Margulis, as bactérias e os cloroplastos atuais teriam sido seres procariontes independentes que foram englobados pelas primeiras células eucarióticas que surgiram na face da Terra. Os estudos sobre as mitocôndrias e cloroplastos fornecem alguns argumentos a favor dessa teoria, porque estas organelas apresentam
a) nucléolos que participam diretamente dos processos de divisão celular.
b) movimentos ameboides, como nos organismos unicelulares.
c) moléculas de DNA que produzem enzimas responsáveis pela digestão e armazenamento.
d) material genético próprio e ribossomos, e são capazes de produzir proteínas.
e) microfilamentos responsáveis pelo armazenamento e transporte de macromoléculas.

9 (UFMA) Durante a espermatogênese de uma espermatogônia formam-se 4 espermátides, as quais sofrerão uma série de modificações para virarem espermatozoides maduros. Uma das suas partes é a cauda, a qual é formada a partir do
a) retículo endoplasmático.
b) centríolo.
c) complexo de Golgi.
d) peroxissomo.
e) lisossomo.

10 (Urca-CE) Entender a fisiologia das células e a participação dos genes no seu funcionamento representa um dos atuais desafios da ciência na era pós-genômica. Em relação à fisiologia da célula, assinale a alternativa correta.
a) A osmose é a passagem de água e de sais, através da membrana celular, do meio hipertônico para o meio hipotônico.
b) As amebas utilizam os seus lisossomos, liberando enzimas digestivas sobre seu alimento para digeri-lo e depois absorvê-lo.
c) O retículo endoplasmático liso é a parte da célula responsável pela síntese de ácidos graxos e de fosfolipídios.
d) As mitocôndrias são as organelas responsáveis pela retirada de energia da glicose e pelo armazenamento dessa energia nas moléculas de ATP.

11 (UFPE) Em protozoários, fungos, algas, animais, plantas, bactérias e cianobactérias são encontrados
a) peroxissomos, lisossomos e mitocôndrias.
b) ribossomos, membrana plasmática e citoplasma.
c) núcleo, retículo endoplasmático rugoso e mitocôndrias.
d) retículo endoplasmático rugoso, citoplasma e membrana plasmática.
e) membrana, citoplasma e mitocôndria.

12 (UFPB) Os organismos como os cajueiros, os gatos, as amebas e as bactérias possuem, em comum, as estruturas
a) lisossomos e peroxissomos.
b) retículo endoplasmático e complexo de Golgi.
c) retículo endoplasmático e ribossomos.
d) ribossomos e membrana plasmática.
e) ribossomos e centríolos.

13 (UFC-CE) A síntese de lipídios ocorre no
a) nucléolo.
b) citosol.
c) citoesqueleto.
d) retículo endoplasmático liso.
e) retículo endoplasmático rugoso.

14 (Unifor-CE) A figura abaixo esquematiza os componentes de uma célula animal.

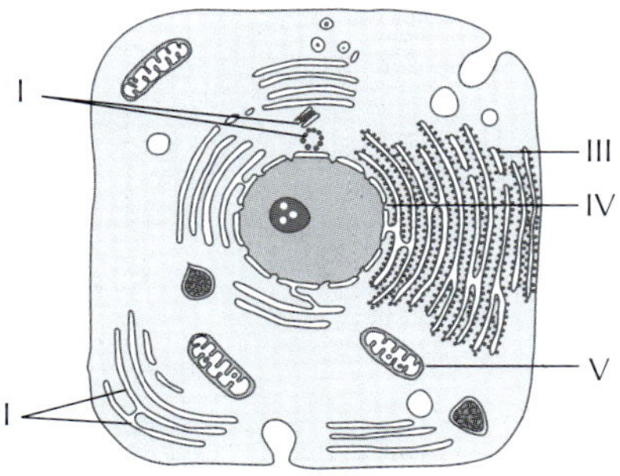

Relacionam-se, respectivamente, com síntese e transporte de lipídios e com síntese e transporte de proteínas
a) I e II.
b) II e III.
c) III e IV.
d) IV e V.
e) V e IV.

15 (Uesb-BA) A figura mostra a interação entre componentes do sistema de endomembranas, a respeito dos quais é correto afirmar:

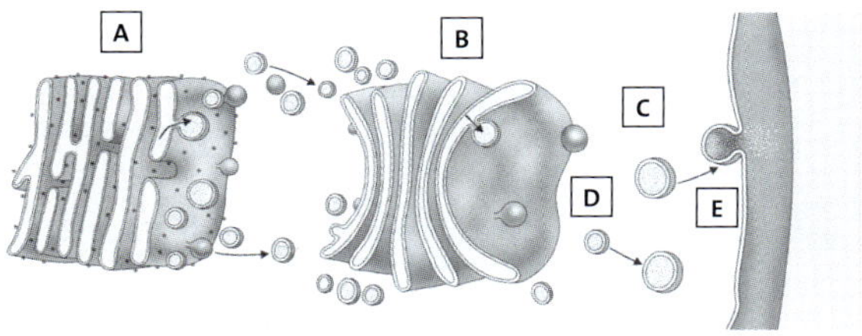

01) O compartimento **A** encontra-se desenvolvido, sobretudo em células com intensa síntese de fosfolipídios.
02) Os polissomos, numa célula eucariótica, encontram-se aderidos às membranas de **B**.
03) As atividades do compartimento **C** estão direcionadas para a digestão intracelular.
04) Enzimas respiratórias devem concentrar-se no interior da organela **D**.
05) As estruturas **A**, **B** e **C** apresentam membrana de natureza lipoproteica.

16 (UFRN) Uma célula animal que sintetiza, armazena e secreta enzimas deverá ter bastante desenvolvidos o
a) retículo endoplasmático granular e o complexo de Golgi.
b) retículo endoplasmático agranular e o complexo de Golgi.
c) retículo endoplasmático granular e os lisossomos.
d) complexo de Golgi e os lisossomos.
e) complexo de Golgi e condrioma.

17 (UFC-CE) Células animais com função secretora apresentam abundância de **retículo endoplasmático granuloso** (rugoso) e **complexo golgiense**, estruturas que se localizam próximas uma à outra e que trabalham em conjunto. Nesse trabalho em parceria, o retículo endoplasmático granuloso
a) libera proteínas digestivas em vesículas denominadas lisossomos, que atuarão em conjunto com os tilacoides do complexo golgiense.
b) produz fosfolipídios de membrana que serão processados no complexo golgiense e liberados no citoplasma para formação de novos ribossomos.
c) sintetiza proteínas e as transfere para o complexo golgiense, que as concentra e as libera em vesículas, que terão diferentes destinos na célula.
d) funde-se ao complexo golgiense para formar o acrossomo dos espermatozoides, responsável pela digestão da parede do óvulo e pela penetração nesse.
e) acumula os polissacarídios de parede celular, produzidos no complexo golgiense, e os processa, antes de liberar as vesículas que se fundirão com a membrana plasmática.

18 (Unifor-CE) Pode-se acompanhar uma proteína na célula, desde sua produção até seu destino, usando aminoácidos radioativos. Em uma célula que faz proteínas para serem exportadas, o caminho desde o local onde são formados os polipeptídios até seu exterior é
a) retículo rugoso, complexo de Golgi, vesículas de secreção, membrana plasmática.
b) ribossomos, retículo liso, membrana plasmática, vesículas de secreção.
c) núcleo, vacúolo, lisossomo, membrana plasmática.
d) núcleo, retículo rugoso, complexo de Golgi, lisossomos.
e) retículo liso, retículo rugoso, vesículas de secreção, membrana plasmática.

19 (UFPE) Na mucosa intestinal, existem células especiais que produzem um líquido lubrificante e protetor, chamado muco. O muco é um material complexo, constituído principalmente por proteínas associadas a polissacarídios. As organelas celulares envolvidas na produção do muco são, respectivamente:
a) centríolos e retículo endoplasmático liso.
b) retículo endoplasmático rugoso e complexo de Golgi.
c) complexo de Golgi e mitocôndrias.
d) mitocôndrias e retículo endoplasmático liso.
e) lisossomos e retículo endoplasmático rugoso.

20 (UFC-CE) O pesquisador Gustavo obtém pectinase, no meio de cultura líquido, produzida pelo fungo *Aspergillus niger*, para ser empregada na indústria de sucos. Gustavo não precisa destruir o fungo para obter a enzima; ele simplesmente separa o meio de cultura do microrganismo e isola a enzima deste meio. De acordo com o texto, assinale a alternativa correta.
a) O *Aspergillus niger* é um organismo que possui mesossomo; desta forma, a síntese da enzima ocorre nas membranas do mesossomo e depois ela é secretada para o meio de cultura.

b) O caminho da produção da pectinase começa com a transcrição, no citoplasma, do seu RNAm, que é traduzido por ribossomos e depois é ancorado nas membranas do retículo endoplasmático rugoso, onde a tradução é concluída.

c) A síntese da pectinase começa no citoplasma e termina nas membranas do retículo endoplasmático rugoso. Em seguida, esta enzima passa para o complexo de Golgi e é secretada, via vesículas de secreção, para o meio de cultura.

d) A síntese da pectinase começa no núcleo e termina nas membranas do retículo endoplasmático liso. Em seguida, esta enzima passa para o lisossomo, depois para o complexo de Golgi e é secretada, via vesículas de secreção, para o meio de cultura.

e) A síntese da pectinase começa no mesossomo e termina nas membranas do retículo endoplasmático rugoso. Em seguida, esta enzima passa para o complexo de Golgi e é secretada, via vesículas de secreção, para o meio de cultura.

21 (Uece) Verificou-se que determinada substância, marcada radioativamente, se apresenta por último numa organela que, além disso, forma lisossomos, age no empacotamento de substâncias e na secreção celular. A opção que identifica outra função da organela é:

a) Produzir o capuz acrossômico do espermatozoide.

b) Produzir energia para a célula.

c) Posicionar-se nos polos celulares durante a movimentação dos cromossomos na divisão celular.

d) Receber e transportar proteínas produzidas na face externa da sua membrana.

22 (UFS-SE-Adaptado) Qual a alternativa da tabela abaixo cujos termos substituem corretamente os algarismos I e II na frase seguinte?

Os lisossomos têm como função (I) e são produzidos na organela chamada (II).

	I	II
a)	síntese de proteínas	cloroplasto
b)	síntese de açúcares	cloroplasto
c)	digestão intracelular	retículo endoplasmático
d)	síntese de proteínas	retículo endoplasmático
e)	digestão intracelular	complexo de Golgi

23 (UFC-CE) Suponha que você esteja trabalhando com uma suspensão de células animais, a partir da qual você deseje isolar uma proteína. Durante a preparação, vários lisossomas sofrem ruptura. Como consequência disso, ocorreria

a) liberação de ácidos nucleicos, que dificultariam o isolamento da macromolécula que você está tentando obter.

b) liberação de ATP, que facilitaria o processo de isolamento da macromolécula de seu interesse.

c) liberação de enzimas, que poderiam digerir a macromolécula que você está tentando isolar.

d) liberação de macromoléculas proteicas recém-sintetizadas nos lisossomas, o que aumentaria a quantidade da proteína a ser obtida.

e) interrupção da síntese de proteínas enzimáticas nos lisossomas, diminuindo a quantidade da proteína a ser obtida.

24 (Uespi) Na figura abaixo, ilustra-se o fenômeno da regressão da cauda do girino, durante a sua metamorfose. Esse caso está relacionado com a atuação dos

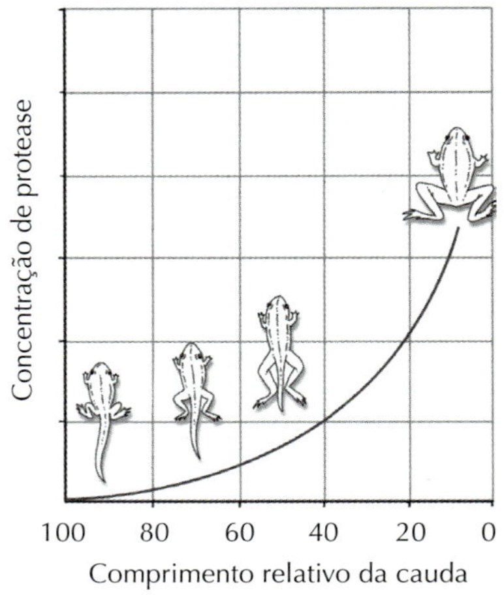

a) ribossomos.

b) peroxissomos.

c) lisossomos.

d) centríolos.

e) microtúbulos do citoesqueleto.

25 (UFCG-PB) A inalação da poeira com sílica, comum entre operários que trabalham com rochas ornamentais (por exemplo, granito e caulim), está associada à ocorrência de silicose, doença pulmonar obstrutiva crônica, e aumento de risco de câncer de pulmão, insuficiência renal e tuberculose pulmonar.

Analise as afirmativas:

I. Os lisossomos dos pneumócitos contêm enzimas que digerem a sílica incorporada por endocitose.

II. O acúmulo de partícula de sílica no interior dos lisossomos acaba por perfurá-los, liberando enzimas e há destruição generalizada de células pulmonares, causando a silicose.

III. A sílica ou dióxido de silício é um composto natural formado pelos dois elementos químicos mais abundantes na crosta terrestre: o oxigênio e o silício.

IV. O termo silicose é dado à fibrose pulmonar causada pela respiração de poeira contendo sílica cristalina, sendo a mais frequente das pneumoconioses.

É **correto** o que se afirma em

a) I, III e IV.

b) II, III e IV.

c) I, II e III.

d) I, II e IV.

e) I, II, III e IV.

26 (UEPB) Numere as funções dos elementos da coluna da direita de acordo com os seus correspondentes na coluna da esquerda.

I. Cromossomo	A. Secreção celular
II. Carioteca	B. Controle da estrutura e do funcionamento celular
III. Mitocôndria	C. Equilíbrio osmótico e armazenamento
IV. Vacúolo central	D. Respiração celular aeróbia
V. Complexo golgiense	E. Controle do fluxo de substâncias entre o núcleo e o citoplasma

Assinale a alternativa correta.

a) I-E, II-D, III-A, IV-C e V-B
b) I-E, II-A, III-B, IV-D e V-C
c) I-D, II-C, III-E, IV-B e V-A
d) I-E, II-A, III-B, IV-C e V-D
e) I-B, II-E, III-D, IV-C e V-A

27 (Uece) Mitocôndria, aparelho de Golgi
Ribossoma e membrana celular
Todos vieram de lá
Oh oh do DNA Ah ah
(*Mitocôndrias*, Casseta e Planeta)

As organelas relacionadas acima encontram-se relacionadas, respectivamente, a

a) respiração celular, secreção celular, síntese proteica e permeabilidade seletiva.
b) respiração celular, permeabilidade seletiva, síntese proteica e secreção celular.
c) respiração celular, síntese proteica, permeabilidade seletiva e secreção celular.
d) respiração celular, secreção celular, permeabilidade seletiva e síntese proteica.

28 (UFRN) A extremidade do axônio da célula nervosa apresenta grande atividade metabólica durante a passagem do impulso nervoso para os dendritos da célula seguinte. Essa atividade metabólica elevada é possível devido à presença de um grande número de

a) mitocôndrias.
b) ribossomos.
c) vacúolos.
d) lisossomos.

29 (UEPB) A figura abaixo esquematizada representa uma organela citoplasmática. Identifique a que estrutura pertence.

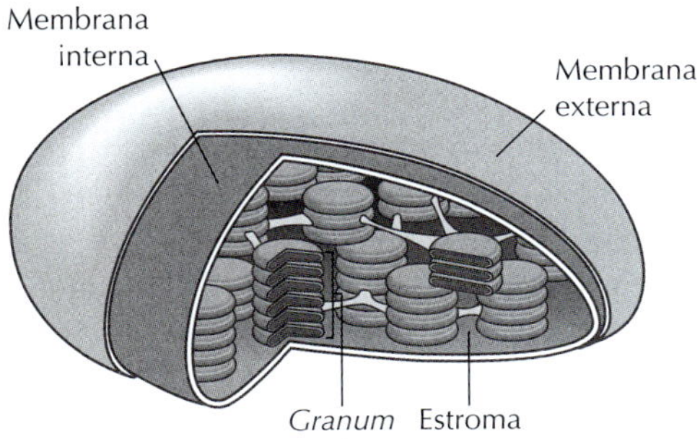

a) Cloroplasto.
b) Complexo golgiense.
c) Mitocôndrias.
d) Retículo endoplasmático granuloso.
e) Ribossomos.

30 (Unifor-CE) Fizeram-se as seguintes afirmações sobre células animais e células de vegetais superiores:

I. Os dois tipos de células possuem membrana plasmática, complexo de Golgi e vacúolo pulsátil.
II. As células vegetais fabricam substâncias orgânicas a partir de compostos inorgânicos.
III. Cloroplastos, vacúolo e parede celular caracterizam as células vegetais enquanto nucléolo, ribossomos e retículo endoplasmático são exclusivos de células animais.
IV. Tanto as células animais como as vegetais apresentam peroxissomos e mitocôndrias.

Somente é correto o que se afirmou em

a) I e II.
b) I e III.
c) II e III.
d) II e IV.
e) III e IV.

31 (UFMS) Verifique quais são as relações apropriadas entre as organelas celulares e suas funções e assinale a(s) alternativa(s) correta(s). [Dê como resposta a soma dos números associados às proposições corretas.]

001) Os lisossomos fazem a respiração celular.
002) O complexo de Golgi armazena as proteínas a serem exportadas pelas células.
004) O retículo endoplasmático liso é responsável pelo transporte intracelular de substâncias.
008) Os ribossomos são responsáveis pela síntese de proteínas.
016) A mitocôndria realiza a digestão de materiais orgânicos absorvidos pelas células.
032) Os ribossomos são também responsáveis pela respiração celular.

32 (UEMS) Organela celular cuja origem é baseada na teoria da associação simbiótica entre células procarióticas, com habilidade de produzir energia a partir de compostos orgânicos (respiração), e uma célula eucariótica, que teve como benefício o aumento de energia produzida pela célula procariótica que, por sua vez, obteve um ambiente mais propício e de maior abundância de nutrientes. A qual organela celular esta teoria se refere?

a) núcleo
b) complexo de Golgi
c) retículo endoplasmático
d) mitocôndria
e) ribossomo

33 (UEMS) Os centríolos são organelas celulares relacionadas

a) à formação de cílios e flagelos.
b) ao transporte de material extracelular.
c) ao surgimento de vacúolos autofágicos.
d) ao processo de recombinação gênica.
e) ao fenômeno de plasmólise.

34 (UEMS) Organela celular que apresenta uma série de dobras internas (cristas) responsável pela respiração celular e pelo processo de liberação de energia a partir de compostos orgânicos e oxigênio.

a) complexo de Golgi
b) retículo endoplasmático
c) carioteca
d) ribossomos
e) mitocôndria

35 (UFMT) Mitocôndrias são organelas presentes nas células eucarióticas cuja principal função é

a) digestão celular.
b) secreção de proteínas.
c) transporte de nutrientes.
d) orientação da divisão celular.
e) respiração celular.

36 (UEMS) Organela de célula vegetal, que produz moléculas orgânicas, principalmente glicose, e serve de combustível para as mitocôndrias de todos os organismos que se alimentam, direta ou indiretamente, das plantas:

a) cloroplasto
b) centríolo
c) estômato
d) ribossomo
e) aparelho de Golgi

37 (UEMS) Qual alternativa apresenta características exclusivas de células eucariontes vegetais?

a) cloroplastos, parede celular e vacúolo central
b) mitocôndria, vacúolo central e lisossomos
c) cloroplastos, carioteca e nucléolo
d) parede celular, aparelho de Golgi e centríolos
e) vacúolo central, citoplasma e retículo endoplasmático

38 (FCM-MG) A célula esquematizada abaixo é responsável pela síntese e secreção de uma glicoproteína. O local da síntese e o da formação das vesículas de secreção são representados, respectivamente, pelas organelas de números

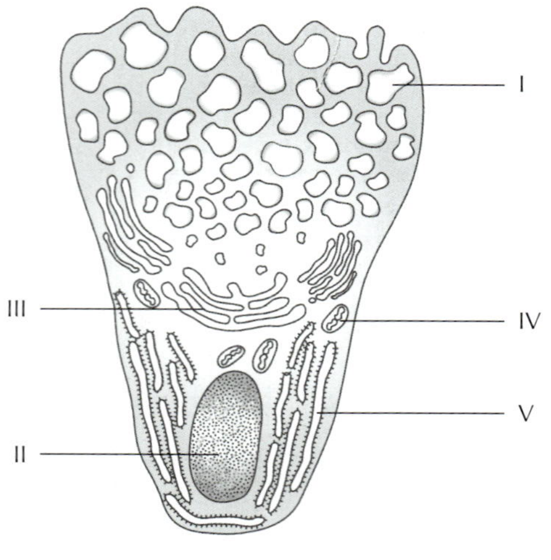

a) IV e II.
b) IV e III.
c) V e III.
d) V e IV.

39 (Unigranrio-RJ) Trata-se de uma estrutura que contém um sistema de membranas lisas que formam vesículas e sáculos achatados, paralelamente dispostos. Está presente em células animais e também em células vegetais e tem como funções principais armazenar proteínas, organizar o acrossomo nos espermatozoides e promover a síntese de glicoproteínas. Menção feita

a) ao hialoplasma.
b) à membrana celular.
c) à membrana nuclear.
d) ao complexo de Golgi.

40 (FGV-SP) No pâncreas, existem estruturas glandulares chamadas ácinos nas quais, a partir de aminoácidos, são produzidas as enzimas digestórias do suco pancreático.

Em um experimento, utilizaram-se aminoácidos com isótopos radioativos para se verificar o trajeto desses aminoácidos nas células secretoras do pâncreas. Nas células dos ácinos, os aminoácidos constituintes das enzimas digestórias percorreram o seguinte trajeto:

a) grãos de zimogênio, complexo golgiense, peroxissomos.
b) ergastoplasma, complexo golgiense, grãos de zimogênio.
c) citoplasma, retículo endoplasmático liso, complexo golgiense.
d) retículo endoplasmático liso, complexo golgiense, grãos de zimogênio.
e) complexo golgiense, ergastoplasma, grãos de zimogênio.

41 (Vunesp) No homem, o revestimento interno da traqueia apresenta células secretoras de muco que a lubrificam e a umedecem. A informação sobre a natureza secretora destas células permite inferir que elas são especialmente ricas em estruturas citoplasmáticas do tipo

a) mitocôndrias e retículo endoplasmático liso.
b) retículo endoplasmático granular e aparelho de Golgi.
c) mitocôndrias e aparelho de Golgi.
d) lisossomos e aparelho de Golgi.
e) retículo endoplasmático granular e mitocôndrias.

42 (UFF-RJ) O acrossomo, presente nos espermatozoides maduros, é essencial para a fecundação.

A formação do acrossomo ocorre a partir do

a) peroxissomo.
b) lisossomo.
c) complexo de Golgi.
d) centríolo.
e) retículo endoplasmático liso.

43 (Fazu-MG) São estruturas celulares que contêm no seu interior enzimas digestivas, que atuam no processo de digestão intracelular das partículas do meio externo englobadas pela célula por fagocitose e pinocitose.

a) lisossomos primários
b) peroxissomos
c) complexo de Golgi
d) ribossomos
e) núcleo proteases.

44 (Unesp) No esquema estão representadas etapas, numeradas de 1 a 3, de um importante processo que ocorre no interior das células, e algumas organelas envolvidas direta ou indiretamente com esse processo.

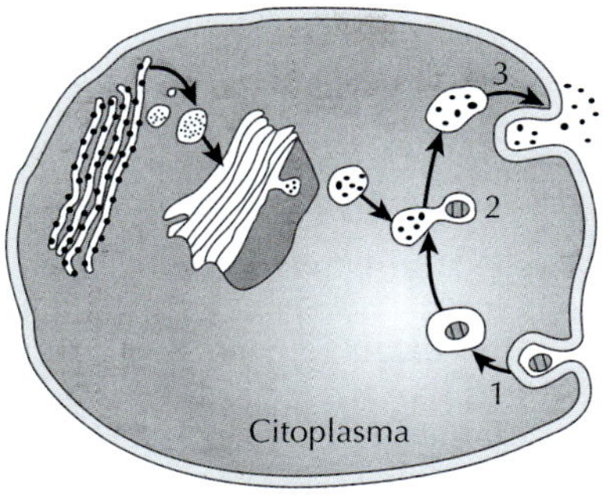

As etapas que correspondem a 1, 2 e 3, respectivamente, e algumas organelas representadas no esquema, estão corretamente listadas em:

a) absorção de aminoácidos, síntese proteica e exportação de proteínas; retículo endoplasmático, lisossomo e mitocôndria.

b) fagocitose de macromoléculas, digestão celular e egestão de resíduos; retículo endoplasmático, complexo de Golgi e lisossomo.

c) fagocitose de sais minerais, fotossíntese e exportação de compostos orgânicos; cloroplastos e vacúolos.

d) absorção de oxigênio, respiração celular e eliminação de dióxido de carbono; mitocôndrias e vacúolos.

e) fagocitose de macromoléculas, digestão celular e exportação de proteínas; mitocôndrias e lisossomos.

45 (Vunesp-Adaptado) Se fôssemos comparar a organização e o funcionamento de uma célula eucarionte com o que ocorre em uma cidade, poderíamos estabelecer determinadas analogias. Por exemplo, a membrana plasmática seria o perímetro urbano e o hialoplasma corresponderia ao espaço ocupado pelos edifícios, ruas e casas com seus habitantes. O quadro reúne algumas similaridades funcionais entre cidade e célula eucarionte.

Cidade	Célula eucarionte
I Ruas e avenidas	1 Mitocôndrias
II Silos e armazéns	2 Lisossomos
III Central elétrica (energética)	3 Retículo endoplasmático
IV Casas com aquecimento solar	4 Complexo de Golgi
V Restaurantes e lanchonetes	5 Cloroplastos

Correlacione os locais da cidade com as principais funções correspondentes às organelas celulares e qual a alternativa correta?

a) I-3, II-4, III-1, IV-5 e V-2.

b) I-4, II-3, III-2, IV-5 e V-1.

c) I-3, II-4, III-5, IV-1 e V-2.

d) I-1, II-2, III-3, IV-4 e V-5.

e) I-5, II-4, III-1, IV-3 e V-2.

46 (Unimontes-MG) Organelas são estruturas com funções especializadas, suspensas no citoplasma das células vivas. A figura a seguir apresenta algumas organelas celulares. Observe-a.

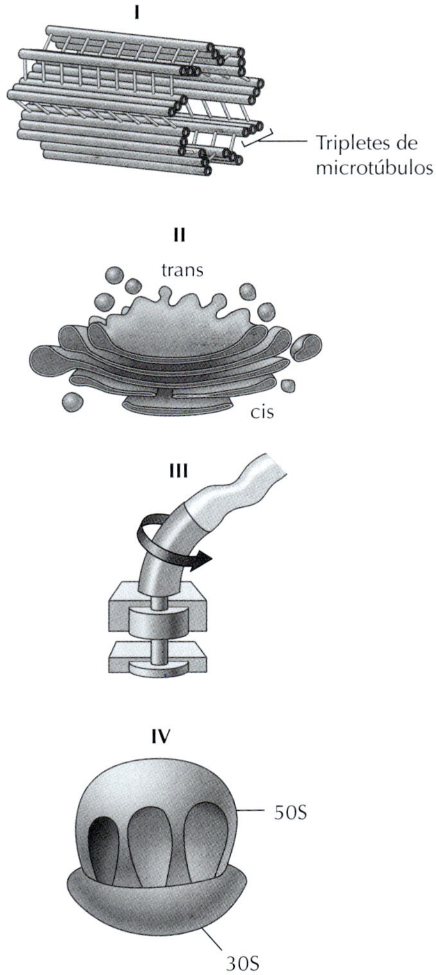

Considerando a figura anterior e o assunto abordado, analise as afirmativas abaixo e assinale a alternativa **correta**.

a) II representa o centro de informação genética das células.

b) A produção de proteínas pelas células está relacionada à estrutura III.

c) IV é responsável pelos processos de secreção e movimentação celular.

d) A estrutura I atua em divisões celulares e não está presente em células procariontes.

47 (Fuvest-SP) As estruturas presentes em uma célula vegetal, porém ausentes em uma bactéria, são:

a) cloroplastos, lisossomos, núcleo e membrana plasmática.

b) vacúolos, cromossomos, lisossomos e ribossomos.

c) complexo golgiense, membrana plasmática, mitocôndrias e núcleo.

d) cloroplastos, mitocôndrias, núcleo e retículo endoplasmático.

e) cloroplastos, complexo golgiense, mitocôndrias e ribossomos.

48 (Unifal-MG) Um aluno recebeu nove cartões, sendo que cada cartão continha uma característica ou uma estrutura celular.

Cartões		
1. lisossomo	2. membrana plasmática	3. ribossomo
4. núcleo	5. centríolos	6. cloroplasto
7. mitocôndria	8. nucleoide	9. parede celular

A tarefa desse aluno era formar dois grupos com três cartões em cada grupo. No **Grupo I**, deveriam ser incluídos cartões que continham estruturas ou características encontradas em células de procariontes, como, por exemplo, bactérias. No **Grupo II**, deveriam ser incluídos cartões que continham características ou estruturas encontradas em células eucariontes vegetais.

Marque a alternativa que apresenta corretamente os **Grupos I** e **II**.

a) **Grupo I** — Cartões **2**, **3**, e **8**; **Grupo II** — Cartões **4**, **7** e **9**

b) **Grupo I** — Cartões **1**, **3** e **5**; **Grupo II** — Cartões **2**, **3** e **4**

c) **Grupo I** — Cartões **1**, **2** e **7**; **Grupo II** — Cartões **1**, **6** e **9**

49 (Unifal-MG) As boas práticas de alimentação têm sinalizado que o consumo de vegetais de coloração amarela a vermelho-alaranjada tem reflexos positivos para a nutrição. Os responsáveis por tais colorações e pelo valor nutritivo são os pigmentos carotenoides, dentre eles o β-caroteno. Nas plantas, esses pigmentos são encontrados na seguinte organela

a) vacúolo.

b) plastídio.

c) complexo de Golgi.

d) mitocôndria.

e) peroxissomo.

50 (Unifesp) No grão de arroz que ingerimos, o amido contido em seu interior encontra-se armazenado, inicialmente,

a) dentro do vacúolo da célula vegetal.

b) em grânulos dispersos pelo citoplasma.

c) no estroma dentro dos cloroplastos.

d) nos espaços intercelulares da semente.

e) nas vesículas do complexo de Golgi.

51 (Unesp) Com relação às equações que descrevem dois importantes processos biológicos

I. $12\ H_2O + 6\ CO_2 \rightarrow C_6H_{12}O_6 + 6\ O_2 + 6\ H_2O$

II. $C_6H_{12}O_6 + 6\ O_2 \rightarrow 6\ H_2O + 6\ CO_2$

Pode-se afirmar que

a) I ocorre nos cloroplastos, apenas em células vegetais, e II ocorre nas mitocôndrias, apenas em células animais.

b) I ocorre nas mitocôndrias, tanto em células animais quanto vegetais, e II ocorre nos cloroplastos, apenas em células vegetais.

c) I ocorre nas mitocôndrias, apenas em células animais, e II ocorre nos cloroplastos, apenas em células vegetais.

d) I ocorre nos cloroplastos, apenas em células vegetais, e II ocorre nas mitocôndrias, tanto em células animais quanto vegetais.

e) I ocorre nos cloroplastos e mitocôndrias, apenas em células vegetais, e II ocorre nas mitocôndrias, apenas em células animais.

52 (UEL-PR) Um estudante de Biologia, ao observar um microrganismo ao microscópio eletrônico, visualizou uma célula com material genético disperso no citoplasma e ausência de estruturas intracelulares, como mitocôndria, retículo endoplasmático e complexo de Golgi.

Baseado no texto e nos conhecimentos sobre o tema, é correto afirmar que se tratava de

a) vírus.

b) fungo.

c) protozoário.

d) bactéria.

e) alga.

53 (UEL-PR) A ciência tem demonstrado que, nas células dos seres vivos eucariontes, diversos aspectos do metabolismo celular estão associados a determinadas organelas citoplasmáticas. Assim, em células epiteliais secretoras, como a dos ácinos das glândulas salivares, o retículo endoplasmático granular ou ergastoplasma tem por função

a) a síntese de lipídios.

b) a síntese de proteínas.

c) a síntese de glicose.

d) a degradação de corpúsculos fagocitados.

e) a síntese de ATP.

54 (Unioeste-PR) Com relação às estruturas e funções celulares, assinale a alternativa correta.

a) Os lisossomos não participam com enzimas proteolíticas durante a metamorfose de um girino.

b) Os ribossomos estão relacionados com a síntese de alguns glicídios e com a produção de grânulos de zimogênio.

c) Centríolos são encontrados em células animais, são constituídos por microtúbulos e podem se autoduplicar.

d) Na membrana interna da mitocôndria, ocorrem duas etapas da respiração celular: a glicólise e o ciclo de Krebs.

e) Nos cloroplastos, as moléculas de clorofila *a* e *b* estão situadas na matriz coloidal, o estroma.

55 (UFRGS-RS) Em um experimento em que foram injetados aminoácidos radioativos em um animal, a observação de uma de suas células mostrou os seguintes resultados: após 3 minutos, a radioatividade estava localizada na organela X (demonstrando que a síntese de proteínas ocorria naquele local); após 20 minutos, a radioatividade passou a ser observada na organela Y; 90 minutos depois, verificou-se a presença de grânulos de secreção radioativos, uma evidência de que as proteínas estavam próximas de serem exportadas.

As organelas X e Y referidas no texto são, respectivamente,

a) o complexo golgiense e o lisossomo.
b) o retículo endoplasmático liso e o retículo endoplasmático rugoso.
c) a mitocôndria e o ribossomo.
d) o retículo endoplasmático rugoso e o complexo golgiense.
e) o centríolo e o retículo endoplasmático liso.

56 (UEL-PR-Adaptado) No gráfico a seguir observa-se a relação entre a atividade enzimática de uma organela presente nas células da cauda dos girinos e a variação no comprimento relativo da cauda desses animais durante o seu desenvolvimento.

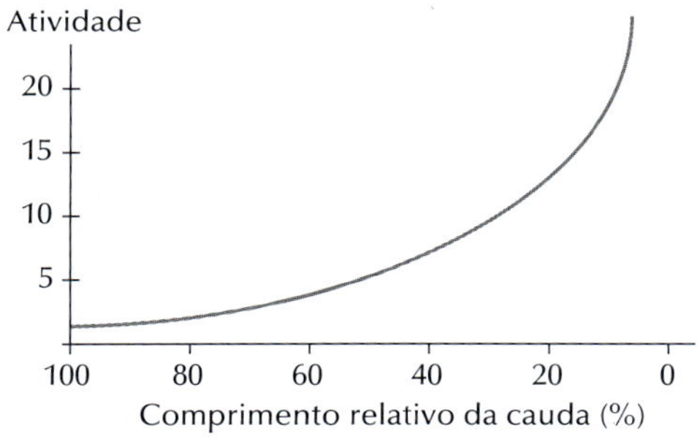

Sobre a redução da cauda desses girinos, analise as seguintes afirmativas:

I. A atividade das enzimas é máxima no início da regressão da cauda desses anfíbios.
II. A regressão no tamanho da cauda dos girinos ocorre por ação de enzimas digestivas, conhecidas como hidrolases.
III. As enzimas que atuam na digestão da cauda dos girinos foram sintetizadas no interior do retículo endoplasmático rugoso.
IV. A ausência de lisossomos nas células da cauda dos girinos, no início do seu desenvolvimento, impediria a diminuição do tamanho da cauda desses anfíbios.

Quais afirmativas acima são corretas?

a) Apenas I e III.
b) Apenas II e IV.
c) Apenas I e IV.
d) Apenas I, II e III.
e) Apenas II, III e IV.

57 (UFPR) A fagocitose de agentes invasores é um processo fundamental nas respostas de defesa dos organismos multicelulares. Escolha a alternativa que apresenta a ordem de eventos, desde o encontro entre um macrófago e o patógeno até a apresentação deste ao sistema imunológico.

1. digestão e degradação do patógeno
2. formação dos fagossomas
3. fusão dos lisossomas ao fagossoma
4. adesão e internalização
5. exocitose dos produtos

a) 4, 2, 3, 1, 5
b) 5, 3, 2, 1, 4
c) 1, 4, 2, 3, 5
d) 5, 2, 3, 4, 1
e) 4, 2, 5, 3, 1

58 (UFPR) Um experimento foi realizado para demonstrar a atividade da enzima catalase, também conhecida como peroxidase: em um recipiente foi colocado um pedaço de fígado bovino fresco (condição A), enquanto em outro foi colocado um pedaço de fígado bovino cozido (condição B). A seguir, peróxido de hidrogênio (água oxigenada) foi adicionado a cada um dos recipientes. Na condição A, muitas bolhas foram observadas saindo do pedaço de fígado; na condição B, não foi observada a formação de bolhas. A partir dessas informações, assinale a alternativa correta.

a) A catalase está ativa na condição A, promovendo a formação de gás oxigênio pela quebra do peróxido de hidrogênio.
b) As bolhas que apareceram na condição A são consequência da formação de vitamina C, pela reação conhecida como peroxidação hepática.
c) A catalase aumentou a energia de ativação da reação do peróxido de hidrogênio, produzindo calor e consequentemente as bolhas no fígado fresco.
d) As bolhas formadas na condição A são de gás hidrogênio, produzido pelo contato do peróxido de hidrogênio com o ar.
e) A água oxigenada foi convertida em gases na condição A e convertida em água pura na condição B.

59 (Udesc) A célula eucarionte possui várias organelas que desempenham funções específicas na célula, como complexo golgiense, retículo endoplasmático liso, retículo endoplasmático rugoso, lisossomo e peroxissomo.

Assinale a alternativa que corresponde às funções dessas organelas, respectivamente.

a) Síntese de esteroides e lipídios, síntese de proteínas, acúmulo e eliminação de secreções, degradação de água oxigenada e digestão intracelular.
b) Acúmulo e eliminação de secreções, síntese de esteroides e lipídios, síntese de proteínas, digestão intracelular e degradação de água oxigenada.
c) Acúmulo e eliminação de secreções, síntese de proteínas, síntese de esteroides e lipídios, digestão intracelular e degradação de água oxigenada.
d) Acúmulo e eliminação de secreções, síntese de proteínas, síntese de esteroides e lipídios, degradação de água oxigenada e digestão intracelular.
e) Síntese de esteroides e lipídios, síntese de proteínas, acúmulo e eliminação de secreções, digestão intracelular e degradação de água oxigenada.

60 (UFPel-RS) O citoesqueleto é formado por um conjunto de filamentos (actina, filamentos intermediários e microtúbulos) presentes no citoplasma das células. Ele é responsável por várias funções celulares e por isso é uma estrutura altamente dinâmica que se modifica conforme a necessidade das células.

De acordo com o texto e seus conhecimentos, é **incorreto** afirmar que

a) o fuso mitótico é constituído por citoesqueleto e, durante a mitose, ele se liga aos centrômeros dos cromossomos metafásicos.

b) o citoesqueleto participa da contração e distensão das células musculares, da ciclose e do movimento ameboide das células.

c) o citoesqueleto está envolvido na determinação da forma da célula e sua sustentação, assim como na organização interna das organelas.

d) o citoesqueleto está sempre presente nos cílios e flagelos, ambos com função de movimento, porém os cílios são mais curtos e geralmente ocorrem em maior número por célula.

e) os centríolos não apresentam na sua constituição o citoesqueleto, apesar de estarem envolvidos no movimento dos cromossomos durante a divisão celular.

61 (UFPR) Três linhagens celulares distintas, estabelecidas em cultura (linhagens 1, 2 e 3), tiveram o conteúdo de suas membranas biológicas analisadas em laboratório. Foram registrados apenas os dados referentes às membranas existentes em maior quantidade nas respectivas linhagens. Os resultados experimentais obtidos foram os seguintes:

Linhagem celular	Membranas do retículo endoplasmático rugoso (%)	Membranas do complexo de Golgi (%)	Membranas do retículo endoplasmático liso (%)	Membranas do envoltório nuclear (%)	Membranas de mitocôndrias (%)
1	32	14	1	7	3
2	8	7	53	6	8
3	60	1	1	6	7

Com base nesses dados, é correto afirmar:

( ) As células da linhagem 1 caracterizam-se por elevada taxa de respiração celular.

( ) As características das células da linhagem 2 são compatíveis com a produção de lipídios.

( ) A linhagem 3 representa células especializadas em secreção.

( ) As linhagens celulares 1, 2 e 3 representam células com alta atividade fagocitária.

( ) As linhagens celulares 1, 2 e 3 são destituídas de citoesqueleto.

62 (UFSC)

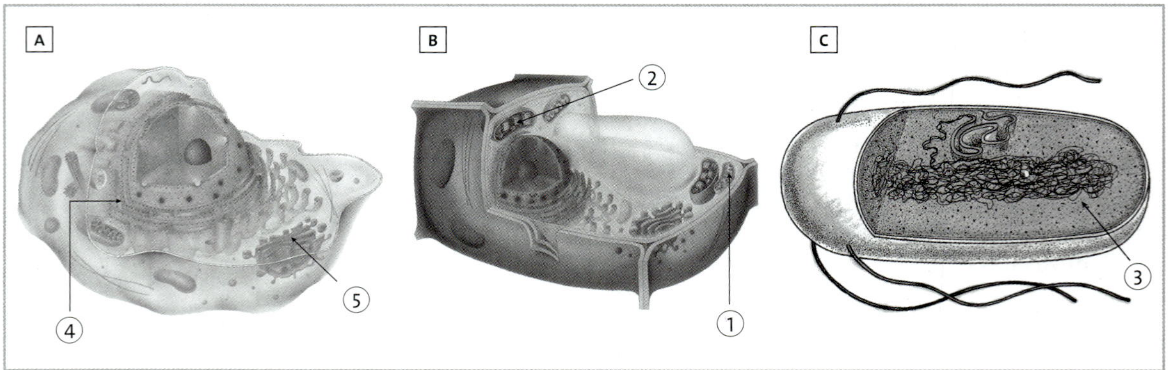

Fonte: Amabis, J. M.; Martho, G. *Biologia das células*. 2. ed. São Paulo: Moderna, 2004. p. 130-132.

Em relação aos desenhos acima, é **correto** afirmar que:

[Dê como resposta a soma dos números associados a proposições corretas.]

01) O desenho **A** representa uma célula animal, o desenho **B** representa uma célula vegetal e o desenho **C** representa uma bactéria.

02) A seta 1 indica o local de produção de ATP, a seta 2 indica a organela responsável pela produção de enzimas digestivas e a seta 3 indica elementos responsáveis pela síntese de polipeptdídios.

04) A seta 4 indica o local de produção de proteínas, que poderão ser transportadas para o local indicado pela seta 5, estrutura responsável por liberar as proteínas no meio extracelular.

08) Apesar de sua diversidade, todas as células apresentam membrana plasmática, citoplasma, núcleo e carioteca.

16) Os ribossomos são elementos complexos que aparecem somente nas células eucariotas.

32) A membrana plasmática da célula animal é frágil e flexível, ao passo que a membrana plasmática da célula vegetal é espessa e rígida, devido à celulose.

64) A clorofila é um pigmento apresentado apenas por células vegetais.

63 (UCS-RS) Os organismos eucariotos desenvolvem-se por simbiogênese, que significa associação permanente entre pelo menos duas espécies diferentes de procariotos. Nas células vegetais, as relações simbiogênicas são representadas pela presença de

a) complexo de Golgi e retículo endoplasmático.
b) plastídios e mitocôndrias.
c) plastídios e ribossomos.
d) complexo de Golgi e plastídios.
e) retículo endoplasmático e ribossomos.

64 (UFRGS-RS-Adaptado) Observe, abaixo, o desenho de uma célula. A partir da análise do desenho pode-se afirmar que se trata de uma célula (■). O número 1 representa (■), o número 2 corresponde (■) e o número 3 refere-se à estrutura responsável por (■).

Qual a alternativa que substitui respectivamente os quadros escuros na descrição anterior de forma correta?

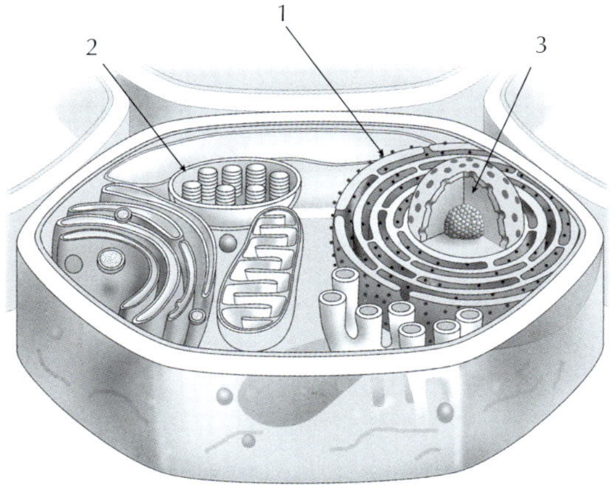

a) vegetal — o retículo endoplasmático — à mitocôndria — proteger a célula
b) animal — o aparelho de Golgi — ao cloroplasto — armazenar água e sais minerais
c) animal — o retículo endoplasmático — à mitocôndria — digerir partículas celulares
d) vegetal — o retículo endoplasmático — ao cloroplasto — organizar os ribossomos

Questões discursivas

65 (Unicamp-SP) Os ribossomos são encontrados livres no citoplasma, associados à superfície do retículo endoplasmático e dentro de mitocôndrias e cloroplastos, desempenhando sempre a mesma função básica.

a) Que função é essa?
b) Por que alguns dos ribossomos se encontram associados ao retículo endoplasmático?
c) Por que as mitocôndrias e cloroplastos também têm ribossomos em seu interior?

66 (Fuvest-SP) Células de glândulas de animais apresentam nucléolo, retículo endoplasmático rugoso e complexo golgiense (complexo de Golgi) bem desenvolvidos.

a) Que relação existe entre o retículo endoplasmático rugoso e o nucléolo?
b) Qual é o papel do complexo golgiense na função dessas células?

67 (UFU-MG) Explique como os lisossomos são formados na célula e descreva a sua função, relacionando-a com a fagocitose.

68 (Unicamp-SP) É comum, nos dias de hoje, ouvirmos dizer: "Estou com o colesterol alto no sangue". A presença de colesterol no sangue, em concentração adequada, não é problema, pois é um componente importante ao organismo. Porém, o aumento das partículas LDL (lipoproteína de baixa densidade), que transportam o colesterol no plasma sanguíneo, leva à formação de placas ateroscleróticas nos vasos, causa frequente de infarto do miocárdio. Nos indivíduos normais, a LDL circulante é internalizada nas células através de pinocitose e chega aos lisossomos. O colesterol é liberado da partícula LDL e passa para o citosol para ser utilizado pela célula.

a) O colesterol é liberado da partícula LDL no lisossomo. Que função essa organela exerce na célula?
b) A pinocitose é um processo celular de internalização de substâncias. Indique outro processo de internalização encontrado nos organismos e explique no que difere da pinocitose.
c) Cite um processo no qual o colesterol é utilizado.

69 (UMC-SP) Que entende por função autofágica e função heterofágica dos lisossomos?

70 (UFRRJ) A célula possui diversas organelas com funções próprias e que, muitas vezes, estão relacionadas entre si. Dos processos como digestão intracelular, difusão e transporte ativo, em qual deles a mitocôndria tem participação imprescindível? Explique.

71 (Unifesp) Os espermatozoides estão entre as células humanas que possuem maior número de mitocôndrias.

a) Como se explica a presença do alto número dessas organelas no espermatozoide?
b) Explique por que, mesmo havendo tantas mitocôndrias no espermatozoide, dizemos que a herança mitocondrial é materna.

72 (Unimontes-MG) As organelas celulares são responsáveis pela manutenção da célula por meio da realização de diferentes funções. A figura a seguir representa uma dessas estruturas. Observe-a.

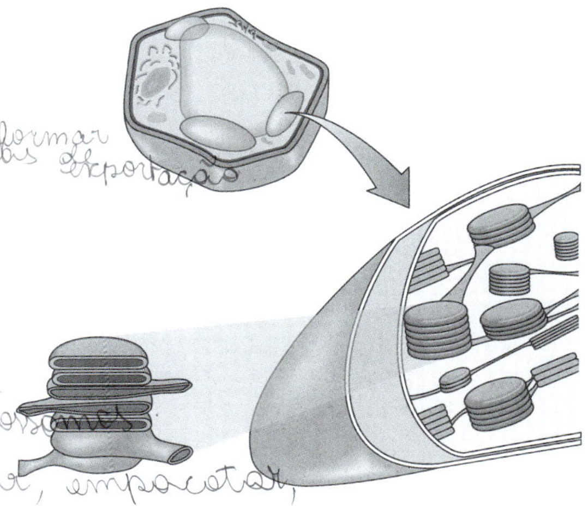

De acordo com a figura e o assunto abordado, responda às seguintes questões:

a) Qual é a organela contemplada na figura anterior?

b) Em qual tipo de célula ela pode ser encontrada?

c) Indique sua principal função.

73 (Unesp) Em uma prova de Biologia, um aluno deparou-se com duas figuras de células. Uma figura representava uma célula vegetal e outra representava uma célula animal.

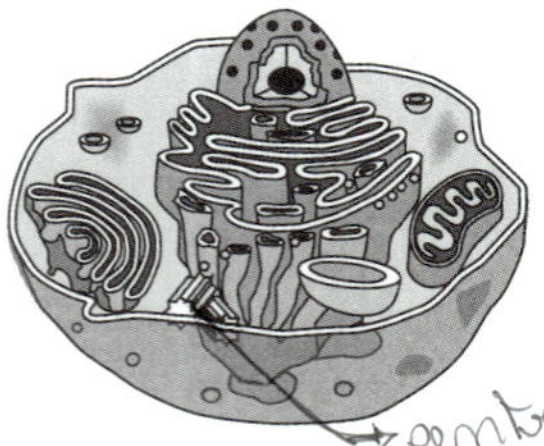
Figura A

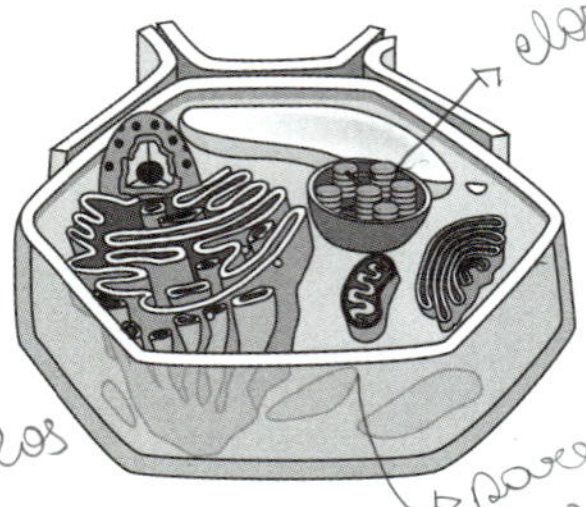
Figura B

Identifique qual das figuras, A ou B, representa a célula vegetal, citando as estruturas celulares que permitem ao estudante identificá-la corretamente. Qual(is) destas estruturas permite(m) utilizar a luz na produção da matéria orgânica de que necessita?

74 (ENC-MEC) A especialização de células no desempenho de diversas atividades permite afirmar que as organelas predominantes nas fibras musculares, nas células pancreáticas e nos osteoclastos do tecido ósseo são, respectivamente,

a) citoesqueleto, retículo endoplasmático e lisossomos.

b) citoesqueleto, complexo de Golgi e retículo endoplasmático.

c) vacúolo, complexo de Golgi e lisossomos.

d) mitocôndrias, retículo endoplasmático e vacúolo.

e) peroxissomos, vacúolo e mitocôndrias.

UNIDADE B

Capítulo 7

Núcleo e cromossomos

O núcleo celular contém os cromossomos, nos quais se encontram as informações que comandam a vida da célula.

Neste capítulo estudaremos a organização do núcleo, as características gerais dos cromossomos e sua importância para as células.

› **7.1 Componentes do núcleo celular**

O núcleo celular, descoberto por Robert Brown em 1833, é o centro de controle das atividades celulares.

› **7.2 Cromossomos da célula eucariótica**

Cada cromossomo possui uma única molécula de DNA com informações codificadas – os genes – que controlam o funcionamento da célula.

› **7.3 Cromossomos humanos**

O estudo dos cromossomos humanos possibilita identificar alterações cromossômicas e prever, em certos casos, o risco de uma pessoa ter filhos afetados por doenças hereditárias.

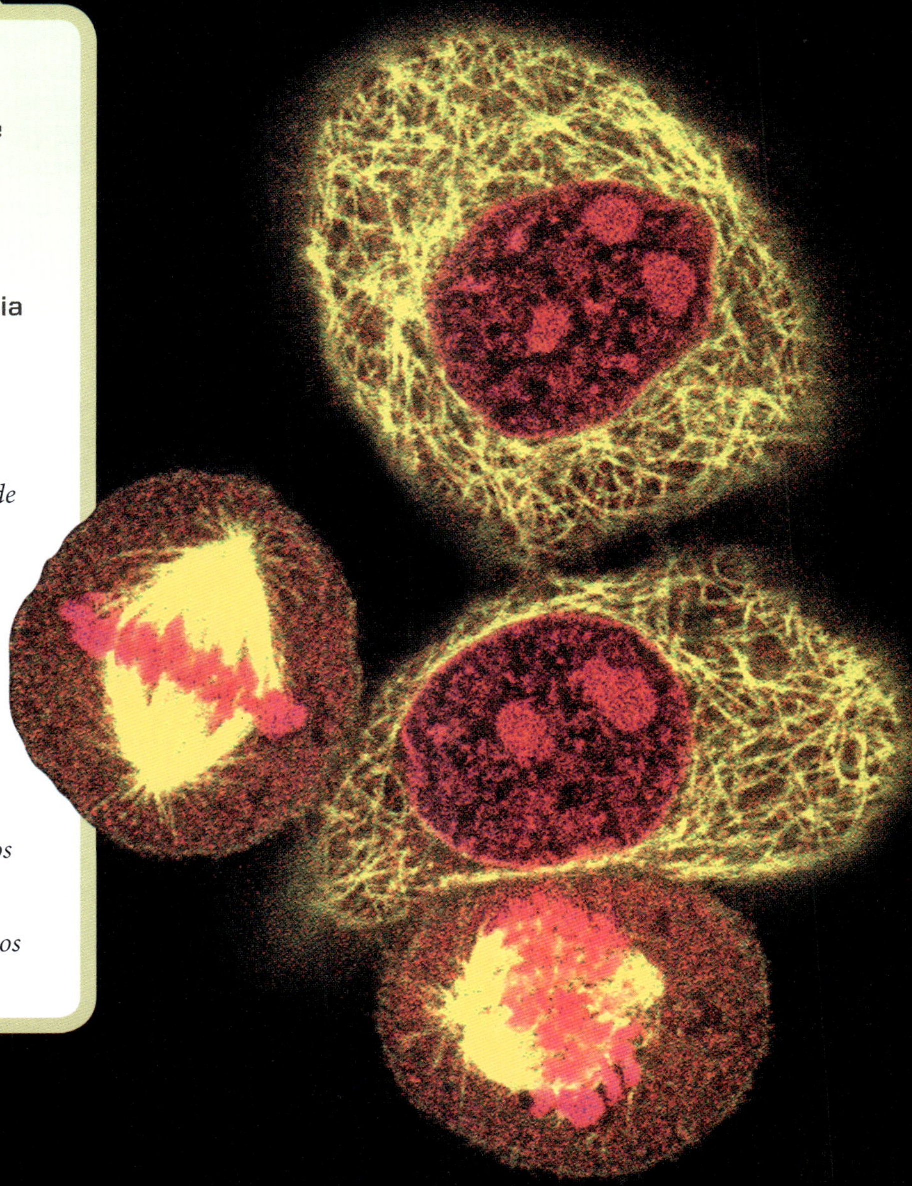

Células humanas em diferentes estágios do ciclo celular. As células maiores, com o núcleo bem evidente, estão em interfase, período entre as divisões. A célula à esquerda e a que está embaixo encontram-se em metáfase, uma das fases da divisão celular. As estruturas amarelas são microtúbulos (aumento ≈ 1 160×).

Seção 7.1

Componentes do núcleo celular

Objetivos

- Reconhecer o núcleo das células eucarióticas como o centro de controle das atividades celulares.
- Reconhecer e identificar, em esquemas e fotografias de células, o núcleo e suas partes: envoltório nuclear, cromatina e nucléolo.

Termos e conceitos

- núcleo celular
- carioteca
- cromatina
- nucléolo
- nucleoplasma

1 O núcleo celular

O **núcleo celular** é uma estrutura geralmente esférica ou ovoide, presente em todas as células eucarióticas; em seu interior estão os cromossomos, que contêm os genes. Durante a divisão da célula, o núcleo desaparece temporariamente, pois o envoltório nuclear fragmenta-se e os cromossomos espalham-se pelo citoplasma. Ao final da divisão celular, reorganizam-se dois núcleos, um em cada uma das células-filhas.

A maioria das células eucarióticas tem apenas um núcleo, mas há exceções: protozoários ciliados têm dois núcleos, um pequeno, chamado de micronúcleo, e outro grande, o macronúcleo; fibras musculares esqueléticas são multinucleadas, uma vez que se originam da fusão de grande número de células embrionárias denominadas mioblastos. Há ainda células que perdem o núcleo durante sua especialização e tornam-se anucleadas, como é o caso dos glóbulos vermelhos (hemácias) de nosso sangue. **(Fig. 7.1)**

O núcleo celular apresenta quatro componentes fundamentais: a) carioteca ou envelope nuclear; b) cromatina; c) nucléolo; d) nucleoplasma ou cariolinfa. **(Fig. 7.2)**

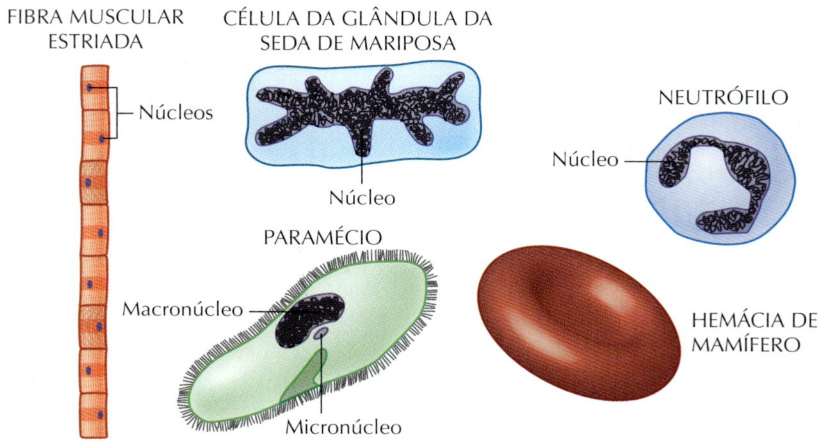

Figura 7.1 Representação esquemática de células (não representadas na mesma escala), mostrando tipos diversos de núcleos. As células vermelhas do sangue de mamíferos não possuem núcleo, que é eliminado no decorrer da diferenciação celular. (Representação sem escala, cores-fantasia.)

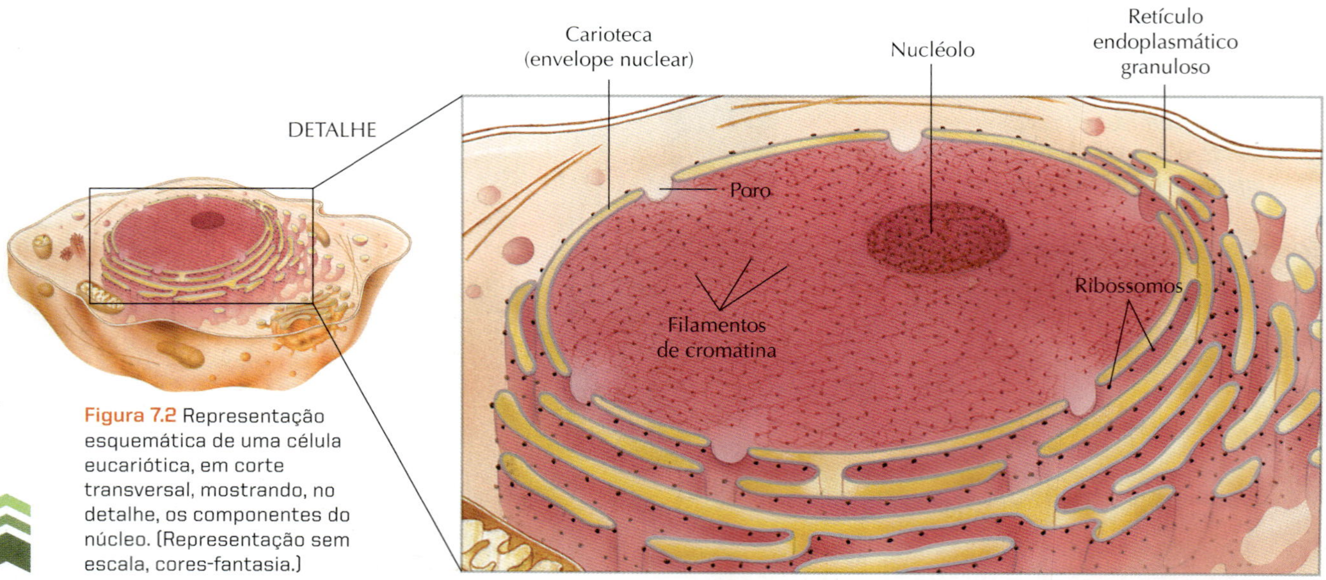

Figura 7.2 Representação esquemática de uma célula eucariótica, em corte transversal, mostrando, no detalhe, os componentes do núcleo. (Representação sem escala, cores-fantasia.)

2 Carioteca ou envelope nuclear

O núcleo é delimitado pela **carioteca**, também chamada de **envelope nuclear** ou de **envoltório nuclear**. O termo "membrana nuclear" deve ser evitado, uma vez que a carioteca é uma estrutura complexa, constituída por duas membranas lipoproteicas justapostas e forrada internamente por uma lâmina de filamentos proteicos. Em determinados pontos da carioteca, as duas membranas encontram-se fundidas formando poros, através dos quais ocorre troca de substâncias entre o núcleo e o citoplasma.

A membrana mais externa da carioteca comunica-se com as membranas do retículo endoplasmático e pode apresentar ribossomos aderidos à sua superfície em contato com o citosol. A membrana mais interna tem constituição química ligeiramente diferente da membrana externa.

A **lâmina nuclear** é uma rede de filamentos de proteína aderida internamente à carioteca. Ela dá suporte ao envelope nuclear, mantendo sua forma, e fornece pontos de ancoragem aos cromossomos, organizando-os no interior do núcleo.

A carioteca permite que o conteúdo nuclear seja quimicamente diferenciado do citosol, pois apenas pequenas moléculas apolares têm passagem livre por difusão através dela. Outros tipos de substância, como moléculas polares, proteínas, RNA etc., só podem entrar ou sair do núcleo passando pelos poros.

AMPLIE SEUS CONHECIMENTOS — A descoberta do núcleo celular

O pesquisador escocês Robert Brown (1773-1858) é considerado o descobridor do núcleo celular. Outros cientistas já haviam notado a existência dessa estrutura, mas ele foi o primeiro a reconhecê-la como componente fundamental das células. O termo "núcleo", escolhido por Brown, vem do grego *nux*, que significa semente.

Hoje não temos dúvida da importância do núcleo celular, mas seu papel no funcionamento das células só começou a ser compreendido no início do século XX. Um dos primeiros experimentos nesse sentido consistiu em cortar uma ameba, protozoário unicelular de tamanho relativamente grande (0,3 mm de diâmetro), em duas partes, mantendo o núcleo em uma delas. A parte nucleada em geral sobrevivia, enquanto a parte anucleada sempre degenerava. Verificou-se, também, que se um núcleo retirado de outra ameba fosse implantado na parte anucleada, esta podia readquirir a atividade e voltar a se reproduzir normalmente. **(Fig. 7.3)**

Outro organismo empregado nos primeiros estudos sobre a importância do núcleo celular foram as algas do gênero *Acetabularia*, formadas por uma única célula que pode chegar a 5 cm de comprimento, ou mais. Essas algas vivem no mar e sua célula possui uma base dilatada fixada ao fundo, onde se localiza o núcleo, e uma extremidade livre em forma de guarda-chuva, a umbela. Se a umbela for cortada e removida, a alga regenera facilmente outra umbela idêntica.

Na década de 1930, o biólogo alemão Joachim Hämmerling (1901-1980) realizou enxertos cruzados entre as espécies *Acetabularia crenulata*, cuja umbela tem forma ondulada, e *Acetabularia mediterranea*, cuja umbela tem forma lisa. Hämmerling removeu a base contendo o núcleo de *A. crenulata* e enxertou-a em um pedúnculo de *A. mediterranea* do qual a base e a umbela haviam sido previamente removidas. Após alguns dias, o pedúnculo implantado regenerou uma umbela com características intermediárias entre as das duas espécies.

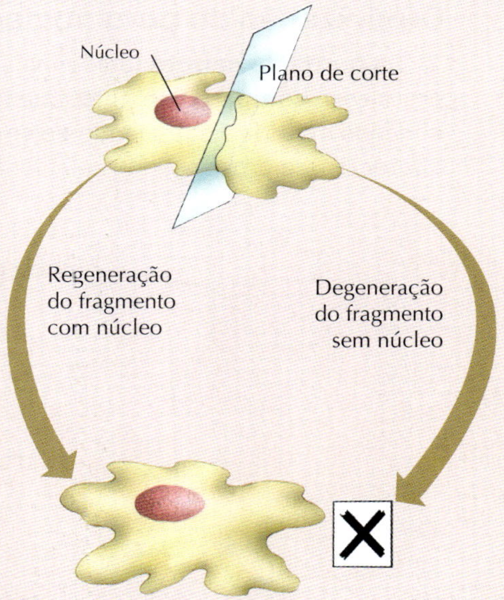

Figura 7.3 Representação esquemática de um experimento clássico sobre a importância do núcleo. Quando células de ameba são cortadas, os fragmentos desprovidos de núcleo sempre degeneram, enquanto os que mantêm o núcleo podem sobreviver e regenerar a parte cortada da célula. (Representação sem escala, cores-fantasia.)

Quando essa umbela intermediária foi removida, regenerou-se uma umbela ondulada, típica da espécie doadora da base nucleada, *A. crenulata*. **(Fig. 7.4)**

Hämmerling concluiu que a regeneração da umbela na alga acetabulária é controlada por substâncias presentes no pedúnculo, as quais ele chamou de "determinantes da umbela". Hoje sabemos que essas substâncias são moléculas de RNA. Os determinantes, produzidos no núcleo celular, chegam até o topo da alga, onde atuam na regeneração da umbela, deslocando-se através do pedúnculo. Como o pedúnculo implantado continha determinantes para umbela lisa que se misturaram aos determinantes para umbela ondulada produzidos pelo núcleo da base que recebeu o implante, regenerou-se uma umbela intermediária. Quando esta foi removida, os determinantes para umbela lisa, originalmente presentes no pedúnculo implantado, já haviam sido consumidos e substituídos por novos determinantes produzidos pelo núcleo presente na base da alga. Como este era de *A. crenulata*, a nova umbela regenerada foi ondulada.

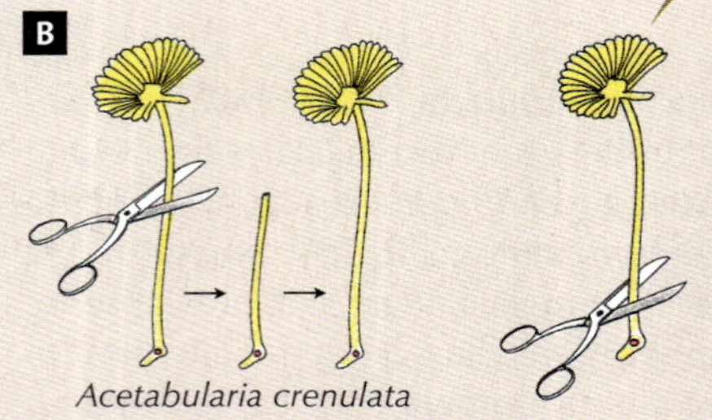

Figura 7.4 Representação esquemática de experimentos de Hämmerling com a alga marinha unicelular macroscópica acetabulária. A umbela da *Acetabularia mediterranea* é lisa, enquanto a da *Acetabularia crenulata* é ondulada. **A** e **B**. Se a umbela é removida, a célula rapidamente regenera outra igual. **C**. Se um pedúnculo de *A. mediterranea* for enxertado em uma base de *A. crenulata*, a umbela regenerada terá características intermediárias entre as das duas espécies. Se a umbela mista for removida, será regenerada a umbela típica de *A. crenulata*. A conclusão foi que o núcleo é o responsável por essa regeneração. (Representação sem escala, cores-fantasia.) Na foto, acetabulárias de umbela lisa.

Organização do poro nuclear

Os **poros da carioteca** são mais que simples aberturas; em cada um deles há uma estrutura proteica, o **complexo do poro**, que funciona como válvula, abrindo-se para dar passagem a determinados materiais e fechando-se em seguida. O complexo do poro é formado por dezenas de tipos diferentes de proteína, que selecionam ativamente o que entra e o que sai do núcleo. **(Fig. 7.5)**

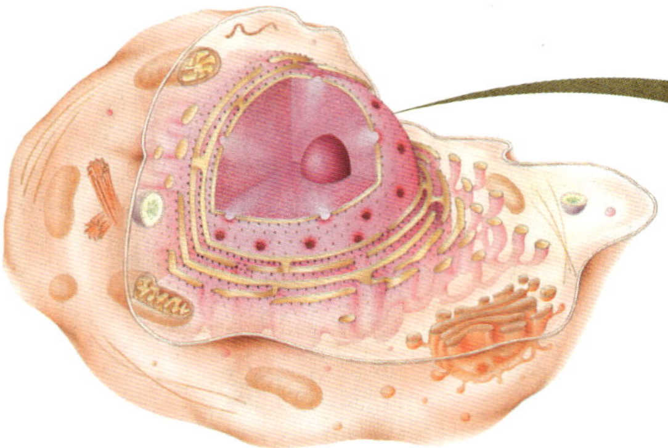

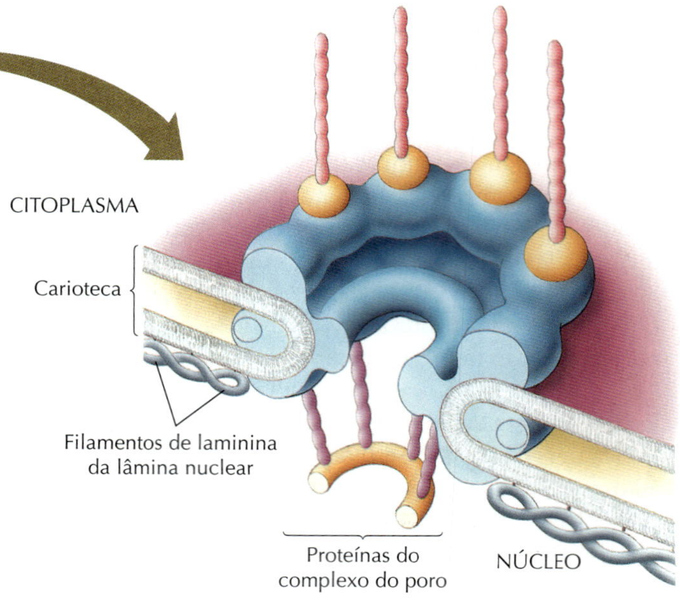

Figura 7.5 Modelo tridimensional de um poro da carioteca em corte longitudinal, elaborado com base em estudos ao microscópio eletrônico. Note as duas membranas lipoproteicas e os filamentos da proteína laminina, que forma a lâmina nuclear. (Baseado em Cooper, G., 2000.) (Representação sem escala, cores-fantasia.)

Hoje sabemos que as proteínas que irão atuar no núcleo apresentam uma sequência de aminoácidos, denominada sinal de reconhecimento nuclear, que as identificam. Ao reconhecer esse sinal, o complexo do poro se abre e permite que a proteína entre no núcleo, onde ela atuará. Substâncias produzidas no núcleo e que devem atuar no citoplasma também apresentam sinais identificadores, que fazem o poro abrir para deixá-las sair.

Falhas no reconhecimento desses sinais pelo complexo do poro podem ter consequências graves à saúde, como se descobriu ao estudar um tipo de talassemia, ou anemia mediterrânea. Nessa doença hereditária, as células precursoras das hemácias não produzem hemoglobina em quantidade suficiente. Como a hemoglobina é responsável pelo transporte de gás oxigênio para as células do corpo, sua deficiência prejudica esse transporte, causando os sintomas da anemia (falta de energia, fraqueza generalizada etc.). A origem desse tipo de talassemia é uma alteração (mutação) no gene que codifica uma das cadeias polipeptídicas da hemoglobina: as moléculas do RNA mensageiro com a informação para fabricar a cadeia de hemoglobina não possuem o sinal correto para sair do núcleo e o poro não se abre para deixá-las passar. Como consequência, a célula não consegue produzir a cadeia da hemoglobina correspondente codificada no RNA.

3 Cromatina

O termo **cromatina** (do grego *chromatos*, cor) começou a ser utilizado em meados do século XIX para indicar um material corável que preenchia a maior parte do núcleo celular. Os citologistas descobriram que o núcleo corava-se intensamente quando a célula fixada era tratada com determinados corantes, destacando-se do citoplasma. Eles notaram, também, que certas partes da cromatina coravam-se mais intensamente que outras e passaram a denominá-las **heterocromatina** (do grego *heteros*, diferente); o restante da cromatina foi chamado de **eucromatina** (do grego *eu*, verdadeiro).

Hoje o termo cromatina é usado para indicar o conjunto de cromossomos presente no núcleo celular. A heterocromatina (cromatina condensada) corresponde às regiões dos cromossomos que se mantêm permanentemente condensadas, mesmo quando a célula não está se dividindo, e seu DNA é metabolicamente inerte. Os genes ativos da célula localizam-se na eucromatina, ou cromatina frouxa.

4 Nucléolos

Nucléolos são massas densas, em geral uma ou duas, presentes no núcleo celular. Eles são constituídos principalmente por um tipo especial de RNA que compõe os ribossomos, o RNA ribossômico. Os genes responsáveis pela produção desse RNA estão contidos em uma região especial de um ou mais cromossomos, denominada região organizadora do nucléolo.

Moléculas de RNA ribossômico são produzidas continuamente pelas regiões organizadoras do nucléolo e acumulam-se ao seu redor originando os nucléolos. Neles, as moléculas de RNA ribossômico associam-se a proteínas específicas para constituir os ribossomos. À medida que amadurecem, os ribossomos saem do núcleo através dos poros da carioteca e vão atuar no citoplasma. Portanto, o nucléolo é um aglomerado dinâmico de partículas ribossômicas em formação. **(Fig. 7.6)**

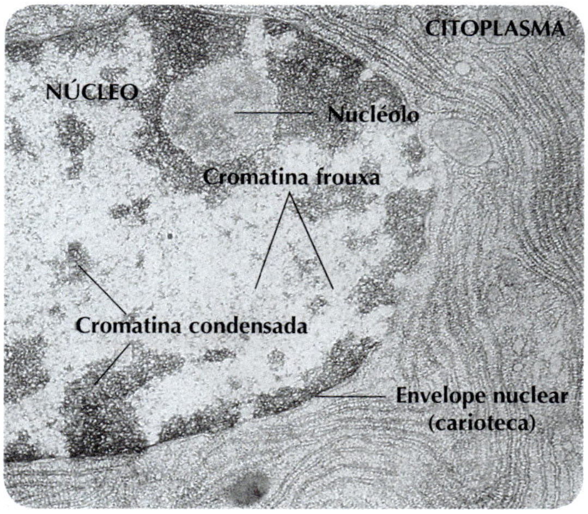

Figura 7.6 Micrografia de um corte de célula animal ao microscópio eletrônico de transmissão, mostrando os principais constituintes do núcleo (aumento ≃ 11.000×).

5 Nucleoplasma ou cariolinfa

Nucleoplasma, ou **cariolinfa**, é a solução aquosa que envolve a cromatina e os nucléolos. Nela estão presentes diversos tipos de íons, moléculas de ATP, nucleotídios e diversos tipos de enzimas.

Seção 7.2

Cromossomos da célula eucariótica

Objetivos

- Reconhecer a cromatina como o conjunto de cromossomos do núcleo e compreender os níveis de organização cromossômica.
- Reconhecer, em esquemas e fotografias, o centrômero e as cromátides-irmãs de um cromossomo.
- Reconhecer o cromossomo como a sede dos genes.

Termos e conceitos

- cromossomo
- cromátides-irmãs
- centrômero
- gene
- genoma
- autossomo
- cromossomo sexual
- cromossomos homólogos
- célula diploide (2*n*)
- célula haploide (*n*)

1 Cromossomos

Os **cromossomos** das células eucarióticas são longos fios constituídos por uma molécula de DNA associada a diversas proteínas, em um arranjo altamente complexo, como veremos mais adiante. Durante o período em que a célula não está se dividindo, os filamentos cromossômicos encontram-se emaranhados no interior do núcleo, constituindo a cromatina. Quando a célula entra em processo de divisão, cada filamento cromossômico enrola-se sobre si mesmo, assumindo o aspecto de um bastão curto e relativamente grosso.

O número de cromossomos no núcleo celular varia de uma espécie para outra. Na espécie humana, por exemplo, com exceção dos gametas, todas as células têm 46 cromossomos no núcleo. As células do chimpanzé possuem 48 cromossomos e as da mosca *Drosophila melanogaster*, apenas 8.

2 Arquitetura do cromossomo eucariótico

Apesar de variar em número e em tamanho nas diversas espécies eucarióticas, os cromossomos têm sempre a mesma estrutura básica: uma longa molécula de DNA que, a espaços regulares, dá duas voltas sobre um minúsculo grão constituído por oito moléculas de proteínas chamadas histonas. Os grãos de histona com DNA enrolado constituem unidades estruturais denominadas **nucleossomos**, que se repetem ao longo do cromossomo.

Devido à associação de nucleossomos vizinhos, o fio cromossômico enrola-se como uma mola helicoidal altamente compacta. O cordão resultante, com cerca de 30 nm de espessura, é denominado **fibra cromossômica** ou **solenoide**. Ao longo de seu comprimento, a fibra cromossômica apresenta regiões especiais que se associam a determinadas proteínas cuja função é dar sustentação "esquelética" ao cromossomo. A fibra cromossômica, associada a esse esqueleto proteico, tem cerca de 300 nm de espessura e constitui o **cromonema**. (**Fig. 7.7**)

Quando a célula está se dividindo para originar duas células-filhas, o cromossomo enrola-se sobre si mesmo e fica em um estado altamente condensado, com cerca de 700 nm de espessura.

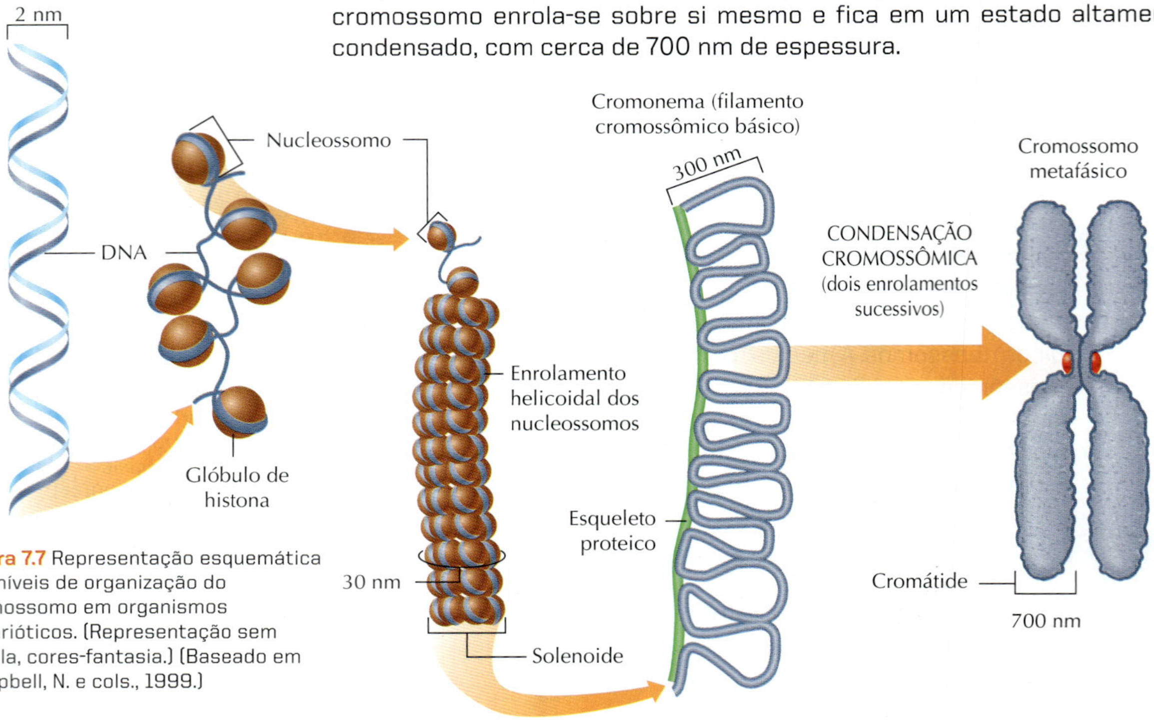

Figura 7.7 Representação esquemática dos níveis de organização do cromossomo em organismos eucarióticos. (Representação sem escala, cores-fantasia.) (Baseado em Campbell, N. e cols., 1999.)

3 Características gerais dos cromossomos

A organização dos cromossomos de uma célula eucariótica varia no decorrer do **ciclo celular**, denominação que os biólogos utilizam para designar o período de vida de uma célula. Esse ciclo costuma ser dividido em duas etapas: **interfase**, período em que a célula não está se dividindo, e **divisão celular**, período em que a célula está em processo de reprodução para originar duas células-filhas. O aspecto dos cromossomos nessas duas etapas do ciclo celular é bem diferente, como veremos a seguir.

Cromátides-irmãs

Durante a interfase, a célula prepara-se para a futura divisão e um dos principais eventos dessa preparação é a duplicação dos cromossomos. Cada cromossomo produz um outro idêntico e os dois permanecem aderidos entre si por meio de proteínas especiais chamadas de **coesinas**. As cópias unidas de um cromossomo duplicado são denominadas **cromátides-irmãs** e elas permanecem unidas até uma fase específica da divisão celular (anáfase), quando as coesinas se desagregam, permitindo sua separação.

O início da divisão celular é marcado pela condensação dos cromossomos duplicados. Cada cromátide condensa-se independentemente da irmã, apesar de continuarem unidas pelas coesinas. Com a condensação, os cromossomos encurtam e vão se tornando mais grossos, até assumir o aspecto de bastões duplos, uma vez que são compostos de duas cromátides. (**Fig. 7.8A**)

Centrômero e classificação dos cromossomos

Todo cromossomo apresenta uma região especial, o **centrômero**, em geral localizada em um estrangulamento do cromossomo condensado. É por essa região que os cromossomos duplicados prendem-se aos microtúbulos do fuso, os quais irão separar as cromátides durante as divisões celulares.

A posição do centrômero divide o cromossomo em duas partes, que os citologistas denominam braços cromossômicos. O tamanho relativo dos braços cromossômicos serve de critério para classificar os cromossomos em quatro tipos: a) **metacêntrico**, em que o centrômero está no meio e os dois braços têm aproximadamente o mesmo tamanho; b) **submetacêntrico**, em que o centrômero é um pouco deslocado da região mediana e os braços têm tamanho desigual; c) **acrocêntrico**, em que o centrômero localiza-se perto de uma das extremidades e um dos braços é muito maior que o outro; d) **telocêntrico**, em que o centrômero localiza-se junto a uma das extremidades do cromossomo e há praticamente um só braço. (**Fig. 7.8B**)

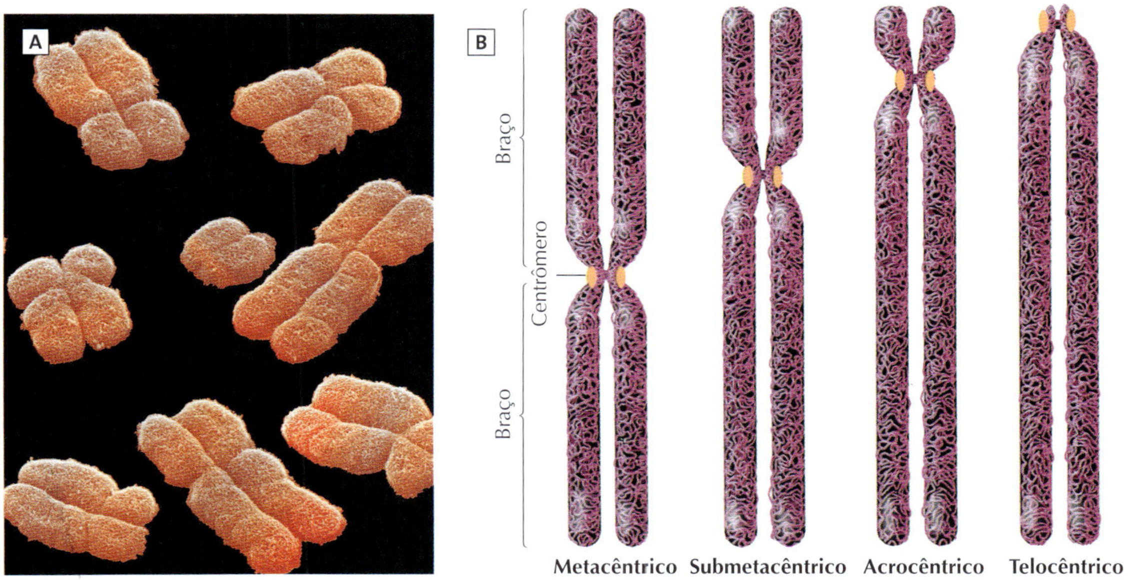

Figura 7.8 **A**. Micrografia de cromossomos humanos condensados (microscópio eletrônico de varredura, colorização artificial; aumento ≃ 5.900×). **B**. Tipos de cromossomo, de acordo com a posição do centrômero.

Telômeros

As extremidades de um cromossomo possuem organização especial e são denominadas **telômeros**. Para sintetizar as extremidades da molécula de DNA que constitui o telômero é necessária uma enzima especial, a **telomerase**. Na ausência dessa enzima, a célula não consegue produzir as extremidades de seus cromossomos e os telômeros de suas células-filhas serão um pouco menores. As células embrionárias jovens produzem telomerase normalmente, mas deixam de fazê-lo a partir de um dado momento do desenvolvimento embrionário. Por isso, quando uma célula de nosso corpo se reproduz, as células-filhas herdam cromossomos com telômeros um pouco mais curtos.

A perda de pedaços das pontas dos cromossomos geralmente não acarreta problema à célula, pois os segmentos de DNA que constituem os telômeros não possuem genes. Entretanto, se as células continuam a se reproduzir após terem perdido totalmente o telômero, elas perdem pedaços de DNA que têm genes; se isso ocorre, as células formadas não sobrevivem. Apenas as células que darão origem aos gametas (células germinativas) continuam a produzir a telomerase por toda a vida.

Quando as telomerases foram descobertas, levantou-se a hipótese de que a morte celular devida à perda dos telômeros poderia ser a causa do envelhecimento. Assim, se a produção de telomerase pudesse ser reativada, talvez fosse possível interromper esse processo. Hoje sabe-se que a solução para deter o envelhecimento não é tão simples. Em primeiro lugar, porque ele não é causado por um único fator; em segundo lugar, descobriu-se que ocorre reativação da telomerase quando células tornam-se cancerosas e passam a se multiplicar intensamente. O esperado seria que após um certo número de gerações as células cancerosas morressem devido à perda de seus telômeros, mas isso não ocorre justamente porque a produção da telomerase é reativada e elas podem continuar a se reproduzir indefinidamente.

4 Cromossomos e genes

A molécula de DNA de um cromossomo é comparável a uma fita magnética em que estão gravadas as informações para a produção de proteínas. Cada trecho de DNA que contém a informação para uma proteína constitui um **gene**. Essa é uma definição simples de gene, mas o conceito de gene tem se tornado cada vez mais complexo à medida que as pesquisas genéticas avançam.

Conceito de genoma

O conjunto de moléculas de DNA de uma espécie, que contém todos os seus genes, e também as sequências de bases nitrogenadas que não possuem informação codificada, constitui o **genoma**. Na espécie humana, o genoma é constituído por 24 moléculas de DNA que formam os 24 tipos de cromossomos humanos; 22 desses tipos de cromossomos são denominados autossomos e identificados por números de 1 a 22; os outros dois tipos, chamados de cromossomos sexuais, são identificados pelas letras X e Y. **Autossomos** são os tipos de cromossomos presentes igualmente em células de ambos os sexos. **Cromossomos sexuais** ou **heterocromossomos** são os que variam entre os sexos e diferenciam células masculinas e femininas.

Graças ao grande desenvolvimento da Biologia Molecular nas últimas décadas do século XX, tornou-se possível determinar a sequência de pares de bases nitrogenadas de todo o DNA constituinte do genoma de uma espécie. Essa é a base dos chamados projetos genoma, o primeiro dos quais foi o Projeto Genoma Humano, que se iniciou formalmente em 1990 e concluiu, em 2003, a determinação da sequência dos cerca de 3 bilhões de pares de bases nitrogenadas que formam nossos 22 tipos de autossomos e os dois tipos de cromossomos sexuais (X e Y). Além do genoma humano, já foram sequenciados os genomas de dezenas de outras espécies, entre elas a bactéria *Xyllela fastidiosa*, o primeiro organismo a ter seu genoma totalmente sequenciado no Brasil.

Um próximo passo do Projeto Genoma Humano é identificar e localizar todos os nossos genes, cujo número é estimado entre 20 mil e 25 mil. Acredita-se que essa identificação será importante para a compreensão de muitos processos vitais e das causas de muitas doenças hereditárias.

5 Cromossomos homólogos

Cada célula do corpo de uma pessoa possui 46 cromossomos. Os homens têm 22 pares de autossomos, um cromossomo X e um cromossomo Y. As mulheres têm 22 pares de autossomos e dois cromossomos X. Os óvulos humanos têm 23 cromossomos, sendo 22 autossomos (um de cada tipo) e um cromossomo X. Os espermatozoides humanos também têm 23 cromossomos, sendo 22 autossomos e um cromossomo sexual, que pode ser tanto o cromossomo X quanto o cromossomo Y. Assim, metade dos espermatozoides produzidos por um homem possui um cromossomo X e a outra metade possui um cromossomo Y.

Quando um espermatozoide se funde ao óvulo na fecundação, os dois conjuntos de cromossomos reúnem-se na primeira célula do novo ser, o **zigoto**. Na espécie humana, o zigoto contém 23 cromossomos recebidos da mãe e 23 recebidos do pai. A determinação do sexo ocorre no momento da fecundação; no caso de o espermatozoide fecundante ter um cromossomo X, o zigoto originará uma pessoa do sexo feminino; se o espermatozoide tiver um cromossomo Y, a pessoa será do sexo masculino. Pouco antes de se dividir, o zigoto duplica todos os seus cromossomos e, na divisão celular, cada célula-filha receberá réplicas exatas dos 46 cromossomos recebidos dos genitores.

Os dois representantes de cada tipo de cromossomo de uma célula originada do zigoto, um herdado do pai e outro da mãe, são chamados de **cromossomos homólogos** (do grego *homoios*, igual, semelhante). (**Fig. 7.9**)

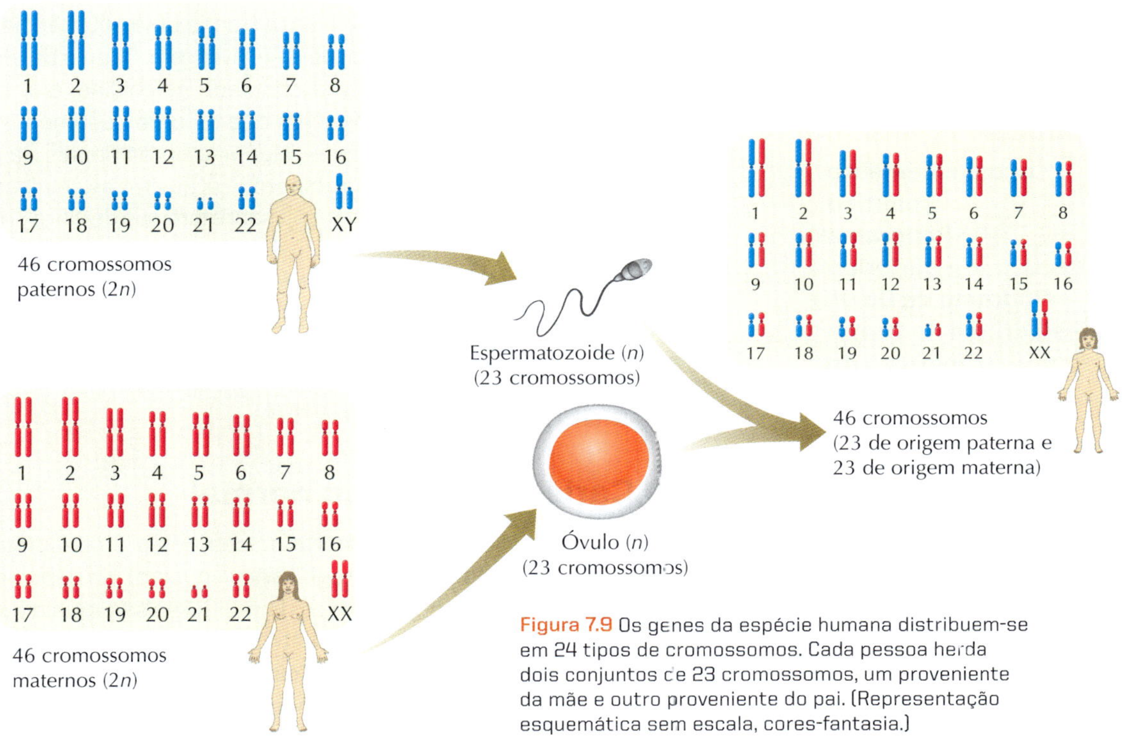

Figura 7.9 Os genes da espécie humana distribuem-se em 24 tipos de cromossomos. Cada pessoa herda dois conjuntos de 23 cromossomos, um proveniente da mãe e outro proveniente do pai. (Representação esquemática sem escala, cores-fantasia.)

Células diploides e células haploides

Células que apresentam pares de cromossomos homólogos, como a primeira célula de nosso corpo e todas as demais, que dela descendem, são chamadas de **células diploides** (do grego *diplos*, duplo, dois) e representadas pela sigla **$2n$**. Por outro lado, células que apresentam apenas um lote de cromossomos, tais como óvulos e espermatozoides, são chamadas de **células haploides** (do grego *haplos*, simples) e representadas pela sigla **n**.

Os cromossomos de um par de homólogos são praticamente indistinguíveis: eles têm mesmo tamanho, mesma forma e possuem genes equivalentes, localizados nas mesmas posições relativas no filamento cromossômico. Por exemplo, se em determinado local de um cromossomo houver um gene com a instrução para produzir determinada proteína, em seu homólogo, no local correspondente, haverá um gene com uma instrução idêntica ou muito semelhante.

Seção 7.3

Cromossomos humanos

Objetivos

▶ Conhecer o número normal de cromossomos da espécie humana (46) e compreender o significado das fórmulas cromossômicas da mulher (46, XX) e do homem (46, XY).

▶ Reconhecer a importância dos estudos cromossômicos para diagnosticar e prevenir síndromes cromossômicas, relacionando a ciência à melhora das condições de vida da humanidade.

Termos e conceitos

- aconselhamento genético
- idiograma
- cariótipo
- síndrome de Down
- síndrome de Turner
- síndrome de Klinefelter

1 Citogenética humana

O estudo dos cromossomos humanos tem grande importância porque, entre outros motivos, algumas doenças estão diretamente relacionadas a alterações cromossômicas. Atualmente os cientistas têm condições de identificar pessoas com problemas cromossômicos e prever o risco de seus filhos virem a ser afetados por certas doenças hereditárias. Esses procedimentos fazem parte de um ramo da Genética denominado **aconselhamento genético**.

A **Citogenética Humana**, ramo da Biologia que estuda os cromossomos humanos, é uma especialidade relativamente nova. Para se ter ideia, apenas em 1956 ficou definitivamente demonstrado que tanto homens quanto mulheres têm 46 cromossomos em cada uma das células.

A técnica mais empregada para o estudo dos cromossomos humanos baseia-se no cultivo, em tubo de ensaio, de um tipo de glóbulo branco do sangue, o linfócito. Retira-se um pouco de sangue da pessoa e separa-se a fração que contém os glóbulos brancos, a qual é colocada em um frasco com solução nutritiva para células. Acrescenta-se a esse frasco uma substância chamada fitoemaglutinina, que induz os linfócitos a se dividirem. Depois de alguns dias, adiciona-se ao frasco uma substância chamada colchicina, que bloqueia a divisão celular exatamente no estágio em que os cromossomos estão mais condensados, o que facilita observá-los. Algumas horas depois da adição de colchicina, acrescenta-se uma solução hipotônica, que faz as células incharem. Quando se deixam cair gotas dessa solução sobre lâminas de vidro para microscopia, as células inchadas arrebentam e liberam os cromossomos, que aderem à lâmina e podem ser corados e examinados ao microscópio óptico.

O pesquisador escolhe um conjunto completo de cromossomos e fotografa-o. Os cromossomos são recortados da foto e organizados por ordem decrescente de tamanho e de acordo com a posição dos centrômeros. Essa montagem é chamada **idiograma**. (**Fig. 7.10**)

2 Cariótipo humano normal

O conjunto de características morfológicas dos cromossomos de uma célula constitui seu **cariótipo** (do grego *karyon*, núcleo). Na espécie humana, por exemplo, os cariótipos de homens e de mulheres são iguais quanto a 22 pares de autossomos, mas diferem quanto ao par de cromossomos sexuais. Nas mulheres, esse par é composto por dois cromossomos morfologicamente idênticos, os cromossomos X. Nos homens, o par de cromossomos sexuais é composto por um cromossomo X e um cromossomo Y. Uma forma de escrever os cariótipos normais de homem e de mulher é:

Cariótipo da mulher: 22AA + XX (ou 46, XX)

Cariótipo do homem: 22AA + XY (ou 46, XY)

Alguns cromossomos humanos são facilmente identificados pelo tamanho e pela forma; outros são muito parecidos, sendo praticamente indistinguíveis quanto à morfologia. No entanto, quando se submetem preparações citológicas de cromossomos a certos tratamentos especiais, surgem faixas transversais típicas para cada um dos pares de cromossomos. Assim, em uma preparação citológica submetida a esses tratamentos, pode-se identificar, pelas faixas, cada um dos 23 pares cromossômicos do cariótipo humano. (**Fig. 7.11**)

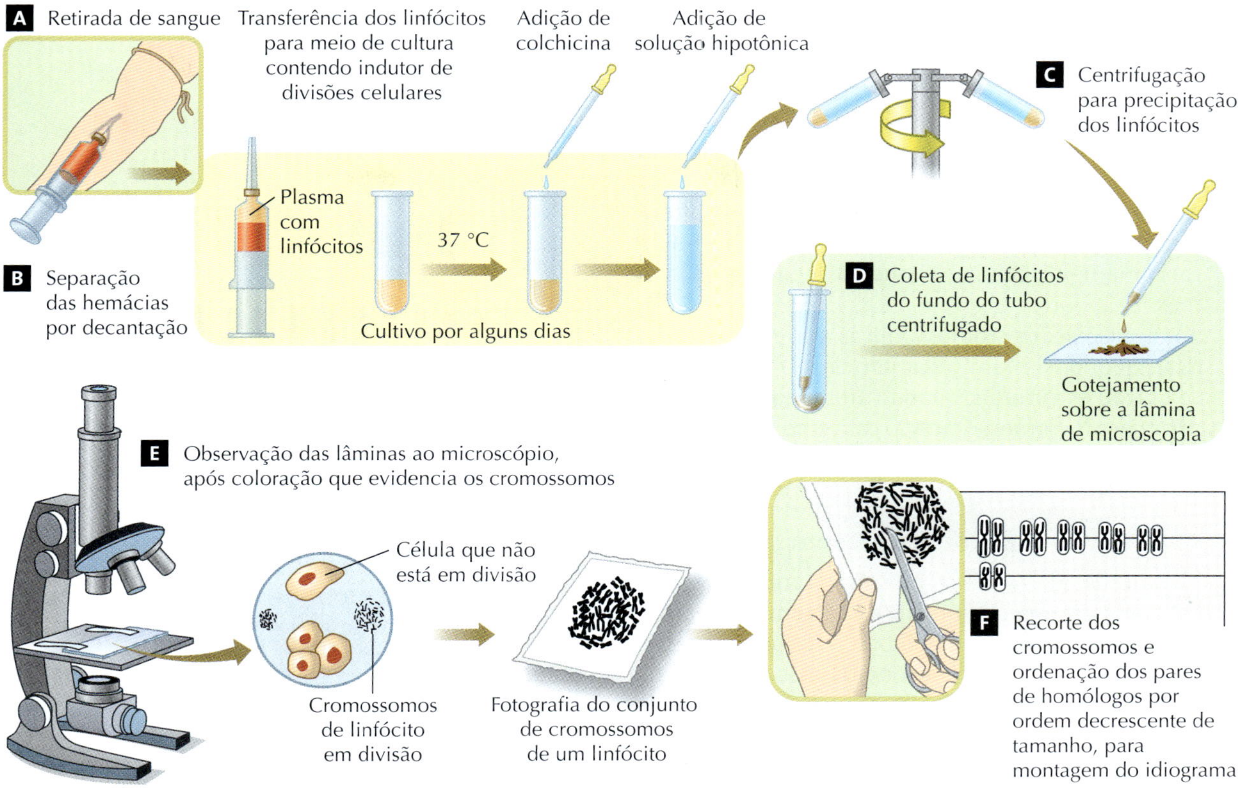

Figura 7.10 Representação esquemática da técnica de preparação de um idiograma humano. (Imagens sem escala, cores-fantasia.)

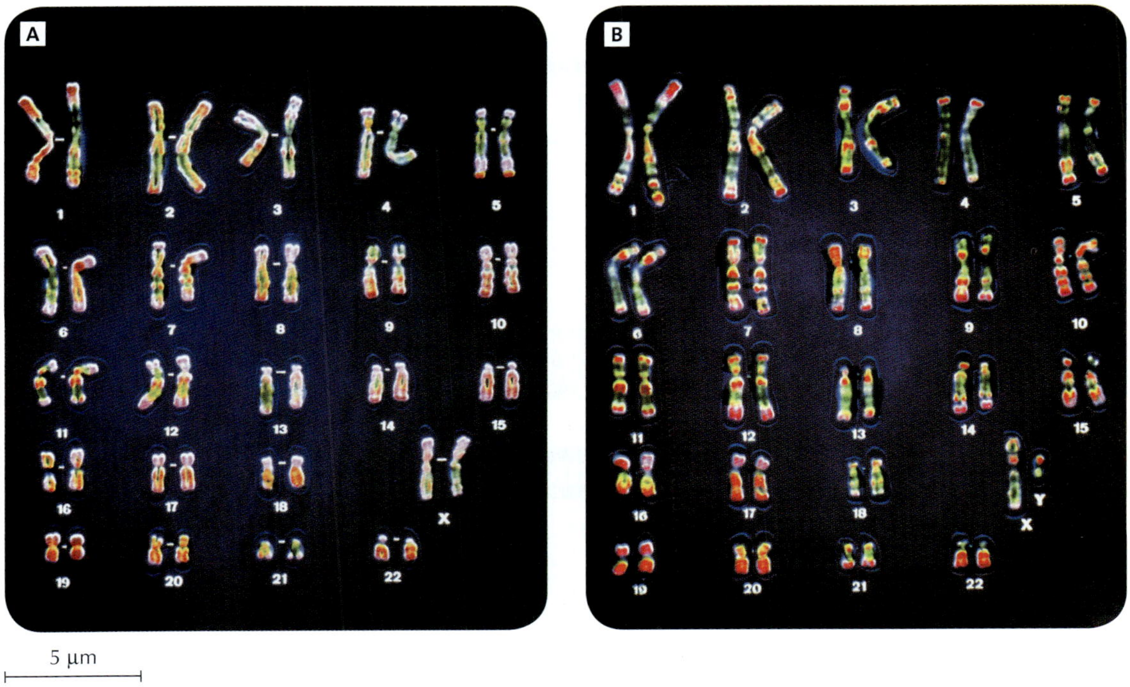

Figura 7.11 Idiogramas obtidos a partir de micrografias de cariótipos humanos normais ao microscópio óptico. **A.** Idiograma feminino. **B.** Idiograma masculino. As faixas transversais, típicas de cada cromossomo, são obtidas com um tratamento químico especial. O padrão de faixas ajuda a identificar os tipos cromossômicos, permitindo encontrar seu homólogo para a montagem do idiograma. (Cores-fantasia.)

Conteúdo digital Moderna PLUS http://www.modernaplus.com.br
Texto: *Por que o cromossomo Y é tão estranho?*

CIÊNCIA E CIDADANIA Alterações cromossômicas na espécie humana

Em várias espécies, inclusive na nossa, podem nascer indivíduos com alterações cromossômicas em relação ao cariótipo normal. Geralmente as alterações cromossômicas causam grandes transtornos ao funcionamento celular, levando a doenças graves ou mesmo à morte.

As alterações cromossômicas podem ser **numéricas**, quando afetam o número de cromossomos da célula, ou **estruturais**, quando afetam a estrutura de um ou mais cromossomos do cariótipo. As alterações cromossômicas numéricas também são conhecidas como **aneuploidias**.

Síndrome de Down

Uma das alterações cromossômicas numéricas bem estudadas na espécie humana é a **trissomia do cromossomo 21**, assim chamada porque as células da pessoa afetada têm três exemplares do cromossomo designado pelo número 21, em vez de possuírem apenas um par deles, como seria normal. Pessoas com essa alteração cromossômica apresentam, em geral, uma série de características típicas – atraso no desenvolvimento mental, hipotonia (fraqueza) muscular, baixa estatura, anomalia cardíaca, olhos com fendas palpebrais oblíquas, o que lhes confere um aspecto amendoado (daí o termo mongolismo), prega única nas palmas das mãos etc.; essas características clínicas compõem a síndrome de Down (ou mongolismo). (**Fig. 7.12**)

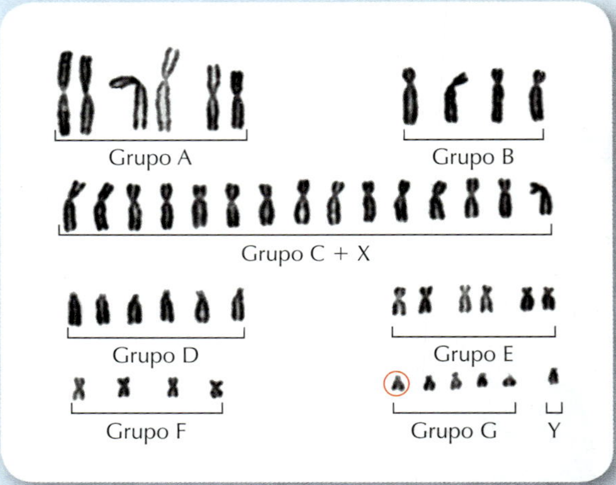

Figura 7.12 Idiograma de pessoa do sexo masculino com síndrome de Down. O cromossomo 21 extranumerário está destacado pelo círculo vermelho.

Os avanços na compreensão da síndrome de Down têm possibilitado que seus portadores sejam cada vez mais incluídos e mais bem acolhidos na sociedade. Para isso, é fundamental que os pais de crianças com síndrome de Down procurem ajuda especializada tão logo o problema seja diagnosticado; sabe-se que a estimulação física e mental precoce melhora o desenvolvimento neuromuscular e a capacidade de comunicação de crianças Down.

ATIVIDADES

QUESTÕES PARA PENSAR E DISCUTIR

Questões objetivas

1. No intercâmbio de substâncias entre o núcleo e o citoplasma estão diretamente implicados os
   a) cromossomos.
   b) nucléolos.
   c) poros da carioteca.
   d) ribossomos.

2. Se uma célula perdesse a capacidade de produzir o nucléolo, qual das seguintes atividades celulares seria diretamente prejudicada?
   a) Produção de ATP.
   b) Síntese de lipídios.
   c) Síntese de proteínas.
   d) Digestão intracelular.

Considere as alternativas a seguir para responder às questões de 3 a 6.
a) Célula haploide.
b) Célula diploide.
c) Célula anucleada.
d) Célula procariótica.

3. Que tipo de célula é um óvulo?

4. Que tipo de célula é um espermatozoide?

5. Que tipo de célula é um zigoto?

6. Um citologista estudou o cariótipo de uma célula, verificando a presença de pares de cromossomos homólogos. Trata-se de que tipo de célula?

Síndrome de Turner e síndrome de Klinefelter

Outros exemplos de alteração no número de cromossomos na espécie humana são a síndrome de Turner e a síndrome de Klinefelter.

A pessoa afetada pela **síndrome de Turner** tem apenas um cromossomo sexual (monossomia), o cromossomo X, e é do sexo feminino. As principais características dessa síndrome são baixa estatura, problemas no desenvolvimento dos órgãos genitais, infertilidade e, em alguns casos, atraso mental leve e desenvolvimento de pregas de pele nos lados do pescoço (pescoço alado). (**Fig. 7.13**)

A pessoa afetada pela **síndrome de Klinefelter** tem três cromossomos sexuais, sendo dois X e um Y, e é do sexo masculino. As principais características dessa síndrome são problemas no desenvolvimento dos órgãos genitais, geralmente acompanhados de infertilidade e retardo mental leve. (**Fig. 7.14**)

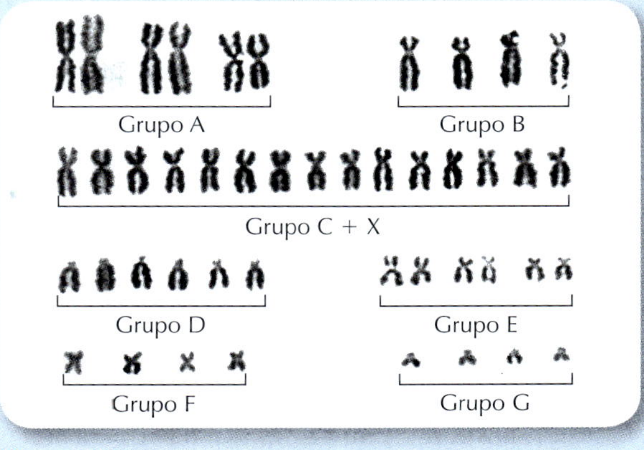

Figura 7.13 Idiograma de pessoa com síndrome de Turner, que é sempre do sexo feminino.

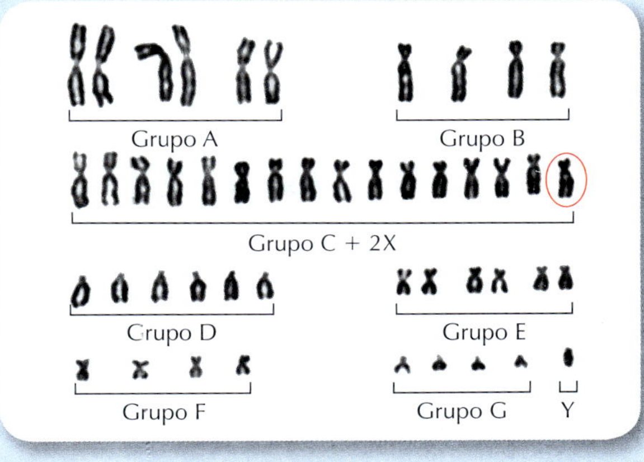

Figura 7.14 Idiograma de pessoa com síndrome de Klinefelter, que é sempre do sexo masculino. No círculo vermelho, o cromossomo X extranumerário.

7. Células diploides caracterizam-se por possuir
   a) centrômeros.
   b) cromátides-irmãs.
   c) cromatina.
   d) cromossomos homólogos.

8. O cariótipo humano normal apresenta
   a) 23 pares de autossomos e 1 par de cromossomos sexuais.
   b) 22 pares de autossomos e 1 par de cromossomos sexuais.
   c) 45 pares de autossomos e 1 par de cromossomos sexuais.
   d) 44 pares de autossomos e 2 pares de cromossomos sexuais.

Considere as alternativas a seguir para responder às questões de 9 a 12.

a) Mulher normal.
b) Homem normal.
c) Portador de síndrome de Down.
d) Portador de síndrome de Klinefelter.
e) Portador de síndrome de Turner.

9. Como será a pessoa originada pela fecundação de um óvulo com 22 autossomos e 1 cromossomo X por um espermatozoide com 22 autossomos e 1 cromossomo X?

10. Como será a pessoa originada pela fecundação de um óvulo com 22 autossomos e 1 cromossomo X por um espermatozoide com 22 autossomos e 1 cromossomo Y?

11. Como será a pessoa originada na fecundação de um óvulo normal por um espermatozoide com 22 autossomos e sem nenhum cromossomo sexual?

12. Como será uma pessoa originada na fecundação de um óvulo portador de 22 autossomos e um par de cromossomos X por um espermatozoide portador do cromossomo Y?

Questões discursivas

13. Conteste ou justifique a seguinte afirmação: "Células procarióticas não têm núcleo. As hemácias humanas não têm núcleo, portanto elas são células procarióticas".

14. Hoje é possível retirar células de um feto em desenvolvimento no útero da mãe e determinar seu cariótipo. Que informações importantes a análise desse cariótipo pode fornecer?

VESTIBULARES PELO BRASIL

Brasil – Regiões

- Região Norte
- Região Centro-Oeste
- Região Sul
- Região Nordeste
- Região Sudeste
- Brasil

Questões objetivas

1 (Unir-RO) Qual das seguintes estruturas celulares é responsável pela formação dos ribossomos?

a) Retículo endoplasmático.
b) Complexo de Golgi.
c) Centríolo.
d) Nucléolo.
e) Lisossomo.

2 (Ufac) A reprodução da maioria dos seres vivos envolve um processo sexual em que se alternam os fenômenos de meiose e fecundação. Na espécie humana, a meiose é gamética, e a fecundação reconstitui a diploidia. Uma distribuição errada de cromossomos durante a meiose origina gametas com um número anormal de cromossomos. A partir desses gametas, podem surgir zigotos de indivíduos com um número anormal de cromossomos em suas células. Mediante essas afirmações, indique a alternativa que representa o par de gametas que poderá originar um zigoto com chances de desenvolver um embrião com síndrome de Turner.

	Gametas masculinos	Gametas femininos
a)	22 + XY	22 + X
b)	22 + Y	22 + X
c)	22 + X	22 + X
d)	22 + 0	22 + XY
e)	22 + 0	22 + X

3 (Uepa) Embora atualmente em alguns aspectos a síndrome de Down seja mais conhecida, e a pessoa afetada tenha melhores chances de vida e de desenvolvimento, uma das maiores barreiras para a inclusão social desses indivíduos continua sendo o preconceito. No entanto, embora o perfil da pessoa com síndrome de Down fuja dos padrões estabelecidos pela cultura atual — que valoriza, sobretudo, os padrões estéticos e a produtividade —, cada vez mais a sociedade está se conscientizando de como é importante valorizar a diversidade humana e de como é fundamental oferecer oportunidades para que pessoas com deficiências exerçam seu direito de cidadania.

Adaptado de <http//www.entreamigos.com.br>
Acessado em 29 set. 2007.

Com relação à síndrome genética referida no texto e seus portadores, afirma-se que:

I. É uma trissomia autossômica.
II. Mulheres afetadas apresentam cariótipo 45A + XX.
III. Homens afetados apresentam cariótipo 44A + XXY.
IV. Indivíduos afetados possuem um cromossomo X extra.

De acordo com as afirmativas acima, a alternativa correta é

a) I.
b) I e II.
c) II e III.
d) II e IV.
e) III e IV.

4 (FCC-BA) Nas células em interfase, o material genético aparece na forma de

a) carioteca.
b) fuso acromático.
c) nucléolo.
d) cromatina.
e) cariolinfa.

5 (UFC-CE) Analise as afirmativas abaixo, acerca dos elementos constituintes do núcleo celular eucariótico.

I. Cada cromossomo possui uma única molécula de DNA.
II. Histonas são proteínas relativamente pequenas que se ligam fortemente ao RNA.
III. Os nucléolos podem atuar na síntese de carboidratos que migram do núcleo para o citoplasma.

Pode-se afirmar, de modo correto, que

a) somente I é verdadeira.
b) somente II é verdadeira.
c) somente I e II são verdadeiras.
d) somente I e III são verdadeiras.
e) somente II e III são verdadeiras.

6 (Cesmac/Fejal-AL) Na figura abaixo, está ilustrado o núcleo de uma determinada célula.

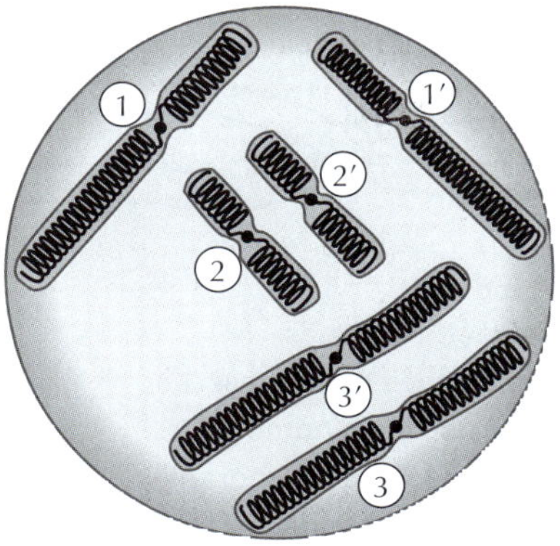

Com relação a esse núcleo, é correto afirmar que

a) trata-se de uma célula procariótica.

b) 1 e 1', 2 e 2' e 3 e 3' são cromossomos homólogos.

c) a célula exemplificada é haploide.

d) o cromossomo 2 e o 2' são acrocêntricos.

7 (Unifor-CE) A figura abaixo mostra o cariótipo de um portador das anomalias que constituem a síndrome de Turner.

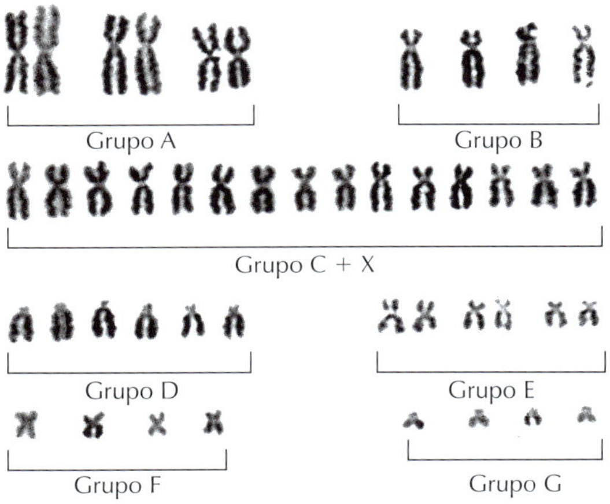

José M. Amabis e Gilberto R. Martho. *Fundamentos da Biologia moderna*. São Paulo: Moderna, 1999. p. 251.

A análise desse cariótipo permite concluir que o zigoto que originou esse indivíduo proveio de óvulo e espermatozoide, respectivamente, com 22 autossomos e os seguintes cromossomos sexuais:

a) XX e Y.
b) X e XY.
c) 0 e XY.
d) X e Y.
e) X e 0.

8 (UEMS) Células que em alguma fase do seu desenvolvimento contêm um núcleo, sendo este circundado por uma membrana dupla, denominada envoltório nuclear ou carioteca. O texto refere-se às células

a) animais exclusivamente.

b) bacterianas.

c) procariontes.

d) eucariontes.

e) vegetais exclusivamente.

9 (UFMS) Várias síndromes genéticas apresentam como causa alterações cromossômicas, podendo-se citar, como exemplos, as síndromes de Turner, Down e Klinefelter. Em relação à síndrome de Down, assinale a(s) proposição(ões) correta(s). [Dê como resposta a soma dos números associados às proposições corretas.]

001) A maioria dos casos de síndrome de Down ocorre por uma translocação cromossômica envolvendo o cromossomo 21.

002) A monossomia do cromossomo 21 é um tipo de alteração cromossômica que leva à síndrome de Down.

004) A síndrome de Down é uma alteração cromossômica do tipo numérica, sendo considerada uma aneuploidia.

008) A existência de três cromossomos 21 (trissomia do cromossomo 21) causa a síndrome de Down.

016) A síndrome de Down é uma alteração cromossômica atribuída a alterações nos cromossomos sexuais.

032) O exame do cariótipo é um método de diagnóstico para a síndrome de Down.

10 (UEMS) Na espécie humana, as alterações numéricas que envolvem acréscimo ou diminuição de um ou poucos cromossomos são chamadas aneuploidias. Essas alterações podem comprometer a saúde ou mesmo inviabilizar a vida do portador. Uma dessas alterações é conhecida como síndrome de Down, que se caracteriza pela seguinte fórmula cromossômica:

a) 47, XXY — $2n + 1$

b) 45, X — $2n - 1$

c) 47, + 18 — $2n + 1$

d) 47, + 13 — $2n + 1$

e) 47, + 21 — $2n + 1$

11 (Cesgranrio-RJ) Dos constituintes celulares a seguir relacionados, qual está presente somente nos eucariontes e representa um dos critérios utilizados para distingui-los dos procariontes?

a) DNA.
b) Membrana celular.
c) Ribossomo.
d) Envoltório nuclear.
e) RNA.

12 (PUC-Campinas-SP) Uma célula bacteriana não possui

a) material hereditário.
b) membrana plasmática.
c) nucléolo.
d) ribossomos.
e) parede celular.

13 (PUC-Minas) O envelope nuclear encerra o DNA e define o compartimento nuclear.

Assinale a afirmativa **incorreta** sobre o envelope nuclear.

a) É formado por duas membranas concêntricas e contínuas, com composições proteicas diferentes, perfuradas por grandes aberturas denominadas poros nucleares.

b) O surgimento da membrana nuclear determinou a separação dos processos de transcrição e tradução.

c) Os fosfolipídios das membranas nucleares externa e interna são produzidos no retículo endoplasmático liso.

d) Os poros nucleares permitem o livre trânsito de moléculas entre o núcleo e o citoplasma, sem necessidade de seleção.

14 (Ufla-MG) Qual das seguintes alternativas é **correta** em relação ao nucléolo?

a) É uma estrutura intranuclear envolvida por membrana.

b) Não é visível no núcleo interfásico.

c) É o local de síntese do RNA ribossômico e das subunidades ribossômicas.

d) É o local de síntese das proteínas ribossômicas.

15 (Cefet-MG) A síntese de proteínas realizada pelas células é comandada por certas regiões do DNA que estão na forma de

a) RNAr.

b) RNAt.

c) RNAm.

d) eurocromatina.

e) heterocromatina.

16 (Osec-SP) Nas experiências de merotomia da ameba e da *Acetabularia* (alga verde, unicelular e grande), podemos esperar que:

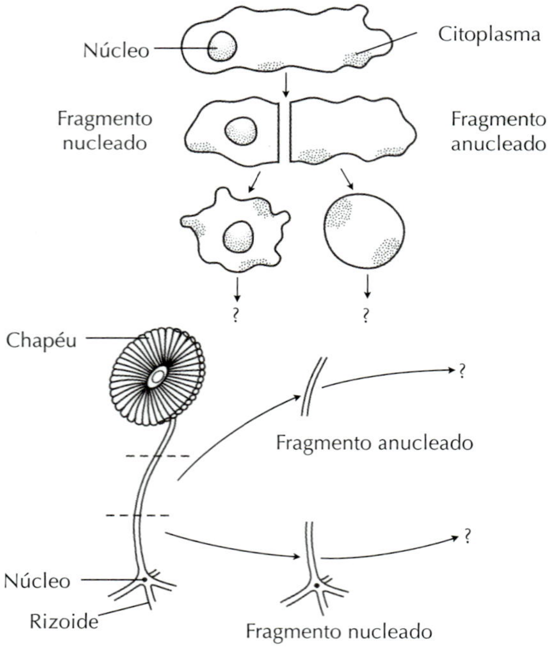

a) ambas as partes cortadas da ameba e da *Acetabularia* se desenvolvam normalmente.

b) só a parte da ameba que apresenta núcleo se desenvolva.

c) ambas as partes nucleadas da ameba e da *Acetabularia* se desenvolvam normalmente, enquanto as anucleadas morram.

d) a parte da ameba que possui núcleo se desenvolva normalmente e a da *Acetabularia* que possui núcleo se desenvolva anormalmente.

e) cortando parte do citoplasma de ambos os organismos, nenhum dos fragmentos se desenvolva, tanto na ameba quanto na *Acetabularia*.

17 (FCC-SP) Observe o esquema abaixo.

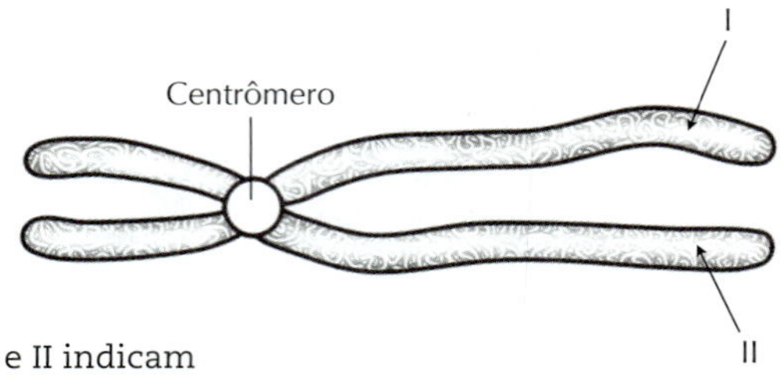

I e II indicam

a) cromátides-irmãs.

b) cromátides homólogas.

c) cromossomos homólogos.

d) cromossomos não homólogos.

e) cromossomos-filhos.

18 (Fuvest-SP) Em determinada espécie animal, o número diploide de cromossomos é 22. Nos espermatozoides, nos óvulos e nas células epidérmicas dessa espécie serão encontrados, respectivamente:

a) 22, 22 e 44 cromossomos.

b) 22, 22 e 22 cromossomos.

c) 11, 11 e 22 cromossomos.

d) 44, 44 e 22 cromossomos.

e) 11, 22 e 22 cromossomos.

19 (Ufla-MG) Na espécie humana, o número diploide de cromossomos é 46. Quantos cromossomos serão encontrados, respectivamente, nos espermatozoides, óvulos e células epidérmicas?

a) 23, 23, 46

b) 22, 22, 46

c) 22, 22, 44

d) 23, 23, 44

20 (Unigranrio-RJ) Ao resultado de estudos sobre quantidade, dimensão, forma e característica dos cromossomos de uma espécie dá-se o nome de

a) cromonema.

b) cariótipo.

c) cariograma.

d) cariocromo.

21 (PUC-SP) A constituição genética do indivíduo com síndrome de Klinefelter é

a) 44 A XY.

b) 44 A XXY.

c) 44 A XO.

d) 44 A XXX.

e) 45 A XX.

22 (Fuvest-SP) Um homem com cariótipo 47, XYY pode originar-se da união de dois gametas, um com 24 cromossomos e outro com 23. O gameta anormal

a) é um óvulo.

b) é um espermatozoide.

c) pode ser um óvulo ou um espermatozoide.

d) é uma ovogônia.

e) é uma espermatogônia.

23 (PUC-RJ) Existem algumas pessoas chamadas especiais porque possuem uma série de características diferentes da maioria da população. Entre essas, estão aquelas que possuem a síndrome de Down, também conhecida como mongolismo.

Em relação a essa síndrome, podemos afirmar que:

a) É uma anomalia genética, causada pela presença de 3 cromossomos 21 e transmitida sempre pela mãe.
b) É uma anomalia congênita, causada pela presença de 3 cromossomos 21 e transmitida sempre pela mãe.
c) É uma anomalia genética, causada pela presença de 3 cromossomos 21 e transmitida por qualquer um dos pais.
d) É uma anomalia congênita, causada pela ausência de um cromossomo sexual X ou Y.
e) É uma anomalia genética, causada pela translocação de um dos cromossomos 21 para um 22.

24 (UFMG) A identificação do fator que origina indivíduos com síndrome de Down tornou-se possível pela utilização da técnica de

a) contagem e identificação dos cromossomos.
b) cultura de células e tecidos.
c) mapeamento do genoma humano.
d) produção de DNA recombinante.

25 (UFF-RJ) O cariótipo humano é constituído pelo conjunto completo dos cromossomos ordenados de um indivíduo. No exame pré-natal de um casal cuja futura mãe tenha mais de 35 anos de idade e apresente casos de doenças genéticas na família, o médico deve indicar uma avaliação do cariótipo fetal.

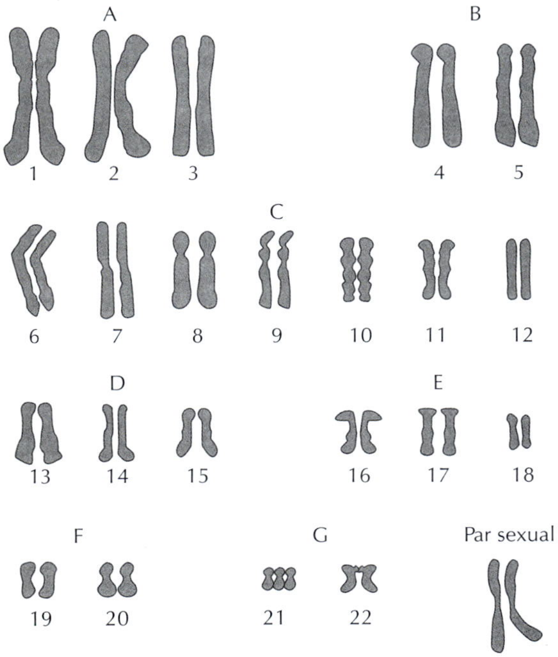

O cariótipo humano esquematizado acima é referente a um indivíduo com certas características apontadas em uma das opções. Indique-a.

a) normal e do sexo masculino
b) com síndrome de Klinefelter e do sexo masculino
c) com síndrome de Down e do sexo masculino
d) com síndrome de Klinefelter e do sexo feminino
e) com síndrome de Down e do sexo feminino

26 (Unifesp) No artigo "Retrato molecular do Brasil" (*Ciência Hoje*, 2001), Sérgio Pena, pesquisador da Universidade Federal de Minas Gerais, revelou que a contribuição dos europeus na composição genética do povo brasileiro fez-se basicamente por meio de indivíduos do sexo masculino, enquanto a contribuição genética de povos indígenas e africanos deu-se por meio das mulheres. Tais conclusões são possíveis com base em estudos moleculares, respectivamente, do DNA do cromossomo

a) X e de autossomos.
b) Y e de autossomos.
c) Y e do cromossomo X.
d) Y e mitocondrial.
e) X e mitocondrial.

27 (PUC-Minas) Abaixo está transcrito um pequeno trecho de uma recente entrevista, concedida à Revista *Galileu* pelo cientista Sérgio Danilo Pena, da Universidade Federal de Minas Gerais, que liderou uma pesquisa genética sobre a composição étnica do povo brasileiro.

'GALILEU: É correta a noção de que a maior parte dos brasileiros tem algum antepassado com pai branco europeu e mãe negra ou índia?"

PENA: "É. Meu caso é exatamente esse. Meu cromossomo Y é europeu e meu DNA mitocondrial é ameríndio."

A resposta do geneticista aliada aos seus conhecimentos permite afirmar, **exceto**:

a) O DNA do cromossomo Y e das mitocôndrias apresenta genes que determinam a cor da pele humana.
b) O DNA mitocondrial é de origem materna.
c) O cromossomo Y apresenta genes exclusivamente paternos.
d) Segundo esse estudo, somente o genoma de indivíduos do sexo masculino pode ser utilizado para a determinação da ancestralidade paterna.

28 (UFPR) Para se descobrir a função das estruturas celulares, uma via experimental usada pelos cientistas é a remoção da estrutura celular que se quer estudar e a posterior verificação do que acontece à célula na ausência da estrutura. O uso de organismos mutantes é uma alternativa para a obtenção dessas células modificadas. Embriões de sapos compostos de células sem nucléolos (anucleoladas) foram comparados a embriões normais. O desenvolvimento a partir do zigoto acontece de forma semelhante nos dois casos, mas, no momento da eclosão do girino, os mutantes anucleolados morrem. Paralelamente a isso, a principal alteração observada nas células de indivíduos normais foi um aumento significativo na concentração de ribossomos no citoplasma, o que não ocorreu nos mutantes anucleolados. Com base nessas informações e nos conhecimentos de Biologia Celular, considere as seguintes afirmativas:

1. Nos indivíduos mutantes anucleolados, a eclosão do girino não acontece, por falta de alimentação adequada do embrião, o que leva à sua morte.

2. O nucléolo é o responsável pela produção dos ribossomos, por sua vez responsáveis pela síntese das proteínas necessárias ao processo de eclosão dos girinos.
3. A eclosão do girino só acontece na presença de uma grande quantidade de energia, na forma de ATP, que é obtida por meio dos ribossomos.
4. Os indivíduos mutantes anucleolados sobreviveram à fase embrionária por já contarem com ribossomos prontos, presentes no óvulo.

Assinale a alternativa correta.

a) Somente a afirmativa 1 é verdadeira.
b) Somente as afirmativas 1 e 2 são verdadeiras.
c) Somente as afirmativas 2 e 4 são verdadeiras.
d) Somente as afirmativas 2, 3 e 4 são verdadeiras.
e) Somente a afirmativa 3 é verdadeira.

29 (USJ-SC) As estruturas grossas e bem individualizadas, visíveis no núcleo durante o período de divisão celular, são denominadas

a) cariótipos.
b) cromossomos.
c) nucléolos.
d) cromatina.

30 (UFSM-RS-Adaptado) Qual a alternativa que apresenta a associação correta entre os itens A, B e C e os itens 1, 2, 3 e 4?

1. Genoma
2. Gene
3. Cromossomo
4. Cariótipo

A. Segmento de DNA que contém instrução para a formação de uma proteína.
B. Estrutura formada por uma única molécula de DNA, muito longa, associada a proteínas, visível durante a divisão celular.
C. Conjunto de genes de uma espécie.

a) A — 1; B — 2; C — 3.
b) A — 2; B — 3; C — 1.
c) A — 2; B — 4; C — 1.
d) A — 3; B — 2; C — 4.
e) A — 3; B — 4; C — 1.

31 (UFRGS-RS) O desenho abaixo representa um cromossomo da espécie humana.

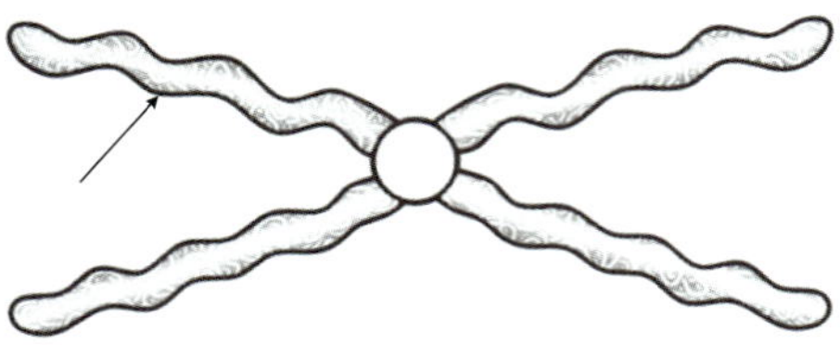

Como se chama a região indicada pela seta? De que substância ela é formada?

a) cromátide — DNA
b) centrômero — RNA
c) cromátide — RNA
d) cromossomos — RNA
e) centrômero — DNA

32 (PUC-RS-Adaptado) **Instrução**: Responder à questão com base no cariótipo (conjunto de cromossomos) humano representado abaixo.

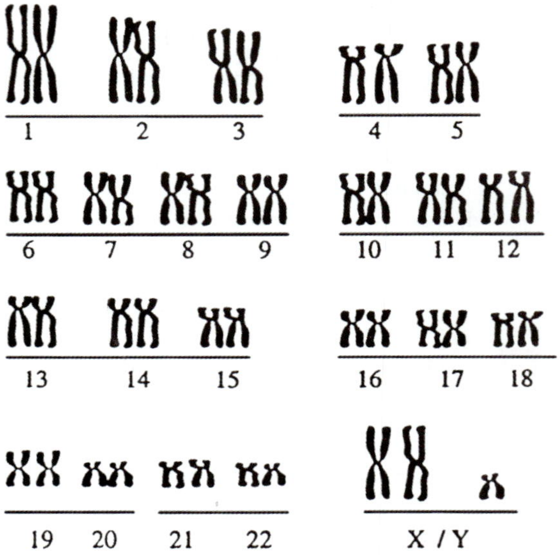

O cariótipo é de um indivíduo do sexo (   ) com síndrome de (   ).

a) feminino — Klinefelter
b) masculino — Klinefelter
c) masculino — Down
d) feminino — Turner
e) masculino — Turner

33 (UFPR) Analisando a figura abaixo, que representa um cariótipo humano, é correto afirmar que se trata do cariótipo de um indivíduo

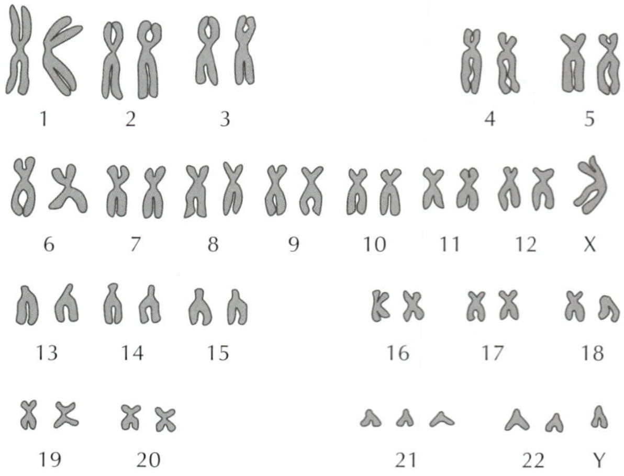

( ) do sexo masculino.
( ) do sexo feminino.
( ) com Síndrome de Down.
( ) com Síndrome de Patau.
( ) com Síndrome de Edwards.
( ) com cariótipo normal.
( ) com uma anomalia numérica de autossomos.

Classifique as opções acima em Verdadeira (V) ou Falsa (F).

34 (Enem-MEC) Define-se genoma como o conjunto de todo o material genético de uma espécie, que, na maioria dos casos, são as moléculas de DNA. Durante muito tempo, especulou-se sobre a possível relação entre o tamanho do genoma — medido pelo número de pares de bases (pb) —, o número de proteínas produzidas e a complexidade do organismo. As primeiras respostas começam a aparecer e já deixam claro que essa relação não existe, como mostra a tabela abaixo.

Espécie	Nome comum	Tamanho estimado do genoma (pb)	Número de proteínas descritas
Oryza sativa	arroz	5.000.000.000	224.181
Mus musculus	camundongo	3.454.200.000	249.081
Homo sapiens	homem	3.400.000.000	459.114
Rattus norvegicus	rato	2.300.000.000	109.077
Drosophila melanogaster	mosca-da-fruta	180.000.000	86.255

Disponível em: <www.cbs.dtu.dk> e <www.ncbi.nlm.nih.gov>

De acordo com as informações acima,

a) o conjunto de genes de um organismo define o seu DNA.

b) a produção de proteínas não está vinculada à molécula de DNA.

c) o tamanho do genoma não é diretamente proporcional ao número de proteínas produzidas pelo organismo.

d) quanto mais complexo o organismo, maior o tamanho de seu genoma.

e) genomas com mais de um bilhão de pares de bases são encontrados apenas nos seres vertebrados.

Questões discursivas

35 (UFG-GO) Sobre o núcleo de uma célula eucariota cite:

a) os componentes;

b) a composição química dos componentes;

c) as funções dos componentes.

36 (Unicamp-SP) Uma célula que apresenta grande quantidade de síntese de proteínas tende, em geral, a apresentar um grande nucléolo. Explique a relação.

37 (UFRJ) Num laboratório, o núcleo de uma célula da espécie A foi retirado e implantado numa célula-ovo da espécie B, cujo núcleo havia sido previamente removido. Caso essa célula-ovo se desenvolvesse até a formação de um novo indivíduo, ele teria as características da espécie A ou as da espécie B? Justifique sua resposta.

38 (UFRJ) O projeto do genoma humano pretende obter a sequência completa do DNA dos cromossomos. As células somáticas humanas possuem 46 cromossomos. Qual o número mínimo de cromossomos que deve ser sequenciado para que se obtenha essa informação? Justifique sua resposta.

39 (Fuvest-SP) Os cromossomos humanos podem ser estudados em células do sangue. Essa análise pode ser feita tanto em linfócitos quanto em hemácias? Por quê?

40 (Faap-SP) Em função da posição do centrômero, como podem ser classificados os cromossomos?

41 (UFPR) Quantos pares de cromossomos homólogos existem na fase haploide de células, cuja constante cromossomial nas células somáticas é $2n = 20$?

Capítulo

8

Divisão celular: mitose e meiose

No mundo celular, dividir é sinônimo de duplicar: quando se dividem, as células se duplicam.

Neste capítulo discutiremos a importância, para o organismo e para a sobrevivência das espécies, da divisão das células e da regulação do ciclo celular.

8.1 Importância da divisão celular

Cada um de nós foi, um dia, apenas uma célula que, por sucessivas divisões celulares, deu origem aos trilhões de células constituintes do corpo.

8.2 Mitose

Na mitose, os cromossomos previamente duplicados são distribuídos equitativamente entre as duas células-filhas.

8.3 Regulação do ciclo celular

A célula é capaz de identificar eventuais erros no ciclo celular, interrompendo-o até que sejam feitas as correções necessárias ou desencadeando a morte programada da célula.

8.4 Meiose

Na meiose, os cromossomos homólogos aproximam-se e trocam pedaços; essa é a essência do processo sexual.

Nosso corpo em reconstrução

A maioria de nossas células é substituída várias vezes durante a vida. Assim, de certa maneira, nosso corpo é continuamente reconstruído enquanto vivemos. Isso ocorre porque as células se duplicam pelo processo de mitose.

SANGUE

As células vermelhas do sangue humano, as hemácias, vivem cerca de 3 meses. Em 80 anos de vida, elas são substituídas quase 320 vezes. Como uma pessoa tem em torno de 27 trilhões de hemácias no sangue, isso significa mais de 8 quatrilhões de células vermelhas produzidas ao longo da vida.

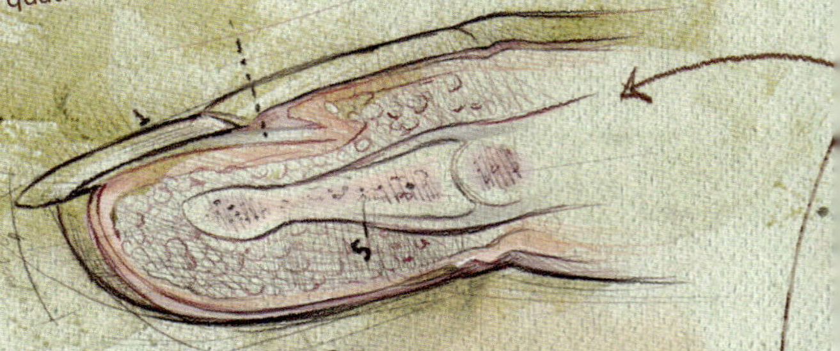

UNHAS DOS DEDOS DAS MÃOS

Nossas unhas são constituídas pela proteína queratina em alto grau de compactação. A unha é produzida por células localizadas na base dela e, no caso dos dedos das mãos, pode crescer até 1 mm por semana. Se não cortássemos as unhas e se elas não se desgastassem, aos 80 anos de idade poderíamos ter unhas com 4 m de comprimento.

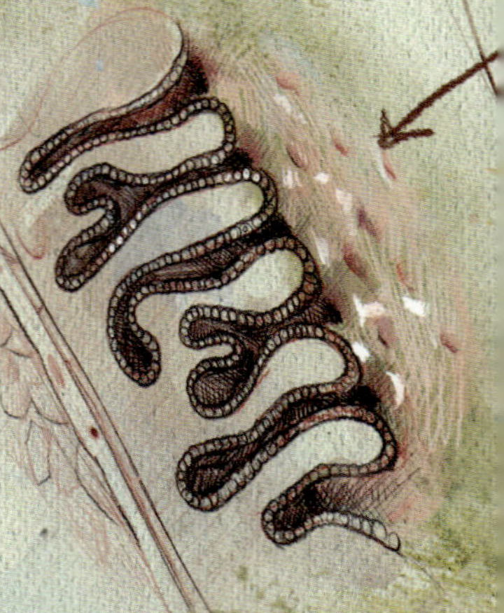

MUCOSA GÁSTRICA

Apesar da camada de muco que as protege, as células que revestem nosso estômago sofrem a ação corrosiva do suco gástrico e vivem menos de uma semana. Para manter a integridade do revestimento estomacal, essas células são continuamente substituídas devido à intensa atividade mitótica.

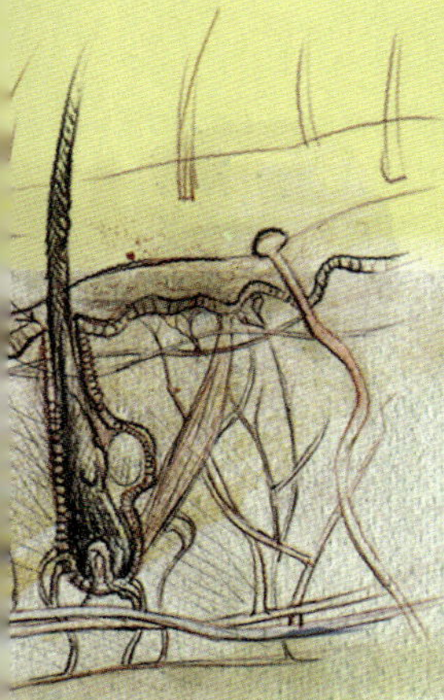

CABELO

Nossos cabelos são constituídos pela proteína queratina, compactada e arranjada na forma de pequenas escamas. Embora o crescimento dos cabelos varie, e eles caiam e sejam substituídos, os fios podem crescer entre 10 cm e 18 cm por ano. Se não cortássemos o cabelo regularmente, poderíamos ostentar uma cabeleira com alguns metros de comprimento.

CÉLULAS OLFATIVAS

Ao contrário da maioria dos neurônios, que nunca são substituídos, as células nervosas responsáveis pela percepção dos odores vivem entre 30 e 90 dias. Elas são continuamente substituídas pela multiplicação de células-tronco localizadas na base do revestimento nasal.

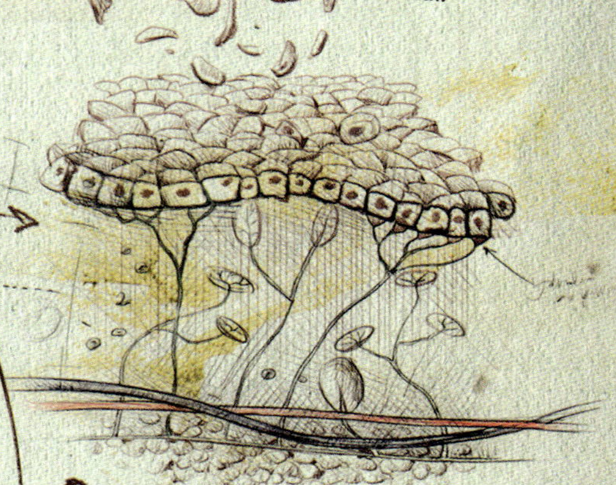

PELE

A superfície externa da pele é constituída por células mortas e impregnadas de queratina. A camada queratinizada da pele descama-se e é continuamente substituída. Desde sua origem, na camada epidérmica mais profunda, até a queratinização e a morte, passam-se cerca de 30 a 40 dias. Assim, em um ano, trocamos nosso revestimento corporal aproximadamente 10 vezes.

Para pensar

O zigoto, a primeira célula de nosso corpo, após milhares e milhares de divisões sucessivas, dá origem às dezenas de trilhões de células que nos constituem. Assim, na "matemática" celular, dividir significa multiplicar. Como você explicaria essa aparente contradição aritmética?

Seção 8.1

Importância da divisão celular

Objetivos

- Reconhecer o papel da mitose na reprodução de organismos unicelulares e no crescimento e desenvolvimento de organismos multicelulares.
- Conhecer as principais subdivisões do ciclo celular, relacionando-as ao processo de duplicação do DNA cromossômico.

Termos e conceitos

- divisão celular
- ciclo celular
- mitose
- citocinese
- interfase

1 Por que as células se dividem?

Neste exato momento, centenas de milhares de células em seu corpo estão se reproduzindo: células da epiderme multiplicam-se para repor continuamente as que morrem e cujos restos formam a camada córnea da pele; unhas e cabelos crescem graças à incessante formação de novas células em suas bases; na medula de certos ossos, células se multiplicam para originar hemácias e leucócitos do sangue.

O processo pelo qual uma célula se reproduz e origina células-filhas é denominado **divisão celular**. Neste caso, dividir significa duplicar, pois as novas células formadas crescem e tornam-se idênticas à célula original. A divisão celular é a maneira pela qual organismos unicelulares se reproduzem e as células dos organismos multicelulares se multiplicam, possibilitando o crescimento. Cada um de nós já foi uma única célula, a partir da qual surgiram, por divisões celulares sucessivas, as dezenas de trilhões de células que formam nosso corpo.

Nos organismos multicelulares adultos, há células que se dividem continuamente, como as da base da epiderme e as da medula óssea vermelha, e outras que nunca se dividem, como a maioria das células nervosas e musculares. Certos tipos de célula, embora normalmente não se dividam, podem readquirir a capacidade de divisão se necessário. Por exemplo, células de nossa pele denominadas fibroblastos voltam a se dividir quando ocorre um ferimento, promovendo sua cicatrização.

2 O conceito de ciclo celular

A divisão da célula faz parte do que os biólogos denominam **ciclo celular**, período que se inicia com o surgimento da célula, a partir da divisão de uma célula preexistente, e termina quando ela se divide em duas células-filhas. (Fig. 8.1)

Figura 8.1 Representação esquemática do ciclo celular. Note que, no círculo central, a área em que está representada cada fase do ciclo celular não corresponde ao respectivo tempo de duração, mostrado entre parênteses. Em um ciclo celular de 24 horas a mitose representa pouco mais de 30 minutos. (Representação sem escala. Cores-fantasia.)

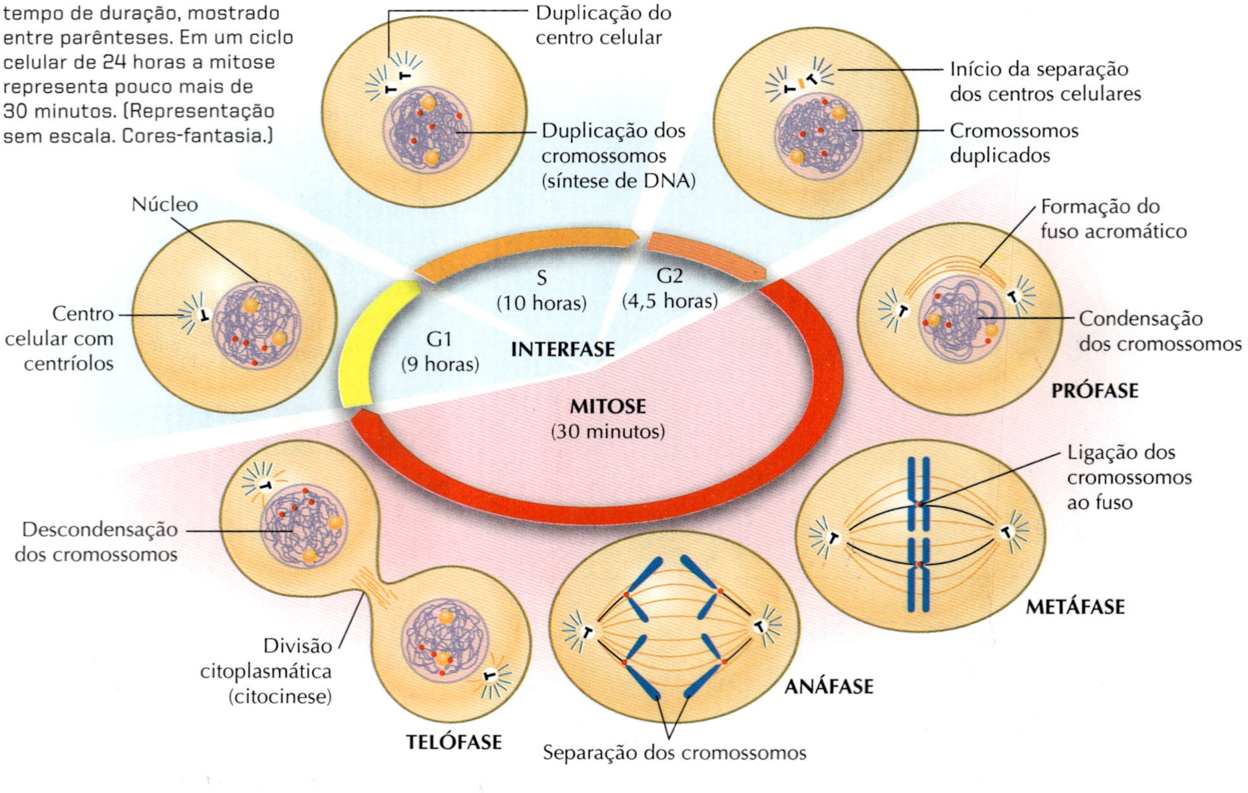

Os citologistas dividem o ciclo celular em duas etapas principais: divisão celular e interfase. A divisão celular compreende a **mitose** (divisão do núcleo) e a **citocinese** (divisão do citoplasma). Em geral, a mitose e a citocinese duram menos de 1 hora, o que corresponde a cerca de 5% da duração total do ciclo celular de células que se multiplicam ativamente. Nos 95% do tempo restantes, a célula permanece em **interfase**, definida como o período entre duas divisões celulares consecutivas.

A interfase

Durante a interfase, os filamentos cromossômicos permanecem descondensados no interior do núcleo, constituindo a cromatina. É nesse período que o DNA cromossômico está em plena atividade, produzindo moléculas de RNA com instruções para a síntese de proteínas. É também durante a interfase que a célula cresce e que as moléculas de DNA dos cromossomos se duplicam, preparando a célula para a próxima divisão.

Com base no período em que os cromossomos se duplicam, a interfase é subdividida em três fases: **G1**, que antecede a duplicação do DNA cromossômico; **S**, período em que o DNA cromossômico está sendo duplicado; **G2**, que sucede a duplicação cromossômica. A sigla S deriva da palavra inglesa *synthesis*, em referência à síntese de DNA; durante a fase S, a quantidade de DNA no núcleo é duplicada. As siglas G1 e G2 derivam da palavra inglesa *gap* (intervalo) e indicam os momentos anterior (G1) e posterior (G2) à síntese de DNA. (**Fig. 8.2**)

Considerando um ciclo celular de 24 horas, a célula passaria a maior parte desse ciclo em interfase, sendo entre 9 e 11 horas em G1, entre 8 e 10 horas em S (duplicando os cromossomos) e entre 4 e 5 horas em G2. Como já mencionamos, a divisão celular ocupa um tempo relativamente curto do ciclo, entre 30 minutos e uma hora.

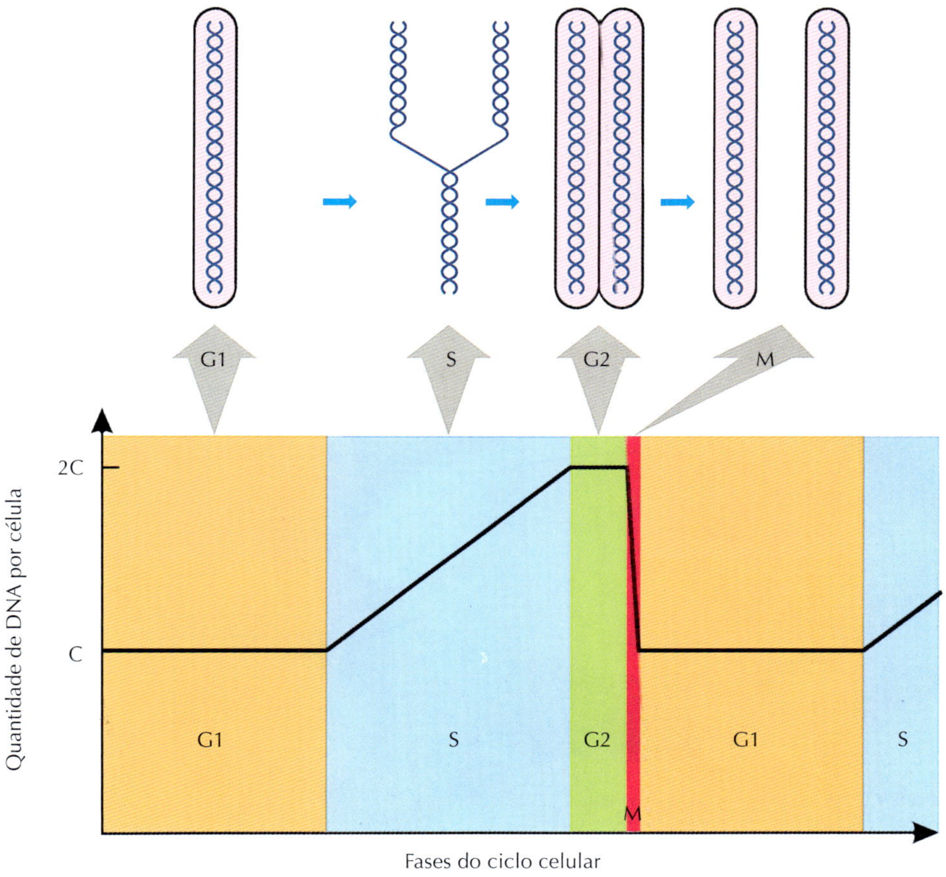

Figura 8.2 Acima, representação esquemática da relação entre DNA e cromossomos nas diversas fases do ciclo celular. Em G1 cada cromossomo contém apenas uma molécula de DNA, em S ocorre a duplicação do DNA; em G2, o cromossomo está constituído por duas cromátides-irmãs, cada uma contendo uma molécula de DNA; as cromátides-irmãs separam-se na mitose (M). Abaixo, gráfico da variação da quantidade de DNA em uma célula durante o ciclo celular. (Representação sem escala. Cores-fantasia.)

No início do desenvolvimento embrionário da maioria dos animais, os ciclos celulares são muito curtos; as células quase não crescem, dividindo-se em ritmo acelerado para gerar as novas células do embrião. Nestas, a interfase reduz-se praticamente à fase S, que é mais curta que nas células adultas, ou seja, os cromossomos duplicam-se com mais rapidez. (**Fig. 8.3**)

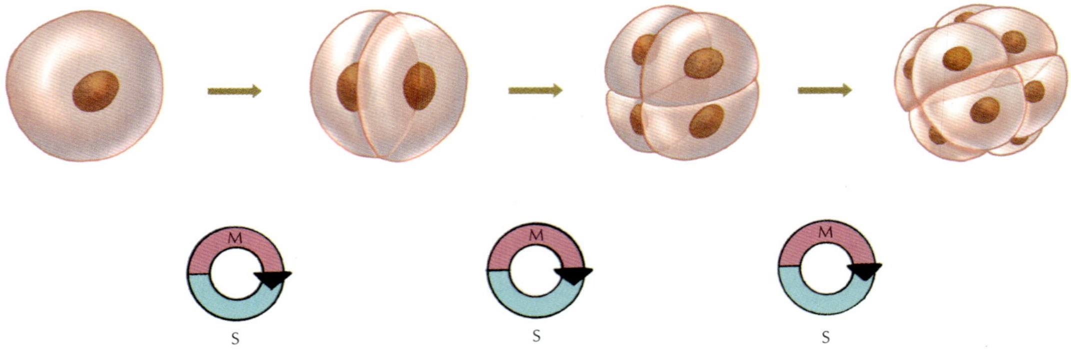

Figura 8.3 Representação esquemática do ciclo celular em células embrionárias. No início do desenvolvimento embrionário de muitos animais, as divisões ocorrem praticamente sem intervalo. Nesse período, o ciclo celular consiste de apenas duas etapas: a fase S da interfase, em que os cromossomos se duplicam, e a divisão celular (representada por M); as fases G1 e G2 praticamente não existem. Não há crescimento celular e as células-filhas repartem sucessivamente o citoplasma da célula-mãe, diminuindo progressivamente de tamanho. (Representação sem escala. Cores-fantasia.)

A frequência das divisões celulares varia com o tipo e o estado fisiológico das células. Por exemplo, células de nosso duodeno dividem-se a cada 24 horas, enquanto células de nosso esôfago dividem-se semanalmente. A maioria das células nervosas e musculares adultas nunca se divide. Células como as do fígado, dos rins e dos pulmões só voltam a se dividir para reconstituir partes lesadas.

Células que se dividem com pouca frequência podem ingressar em uma fase denominada **G0** (G zero). Se a célula não encontra todos os fatores necessários para passar à fase S, ao atingir determinado ponto da fase G1, denominado "ponto de checagem", ela entra em G0: seu metabolismo continua normal, mas a divisão celular é bloqueada. Em determinadas situações, a célula pode ser estimulada a reingressar na fase G1 e volta a se dividir. A maioria de nossas células nervosas permanece na fase G0 por toda a vida. Um tipo especial de célula de nossa pele, o fibroblasto, permanece em G0 até ser estimulado a reparar danos causados por um ferimento, por exemplo. (**Fig. 8.4**)

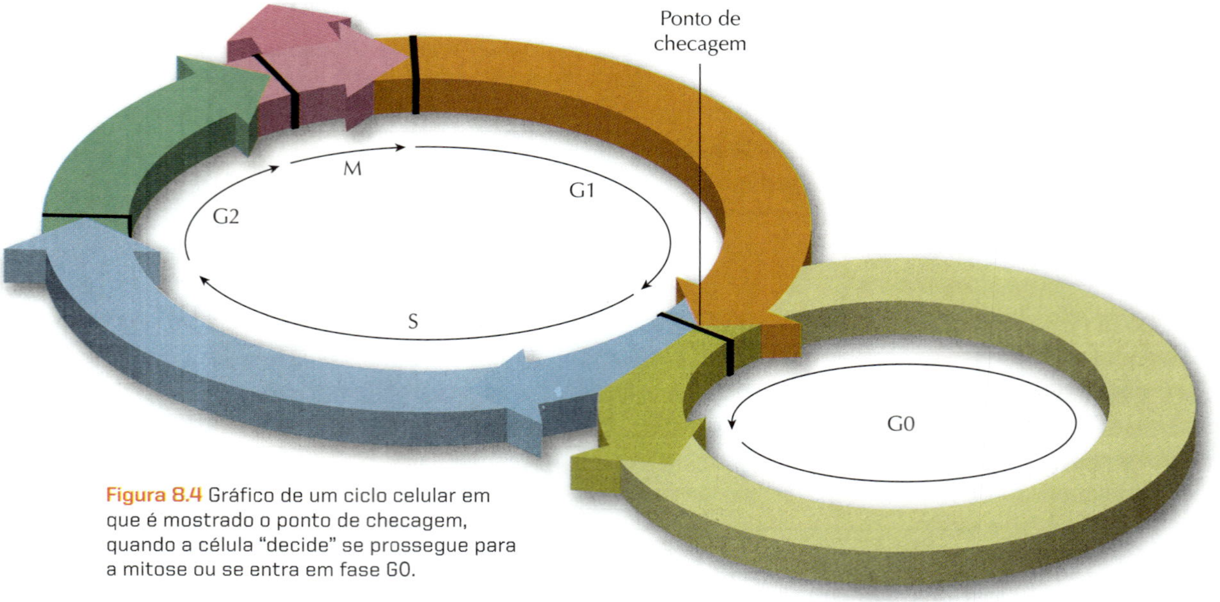

Figura 8.4 Gráfico de um ciclo celular em que é mostrado o ponto de checagem, quando a célula "decide" se prossegue para a mitose ou se entra em fase G0.

Conteúdo digital Moderna PLUS http://www.modernaplus.com.br
Animação: *Ciclo celular: mitose e meiose*, veja aba *Interfase*

Mitose

› Objetivos

- Reconhecer e identificar, em esquemas e fotografias de células em divisão, as principais fases da mitose: prófase, metáfase, anáfase e telófase.
- Compreender a relação funcional entre os processos de condensação dos cromossomos, formação do fuso mitótico e distribuição dos cromossomos para as células-filhas.
- Distinguir a citocinese animal da citocinese vegetal.

› Termos e conceitos

- prófase
- fuso mitótico
- metáfase
- cinetócoro
- placa metafásica
- anáfase
- telófase
- citocinese

1 Eventos da divisão celular

O processo de divisão da célula apresenta dois momentos: a duplicação do núcleo, em que se formam dois núcleos-filhos, e a divisão do citoplasma, que completa a divisão celular. A duplicação do núcleo é a mitose e a divisão citoplasmática é a citocinese. Apesar dessa distinção, é comum utilizar-se o termo mitose como sinônimo do processo completo de divisão celular das células eucarióticas.

A mitose é um processo contínuo, com duração entre 30 e 60 minutos, em que uma célula acaba por se transformar em duas células-filhas. Ao longo da mitose há eventos marcantes, que foram escolhidos pelos cientistas para caracterizar quatro fases no processo. As fases da mitose são denominadas, em sequência: prófase, metáfase, anáfase e telófase. Alguns consideram uma fase entre a prófase e a metáfase, a prometáfase, mas o uso desse termo geralmente é restrito aos especialistas. (**Fig. 8.5**)

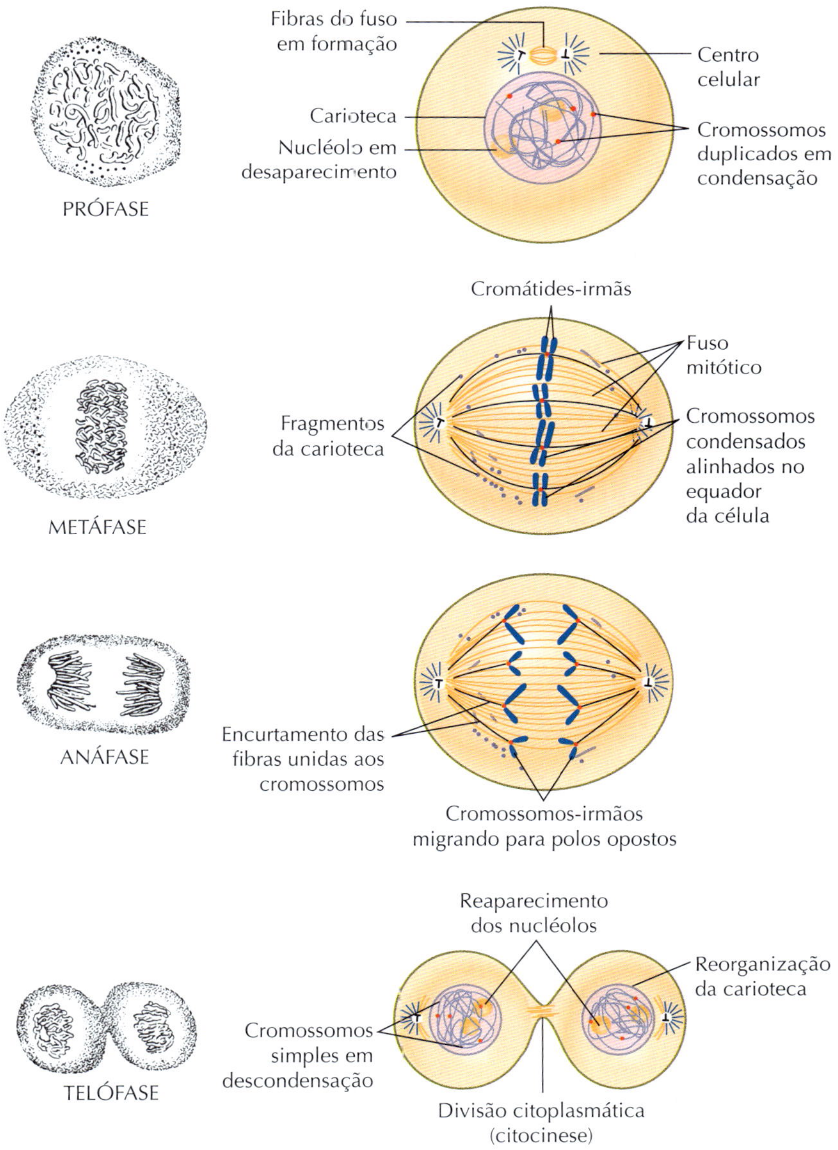

Figura 8.5 De cima para baixo, representação esquemática da sequência das fases da mitose. Os esquemas à direita representam fenômenos descobertos apenas com o emprego da microscopia eletrônica e de técnicas especiais de coloração. À esquerda são reproduzidos os desenhos publicados em 1882, pelo citologista alemão Walther Flemming (1843-1905), considerado o descobridor da mitose. (Representações sem escala. Cores-fantasia.)

O termo mitose deriva da palavra grega *mitos*, que significa "tecer com fios" e refere-se ao fato de que os filamentos cromossômicos se enrolam sobre si mesmos no decorrer da divisão celular, tornando-se progressivamente mais condensados e, portanto, mais visíveis ao microscópio óptico. Antes do início da divisão, ou seja, na interfase, os cromossomos estão totalmente descondensados e, nessa configuração, eles são tão finos que não podem ser visualizados individualmente ao microscópio óptico. Foi exatamente por isso que se empregou, originalmente, o termo cromatina para designar o conjunto filamentoso do núcleo interfásico; na época não se sabia que a cromatina de fato correspondia a um conjunto de filamentos individualizados, os cromossomos.

2 Fases da mitose

Prófase

Durante a **prófase** (do grego *protos*, primeiro), a primeira fase da mitose, os cromossomos se condensam, acarretando o desaparecimento dos nucléolos, o fuso acromático começa a se formar e a carioteca se desfaz, dispersando os componentes nucleares no citoplasma. Vamos analisar mais detalhadamente o significado de cada uma dessas ocorrências.

Condensação dos cromossomos

A condensação cromossômica marca o início da prófase; gradativamente, os cromossomos tornam-se mais curtos e mais grossos, e cada vez mais visíveis ao microscópio óptico. A fibra cromossômica enrola-se sobre si mesma devido à ação de uma proteína, a **condensina**, recentemente descoberta. A condensação facilita a separação dos cromossomos e sua posterior distribuição para as células-filhas, evitando embaraçamentos e quebras.

À medida que se condensa, o cromossomo vai reduzindo sua atividade, uma vez que a compactação impede fisicamente o DNA de produzir moléculas de RNA. Uma consequência direta da condensação cromossômica é a redução progressiva dos nucléolos, até seu total desaparecimento. Isso se explica porque os nucléolos são constituídos por moléculas de RNA ribossômico associadas a proteínas, e a inativação da região cromossômica organizadora do nucléolo leva à interrupção na síntese de RNA. Como os componentes nucleolares estão sempre migrando para o citoplasma, onde originam os ribossomos, o nucléolo desaparece durante a prófase e só reaparecerá quando os cromossomos voltarem a se descondensar, na telófase.

Início da formação do fuso acromático

Outro evento que marca a prófase é o início da formação do **fuso mitótico**, também chamado de **fuso acromático** (acromático por não se corar com facilidade). O fuso é um conjunto de microtúbulos, também denominados fibras do fuso, orientados de um polo a outro da célula; sua função é conduzir os cromossomos para polos celulares opostos durante a anáfase.

Durante a formação do fuso mitótico, há total reestruturação do citoesqueleto da célula: a maioria dos microtúbulos se desagrega e as moléculas de tubulina que os constituíam são utilizadas para produzir os microtúbulos do fuso mitótico. A formação do fuso é coordenada pelo centrossomo, região do citoplasma relacionada com a estruturação do citoesqueleto.

O centrossomo duplica-se na fase S, simultaneamente à duplicação cromossômica, e os dois novos centrossomos permanecem juntos até o início da prófase. Nesta fase, os centrossomos migram para polos opostos da célula e, em sua migração, orientam microtúbulos em formação a se organizar, formando feixes de fibras entre os dois polos celulares. Em células animais, no centrossomo há um par de centríolos, ausente em células de vegetais e de fungos. Além disso, somente em células animais microtúbulos organizam-se ao redor de cada centrossomo, constituindo uma estrutura denominada áster. (**Fig. 8.6** na página seguinte)

Fragmentação da carioteca

O evento que marca o final da prófase é o desaparecimento da carioteca. A lâmina nuclear se desfaz e as membranas componentes do envoltório nuclear fragmentam-se em pequenas bolsas, que se espalham pelo citoplasma. As proteínas componentes dos poros também se dissociam e ficam dispersas no líquido citoplasmático.

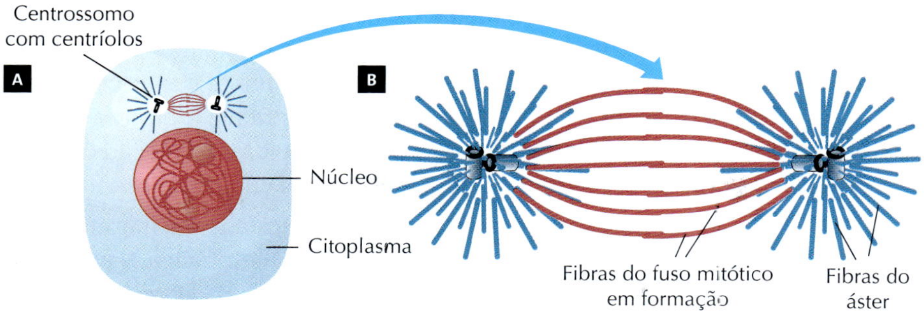

Figura 8.6 **A.** Representação esquemática de uma célula animal em início de prófase, com o fuso em formação. **B.** Em maior aumento, organização geral do fuso, com fibras entre os centros celulares e fibras do áster ao redor de cada centríolo. (Representação sem escala. Cores-fantasia.)

Metáfase

A **metáfase** (do grego *meta*, meio) sucede a prófase e seu início é marcado pela desagregação da carioteca e liberação dos cromossomos, já altamente condensados, no citoplasma. Desde a interfase, cada cromossomo encontra-se duplicado, constituído por duas cromátides-irmãs mais intimamente unidas na região do centrômero. Apenas na metáfase, porém, essa constituição cromossômica torna-se visível, graças ao alto grau de condensação.

Cada cromátide possui seu próprio **cinetócoro**, uma estrutura proteica localizada na região do centrômero e que tem afinidade pelas fibras do fuso. Em determinado momento, microtúbulos que partem dos centrossomos “fisgam” os cromossomos, capturando-os pelos cinetócoros.

Quando o cinetócoro de uma cromátide é capturado por microtúbulos ligados a um dos polos da célula, o cinetócoro da cromátide-irmã volta-se automaticamente para o polo oposto. Isso permite que ele seja capturado por microtúbulos desse polo e, assim, as cromátides-irmãs de cada cromossomo prendem-se a polos opostos da célula. (**Fig. 8.7**)

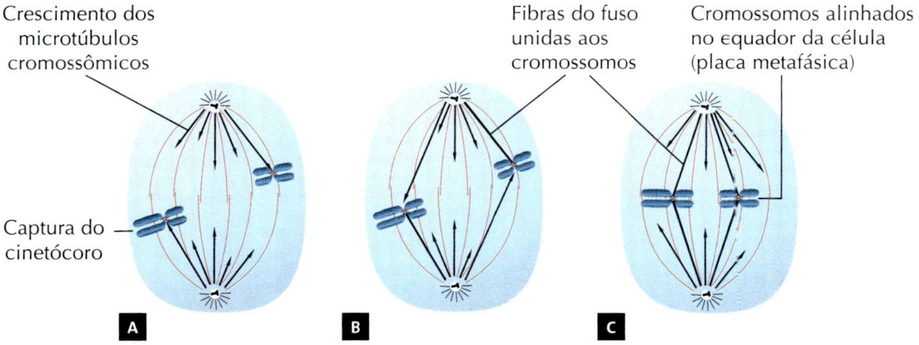

Figura 8.7 Representação esquemática do processo de união dos cromossomos ao fuso mitótico, com formação da placa metafásica. **A.** Captura dos cromossomos, por microtúbulos de um dos polos. **B.** Ligação de microtúbulos do outro polo ao cinetócoro da cromátide-irmã. **C.** Alinhamento dos cromossomos, formando a placa metafásica. (Representação sem escala, cores-fantasia.)

Os microtúbulos que ligam cromátides-irmãs a polos celulares opostos, chamados de microtúbulos cromossômicos, começam a se encurtar tensionando o centrômero. O equilíbrio entre as tensões dos microtúbulos de lados opostos leva os cromossomos para a região mediana da célula, fazendo com que fiquem a meio caminho entre os polos celulares, ou seja, no plano equatorial da célula. O conjunto de cromossomos estacionados na região mediana da célula é denominado **placa metafásica** ou **placa equatorial**. O termo metáfase refere-se justamente ao fato de os cromossomos se alinharem no “meio” (*meta*) da célula. (**Fig. 8.8**)

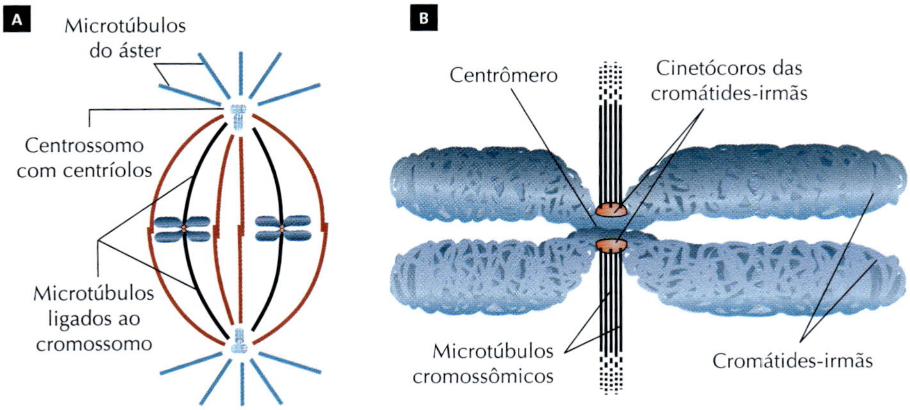

Figura 8.8 **A.** Representação esquemática do fuso mitótico com dois cromossomos alinhados na placa metafásica. **B.** Detalhe dos feixes de microtúbulos que prendem as cromátides-irmãs a polos opostos. (Representação sem escala, cores-fantasia.)

A mitose somente prossegue quando a placa metafásica forma-se completamente, com cada cromossomo preso aos dois polos do fuso. Os cientistas denominaram esse momento de "ponto de checagem" do ciclo celular (veja no item "Regulação do ciclo celular", mais adiante). Se os cromossomos duplicados não se unirem corretamente ao fuso, haverá erro em sua distribuição para as células-filhas; assim, a mitose se detém antes que isso aconteça. Uma vez concluída a formação da placa equatorial, entra em ação uma enzima que separa as cromátides-irmãs de cada cromossomo.

A **prometáfase**, etapa da mitose que alguns autores situam entre a prófase e a metáfase, começaria com a ruptura da carioteca e terminaria com a formação da placa metafásica. Nesse caso, o termo metáfase indicaria apenas o período em que os cromossomos estão alinhados no plano equatorial, prontos para iniciar a migração em direção aos polos.

Certas drogas, como a colchicina e o colcemide, impedem que os cromossomos migrem para os polos durante a anáfase, interrompendo a mitose. Essas drogas ligam-se às moléculas de tubulina e causam a desagregação dos microtúbulos. Na presença delas, a mitose prossegue normalmente até a metáfase, quando o processo é interrompido devido à ausência de microtúbulos, necessários para puxar os cromossomos para os polos. Após algum tempo, os cromossomos se descondensam e a carioteca se reconstitui. O núcleo reconstituído, porém, tem agora o dobro do número de cromossomos originalmente presente na célula, pois não houve separação das cromátides-irmãs. Relembre que, no estudo dos cromossomos humanos (veja o **capítulo 7**), a colchicina é empregada para bloquear a divisão dos linfócitos em metáfase, o que facilita o exame do cariótipo.

Anáfase

A **anáfase** (do grego *ana*, separação) é a fase em que as cromátides-irmãs se separam, puxadas para polos opostos pelo encurtamento dos microtúbulos do fuso. Esse encurtamento ocorre pela liberação de moléculas de tubulina nas extremidades dos microtúbulos associadas ao cinetócoro. (**Fig. 8.9**)

Não disjunção na mitose

Raramente, ambas as cromátides de um cromossomo podem migrar juntas para o mesmo polo celular. Esse fenômeno, conhecido como **não disjunção cromossômica**, leva a um erro na distribuição dos cromossomos: uma das células-filhas fica com um cromossomo a mais e a outra com um cromossomo a menos. A presença de cromossomos a mais ou a menos na célula é denominada aneuploidia.

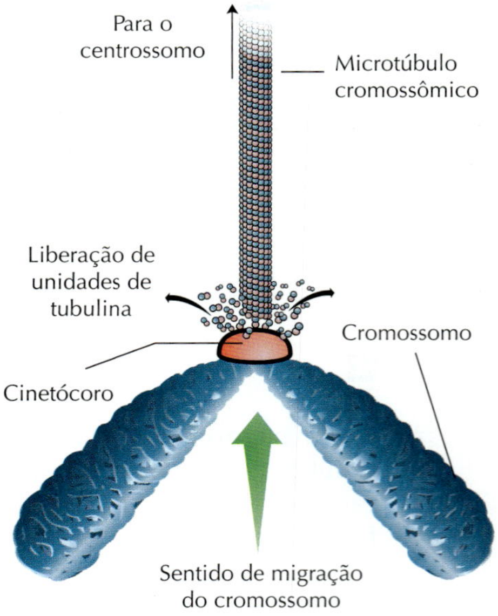

Figura 8.9 Representação esquemática do encurtamento dos microtúbulos que faz os cromossomos serem puxados para os polos. Foi representado apenas um microtúbulo, em ampliação muito maior que a do cromossomo. (Representação sem escala, cores-fantasia.)

Telófase

Na **telófase** (do grego *telos*, fim), última fase da mitose, os cromossomos se descondensam e uma nova carioteca organiza-se ao redor de cada conjunto cromossômico, reconstituindo dois novos núcleos. Com a descondensação, os cromossomos retornam à atividade, voltando a produzir RNA, e os nucléolos reaparecem.

À medida que os cromossomos se descondensam, bolsas membranosas prendem-se a eles e fundem-se entre si, reconstituindo as duas membranas da carioteca. Simultaneamente, a lâmina nuclear reconstitui-se e os componentes dos poros nucleares, que estavam dispersos no citosol, distribuem-se entre as bolsas membranosas. Estas, por sua vez, se fundem, reconstituindo os poros nucleares. Finalmente, os nucléolos reaparecem, pois, com a descondensação das regiões cromossômicas organizadoras do nucléolo, a produção de RNA ribossômico é retomada.

Durante a organização dos dois novos núcleos, os microtúbulos do fuso mitótico progressivamente desagregam-se e inicia-se a citocinese, que levará à formação de duas novas células. Cada uma delas terá um centrossomo, a partir do qual será reorganizado o citoesqueleto típico da célula em interfase.

A mitose origina células-filhas com mesmo número e mesmos tipos de cromossomos da célula-mãe. Portanto, quando uma célula diploide (2*n*) sofre mitose, formam-se duas células diploides. Caso a célula-mãe seja haploide (*n*), a mitose originará duas células-filhas haploides. **(Fig. 8.10)**

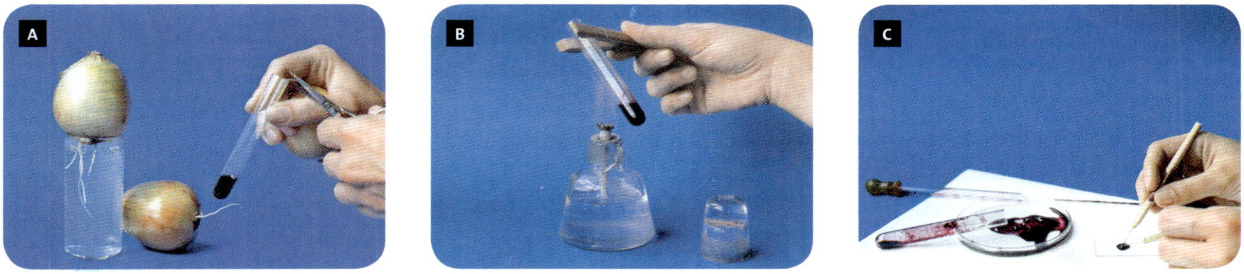

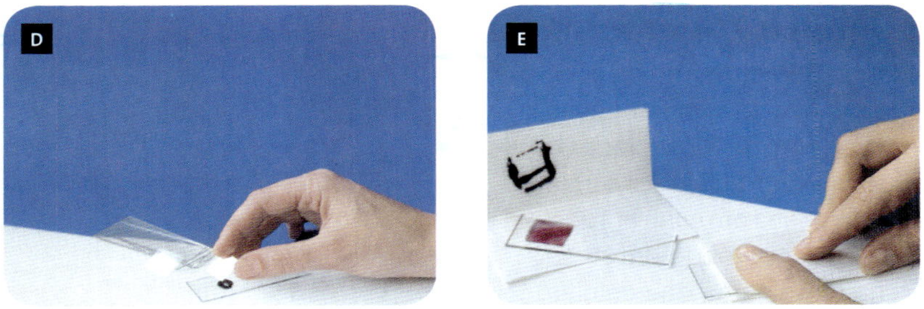

Preparação das lâminas de raiz de cebola (fotos A-E)

1. Colocam-se as cebolas em água para estimular a formação de raízes. Cortam-se as raízes entre 2 mm e 3 mm das extremidades, colocando as pontas em um tubo de ensaio com uma solução do corante orceína acética (1% de orceína em ácido acético a 70%).
2. Aquece-se ao fogo a lateral do tubo, um pouco acima do nível do corante, até que a solução de orceína comece a ferver.
3. Após três ou quatro fervuras da solução, despeja-se o conteúdo do tubo em uma placa. As pontas das raízes são transferidas para uma gota de orceína fria sobre uma lâmina de vidro para microscopia e picadas com auxílio de duas agulhas presas a bastões de madeira.
4. Coloca-se uma lamínula de vidro sobre a gota de orceína contendo os fragmentos de raiz.
Coloca-se a lâmina, com a lamínula para cima, entre duas metades de um pedaço de papel mata-borrão dobrado, pressionando-a com o polegar para esmagar os fragmentos de raiz e espalhar as células. Depois de vedar as bordas da lamínula com esmalte para unhas, a preparação está pronta para ser observada ao microscópio óptico.

Observação das células em divisão (micrografias)

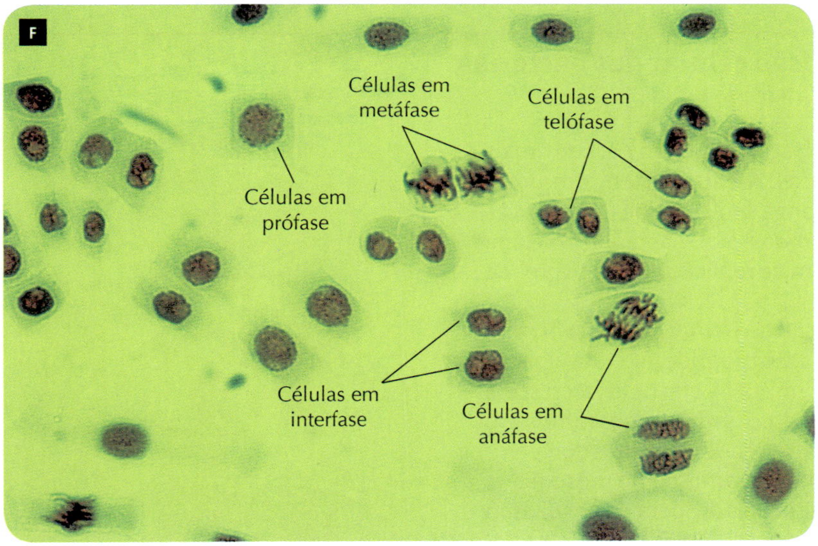

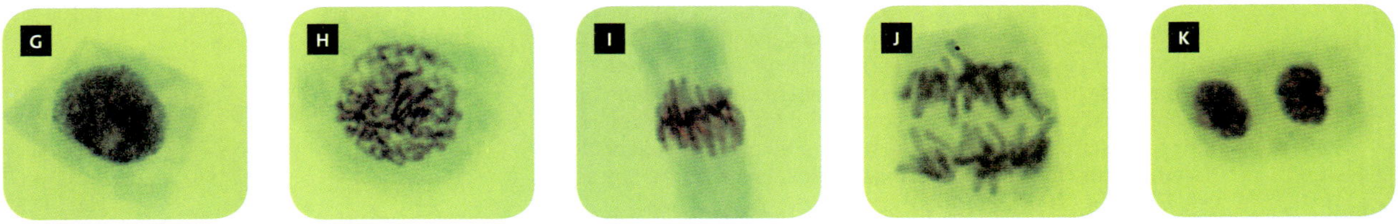

Figura 8.10 Observação da mitose ao microscópio óptico em células do meristema apical de raiz de cebola. **A-E.** Procedimento laboratorial para confecção das preparações citológicas pela técnica de esmagamento. **F.** Visão geral de um campo microscópico em pequeno aumento (≈280×), mostrando células em vários estágios da mitose. **G-K.** Células fotografadas em maior aumento (≈750×), mostrando as diversas fases do ciclo celular: **G.** Interfase. **H.** Prófase. **I.** Metáfase. **J.** Anáfase. **K.** Telófase.

3 Citocinese

O processo de divisão do citoplasma, ao final da mitose, é chamado de **citocinese**. Nas células animais e de protozoários, a citocinese ocorre pelo estrangulamento da célula na região equatorial, causado por um anel de filamentos contráteis. Esses filamentos, constituídos por moléculas de actina e de miosina, formam uma espécie de cinta que comprime progressivamente a região equatorial da célula até parti-la em duas. Por iniciar na periferia, avançando para o centro da célula, esse tipo de divisão citoplasmática é chamado de **citocinese centrípeta**.

Nas células das plantas, a presença da parede celulósica impossibilita o estrangulamento, e a citocinese é totalmente diferente da de uma célula animal. Ao final da telófase, resta na região mediana da célula vegetal um conjunto de microtúbulos provenientes do fuso em desagregação, dispostos paralelamente ao eixo axial da célula. Esse conjunto de microtúbulos, denominado **fragmoplasto**, orienta a deposição de bolsas membranosas com pectina, originadas no complexo golgiense. Essas bolsas fundem-se umas às outras e formam uma placa na região mediana da célula (lamela média), que cresce pela agregação de novas vesículas golgienses em suas bordas, até encostar na parede celulósica, separando então as duas células-filhas. A divisão do citoplasma das células vegetais, pelo fato de ocorrer do centro para a periferia, recebe o nome de **citocinese centrífuga**. (Fig. 8.11)

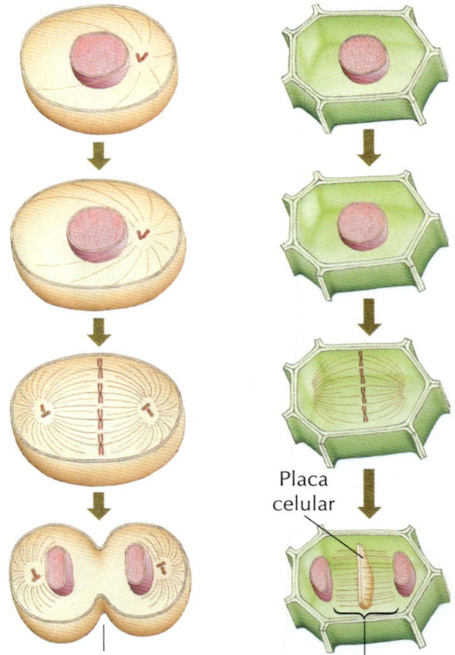

Figura 8.11 Representação esquemática em que se compara a divisão de uma célula animal com a de uma célula vegetal. (Representação sem escala, cores-fantasia.) (Baseado em Lodish, H. e cols., 2004.)

AMPLIE SEUS CONHECIMENTOS — A divisão celular das bactérias

O processo de divisão nas células procarióticas é bem mais simples que o das células eucarióticas. A bactéria tem um único cromossomo, constituído por uma longa molécula de DNA com as extremidades unidas (circular). No cromossomo bacteriano há uma região específica, denominada **origem de replicação**, que se prende à membrana plasmática.

A divisão tem início pela duplicação do DNA, a partir da origem de replicação. À medida que a duplicação progride, a célula alonga-se, ao mesmo tempo em que a membrana plasmática cresce e dobra-se entre os pontos de ligação dos novos cromossomos em formação. A dobra progride até o citoplasma se dividir em dois compartimentos, cada um com uma cópia do cromossomo presente na célula original. Assim, as células procarióticas dividem-se por **divisão binária** (ou **cissiparidade**), e não por mitose. (**Fig. 8.12**)

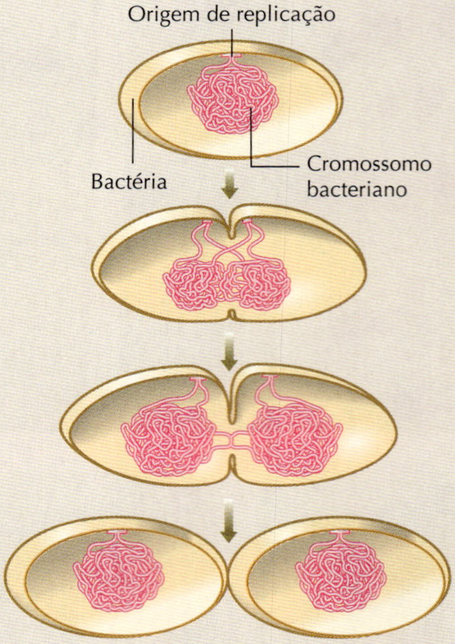

Figura 8.12 Representação esquemática da divisão celular de uma bactéria. A célula bacteriana duplica-se e estrangula-se ao meio, originando duas células-filhas. O estrangulamento começa pouco depois do início da duplicação do cromossomo e ocorre ao redor de toda a célula, na região entre os pontos onde os cromossomos-filhos estão associados à membrana plasmática. (Imagem sem escala, cores-fantasia.)

Conteúdo digital Moderna PLUS http://www.modernaplus.com.br
Animação: *Ciclo celular: mitose e meiose*, veja aba *Mitose*
Animação: *Reprodução de bactérias*, veja aba *Sem recombinação genética*, botão *Divisão binária*

Seção 8.3

Regulação do ciclo celular

Objetivos

- Estar informado sobre a existência de fatores que regulam o ciclo celular e reconhecer sua importância para as células e os organismos.
- Compreender que alterações no sistema de controle da divisão celular podem levar ao desenvolvimento de tumores.

Termos e conceitos

- apoptose
- tumor
- câncer
- metástase
- oncogene

Pontos de checagem do ciclo celular

A progressão de uma célula ao longo do ciclo celular, isto é, sua passagem pelas fases G1, S, G2 e mitose, depende de fatores externos e internos à célula. Em geral, as células precisam ser estimuladas a se dividir por substâncias denominadas **fatores de crescimento celular**. Mesmo na presença desses fatores, certas células só duplicam o DNA quando atingem um tamanho mínimo, necessário à produção de células-filhas viáveis. Mesmo que essas duas condições sejam atendidas, o ciclo celular pode ainda ser interrompido em determinados momentos, por exemplo caso ocorram danos às moléculas de DNA. Os pontos específicos do ciclo celular, em que a célula "decide" se o prossegue ou não, são chamados **pontos de checagem**. (Fig. 8.13)

O principal ponto de checagem do ciclo celular ocorre no final da fase G1. Se, nesse momento, não estiverem presentes os fatores de crescimento necessários, a célula entrará em G0 em vez de entrar em S, e poderá permanecer longo tempo nesse estágio, sem se dividir. Como mencionamos anteriormente, os fibroblastos da pele permanecem em G0 até a ocorrência de um ferimento, por exemplo. Nesse caso, sua proliferação é estimulada por um fator de crescimento liberado pelas plaquetas sanguíneas. Esse fator atinge os fibroblastos da vizinhança da lesão, levando-os a duplicar seu DNA e a se dividir, originando novas células que atuam na cicatrização do ferimento.

Além do ponto de checagem no final da fase G1, há outros mecanismos sinalizadores que fazem com que os eventos do ciclo ocorram em uma sequência definida e coordenada. Por exemplo, é fundamental que a célula só comece a se dividir depois de ter completado a duplicação dos cromossomos. Se isso não ocorresse, as células-filhas receberiam cópias incompletas dos cromossomos da célula-mãe.

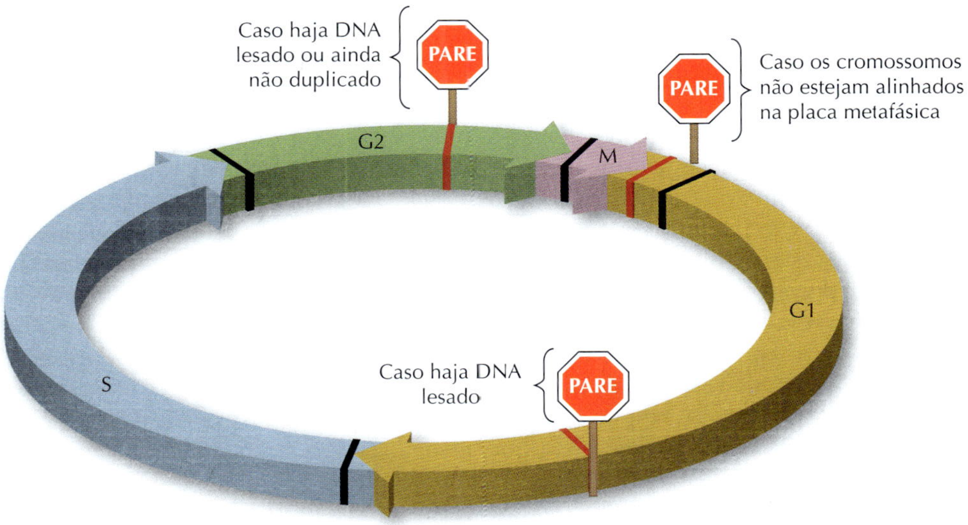

Figura 8.13 Gráfico do ciclo celular com alguns pontos de checagem. O ponto principal ocorre no final da fase G1; se, nesse momento, são detectadas lesões no DNA, a célula interrompe o progresso do ciclo até que as lesões sejam reparadas. Outro ponto de checagem é no final da fase G2, quando a célula "decide" se entra ou não em mitose. Durante a mitose, o ponto de checagem ocorre na metáfase e a divisão só prossegue se os cromossomos estão corretamente presos ao fuso.

Quando uma célula em fase S é submetida a agentes mutagênicos, como certos tipos de radiação, por exemplo, podem ocorrer danos no DNA. Esses danos são detectados por um ponto de checagem na fase G2, e o início da mitose é retardado até que a célula realize os devidos reparos no DNA. Essas interrupções são estratégicas, pois permitem que o DNA seja "consertado" antes de a célula iniciar sua duplicação, evitando assim que moléculas lesadas sejam transmitidas às células-filhas. Se não é possível reparar as moléculas de DNA prejudicadas, tem início uma série de eventos que leva a célula danificada deliberadamente à morte, processo denominado **apoptose**.

AMPLIE SEUS CONHECIMENTOS — O que é câncer?

Durante a vida de um animal, as divisões celulares são rigorosamente controladas, de modo a garantir o bom funcionamento do organismo. Ao longo do desenvolvimento embrionário e das fases jovens da vida, as divisões celulares são intensas e os diversos órgãos se formam e crescem até atingir seu tamanho definitivo. Na fase adulta, o ritmo das divisões celulares diminui, passando a ocorrer apenas quando há necessidade de repor as células que morrem naturalmente ou em consequência de acidentes.

Entretanto, certas alterações genéticas podem danificar o sistema de controle da divisão celular, levando a célula a crescer e se multiplicar sem necessidade. Caso essa tendência de multiplicação incontrolada seja transmitida às células-filhas, surgirá um clone de células com propensão a se expandir indefinidamente: um **tumor**.

Um tumor pode ser constituído por células sem mobilidade, que ficam restritas ao local onde surgiram. Nesse caso, geralmente causa poucos problemas ao organismo e por isso é denominado **tumor benigno**. Por outro lado, alguns tipos de tumor têm células capazes de migrar e invadir tecidos vizinhos sadios: são os **tumores malignos**, ou **cânceres**. Pelas circulações sanguínea e linfática, as células tumorais atingem diversas regiões do corpo, onde podem originar novos tumores. O processo de disseminação de um tumor é denominado **metástase**. Tumores malignos geralmente são prejudiciais ao organismo e, se não são combatidos adequadamente, podem provocar a morte.

Costuma-se classificar os tumores malignos em dois grandes grupos: sarcomas e carcinomas. **Sarcomas** são provenientes de células originárias do mesoderma do embrião, enquanto **carcinomas** provêm de células originárias do ectoderma ou do endoderma. A leucemia é um tipo especial de sarcoma, que atinge os glóbulos brancos do sangue.

Com exceção da leucemia, em que as células tumorais estão livres no sangue, os tumores são estruturas sólidas. Um tumor pode crescer até atingir cerca de 1 milhão de células, produzindo uma estrutura mais ou menos esférica com cerca de 2 milímetros de diâmetro. Nesse ponto, as células mais internas do tumor começam a ter um problema de nutrição, pois os nutrientes trazidos pelo sangue não chegam até elas. O esperado seria que essas células morressem e o tumor deixasse de crescer. Entretanto, a maioria dos tumores tem a capacidade de induzir a **angiogênese**, que é a formação de novos vasos sanguíneos. A descoberta de substâncias que bloqueiam a angiogênese tem sido motivo de otimismo entre os médicos, pois pode levar ao desenvolvimento de novos agentes terapêuticos para o combate ao câncer.

A transformação de uma célula normal em tumoral pode ocorrer devido a vários tipos de alteração genética: mutações gênicas, perdas e duplicações de cromossomos (inteiros ou pedaços), quebras cromossômicas etc. Como diz o pesquisador William C. Hahn (citado por W. Wayt Gibbs em um artigo na revista *Scientific American*, vol. 289, n. 1, 2003, p. 50), "se olharmos a maioria dos tumores sólidos em adultos, parece que alguém fez uma bomba explodir no núcleo das células".

A teoria mais conservadora para a origem do câncer admite que, dependendo do tipo de tumor, para uma célula tornar-se maligna são necessárias de 3 a 20 mutações em uma sequência definida. Essas alterações ocorrem em duas classes principais de genes, denominados respectivamente: **genes supressores de tumor** e **oncogenes**. Os primeiros produzem proteínas que impedem a progressão do ciclo celular quando há problemas. Os oncogenes estimulam as divisões celulares. Mutações nos genes supressores de tumor podem permitir que células alteradas se reproduzam. Modificações nos oncogenes podem fazer com que as células se dividam indefinidamente.

Devido à necessidade de diversas alterações para a formação de tumores, eles são mais frequentes em pessoas idosas. Uma pessoa de 70 anos de idade tem 100 vezes mais risco de ser portadora de um câncer que uma pessoa de 19 anos. Algumas vezes, a pessoa herda dos pais certas alterações genéticas que a tornam mais propensa a desenvolver tumores. Nesse caso, são necessárias menos mutações na própria pessoa para que a doença se manifeste. Essa é uma das razões de certas famílias apresentarem maior incidência de alguns tipos de câncer. (**Fig. 8.14**)

Recentemente descobriu-se uma proteína denominada p53, que participa da interrupção do ciclo celular em mamíferos, e é produzida em larga escala sempre que moléculas de DNA são danificadas. Se os danos são muito grandes, essa proteína ativa a apoptose da célula afetada. Se a proteína p53 não funciona corretamente, células com DNA danificado podem se multiplicar e eventualmente se transformar em células cancerosas. Na verdade, o câncer só não é mais frequente graças à proteína p53, que desencadeia a apoptose das células portadoras de DNA lesado, que poderiam originar tumores malignos.

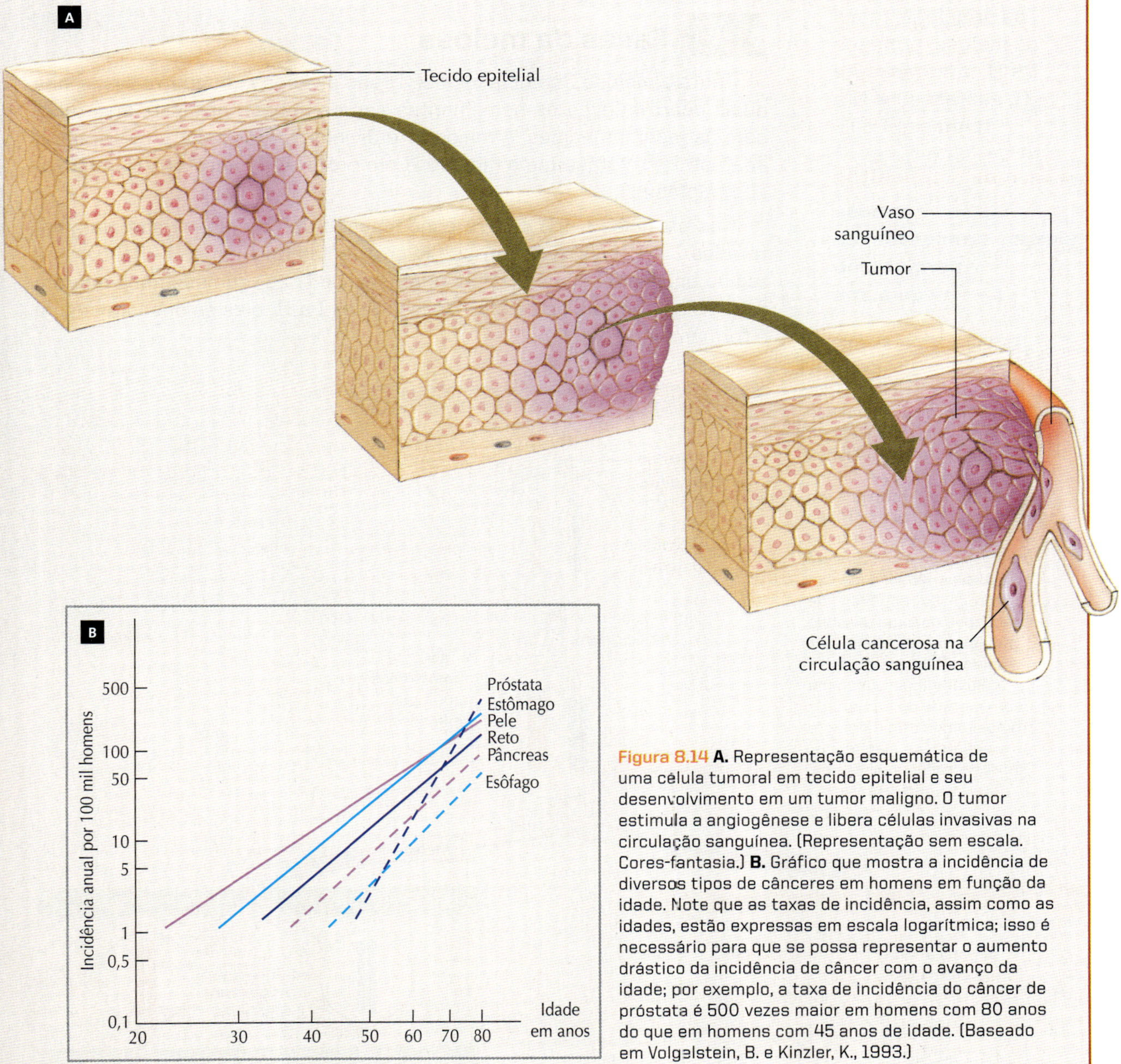

Figura 8.14 A. Representação esquemática de uma célula tumoral em tecido epitelial e seu desenvolvimento em um tumor maligno. O tumor estimula a angiogênese e libera células invasivas na circulação sanguínea. (Representação sem escala. Cores-fantasia.) **B.** Gráfico que mostra a incidência de diversos tipos de cânceres em homens em função da idade. Note que as taxas de incidência, assim como as idades, estão expressas em escala logarítmica; isso é necessário para que se possa representar o aumento drástico da incidência de câncer com o avanço da idade; por exemplo, a taxa de incidência do câncer de próstata é 500 vezes maior em homens com 80 anos do que em homens com 45 anos de idade. (Baseado em Volgelstein, B. e Kinzler, K., 1993.)

Conteúdo digital Moderna PLUS http://www.modernaplus.com.br
Texto: *As origens do câncer*

Seção 8.4

Meiose

Objetivos

- Reconhecer a relação entre a meiose e a reprodução sexuada.
- Reconhecer e identificar, em esquemas e fotografias de células em divisão, as principais fases da meiose: prófases I e II, metáfases I e II, anáfases I e II e telófases I e II.

Termos e conceitos

- meiose
- sinapse cromossômica
- permutação
- quiasma

O termo **meiose** deriva da palavra grega *meíosis*, que significa diminuição, e alude ao fato de essa divisão levar à redução, pela metade, do número de cromossomos nas células-filhas. O número cromossômico é reduzido na meiose devido à ocorrência de uma única duplicação de cromossomos seguida de duas divisões nucleares: a **meiose I** e a **meiose II**. Na meiose, a partir de uma célula, formam-se quatro células-filhas, cada uma com metade do número de cromossomos originalmente presente na célula-mãe. (**Fig. 8.15**)

1 Fases da meiose

Tanto a meiose I como a meiose II são divididas em quatro fases, nas quais ocorrem eventos semelhantes aos da mitose; por isso, elas recebem os mesmos nomes. A meiose I é dividida em prófase I, metáfase I, anáfase I e telófase I, e a meiose II em prófase II, metáfase II, anáfase II e telófase II.

Nas prófases I e II ocorre condensação dos cromossomos; nas metáfases I e II eles se ligam aos microtúbulos do fuso e se dispõem na região equatorial da célula; nas anáfases I e II os cromossomos migram para polos opostos da célula; nas telófases I e II, eles se descondensam e formam núcleos-filhos.

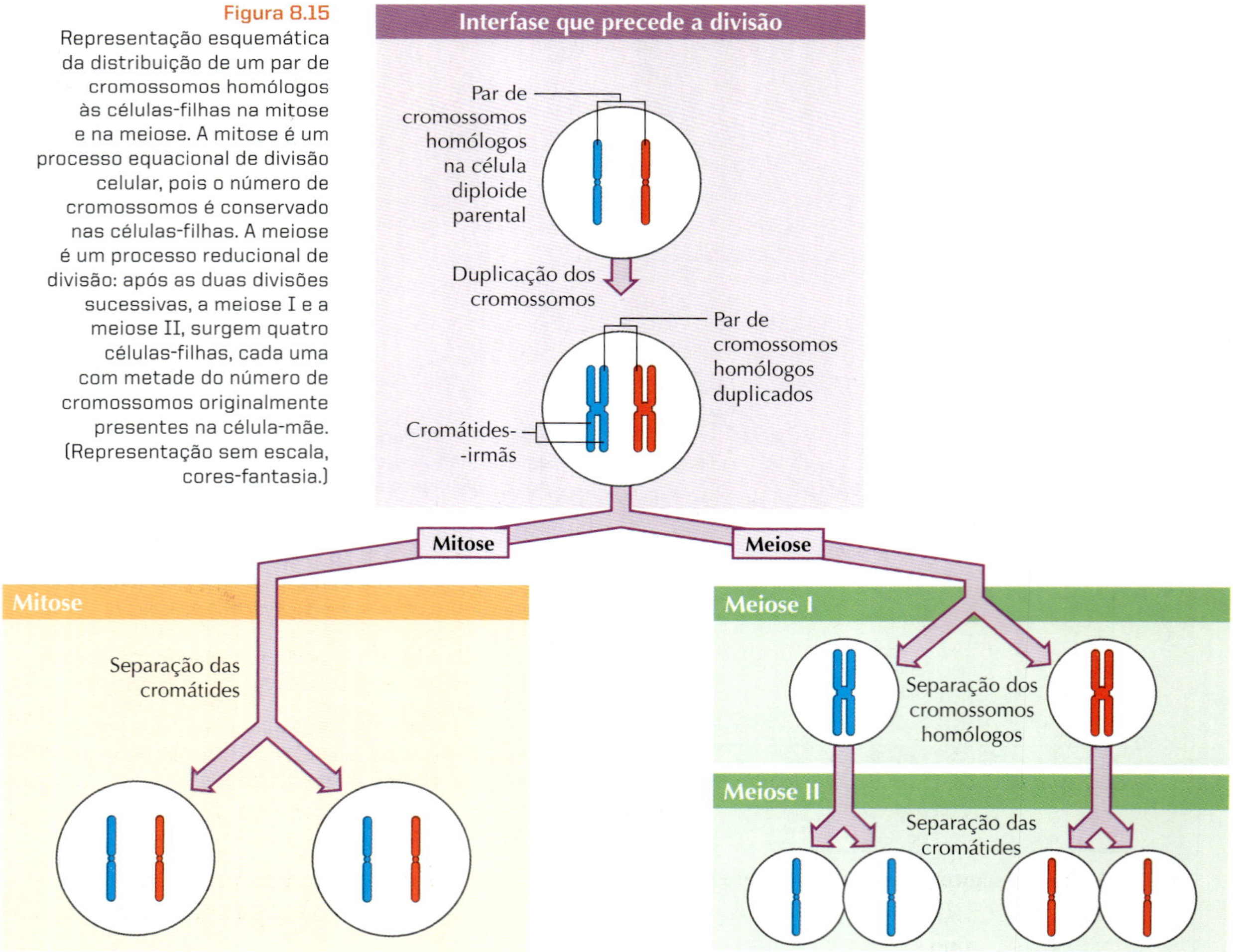

Figura 8.15 Representação esquemática da distribuição de um par de cromossomos homólogos às células-filhas na mitose e na meiose. A mitose é um processo equacional de divisão celular, pois o número de cromossomos é conservado nas células-filhas. A meiose é um processo reducional de divisão: após as duas divisões sucessivas, a meiose I e a meiose II, surgem quatro células-filhas, cada uma com metade do número de cromossomos originalmente presentes na célula-mãe. (Representação sem escala, cores-fantasia.)

Prófase I

A prófase I é longa e complexa e, por isso, foi subdividida em cinco subfases: leptóteno, zigóteno, paquíteno, diplóteno e diacinese.

Leptóteno: visualização dos cromômeros

No **leptóteno** (do grego *leptos*, fino, delgado), tem início a condensação dos cromossomos. Eles tornam-se visíveis ao microscópio óptico como fios longos e finos, pontilhados de grânulos denominados **cromômeros**, nos quais o grau de condensação é maior que no resto do filamento cromossômico.

Apesar de estar duplicado e, portanto, constituído por duas cromátides-irmãs, cada cromossomo aparece ao microscópio como um fio simples. A razão disso é que as cromátides-irmãs ainda estão pouco condensadas e intimamente unidas por meio de proteínas denominadas coesinas.

Zigóteno: emparelhamento cromossômico

A subfase que sucede o leptóteno denomina-se **zigóteno** (do grego *zygon*, ligação, emparelhamento), pois nela ocorre o emparelhamento (ou pareamento) dos cromossomos homólogos, fenômeno chamado de **sinapse cromossômica** (do grego *synapsis*, unir). Nesse processo, cada cromossomo coloca-se ao lado de seu homólogo e o par cromossômico vai se unindo intimamente ao longo de todo seu comprimento, como um zíper sendo fechado.

Apesar de ainda não se compreender inteiramente o mecanismo de emparelhamento dos cromossomos homólogos, sabe-se que ele envolve a formação de uma estrutura proteica chamada de **complexo sinaptonêmico**. As proteínas do complexo formam um eixo central e duas barras laterais que se associam aos cromossomos homólogos, unindo-os. (**Fig. 8.16**)

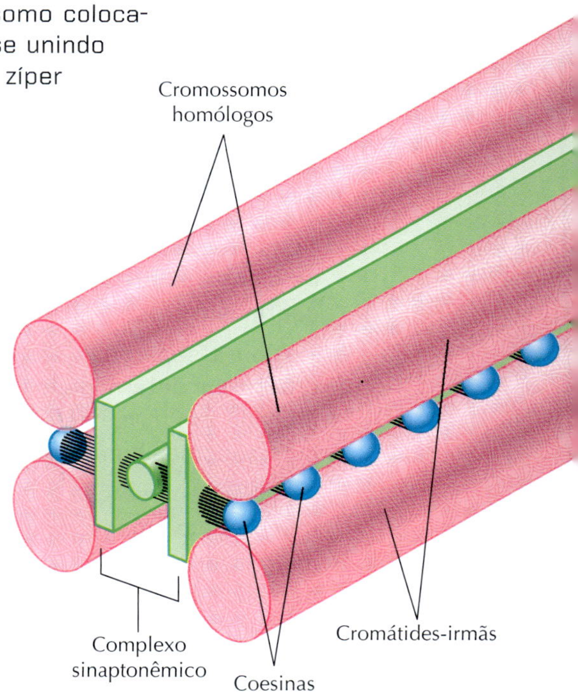

Figura 8.16 Representação esquemática de um segmento do complexo sinaptonêmico entre cromossomos homólogos. Esse complexo é constituído por um eixo central e duas barras laterais às quais se associam os cromossomos homólogos, cada um com suas duas cromátides. (Representação sem escala, cores-fantasia.)

Paquíteno: formação dos bivalentes

No **paquíteno** (do grego *pachys*, espesso, grosso), os cromossomos continuam a se condensar e já estão completamente emparelhados. Cada par de cromossomos homólogos forma um conjunto denominado **bivalente**, ou **tétrade**. O termo bivalente (do prefixo latino *bis*, dois) refere-se ao fato de haver dois cromossomos homólogos emparelhados, e o termo tétrade (do grego *tetra*, quatro), por sua vez, refere-se ao fato de haver quatro cromátides no conjunto, pois cada cromossomo está duplicado, embora isso ainda seja dificilmente observável ao microscópio.

Na fase de paquíteno (ou ainda no final da fase de zigóteno), ocorrem quebras nas cromátides de cromossomos homólogos emparelhados, logo seguidas por soldaduras de reparação. Entretanto, a soldadura dos fragmentos cromossômicos muitas vezes dá-se em posição trocada: uma cromátide se solda ao fragmento de sua homóloga e vice-versa. Esse fenômeno leva à troca de pedaços entre cromossomos homólogos e é chamado de **permutação** ou ***crossing-over***. (Fig. 8.17)

A permutação tem importante significado biológico, pois a troca de fragmentos entre cromátides homólogas aumenta as misturas genéticas, levando a uma maior variedade de gametas formados por um indivíduo.

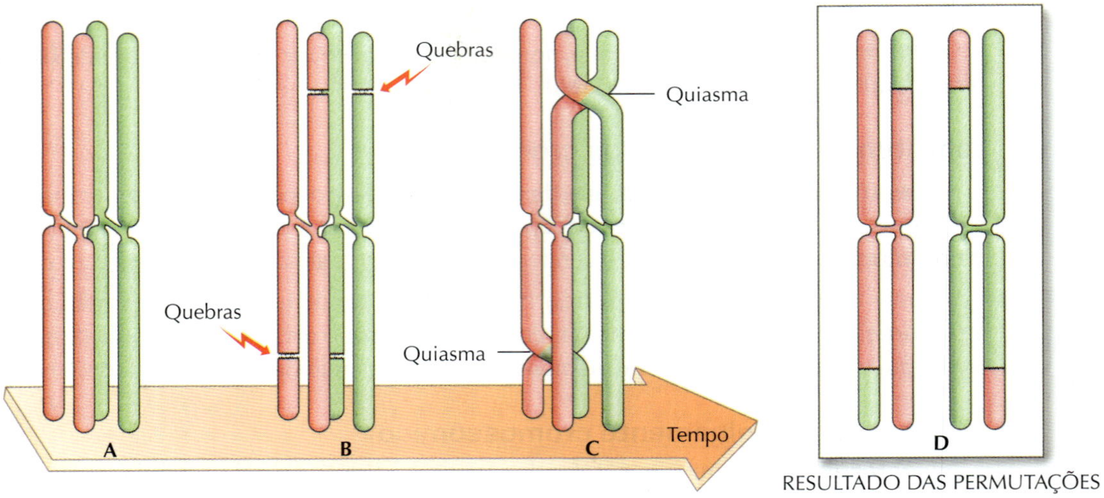

Figura 8.17 Representação esquemática da permutação entre cromossomos homólogos. Dois cromossomos homólogos emparelhados (**A**) sofrem quebras em suas cromátides (**B**). Em seguida, as quebras são reparadas, mas o fragmento de uma cromátide pode soldar-se ao de sua homóloga e vice-versa, originando quiasmas (**C**). Em **D**, os cromossomos estão representados lado a lado, no plano, para mostrar o resultado das permutações. (Representação sem escala, cores-fantasia.)

Diplóteno: visualização dos quiasmas

A fase de **diplóteno** (do grego *diploos*, duplo) recebe esse nome porque os cromossomos homólogos, agora começando a se separar, aparecem nitidamente constituídos por duas cromátides. A separação dos cromossomos homólogos ocorre porque o complexo sinaptonêmico, que os mantinha unidos, desorganiza-se nessa fase da prófase I. As cromátides-irmãs, entretanto, continuam presas entre si por meio das coesinas.

Com a separação dos cromossomos homólogos, pode-se perceber que suas cromátides se cruzam em determinados pontos, originando figuras chamadas de **quiasmas** (do grego *chiasma*, cruzado, em forma de X). Os quiasmas surgem devido à permutação, que leva as cromátides de cromossomos homólogos a ficarem cruzadas.

Hoje, sabe-se que a ocorrência de pelo menos um quiasma por bivalente é essencial para manter os cromossomos homólogos unidos até o início da anáfase I, de modo que eles possam migrar corretamente para polos opostos. Mesmo os cromossomos sexuais, que praticamente não apresentam homologia entre si, permutam pedaços e formam quiasmas, que os mantêm unidos até a anáfase I.

Diacinese: terminalização dos quiasmas

A **diacinese** (do grego *dia*, através, e *cinesis*, movimento) recebe esse nome porque nessa etapa os cromossomos homólogos concluem seu movimento de separação, iniciado no diplóteno. Eles permanecem unidos apenas pelos quiasmas, que parecem deslizar para as extremidades dos bivalentes, fenômeno conhecido como **terminalização dos quiasmas**. Na diacinese, devido ao estado de avançada condensação cromossômica, os nucléolos desaparecem. Ao final dessa fase, a carioteca desintegra-se e os pares de homólogos, ainda associados pelos quiasmas, espalham-se no citoplasma, marcando o final da prófase I.

Metáfase I

A **metáfase I** é a fase em que os pares de cromossomos homólogos prendem-se ao fuso acromático, que se originou durante a prófase I, e dispõem-se na região equatorial da célula. Entretanto, há uma diferença fundamental entre a metáfase da meiose I e a metáfase da mitose. Nesta última, cada cromossomo duplicado prende-se a microtúbulos de ambos os polos, de modo que suas cromátides-irmãs ficam unidas a polos opostos da célula. Na metáfase da meiose I, por outro lado, cada cromossomo duplicado prende-se a microtúbulos provenientes de apenas um dos polos, enquanto seu homólogo prende-se a microtúbulos do polo oposto. (veja na **Figura 8.18**)

O encurtamento dos microtúbulos faz com que os cromossomos homólogos comecem a ser puxados para polos opostos da célula, mas eles não se separam imediatamente, pois os pedaços trocados na permutação ainda continuam unidos a suas cromátides originais por meio das coesinas.

Anáfase I

Na **anáfase I**, cada cromossomo de um par de homólogos, constituído por duas cromátides unidas pelo centrômero, é puxado para um dos polos da célula. Nessa fase, as coesinas são totalmente degradadas e os quiasmas desaparecem. **(Fig. 8.18)**

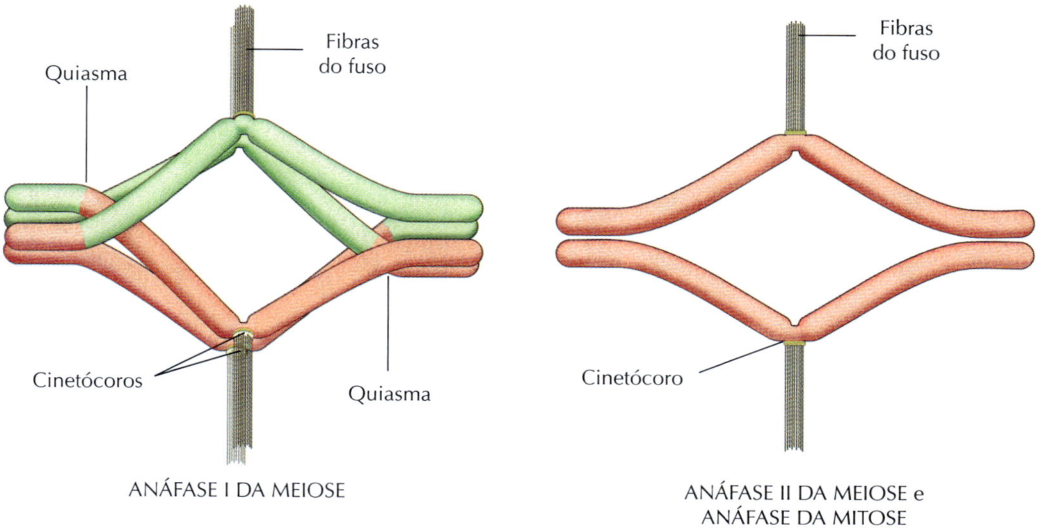

Figura 8.18 Representação esquemática da união dos microtúbulos do fuso aos cromossomos. Na anáfase I da meiose há separação de cromossomos homólogos duplicados. Na anáfase II da meiose e na anáfase da mitose há separação de cromátides-irmãs. (Representação sem escala, cores-fantasia.)

Telófase I

Na **telófase I**, os cromossomos, já separados em dois lotes, um em cada polo da célula, passam a se descondensar. O fuso acromático se desfaz, as cariotecas se reorganizam e os nucléolos reaparecem. Surgem, assim, dois novos núcleos, cada um deles com metade do número de cromossomos presente no núcleo original. Cada cromossomo, entretanto, ainda está constituído por duas cromátides unidas pelo centrômero.

Citocinese I

Geralmente, logo após a primeira divisão meiótica se completar, ocorre a **citocinese I**, resultando na separação de duas células-filhas, que logo iniciam a meiose II. Durante o breve período entre a meiose I e a meiose II, os centrossomos se duplicam em cada uma das células-filhas recém-formadas.

Meiose II

A segunda divisão da meiose é muito semelhante à mitose. As duas células resultantes da meiose I entram simultaneamente em **prófase II**. Os cromossomos voltam a se condensar, tornando-se progressivamente mais curtos e grossos, e os nucléolos vão desaparecendo. Ao fim da prófase II, a carioteca fragmenta-se e os cromossomos espalham-se pelo citoplasma.

Na **metáfase II**, os cromossomos associam-se ao fuso acromático formado durante a prófase II, alinhando-se no plano equatorial da célula. Os microtúbulos do fuso puxam as cromátides-irmãs para polos opostos, como na mitose, marcando o início da **anáfase II**. Quando os cromossomos-irmãos chegam aos polos da célula, termina a anáfase e tem início a **telófase II**. Nesta fase, os cromossomos se descondensam, os nucléolos reaparecem e as cariotecas se reorganizam, completando, assim, a segunda divisão meiótica. Em seguida, o citoplasma se divide (citocinese II) e surgem duas células-filhas para cada célula que passou pela segunda divisão da meiose. **(Figs. 8.19 e 8.20)**

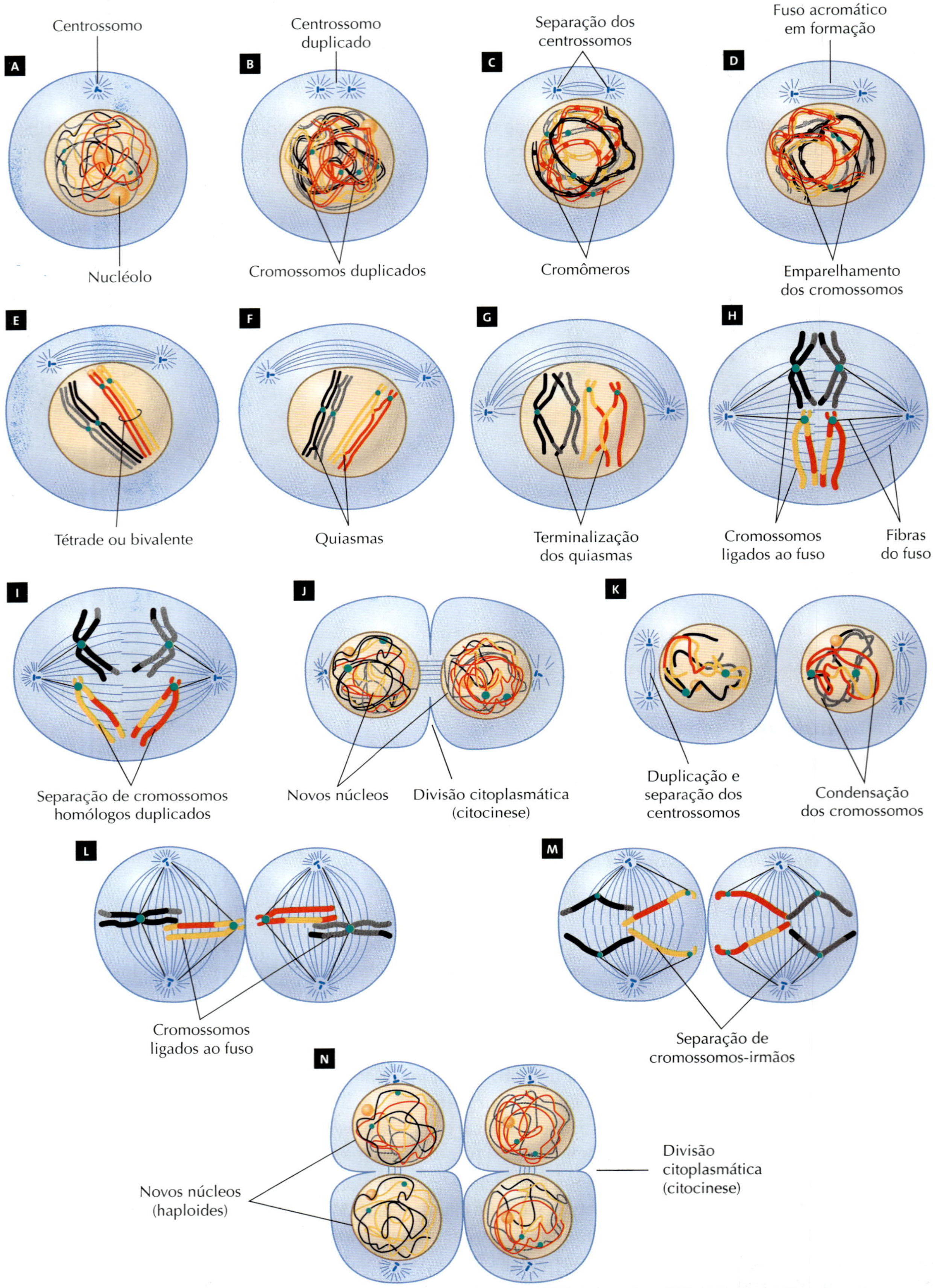

Figura 8.19 Representação esquemática das fases da meiose. **A.** Interfase (G1). **B.** Interfase (G2). **C.** Prófase I (leptóteno). **D.** Prófase I (zigóteno). **E.** Prófase I (paquíteno). **F.** Prófase I (diplóteno). **G.** Prófase I (diacinese). **H.** Metáfase I. **I.** Anáfase I. **J.** Telófase I. **K.** Prófase II. **L.** Metáfase II. **M.** Anáfase II. **N.** Telófase II. (Representação sem escala, cores-fantasia.)

Prófase I

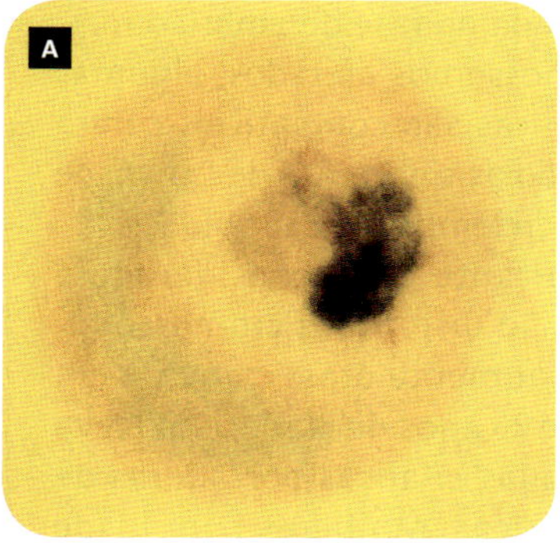

Metáfase I

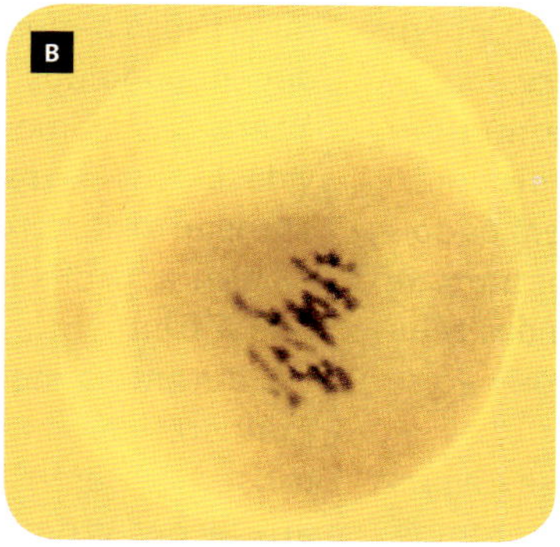

Anáfase I

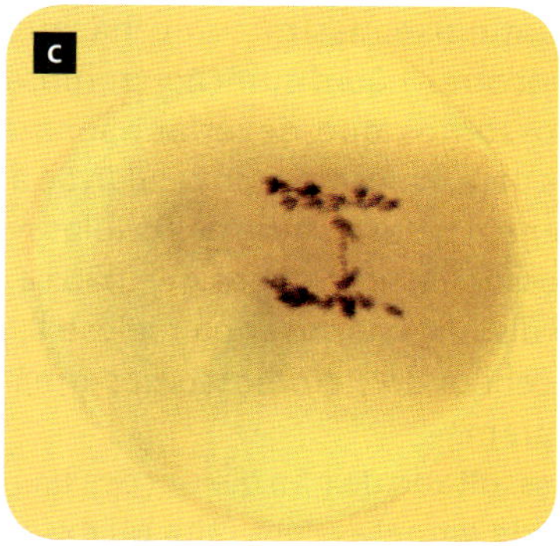

Telófase I

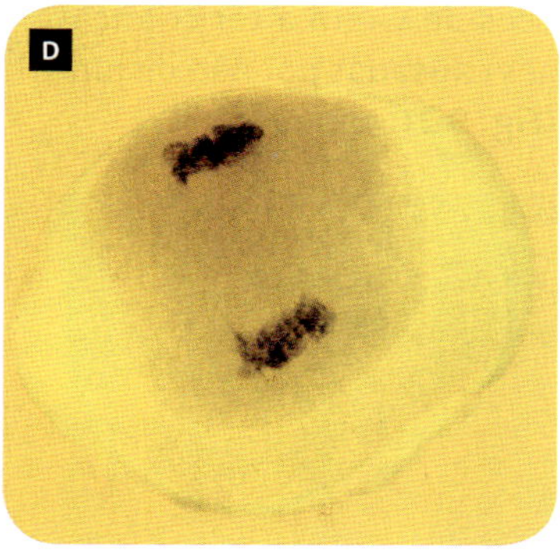

Prófase II

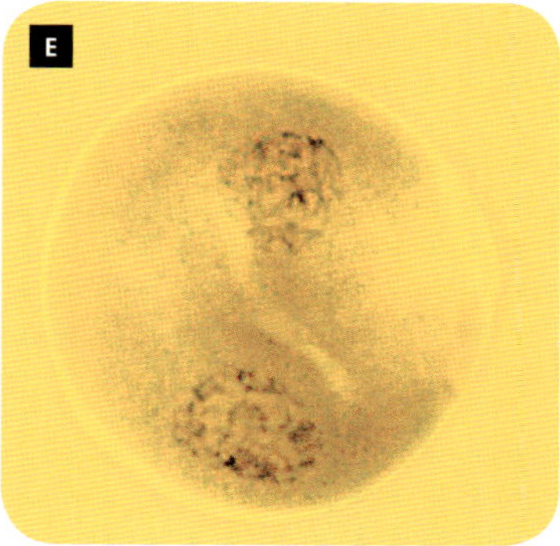

Metáfase II

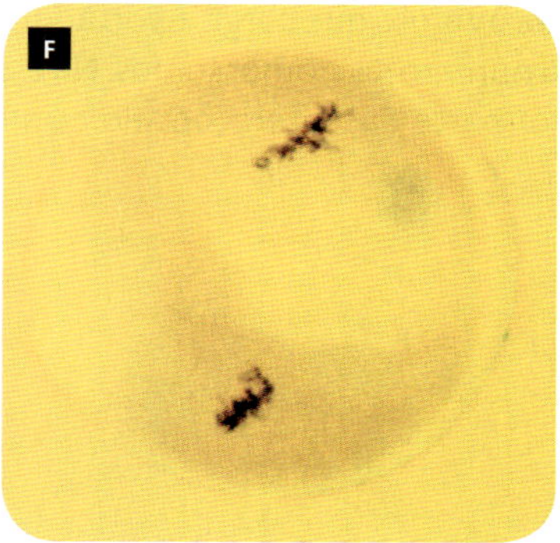

Anáfase II

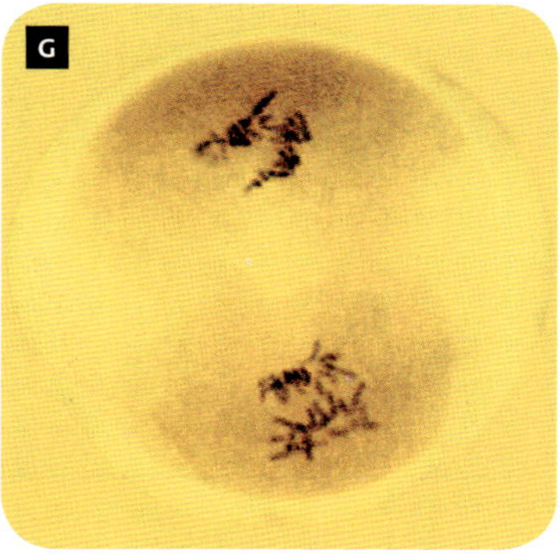

Telófase II

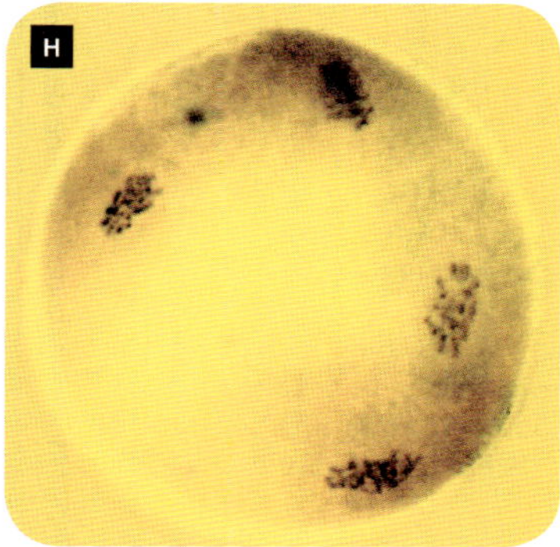

Figura 8.20 Técnica para observar meiose em anteras de lírio. Acima, à esquerda, flores e botões de lírio em diferentes estágios de desenvolvimento. Para obter boas preparações de meiose, é preciso utilizar anteras extraídas de botões pequenos, como os três menores da fotografia. Acima, à direita, dissecção de um botão com uma pinça para extrair as anteras. Estas devem ser fervidas em orceína, como foi descrito para as preparações de mitose em raiz de cebola, e esmagadas levemente entre lâmina e lamínula. As micrografias de **A** a **H** mostram células-mães de grão de pólen (microsporócitos) ao microscópio óptico em diferentes estágios da meiose de lírio (aumento ≃ 2.700×).

2 Onde e quando ocorre a meiose

A etapa do ciclo de vida em que a meiose ocorre varia nos diferentes organismos. Nos animais, por exemplo, a meiose ocorre nas gônadas para formação dos gametas, sendo por isso chamada de **meiose gamética**. Em algumas espécies de fungos, protozoários e algas, a meiose ocorre imediatamente após a formação do zigoto, sendo denominada **meiose zigótica**. Em certas algas e em todas as plantas, ocorre meiose em indivíduos diploides originando esporos haploides. Por isso fala-se em **meiose espórica** (mais informações sobre a relação entre meiose e ciclos de vida encontram-se no capítulo 17 deste volume e no volume 2 desta coleção).

AMPLIE SEUS CONHECIMENTOS — Falhas na meiose levam a alterações cromossômicas

Na meiose, assim como na mitose, também pode ocorrer não disjunção cromossômica, isto é, cromossomos que deveriam separar-se migram juntos para o mesmo polo celular. Se a não disjunção ocorrer na meiose I, uma das células receberá os dois cromossomos homólogos que não se separaram. Se a não disjunção ocorrer na meiose II, uma das células receberá dois cromossomos-irmãos que não se separaram.

O resultado de não disjunções na meiose é a produção de gametas com falta ou excesso de cromossomos. Quando um gameta com um cromossomo a mais ou a menos se une por fecundação a um gameta normal, o zigoto que surge é portador de uma alteração no número de cromossomos. Na espécie humana, a maior parte das alterações no número cromossômico causa a morte ainda na fase de embrião mas, dependendo dos cromossomos afetados, algumas alterações cromossômicas são compatíveis com a vida. Exemplos disso são as síndromes de Down, de Turner e de Klinefelter (relembre no capítulo 7).

Um aspecto importante a ser considerado é que a frequência de não disjunções cromossômicas durante a meiose aumenta drasticamente em mulheres com mais de 35 anos de idade. Isso eleva o risco de serem geradas crianças portadoras de alterações cromossômicas. Mulheres com idade superior a 35 anos que queiram engravidar devem procurar um serviço de aconselhamento genético, para se inteirar dos riscos de virem a ter crianças portadoras de síndromes causadas por não disjunções cromossômicas. **(Fig. 8.21)**

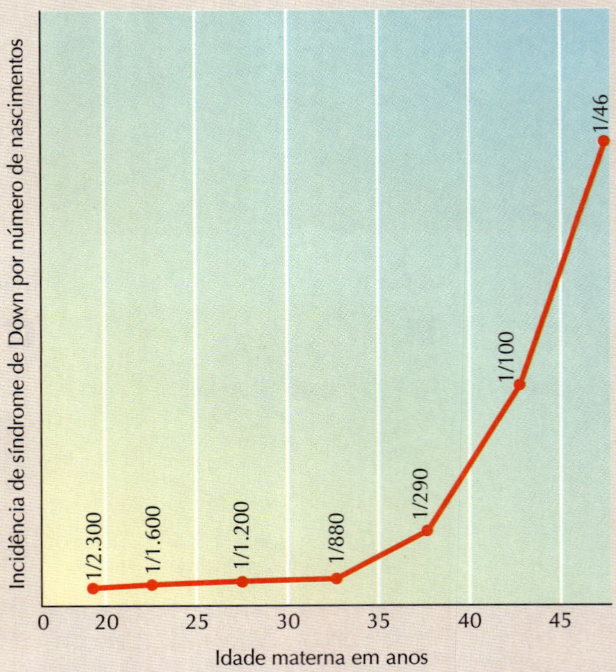

Figura 8.21 Gráfico que mostra a relação entre a idade materna e a geração de crianças com síndrome de Down. As frações em cada ponto do gráfico correspondem às frequências de nascimentos de portadores da síndrome. (Adaptado de Peronse, L. S. e col., 1966.)

Conteúdo digital Moderna PLUS http://www.modernaplus.com.br
Animação: *Ciclo celular: mitose e meiose*, veja aba *Meiose*

ATIVIDADES

QUESTÕES PARA PENSAR E DISCUTIR

Questões objetivas

Considere as alternativas a seguir para responder às questões de 1 a 6.

a) Ciclo celular.
b) Interfase.
c) Período G0.
d) Período G1.
e) Período G2.
f) Período S.

1. Como se denomina o período que se inicia com o surgimento de uma célula por divisão e se encerra com a divisão dessa célula formando duas células-filhas?

2. Que etapa da vida da célula antecede a duplicação dos cromossomos?

3. Qual é a etapa da vida da célula compreendida entre o final da duplicação dos cromossomos e o início da divisão celular?

4. Em qual etapa a célula está duplicando seus cromossomos?

5. Que nome recebe a fase em que a célula não está se dividindo?

6. Em que fase se encontra uma célula que, em condições normais, não vai mais se dividir?

O gráfico a seguir representa a variação do conteúdo de DNA por núcleo no decorrer do ciclo celular de um organismo. Utilize a siglas T1, T2, T3 e T4, que representam intervalos do ciclo celular, para responder às questões de 7 a 14.

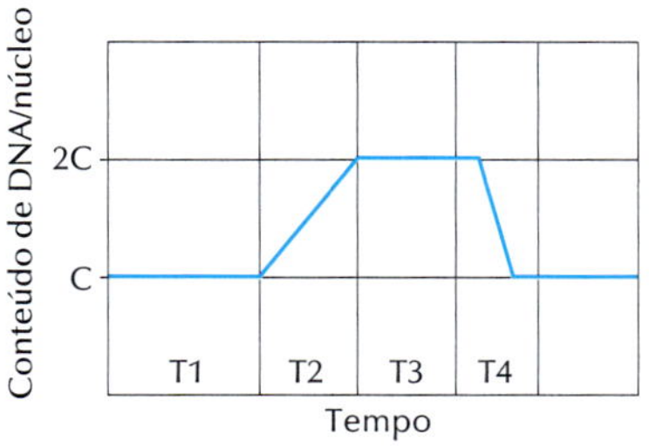

7. Quando ocorre a migração dos cromossomos para polos opostos da célula?

8. Quando ocorre a duplicação dos cromossomos?

9. Em que momento do ciclo os cromossomos estão constituídos por duas cromátides totalmente formadas?

10. Qual momento do ciclo celular corresponde a G1?

11. Qual momento do ciclo celular corresponde a S?

12. Qual momento do ciclo celular corresponde a G2?

13. Qual é a melhor fase do ciclo celular para estudar o cariótipo da célula?

14. No gráfico, a que intervalo de tempo corresponde o período denominado interfase?
a) T1 apenas.
b) T1 e T2, apenas.
c) T1, T2 e T3, apenas.
d) T1, T2, T3 e T4.

Considere as alternativas a seguir para responder às questões de 15 a 22.

a) Anáfase.
b) Citocinese.
c) Colchicina.
d) Fragmoplasto.
e) Metáfase.
f) Placa metafásica.
g) Prófase.
h) Telófase.

15. Em qual etapa da divisão celular os cromossomos iniciam a condensação?

16. Em qual etapa da divisão celular os cromossomos estão sendo puxados para os polos da célula?

17. Qual das alternativas refere-se a uma droga utilizada para bloquear a divisão celular e que permite observar cromossomos e determinar o cariótipo?

18. Qual é o nome dado ao conjunto de cromossomos dispostos na região equatorial da célula?

19. Como se denomina o conjunto de microtúbulos presentes na região mediana de uma célula vegetal em final de divisão e que orienta a formação da placa celular responsável pela divisão do citoplasma?

20. Como se denomina a etapa da divisão celular em que os cromossomos estão arranjados na região equatorial da célula?

21. Qual é a etapa final da divisão celular, na qual os núcleos se reorganizam?

22. Como se chama o processo que ocorre após a divisão do núcleo celular e que divide a célula em duas?

Considere as alternativas a seguir para responder às questões de 23 a 26.

a) Bivalente, ou tétrade.
b) Complexo sinaptonêmico.
c) Quiasma.
d) Permutação, ou *crossing-over*.

23. Como se denomina a estrutura em forma de X, observada nos cromossomos homólogos durante o início da meiose e que resulta da troca de pedaços entre cromátides?

24. Que nome recebe a troca de pedaços entre cromátides homólogas que ocorre na meiose?

25. Qual é a estrutura responsável pelo emparelhamento dos cromossomos homólogos na meiose?

26. Na meiose, como se denomina um par de cromossomos homólogos perfeitamente emparelhados?

Considere as alternativas a seguir, que apresentam fases da meiose, para responder às questões de 27 a 31.

a) Diacinese.
b) Diplóteno.
c) Leptóteno.
d) Paquíteno.
e) Zigóteno.

27. Em que fase os cromossomos começam a se condensar e aparecem os cromômeros?

28. Em que fase ocorre o emparelhamento dos cromossomos homólogos?

29. Em que fase ocorrem trocas de pedaços entre cromátides homólogas?

30. Qual é a fase caracterizada pela visualização dos quiasmas?

31. Em que fase os quiasmas parecem deslizar para as extremidades cromossômicas?

32. Qual das fases da mitose pode ser vista como o oposto da prófase, considerando as alterações pelas quais passa o núcleo celular?
a) Anáfase.
b) Interfase.
c) Metáfase.
d) Telófase.

33. A droga vinblastina é um quimioterápico usado no tratamento de pacientes com câncer. Tendo em vista que essa droga impede a formação de microtúbulos, sua interferência no processo de multiplicação celular será na
a) condensação dos cromossomos.
b) descondensação dos cromossomos.
c) duplicação dos cromossomos.
d) migração dos cromossomos.

34. A divisão mitótica de uma célula humana ($2n = 46$) produz
a) duas células com 23 cromossomos cada.
b) duas células com 46 cromossomos cada.
c) quatro células com 23 cromossomos cada.
d) quatro células com 46 cromossomos cada.

35. Quantas cromátides estarão presentes em cada núcleo de células humanas, na prófase e na telófase da mitose, respectivamente?

	Núcleo em prófase	Núcleo em telófase
a)	46 cromátides	23 cromátides
b)	46 cromátides	46 cromátides
c)	92 cromátides	46 cromátides
d)	92 cromátides	92 cromátides

Considere as alternativas a seguir para responder às questões 36 e 37.

a) Mitose, apenas.
b) Meiose I, apenas.
c) Meiose I e meiose II, apenas.
d) Mitose e meiose II.

36. Em que processo os cromossomos homólogos migram para polos opostos da célula?

37. Em que processo as cromátides-irmãs migram para polos opostos da célula?

Considere as alternativas a seguir para responder às questões 38 e 39.

a) Células haploides, apenas.
b) Células diploides, apenas.
c) Células haploides e células diploides.
d) Células procarioticas e células eucarióticas.

38. Em que tipo de células ocorre mitose?

39. Em que tipo de células ocorre meiose?

Considere as alternativas a seguir para responder às questões de 40 a 44.

a) Cromossomos emparelhados dentro do núcleo mostrando cruzamento entre cromátides homólogas.
b) Cromossomos constituídos por duas cromátides sendo puxados para os polos da célula.
c) Cromossomos constituídos por uma única cromátide sendo puxados para os polos da célula.
d) Cromossomos homólogos presos por quiasmas dispostos na região mediana do fuso acromático.

40. Qual das alternativas refere-se a um evento que ocorre na prófase I da meiose?

41. Qual das alternativas refere-se a um evento que ocorre na metáfase I da meiose?

42. Qual das alternativas refere-se a um evento que ocorre na anáfase I da meiose?

43. Qual das alternativas refere-se a um evento que ocorre na anáfase II da meiose?

44. Qual das alternativas refere-se a um evento que ocorre na mitose e na meiose?

Questões discursivas

45. Considerando que uma hemácia humana vive cerca de 120 dias e que uma pessoa adulta tem, em média, cerca de 5 milhões de hemácias por mm^3 de sangue e cerca de 5 L de sangue no corpo, calcule: quantas hemácias devem ser produzidas a cada segundo para substituir as que são constantemente perdidas?

46. O termo "índice mitótico" significa a porcentagem de células em mitose de uma população celular. Quanto maior for o número de células em divisão, maior será o índice mitótico. Um pesquisador estudou, ao microscópio, uma amostra de 100 células de um animal vertebrado cultivadas em um meio de cultura, encontrando 9 células em prófase, 5 em metáfase, 1 em anáfase e 5 em telófase; as 80 restantes encontravam-se em interfase.

O pesquisador também mediu a quantidade de DNA do núcleo das células em interfase, verificando que 50% delas continham 10 ng de DNA

(1 ng = 10^{-9} g), 20% continham 20 ng e os 30% restantes continham entre 10 ng e 20 ng de DNA (ng = nanograma).

Com base nessas observações, responda às questões a seguir.

a) Qual é o índice mitótico da população de células estudada?

b) Sabendo que a duração do ciclo celular para o tipo de célula estudada é de aproximadamente 20 horas, qual seria a duração da interfase e da metáfase, respectivamente?

c) Qual é a duração dos períodos G1, S e G2 nessas células?

47. Um pesquisador desenhou células de um animal em diversas fases do processo de meiose. A partir desses desenhos, mostrados a seguir, identifique a fase em que se encontra cada uma das células (1 a 5) e explique como chegou à conclusão.

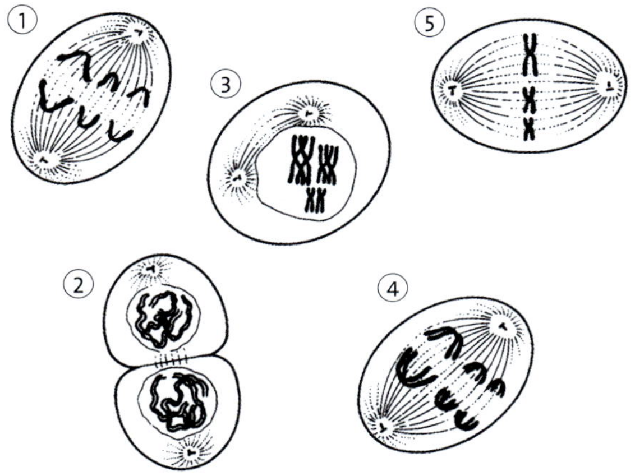

VESTIBULARES PELO BRASIL

Brasil – Regiões

- Região Norte
- Região Centro-Oeste
- Região Sul
- Região Nordeste
- Região Sudeste
- Brasil

Questões objetivas

1 (UFPA) O período que precede a mitose é denominado de interfase. Nessa fase ocorre a duplicação do DNA, evento que garante a transmissão das informações existentes na célula original para cada uma das células-filhas. A duplicação do DNA origina a formação de pares de

a) cromátides-irmãs presas uma à outra pelo centrômero.

b) cromossomos homólogos ligados pelos quiasmas.

c) nucléolos portadores de genes alelos.

d) cromossomos duplos, cada um com uma cromátide.

e) cromatinas diploides dispersas no nucléolo.

2 (Ufam) Marque verdadeiro (V) ou falso (F).

( ) Nas células animais verifica-se uma citocinese centrípeta.

( ) Nas células animais, devido à presença de centríolos, a mitose é chamada acêntrica.

( ) Nas células vegetais superiores ocorre a citocinese centrífuga.

( ) Nas células vegetais, devido à presença de centríolos, a mitose é chamada cêntrica.

( ) As fibras do fuso se formam somente e tão somente nas células animais.

Qual das alternativas abaixo corresponde à sequência correta?

a) F; F; V; F; F

b) V; F; V; F; F

c) V; V; V; F; F

d) V; F; V; V; F

e) F; F; F; F; V

3 (UFPA) A prófase é a primeira fase do processo de divisão celular denominado de mitose. Nessa fase, o nucléolo começa a se tornar menos evidente e termina por desaparecer. A desintegração do nucléolo está relacionada à

a) separação e distribuição dos cromossomos para as células-filhas.

b) necessidade dos cromossomos de se ligarem às fibras do fuso.

c) interrupção da síntese de RNA nos cromossomos condensados.

d) disposição dos cromossomos na região mediana da célula.

e) duplicação dos cromossomos.

4 (Ufac) A mitose é um processo de divisão celular contínuo, durante o qual a célula passa por profundas transformações, que culminam com sua divisão em duas células-filhas. Algumas drogas, como a colchicina, têm sido muito usadas nos estudos sobre os cromossomos, devido à propriedade de paralisar a mitose em uma de suas quatro etapas principais. Mediante tais informações, assinale a alternativa que indica a etapa da mitose em que a célula é paralisada pela ação da colchicina.

a) interfase

b) prófase

c) metáfase

d) anáfase

e) telófase

5 (Cesupa-PA) Casal jovem, cromossomicamente normal, porém com problemas para gerar seus filhos biológicos, procurou ajuda médica visando à fertilização *in vitro* (bebê de proveta). Embriões obtidos com os gametas do casal foram implantados no útero feminino e, após nove meses, nasceram duas crianças: uma menina, fenotipicamente normal, e um menino, portador da síndrome de Down.

A criança com o fenótipo aberrante, decorrente de erro na divisão celular embrionária, é resultante da

a) ausência de um cromossomo X, no embrião.

b) presença de dois cromossomos X e um cromossomo Y, no embrião.

c) perda de um cromossomo do par 21, no embrião masculino.

d) não disjunção de um cromossomo 21, nos estágios iniciais do desenvolvimento do embrião.

6 (UFPA) De um casal normal nasceu o primeiro filho com cariótipo $2n = 47$, XYY (síndrome do duplo Y). Podemos inferir que o cromossomo Y extra foi decorrente de erro na

a) meiose I da mãe.
b) meiose II da mãe.
c) meiose II do pai.
d) meiose I do pai.
e) Não dá para inferir onde o erro ocorreu.

7 (Unifor-CE) Durante a vida de uma célula, diversas reações químicas e diversos processos metabólicos ocorrem no seu núcleo. Por exemplo:

I. síntese de RNA mensageiro
II. formação dos ribossomos
III. duplicação do DNA

No núcleo interfásico ocorre

a) somente I.
b) somente II.
c) somente I e II.
d) somente II e III.
e) I, II e III.

8 (UFPE) Na figura abaixo, estão ilustradas cinco fases de um processo de divisão mitótica em tecido animal. Considerando a normalidade do processo, assinale a alternativa que indica a sequência correta em que essas fases ocorrem.

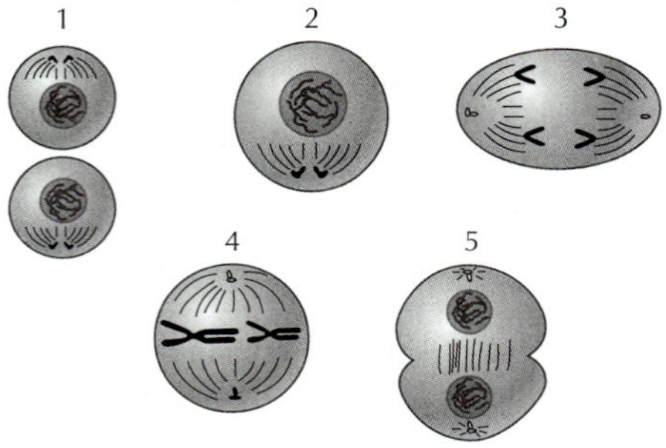

Está correta a sequência:

a) 1, 5, 2, 4 e 3
b) 2, 4, 3, 5 e 1
c) 5, 1, 4, 3 e 2
d) 1, 2, 3, 4 e 5
e) 1, 5, 4, 3 e 2

9 (UFPI) Sobre a mecânica da divisão celular, é correto afirmar:

a) O DNA é replicado na fase M e as duas cópias de cada cromossomo replicado permanecem juntas por coesinas.
b) A citocinese em eucariotos é mediada por um anel contrátil, que é composto de filamento de actina e miosina e uma grande variedade de outras proteínas.
c) As cromátides-irmãs se separam sincronizadamente para formar dois cromossomos-filhos durante a prófase.
d) Os cromossomos ligam-se aos microtúbulos do fuso por meio dos seus cinetócoros e sofrem movimentos ativos.
e) Os cromossomos-filhos separam-se em dois grupos iguais, nas extremidades da célula, e começam a descondensação na telófase.

10 (UFRN) A recuperação da pele queimada ocorre em função da maior proliferação das células epiteliais. Uma característica da multiplicação dessas células é

a) o número de cromossomos ser reduzido com o aumento do número de células.
b) a divisão do citoplasma ocorrer por estrangulamento da membrana plasmática.
c) a formação do fuso mitótico não influenciar na migração dos cromossomos.
d) o conteúdo de DNA da célula ser aumentado durante a fase G1 da interfase.

11 (Uece-Adaptado) Examine a figura abaixo.

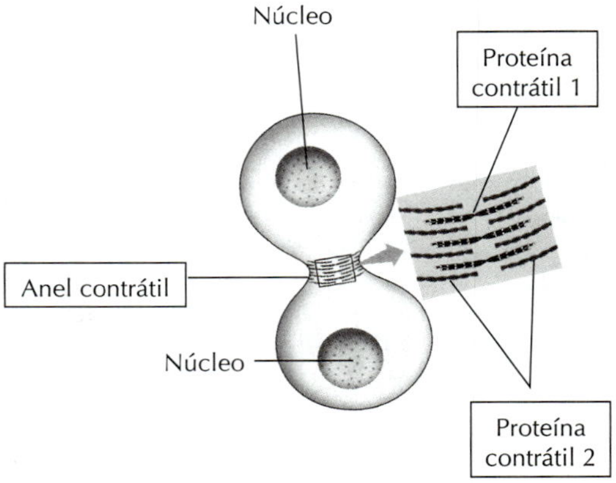

Quais são, respectivamente, as proteínas contráteis 1 e 2, que promovem o estrangulamento, com consequente separação das células, ao término da citocinese?

a) colágeno e queratina
b) tubulina e elastina
c) miosina e actina
d) dineína e flagelina

12 (Unifor-CE) A colchicina é um composto que impede a organização dos microtúbulos celulares. Se colocado em contato com células em processo de divisão, este composto inibe a

a) duplicação do DNA.
b) organização da cromatina.
c) formação do fuso mitótico.
d) formação da placa metafásica.
e) condensação dos cromossomos.

13 (Unifor-CE) "Forma-se o fuso e os cromossomos homólogos duplicados e emparelhados dispõem-se na região equatorial dessa estrutura, ficando os componentes de cada par voltados para polos opostos."

Essa descrição é válida

a) somente para a metáfase I da meiose.
b) somente para a metáfase da mitose.
c) somente para a metáfase II da meiose.
d) tanto para a metáfase da mitose como para a metáfase I da meiose.
e) tanto para a metáfase da mitose como para a metáfase II da meiose.

14 (UFBA) A ilustração a seguir reproduz esquematicamente um momento num processo de meiose.

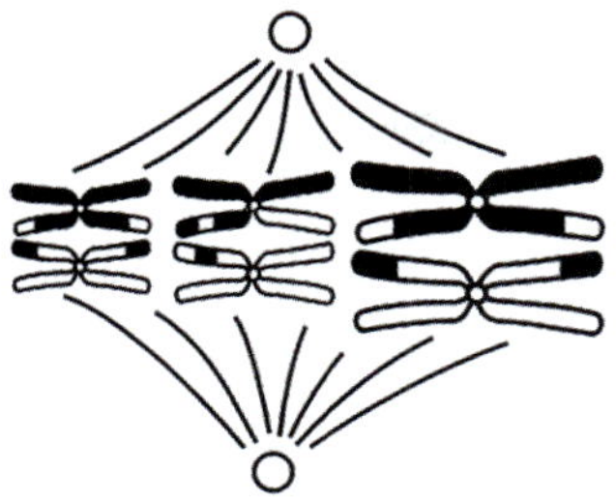

Espera-se que, a seguir, ocorra:

a) duplicação dos centríolos.
b) desaparecimento da carioteca.
c) pareamento dos cromossomos homólogos.
d) permuta entre cromátides.
e) separação dos cromossomos homólogos.

15 (UEMS) Na divisão celular, no fim da telófase, tem início um processo de estrangulamento na região mediana que termina por dividir a célula em duas; por começar na periferia e avançar para o centro da célula, esse tipo de divisão citoplasmática é chamada de citocinese centrípeta. Em que tipo de célula ocorre esse tipo de divisão?

a) em protozoários e células vegetais
b) em protozoários e bactérias
c) em bactérias e células vegetais
d) em células animais e de alguns protozoários
e) em células animais e vegetais

16 (UCB-DF) O gráfico abaixo representa a quantidade de DNA por célula em função do tempo, em um grupo de células embrionárias cultivadas *in vitro*. Partindo-se de uma única célula do início do processo mitótico em (t_1), no instante t_2, qual será o número de ciclos celulares completados e o número de células-filhas, respectivamente?

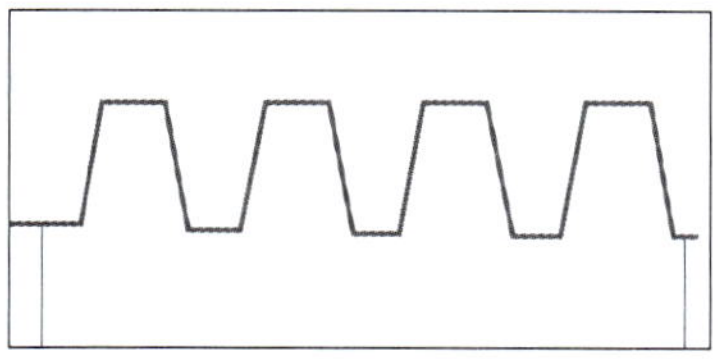

t_1 t_2

a) 1 e 2
b) 2 e 4
c) 4 e 8
d) 4 e 16
e) 16 e 32

17 (UFMT) Os efeitos da medicação sobre células cancerosas podem ser monitorados por um biochip. Este microlaboratório permite ver claramente a diferença entre células sadias e células cancerosas. O processo de divisão celular na formação de células cancerosas é a

a) mitose.
b) meiose.
c) divisão reducional.
d) adsorção.
e) mutação.

18 (UEMS) Em dado momento do desenvolvimento dos organismos multicelulares, um grupo de células diploides (2*n*) se diferencia e dá origem a uma linhagem celular especial, linhagem germinativa. As células germinativas realizam, ao final do seu desenvolvimento, um processo de divisão em que o número de cromossomos é reduzido à metade (**n**) nas células-filhas. Qual o nome desse processo?

a) mitose
b) meiose
c) síntese
d) citocinese
e) interfase

19 (UFMS) Assinale a(s) alternativa(s) verdadeira(s) em relação à divisão celular. [Dê como resposta a soma dos números associados às proposições corretas.]

001) A mitose é um processo de divisão celular no qual a célula se divide e produz duas células-filhas.

002) A meiose é necessária para a reprodução assexuada porque não garante a constância do número de cromossomos da espécie.

004) O centrômero é uma das primeiras regiões cromossômicas a duplicar seu DNA.

008) A metáfase é a fase mais propícia para estudos de morfologia dos cromossomos porque é quando eles atingem o máximo grau de condensação.

016) A prófase é a fase da mitose em que ocorre a desespiralização dos cromossomos, a reorganização da carioteca, a formação de dois novos núcleos, e em que os nucléolos se reorganizam.

032) A meiose caracteriza-se pela ocorrência de apenas uma duplicação cromossômica para cada duas divisões nucleares, enquanto, na mitose, ocorre apenas uma divisão nuclear.

20 (UCG-GO-Adaptado) Avalie se a afirmação é verdadeira (V) ou falsa (F).

( ) Em algumas tribos indígenas é comum a mudança de partes do corpo com propósitos culturais e de enfeite. Uma dessas mudanças consiste em colocar um objeto arredondado no lábio inferior para aumentá-lo. Biologicamente, isso é possível pela multiplicação das células do epitélio labial, mediante divisões meióticas, induzidas pelas repetidas lesões provocadas durante o ritual.

21 (Faee-GO-Adaptado) "Uma célula em divisão apresenta cromossomos homólogos pareados no equador da célula, com quiasmas visíveis. A próxima fase será a __I__, caracterizada pela __II__."

Qual é a alternativa que preenche correta e respectivamente os espaços I e II?

a) anáfase I; separação de cromossomos homólogos.
b) telófase I; divisão do citoplasma.
c) metáfase II; duplicação de centrômeros.
d) prófase II; desintegração da carioteca.
e) prófase I; ocorrência de *crossing-over*.

22 (UCG-GO-Adaptado) Avalie se a afirmação é verdadeira (V) ou falsa (F).

( ) Considerando uma célula com 6 cromossomos ($2n = 6$) e que esteja em divisão, o esquema abaixo representa uma anáfase 1 da meiose.

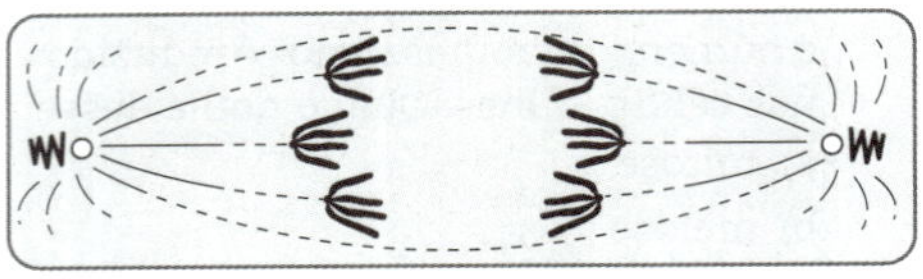

23 (UFG-GO) A gametogênese é fundamental para o sucesso reprodutivo dos animais. No homem, a espermatogênese é um processo que garante a produção dos gametas e ocorre nos testículos. A figura abaixo ilustra algumas fases desse processo.

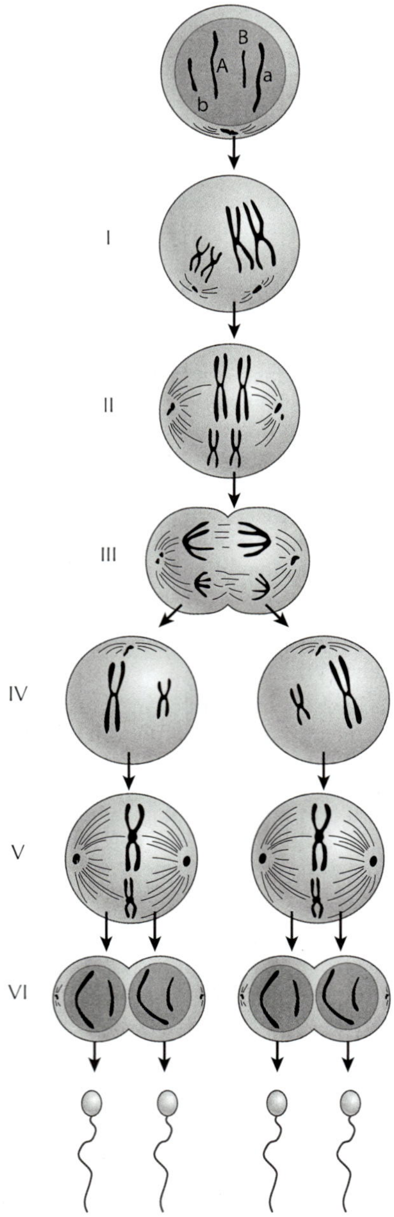

De acordo com a figura, classifique cada uma das fases indicadas.

24 (PUC-SP) Um cientista, examinando ao microscópio células somáticas de um organismo diploide $2n = 14$, observa nos núcleos que se encontram na fase G1 da interfase um emaranhado de fios, a cromatina. Se fosse possível desemaranhar os fios de um desses núcleos, o cientista encontraria quantas moléculas de DNA?

a) 14
b) 7
c) 1
d) 28
e) 2

25 (Fuvest-SP) No processo de divisão celular, por mitose, chamamos de célula-mãe aquela que entra em divisão e de células-filhas as que se formam como resultado do processo.

Ao final da mitose de uma célula, têm-se

a) duas células, cada uma portadora de metade do material genético que a célula-mãe recebeu de sua genitora e a outra metade, recém-sintetizada.
b) duas células, uma delas com material genético que a célula-mãe recebeu de sua genitora e a outra célula com material genético recém-sintetizado.
c) três células, ou seja, a célula-mãe e duas células-filhas, estas últimas com metade do material genético que a célula-mãe recebeu de sua genitora e a outra metade, recém-sintetizada.
d) três células, ou seja, a célula-mãe e duas células-filhas, estas últimas contendo material genético recém-sintetizado.
e) quatro células, duas com material genético recém-sintetizado e duas com material genético que a célula-mãe recebeu de sua genitora.

26 (Fazu-MG-Adaptado) Entre as frases abaixo em relação à divisão celular por mitose, qual é a frase **incorreta**?

a) Na metáfase, todos os cromossomos, cada um com duas cromátides, encontram-se no equador da célula em maior grau de condensação.
b) A célula-mãe dá origem a duas células-filhas com metade do número de cromossomos.
c) As células-filhas são idênticas à célula-mãe.
d) Ocorre nas células somáticas tanto de animais como de vegetais.
e) É um processo muito importante para o crescimento dos organismos.

27 (Unifenas-MG-Adaptado) A respeito da divisão celular mitótica, qual a alternativa correta?

a) Na telófase, os cromossomos estão migrando para os polos.
b) Na telófase, cada cromossomo está constituído por duas cromátides.
c) Na prófase, os cromossomos estão se desenrolando e o nucléolo reaparece.
d) Na prófase, cada cromossomo está constituído por duas cromátides.
e) No final da telófase, ocorre o desaparecimento do nucléolo.

28 (Unimontes-MG) O ácido desoxirribonucleico (DNA) é uma molécula orgânica que contém a "informação" que coordena o desenvolvimento e funcionamento de todos os organismos vivos. A figura a seguir apresenta diferentes níveis de condensação do DNA. Observe-a.

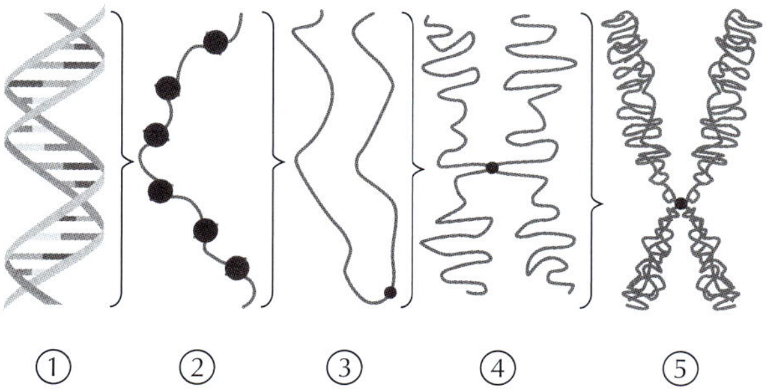

De acordo com a figura apresentada e o assunto a ela relacionado, analise as alternativas abaixo e assinale a que **corresponde** à condensação do DNA que caracteriza a metáfase.

a) 5
b) 3
c) 1
d) 4

29 (PUC-Minas) O esquema representa células, $2n = 4$ cromossomos, em diferentes fases de um processo de divisão celular.

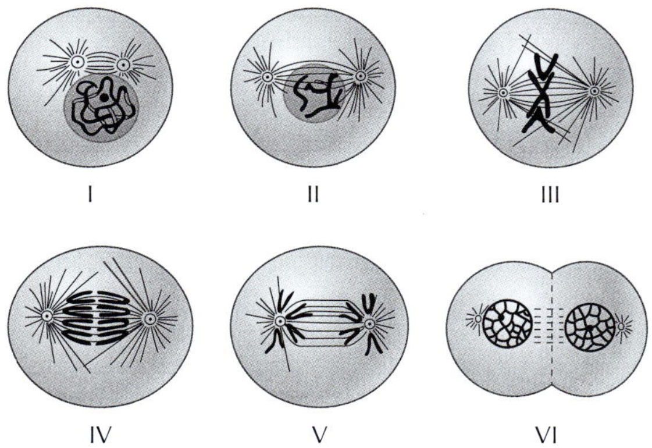

Com base no esquema, é correto afirmar, **exceto**:

a) A célula representada em II apresenta cromossomos duplicados.
b) As duas células resultantes da divisão, mostradas em VI, são haploides.
c) Em III, fase denominada metáfase, não ocorre pareamento de cromossomos.
d) Não se observa no esquema a separação dos cromossomos homólogos.

30 (UFVJM-MG) Leia, atentamente, a afirmativa a seguir.

Os processos mitótico e meiótico de divisão celular ocorrem através de uma série de etapas caracterizadas por eventos específicos a cada uma delas. Dentre as alternativas abaixo, assinale aquela em que o evento está **corretamente** relacionado à respectiva etapa da divisão celular.

a) Em células animais, o reaparecimento da carioteca ocorre na telófase, seja da mitose ou da meiose.
b) Na interfase, os cromossomos encontram-se condensados na região equatorial da célula.
c) Durante a citocinese, a membrana plasmática duplica-se para envolver a célula recém-formada.
d) Durante a anáfase I da meiose, ocorre a separação das cromátides-irmãs, enquanto a separação dos cromossomos homólogos ocorrerá na anáfase II.

31 (UFSCar-SP) Sessenta células de um animal, com a constituição representada na figura, sofrem meiose.

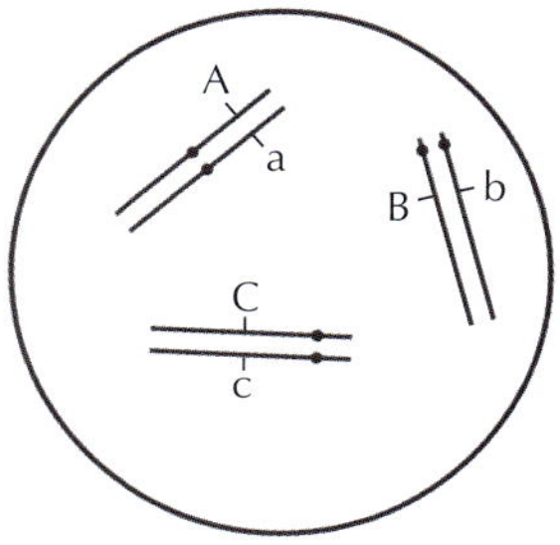

São esperados, apresentando a constituição ABC,

a) 30 espermatozoides.
b) 60 espermatozoides.
c) 90 espermatozoides.
d) 120 espermatozoides.
e) 180 espermatozoides.

32 (UFU-MG) Durante a divisão celular, ocorrem eventos importantes que garantirão a manutenção de características celulares ao longo da vida dos seres vivos.

Acerca da divisão celular, analise o quadro abaixo.

Característica do evento	Mitose	Meiose
Cromossomos duplicados não emparelhados se dispõem no plano equatorial da célula	Metáfase	I
Cromossomos homólogos duplicados emparelhados unidos por quiasmas	II	Metáfase 1
Cromossomos homólogos duplicados migram para polos opostos das células	Não ocorre	III
Cromossomos descondensam-se e há a reorganização de carioteca	IV	V

Assinale a alternativa que apresenta, **corretamente**, a correlação dos números I, II, III, IV e V apresentados no quadro com as respectivas características do evento.

a) I: não ocorre; II: não ocorre; III: anáfase 1; IV: telófase; V: telófase 2

b) I: não ocorre; II: metáfase; III: prófase; IV: prófase 2; V: não ocorre

c) I: metáfase; II: não ocorre; III: não ocorre; IV: prófase 1; V: prófase 2

d) I: metáfase 2; II: não ocorre; III: telófase; IV: não ocorre; V: prófase 1

33 (Fuvest-SP) A figura mostra etapas da segregação de um par de cromossomos homólogos em uma meiose em que não ocorreu permuta.

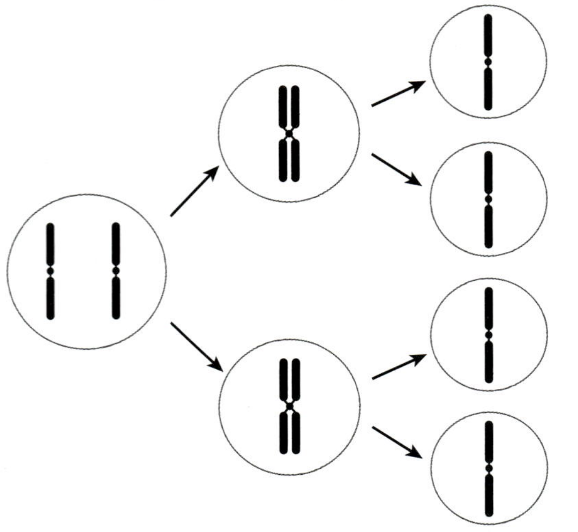

No início da intérfase, antes da duplicação cromossômica que precede a meiose, um dos representantes de um par de alelos mutou por perda de uma sequência de pares de nucleotídios. Considerando as células que se formam no final da primeira divisão (B) e no final da segunda divisão (C), encontraremos o alelo mutante em

a) uma célula em B e nas quatro em C.

b) uma célula em B e em duas em C.

c) uma célula em B e em uma em C.

d) duas células em B e em duas em C.

e) duas células em B e nas quatro em C.

34 (Unifal-MG) Do casamento entre um homem normal (cariótipo 46, XY) e uma mulher normal (cariótipo 46, XX) nasceu uma criança com uma aneuploidia — síndrome de Down (cariótipo 47, XX, +21). Com relação aos processos normais de gametogênese e ao fato descrito acima, pode-se afirmar que:

I. Essa aneuploidia pode ter sido originada da não disjunção dos cromossomos homólogos (par 21), na meiose I da gametogênese paterna ou materna.

II. Na meiose I da gametogênese materna, normalmente ocorre a disjunção das cromátides-irmãs de um cromossomo 21.

III. Essa aneuploidia pode ter sido originada da não disjunção das cromátides-irmãs de um cromossomo 21, na meiose II da gametogênese materna.

Com relação às afirmativas anteriores, marque a alternativa correta.

a) Somente III é correta.

b) Somente I é correta.

c) Somente II é correta.

d) Somente I e III são corretas.

35 (UFF-RJ) Alguns indivíduos podem apresentar características específicas de síndrome de Down sem o comprometimento do sistema nervoso. Este fato se deve à presença de tecidos mosaicos, ou seja, tecidos que apresentam células com um número normal de cromossomos e outras células com um cromossomo a mais em um dos pares (trissomia). Este fato é devido a uma falha no mecanismo de divisão celular denominada de não disjunção.

Assinale a alternativa que identifica a fase da divisão celular em que esta falha ocorreu.

a) anáfase II da meiose

b) anáfase I da meiose

c) anáfase da mitose

d) metáfase da mitose

e) metáfase II da meiose

36 (FGV-SP) O Brasil é o maior produtor mundial de café. Alguns pesquisadores admitem que a espécie *Coffea arabica* tenha se originado na Etiópia, África, a partir da hibridização natural entre duas espécies ancestrais: *Coffea eugenioides* ($2n = 22$ cromossomos) e *Coffea canephora* ($2n = 22$ cromossomos). No híbrido resultante, teria havido uma duplicação do número de cromossomos (poliploidização): em uma das divisões celulares, as cromátides de todos os cromossomos, ao invés de migrarem cada uma delas para ambas as células-filhas, teriam permanecido na mesma célula. Deste modo, originou-se um novo ramo, ou uma nova planta, tetraploide. Esta nova planta é a *Coffea arabica*, que hoje cultivamos e que tem importante papel em nossa economia.

A partir destas informações, é possível dizer que o número de cromossomos nos gametas das espécies *Coffea eugenioides* e *Coffea canephora* e o número de cromossomos nas células somáticas e nos gametas de *Coffea arabica* são, respectivamente:

a) 11, 11, 44 e 22.

b) 11, 11, 22 e 11.

c) 22, 22, 88 e 44.

d) 22, 22, 44 e 22.

e) 22, 22, 22 e 11.

37 (Cesumar-PR) Analise as alternativas a seguir e assinale a correta.

a) As proteínas e os ácidos nucleicos são formados por aminoácidos.

b) Os polissacarídios são lipídios constituintes da membrana plasmática das células procariontes e eucariontes.

c) A glicose é a proteína mais abundante na constituição dos seres vivos.

d) As enzimas são moléculas complexas, por isso estão ausentes nas células bacterianas.

e) Quando uma célula com 46 cromossomos se divide por mitose, são formadas duas novas células com 46 cromossomos em cada uma.

38 (UEL-PR) Analise as figuras a seguir.

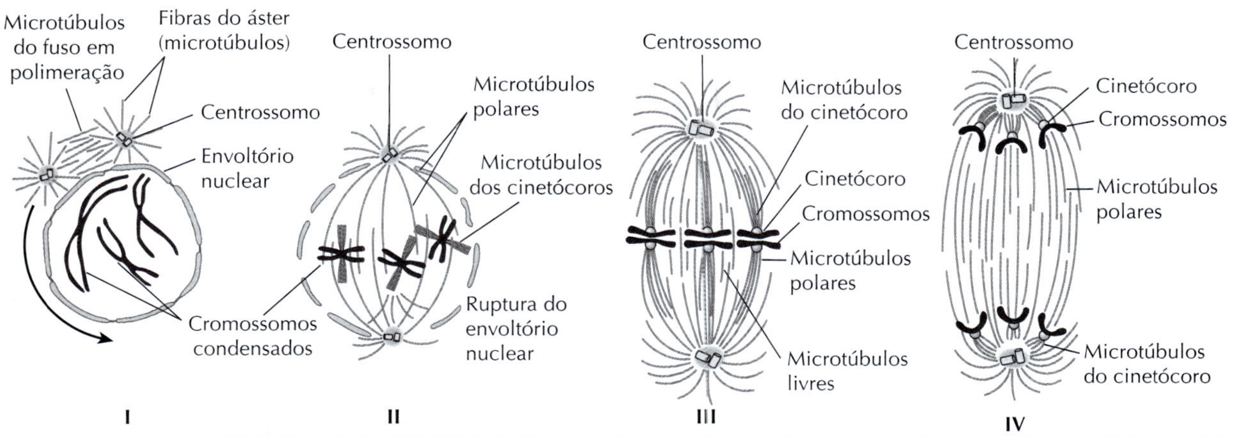

Fonte: JUNQUEIRA, L. C.; CARNEIRO, J. *Biologia celular e molecular*. Rio de Janeiro: Guanabara Koogan, 2000. p. 184.

As figuras I, II, III e IV dizem respeito, respectivamente, às seguintes fases da mitose:

a) anáfase, metáfase, início da prófase, fim da prófase.

b) início da prófase, fim da prófase, metáfase, anáfase.

c) início da prófase, fim da prófase, anáfase, metáfase.

d) metáfase, início da prófase, fim da prófase, anáfase.

e) metáfase, anáfase, início da prófase, fim da prófase.

39 (UEPG-PR) A respeito da mitose, um dos processos fundamentais da divisão celular, em que uma célula se divide, originando duas células-filhas exatamente iguais à célula inicial no que toca à qualidade e à quantidade de material genético, assinale o que for correto.

01) Quando se estuda a mitose em células vegetais, percebem-se diferenças em relação ao processo que ocorre nas células animais. Inicialmente, não há centríolos nem ásteres; mesmo assim, ocorre a formação das fibras do fuso.

02) A mitose é um processo contínuo de divisão celular em que ocorre uma duplicação cromossômica para cada divisão celular. Assim, o número e a qualidade dos cromossomos da célula-mãe são mantidos nas células-filhas. A mitose se divide nas seguintes fases ou etapas: prófase, metáfase, anáfase e telófase.

04) A mitose permite que os organismos pluricelulares cresçam, por meio do aumento do número de células, e substituam células mortas. Assim, as células da nossa pele, de um embrião em desenvolvimento e das pontas das raízes e caules estão em constante mitose.

08) A divisão do citoplasma da célula vegetal não se processa por estrangulamento, como na célula animal. Em vez disso, aparece no equador da célula um esboço de parede, a lamela média, constituída por um polissacarídio, a pectina. Mais tarde, formam-se duas membranas celulósicas, de um lado e do outro da lamela média.

40 (Unioeste-PR) O desenho abaixo representa um ciclo celular mitótico.

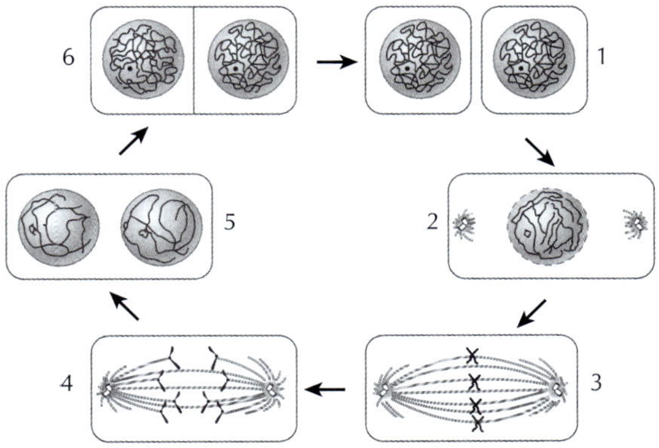

Relativo ao ciclo acima, analise as alternativas e assinale a(s) correta(s). [Dê como resposta a soma dos números associados a proposições corretas.]

01) Em 1 ocorrem a duplicação do DNA, a transcrição e a síntese proteica.

02) Em 2 ocorrem o *crossing-over* e o paquíteno.

04) Em 3 o DNA não se encontra enrolado ao redor das histonas, mas exclusivamente ao redor de um esqueleto proteico.

08) Em 4 ocorre a separação dos cromossomos homólogos para polos opostos.

16) Em 5 os cromossomos encontram-se com 2 cromátides cada um.

32) 6 representa a fase em que ocorre a citocinese.

64) A partir da célula diploide com 4 cromossomos, são formadas 2 células com 2 cromossomos cada.

41 (PUC-RS) Agentes externos como a nicotina do cigarro, que causa câncer de pulmão, e os raios ultravioleta, que causam câncer de pele, são exemplos de fatores externos que também são desencadeadores do processo canceroso. Uma célula cujo DNA foi mutado por qualquer fator prolifera-se por divisão ______________ e caracteriza-se por ser rica em ______________, devido à elevada taxa de síntese proteica. Além da radioterapia, outras estratégias buscam matar células malignas em divisão. Drogas como o taxol, ao serem administradas no sangue, chegam ao tumor e bloqueiam a divisão celular ao impedirem a organização dos fusos acromáticos, os quais são formados por ________________.

a) meiótica; centrossomos; microfilamentos de actina
b) mitótica; ribossomos; microtúbulos
c) mitótica; centrossomos; microfilamentos de actina
d) meiótica; ribossomos; microtúbulos
e) mitótica; ribossomos; microfilamentos de actina

42 (UFPel-RS) O ciclo celular envolve a interfase e as divisões celulares, que podem ser mitose ou meiose. Durante as fases de divisões celulares, ocorrem vários eventos importantes que envolvem o material genético, as organelas e as estruturas celulares. O ciclo celular mitótico garante a reposição celular, o crescimento dos organismos multicelulares e a reprodução assexuada, enquanto o ciclo celular meiótico é um processo importante para a reprodução sexuada.

Com base no texto e em seus conhecimentos, é correto afirmar que

a) a interfase é um período do ciclo celular que apenas antecede a mitose ou a meiose; nela não ocorrem eventos importantes para a geração de novas células.
b) ocorre, tanto na anáfase mitótica quanto na anáfase I meiótica, a separação das cromátides-irmãs, as quais são puxadas para os polos opostos da célula.
c) são formadas duas células diploides no final da mitose masculina, enquanto, no final da meiose, são formadas quatro células diploides, considerando a espécie humana.
d) todas as células animais e vegetais iniciam a citocinese (divisão do citoplasma) da mesma forma, pela invaginação da membrana plasmática (movimento centrípeto).
e) ocorre, na fase da telófase mitótica, a reorganização do envoltório nuclear e do nucléolo, que foram desorganizados no início do processo de divisão.

43 (UFSC) Um pesquisador verificou que o núcleo celular dos óvulos de uma certa espécie de formiga tem 4 cromossomos e uma quantidade *x* de DNA. Considerando-se que os machos de formiga desenvolvem-se por partenogênese e são haploides, que quantidade de DNA e de cromossomos se espera encontrar no núcleo dos espermatozoides dessa espécie?

a) 2*x* de DNA e 8 cromossomos.
b) 2*x* de DNA e 4 cromossomos.
c) *x* de DNA e 4 cromossomos.
d) *x* de DNA e 2 cromossomos.
e) $\frac{1}{2}x$ de DNA e 2 cromossomos.

44 (Unioeste-PR) Em relação ao processo meiótico, é correto afirmar que

a) o *crossing-over* ocorre sempre em cromossomos não homólogos.
b) o produto final da meiose é igual a duas células-filhas com a metade da quantidade de DNA da célula-mãe.
c) não ocorre a formação de placa equatorial durante a metáfase I e a metáfase II.
d) a meiose II é caracterizada pela formação de quiasmas através do complexo sinaptonêmico.
e) os cromossomos homólogos separam-se durante a anáfase I e, durante a anáfase II, separam-se as cromátides.

45 (UFPel-RS) A meiose é um processo de divisão celular em que são formadas quatro células com o número de cromossomos reduzido à metade (*n* cromossomos). Esse processo é dividido em duas etapas (meiose I e meiose II), e cada etapa é subdividida em várias fases. Nessas fases, ocorrem vários eventos:

I. clivagem (quebra) das cromátides homólogas e troca de trechos entre elas;
II. deslocamento das cromátides-irmãs para polos opostos da célula;
III. ocorrência da citocinese e formação das duas células, as quais possuirão *n* cromossomos cada uma;
IV. deslocamento dos cromossomos homólogos para polos opostos da célula;
V. emparelhamento dos cromossomos homólogos na placa metafásica (equatorial) da célula.

Os eventos I, II, III, IV e V correspondem, respectivamente, às seguintes fases:

a) interfase, anáfase I, telófase II, anáfase II, metáfase I.
b) prófase I, anáfase II, telófase I, anáfase I e metáfase I.
c) telófase I, anáfase II, citocinese I, telófase II e prófase I.
d) anáfase I, telófase II, intercinese, prófase I, intercinese.
e) intercinese, telófase II, anáfase I, metáfase I, anáfase II.

46 (Unioeste-PR) Considere as associações abaixo sobre as fases da meiose e suas características.

	Fases	Características
I.	Anáfase I	Cromossomos duplicados nos polos da célula com divisão dos centrômeros.
II.	Prófase I	Permuta gênica entre cromossomos homólogos.
III.	Metáfase I	Os cromossomos permanecem unidos pelos quiasmas.
IV.	Telófase	Os cromossomos encontram-se nos polos e duplicados.
V.	Metáfase II	Cromossomos não alinhados no equador da célula e não permutados.
VI.	Telófase II	Cada uma das células formadas apresenta cromossomos não duplicados e geneticamente diferentes.

Assinale a alternativa cujas associações estão todas corretas.

a) II, V, VI
b) II, IV, VI
c) II, III, VI
d) I, III, V
e) I, V, VI

Questões discursivas

47 (UEG-GO) Na mitose, após a divisão nuclear, o citoplasma é dividido. O processo de divisão do citoplasma é igual se compararmos a célula animal e vegetal? Explique.

48 (UFRRJ) A figura abaixo representa o esquema de um corte longitudinal da região de crescimento de uma raiz. As células dessa região sofrem mitoses sucessivas que garantem o crescimento do órgão.

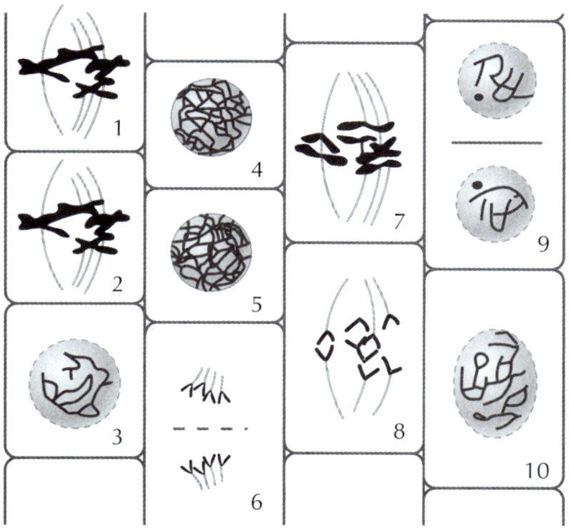

Fonte: SUZUKI, D. T. (2002).

a) Quais são as células que estão na interfase? Cite uma característica desta fase.

b) Descreva o que ocorre com os cromossomos na fase esquematizada na célula número 7.

c) Identifique, na figura, onde ocorre a citocinese, citando a principal característica dessa fase.

49 (Unicamp-SP) A colchicina é uma substância de origem vegetal, muito utilizada em preparações citogenéticas para interromper as divisões celulares. Sua atuação consiste em impedir a organização dos microtúbulos.

a) Em que fase a divisão celular é interrompida com a colchicina? Explique.

b) Se, em lugar de colchicina, fosse aplicado um inibidor de síntese de DNA, em que fase ocorreria a interrupção?

50 (Fuvest-SP) Considere os processos de mitose e meiose.

a) Qual o número de cromossomos das células originadas, respectivamente, pelos dois processos na espécie humana?

b) Qual a importância biológica da meiose?

51 (PUC-SP) Nos esquemas a seguir, são mostradas separações cromossômicas que ocorrem na anáfase das divisões celulares.

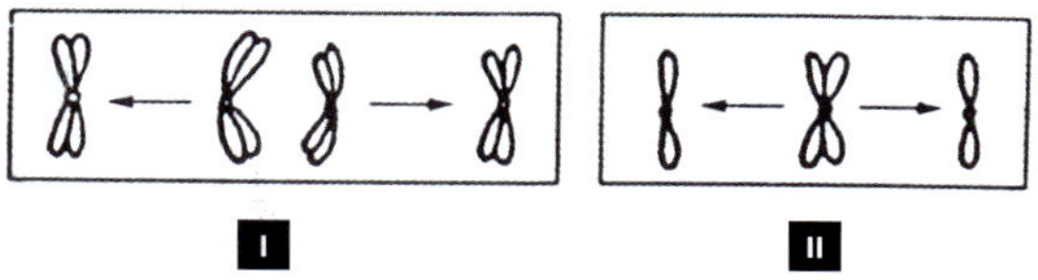

a) Em que processo(s) de divisão celular é encontrado I? Justifique.

b) Em que processo(s) de divisão celular é encontrado II? Justifique.

52 (Fuvest-SP) Uma célula somática, em início de interfase, com quantidade de DNA nuclear igual a x, foi colocada em cultura para multiplicar-se. Considere que todas as células resultantes se duplicaram sincronicamente e que não houve morte celular.

a) Indique a quantidade total de DNA nuclear ao final da 1ª, da 2ª e da 3ª divisões mitóticas.

b) Indique a quantidade de DNA por célula na fase inicial de cada mitose.

53 (Unicamp-SP) Os esquemas A, B e C abaixo representam fases do ciclo de uma célula que possui $2n = 4$ cromossomos.

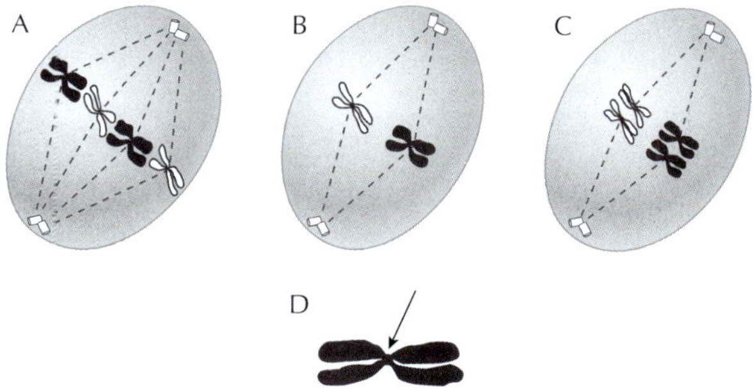

a) A que fases correspondem as figuras A, B e C? Justifique.

b) Qual é a função da estrutura cromossômica indicada pela seta na figura D?

54 (UFVJM-MG) Analise este gráfico e faça o que se pede.

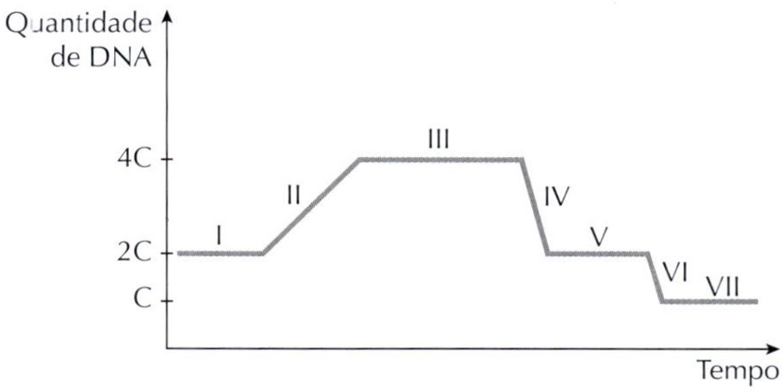

a) Cite uma célula que apresenta o comportamento representado no gráfico.

b) Cite os principais eventos ocorridos nas fases II, IV e VI.

c) Cite a fase na qual ocorre o fenômeno responsável pela variabilidade genética.

55 (Fuvest-SP) Suponha que na espermatogênese de um homem ocorra não disjunção dos cromossomos sexuais na primeira divisão da meiose, isto é, que os cromossomos X e Y migrem juntos para um mesmo polo da célula. Admitindo que a meiose continue normalmente,

a) Qual será a constituição cromossômica dos espermatozoides formados nessa meiose, no que se refere aos cromossomos sexuais?

b) Quais serão as possíveis constituições cromossômicas de crianças geradas pelos espermatozoides produzidos nessa meiose, no caso de eles fecundarem óvulos normais?

56 (Unesp) A figura representa uma anáfase de uma célula diploide animal.

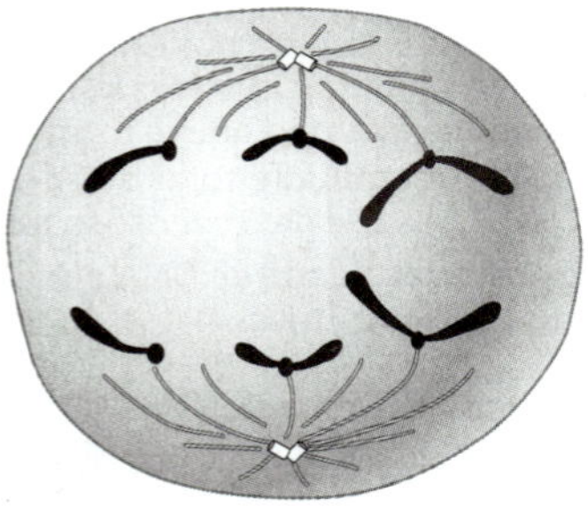

Essa célula está em mitose ou em meiose? Justifique, informando o número diploide de cromossomos em uma célula somática desse animal.

57 (Unicamp-SP) A síndrome de Down, também chamada trissomia do cromossomo 21, afeta cerca de 0,2% dos recém-nascidos. A síndrome é causada pela presença de um cromossomo 21 a mais nas células dos afetados, isto é, em vez de dois cromossomos 21, a pessoa tem três. A trissomia do cromossomo 21 é originada durante as anáfases I ou II da meiose.

a) Quando ocorre a meiose? Cite um evento que só ocorre na meiose.

b) Explique os processos que ocorrem na anáfase I e na anáfase II que levam à formação de células com três cromossomos 21.

58 (UFRJ) Ao analisar o cariótipo de células obtidas de uma criança com síndrome de Down, observou-se que 70% das células apresentavam 47 cromossomos, por exibirem a trissomia do cromossomo 21, e que 30% das células apresentavam um cariótipo normal, ou seja, 46 cromossomos, sem trissomia do 21.

Responda se o fenômeno da não disjunção do par de cromossomos 21 ocorreu antes ou depois da formação do zigoto. Justifique sua resposta.

PARTE II

Unidade C

O metabolismo celular

Capítulo 9 Metabolismo energético (I): respiração celular e fermentação, *258*

Capítulo 10 Metabolismo energético (II): fotossíntese e quimiossíntese, *281*

Capítulo 11 O controle gênico das atividades celulares, *307*

Unidade D

A diversidade celular dos animais

Capítulo 12 Tecidos epiteliais, *334*

Capítulo 13 Tecidos conjuntivos, *355*

Capítulo 14 Tecido sanguíneo, *371*

Capítulo 15 Tecidos musculares, *389*

Capítulo 16 Tecido nervoso, *405*

PARTE II

Capítulo

9

Metabolismo energético (I): respiração celular e fermentação

Manter o alto nível de organização da célula viva demanda elevado gasto energético. Como os seres vivos obtêm energia para viver?

Neste capítulo estudaremos os fundamentos do metabolismo energético e os dois processos principais utilizados pela maioria dos seres vivos para obter energia: a respiração e a fermentação.

9.1 Energia para a vida

Os seres vivos realizam intensas e incessantes atividades de transformação química, que constituem o metabolismo. A energia metabólica é obtida a partir de substâncias orgânicas constituintes dos alimentos.

9.2 ATP, a "moeda energética" do mundo vivo

O ATP é uma substância que capta e armazena a energia liberada em certas reações celulares, transferindo-a para processos que demandam energia. Por isso, essa substância é considerada a "moeda energética" do metabolismo celular.

9.3 Respiração celular

A maioria dos seres vivos produz o ATP de que necessita pela respiração celular, processo em que o gás oxigênio atua como agente oxidante de moléculas orgânicas.

9.4 Fermentação

Fermentação é um processo de produção de ATP sem utilização de gás oxigênio, empregado principalmente por certos fungos e bactérias. Além disso, nossas próprias células fazem fermentação se faltar gás oxigênio para a respiração celular.

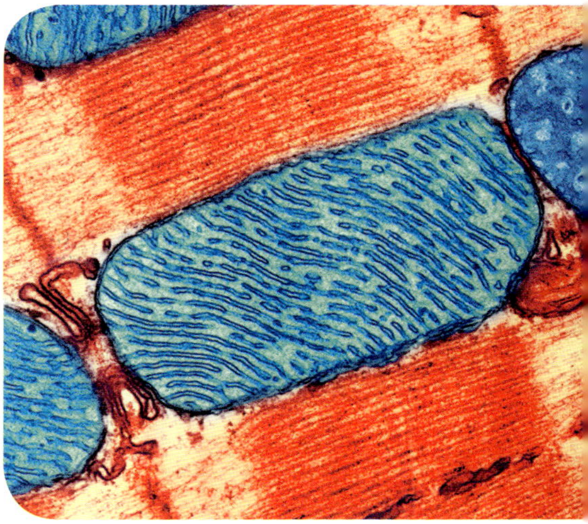

Em atividades físicas aeróbicas como a natação, os músculos esqueléticos e a musculatura cardíaca exigem grande quantidade de energia para trabalhar.
A energia para a contração muscular é suprida pelas mitocôndrias, organelas-sede da respiração celular.
Na foto menor, mitocôndrias de células musculares cardíacas coloridas em verde-azulado. Note as miofibrilas das células musculares, em vermelho. A disposição estratégica das mitocôndrias nessas células permite fornecimento ininterrupto de energia para a contração muscular. (Microscópio eletrônico de transmissão, colorizado artificialmente; aumento $\simeq$ 12.700×)

Seção 9.1

Energia para a vida

Objetivos

- Valorizar o estudo dos processos energéticos celulares e compreender as relações de interdependência entre os seres vivos e a composição físico-química do ambiente.
- Conceituar metabolismo e reconhecer que moléculas orgânicas são ricas em energia potencial química, que pode ser liberada em reações de oxirredução e aproveitada pelos seres vivos.

Termos e conceitos

- metabolismo
- anabolismo
- catabolismo
- reação endergônica
- reação exergônica
- reação de oxirredução
- energia de ativação

1 A energia dos alimentos

Os sistemas biológicos, assim como tudo no universo, seguem duas leis básicas da termodinâmica. A primeira delas diz que, nos processos físicos e químicos, energia pode ser ganha ou perdida, transferindo-se de um sistema para outro, mas não pode ser criada nem destruída. A segunda lei da termodinâmica diz que a energia inevitavelmente se dissipa, isto é, passa de uma forma utilizável, como a dos fótons da luz e a dos elétrons das ligações químicas, para uma forma menos utilizável, o calor. Assim, para sobreviver, todo ser vivo necessita continuamente de energia, que é obtida a partir de substâncias orgânicas constituintes dos alimentos.

Se você analisar as tabelas de composição nutricional impressas nas embalagens de alimentos, verificará que elas geralmente trazem as quantidades relativas dos principais componentes do produto e a quantidade de energia que ele contém. **(Fig. 9.1)**

O valor energético dos alimentos, expresso em quilocalorias (kcal*; uma quilocaloria equivale a 1.000 cal), refere-se à parcela de energia disponível presente nas ligações químicas de suas moléculas. Por exemplo, 40 g de aveia em flocos (cerca de 2,5 colheres de sopa) podem fornecer ao organismo por volta de 140 kcal.

Mesmo sem realizar nenhum exercício físico, nosso corpo está sempre gastando energia. Veja, na Tabela 9.1, uma estimativa da quantidade de calorias despendida por uma pessoa de 64 kg em algumas de suas atividades diárias. **(Tab. 9.1)**

Tabela 9.1 Calorias despendidas por uma pessoa de 64 kg em atividades diárias (valores estimados)

Atividade	Nº de horas ×	Massa corporal ×	kcal/kg =	kcal (total)
Dormindo	8	64	1,0	512,0
Sentada	3	64	1,4	268,8
Escrevendo	5	64	1,6	512,0
Em pé	2	64	1,8	230,4
Andando	3	64	3,0	576,0
Exercitando-se	3	64	5,0	960,0
			Total =	3.059,2 kcal

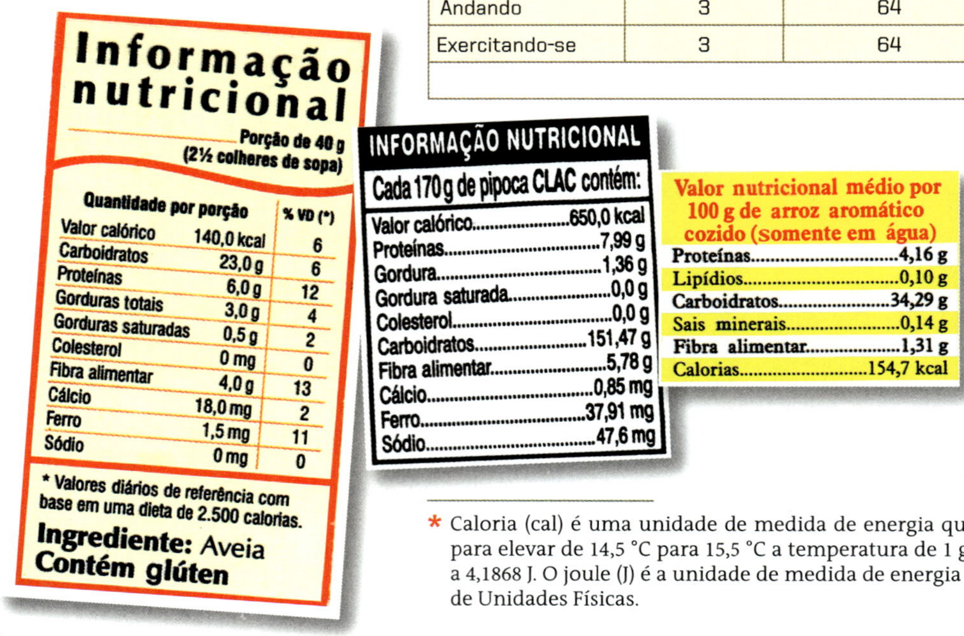

Figura 9.1 Embalagens de alimentos (da esquerda para a direita, aveia, pipoca e arroz) que mostram os valores nutricionais médios. O valor energético dos componentes alimentares é expresso em quilocalorias (kcal). Muitas vezes, omite-se o prefixo "quilo" e escreve-se apenas "calorias", como no rótulo da aveia, em que se lê "2.500 calorias". O correto seria 2.500 kcal (quilocalorias).

* Caloria (cal) é uma unidade de medida de energia que corresponde ao calor requerido para elevar de 14,5 °C para 15,5 °C a temperatura de 1 g de água; uma caloria (cal) é igual a 4,1868 J. O joule (J) é a unidade de medida de energia adotada no Sistema Internacional de Unidades Físicas.

2 Anabolismo e catabolismo

A energia que um ser vivo necessita continuamente é utilizada para manter suas diversas atividades celulares, nas quais moléculas são modificadas, quebradas ou unidas entre si, transformando-se em outras. Essa intensa e incessante atividade de transformação química constitui o **metabolismo**.

As reações metabólicas costumam ser classificadas em dois tipos fundamentais: reações de síntese e reações de degradação. As **reações de síntese** são aquelas em que moléculas mais simples são unidas para formar moléculas de maior complexidade. Nas **reações de degradação**, moléculas complexas são quebradas, transformando-se em outras mais simples. Por exemplo, a união de aminoácidos para formar proteínas é uma reação de síntese, enquanto a quebra do glicogênio em moléculas de glicose é uma reação de degradação.

O conjunto de reações de síntese, por meio das quais um ser vivo constrói as complexas moléculas orgânicas que formam seu corpo, constitui o **anabolismo**. As reações de degradação de moléculas constituem o **catabolismo**. É por meio das reações catabólicas que os seres vivos obtêm a matéria-prima e a energia necessárias à vida.

3 Reações endergônicas e reações exergônicas

Uma reação química é uma mudança em que um ou mais compostos químicos, os **reagentes**, formam novos tipos de compostos, os **produtos**. Em certas reações, a quantidade total de energia presente nas ligações químicas dos produtos é maior que a que existia nas ligações entre os átomos dos reagentes. Isso significa que esse tipo de reação absorve energia do ambiente, daí a denominação: **reação endergônica** (do grego *endos*, dentro, e *ergon*, energia) ou **reação endotérmica** (do grego *endos*, dentro, e *thermo*, calor). Em outros tipos de reação química, ocorre o inverso: a quantidade total de energia presente nas ligações entre os átomos dos produtos é menor que a que existia nas ligações químicas dos reagentes. Nesse caso, a reação libera energia para o ambiente, sendo por isso chamada de **reação exergônica** (do grego *exos*, fora, e *ergon*, energia) ou **reação exotérmica** (do grego *exos*, fora, e *thermo*, calor).

Um exemplo de reação exergônica é a combustão de substâncias orgânicas como álcool, metano, glicose etc. Combustão é a denominação genérica das reações químicas em que uma substância se combina com gás oxigênio, formando H_2O e CO_2 e liberando energia na forma de calor e luz. Na combustão da glicose ($C_6H_{12}O_6$), por exemplo, cada molécula desse glicídio reage com seis moléculas de gás oxigênio (O_2), produzindo seis moléculas de gás carbônico (CO_2) e seis moléculas de água (H_2O). Essa reação libera 686 kcal por mol* de glicose degradada. (**Fig. 9.2**)

Os termos reação exotérmica e reação endotérmica são mais empregados pelos químicos, que trabalham com sistemas não vivos, nos quais a forma de energia liberada ou absorvida nas reações químicas é quase sempre calor. Nos sistemas biológicos, as trocas energéticas entre as moléculas ocorrem principalmente por transferências de elétrons ou alterações no nível de energia dos elétrons participantes de ligações químicas. Por isso, preferimos utilizar os termos reação endergônica e reação exergônica, que têm significado mais abrangente.

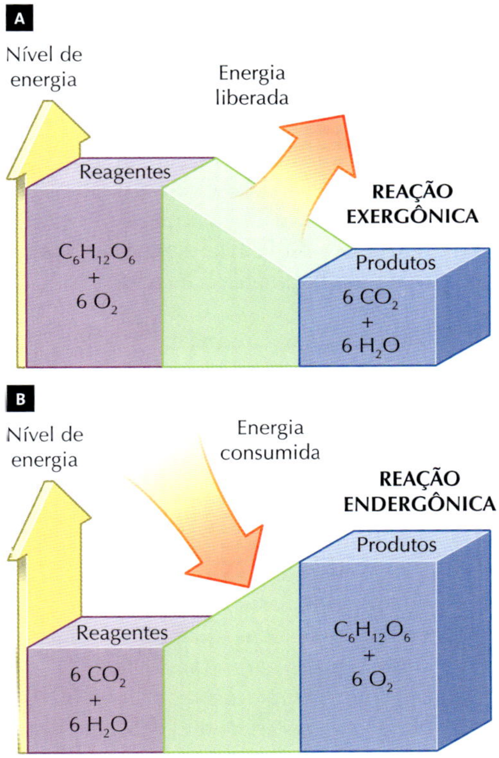

Figura 9.2 **A.** A reação de combustão da glicose ($C_6H_{12}O_6$) é exergônica, pois a energia potencial contida nos produtos da reação é menor que a contida nos reagentes. **B.** A reação de síntese de glicose a partir de CO_2 e H_2O é endergônica, pois absorve energia do ambiente.

* Mol é a unidade adotada pelo Sistema Internacional de Unidades Físicas para medir a quantidade de matéria. Um mol é a quantidade de determinada substância que contém $6{,}02 \times 10^{23}$ unidades componentes. Por exemplo, 1 mol de água (H_2O) contém $6{,}02 \times 10^{23}$ moléculas de H_2O, cuja massa é 18 g; 1 mol de glicose contém $6{,}02 \times 10^{23}$ moléculas de $C_6H_{12}O_6$, cuja massa é 180 g.

4 Energia de ativação e enzimas

Toda reação química demanda um investimento inicial de energia para ocorrer. A quantidade mínima de energia inicial que as moléculas reagentes devem possuir para que uma reação química aconteça é chamada de **energia de ativação**. Uma maneira de ativar moléculas é fornecer a elas energia na forma de calor; é isso que fazemos quando utilizamos uma chama ou uma faísca para dar início à combustão do gás de cozinha nos fogões domésticos ou da gasolina no motor de um automóvel. Nos seres vivos, no entanto, a ativação das reações químicas não pode ser feita pelo aquecimento, pois os sistemas biológicos são sensíveis ao calor e seriam danificados. Basta lembrar, por exemplo, que a maioria das proteínas se desnatura e perde suas funções biológicas em temperaturas superiores a 45 °C.

A estratégia desenvolvida pelos seres vivos para superar a barreira inicial das reações foi a utilização de **enzimas**, proteínas catalisadoras que diminuem a quantidade de energia necessária para ativar os reagentes. A enzima conduz os reagentes por um "atalho energético", em que a reação pode ser iniciada com nível bem mais baixo de energia de ativação. (**Fig. 9.3**)

AMPLIE SEUS CONHECIMENTOS — A energia nas reações químicas

Você já pensou de onde vem a energia utilizada em alguns tipos de fogão a gás? O calor da chama é proveniente da reação entre moléculas de gás metano (CH_4) e de gás oxigênio (O_2), com produção de moléculas de gás carbônico (CO_2) e de água (H_2O). Para entender de que maneira essa e outras reações químicas, inclusive as que ocorrem em nosso corpo, podem liberar energia, acompanhe a explicação a seguir.

Reações de oxirredução

Reações químicas em que há transferência de elétrons entre as substâncias participantes são denominadas **reações de oxidação-redução** (ou **reações de oxirredução**, ou, simplesmente, **reações redox**). Em geral, há perda de elétrons por uma substância reagente, processo chamado de **oxidação**, e captura simultânea desses elétrons por outra substância reagente, processo chamado de **redução**. Assim, oxidação e redução estão sempre acopladas: quando uma substância se oxida, outra reduz-se simultaneamente.

Um exemplo de reação redox é a formação de cloreto de sódio ($NaC\ell$) a partir de sódio elementar (Na, um metal branco e mole) e de cloro ($C\ell_2$, um gás amarelo-esverdeado). Nela, ocorre transferência de um elétron do átomo de sódio para o átomo de cloro, com formação de uma nova substância — o cloreto de sódio — e liberação de energia na forma de calor. Nessa reação, mostrada a seguir, o sódio é oxidado, pois perde um elétron, transformando-se no cátion Na^+, e o cloro é reduzido, pois ganha um elétron, transformando-se no ânion $C\ell^-$:

Oxidação (Na → Na^+)

$$Na + C\ell_2 \rightarrow 2\,Na^+ + 2\,C\ell^-$$

Redução ($C\ell_2$ → $C\ell^-$)

O conceito de oxirredução aplica-se não apenas a substâncias iônicas, mas também a compostos moleculares, em que os átomos estão unidos por ligações covalentes. Nesse caso, a reação não envolve transferência completa de elétrons de um átomo para outro, mas alterações nas distâncias entre os elétrons compartilhados e os núcleos dos átomos que participam da ligação covalente. A combustão do gás metano, utilizado como combustível nos fogões domésticos, é um exemplo desse tipo de oxirredução. O calor da chama é gerado pela reação entre moléculas de gás metano (CH_4) e de gás oxigênio (O_2), com produção de moléculas de gás carbônico (CO_2) e de água (H_2O). Nessa reação, o metano sofre oxidação e o gás oxigênio, redução. (**Fig. 9.4**)

Vejamos mais detalhadamente por que a combustão do metano é uma oxirredução e, em seguida, por que ela libera energia.

O par de elétrons que une dois átomos em uma ligação covalente pode encontrar-se em posição equidistante entre eles ou não. Isso depende da intensidade com que cada átomo consegue atrair o par de elétrons compartilhado, propriedade conhecida como **eletronegatividade**. Por exemplo, os átomos de carbono (C) e de hidrogênio (H) têm aproximadamente a mesma eletronegatividade; por isso, na molécula de metano (CH_4), cada ligação C—H tem o par de elétrons compartilhado em posição equidistante. O oxigênio (O), por sua vez, é mais eletronegativo que o carbono (C) e que o hidrogênio (H); por isso, na molécula de gás carbônico (CO_2), os elétrons compartilhados ficam mais perto dos átomos de O que dos átomos de C. Da mesma forma, na molécula de água (H_2O), os elétrons compartilhados ficam mais perto dos átomos de O que dos átomos de H.

O metano (CH_4) é oxidado porque, nos produtos que se formam em sua combustão (CO_2 e H_2O), os elétrons compartilhados estão mais afastados do núcleo do

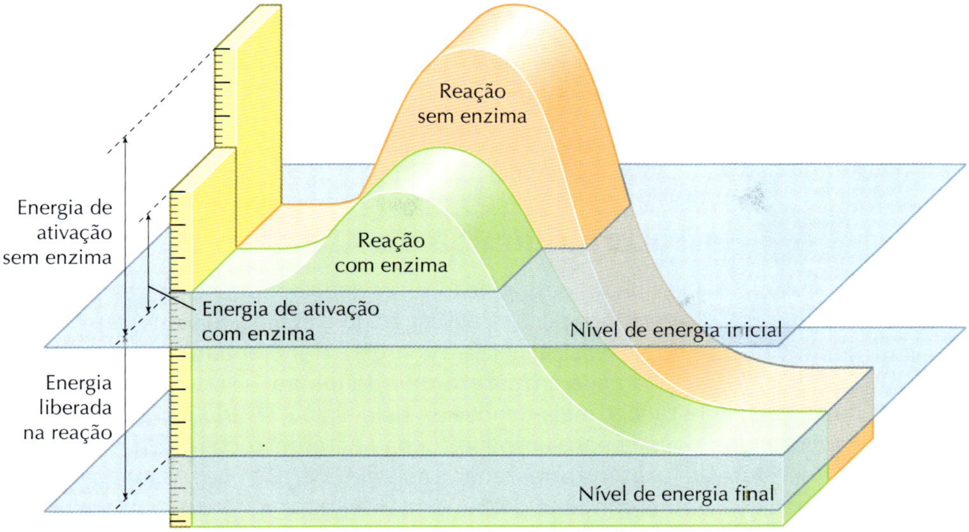

Figura 9.3 Gráficos que comparam a energia de ativação de uma reação química exergônica na presença de uma enzima catalisadora (verde) e na sua ausência (laranja). No eixo das ordenadas, estão indicados os níveis de energia e, no das abscissas, o tempo.

átomo de carbono e dos núcleos dos átomos de hidrogênio do que estavam na molécula de metano. Assim, os átomos componentes do metano (C e H), embora não tenham realmente perdido elétrons, ficaram com seus elétrons mais afastados de seus núcleos.

O gás oxigênio (O_2) é reduzido na combustão porque, nos produtos da reação (CO_2 e H_2O), os elétrons compartilhados nas ligações químicas que se formaram estão mais próximos dos núcleos dos átomos de oxigênio do que estavam nas moléculas de O_2. Ou seja, os átomos componentes do gás oxigênio, embora não tenham realmente ganhado elétrons, ficaram com elétrons de outros átomos mais perto de si.

A liberação de energia nas reações de combustão é explicada pelo fato de elétrons em posições mais próximas ao núcleo atômico terem menor energia potencial que elétrons mais distantes. Assim, ao passarem de uma posição mais distante para outra mais próxima do núcleo, os elétrons liberam energia. Na reação de combustão do metano, os elétrons envolvidos nas ligações covalentes dos produtos (CO_2 e H_2O) ficaram relativamente mais próximos dos núcleos dos átomos de oxigênio do que estavam nos reagentes (CH_4 e O_2). Com isso, esses elétrons perdem parte de sua energia potencial, que é liberada na forma de calor (reação exotérmica, ou exergônica).

A maioria dos seres vivos obtém energia para as atividades celulares por meio da oxidação aeróbia de moléculas orgânicas. Nesse processo, moléculas de ácidos graxos e de glicídios, principalmente a glicose, são degradadas, formando moléculas de gás carbônico (CO_2) e de água (H_2O), com liberação de energia para as atividades celulares. Assim, a energia para a vida provém de reações de oxirredução, semelhantes à combustão da glicose, mostrada a seguir.

Oxidação ($C_6H_{12}O_6 \rightarrow 6\,CO_2$); Redução ($6\,O_2 \rightarrow 6\,H_2O$)

$$C_6H_{12}O_6 + 6\,O_2 \rightarrow 6\,CO_2 + 6\,H_2O + \text{ENERGIA}$$

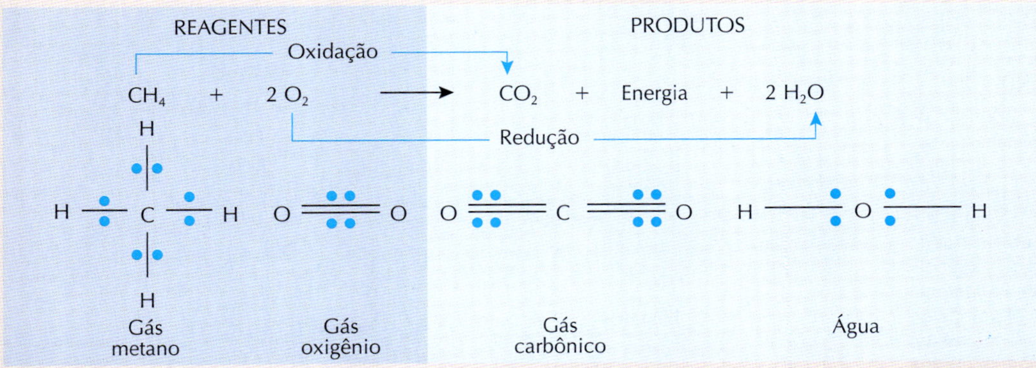

Figura 9.4 Combustão do metano, uma oxirredução. Nas moléculas de CH_4 e de O_2, os pares de elétrons compartilhados (círculos azuis) encontram-se equidistantes dos dois átomos envolvidos na ligação. Nas moléculas de CO_2 e de H_2O, os pares de elétrons compartilhados ficam mais próximos dos átomos de O, liberando parte de sua energia potencial na forma de calor. Portanto, o CH_4 sofre oxidação, pois os elétrons compartilhados se afastaram dos núcleos do C, e o O_2 sofre redução, pois os elétrons compartilhados se aproximaram dos núcleos do O. (Baseado em Campbell, N. e cols., 1999.)

Seção 9.2

ATP, a "moeda energética" do mundo vivo

Objetivo

- Compreender o papel das moléculas de ATP como intermediadoras dos processos energéticos celulares.

Termos e conceitos

- ATP (trifosfato de adenosina)
- ADP (difosfato de adenosina)

Estrutura química do ATP

A energia liberada na degradação de moléculas orgânicas pelas células não é usada diretamente para a realização de trabalho celular. Antes de ser empregada nos processos celulares, a energia é transferida para moléculas de uma substância chamada **trifosfato de adenosina**, nas quais fica armazenada. Essa substância, mais conhecida pela sigla **ATP** (do inglês, ***A****denosine* ***T****ri****p****hosphate*), desempenha um papel fundamental em todos os tipos de célula, que consiste em captar e armazenar a energia liberada nas reações celulares exergônicas, transferindo-a, posteriormente, para os processos celulares endergônicos.

O trifosfato de adenosina, ou ATP, é um nucleotídio constituído pela base nitrogenada adenina unida ao glicídio ribose que, por sua vez, se une a uma cadeia de três grupos fosfatos. As ligações químicas entre os fosfatos do ATP são ligações de alta energia e costumam ser representadas graficamente pelo símbolo ~.

Durante a oxidação de moléculas orgânicas do alimento, parte da energia liberada pelos elétrons é utilizada para a síntese de moléculas de ATP, ficando armazenada nas ligações químicas entre seus grupos fosfatos. A energia que não é transferida para o ATP dissipa-se como calor, ao passo que a energia armazenada no ATP pode ser transferida para os mais diversos tipos de processos metabólicos que acontecem em uma célula.

O estoque de ATP em uma única célula é da ordem de um bilhão de moléculas, que são usadas e repostas a cada dois ou três minutos, ininterruptamente. Por essa razão, alguns pesquisadores comparam o ATP a uma "moeda energética" que circula dentro da célula e "custeia" os gastos metabólicos.

O ATP é normalmente sintetizado a partir de uma molécula precursora semelhante a ele, mas que possui apenas dois fosfatos: o **ADP** ou **difosfato de adenosina**. A síntese de ATP ocorre pela adição de um grupo fosfato inorgânico, simbolizado por P_i, ao ADP. Essa reação demanda quantidade considerável de energia, aproximadamente 7,3 kcal/mol. A quebra do ATP em ADP e P_i fornece quantidade equivalente de energia (7,3 kcal/mol) para as atividades celulares. **(Fig. 9.5)**

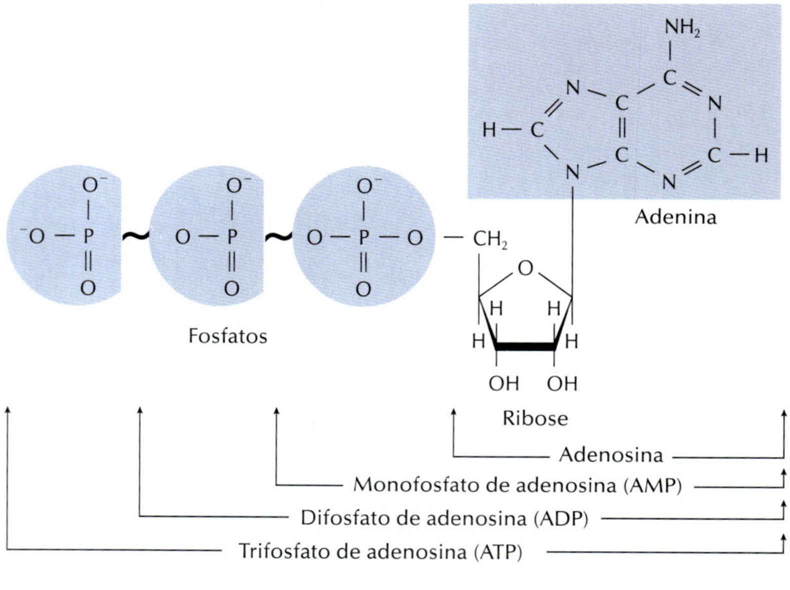

Figura 9.5
Fórmula estrutural do ATP. A parte da molécula formada pela adenina e pela ribose é chamada de adenosina. A adição de um fosfato à adenosina origina o monofosfato de adenosina (AMP). A adição de um segundo fosfato dá origem ao difosfato de adenosina (ADP), e a de um terceiro fosfato origina o trifosfato de adenosina (ATP).

O mecanismo mais comum de fornecimento de energia para os processos celulares é a transferência de um grupo fosfato do ATP para outras moléculas, o que provoca nelas as alterações necessárias à realização do trabalho celular. Por exemplo, na síntese de diversas substâncias, o fosfato é transferido a um dos reagentes, que adquire, assim, a energia necessária para se unir a outras moléculas e gerar os produtos. No transporte ativo de íons realizado pelas bombas de sódio-potássio da membrana plasmática, o grupo fosfato liberado na quebra do ATP combina-se com as proteínas transportadoras da membrana, provocando mudanças em suas estruturas espaciais. Isso permite que essas proteínas movimentem-se através da membrana plasmática e carreguem íons de sódio (Na^+) para o meio extracelular. Ali, elas capturam íons de potássio (K^+), liberam o excesso de energia recebida com o fosfato e voltam à sua configuração original, carregando os novos íons para dentro da célula. O fosfato (P_i) solta-se então das proteínas transportadoras e pode ser utilizado na síntese de novas moléculas de ATP. (veja a figura 5.9, na página 151)

Nos movimentos celulares, a energia obtida do ATP faz com que moléculas de miosina adquiram uma configuração instável, com alta energia potencial. Nessa condição, elas puxam as fibras de actina com as quais estão em contato, realizando trabalho. O deslizamento das fibras da proteína actina sobre as moléculas de miosina é responsável por muitos movimentos celulares. No caso específico dos músculos, esse deslizamento faz com que as células encurtem, promovendo a contração muscular. **(Fig. 9.6)**

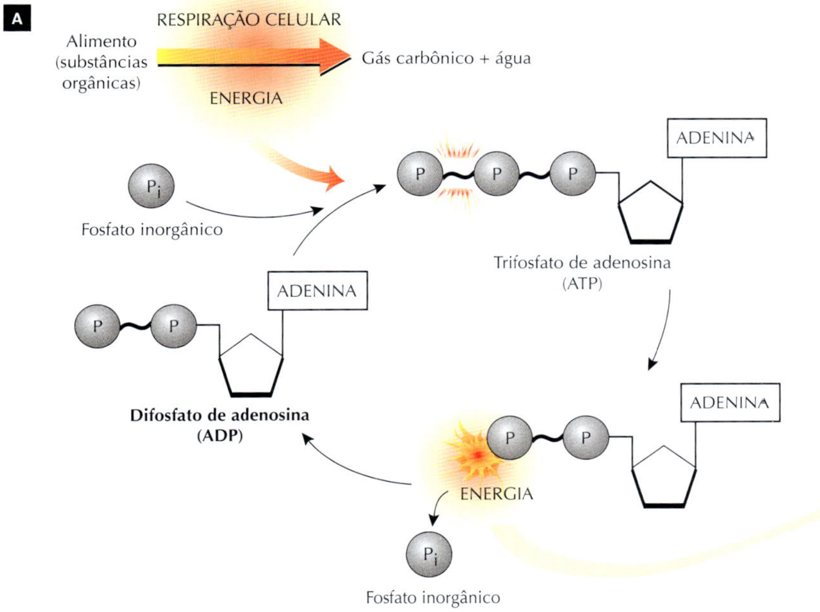

Figura 9.6 **A.** Esquema que representa o papel do ATP como "moeda energética" do metabolismo celular. Reações em que moléculas orgânicas do alimento são degradadas, como as da respiração celular, transferem energia para a síntese de moléculas de ATP. Estas, ao serem degradadas, fornecem energia para trabalhos celulares, como a contração muscular. **B.** Esquema geral que representa os caminhos da energia nos seres vivos, mediada pelo ATP.

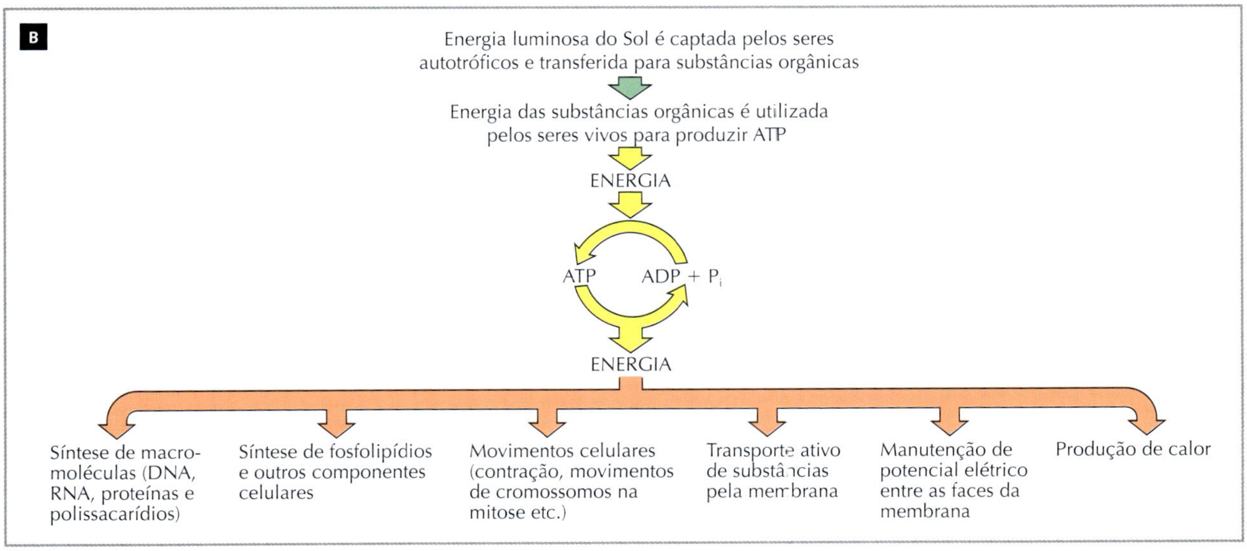

Conteúdo digital Moderna PLUS http://www.modernaplus.com.br
Texto: *Síntese de ATP em mitocôndrias e cloroplastos*

Respiração celular

Objetivos

- Conceituar respiração celular e identificar as equações químicas gerais referentes a esse processo.
- Conhecer e compreender as principais etapas da respiração celular, identificando os locais da célula onde elas ocorrem.
- Compreender os aspectos gerais da formação do ATP.

Termos e conceitos

- respiração celular
- glicólise
- aceptor de elétrons
- ciclo do ácido cítrico
- fosforilação oxidativa
- cadeia transportadora de elétrons
- sintetase do ATP
- teoria quimiosmótica

1 A oxidação biológica da glicose

A maioria dos seres vivos produz ATP para suas necessidades energéticas por meio da **respiração celular**, um processo de oxidação em que o gás oxigênio atua como agente oxidante de moléculas orgânicas. Nesse processo, moléculas de ácidos graxos ou de glicídios, principalmente glicose, são degradadas, formando moléculas de gás carbônico (CO_2) e de água (H_2O) e liberando energia, utilizada na produção de moléculas de ATP a partir de ADP e P_i.

A respiração celular da glicose é equivalente à sua combustão, em termos de reagentes e produtos. Nos dois casos, uma molécula de glicose reage com seis moléculas de gás oxigênio, produzindo seis moléculas de gás carbônico e seis moléculas de água:

$$C_6H_{12}O_6 + 6\,O_2 \rightarrow 6\,CO_2 + 6\,H_2O$$

Essa reação é capaz de liberar cerca de 686 kcal/mol. Se toda essa quantidade de energia fosse liberada de uma só vez na respiração celular, como acontece na combustão, a célula seria danificada. Na respiração celular, a energia das moléculas orgânicas é liberada pouco a pouco, em uma sequência ordenada de reações químicas bem controladas, e parte dessa energia é armazenada na forma de ATP.

Cálculos recentes realizados pelos bioquímicos mostram que na respiração aeróbia de uma molécula de glicose formam-se, no máximo, 30 moléculas de ATP a partir de ADP e P_i. Cálculos anteriores, menos precisos, indicavam a formação de 36 a 38 moléculas de ATP por molécula de glicose. Como a síntese de ATP consome cerca de 7,3 kcal/mol, as 30 moléculas produzidas na respiração seriam capazes de armazenar aproximadamente 219 kcal/mol ($7{,}3 \times 30$). Comparando esse valor com o da oxidação completa da glicose, que libera 686 kcal/mol, pode-se estimar que o rendimento da oxidação aeróbia nas células é de aproximadamente 32% ($219 \div 686 \times 100 = 31{,}9\%$). Essa eficiência é bem superior à dos melhores motores que os engenheiros conseguem construir.

A equação geral para a respiração aeróbia da glicose, de acordo com os dados mais modernos, é:

$$C_6H_{12}O_6 + 6\,O_2 + 30\,ADP + 30\,P_i \rightarrow 6\,CO_2 + 6\,H_2O + 30\,ATP$$

2 Etapas da respiração celular

A degradação da glicose na respiração celular ocorre em três etapas metabólicas: glicólise, ciclo de Krebs e fosforilação oxidativa. Nas células eucarióticas, a glicólise ocorre no citosol, enquanto o ciclo de Krebs e a fosforilação oxidativa ocorrem no interior das mitocôndrias.

Glicólise

A **glicólise** (do grego *glykos*, açúcar, e *lysis*, quebra) é uma sequência de 10 reações químicas catalisadas por enzimas livres no citosol. Nela, uma molécula de glicose é quebrada em duas moléculas de **ácido pirúvico*** (fórmula geral $C_3H_4O_3$), com saldo líquido de duas moléculas de ATP.

Conteúdo digital Moderna PLUS http://www.modernaplus.com.br
Animação: *Processos energéticos*, veja aba *Respiração celular*

* Por conveniência, sempre nos referimos aos ácidos em sua forma não dissociada. Entretanto, nas condições do meio intracelular, os ácidos estão em sua maior parte dissociados em íons H^+ e íons negativos, no caso, o piruvato ($C_3H_3O_3^-$).

O processo tem início com a ativação da molécula de glicose, que ocorre pela adição de dois fosfatos energéticos provenientes de duas moléculas de ATP. Com isso, a molécula de glicose torna-se instável e quebra-se em duas moléculas menores de ácido pirúvico. O consumo inicial de dois ATP é um investimento energético que será recuperado durante a própria glicólise, pois a quebra da glicose em dois ácidos pirúvicos é suficiente para produzir quatro moléculas de ATP. O saldo energético líquido da glicólise é, portanto, de dois ATP por molécula de glicose. (**Fig. 9.7**)

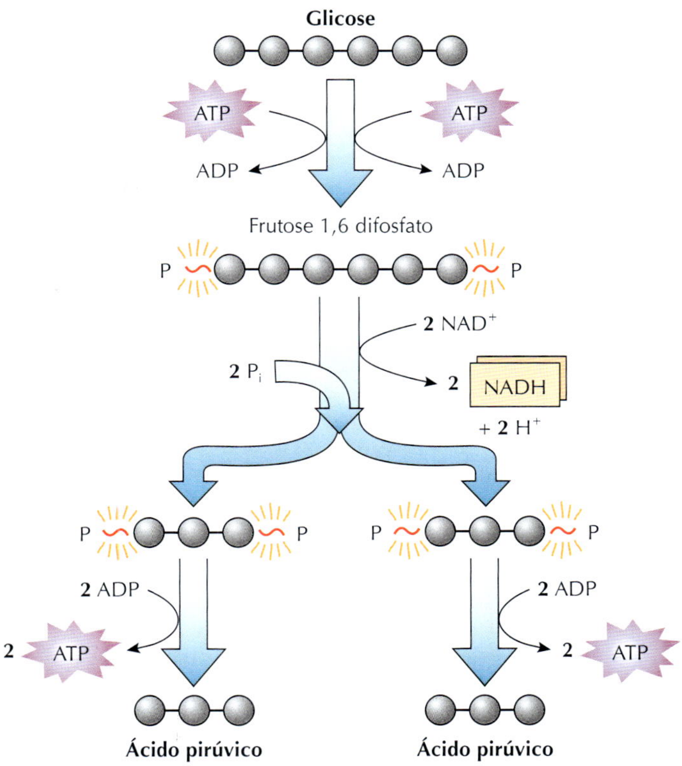

Figura 9.7 Esquema das etapas da glicólise.

Além de duas moléculas de ácido pirúvico, a glicólise libera quatro elétrons (**e**$^-$) com nível alto de energia e quatro íons H^+. Dois desses íons H^+ permanecem livres no citosol, enquanto os outros dois e os quatro elétrons energizados são prontamente capturados por duas moléculas da substância dinucleotídio de nicotinamida-adenina, ou **NAD** (sigla do inglês ***N****icotinamide* ***A****denine* ***D****inucleotide*). Moléculas dessa substância na forma oxidada (NAD^+) passam para o estado reduzido (NADH) ao capturarem elétrons e íons H^+, como mostrado na equação a seguir:

$$2\,H^+ + 4\,e^- + 2\,NAD^+ \rightarrow 2\,NADH$$

A equação química que resume a glicólise é:

$$C_6H_{12}O_6 + 2\,ADP + 2\,P_i + 2\,NAD^+ \rightarrow 2\,C_3H_4O_3 + 2\,ATP + 2\,NADH + 2\,H^+$$

O NAD^+ desempenha papel central no metabolismo energético das células; ele captura elétrons de alta energia provenientes da degradação de moléculas orgânicas e fornece-os aos sistemas de síntese de ATP. Por essa capacidade de "aceitar" elétrons energizados e íons H^+, o NAD^+ é denominado **aceptor de elétrons**, ou **aceptor de hidrogênio**. (Fig. 9.8)

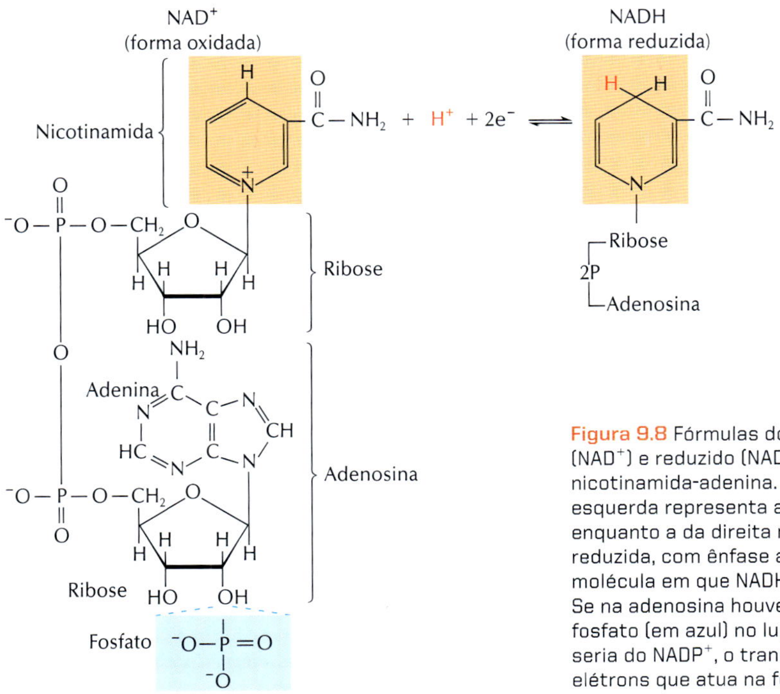

Figura 9.8 Fórmulas do estado oxidado (NAD^+) e reduzido (NADH) do dinucleotídio nicotinamida-adenina. A fórmula à esquerda representa a forma oxidada, enquanto a da direita representa a forma reduzida, com ênfase apenas na parte da molécula em que NADH difere do NAD^+. Se na adenosina houvesse um grupo fosfato (em azul) no lugar do H, a fórmula seria do $NADP^+$, o transportador de elétrons que atua na fotossíntese.

A glicólise é uma etapa anaeróbia do processo de degradação da glicose, pois não necessita de gás oxigênio para ocorrer. As etapas seguintes, porém, são aeróbias e só ocorrem se houver gás oxigênio suficiente. Na falta desse gás, as moléculas de ácido pirúvico são transformadas, ainda no citosol, em ácido láctico ou em etanol, dependendo do tipo de organismo. Esse processo é denominado fermentação e será estudado mais adiante neste capítulo.

Ciclo de Krebs ou ciclo do ácido cítrico

O ácido pirúvico produzido na glicólise é transportado através das membranas da mitocôndria e, na matriz mitocondrial, reage imediatamente com uma substância denominada **coenzima A** (CoA). Nessa reação, são produzidas uma molécula de acetilcoenzima A (**acetil-CoA**) e uma molécula de gás carbônico (CO_2). Dela também participa uma molécula de NAD^+, que se transforma em NADH ao capturar 2 elétrons de alta energia e 1 dos 2 íons H^+ liberados na reação:

$$\text{Ácido pirúvico} + \text{CoA} + NAD^+ \rightarrow \text{Acetil-CoA} + \text{NADH} + CO_2 + H^+$$

Na matriz mitocondrial, as moléculas de acetil-CoA são oxidadas e originam, no final do processo, duas moléculas de gás carbônico e a coenzima A intacta. A oxidação completa da acetil-CoA consiste de um conjunto de nove reações químicas sequenciais que formam um ciclo, pois uma molécula de ácido oxalacético une-se à acetil-CoA no início do processo e é recuperada intacta no final. Esse conjunto de reações é conhecido como **ciclo do ácido cítrico** ou **ciclo de Krebs**. Esta última denominação é uma homenagem a Hans Adolf Krebs (1900-1981), o bioquímico alemão que desvendou esse conjunto de reações e, em 1953, recebeu o prêmio Nobel para Fisiologia ou Medicina por esse feito.

O ciclo de Krebs tem início com uma reação entre a acetil-CoA e o ácido oxalacético, em que é liberada a molécula de coenzima A e formada uma molécula de **ácido cítrico**. Ao longo das oito reações subsequentes, são liberadas 2 moléculas de gás carbônico, elétrons de alta energia e íons H^+. O ácido oxalacético é recuperado intacto ao final do processo, pronto para se combinar com outra molécula de acetil-CoA e reiniciar outro ciclo. (**Fig. 9.9**)

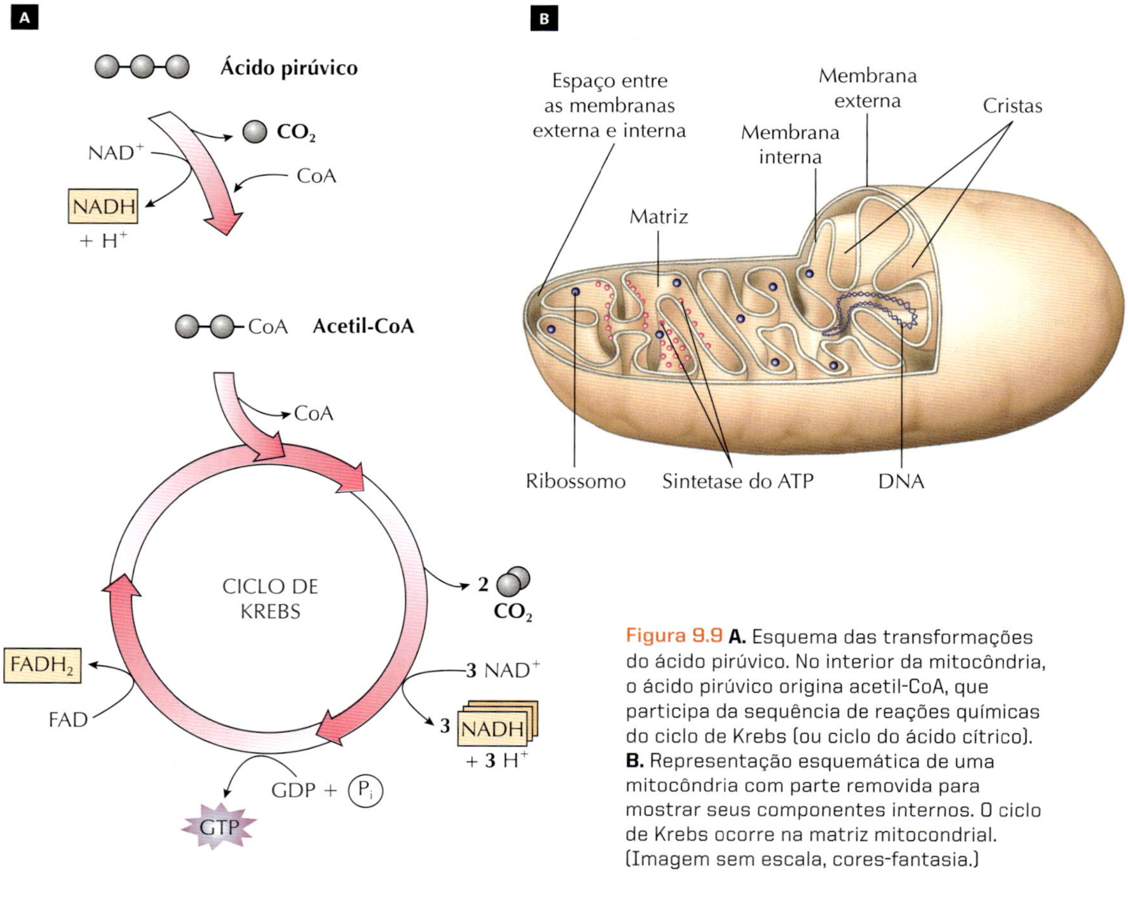

Figura 9.9 **A.** Esquema das transformações do ácido pirúvico. No interior da mitocôndria, o ácido pirúvico origina acetil-CoA, que participa da sequência de reações químicas do ciclo de Krebs (ou ciclo do ácido cítrico). **B.** Representação esquemática de uma mitocôndria com parte removida para mostrar seus componentes internos. O ciclo de Krebs ocorre na matriz mitocondrial. (Imagem sem escala, cores-fantasia.)

Os elétrons de alta energia e os íons H^+ são prontamente capturados por moléculas de NAD^+, que se transformam em NADH, e também por um outro aceptor de elétrons, o dinucleotídio de flavina-adenina ou **FAD** (do inglês ***F****lavine* ***A****denine* ***D****inucleotide*), que se transforma em **$FADH_2$**. Ao longo de cada ciclo de Krebs, são formados 3 NADH e 1 $FADH_2$.

Em uma das etapas do ciclo, a energia liberada permite a formação direta de uma molécula de trifosfato de guanosina ou **GTP** (do inglês ***G****uanosine* ***T****riphos****P****hate*), a partir de GDP (difosfato de guanosina) e P_i. O GTP é muito semelhante ao ATP; difere dele apenas por apresentar a base nitrogenada guanina em vez de adenina. É o GTP que fornece energia para alguns processos celulares, como a síntese de proteínas. O GTP também pode ser formado pela transferência do fosfato energético do ATP para um GDP; de forma similar, ATP pode ser gerado pela transferência do fosfato do GTP para um ADP.

Em resumo, no ciclo de Krebs são formados: $2\ CO_2 + 3\ NADH + 1\ FADH_2 + 1\ GTP$ (correspondente a um ATP). A Tabela 9.2 traz o resultado das etapas da degradação da glicose. (**Tab. 9.2**)

Tabela 9.2 Resultado líquido das etapas de glicólise e ciclo de Krebs da respiração celular

Processos da respiração celular	Moléculas de CO_2 produzidas	Moléculas de NAD^+ reduzidas a NADH	Moléculas de FAD reduzidas a $FADH_2$	Moléculas de ATP (ou GTP) formadas
1 molécula de glicose originando 2 de ácido pirúvico	0	2	0	2
2 moléculas de ácido pirúvico originando 2 de acetil-CoA	2	2	0	0
2 moléculas de acetil-CoA originando 4 de CO_2	4	6	2	2
TOTAL	6	10	2	4

Fosforilação oxidativa

A síntese da maior parte do ATP gerado na respiração celular está acoplada à reoxidação das moléculas de NADH e $FADH_2$, que se transformam em NAD^+ e FAD respectivamente. Nessa reoxidação, são liberados elétrons com alto nível de energia que, após perderem seu excesso de energia, reduzem o gás oxigênio a moléculas de água, de acordo com as seguintes equações gerais:

$$2\ NADH + 2\ H^+ + O_2 \rightarrow 2\ NAD^+ + 2\ H_2O$$

$$2\ FADH_2 + O_2 \rightarrow 2\ FAD + 2\ H_2O$$

A energia liberada gradativamente pelos elétrons durante sua transferência até o gás oxigênio é usada na produção de ATP. O termo **fosforilação oxidativa** refere-se justamente à produção de ATP, pois a adição de fosfato ao ADP para formar ATP é uma reação de fosforilação. Ela é chamada oxidativa porque ocorre em diversas oxidações sequenciais, nas quais o último agente oxidante é o gás oxigênio (O_2).

Cadeia transportadora de elétrons

Na membrana interna da mitocôndria há conjuntos de proteína dispostos em sequência que participam na condução dos elétrons do NADH e do $FADH_2$ até o gás oxigênio. Cada conjunto sequencial de proteínas recebe o nome de **cadeia transportadora de elétrons** ou **cadeia respiratória**.

Os transferidores de elétrons nas cadeias respiratórias são proteínas denominadas **citocromos**, que possuem ferro em sua composição. Cada tipo de citocromo é capaz de capturar elétrons com certo nível de energia e transferi-los, com um nível de energia menor, para o citocromo imediatamente seguinte. (**Fig. 9.10**)

A passagem dos elétrons ao longo da cadeia respiratória tem início quando o NADH doa seu par de elétrons ao primeiro aceptor da cadeia respiratória, que os transfere ao seguinte e assim por diante. Essa transferência dos elétrons de um componente da cadeia a outro faz com que eles percam energia gradativamente e possam, ao final da cadeia, combinar-se com o gás oxigênio (O_2), produzindo água na reação. O gás oxigênio só participa efetivamente da respiração celular nessa última etapa; no entanto, em sua ausência, o ciclo é rapidamente interrompido.

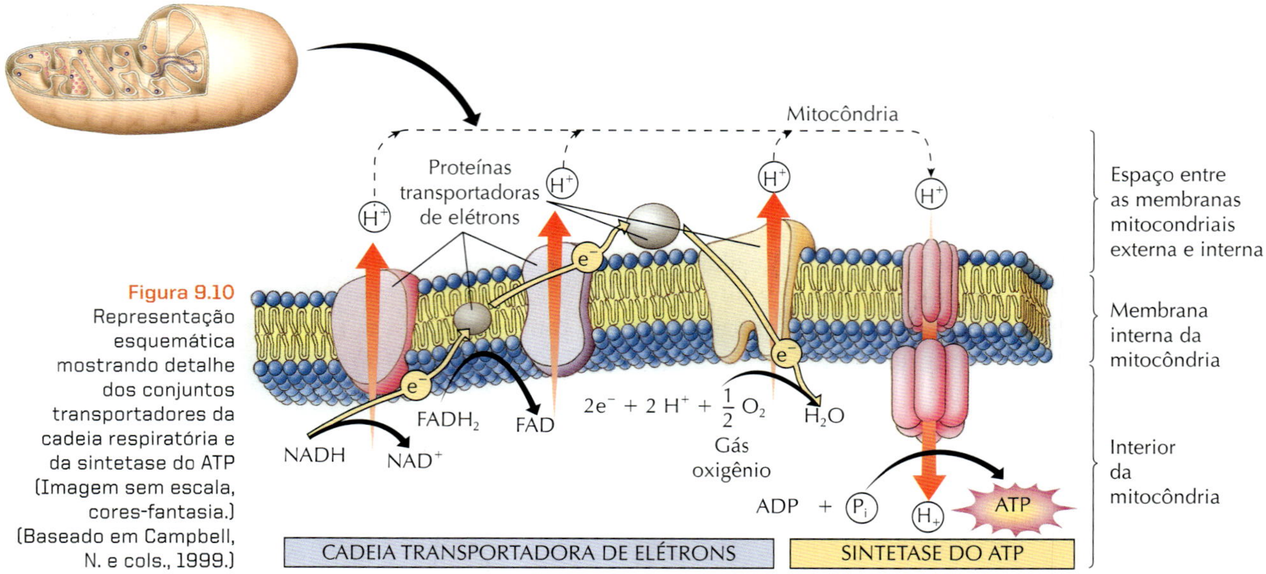

Figura 9.10 Representação esquemática mostrando detalhe dos conjuntos transportadores da cadeia respiratória e da sintetase do ATP (Imagem sem escala, cores-fantasia.) (Baseado em Campbell, N. e cols., 1999.)

A energia liberada pelos elétrons durante sua passagem pela cadeia respiratória é usada para forçar a transferência de íons H^+ para o espaço existente entre as duas membranas mitocondriais. Sabe-se que a energia liberada por um par de elétrons durante seu deslocamento pela cadeia respiratória, do NADH até o gás oxigênio, é suficiente para transportar 10 íons H^+ através da membrana interna da mitocôndria. Os elétrons do $FADH_2$, por terem um nível menor de energia, são transferidos diretamente aos aceptores do segundo complexo proteico da cadeia respiratória e liberam energia suficiente para transportar apenas 6 íons H^+ através da membrana interna da mitocôndria. **(Fig. 9.11)**

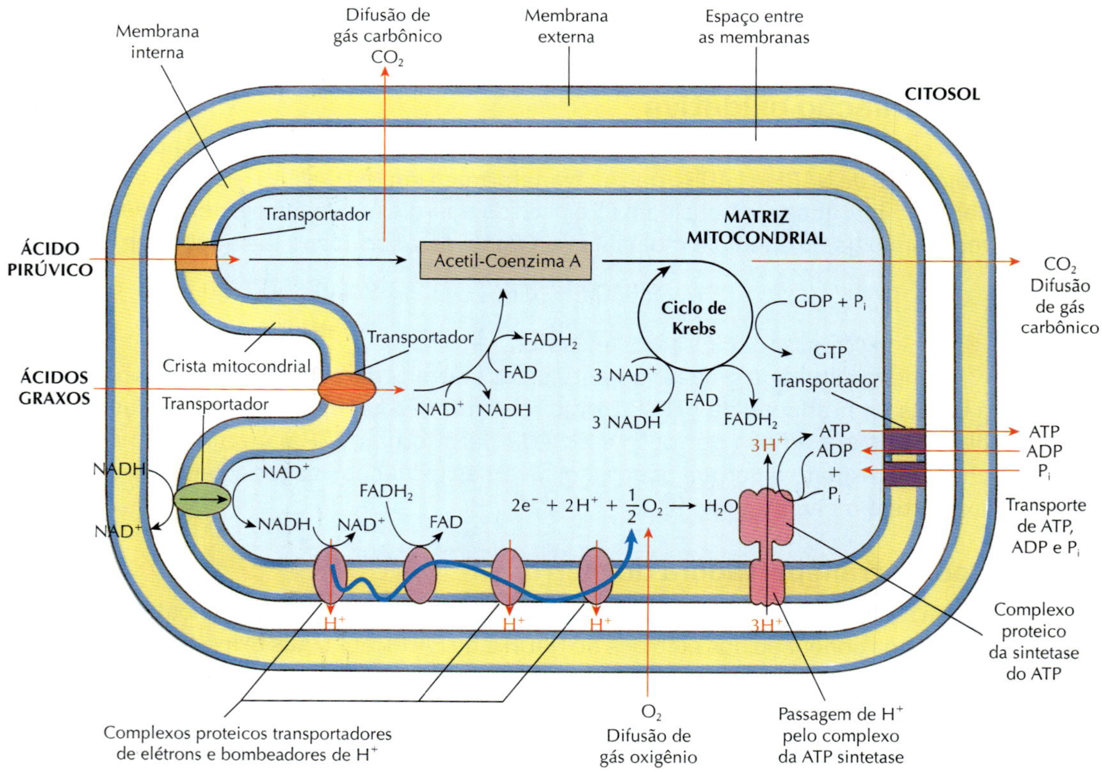

Figura 9.11 Representação esquemática das reações que ocorrem no interior da mitocôndria. Note que o ácido pirúvico e os ácidos graxos que penetram na mitocôndria (à esquerda) transformam-se em acetilcoenzima A, o ponto de partida das reações intramitocondriais, dando início ao ciclo de Krebs. Na membrana mitocondrial interna, ocorrem as reações da cadeia respiratória e da produção de ATP. (Imagem sem escala, cores-fantasia.) (Baseado em Lodish, H. e cols., 2004.)

Como vimos, a maior parte do NADH é produzida no interior da mitocôndria, durante a transformação do ácido pirúvico em acetil-CoA e o ciclo de Krebs. Na glicólise, também são produzidas duas moléculas de NADH, mas estas não conseguem entrar na mitocôndria para doar seus elétrons à cadeia respiratória, pois a membrana mitocondrial interna é impermeável ao NADH.

Um curioso mecanismo, porém, permite à mitocôndria aproveitar a energia do NADH produzido no citosol; a membrana interna da mitocôndria contém proteínas especiais, capazes de atuar como pontes eletrônicas, transportando elétrons de alta energia do NADH do citosol (que se oxida a NAD^+) para um NAD^+ presente na matriz mitocondrial, o qual se reduz a NADH. Para todos os efeitos, é como se o NADH tivesse entrado na mitocôndria. Veja esse processo esquematizado a seguir:

$$NADH_{citosol} + NAD^+_{matriz} \rightarrow NAD^+_{citosol} + NADH_{matriz}$$

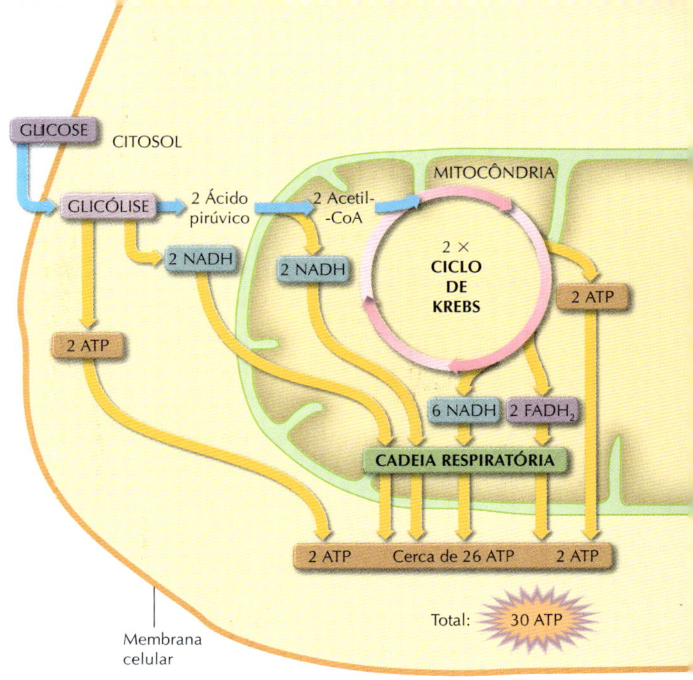

Figura 9.12 Representação esquemática das etapas do metabolismo aeróbio da glicose com produção de ATP. A glicólise ocorre no citosol, enquanto o ciclo de Krebs e a cadeia respiratória ocorrem no interior da mitocôndria. Cada molécula de glicose metabolizada pode produzir até 30 ATP. (Imagem sem escala, cores-fantasia.)

Rendimento energético na respiração celular

A energia liberada pelos elétrons com alta energia, obtidos de uma molécula de glicose em sua passagem pela cadeia respiratória, pode formar até um máximo de 26 moléculas de ATP. Somando-se essas 26 moléculas aos dois ATP formados na glicólise e aos dois formados no ciclo de Krebs (um GTP para cada acetil-CoA), obtém-se o rendimento máximo da respiração celular, que é, segundo as pesquisas mais recentes, de 30 moléculas de ATP por molécula de glicose. (**Fig. 9.12**)

AMPLIE SEUS CONHECIMENTOS

A teoria quimiosmótica que explica a produção de ATP

A energia liberada pelos elétrons em sua passagem pela cadeia respiratória, que alguns autores chamam de força eletromotiva, é usada para concentrar íons H^+ no espaço entre as membranas mitocondriais. Em alta concentração nesse estreito compartimento, a tendência desses íons é voltar à matriz mitocondrial, gerando, assim, uma pressão potencial de difusão, chamada força protomotiva. Mas os íons H^+ só podem retornar ao interior da mitocôndria passando através de um complexo de proteínas, denominado **sintetase do ATP**, presente na membrana mitocondrial interna. Esse complexo proteico é comparável à turbina de uma usina hidrelétrica: ele possui um rotor interno que gira, movido pela passagem dos íons H^+. Nesse processo, a energia potencial de difusão dos íons H^+ é convertida em energia mecânica (rotação da sintetase) e, em seguida, em energia química, na ligação entre os fosfatos do ATP.

Esse mecanismo de produção de ATP nas mitocôndrias e também nos cloroplastos, como veremos no capítulo 10, foi comprovado em diversos experimentos e tornou-se conhecido como **teoria quimiosmótica**. Foi o bioquímico inglês Peter Mitchell (1920-1992) quem propôs a teoria quimiosmótica, na década de 1960, tendo recebido o prêmio Nobel de Química por esse trabalho em 1978.

De volta ao interior da mitocôndria, os íons H^+ combinam-se aos elétrons transportados pela cadeia respiratória e aos átomos provenientes do gás oxigênio para formar moléculas de água. (**Fig. 9.13**)

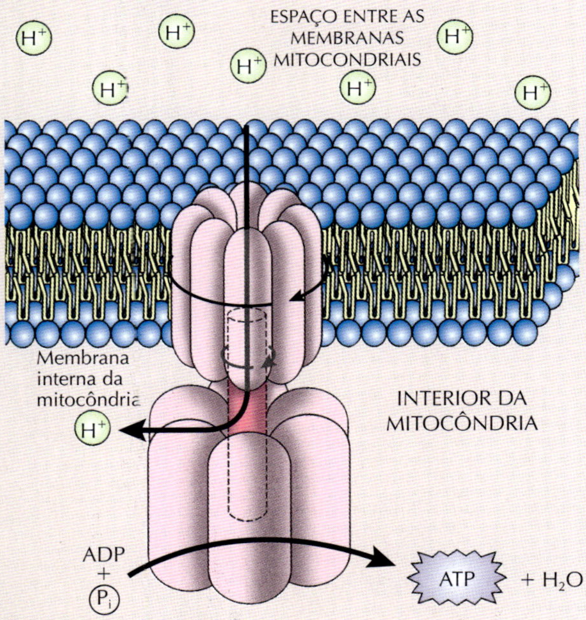

Figura 9.13 Representação esquemática da enzima sintetase do ATP, de acordo com a teoria quimiosmótica. Para produzir ATP, essa enzima utiliza o potencial de difusão dos íons H^+ que haviam sido forçados a se acumular no espaço entre as membranas mitocondriais durante a cadeia respiratória. (Imagem sem escala, cores-fantasia.) (Baseado em Campbell, N. e cols., 1999.)

3 Fontes de energia para a respiração celular: glicídios e ácidos graxos

Todas as nossas células oxidam glicídios para obtenção de energia; algumas, como as células nervosas do encéfalo, obtêm praticamente toda a energia de que necessitam pela oxidação aeróbia da glicose. É por isso que nosso organismo precisa manter estável a taxa desse glicídio no sangue: sua diminuição pode causar desmaio e até mesmo coma, por afetar diretamente o sistema nervoso. A glicose fica armazenada no fígado na forma de glicogênio e é liberada no sangue quando há diminuição da glicemia (taxa de glicose no sangue), como ocorre nos intervalos entre as refeições.

Apesar da importância da oxidação aeróbia dos glicídios em nossas células, a maior parte da energia utilizada por nosso organismo é proveniente de lipídios. A degradação de 1 g de triglicerídios (um tipo de lipídio) com formação de gás carbônico (CO_2) gera 6 vezes mais ATP do que a oxidação de uma quantidade equivalente de glicogênio.

Os triglicerídios são armazenados no citoplasma das células adiposas (geralmente localizadas sob a pele), na forma de gotículas de gordura. Quando necessário, suas moléculas são quebradas em seus constituintes básicos, glicerol e ácidos graxos, e estes últimos são lançados na corrente sanguínea. As células do corpo humano, com exceção das do sistema nervoso e das hemácias, captam os ácidos graxos do sangue, utilizando-os na produção de ATP.

No interior das células, os ácidos graxos são transportados para as mitocôndrias, onde produzem moléculas de acetil-CoA. Da mesma forma que as moléculas de acetil-CoA produzidas a partir do ácido pirúvico na oxidação de glicídios, moléculas de acetil-CoA produzidas pela oxidação de ácidos graxos entram no ciclo de Krebs e são totalmente degradadas a gás carbônico (CO_2) e água (H_2O). **(Fig. 9.14)**

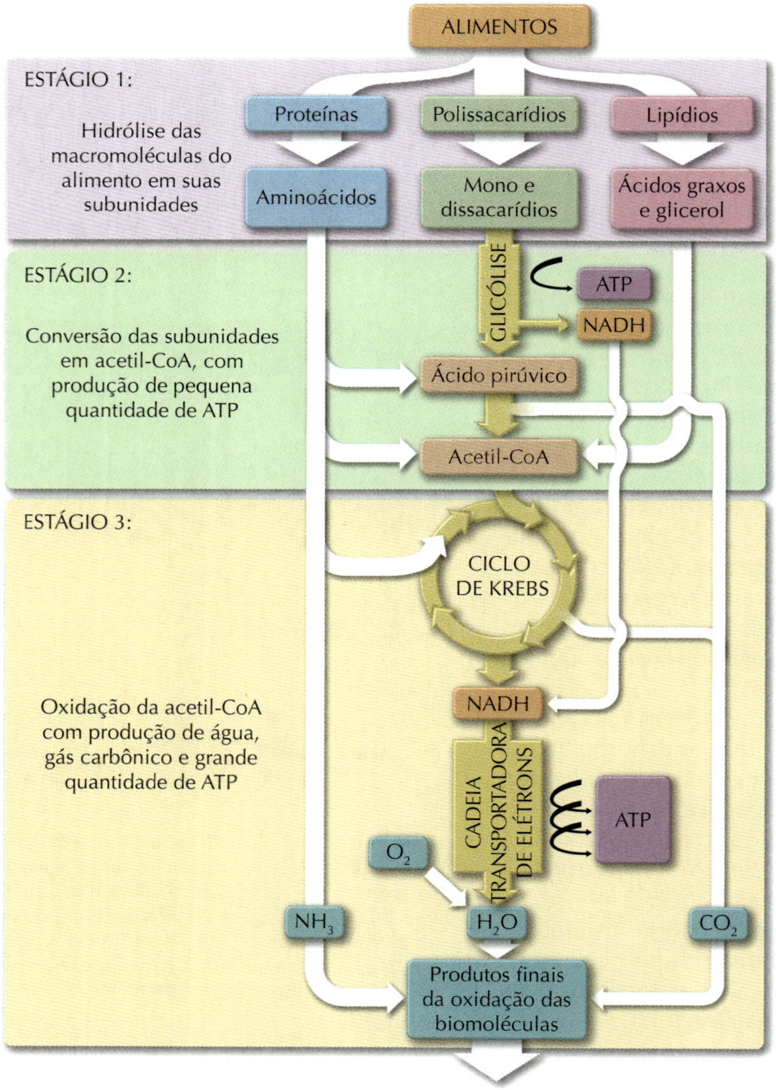

Figura 9.14 Esquema das possíveis vias de utilização dos três principais nutrientes alimentares – proteínas, polissacarídios e lipídios – para produção de energia na forma de ATP.

Seção 9.4

Fermentação

Objetivo

- Conceituar fermentação e identificar as equações químicas gerais referentes a esse processo.
- Exemplificar empregos tecnológicos da fermentação: produção de bebidas e alimentos etc.

Termos e conceitos

- fermentação

A importância da fermentação

A maioria dos organismos eucarióticos obtém energia para a produção de ATP por meio da respiração aeróbia, na qual o aceptor final de elétrons é o gás oxigênio. Assim, esses organismos só conseguem viver em presença desse gás e por isso são chamados de **aeróbios obrigatórios**.

Alguns organismos eucarióticos, como as leveduras ou levedos (tipos de fungo) e uns poucos moluscos e anelídeos, são chamados de **anaeróbios facultativos**, pois podem viver tanto na presença como na ausência de gás oxigênio. Muitas bactérias, por sua vez, são **anaeróbias**, isto é, não necessitam de gás oxigênio para viver. Certas bactérias nem mesmo suportam a presença de gás oxigênio, que pode matá-las, e por isso são chamadas de **anaeróbias obrigatórias**. Organismos anaeróbios obtêm energia pela degradação incompleta das moléculas orgânicas do alimento, com um rendimento energético bem inferior ao da respiração aeróbia.

O principal processo anaeróbio de produção de ATP a partir de substâncias orgânicas é a **fermentação**, utilizada por muitos fungos e bactérias que vivem em ambientes pobres em gás oxigênio. Além disso, nossas próprias células executam fermentação se faltar gás oxigênio para a respiração celular.

A fermentação realizada pela maioria dos organismos, como leveduras, certas bactérias e também por nossas células musculares, consiste em uma glicólise semelhante à que compõe a respiração celular. A diferença é que, na fermentação, o ácido pirúvico recebe elétrons e H^+ do NADH, transformando-se em ácido láctico, ou em álcool etílico (etanol) e gás carbônico, dependendo do tipo de organismo que realiza o processo. Se o produto da fermentação é ácido láctico, fala-se em fermentação láctica; se o produto é álcool etílico, fala-se em fermentação alcoólica.

A fermentação pode ser definida como um processo de degradação incompleta de moléculas orgânicas com liberação de energia para formação de ATP, em que o aceptor final de elétrons e de H^+ é uma molécula orgânica. A parte final da fermentação, em que ácido pirúvico é transformado em ácido láctico, ou em etanol e gás carbônico, é uma reação de oxirredução: o ácido pirúvico atua como aceptor final de elétrons e dos H^+ liberados na glicólise e captados pelo NAD^+. (**Fig. 9.15**)

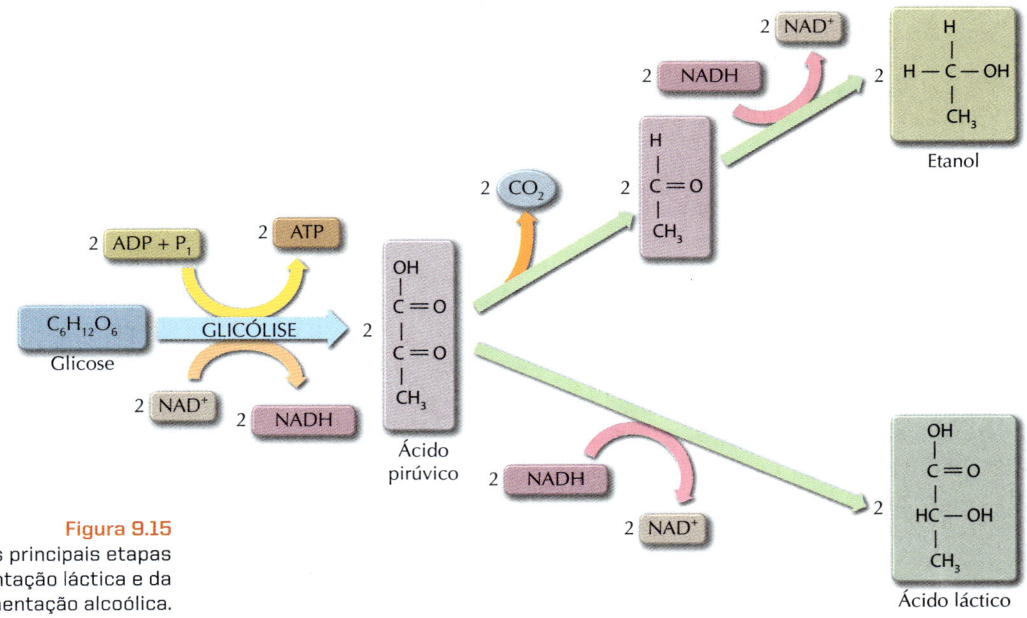

Figura 9.15
Esquema das principais etapas da fermentação láctica e da fermentação alcoólica.

CIÊNCIA E CIDADANIA Tipos de fermentação e sua importância para a humanidade

A fermentação é um processo de grande importância para a humanidade: desde tempos antigos, organismos fermentadores vêm sendo utilizados para a produção de um dos mais tradicionais alimentos — o pão. Além disso, a fermentação é responsável pela produção de bebidas alcoólicas, coalhadas, queijos e vinagre, entre outros alimentos.

Na **fermentação láctica**, o ácido pirúvico originado da glicólise é transformado em ácido láctico. Esse processo é realizado por certas bactérias denominadas lactobacilos, que fermentam o leite. O sabor ligeiramente ácido de coalhadas e iogurtes deve-se justamente ao acúmulo de ácido láctico, que faz abaixar o pH do leite e provoca a coagulação de suas proteínas e a formação de um coalho solidificado, usado também na fabricação de queijos. (**Fig. 9.16**)

Figura 9.16 Microrganismos que fazem fermentação lática são utilizados na fabricação de queijos. Estes podem ainda sofrer a ação de outros microrganismos que conferem aos queijos sabores característicos.

Em nossas células musculares, durante um exercício físico muito intenso, o gás oxigênio que chega aos músculos pode não ser suficiente para suprir as necessidades respiratórias das células musculares. Nessas condições, elas passam a produzir ATP por meio da fermentação láctica. Embora gere menos energia que a respiração aeróbia, a fermentação láctica garante a produção de ATP nas situações de emergência. Entretanto, o acúmulo de ácido láctico causa dor muscular e intoxicação das fibras musculares. Aos poucos, as células musculares eliminam o ácido láctico no sangue, de onde ele é removido pelas células do fígado e reoxidado a ácido pirúvico; este pode ser degradado a CO_2 nas mitocôndrias hepáticas ou reconvertido em glicose, por meio de um processo denominado gliconeogênese.

Na **fermentação alcoólica**, o ácido pirúvico originado na glicólise transforma-se em álcool etílico e gás carbônico. Esse tipo de fermentação é realizado pelo fungo *Saccharomyces cerevisiae*, a levedura conhecida popularmente como fermento de padaria. Há milênios a humanidade utiliza essa espécie de levedura na fabricação de bebidas alcoólicas (vinhos, cervejas, aguardentes etc.) e de pão, no qual o gás carbônico é responsável pelas bolhas que inflam a massa e a tornam macia. (**Fig. 9.17**)

Figura 9.17 O fungo *Saccharomyces cerevis* constitui o chamado fermento biológico, que produz gás carbônico em sua fermentação; é esse gás que faz o pão crescer.

Um outro processo biológico, conhecido como **fermentação acética**, é empregado na produção de vinagre. Ele é realizado por bactérias dos gêneros *Acetobacter* e *Acetomonas*, que crescem espontaneamente em bebidas alcoólicas, como vinho, expostas ao ar, oxidando álcool, que se transforma em ácido acético.

ATIVIDADES

QUESTÕES PARA PENSAR E DISCUTIR

Questões objetivas

1. O trifosfato de adenosina (ATP) é um
   a) ácido nucleico.
   b) lipídio.
   c) monossacarídio.
   d) nucleotídio.

2. Qual das alternativas indica corretamente os compartimentos de uma célula eucariótica onde ocorrem as etapas da respiração celular: glicólise, ciclo de Krebs e fosforilação oxidativa?
   a) Citosol — Mitocôndria — Citosol
   b) Mitocôndria — Citosol — Citosol
   c) Mitocôndria — Citosol — Mitocôndria
   d) Mitocôndria — Mitocôndria — Mitocôndria

3. A fonte imediata de energia que permite a síntese do ATP na fosforilação oxidativa é
   a) a oxidação da glicose e de outras substâncias orgânicas.
   b) a passagem de elétrons pela cadeia respiratória.
   c) a diferença de concentração de íons H^+ entre os ambientes separados pela membrana mitocondrial interna.
   d) a transferência de fosfatos de alta energia do ciclo de Krebs para o ADP.

4. A maior parte do CO_2 produzido no metabolismo das células musculares, durante uma atividade leve, é liberado durante
   a) a glicólise.
   b) o ciclo de Krebs.
   c) a fermentação láctica.
   d) a fosforilação oxidativa.

5. Que etapa metabólica ocorre tanto na respiração celular quanto na fermentação?
   a) Transformação do ácido pirúvico em ácido láctico.
   b) Produção de ATP por fosforilação oxidativa.
   c) Ciclo de Krebs.
   d) Glicólise.

6. Fisiologistas esportivos em um centro de treinamento olímpico desejam monitorar os atletas para determinar a partir de que ponto seus músculos passavam a trabalhar anaerobicamente. Eles podem fazer isso investigando o aumento, nos músculos, de
   a) ATP.
   b) ADP.
   c) gás carbônico.
   d) ácido láctico.

Questão discursiva

7. Na década de 1940, alguns médicos passaram a prescrever doses baixas de uma droga chamada dinitrofenol (DNP) para ajudar pacientes a emagrecer. Esse tratamento foi abandonado após a morte de alguns pacientes. Hoje sabemos que o DNP torna a membrana interna da mitocôndria permeável à passagem de íons H^+. Com base no que você aprendeu sobre metabolismo energético, explique que consequências o uso de DNP acarretaria.

VESTIBULARES PELO BRASIL

Questões objetivas

1 (UFPA) O processo de respiração celular é responsável pelo(a)
   a) consumo de dióxido de carbono e liberação de oxigênio para as células.
   b) síntese de moléculas orgânicas ricas em energia.
   c) redução de moléculas de dióxido de carbono em glicose.
   d) incorporação de moléculas de glicose e oxidação de dióxido de carbono.
   e) liberação de energia para as funções vitais celulares.

2 (Ufac) A maioria dos seres vivos atuais obtém energia por meio da respiração celular, também chamada respiração aeróbia por utilizar o oxigênio atmosférico. Esse tipo de respiração compõe-se de três etapas: glicólise, ciclo de Krebs e cadeia respiratória. Indique corretamente em quais compartimentos da célula ocorrem as diferentes etapas da respiração.
   a) citosol, mitocôndria, mitocôndria
   b) citosol, citosol, mitocôndria
   c) mitocôndria, mitocôndria, citosol
   d) mitocôndria, citosol, mitocôndria
   e) citosol, mitocôndria, citosol

3 (Uespi) O ATP funciona dentro da célula como uma "moeda energética" que pode ser gasta em qualquer momento, quando a célula necessitar. Analise a figura e assinale a alternativa que responde corretamente à questão.

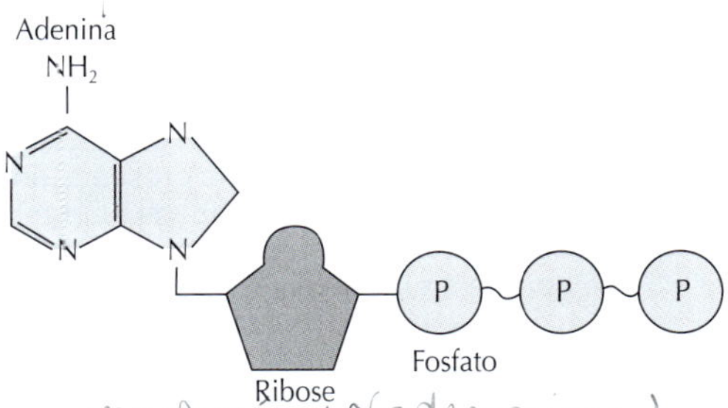

A ______________________

B ______________________

C ______________________

D ______________________

1. Em A, tem-se um nucleotídio.
2. Em B, tem-se um nucleosídio.
3. Em C, tem-se um nucleosídio monofosfatado.
4. Em D, tem-se uma molécula de adenosina trifosfato.

Está(ão) correta(s) apenas

a) 2, 3 e 4.
b) 1 e 2.
c) 2 e 3.
d) 1.
e) 4.

4 (UFPE) O esquema abaixo representa o elo entre os processos de obtenção de energia, como, por exemplo, o da respiração celular aeróbia, e os processos de consumo de energia, como o da atividade muscular.

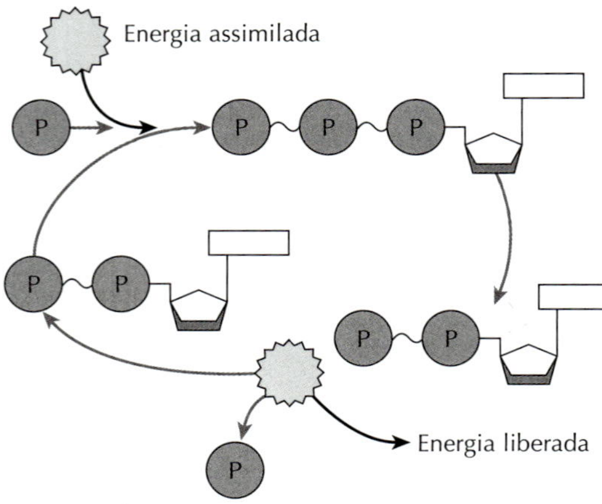

Ou seja, esse esquema representa

a) o ciclo ATP-ADP.
b) o ciclo de Krebs.
c) o ciclo de Calvin.
d) a formação de DNA.
e) a gênese de RNA.

5 (Unifor-CE) O esquema seguinte mostra de modo simplificado um tipo de reação celular metabólica.

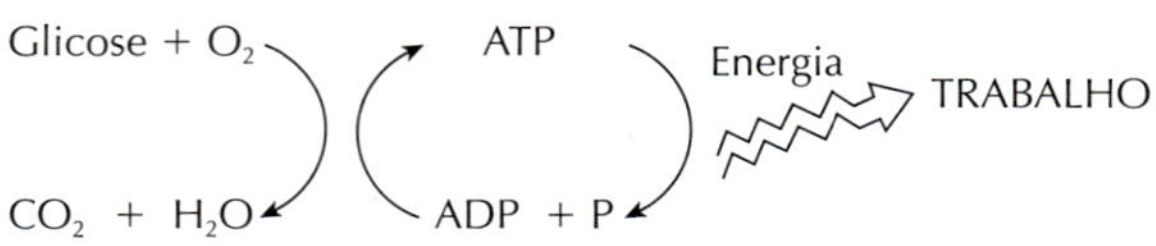

O processo representado é

a) respiração anaeróbia.
b) respiração aeróbia.
c) quimiossíntese.
d) fotossíntese.
e) glicólise.

6 (UFPI) A atmosfera terrestre contém uma grande quantidade de oxigênio e, na presença do oxigênio, a forma de carbono mais estável energeticamente é o CO_2; o mesmo ocorre com o hidrogênio e com a água. Assim, a célula é capaz de obter energia de açúcares e de outras moléculas orgânicas pela combinação dos átomos de carbono e de hidrogênio com oxigênio, para produzir CO_2 e H_2O, respectivamente, em um processo chamado de

a) fotossíntese.
b) fotofosforilação.
c) respiração.
d) catálise.
e) fixação de carbono.

7 (UFPE) Abaixo, tem-se a representação simplificada de um processo biológico celular exergônico. Analise a figura e identifique a alternativa que indica a denominação desse processo representado por (X).

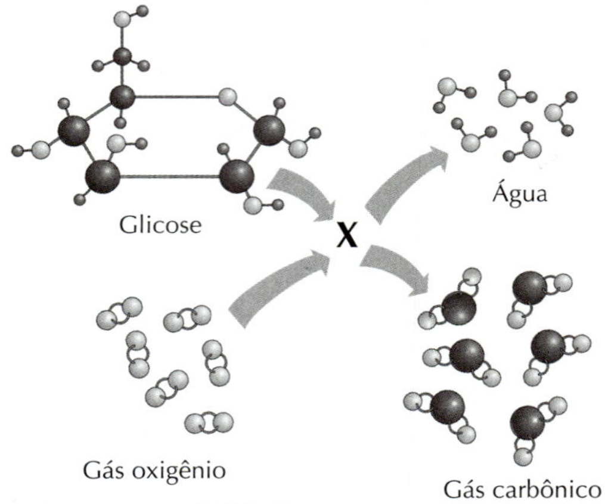

a) Fermentação láctica.
b) Respiração celular.
c) Fermentação alcoólica.
d) Fotossíntese.
e) Quimiossíntese.

8 (UFPE) O maior rendimento energético do processo de respiração aeróbia (acoplada à cadeia transportadora de elétrons) sobre a glicólise é principalmente devido a

a) maior atividade específica das enzimas envolvidas.
b) maior difusão das enzimas no meio de reação.
c) muito menor energia de ativação requerida.
d) completa oxidação de glicose a CO_2 e H_2O.
e) compartimentação e ordenação das enzimas envolvidas.

9 (Unifor-CE) A reação química a seguir esquematiza o processo da fermentação alcoólica.

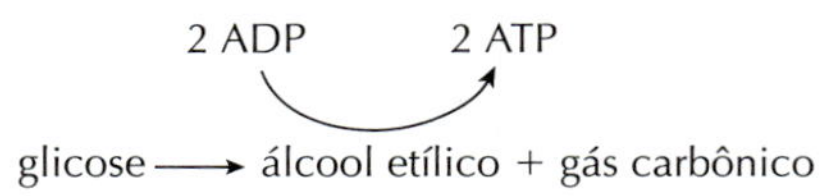

A indústria utiliza esse processo na fabricação de

a) vinho.
b) iogurte.
c) coalhada.
d) vinagre.
e) picles.

10 (Cesmac/Fejal-AL) A respiração celular aeróbia, importante para a liberação de energia da glicose, ocorre na presença de oxigênio. A fermentação, por sua vez, ocorre na ausência de oxigênio e é muito menos eficiente para a obtenção de energia. Com relação aos dois processos, é correto afirmar que

1. o hidrogênio liberado em várias etapas da respiração aeróbia combina-se com o oxigênio proveniente do meio, havendo formação de água e liberação de energia.
2. na glicólise, que ocorre no hialoplasma, uma molécula de glicose resulta em duas moléculas de ácido pirúvico; isso ocorre tanto na respiração aeróbia quanto na fermentação.
3. na fermentação alcoólica, são produzidas, ao final, quatro moléculas de álcool, e um rendimento líquido de apenas 16 moléculas de ATP por molécula de glicose.

Está(ão) correta(s):

a) 1, 2 e 3.
b) 1 e 2 apenas.
c) 1 e 3 apenas.
d) 2 apenas.

11 (Cesmac/Fejal-AL) Embora a respiração celular e a fermentação sejam processos utilizados pelos seres vivos para a utilização da energia contida nas moléculas de glicose, a fermentação é muito menos eficiente do que a respiração. Com relação a esse assunto, é correto dizer que:

a) A energia liberada pelos dois processos é utilizada direta e imediatamente para o trabalho celular.
b) Apenas a energia liberada pela respiração celular é armazenada em forma de ADP (adenosina difosfato).
c) O ADP se transforma em ATP em presença de energia liberada por respiração ou fermentação.
d) No processo da respiração celular, a partir de uma molécula de glicose, se obtêm 16 moléculas de ATP.

12 (UFRN) A glicose é muito importante para o processo de produção de energia na célula. Entretanto, o organismo armazena energia, principalmente sob a forma de gordura. Uma das vantagens de a célula acumular gordura em vez de açúcar é o fato de os lipídios

a) apresentarem mais átomos de carbono.
b) serem moléculas mais energéticas.
c) produzirem mais colesterol.
d) serem mais difíceis de digerir.

13 (UFMS) As mitocôndrias são corpúsculos citoplasmáticos, em geral com forma de bastonetes, extremamente importantes para o funcionamento celular, pois são responsáveis pela

a) respiração, nas plantas e animais.
b) fermentação, nos animais.
c) síntese proteica.
d) síntese de açúcar.
e) fotossíntese, nas plantas.

14 (UnB-DF-Adaptado) Assinale Verdadeiro (V) ou Falso (F).

( ) A glicose libera energia em duas etapas: a primeira, denominada glicólise, ocorre no citoplasma das células; a segunda, em que se verificam reações nas quais o oxigênio é o agente oxidante, ocorre nas mitocôndrias, que são organelas citoplasmáticas que contêm DNA.

15 (UEMS) A glicólise e o ciclo de Krebs funcionam em nosso corpo como uma encruzilhada metabólica, possibilitando que nossas células convertam algumas moléculas em outras à medida que o nosso corpo tenha necessidade. Em que locais ocorrem a glicólise e o ciclo de Krebs, respectivamente?

a) Nos cloroplastos e na mitocôndria.
b) No citosol e no interior da mitocôndria.
c) No retículo endoplasmático e na mitocôndria.
d) No interior da mitocôndria.
e) No citosol e no cloroplasto.

16 (UCG-GO-Adaptado) Assinale Verdadeiro (V) ou Falso (F).

( ) A obtenção de energia, para a atividade muscular, depende da glicólise, processo anaeróbio que participa da respiração aeróbia.

17 (UEMS) Dos processos de transformação de energia nas células, quais etapas ocorrem no interior das mitocôndrias?

a) Glicólise e ciclo do ácido pirúvico.
b) Ciclo do ácido pirúvico e ciclo de Krebs.
c) Ciclo de Krebs e cadeia respiratória.
d) Cadeia respiratória e ciclo do ácido pirúvico.
e) Glicólise e fermentação.

18 (UCG-GO-Adaptado) Assinale Verdadeiro (V) ou Falso (F).

( ) No processo de respiração aeróbia, uma das etapas que ocorre em nível mitocondrial é a cadeia respiratória. Nela, os hidrogênios liberados nas etapas anteriores se ligam com transportadores específicos, NAD e FAD, e são transportados ao encontro do oxigênio para a formação da molécula de água.

19 (UEMS) A fermentação fornece como produtos finais:

a) Oxigênio + Etanol + Energia
b) Monóxido de carbono + Água
c) Oxigênio + Água + Energia
d) Ácido pirúvico + Água + Energia
e) Gás carbônico + Etanol + Energia

20 (UCG-GO-Adaptado) Assinale Verdadeiro (V) ou Falso (F).

( ) A fermentação láctica consiste na oxidação anaeróbia parcial de hidratos de carbono, com a produção final de ácido láctico, além de várias outras substâncias orgânicas. É um processo microbiano de grande importância utilizado pelo homem na produção de laticínios, como queijos, manteiga e coalhada.

21 (Uerj) Em nosso organismo, parte da energia liberada pela oxidação completa da glicose é captada na reação ADP + Fosfato → ATP.

Considere que:

- em pessoas sadias, parte da energia liberada pela oxidação completa de 1 mol de glicose acumula-se sob a forma de 38 mols de ATP, sendo a energia restante dissipada sob forma de calor;
- em um determinado paciente com hipertireoidismo, o rendimento de produção de ATP foi 15% abaixo do normal;
- a reação da hidrólise ATP → ADP + Fosfato libera 7.000 cal/mol.

A quantidade de calor que o paciente com hipertireoidismo libera a mais que uma pessoa sadia, nas mesmas condições, quando oxida completamente 1,0 mol de glicose, é, em kcal, aproximadamente igual a

a) 40.
b) 61.
c) 226.
d) 266.

22 (Uerj) Considere a afirmação abaixo:

No homem, todo gás oxigênio que entra no sangue pelos pulmões sai por esse mesmo órgão, porém ligado ao carbono, sob a forma de gás carbônico.

Essa frase não deve ser considerada como **correta** pela seguinte razão:

a) o CO_2 é excretado sob a forma de bicarbonato pelos rins.

b) os pulmões eliminam pequena parte do CO_2 produzido no organismo.

c) o O_2, na cadeia respiratória mitocondrial, é incorporado na água formada.

d) o O_2 encontrado no ar expirado pelos pulmões é originário de reações metabólicas.

23 (FEI-SP-Adaptado) A respiração, que se processa em três etapas distintas: glicólise, ciclo de Krebs e cadeia respiratória, é um processo de liberação de energia através da quebra de complexas moléculas orgânicas. Das afirmativas abaixo, relacionadas à respiração, qual a correta?

a) Na glicólise, há conversão do ácido pirúvico em compostos intermediários, H_2O e CO_2.

b) Na cadeia respiratória, há transporte de hidrogênio com formação do ácido pirúvico.

c) No ciclo de Krebs, há transporte de hidrogênio, consumo de oxigênio molecular e produção de água.

d) Na glicólise, há conversão da glicose em ácido pirúvico.

e) No ciclo de Krebs, há conversão da glicose em ácido pirúvico.

24 (Uerj) No esquema abaixo, os compartimentos e as membranas mitocondriais estão codificados pelos números 1, 2, 3 e 4.

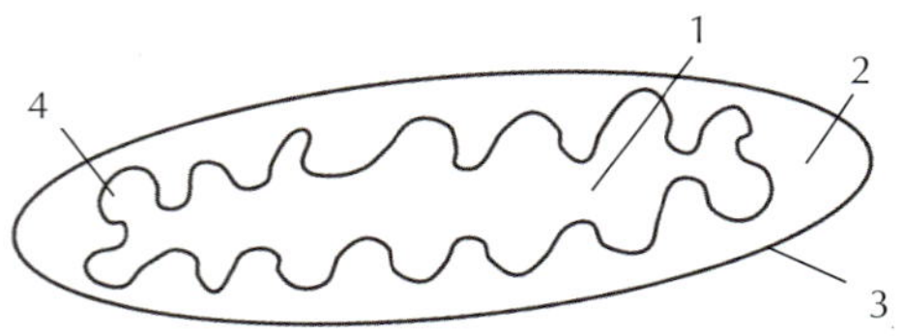

Considere os seguintes componentes do metabolismo energético: citocromos, ATP sintetase e enzimas do ciclo de Krebs.

Esses componentes estão situados nas estruturas mitocondriais codificadas, respectivamente, pelos números

a) 1, 2 e 4.

b) 3, 3 e 2.

c) 4, 2 e 1.

d) 4, 4 e 1.

25 (UFRJ) As leveduras são utilizadas pelos vinicultores como fonte de etanol, pelos panificadores como fonte de dióxido de carbono e pelos cervejeiros como fonte de ambos. As etapas finais do processo bioquímico que forma o etanol e o dióxido de carbono estão esquematizadas abaixo.

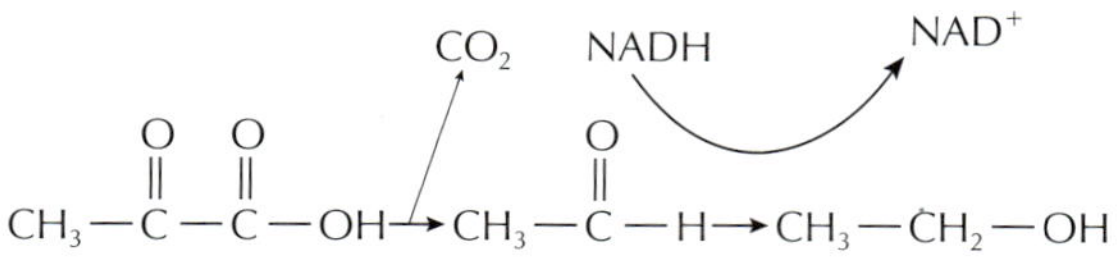

Além da produção de tais substâncias, esse processo apresenta a seguinte finalidade para a levedura:

a) reduzir piruvato em aerobiose.

b) reoxidar o $NADH_2$ em anaerobiose.

c) produzir aldeído acético em aerobiose.

d) iniciar a gliconeogênese em aerobiose.

26 (Mackenzie-SP)

$$\underset{\text{(glicose)}}{C_6H_{12}O_6} \longrightarrow \underset{\text{(ácido pirúvico)}}{2\,C_3H_4O_3} + ATP$$

A respeito da equação acima, que representa uma das etapas da produção de energia em uma célula, qual a alternativa correta?

a) Essa etapa ocorre no citoplasma das células, tanto em processos aeróbios como anaeróbios.

b) Trata-se da cadeia respiratória.

c) A produção aeróbia de ATP, na etapa seguinte a esta, não depende da existência de mitocôndrias.

d) Nessa etapa, ocorre a maior produção de energia.

e) Se o ácido pirúvico se depositar em células musculares, ocorre o fenômeno conhecido como fadiga muscular.

27 (Emescam-ES) As leveduras utilizadas para produzir álcool etílico a partir do caldo de cana, rico em sacarose, realizam um processo no qual a glicose é transformada em etanol (álcool etílico). Esse processo

a) é uma fermentação realizada nas mitocôndrias e gasta oxigênio.

b) é uma fermentação realizada no citoplasma e gasta oxigênio.

c) é uma fermentação realizada no citoplasma, não gasta oxigênio e, portanto, não libera gás carbônico.

d) é uma fermentação realizada no citoplasma, sem gasto de O_2, mas com liberação de CO_2.

e) é uma fermentação, um processo que não consome O_2, mas que se passa no interior de mitocôndrias.

28 (PUC-SP) O processo abaixo esquematizado representa

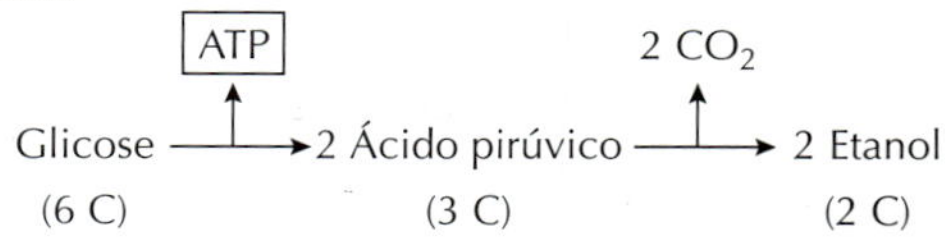

a) fermentação e é realizado por células musculares.

b) fermentação e é realizado por levedos.

c) respiração aeróbia e é realizado por plantas e animais em geral.

d) glicólise e é realizado por animais em geral.

e) quimiossíntese e é realizado por bactérias.

29 (PUC-RJ) O Pró-Álcool, programa de produção de combustível etanol no Brasil, baseia-se na obtenção de um produto resultante de

a) respiração aeróbia do açúcar da cana-de-açúcar por bactérias.

b) respiração anaeróbia do amido da cana-de-açúcar por protozoários.

c) fermentação do açúcar da cana-de-açúcar por leveduras.

d) acidificação do amido de sementes da cana-de-açúcar.

e) oxidação completa do açúcar da cana-de-açúcar.

30 (PUC-Minas) Na produção de roscas em casa e na padaria, usam-se como ingredientes: farinha de trigo, sal, ovos, leite, fermento biológico, açúcar, manteiga etc. Há o preparo da massa para posteriormente levar a rosca para assar no forno.

Na produção dessas roscas, só **não** ocorre

a) transformação do glicogênio em glicose.
b) fermentação alcoólica por fungo.
c) uso e produção de ATP na glicólise.
d) liberação de CO_2 e participação de $NADH_2$.

31 (UPF-RS) As mitocôndrias são estruturas citoplasmáticas responsáveis pela respiração celular. Analise a figura a seguir, que representa uma mitocôndria, considerando que I = crista mitocondrial, II = matriz mitocondrial, III = membrana interna e IV = membrana externa.

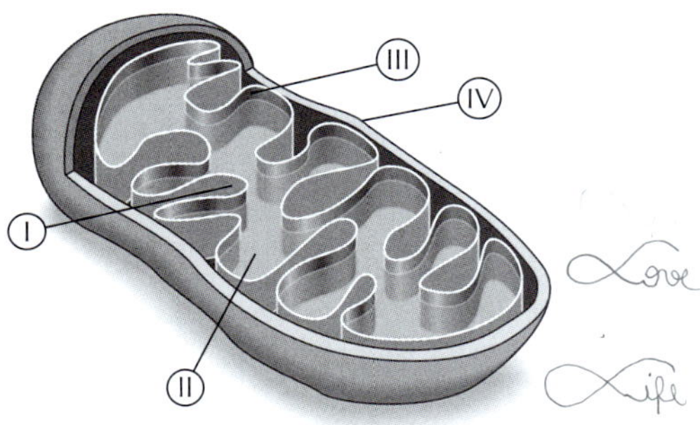

Nas estruturas indicadas pelos números I e II, ocorrem, respectivamente,

a) o ciclo de Krebs e a cadeia transportadora de elétrons.
b) a glicólise e o ciclo de Krebs.
c) a cadeia transportadora de elétrons e a glicólise.
d) a cadeia transportadora de elétrons e o ciclo de Krebs.
e) a glicólise e a cadeia transportadora de elétrons.

32 (UFRGS-RS) As células animais para a produção de energia necessitam de oxigênio, enzimas e substrato. Em relação ao processo de produção de energia, considere as afirmações abaixo.

I. A fosforilação oxidativa ocorre nas mitocôndrias.
II. Na fase aeróbia, ocorre alta produção de ATP.
III. A glicólise possui uma fase aeróbia e outra anaeróbia.

Quais estão corretas?

a) Apenas I.
b) Apenas II.
c) Apenas I e II.
d) Apenas II e III.
e) I, II e III.

33 (UFSC) Se um músculo da perna de uma rã for dissecado e mantido em uma solução isotônica em recipiente hermeticamente fechado, o músculo é capaz de se contrair algumas vezes quando estimulado, mas logo deixa de responder aos estímulos. No entanto, se a solução for arejada, o músculo readquire a capacidade de se contrair quando estimulado. A explicação para o fenômeno é que o ar fornece o gás

a) nitrogênio, necessário à transmissão do impulso nervoso ao músculo.
b) nitrogênio, necessário à síntese dos aminoácidos componentes da miosina.
c) oxigênio, necessário à oxidação da miosina e da actina que se unem na contração.
d) oxigênio, necessário à respiração celular da qual provém a energia para a contração.
e) carbônico, necessário à oxidação do ácido láctico acumulado nas fibras musculares.

34 (UEPG-PR) No metabolismo celular, existem dois processos predominantes de obtenção de energia: a respiração celular e a fermentação. A respeito desse assunto, assinale o que for correto. [Dê como resposta a soma dos números associados a proposições corretas.]

01) Um processo que permite obter energia a partir do açúcar é a fermentação, que ocorre em condições anaeróbias, ou seja, na ausência de oxigênio.

02) A respiração celular ocorre principalmente nas mitocôndrias. Nesse processo, a glicose combina-se com o oxigênio do ar, transforma-se em dois resíduos: gás carbônico e água, e libera energia.

04) A energia liberada pela respiração ou pela fermentação nunca é usada diretamente no trabalho celular. Ela é inicialmente armazenada numa molécula especial, o ATP (adenosina trifosfato), sob a forma de ligações químicas muito ricas em energia. O ATP é constituído pela substância adenina, ligada a uma ribose e a três grupos fosfóricos. O ATP pode perder um grupo fosfórico e transformar-se em ADP (adenosina difosfato), liberando energia. O ATP tem duas ligações de alta energia e o ADP tem somente uma dessas ligações. Pode-se considerar o ATP como uma bateria celular "carregada" de energia, enquanto o ADP representa a forma "descarregada".

08) Os resíduos que a respiração produz são moléculas menores (água e gás carbônico) do que os da fermentação (álcool e gás carbônico). A fermentação libera muito menos energia do que a respiração, porque, na fermentação, boa parte da energia da glicose não fica disponível por estar armazenada no álcool.

35 (USJ-SC) O etanol é obtido pela

a) respiração anaeróbia do amido da cana-de-açúcar por bactérias.
b) fermentação, por leveduras, de açúcar de vegetais, como a cana-de-açúcar.
c) peroxidação dos carboidratos da cana-de-açúcar.
d) fermentação aeróbia do açúcar da cana-de-açúcar, assim como da beterraba.

36 (UEL-PR-Adaptado) No gráfico a seguir, observa-se a produção de CO_2 e ácido láctico no músculo de um atleta que está realizando atividade física.

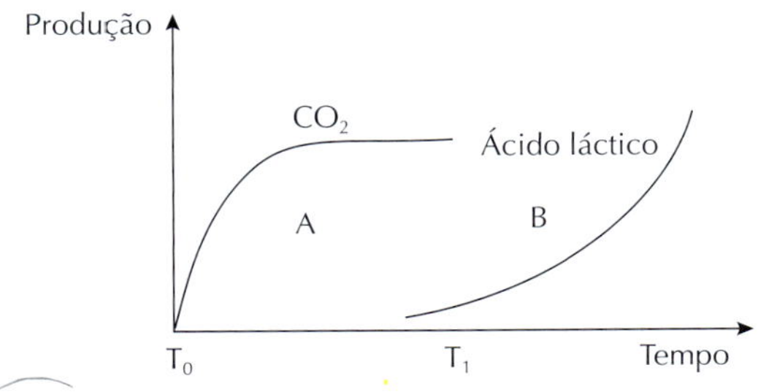

Sobre a variação da produção de CO_2 e ácido láctico em A e B, analise as seguintes afirmativas.

I. A partir de T_1 o suprimento de O_2 no músculo é insuficiente para as células musculares realizarem respiração aeróbia.

II. O CO_2 produzido em A é um dos produtos da respiração aeróbia, durante o processo de produção de ATP (trifosfato de adenosina) pelas células musculares.

III. Em A as células musculares estão realizando respiração aeróbia e em B, um tipo de fermentação.

IV. A partir de T_1 a produção de ATP pelas células musculares deverá aumentar.

Das afirmativas acima, quais são corretas?

a) Apenas I e II.
b) Apenas III e IV.
c) Apenas I, II e III.
d) Apenas I, II e IV.
e) Apenas II, III e IV.

Questões discursivas

37 (UFMA) O esquema abaixo representa a primeira etapa da respiração aeróbia (glicólise). Após analisá-lo, responda:

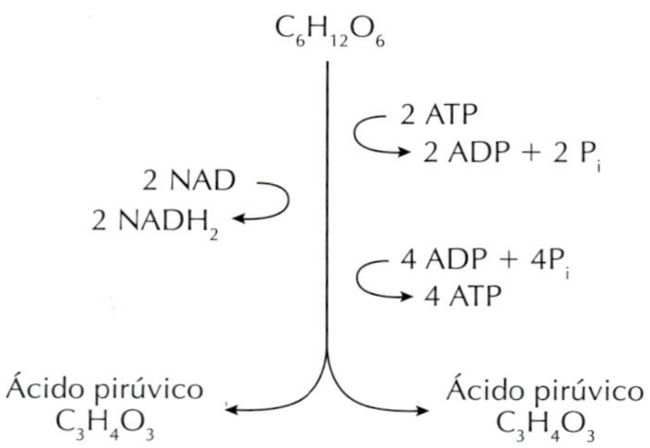

a) Em que local da célula ela ocorre?

b) Qual é o gasto energético dessa fase e qual é o saldo em ATPs?

38 (UFRJ) A produção de vinho é um dos exemplos mais antigos da biotecnologia. O livro do Gênesis já nos fala da embriaguez de Noé. Embora vários fatores devam ser levados em conta na produção de um bom vinho — como a cor, o aroma, o sabor etc. —, o processo depende essencialmente da degradação do suco das uvas por leveduras anaeróbias facultativas, presentes na casca do fruto. Na fermentação, nome dado a esse processo, o açúcar da uva é degradado como álcool etílico (etanol).

Explique por que se evita, na produção de vinho, o contato do suco de uva com o ar.

39 (Fuvest-SP) Há um século, Louis Pasteur, investigando o metabolismo do levedo, um organismo anaeróbio facultativo, observou que, em solução de água e açúcar, esse microrganismo se multiplicava. Observou também que a multiplicação era maior quando a solução era aerada.

a) Explique a importância do açúcar para o levedo.

b) Justifique a diferença do crescimento nas condições aeróbia e anaeróbia.

40 (Fuvest-SP) No processo de fabricação do pão, um ingrediente indispensável é o fermento, constituído por organismos anaeróbios facultativos.

a) Qual a diferença entre o metabolismo energético das células que ficam na superfície da massa e o metabolismo energético das células que ficam no seu interior?

b) Por que o fermento faz o pão crescer?

41 (Unicamp-SP) O processo de fermentação foi inicialmente observado no fungo *Saccharomyces*. Posteriormente, verificou-se que os mamíferos também podem fazer fermentação.

a) Em que circunstância esse processo ocorre nos mamíferos?

b) Dê dois exemplos da importância do processo de fermentação para a obtenção de alimentos.

42 (Unesp) Os esquemas representam três rotas metabólicas possíveis, pelas quais a glicose é utilizada como fonte de energia.

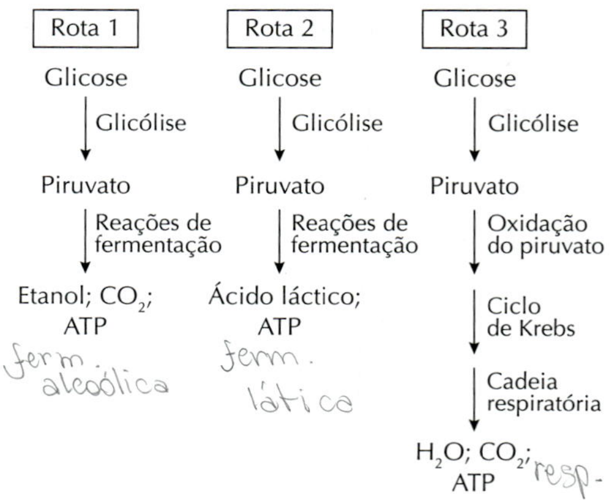

a) Quais rotas ocorrem em ambiente totalmente anaeróbio?

b) Cite dois grupos de organismos nos quais se verificam as rotas 1 e 2. Cite dois produtos da indústria alimentícia fabricados a partir dos processos representados nessas rotas.

43 (UFRJ) A glicose gera energia sob a forma de ATP. A enzima fosfofrutocinase (PFK) faz parte da glicólise e catalisa a reação de formação de frutose-1-6-bisfosfato a partir da frutose-6-fosfato.

Essa reação é uma etapa importante da glicólise, pois pode ser regulada por diferentes metabólitos. Por exemplo: a atividade da PFK é inibida por ATP e é ativada por ADP e AMP (ambos produtos da degradação do ATP).

Sabendo que o ATP é produzido ao longo da glicólise, explique de que modo a inibição da PFK por ATP e a sua ativação por ADP e AMP tornam mais eficiente o uso da energia pelas células.

Capítulo 10

Metabolismo energético (II): fotossíntese e quimiossíntese

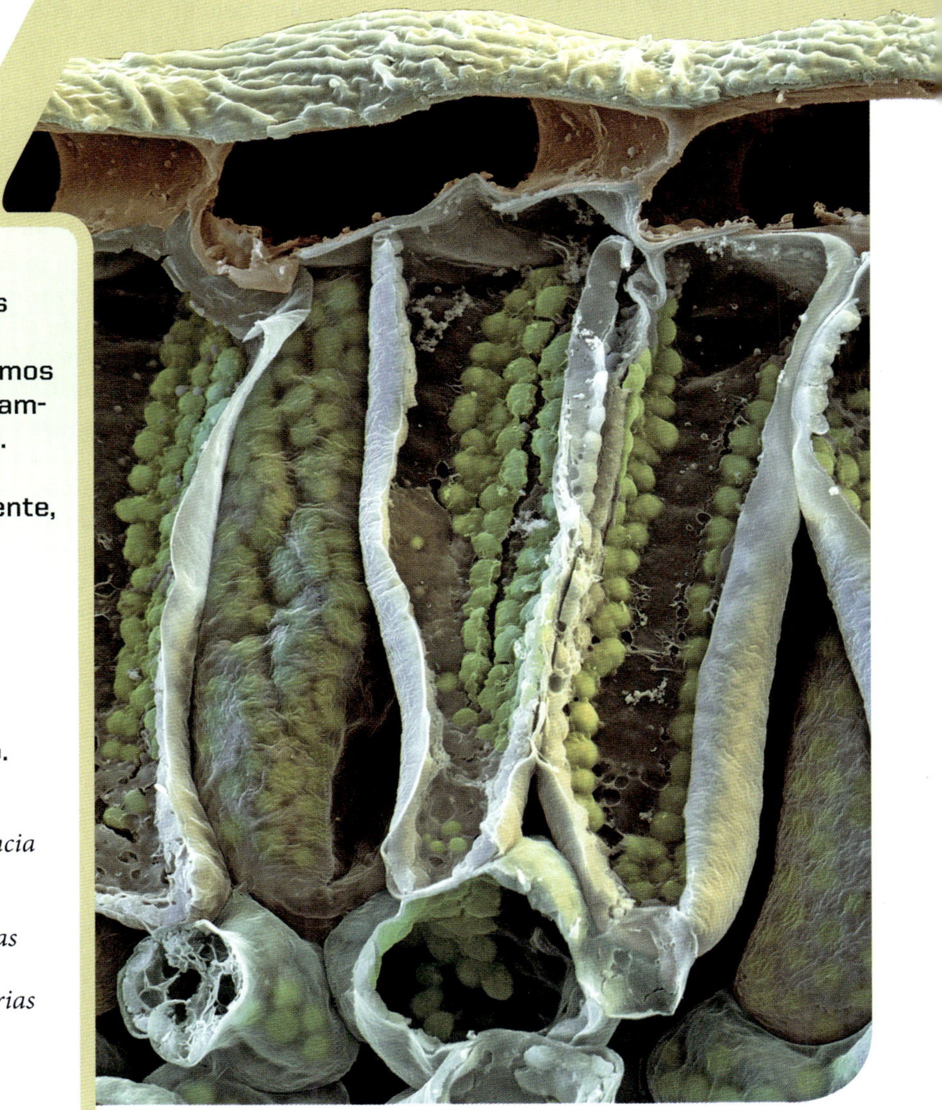

Quando comemos vegetais, ingerimos moléculas orgânicas produzidas pela fotossíntese. O mesmo ocorre quando comemos carne, pois os animais alimentam-se primariamente de vegetais. Assim, a energia que move o mundo vivo provém, originalmente, da luz solar.

Neste capítulo apresentamos uma breve história do conhecimento sobre a fotossíntese e as principais etapas e mecanismos desse importante processo biológico.

10.1 Fotossíntese

A fotossíntese garante autossuficiência em termos de nutrição orgânica à maioria dos seres autotróficos. As substâncias orgânicas produzidas pelos autotróficos fornecem a energia e a matéria-prima necessárias à vida dos seres heterotróficos que deles se alimentam.

10.2 Transformações de energia na fotossíntese

Os pigmentos fotossintetizantes formam verdadeiras antenas captadoras de energia luminosa, utilizada para a produção de substâncias orgânicas na fotossíntese.

10.3 Quimiossíntese

A quimiossíntese, realizada apenas por certas bactérias e arqueas, permite obter energia a partir de reações de oxidação de substâncias inorgânicas. Esse pode ter sido o primeiro modo de obtenção de energia na história da vida na Terra.

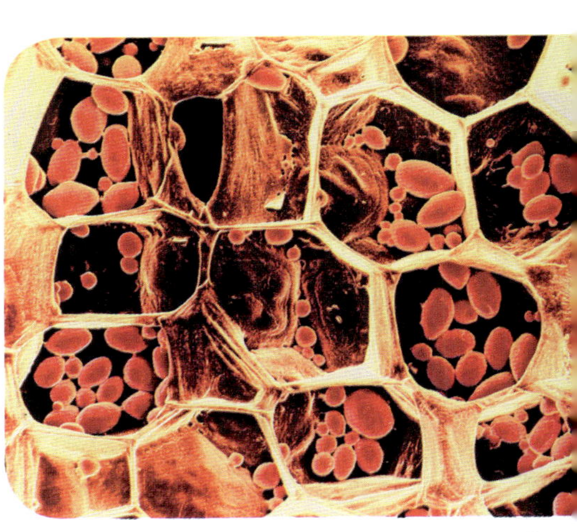

Na foto maior, corte de folha de roseira (aumento $\simeq$ 1.200×). As estruturas alongadas em forma de caixa são células do interior da folha com numerosos cloroplastos, organelas-sede da fotossíntese (em verde). Na foto menor, corte de um tubérculo de batata (aumento $\simeq$ 100×). Note as células em formato hexagonal com grãos de amido (vermelhos) em seu interior. (Microscópio eletrônico de varredura, colorizadas artifialmente.)

Seção 10.1

Fotossíntese

Objetivos

- Reconhecer a importância da fotossíntese na captação de energia pelo mundo vivo e na produção de alimento e de gás oxigênio para a quase totalidade das espécies viventes.
- Conhecer a história do desenvolvimento da equação geral da fotossíntese.
- Identificar as equações químicas gerais referentes a cada etapa do processo da fotossíntese, localizando as regiões do cloroplasto onde elas ocorrem.

Termos e conceitos

- fotossíntese
- cloroplasto
- clorofila
- fotólise da água
- cadeia transportadora de elétrons
- quimiosmose
- fotofosforilação

1 Aspectos gerais da fotossíntese

Fotossíntese (do grego *photos*, luz, e *syntithenai*, juntar, produzir) é um processo celular pelo qual a maioria dos seres autotróficos produz substâncias orgânicas, geralmente glicídios (açúcares). Na fotossíntese, energia luminosa transforma-se em energia potencial química, armazenada nas moléculas de glicídios produzidas no processo. No tipo mais comum de fotossíntese, os reagentes são gás carbônico (CO_2) e água (H_2O) e os produtos formados são glicídios e gás oxigênio (O_2); esse tipo de fotossíntese ocorre em plantas, algas e certas bactérias (cianobactérias e proclorófitas).

Quase todo o gás oxigênio existente na atmosfera atual da Terra – cerca de 21% do volume do ar atmosférico – é produzido na fotossíntese. De acordo com os cálculos dos cientistas, a cada 2 mil anos, todo o gás oxigênio da atmosfera terrestre é renovado pela atividade fotossintética realizada pelas plantas, algas, bactérias proclorófitas e cianobactérias.

A fotossíntese garante aos seres autotróficos autossuficiência em termos de nutrição orgânica*. Enquanto os seres heterotróficos dependem de outros seres vivos para se alimentar, os seres autotróficos são autossuficientes quanto à nutrição, pois eles mesmos produzem seus nutrientes orgânicos. Os glicídios produzidos na fotossíntese são utilizados como fonte de energia e de matéria-prima para a síntese de todos os componentes orgânicos dos seres autotróficos, tais como proteínas, lipídios, ácidos nucleicos etc. (**Fig. 10.1**)

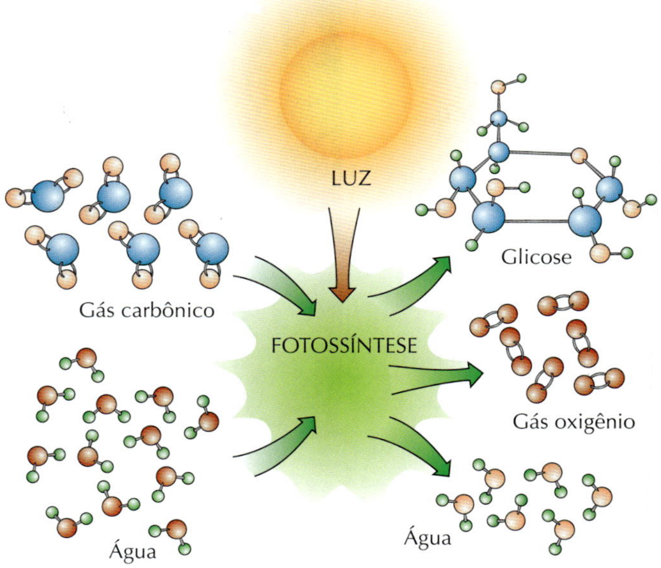

Figura 10.1 Representação esquemática da fotossíntese. Os átomos de oxigênio (O) estão representados em duas tonalidades diferentes para mostrar que todos os átomos presentes no gás oxigênio (O_2) são provenientes da água (H_2O). (Imagem sem escala, cores-fantasia.)

As substâncias orgânicas que os seres autotróficos produzem na fotossíntese fornecem a energia e a matéria-prima necessárias à vida dos seres heterotróficos, que deles se alimentam. Em outras palavras, os fungos, muitas bactérias e todos os animais, inclusive nossa espécie, dependem dos seres fotossintetizantes para viver. Além disso, a maioria dos seres vivos utiliza, para respirar, gás oxigênio produzido na fotossíntese. Isso nos dá ideia da importância desse processo para a vida na Terra.

* Nutrição orgânica refere-se às substâncias orgânicas componentes do alimento de um ser vivo; nutrição inorgânica refere-se à absorção de substâncias inorgânicas (nutrientes minerais) a partir do ambiente.

AMPLIE SEUS CONHECIMENTOS

"Construindo" a equação da fotossíntese

Conhecer um pouco de História da Ciência ajuda-nos a entender como o conhecimento científico é "construído" pouco a pouco, como empreendimento coletivo de inúmeros cientistas. A elaboração da equação da fotossíntese é um bom exemplo disso. Acompanhe, a seguir, um pouco da história do conhecimento sobre fotossíntese.

A descoberta de Priestley

O primeiro pesquisador que estudou cientificamente a fotossíntese foi o químico inglês Joseph Priestley (1733-1804). Em um artigo de 1772, ele escreveu: "Fiquei muito feliz ao encontrar acidentalmente um método de restaurar o ar viciado pela queima das velas e descobrir pelo menos um dos restauradores que a natureza emprega para essa finalidade: a vegetação.".

Sabia-se, naquela época, que a queima de velas ou a respiração de animais em um ambiente fechado "esgotavam o ar", tornando-o irrespirável e incompatível com a vida. Priestley foi o primeiro a observar que, se uma planta fosse introduzida em um ambiente com o "ar esgotado", depois de algum tempo o ar era restaurado e tornava-se novamente respirável. (**Fig. 10.2**)

Figura 10.2 Representação esquemática do experimento realizado por Joseph Priestley no século XVIII. **A.** Animais confinados em uma campânula de vidro hermeticamente fechada morrem após algum tempo em decorrência do "esgotamento" do ar. **B.** Quando uma planta é colocada na campânula junto com o animal, ambos permanecem vivos. Os animais "esgotam" o ar por consumir gás oxigênio na respiração; as plantas "recuperam" o ar por liberarem esse gás na fotossíntese. (Imagem sem escala, cores-fantasia.)

$$\underset{\text{(irrespirável)}}{\text{Ar "esgotado"}} \xrightarrow[\text{PLANTAS}]{} \underset{\text{(respirável)}}{\text{Ar "puro"}}$$

Essa descoberta causou grande impacto no mundo científico da época; o fato de a vegetação "restaurar" o ar explicava por que a atmosfera permanecia respirável, sem se deteriorar com a respiração de pessoas e animais e com os processos de combustão.

A descoberta de Ingen-Housz

Outro passo importante na elucidação do processo da fotossíntese foi dado em 1779, quando o médico holandês Jan Ingen-Housz (1730-1799) descobriu que, para "restaurar" o ar, as plantas precisavam ser iluminadas. Assim, acrescentou-se à descoberta de Priestley um novo fator: a luz.

$$\underset{\text{(irrespirável)}}{\text{Ar "esgotado"}} \xrightarrow[\text{PLANTAS}]{\text{LUZ}} \underset{\text{(respirável)}}{\text{Ar "puro"}}$$

Os químicos logo descobriram que o ar esgotado pela respiração dos animais continha menos gás oxigênio (O_2) e mais gás carbônico (CO_2) que o ar atmosférico. As plantas, na presença de luz, invertiam essa situação. O fenômeno descoberto por Priestley passou a ser expresso, então, de uma forma mais elaborada:

$$\underset{(CO_2)}{\text{Ar rico em gás carbônico}} \xrightarrow[\text{PLANTAS}]{\text{LUZ}} \underset{(O_2)}{\text{Ar rico em gás oxigênio}}$$

A equação anterior sugere que as plantas decompõem CO_2 e liberam oxigênio na forma de O_2. Mas onde teriam ido parar os átomos de carbono?

Em 1796, Ingen-Housz propôs a hipótese de que as plantas usavam o carbono do CO_2 para elaborar suas próprias substâncias orgânicas; esse seria o principal papel da fotossíntese, segundo o cientista. Em sua opinião, a liberação de gás oxigênio era apenas um subproduto do processo.

$$\underset{(CO_2)}{\text{Gás carbônico}} \xrightarrow[\text{PLANTAS}]{\text{LUZ}} \underset{\text{(contendo átomos de C)}}{\text{Compostos orgânicos}} + \underset{(O_2)}{\text{Gás oxigênio}}$$

A descoberta de Saussere

Em 1804, o cientista suíço Nicolas Theodore de Saussere (1767-1845) mostrou que a água (H_2O) também participa da fotossíntese, juntamente com o gás carbônico (CO_2) do ar. A equação do processo foi novamente ampliada:

$$\underset{\text{Gás carbônico}}{CO_2} + \underset{\text{Água}}{H_2O} \xrightarrow[\text{PLANTAS}]{\text{LUZ}} \underset{\text{(contendo átomos de C)}}{\text{Compostos orgânicos}} + \underset{\text{Gás oxigênio}}{O_2}$$

Em 1893, o pesquisador inglês Charles Barnes (1858-1910) propôs a denominação de fotossintaxe ou fotossíntese para o processo de síntese de compostos orgânicos a partir de gás carbônico, em presença de clorofila e de luz. Barnes, pessoalmente, preferia a primeira denominação, mas foi o termo fotossíntese que prevaleceu e tornou-se consagrado pelo uso.

Os estudiosos da fotossíntese supunham que a substância orgânica produzida nesse processo era glicose*, um glicídio com seis átomos de carbono e fórmula molecular $C_6H_{12}O_6$. Essa suposição fundamentava-se no fato de a glicose ser o glicídio mais utilizado no metabolismo de plantas e animais. A equação do processo passou, então, a ser escrita, em fórmulas químicas, da seguinte maneira:

Reagentes — Produtos

$$\underset{\text{Gás carbônico}}{6\,CO_2} + \underset{\text{Água}}{6\,H_2O} \xrightarrow[\text{PLANTAS}]{\text{LUZ}} \underset{\text{Glicídio}}{C_6H_{12}O_6} + \underset{\text{Gás oxigênio}}{6\,O_2}$$

A equação anterior leva a pensar que os átomos de oxigênio presentes nas moléculas de O_2 provêm diretamente das moléculas de CO_2 e que os átomos de hidrogênio e de oxigênio presentes nos glicídios ($C_6H_{12}O_6$) provêm das moléculas de H_2O. Entretanto, não é esse o rearranjo de átomos que ocorre na reação de fotossíntese, como veremos a seguir.

A descoberta de C. B. van Niel

Qual dos reagentes — gás carbônico ou água — fornece os átomos de oxigênio constituintes das moléculas de O_2 produzidas na fotossíntese? A resposta começou a ser delineada pelo bioquímico holandês Cornelis van Niel (1897-1985). Por volta de 1930, ele estudava a fotossíntese realizada por sulfobactérias púrpuras, organismos autotróficos que utilizam em sua fotossíntese moléculas de sulfeto de hidrogênio (H_2S) em vez de água (H_2O) e liberam no processo enxofre elementar (S) em vez de gás oxigênio (O_2). A partir desses estudos, o pesquisador sugeriu a seguinte equação para a fotossíntese das sulfobactérias púrpuras:

$$\underset{\text{Gás carbônico}}{6\,CO_2} + \underset{\text{Gás sulfídrico}}{12\,H_2S} \xrightarrow{\text{LUZ}} \underset{\text{Glicídio}}{C_6H_{12}O_6} + \underset{\text{Enxofre}}{12\,S} + \underset{\text{Água}}{6\,H_2O}$$

* Hoje, sabe-se que o produto direto da fotossíntese não é a glicose, mas uma substância denominada 3-fosfato de gliceraldeído (PGAL), que será transformada diretamente nos glicídios amido e sacarose. A glicose surge a partir do metabolismo desses açúcares.

Partindo do pressuposto de que a fotossíntese dessas bactérias era semelhante à realizada pelas plantas, diferindo apenas quanto ao doador de hidrogênios — H_2S nas sulfobactérias e H_2O nas plantas —, Van Niel propôs que todos os átomos do gás oxigênio produzido na fotossíntese das plantas seriam provenientes da água. Assim, a maneira mais completa de escrever a equação da fotossíntese seria:

$$\underset{\text{Gás carbônico}}{6\,CO_2} + \underset{\text{Água}}{12\,H_2O} \xrightarrow[\text{PLANTAS}]{\text{LUZ}} \underset{\text{Glicídio}}{C_6H_{12}O_6} + \underset{\text{Gás oxigênio}}{6\,O_2} + \underset{\text{Água}}{6\,H_2O}$$

O experimento de Calvin

Na década de 1940, um experimento engenhoso confirmou a hipótese de Van Niel. Pesquisadores da equipe do bioquímico estadunidense Melvin Calvin (1911-1997) forneceram à alga verde *Chlorella* sp. moléculas de água cujo oxigênio era o isótopo ^{18}O, chamado de oxigênio "pesado" em virtude de sua massa atômica ser maior que a do isótopo "leve" (^{16}O), mais comum na natureza. Como técnicas de laboratório permitem diferenciar os dois isótopos, essa foi a maneira encontrada pelos cientistas para "marcar" os átomos de oxigênio da água, de modo a poder distingui-los dos átomos de oxigênio presentes no gás carbônico.

Os pesquisadores verificaram que, quando a fotossíntese ocorria em um meio em que todas as moléculas de água continham ^{18}O, somente o gás oxigênio (O_2) formado apresentava esse isótopo; não havia ^{18}O nos glicídios produzidos. A partir disso, eles concluíram que todos os átomos do gás oxigênio formado na fotossíntese provêm exclusivamente de moléculas de água.

Equação geral da fotossíntese

Embora o glicídio formado na fotossíntese seja tradicionalmente representado pela fórmula molecular $C_6H_{12}O_6$, correspondente à glicose, hoje sabemos que não é esse o produto direto da reação. O glicídio que se forma na fotossíntese é o gliceraldeído ligado a um grupo fosfato (gliceraldeído-3-fosfato, ou PGAL), que possui três átomos de carbono na molécula e cuja fórmula geral é $C_3H_7O_6P$. Em seguida, o gliceraldeído-3-fosfato é transformado diretamente em amido (um polissacarídio) ou em sacarose (um dissacarídio).

Assim, a maneira mais precisa de representar a equação da fotossíntese das plantas é:

$$\underset{\text{Gás carbônico}}{3\,CO_2} + \underset{\text{Água}}{6\,H_2O} \xrightarrow[\text{PLANTAS}]{\text{LUZ}} \underset{\text{Glicídio (PGAL)}}{C_3H_6O_3} + \underset{\text{Gás oxigênio}}{3\,O_2} + \underset{\text{Água}}{3\,H_2O}$$

Ou, ainda, representá-la pela equação geral:

$$\underset{\text{Gás carbônico}}{CO_2} + \underset{\text{Água}}{2\,H_2O} \xrightarrow[\text{PLANTAS}]{\text{LUZ}} \underset{\text{Glicídio}}{C(H_2O)} + \underset{\text{Gás oxigênio}}{O_2} + \underset{\text{Água}}{H_2O}$$

2 Cloroplasto, a sede da fotossíntese

Nas plantas e nas algas, a fotossíntese ocorre no interior dos **cloroplastos**, organelas citoplasmáticas que contêm o pigmento **clorofila**, responsável pela cor verde típica das folhas das plantas. A clorofila é capaz de absorver energia luminosa e transformá-la em energia potencial química, armazenada nas moléculas orgânicas produzidas.

O cloroplasto é delimitado por duas membranas lipoproteicas, comparáveis às membranas mitocondriais. A clorofila está associada apenas à membrana interna, denominada **membrana tilacoide**, que apresenta inúmeras dobras em forma de tubos e bolsas achatadas. Essas bolsas geralmente se organizam em pilhas membranosas, denominadas *grana*, que preenchem o interior do cloroplasto. **(Fig. 10.3)**

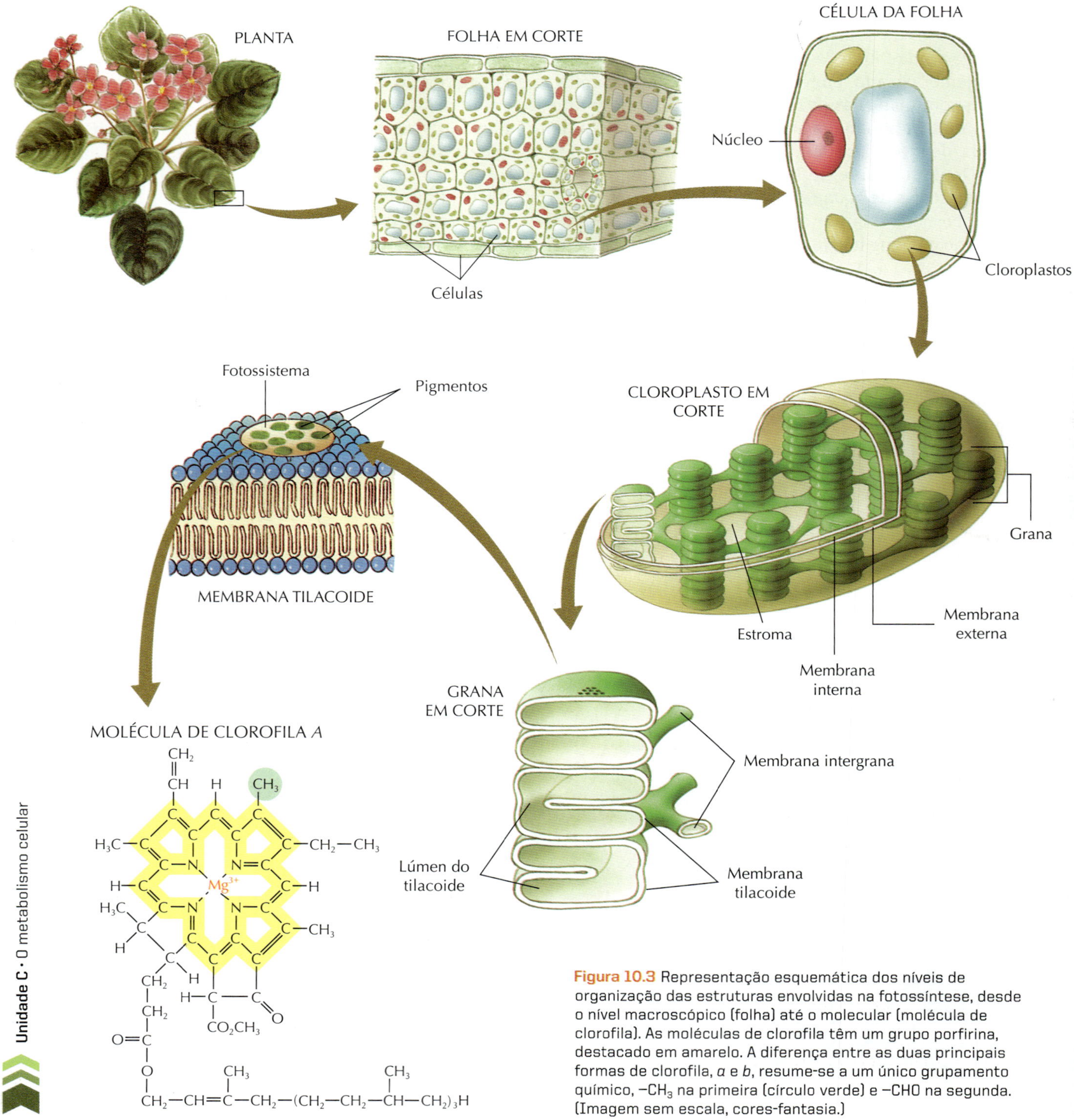

Figura 10.3 Representação esquemática dos níveis de organização das estruturas envolvidas na fotossíntese, desde o nível macroscópico (folha) até o molecular (molécula de clorofila). As moléculas de clorofila têm um grupo porfirina, destacado em amarelo. A diferença entre as duas principais formas de clorofila, *a* e *b*, resume-se a um único grupamento químico, $-CH_3$ na primeira (círculo verde) e $-CHO$ na segunda. (Imagem sem escala, cores-fantasia.)

As cavidades internas dos tubos e bolsas dos *grana* comunicam-se entre si, formando um compartimento único, o **lúmen do tilacoide**. Externamente à membrana tilacoide, o restante do cloroplasto é preenchido por um fluido conhecido como **estroma**.

As bactérias fotossintetizantes, apesar de não possuírem cloroplastos, têm sistemas membranosos no citoplasma cuja organização lembra a dos cloroplastos de plantas e de algas.

3 Etapas da fotossíntese

A fotossíntese das plantas pode ser dividida em quatro etapas: 1ª) absorção de luz; 2ª) transporte de elétrons com redução de $NADP^+$ a NADPH; 3ª) produção de ATP; 4ª) fixação de carbono, como é chamada a conversão de CO_2 em glicídios.

As três primeiras etapas da fotossíntese (absorção de luz, transporte de elétrons e produção de ATP) são catalisadas por enzimas que fazem parte da membrana tilacoide. Por sua vez, as reações de produção de glicídios a partir de CO_2 são catalisadas por enzimas dissolvidas no estroma do cloroplasto. Veremos, primeiramente, cada uma dessas etapas de modo simplificado e, em seguida, como elas interagem umas com as outras.

Absorção de luz

A fotossíntese tem início com a absorção de energia luminosa por moléculas de clorofila presentes na membrana tilacoide. A luz absorvida "excita", isto é, transfere energia para alguns elétrons da clorofila; estes, agora com alta energia, saem da clorofila e são capturados por uma substância aceptora de elétrons, denominada aceptor Q. Ao mesmo tempo, a clorofila recupera os elétrons perdidos a partir da decomposição de moléculas de água.

A reação de decomposição da água associada à excitação da clorofila pela luz foi descoberta em 1937 pelo bioquímico inglês Robert Hill (1899-1991) e denominada **fotólise da água** (do grego *photos*, luz, e *lyse*, quebra); ela é conhecida também como **reação de Hill**, em homenagem a seu descobridor. Na fotólise, moléculas de água decompõem-se em prótons (íons H^+), elétrons (e^-) e átomos livres de oxigênio. Os elétrons liberados repõem os que foram perdidos pela clorofila; os átomos de oxigênio unem-se dois a dois, produzindo moléculas de gás oxigênio (O_2), liberadas para o meio; os prótons terão diversos destinos, como veremos mais adiante. A reação de fotólise da água pode ser escrita da seguinte maneira:

$$\underset{\text{Água}}{2\,H_2O} \xrightarrow{\text{LUZ}} \underset{\text{Gás oxigênio}}{O_2} + \underset{\text{Íons de hidrogênio}}{4\,H^+} + \underset{\text{Elétrons}}{4\,e^-}$$

Transporte de elétrons

Os elétrons da clorofila, ao serem excitados pela luz, adquirem alto nível de energia e "saltam" para fora da molécula. Eles são inicialmente capturados, como já dissemos, por uma substância aceptora denominada aceptor Q. Esse primeiro aceptor transfere, então, os elétrons para um segundo aceptor, que o transfere para um terceiro, e assim por diante, no que se denomina **cadeia transportadora de elétrons**, semelhante às existentes nas mitocôndrias (relembre no capítulo 9).

Os elétrons, ao serem transferidos sequencialmente de um aceptor para outro em uma cadeia transportadora, liberam, a cada passo, parte da energia que havia sido originalmente captada da luz. O último aceptor de elétrons no cloroplasto é a substância denominada **fosfato de dinucleotídio de nicotinamida-adenina**, mais conhecido pela sigla $\mathbf{NADP^+}$ (do inglês ***N****icotinamide* ***A****denine* ***D****inucleotide* ***P****hosphate*). Essa substância difere do NAD da mitocôndria (relembre no capítulo 9) por apresentar um grupo fosfato em lugar de um H.

Se reunirmos em uma única equação a fotólise da água e o transporte de elétrons pela cadeia transportadora, teremos:

$$2\,H_2O + 2\,NADP^+ \rightarrow C_2 + 2\,H^+ + 2\,NADPH$$

Produção de ATP

A energia que os elétrons liberam em sua passagem pelas cadeias transportadoras é utilizada para "forçar" o transporte de prótons (H^+) do estroma do cloroplasto para dentro do lúmen do tilacoide. À medida que aumenta a concentração de íons H^+ no interior do tilacoide, eles tendem a se difundir de volta ao estroma, mas só podem fazê-lo se passarem pelas sintetases do ATP presentes na membrana tilacoide. A sintetase do ATP funciona como um motor molecular rotatório no processo de **quimiosmose**; à medida que gira pela passagem de íons H^+ através dela, a sintetase do ATP mobiliza energia para a produção de ATP a partir de ADP e P_i (relembre no capítulo 9).

Na fotossíntese, a energia utilizada no bombeamento de íons H^+ para o lúmen do tilacoide vem da luz; por isso, essa forma de produção de ATP no cloroplasto é chamada de **fotofosforilação**.

Fixação do carbono

O NADPH e o ATP produzidos nas etapas iniciais da fotossíntese fornecem, respectivamente, hidrogênios e energia para a produção de glicídios a partir do gás carbônico. Os bioquímicos denominam **fixação do carbono** essa transformação em que o carbono do gás carbônico passa a constituir moléculas orgânicas. (**Fig. 10.4**)

A equação da fixação do carbono na fotossíntese pode ser escrita desta forma:

$$CO_2 + 3\,ATP + 2\,NADPH + 2\,H^+ \rightarrow (CH_2O) + 3\,ADP + 3\,P_i + 2\,NADP^+ + H_2O$$

Reações de claro e reações de escuro na fotossíntese

As etapas que precedem a fixação do carbono – fotólise da água, transporte de elétrons com produção de NADPH e síntese de ATP – dependem diretamente da luz para ocorrer. Por isso, elas são chamadas de **etapas fotoquímicas** da fotossíntese, ou **reações de claro**. Já a fixação do carbono depende apenas indiretamente da luz pois, se há ATP e NADPH disponíveis, ela ocorre mesmo no escuro. Por isso, essa etapa final da fotossíntese é conhecida como **etapa puramente química**, ou fase enzimática, e as reações que a constituem são denominadas **reações de escuro**. Entretanto, essa última denominação deve ser empregada com ressalvas, pois pode passar a ideia errônea de que a síntese de glicídios tem de ocorrer necessariamente no escuro.

Devido principalmente à etapa química, ou enzimática, a fotossíntese é altamente influenciada pela temperatura, atingindo um rendimento ótimo entre 30 °C e 40 °C. Acima desses valores, há um decréscimo acentuado da atividade fotossintética que decorre da desnaturação das enzimas que catalisam as reações do processo.

Figura 10.4 As queimadas têm efeito inverso ao da fixação do carbono pela fotossíntese, devolvendo em poucas horas à atmosfera o gás carbônico "sequestrado" pelas plantas ao longo de anos de crescimento.

Transformações de energia na fotossíntese

Objetivo

▶ Compreender os principais processos energéticos que ocorrem nos fotossistemas – fotofosforilações acíclica e cíclica –, relacionando-os à transformação da energia luminosa em energia química, que fica armazenada nos produtos orgânicos da fotossíntese.

Termos e conceitos

- fóton
- fotossistema
- fotofosforilação acíclica
- fotofosforilação cíclica
- ciclo das pentoses

1 O espectro da luz visível e fotossíntese

A primeira demonstração de que luzes de diferentes comprimentos de onda têm efeitos diferentes na fotossíntese foi fornecida em 1883 pelo botânico alemão Thomas Engelmann (1843-1909). Ele utilizou filamentos de uma alga e bactérias aeróbias que são atraídas pelo gás oxigênio, movendo-se para os locais em que esse gás está presente.

Engelmann iluminou um filamento de alga com o espectro resultante da decomposição de um feixe de luz branca por um prisma, de tal maneira que cada parte do filamento da alga recebeu luz de determinada cor. Após algum tempo, as bactérias aeróbias haviam se concentrado junto às partes da alga iluminadas com luz vermelha e com luz azul-arroxeada. Engelmann concluiu que, nesses locais, a alga liberava mais gás oxigênio e, portanto, esses seriam os comprimentos de onda mais eficientes para a fotossíntese.

Pesquisas posteriores mostraram a validade das conclusões de Engelmann. Hoje, sabemos que os pigmentos fotossintetizantes têm seus picos máximos de absorção luminosa exatamente na região do espectro correspondente às faixas do vermelho e do azul-arroxeado. **(Fig. 10.5)**

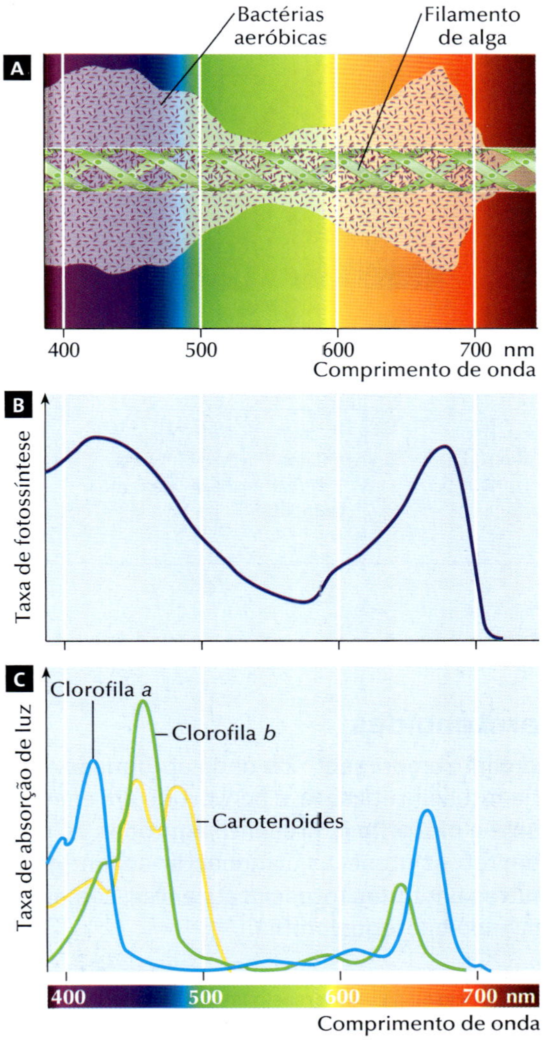

Figura 10.5 **A.** Experimento de Engelmann. Representação de uma alga filamentosa observada ao microscópio óptico, mostrando que a maior concentração de bactérias aeróbias ocorre nas regiões da alga iluminadas por luz de comprimentos de onda ao redor de 420 nm e de 680 nm. **B.** O gráfico mostra que as maiores taxas de fotossíntese ocorrem nessas mesmas faixas do espectro. **C.** Gráficos da absorção de luz por diferentes tipos de pigmentos participantes da fotossíntese. (Baseado em Campbell, N. e cols., 1999.)

AMPLIE SEUS CONHECIMENTOS — A natureza da luz

A natureza da luz desafiou os cientistas durante séculos. Nas primeiras décadas do século XX, desenvolveu-se a **teoria quântica**, que considera a luz um fenômeno peculiar, dotado de propriedades tanto de onda eletromagnética como de partículas em movimento. Quando interage com matéria, ou seja, com átomos, moléculas ou íons, a luz comporta-se como se fosse constituída por pacotes de energia denominados **fótons**.

Cada fóton tem uma quantidade bem definida de energia, inversamente proporcional ao comprimento de onda da luz que os contém. Isso significa que fótons de luz cujo comprimento de onda é mais curto têm mais energia que fótons de luz de comprimento de onda mais longo. Por exemplo, um fóton de luz violeta tem aproximadamente duas vezes mais energia que um fóton de luz vermelha. Um mol* de fótons ($6{,}02 \times 10^{23}$ fótons) com comprimento de onda abrangendo todo o espectro da luz visível (de 380 nm a 750 nm) tem quantidade de energia de aproximadamente 52 kcal, suficiente para produzir muitos mols de ATP. Fótons com comprimento de onda entre 380 nm e 750 nm são capazes de estimular nossos olhos, provocando as sensações visuais. Dentro desse espectro, os diversos comprimentos de onda provocam estímulos ligeiramente diferentes e, por isso, são vistos como cores diferentes.

A luz branca emitida pelo Sol consiste em uma mistura de todos os comprimentos de onda do espectro visível. Um experimento simples permite comprovar esse fato. Ao fazer com que um feixe de luz branca atravesse um prisma de vidro, percebemos que a luz se decompõe em faixas coloridas, correspondentes aos diversos comprimentos de onda. Esse mesmo fenômeno origina o arco-íris: ao passar através das gotas de chuva, a luz solar sofre reflexões e refrações, decompondo-se em seus diversos comprimentos de onda. (**Fig. 10.6**)

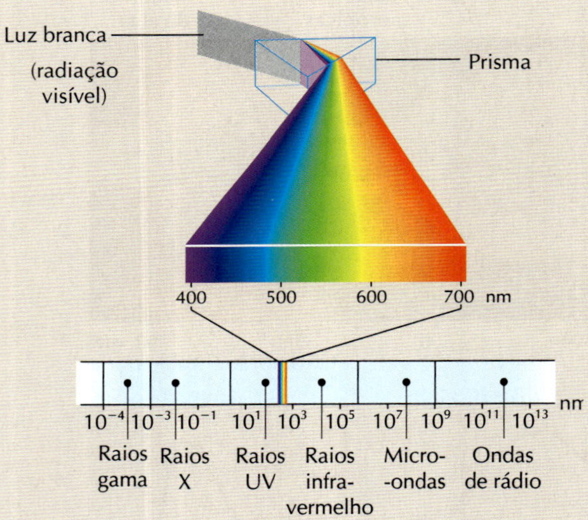

Figura 10.6
A luz branca é uma mistura de radiações eletromagnéticas de diferentes comprimentos de onda. Um prisma separa a luz branca nas cores que a compõem.

2 Pigmentos fotossintetizantes e fotossistemas

Clorofilas e carotenoides

Um fóton de luz com comprimento de onda apropriado, ao ser absorvido por um cloroplasto ou por uma bactéria fotossintetizante, é convertido em energia química. A molécula responsável por essa conversão é a **clorofila *a***, presente em todas as plantas e algas e em dois grupos de bactérias que fazem fotossíntese, as cianobactérias (antigamente chamadas de cianofíceas) e as proclorófitas; outras bactérias fotossintetizantes, como as sulfobactérias, têm um outro tipo de clorofila, denominado bacterioclorofila.

* Mol é a unidade adotada pelo Sistema Internacional de Unidades (SI) para representar a quantidade de matéria. O conceito de mol está relacionado à constante de Avogadro, que equivale a $6{,}02 \times 10^{23}$.

Nas plantas, nas algas verdes e nas bactérias proclorófitas há também **clorofila *b***. Essa substância não é capaz de transformar energia luminosa em energia química, atuando como pigmento acessório da fotossíntese. Ao absorver luz, a molécula de clorofila *b* transfere a energia captada do fóton para uma molécula de clorofila *a*, esta sim capaz de converter a energia transferida em energia química. Por absorver luz de comprimentos de onda diferentes dos absorvidos pela clorofila *a*, a clorofila *b* contribui para aumentar o espectro de luz utilizado na fotossíntese.

Outros pigmentos acessórios à fotossíntese são os **carotenoides**, presentes em plantas, algas e bactérias fotossintetizantes. Esses pigmentos têm cor amarela, laranja ou vermelha e absorvem luz com comprimentos de onda diferentes dos absorvidos pelas clorofilas. Muitos carotenoides transferem a energia absorvida da luz para a clorofila *a*, mas alguns parecem desempenhar função de fotoproteção, dissipando o excesso de energia luminosa que poderia danificar as moléculas de clorofila.

Fotossistemas

Moléculas de pigmentos fotossintetizantes estão unidas a certas proteínas da membrana tilacoide, formando unidades de captação de luz denominadas **complexos de antena**. Esses são constituídos por algumas centenas de moléculas de pigmento (carotenoides, clorofila *a* e clorofila *b*) e atuam como uma verdadeira antena captadora de luz. A energia dos fótons é transferida, então, para duas moléculas de clorofila *a* localizadas na área central do complexo de antena e que constituem o chamado **centro de reação**. Essas moléculas de clorofila *a* transferem seus elétrons excitados a substâncias aceptoras do centro de reação, dando início à fotossíntese. O conjunto formado pelo complexo de antena, com o centro de reação e os aceptores de elétrons, constitui um **fotossistema**. (Fig. 10.7)

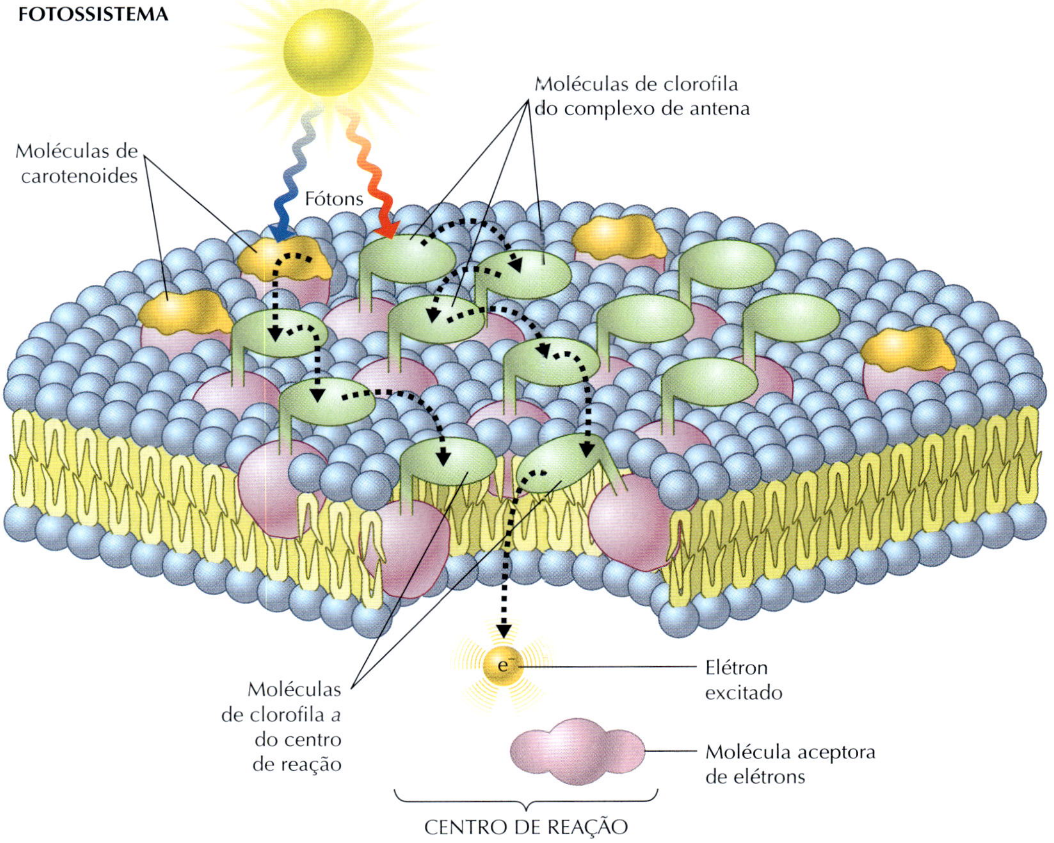

Figura 10.7 Representação esquemática de um fotossistema mostrando o complexo de antena, o centro de reação e o aceptor de elétrons excitados. As linhas pontilhadas indicam o caminho da energia absorvida por pigmentos auxiliares até o centro de reação. (Imagem sem escala, cores-fantasia.) (Baseado em Raven, P. e cols., 1999.)

3 Excitação da clorofila

Ao absorver fótons de luz com comprimento de onda adequado ou ao ser estimulada por um pigmento acessório, a molécula de clorofila *a* torna-se excitada. O estado excitado da clorofila difere do seu estado normal (não excitado) pela distribuição de elétrons ao redor dos átomos de carbono e de nitrogênio constituintes do anel de porfirina da clorofila (ver na **figura 10.4**).

No estado excitado, a clorofila é instável e, por isso, ela tende a voltar rapidamente ao estado não excitado eliminando o excesso de energia decorrente da absorção do fóton. Moléculas isoladas de clorofila emitem o excesso de energia na forma de um lampejo de luz vermelha e como calor. Esse fenômeno, conhecido como fluorescência da clorofila, pode ser observado colocando-se uma solução de clorofila no escuro, após ela ter sido iluminada com luz branca: a solução emitirá, por alguns segundos, uma suave luminosidade avermelhada. A clorofila de cloroplastos intactos não fluoresce porque os elétrons excitados são imediatamente transferidos para aceptores, processo que ocorre no centro de reação dos fotossistemas. (**Fig. 10.8**)

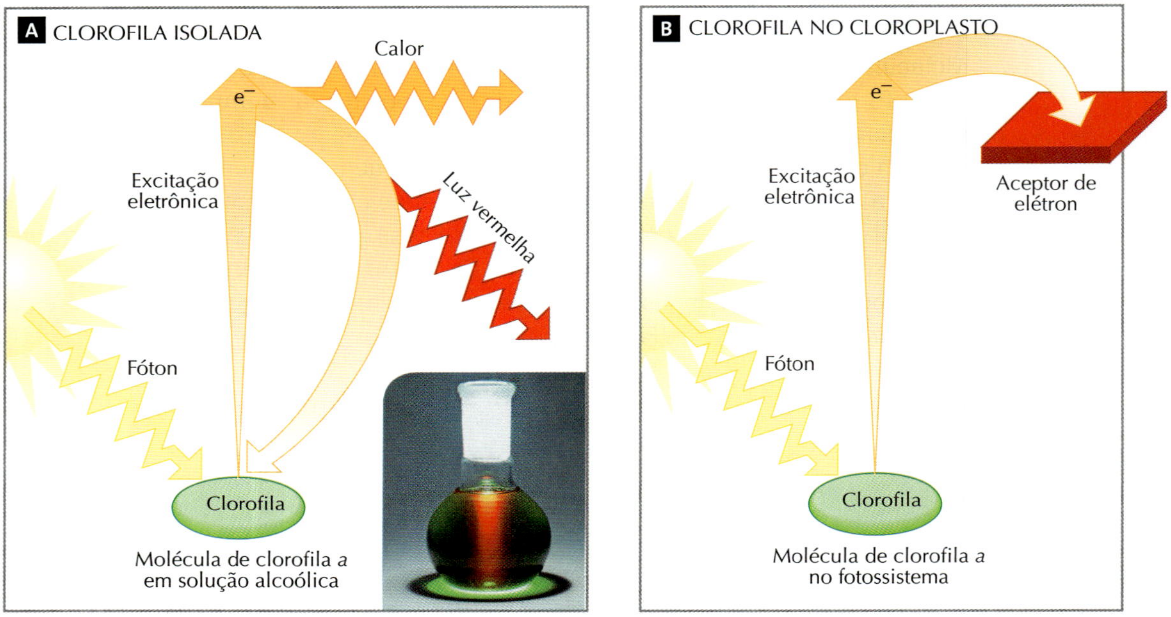

Figura 10.8 **A.** Na foto, luz vermelha emitida por uma solução de clorofila isolada (fluorescência) após ter sido iluminada com luz branca. O esquema mostra que, na molécula da clorofila isolada, o elétron libera o excesso de energia na forma de luz vermelha e de calor. **B.** O esquema mostra que no cloroplasto intacto os elétrons energizados da clorofila passam para um aceptor, de modo que não há liberação de energia. (Imagem sem escala, cores-fantasia.) (Baseado em Campbell, N. e cols., 1999.)

4 Da energia luminosa à energia química: fotofosforilação

Como vimos, uma das etapas da fotossíntese é a síntese de ATP, genericamente denominada fosforilação e, no caso da fotossíntese, fotofosforilação, uma vez que a energia para a reação provém da luz. A seguir, estudaremos como a energia luminosa é convertida em energia química do ATP.

Fotossistemas: PSI e PSII

Os trabalhos do biofísico estadunidense Robert Emerson (1903-1959) na década de 1940 levaram à descoberta de dois fotossistemas de captação de luz envolvidos na fotossíntese: um deles absorve luz com comprimentos de onda até um máximo de 700 nm, e o outro absorve, no máximo, até o limite de 680 nm. Esses fotossistemas foram denominados, respectivamente, I e II, sendo conhecidos pelas siglas **PSI** (do inglês, ***p****hoto****s****ystem*) e **PSII**.

Os fotossistemas PSI e PSII diferem quanto à constituição de seus centros de reação; embora ambos possuam duas moléculas de clorofila *a*, eles diferem quanto aos tipos de proteína aos quais as clorofilas estão associadas. O complexo clorofila-proteína do PSI, que absorve luz de comprimento de onda igual a ou menor que 700 nm, é chamado $\mathbf{P_{700}}$, enquanto o complexo clorofila-proteína do PSII, que absorve luz de comprimento de onda igual a ou menor que 680 nm, recebe a denominação de $\mathbf{P_{680}}$.

Esses dois tipos de fotossistema também diferem quanto à sua localização no cloroplasto: o PSII localiza-se principalmente nas membranas dos *grana*, enquanto o PSI localiza-se preferencialmente nas membranas entre os *grana* (membrana intergrana). Entretanto, a diferença mais importante entre os dois fotossistemas é quanto à função: apenas o PSII consegue realizar a fotólise da água e apenas o PSI consegue transferir elétrons para o aceptor final, o $NADP^+$. **(Fig. 10.9)**

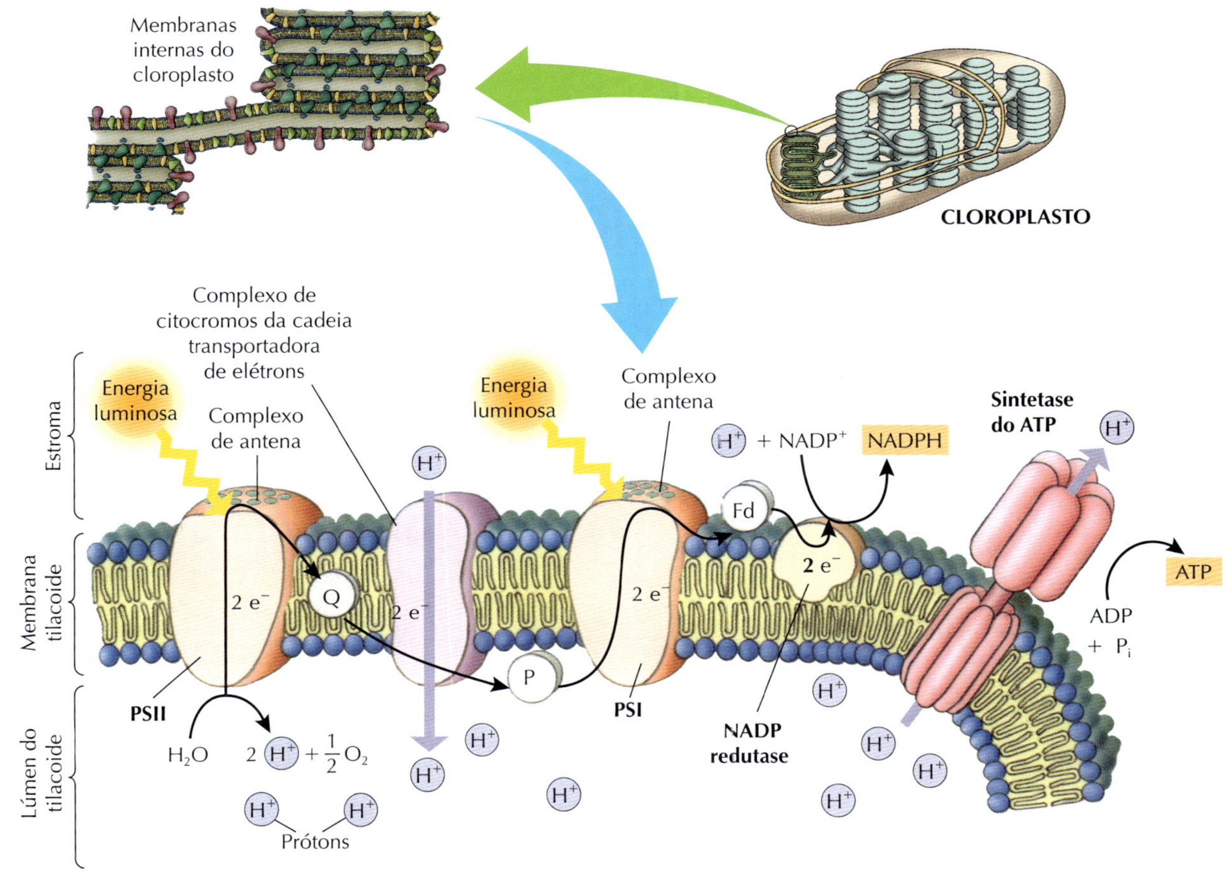

Figura 10.9 Imagem esquemática dos fotossistemas PSI e PSII, dos transportadores de elétrons e da sintetase do ATP na membrana tilacoide. As siglas Q, P e Fd indicam, respectivamente, a quinona, a plastocianina e a ferredoxina, substâncias aceptoras de elétrons. (Imagem sem escala, cores-fantasia.) (Baseado em Raven, P. e cols., 1999.)

Fotofosforilação acíclica

A **fotofosforilação acíclica** utiliza os fotossistemas I e II. O processo tem início com a excitação luminosa da clorofila do complexo P_{680}, presente no fotossistema II. A molécula de clorofila *a* excitada doa um elétron com alto nível energético a um aceptor de elétrons que os cientistas chamam de **Q**, por pertencer ao grupo das quinonas. Essa transferência eletrônica faz a clorofila adquirir carga elétrica positiva – clorofila a^+ – e a substância Q adquirir carga elétrica negativa – Q^-.

A clorofila a^+ é um poderoso agente oxidante, ou seja, tem forte tendência a captar elétrons de substâncias doadoras. É justamente essa avidez por elétrons da clorofila a^+ que provoca a fotólise da água, já mencionada anteriormente. Nesse processo, quatro moléculas de clorofila a^+ captam quatro elétrons de duas moléculas de água, em uma reação que produz quatro íons H^+ e uma molécula de gás oxigênio (O_2). Vamos rever a reação de fotólise da água, ou reação de Hill, sob esse novo enfoque:

$$2\,H_2O + 4\text{ clorofila } a^+ \rightarrow 4\,H^+ + O_2 + 4\text{ clorofila } a$$

Por sua vez, o aceptor Q^- é um poderoso agente redutor, ou seja, tem forte tendência a transferir elétrons para outras substâncias aceptoras que compõem uma cadeia transportadora de elétrons. Após a sequência de transferências eletrônicas ao longo da cadeia, os elétrons finalmente são recebidos por um último aceptor, a proteína denominada plastocianina, que contém cobre em sua constituição. (**Fig. 10.10**)

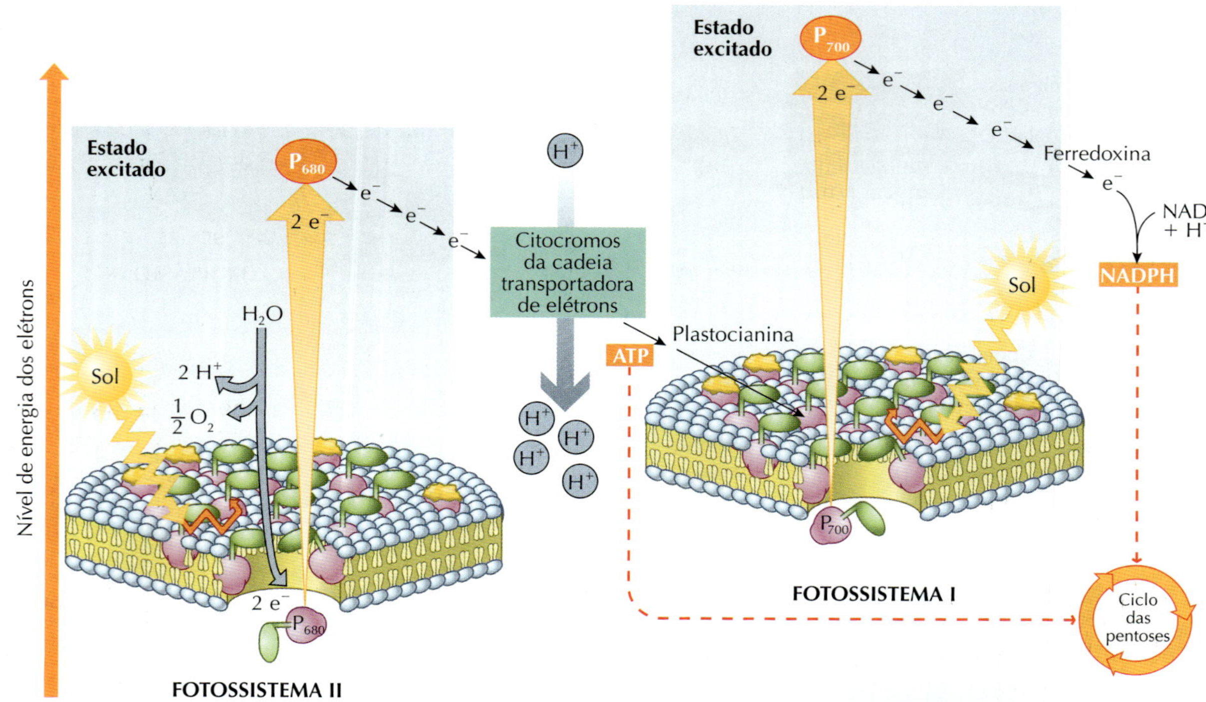

A energização dos elétrons da clorofila P_{680} é comparável ao lançamento de uma bola para o alto de um andaime: no alto, a bola conserva a energia potencial utilizada para lançá-la, da mesma forma que o elétron excitado conserva a energia do fóton que o elevou a esse nível energético. Ao descer, a bola move um moinho, que representa a transformação de energia potencial em energia cinética, com realização de trabalho. Isso corresponde à movimentação do rotor da sintetase na produção de ATP.

O arremesso da bola para o alto de um segundo andaime representa a excitação do elétron na molécula de clorofila P_{700}. A bola cai no balde e se mantém no alto, conservando assim a energia adquirida: da mesma forma, o elétron conserva a energia adquirida do fóton na forma de energia potencial. No PSI, o elétron excitado é capturado e mantido com nível alto de energia no NADPH. É com esse alto nível energético que ele será transferido para as moléculas de glicídios que se formam na fotossíntese. Essa energia potencial dos elétrons só será liberada quando o glicídio for degradado na fermentação ou na respiração aeróbia.

Figura 10.10 Representação do caminho dos elétrons na fotofosforilação acíclica, em analogia a um sistema mecânico de arremesso de bola para o alto de andaimes. Acompanhe a figura com a leitura das legendas internas. (Imagem sem escala, cores-fantasia.) (Baseado em Campbell, N. e cols., 1999, e em Raven, P. e cols., 1999.)

Durante seu deslocamento pela cadeia transportadora, os elétrons energéticos emitidos pela clorofila do complexo P_{680} liberam gradativamente o excesso de energia, utilizada para bombear íons H^+ do estroma para o interior do lúmen do tilacoide. Em seu retorno ao estroma, passando através das sintetases do ATP presentes na membrana tilacoide, os íons H^+ geram o que alguns denominam de "força protomotiva", utilizada na síntese de ATP.

A plastocianina desloca-se na membrana tilacoide e conduz um elétron capturado no fim da cadeia transportadora até o fotossistema I (PSI). Esse elétron repõe o elétron de alta energia perdido pela clorofila do complexo P_{700} que absorveu luz e tornou-se excitada. O elétron de alta energia emitido pela clorofila do complexo P_{700} excitada é transportado por uma série de substâncias carregadoras até a substância aceptora denominada ferredoxina, uma proteína associada a ferro e enxofre. Os elétrons são, então, transferidos da ferredoxina para o $NADP^+$, que se transforma na forma reduzida NADPH ao se associar a um íon H^+.

Em resumo, a fotofosforilação acíclica envolve a participação dos dois fotossistemas; a energia luminosa captada pelo fotossistema II (PSII) é utilizada para a síntese de ATP, enquanto a luz captada pelo fotossistema I (PSI) é utilizada para a produção de NADPH.

Fotofosforilação cíclica

Além de atuar em conjunto com o fotossistema II, o fotossistema I também atua independentemente. Nesse caso, a energia captada por ele é utilizada na síntese de ATP e não na produção de NADPH. Esse processo, denominado **fotofosforilação cíclica**, também fornece ATP adicional para outras atividades celulares que demandam energia, além da produção de glicídios.

Na fotofosforilação cíclica, o elétron emitido pela clorofila do complexo P_{700} excitada é captado pelo aceptor ferredoxina e transferido para uma cadeia transportadora de elétrons (em vez de ser transferido para o $NADP^+$, como ocorre na fotofosforilação acíclica). Em seu deslocamento pelos aceptores da cadeia transportadora – citocromos –, os elétrons liberam energia, utilizada para bombear íons H^+ do estroma para o interior do lúmen do tilacoide. Como já vimos, em seu retorno ao estroma passando através das sintetases do ATP, os íons H^+ geram a força protomotiva usada na síntese de ATP. **(Fig. 10.11)**

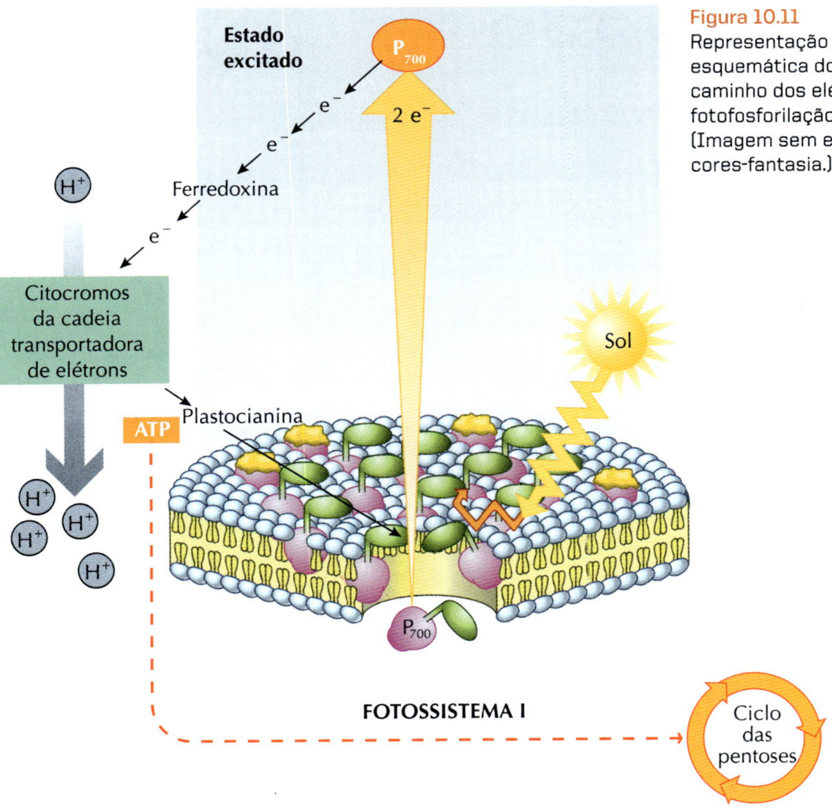

Figura 10.11
Representação esquemática do caminho dos elétrons na fotofosforilação cíclica. (Imagem sem escala, cores-fantasia.)

O aceptor final dos elétrons na cadeia transportadora de elétrons do fotossistema I é a plastocianina. Dela, o elétron retorna diretamente à molécula de clorofila do complexo P_{700}. É por essa razão que esse tipo de fotofosforilação é chamada cíclica: o elétron excitado deixa a clorofila do complexo P_{700}, passa pela cadeia transportadora de elétrons e retorna, com menor nível de energia, à mesma clorofila.

5 Ciclo das pentoses

Os cloroplastos desempenham diversas atividades metabólicas: neles, são sintetizados quase todos os aminoácidos de que a planta necessita para produzir suas proteínas; além disso, eles produzem todos os ácidos graxos e carotenoides e, provavelmente, todas as bases nitrogenadas que irão constituir os ácidos nucleicos e o ATP. Entretanto, a principal atividade dos cloroplastos é a produção de glicídios a partir de CO_2 absorvido do ar; isso ocorre em uma série de reações químicas que compõem o **ciclo das pentoses**, ou **ciclo de Calvin-Benson**. Esta última denominação é uma homenagem aos pesquisadores estadunidenses Melvin Calvin e Andy Benson, que elucidaram as principais reações do processo.

O ciclo das pentoses ocorre no estroma do cloroplasto e no citosol das bactérias fotossintetizantes. Esse ciclo compreende uma série de reações químicas sequenciais, das quais participam o NADPH e o ATP produzidos nas fotofosforilações. Nesse processo, 6 moléculas de CO_2 reagem com seis moléculas de 1,5-bifosfato de ribulose, conhecida pela sigla **RuBP** (do inglês *ribulose 1,5-bisphosphate*), e produzem ao final duas moléculas da substância gliceraldeído-3-fosfato (PGAL), além de regenerar as seis moléculas de RuBP. (**Fig. 10.12**)

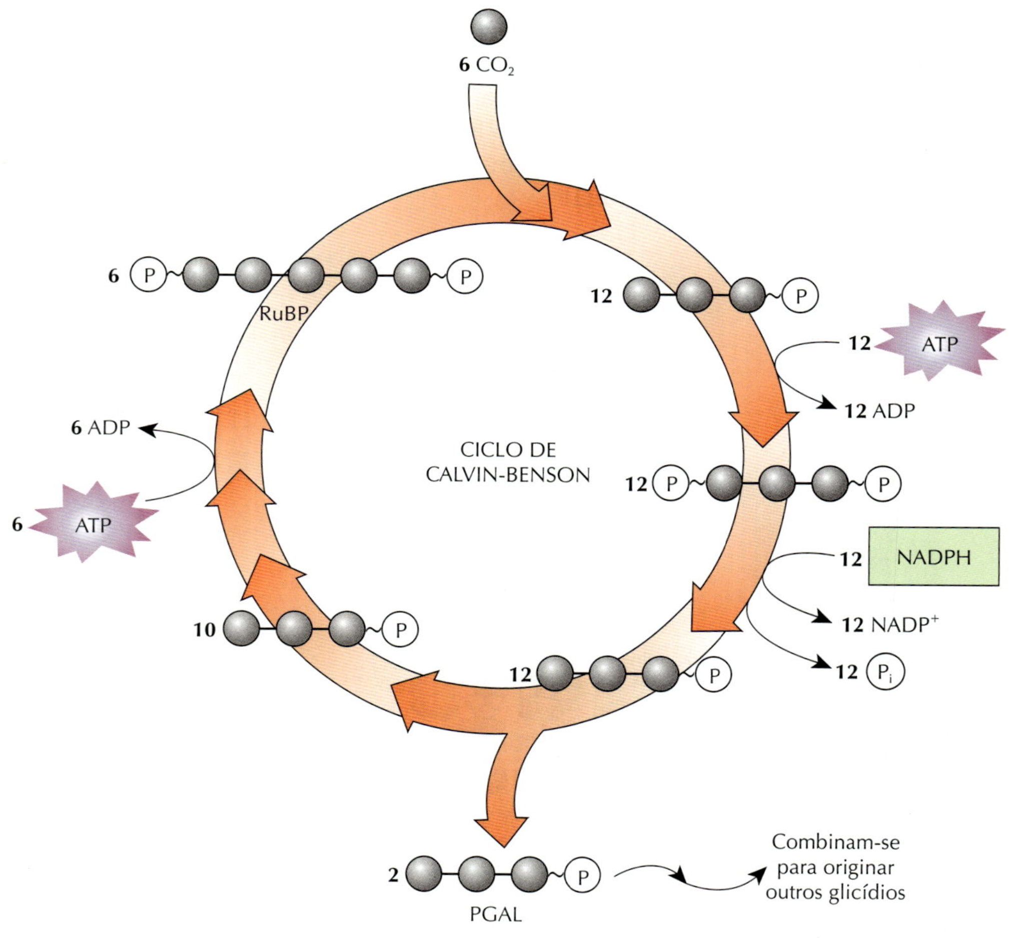

Figura 10.12 Esquema do ciclo das pentoses, também conhecido como ciclo de Calvin-Benson. O processo tem início com a incorporação de 6 moléculas de gás carbônico a 6 moléculas de RuBP, sob a coordenação da enzima rubisco. A cada volta completa, o ciclo das pentoses produz 2 moléculas de glicídio com 3 carbonos (PGAL) e 6 moléculas de RuBP, prontas para incorporar novamente CO_2 e reiniciar outro ciclo. (Baseado em Campbell, N. e cols., 1999.)

A reação entre o CO_2 e a 1,5-bifosfato de ribulose (fixação do carbono) é catalisada por uma enzima denominada **rubisco**. Essa enzima constitui 50% do total de proteínas do cloroplasto e acredita-se que seja a proteína mais abundante na Terra.

A equação que resume o ciclo das pentoses é apresentada a seguir:

$$6\ CO_2 + 12\ NADPH + 18\ ATP + 12\ H^+ \rightarrow$$
$$\rightarrow 2\ C_3H_6O_3 + 12\ NADP^+ + 18\ ADP + 18\ P_i + 6\ H_2O$$

A figura 10.14 resume o processo da fotossíntese no interior de um cloroplasto. No ciclo das pentoses, átomos de hidrogênio provenientes das moléculas de H_2O e temporariamente armazenados no NADPH reagem com moléculas de CO_2, produzindo moléculas de glicídio. Para que essas reações ocorram, é necessário energia, fornecida pelo ATP originado nas fotofosforilações. A luz não participa diretamente do ciclo das pentoses, bastando que a célula fotossintetizante esteja abastecida de ATP, NADPH e CO_2. Por isso, essa etapa da fotossíntese é denominada etapa puramente química, ou fase de reações de escuro da fotossíntese, como já foi comentado. **(Fig. 10.13)**

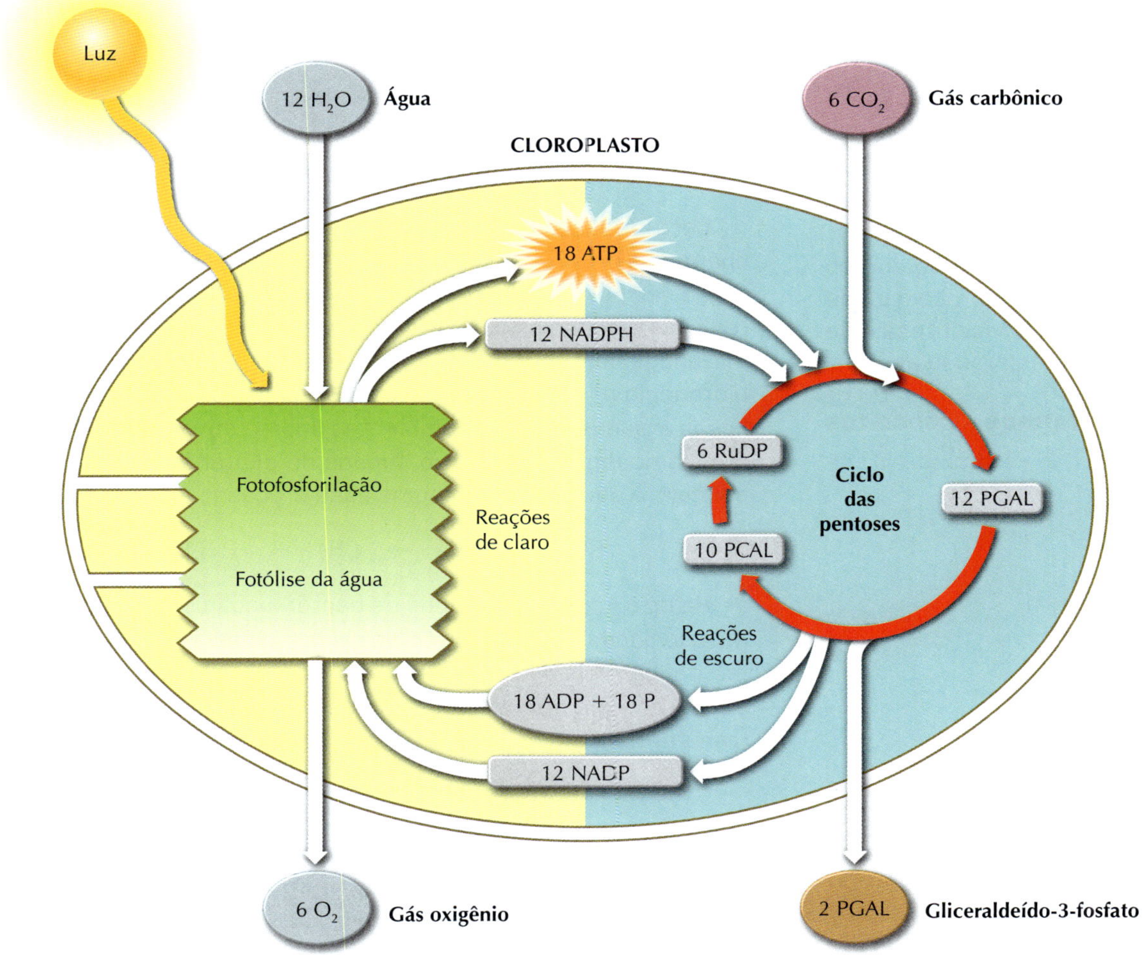

Figura 10.13 Representação esquemática de um cloroplasto, mostrando, à esquerda, a etapa fotoquímica da fotossíntese (reações de claro) e, à direita, a etapa puramente química (reações de escuro). (Imagem sem escala, cores-fantasia.) (Baseado em Campbell, N. e cols., 1999.)

Destino dos produtos do ciclo das pentoses

As moléculas de gliceraldeído-3-fosfato (PGAL) formadas no ciclo das pentoses podem seguir dois caminhos: a maioria sai do cloroplasto e transforma-se em sacarose, no citosol; as que permanecem no cloroplasto são convertidas diretamente em amido e armazenadas temporariamente (durante o dia) no estroma, formando grãos de amido. Durante a noite, o amido é transformado em sacarose e sai para o citosol, de onde é exportado pelo floema para as demais partes da planta. Assim, o principal produto da fotossíntese das plantas é a sacarose, apesar de ser comum a utilização de equações simplificadas em que aparece glicose como produto direto da fotossíntese.

Parte dos glicídios produzidos na fotossíntese é utilizada imediatamente nas mitocôndrias da célula vegetal, no processo de respiração celular, fornecendo energia aos processos vitais. Outra parte é transformada nas diversas substâncias orgânicas de que a planta necessita, como aminoácidos, vários tipos de açúcar (dentre eles a glicose), gorduras, celulose etc. Outra parte, ainda, é armazenada na forma de grãos de amido em células especiais do caule e da raiz, servindo como reserva para momentos de necessidade.

A fotossíntese garante às algas, às plantas e a algumas bactérias independência em relação a outros organismos vivos no que se refere à obtenção de nutrientes orgânicos. A absoluta maioria dos seres heterotróficos, porém, depende de substâncias orgânicas produzidas por seres fotossintetizantes para viver.

Seção 10.3

Quimiossíntese

Objetivo

- **Conceituar o processo de quimiossíntese, distinguindo-o dos processos de fotossíntese e de respiração aeróbia.**

Termos e conceitos

- **quimiossíntese**

A importância da quimiossíntese

Certas espécies de bactérias e de arqueas (estas últimas antigamente chamadas de arqueobactérias) são autotróficas e produzem substâncias orgânicas por meio da **quimiossíntese**, processo que utiliza energia liberada por reações oxidativas de substâncias inorgânicas simples. Arqueas metanogênicas, por exemplo, obtêm energia a partir da reação entre gás hidrogênio (H_2) e gás carbônico (CO_2), com produção de gás metano (CH_4). Essas arqueas vivem em ambientes pobres em gás oxigênio (anaeróbios), tais como depósitos de lixo, fundos de pântanos e tubos digestórios de animais. A equação que resume esse processo é:

$$CO_2 + 4\,H_2 \rightarrow CH_4 + 2\,H_2O + \text{ENERGIA}$$

Há dois importantes tipos de bactéria quimiossintetizantes – gêneros *Nitrosomonas* e *Nitrobacter* – que vivem no solo e têm importância fundamental na reciclagem do elemento nitrogênio na Terra. As nitrosomonas obtêm energia por meio da oxidação de íon de amônio presente no solo, transformando-o em íon de nitrito:

$$\underset{\text{(amônio)}}{NH_4^+} \xrightarrow{\textit{Nitrosomonas}\text{ sp.}} \underset{\text{(nitrito)}}{NO_2^-}$$

As nitrobactérias, por sua vez, utilizam o íon de nitrito, oxidando-o a íon de nitrato:

$$\underset{\text{(nitrito)}}{NO_2^-} \xrightarrow{\textit{Nitrobacter}\text{ sp.}} \underset{\text{(nitrato)}}{NO_3^-}$$

As bactérias quimiossintetizantes conseguem viver em ambientes desprovidos de luz e de matéria orgânica, uma vez que a energia necessária ao seu desenvolvimento é obtida de oxidações inorgânicas. Além de um agente oxidante, elas necessitam apenas de gás carbônico e água, que constituem as matérias-primas para a produção de glicídios.

Conteúdo digital Moderna PLUS http://www.modernaplus.com.br
Animação: *Processos energéticos*, veja aba *Fotossíntese*
Texto: *Um experimento engenhoso*

ATIVIDADES

QUESTÕES PARA PENSAR E DISCUTIR

Questões objetivas

Considere as alternativas a seguir para responder às questões de 1 a 4.

a) Ciclo de Calvin-Benson.
b) Etapa fotoquímica da fotossíntese.
c) Etapa puramente química da fotossíntese.
d) Fotofosforilação.
e) Fotólise da água.

1. Como é chamado o conjunto de reações químicas que ocorre no estroma do cloroplasto, em que o gás carbônico se combina com hidrogênios doados pelo NADPH produzindo glicídios?

2. Qual é o nome da reação em que moléculas de água produzem gás oxigênio, prótons e elétrons, sendo estes últimos devolvidos à clorofila *a* excitada pela luz?

3. Como se denomina o conjunto de reações químicas que ocorre no interior dos cloroplastos e que depende diretamente de luz?

4. Qual é o processo diretamente envolvido na produção de ATP nos cloroplastos?

Considere as alternativas a seguir para responder às questões 5 e 6.

a) $C_6H_{12}O_6 \rightarrow 2H_5C_2OH + 2CO_2$
b) $C_6H_{12}O_6 + 6O_2 \rightarrow 6CO_2 + 6H_2O$
c) $6CO_2 + 12H_2O \rightarrow C_6H_{12}O_6 + 6O_2 + 6H_2O$
d) $6CO_2 + 12H_2S \rightarrow C_6H_{12}O_6 + 12S + 6H_2O$

5. Qual das equações representa a fotossíntese realizada por algas, plantas e certas bactérias?

6. Em qual das equações está mostrada a fotossíntese realizada pelas sulfobactérias púrpuras?

7. Os átomos do gás oxigênio liberado na fotossíntese provêm
   a) da água, apenas.
   b) do gás carbônico, apenas.
   c) da água e do gás carbônico, apenas.
   d) da água, do gás carbônico e do ATP.

8. A molécula de clorofila, ao absorver fótons, perde elétrons, os quais são repostos pela
   a) degradação de moléculas de ATP.
   b) fixação de moléculas de gás carbônico.
   c) quebra de moléculas de água.
   d) degradação de moléculas de glicose.

9. Qual das seguintes sequências indica corretamente o fluxo de elétrons durante a fotossíntese?
   a) $H_2O \rightarrow$ NADPH $\rightarrow$ glicídio
   b) $H_2O \rightarrow O_2 \rightarrow$ glicídio
   c) NADPH $\rightarrow$ ATP $\rightarrow$ glicídio
   d) $O_2 \rightarrow$ NADPH $\rightarrow$ glicídio

10. A energia liberada pelos elétrons, durante sua passagem pela cadeia transportadora de elétrons do cloroplasto, é usada primariamente para bombear íons H^+
    a) do citosol para o lúmen do tilacoide.
    b) do lúmen do tilacoide para o citosol.
    c) do lúmen do tilacoide para o estroma do cloroplasto.
    d) do estroma do cloroplasto para o lúmen do tilacoide.

11. A fonte imediata de energia que permite a síntese do ATP na fotofosforilação é
    a) a quebra das moléculas de água.
    b) a passagem de elétrons através da cadeia transportadora de elétrons.
    c) a diferença de concentração de íons H^+ entre o interior dos tilacoides e o estroma.
    d) a transferência de fosfatos energizados do ciclo de Calvin para o ADP.

12. Qual das alternativas apresenta substâncias produzidas em reações que acontecem nos *grana* e que são consumidas em reações que acontecem no estroma dos cloroplastos?
    a) CO_2 e H_2O.
    b) ATP e NADPH.
    c) CO_2 e ATP.
    d) H_2O e NADPH.

13. As reações da etapa fotoquímica da fotossíntese (reações de claro) suprem o ciclo de Calvin-Benson com
    a) energia luminosa.
    b) CO_2 e ATP.
    c) H_2O e CO_2.
    d) NADPH e ATP.

Questões discursivas

14. A equação química simplificada:
    $$6\,CO_2 + 6\,H_2O \rightarrow C_6H_{12}O_6 + 6\,O_2$$
    omite uma informação importante sobre o processo de fotossíntese. Qual é essa informação?

15. Faça uma lista de argumentos que você usaria para tentar convencer uma amiga ou um amigo de que os seres humanos dependem da luz solar para viver?

16. Há dois compartimentos internos nos cloroplastos cuja separação por uma membrana lipoproteica (membrana tilacoide) é de fundamental importância na produção de energia na fotossíntese. Quais são esses compartimentos e por que é importante que eles estejam separados por aquela membrana?

VESTIBULARES PELO BRASIL

Brasil – Regiões

- Região Norte
- Região Centro-Oeste
- Região Sul
- Região Nordeste
- Região Sudeste
- Brasil

1 (Ufac) Considere as afirmações seguintes sobre processos fisiológicos nos vegetais.

I. A energia luminosa é armazenada quimicamente, através da redução de compostos orgânicos.

II. Os compostos reduzidos são oxidados, liberando energia para geração de trabalho nas células.

É correto afirmar que:

a) I corresponde à fotossíntese e II, à fermentação, ocorrendo ambos em uma mesma célula, porém, em momentos diferentes.

b) I corresponde à fotossíntese e II, à respiração, ambos podendo ocorrer em uma mesma célula.

c) I corresponde à fotossíntese e II, à quimiossíntese, as quais não ocorrem em uma mesma célula.

d) I corresponde à quimiossíntese e II, à respiração, as quais não ocorrem em uma mesma célula.

e) I corresponde à fotossíntese e II, à quimiossíntese, ambos ocorrendo em uma mesma célula, porém, em momentos diferentes.

2 (Ufac) Dióxido de carbono (CO_2), bicarbonato (HCO_3^-) e carbonato (CO_3^{2-}) representam as formas sob as quais os seres vivos conseguem aproveitar o carbono da natureza. Sobre tal aproveitamento, são feitas as seguintes afirmações:

I. O CO_2 consumido na fotossíntese é liberado através da respiração na forma de monóxido de carbono (CO).

II. Durante a nutrição, os animais adquirem carbono a partir dos compostos orgânicos sintetizados pelos vegetais.

III. Através da quimiossíntese, as bactérias transformam o CO_2 apenas em vitaminas.

IV. Para a produção de carboidratos, é necessário que as bactérias quimiossintetizadoras utilizem exclusivamente bicarbonatos (HCO_3^-) dissolvidos na água.

A(s) afirmação(ões) correta(s) é(são):

a) apenas II.

b) apenas III.

c) apenas I e II.

d) apenas II e III.

e) apenas III e IV.

3 (UFT-TO) Relacione os eventos exemplificados na coluna A com as fases da fotossíntese descritas na coluna B.

A	B
( ) Fotofosforilação cíclica	1. Fase fotoquímica
( ) Fotofosforilação acíclica	2. Fase enzimática
( ) Fotólise da água e liberação de O_2	
( ) Fixação de CO_2	
( ) Produção de carboidrato	
( ) Produção de ATP e $NADPH_2$	

Das alternativas abaixo, qual descreve a sequência correta de associação das colunas A e B?

a) 1, 1, 2, 2, 1, 1

b) 1, 1, 1, 1, 2, 2

c) 1, 2, 1, 2, 2, 1

d) 1, 1, 1, 2, 2, 1

4 (Unifacs-BA) A figura representa o fluxo da matéria e da energia em uma cadeia alimentar simples.

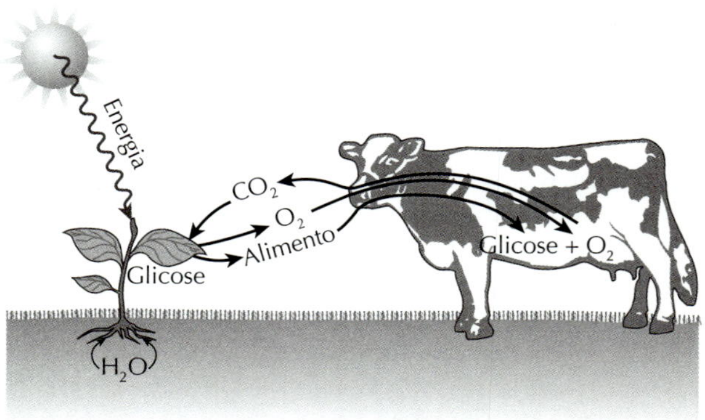

A partir da análise dessa cadeia alimentar, pode-se concluir:

a) A água na planta fornece o O_2 utilizado na respiração do animal.

b) A energia do Sol quebra a molécula da glicose em CO_2 e em O_2.

c) O produtor primário libera O_2, que será integrado à molécula de glicose.

d) A planta e o animal estão no mesmo nível trófico da cadeia alimentar.

e) O consumidor primário libera a energia do CO_2 para o meio na forma de calor.

5 (Uespi) O cloroplasto é uma “fábrica” que produz um combustível valioso para as células vivas, a partir de substâncias simples, aqui chamadas de “matérias-primas”. Assinale a alternativa que indica corretamente as matérias-primas e as substâncias produzidas no processo em consideração, nesta ordem.

a) H_2O, CO_2, glicose e O_2

b) CO_2, O_2, glicose e proteína

c) H_2O, O_2, glicose e proteína

d) O_2, CO_2, proteína e H_2O

e) Proteína, CO_2, H_2O e O_2

6 (UFPE-Adaptado) O cloroplasto, organela citoplasmática na qual ocorre a fotossíntese, apresenta duas membranas que o envolvem e inúmeras bolsas membranosas. A respeito do cloroplasto representado na figura, analise as afirmativas a seguir.

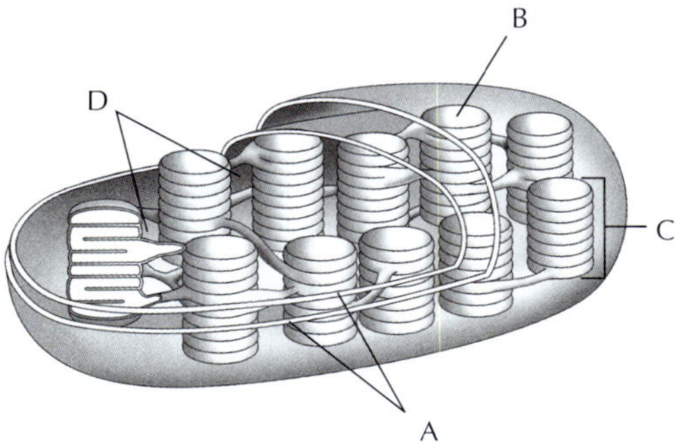

1. É envolto por duas membranas de constituição lipoproteica (A) e possui internamente um elaborado sistema de bolsas membranosas, interligadas, cada uma chamada tilacoide (B).
2. Apresenta estruturas que lembram pilhas de moedas, sendo cada pilha denominada *granum* (C).
3. Contém moléculas de clorofila organizadas nos tilacoides (B) e, no espaço interno do cloroplasto, fica o estroma (D).

Qual(is) afirmativa(s) está(ão) correta(s)?

a) 1 apenas.
b) 1 e 2 apenas.
c) 1, 2 e 3.
d) 2 e 3 apenas.
e) 3 apenas.

7 (Uneb-BA-Adaptado)

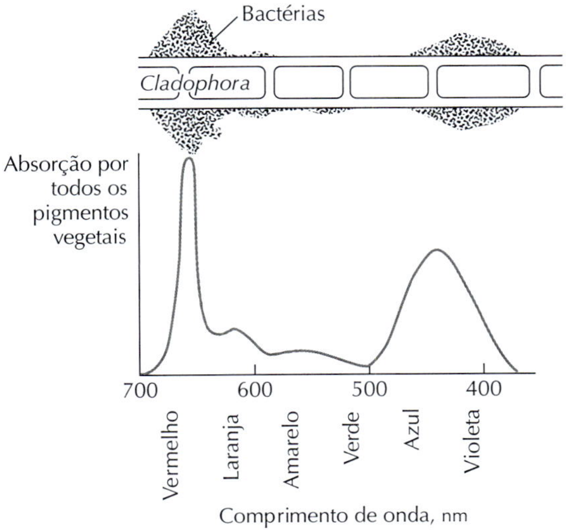

Em 1881, Engelmann realizou um experimento clássico para investigar a relação entre comprimentos de onda e fotossíntese.

Na experiência, cujos resultados são apresentados na ilustração, um espectro luminoso atuava sobre um filamento de alga verde *Cladophora*, colocada em um meio que continha bactérias aeróbias.

A partir da análise dessa ilustração, o que se pode concluir?

a) Os comprimentos de onda amarelo e verde são os mais importantes para as reações fotossintéticas.
b) O espectro de absorção dos pigmentos vegetais revela a falta de seletividade na absorção de luz.
c) As bactérias aeróbias possibilitam à alga verde realizar fotossíntese, mesmo em ausência de luminosidade.
d) A energia luminosa absorvida pela alga é convertida em calor, o que atrai bactérias e outros microrganismos.
e) A aglomeração de bactérias nas regiões iluminadas pelo vermelho e pelo azul indica maior eficiência fotossintética, com liberação de oxigênio.

8 (Unifor-CE) Considere as afirmações abaixo referentes ao processo de fotossíntese.

I. A etapa fotoquímica ocorre nos tilacoides e a etapa química ocorre no estroma dos cloroplastos.
II. O CO_2 utilizado participa ativamente da produção de carboidrato durante a etapa fotoquímica.
III. Na fotólise da água, ocorre quebra da molécula de H_2O sob ação da luz.
IV. A etapa química ocorre sem necessidade direta de luz.

É correto o que se afirma em

a) I e II somente.
b) I, III e IV somente.
c) II e III somente.
d) III e IV somente.
e) I, II, III e IV.

9 (UEPB) Associe as colunas, analisando os diversos "ingredientes" usados na fotossíntese.

1. ATP	( ) Fonte de hidrogênios para conversão do CO_2 em material orgânico
2. $NADPH_2$	( ) Transportadores de elétrons
3. Ferredoxina	( ) Fonte de hidrogênio e de elétrons (para o sistema de clorofilas)
4. Citocromos	( ) Doador de energia para conversão do CO_2 em material orgânico
5. Água	( ) Aceptor de elétrons emitidos pelas clorofilas

A sequência correta é

a) 2 – 5 – 4 – 3 – 1.
b) 5 – 4 – 3 – 1 – 2.
c) 2 – 4 – 5 – 1 – 3.
d) 5 – 4 – 1 – 2 – 3.
e) 3 – 5 – 2 – 4 – 1.

10 (Unifacs-BA) A ilustração esquematiza a máquina molecular responsável pela nanotecnologia da etapa luminosa da fotossíntese aeróbia, processo fundamental na sustentação da biosfera.

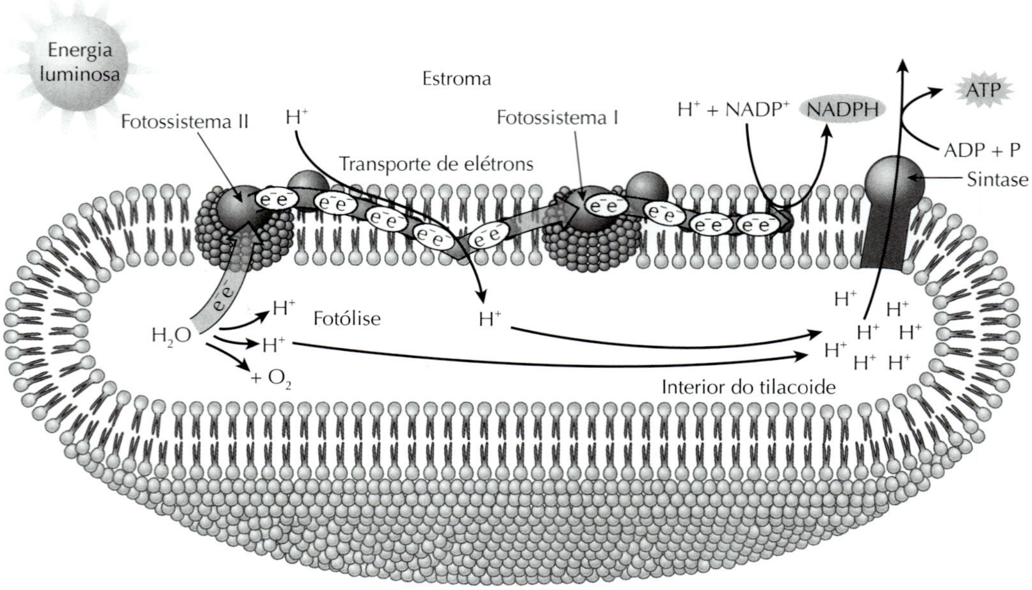

A interpretação da ilustração, apoiada na compreensão dos fenômenos básicos da fotossíntese, propicia análises, como a seguinte:

a) O ATP é um produto energético da fase escura da fotossíntese, sendo uma molécula de reserva energética.
b) O transporte de elétrons a partir dos fotossistemas II e I permite a transferência de prótons para o interior do tilacoide, sem contrariar um gradiente eletroquímico.
c) A organização molecular do tilacoide propicia o aproveitamento da água como fonte de elétrons e de prótons na formação de NADPH.
d) A energia solar é diretamente utilizada na fotólise da água.
e) O acoplamento dos sistemas moleculares fotossintéticos à bicamada lipídica aumenta a absorção da clorofila na zona verde do espectro.

11 (UFPI) Sobre as organelas celulares que processam energia, é correto afirmar:

a) As mitocôndrias realizam todas as oxidações celulares e produzem a massa de ATP das células animais.
b) As mitocôndrias contêm uma membrana externa, uma membrana interna e um compartimento interno.
c) Tanto as mitocôndrias quanto os cloroplastos contêm seus próprios DNAs e ribossomos e são capazes de sintetizar todas as suas proteínas envolvidas na produção de energia.
d) Os cloroplastos podem produzir ATP pela fotofosforilação cíclica, sem produzir NADPH.
e) O ciclo de fixação do carbono é o processo pelo qual se formam moléculas orgânicas a partir de CO_2 e H_2O_2.

12 (UFPI) Analise as duas reações a seguir:

Reação I $CO_2^{18} + H_2O \xrightarrow[\text{Clorofila}]{\text{Luz}} (CH_2O)_n + O_2^{18}$

Reação II $CO_2 + H_2O^{18} \xrightarrow[\text{Clorofila}]{\text{Luz}} (CH_2O)_n + O_2^{18}$

Por meio da análise das reações mostradas, podemos afirmar que

a) a reação I está correta, confirmando que o O_2 é proveniente do CO_2.
b) a reação II está correta, confirmando que o O_2 é proveniente de H_2O.
c) as reações I e II estão corretas, pois o O_2 provém tanto do CO_2 como de H_2O.
d) as reações I e II não fornecem informações suficientes para se concluir a origem do O_2 liberado.
e) as reações I e II estão erradas, pois o O_2 liberado é proveniente da molécula de clorofila.

13 (UFMS) Com relação ao processo de fotossíntese, é correto afirmar:

[Dê como resposta a soma dos números associados às proposições corretas.]

001) Os principais pigmentos responsáveis pela captação da energia luminosa são as clorofilas.
002) A etapa bioquímica ocorre no cloroplasto, na membrana tilacoide.
004) A etapa fotoquímica ocorre no cloroplasto, na membrana tilacoide.
008) Os produtos da etapa fotoquímica são as moléculas de ATP, NADPH e gliceraldeído.
016) A rubisco (ribulose bifosfato de carboxilase) é a enzima que catalisa a reação final do ciclo de Calvin.
032) O oxigênio liberado para a atmosfera provém da fotólise da água.

14 (UCG-GO-Adaptado) Assinale Verdadeiro (V) ou Falso (F).

( ) A fotossíntese acontece em organismos autotróficos que precisam produzir seu próprio alimento, transformando a energia luminosa em energia química. De forma simplificada, pode-se dizer que a fotossíntese acontece conforme a seguinte equação:

$$6\,H_2O + 6\,CO_2 = 6\,O_2 + 24\,C_6H_{12}O_6$$

15 (UFF-RJ) As plantas realizam um fenômeno biológico que é descrito de forma poética no trecho da letra da música de Caetano Veloso:

"Luz do sol

que a folha traga e traduz

em verde novo

EM FOLHA EM GRAÇA EM VIDA EM FORÇA EM LUZ"

Assinale a opção que contém a fórmula química correta, que representa o fenômeno biológico descrito.

a) $C_6H_{12}O_6 + 6\,O_2 \xrightarrow{\text{Luz}} 6\,H_2O + 6\,CO_2$

b) $6\,H_2O + 6\,CO_2 \xrightarrow{\text{Luz}} C_6H_2O_6 + 6\,O_2$

c) $2\,H_2O + 6\,CO_2 \xrightarrow{\text{Luz}} C_6H_4O_6 + 8\,CO$

d) $6\,H_2O + 6\,CO \xrightarrow{\text{Luz}} C_6H_{12}O_6 + 3\,O_2$

e) $C_6H_8O_{16} + 2\,H_2O \xrightarrow{\text{Luz}} 6\,H_2O + 6\,CO_2$

16 (Mackenzie-SP)

$$2\,H_2O + CO_2 \xrightarrow[\text{Luz}]{\text{Pigmento}} CH_2O + H_2O + O_2$$

$$2\,H_2S + CO_2 \xrightarrow[\text{Luz}]{\text{Pigmento}} CH_2O + H_2O + 2\,S$$

As duas equações acima representam processos realizados por alguns tipos de

a) plantas.
b) bactérias.
c) musgos.
d) fungos.
e) algas.

17 (Cesgranrio-RJ)

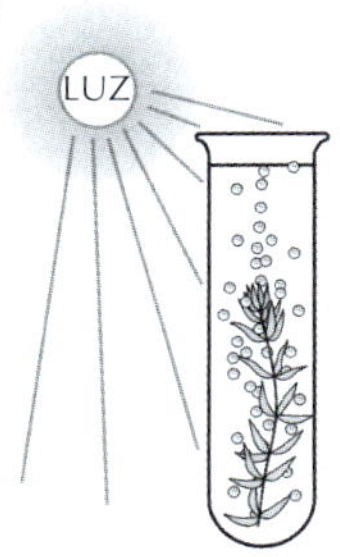

No experimento com elódea num tubo iluminado, o que são as bolhas?

a) O_2 resultante de fotólise da água.
b) O_2 resultante da quebra da molécula de CO_2.
c) CO_2 resultante do ciclo de Krebs.
d) CO_2 proveniente do ciclo de Calvin.
e) O_2 proveniente da fotofosforilação.

18 (PUC-SP)

A propriedade de "captar a vida na luz" que as plantas apresentam se deve à capacidade de utilizar a energia luminosa para a síntese de alimento. A organela (I), onde ocorre esse processo (II), contém um pigmento (III) capaz de captar a energia luminosa, que é posteriormente transformada em energia química. As indicações I, II e III referem-se, respectivamente, a

a) mitocôndria, respiração, citocromo.
b) cloroplasto, fotossíntese, citocromo.
c) cloroplasto, respiração, clorofila.
d) mitocôndria, fotossíntese, citocromo.
e) cloroplasto, fotossíntese, clorofila.

19 (PUC-RJ) Mesmo as sequoias, árvores gigantescas, têm um limite de crescimento longitudinal, determinado pela capacidade máxima de formação da coluna de água dentro do vegetal. Dentre os processos diretamente dependentes da água, encontra-se a fotossíntese, porque a água nessa reação tem como função

a) dissipar o excesso de calor ao qual a planta fica exposta durante o dia.
b) ser doador de elétrons para a construção de moléculas orgânicas.
c) solubilizar o amido, necessário para a realização da fotossíntese.
d) ser aceptor final de elétrons na respiração da planta.
e) ser doador de átomos de carbono para a formação de moléculas orgânicas.

20 (Unigranrio-RJ) Na fase fotoquímica da fotossíntese (etapas cíclica e acíclica), são verificados vários fenômenos. Escolha a **opção "a"** se os 5 fenômenos arrolados abaixo estão de acordo com o enunciado da questão; a **opção "b"** se 3 ou 4 fenômenos arrolados são compatíveis com o enunciado; a **opção "c"** se apenas 1 ou a **opção "d"** se todos os fenômenos arrolados são estranhos ao enunciado.

1. Absorção de energia luminosa pelas clorofilas
2. Síntese de ATP
3. Fotólise da água
4. Síntese de $NADPH_2$
5. Produção de O_2

a)
b)
c)
d)

21 (Mackenzie-SP) O processo de fotossíntese é considerado em duas etapas: a fotoquímica ou fase de claro e a química ou fase de escuro. Na primeira fase, **não** ocorre

a) produção de ATP.
b) produção de NADPH.
c) produção de O_2.
d) fotólise da água.
e) redução do CO_2.

22 (Unesp) Sobre o processo de fotossíntese, é correto afirmar que

a) o CO_2 é fonte de carbono para a síntese de matéria orgânica e fonte de O_2 para a atmosfera.
b) a água é fonte de H^+ para a síntese de $NADPH_2$ e de O_2 para a atmosfera.
c) o $NADPH_2$ é fonte de energia para a conversão do CO_2 em matéria orgânica.
d) o ATP é doador de energia para a quebra da molécula de água, que por sua vez fornece O_2 para a atmosfera.
e) a conversão do CO_2 em matéria orgânica produz energia que é acumulada pelo ATP.

23 (Uniube-MG-Adaptado) A fotossíntese é um processo composto por duas séries de reações químicas. Uma delas é dependente de luz e se chama "reações de claro", e a outra é independente de luz, sendo por isso chamada "reações de escuro".

A figura a seguir resume os fenômenos principais da fotossíntese.

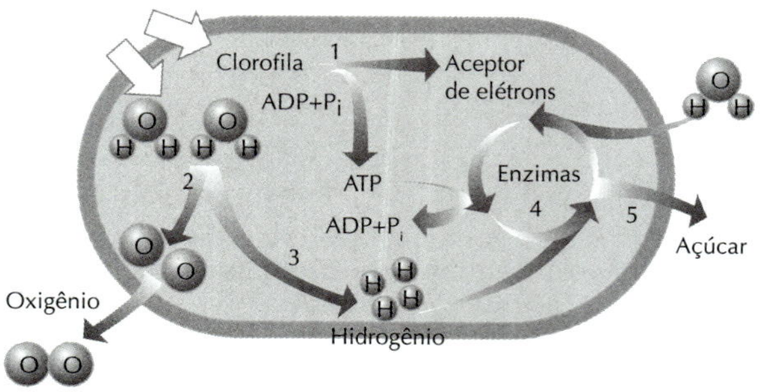

As afirmativas seguintes relacionam-se a acontecimentos da fotossíntese, representados na figura dada.

I. As setas números 1, 2 e 3 indicam acontecimentos que fazem parte das "reações de claro".
II. O ATP necessário para a síntese dos açúcares é produzido pelas "reações de escuro".
III. Sem a presença de luz, faltam íons de hidrogênio para a síntese de açúcares.
IV. A luz solar é necessária para as reações identificadas pelos números 4 e 5.
V. O desmatamento indiscriminado compromete, principalmente, a retirada do CO_2 atmosférico, que é utilizado nas "reações de escuro".
VI. O "efeito estufa" causado pelo desmatamento origina-se da redução na liberação de oxigênio, resultante das "reações de claro".

Com base na análise da figura e nos seus conhecimentos, qual a alternativa cujas afirmativas estão corretas?

a) I, V e VI.
b) II, III e IV.
c) III, IV e VI.
d) I, III e V.

24 (U. São Judas-SP) Com relação ao fenômeno da fotossíntese, sabe-se que a reação:

$$2\,H_2O + 2\,NADP \xrightarrow[\text{Clorofila}]{\text{Luz}} 2\,NADPH_2 + O_2\uparrow$$

a) corresponde ao ciclo de Calvin.
b) corresponde à reação de Hill.
c) ocorre em estroma do cloroplasto.
d) é o resultado do ciclo de pentoses.
e) é o resultado do ciclo de Krebs.

25 (PUC-Minas) O processo fotossintético ocorre em duas etapas: a fase clara e a fase escura. Nas angiospermas, a fotossíntese ocorre nos cloroplastos.

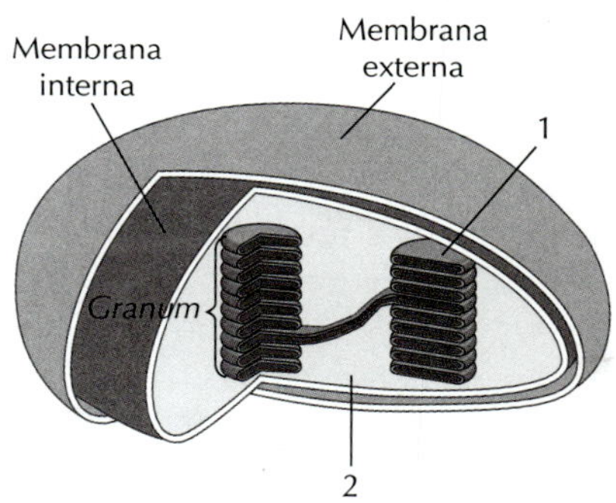

Observando-se o esquema dado, é correto afirmar, **exceto**:

a) A fotólise da água ocorre em 1.
b) A liberação de oxigênio ocorre em 2.
c) A liberação de ATP e $NADPH_2$ ocorre em 1.
d) A utilização de água e de CO_2 ocorre respectivamente em 1 e 2.

26 (PUC-Minas) De acordo com o esquema a seguir, qual é a associação correta?

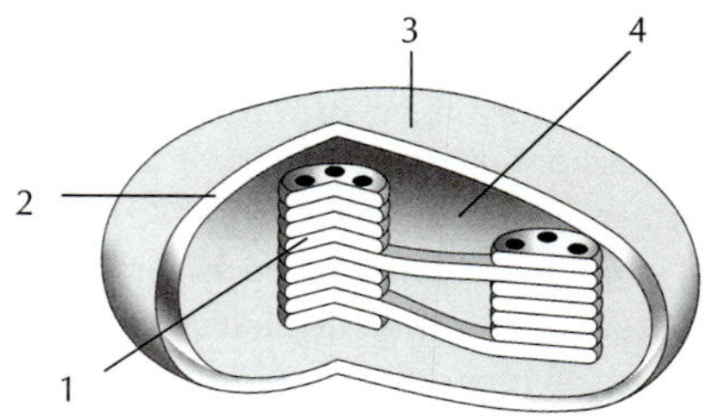

a) Fotofosforilação cíclica ocorre em 1.
b) Fotofosforilação acíclica ocorre em 3.
c) Ciclo de Krebs ocorre em 4.
d) Ciclo de Calvin ocorre em 2.
e) Glicólise ocorre em 1.

27 (Fuvest-SP) Dois importantes processos metabólicos são:

I. Ciclo de Krebs, ou ciclo do ácido cítrico, no qual moléculas orgânicas são degradadas e seus carbonos, liberados como gás carbônico (CO_2).

II. Ciclo de Calvin-Benson, ou ciclo das pentoses, no qual os carbonos do gás carbônico são incorporados em moléculas orgânicas.

Que alternativa indica corretamente os ciclos presentes nos organismos citados?

	Humanos	Plantas	Algas	Levedo
a)	I e II	I e II	I e II	apenas I
b)	I e II	apenas II	apenas II	I e II
c)	I e II	I e II	I e II	I e II
d)	apenas I	I e II	I e II	apenas I
e)	apenas I	apenas II	apenas II	apenas I

28 (UEPG-PR) A fotossíntese é o processo nutritivo fundamental dos vegetais, ocorrendo também nas algas e em muitas bactérias. Consiste basicamente na produção de substâncias orgânicas a partir de CO_2, H_2O e energia luminosa. A respeito desse fenômeno, assinale o que for **correto**.

[Dê como resultado a soma dos números associados às proposições corretas.]

01) O oxigênio liberado na fotossíntese provém do gás carbônico assimilado pelas plantas por intermédio dos estômatos.

02) As clorofilas *a* e *b*, presentes nos cloroplastos dos parênquimas das folhas, são os pigmentos responsáveis pela captação da energia da luz solar. Nesses cloroplastos, existem ainda pigmentos auxiliares, que absorvem determinados comprimentos de onda, transferindo energia para as clorofilas.

04) As clorofilas absorvem a luz na faixa de 400 nm a 760 nm, comprimentos de onda que correspondem à luz visível, a qual pode ser decomposta nas cores do arco-íris. Na faixa do verde, a fotossíntese é acentuada, uma vez que as clorofilas, sendo verdes, refletem esse comprimento de onda, absorvendo sua energia.

08) Como a fotossíntese tem uma etapa química (fase de escuro), ela é altamente influenciada pela temperatura, atingindo um ótimo rendimento entre 30 graus Celsius e 40 graus Celsius. Acima desses valores, há um decréscimo acentuado, especialmente pela destruição de enzimas que catalisam as reações do processo.

29 (UFPel-RS) A fotossíntese, que corresponde à síntese de matéria orgânica a partir de compostos inorgânicos simples, é um processo de produção de energia realizado pelas plantas, do qual depende toda a vida no planeta. A figura mostra um esquema do cloroplasto e as etapas da fotossíntese.

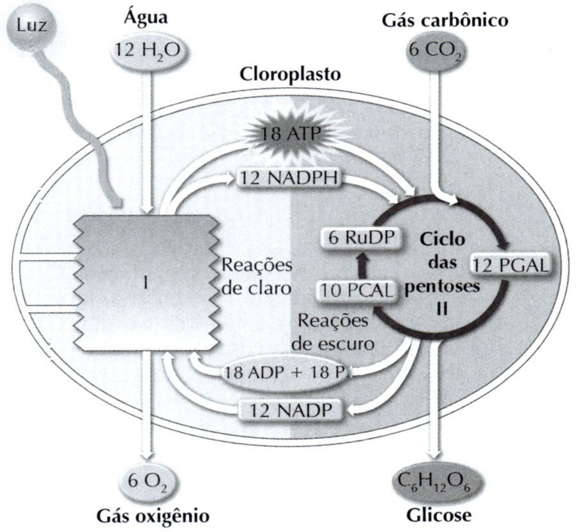

Amabis, J. M.; Martho, G. R. *Conceitos de Biologia.* v. 1. São Paulo: Moderna, 2001

Com base nos textos e em seus conhecimentos, analise as seguintes afirmativas.

I. Na etapa fotoquímica (I), ocorre a fotofosforilação, em que ATPs são produzidos com a utilização de energia liberada pelos elétrons. Esses elétrons são energizados ao serem captados e transportados por uma cadeia nos tilacoides do cloroplasto, após a clorofila ter recebido a energia luminosa.

II. O oxigênio produzido na fotossíntese é oriundo da fotólise da água, que ocorre na etapa fotoquímica (I). Os íons H^+ resultantes da decomposição da água se combinam com os elétrons energizados captados pelo NADP, formando $NADPH_2$, o qual será utilizado na produção da glicose.

III. A glicose é produzida a partir do CO_2, sem gasto de energia, uma vez que esta foi utilizada na fotofosforilação. Na etapa química (II), que ocorre nos tilacoides do cloroplasto, são utilizados ainda, para produzir a glicose, hidrogênios oriundos da fotólise da água.

IV. A fotossíntese é realizada também por algas e certas bactérias, organismos que apresentam cloroplastos bem estruturados, como nos vegetais.

Estão **corretas** apenas as afirmativas

a) III e IV.
b) I e IV.
c) I e II.
d) II e III.
e) II e IV.

30 (Udesc) A fotossíntese é um processo de transformação de energia luminosa em energia química, realizada por organismos autotróficos.

Sobre a fotossíntese, é **correto** afirmar:

a) Ao final da fotossíntese, são produzidos 38 mols de ATP.

b) Os organismos autotróficos crescem mais sob a luz verde, porque a clorofila é verde.

c) A fotossíntese é um processo dependente de luz e ocorre na ausência da água.

d) Somente plantas vasculares são capazes de realizar a fotossíntese.

e) A unidade fotossintética da planta localiza-se nos tilacoides dos cloroplastos.

31 (Unioeste-PR) O processo fotossintético pode ser dividido em quatro etapas:

I. Absorção de luz

II. Transporte de elétrons que leva à redução do $NADP^+$ a NADPH

III. Produção de ATP

IV. Fixação de carbono, que é a conversão de CO_2 em glicídios

Assinale a alternativa que corresponde à(s) etapa(s) que é(são) catalisada(s) por enzimas que fazem parte da membrana tilacoide do cloroplasto.

a) I, II e IV.

b) I, II e III.

c) I, II, III e IV.

d) Apenas II.

e) Apenas IV.

32 (Udesc) Assinale a alternativa que indica **corretamente** a principal função da fotólise da água.

a) Fornecer hidrogênio para ativar o complexo ATP sintetase e repor elétrons perdidos pelas moléculas de clorofila.

b) Quebrar glicose, produzindo oxigênio e ATP, para os seres aeróbios.

c) Produzir oxigênio, para ativar o sistema ATP sintetase.

d) Garantir a estabilidade molecular da água que circula nos vasos do xilema e do floema.

e) Garantir a oxidação da glicose.

Questões discursivas

33 (Uesc-BA) O surgimento de bactérias fotossintetizantes foi um acontecimento crucial, na história da vida, com a inovação de seres capazes de sintetizar moléculas orgânicas, tendo como matéria-prima moléculas inorgânicas utilizando a energia solar. Contudo, a inovação no processo da fotossíntese, que foi fundamental para a evolução da vida e expansão da biosfera, aparece com as cianobactérias.

Identifique o aspecto inovador, na fotossíntese das cianobactérias, que resultou na liberação de oxigênio e explique por que foi estratégico para a preservação do processo ao longo da história da vida.

34 (UFBA) A figura ilustra, de forma esquemática, o experimento clássico de Thomas Engelmann (1883), em que iluminou uma alga filamentosa, de modo a expor diferentes segmentos da alga a diferentes comprimentos de onda da luz.

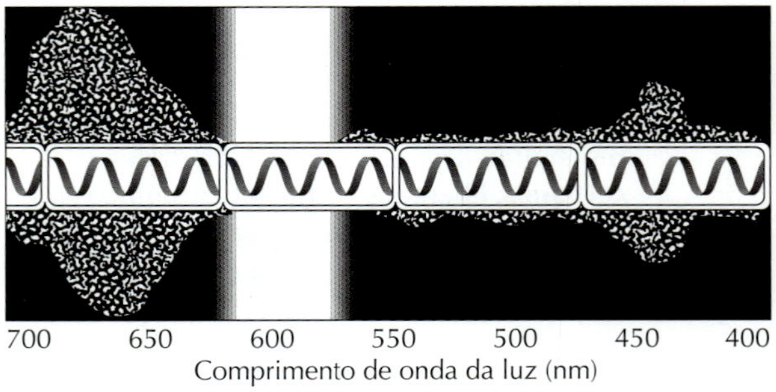

A partir da análise dos dados experimentais apresentados, explique a distribuição diferenciada das bactérias em torno da alga filamentosa.

35 (UFG-GO) Na figura abaixo, estão esquematizados dois importantes processos celulares (I e II).

De acordo com a figura, responda:

a) Qual processo fisiológico está envolvido nas representações I e II respectivamente? Qual organela celular é especializada para realização de cada processo?

b) Como os processos I e II estão envolvidos no fluxo energético de uma cadeia alimentar?

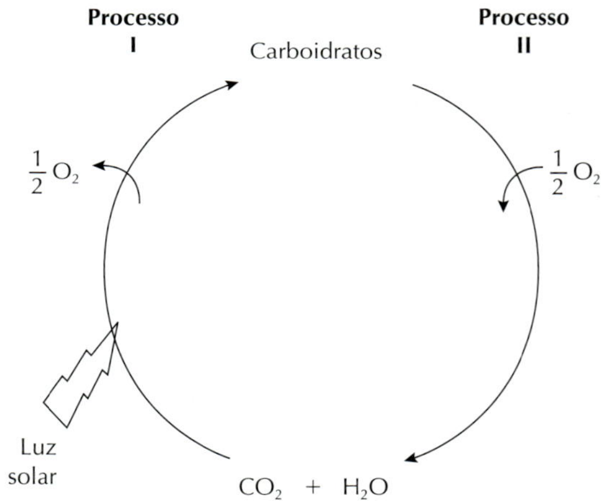

UNIDADE C

Capítulo 11

O controle gênico das atividades celulares

A descoberta do sistema de codificação genético, em meados do século XX, permitiu um salto gigantesco da Biologia rumo à compreensão mais ampla do fenômeno vida.

Neste capítulo, estudaremos a natureza química dos genes, o tipo de informação que eles contêm e como atuam no controle das atividades celulares.

11.1 Natureza química dos genes

Todas as formas de vida em nosso planeta, com exceção de alguns vírus, têm suas informações genéticas codificadas na sequência de bases nitrogenadas do DNA. O sistema de codificação das informações hereditárias constitui o código genético.

11.2 Genes e RNA: a transcrição gênica

Gene pode ser definido como uma região particular da molécula de DNA capaz de transcrever seu código molecular para uma molécula específica de RNA.

11.3 Mecanismo de síntese das proteínas

Proteínas são substâncias essenciais às células vivas; muitas delas atuam como enzimas que comandam praticamente todos os processos vitais. Ao controlar a síntese das proteínas, os genes controlam as atividades celulares.

O modelo da dupla-hélice do DNA, idealizado por Watson e Crick no início da década de 1950, tem sido amplamente confirmado experimentalmente e é um dos ícones do século XXI.

Seção 11.1

Natureza química dos genes

Objetivos

- Reconhecer a existência de uma linguagem codificada nas moléculas de DNA, responsável pelas características hereditárias e que controla as atividades celulares.
- Conhecer a estrutura da molécula de DNA e compreender a maneira pela qual ela armazena informação genética.
- Compreender como a duplicação semiconservativa do DNA permite a transmissão rigorosa das informações genéticas ao longo das gerações.

Termos e conceitos

- gene
- DNA (ácido desoxirribonucleico)
- código genético
- duplicação semiconservativa do DNA
- polimerase do DNA

1 A descoberta do DNA

Há pouco mais de 50 anos, os cientistas descobriram que os **genes** – informações hereditárias passadas de geração a geração – são constituídos por **ácido desoxirribonucleico**, abreviadamente chamado de **DNA** (do inglês ***d**eso-xirribo**n**ucleic **a**cid*). Desde então, o DNA vem sendo amplamente estudado e hoje sua sigla é popularmente associada à identidade genética de cada pessoa.

O ácido desoxirribonucleico foi descoberto em meados do século XIX pelo cientista suíço Johann Friedrich Miescher (1844-1895). Em suas pesquisas, Miescher utilizou glóbulos brancos (leucócitos) obtidos do pus retirado de ataduras de ferimentos infeccionados. Analisando a composição química dos núcleos dos leucócitos, o pesquisador encontrou uma substância ainda desconhecida, rica em nitrogênio e fósforo, que ele denominou nucleína por estar presente nos núcleos celulares.

A descoberta da nucleína teve inicialmente pouca repercussão, mas alguns pesquisadores prosseguiram os trabalhos de Miescher. Eles verificaram que a nucleína apresentava características ácidas e passaram a chamá-la de ácido nucleico. Logo foram identificados dois tipos de ácido nucleico: o ácido desoxirribonucleico, ou DNA, que apresenta o glicídio desoxirribose em sua constituição, e o ácido ribonucleico (RNA), que contém ribose em vez de desoxirribose. Relembre a composição química do DNA e do RNA no capítulo 3 deste volume.

Em 1944, Oswald Avery (1877-1955) e dois de seus colaboradores, Colin M. MacLeod (1909-1972) e Maclyn McCarty (1911-2005), chegaram à conclusão de que a substância capaz de transformar certas características hereditárias de bactérias era o DNA. Com isso, diversos pesquisadores passaram a admitir a hipótese de que essa substância deveria ser o material hereditário dos seres vivos, estimulando inúmeras pesquisas sobre o tema. Uma dessas pesquisas foi conduzida por James Watson e Francis Crick, que, em 1953, desvendaram a estrutura molecular do DNA.

2 Estrutura molecular do DNA

O DNA é constituído por dois longos filamentos enrolados um sobre o outro, formando uma estrutura helicoidal que lembra a "espiral" de um caderno. Pelo fato de possuir dois filamentos paralelos, costuma-se dizer que o DNA é uma dupla-hélice. Cada um dos filamentos de DNA é composto por milhares ou milhões de unidades chamadas nucleotídios, encadeados em sequência. Assim, os filamentos da molécula de DNA são cadeias polinucleotídicas.

As duas cadeias de um DNA mantêm-se unidas por meio de ligações de hidrogênio (pontes de hidrogênio) entre suas bases nitrogenadas. Essas ligações ocorrem entre pares de bases específicos: a adenina liga-se unicamente com a timina (**A** ⇔ **T**), e a citosina liga-se unicamente com a guanina (**C** ⇔ **G**). Por isso, as duas cadeias de uma molécula de DNA são sempre complementares: um nucleotídio com adenina em uma das cadeias sempre corresponde a um nucleotídio com timina na outra cadeia, e vice-versa; um nucleotídio com guanina em uma das cadeias sempre corresponde a um nucleotídio com citosina na outra cadeia, e vice-versa. Suponha que a sequência de bases de uma das cadeias de um DNA seja, por exemplo, ATTGCATGCGCATTACG; a outra cadeia apresentará, na região correspondente, a sequência complementar TAACGTACGCGTAATGC. (**Fig. 11.1**)

Todas as formas de vida em nosso planeta, com exceção de alguns vírus, têm suas informações genéticas codificadas na sequência de bases nitrogenadas do DNA.

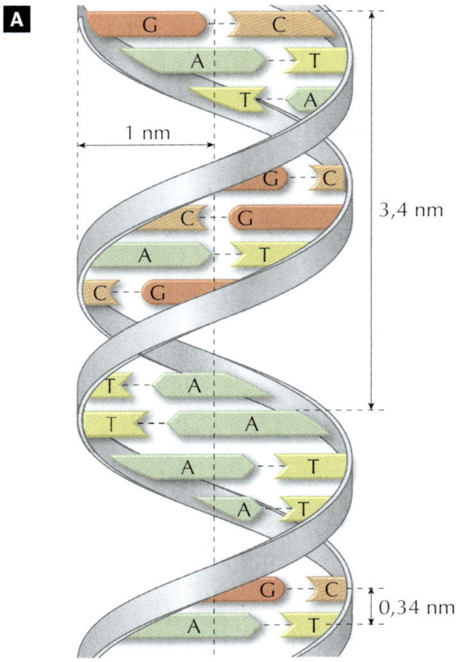

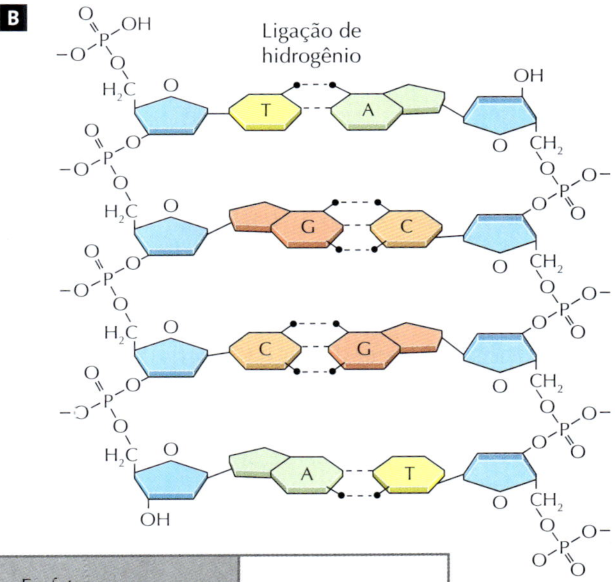

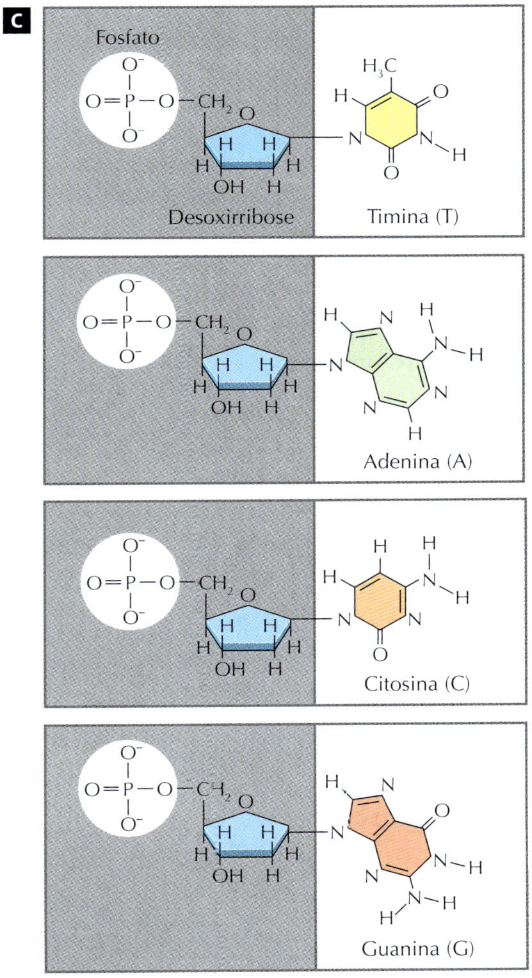

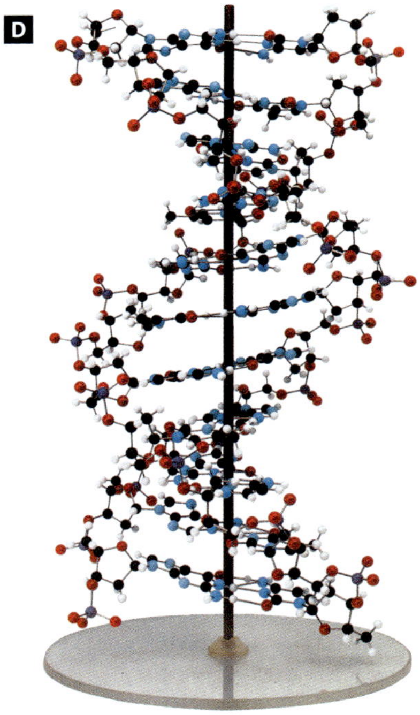

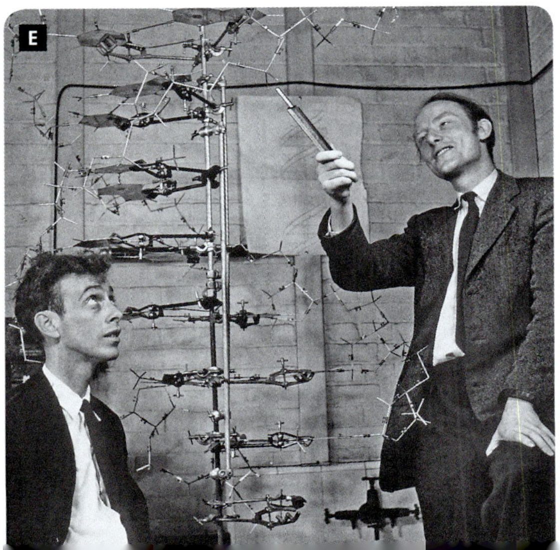

Figura 11.1 **A.** Representação esquemática da estrutura do DNA, formado por duas cadeias paralelas dispostas em helicoidal (dupla-hélice). **B.** Representação das ligações de hidrogênio entre as bases nitrogenadas que compõem duas cadeias de DNA; note as três ligações de hidrogênio entre as bases C e G e as duas entre A e T; por isso costuma-se representar o par CG por C$\equiv$G e o par AT por A$=$T. **C.** Fórmulas estruturais dos quatro nucleotídios constituintes do DNA. **D.** Modelo tridimensional do DNA com os átomos representados por esferas. **E.** James Watson (à esquerda) e Francis Crick (à direita) ao lado do modelo do DNA construído por eles em 1953 e pelo qual ganharam o prêmio Nobel para Medicina ou Fisiologia, em 1962. (Em **A**, **B** e **C**, imagens sem escala, cores-fantasia.)

AMPLIE SEUS CONHECIMENTOS — Decifrando o código genético

A década de 1960 trouxe mudanças revolucionárias à Biologia: os cientistas estavam conseguindo, afinal, decifrar a "linguagem da vida", ou seja, o sistema em código que permite transmitir, de geração a geração, as características típicas de cada espécie. As informações que determinam as características hereditárias de um organismo estão registradas em uma linguagem codificada que é essencialmente a mesma para todas as formas de vida; isso reforça a ideia de que todas as espécies de organismos atuais, inclusive a nossa, tiveram ancestrais comuns em um passado remoto.

Para entender o princípio básico da linguagem genética, podemos fazer uma analogia com nossa própria linguagem. Quando nos comunicamos por meio da palavra escrita, utilizamos um alfabeto de 26 símbolos: as letras de **a** a **z**. Combinações desses símbolos formam conjuntos com significados próprios, as palavras. Por exemplo, a combinação das letras **v**, **i**, **d** e **a**, nessa ordem específica, forma a palavra **vida**, que, em nosso idioma, tem um significado definido.

O alfabeto da vida tem somente quatro símbolos. São as quatro bases nitrogenadas que constituem o DNA: adenina, citosina, guanina e timina, representadas pelas letras **A**, **C**, **G** e **T**. Com apenas esses quatro símbolos, a natureza escreve todas as informações necessárias à existência e à continuidade da vida na Terra.

Tente comunicar-se com um amigo utilizando um alfabeto composto por apenas esses quatro símbolos. Embora pareça difícil, isso pode ser feito desde que se estabeleça um código, reconhecido e compreendido por você e por seu amigo. Por exemplo, podemos utilizar os quatro símbolos A, C, G e T para representar as letras do alfabeto. Se combinarmos os quatro símbolos dois a dois (por exemplo, AA = letra a, AC = letra b, e assim por diante), haverá apenas 16 combinações possíveis, insuficientes para representar as 26 letras do alfabeto. Se combinarmos os símbolos três a três (por exemplo, GCA = letra a, GAG = letra b, e assim por diante), teremos 64 combinações possíveis, número mais que suficiente para corresponder às letras de nosso alfabeto. Podemos ainda utilizar trincas diferentes para uma mesma letra do alfabeto e ainda reservar algumas combinações para corresponder a pontuações de nossas mensagens.

Por exemplo, considere o sistema de codificação que "inventamos" para este exemplo; escolhemos algumas combinações, três a três, dos símbolos A, C, G e T e as associamos a letras e símbolos de nosso alfabeto. Observe que as trincas GCA e GCT são sinônimas, pois ambas correspondem à letra **a**.

GCA = a	GTC = o	CAG = u	GGG = g
GCT = a	GTA = ó	GAG = b	CTT = v
TCA = é	GAA = s	ATC = c	CGA = n
TCT = e	AGG = l	TTG = d	GCC = r
AAT = ê	TGT = q	CCC = t	TTT = ?
CCT = i	ACA = m	ACT = .	AAA = espaço

Com esse código, veja como seria traduzida a mensagem codificada a seguir.

GTC	AAA	ATC	GTA	TTG	CCT	GGG	GTC	AAA	TTG	GCA	AAA	...
o		c	ó	d	i	g	o		d	a		

...	CTT	CCT	TTG	GCT	AAA	TCA	AAA	...
	v	i	d	a		é		

...	CAG	CGA	CCT	CTT	TCT	GCC	GAA	GCA	AGG	ACT
	u	n	i	v	e	r	s	a	l	.

Utilizando o mesmo código, traduza a seguinte mensagem:

GTC	AAA	TGT	CAG	TCT	AAA	TCA	AAA	CTT	CCT	TTG	GCT	TTT
?	?	?	?	?	?	?	?	?	?	?	?	?

Transcreva agora, em código, a frase: "como surgiu a vida?".

A linguagem da vida baseia-se em um sistema de codificação semelhante ao do exemplo que acabamos de ver. No interior das células vivas, há um sistema molecular que contém informações para produzir proteínas, substâncias que determinam a estrutura das células e controlam todos os processos metabólicos. Esse sistema de informações bioquímicas dos seres vivos é o **código genético**. Nele, cada trinca de bases nitrogenadas de uma das cadeias do DNA corresponde a um determinado aminoácido na proteína. Assim, uma sequência de trincas de bases do DNA indica em que sequência os aminoácidos devem se unir para formar determinada proteína.

No código genético, há 64 trincas possíveis, mas apenas 61 delas correspondem a aminoácidos. As três trincas restantes são usadas como pontuação, pois elas indicam o término da codificação de cada proteína.

3 Duplicação semiconservativa do DNA

O modelo para explicar a estrutura da molécula do DNA foi proposto, em 1953, pelo biólogo estadunidense James D. Watson (n. 1928) e pelo físico inglês Francis H. C. Crick (1916-2004). Esse modelo foi bem-aceito porque, além de explicar as propriedades físicas e químicas do DNA, explicava também como a molécula se duplica. De acordo com o modelo, as duas cadeias que constituem o DNA se separam e cada uma delas orienta a produção da cadeia complementar. Esse modo de duplicação, amplamente confirmado em inúmeros experimentos, é conhecido como **duplicação semiconservativa do DNA**, pois cada uma das moléculas recém-formadas conserva uma das cadeias da "molécula-mãe" e produz uma cadeia nova, complementar à que lhe serviu de molde.

No processo de duplicação do DNA (também chamado de replicação), as pontes de hidrogênio que unem as duas cadeias se desfazem e as cadeias se separam. À medida que as bases de cada cadeia se desemparelham de suas complementares, nucleotídios livres presentes na célula unem-se a elas, respeitando a seguinte regra de emparelhamento: adenina emparelha-se com timina (**A** ⇔ **T**) e citosina, com guanina (**C** ⇔ **G**).

Os nucleotídios que se encaixam em cada uma das cadeias do DNA em duplicação vão unindo-se uns aos outros, originando uma nova cadeia complementar à que serve de molde. Ao final do processo de duplicação, haverá duas moléculas de DNA idênticas, cada uma formada por uma cadeia proveniente da molécula original e por uma cadeia nova, recém-sintetizada a partir da união de nucleotídios ordenados pela sequência das bases nitrogenadas da cadeia molde. (**Fig. 11.2**)

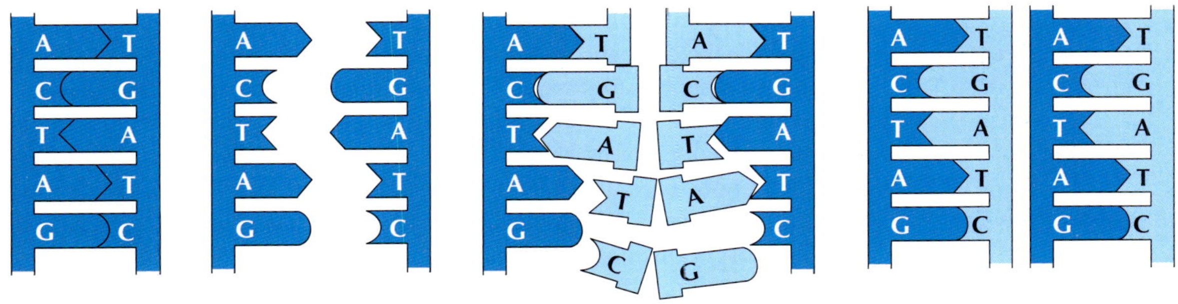

A. A molécula de DNA é constituída por duas cadeias polinucleotídicas unidas por pontes de hidrogênio entre suas bases nitrogenadas.

B. A primeira etapa no processo de duplicação do DNA é o rompimento das pontes de hidrogênio e a separação das duas cadeias.

C. Cada "cadeia antiga" serve de molde para a construção de uma "cadeia nova", determinando a ordem em que devem se encaixar os nucleotídios sobre ela.

D. Os nucleotídios ordenados sobre a cadeia-molde unem-se entre si formando uma nova cadeia complementar à antiga. Ao final do processo, são produzidas duas moléculas de DNA idênticas, cada uma delas constituída por uma "cadeia antiga" e por uma "cadeia nova".

Figura 11.2 Representação esquemática da duplicação do DNA. (Imagem sem escala, cores-fantasia.)

Muitos detalhes da duplicação do DNA já são conhecidos pelos cientistas. Sabe-se, por exemplo, que o processo de duplicação envolve a participação de dezenas de enzimas com funções diversas. Uma delas causa o desemparelhamento das duas cadeias de DNA, abrindo a molécula que será duplicada; outra encarrega-se de desenrolar a dupla-hélice; outra, ainda, catalisa a união dos nucleotídios que vão se emparelhando à cadeia-molde etc. A enzima que promove a ligação entre os nucleotídios é chamada **polimerase do DNA**, pois promove a polimerização, ou seja, a formação de um polímero (do grego *poli*, muitos) de nucleotídios. Relembre que o termo polímero designa moléculas que são longas cadeias de subunidades (monômeros) idênticas ou similares, unidas entre si, ou seja, polimerizadas. O DNA é um polímero cujos monômeros são nucleotídios.

Conteúdo digital Moderna PLUS http://www.modernaplus.com.br
Animação: *Duplicação do DNA*, veja aba *Duplicação do DNA*

AMPLIE SEUS CONHECIMENTOS

Uma evidência experimental da duplicação semiconservativa do DNA

A hipótese de Watson e Crick para a duplicação semiconservativa do DNA foi comprovada em um experimento realizado em 1958 pelos pesquisadores estadunidenses Matthew Stanley Meselson (n. 1930) e Franklin William Stahl (n. 1929). Eles utilizaram uma técnica nova e muito sensível de separação de moléculas por densidade, conhecida como centrifugação em gradiente de cloreto de césio.

Cálculos teóricos realizados pelos autores indicavam que a ultracentrifugação de uma determinada solução de cloreto de césio formaria um gradiente de concentração desse sal capaz de separar moléculas de DNA contendo apenas o isótopo leve do nitrogênio (^{14}N) de moléculas de DNA contendo apenas o isótopo pesado desse elemento químico (^{15}N). A diferença entre esses dois isótopos é que a forma rara ^{15}N tem 7 prótons e 8 nêutrons no núcleo atômico, apresentando, portanto, massa molecular igual a 15, enquanto a forma comum ^{14}N tem 7 prótons e 7 nêutrons no núcleo atômico, com massa molecular igual a 14. Meselson e Stahl previram que as moléculas de DNA com apenas ^{14}N estacionariam na porção superior do gradiente, onde a densidade da solução de cloreto de césio é menor, enquanto moléculas com apenas ^{15}N estacionariam na parte inferior do gradiente, onde a densidade é maior.

Eles cultivaram bactérias da espécie *Escherichia coli* por catorze gerações sucessivas em um meio de cultura no qual a única fonte de nitrogênio era cloreto de amônio com átomos do isótopo pesado ^{15}N. Após todas essas gerações, a população de bactérias tinha em seu DNA praticamente apenas esse isótopo, pois só dispunham desse tipo de nitrogênio para a produção de suas bases nitrogenadas. Então, os pesquisadores retiraram uma parte da população de bactérias, que teve o DNA extraído para análise. As bactérias restantes foram transferidas para um novo meio de cultura, em que toda fonte de nitrogênio continha apenas átomos do isótopo leve ^{14}N. Assim, todas as substâncias nitrogenadas produzidas pelas células a partir desse momento, dentre elas o DNA, passaram a conter esse isótopo leve do nitrogênio.

Após as bactérias terem se duplicado uma primeira vez no meio com ^{14}N, Meselson e Stahl extraíram o DNA de parte delas e deixaram que as restantes se duplicassem novamente. Após a segunda reprodução no meio contendo apenas ^{14}N, uma amostra de bactérias foi retirada e seu DNA extraído para análise. O procedimento foi repetido mais uma vez, obtendo-se uma terceira geração de bactérias em meio ^{14}N, cujo DNA também foi extraído para análise.

As quatro amostras de DNA coletadas foram submetidas à centrifugação em gradiente de cloreto de césio. O resultado do experimento, esquematizado na figura 11.3, é descrito a seguir. (**Fig. 11.3**)

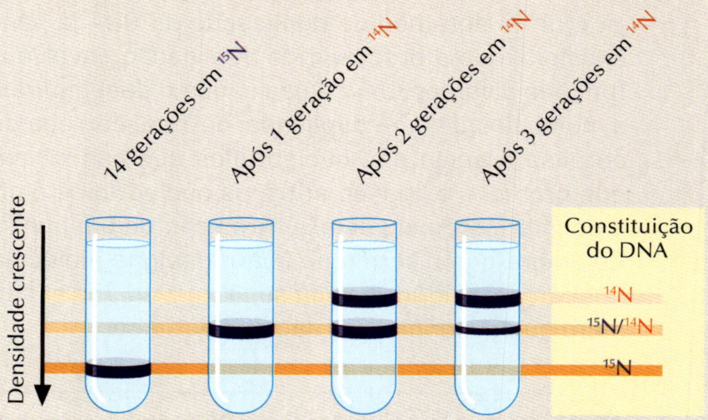

Figura 11.3 Distribuição do DNA de bactérias cultivadas em meios contendo o isótopo pesado do nitrogênio (^{15}N) ou o isótopo leve (^{14}N), após centrifugação em gradiente de cloreto de césio. As faixas nos tubos de centrifugação indicam as posições em que estacionaram as moléculas de DNA; a espessura das faixas indica a quantidade relativa de moléculas em cada posição.

Todas as moléculas de DNA provenientes de bactérias cultivadas durante catorze gerações em meio com nitrogênio pesado (^{15}N) estacionaram perto do fundo do tubo de centrifugação. A amostra de DNA das bactérias que viveram apenas uma geração em meio com isótopo de nitrogênio leve (^{14}N) ficou estacionada na região mediana do tubo; ou seja, essas moléculas de DNA eram menos densas que as que continham apenas ^{15}N. Após duas gerações em meio com ^{14}N, a amostra do DNA bacteriano apresentava metade das moléculas estacionada na região mediana do tubo e metade estacionada em região mais superficial, na posição que seria esperada para moléculas contendo apenas ^{14}N. Após três gerações em meio com ^{14}N, 25% das moléculas estacionaram na região mediana do tubo, enquanto as 75% restantes estacionaram na região superficial do tubo.

Esse resultado corresponde exatamente ao esperado para a hipótese de a duplicação do DNA ser semiconservativa, como mostram os esquemas na figura 11.4. Experiências subsequentes confirmaram que a duplicação do DNA é um processo semiconservativo. (**Fig. 11.4**)

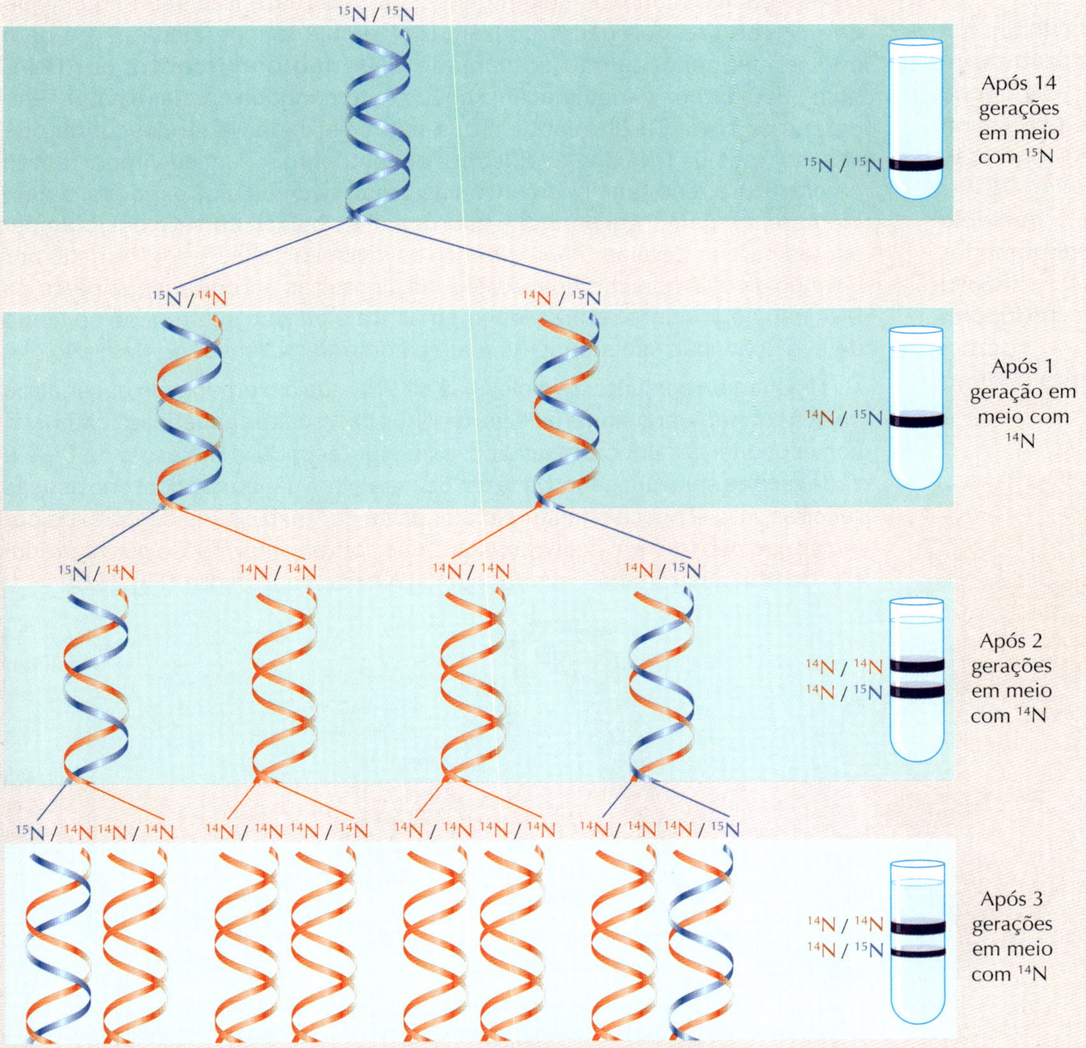

Figura 11.4 Interpretação dos resultados obtidos por Meselson e Stahl.

Seção 11.2

Genes e RNA: a transcrição gênica

Objetivos

- Conceituar gene e compreender como ele pode conter informações capazes de controlar atividades celulares.
- Conhecer os principais tipos de RNA – RNA mensageiro, RNA transportador e RNA ribossômico – e relacionar o papel de cada um deles no processo de síntese de proteínas.

Termos e conceitos

- transcrição gênica
- região promotora do gene
- sequência de término de transcrição
- RNA ribossômico (RNAr)
- nucléolo
- RNA transportador (RNAt)
- anticódon
- códon
- RNA mensageiro (RNAm)

1 Relação entre genes, cromossomos e DNA

O DNA é o constituinte fundamental dos cromossomos. Cada cromossomo possui apenas uma molécula de DNA, que pode atingir até 10 cm de comprimento e apresentar mais de 150 milhões de pares de nucleotídios. Relembre a estrutura do cromossomo no capítulo 7.

Um gene corresponde a uma região particular de uma molécula de DNA, que pode abranger desde poucas dezenas de pares de nucleotídios até milhões deles. Cada gene determina a produção de uma molécula específica de RNA, "transcrevendo" para ela seu código molecular. Grande parte das moléculas de RNA, por sua vez, orienta a produção de proteínas, traduzindo a informação codificada na molécula de RNA em uma sequência de aminoácidos, característica de cada molécula proteica.

Hoje se sabe que apenas uma pequena parcela do DNA dos seres eucarióticos tem sua informação "transcrita" para moléculas de RNA. Calcula-se, por exemplo, que apenas 3% do DNA presente nos 24 tipos de cromossomos humanos sejam genes; os 97% restantes são sequências de nucleotídios que não produzem RNA e cuja função ainda não é bem conhecida, constituindo o chamado **DNA não codificante**, ou "**DNA-lixo**". Esta última denominação é pouco recomendada por dar a impressão de que se trata de DNA inútil, o que não é verdade. Já se descobriu que muitos tipos de DNA não codificante desempenham funções importantes na estrutura e no funcionamento dos cromossomos. Por exemplo, o centrômero, fundamental para que ocorra a distribuição correta dos cromossomos para as células-filhas durante as divisões celulares, é formado por um tipo de DNA não codificante. Alguns cientistas acreditam que parte do DNA não codificante tenha sido importante e perdeu sua função ao longo da evolução, permanecendo no núcleo como "lembrança" do passado.

O genoma – conjunto de moléculas de DNA – de um organismo eucariótico pode ser comparado a uma coleção de livros de "receitas genéticas": cada livro corresponderia a um cromossomo, com sua respectiva molécula de DNA, e cada receita seria um gene. Cada um desses livros genéticos conteria poucas receitas, isto é, poucos genes; a maior parte do "texto" seria constituída por letras que não formam palavras, isto é, não contêm informação para a produção de RNA ou proteína, constituindo o DNA não codificante. (Fig. 11.5)

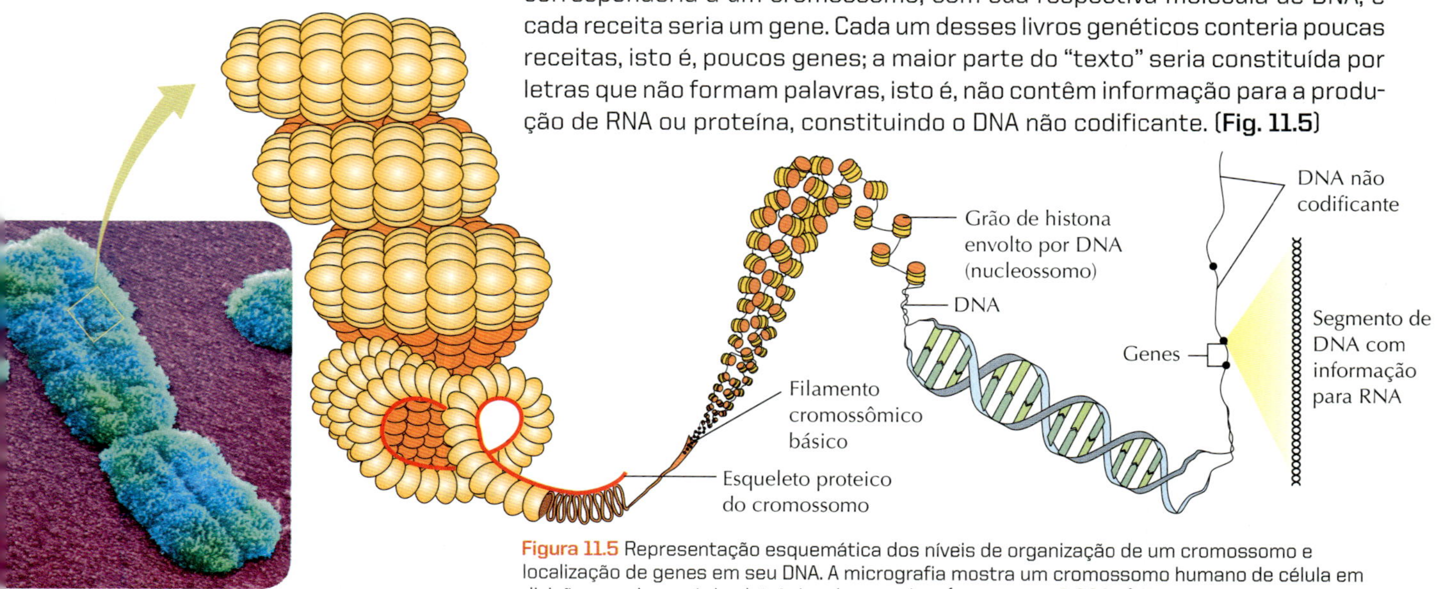

Figura 11.5 Representação esquemática dos níveis de organização de um cromossomo e localização de genes em seu DNA. A micrografia mostra um cromossomo humano de célula em divisão, ao microscópio eletrônico de varredura (aumento ≃ 9.000×). O esquema representa ampliações sucessivas de desdobramento de um cromossomo, mostrando, progressivamente, o filamento cromossômico básico, a relação entre o DNA e as histonas e, finalmente, genes e DNA não codificante. (Baseado em Griffiths, A. e cols., 1999.) (Imagem sem escala, cores-fantasia.)

Como já vimos, um gene pode ser definido como um segmento de DNA que atua como molde para a produção de uma molécula de RNA. As moléculas de RNA, como as de DNA, são constituídas por nucleotídios ligados em sequência. A principal diferença entre esses dois ácidos nucleicos é que o glicídio presente no RNA é a ribose e não a desoxirribose, como ocorre no DNA. Além disso, no RNA não está presente a base timina, havendo em seu lugar a base uracila.

2 Transcrição gênica

Todo RNA é produzido a partir de um molde de DNA; a principal diferença entre a duplicação do DNA e a síntese de RNA é que nesta última são utilizados ribonucleotídios (que contêm ribose) e apenas uma das cadeias do DNA serve de molde para a molécula que está sendo sintetizada. No processo de produção do RNA, denominado **transcrição gênica**, as duas cadeias do DNA se separam e uma delas serve de molde ao RNA; a outra cadeia do DNA permanece inativa. Ao final do processo, as duas cadeias de DNA voltam a se emparelhar, reconstituindo a dupla-hélice.

A síntese de RNA a partir de DNA é catalisada pela enzima **polimerase do RNA**. Essa enzima une-se a uma das extremidades do gene e começa a separar as cadeias do DNA, orientando o emparelhamento de ribonucleotídios livres a uma das cadeias. Esse emparelhamento segue a regra: ribonucleotídios com uracila emparelham-se às adeninas da cadeia-molde de DNA (U ⇔ A); ribonucleotídios com adenina emparelham-se às timinas do DNA (A ⇔ T); ribonucleotídios com citosina emparelham-se às guaninas do DNA (C ⇔ G); ribonucleotídios com guanina emparelham-se às citosinas do DNA (G ⇔ C). À medida que se emparelham ao DNA, os ribonucleotídios unem-se por ação da polimerase do RNA, formando a molécula de RNA. Esta, à medida que é produzida, desprende-se da cadeia-molde de DNA, que volta a se juntar à sua parceira. **(Fig. 11.6)**

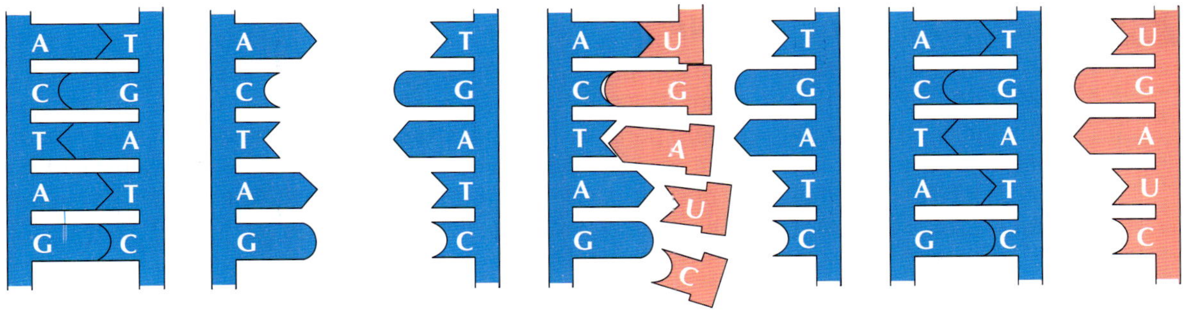

A. A molécula de DNA é constituída por duas cadeias polinucleotídicas unidas por suas bases nitrogenadas.

B. A primeira etapa no processo de síntese de RNA é a separação das duas cadeias do DNA que constitui o gene.

C. Uma das cadeias do DNA serve de molde para a formação do RNA, determinando a ordem em que devem se unir os ribonucleotídios. A outra cadeia do DNA permanece inativa, esperando o final do processo.

D. Os ribonucleotídios ordenados sobre a cadeia-molde unem-se formando uma molécula de RNA complementar à cadeia do DNA. Ao final do processo, o RNA separa-se da cadeia-molde de DNA e esta volta a se unir à sua complementar, reconstituindo a dupla-hélice de DNA.

Figura 11.6 Representação esquemática da transcrição gênica. (Imagem sem escala, cores-fantasia.)

A sequência de bases nitrogenadas de uma molécula de RNA reflete rigorosamente a sequência de bases da cadeia de DNA que serviu de molde. Por exemplo, uma cadeia de DNA com sequência de bases TAGGCTAATGCTCGTA produz um RNA com sequência de bases AUCCGAUUACGAGCAU. Assim, a mensagem em código escrita no DNA é transcrita para o RNA. É por isso que o processo de produção de RNA é chamado de transcrição gênica.

3 Os limites de um gene

O que define o início e o fim de um gene na molécula de DNA? Essa pergunta intrigou os cientistas durante muito tempo. Hoje se sabe que o início de um gene é marcado por uma sequência especial de pares de bases nitrogenadas conhecida como **região promotora do gene**. Essa sequência determina o local do DNA em que se encaixa a polimerase do RNA, para iniciar a síntese de RNA. Após se encaixar à região promotora do gene, a polimerase do RNA separa a dupla-hélice do DNA e utiliza uma das cadeias como molde para a formação do RNA. O processo continua até que a polimerase do RNA encontra uma sequência específica de bases nitrogenadas, a chamada **sequência de término de transcrição**, que marca o fim do processo. Assim, todo gene tem um início, a região promotora, e um fim, a sequência de término de transcrição. (**Fig. 11.7**)

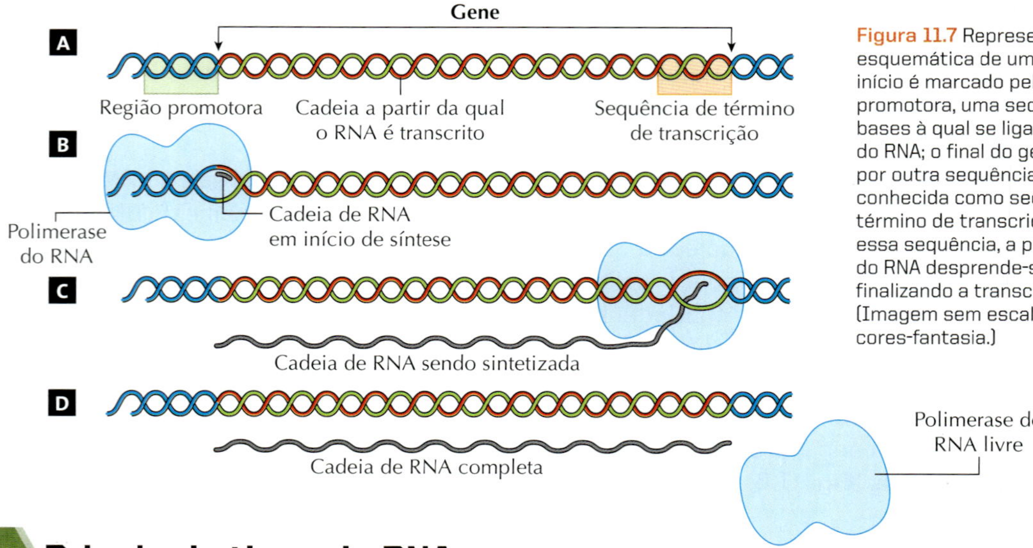

Figura 11.7 Representação esquemática de um gene. Seu início é marcado pela região promotora, uma sequência de bases à qual se liga a polimerase do RNA; o final do gene é marcado por outra sequência de bases, conhecida como sequência de término de transcrição. Ao atingir essa sequência, a polimerase do RNA desprende-se do DNA, finalizando a transcrição. (Imagem sem escala, cores-fantasia.)

4 Principais tipos de RNA

As moléculas de RNA transcritas a partir do DNA podem ser de três tipos principais: RNA ribossômico (RNAr), RNA transportador (RNAt) e RNA mensageiro (RNAm). Nas células eucarióticas, os três tipos de RNA são transcritos, a partir do DNA cromossômico, no interior do núcleo celular. Nos organismos procarióticos, em que não há núcleo, a síntese desses tipos de RNA ocorre no nucleoide, onde se localiza o cromossomo desses organismos. Os três tipos de RNA participam da síntese das proteínas, mas é o RNA mensageiro que define o tipo de proteína a ser produzido.

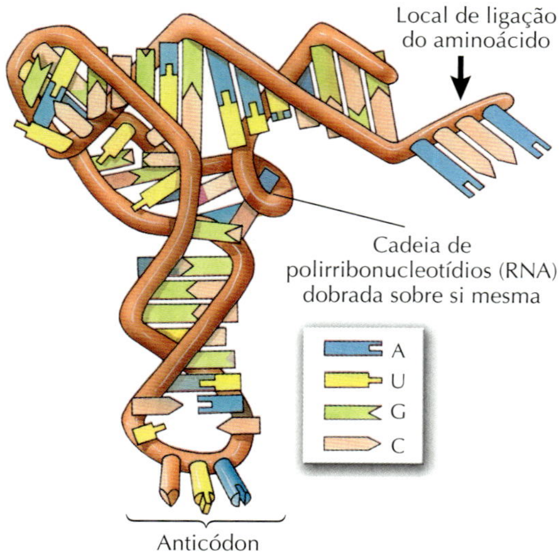

Figura 11.8 Representação esquemática da estrutura tridimensional de um RNAt. Uma trinca de bases especial, o anticódon, permite que o RNAt se emparelhe ao códon complementar do RNAm durante a síntese da proteína. (Imagem sem escala, cores-fantasia.)(Baseado em Rawn, J., 1989.)

RNA ribossômico

Os segmentos de DNA que servem de molde para a formação das moléculas de RNA ribossômico ficam em locais específicos de certos cromossomos, chamados de regiões organizadoras do nucléolo. As moléculas de **RNA ribossômico** recém-sintetizadas acumulam-se ao redor dessas regiões, formando os **nucléolos**. O RNA ribossômico do nucléolo combina-se a proteínas especiais vindas do citoplasma e origina os ribossomos, estruturas citoplasmáticas que servem de base para a síntese de proteínas.

RNA transportador

As moléculas de **RNA transportador** (RNAt) também são sintetizadas a partir de segmentos de DNA presentes em certas regiões específicas dos cromossomos. Esse tipo de RNA é responsável pelo transporte das moléculas de aminoácidos até os ribossomos, onde elas se unem para formar as proteínas. Um RNAt é uma molécula relativamente pequena, com uma extremidade onde se liga um aminoácido específico e uma região mediana onde há uma trinca de bases, o **anticódon**, por meio da qual o RNAt emparelha-se temporariamente a uma trinca de bases complementares do RNA mensageiro (RNAm), o **códon**. (**Fig. 11.8**)

RNA mensageiro

Os genes, segmentos de DNA que servem de molde para as moléculas de **RNA mensageiro**, localizam-se nos diversos cromossomos da célula, geralmente separados por longos segmentos de DNA não codificante. As moléculas de RNA mensageiro (RNAm) sintetizadas a partir dos genes têm a informação para a síntese de proteínas codificada em trincas de bases nitrogenadas. Cada trinca é chamada códon e define a posição de um aminoácido constituinte da proteína.

A correspondência entre o códon e seu respectivo aminoácido é feita pelo RNAt, por meio do anticódon. Por exemplo, o RNAt com anticódon UAC encaixa-se no RNAm apenas onde há o códon AUG. Como esse RNAt transporta o aminoácido metionina, é ele que vai se encaixar nos locais da cadeia polipeptídica correspondentes aos códons AUG do RNAm. Assim, os RNAt atuam na síntese das proteínas como "adaptadores", encaixando os aminoácidos de acordo com os códons do RNAm. O ribossomo, por sua vez, serve de suporte para o acoplamento do RNAm e dos RNAt.

5 O código genético

A correspondência entre os códons do RNAm e os aminoácidos constitui o código genético (relembre no quadro **Amplie seus conhecimentos** da p. 310, deste capítulo). As quatro bases nitrogenadas presentes no RNAm (A, U, C e G), reunidas três a três, formam 64 códons distintos. Dos 64 códons, 61 correspondem aos vinte tipos de aminoácido que entram na constituição das proteínas. Os três códons restantes não correspondem a nenhum aminoácido e funcionam como pontuação, indicando o final da informação genética na molécula do RNAm. (**Fig. 11.9**)

Segunda base do códon

Primeira base do códon	U	C	A	G	Terceira base do códon
U	UUU Phe	UCU Ser	UAU Tyr	UGU Cys	U
U	UUC Phe	UCC Ser	UAC Tyr	UGC Cys	C
U	UUA Leu	UCA Ser	UAA pare*	UGA pare*	A
U	UUG Leu	UCG Ser	UAG pare*	UGG Trp	G
C	CUU Leu	CCU Pro	CAU His	CGU Arg	U
C	CUC Leu	CCC Pro	CAC His	CGC Arg	C
C	CUA Leu	CCA Pro	CAA Gln	CGA Arg	A
C	CUG Leu	CCG Pro	CAG Gln	CGG Arg	G
A	AUU Ile	ACU Thr	AAU Asn	AGU Ser	U
A	AUC Ile	ACC Thr	AAC Asn	AGC Ser	C
A	AUA Ile	ACA Thr	AAA Lys	AGA Arg	A
A	AUG Met	ACG Thr	AAG Lys	AGG Arg	G
G	GUU Val	GCU Ala	GAU Asp	GGU Gly	U
G	GUC Val	GCC Ala	GAC Asp	GGC Gly	C
G	GUA Val	GCA Ala	GAA Glu	GGA Gly	A
G	GUG Val	GCG Ala	GAG Glu	GGG Gly	G

Abreviaturas dos aminoácidos

Phe = fenilalanina	His = histidina
Leu = leucina	Gln = glutamina
Ile = isoleucina	Asn = aspargina
Met = metionina	Lys = lisina
Val = valina	Asp = ácido aspártico
Ser = serina	Glu = ácido glutâmico
Pro = prolina	Cys = cisteína
Thr = treonina	Trp = triptofano
Ala = alanina	Arg = arginina
Tyr = tirosina	Gly = glicina

*A abreviatura *pare* corresponde aos códons de parada.

Figura 11.9 Tabela do código genético. As letras da coluna azul correspondem às bases que ocupam a primeira posição na trinca. As letras da linha superior, vermelha, correspondem às bases que ocupam a segunda posição na trinca. As letras da coluna verde correspondem às bases que ocupam a terceira posição na trinca.

Diz-se que o código genético é "degenerado" porque, para quase todos os aminoácidos, há mais de uma trinca codificante. Apenas dois aminoácidos são codificados por uma única trinca. Há, também, três trincas "sem sentido" (UAA, UAG e UGA), que sinalizam o final da mensagem. O código genético é praticamente o mesmo em todos os seres vivos do planeta e, por isso, diz-se que ele é universal. As exceções conhecidas restringem-se ao significado de alguns códons em mitocôndrias e em genes nucleares de umas poucas espécies. (**Tab. 11.1**)

Tabela 11.1 Desvios conhecidos do sistema de código genético

Códon	Código universal	Código não usual	Ocorrência
UGA	Pare	Triptofano (Trp)	*Mycoplasma* sp., *Spiroplasma* sp., mitocôndrias de diversas espécies
CUG	Leucina (Leu)	Treonina (Thr)	Mitocôndria de leveduras
UAA, UAG	Pare	Glutamina (Gln)	*Acetabularia* sp., *Tetrahymena* sp., paramécios etc.
UGA	Pare	Cisteína (Cys)	*Euplotes* sp.

Fonte: Osawa e colaboradores, *Microbiology Review*, n. 56, 1992, p. 229.

Seção 11.3

Mecanismo de síntese das proteínas

Objetivos

▶ Utilizar a tabela de código genético para prever, a partir da sequência de bases de um DNA ou de um RNA, a composição em aminoácidos do polipeptídio produzido.

▶ Explicar, em termos gerais, como os genes determinam as características estruturais e funcionais dos seres vivos por meio do controle da síntese das proteínas.

Termos e conceitos

- tradução gênica
- códon de início de tradução
- sítio P
- sítio A
- códon de parada
- polirribossomo

A tradução gênica

Proteínas são substâncias essenciais à estrutura das células vivas; além disso, elas atuam como enzimas, comandando praticamente todos os processos vitais. Como já vimos, proteínas podem ser constituídas por um ou mais polipeptídios.

A síntese de uma cadeia polipeptídica consiste em unir aminoácidos de acordo com a sequência de códons do RNAm. Como essa sequência é determinada pelas bases do DNA (gene) que serviu de molde ao RNAm, a síntese de proteínas representa, portanto, a "tradução" da informação do gene, sendo por isso chamada de **tradução gênica**. (**Fig. 11.10**)

No processo de tradução gênica, participam, dentre outros fatores, um ribossomo, um RNAm, vários RNAt, aminoácidos e diversas enzimas. O ribossomo encaixa-se em uma das extremidades do RNAm e o percorre até a outra extremidade. À medida que esse deslocamento ocorre, os RNAt vão encaixando os aminoácidos na sequência definida pela ordem dos códons do RNA mensageiro. Dessa forma, a informação inscrita na sequência de bases do RNAm vai sendo traduzida na sequência de aminoácidos da proteína. Veja a seguir detalhes de como ocorre esse processo.

Início da síntese da cadeia polipeptídica

A síntese de um polipeptídio tem início com a associação entre um ribossomo, um RNAm e o RNAt que transporta o aminoácido metionina. Esse RNAt, cujo anticódon é UAC, emparelha-se com um códon AUG presente perto da extremidade inicial da molécula do RNAm. O códon AUG constitui o chamado **códon de início de tradução**, pois é ele que determina o local da molécula de RNAm em que tem início a informação para a cadeia polipeptídica. Esta sempre é iniciada pelo aminoácido metionina.

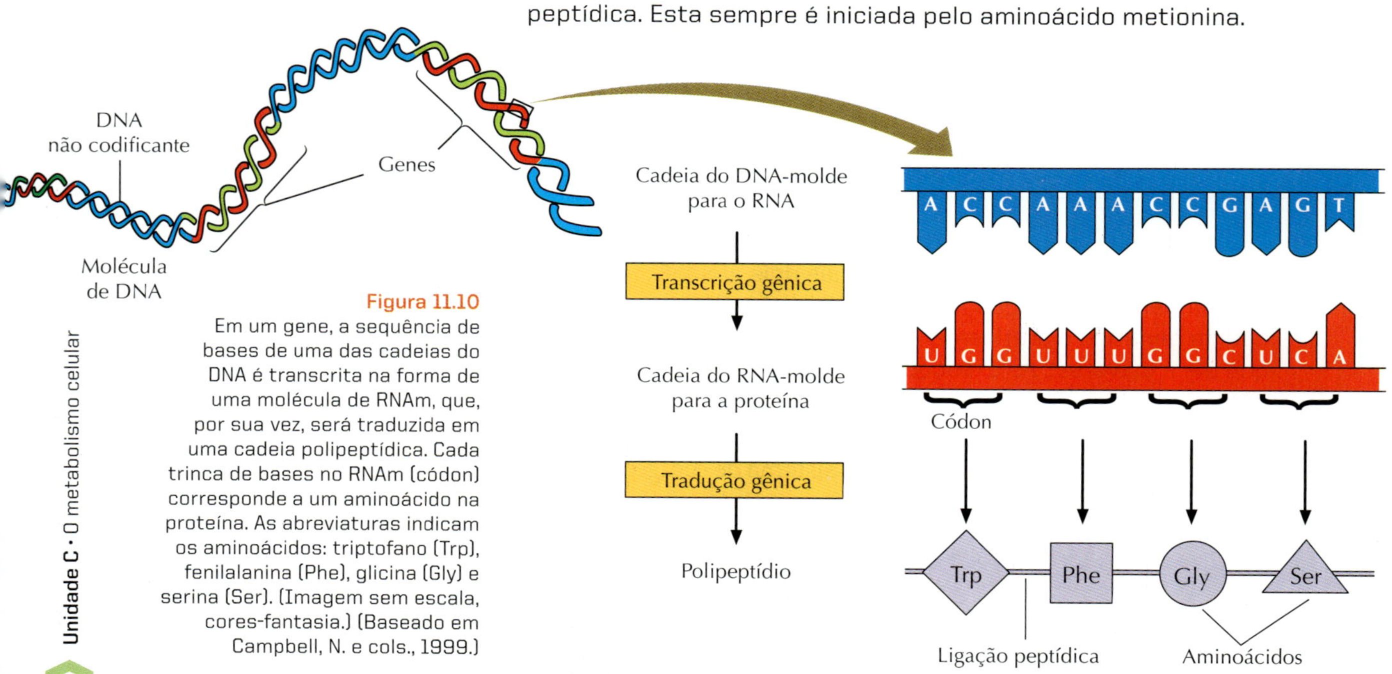

Figura 11.10 Em um gene, a sequência de bases de uma das cadeias do DNA é transcrita na forma de uma molécula de RNAm, que, por sua vez, será traduzida em uma cadeia polipeptídica. Cada trinca de bases no RNAm (códon) corresponde a um aminoácido na proteína. As abreviaturas indicam os aminoácidos: triptofano (Trp), fenilalanina (Phe), glicina (Gly) e serina (Ser). (Imagem sem escala, cores-fantasia.) (Baseado em Campbell, N. e cols., 1999.)

Conteúdo digital Moderna PLUS http://www.modernaplus.com.br
Animação: *Duplicação do DNA*, veja aba *Tradução e transcrição*

Crescimento da cadeia polipeptídica

O RNAt especial, que transporta metionina e inicia a tradução gênica, encaixa-se a um local do ribossomo onde se aloja o primeiro códon – AUG – do RNAm. Esse local do ribossomo é chamado **sítio P** (de peptidil), pois, durante o processo da síntese de proteínas, ele é ocupado pelo RNAt que carrega a cadeia polipeptídica em formação. Ao lado do sítio P, localiza-se o **sítio A** (de aminoacil), onde se aloja o RNAt que carrega o aminoácido a ser incorporado na cadeia polipeptídica em formação. (**Fig. 11.11**)

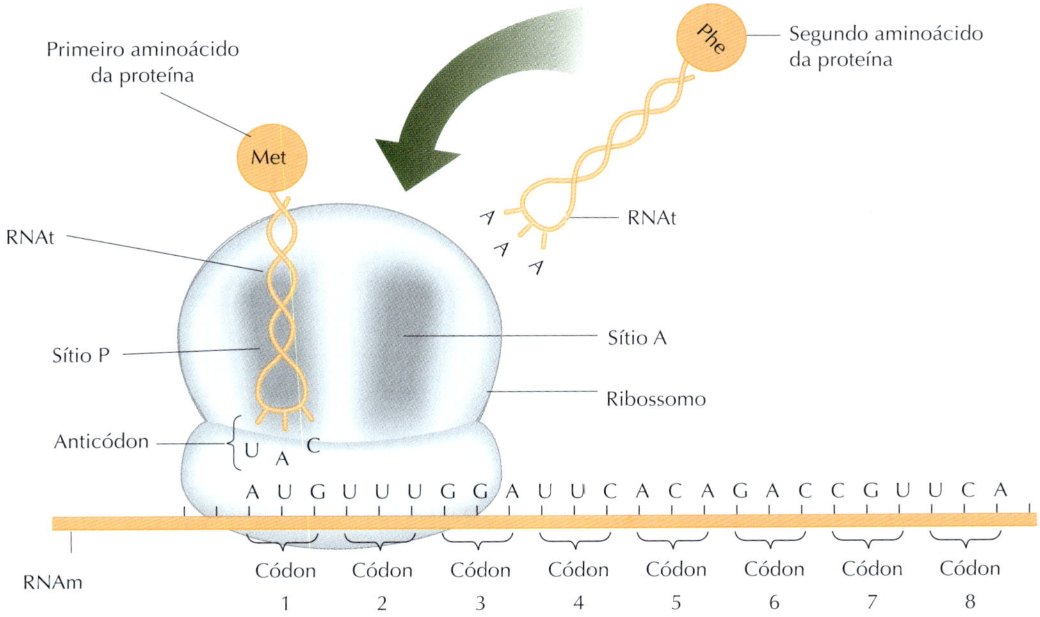

Figura 11.11 Representação esquemática do início da síntese de uma proteína. O ribossomo está associado ao RNAm; o primeiro RNAt, transportando o aminoácido metionina, ocupa o sítio P. O segundo RNAt, transportando fenilalanina, vai ocupar o sítio A; os dois aminoácidos irão se unir pela ligação peptídica. O ribossomo se desloca uma trinca sobre o RNAm e o processo se repete. (Imagem sem escala, cores-fantasia.)

Com o primeiro RNAt alojado no sítio P, um segundo RNAt aloja-se no sítio A. O anticódon desse segundo RNAt será complementar ao segundo códon do RNAm, que está sob o sítio A. Por exemplo, se o códon do RNAm no sítio A for UUU, o RNAt que nele se aloja terá anticódon AAA e, portanto, transportará o aminoácido fenilalanina (Phe). (**Fig. 11.12**)

Assim que os dois primeiros RNAt se encaixam aos sítios P e A, o ribossomo catalisa a separação da metionina de seu RNAt e sua imediata ligação ao aminoácido transportado pelo segundo RNAt, que ocupa o sítio A. Em seguida, o ribossomo desloca-se sobre a molécula de RNAm, dando um "passo" correspondente a uma trinca de bases. Com isso, o RNAt que transportava a metionina desprende-se do RNAm e do ribossomo, e o RNAt que originalmente ocupava o sítio A passa a ocupar o sítio P, carregando agora dois aminoácidos unidos pela ligação peptídica. O sítio A do ribossomo torna-se disponível para a entrada do próximo RNAt.

Com o deslocamento do ribossomo, o sítio A passa a se localizar sobre o terceiro códon do RNAm. Este orienta a entrada de um RNAt com anticódon complementar. O ribossomo catalisa a separação do RNAt que ocupava o sítio P e do dipeptídio que ele transportava. Simultaneamente, ocorre a ligação peptídica entre o segundo aminoácido do dipeptídio e o aminoácido recém-chegado, transportado pelo RNAt ocupante do sítio A. Outra vez o ribossomo dá um "passo" correspondente a uma trinca de bases. Com isso, o RNAt sem aminoácidos se solta, e o sítio P passa a ser ocupado pelo terceiro RNAt, que agora transporta um tripeptídio (uma cadeia de três aminoácidos). O sítio A, agora localizado sobre o quarto códon do RNAm, fica disponível para receber o próximo RNAt com seu respectivo aminoácido. Assim, à medida que o ribossomo se desloca sobre o RNAm, a cadeia polipeptídica cresce.

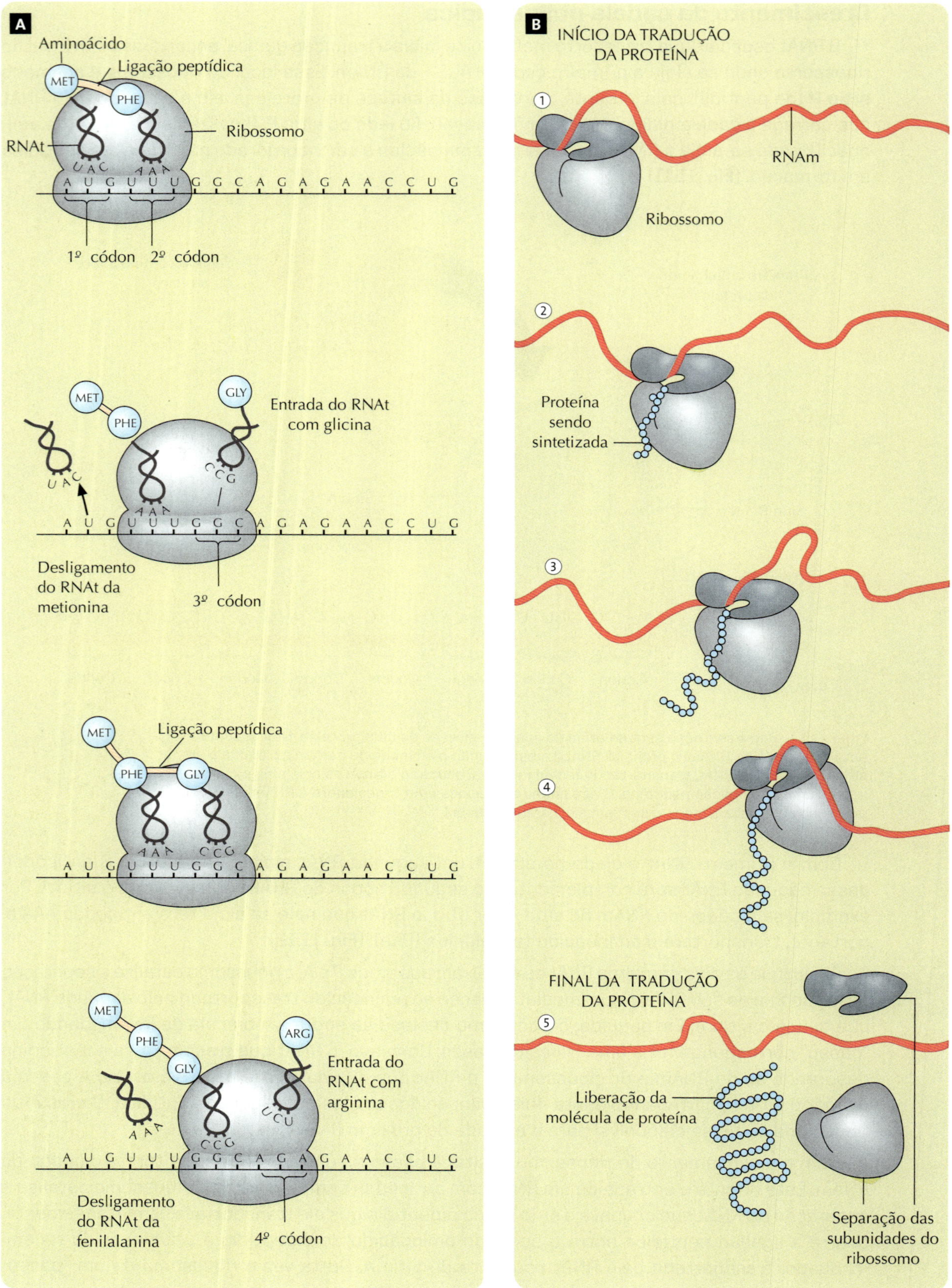

Figura 11.12 **A.** De cima para baixo, representação dos estágios sucessivos do encadeamento dos aminoácidos para formar a proteína. A sequência de códons no RNAm determina a ordem em que os aminoácidos se unem. **B.** Visão geral do processo de síntese de proteínas que ocorre no ribossomo, desde o momento em que ele se une ao RNAm (1) até que suas subunidades se separam (5), liberando a proteína completamente formada. (Imagem sem escala, cores-fantasia.)

Término da síntese da cadeia polipeptídica

O último estágio da síntese de um polipeptídio ocorre quando o ribossomo chega a um **códon de parada**, ou seja, um dos três códons para os quais não há aminoácido correspondente. Quando isso ocorre, o sítio A do ribossomo é ocupado por uma proteína denominada **fator de liberação** e todos os participantes do processo se separam, inclusive as duas subunidades do ribossomo, liberando a cadeia polipeptídica formada.

O processo de síntese das proteínas é rigorosamente ordenado, o que garante que os tipos e a sequência de aminoácidos de uma cadeia polipeptídica sejam determinados, com precisão, pela sequência de códons do RNAm. Como este é produzido pela transcrição exata de uma das cadeias de DNA, concluímos que a sequência e os tipos de aminoácidos em uma proteína são determinados pela sequência de bases do DNA, ou seja, pelos genes.

As proteínas, além de sua importante função estrutural, também atuam como enzimas, que controlam praticamente todas as reações metabólicas das células. Portanto, ao controlar a produção das proteínas, os genes exercem o controle das características e das atividades celulares.

Polirribossomos (ou polissomos)

À medida que um ribossomo se desloca sobre um RNAm, traduzindo sua mensagem na forma de uma cadeia polipeptídica, outro ribossomo pode também iniciar a tradução do mesmo RNAm. Assim, vários ribossomos podem se encaixar sucessivamente no início de um RNAm, percorrendo-o e saindo na extremidade oposta, todos sintetizando o mesmo tipo de cadeia polipeptídica.

É comum encontrar de dez a vinte ribossomos traduzindo simultaneamente um mesmo RNAm. Cada ribossomo tem uma cadeia polipeptídica em formação, cujo tamanho depende do trecho já percorrido no RNAm. O conjunto formado por vários ribossomos traduzindo um mesmo RNAm é chamado de **polirribossomo**, ou **polissomo**. (Fig. 11.13)

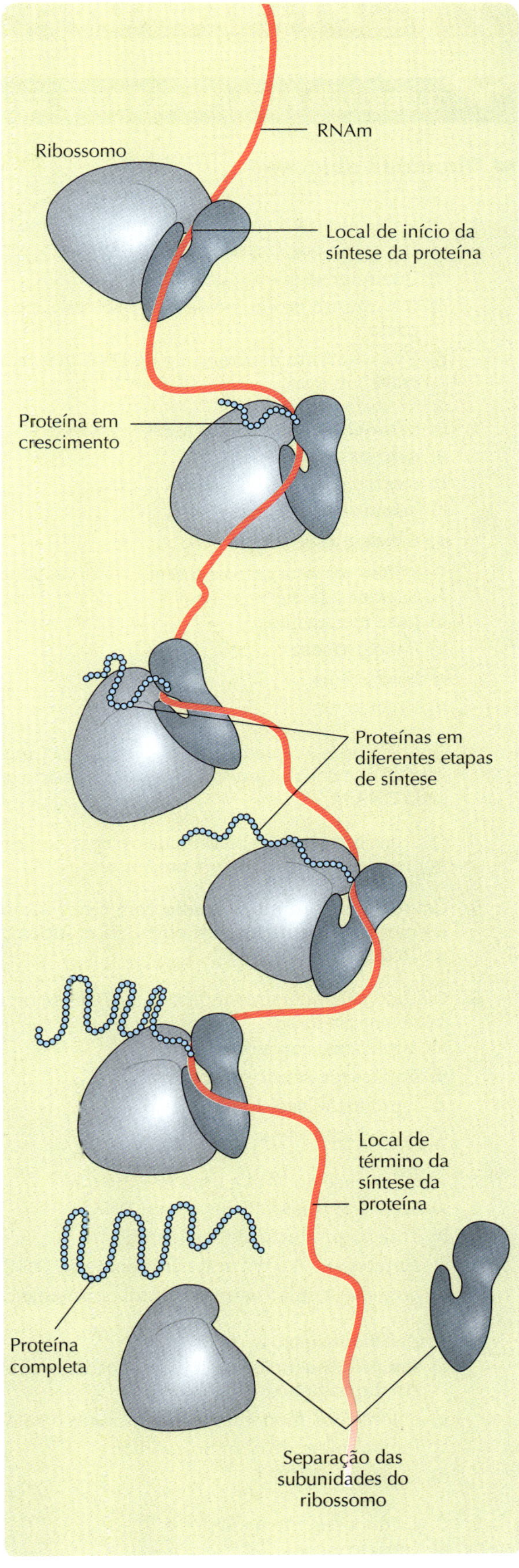

Figura 11.13 Representação esquemática de um polirribossomo. Uma molécula de RNAm vai sendo percorrida simultaneamente por diversos ribossomos, todos eles sintetizando cadeias polipeptídicas idênticas. (Imagem sem escala, cores-fantasia.)

Conteúdo digital Moderna PLUS http://www.modernaplus.com.br
Texto: *A programação genética*

ATIVIDADES

QUESTÕES PARA PENSAR E DISCUTIR

Questões objetivas

1. Qual das alternativas melhor define um gene?
   a) O mesmo que cromossomo.
   b) Qualquer segmento de molécula de DNA.
   c) O conjunto de moléculas de DNA de uma espécie.
   d) Um segmento de molécula de DNA que transcreve um RNA.

2. O material hereditário dos seres vivos é
   a) a desoxirribose.
   b) o ácido desoxirribonucleico (DNA).
   c) o ácido ribonucleico (RNA).
   d) a base nitrogenada.

Considere as alternativas a seguir para responder às questões de 3 a 5.
a) Base nitrogenada.
b) Desoxirribose.
c) Nucleotídio.
d) Uracila.

3. Qual é o nome de cada uma das unidades (monômeros) que constituem o polímero conhecido pela sigla DNA?

4. Qual das substâncias apresentadas é capaz de formar pontes de hidrogênio e está presente no DNA?

5. Como se denomina o glicídio com cinco átomos de carbono (pentose) que entra na composição do DNA?

6. O modo pelo qual uma molécula de DNA se reproduz é chamado de
   a) duplicação conservativa.
   b) duplicação semiconservativa.
   c) reprodução assexuada.
   d) reprodução sexuada.

7. A polimerase do DNA é uma enzima que
   a) separa as duas cadeias de um DNA.
   b) atua na produção de nucleotídios.
   c) sintetiza RNA a partir de um molde de DNA.
   d) promove a união entre desoxirribonucleotídios.

8. Ácido ribonucleico é
   a) sempre uma molécula com duas cadeias unidas em dupla-hélice.
   b) o nome dos monômeros que formam o RNA.
   c) um polímero de ribonucleotídios.
   d) sinônimo de DNA.

9. O glicídio presente no RNA é a
   a) desoxirribose.
   b) ribose.
   c) timina.
   d) uracila.

Considere as alternativas a seguir para responder às questões 10 e 11.
a) Duplicação gênica.
b) Permutação gênica.
c) Tradução gênica.
d) Transcrição gênica.

10. Qual é o nome do processo de síntese de RNA a partir de DNA?

11. Como se denomina o processo de síntese de um polipeptídio a partir de uma informação codificada na sequência de bases do RNA?

12. A polimerase do RNA é uma enzima que
    a) sintetiza a base nitrogenada uracila.
    b) atua na síntese dos ribonucleotídios.
    c) sintetiza RNA a partir de uma molécula de DNA.
    d) promove a união entre desoxirribonucleotídios.

Considere as alternativas a seguir para responder às questões de 13 a 16.
a) Ribossomo.
b) RNA mensageiro.
c) RNA ribossômico.
d) RNA transportador.

13. Qual é o polinucleotídio que possui a informação para a proteína a ser produzida na tradução gênica?

14. Como se chama a molécula responsável pela condução dos aminoácidos até o local da transcrição gênica?

15. Como se denomina a estrutura constituída por proteína e ácido nucleico que dá suporte e catalisa a síntese de proteína nas células vivas?

16. Qual é o polinucleotídio que, associado a proteínas, forma as partículas citoplasmáticas onde ocorre a tradução gênica?

Considere as alternativas a seguir para responder às questões de 17 a 19.
a) Anticódon.
b) Código genético.
c) RNA ribossômico.
d) Fator de liberação.

17. Como se denomina o sistema de correspondência entre trincas de bases nitrogenadas do RNA mensageiro e aminoácidos na proteína?

18. Qual é o nome de cada trinca de bases no RNA mensageiro que determina a incorporação de um aminoácido na cadeia polipeptídica em formação?

19. Qual é o nome da trinca de bases do RNA transportador que corresponde a uma trinca do RNA mensageiro?

Utilize o enunciado, a tabela e as alternativas (a,b, c e d) a seguir para responder às questões de 20 a 24.

Um pesquisador analisou algumas amostras de substâncias extraídas e purificadas de um organismo. Informações sobre essas moléculas quanto ao tipo de monômero que apresentam, quanto à presença de uracila ou de timina e quanto à presença de ribose ou de desoxirribose estão reunidas na tabela a seguir.

Substância	Monômero	Uracila	Timina	Glicídio
I	aminoácido	ausente	ausente	ausente
II	nucleotídio	presente	ausente	ribose
III	nucleotídio	?	?	desoxirribose
IV	nucleotídio	?	?	ribose
V	nucleotídio	?	?	?

a) Um ácido nucleico do tipo RNA.
b) Um ácido nucleico do tipo DNA.
c) Um ácido nucleico, que pode ser tanto DNA quanto RNA.
d) Um polipeptídio.

20. O que é a substância I?

21. O que é a substância II?

22. O que é a substância III?

23. O que é a substância IV?

24. O que é a substância V?

25. Se as ligações de hidrogênio de uma molécula de DNA forem quebradas, obtêm-se
a) bases nitrogenadas livres.
b) cadeias polinucleotídicas isoladas.
c) desoxirriboses livres.
d) nucleotídios livres.

26. Uma substância constituída por um fosfato, uma pentose e uma base nitrogenada unidos entre si é um
a) ácido nucleico.
b) aminoácido.
c) nucleotídio.
d) polipeptídio.

27. Dizer que as duas cadeias de uma molécula de DNA são complementares significa que
a) elas têm os mesmos tipos de bases nitrogenadas.
b) uma delas é formada apenas pelas bases A e T, e a outra, por C e G.
c) uma delas é formada apenas pelas bases A e G, e a outra, por T e C.
d) onde houver uma base A em uma delas, haverá um T na outra, e onde houver um C em uma cadeia, haverá um G na outra.

28. Um pesquisador determinou que a sequência de bases de um segmento de molécula de DNA é ATTACGAGGTACATTCG. A sequência de bases do segmento correspondente da cadeia complementar
a) será ATTACGAGGTACATTCG.
b) será GCCGTAGAACGTGCCTA.
c) será TAATGCTCCATGTAAGC.
d) não pode ser determinada.

29. Um cromossomo possui
a) inúmeras moléculas de DNA intercaladas com moléculas de proteína.
b) inúmeras moléculas de DNA intercaladas com moléculas de RNA.
c) inúmeras moléculas de DNA intercaladas com complexos de RNA e proteínas.
d) uma única molécula de DNA que o percorre de ponta a ponta.

30. Uma célula humana, que possui 46 cromossomos, terá, após a duplicação de seu material genético,
a) 46 moléculas de DNA.
b) 46 moléculas de DNA e 46 moléculas de RNA.
c) 92 moléculas de DNA.
d) 92 moléculas de RNA.

Considere as alternativas a seguir para responder às questões 31 e 32.
a) Anticódon.
b) Códon.
c) Região promotora.
d) Sequência de término de transcrição.

31. Como se chama a sequência de bases nitrogenadas do DNA à qual se liga a polimerase do RNA para dar início à síntese do RNA?

32. Qual é a denominação do conjunto de bases nitrogenadas do DNA que indica o fim de um gene?

33. O RNA transportador (RNAt) é sintetizado
a) no cromossomo, tendo como molde o DNA.
b) no cromossomo, tendo como molde proteínas.
c) no ribossomo, tendo como molde o RNAr.
d) no nucléolo, tendo como molde o RNAm.

34. O RNA mensageiro (RNAm) é sintetizado
a) no cromossomo, tendo como molde o DNA.
b) no cromossomo, tendo como molde o RNAt.
c) no nucléolo, tendo como molde o DNA.
d) no ribossomo, tendo como molde o RNAr.

35. O RNA ribossômico (RNAr) é sintetizado a partir de um(a)
a) DNA.
b) RNAm.
c) RNAt.
d) proteína.

36. O genoma de organismos eucarióticos contém relativamente poucos segmentos de DNA codificante (genes) e grande quantidade de DNA não codificante ("DNA-lixo").
O que distingue um gene de um segmento de "DNA-lixo" é o fato de o gene
a) possuir bases nitrogenadas em sua composição.
b) ser constituído por uma cadeia de DNA e outra de RNA.
c) ser constituído por uma cadeia de DNA e por uma cadeia polipeptídica.
d) possuir uma região promotora que indica onde deve ter início a transcrição gênica.

37. A síntese de um polipeptídio tem início sempre na
a) primeira trinca de bases de uma molécula de RNA mensageiro, seja ela qual for.

b) primeira trinca AUG de uma molécula de RNA mensageiro, a qual codifica o aminoácido metionina.
c) região promotora da molécula de RNA ribossômico.
d) trinca de bases imediatamente seguinte a um anticódon qualquer.

38. A síntese de um polipeptídio termina quando o ribossomo encontra, na molécula de RNA mensageiro que está sendo traduzida,
a) um códon AUG.
b) um dos três códons de parada, para os quais não há RNAt correspondentes.
c) uma região promotora.
d) uma sequência de término de transcrição.

39. Uma cadeia polipeptídica é sintetizada por
a) apenas um ribossomo, que se desloca sobre o RNA mensageiro desde um códon AUG até um códon de parada.
b) apenas um ribossomo, que se desloca sobre o RNA mensageiro desde a região promotora até um anticódon.
c) inúmeros ribossomos, que se dispõem em sequência sobre o RNA mensageiro, cada um deles associado a um códon.
d) inúmeros ribossomos, que se dispõem em sequência sobre o RNA mensageiro, cada um deles associado a dois códons vizinhos.

40. Um polirribossomo (ou polissomo) é um conjunto de ribossomos
a) associados ao segmento de DNA responsável pela síntese do RNAr.
b) deslocando-se sobre um RNA mensageiro, cada um deles produzindo uma cadeia polipeptídica.
c) dispostos em sequência sobre um RNA mensageiro, todos contribuindo para produzir uma única cadeia polipeptídica.
d) associados a diversas moléculas de RNA mensageiro.

Questões discursivas

41. A sequência a seguir representa uma molécula de RNA mensageiro cuja tradução ocorre da esquerda para a direita.

ACUGACAUGUUACUC ACUAUUUGACAGGUAA

Tendo por base a tabela de código genético da figura 11.9, na página 317, determine:
a) o códon a partir do qual será iniciada a cadeia polipeptídica;
b) o último códon com aminoácido correspondente na cadeia polipeptídica;
c) a sequência de aminoácidos da cadeia polipeptídica codificada por esse RNA.

42. Escreva, no caderno, a sequência de bases das duas cadeias do DNA a partir do qual foi transcrito o RNA mencionado na questão anterior, indicando qual das cadeias foi transcrita pela polimerase do RNA.

VESTIBULARES PELO BRASIL

Brasil – Regiões

- Região Norte
- Região Centro-Oeste
- Região Sul
- Região Nordeste
- Região Sudeste
- Brasil

Questões objetivas

1 (UFPA) Em 1953, Watson e Crick decifraram que a estrutura da molécula de DNA (ácido desoxirribonucleico) é uma dupla-hélice, responsável pelas características dos organismos.

Com os conhecimentos atuais, julgue as afirmativas sobre a molécula de DNA.

I. Na autoduplicação da molécula de DNA, cada filamento original serve de molde para a síntese de um novo filamento (duplicação semiconservativa).
II. A base nitrogenada adenina emparelha-se com a citosina, enquanto a timina emparelha-se com a guanina.
III. As bases nitrogenadas dos dois filamentos estão unidas por ligações denominadas pontes de hidrogênio.

Está(ão) correta(s) a(s) afirmativa(s)
a) I somente.
b) II somente.
c) I e II.
d) I e III.
e) II e III.

2 (UFPA) Fazendo-se uma análise, por hidrólise, de moléculas de ácidos nucleicos, verifica-se o aparecimento de
a) açúcar, ácido fosfórico e bases nitrogenadas.
b) proteínas, ácido fosfórico e bases nitrogenadas.
c) aminoácidos, açúcar e ácido fosfórico.
d) pentoses, bases nitrogenadas e aminoácidos.
e) pentoses, aminoácidos e ácido fosfórico.

3 (Ufam) A produção de uma proteína é processada basicamente em duas fases. Observando o esquema abaixo, encontre a alternativa correspondente:

Gene (DNA) → RNA → Proteína
a) Transmissão; Tradução
b) Transcrição; Tradução
c) Tradução; Transcrição
d) Transcrição; Transcrição
e) Tradução; Tradução

4 (Ufam) As moléculas de RNAm contêm sequências de trincas de nucleotídios, que indicam a ordem que os aminoácidos devem ser ligados para fabricar determinada proteína. Cada trinca do RNAm que especifica um aminoácido é chamada de
a) códon.
b) sítio.
c) éxon.
d) íntron.
e) cátions.

5 (U. Tocantins-TO) As atividades celulares são orientadas pelas informações contidas no DNA, que são decodificadas em proteínas através dos mecanismos de transcrição e tradução. O que faz uma baleia parecer uma baleia são suas proteínas. Assim, as proteínas determinam as funções vitais da baleia, como de todos os seres vivos. Para ditar o desenvolvimento de um organismo, a informação do DNA deve, de algum modo, ser convertida em proteínas. Essa conversão ocorre porque o DNA contém um código genético para os aminoácidos que compõem as proteínas. Nesse código, cada aminoácido é representado por uma sequência de pares de bases, e essa sequência é refletida na sequência de aminoácidos reunidos em uma cadeia proteica. Assim, traduzir o código genético significa passar o código de sequência de bases para uma sequência de aminoácidos.

Desse modo, o DNA é decodificado na forma de uma proteína estrutural ou enzimática que, por sua vez, é responsável por uma característica do organismo.

Podemos afirmar que:

I. Essa decodificação se faz através da leitura de sequências de três nucleotídios, chamados códons, que especificam aminoácidos.

II. Os códons diferem entre diferentes táxons de seres vivos; há códons que não codificam aminoácidos.

III. A decodificação ocorre no citoplasma celular, em estruturas chamadas ribossomos, a partir de uma fita simples de DNA que deixa momentaneamente o núcleo somente para tal função.

IV. Cada códon traduz apenas um aminoácido.

V. Alguns aminoácidos são codificados por mais de um códon. A isso chamamos degeneração do código, o que possivelmente traz maior estabilidade contra mutações no DNA.

Indique a alternativa em que todas as afirmativas são **falsas**.

a) I e III.
b) II, III e IV.
c) II e III.
d) II, III e V.

6 (Uespi) Em um experimento, foi observado que, no DNA de um determinado organismo, o conteúdo de citosina era de 30%. Assinale na tabela abaixo a alternativa que indica corretamente os percentuais de guanina, adenina e timina.

	Guanina	Adenina	Timina
a)	15%	35%	35%
b)	20%	25%	25%
c)	30%	20%	20%
d)	10%	10%	10%
e)	35%	25%	10%

7 (Uneb-BA) Entre as características do DNA, que define o seu papel como molécula da hereditariedade, destaca-se

a) a organização polinucleotídica que oferece um molde para produção de moléculas de DNA e RNA.

b) o encadeamento específico de nucleotídios, impossibilitando a ocorrência de alterações em sua sequência.

c) a presença de açúcar e de fosfato na constituição dos monômeros na dupla-hélice.

d) a capacidade de sintetizar, diretamente, cadeias polipeptídicas em ribossomos citoplasmáticos.

e) a constante degradação e ressíntese das informações genéticas a cada ciclo celular.

8 (Cesmac/Fejal-AL) As moléculas de ácido desoxirribonucleico controlam todas as atividades químicas do metabolismo celular.

No esquema abaixo, os processos mostrados em 1, 2 e 3 são, respectivamente:

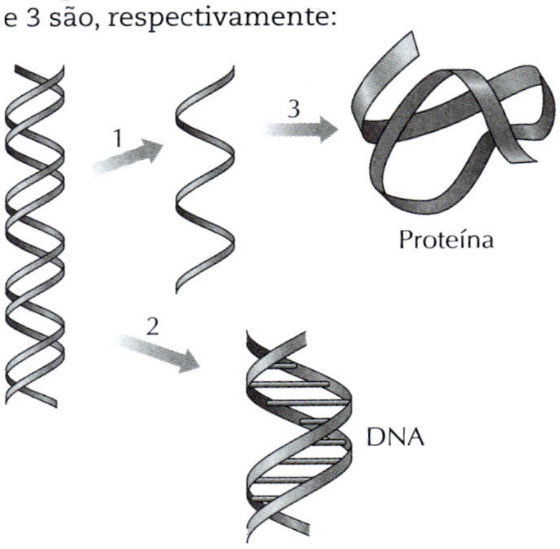

a) transcrição, transdução e tradução.
b) transdução, translocação e tradução.
c) transcrição, replicação e tradução.
d) duplicação, transcrição e tradução.

9 (UFCG-PB) A manipulação de ácidos nucleicos tem gerado biotecnologias de grande utilidade para a humanidade (clonagem transgênica). Analise as afirmativas sobre o funcionamento desses ácidos e assinale a **incorreta**.

I. Transcrição gênica é o processo de fabricação de RNA a partir de um modelo de DNA.

II. As moléculas de DNA são capazes de se reproduzir por meio de um processo conhecido como duplicação semiconservativa.

III. Se uma cadeia de DNA apresenta a sequência de bases ATTGCTGCGCATT, a outra cadeia apresenta na região correspondente a sequência complementar TAACGACGCGTAA.

IV. O RNA diferencia-se do DNA principalmente por possuir como açúcar a pentose e a base nitrogenada uracila em lugar da timina.

V. Cada aminoácido é codificado por um grupo de quatro bases chamado de códon.

Está **incorreta** a afirmativa

a) I. b) II. c) III. d) IV. e) V.

10 (Uece) Analise as seguintes afirmativas sobre a síntese de proteínas:

I. O código genético é "degenerado" por apresentar um códon codificando mais de um aminoácido.

II. O RNA ribossômico, além de funcionar como molécula estrutural, age como catalisador no processo.

III. A subunidade menor do ribossomo é o sítio de ligação do RNA transportador ao RNA mensageiro.

São corretas

a) apenas I e II.
b) apenas I e III.
c) apenas II e III.
d) I, II e III.

11 (Uece) Um oligopeptídio que possui a molécula metionina, que é codificada pelo códon AUG, pode ter sido codificado por um segmento de DNA que **não** possui

a) adenina.
b) citosina.
c) guanina.
d) timina.

12 (Unifor-CE) Considere um RNA transportador cujo anticódon é CUG. O códon correspondente no RNA mensageiro e a trinca de nucleotídios na fita do DNA que é transcrita são, respectivamente,

a) CTG e GAC.
b) TAC e GUC.
c) AUT e CAG.
d) CUG e CTG.
e) GAC e CTG.

13 (UFMT) Watson e Crick, que deduziram a estrutura tridimensional da molécula de DNA em 1953, apresentaram um modelo do processo molecular de quebra do DNA análogo a um zíper que se abre a partir de uma de suas pontas, permitindo que os dois filamentos desenrolados exponham as suas bases isoladas.

Esse processo culmina com a

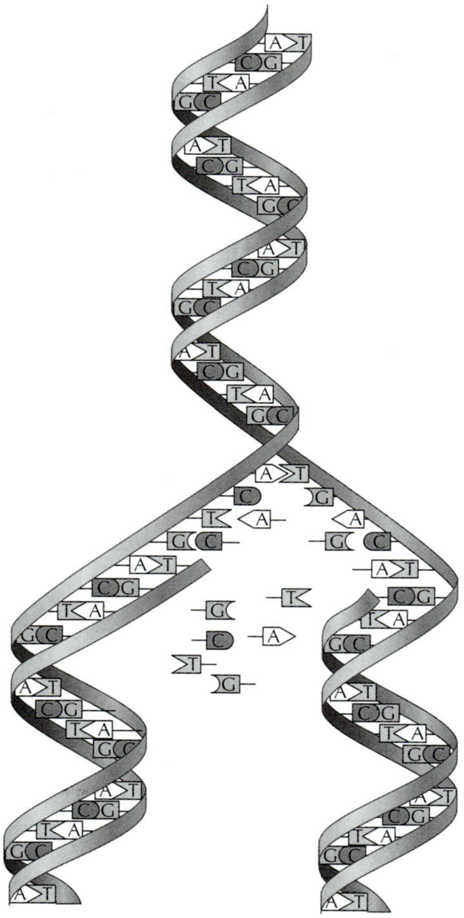

a) mutação.
b) duplicação.
c) sinclemia.
d) tradução.
e) divisão celular.

14 (UCG-GO-Adaptado) Assinale Verdadeiro (V) ou Falso (F).

( ) Pode-se afirmar categoricamente que a única molécula envolvida na transmissão da informação genética é a molécula de RNA.

15 (UEMS) Qual etapa da síntese proteica acontece nos ribossomos?

a) Duplicação
b) Transcrição
c) Replicação
d) Tradução
e) Desnaturação

16 (Fuvest-SP) "A descoberta de sua estrutura por Crick e Watson, com todas suas implicações biológicas, foi um dos maiores eventos científicos deste século. O número de pesquisas que essa descoberta inspirou é impressionante e causou uma exploração na Bioquímica que transformou a ciência." O texto acima, extraído do livro *The double helix*, refere-se à descoberta da estrutura da molécula de

a) ácido desoxirribonucleico (DNA).
b) lipídio.
c) carboidrato.
d) trifosfato de adenosina (ATP).
e) insulina.

17 (Efoa-MG) "[...] Num dado momento, uma molécula particularmente notável foi formada acidentalmente. Nós a chamaremos de replicadora. Ela não precisa, necessariamente, ter sido a molécula maior ou a mais complexa existente, mas possuía a propriedade extraordinária de ser capaz de criar cópias de si mesma [...]" (Dawkins, Richard. *O gene egoísta*).

A molécula referida no texto acima é

a) a proteína.
b) o carboidrato.
c) a enzima.
d) o DNA.
e) o RNA.

18 (UFSCar-SP) Em nosso intestino delgado, as moléculas de DNA (ácido desoxirribonucleico) presentes no alimento são digeridas e originam

a) apenas aminoácidos.
b) fosfato, glicídio e bases nitrogenadas.
c) glicídio, bases nitrogenadas e aminoácidos.
d) RNA transportador, RNA mensageiro e RNA ribossômico.
e) átomos livres de carbono, nitrogênio, oxigênio, hidrogênio e fósforo.

19 (Fuvest-SP) O anúncio do sequenciamento do genoma humano, em 26 de junho de 2000, significa que os cientistas determinaram

a) a sequência de nucleotídios dos cromossomos humanos.
b) todos os tipos de proteína codificados pelos genes humanos.
c) a sequência de aminoácidos do DNA humano.
d) a sequência de aminoácidos de todas as proteínas humanas.
e) o número correto de cromossomos da espécie humana.

20 (Uerj)

É como se em cada quarto de um imenso prédio existisse uma estante contendo os planos do arquiteto para todo o prédio. [...] No homem, os planos do arquiteto montam 46 volumes.

Nessa analogia, proposta por Richard Dawkins no livro *O gene egoísta*, cada página de cada volume contém um texto formado por uma sequência de

a) fenótipos.
b) aminoácidos.
c) cromossomos.
d) bases nitrogenadas.

21 (FCMSCSP-SP) Considere os seguintes eventos:

I. Ruptura das ligações entre bases nitrogenadas.
II. Ligação entre os nucleotídios.
III. Pareamento de nucleotídios.

Durante a replicação do DNA, a sequência de eventos é

a) I, II, III.
b) I, III, II.
c) II, III, I.
d) II, I, III.
e) III, I, II.

22 (UFSCar-SP) Células eucarióticas diploides em interfase foram colocadas para se dividir em um tubo de ensaio contendo meio de cultura, no qual os nucleotídios estavam marcados radioativamente. Essas células completaram todo um ciclo mitótico, ou seja, cada uma delas originou duas células-filhas. As células-filhas foram transferidas para um novo meio de cultura, no qual os nucleotídios não apresentavam marcação radioativa, porém o meio de cultura continha colchicina, que interrompe as divisões celulares na fase de metáfase. Desconsiderando eventuais trocas entre segmentos de cromátides de um mesmo cromossomo ou de cromossomos homólogos, a marcação radioativa nessas células poderia ser encontrada

a) em apenas uma das cromátides de apenas um cromossomo de cada par de homólogos.
b) em apenas uma das cromátides de ambos os cromossomos de cada par de homólogos.
c) em ambas as cromátides de apenas um cromossomo de cada par de homólogos.
d) em ambas as cromátides de ambos os cromossomos de cada par de homólogos.
e) em ambas as cromátides de ambos os cromossomos de cada par de homólogos, porém em apenas 50% das células em metáfase.

23 (Fuvest-SP) Quando afirmamos que o metabolismo da célula é controlado pelo núcleo celular, isso significa que

a) todas as reações metabólicas são catalisadas por moléculas e componentes nucleares.
b) o núcleo produz moléculas que, no citoplasma, promovem a síntese de enzimas catalisadoras das reações metabólicas.
c) o núcleo produz e envia, para todas as partes da célula, moléculas que catalisam as reações metabólicas.
d) dentro do núcleo, moléculas sintetizam enzimas catalisadoras das reações metabólicas.
e) o conteúdo do núcleo passa para o citoplasma e atua diretamente nas funções celulares, catalisando as reações metabólicas.

24 (PUC-Campinas-SP) Os itens abaixo referem-se à estrutura, composição e função dos ácidos nucleicos.

• Estrutura:	I. dupla-hélice
	II. cadeia simples
• Composição:	1. presença de uracila
	2. presença de timina
• Função:	a. síntese de proteínas
	b. transcrição gênica

São características do ácido ribonucleico:

a) II — 2 — b.
b) I — 1 — a.
c) I — 2 — b.
d) II — 1 — a.
e) II — 1 — b.

25 (Fuvest-SP) Bactérias foram cultivadas em um meio nutritivo contendo timina radiotiva, por centenas de gerações. Dessa cultura, foram isoladas 100 bactérias e transferidas para um meio sem substâncias radioativas. Essas bactérias sofreram três divisões no novo meio, produzindo 800 bactérias. A análise dos ácidos nucleicos mostrou que, dessas 800 bactérias:

a) 100 apresentavam o DNA marcado, mas não o RNA.
b) 200 apresentavam o DNA marcado, mas não o RNA.
c) 400 apresentavam o DNA marcado, mas não o RNA.
d) 200 apresentavam o DNA e o RNA marcados.
e) todas apresentavam o DNA e o RNA marcados.

26 (Fuvest-SP) Existe um número muito grande de substâncias com funções antibióticas. Essas substâncias diferem quanto à maneira pela qual interferem no metabolismo celular. Assim, a tetraciclina liga-se aos ribossomos e impede a ligação do RNA transportador; a mitomicina inibe a ação da polimerase do DNA e a estreptomicina causa erros na leitura dos códons do RNA mensageiro.

Essas informações permitem afirmar que

I. a tetraciclina impede a transcrição e leva a célula bacteriana à morte por falta de RNA mensageiro.
II. a mitomicina, por inibir a duplicação do DNA, impede a multiplicação da célula bacteriana.
III. a estreptomicina interfere na tradução e leva a célula bacteriana a produzir proteínas defeituosas.

Das afirmativas acima

a) apenas I é correta.
b) apenas I e II são corretas.
c) apenas II e III são corretas.
d) apenas I e III são corretas.
e) I, II e III são corretas.

27 (UFF-RJ) Ao se pesquisar a função dos nucléolos, realizaram-se experiências com uma linhagem mutante do anfíbio *Xenopus*. Verificou-se que cruzamentos de indivíduos dessa linhagem produziam prole com alta incidência de morte — os embriões se desenvolviam normalmente e, pouco depois da eclosão, os girinos morriam. Estudos citológicos mostraram que os núcleos dos embriões ou não apresentavam nucléolos ou apresentavam nucléolos anormais.

Conclui-se que a primeira atividade celular afetada nesses embriões foi

a) o processamento do RNA mensageiro.

b) a produção de RNA mensageiro.

c) a produção de histonas.

d) a produção de ribossomos.

e) a produção de RNA polimerase.

28 (Unimontes-MG) O silenciamento de genes é um método que tem sido utilizado pela biotecnologia. Esse método consiste na introdução de uma sequência complementar de RNA mensageiro do gene de interesse, impedindo que este continue a se expressar. Assinale a alternativa que indica o nome do processo que será inibido pelo silenciamento.

a) Tradução

b) Transcrição

c) Replicação

d) Processamento

29 (PUC-SP) A mesma molécula — o RNA — que faturou o Nobel de Medicina ou Fisiologia na segunda-feira foi a protagonista do prêmio de Química entregue ontem. O americano Roger Kornberg, da Universidade Stanford, foi laureado por registrar em imagens o momento em que a informação genética contida no DNA no núcleo da célula é traduzida para ser enviada para fora pelo RNA — o astro da semana.

Esse mecanismo de transcrição, através do qual o RNA carrega consigo as instruções para a produção de proteínas (e por isso ele ganha o nome de RNA mensageiro), já era conhecido pelos cientistas desde a década de 50.

GIRARDI, G. Estudo de RNA rende o segundo Nobel, *O Estado de S. Paulo*, 5 out. 2006.

A partir da leitura do trecho acima e de seu conhecimento de biologia molecular, assinale a alternativa **incorreta**.

a) A produção de RNA mensageiro se dá por controle do material genético.

b) No núcleo da célula, ocorre transcrição do código da molécula de DNA para a de RNA.

c) O RNA mensageiro leva do núcleo para o citoplasma instruções transcritas a ele pelo DNA.

d) No citoplasma, o RNA mensageiro determina a sequência de aminoácidos apresentada por uma proteína.

e) Cada molécula de RNA mensageiro é uma longa sequência de nucleotídios idêntica ao DNA.

30 (PUC-SP-Adaptado) Qual é a alternativa que apresenta os termos 1, 2, 3, 4 e 5 na ordem necessária para completar e dar um sentido correto ao texto abaixo?

Importantes fenômenos genéticos ocorrem nas células, em nível molecular: o DNA, servindo de 1, pode, por meio de enzimas, dar origem a um novo DNA, fenômeno este chamado 2, ou dar origem ao RNA, fenômeno este chamado 3. Entre os RNA formados, existe um tipo chamado RNA 4, que serve de modelo na síntese de proteínas, num fenômeno chamado 5.

a) 1: modelo; 2: transcrição; 3: tradução; 4: mensageiro; 5: duplicação.

b) 1: modelo; 2: duplicação; 3: transcrição; 4: mensageiro; 5: tradução.

c) 1: modelo; 2: tradução; 3: duplicação; 4: ribossômico; 5: transcrição.

d) 1: mensageiro; 2: transcrição; 3: tradução; 4: modelo; 5: duplicação.

e) 1: mensageiro; 2: duplicação; 3: transcrição; 4: ribossômico; 5: tradução.

31 (UFMG) Analise estes gráficos:

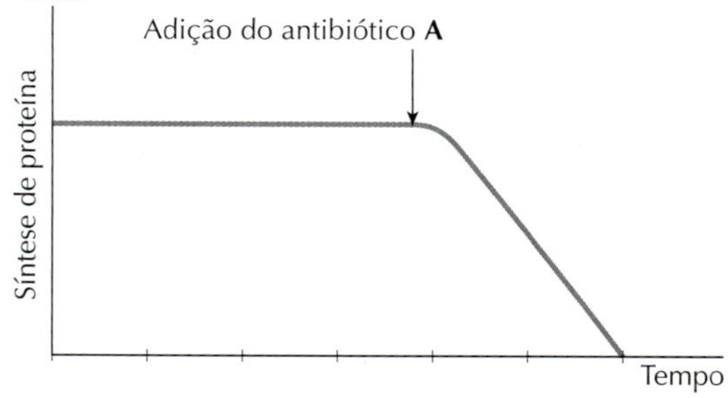

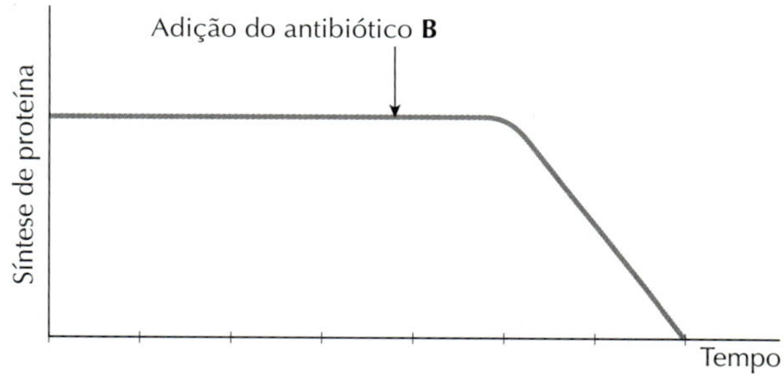

Antibióticos
A – Inibidor da tradução
B – Inibidor da transcrição

Considerando-se as informações desses gráficos, é **correto** afirmar que

a) os mRNAs transcritos antes da adição do antibiótico B são traduzidos.

b) a queda da síntese de proteína resulta da inibição da duplicação do DNA.

c) os dois antibióticos — A e B — atuam sobre o mesmo alvo.

d) o antibiótico A impede a síntese de novas moléculas de mRNA.

32 (UFF-RJ) As unidades hereditárias que contêm a informação para especificar um aminoácido são denominadas

a) ADN.

b) códons.

c) nucléolos.

d) acrossomos.

e) ribossomos.

33 (Fuvest-SP) Um argumento correto que pode ser usado para apoiar a ideia de que os vírus são seres vivos é o de que eles

a) não dependem do hospedeiro para a reprodução.
b) possuem número de genes semelhante ao dos organismos multicelulares.
c) utilizam o mesmo código genético das outras formas de vida.
d) sintetizam carboidratos e lipídios, independentemente do hospedeiro.
e) sintetizam suas proteínas independentemente do hospedeiro.

34 (PUC-Minas) Suponha uma extensão de molde de DNA, com a seguinte sequência de desoxirribonucleotídios ATACGA.

É **incorreto** afirmar:

a) Os códons especificados por essa sequência são UAUGCU.
b) Os anticódons complementares ao RNAm, produzidos por essa sequência, são AUACGA.
c) Os ribonucleotídios, especificados por essa sequência, são TATGCT.
d) O fio de DNA complementar ao filamento dado é TATGCT.
e) Essa sequência codifica dois aminoácidos.

35 (Unip-SP-Adaptado) No desenho abaixo, aparece uma das etapas da síntese de proteínas.

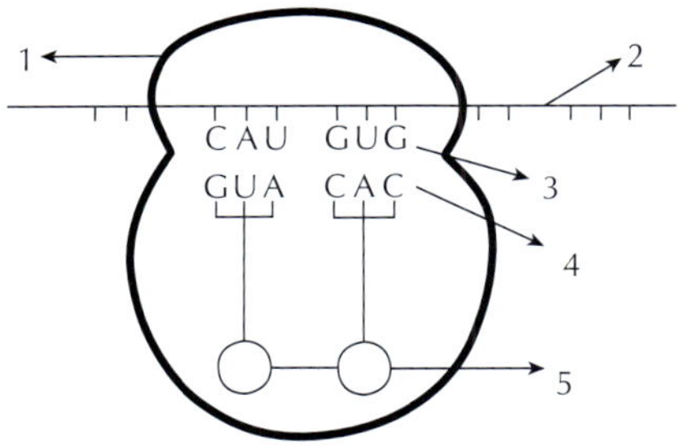

Qual é a alternativa que, corretamente, identifica as estruturas numeradas de 1 a 5?

	Ribossomo	Aminoácido	Códon	RNAm	Anticódon
a)	1	2	3	4	5
b)	1	5	4	2	3
c)	1	5	3	2	4
d)	5	1	2	4	3
e)	2	1	3	5	4

36 (Unifesp) Os códons AGA, CUG e ACU do RNA mensageiro codificam, respectivamente, os aminoácidos arginina, leucina e treonina. A sequência desses aminoácidos na proteína correspondente ao segmento do DNA que apresenta a sequência de nucleotídios GAC TGA TCT será, respectivamente,

a) treonina, arginina, leucina.
b) arginina, leucina, treonina.
c) leucina, arginina, treonina.
d) treonina, leucina, arginina.
e) leucina, treonina, arginina.

37 (Mackenzie-SP) Assinale a alternativa correta a respeito do processo de síntese proteica.

a) Para sintetizar moléculas de diferentes proteínas, é necessário que diferentes ribossomos percorram a mesma fita de RNAm.
b) Se todo o processo de transcrição for impedido em uma célula, a tradução não será afetada.
c) É a sequência de bases no RNAt que determina a sequência de aminoácidos em uma proteína.
d) Se houver a substituição de uma base nitrogenada no DNA, nem sempre a proteína resultante será diferente.
e) A sequência de aminoácidos determina a função de uma proteína, mas não tem relação com sua forma.

38 (PUC-SP) A hemoglobina humana é uma proteína conjugada, cuja molécula é constituída de 574 aminoácidos que se distribuem em quatro cadeias: duas alfa e duas beta.

A genética molecular explica que a substituição do ácido glutâmico por valina na cadeia beta afeta sua função, podendo provocar anemia falciforme.

Esse fenômeno que envolve apenas dois aminoácidos é

a) hereditário, pois a posição dos aminoácidos na molécula de proteína é determinada geneticamente.
b) ocasional, dependendo das mutações ocorridas no momento da síntese das proteínas da hemoglobina.
c) ocasional, devido a esta alteração hemoglobínica ser provocada pela baixa tensão de oxigênio no meio ambiente.
d) ocasional, devido à presença de átomos de ferro entre as cadeias alfa e beta da molécula de hemoglobina.
e) impossível de identificar como hereditário ou ocasional apenas com esses dados e sem conhecimento da estrutura química da molécula de hemoglobina.

39 (UFPel-RS) O objetivo do Projeto Genoma Humano é determinar a sequência de bases do DNA humano.

A respeito do DNA, é correto afirmar que

a) é uma molécula com formato de dupla-hélice, encontrada no núcleo das células, e sua importância reside no fato de que ela carrega os genes.
b) é uma molécula formada por cinco anéis aromáticos, encontrada no meio intracelular, e sua importância reside no fato de que é formada pelos cromossomos.
c) é uma molécula constituída de bases nitrogenadas alifáticas, ácido fosforoso e um açúcar, encontrada no sangue, e sua importância reside no fato de que é utilizada em exames de determinação de paternidade.
d) é uma molécula com formato de fita simples encontrada somente no sangue, e sua importância reside no fato de que ela forma os cromossomos.
e) é uma molécula com formato de dupla-hélice encontrada no núcleo das células, e sua importância reside no fato de que é composta por proteínas essenciais para o desenvolvimento celular.

40 (Udesc) Na época do experimento de Avery, os genes eram reconhecidos como os fatores envolvidos na transmissão das características hereditárias. Por isso, a relação evidenciada pelo experimento, entre DNA e as características herdáveis, suscitava o interesse dos geneticistas em conhecer a estrutura do DNA.

O modelo estrutural da molécula de DNA proposto por Watson e Crick, em 1953, trabalho científico que lhes assegurou o prêmio Nobel, satisfazia às exigências especificadas pelos geneticistas, na época, entre outras razões, porque

a) o mecanismo de replicação da molécula impedia a preservação de mutações.
b) os pares de base repetiam-se em sequências, invariavelmente iguais, ao longo da molécula.
c) cada filamento da dupla-hélice seria capaz de orientar a síntese de um filamento complementar.
d) a substância DNA seria constituída por moléculas que sempre apresentavam o mesmo número de pares de nucleotídios.
e) a variabilidade do material genético, entre as espécies, seria assegurada pelo número de moléculas de DNA.

41 (UFSM-RS) Em relação ao pareamento típico de bases na molécula de DNA, assinale a alternativa correta.

a) $C \equiv G$; $A = T$; $A = T$; $C \equiv G$; $T = A$; $C \equiv G$; $G \equiv C$
b) $C \equiv C$; $A = A$; $A = A$; $C \equiv C$; $T = T$; $C \equiv C$; $G \equiv G$
c) $A \equiv G$; $C = T$; $C = T$; $A \equiv G$; $T = C$; $A \equiv G$; $G \equiv A$
d) $T \equiv G$; $A = C$; $T \equiv G$; $C = A$; $T \equiv G$; $G \equiv T$; $A = C$
e) $A = C$; $C = A$; $C = T$; $T = C$; $G \equiv A$; $A \equiv G$; $A = T$

42 (UFRGS-RS) O dogma central da biologia molecular refere-se ao sentido do fluxo de informação genética nos seres vivos, o qual está representado na figura abaixo.

Assinale com **V** (verdadeiro) ou **F** (falso) as afirmações abaixo, relacionadas aos processos indicados pelos números I e II.

( ) Em I, a RNA-polimerase liga-se a uma sequência especial de DNA, denominada sítio promotor.
( ) Em I, a fita de DNA que é molde para um gene pode ser complementar para outro gene.
( ) Em II, um determinado ribossomo é específico para a produção de uma determinada proteína.
( ) Em II, a formação de polissomos aumenta a taxa de síntese proteica.

A sequência correta de preenchimento dos parênteses, de cima para baixo, é

a) F – F – F – V.
b) V – V – F – V.
c) F – V – F – F.
d) V – F – V – V.
e) V – F – V – F.

43 (UFSM-RS-Adaptado)

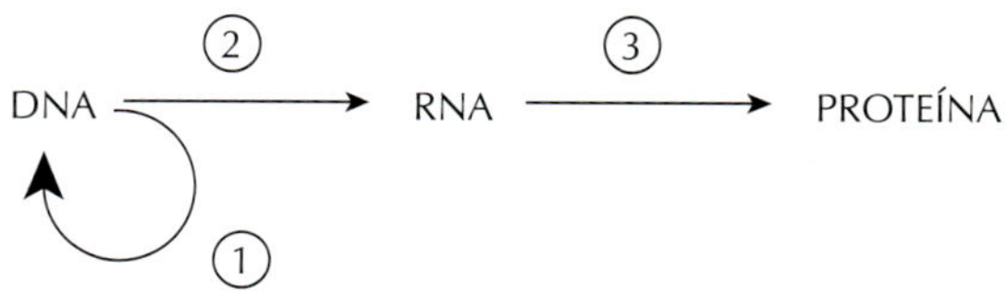

No esquema, o número 1 corresponde ao processo de (■); o número 2, ao processo de (■); e o número 3, ao processo de (■). Nas células eucarióticas, os processos representados pelos números 1 e 2 ocorrem no (■).

Qual é a alternativa que apresenta os termos que substituem corretamente os quadros escuros da afirmação acima?

a) transcrição – replicação – tradução – núcleo
b) replicação – tradução – transcrição – citoplasma
c) transcrição – tradução – replicação – núcleo
d) replicação – transcrição – tradução – citoplasma
e) replicação – transcrição – tradução – núcleo

44 (UEM-PR) Sobre a atividade e a expressão dos genes, assinale o que for correto. [Dê como resposta a soma dos números associados às proposições corretas.]

01) Durante a transcrição de um gene normal e funcional, as fitas opostas servem de molde para a síntese de RNA mensageiros com sequências diferentes, mas complementares.

02) O código genético é degenerado porque o mesmo códon especifica aminoácidos diferentes em organismos procariotos e eucariotos.

04) Tanto em animais quanto em vegetais, uma cadeia polipeptídica de 100 aminoácidos pode ser traduzida a partir de um RNA mensageiro com mais de 100 códons.

08) Nas células vegetais, a síntese de proteínas ocorre na matriz citoplasmática, no ergastoplasma, nas mitocôndrias e nos cloroplastos.

16) Nas células animais, a síntese de proteínas ocorre na matriz citoplasmática, no ergastoplasma, nas mitocôndrias e no nucleoplasma.

32) Sempre que a sequência de códons do gene é alterada por substituição de um par de bases também ocorre modificação na sequência de aminoácidos da cadeia polipeptídica codificada.

45 (Unioeste-PR) Uma fita de DNA-molde com a sequência 3' - TGAGTAGCATCAGACCAA - 5' codifica o peptídio H_2N – treonina – histidina – arginina – serina – leucina – valina – COOH.

Assinale a alternativa em que a sequência de RNA e de aminoácidos é correspondente.

	RNA	Peptídio
a)	5' - ACUCAUCGUAGU - 3'	H_2N - treonina - histidina - serina - valina - COOH
b)	5' - CAUACUGUUAGU - 3'	H_2N - histidina - treonina - valina - serina - COOH
c)	5' - CGUAGUACUCAU - 3'	H_2N - arginina - leucina - valina - serina - COOH
d)	5' - ACUGUUCGUAGU - 3'	H_2N - leucina - treonina - arginina - valina - COOH
e)	5' - AGUCUGCGUGUU - 3'	H_2N - histidina - treonina - leucina - arginina - COOH

46 (UFSC) O segmento de DNA humano que contém informação para a síntese da enzima pepsina é um

a) cariótipo.
b) cromossomo.
c) códon.
d) genoma.
e) gene.

47 (PUC-RS) Responder à questão com base nas informações do quadro a seguir, referente ao código genético.

Primeira base do códon	Segunda base do códon: U	C	A	G	Terceira base do códon
U	Phe	Ser	Tyr	Cys	U
U	Phe	Ser	Tyr	Cys	C
U	Leu	Ser	STOP	STOP	A
U	Leu	Ser	STOP	Trp	G
C	Leu	Pro	His	Arg	U
C	Leu	Pro	His	Arg	C
C	Leu	Pro	Gln	Arg	A
C	Leu	Pro	Gln	Arg	G
A	Ile	Thr	Asn	Ser	U
A	Ile	Thr	Asn	Ser	C
A	Ile	Thr	Lys	Arg	A
A	Met	Thr	Lys	Arg	G
G	Val	Ala	Asp	Gly	U
G	Val	Ala	Asp	Gly	C
G	Val	Ala	Glu	Gly	A
G	Val	Ala	Glu	Gly	G

Para se incorporar um aminoácido leucina (Leu) à sequência de certa proteína, o códon no mRNA pode ser

a) TTA.
b) AAU.
c) GAU.
d) CUA.
e) CTA.

Questões discursivas

48 (UEG-GO) O esquema a seguir é uma representação do código genético.

Segunda posição na trinca

Primeira posição na trinca	A	G	T	C	Terceira posição na trinca
A	AAA, AAG } Fenilalanina AAT, AAC } Leucina	AGA, AGG, AGT, AGC } Serina	ATA, ATG } Tirosina ATT, ATC } Parada	ACA, ACG } Tirosina ACT Parada ACC Triptofano	A G T C
G	GAA, GAG, GAT, GAC } Leucina	GGA, GGG, GGT, GGC } Prolina	GTA, GTG } Histidina GTT, GTC } Glutamina	GCA, GCG, GCT, GCC } Arginina	A G T C
T	TAA, TAG, TAT } Isoleucina TAC Metionina	TGA, TGG, TGT, TGC } Treonina	TTA, TTG } Asparagina TTT, TTC } Lisina	TCA, TCG } Serina TCT, TCC } Arginina	A G T C
C	CAA, CAG, CAT, CAC } Valina	CGA, CGG, CGT, CGC } Alanina	CTA, CTG } Ácido aspártico ou aspartato CTT, CTC } Ácido glutâmico ou glutamato	CCA, CCG, CCT, CCC } Glicina	A G T C

Primeira posição na trinca — **Terceira posição na trinca**

De acordo com o esquema apresentado, responda ao que se pede.

a) O que é código genético?

b) Explique por que se diz que ele é degenerado.

49 (UFF-RJ) O código genético dos seres vivos já foi completamente desvendado. A partir da informação da sequência de nucleotídios do RNA mensageiro (mRNA), é possível deduzir a sequência de aminoácidos da proteína sintetizada. Sabe-se que, dos 20 aminoácidos, apenas a metionina e o triptofano são codificados por somente um único códon.

As sequências de nucleotídios e de aminoácidos, mostradas abaixo, representam um mRNA e o peptídio codificado por ele. Esse peptídio contém 12 resíduos de aminoácidos e não sofre modificações pós-traducionais.

mRNA

5' GGCTCAAUGGCCAGAAGUAGUUUAGCCGGCCAUUUAAGGCAUUAGUUACUAA 3'

Peptídio

1	2	3	4	5	6	7	8	9	10	11	12
Metionina	Alanina	Arginina	Serina	Serina	Leucina	Alanina	Glicina	Histidina	Leucina	Arginina	Histidina

Dados:

Códon de iniciação: AUG

Códons de terminação: UAA, UAG e UGA

a) Na síntese do peptídio mencionado, apenas um dos aminoácidos foi traduzido, valendo-se da característica de degeneração do código genético. Indique esse aminoácido e justifique sua resposta.

b) A partir da estrutura primária de um peptídio qualquer, que não tenha sofrido modificações pós-traducionais, seria possível deduzir a sequência codante do mRNA que foi traduzido durante a síntese dessa molécula? Justifique sua resposta.

50 (UFRJ) A soma das porcentagens de guanina e citosina em certa molécula de ADN é igual a 58% do total de bases presentes.

a) Indique as porcentagens das quatro bases, adenina (A), citosina (C), guanina (G) e timina (T), nessa molécula.

b) Explique por que é impossível prever a proporção de citosina presente no ARN mensageiro codificado por esse trecho de ADN.

51 (UFRJ) Um cientista analisou o conteúdo de bases nitrogenadas de uma amostra pura de DNA, correspondente a um determinado gene. Os valores encontrados estão na tabela abaixo:

Tipos de base	Adenina	Citosina	Timina	Guanina
Números de base	257	485	106	270

O cientista interpretou esses resultados como sendo compatíveis com um DNA, cuja molécula é formada apenas por uma cadeia (um filamento). Justifique a conclusão do cientista.

52 (Fuvest-SP) Bactérias (*Escherichia coli*) foram cultivadas durante várias gerações em um meio de cultura na qual toda a fonte de nitrogênio era o isótopo pesado ^{15}N. De uma amostra dessas bactérias (amostra A), extraiu-se o DNA, que foi submetido a uma técnica de centrifugação que permite separar moléculas de DNA de acordo com sua densidade. O restante das bactérias foi transferido para um meio de cultura em que todo o nitrogênio disponível era o isótopo normal ^{14}N. Retirou-se uma segunda amostra (amostra B), quando as bactérias completaram uma divisão celular nesse novo meio, e uma terceira amostra (amostra C), quando as bactérias completaram duas divisões celulares. O DNA das bactérias das amostras B e C foi também extraído e centrifugado.

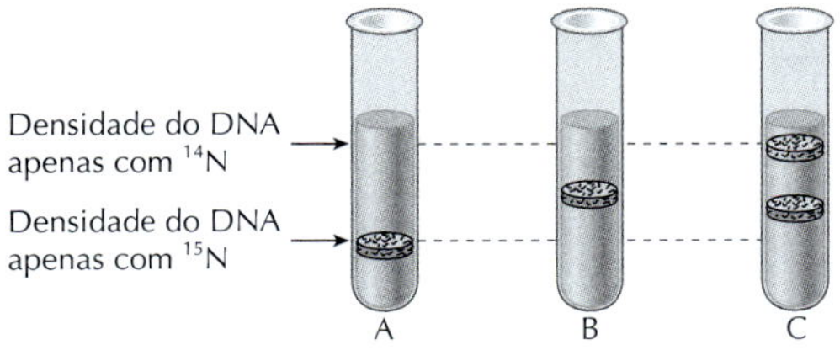

A figura mostra o resultado da centrifugação do DNA das três amostras de bactérias.

a) Por que, na amostra B, todo o DNA tem uma densidade intermediária entre o que é constituído apenas por ^{14}N e o que contém apenas ^{15}N?

b) Considerando que, na amostra C, a quantidade de DNA separada na faixa inferior é X, que quantidade de DNA há na faixa superior?

53 (Unicamp-SP) Em 25 de abril de 1953, um estudo de uma única página na revista inglesa *Nature* intitulado *A estrutura molecular dos ácidos nucleicos*, quase ignorado de início, revolucionou para sempre todas as ciências da vida, sejam elas do homem, rato, planta ou bactéria. James Watson e Francis Crick descobriram a estrutura do DNA, que permitiu posteriormente decifrar o código genético determinante para a síntese proteica.

a) Watson e Crick demonstraram que a estrutura do DNA se assemelha a uma escada retorcida. Explique a que correspondem os "corrimãos" e os "degraus" dessa escada.

b) Que relação existe entre DNA, RNA e síntese proteica?

c) Como podemos diferenciar duas proteínas?

54 (Fuvest-SP) Uma alteração no DNA pode modificar o funcionamento de uma célula? Por quê?

55 (Unicamp-SP) Ribossomos são formados por RNA e proteínas, sintetizados pelos processos de transcrição e tradução, respectivamente.

a) Onde esses processos ocorrem na célula eucariótica?

b) O que acontecerá com os processos de transcrição e tradução se ocorrer uma inativação na região organizadora do nucléolo? Justifique.

Capítulo 12 Tecidos epiteliais

Questão de pele

Você já ouviu a expressão popular "questão de pele", geralmente empregada para ressaltar a grande "sensibilidade" de uma pessoa em relação a outra? A sabedoria popular tem razão: a pele é, de fato, uma fronteira sensorial dotada de milhões e milhões de sensores de diversos tipos, que nos possibilitam elevada capacidade de perceber o que se passa ao redor, desde se está calor ou frio até percepções sutis como as que envolvem "questões de pele".

Animais e plantas são formados por diversos conjuntos de células especializadas em executar funções definidas: os tecidos corporais.
Neste capítulo, além de discutir o significado biológico de ter células diferenciadas em tecidos, estudaremos o tecido epitelial, responsável pela formação das glândulas e pela delimitação das fronteiras do corpo humano.

12.1 A estratégia multicelular

A estratégia multicelular é muito bem-sucedida, visto que a maioria das espécies de organismos eucarióticos atuais é multicelular.

12.2 Estrutura e funções dos tecidos epiteliais

Os tecidos epiteliais desempenham importantíssimas funções no organismo humano: revestimento externo e interno do corpo e formação das glândulas, que secretam substâncias úteis.

12.3 Especializações das células epiteliais

As células do tecido epitelial se mantêm unidas entre si devido a estruturas especializadas denominadas junções celulares.

12.4 Estrutura e funções da pele humana

A pele humana é um órgão com funções fundamentais ao organismo. Sua camada mais externa é a epiderme, um tecido epitelial.

Sapo

A pele dos anfíbios é permeável e desempenha papel fundamental na absorção de água e nas trocas gasosas. O grande número de glândulas presentes lubrifica a pele e, em algumas espécies, secreta toxinas que servem como defesa contra predadores.

Iguana

A pele dos lagartos é espessa e impermeável, recoberta por escamas córneas. Acredita-se que esse revestimento corporal impermeável tenha sido um fator que possibilitou a ocupação do ambiente terrestre pelos répteis. A coloração das escamas córneas pode variar. No caso dos iguanas, predomina a cor verde.

Espécie humana

A pele dos mamíferos é rica em glândulas, como as sebáceas – que produzem substâncias lubrificantes – e as mamárias – que produzem leite.

A presença dessas últimas é a característica típica dos mamíferos e inspirou o nome do grupo.

Pirarucu

As escamas de muitos peixes, como o pirarucu, estão dispostas sob a epiderme, como as telhas bem-encaixadas de um telhado, e protegem o corpo, como uma armadura flexível. Além disso, glândulas epidérmicas lubrificam a superfície corporal, reduzindo o atrito com a água durante a natação.

Elefante

Em certas partes do corpo, a pele dos elefantes pode chegar a 2,5 cm de espessura. Atrás de suas grandes orelhas, porém, a pele é fina e muito vascularizada. Ao abanar as orelhas, os elefantes, que não têm glândulas sudoríparas, resfriam o corpo.

Arara

A pele das aves apresenta estruturas únicas: as penas. Estas constituem um revestimento corporal leve, resistente e impermeável. A coloração variada e vibrante das penas de aves, como as araras, tem função na camuflagem e no comportamento reprodutivo.

Para pensar

Você conhece seu corpo e certamente sabe os locais em que a pele é mais "sensível". O que isso quer dizer? Como você relacionaria esses locais do corpo às suas respectivas funções?

Seção 12.1

A estratégia multicelular

Objetivo

▶Valorizar os conhecimentos sobre a estrutura e o funcionamento do corpo humano, reconhecendo a importância desse saber tanto para compreender melhor nossas características corporais como para prevenir eventuais distúrbios que comprometam nossa saúde.

Termos e conceitos

- multicelular
- tecido
- Histologia

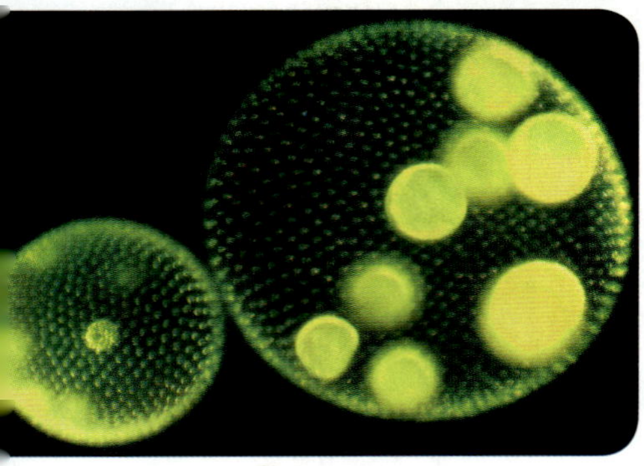

Figura 12.1 Micrografia ao microscópio óptico da alga verde colonial *Volvox* sp. (aumento ≃ 75×). As colônias de vólvox podem atingir mais de 1 milímetro de diâmetro e são visíveis a olho nu.

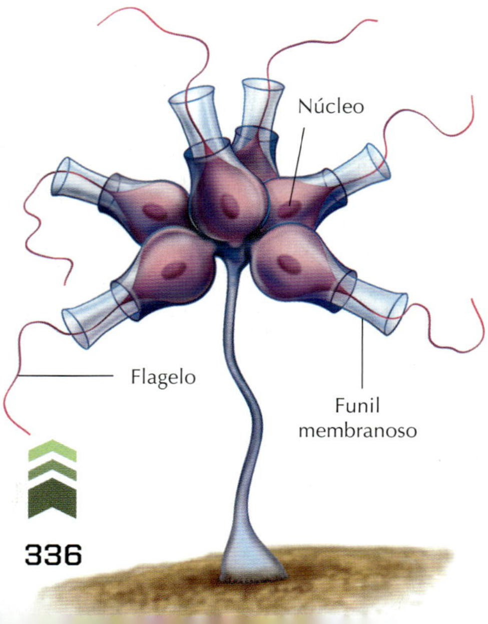

Vantagens da multicelularidade

Todos os animais e plantas são **multicelulares**, formados por grande número de células que funcionam de maneira integrada no organismo. Alguns fungos e algumas algas também são multicelulares. Já bactérias, protozoários, certas algas e certos fungos são unicelulares.

Em alguns casos, a fronteira entre a unicelularidade e a multicelularidade não é muito clara, como nas espécies em que as células encontram-se agrupadas em colônias (veja o exemplo do vólvox, mais adiante). Nessas colônias celulares, quase não há divisão de trabalho ou compartilhamento de funções entre as células; embora unidas, elas se comportam praticamente como se estivessem isoladas. Colônias celulares não são consideradas seres multicelulares, pois o conceito de multicelularidade implica certo grau de interdependência entre as células associadas.

A multicelularidade adquire sua maior expressão nos animais, em que as células se associam para formar conjuntos altamente especializados. Neste e nos próximos capítulos, estudaremos alguns desses conjuntos celulares, denominados tecidos.

A estratégia multicelular é muito bem-sucedida, visto que a maioria das espécies de organismos eucarióticos atuais é multicelular. Vamos refletir, então, quais seriam as possíveis vantagens da multicelularidade em relação à estratégia unicelular.

Antes de tudo, a associação de células é uma maneira de dividir tarefas e funções. Nos seres unicelulares, uma única célula realiza todas as funções essenciais à vida do ser – captura de alimento, digestão, excreção, percepção do ambiente etc. Nos seres multicelulares, essas tarefas podem ser divididas entre células especializadas, o que aumenta a eficiência do organismo.

A alga colonial de água doce *Volvox* sp., um organismo no limite da multicelularidade, fornece uma pista de como a estratégia multicelular originou-se na Terra. Uma colônia dessa alga chega a conter mais de mil células, dispostas de modo a formar uma esfera oca. Há células de dois tipos: somáticas, dotadas de dois flagelos e especializadas na locomoção da colônia, e reprodutivas, especializadas na reprodução. A partir destas últimas, formam-se, de modo assexuado, colônias menores, que ficam contidas por algum tempo dentro da colônia-mãe. A diferenciação entre células somáticas e células reprodutivas em seres coloniais pode ter sido o primeiro passo para o surgimento dos organismos multicelulares; posteriormente, as células somáticas teriam se especializado em diversas funções. **(Fig. 12.1)**

Outro exemplo interessante de uma espécie no limite da multicelularidade é o do protozoário coanoflagelado *Codosiga* sp., que é constituído por algumas poucas células, denominadas coanócitos por apresentarem um funil membranoso ao redor do flagelo (*coano* significa funil, em grego). Acredita-se que protozoários semelhantes aos coanoflagelados possam ter sido ancestrais do mais primitivo grupo de animais, as esponjas. Além de serem os animais multicelulares mais simples, as esponjas são os únicos que têm a cavidade interna do corpo revestida por coanócitos. Devido ao movimento coordenado de seus flagelos, os coanócitos fazem a água circular e capturam alimento com o auxílio de seu funil membranoso. Você pode encontrar mais informações sobre as esponjas no volume 2 desta coleção. **(Fig. 12.2)**

Figura 12.2 Representação do protozoário coanoflagelado *Codosiga* sp., considerado por muitos biólogos um exemplo do que pode ter ocorrido nos primórdios da evolução dos animais multicelulares. (Imagem sem escala, cores-fantasia.)

A verdadeira multicelularidade caracteriza-se por uma associação de células que apresentam interdependência estrutural e funcional. Nas plantas e particularmente nos animais (com exceção das esponjas), a organização multicelular atingiu o grau mais elevado: o organismo é formado por diversos conjuntos de células altamente integrados, cada um deles especializado na realização de funções definidas; esses conjuntos celulares são os **tecidos**. Nem todos os seres multicelulares são dotados de tecidos: esponjas, algas multicelulares e fungos multicelulares, embora sejam constituídos por conjuntos de células relativamente organizados, não apresentam tecidos verdadeiros.

Tecidos animais

Neste capítulo e nos capítulos seguintes, estudaremos os tecidos que constituem os animais vertebrados, em particular os humanos; tecidos de plantas serão estudados no volume 2 desta série.

O ramo da Biologia que estuda os tecidos é a **Histologia** (do grego *histo*, tecido, e *logos*, estudo). Os histologistas costumam classificar os tecidos dos animais vertebrados em quatro grandes categorias: epitelial, conjuntivo, muscular e nervoso. Esses diversos tecidos associam-se para constituir os órgãos corporais. Em nosso estômago, por exemplo, há um tecido especializado no revestimento interno, outro que dá resistência à parede estomacal, outro que permite a contração do órgão etc.

Em seu conjunto, os órgãos formam os sistemas corporais. Uma das funções dos sistemas é realizar a integração entre as diversas partes do organismo multicelular. Por exemplo, nosso sistema digestório, cuja função básica é a nutrição, constitui-se de diversos órgãos, como boca, esôfago, estômago, intestino e glândulas associadas (fígado, pâncreas etc.). **(Fig. 12.3)**

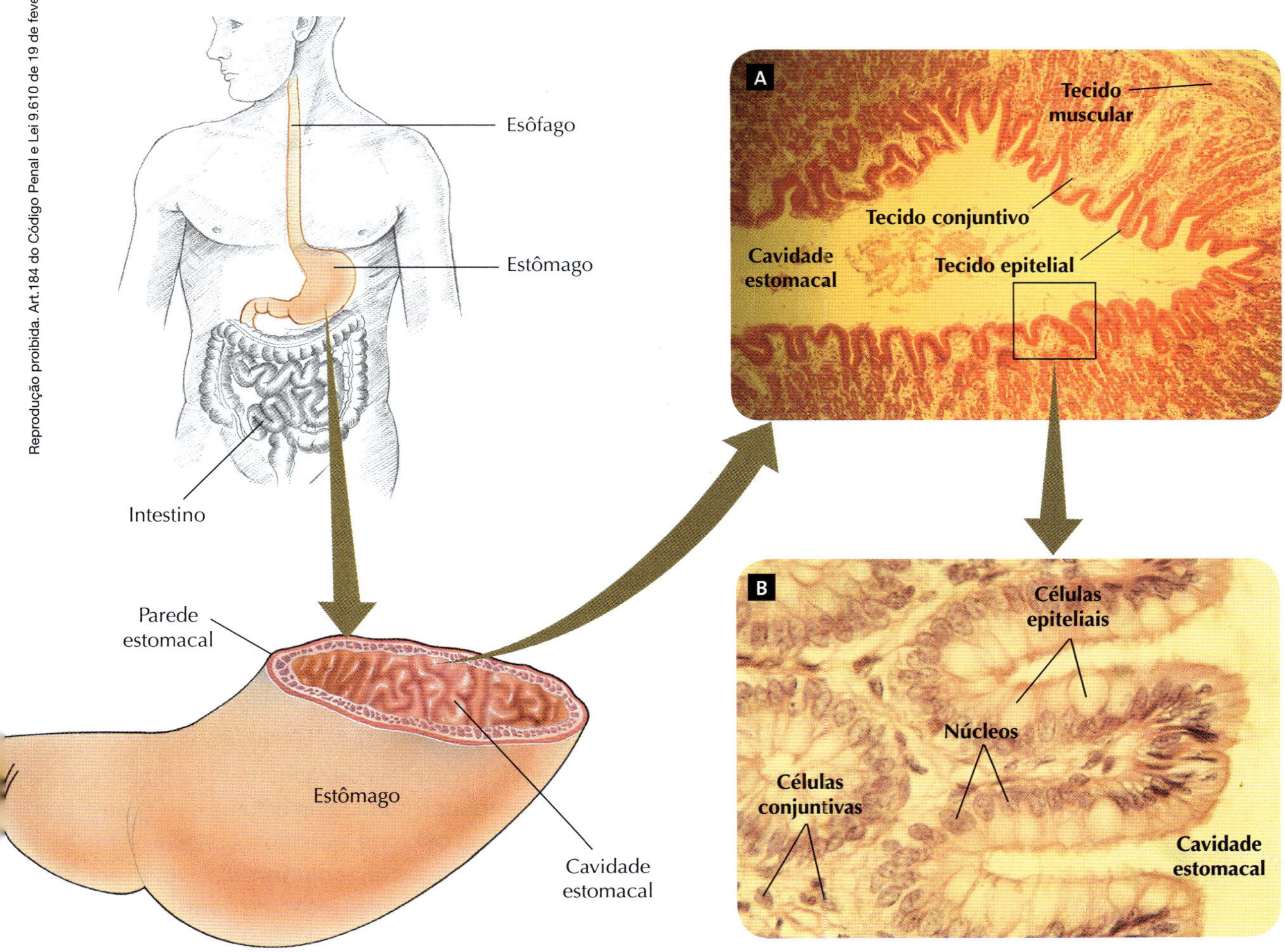

Figura 12.3 Representação esquemática do estômago, órgão do sistema digestório formado por diversos tecidos. (Imagens sem escala, cores-fantasia.) **A.** Micrografia de um corte de estômago corado com hematoxilina e eosina (coloração HE) mostrando a localização de três tecidos (epitelial, conjuntivo e muscular). (Microscópio óptico, aumento ≃ 30×). **B.** Micrografia do mesmo corte de estômago, mostrando detalhes das células da superfície estomacal (aumento ≃ 280×).

Seção 12.2

Estrutura e funções dos tecidos epiteliais

Objetivos

- Conhecer os principais tipos de epitélios de revestimento, exemplificando locais do corpo em que eles ocorrem.
- Reconhecer que as glândulas são formadas por tecido epitelial, distinguindo e exemplificando glândulas exócrinas e glândulas endócrinas.

Termos e conceitos

- tecido epitelial
- epitélio de revestimento
- epitélio glandular
- glândula exócrina
- glândula endócrina

Os **tecidos epiteliais**, também denominados **epitélios**, desempenham diversas funções no organismo, dependendo do órgão onde se localizam. Suas principais funções são: a) proteção; b) absorção e secreção de substâncias; c) percepção de sensações. Quanto à função geral, os epitélios são classificados em dois tipos principais: epitélios de revestimento e epitélios glandulares.

1 Epitélios de revestimento

Epitélios de revestimento são tecidos especializados no revestimento externo do corpo e no revestimento interno das cavidades de diversos órgãos. A epiderme, camada mais externa de nossa pele, é um exemplo de tecido epitelial. O endotélio que reveste internamente nossos vasos sanguíneos é também um tecido epitelial.

O bom desempenho da função de revestimento dos epitélios é garantido pelo fato de suas células serem perfeitamente ajustadas e unidas umas às outras por pequena quantidade de material cimentante. O arranjo das células epiteliais pode ser comparado ao dos tijolos em uma parede, firmemente encaixados e colados uns aos outros.

Nos tecidos epiteliais, não há vasos sanguíneos; suas células recebem gás oxigênio e nutrientes por difusão realizada por tecidos próximos. O gás carbônico e as excreções produzidas no metabolismo das células epiteliais difundem-se no sentido inverso. Por essa razão, como veremos adiante, os epitélios estão sempre associados a tecidos conjuntivos (que serão estudados no próximo capítulo), nos quais há vasos sanguíneos capazes de nutrir e oxigenar as células epiteliais próximas.

Classificação dos epitélios de revestimento

Os epitélios de revestimento costumam ser classificados quanto ao número de camadas celulares e quanto à forma das células, principalmente as da camada mais externa, no caso de haver várias camadas celulares.

Quanto ao número de camadas celulares, os tecidos epiteliais de revestimento podem ser: **epitélios simples** (ou **uniestratificados**) (do latim *uni*, um, e *stratum*, camada), quando formados por uma única camada de células, e **epitélios estratificados**, quando formados por mais de uma camada de células. Existem ainda epitélios constituídos por uma única camada celular, mas que dão a falsa impressão de serem estratificados pelo fato de os núcleos de suas células ficarem em diferentes alturas. Por esse motivo, eles costumam ser chamados de **epitélios pseudoestratificados** (do grego *pseudos*, falso).

Quanto à forma das células, os tecidos epiteliais de revestimento podem ser: **epitélios pavimentosos** (ou **escamosos**), quando as células são achatadas como ladrilhos ou escamas; **epitélios cúbicos**, quando as células têm forma de cubo; **epitélios prismáticos cilíndricos** (ou **colunares**), quando as células são alongadas, em forma de coluna. Curiosamente, as células do epitélio interno da bexiga urinária têm forma cúbica, mas se tornam achatadas quando submetidas ao estiramento causado pela dilatação do órgão ao acumular urina. Por isso, alguns autores adotam, nesses casos, o termo **epitélio de transição**. Dada à sua alta especificidade em revestir a bexiga e outros órgãos do sistema urinário, o epitélio de transição é também denominado urotélio.

Os histologistas costumam reunir os dois critérios – número de camadas celulares e forma das células – em uma classificação única. Por exemplo, se um epitélio tem apenas uma camada de células e elas possuem forma achatada, ele é chamado de **epitélio simples pavimentoso**. Se o epitélio apresenta mais de uma camada de células e estas têm forma prismática, fala-se em **epitélio estratificado prismático**. Observe, na figura 12.4, o tipo e a localização de alguns epitélios do corpo humano. (**Fig. 12.4 e Tab. 12.1**)

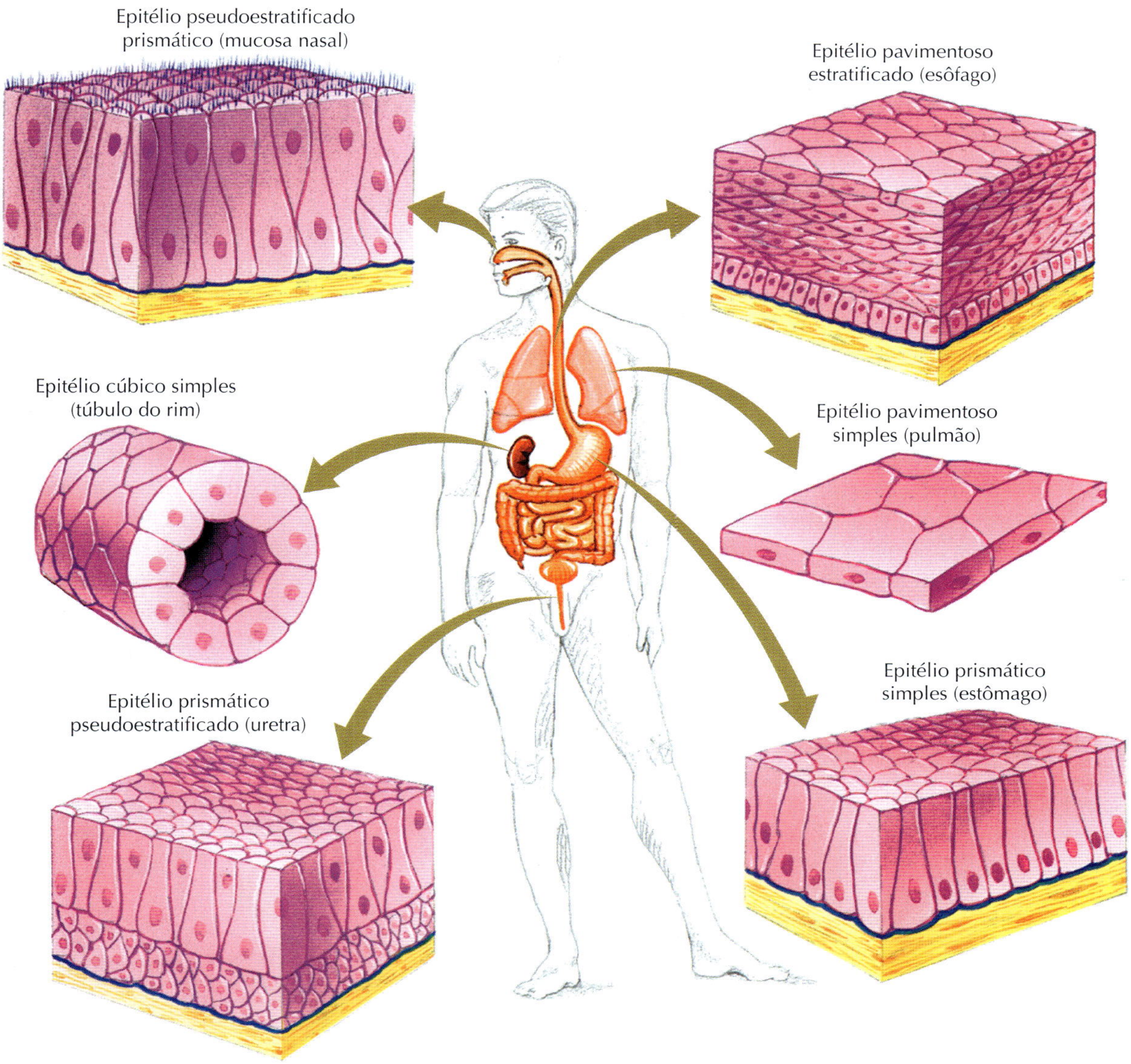

Figura 12.4 Representação esquemática da estrutura de alguns tipos de epitélio de revestimento presentes no corpo humano. (Imagens sem escala, cores-fantasia.) (Baseado em Campbell, N. e cols., 1999.)

Tabela 12.1 Classificação dos epitélios de revestimento

Critério	Nome	Características
Número e aparência das camadas celulares	Simples ou uniestratificados Estratificados Pseudoestratificados	Uma única camada celular Mais de uma camada celular Uma única camada celular, com núcleos em diferentes alturas
Forma das células	Pavimentosos Cúbicos Prismáticos De transição	Celulas achatadas Celulas cúbicas Celulas prismáticas Celulas de forma variável

2 Epitélios glandulares

O **epitélio glandular** constitui as **glândulas**, cujas células são especializadas na produção e eliminação de substâncias úteis ao organismo, as secreções. Quanto à forma de secretar, as glândulas podem ser classificadas em dois tipos: exócrinas e endócrinas.

Glândulas exócrinas

Glândulas exócrinas (do grego *exos*, fora, e *krinos*, secretar) são aquelas que eliminam suas secreções para fora do corpo ou para cavidades internas de órgãos, através de um canal, ou ducto. As glândulas sudoríparas, por exemplo, eliminam o suor por um ducto que se abre na superfície externa da pele, enquanto as glândulas salivares eliminam a saliva por ductos que se abrem na cavidade bucal.

Classificação das glândulas exócrinas

As glândulas exócrinas podem ser classificadas com base em diferentes critérios. Um deles é a forma da porção secretora: se ela é tubular, a glândula é chamada de **tubulosa**; se é arredondada, a glândula é considerada **alveolar** ou **acinosa**; se a glândula contém longos ductos tubulares, com porções secretoras arredondadas nas extremidades, ela é denominada **túbulo-alveolar** ou **túbulo-acinosa** (veja na figura 12.5).

O tipo de ducto constitui outro critério de classificação. O ducto de uma glândula exócrina pode ser ramificado ou não apresentar ramificações. Se o ducto não é ramificado, diz-se que a glândula é **simples**; se o ducto possui ramificações, a glândula é denominada **composta**.

Alguns autores classificam as glândulas de acordo com o tipo de secreção que elas produzem. Se a secreção é rica em mucopolissacarídios (em geral, de consistência espessa), a glândula é chamada de **mucosa**; se a secreção é rica em proteínas (em geral, de consistência fluida), a glândula é denominada **serosa**. Há, ainda, glândulas **mucosserosas** (ou **seromucosas**), que produzem secreções mistas. Exemplos de glândulas mucosas são as células caliciformes presentes entre as células epiteliais do intestino delgado.

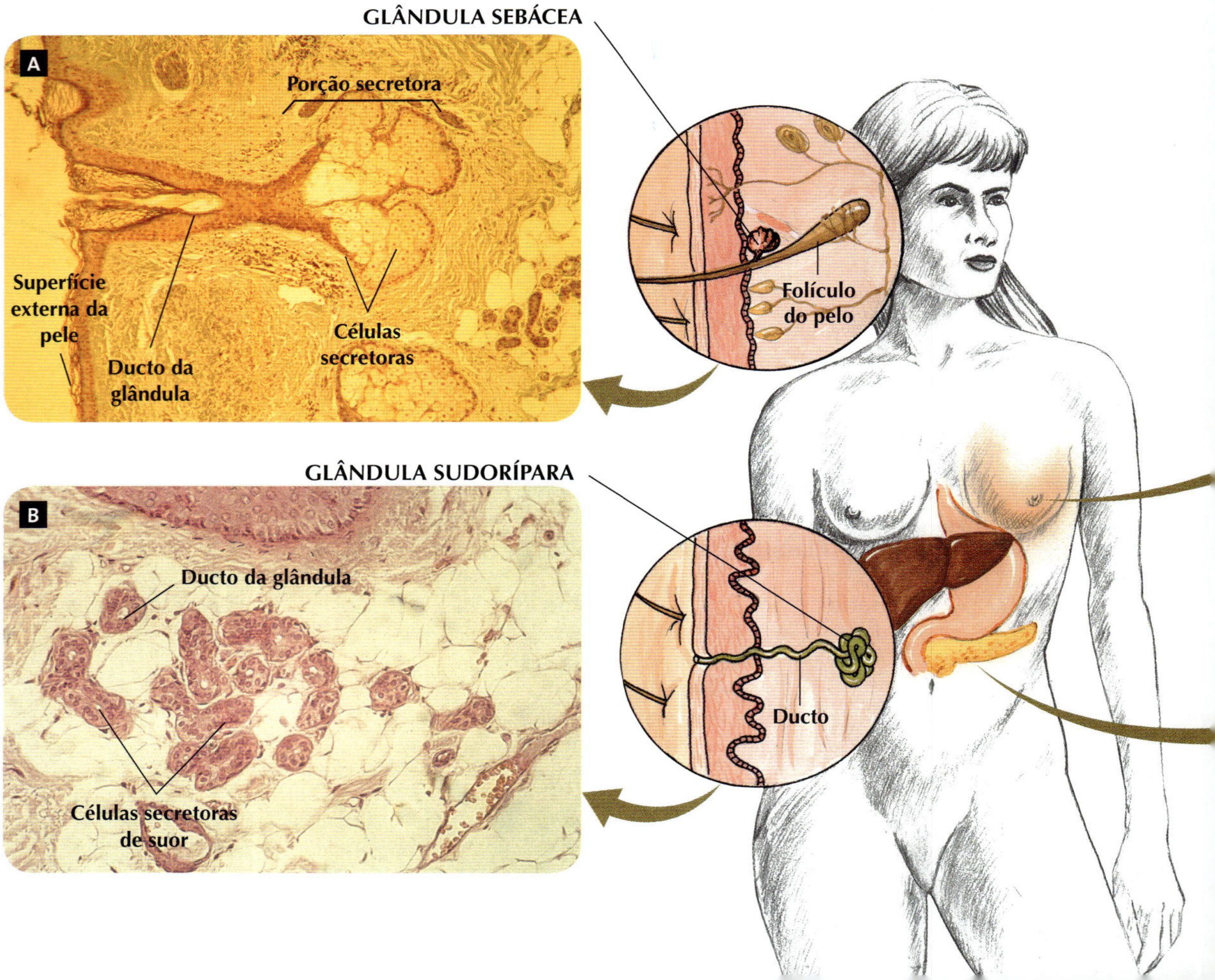

Nesse caso, a glândula é constituída por uma única célula, que libera muco para a lubrificação intestinal. Glândulas secretoras de enzimas digestivas presentes no estômago e no intestino são exemplos de glândulas serosas. Glândulas como a submandibular, de secreção semifluida e rica em enzimas e muco, são exemplos de glândulas mucosserosas.

Outro critério de classificação das glândulas é quanto à maneira de secretar. Dependendo do modo como eliminam sua secreção, as glândulas podem ser classificadas em holócrinas, merócrinas e apócrinas.

Nas glândulas **holócrinas** (do grego *holos*, total), o processo de eliminação da secreção é drástico: a célula secretora acumula os produtos no citoplasma e, em seguida, morre e se desintegra, constituindo, ela própria, a secreção. As glândulas sebáceas de nossa pele são holócrinas; elas desintegram-se e regeneram-se continuamente.

As glândulas **merócrinas** (do grego *meros*, parte) são o oposto das holócrinas, pois suas células secretoras eliminam apenas a secreção, mantendo o citoplasma praticamente intacto. As glândulas salivares e sudoríparas são exemplos de glândulas merócrinas.

Nas glândulas **apócrinas** (do grego *apo*, separado), as células secretoras perdem certa quantidade de citoplasma ao eliminar sua secreção, mas regeneram a porção perdida. Um exemplo é a glândula mamária. (**Tab. 12.2**)

Glândulas endócrinas

Glândulas endócrinas (do grego *endos*, dentro) são aquelas que não possuem ducto e eliminam suas secreções, genericamente chamadas de **hormônios**, diretamente no sangue. A glândula tireoidea, por exemplo, localizada na região do pescoço, é uma glândula endócrina que produz o hormônio tiroxina e o lança no sangue.

Glândula mista ou anfícrina: o pâncreas

Existe uma glândula em nosso corpo, o **pâncreas**, que desempenha simultaneamente funções endócrinas e exócrinas. Por esse motivo, o pâncreas é considerado uma glândula **mista** ou **anfícrina** (do grego *amphi*, dois), isto é, uma "glândula de secreção dupla". (**Fig. 12.5**)

GLÂNDULA MAMÁRIA

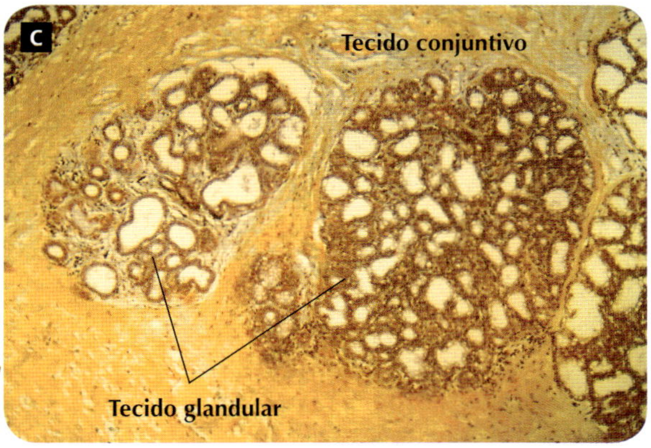

TIPOS DE GLÂNDULAS EXÓCRINAS

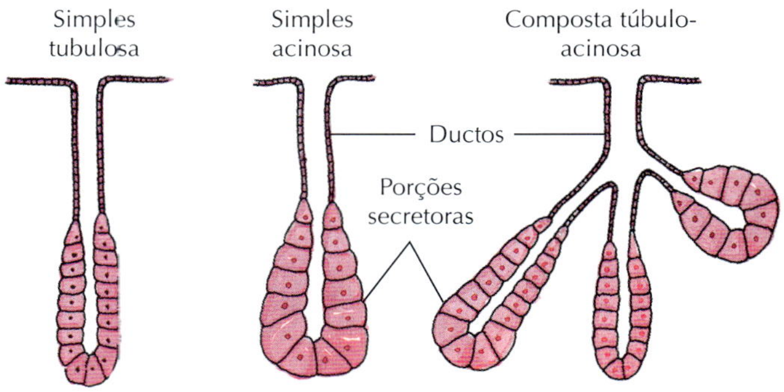

PÂNCREAS

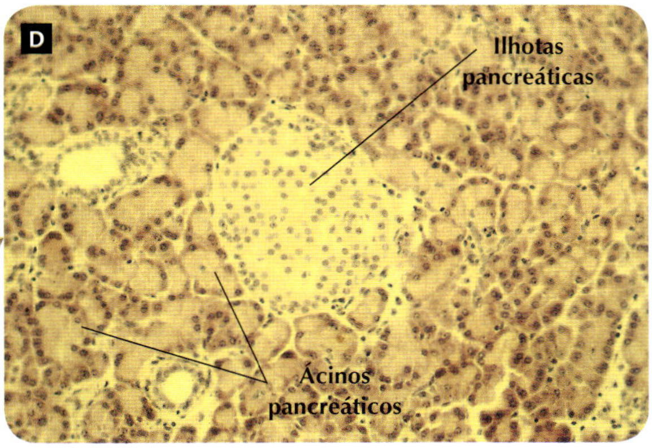

Figura 12.5 Representação esquemática da localização de algumas glândulas exócrinas do corpo humano e micrografias de suas estruturas, ao microscópio óptico. (Imagens sem escala, cores-fantasia.) **A.** Glândula sebácea, localizada junto ao folículo do pelo (aumento ≃ 55×). **B.** Glândula sudorípara, que se abre na superfície da pele (aumento ≃ 105×). **C.** Glândula mamária, que produz leite (aumento ≃ 35×). **D.** Pâncreas, glândula mista com parte exócrina (ácinos pancreáticos) e endócrina (ilhotas pancreáticas) (aumento ≃ 65×).
O esquema acima mostra três tipos de glândula exócrina. (Imagens sem escala, cores-fantasia.)

Origem das glândulas

Todas as glândulas se formam ainda na fase embrionária, a partir de uma superfície epitelial, que pode ter origem ectodérmica ou endodérmica. As células epiteliais se multiplicam e constituem um cordão celular, que se aprofunda nos tecidos mais internos. No caso das glândulas exócrinas, a parte mais profunda do cordão de células se desenvolve e assume a função secretora; o restante do cordão celular forma o ducto, através do qual a secreção flui para fora da glândula. No caso das glândulas endócrinas, a parte mais profunda do cordão celular se isola, perdendo comunicação com o exterior, e, portanto, não há formação de ducto. As secreções das glândulas endócrinas são eliminadas diretamente para o interior de vasos sanguíneos localizados na própria glândula ou em torno dela. (**Fig. 12.6**)

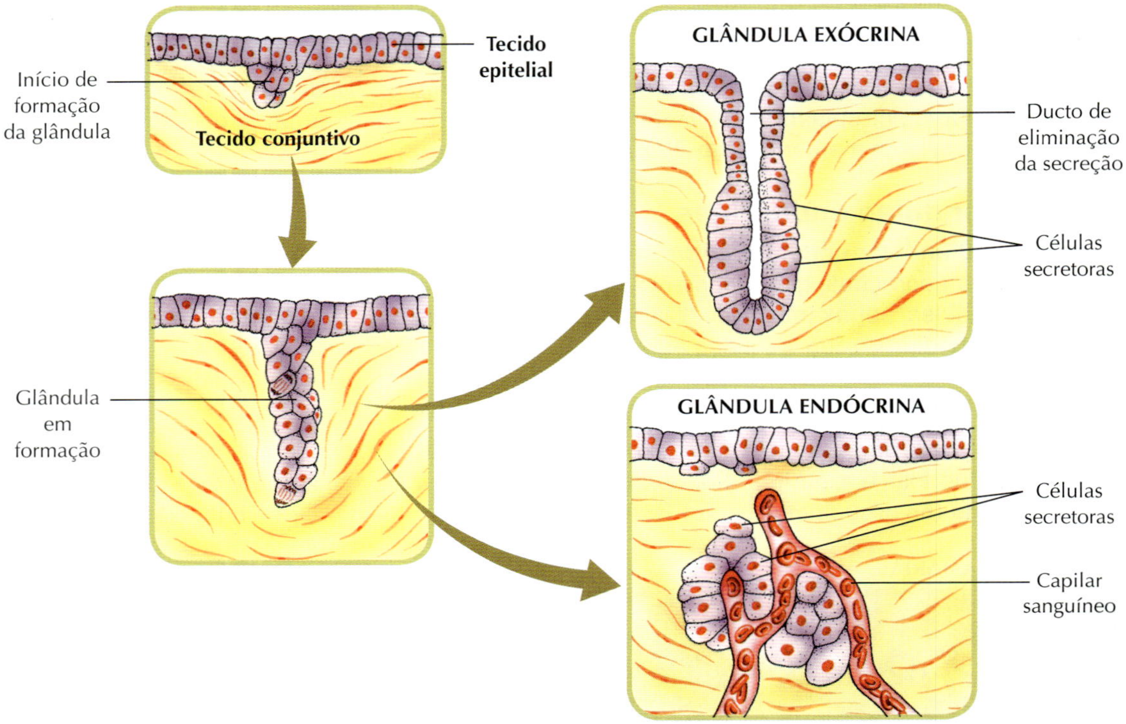

Figura 12.6 Representação esquemática que mostra a formação de glândulas exócrinas e glândulas endócrinas. (Imagens sem escala, cores-fantasia.)

Tabela 12.2 Classificação das glândulas exócrinas

Critério	Tipo	Características
Forma da porção secretora	1. Tubulosa 2. Acinosa ou alveolar 3. Túbulo-acinosa ou túbulo-alveolar	• Porção secretora tubular (ex.: glândulas da mucosa estomacal) • Porção secretora arredondada (ex.: glândulas sebáceas da pele) • Ductos tubulares com porções secretoras arredondadas (ex.: glândulas mamárias)
Forma do ducto	1. Simples 2. Composta	• Ducto sem ramificação (ex.: glândulas sudoríparas) • Ducto ramificado (ex.: porção exócrina do pâncreas)
Modo de secretar	1. Merócrina 2. Holócrina 3. Apócrina	• Células secretoras eliminam apenas as secreções, sem perda citoplasmática (ex.: glândulas salivares) • Células secretoras eliminam todo o citoplasma junto com as secreções (ex.: glândulas sebáceas) • Células secretoras eliminam parte do citoplasma junto com as secreções (ex.: glândulas mamárias)

Conteúdo digital Moderna PLUS http://www.modernaplus.com.br
Animação: *Tecidos animais*, veja aba *Tecido epitelial*

Seção 12.3

Especializações das células epiteliais

Objetivo

- Compreender as funções das principais especializações celulares presentes nos epitélios de revestimento: desmossomos, lâmina basal, hemidesmossomos, microvilosidades e cílios.

Termos e conceitos

- junção celular
- desmossomo
- lâmina basal
- hemidesmossomo
- microvilosidade
- cílio

As células que constituem os epitélios apresentam diversos tipos de especialização, entre os quais se destacam: junções celulares, microvilosidades, invaginações da membrana e cílios.

1 Junções celulares

O termo **junção celular** denomina diversos tipos de estruturas que mantêm as células epiteliais (e também outros tipos celulares) firmemente unidas entre si. Exemplos de junções celulares são os desmossomos, as zonas de adesão, as zonas de oclusão e as junções tipo *gap*. (**Fig. 12.7**)

Desmossomo (do grego *desmos*, ligação, e *somatos*, corpo) é uma junção celular constituída por duas placas circulares de proteínas especiais (placoglobinas e desmoplaquinas), uma na membrana de uma célula e a outra na membrana da célula vizinha. Dessas placas, partem filamentos constituídos por outras proteínas (desmogleínas e desmocolinas), que atravessam as membranas plasmáticas e se associam no espaço entre as células. A associação dos filamentos mantém firmemente unidas as duas placas desmossômicas e, consequentemente, as células onde elas estão. A região da placa desmossômica voltada para o interior de cada célula liga-se a filamentos de queratina do citoesqueleto, garantindo firme ancoramento do desmossomo a toda a estrutura celular.

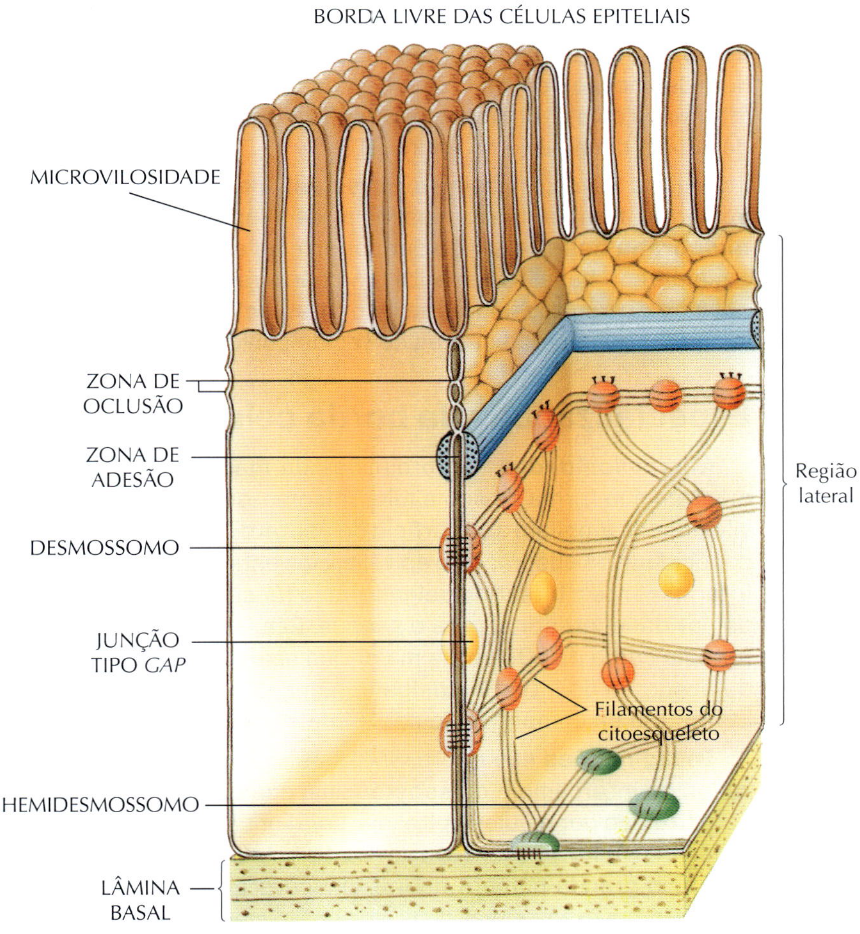

Figura 12.7 Representação esquemática de algumas especializações de células epiteliais. O desenho representa duas células em corte e sem citoplasma com diversos tipos de junção celular. Microvilosidades são projeções da membrana que contribuem para ampliar a área da superfície celular. (Imagem sem escala, cores-fantasia.) (Baseado em Lodish, H. e cols., 2004.)

Zonas de adesão são regiões adesivas localizadas em torno da porção apical das células epiteliais. Nessas junções, há um cinturão constituído pelas proteínas actina e miosina na face interna da membrana plasmática de cada célula. Desse cinturão, partem filamentos de uma proteína especial, a caderina, que atravessam a membrana plasmática e se associam, no espaço intercelular, a filamentos de caderina provenientes dos cinturões das células vizinhas. O cinturão de actina e miosina pode contrair-se e distender-se como uma abraçadeira, provocando mudanças na forma da célula.

Nos epitélios especializados na absorção de substâncias, como o que recobre a superfície interna do intestino delgado, as células em contato direto com o meio apresentam uma especialização de membrana conhecida como **zona de oclusão**. Ela se localiza na região apical da célula, imediatamente acima da zona de adesão. A zona de oclusão consiste em uma rede de proteínas (ocludina e claudina) incrustadas na membrana plasmática e que, como a zona de adesão, localizam-se em torno do ápice da célula. As proteínas da zona de oclusão unem fortemente células vizinhas sem deixar nenhum espaço entre as membranas plasmáticas. Essas estruturas constituem uma eficiente barreira, que impede a difusão de moléculas, mesmo as de pequeno tamanho.

Devido à zona de oclusão, que fecha totalmente o espaço entre as células, substâncias provenientes do meio externo somente podem entrar em nosso corpo passando pelo interior das células epiteliais, que exercem um papel fiscalizador sobre o trânsito de substâncias através do epitélio. Da mesma forma, as zonas de oclusão impedem que líquidos internos do corpo, que banham as células, extravasem para fora do corpo pelos espaços intercelulares.

Junções tipo *gap* (ou **comunicantes**) são pequenas regiões circulares em que as membranas de células adjacentes ficam muito próximas e são atravessadas por finíssimos tubos de um tipo especial de proteína denominada conexina. Esses tubos põem em contato direto o citoplasma de duas células vizinhas, permitindo o livre trânsito de pequenas moléculas e íons.

Lâmina basal e hemidesmossomos

O tecido epitelial apoia-se sobre uma espécie de "tapete" molecular, a **lâmina basal**, constituído por moléculas de glicoproteínas imersas em uma rede da proteína colágeno. A base das células epiteliais mais internas adere firmemente à lâmina basal por meio dos **hemidesmossomos**, estruturas que, como o próprio nome indica, lembram metades de desmossomos. Nos hemidesmossomos, os filamentos do citoesqueleto que partem da placa circular localizada no interior da célula atravessam a membrana plasmática e se associam firmemente a componentes da lâmina basal (veja na figura 12.7).

Muitas vezes, finíssimas fibras entrelaçadas, originárias do tecido conjuntivo abaixo da epiderme, também podem associar-se à lâmina basal, formando uma camada mais espessa, a **membrana basal**. Além de dar suporte ao epitélio e ancorá-lo ao tecido conjuntivo subjacente, a membrana basal representa uma barreira à entrada de microrganismos. Por ser permeável a gases e nutrientes, ela permite o intercâmbio de substâncias entre as células epiteliais e os vasos sanguíneos presentes no tecido conjuntivo.

2 Especializações da borda celular

Microvilosidades são projeções da membrana celular semelhantes a dedos de luva, que mantêm sua forma devido a microfilamentos de proteínas presentes em seu interior. As microvilosidades ampliam a superfície de contato entre as células epiteliais e o meio, o que aumenta a capacidade de absorção do epitélio. Elas estão presentes, por exemplo, nas células que revestem internamente o intestino delgado, cuja função é absorver nutrientes e permitir que eles passem da cavidade intestinal para o sangue. Células com microvilosidades podem apresentar uma superfície cerca de 500 vezes maior que as de borda lisa. Graças às microvilosidades, a superfície de absorção do intestino delgado humano é equivalente à área de uma quadra de esportes de 20 metros de comprimento por 15 metros de largura (veja na figura 12.7).

Invaginações são dobras internas da membrana celular, presentes em epitélios especializados no intercâmbio de substâncias, como o que forma os túbulos renais. Esses túbulos são constituídos por células epiteliais, cuja função é reabsorver substâncias ainda úteis da urina em processo de formação, devolvendo-as ao sangue. A eficiência dessas células epiteliais é garantida pelo grande número de invaginações que, atuando como "microvilosidades ao contrário", aumentam a área celular disponível para a absorção de substâncias.

Cílios são estruturas móveis em forma de pelos microscópicos, encontrados em epitélios que precisam remover constantemente muco e partículas acumuladas, como os presentes na superfície interna da traqueia e no interior das tubas uterinas. Na traqueia, o batimento constante dos cílios "varre" para a boca o muco que se acumula sobre o epitélio; nesse muco, ficam aderidas bactérias e partículas presentes no ar inalado, que serão digeridas sem causar problemas. Desse modo, os cílios garantem a limpeza do sistema respiratório, dificultando a entrada de agentes estranhos nos pulmões. Nas tubas uterinas, o batimento dos cílios da superfície epitelial arrasta em direção ao útero o gameta feminino liberado pelo ovário. Se a fecundação ocorrer, forma-se o zigoto e tem início o desenvolvimento do embrião. Nesse caso, os cílios do epitélio tubário promovem o deslocamento do embrião para o útero, onde ele se fixará.

Seção 12.4

Estrutura e funções da pele humana

Objetivos

- Conhecer a estrutura da pele humana e suas principais funções: proteção, regulação da temperatura corporal e recepção de estímulos.
- Descrever a estrutura básica de pelos e unhas.

Termos e conceitos

- pele
- epiderme
- melanócito
- melanina
- pelo
- unha
- glândula sebácea
- glândula sudorípara

A pele humana é um órgão complexo, responsável por diversas funções fundamentais à vida. Além de proteger nosso corpo da ação de agentes físicos, químicos e biológicos, a pele é responsável por nossa sensibilidade táctil e pela manutenção da temperatura corporal.

A **pele** é constituída por dois tecidos firmemente unidos entre si: o mais externo é a epiderme, que se origina a partir da ectoderme do embrião, e o mais interno é a derme, que se origina da mesoderme embrionária. A derme é formada por tecido conjuntivo e será estudada no capítulo 13. **(Fig. 12.8)**

A

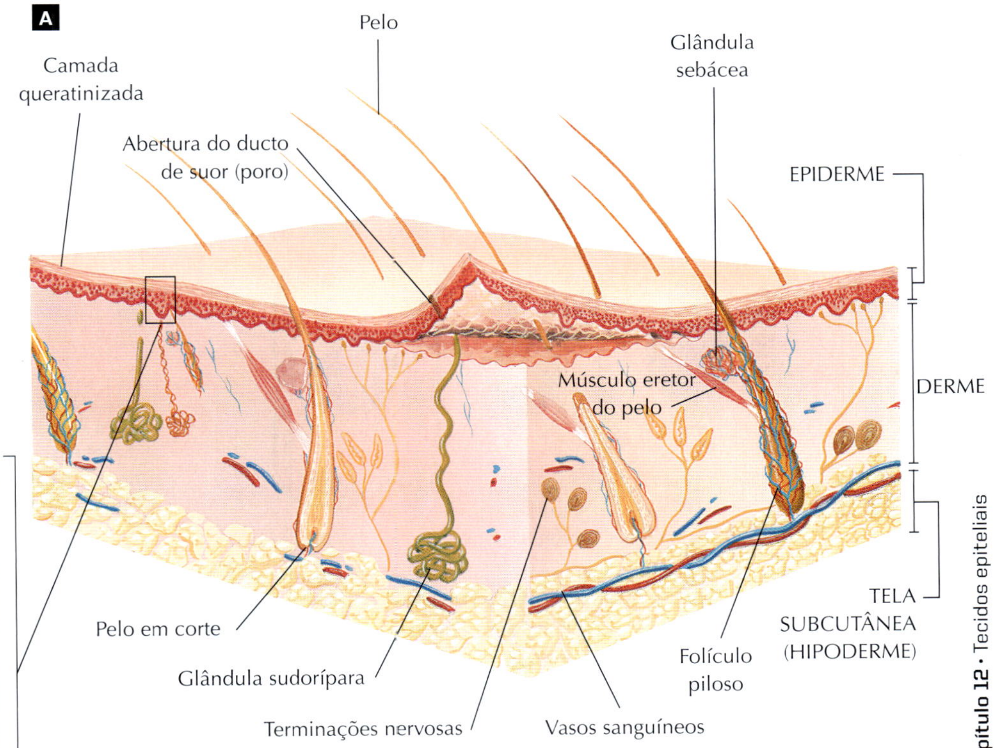

B

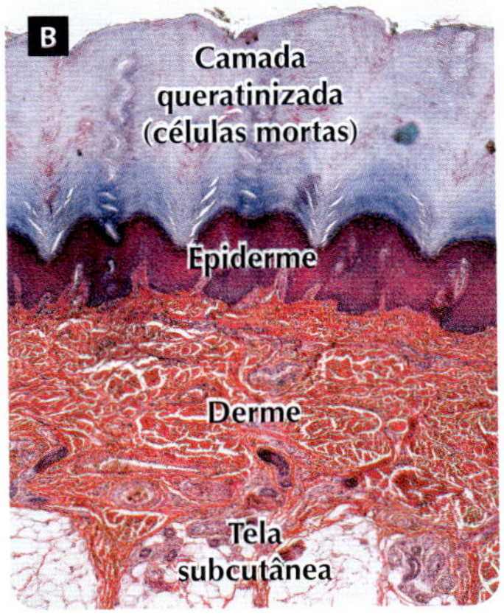

Figura 12.8 A. Representação esquemática da pele humana. (Imagem sem escala, cores-fantasia.) **B.** Micrografia de corte de pele humana altamente queratinizada mostrando a epiderme e parte da derme (coloração por hematoxilina e eosina; aumento ≃ 25×).

1 Características estruturais da epiderme

A **epiderme** (do grego *epi*, sobre, e *dermatos*, pele) é um tecido epitelial constituído por diversas camadas de células sobrepostas, bem aderidas umas às outras. A camada mais interna, denominada **camada basal**, ou **camada germinativa**, é formada por células prismáticas alongadas, que se dividem continuamente por mitose, produzindo novas células. Estas empurram as células acima delas em direção à superfície corporal, de modo que, durante sua vida, as células epidérmicas se deslocam da região mais profunda do tecido epitelial, onde se formaram, para a porção mais externa da pele. Durante esse trajeto, elas passam por diversas transformações: achatam-se, ancoram-se às vizinhas, secretam substâncias impermeabilizantes nos espaços intercelulares, produzem queratina (uma proteína fibrosa e resistente) e finalmente morrem, transformando-se em placas com forma de escama.

A região imediatamente acima da camada germinativa é denominada **camada espinhosa**, em alusão ao fato de suas células apresentarem muitos prolongamentos que contribuem para mantê-las firmemente unidas entre si, dando maior resistência ao epitélio. Na região seguinte, conhecida como **camada granulosa**, as células achatam-se e assumem forma cúbica; além disso, são dotadas de inúmeros grânulos citoplasmáticos repletos de substâncias precursoras de queratina.

O achatamento celular e o acúmulo de queratina continuam na porção epidérmica seguinte, até que as células se tornam totalmente impermeáveis e morrem. Consequentemente, a camada mais externa da pele, conhecida como **camada córnea**, é constituída por células queratinizadas e mortas, achatadas como escamas. A camada córnea da pele humana é substituída aproximadamente a cada três semanas; à medida que as células mais externas descamam-se e são eliminadas, novas células queratinizadas originam-se a partir de células da camada granulosa. (**Fig. 12.9**)

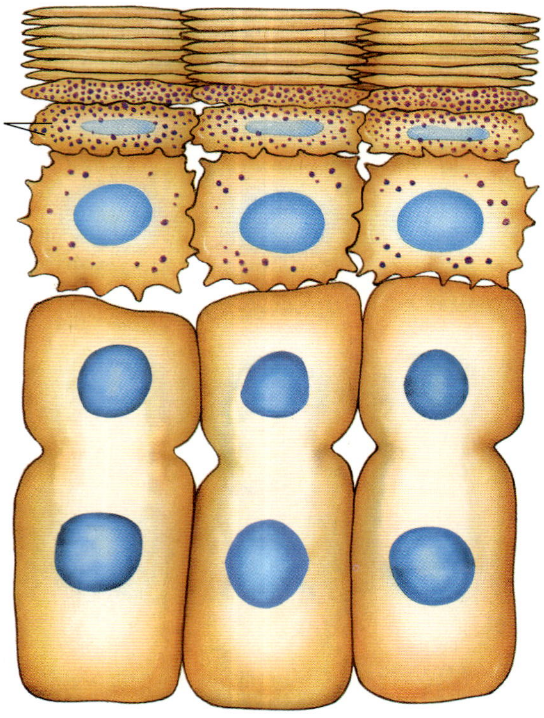

Figura 12.9 Representação esquemática que mostra as quatro camadas da epiderme, um tecido epitelial estratificado pavimentoso queratinizado. (Imagem sem escala, cores-fantasia.) Analise a figura acompanhando as explicações no texto.

A epiderme apresenta também **melanócitos**, células situadas junto à lâmina basal e especializadas na produção de **melanina**, o pigmento escuro que dá cor à pele e aos pelos. A melanina é uma substância orgânica, sintetizada a partir do aminoácido tirosina. Ela desempenha duas importantes funções protetoras no organismo: absorve parte da energia contida na radiação ultravioleta da luz solar e neutraliza radicais livres, substâncias prejudiciais que se formam quando a pele é danificada por essa radiação.

Conteúdo digital Moderna PLUS http://www.modernaplus.com.br
Animação: *Pele, músculos e esqueleto*, veja aba *Pele*, botão *Fisiologia*

Os melanócitos têm prolongamentos que penetram no interior das células precursoras dos pelos e das células das camadas basal e espinhosa da epiderme, introduzindo nelas grãos de melanina. A quantidade de melanócitos é mais ou menos a mesma em todas as pessoas, independentemente da cor de sua pele. O que diferencia uma pessoa de pele clara de outra de pele escura é a quantidade de melanina contida nos melanócitos e não o número dessas células. Além disso, a cor da pele é influenciada por outros fatores, como a quantidade de caroteno, pigmento alaranjado que se acumula sob a derme, e a quantidade de capilares sanguíneos presentes na derme. A exposição ao sol escurece a pele, porque estimula a produção de melanina. (**Fig. 12.10**)

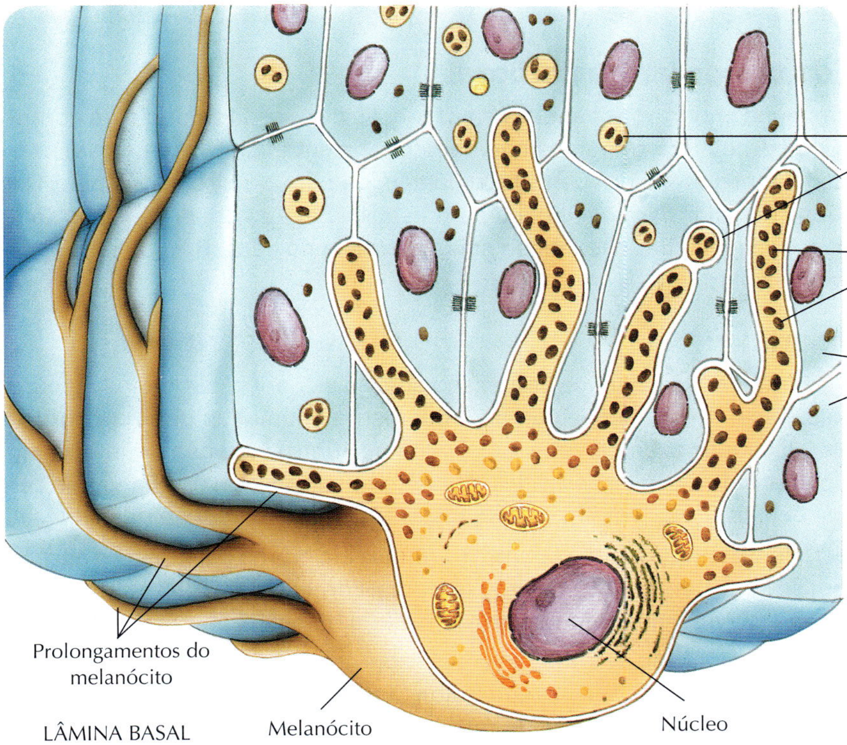

Figura 12.10 Representação esquemática de um melanócito da epiderme parcialmente cortado para mostrar seus componentes internos. Essa célula é a responsável pela produção e distribuição do pigmento melanina, que protege a pele da radiação ultravioleta. (Imagem sem escala, cores-fantasia.)

Além dos melanócitos, a epiderme apresenta ainda outros tipos celulares, como as células de Langerhans e as células de Merkel.

As **células de Langerhans** têm projeções que se alojam entre as células epidérmicas; sua função é reconhecer e destruir agentes estranhos que entram na pele, além de alertar o sistema de defesas corporais (sistema imunitário) para combater os invasores.

As **células de Merkel** são dilatadas e estão em contato com fibras nervosas provenientes da derme que penetram na membrana basal. Sua função é perceber estímulos mecânicos, transmitindo-os às fibras nervosas. Por isso, diz-se que elas são mecanorreceptores.

2 As funções da pele humana

A pele que reveste nosso corpo desempenha diversas funções importantes. Uma delas é nos facilitar a caminhada e nos ajudar a pegar objetos com mais firmeza, o que conseguimos devido às linhas salientes que compõem nossas impressões digitais.

A seguir, apresentamos as principais funções da pele humana.

Proteção

A pele funciona como uma barreira protetora contra a ação de agentes físicos, químicos e biológicos sobre o organismo. A camada córnea, constituída pelas células queratinizadas da epiderme, protege o corpo do atrito e de arranhões. Os pelos também contribuem para essa função protetora. Os melanócitos, como vimos, produzem melanina, pigmento que protege o corpo contra a ação dos raios ultravioleta da luz solar. As células de Langerhans reconhecem e eliminam agentes estranhos que penetram na pele, protegendo o corpo de infecções. As secreções das glândulas sebáceas e das glândulas sudoríparas contêm substâncias que matam diversos tipos de microrganismo. Além disso, o pH ácido (entre 3 e 5) dessas secreções evita a proliferação de microrganismos estranhos ao corpo; as bactérias que constituem a flora normal de nossa pele estão adaptadas a esse pH e ao ambiente relativamente seco de nossa superfície corporal.

Regulação da temperatura corporal

A pele desempenha importante papel na manutenção de nossa temperatura corporal. Quando a temperatura do corpo sobe, impulsos nervosos provocam a dilatação dos vasos sanguíneos dérmicos, fazendo com que maior quantidade de sangue passe a circular na pele. Com isso, aumenta a irradiação de calor para o meio e o corpo esfria. Em dias frios, os vasos sanguíneos da pele se contraem, fazendo com que menos sangue circule na superfície do corpo. Desse modo, reduz-se a perda de calor.

Função sensorial

A pele está repleta de terminações nervosas capazes de captar estímulos mecânicos, térmicos ou dolorosos. Essas terminações são genericamente chamadas de **receptores cutâneos**. Os folículos dos pelos, por exemplo, são envolvidos por fibras nervosas que captam as forças mecânicas aplicadas sobre o pelo; perto deles localizam-se também os chamados **terminais de Ruffini**, terminações nervosas ramificadas especializadas na percepção de calor.

Além desses receptores, presentes apenas nos locais em que há pelos, a pele apresenta outros cinco tipos de receptores sensoriais, conhecidos como: corpúsculos de Paccini, discos de Merkel, terminações nervosas livres, corpúsculos de Meissner e bulbos terminais de Krause.

Corpúsculos de Paccini são extremidades de fibras nervosas envoltas por diversas camadas de células. A camada mais externa capta estímulos tácteis e vibrações, transmitindo-os sequencialmente às outras camadas e, por fim, às terminações nervosas.

Disco de Merkel é um conjunto de terminações nervosas ramificadas e com pontas achatadas, envolvido por uma célula dotada de prolongamentos (célula de Merkel) que se comunicam com a epiderme, onde captam estímulos de pressão e tração.

Terminações nervosas livres são pontas de nervos envolvidas por células e por uma membrana basal, responsáveis pela captação de estímulos mecânicos, térmicos e dolorosos.

Corpúsculos de Meissner são estruturas sensoriais formadas por conjuntos de células especiais, situados principalmente nas saliências das impressões digitais e que captam estímulos tácteis. (**Fig. 12.11**)

Bulbos terminais de Krause são porções dilatadas de fibras nervosas, responsáveis pela percepção de frio, situadas nas regiões da pele próximas às membranas mucosas, ao redor dos lábios e dos órgãos genitais.

3 Anexos epidérmicos: pelos, unhas e glândulas

Pelos

Pelos são finos bastões de queratina produzidos pela compactação de restos de células epidérmicas mortas. Os que crescem no couro cabeludo são chamados de cabelos. Um pelo se forma no interior do **folículo piloso**, um tubo de células epidérmicas que se aprofunda derme adentro. No fundo desse folículo, ocorre a produção de células que sintetizam queratina, morrem e se compactam na base do pelo, levando-o a crescer. Cada folículo piloso está ligado a um pequeno **músculo eretor**, que permite a movimentação do pelo, e a uma ou mais glândulas sebáceas, que o lubrificam.

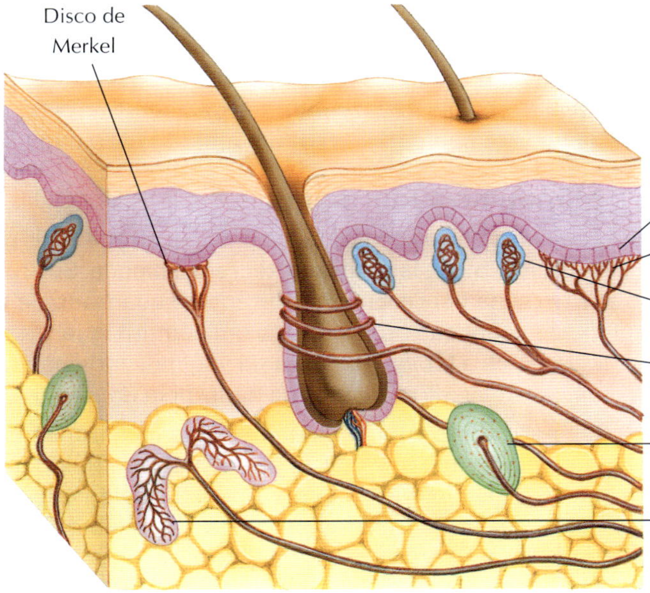

Figura 12.11 Representação esquemática mostrando alguns tipos de receptores sensoriais na pele humana. (Imagem sem escala, cores-fantasia.)

Um pelo é formado por três camadas concêntricas: a cutícula, o córtex e a medula. A cutícula é uma delicada camada de escamas achatadas e transparentes, imbricadas umas nas outras, constituídas por restos de células mortas e queratinizadas. O córtex, localizado imediatamente abaixo da cutícula e firmemente preso a ela, é formado por restos de células alongadas, repletos de fibras de queratina dispostas longitudinalmente. Esse conjunto de fibras, que percorre o pelo desde a base até a extremidade livre, é responsável por sua forma, elasticidade e resistência. A medula, como é chamada a porção central do pelo, é constituída por restos de células repletos de grânulos de eleidina, uma substância semelhante à queratina, e por pequenos espaços cheios de ar.

A forma do cabelo humano varia nas diversas etnias e depende da estrutura das fibras e da maneira como elas estão dispostas no córtex capilar. Nos cabelos dos asiáticos, as fibras do córtex capilar conferem ao fio uma estrutura circular, quando em corte transversal; por isso, o cabelo é liso. Nos africanos, o corte transversal dos fios revela uma estrutura oval, que faz o cabelo se enrolar. Os fios de cabelo dos caucasianos, por sua vez, têm estrutura intermediária entre os outros dois, o que os torna ondulados.

Quando as células que originarão o córtex do pelo estão sendo produzidas no fundo do folículo piloso, melanócitos transferem a elas pacotes de grânulos de melanina, que serão responsáveis por sua coloração. A cor do pelo ou do cabelo é determinada pelas quantidades de dois tipos de melanina: a eumelanina, de cor negra ou marrom-escura, e a feomelanina, de cor mais amarelada. Quanto maior a quantidade de eumelanina, mais escuro será o cabelo. Cabelos loiros têm pouca quantidade dos dois tipos de melanina, mas prevalece a feomelanina. Praticamente, todo pigmento presente nos cabelos ruivos é feomelanina. O embranquecimento dos cabelos a partir da meia-idade parece ser causado pela interrupção na transferência de melanina dos melanócitos para as células da base do folículo piloso.

Os pelos estão presentes em todo o corpo humano, com exceção da palma das mãos, da planta dos pés e de certas partes dos órgãos genitais. Uma pessoa tem, em média, cinco milhões de folículos pilosos no corpo, sendo que entre 100 mil e 150 mil localizam-se na cabeça.

Os folículos pilosos alternam fases de produção do pelo com fases de repouso. A duração dessas fases varia nas diferentes partes do corpo e determina o comprimento final que um pelo pode atingir. Por exemplo, no couro cabeludo, cada folículo tem, em média, fases de atividade ininterrupta de 3 a 5 anos, durante as quais produz um fio de cabelo à razão de 0,4 milímetro por dia, intercaladas com fases de inatividade de cerca de quatro meses.

Unhas

Unhas são placas de queratina presentes nas pontas dos dedos; nos pés, dão mais equilíbrio ao caminhar e, nas mãos, auxiliam a apreensão e a manipulação de objetos. A unha cresce pela contínua compactação de restos de células mortas repletas de queratina, a partir de uma dobra da epiderme localizada em sua base (o chamado "leito" da unha, ou leito ungueal).

Glândulas sebáceas e glândulas sudoríparas

Glândulas sebáceas são pequenas bolsas constituídas por células epiteliais glandulares, localizadas junto aos folículos pilosos, nos quais lançam sua secreção oleosa. Sua função é lubrificar a pele e os pelos, evitando seu ressecamento. Em um centímetro quadrado de pele, pode haver cerca de uma dezena de glândulas sebáceas associadas a um número igual de pelos. Nos lábios e nos órgãos genitais (glande do pênis e lábios menores da vagina), onde não existem folículos pilosos, as glândulas sebáceas abrem-se diretamente na superfície da pele.

Glândulas sudoríparas são estruturas tubulares enoveladas localizadas na derme, que se abrem em poros na superfície da epiderme, onde eliminam o **suor**, um fluido que contém água, íons de sódio (Na^+), de potássio (K^+), de cloro ($C\ell^-$), ureia, amônia e ácido úrico. Essas glândulas estão presentes em todo o corpo, exceto na glande do pênis e nos lábios. Em certas regiões, pode haver cerca de 60 glândulas sudoríparas em apenas 1 cm^2 de pele. O suor ajuda a manter a temperatura corporal, pois, ao evaporar, absorve grande quantidade de calor da superfície do corpo, resfriando-o. (**Fig. 12.12**)

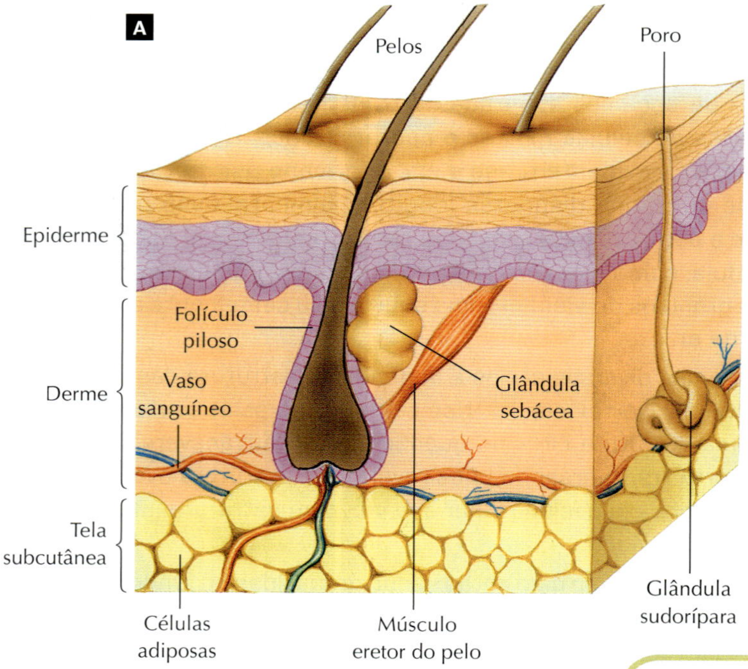

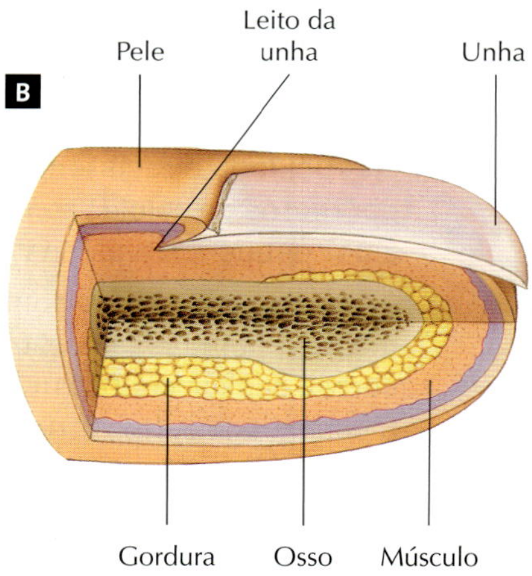

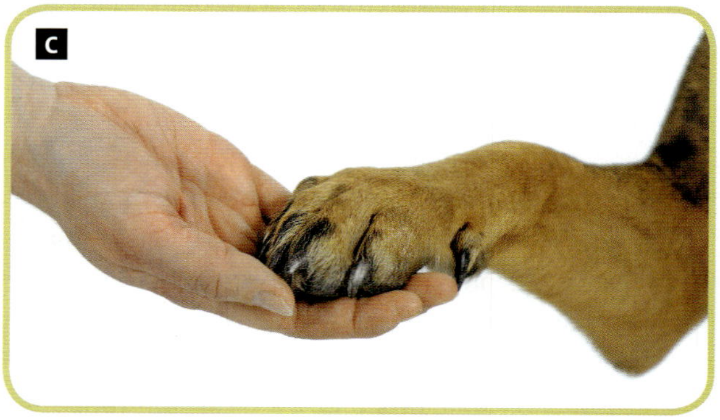

Figura 12.12 Representação esquemática de anexos da pele humana. **A.** Detalhe da pele com pelos, glândula sebácea e glândula sudorípara. **B.** Dedo humano em corte, mostrando a dobra da epiderme onde a unha se forma, chamada leito ungueal. **C.** Na foto, mão humana, dotada de unhas, e pata de um cachorro, com garras. (Em **A** e **B**, imagens sem escala, cores-fantasia.)

Conteúdo digital Moderna PLUS http://www.modernaplus.com.br
Texto: *Pele adentro*
Animação: *Pele, músculos e esqueleto*, veja aba *Pele*, botão *Anatomia*

CIÊNCIA E CIDADANIA — Pele bronzeada é sinal de saúde?

Há menos de 20 anos, ter a pele intensamente bronzeada era sinal de beleza. Para obter o bronzeado da moda, as pessoas passavam na pele as mais diversas fórmulas, algumas extremamente prejudiciais à saúde, como óleo de coco misturado a tintura de iodo.

Os avanços da ciência têm mostrado que a exposição excessiva ao sol aumenta drasticamente o risco de desenvolver câncer de pele. Para reduzir esse risco, dispomos hoje de uma boa quantidade de protetores contra a radiação solar, fabricados de acordo com as normas do Ministério da Saúde.

Cuidados com a pele

Além de manter a pele limpa e hidratada, devemos estar atentos quando nos expomos à luz solar e a bronzeamentos artificiais. A grande popularização do bronzeamento tem levado muitas pessoas a se expor excessivamente à radiação ultravioleta, o que pode gerar queimaduras e câncer de pele.

Tomar sol é benéfico à saúde, desde que se evite a exposição direta e continuada no período entre as 10 e 16 horas, quando é maior a incidência de radiação ultravioleta do tipo A (veja a seguir), que pode causar danos à pele. Quando a pele é exposta à luz solar, o organismo produz vitamina D, importante para a absorção do cálcio. A vitamina D é também encontrada no óleo de peixe, nos ovos e no leite. Sua falta no organismo pode ocasionar o raquitismo, uma doença que provoca calcificação insuficiente e a deformação dos ossos das crianças.

Além de luz e de radiação infravermelha (invisível e quente), a radiação solar contém **radiação ultravioleta** (uv), invisível aos olhos e dotada de grande poder de penetração nos tecidos vivos. Há dois tipos de raios ultravioleta: uvA e uvB. Os **raios uvA**, apesar de não causarem queimaduras, penetram nas camadas mais profundas da derme e danificam as fibras colágenas e as elásticas, levando ao envelhecimento precoce da pele. Os **raios uvB** estimulam a síntese de vitamina D e de melanina, mas, em quantidade excessiva, causam vermelhidão da pele (o chamado eritema) e queimaduras. Sempre que tomar sol, passe na pele um protetor solar que bloqueie tanto os raios uvA como os uvB. Nunca utilize óleos ou produtos caseiros, que, além de não protegerem sua pele, podem causar irritações cutâneas. (**Fig. 12.13**)

Outro cuidado com a pele é estar atento à formação de sardas e pintas, principalmente nas áreas expostas ao sol. Sabe-se que certas formas de câncer (melanomas) podem ter origem em pintas ou manchas da pele. O câncer de pele é o mais comum entre todos os tipos de câncer. Pessoas que já tiveram melanoma ou têm parentes próximos com a doença devem consultar periodicamente um médico dermatologista. Pessoas de pele clara devem tomar mais cuidado com a exposição ao sol. O risco de desenvolver melanoma é maior nas pessoas que tiveram queimaduras solares, principalmente durante a infância.

Figura 12.13
O bronzeamento da pele é uma reação à radiação ultravioleta, em que os melanócitos são estimulados a produzir maior quantidade de melanina.

ATIVIDADES

QUESTÕES PARA PENSAR E DISCUTIR

Questões objetivas

1. Qual das seguintes afirmações é verdadeira?
   a) Glândulas são conjuntos de células musculares especializadas na secreção de substâncias úteis.
   b) Glândulas exócrinas produzem hormônios e os secretam diretamente no sangue.
   c) Glândulas endócrinas são aquelas que lançam suas secreções nas cavidades internas do corpo.
   d) Glândulas exócrinas têm ductos para eliminar sua secreção; glândulas endócrinas não têm ductos.

2. Os dois tecidos que formam a pele humana são:
   a) cartilagem e musculatura lisa.
   b) derme e cartilagem.
   c) epiderme e derme.
   d) epiderme e musculatura lisa.

3. A pele humana é revestida por uma camada impermeável formada pela proteína queratina, que
   a) se acumula no interior das células epidérmicas da camada córnea.
   b) se acumula no interior dos melanócitos, quando estimulados pela radiação ultravioleta.
   c) é secretada pelas glândulas sebáceas e acumulada na camada granulosa.
   d) é secretada pelas glândulas sudoríparas e acumulada na camada espinhosa.

4. A cor da pele resulta principalmente do acúmulo de
   a) melanina nos fibroblastos e nas células de Langerhans.
   b) melanina nos melanócitos e nas células epidérmicas.
   c) queratina nos fibroblastos.
   d) vitamina D nos melanócitos.

5. Pelos e unhas são formados
   a) ambos por melanina.
   b) ambos por queratina.
   c) por queratina e por melanina, respectivamente.
   d) por melanina e por queratina, respectivamente.

6. O suor é secretado pelas glândulas
   a) adrenais.
   b) endócrinas.
   c) sebáceas.
   d) sudoríparas.

7. Fatores que contribuem para diminuição da temperatura corporal são a
   a) constrição dos vasos sanguíneos da derme e maior eliminação de suor.
   b) constrição dos vasos sanguíneos da derme e menor eliminação de suor.
   c) dilatação dos vasos sanguíneos da derme e maior eliminação de suor.
   d) dilatação dos vasos sanguíneos da derme e menor eliminação de suor.

Questões discursivas

8. Observe o esquema. As células aí mostradas constituem diferentes exemplos de um mesmo tipo de tecido.

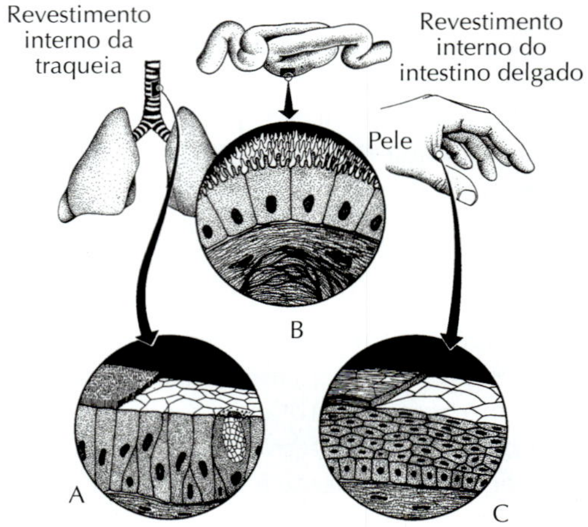

Responda:
   a) Qual é o tecido em questão?
   b) Qual é a principal característica desse tecido?
   c) Classifique o tecido A quanto ao número de camadas, forma das células e função.
   d) Classifique o tecido B quanto ao número de camadas, forma das células e função.
   e) Classifique o tecido C quanto ao número de camadas, forma das células e função.

9. A pele é uma estrutura de crescimento dinâmico, que se renova continuamente. Explique onde e como uma célula epidérmica nasce e qual é o seu destino final.

10. Escreva um texto que explique quais os cuidados que uma pessoa de pele clara e com muitas pintas deve ter ao se expor ao sol.

VESTIBULARES PELO BRASIL

Questões objetivas

1 (UFMA) Em relação às funções das células que formam os tecidos em animais, pode-se afirmar que
   a) células epiteliais com função de absorção apresentam microvilosidades.
   b) células do tecido conjuntivo se transformam de adipócitos (células adiposas) em fibroblastos nos processos de cicatrização.
   c) eosinófilos fagocitam a hemoglobina para transportar o oxigênio no sangue.

d) células musculares lisas são responsáveis pela contração involuntária e lenta do coração.

e) neurônios sensoriais atuam sobre os órgãos efetores, como as glândulas e as fibras musculares.

2 (UEPB) As figuras apresentadas a seguir exemplificam alguns dos tipos de epitélios que ocorrem no corpo humano. Das figuras apresentadas, o que reveste a pele humana é

a)
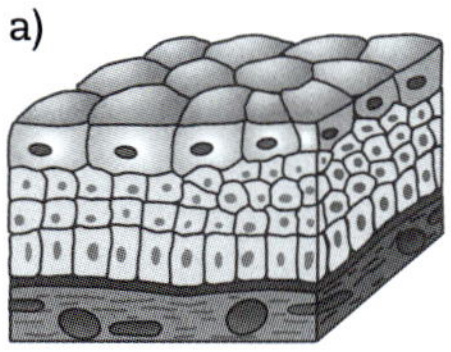

d)
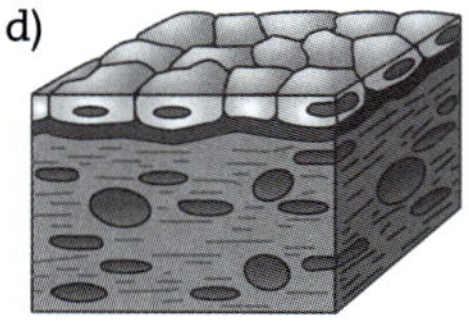

b)
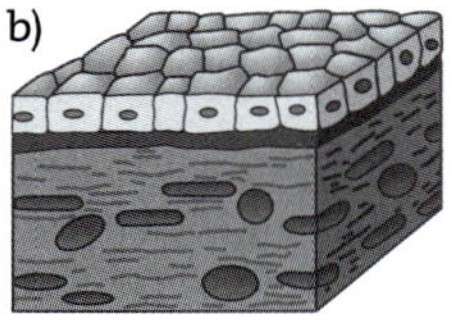

e)
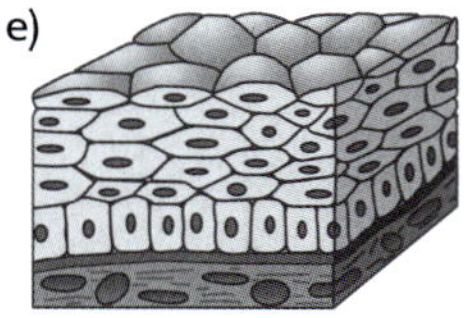

c)
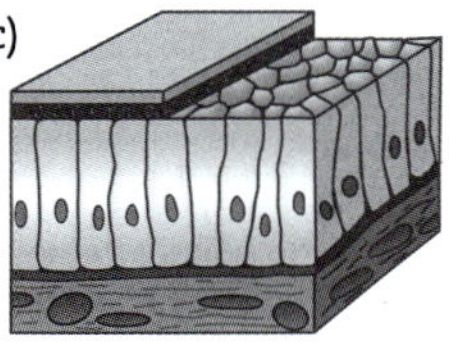

3 (UFPE) A pele é fundamental na adaptação do organismo ao meio ambiente, pois é fator de proteção contra as agressões, além de ser importante órgão sensorial. Analise o que se diz a seguir. [Assinale as opções corretas.]

0-0) No estrato basal ou germinativo da epiderme, encontramos células ramificadas, os melanócitos, produtores de melanina. O número de melanócitos é que determina a cor da pele.

1-1) À medida que as células do estrato germinativo sofrem um processo de queratinização, elas morrem e formam a camada córnea protetora mais superficial da nossa pele.

2-2) Na derme, encontramos abundante irrigação sanguínea, que garante a nutrição do estrato germinativo.

3-3) As glândulas sudoríparas permitem a evaporação, garantindo a perda de calor, fundamental para os mecanismos de termorregulação.

4-4) Na região mais profunda da derme, a hipoderme, fica o tecido adiposo, camada de gordura que apresenta a mesma espessura em todas as partes do corpo; por isso, sua importância como isolante térmico.

4 (Unifor-CE) Há uma grande diversidade de glândulas:

a) As mucosas são as que eliminam secreções ricas em proteínas.

b) As caliciformes da traqueia humana são do tipo multicelular.

c) As multicelulares só ocorrem junto a cavidades do corpo dos vertebrados.

d) As merócrinas eliminam todo o citoplasma das células secretoras junto com as secreções.

e) As endócrinas não apresentam ductos associados à porção secretora.

5 (Uespi) Na 1ª coluna estão ilustrados diferentes tipos de tecido epitelial e, na 2ª coluna, estão indicados diferentes órgãos do corpo humano. Correlacione essas colunas.

1 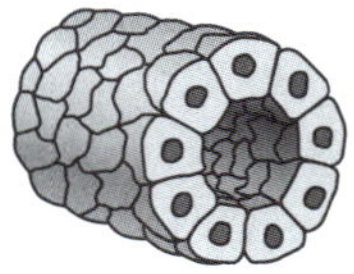	( ) simples cuboide, observado nos túbulos renais.
2 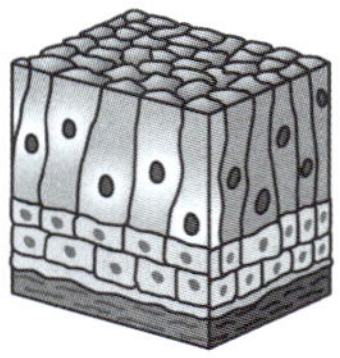	( ) simples prismático, observado no estômago.
3 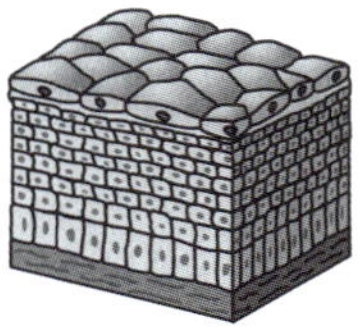	( ) estratificado pavimentoso, observado na boca e no esôfago.
4 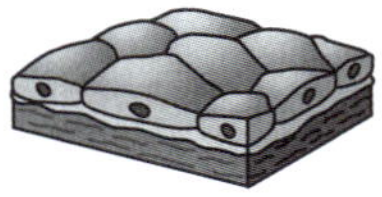	( ) simples pavimentoso, observado nos alvéolos pulmonares.
5 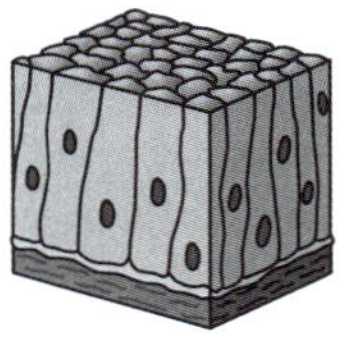	( ) estratificado prismático, observado na uretra.

A sequência correta é

a) 5, 4, 3, 2, 1.
b) 4, 5, 2, 3, 1.
c) 1, 2, 3, 4, 5.
d) 1, 2, 5, 4, 3.
e) 2, 3, 1, 5, 4.

6 (Uece) Dentre as principais funções do tecido epitelial, podemos assinalar, corretamente, a função de

a) tração.
b) transporte.
c) preenchimento.
d) secreção.

7 (PUC-RJ) Marque a afirmativa **incorreta**.

a) O tecido epitelial de revestimento caracteriza-se por apresentar células justapostas com muito pouco material intercelular.

b) As principais funções do tecido epitelial são: revestimento, absorção e secreção.

c) Na pele e nas mucosas encontramos epitélios de revestimento.

d) A camada de revestimento interno dos vasos sanguíneos é chamada endotélio.

e) Os epitélios são ricamente vascularizados no meio da substância intercelular.

8 (FMTM-MG) O esquema abaixo representa a superfície livre de uma célula epitelial com inúmeras microvilosidades que contribuem para o aumento da área superficial e, consequentemente, da área de absorção.

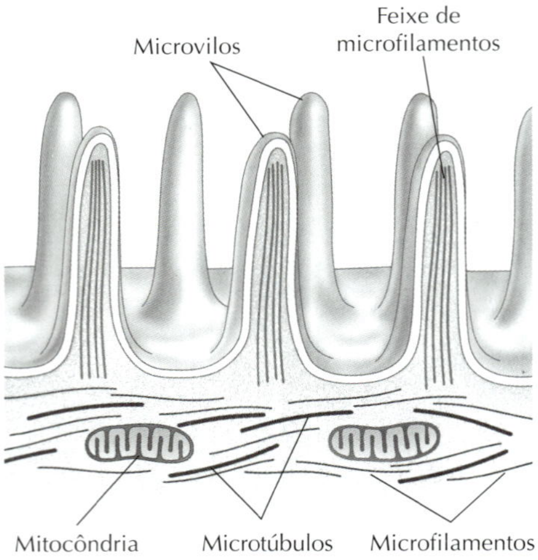

Células desse tipo encontram-se no epitélio que

a) forma as glândulas sebáceas.
b) forma as glândulas sudoríparas.
c) reveste a cavidade intestinal.
d) reveste a cavidade da traqueia.
e) forma a pele.

9 (Ufes-Adaptado) Com relação ao tecido epitelial, considere as afirmativas abaixo.

I. O epitélio de revestimento do tipo prismático com microvilosidades é comum aos órgãos relacionados com a absorção, como o intestino delgado.
II. As glândulas merócrinas, formadas pelo epitélio glandular, são aquelas que apresentam um ciclo secretor completo, ou seja, elaboram, armazenam e eliminam apenas a secreção.
III. O epitélio pavimentoso estratificado queratinizado apresenta uma única camada de células e recobre a superfície corporal dos mamíferos.
IV. As células epiteliais recebem a sua nutrição a partir do tecido conjuntivo subjacente, uma vez que o tecido epitelial é avascular.
V. Denominamos glândulas endócrinas aquelas que lançam parte de seus produtos de secreção na corrente sanguínea e parte em cavidades ou na superfície do corpo.

Qual das alternativas abaixo está correta?

a) Se I, II, III e IV forem corretas.
b) Se I, II, III e IV forem incorretas.
c) Se I, II e III forem corretas.
d) Se I, IV e V forem corretas.
e) Se I, II e IV forem corretas.

10 (Efoa-MG) Nos vertebrados terrestres, aparece, na superfície da epiderme, uma camada córnea formada por uma proteína impermeabilizante chamada

a) muco.
b) cromatóforos.
c) queratina.
d) melanina.
e) clorofila.

11 (USJ-SC) O tecido que desempenha as funções de revestimento de superfícies e cavidades, absorção, secreção e percepção sensorial é denominado

a) muscular.
b) nervoso.
c) epitelial.
d) conjuntivo.

12 (PUC-PR) A propósito dos tecidos epiteliais, é correto afirmar:

a) Na pele, nas mucosas e nas membranas que envolvem os órgãos do sistema nervoso, encontramos epitélios de revestimento.
b) O tecido epitelial de revestimento caracteriza-se por apresentar células separadas entre si por grande quantidade de material intercelular.
c) As principais funções dos tecidos epiteliais são: revestimento, absorção e secreção.
d) A camada de revestimento mais interna dos vasos sanguíneos é chamada de mesotélio.
e) Os epitélios são ricamente vascularizados no meio da substância intercelular.

13 (Acafe-SC) "Pesquisadores da Universidade de Brasília (UnB) estão otimistas com a possibilidade de poderem usar uma **secreção** da **pele** de pererecas no desenvolvimento de drogas no futuro." Sobre as palavras destacadas no texto, é correto afirmar:

a) A pele é um tecido de revestimento com função protetora e glandular.
b) As células secretoras originam-se do tecido conjuntivo, constituindo as glândulas.
c) As glândulas endócrinas, como é o caso daquelas encontradas na pele da perereca, são providas de canal secretor.
d) A secreção expelida através da pele do animal pesquisado é produzida em glândulas classificadas como exócrinas.
e) As glândulas secretoras da pele do anfíbio originam-se do folheto embrionário denominado mesoderme.

Questões discursivas

14 (UFC-CE) Explique, sucintamente, como a sudorese e a vasodilatação dos vasos sanguíneos cutâneos participam do processo homeostático de regulação da temperatura corporal do ser humano no calor.

15 (Vunesp) O que são glândulas endócrinas e glândulas exócrinas? Dê um exemplo de cada tipo.

16 (Unicamp-SP) A pele é o maior órgão do corpo humano, revestindo toda sua superfície e protegendo-o contra as radiações solares, particularmente os raios ultravioleta.

a) Por que as pessoas de pele clara que se expõem muito ao sol têm maior probabilidade de desenvolver câncer de pele?
b) Cite um efeito benéfico imediato da exposição ao sol.
c) Indique os tecidos que compõem a pele e suas respectivas origens embriológicas.

17 (Fuvest-SP) "O pâncreas desempenha funções endócrinas e exócrinas." Explique o significado dessa afirmação.

Capítulo 13

Tecidos conjuntivos

Tecido adiposo do abdome humano fotografado ao microscópio eletrônico de varredura, colorizado artificialmente (aumento ≃ 175 ×). As estruturas arredondadas de cor laranja são adipócitos, células que armazenam lipídios. Note a presença de fibras, típicas do tecido conjuntivo.

Os tecidos conjuntivos dão unidade às partes do organismo, conectando outros tecidos e órgãos entre si.

Neste capítulo, estudaremos os diversos tipos de tecido conjuntivo, dentre os quais os tecidos cartilaginoso e ósseo, responsáveis pela sustentação do corpo humano.

› 13.1 Características gerais dos tecidos conjuntivos

A principal propriedade dos tecidos conjuntivos é ter células bem separadas por uma matriz extracelular, cuja composição caracteriza seus diversos tipos.

› 13.2 Tecidos conjuntivos propriamente ditos

Os tecidos conjuntivos propriamente ditos incluem tecidos frouxos e tecidos densos, os quais têm por função preencher o organismo e dar-lhe resistência.

› 13.3 Tecidos conjuntivos especiais

O tecido cartilaginoso, o tecido ósseo e o tecido hematopoiético são tipos especiais de tecido conjuntivo.

Seção 13.1

Características gerais dos tecidos conjuntivos

Objetivos

▸ Valorizar os conhecimentos sobre a estrutura do corpo humano, reconhecendo-os como importantes para cuidar melhor da própria saúde.

▸ Compreender a estrutura geral dos principais tipos de tecidos conjuntivos.

Termos e conceitos

- tecido conjuntivo
- matriz extracelular
- fibras colágenas
- fibras elásticas
- fibras reticulares

1 O que são tecidos conjuntivos?

Os **tecidos conjuntivos** são constituídos predominantemente por um material intercelular (matriz extracelular) que mantém as células conjuntivas separadas umas das outras e cuja composição caracteriza os diversos tipos de tecido conjuntivo. A matriz extracelular consiste, em geral, de uma rede de fibras de proteínas mergulhada em um material cuja consistência pode variar desde líquida até relativamente sólida, a substância fundamental amorfa.

Os histologistas costumam classificar os tecidos conjuntivos em dois grandes grupos: conjuntivos propriamente ditos e conjuntivos especiais. Os primeiros geralmente são subdivididos em frouxo e denso, sendo este último ainda separado em modelado e não modelado. Os tecidos conjuntivos especiais são de diversos tipos: cartilaginoso, constitui as cartilagens; ósseo, constitui os ossos; hematopoiético ou hemocitopoiético, origina as células sanguíneas. O próprio sangue é considerado um tecido conjuntivo, cujas células estão imersas em uma matriz intercelular líquida, o plasma sanguíneo. Entretanto, por suas características especiais e sua importância no organismo, o sangue é estudado mais detalhadamente no capítulo seguinte. (**Fig. 13.1**)

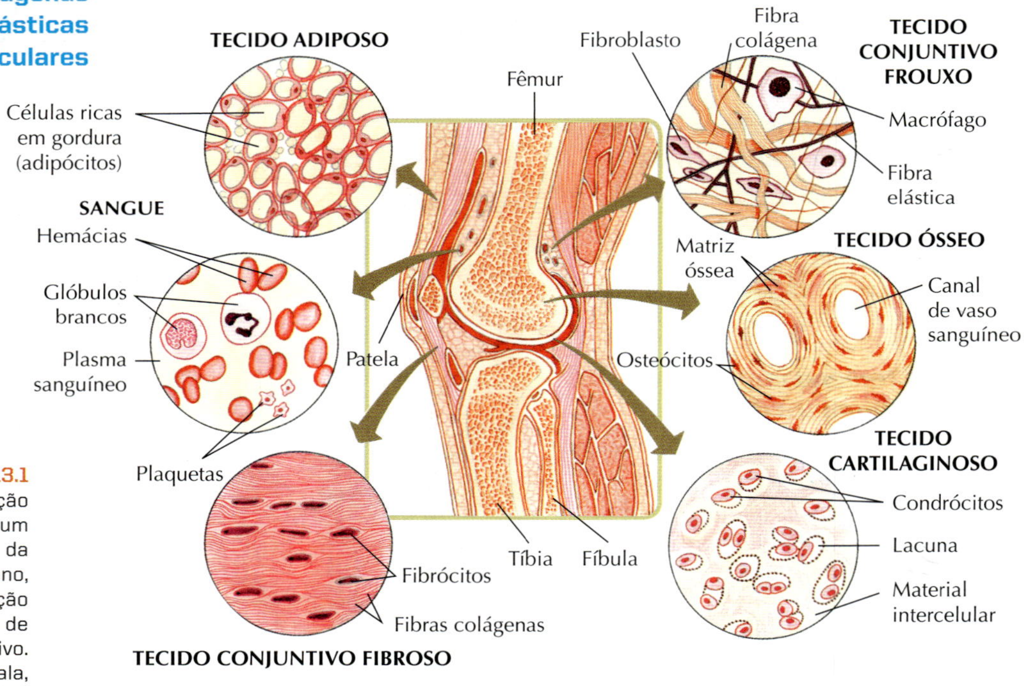

Figura 13.1 Representação esquemática de um corte longitudinal da região do joelho humano, mostrando a localização de diversos tipos de tecido conjuntivo. (Imagem sem escala, cores-fantasia.) (Baseado em Campbell, N. e cols., 1999.)

A tabela a seguir apresenta os principais tipos de tecidos conjuntivos (**Tab. 13.1**).

Tabela 13.1 Classificação dos tecidos conjuntivos

Tecido conjuntivo	Tecido conjuntivo propriamente dito	Frouxo	
		Denso	Denso modelado (ou tendinoso)
			Denso não modelado (ou fibroso)
	Tecidos conjuntivos especiais	Adiposo	
		Cartilaginoso	
		Ósseo	
		Hematopoiético (hemocitopoiético)	

2 Componentes da matriz extracelular

Substância fundamental amorfa

A **matriz extracelular** dos tecidos conjuntivos é constituída por **fibras proteicas** mergulhadas na chamada **substância fundamental amorfa**. Esta é composta principalmente por glicosaminoglicanos ácidos, que são moléculas poliméricas não ramificadas, cujos monômeros (unidades que se repetem ao longo da molécula) são dissacarídios unidos a um grupo com carga elétrica negativa. Um exemplo de glicosaminoglicano é o hialuronano (anteriormente chamado ácido hialurônico), presente em todas as matrizes intercelulares e, portanto, na maioria dos tecidos corporais. Outros componentes da substância amorfa são os proteoglicanos, uma classe de glicoproteína em que predomina a porção glicídica, e as glicoproteínas adesivas. Estas últimas atuam na adesão entre as células e a matriz extracelular, frequentemente em associação com colágeno, proteoglicanos e outros componentes da matriz.

Por terem cargas elétricas negativas, os glicosaminoglicanos atraem moléculas de água ao seu redor, fenômeno conhecido como **solvatação**. Calcula-se que cada molécula de hialuronano seja capaz de "inchar" até mil vezes em volume devido à solvatação. O alto grau de hidratação da substância amorfa permite a difusão de nutrientes e gases do sangue para as células e também a eliminação dos resíduos celulares. Além disso, facilita a movimentação das células na matriz de certos tipos de tecido conjuntivo.

As macromoléculas da substância amorfa atraem não apenas moléculas de água, mas também íons, o que confere grande potencial osmótico à matriz intercelular, isto é, ela consegue absorver água do sangue por osmose. Por esse motivo, o tecido conjuntivo é firme e "túrgido", capaz de resistir a forças de compressão.

Fibras conjuntivas

As fibras proteicas dos tecidos conjuntivos podem ser de três tipos básicos: colágenas, elásticas e reticulares. (**Fig. 13.2**)

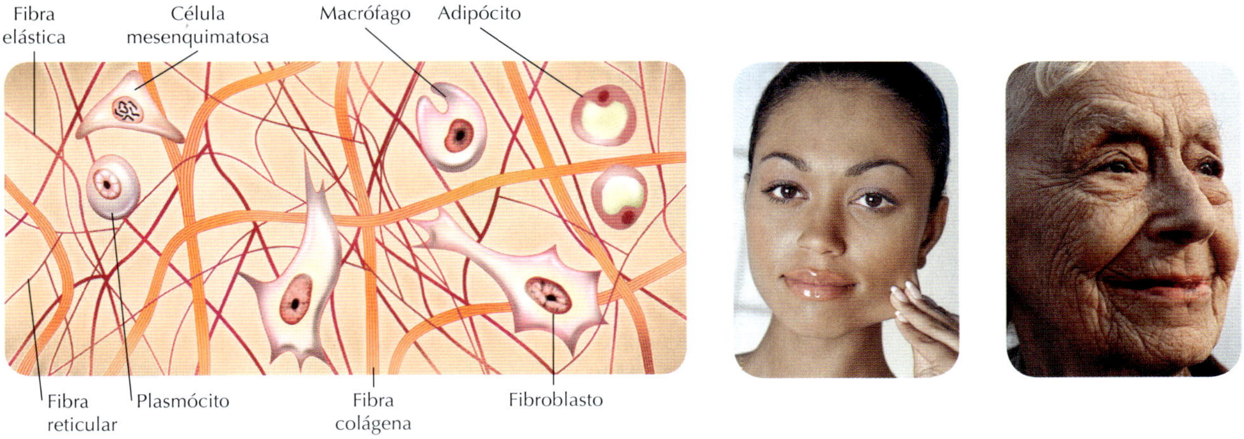

Figura 13.2 As fibras de proteínas presentes nos tecidos conjuntivos dérmicos conferem resistência e elasticidade à pele humana. À medida que envelhecemos, as fibras alteram-se e a pele torna-se menos elástica e menos hidratada, surgindo as rugas. A representação esquemática mostra os tipos de fibras e células da derme. (Imagem sem escala, cores-fantasia.)

As **fibras colágenas**, como o próprio nome indica, são constituídas de colágeno, a proteína mais abundante de nosso corpo (cerca de 30% de nosso conteúdo proteico). As longas moléculas dessa proteína, das quais são conhecidos cerca de dezoito tipos diferentes, estão reunidas três a três, enroladas em uma tripla-hélice, a estrutura básica das fibras colágenas. Essas fibras são muito resistentes à tração, distendendo-se pouco quando tensionadas. Sua presença na derme, por exemplo, confere resistência à pele, evitando que ela sofra lesões ao ser esticada.

Devido a uma de suas propriedades, o colágeno é largamente empregado na culinária. Quando aquecido em meio aquoso, suas triplas-hélices proteicas se desfazem e as cadeias polipeptídicas dispersam-se na solução. Com o resfriamento da solução, as cadeias polipeptídicas do colágeno voltam a se associar, mas de modo aleatório, e formam um emaranhado que, como uma esponja, retém grande quantidade de líquido em seus espaços, assumindo uma consistência gelatinosa. A popular gelatina utilizada em diversos produtos alimentícios nada mais é do que colágeno obtido de couro, tendões e cartilagens de gado bovino.

Há pouco tempo, descobriu-se uma relação curiosa envolvendo o colágeno, a vitamina C e o escorbuto, doença que assolou as tripulações dos navios na época das grandes navegações, entre os séculos XV e XVI. Um dos sintomas do escorbuto é um enfraquecimento generalizado, marcado por sangramento nas gengivas e demais mucosas, com frequente perda de dentes. Hoje se sabe que essa doença é provocada pela deficiência de vitamina C, que faz diminuir a produção de colágeno, acarretando a perda de fibras nos tecidos conjuntivos, que se tornam enfraquecidos. Isso explica os sintomas do escorbuto: sangramento de mucosas, devido à degeneração dos tecidos conjuntivos que sustentam os vasos sanguíneos, e descolamento dos dentes, causado pela degeneração das fibras colágenas que os ancoram aos alvéolos dentários.

As **fibras elásticas** têm como principal componente a proteína elastina, apresentando também a proteína fibrilina. Essas fibras são mais finas e têm distribuição mais restrita que as fibras colágenas. Em geral, as fibras elásticas ficam unidas entre si por determinados pontos das moléculas de elastina, o que confere elasticidade ao tecido. São elas que permitem à pele retornar à sua forma original, depois de esticada. A pele perde elasticidade à medida que envelhecemos porque as fibras elásticas sofrem calcificação com a idade e o tecido conjuntivo se torna menos elástico.

As **fibras reticulares**, constituídas principalmente por um dos tipos de colágeno (tipo III), são mais finas que as outras e são ramificadas, formando um trançado firme que liga o tecido conjuntivo aos tecidos vizinhos. Fibras reticulares são abundantes em órgãos que têm relação com o sangue, como a medula óssea vermelha, o baço e os linfonodos.

Conteúdo digital Moderna PLUS http://www.modernaplus.com.br
Animação: *Tecidos animais*, veja aba *Tecido conjuntivo*

Seção 13.2

Tecidos conjuntivos propriamente ditos

Objetivos

- Caracterizar e exemplificar tecidos conjuntivos frouxos e tecidos conjuntivos densos.
- Reconhecer a função das células dos tecidos conjuntivos: fibroblastos, macrófagos, mastócitos e células mesenquimatosas.

Termos e conceitos

- tecido conjuntivo frouxo
- tecido adiposo
- tecido conjuntivo denso
- fibroblasto
- macrófago
- mastócito
- célula mesenquimatosa

1 Tipos de tecidos conjuntivos propriamente ditos

Os tecidos conjuntivos propriamente ditos apresentam-se amplamente distribuídos no corpo humano. Basta dizer que um dos tipos dá suporte a todos os tecidos epiteliais e forma a derme da pele, um de nossos maiores órgãos. Os tendões, que ligam os músculos esqueléticos aos ossos, e os ligamentos, que ligam ossos entre si, são outros exemplos de tecido conjuntivo propriamente dito. (**Fig. 13.3**)

Como vimos na tabela 13.1, os tecidos conjuntivos propriamente ditos classificam-se em tecido conjuntivo frouxo e tecido conjuntivo denso, que pode ser modelado (ou tendinoso) e não modelado (ou fibroso). Veremos a seguir as características de cada um deles e seus principais tipos celulares.

Tecido conjuntivo frouxo

O **tecido conjuntivo frouxo** consiste de uma rede frouxa de fibras elásticas e finas fibras colágenas dispostas em todas as direções; os grandes espaços entre as fibras são ocupados por uma matriz semifluida e por células conjuntivas. Esse tecido está presente nas diversas partes do corpo e sua principal função é unir estruturas corporais, permitindo uma considerável liberdade de movimento entre elas. Um exemplo de tecido conjuntivo frouxo é a camada papilar da derme, localizada imediatamente abaixo da lâmina basal da epiderme (relembre a estrutura da pele no capítulo 12).

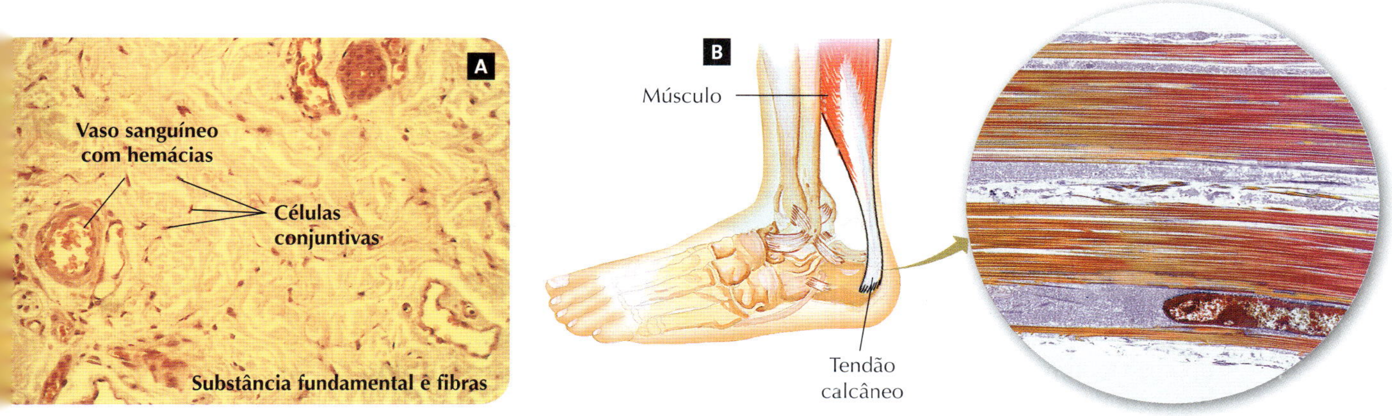

Figura 13.3 **A.** Micrografia da derme da pele humana ao microscópio óptico (aumento ≃ 95×).
B. Tendão calcâneo, constituído por tecido conjuntivo modelado (tendinoso). No círculo, micrografia do tecido tendinoso ao microscópio óptico. Note as fibras altamente compactadas (aumento ≃ 16.000×).

Tecido adiposo

Um tipo especial de tecido conjuntivo frouxo é o **tecido adiposo**, em que se encontram as células adiposas, ou adipócitos, especializadas no armazenamento de substâncias lipídicas (triglicerídios). Essas células originam-se de células indiferenciadas, conhecidas como células mesenquimatosas, e não se dividem após sua diferenciação.

As células adiposas podem estar dispersas ou em pequenos grupos, nos tecidos conjuntivos frouxos, ou reunidas em grande número, formando tecidos adiposos. O principal deles é a **tela subcutânea** (ou **hipoderme**) localizada sob a pele; outros tecidos adiposos preenchem espaços entre órgãos internos, como o espaço em torno dos rins, por exemplo, e constituem uma proteção contra choques mecânicos.

A principal função do tecido adiposo é reservar energia para momentos de necessidade. Por exemplo, uma pessoa que ingere muito alimento tende a acumular o excesso de nutrientes orgânicos, na forma de gordura, nos adipócitos. Se faltar alimento, as reservas de gordura serão metabolizadas nas mitocôndrias para produzir a energia necessária aos processos vitais. É por isso que engordamos se comemos em excesso e emagrecemos se comemos pouco.

Nos mamíferos, principalmente nos que vivem em regiões frias, a camada adiposa constitui não apenas uma reserva energética, mas também um eficiente isolante térmico que ajuda a manter a temperatura corporal. (**Fig. 13.4**)

Tecido conjuntivo denso não modelado

O **tecido conjuntivo denso não modelado**, também chamado de tecido conjuntivo denso fibroso ou tecido conjuntivo denso irregular, é relativamente pobre em células e rico em fibras colágenas entrelaçadas em três direções, o que lhe confere resistência e elasticidade. Ele está presente nas regiões corporais sujeitas a estresse mecânico considerável e nas cápsulas protetoras que envolvem diversos órgãos internos, como rins, baço, fígado e testículos, dentre outros. O tecido conjuntivo denso não modelado é um dos constituintes da camada reticular da derme, localizada imediatamente abaixo da camada papilar.

Figura 13.4 **A.** Os leões-marinhos apresentam, sob a pele, uma espessa camada de tecido adiposo. **B.** Micrografia de tecido adiposo do abdome humano (microscópio eletrônico de varredura, colorização artificial; aumento ≃ 140×); os adipócitos estão colorizados em roxo.

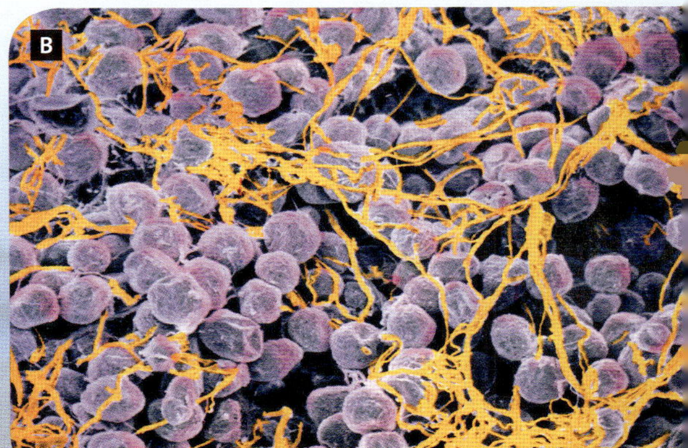

Tecido conjuntivo denso modelado

O **tecido conjuntivo denso modelado**, também denominado **tecido conjuntivo denso tendinoso**, caracteriza-se por apresentar grande quantidade de fibras colágenas orientadas paralelamente e em alto grau de compactação, o que o torna bastante resistente e pouco elástico. Esse tecido constitui, por exemplo, os tendões, que ligam músculos a ossos, e os ligamentos, que ligam ossos entre si.

2 Células dos tecidos conjuntivos propriamente ditos

O tipo celular predominante nos tecidos conjuntivos propriamente ditos são os fibroblastos; outros tipos celulares relativamente comuns são os adipócitos e as células mesenquimatosas indiferenciadas. Além dessas células "residentes", o tecido conjuntivo é sempre "visitado" por células migratórias provenientes do sangue (macrófagos, linfócitos, mastócitos etc.) que estão relacionadas às defesas do organismo contra agentes invasores. A tabela abaixo apresenta os principais tipos de células dos tecidos conjuntivos. (**Tab. 13.2**)

Tabela 13.2 Principais tipos de células dos tecidos conjuntivos

Tipos de células	Características principais	Origem celular
Fibroblastos	Presentes nos tecidos frouxos; têm forma estrelada e núcleo grande; produzem as fibras e a substância amorfa da matriz extracelular. Quando adultos, transformam-se em fibrócitos.	Surgem pela diferenciação de células mesenquimatosas.
Macrófagos	Presentes nos tecidos frouxos; têm forma ameboide e núcleo grande. Fagocitam agentes invasores e alertam o sistema imunitário.	Surgem pela diferenciação de monócitos (tipo de célula branca do sangue). Estes, por sua vez, originam-se de células-tronco* multipotentes da medula óssea vermelha.
Mastócitos	Presentes nos tecidos frouxos; têm forma ovoide, núcleo central arredondado e muitos grânulos citoplasmáticos, ricos em heparina e histamina. Participam das reações alérgicas.	Surgem pela diferenciação de células-tronco multipotentes da medula óssea vermelha.
Plasmócitos	Presentes nos tecidos frouxos; têm forma ovoide e núcleo central arredondado, sendo rico em RE granuloso. Produzem anticorpos (imunoglobulinas) que combatem agentes invasores.	Surgem pela diferenciação de linfócitos (tipo de célula branca do sangue). Estes, por sua vez, originam-se de células-tronco multipotentes da medula óssea vermelha.
Adipócitos	Presentes no tecido adiposo; têm, quando adultos, forma arredondada, com um grande vacúolo central contendo lipídios. Armazenam substâncias energéticas para momentos de necessidade.	Surgem pela diferenciação de células mesenquimatosas.
Células mesenquimatosas	Presentes nos tecidos frouxos e nas cápsulas envoltórias de cartilagens, ossos e órgãos hemocitopoiéticos. São capazes de originar diversas células do tecido conjuntivo.	Surgem diretamente de células-tronco embrionárias (totipotentes).
Condroblastos	Presentes nas cartilagens; têm forma arredondada e núcleo central. Produzem as fibras e a substância amorfa da matriz cartilaginosa. Quando adultos, transformam-se em condrócitos.	Surgem pela diferenciação de células mesenquimatosas.
Osteoblastos	Presentes nos ossos; têm núcleo central e longos prolongamentos citoplasmáticos. Produzem as fibras e a substância amorfa da matriz óssea. Quando adultos, transformam-se em osteócitos.	Surgem pela diferenciação de células mesenquimatosas.
Osteoclastos	Presentes nos ossos; são grandes e multinucleados. Degradam a matriz óssea, promovendo a reciclagem do tecido ósseo.	Surgem pela fusão e diferenciação de 6 a 50 monócitos. Estes são células brancas do sangue que se originam de células-tronco multipotentes da medula óssea vermelha.

* Células-tronco embrionárias são células totipotentes, capazes de originar todos os tipos de células do corpo. Células-tronco adultas são multipotentes, capazes de originar apenas determinados tipos de células.

Fibroblastos

Os **fibroblastos**, as células residentes mais abundantes nos tecidos conjuntivos, têm forma estrelada, núcleo grande e retículo endoplasmático granuloso e complexo golgiense desenvolvidos, o que indica grande atividade na produção de proteínas. Eles são os responsáveis pela produção das fibras proteicas e da substância fundamental amorfa que compõem a matriz intercelular. Quando adultos, os fibroblastos param de produzir fibras e assumem forma ovalada, passando a ser chamados de fibrócitos. (**Fig. 13.5**)

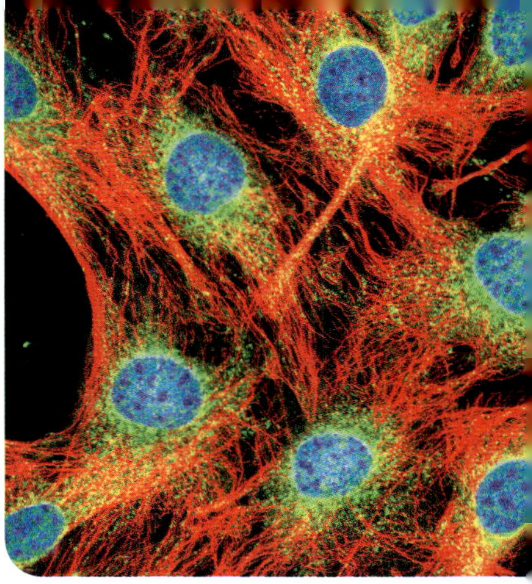

Figura 13.5 Micrografia de fibroblastos humanos ao microscópio óptico. As células foram coradas por corantes que fluorescem quando iluminados por luz ultravioleta. Note o núcleo, corado em azul, e os filamentos do citoesqueleto, corados em laranja e verde (aumento ≃ 550×).

Papel dos fibroblastos na cicatrização

Os fibroblastos participam ativamente do processo de cicatrização de ferimentos. Eles migram para a região da pele ferida e tornam-se hipertrofiados, passando a produzir grande quantidade de substância amorfa e fibras. Em pouco tempo, o ferimento é recoberto por uma malha de fibroblastos e por pequenos vasos sanguíneos, provenientes da ramificação de vasos vizinhos (processo chamado angiogênese). Os grandes fibroblastos modificam-se e adquirem a capacidade de se contrair, o que fecha ainda mais a lesão. Ao final do processo, a cicatriz contém fibrócitos inativos, originados dos fibroblastos, além de fibras compactadas e uns poucos vasos sanguíneos em processo de atrofiamento. (**Fig. 13.6**)

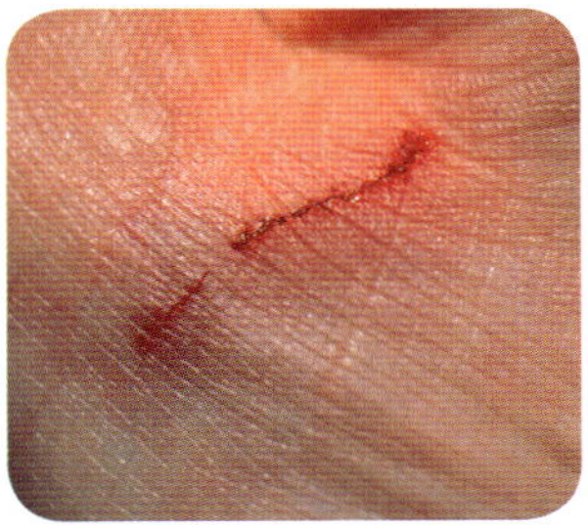

Figura 13.6 A cicatrização de um ferimento depende da atividade dos fibroblastos, que formam fibras na região lesada, fechando a ferida e permitindo a reconstituição dos tecidos.

Macrófagos

Macrófagos são células grandes com forma ameboide, originadas a partir da diferenciação de um tipo de glóbulo branco do sangue (o monócito). Essas células, em geral presentes em grande número nos tecidos conjuntivos, são como "patrulheiras", deslocando-se na matriz intercelular e ingerindo restos de células que morreram e agentes infecciosos que penetraram no corpo. Se o agente invasor é muito grande, vários macrófagos se fundem, formando a chamada "célula gigante do corpo estranho". Alguns tipos de macrófagos têm ainda a capacidade de identificar substâncias potencialmente perigosas ao organismo, "apresentando-as" às células de defesa corporal (os linfócitos), para que elas tomem as devidas providências. (**Fig. 13.7**)

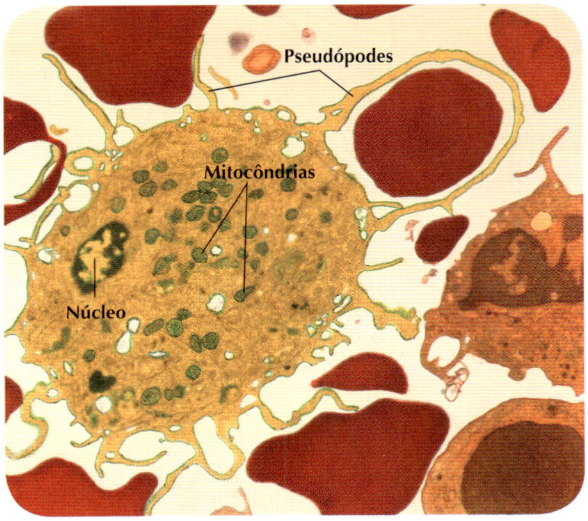

Figura 13.7 Micrografia de um macrófago humano (em laranja), fagocitando uma hemácia (em vermelho) na parte superior direita da foto (colorização artificial; aumento ≃ 6.000×).

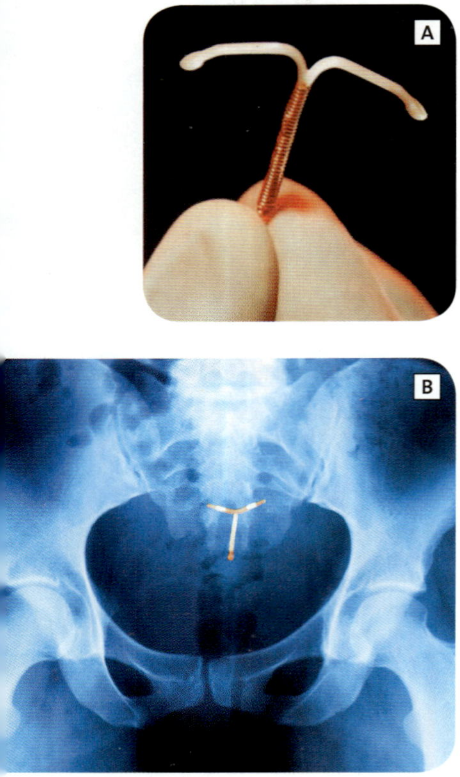

Figura 13.8 **A.** Foto de um tipo de DIU (dispositivo intrauterino), um anticoncepcional.
B. Ultrassonografia que mostra o DIU no interior da cavidade uterina. Acredita-se que o DIU estimule a atividade dos macrófagos, que atacam os embriões quando eles tentam fixar-se na parede uterina.

A atividade fagocitária dos macrófagos é particularmente intensa em alguns tecidos, como, por exemplo, os presentes sob a mucosa que reveste o útero (o endométrio). Estudos indicam que há um grande aumento do número de macrófagos nos tecidos uterinos durante a menstruação, quando a mucosa que se desenvolveu em preparação para uma gestação regride, descama-se e é eliminada através da vagina. Acredita-se que os macrófagos participam ativamente da regressão da mucosa uterina, tanto na menstruação como após o parto, englobando e digerindo restos de fibras e células.

Os macrófagos também parecem ser os grandes responsáveis pela ação do DIU (dispositivo intrauterino) como método anticoncepcional. O DIU é um pequeno dispositivo, geralmente construído em plástico e metal, que é colocado no interior da cavidade uterina para evitar a gravidez. Acredita-se que a presença desse dispositivo no útero cause uma pequena inflamação, que atrai os macrófagos, levando-os a atacar e a eliminar embriões que tentem se implantar na parede uterina. (**Fig. 13.8**)

Mastócitos

Mastócitos são células arredondadas ou ovoides, ricas em vacúolos citoplasmáticos que acumulam principalmente heparina e histamina. A heparina é um mucopolissacarídio (um glicosaminoglicano) com propriedades anticoagulantes; a histamina, que resulta da modificação do aminoácido histidina, é o principal agente ativo dos processos alérgicos e inflamatórios, promovendo o aumento da irrigação sanguínea e da permeabilidade dos vasos no local inflamado. Quando uma substância estranha ou um agente infeccioso invade os tecidos e desencadeia uma inflamação, os mastócitos liberam histamina, que aumenta o fluxo de sangue e a drenagem no local inflamado, facilitando também o acesso aos macrófagos. (**Fig. 13.9**)

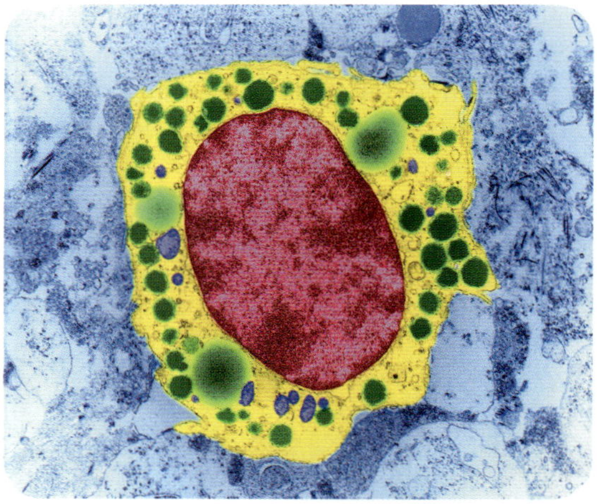

Figura 13.9 Micrografia de um mastócito humano presente no tecido conjuntivo (microscópio eletrônico de transmissão; colorização artificial; aumento ≈ 8.750×). Note o núcleo grande (em vermelho) e o citoplasma (em amarelo), com grânulos (em verde); esses grânulos contêm principalmente heparina e histamina, substâncias participantes de processos alérgicos que defendem o corpo de agentes invasores.

Células mesenquimatosas

Células mesenquimatosas são dotadas de alta capacidade de multiplicação e de diferenciação. Elas constituem uma linhagem de **células-tronco** adultas, originadas diretamente de células-tronco embrionárias. As células mesenquimatosas são multipotentes, pois podem originar diferentes células dos tecidos conjuntivos: fibroblastos, células adiposas, condroblastos (células do tecido cartilaginoso) e osteoblastos (células do tecido ósseo). Sua função é gerar novas células conjuntivas para substituir as que morrem.

Conteúdo digital Moderna PLUS http://www.modernaplus.com.br
Texto: *Embaixo de sua pele*

CIÊNCIA E CIDADANIA

Alergia e reação anafilática

Todos nós já tivemos, ou ainda teremos, algum tipo de alergia. Alergia é uma reação do organismo a alguma substância estranha ao corpo, genericamente denominada alérgeno.

Por exemplo, se o alérgeno for pólen que atingiu a membrana conjuntiva dos olhos, a pessoa poderá desenvolver uma conjuntivite alérgica; se os alérgenos forem substâncias de um molusco ingerido no alimento, ela poderá ter uma resposta alérgica intestinal, com diarreias e vômitos. (**Fig. 13.10**)

Em certos casos, a reação anafilática ao alérgeno pode ter grande amplitude, sendo então chamada de **choque anafilático**. A histamina, liberada em grande quantidade no sangue pelos mastócitos, é a principal responsável pelos sintomas do choque anafilático: taquicardia, queda da pressão arterial em decorrência da grande dilatação dos vasos sanguíneos, inchaço na glote (laringe), diarreia, vômitos etc. O choque anafilático pode levar à morte e deve ser tratado imediatamente com injeções de adrenalina, substância que combate os efeitos da histamina.

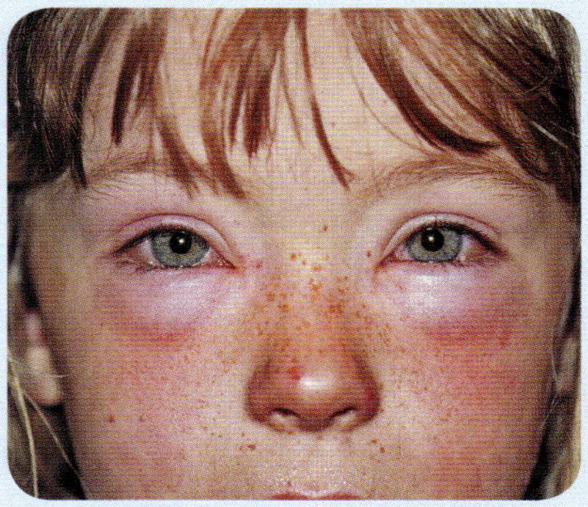

Figura 13.10 A reação alérgica desencadeada nessa criança foi causada por pólen que atingiu a mucosa ocular. Os sintomas são inchaço e vermelhidão dos olhos, com secreção intensa de lágrimas e fluidos nasais, causados pela histamina liberada pelos mastócitos sanguíneos.

AMPLIE SEUS CONHECIMENTOS

A derme da pele humana

A **derme** é um tecido conjuntivo que garante suporte e nutrição às células da epiderme. Ela é rica em fibras proteicas, vasos sanguíneos, terminações nervosas, órgãos sensoriais e glândulas. As principais células dérmicas são os **fibroblastos**, responsáveis pela produção de **fibras proteicas** e de uma substância gelatinosa que preenche os espaços intercelulares, a substância fundamental. As fibras da derme são filamentos constituídos de proteínas e podem ser de três tipos: **fibras colágenas** (mais espessas e resistentes), **fibras elásticas** (mais finas e elásticas) e **fibras reticulares** (ainda mais finas e entrelaçadas). É o conjunto dessas fibras que confere à pele sua resistência e sua elasticidade típicas.

A primeira camada dérmica, localizada imediatamente abaixo da epiderme, é chamada **camada papilar**, pois apresenta inúmeras saliências — as papilas dérmicas — que se encaixam em reentrâncias da epiderme. Acredita-se que essas papilas tenham a função de aumentar o contato e a adesão entre os dois tecidos, uma vez que são mais pronunciadas em áreas da pele que sofrem pressão ou atrito, como a planta dos pés. Da camada papilar, partem fibras finíssimas da proteína colágeno, que se ancoram fortemente à epiderme, garantindo sua perfeita união à derme.

Sob a camada papilar, situa-se uma camada mais espessa, a **camada reticular**, constituída por um tecido conjuntivo mais denso e rico em fibras elásticas, mas que possui relativamente menos células que a camada papilar. Na camada reticular, há vasos sanguíneos, vasos linfáticos e terminações nervosas; aí também se situam as raízes dos pelos, as glândulas sebáceas e as glândulas sudoríparas.

Imediatamente abaixo da camada reticular da derme, há um tecido conjuntivo frouxo, a **tela subcutânea** (ou **hipoderme**), rica em fibras e em células que armazenam gordura (células adiposas). Além de constituir reserva de energia, a gordura armazenada nesse tecido atua como isolante térmico do corpo. Apesar de estar associada à pele, a tela subcutânea não faz parte dela (reveja figura **12.8**).

Tecidos conjuntivos especiais

❯ Objetivos

▶ Distinguir tecido cartilaginoso de tecido ósseo e apontar semelhanças e diferenças entre eles.

▶ Descrever, em linhas gerais, as principais funções dos tecidos cartilaginoso, ósseo e hematopoiético.

❯ Termos e conceitos

- **tecido cartilaginoso**
- **condroblasto**
- **condrócitos**
- **tecido ósseo**
- **osteoblasto**
- **osteócito**
- **osteoclasto**
- **tecido hematopoiético**

1 Tecido cartilaginoso

O **tecido cartilaginoso** forma o esqueleto de alguns animais vertebrados, como os cações, os tubarões e as raias, que por esse motivo são denominados peixes cartilaginosos. Os outros vertebrados, inclusive a espécie humana, têm esqueleto cartilaginoso apenas durante o estágio embrionário: à medida que o embrião amadurece, as cartilagens são substituídas por ossos. Entretanto, algumas cartilagens permanecem no corpo por toda a vida. Na espécie humana, por exemplo, há cartilagens que sustentam o nariz, as orelhas, a traqueia, os brônquios e, também, que revestem as extremidades de certos ossos, permitindo o deslizamento suave de um osso sobre o outro nas articulações móveis. Além disso, há tecido cartilaginoso entre as vértebras, que amortece o impacto dos movimentos sobre a coluna vertebral.

O tecido cartilaginoso deve sua rigidez e consistência à matriz intercelular, constituída principalmente por colágeno e proteoglicanos (macromoléculas de glicídio e proteína combinados, em que esta última é o principal componente). Todo esse material intercelular é produzido e secretado por células denominadas **condroblastos** (do grego *chondros*, cartilagem, e *blastos*, aqui no sentido de célula jovem). Após a formação da cartilagem, a atividade dos condroblastos diminui e eles sofrem uma pequena retração de volume, passando a ser chamado de **condrócitos**. Cada condrócito fica confinado ao interior de uma lacuna ligeiramente maior que ele, moldada durante a deposição da matriz intercelular.

O tecido cartilaginoso é o único tipo de tecido conjuntivo que não contém vasos sanguíneos, ou seja, é avascular. O alimento e o gás oxigênio para condroblastos e condrócitos difundem-se na matriz cartilaginosa a partir dos vasos sanguíneos localizados no tecido conjuntivo que envolve a cartilagem, o chamado **pericôndrio** (do grego *peri*, ao redor). No pericôndrio, também estão presentes células mesenquimatosas que podem se transformar em condrócitos, permitindo o crescimento e a regeneração do tecido cartilaginoso.

Tipos de cartilagem

As cartilagens podem ser de três tipos básicos: hialina, elástica e fibrosa. A **cartilagem hialina** é a mais comum, apresentando matriz homogênea e poucas fibras colágenas. Esse tipo de cartilagem é encontrado na laringe, na traqueia, nos brônquios e nas extremidades de ossos articulados.

A **cartilagem elástica** é semelhante à hialina, mas apresenta, além de fibras colágenas, fibras elásticas entrelaçadas, que lhe conferem maior grau de elasticidade. Esse tipo de tecido é encontrado na orelha, no septo nasal e na epiglote (válvula localizada no fundo da garganta, cuja função é tapar a traqueia quando engolimos).

A **cartilagem fibrosa**, ou **fibrocartilagem**, possui grande quantidade de fibras colágenas e é a mais resistente das três. Ela está presente entre os ossos púbis da bacia e entre as vértebras. A função da cartilagem intervertebral é separar uma vértebra de outra, evitando o atrito entre elas e amortecendo os choques transmitidos à coluna durante atividades como caminhar, correr etc. **(Fig. 13.11)**

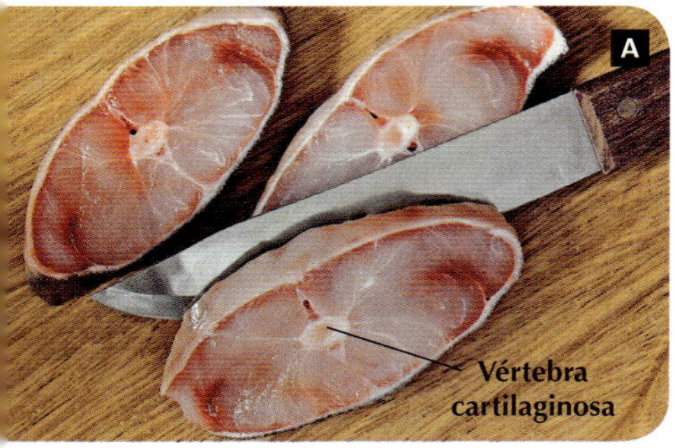

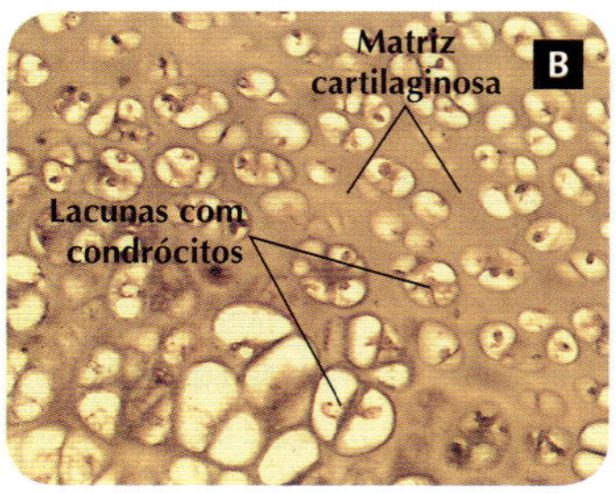

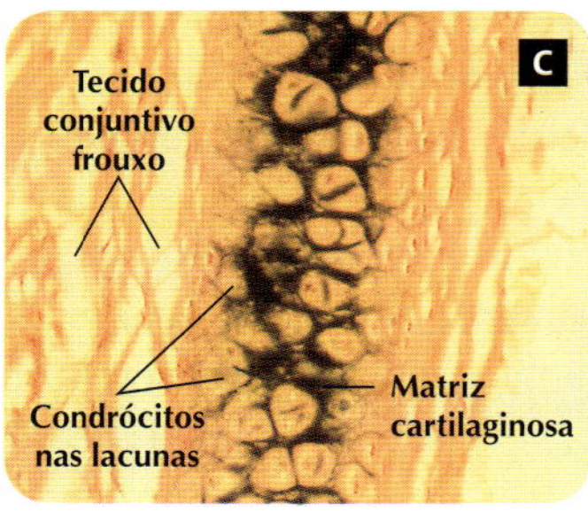

Figura 13.11 **A.** Postas de cação, em que se veem as vértebras formadas por cartilagem. **B.** Micrografia ao microscópio óptico de um corte da cartilagem presente no joelho de rato. Note as lacunas na matriz cartilaginosa, onde se localizam os condrócitos (aumento $\simeq 35\times$). **C.** Micrografia de um corte da cartilagem presente em orelha de rato (microscópio óptico; aumento $\simeq 25\times$). Na parte central, pode-se ver uma lâmina cartilaginosa, cercada pelo tecido conjuntivo frouxo que compõe a pele da orelha.

2 Tecido ósseo

O **tecido ósseo** constitui os ossos, presentes nos animais vertebrados, com exceção dos peixes cartilaginosos. O tecido ósseo caracteriza-se por apresentar as células encerradas em uma matriz intercelular rica em fibras colágenas e fosfato de cálcio [$Ca_3(PO_4)_2$], além de íons minerais como o magnésio (Mg^{2+}), o potássio (K^+) e o sódio (Na^+). Os cristais de fosfato de cálcio associados às fibras proteicas são os responsáveis pela rigidez dos ossos.

Muitos ossos apresentam unidades microscópicas denominadas **osteônios** ou **sistemas haversianos**, formadas por camadas concêntricas de matriz óssea mineralizada, depositadas ao redor de um canal central (antigamente denominado canal de Havers) dotado de vasos sanguíneos e nervos. (**Fig. 13.12**)

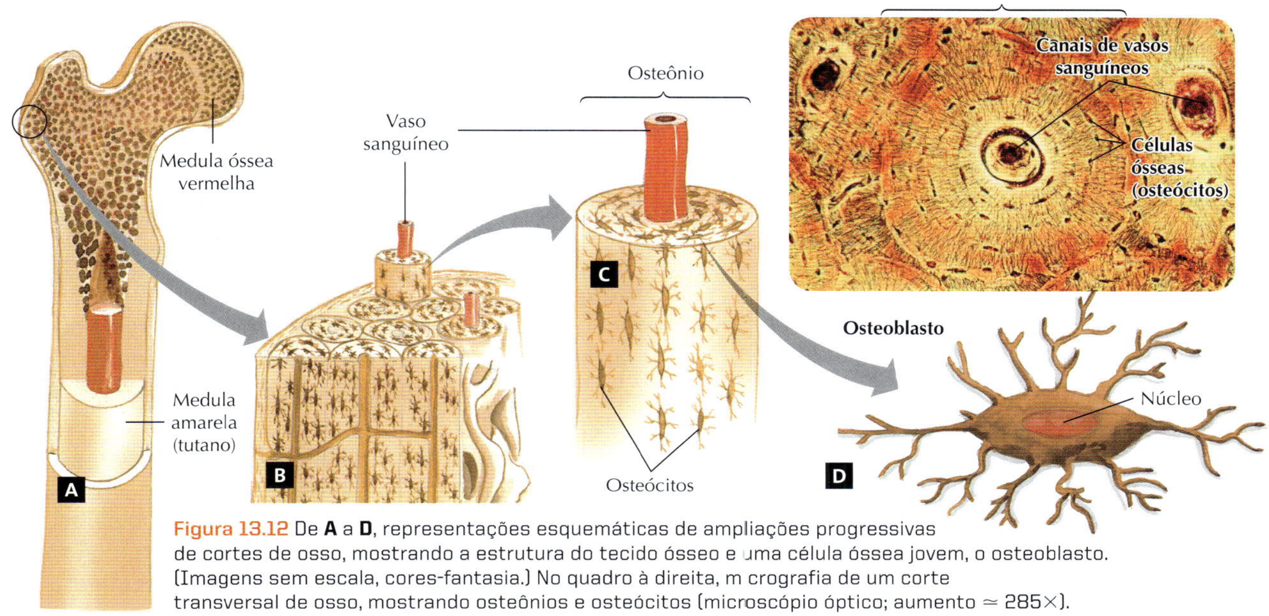

Figura 13.12 De **A** a **D**, representações esquemáticas de ampliações progressivas de cortes de osso, mostrando a estrutura do tecido ósseo e uma célula óssea jovem, o osteoblasto. (Imagens sem escala, cores-fantasia.) No quadro à direita, micrografia de um corte transversal de osso, mostrando osteônios e osteócitos (microscópio óptico; aumento ≃ 285×).

As células que produzem a matriz óssea são chamadas **osteoblastos** (do grego *osteon*, osso, e *blastos*, no sentido de célula jovem). Elas apresentam longas projeções citoplasmáticas que tocam os osteoblastos vizinhos. Ao secretar a matriz intercelular ao seu redor, os osteoblastos vão ficando confinados às pequenas câmaras que eles mesmos produziram, das quais partem canais que contêm as projeções citoplasmáticas. Quando a célula óssea amadurece, seus prolongamentos citoplasmáticos se retraem, de maneira que ela passa a ocupar apenas a lacuna central, sendo então denominada **osteócito**. Os canalículos onde ficavam os prolongamentos do osteoblasto agora servem de comunicação entre uma lacuna e outra e, através deles, as substâncias nutritivas e o gás oxigênio provenientes do sangue chegam às células ósseas.

Além dos osteoblastos e dos osteócitos, o tecido ósseo possui outras células importantes, os **osteoclastos** (do grego *klastos*, quebrar, destruir), originados pela fusão de células sanguíneas denominadas monócitos. Osteoclastos são células gigantes e multinucleadas (podem ter de 6 a 50 núcleos), que se movem nas superfícies ósseas e destroem áreas lesadas ou envelhecidas do osso, abrindo caminho para sua regeneração pelos osteoblastos. Os ossos estão em contínua remodelação devido à atividade conjunta de destruição e reconstrução empreendidas, respectivamente, por osteoclastos e osteoblastos. (**Fig. 13.13**)

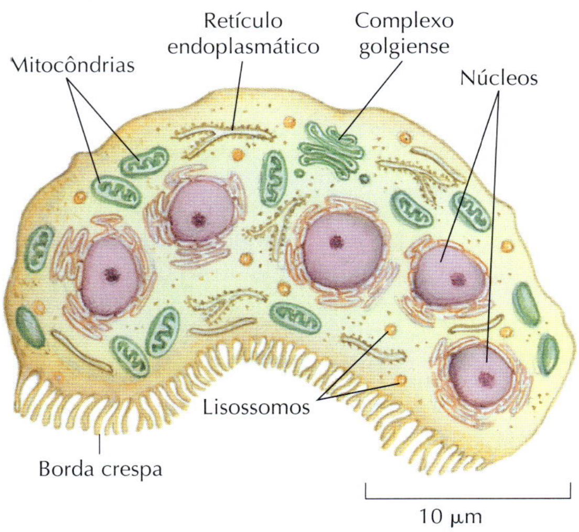

Figura 13.13 Representação esquemática de um osteoclasto em corte. A borda crespa da célula secreta ácidos que dissolvem os cristais de sais minerais constituintes do osso e enzimas que digerem os componentes orgânicos da matriz óssea. (Imagem em cores-fantasia.) (Baseado em Alberts, B. e cols., 1994.)

Os ossos são envolvidos por um tecido conjuntivo, o **periósteo**, no qual estão presentes células mesenquimatosas capazes de gerar novos osteoblastos. São essas células mesenquimatosas do periósteo que permitem a contínua reconstrução óssea e a reparação das fraturas.

Funções do tecido ósseo

Uma pessoa adulta possui 206 ossos, responsáveis por cerca de 14% de sua massa corporal. A principal função dos ossos é a sustentação esquelética do corpo. O maior osso do corpo é o fêmur (o osso da coxa), com cerca de 45 cm de comprimento; os menores ossos são os da orelha média (bigorna, martelo e estribo), com cerca de 0,25 cm cada um. (**Fig. 13.14**)

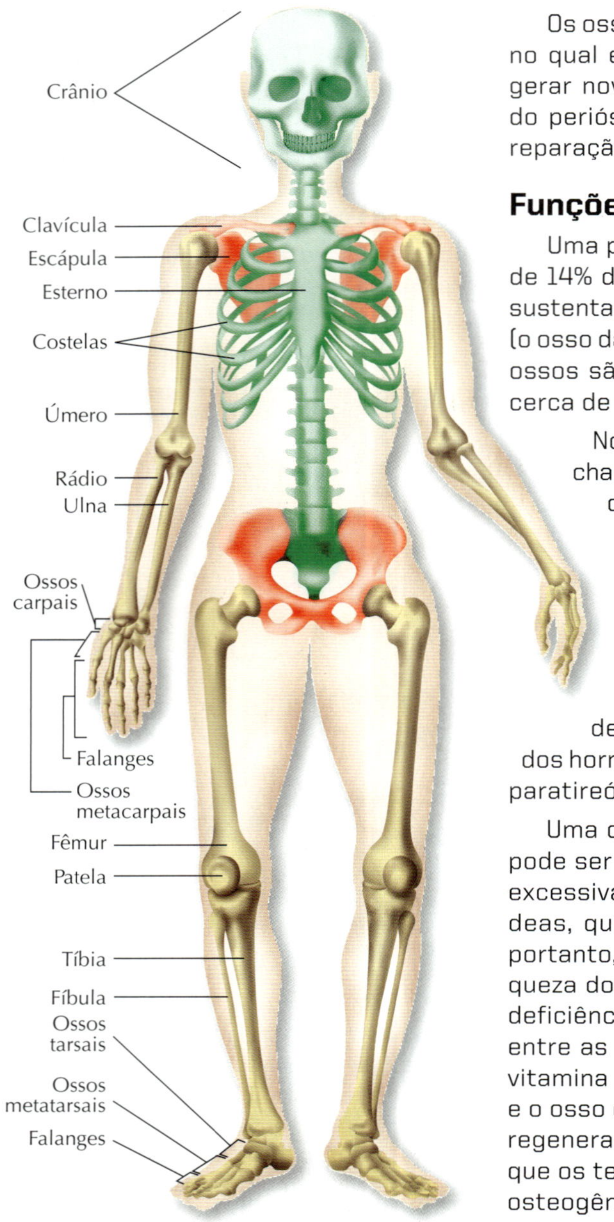

Figura 13.14 Representação esquemática do esqueleto humano. (Imagem sem escala, cores-fantasia.)

No interior dos ossos longos, há cavidades em que se aloja a chamada **medula óssea vermelha**, responsável pela produção de diversos tipos de células do sangue. Alguns ossos também apresentam uma cavidade central em que se localiza a **medula óssea amarela**, popularmente chamada de tutano, rica em células adiposas (veja na figura 13.12).

Uma função importante dos ossos é servir de reservatório de cálcio para o organismo; cerca de 99% do cálcio corpóreo concentra-se no esqueleto. O intercâmbio de cálcio entre os ossos e o sangue é controlado pela ação dos hormônios da glândula tireóidea (calcitonina) e das glândulas paratireóideas (paratormônio).

Uma das doenças que afetam os ossos é a osteoporose, que pode ser decorrente de diversos fatores. Um deles é a produção excessiva de paratormônio, secretado pelas glândulas paratireóideas, que estimula o aumento do número de osteoclastos e, portanto, a degeneração da matriz óssea, com consequente fraqueza dos ossos. A osteoporose também pode ser causada pela deficiência de vitamina A, importante na regulação do equilíbrio entre as atividades de osteoblastos e osteoclastos. Na falta de vitamina A, os osteoclastos suplantam a ação dos osteoblastos e o osso enfraquece. Sabe-se que um dos estímulos para ativar a regeneração óssea, ou osteogênese, é o exercício físico; a tração que os tendões dos músculos aplicam sobre os ossos estimula a osteogênese e pode ajudar a prevenir e a combater os efeitos da osteoporose, que afeta principalmente pessoas de mais idade. Carência de vitamina C também pode levar à malformação óssea, pois prejudica a formação de colágeno, como já mencionamos.

A deficiência de cálcio na alimentação durante a infância assim como a falta de vitamina D podem levar ao raquitismo, que atrasa o crescimento e causa deformações ósseas. Nos adultos, a deficiência de cálcio ou de vitamina D pode provocar a doença conhecida por osteomalacia, que se caracteriza pela fragilidade dos ossos, com maior suscetibilidade a fraturas.

Formação dos ossos: ossificação

A ossificação, como se denomina a formação dos ossos, ocorre a partir de uma estrutura conjuntiva que serve de base; esta pode ser uma cartilagem ou uma membrana de tecido conjuntivo. Assim, podem-se distinguir dois tipos de ossificação: endocondral e intramembranosa.

Ossificação endocondral (do grego *endo*, dentro, e *chondros*, cartilagem), que significa literalmente "ossificação dentro da cartilagem", consiste na substituição gradativa de tecido cartilaginoso por tecido ósseo. É assim que se forma a maioria dos ossos de nosso corpo, durante a vida embrionária. Ao nascer, a criança já apresenta um esqueleto bastante ossificado, mas as extremidades de vários ossos ainda mantêm regiões cartilaginosas que permitem o crescimento até, e principalmente durante, a puberdade. Entre os 18 e os 20 anos de idade, as regiões cartilaginosas das extremidades dos ossos humanos ossificam-se e o crescimento cessa. (**Fig. 13.15**)

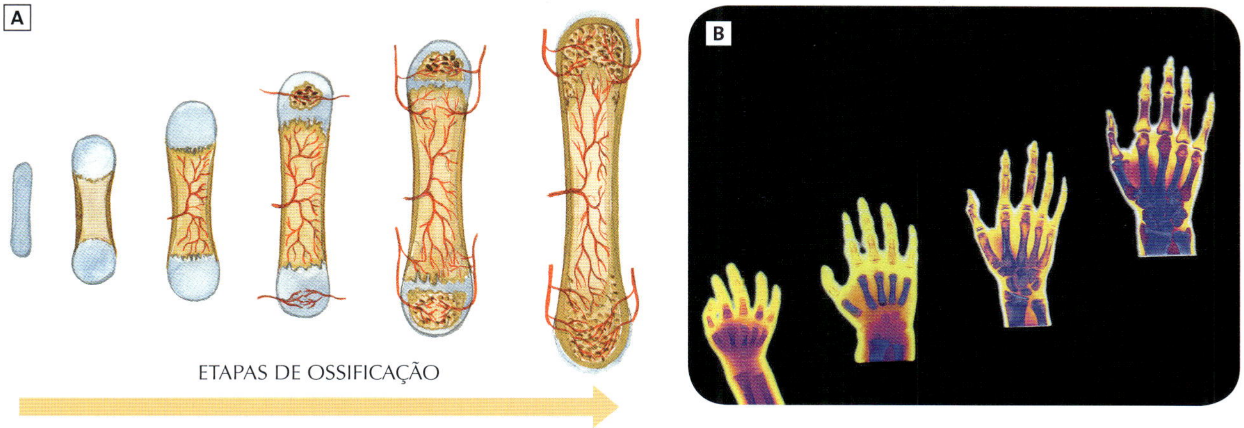

Figura 13.15 **A.** Representação esquemática que mostra a substituição progressiva da cartilagem (em azul) por tecido ósseo (em laranja). Nesse processo, chamado ossificação endocondral, osteoclastos e osteoblastos atuam em conjunto com vasos sanguíneos, que penetram no tecido cartilaginoso. (Imagens sem escala, cores-fantasia.) (Baseado em Alberts, B. e cols., 1994.) **B.** Fotos obtidas com raios X revelam que o esqueleto de uma criança (à esquerda) contém muito mais tecido cartilaginoso (mais "transparente" aos raios X) nas extremidades dos ossos que o esqueleto de um adulto (à direita).

Ossificação intramembranosa consiste na formação de tecido ósseo no interior de uma membrana de tecido conjuntivo que serve de molde para o osso. Esse tipo de ossificação ocorre, por exemplo, no processo de formação dos ossos achatados de nossa caixa craniana.

3 Tecido hematopoiético

O **tecido hematopoiético** ou **hemocitopoiético** (do grego *hematos*, sangue, *citos*, célula, e *poiese*, origem, formação) é o responsável pela formação dos diversos tipos de células sanguíneas, também chamadas de elementos figurados do sangue. Esse tecido está presente na medula óssea vermelha e em certos órgãos corporais, como o timo, o baço e os linfonodos. O tecido hematopoiético será estudado mais detalhadamente no capítulo seguinte, relativo ao tecido sanguíneo.

AMPLIE SEUS CONHECIMENTOS — Como nossos ossos se recuperam de uma fratura?

Os ossos possuem grande capacidade de regeneração. Quando um osso sofre fratura, imediatamente entram em ação macrófagos e osteoclastos, fazendo fagocitose e removendo coágulos, matriz óssea destruída e osteócitos mortos. Células mesenquimatosas presentes no periósteo invadem o local e passam a se multiplicar ativamente, diferenciando-se em osteoblastos e em osteócitos. Forma-se, inicialmente, um tecido ósseo desordenado, denominado calo ósseo. Com o passar do tempo, os osteônios vão se organizando e o tecido ósseo assume sua estrutura típica. (**Fig. 13.16**)

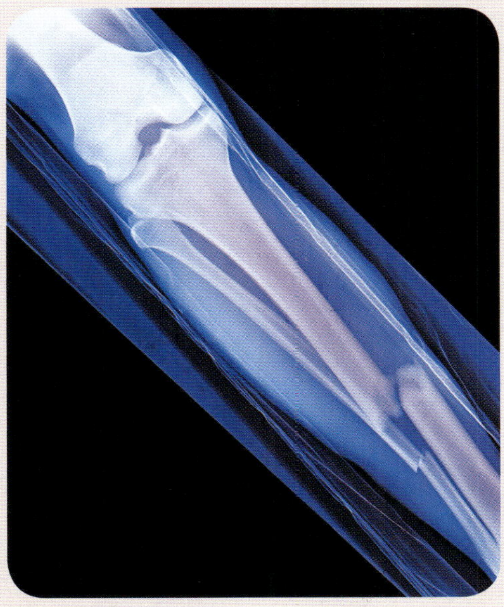

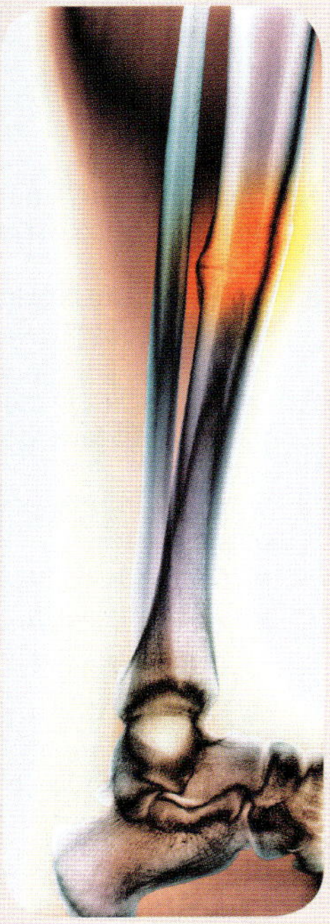

Figura 13.16 Radiografias de ossos da perna fraturados (à esquerda) e da fratura em consolidação (à direita), mostrando um calo ósseo (em vermelho).

ATIVIDADES

QUESTÕES PARA PENSAR E DISCUTIR

Questões objetivas

Considere as alternativas a seguir para responder às questões de 1 a 5.

a) Fibroblasto.
b) Macrófago.
c) Mastócito.
d) Plasmócito.

1. Que tipo de célula se relaciona com a reação histamínica, ou anafilática?

2. Que tipo de células agem, inicialmente, no combate a agentes invasores do corpo e no alerta do sistema imunitário?

3. Que tipo de células são muito ativas na produção de colágeno e de proteoglicanos?

4. Que tipo de célula tem relação com o funcionamento do anticoncepcional DIU?

5. Que tipo de célula é responsável pela produção de anticorpos?

6. A grande hidratação de certos tecidos conjuntivos, que lhes confere consistência "túrgida" e resistente à compressão, é atribuição
a) das células mesenquimatosas indiferenciadas.
b) das fibras colágenas.
c) dos osteoclastos.
d) da substância fundamental amorfa.

Considere as alternativas a seguir para responder às questões de 7 a 9.

a) Ácido hialuronano.
b) Colágeno.
c) Glicoproteína.
d) Histamina.

7. Que substância é responsável pelo grande volume de água da matriz extracelular?

8. No escorbuto, a falta de vitamina C afeta a produção de qual substância?

9. Que substância causa vasodilatação e aumento da permeabilidade dos tecidos?

10. Que célula tem por função desfazer o trabalho do osteoblasto?
a) O adipócito.
b) A célula mesenquimatosa.
c) O osteoclasto.
d) O osteócito.

11. Qual dos tecidos a seguir não é vascularizado?
a) Cartilaginoso.
b) Conjuntivo frouxo.
c) Conjuntivo denso fibroso.
d) Ósseo.

Considere as alternativas a seguir para responder às questões de 12 a 14.

a) Choque anafilático.
b) Osteomalacia.
c) Osteoporose.
d) Raquitismo.

12. Qual doença é causada pela deficiência de vitamina D na infância?

13. Qual doença é causada por deficiência de vitamina A ou por excesso de paratormônio?

14. A deficiência de vitamina C, essencial à síntese de colágeno, pode contribuir para a ocorrência de qual doença?

Questões discursivas

15. Nas radiografias de mãos apresentadas a seguir, qual pertence a um adulto e qual pertence a uma criança? Justifique sua resposta.

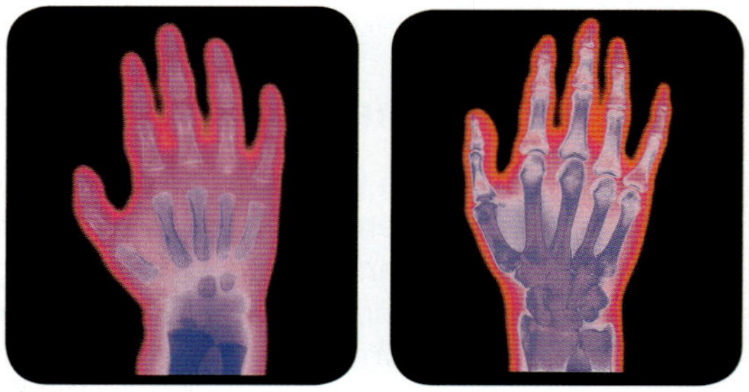

16. Complete o mapa de conceitos a seguir, substituindo cada uma das letras por um dos seguintes conceitos: células ósseas; células sanguíneas; matriz extracelular; medula óssea; sais minerais.

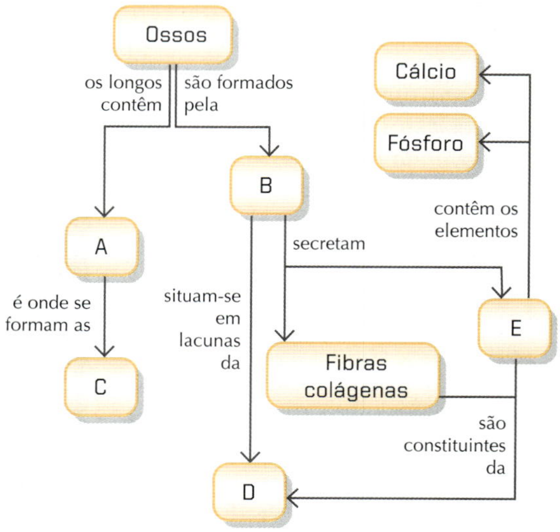

17. Suponha que, em uma reunião de família, alguém manifeste a preocupação de estar com osteoporose. Que comentários e sugestões você faria sobre a prevenção dessa e de outras doenças que acarretam fragilidade dos ossos?

VESTIBULARES PELO BRASIL

Brasil – Regiões

- Região Norte
- Região Centro-Oeste
- Região Sul
- Região Nordeste
- Região Sudeste
- Brasil

Questões objetivas

1 (Unama-PA) O colágeno é um composto orgânico, largamente utilizado na indústria de cosmetologia como um dos meios de prevenção contra o processo de envelhecimento. Sabendo que esse composto é uma proteína, qual das alternativas abaixo contempla corretamente os dados referentes ao composto citado?

	Síntese	Função	Atuação
a)	Lisossomos	Defesa	Produção de anticorpos
b)	Mitocôndrias	Hormonal	Manutenção da taxa de glicose no sangue
c)	Complexo de Golgi	Enzimática	Digestão de lipídios
d)	Retículo endoplasmático rugoso	Estrutural	Sustentação de pele, ossos e tendões

2 (Uepa) João sofreu agressão durante um jogo de futebol e, após realizar exames, o médico lhe disse que haviam ocorrido danos severos na articulação do joelho com comprometimento da cartilagem dessa articulação. Levando em consideração o tecido citado, afirma-se que:

I. É desprovido de vasos sanguíneos e de nervos.
II. É formado por células denominadas condrócitos.
III. É também encontrado em outros vertebrados como os tubarões.
IV. Permite o deslizamento das superfícies articulares entre si de forma suave.

De acordo com as afirmativas acima, a alternativa correta é

a) I e II.
b) I e III.
c) II e III.
d) I, III e IV.
e) I, II, III e IV.

3 (Uece-Adaptado) Na espécie humana, o tipo de tecido conjuntivo que forma o tendão calcâneo é

a) cartilaginoso.
b) denso modelado.
c) adiposo.
d) ósseo.

4 (Cesmac/Fejal-AL) Com relação aos tendões e aos ligamentos, analise as características enumeradas a seguir.

1. Os tendões ligam as extremidades dos músculos aos ossos.
2. Os tendões proporcionam movimentos esqueléticos.
3. Os ligamentos unem os ossos, "amarrando-os" na região das articulações.
4. Tanto os tendões quanto os ligamentos são exemplos de tecido conjuntivo denso modelado.

Está(ão) correta(s)

a) 1, 2, 3 e 4.
b) 3 e 4 apenas.
c) 1 e 3 apenas.
d) 2 apenas.

5 (UFC-CE) Uma pessoa normal e sadia, ao sofrer um ferimento na superfície da pele, apresenta pequeno sangramento, que cessa ao final de algum tempo, formando-se, posteriormente, uma cicatriz. O principal conjunto de células, dentre os citados abaixo, envolvido diretamente no fenômeno da cicatrização é constituído pelos

a) eritrócitos.
b) macrófagos.
c) fibroblastos.
d) osteoclastos.
e) condroblastos.

6 (Unifacs-BA) O aquecimento da Terra repercute no desaparecimento da fauna ajustada às condições climáticas de regiões geladas. Um aspecto comum aos mamíferos polares relacionado à preservação do calor é

a) o desenvolvimento de pelos curtos.
b) a presença de uma camada de tecido adiposo subcutâneo.
c) a produção de leite com baixo teor energético.
d) a ausência de mecanismos de homeotermia.
e) a formação de um grande número de glândulas sudoríparas.

7 (UPE) As células características do tecido cartilaginoso hialino são os

a) osteócitos.
b) osteoblastos.
c) espongioblastos.
d) condrócitos.
e) osteoclastos.

8 (Urca-CE) Qual o tipo de células responsável pela produção da parte orgânica da matriz óssea?

a) Osteoblastos.
b) Osteoclastos.
c) Osteócitos.
d) Condrócitos.
e) Reticulócitos.

9 (Unifor-CE) Assinale a alternativa que exemplifica corretamente o aumento de complexidade dos níveis de organização de um vertebrado.

a) osteócitos → tecido ósseo → fêmur → esqueleto
b) osteócitos → fêmur → tecido ósseo → esqueleto
c) tecido ósseo → osteócitos → fêmur → esqueleto
d) tecido ósseo → fêmur → esqueleto → osteócitos
e) fêmur → esqueleto → osteócitos → tecido ósseo

10 (UFC-CE) "Durante a infância e adolescência, a formação óssea se processa a uma velocidade maior que a reabsorção, resultando em um aumento da densidade até que os jovens adultos alcancem, por volta dos 18 anos, o pico da massa óssea."

Scientific American Brasil, abr. 2003, p. 84.

De acordo com o texto, as atividades de formação e reabsorção, responsáveis pelo aumento da densidade óssea, decorrem da ação de dois tipos celulares que são, respectivamente:

a) osteoblastos e osteoclastos.
b) condroblastos e condrócitos.
c) condrócitos e condroblastos.

d) osteoclastos e osteoblastos.
e) condroblastos e osteoblastos.

11 (UEMS) Tecido de ampla distribuição subcutânea, exercendo funções de reservas de energia, proteção contra choques mecânicos e isolamento térmico.
a) Epitelial.
b) Conjuntivo cartilaginoso.
c) Adiposo.
d) Conjuntivo ósseo.
e) Muscular.

12 (PUC-SP) Os tendões são estruturas formadas, principalmente, por tecido
a) ósseo.
b) muscular.
c) adiposo.
d) conjuntivo denso.
e) cartilaginoso.

13 (UFMG) Determine a que tecido se referem as características:
I. células localizadas em lacunas;
II. matriz percorrida por canalículos e constituída de substâncias orgânicas e minerais;
III. canais que contêm vasos sanguíneos e nervos.
a) Cartilaginoso.
b) Conjuntivo propriamente dito.
c) Muscular liso.
d) Nervoso.
e) Ósseo.

14 (FCC-SP) Os sistemas de Havers são típicos do(a)
a) tecido ósseo.
b) medula óssea.
c) tecido cartilaginoso.
d) tecido muscular.
e) tecido nervoso.

15 (Fazu-MG) Existe um conjunto de canais concêntricos formados por lamelas que percorrem longitudinalmente o osso. Eles são denominados
a) canais de Flemming.
b) canais de Pasteur.
c) canais de Volkmann.
d) canais de Havers.
e) canais de Miler.

16 (Ufes) Em relação ao tecido ósseo denso, é correto afirmar que ele
a) possui uma matriz parenquimatosa composta de fibroblastos, megacariócitos e fibrina.
b) é composto por células conhecidas como condroblastos, que se transformam em condrócitos no tecido ósseo maduro.
c) é caracterizado pela presença de tecido mieloide de caráter hematopoiético disperso no fragmoplasto.
d) possui células conhecidas como osteoblastos, que geram o material intercelular, composto principalmente de quitina mineralizada.
e) apresenta lamelas ósseas concêntricas, dispostas em torno de canais centrais através dos quais nervos e vasos penetram o osso.

17 (PUC-Minas) No processo de ossificação, o papel dos osteoclastos é
a) promover a deposição de cálcio nas epífises.
b) reabsorver a matriz óssea.
c) revestir o periósteo.
d) reforçar as suturas cranianas.
e) formar, por mitoses, os osteócitos.

18 (Cesgranrio-RJ) A formação do tecido ósseo é precedida, em muitos casos, pela presença de um molde de tecido cartilaginoso que será destruído. Durante a vida, o tecido ósseo exibe contínuos processos de síntese e destruição da matriz orgânica. Qual das células abaixo está relacionada com a reabsorção óssea?
a) Condrócito.
b) Condroplasto.
c) Condroblasto.
d) Osteoblasto.
e) Osteoclasto.

19 (UFSC) No tecido conjuntivo, cada um dos elementos realiza funções específicas. Assim, as fibras colágenas orientadas paralelamente e a substância fundamental intensamente mineralizada se caracterizam, respectivamente, pelas funções de
a) dureza e armazenamento.
b) tração e resistência.
c) defesa e preenchimento.
d) elasticidade e reserva.
e) flexibilidade e tenacidade.

20 (Unioeste-PR) Em relação aos tecidos animais, identifique e assinale a alternativa **incorreta**.
a) A maior parte do tecido hematopoiético de um organismo adulto está na medula óssea.
b) O tecido adiposo contribui para a manutenção da temperatura corporal.
c) Os tecidos conjuntivos preenchem espaços entre órgãos.
d) O tecido cartilaginoso é menos flexível e mais mineralizado que o tecido ósseo.
e) A rigidez e a resistência do tecido ósseo se devem às fibras proteicas e sais de cálcio.

Questão discursiva

21 (Unimontes-MG) A presença de determinadas fibras, células e matriz extracelular faz parte dos constituintes básicos dos diferentes tipos de tecido conjuntivo. O esquema abaixo se refere às variedades desse tipo de tecido no organismo humano. Observe-o.

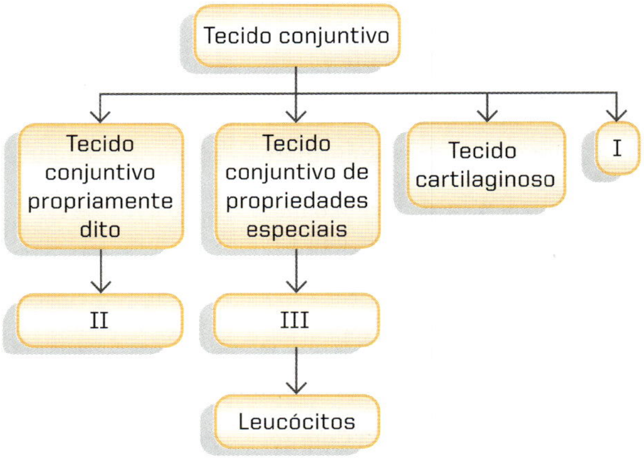

De acordo com o esquema acima e o assunto abordado, indique a seguir um tecido representado por I, II e III.

I: ▬▬▬▬▬

II: ▬▬▬▬▬

III: ▬▬▬▬▬

Capítulo 14 Tecido sanguíneo

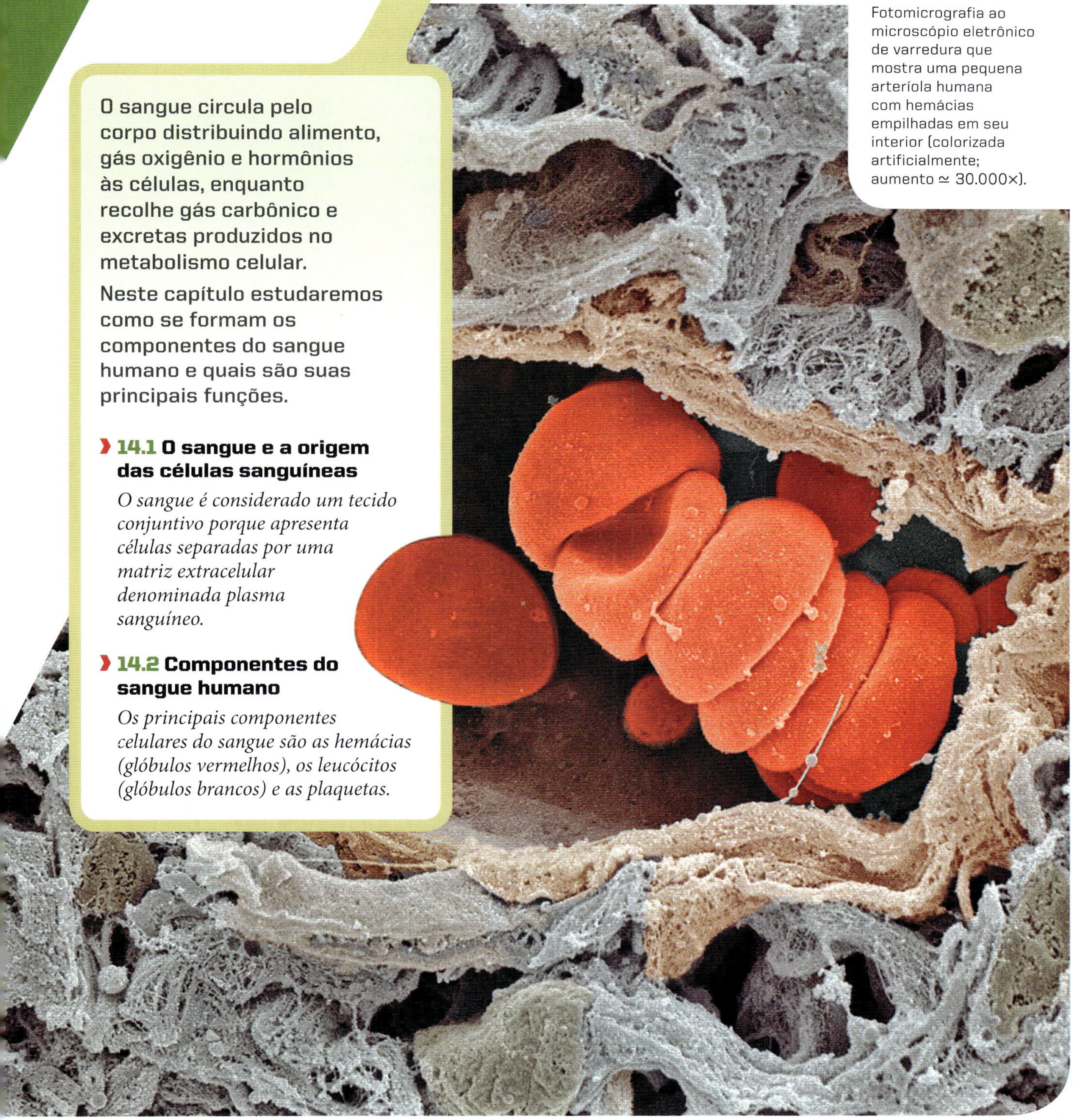

Fotomicrografia ao microscópio eletrônico de varredura que mostra uma pequena arteríola humana com hemácias empilhadas em seu interior (colorizada artificialmente; aumento ≃ 30.000×).

O sangue circula pelo corpo distribuindo alimento, gás oxigênio e hormônios às células, enquanto recolhe gás carbônico e excretas produzidos no metabolismo celular.

Neste capítulo estudaremos como se formam os componentes do sangue humano e quais são suas principais funções.

› **14.1 O sangue e a origem das células sanguíneas**

O sangue é considerado um tecido conjuntivo porque apresenta células separadas por uma matriz extracelular denominada plasma sanguíneo.

› **14.2 Componentes do sangue humano**

Os principais componentes celulares do sangue são as hemácias (glóbulos vermelhos), os leucócitos (glóbulos brancos) e as plaquetas.

Seção 14.1

O sangue e a origem das células sanguíneas

Objetivos

- Valorizar os conhecimentos sobre a estrutura e o funcionamento do corpo humano, reconhecendo-os como importantes para cuidar melhor da própria saúde.
- Enumerar os componentes do sangue humano – hemácias, glóbulos brancos e plaquetas – e identificar os órgãos corporais responsáveis por sua formação: medula óssea e timo.

Termos e conceitos

- **sangue**
- **plasma sanguíneo**
- **tecido hematopoiético**
- **medula óssea vermelha**
- **timo**

1 Características do sangue

O **sangue** é considerado um tipo de tecido conjuntivo por apresentar células separadas por grande quantidade de matriz extracelular, o **plasma sanguíneo**, um líquido amarelado, constituído de água, sais minerais e diversas proteínas. O plasma perfaz cerca de 55% do volume sanguíneo; o restante (45%) é ocupado pelos chamados elementos figurados do sangue, que são as células sanguíneas (hemácias e glóbulos brancos) e fragmentos celulares conhecidos como plaquetas.

No corpo de uma pessoa com cerca de 70 kg, há pouco mais de 5,5 L de sangue, que contêm, aproximadamente, 45 bilhões de glóbulos brancos (leucócitos), 1,5 trilhão de plaquetas e 30 trilhões de glóbulos vermelhos (hemácias ou eritrócitos). **(Fig. 14.1)**

O sangue exerce importantes funções nos animais vertebrados: transporta gás oxigênio (O_2) e nutrientes para todas as células do corpo, delas recolhendo gás carbônico (CO_2) e excreções. Transporta também hormônios produzidos pelas glândulas endócrinas até os locais em que eles devem atuar. Outra importante função do sangue é proteger o organismo: certos tipos de glóbulos brancos agem como os soldados de um exército de defesa no combate a agentes estranhos que eventualmente penetrem no corpo. **(Tab. 14.1)**

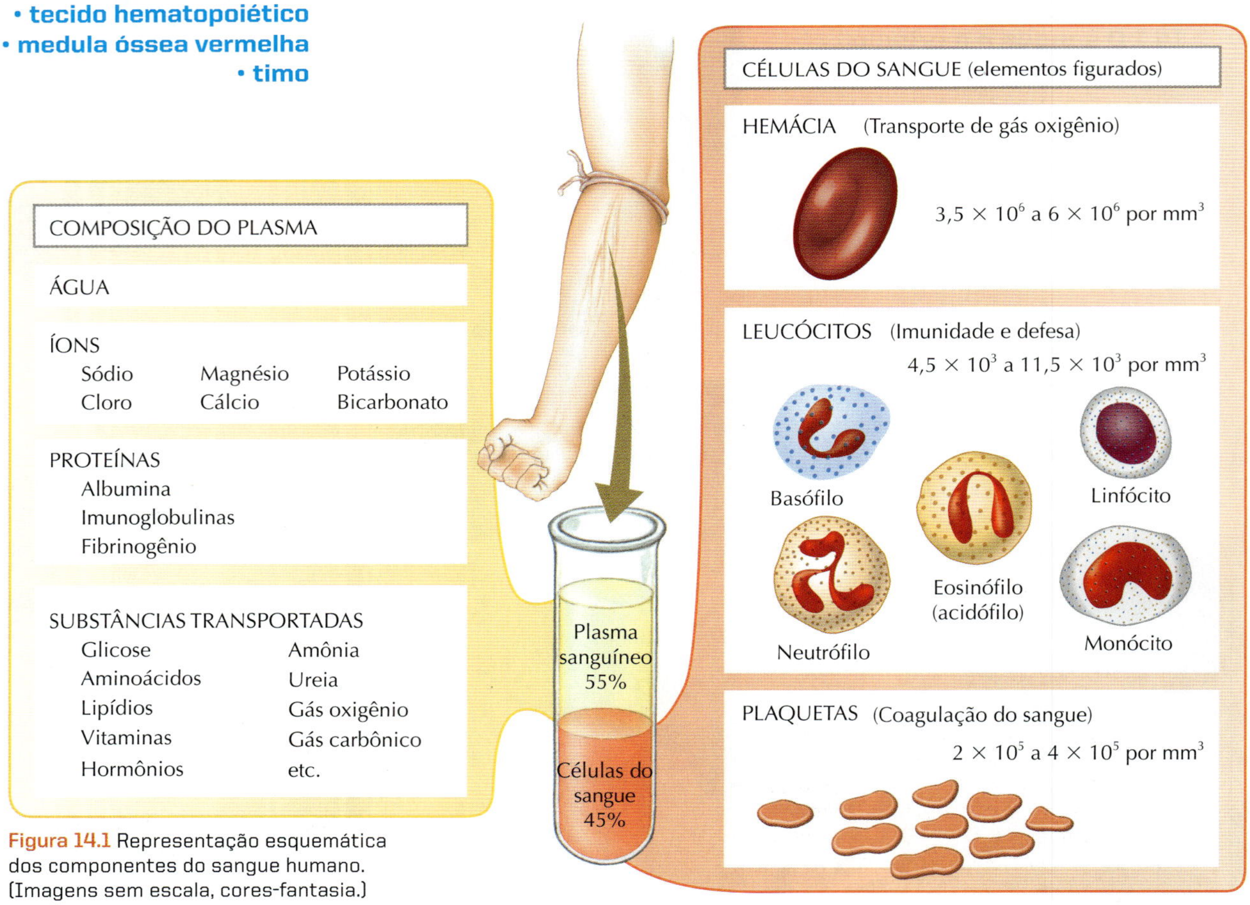

Figura 14.1 Representação esquemática dos componentes do sangue humano. (Imagens sem escala, cores-fantasia.)

Tabela 14.1 Tipos de células do sangue

Nome			Características
Hemácias ou eritrócitos (células vermelhas)			Forma discoidal, sem núcleo, repletas de hemoglobina; transportam gás oxigênio para os tecidos.
Leucócitos (células brancas)	Granulócitos	Neutrófilos	Forma esférica, núcleo trilobado; fagocitam bactérias e corpos estranhos.
		Eosinófilos	Forma esférica; núcleo bilobado; participam das reações alérgicas, produzindo histamina.
		Basófilos	Forma esférica, núcleo irregular. Acredita-se que também participam de processos alérgicos; produzem histamina e heparina (anticoagulante).
	Agranulócitos	Linfócitos (B e T)	Forma esférica, núcleo também esférico; participam dos processos de defesa imunitária, produzindo e regulando a produção de anticorpos.
		Monócitos	Forma esférica, núcleo oval ou riniforme; originam macrófagos e osteoclastos, células especializadas na fagocitose.
Plaquetas (trombócitos)			Forma irregular, sem núcleo; participam dos processos de coagulação do sangue.

2 Tecidos hematopoiéticos ou hemocitopoiéticos

As células do sangue são produzidas ininterruptamente em nosso corpo. O tecido encarregado dessa produção é o **tecido hematopoiético**, ou **hemocitopoiético** (do grego *hematos*, sangue, e *poiese*, aqui usado no sentido de formação, origem), localizado no interior de certos ossos, constituindo a medula óssea vermelha. Nas crianças, a maioria dos ossos possui esse tipo de medula; nos adultos ela continua presente, em geral, apenas nos ossos pélvicos, no osso esterno, nas costelas, na clavícula, na escápula, nos ossos cranianos e nas extremidades do fêmur e do úmero. Os principais locais de formação de células sanguíneas nos embriões são o fígado e o baço. **(Fig. 14.2)**

A **medula óssea vermelha** consiste de uma rede de tecido conjuntivo frouxo, que contém conjuntos de células-tronco hematopoiéticas e uma vasta rede de sinusoides sanguíneos. Os sinusoides são capilares expandidos, com forma irregular e descontinuidades nas paredes, o que permite contato íntimo entre o sangue que circula em seu interior e os tecidos adjacentes. As células-tronco hematopoiéticas são **multipotentes** (ou **pluripotentes**), isto é, são capazes de originar os diversos tipos de células sanguíneas. Elas descendem diretamente das células-tronco embrionárias, que são células **totipotentes**, ou seja, são capazes de originar qualquer tipo de célula do corpo.

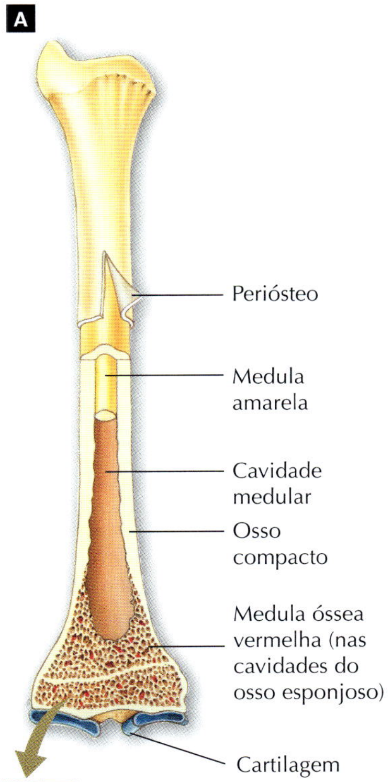

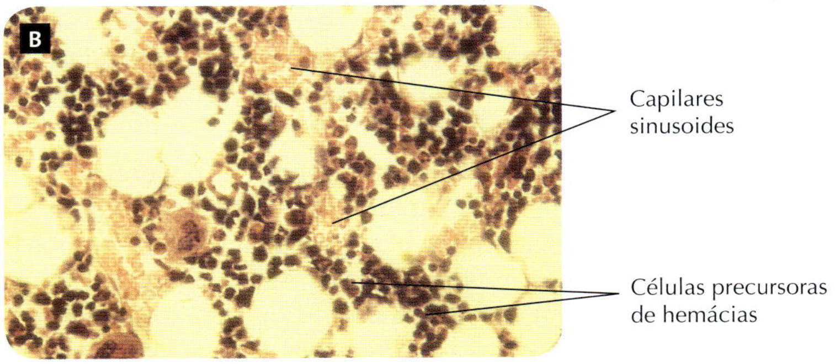

Figura 14.2 **A.** Representação esquemática de um osso longo; a medula óssea vermelha localiza-se nas cavidades da parte esponjosa do osso. (Imagem sem escala, cores-fantasia.) **B.** Micrografia de medula óssea vermelha, em corte, em que é possível ver células precursoras das hemácias (microscópio óptico; aumento ≃ 250×).

Apesar de presentes em quantidade relativamente pequena (0,05%) na medula óssea adulta, as células-tronco hematopoiéticas multiplicam-se ativamente, produzindo tanto células-filhas, que se mantêm como pluripotentes, como células que se diferenciam nos diversos tipos de células sanguíneas. Em uma primeira etapa dessa diferenciação, originam-se duas linhagens celulares denominadas células-tronco mieloides e células-tronco linfoides. As células-tronco mieloides darão origem às hemácias, às plaquetas e aos glóbulos brancos conhecidos como neutrófilos, basófilos, eosinófilos e monócitos; as células-tronco linfoides originam os linfócitos B e T. Os linfócitos B dos mamíferos diferenciam-se na própria medula óssea, ao passo que as células precursoras dos linfócitos T migram da medula óssea para o timo, onde finalizam sua diferenciação. (**Fig. 14.3**)

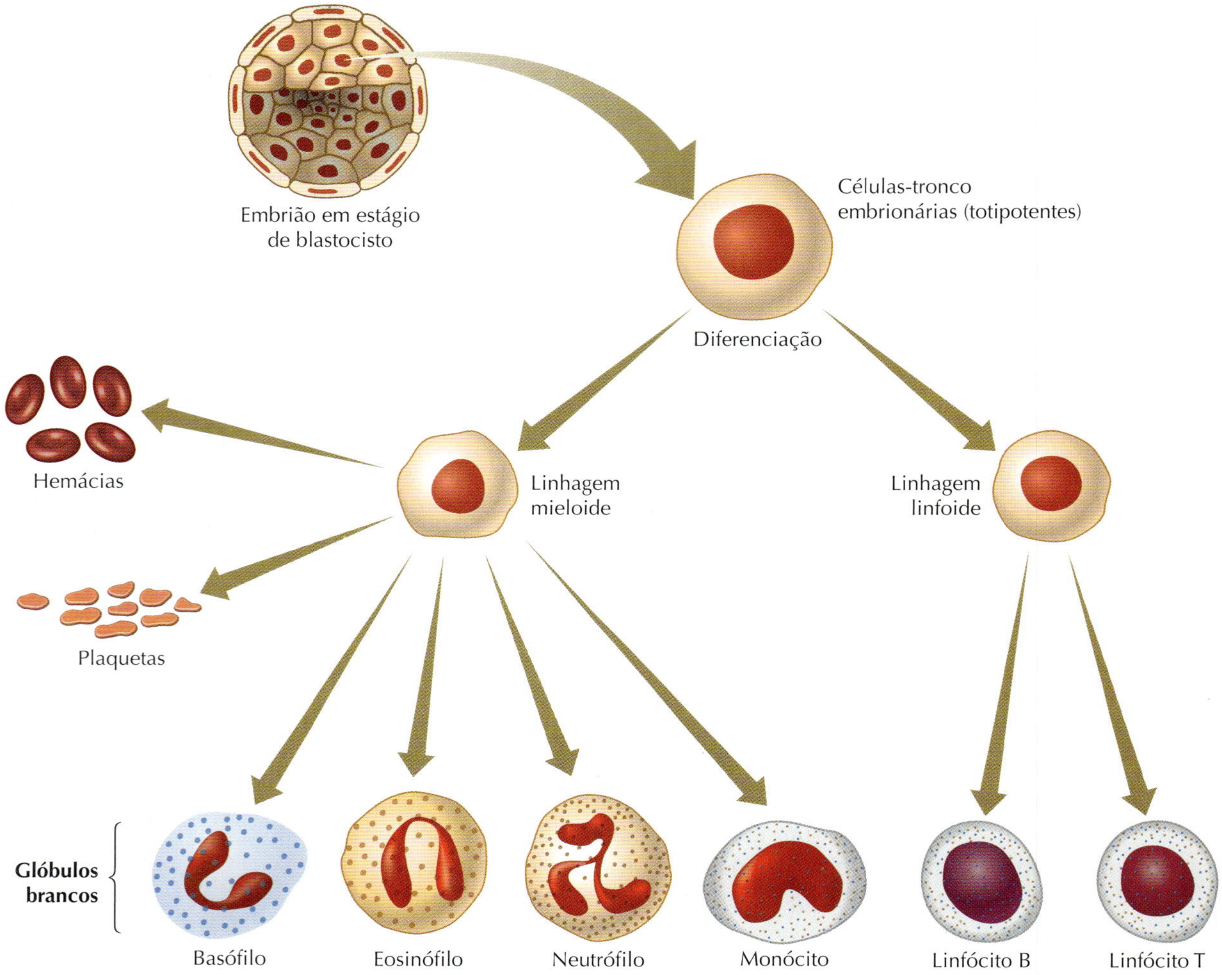

Figura 14.3 Representação esquemática da origem das células do sangue. (Imagens sem escala, cores-fantasia.)

O **timo** é um órgão localizado sob nosso osso esterno, na altura do coração. Recebeu esse nome porque sua forma lembra a da folha do tomilho (*Thymus vulgaris*), uma planta utilizada como tempero. O timo cresce rapidamente durante a fase embrionária, atingindo seu maior tamanho ao final da vida fetal e nos primeiros anos após o nascimento. Até o início da puberdade, esse órgão continua a crescer, porém mais lentamente. A partir da puberdade, o timo diminui progressivamente de tamanho.

Tecidos como os do timo, onde se concentram linfócitos em formação ou em amadurecimento, são denominados **tecidos linfoides**. Esses tecidos são encontrados no fígado do embrião, na medula óssea, no baço, nas tonsilas, nos linfonodos (ou nódulos linfáticos) e em regiões da parede dos intestinos, dos órgãos respiratórios e dos órgãos genitais. O tecido linfoide está sempre associado a vasos do sistema linfático, no interior dos quais circula a linfa, um fluido que difere do sangue por não apresentar hemácias.

Seção 14.2

Componentes do sangue humano

Objetivo

- Conhecer as funções das hemácias, dos principais tipos de glóbulos brancos e das plaquetas.

Termos e conceitos

- hemácia
- hemoglobina
- anemia
- leucócito
- diapedese
- macrófago
- linfócito
- anticorpo
- plaqueta

1 Plasma sanguíneo

Mais de 90% da massa do plasma sanguíneo é água, sendo o restante constituído por proteínas, sais, hormônios, nutrientes, gases e excreções. A função do plasma é transportar essas substâncias pelo corpo, permitindo às células receber os nutrientes necessários à vida e eliminar substâncias tóxicas geradas no metabolismo.

As proteínas do plasma desempenham diversas funções. Por exemplo, pequenas moléculas proteicas produzidas pelo fígado, denominadas genericamente albuminas e que constituem metade do conteúdo proteico de nosso plasma sanguíneo, são responsáveis pelo transporte de ácidos graxos livres, pela viscosidade do sangue e por seu potencial osmótico. Se a concentração de albuminas no sangue baixar, a pressão osmótica sanguínea diminui e o plasma extravasa em maior quantidade para os espaços intercelulares dos tecidos, provocando edemas, como no caso do *kwashiorkor* (relembre no capítulo 3, em "Amplie seus conhecimentos").

Outro grupo de proteínas plasmáticas importantes é o das imunoglobulinas, que atuam como anticorpos, defendendo nosso corpo de microrganismos invasores e de substâncias estranhas. O plasma contém também proteínas responsáveis pelo processo de coagulação do sangue. Quando ocorre um ferimento, moléculas de uma proteína denominada fibrinogênio originam uma malha fibrosa que prende as células sanguíneas e forma o coágulo, estancando a hemorragia (perda de sangue). A coagulação do sangue será estudada mais adiante neste capítulo.

2 Hemácias (glóbulos vermelhos)

Hemácias, também chamadas de **eritrócitos** (do grego *eritros*, vermelho) ou **glóbulos vermelhos**, são células discoidais repletas de moléculas de hemoglobina, a proteína responsável pela cor vermelha do sangue. As hemácias dos mamíferos não possuem núcleo, que é eliminado durante sua diferenciação; nos demais vertebrados, elas são ovoides e possuem núcleo, mas ele não é funcional. As hemácias são os elementos figurados mais abundantes no sangue: homens adultos saudáveis possuem entre 4,1 e 6 milhões delas por milímetro cúbico de sangue, enquanto mulheres adultas saudáveis têm entre 3,9 e 5,5 milhões de hemácias por milímetro cúbico de sangue. **(Fig. 14.4)**

Uma hemácia é essencialmente um saco achatado repleto de moléculas de hemoglobina, proteína responsável pela captura de gás oxigênio nos pulmões e por seu transporte para todos os tecidos do corpo. Ela tem a forma de um disco com bordas arredondadas, mais fino no centro, sendo altamente adaptada às funções de transportar gás oxigênio dos pulmões para os tecidos. Se a hemácia fosse esférica, moléculas de hemoglobina localizadas em sua parte mais central não entrariam em contato direto com a superfície; na célula discoidal, todas as moléculas de hemoglobina ficam próximas da membrana plasmática e acessíveis ao gás oxigênio que se difunde através dela.

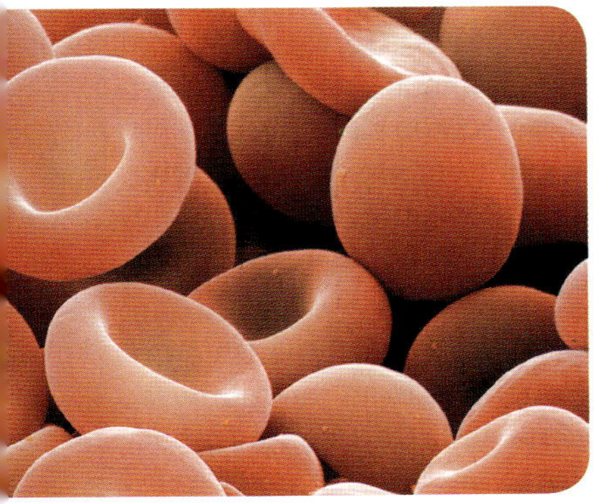

Figura 14.4 Micrografia de hemácias humanas ao microscópio eletrônico de varredura (aumento $\simeq$ 3.500×). Nos mamíferos, as hemácias são anucleadas e têm formato discoidal, com cerca de 7 μm a 8 μm de diâmetro e de 1 μm a 2 μm de espessura.

As hemácias têm vida curta. Na espécie humana, elas duram entre 100 e 120 dias, após o que são destruídas no fígado e no baço. Sua quantidade no sangue, no entanto, mantém-se relativamente constante, pois novas hemácias são continuamente formadas na medula óssea vermelha em um processo denominado **eritropoiese**. Nesse processo, células-tronco hematopoiéticas mieloides diferenciam-se em eritroblastos, que, quando jovens, sintetizam e acumulam grande quantidade de moléculas de hemoglobina. O núcleo dos eritroblastos torna-se inativo no decorrer de sua maturação e a quantidade de RNA citoplasmático é drasticamente reduzida. Finalmente, o núcleo é expelido e o eritroblasto transforma-se em um reticulócito anucleado. Este passa para a corrente sanguínea e, em menos de 24 horas, perde o resto do RNA citoplasmático, transformando-se em uma hemácia madura. **(Fig. 14.5)**

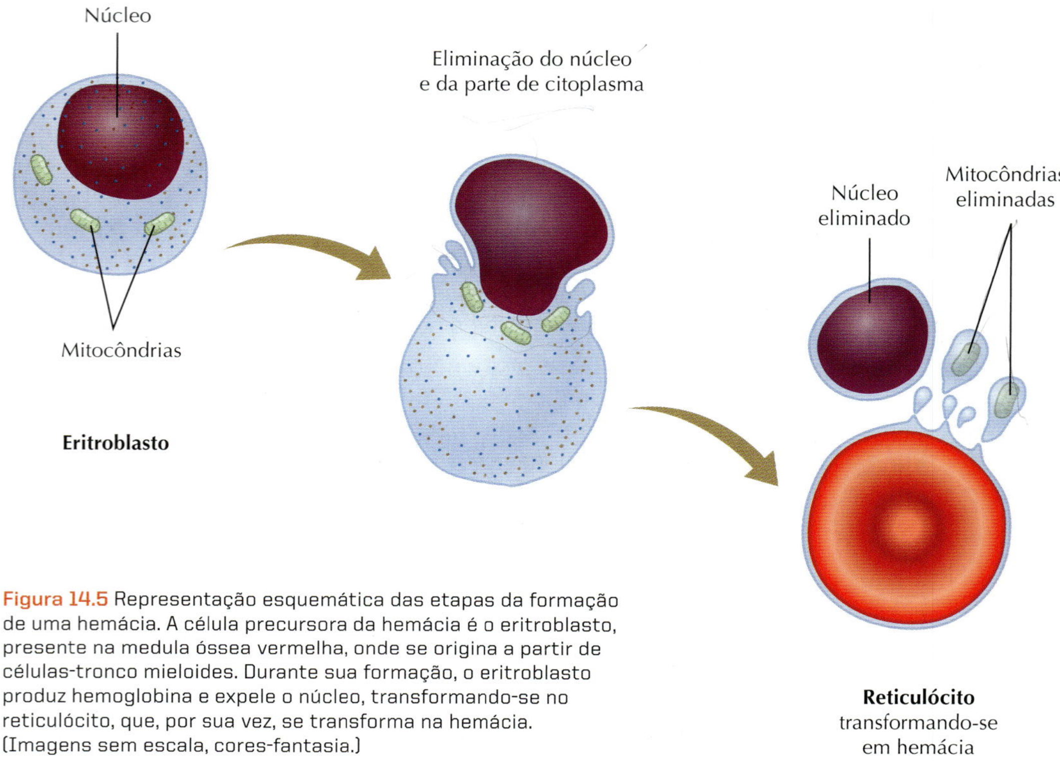

Figura 14.5 Representação esquemática das etapas da formação de uma hemácia. A célula precursora da hemácia é o eritroblasto, presente na medula óssea vermelha, onde se origina a partir de células-tronco mieloides. Durante sua formação, o eritroblasto produz hemoglobina e expele o núcleo, transformando-se no reticulócito, que, por sua vez, se transforma na hemácia. (Imagens sem escala, cores-fantasia.)

A produção de hemácias pela medula óssea é controlada por um mecanismo de retroalimentação negativa (do inglês *negative-feedback*). Se os tecidos não estão recebendo gás oxigênio suficiente, os rins reagem e produzem maior quantidade de **eritropoietina**, um hormônio que estimula a eritropoiese. Se o afluxo de gás oxigênio para os tecidos é maior que o necessário para as células, a produção de eritropoietina nos rins é inibida e a eritropoiese diminui.

Hemoglobina

Uma molécula de **hemoglobina** é formada por quatro cadeias polipeptídicas (duas cadeias α e duas cadeias β), cada uma delas combinada a um **grupo heme**, que consiste de um átomo de ferro (Fe) unido a uma molécula orgânica não proteica denominada protoporfirina. Em ambientes com alta pressão de gás oxigênio e pH alto, como nos pulmões, cada grupo heme da hemoglobina liga-se a uma molécula de gás oxigênio, formando o complexo **oxiemoglobina (HbO_2)**. Nessa forma combinada, o gás oxigênio é transportado dentro das hemácias desde os pulmões até os capilares sanguíneos, atingindo todos os tecidos. Há cerca de 250 milhões de moléculas de hemoglobina em cada hemácia, capazes de transportar até 1 bilhão de moléculas de gás oxigênio. Nos capilares sanguíneos, onde a pressão de gás oxigênio e o pH são mais baixos, o gás oxigênio dissocia-se da hemoglobina e penetra nas células, onde é utilizado na respiração celular. **(Fig. 14.6)**

Pesquisas recentes mostraram que a hemoglobina também se liga a moléculas do gás óxido nitroso (NO), transportando-as até os tecidos, onde elas são liberadas juntamente com o gás oxigênio. O óxido nitroso provoca o relaxamento da parede dos capilares sanguíneos, permitindo que eles se expandam, um efeito que provavelmente facilita a liberação do gás oxigênio para as células.

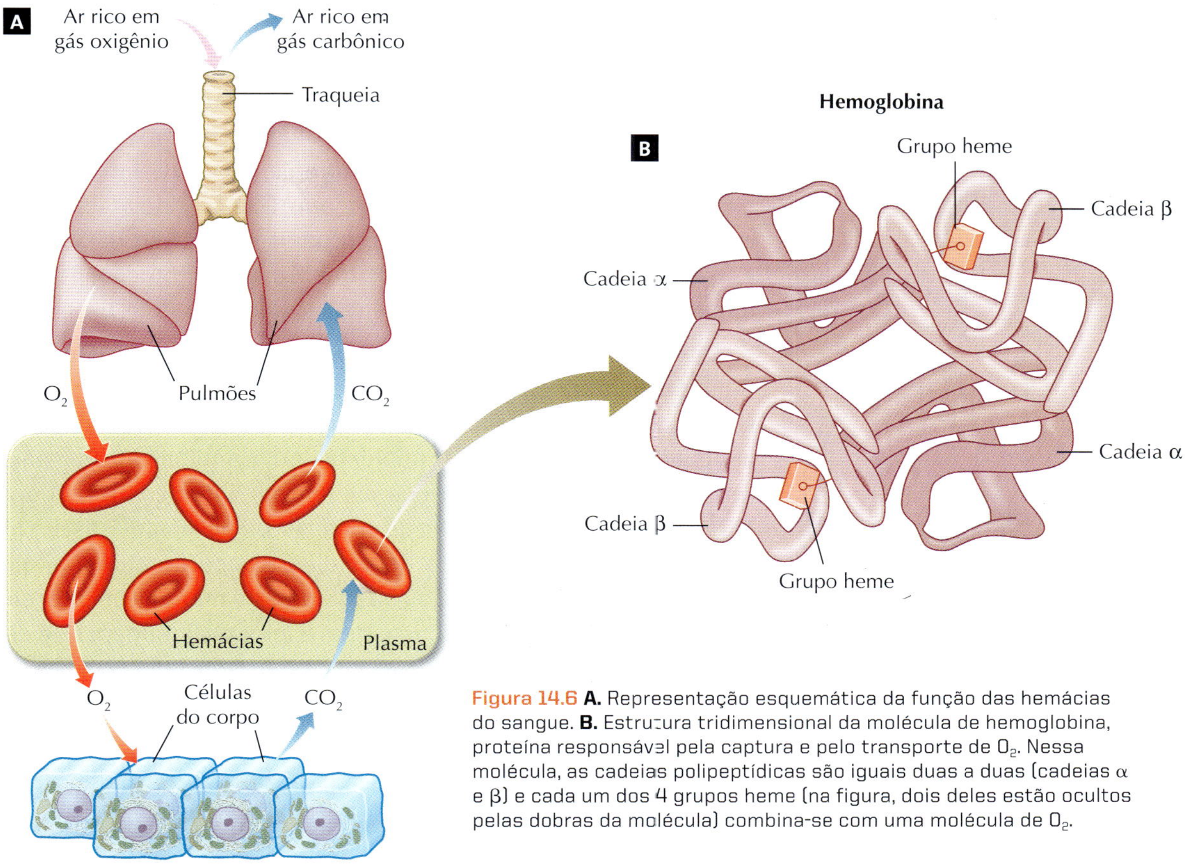

Figura 14.6 A. Representação esquemática da função das hemácias do sangue. **B.** Estrutura tridimensional da molécula de hemoglobina, proteína responsável pela captura e pelo transporte de O_2. Nessa molécula, as cadeias polipeptídicas são iguais duas a duas (cadeias α e β) e cada um dos 4 grupos heme (na figura, dois deles estão ocultos pelas dobras da molécula) combina-se com uma molécula de O_2.

Anemia

Anemia é a condição em que o transporte de gás oxigênio encontra-se prejudicado devido à diminuição da quantidade de hemoglobina no sangue. A anemia pode ocorrer por motivos diversos: em virtude de hemorragias (perda de sangue) ou de doenças que afetam a produção de hemácias normais; por deficiência de ferro no organismo, o que prejudica a síntese de hemoglobina etc. A pessoa anêmica tem a taxa de respiração celular reduzida, o que acarreta diminuição na produção de energia e, consequentemente, uma baixa geral no metabolismo. Assim, os principais sintomas da anemia são falta de vigor e cansaço físico e mental.

Uma forma hereditária de anemia é a **siclemia** ou **anemia falciforme**, causada por uma alteração (mutação) no gene que codifica a cadeia β da hemoglobina. A hemoglobina mutante (siclêmica) difere da normal em apenas um aminoácido, entre os 146 que constituem a cadeia β: na hemoglobina normal, o sexto aminoácido dessa cadeia é o ácido glutâmico; na hemoglobina siclêmica, é a valina. Em consequência dessa substituição, a hemoglobina torna-se menos solúvel e, nas condições de baixa pressão de gás oxigênio existentes nos capilares sanguíneos, as moléculas de hemoglobina siclêmica agrupam-se em feixes que deformam a hemácia, levando-a a adquirir forma de foice. Essa é a origem do termo "anemia falciforme" (do latim *falcis*, foice) e também do termo "siclemia" (do inglês *sickle*, foice).

As hemácias siclêmicas (deformadas) não circulam eficientemente pelos finíssimos capilares sanguíneos, dificultando a circulação do sangue e causando danos aos tecidos, particularmente nos ossos e rins. Além disso, as hemácias siclêmicas são frágeis e se rompem com facilidade. A redução no número de hemácias e seu funcionamento anormal nas pessoas portadoras de siclemia causam deficiência no transporte de gás oxigênio. (**Fig. 14.7**)

Figura 14.7 Micrografia de hemácias humanas normais e hemácias deformadas, em forma de foice (F), típicas da siclemia (microscópio eletrônico de varredura; colorização artificial; aumento ≃ 950×).

3 Leucócitos (glóbulos brancos)

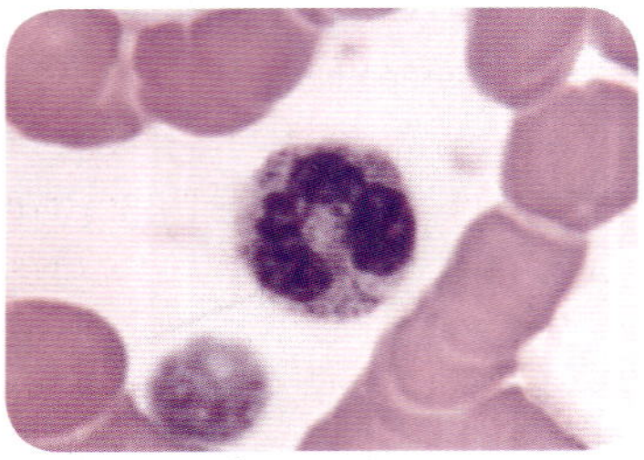

NEUTRÓFILO (granulócito)
Aumento ≃ 1.380×

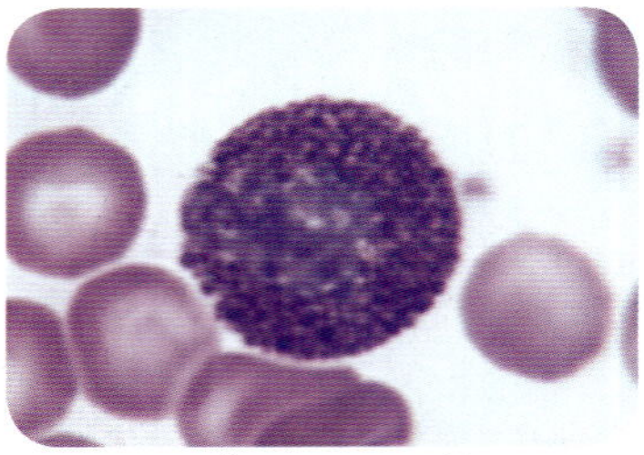

EOSINÓFILO (granulócito)
Aumento ≃ 1.380×

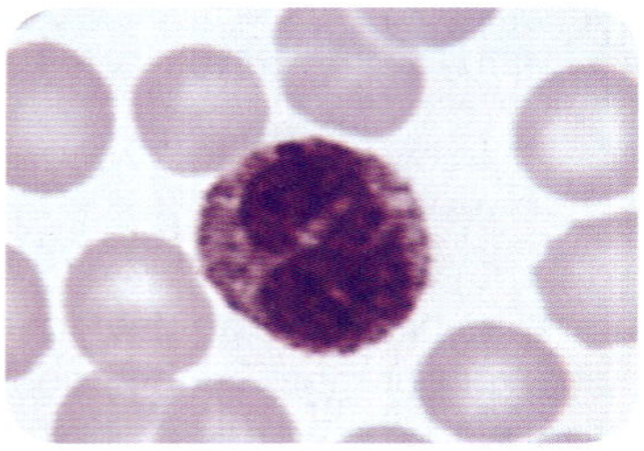

BASÓFILO (granulócito)
Aumento ≃ 1.380×

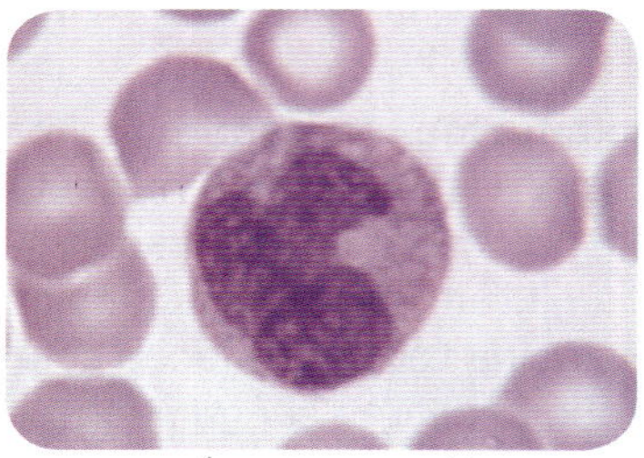

MONÓCITO (agranulócito)
Aumento ≃ 1.380×

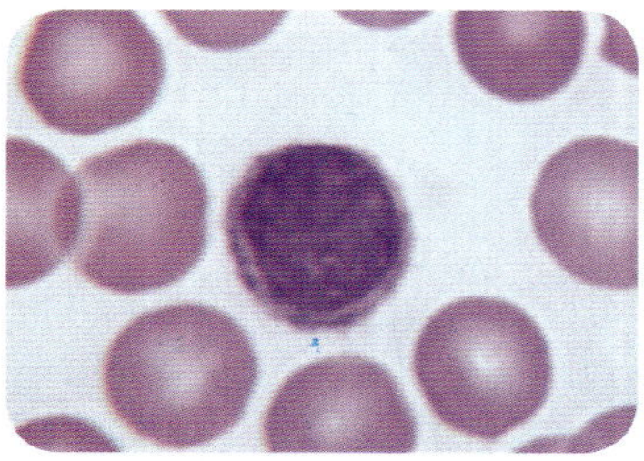

LINFÓCITO (agranulócito)
Aumento ≃ 1.380×

Figura 14.8 Micrografias de cinco tipos de glóbulos brancos do sangue (microscópio óptico).

Leucócitos (do grego *leucos*, branco), também chamados de **glóbulos brancos**, são células esféricas e nucleadas, em geral bem maiores que as hemácias. Em condições normais, há entre 4 mil e 12 mil leucócitos em cada mm^3 de sangue humano. Sua função mais importante é defender o organismo contra microrganismos invasores ou substâncias estranhas que penetrem nos tecidos. Em uma infecção, por exemplo, o número de leucócitos aumenta muito, podendo dobrar ou triplicar.

Os leucócitos podem ser de cinco tipos básicos: neutrófilos, eosinófilos (ou acidófilos), basófilos, monócitos e linfócitos. Os três primeiros tipos apresentam granulações evidentes no citoplasma e por isso são chamados de leucócitos granulosos, ou granulócitos. Por não possuírem grânulos citoplasmáticos evidentes, linfócitos e monócitos são chamados de leucócitos não granulosos, ou agranulócitos. Os linfócitos surgem pela diferenciação de células-tronco linfoides, enquanto os neutrófilos, os eosinófilos, os basófilos e os monócitos diferenciam-se a partir de células-tronco mieloides, a mesma linhagem que dá origem às hemácias. (**Fig. 14.8**)

Neutrófilos

Neutrófilos têm núcleo geralmente trilobado (com dois "estrangulamentos") e apresentam granulações finas no citoplasma. Eles se originam de células-tronco mieloides e representam de 40% a 75% dos leucócitos de nosso sangue. Sua principal função é fagocitar bactérias e outros microrganismos que eventualmente invadam o corpo, sendo particularmente ativos no início de uma infecção.

Por serem dotados de grande mobilidade, os neutrófilos podem sair dos vasos sanguíneos e atingir os tecidos, espremendo-se pelos espaços entre as células da parede dos capilares, fenômeno conhecido como **diapedese**. Nos tecidos infeccionados, os neutrófilos fagocitam ativamente microrganismos e partículas estranhas. O pus que se forma em um ferimento infeccionado contém uma grande quantidade de neutrófilos que morreram no combate aos agentes infecciosos.

Eosinófilos (acidófilos)

Eosinófilos ou **acidófilos** têm núcleo geralmente bilobado (com um estrangulamento central) e granulações finas no citoplasma. Eles se originam de células-tronco mieloides e representam de 2% a 4% dos leucócitos do sangue humano. Sua principal função é combater invasores de grande tamanho, como vermes parasitas.

Quando devidamente estimulados, os eosinófilos liberam os conteúdos de seus grânulos citoplasmáticos, que são proteínas tóxicas para diversos tipos de invasores do corpo. Além disso, eles aderem à superfície do corpo de parasitas, liberando sobre eles íons de peróxido e enzimas, que ajudam a destruí-los. Os eosinófilos secretam substâncias anti-histamínicas capazes de bloquear processos alérgicos. Como os neutrófilos, os eosinófilos também podem realizar diapedese, saindo dos vasos sanguíneos e penetrando entre as células dos tecidos, mas sua capacidade de realizar fagocitose é limitada.

Basófilos

Basófilos representam apenas de 0,5% a 1% dos leucócitos do sangue humano e originam-se de células-tronco mieloides. Eles têm núcleo de forma irregular e apresentam grânulos de grande tamanho que preenchem quase todo o citoplasma. Apesar de sua função ainda não ser bem conhecida, sabe-se que os basófilos liberam histamina.

A **histamina**, uma substância que se forma a partir da descarboxilação (perda do grupo carboxila) do aminoácido histidina, desempenha papel importante nas inflamações e respostas alérgicas. Ela provoca aumento da permeabilidade dos capilares sanguíneos, facilitando a saída de anticorpos e de neutrófilos para os locais onde estão presentes eventuais invasores a serem combatidos. A histamina é responsável pelo inchaço (edema), pela vermelhidão (eritema) e pela coceira que geralmente ocorrem na região dos ferimentos. Outros efeitos da histamina são o aumento da coriza (eliminação de secreção mucosa pelas narinas) e a contração da musculatura lisa dos brônquios.

Além da histamina, os basófilos também liberam heparina, um glicosaminoglicano (polissacarídio) com propriedades anticoagulantes.

Monócitos

Monócitos são as células sanguíneas de maior tamanho e representam de 2% a 8% dos leucócitos do sangue humano. Seus núcleos têm, em geral, forma de ferradura e seu citoplasma quase não possui granulações. Os monócitos recém-produzidos na medula óssea a partir da diferenciação de células-tronco mieloides não apresentam atividade fagocitária. Eles permanecem na circulação por poucas horas e logo migram para os tecidos, onde amadurecem, transformando-se em **macrófagos**, células muito ativas na fagocitose de microrganismos invasores, de resíduos e de células mortas.

Alguns macrófagos deslocam-se continuamente pelo corpo, enquanto outros permanecem fixos em certos tecidos e recebem denominações especiais; nos pulmões, por exemplo, eles são chamados de macrófagos alveolares; no fígado, de células de Kupffer; nos rins, de células mesangiais; no encéfalo, de células microgliais; nos tecidos conjuntivos, de histiócitos.

Os macrófagos estão presentes em grande número no baço, nos linfonodos e em outros tecidos linfoides, onde ficam estrategicamente posicionados para filtrar a linfa, retirando dela resíduos e eventuais invasores. No tecido ósseo, diversos monócitos fundem-se e originam os osteoclastos, células gigantes com de 6 a 50 núcleos, especializadas na reciclagem de tecido ósseo (relembre no capítulo 13).

Linfócitos

Os **linfócitos**, que constituem cerca de 20% a 30% dos leucócitos do sangue humano, têm diâmetro entre 6 μm e 8 μm, núcleo arredondado e, em geral, apresentam pouca ou nenhuma granulação no citoplasma. Eles originam-se de células-tronco linfoides da medula óssea e podem ser de dois tipos básicos: linfócitos B e linfócitos T.

Linfócitos B

Os **linfócitos B** receberam esse nome porque foram estudados inicialmente em aves, nas quais sua maturação ocorre em uma estrutura denominada bursa de Fabricius (daí o B, de bursa), situada na parede da cloaca. Nos mamíferos, tanto a produção quanto a maturação dos linfócitos B ocorrem na medula óssea vermelha.

Os linfócitos B são especializados na produção de **anticorpos**, imunoglobulinas que reconhecem e combatem microrganismos e substâncias estranhas que penetram no corpo.

Linfócitos T

As células precursoras dos **linfócitos T** são produzidas na medula óssea a partir de células-tronco linfoides, mas precisam passar pelo timo (daí o nome linfócito T, de timo) para se desenvolver e amadurecer, antes de se estabelecer nos diversos órgãos linfoides.

Há vários tipos de linfócito T, classificados de acordo com certas moléculas que eles expressam em sua superfície, conhecidas pela sigla CD (do inglês *cluster of differentiation*, grupo de diferenciação). Os linfócitos T podem ser (auxiliadores (expressam a molécula CD4); citotóxicos (expressam a molécula CD8); reguladores (expressam simultaneamente as moléculas CD4 e CD25).

Os **linfócitos T auxiliadores**, ou linfócitos CD4, recebem essa denominação porque sua principal função é estimular a proliferação e a maturação de linfócitos B e de linfócitos T citotóxicos, permitindo a resposta imunitária mediada por essas células. Assim, são os linfócitos CD4 que estimulam os linfócitos B a produzir anticorpos e os linfócitos T citotóxicos a atacar e destruir células anormais, como as cancerosas ou as infectadas por vírus.

AMPLIE SEUS CONHECIMENTOS — A resposta inflamatória

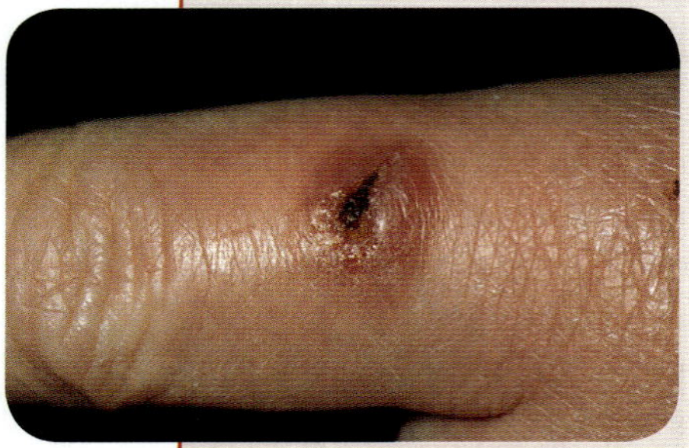

Figura 14.9 Corte inflamado no dedo de uma pessoa. A resposta inflamatória representa uma defesa do organismo contra agentes invasores que penetram por lesões na pele.

Novas descobertas têm mostrado que um organismo multicelular não é apenas um conjunto de tecidos organizados. As células comunicam-se, sinalizando sobre o que está ocorrendo no corpo e quais providências devem ser tomadas. A comunicação entre as células, que permite sua ação integrada, pode ser bem ilustrada na chamada resposta inflamatória. A inflamação constitui uma reação "orquestrada" do organismo quando ocorrem ferimentos, que podem servir de entrada de microrganismos, principalmente bactérias e vírus. A área inflamada apresenta dor, vermelhidão, inchaço e temperatura elevada. (**Fig. 14.9**)

Na região do ferimento, os capilares e outros tecidos lesados liberam **bradicinas** (pequenas cadeias de aminoácidos), que atuam sobre células nervosas próximas estimulando-as a levar a informação da lesão ao cérebro, que a interpreta como dor. As bradicinas também estimulam os mastócitos dos tecidos conjuntivos lesados a liberar histamina, que causa dilatação dos capilares da região ferida, tornando-os mais permeáveis. A consequência direta dessa vasodilatação é o grande afluxo de sangue ao local, o que explica a vermelhidão e o aumento de temperatura na área inflamada. Além disso, os capilares tornam-se mais permeáveis e maior quantidade de líquido do plasma passa do sangue para os tecidos, o que resulta em inchaço. A temperatura mais elevada contribui para impedir a proliferação de microrganismos sensíveis ao calor, além de estimular o metabolismo das células de defesa que estão chegando à área inflamada.

Devido à ação vasodilatadora da histamina, centenas de "soldados" — neutrófilos e macrófagos — podem chegar, pelo sangue, ao local do ferimento. Como os capilares tornaram-se mais dilatados e permeáveis, os neutrófilos e os precursores dos macrófagos, os monócitos, conseguem se espremer e passar entre as células epiteliais da parede capilar, chegando aos tecidos, fenômeno conhecido como diapedese, como vimos. Os neutrófilos entram imediatamente em ação, fagocitando bactérias e restos de células danificadas. Na área lesada, podem restar milhares e milhares de "cadáveres" de neutrófilos que morreram em combate; eles formam o pus (veja também no item Neutrófilos). Fibroblastos invadem o local, e os tecidos lesados começam a se regenerar. (**Fig. 14.10**)

A reação do organismo à invasão microbiana pode ir além da resposta inflamatória e pôr em ação uma segunda linha de defesa, representada pelos linfócitos associados aos macrófagos.

Os **linfócitos T citotóxicos**, ou linfócitos CD8, atuam matando células portadoras de moléculas estranhas ao corpo (antígenos), tais como células infectadas por vírus, que expressam proteínas virais em sua superfície. Eles se ligam aos antígenos na superfície das células estranhas e liberam sobre elas grânulos semelhantes a lisossomos contendo uma proteína denominada perforina, que forma um poro na membrana da célula-alvo. Esses grânulos contêm também diferentes enzimas proteolíticas, que penetram na célula-alvo através do poro de perforina e induzem a apoptose, ou seja, a morte celular programada. As células agonizantes são reconhecidas e rapidamente destruídas por células fagocitárias, como macrófagos.

Os **linfócitos T reguladores**, descobertos recentemente, têm função moduladora na resposta imunitária, podendo refrear a ação dos linfócitos T auxiliadores e citotóxicos.

Os macrófagos, além de sua atividade fagocitária, produzem **interleucinas**, substâncias que estimulam a multiplicação de linfócitos capazes de reconhecer os invasores e de combatê-los. Depois de fagocitar os agentes infecciosos, os macrófagos "apresentam" pedaços de seus componentes principais aos linfócitos T auxiliadores (CD4), capacitando-os a identificar as substâncias que caracterizam o invasor, isto é, seus antígenos.

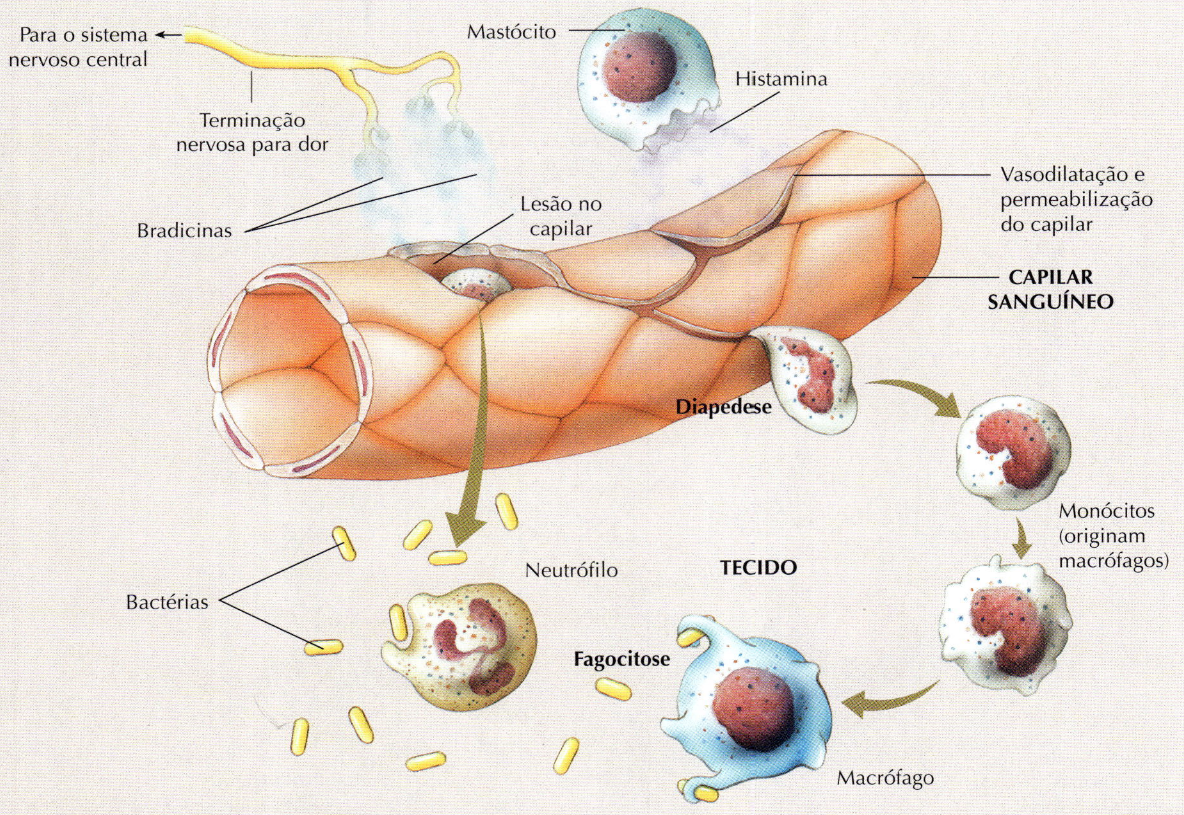

Figura 14.10 Representação esquemática de alguns eventos que ocorrem durante a resposta inflamatória. (Imagens sem escala, cores-fantasia.) Analise a figura acompanhando as explicações no texto.

Os linfócitos CD4 estimulados liberam outro tipo de interleucina, a qual estimula linfócitos B e linfócitos T citotóxicos (CD8) associados aos antígenos. Os linfócitos B estimulados multiplicam-se e produzem anticorpos que atacam o invasor; nessa fase, os linfócitos B são chamados de plasmócitos.

Os anticorpos, depois de se ligarem aos antígenos, ativam certas proteínas do plasma que causam perfurações nas paredes das células bacterianas, levando-as a se romper. Além disso, os invasores com anticorpos aderidos são fagocitados mais facilmente pelos macrófagos. (**Fig. 14.11**)

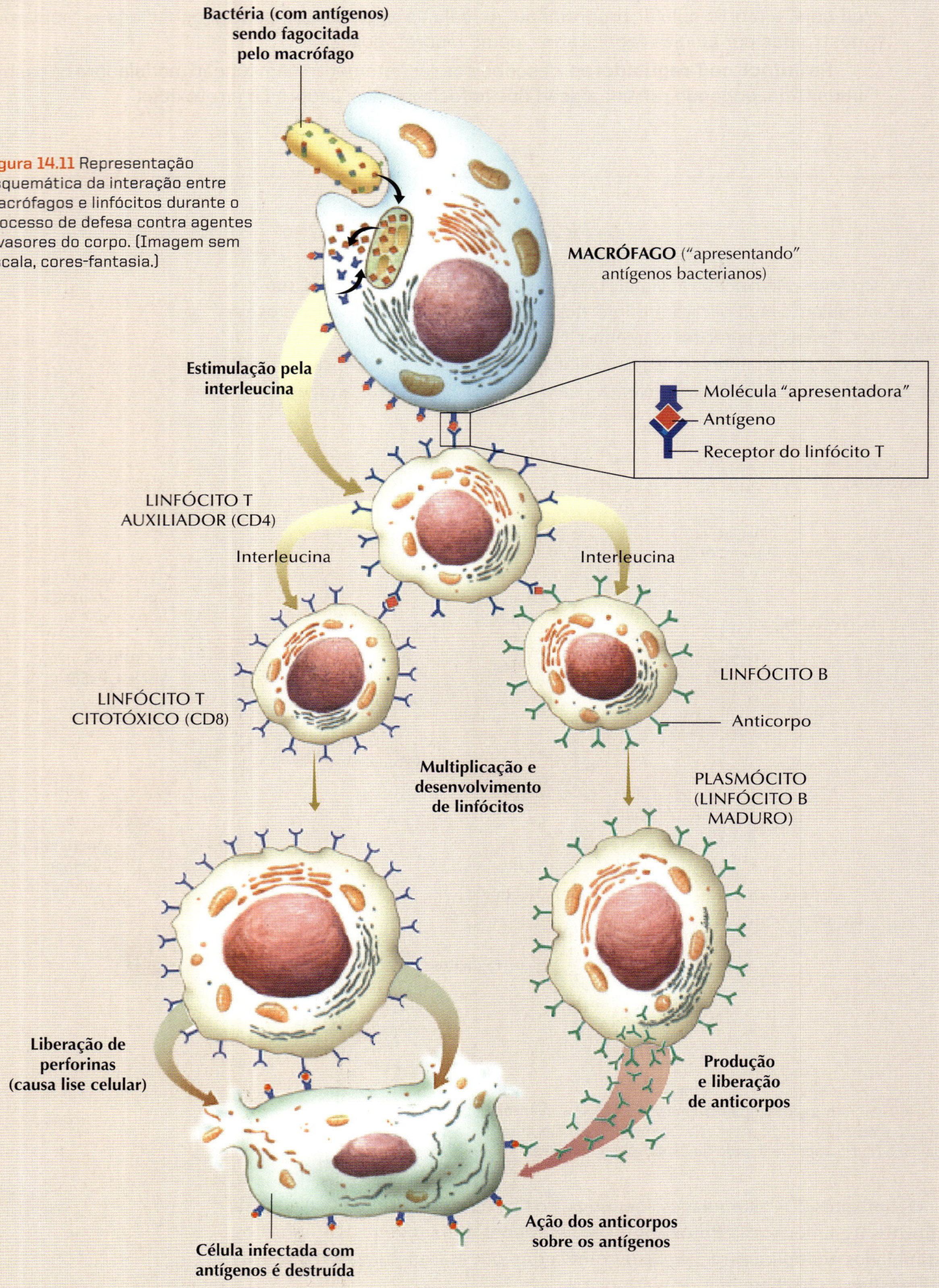

Figura 14.11 Representação esquemática da interação entre macrófagos e linfócitos durante o processo de defesa contra agentes invasores do corpo. (Imagem sem escala, cores-fantasia.)

4 Plaquetas (trombócitos)

Plaquetas, ou **trombócitos** (do grego *thrombos*, coágulo), são fragmentos citoplasmáticos anucleados, de forma irregular ou oval (com de 2 μm a 4 μm de diâmetro), envoltos por membrana plasmática e por um espesso revestimento de glicoproteínas, responsável por suas propriedades adesivas. Elas estão presentes no sangue numa concentração da ordem de 300 mil por milímetro cúbico.

As plaquetas originam-se na medula óssea vermelha a partir de células denominadas **megacariócitos**, as quais surgem de células-tronco hematopoiéticas. Nesse processo, o megacariócito maduro emite prolongamentos citoplasmáticos longos e finos, que penetram nos sinusoides presentes na medula. Dentro deles, as extremidades dos prolongamentos estrangulam-se, liberando fragmentos que são as plaquetas. (**Fig. 14.12**)

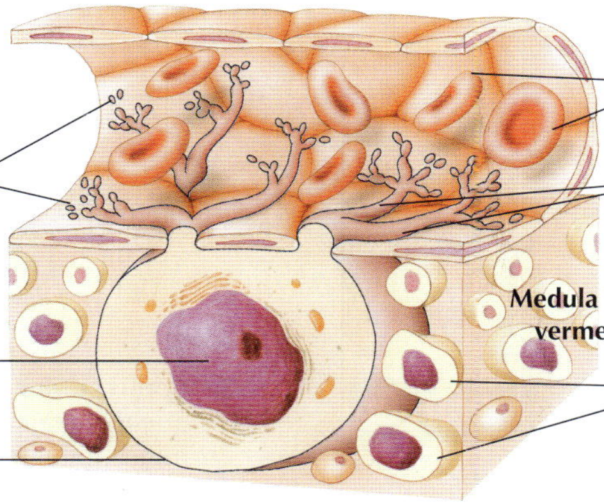

Figura 14.12 Representação esquemática de um capilar sanguíneo da medula óssea vermelha, em corte, mostrando a formação de plaquetas a partir de um megacariócito. (Imagem sem escala, cores-fantasia.)

A coagulação do sangue

As plaquetas são agentes importantes na coagulação do sangue. Quando um vaso sanguíneo é lesado, como, por exemplo, no caso de um ferimento, as plaquetas são ativadas e aderem entre si e ao local da lesão. Elas, então, liberam uma enzima denominada **tromboplastina**, que inicia uma complexa sequência de reações químicas no plasma sanguíneo, que leva à formação do coágulo.

Em resumo, a tromboplastina, agindo em conjunto com íons de cálcio (Ca^{2+}), catalisa a reação de conversão de uma proteína sanguínea, a **protrombina**, em **trombina**. Esta é enzimaticamente ativa e catalisa a conversão de outra proteína sanguínea, o **fibrinogênio**, em **fibrina**, uma proteína fibrosa cujas moléculas se entrelaçam formando uma rede. As hemácias, incapazes de atravessar a rede de fibrina que se forma no local do ferimento, acumulam-se, originando o coágulo, que estanca a hemorragia. (**Fig. 14.13**)

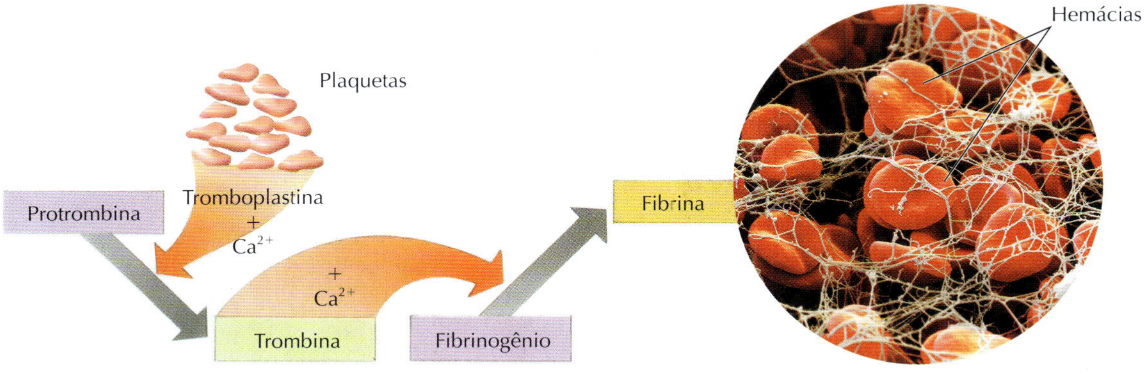

Figura 14.13 Representação esquemática das etapas do processo de coagulação do sangue. A rede de fibrina que se forma aprisiona as hemácias e detém a hemorragia, como se pode ver na micrografia ao microscópio eletrônico de varredura (aumento ≃ 2.000×).

Algumas das enzimas que participam do processo de coagulação precisam estar associadas a íons Ca^{2+} para funcionar. Para que essa associação ocorra, é necessária a participação da vitamina K. Assim, tanto os íons Ca^{2+} quanto a vitamina K têm de estar presentes na dieta humana, pois são indispensáveis à coagulação do sangue.

Na espécie humana, há uma doença hereditária que afeta a coagulação sanguínea: a **hemofilia**. No tipo mais comum de hemofilia, o sangue da pessoa não coagula devido a uma incapacidade genética de fabricar o fator VIII, um dos diversos fatores necessários ao processo de coagulação. Além de sofrer sangramentos prolongados mesmo em pequenos ferimentos externos, a pessoa hemofílica apresenta hemorragias internas, principalmente nas articulações. Para evitar hemorragias hemofílicas, deve-se fazer a transfusão de sangue ou de plasma frescos ou providenciar a injeção concentrada de fatores de coagulação.

Conteúdo digital Moderna PLUS http://www.modernaplus.com.br
Texto: *Um kit rápido para consertar o corpo com seu próprio sangue*

ATIVIDADES

QUESTÕES PARA PENSAR E DISCUTIR

Questões objetivas

Considere as alternativas a seguir para responder às questões de 1 a 6.

a) Hemácia.
b) Leucócito.
c) Linfa
d) Linfonodo.
e) Plaqueta.
f) Plasma sanguíneo.

1. Qual é o nome dos fragmentos celulares que participam dos processos de coagulação do sangue?

2. Qual é o nome do fluido em que estão mergulhadas as células sanguíneas?

3. Como se denomina a célula de forma discoide, sem núcleo e de cor vermelha devida à presença de hemoglobina?

4. Que célula sanguínea tem forma esférica, núcleo bem desenvolvido e atua na defesa do corpo contra infecções?

5. Qual é a denominação do fluido que corre pelo interior dos vasos linfáticos?

6. Qual das alternativas é a denominação de um órgão linfoide associado ao sistema linfático?

Considere as alternativas a seguir para responder às questões de 7 a 12.

a) Anticorpo.
b) Antígeno.
c) Linfócito B.
d) Linfócito T auxiliador (CD4).
e) Linfócito T citotóxico (CD8).
f) Macrófago.

7. Qual é a célula especializada em reconhecer e destruir células infectadas por vírus, células estranhas ao organismo e células alteradas?

8. Como se denomina um tipo de célula do sangue que pode movimentar-se nos tecidos, ingerindo microrganismos e resíduos por fagocitose?

9. Qual é a denominação de qualquer substância estranha ao organismo capaz de desencadear uma resposta imunitária?

10. Que célula é responsável pelo comando do sistema imunitário, recebendo as informações sobre a presença de invasores do organismo e desencadeando a resposta de defesa?

11. Como se denomina uma substância proteica capaz de se combinar especificamente a substâncias estranhas ao organismo inativando-as?

12. Que célula é responsável pela produção de substâncias proteicas específicas capazes de se combinarem com substâncias estranhas ao organismo?

Questões discursivas

13. Elabore um diagrama esquemático, com legendas, que relacione os seguintes fatores implicados na coagulação:
a) plaquetas;
b) tromboplastina;
c) trombina;
d) fibrinogênio;
e) fibrina;
f) íons de cálcio.

14. Elabore uma tabela indicando, para cada um dos cinco tipos de leucócitos encontrados no sangue:
a) estrutura;
b) função;
c) local onde se formam;
d) quantidade aproximada, por milímetro cúbico de sangue, admitindo-se uma pessoa normal com 10 mil leucócitos por milímetro cúbico.

VESTIBULARES PELO BRASIL

Brasil – Regiões

- Região Norte
- Região Centro-Oeste
- Região Sul
- Região Nordeste
- Região Sudeste
- Brasil

Questões objetivas

1 (UFMA) O sangue dos mamíferos é um tecido conjuntivo que se caracteriza por apresentar substância intercelular em estado líquido, o plasma, que transporta diferentes "elementos figurados". Dentre os elementos figurados, estão as hemácias. Sobre elas, podemos afirmar:

a) são células achatadas, sem núcleo, que, depois de formadas no tecido hematopoiético, permanecem na corrente sanguínea durante toda a vida do animal.
b) são células pequenas e esféricas, sem núcleos, presentes em pequeno número, mas capazes de transportar grandes quantidades de oxigênio.
c) são células pequenas e achatadas que apresentam grande capacidade reprodutiva na corrente sanguínea e, por isso, estão presentes em grande número.
d) são células que se apresentam convexas, o que garante maior eficiência no transporte dos gases respiratórios.
e) são células bicôncavas, anucleadas, flexíveis, responsáveis pelo transporte dos gases respiratórios.

2 (UFPB) Células especializadas patrulham o nosso corpo circulando pelos vasos sanguíneos e linfáticos. Assim que percebem a presença de microrganismos, essas células atravessam a parede dos vasos e invadem os tecidos, fagocitando esses microrganismos, que depois são digeridos pelos seus lisossomos. As células mencionadas são

a) neutrófilos e linfócitos.
b) neutrófilos e plaquetas.
c) macrófagos e linfócitos.
d) macrófagos e plaquetas.
e) neutrófilos e macrófagos.

3 (Unifor-CE) Sobre o tecido sanguíneo dos mamíferos, é correto afirmar que

a) as hemácias são responsáveis por todo o transporte de gases respiratórios.
b) numa infecção, o número de neutrófilos não se altera, uma vez que essas células não têm capacidade de fagocitose.
c) a reposição periódica de hemácias deve-se a células indiferenciadas presentes na medula óssea.
d) na elaboração do cariótipo humano, usam-se indiferentemente glóbulos brancos ou glóbulos vermelhos.
e) a hemoglobina presente na hemácia é sintetizada constantemente durante toda a vida da célula.

4 (UFC-CE-Adaptado) Sobre os elementos figurados do sangue dos mamíferos, são feitas as afirmativas abaixo:

I. Os leucócitos são os elementos figurados mais numerosos na corrente sanguínea e desempenham importante papel na defesa do organismo.
II. As hemácias são elementos figurados anucleados presentes na circulação e desempenham importante papel no transporte de gases.
III. As plaquetas são elementos celulares menos numerosos presentes na circulação, atuando nos processos de coagulação sanguínea.

Qual é a opção correta?

a) I, II e III são verdadeiras.
b) Somente I e II são verdadeiras.
c) Somente II e III são verdadeiras.
d) Somente II é verdadeira.
e) Somente III é verdadeira.

5 (Urca-CE) É função dos monócitos:

a) Liberar heparina e histamina.
b) Fagocitar bactérias, vírus e fungos.
c) Produzir anticorpos na rejeição de enxertos.
d) Combater reações alérgicas.
e) Produzir linfa.

6 (UEMS) O desenvolvimento das pesquisas com células-tronco tem trazido novas esperanças aos portadores de diversos tipos de doenças. No Brasil, as pesquisas com esse tipo de células foram autorizadas recentemente pelo Congresso Nacional. Assinale a alternativa que define a célula-tronco:

a) Células altamente especializadas que não sofrem mitose.
b) Células diferenciadas incapazes de originar outros tipos de tecidos.
c) Células indiferenciadas capazes de originar qualquer tipo de tecido.
d) Células mesenquimais que originam os tecidos embrionários.
e) Células endoteliais capazes de originar qualquer tipo de tecido.

7 (UEMS) Células sanguíneas que atuam no processo de trocas gasosas, na defesa do organismo e no processo de coagulação do sangue são respectivamente

a) plaquetas, hemácias e leucócitos.
b) eosinófilos, hemácias e trombócitos.
c) eritrócitos, hemácias e leucócitos.
d) hemácias, leucócitos e plaquetas.
e) eritrócitos, hemácias e eosinófilos.

8 (UEG-GO) Quando uma pessoa sofre um corte superficial na pele, várias reações biológicas normalmente ocorrem para neutralizar a lesão. Todas as alternativas descrevem reações biológicas que acontecerão, exceto:

a) A trombina enzimaticamente ativa catalisa a conversão de fibrinogênio em tromboplastina, proteína fibrosa cujas moléculas se entrelaçam formando uma rede.

b) Os leucócitos migram para o local da lesão com a finalidade de realizar a fagocitose de possíveis agentes estranhos.
c) Os fibroblastos migram para a região da pele ferida e passam a produzir grande quantidade de fibras e substâncias amorfas.
d) As plaquetas atuam no processo de coagulação no local da lesão, bloqueando o fluxo sanguíneo.

9 (UFGD-MS) Um coágulo sanguíneo forma-se na superfície do corpo e seca em contato com o ar, formando o que popularmente conhecemos como "casca de ferida". O esquema a seguir representa a formação do coágulo.

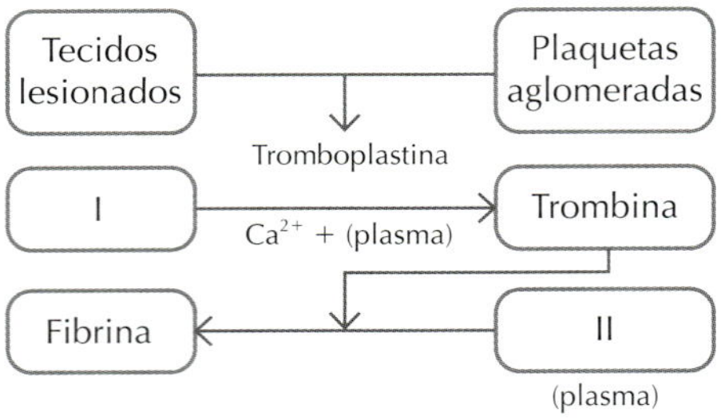

Os componentes I e II correspondem, respectivamente, a
a) vitamina K e fibrinogênio.
b) protrombina e fibrinogênio.
c) protrombina e plaquetas.
d) fibrinogênio e protrombina.
e) plaquetas e vitamina K.

10 (Fuvest-SP) Têm (ou tem) função hematopoiética
a) as glândulas parótidas.
b) as cavidades do coração.
c) o fígado e o pâncreas.
d) o cérebro e o cerebelo.
e) a medula vermelha dos ossos.

11 (UFSCar-SP) Doses intensas de radiação ionizante podem danificar a medula óssea e tornar uma pessoa anêmica.

Nesse caso, a razão da anemia é que a medula óssea
a) é a fonte do iodo necessário à síntese da hemoglobina.
b) é a fonte do ferro necessário à síntese da hemoglobina.
c) é a fonte dos aminoácidos essenciais para a síntese dos anticorpos.
d) contém as células-tronco que se diferenciam em hemácias.
e) contém as células-tronco que se diferenciam em plaquetas.

12 (Unifesp) O tratamento da leucemia por meio dos transplantes de medula óssea tem por princípio a transferência de células-tronco da medula de um indivíduo sadio para o indivíduo afetado. Tal procedimento fundamenta-se no fato de que essas células-tronco
a) podem ser usadas para a clonagem de células sadias do paciente.
b) não serão afetadas pela doença, já que foram diferenciadas em outra pessoa.
c) secretam substâncias que inibem o crescimento celular.
d) podem dar origem a linfócitos T, que, por sua vez, ingerem os leucócitos em excesso.
e) podem dar origem a todos os diferentes tipos de células sanguíneas.

13 (Fazu-MG) As células do sangue são originadas de células totipotentes, que estão localizadas
a) no tecido nervoso.
b) no tecido muscular liso.
c) na medula óssea vermelha.
d) no tecido muscular estriado.
e) no tecido cartilaginoso.

14 (Fazu-MG) Os elementos figurados do sangue são as hemácias, os leucócitos e as plaquetas. Os leucócitos podem ser divididos em dois grandes grupos, os granulócitos e os agranulócitos. Dentre os agranulócitos, aqueles que têm a função de produção de anticorpos são os
a) neutrófilos.
b) monócitos.
c) basófilos.
d) linfócitos.
e) monócitos e basófilos.

15 (Fatec-SP) Sobre os elementos figurados do sangue de uma pessoa, foram feitas as seguintes afirmações:
I. As hemácias permanecem na circulação por 120 dias, sendo então removidas e destruídas no baço.
II. O transporte de oxigênio ocorre graças à presença da hemoglobina no interior dos glóbulos vermelhos.
III. A contagem de leucócitos costuma diminuir em doenças infecciosas, como pneumonia e meningites.
IV. As plaquetas são importantes na defesa do organismo contra agentes infecciosos.
V. Apenas nos mamíferos as hemácias são anucleadas.

Deve-se concluir que
a) estão corretas apenas as afirmações I, II e V.
b) estão corretas apenas as afirmações III e IV.
c) apenas a afirmação IV está correta.
d) estão corretas apenas as afirmações I e III.
e) todas as afirmações estão corretas.

16 (Cesgranrio-RJ-Adaptado) Encontram-se listadas a seguir algumas propriedades, características ou funções dos elementos figurados do sangue humano. Associe um número a cada uma, utilizando o seguinte código:
I. Referente a hemácias.
II. Referente a leucócitos.
III. Referente a plaquetas.

- Transporte de oxigênio.
- Defesa fagocitária e imunitária.
- Coagulação do sangue.
- Riqueza em hemoglobina.
- Capacidade de atravessar a parede dos capilares intactos para atingir uma região infectada do organismo.

Dentre as possibilidades abaixo, qual contém a sequência numérica correta?

a) I, II, III, I, II.
b) II, II, III, I, I.
c) III, I, III, I, II.
d) I, II, II, I, III.
e) I, II, III, II, III.

17 (Vunesp) Enquanto coletava plantas para a aula de botânica, Pedrinho acidentalmente perfurou o dedo com um espinho. Antes mesmo que providenciasse um curativo, percebeu que o sangue parara de escorrer pela pele perfurada. A formação de coágulo que estancou o sangue ocorreu porque

a) o fibrinogênio converteu-se em fibrina, por ação da enzima trombina.
b) a fibrina converteu-se em fibrinogênio, por ação da enzima tromboplastina.
c) a tromboplastina converteu-se em fibrina, por ação da enzima trombina.
d) a protrombina converteu-se em trombina, por ação da enzima fibrina.
e) a trombina converteu-se em fibrinogênio, por ação da enzima tromboplastina.

18 (PUC-SP-Adaptado) Observe o processo abaixo esquematizado:

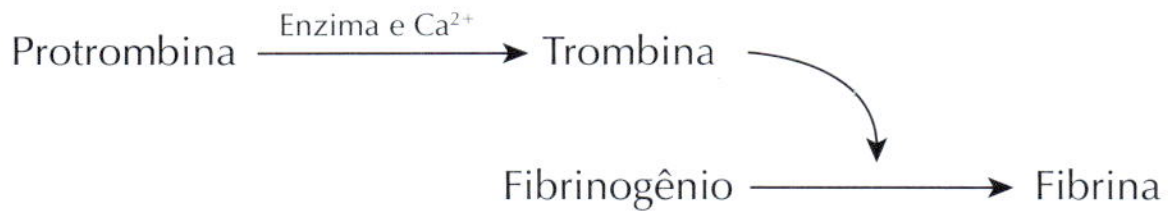

Qual é a alternativa que apresenta o componente que a ele se relaciona?

a) Hemácia.
b) Plaqueta.
c) Neutrófilo.
d) Fibroblasto.
e) Linfócito.

19 (Unifal-MG) Observe o esquema abaixo que apresenta as diferentes etapas do processo de coagulação sanguínea.

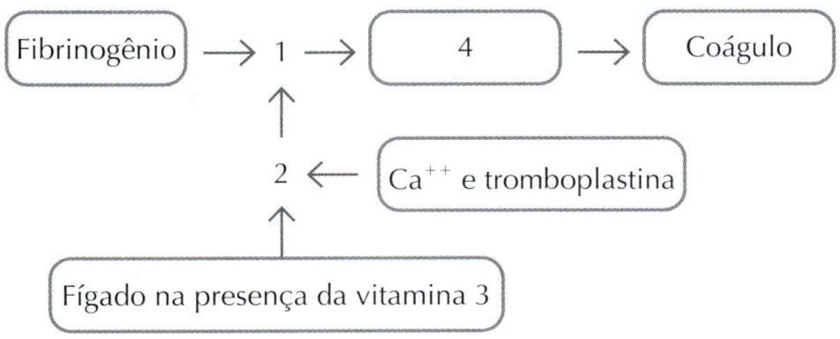

Marque a alternativa que correlaciona corretamente os números 1, 2, 3 e 4 com as substâncias envolvidas nesse processo.

a) 1 — protrombina; 2 — trombina; 3 — vitamina C; 4 — protromboplastina.
b) 1 — trombina; 2 — protrombina; 3 — vitamina K; 4 — fibrina.
c) 1 — fibrina; 2 — protrombina; 3 — vitamina C; 4 — trombina.
d) 1 — protrombina; 2 — trombina; 3 — vitamina K; 4 — fibrina.

20 (PUC-RJ) A hemofilia se caracteriza por ser uma doença

a) adquirida, cujo sintoma é o excesso de açúcar no sangue e a falta de insulina.
b) hereditária, que causa problemas de coagulação sanguínea.
c) infecciosa, que causa problemas de coagulação sanguínea.
d) congênita, que causa má formação dos ossos.
e) contagiosa, causada por um vírus e transmitida por mosquitos.

21 (UEL-PR) Alguns tecidos do organismo humano adulto se regeneram constantemente por meio de um processo complexo e finamente regulado. Isso acontece com a pele, com os epitélios intestinais e especialmente com o sangue, que tem suas células destruídas e renovadas constantemente, como mostra o esquema abaixo:

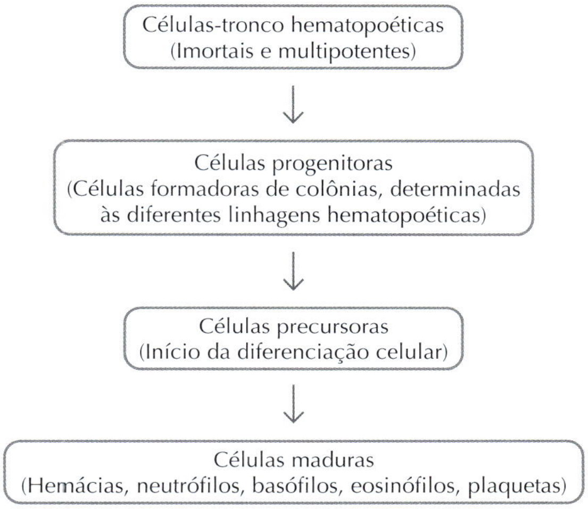

Baseado nas informações acima e nos conhecimentos sobre o tema, considere as afirmativas a seguir.

I. Células-tronco hematopoéticas apresentam potencial para diferenciar-se em qualquer célula do sangue e também gerar outras células-tronco.
II. A hematopoese resulta da diferenciação e da proliferação simultânea de células-tronco que, à medida que se diferenciam, vão reduzindo sua potencialidade.
III. As diferentes linhagens hematopoéticas geradas no sistema apresentam altas taxas de proliferação.
IV. Existe um aumento gradual da capacidade de autorrenovação das células durante esse processo.

A alternativa que contém todas as afirmativas corretas é:

a) I e II.
b) I e IV.
c) III e IV.
d) I, II e III.
e) II, III e IV.

22 (PUC-RS-Adaptado) **Instrução**: Responder à questão relacionando os elementos sanguíneos, identificados por algarismos romanos, com as definições A, B, C.

I. Glóbulos vermelhos (hemácias)
II. Glóbulos brancos (leucócitos)
III. Plaquetas

A. participam na coagulação sanguínea.

B. participam no transporte de oxigênio.

C. participam na defesa imunológica do organismo.

Qual das alternativas apresenta a relação correta?

a) A — I; B — II; C — III.
b) A — I; B — III; C — II.
c) A — II; B — I; C — III.
d) A — III; B — I; C — II.
e) A — III; B — II; C — I.

23 (PUC-RS) Uma análise completa do pus mostraria que essa secreção é constituída por

a) leucócitos em processo de degeneração, soro, fragmentos de vírus, proteínas e fibras.
b) leucócitos em processo de degeneração, plasma, fragmentos de bactérias, proteínas e elementos orgânicos.
c) hemácias íntegras, soro, fragmentos de bactérias, proteínas e elementos orgânicos.
d) hemácias íntegras, plasma, fragmentos de vírus, fibras e elementos orgânicos.
e) hemácias íntegras, soro, fragmentos de bactérias, proteínas e fibras.

24 (UFSM-RS) No tipo mais comum de hemofilia, há a incapacidade de produção do fator VIII, necessário ao processo de coagulação sanguínea. Esse processo envolve enzimas que, para seu funcionamento, devem estar associadas a(à)

a) íons $C\ell^{+}$.
b) vitamina A.
c) vitamina E.
d) íons Ca^{2+}.
e) vitamina D.

Questões discursivas

25 (UFRJ) O encéfalo humano é um dos órgãos que apresentam maior irrigação sanguínea. Isso está relacionado ao fato de suas células demandarem grande quantidade de energia.

Explique de que maneira o grande volume de sangue contribui para a produção de energia nas células do encéfalo humano.

26 (UFRJ) Atualmente, uma das estratégias mais promissoras no combate ao câncer é a injeção de inibidores de angiogênese (formação de vasos sanguíneos) no local do tumor.

Considerando as funções do sangue, qual é o princípio dessa estratégia?

27 (UFRJ) Nos hemogramas, conhecidos popularmente como "exames de sangue", diversas características são avaliadas.

Hemogramas de três pacientes, X, Y e Z, foram realizados para determinar se eles estavam em condições de sofrer cirurgias de "ponte de safena", nas quais partes de vasos sanguíneos das pernas são removidas e implantadas no coração, substituindo artérias cujo funcionamento esteja comprometido.

Os resultados parciais dos três hemogramas estão apresentados na tabela a seguir.

Tipos celulares	Valores normais	Pacientes		
		X	Y	Z
Hemácias	De 4,8 a 5,5 milhões/mL	4,8	5,2	5,7
Plaquetas	De 200.000 a 400.000/mL	90.000	420.000	380.000
Leucócitos totais	De 6.000 a 10.000/mL	7.700	9.000	7.000

Com base nesses resultados, os médicos suspenderam a cirurgia de um dos pacientes.

Identifique o paciente que teve a cirurgia suspensa e diga por que os médicos tomaram tal decisão.

UNIDADE D

Capítulo 15
Tecidos musculares

Fotomicrografia ao microscópio eletrônico de transmissão de fibra muscular estriada esquelética parcialmente contraída (colorizada artificialmente; aumento ≃ 785.000×). As estruturas coradas em verde, entre as miofibrilas em vermelho, são mitocôndrias, organelas que fornecem energia para a contração muscular.

Os músculos são os motores do corpo, pois nos tornam capazes de realizar uma variedade de movimentos corporais, com força, delicadeza e precisão.

Neste capítulo, veremos as características dos três tipos fundamentais de tecidos musculares: estriado esquelético, estriado cardíaco e não estriado.

› 15.1 Características dos tecidos musculares

Os músculos representam cerca de 40% de nossa massa corporal. Eles são responsáveis por todos os nossos movimentos, assim como pela postura do corpo.

› 15.2 Tecido muscular estriado esquelético

O tecido muscular estriado esquelético constitui a maior parte da musculatura dos vertebrados, formando o que se chama popularmente de "carne". Os músculos esqueléticos são assim chamados por estarem ligados aos ossos.

› 15.3 Tecido muscular estriado cardíaco

O tecido muscular estriado cardíaco é encontrado apenas no coração. As fibras cardíacas são estriadas como as esqueléticas, mas apresentam contração involuntária.

› 15.4 Tecido muscular não estriado (ou tecido muscular liso)

O tecido muscular não estriado, ou liso, está presente em órgãos internos, como o intestino e o útero. Suas células não têm estrias transversais e apresentam contração involuntária.

Características dos tecidos musculares

Objetivos

- Reconhecer os princípios fisiológicos que permitem a movimentação corporal e valorizar a importância da atividade física para manter boa saúde e qualidade de vida.
- Conhecer a função geral dos três tipos de tecido muscular – estriado esquelético, estriado cardíaco e não estriado – e a localização de cada um no organismo humano.

Termos e conceitos

- tecido muscular

O papel dos músculos

Os músculos representam, em média, 40% de nossa massa corporal e são responsáveis por todos os nossos movimentos, assim como pela postura do corpo. Por exemplo, o movimento de seus globos oculares acompanhando estas linhas é resultado da contração de músculos ligados a eles; a postura de seu corpo durante a leitura é resultado da contração de diversos músculos esqueléticos. A contração muscular, além de permitir a postura, a locomoção e os mais diversos tipos de movimentos corporais, também é responsável pela movimentação dos órgãos internos, como os batimentos do coração, a pulsação das artérias, a impulsão do bolo alimentar no tubo digestório, a eliminação de secreções e excreções por glândulas etc.

Os músculos são constituídos por **tecido muscular**, que se caracteriza por apresentar células altamente contráteis. As células musculares são alongadas e se contraem devido ao encurtamento de filamentos proteicos citoplasmáticos dispostos ao longo de seu comprimento. Esses filamentos (miofibrilas, ou miofilamentos) são compostos por proteínas diversas. As mais abundantes são a actina e a miosina, que formam filamentos organizados de tal maneira que podem deslizar uns sobre os outros, encurtando as miofibrilas e, consequentemente, levando à contração da célula muscular. Nos músculos, há também tecido conjuntivo, no qual estão situados vasos sanguíneos que atuam na nutrição e na oxigenação das células musculares.

Há três tipos de tecido muscular: estriado esquelético, estriado cardíaco e não estriado (ou liso). Cada um deles tem características próprias, adequadas ao papel que desempenha no organismo, como veremos a seguir. **(Fig. 15.1)**

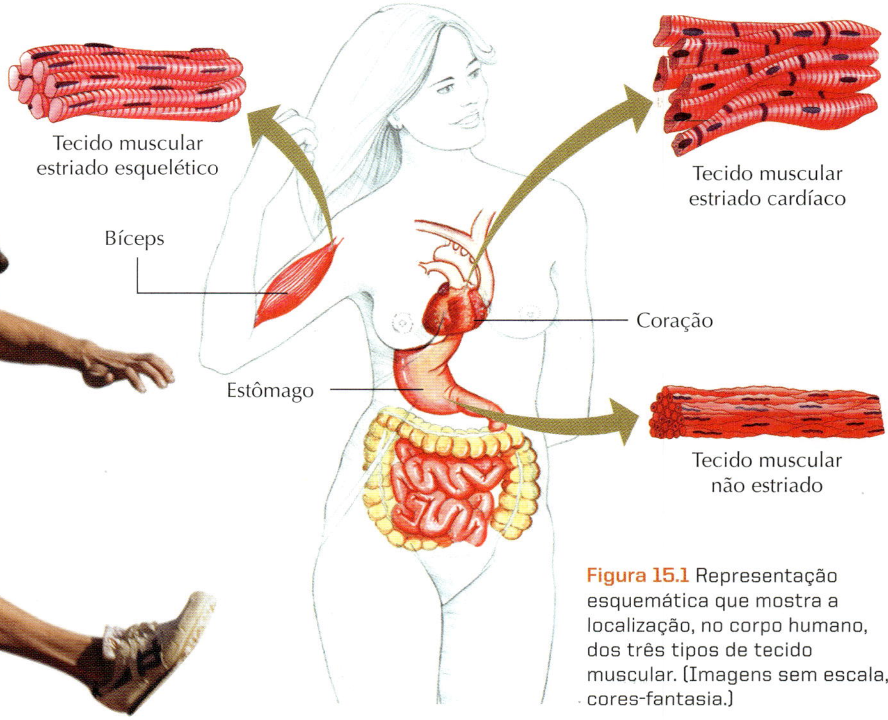

Figura 15.1 Representação esquemática que mostra a localização, no corpo humano, dos três tipos de tecido muscular. (Imagens sem escala, cores-fantasia.)

Conteúdo digital Moderna PLUS http://www.modernaplus.com.br
Animação: *Tecidos animais*, veja aba *Tecido muscular*

Seção 15.2

Tecido muscular estriado esquelético

Objetivos

- Descrever a estrutura da fibra muscular esquelética e a organização de uma miofibrila, relacionando estrutura e função na contração muscular.
- Conhecer o papel dos íons de cálcio (Ca^{2+}), do trifosfato de adenosina (ATP) e do fosfato de creatina na contração muscular.

Termos e conceitos

- tecido muscular estriado esquelético
- miócito
- miofibrila
- miômero
- fosfato de creatina
- tônus muscular

O **tecido muscular estriado esquelético** constitui a maior parte da musculatura dos vertebrados, formando o que se chama popularmente de "carne". O termo esquelético se refere ao fato de esse tipo de musculatura estar preso aos ossos. Já o termo estriado deve-se ao fato de suas fibras constituintes apresentarem estrias (faixas) transversais, regularmente dispostas ao longo de seu comprimento.

Um músculo estriado esquelético é um pacote de longas fibras musculares (miócitos) que percorrem o músculo de ponta a ponta. As fibras musculares constituem cerca de 75% a 90% do volume total da musculatura estriada esquelética; o restante é formado por tecidos conjuntivos envoltórios, nervos e vasos sanguíneos. Os músculos estriados esqueléticos podem contrair-se voluntariamente, ou seja, em geral, podemos contraí-los quando queremos. Por exemplo, se você decidir rever uma figura deste livro, seu sistema nervoso dará ordens a um conjunto de músculos da mão e do braço e você executará essa ação voluntariamente. (**Fig. 15.2**)

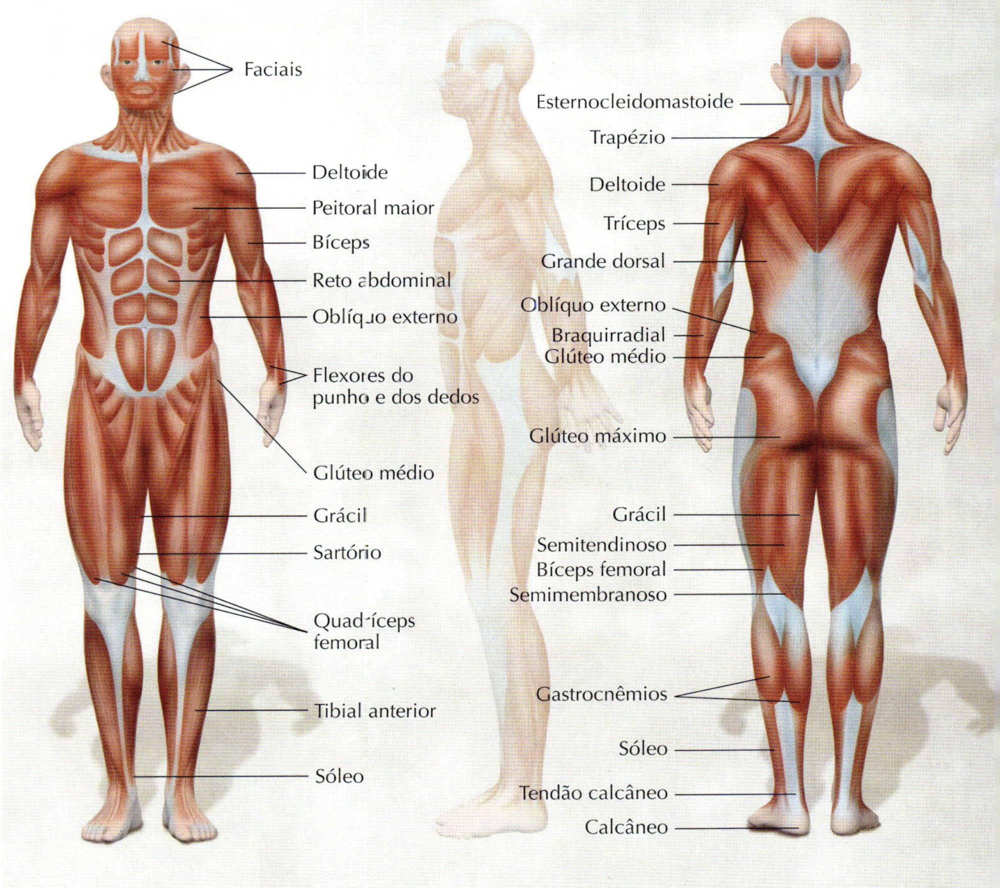

Figura 15.2 Representação dos principais músculos estriados esqueléticos do corpo humano, de frente e de costas. (Cores-fantasia.)

1 Estrutura da fibra muscular estriada esquelética

Os **miócitos**, também conhecidos como **fibras musculares estriadas esqueléticas**, recebem a denominação de fibra devido ao seu formato alongado. Cada miócito é um **sincício**, termo usado pelos biólogos para definir a estrutura celular resultante da fusão de inúmeras células. Em decorrência de sua origem, uma fibra muscular estriada esquelética tem vários núcleos dispostos na periferia celular e pode atingir entre 50 μm e 150 μm de diâmetro e de alguns milímetros até 30 cm de comprimento.

As fibras musculares estriadas esqueléticas se formam durante o desenvolvimento embrionário, a partir de células precursoras denominadas mioblastos. Estas produzem grande quantidade de proteínas, dentre as quais actina e miosina, e fundem-se umas às outras originando as longas fibras musculares multinucleadas. Os filamentos de actina e miosina e proteínas associadas a eles organizam-se no citoplasma dos miócitos como finíssimos filamentos contráteis, denominados miofibrilas.

Uma **miofibrila**, ou miofilamento, é uma estrutura cilíndrica com cerca de 1 μm a 2 μm de diâmetro, que percorre toda a fibra muscular no sentido longitudinal. A fibra muscular é quase completamente preenchida pelas miofibrilas; por exemplo, um miócito com 50 μm de diâmetro pode ter até 2.000 miofibrilas dispostas lado a lado. O padrão bem definido de faixas transversais claras e escuras alternadas que se repetem ao longo da fibra muscular estriada reflete o arranjo peculiar das proteínas actina e miosina nas miofibrilas, como veremos adiante.

Cada fibra muscular estriada esquelética é envolvida por uma rede delicada de tecido conjuntivo, denominada **endomísio** (do grego *endos*, dentro, interno), que contém capilares sanguíneos, responsáveis por sua nutrição e oxigenação, e terminações nervosas, que controlam sua contração. O endomísio é uma continuidade de uma camada mais espessa de tecido conjuntivo, denominada **epimísio** (do grego *epi*, sobre, externo), que envolve grupos de fibras musculares e contém vasos sanguíneos maiores e nervos. O epimísio, por sua vez, é uma continuidade de uma camada ainda mais densa de tecido conjuntivo que envolve todo o músculo, o **perimísio** (do grego *peri*, ao redor). O endomísio (que reveste cada fibra muscular), o epimísio (que reveste cada conjunto de fibras) e o perimísio (que reveste todo o músculo) aglutinam-se nas extremidades dos músculos, onde estes se conectam a tendões ou a outras estruturas conjuntivas. Esse tipo de organização confere grande resistência à musculatura, pois distribui as forças de tensão entre os diversos níveis da estrutura muscular. (**Fig. 15.3**)

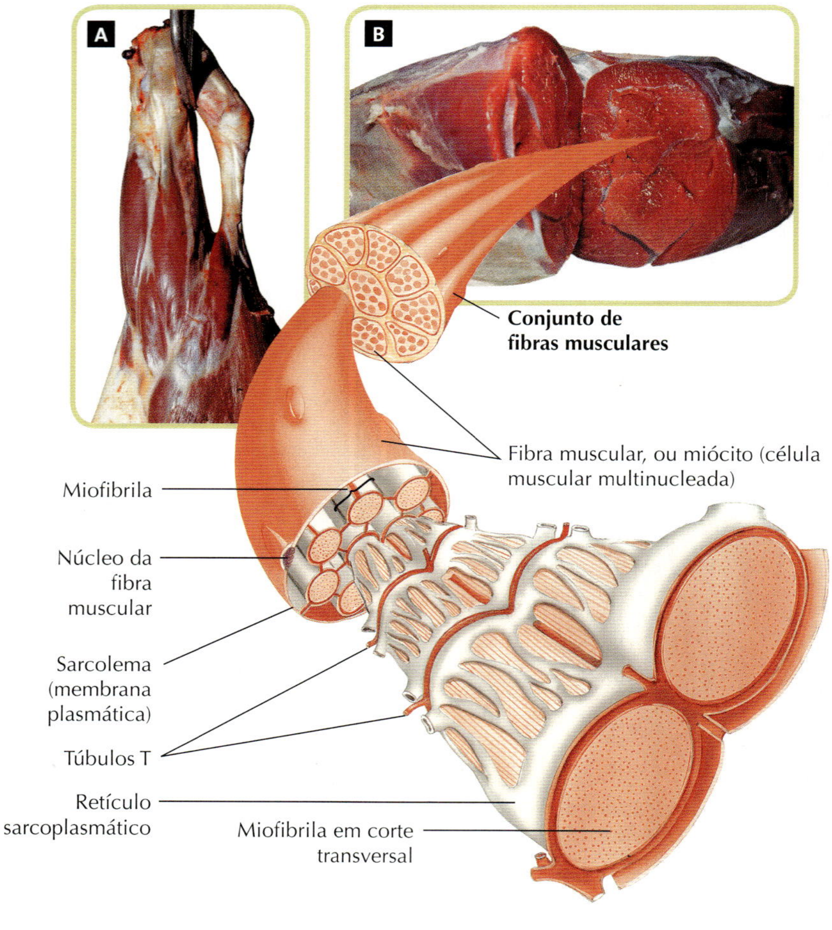

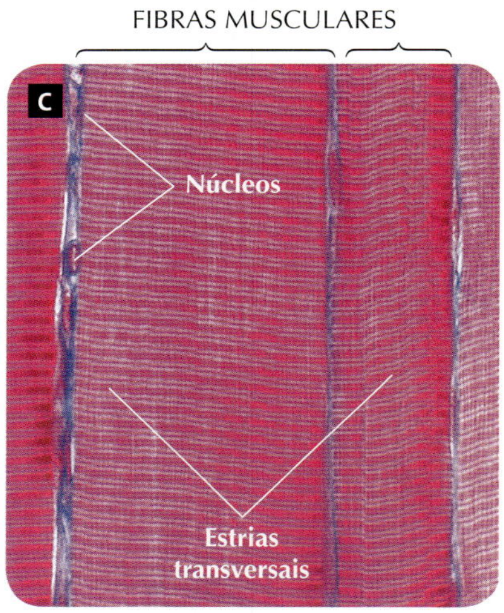

Figura 15.3 **A** e **B.** Músculo de boi. Em **B**, o músculo está separado do esqueleto e em corte transversal. Note os envoltórios esbranquiçados e os tendões, constituídos por tecido conjuntivo rico em fibras colágenas. A representação esquemática mostra ampliações sucessivas da composição de um músculo. (Imagem sem escala, cores-fantasia.) (Baseado em Rawn, J., 1989.) **C.** Micrografia de fibras musculares estriadas ao microscópio óptico, nas quais se podem ver faixas (estrias) transversais (aumento ≃ 900×).

Componentes da fibra muscular

A membrana plasmática que envolve cada miócito recebe a denominação de **sarcolema** (do grego *sarcos*, carne, e *lemma*, revestimento) e o citoplasma é chamado de **sarcoplasma**. O número de núcleos de um miócito varia de acordo com seu tamanho; uma fibra longa, com alguns centímetros de comprimento, pode conter centenas de núcleos distribuídos regularmente por toda sua extensão. Os núcleos são ovais e localizam-se logo abaixo da membrana plasmática, comprimidos entre ela e o citoesqueleto constituído pelas miofibrilas.

De espaços em espaços, a membrana plasmática da fibra estriada esquelética se dobra para o interior do sarcoplasma, formando tubos achatados, os **túbulos T**, que se dispõem perpendicularmente às miofibrilas. A fibra muscular estriada contém grande quantidade de retículo endoplasmático não granuloso, nesse caso denominado **retículo sarcoplasmático**, especializado em armazenar íons de cálcio (Ca^{2+}). Bolsas desse retículo envolvem as miofibrilas e, como veremos a seguir, desempenham papel importante na contração muscular. No citoplasma da fibra esquelética, há também muitas mitocôndrias, que produzem a energia necessária para a contração muscular, além de grânulos de glicogênio, que constituem a fonte energética para o trabalho muscular.

Os músculos de cor avermelhada têm essa coloração devido à presença da **mioglobina**, proteína semelhante à hemoglobina, constituída por uma única cadeia polipeptídica ligada a um grupo heme (para comparar, relembre a estrutura da hemoglobina no capítulo 14). Cada mioglobina é capaz de se ligar a uma molécula de oxigênio (O_2) e, dessa forma, pode armazenar esse gás no interior da célula para momentos de grande atividade muscular.

Organização das miofibrilas

As miofibrilas apresentam um padrão de faixas ou estrias transversais que se repete a cada 2,2 μm em média. Cada unidade de repetição, denominada **miômero**, ou **sarcômero**, é delimitada por dois discos transversais, que aparecem ao microscópio eletrônico como duas linhas densas, chamadas de **linhas Z** (ou discos Z). Em cada miômero, distinguem-se três faixas (ou bandas) mais claras, separadas por duas faixas mais escuras. As faixas escuras correspondem aos locais onde os filamentos de actina se sobrepõem aos de miosina, enquanto as faixas claras correspondem às regiões onde esses filamentos não estão sobrepostos. Nas faixas claras laterais, denominadas **bandas I**, não há filamentos de miosina, ao passo que na faixa clara central, denominada **zona H**, não há filamentos de actina. A porção central dos miômeros, correspondente à localização dos filamentos de miosina, recebe a denominação de **banda A**. (Fig. 15.4)

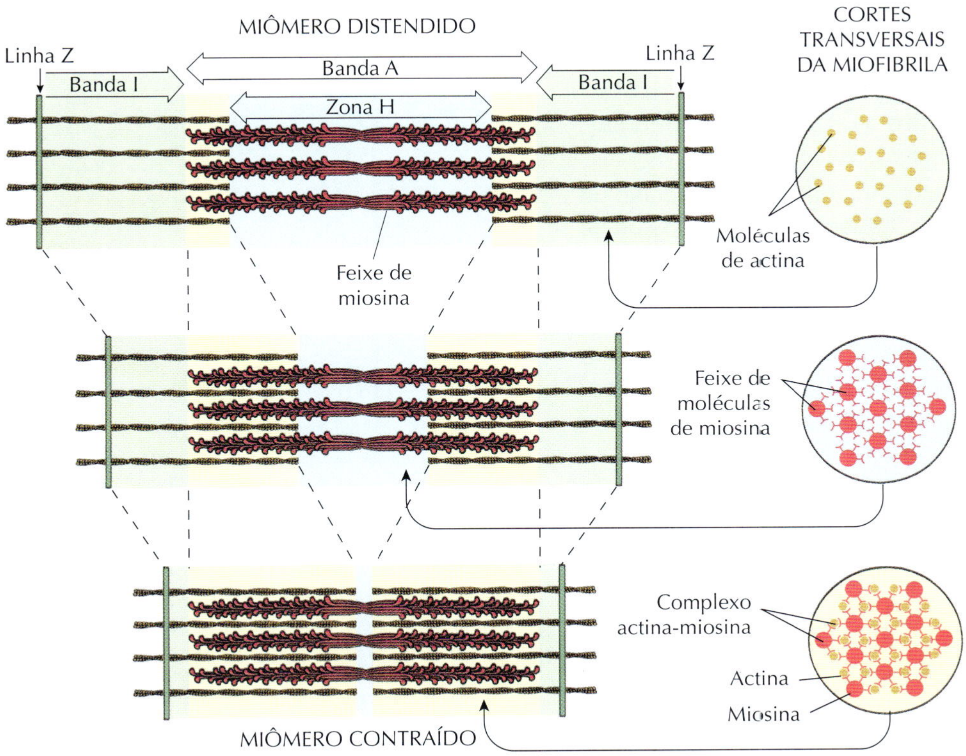

Figura 15.4 Representação esquemática de um miômero em diferentes graus de contração. As estrias transversais das miofibrilas devem-se ao padrão de organização das proteínas actina e miosina. A unidade básica desse padrão é o miômero, constituído por bandas claras e escuras alternadas delimitadas pelas linhas Z. Observe que, durante a contração muscular, o deslizamento dos filamentos de actina sobre os de miosina faz o miômero encurtar. As bandas I e a zona H diminuem de largura, enquanto a banda A mantém seu tamanho.

As moléculas de actina estão agregadas duas a duas em um arranjo helicoidal, formando os filamentos de actina. Estes se associam a moléculas de duas outras proteínas, a troponina e a tropomiosina. As moléculas de miosina têm a forma de microscópicos tacos de golfe: são bastonetes relativamente longos, com uma das extremidades dilatada, semelhante a um glóbulo e ligeiramente curvada (correspondente à "cabeça do taco"). Certo número dessas moléculas agrega-se formando os filamentos de miosina, mais grossos que os de actina e com as partes globulares das moléculas voltadas para ambas as extremidades.

Os filamentos de actina estão arranjados paralelamente, com uma de suas extremidades presa a um disco Z e a outra livre, voltada para o centro do miômero. Sua disposição é regular e cada filamento ocupa um dos vértices de um hexágono imaginário. No centro de cada um desses conjuntos de actina, fica a extremidade de um filamento de miosina. A outra extremidade do filamento de miosina dispõe-se no centro de outros seis filamentos de actina provenientes do outro disco Z. A contração muscular ocorre quando os filamentos de actina deslizam sobre os filamentos de miosina, aproximando os discos Z e diminuindo o comprimento do miômero. Nesse processo, as "cabeças" dos filamentos de miosina prendem-se aos filamentos de actina que estão ao seu redor e dobram-se em direção ao centro do miômero, encurtando-o. (**Fig. 15.5**)

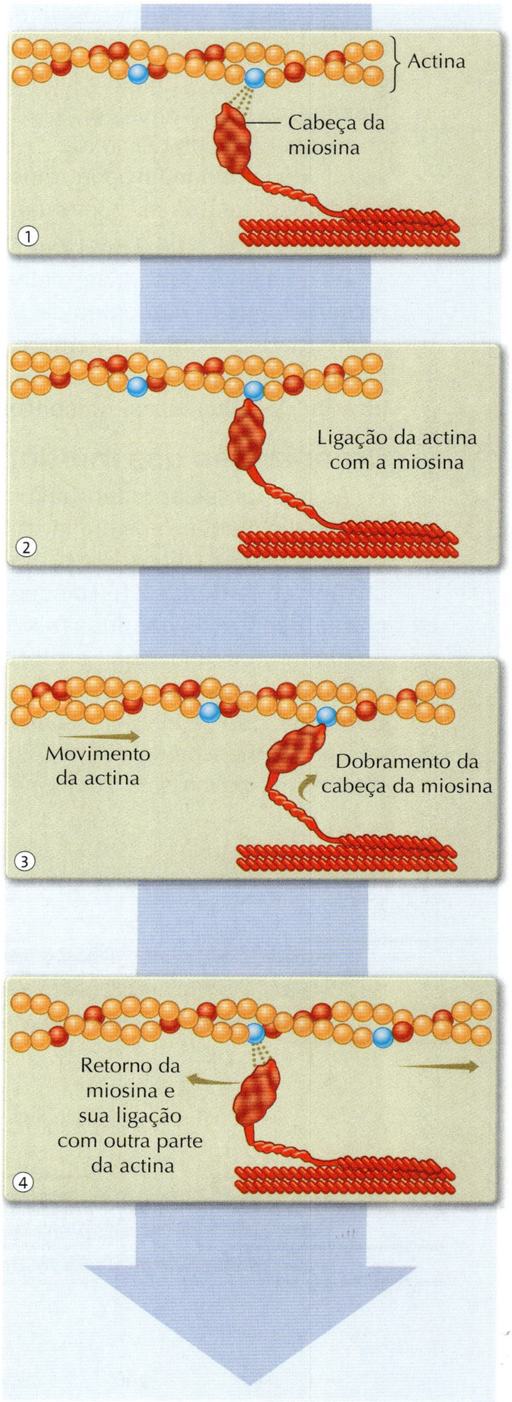

Figura 15.5 Representação esquemática da contração de uma fibra muscular esquelética. As "cabeças" das moléculas de miosina de um filamento encaixam-se a receptores (em azul) dos filamentos de actina, dobrando-se e forçando os filamentos a deslizarem uns sobre os outros, como em uma engrenagem denteada. (Imagens sem escala, cores-fantasia.)

2 Dinâmica da contração muscular

A contração de uma fibra esquelética é desencadeada pela terminação nervosa presente no endomísio de cada fibra muscular. O estímulo nervoso se propaga para o interior da fibra muscular estriada através dos tubos T e atinge o retículo sarcoplasmático, provocando a liberação de íons de Ca^{2+} armazenados no interior de suas bolsas. Os íons de Ca^{2+} espalham-se pelo citosol e entram em contato direto com as miofibrilas, provocando sua contração.

Em presença dos íons de Ca^{2+}, moléculas de ATP reagem com as "cabeças" das moléculas de miosina, transferindo-lhes sua energia. Com isso, as extremidades dilatadas de miosina ligam-se às moléculas de actina adjacentes e dobram-se com força e rapidez, fazendo os filamentos de actina deslocarem-se cerca de 10 nm (nanometros) sobre elas, em direção ao centro do miômero. Seria como se "dentes" de um filamento de miosina se introduzissem em "encaixes" dos filamentos de actina adjacentes, movendo-os. Imediatamente, outras "cabeças" de miosina do filamento se ligam às fibras de actina, dobrando-se e deslocando-se mais 10 nm. Tudo se passa como se cada "cabeça" de miosina "andasse" ao longo do filamento de actina adjacente a ela, puxando-o em direção ao centro do miômero. O resultado final é a contração do músculo.

Ao cessar a estimulação nervosa, cessa a saída de íons de Ca^{2+} das bolsas do retículo sarcoplasmático e íons livres no citosol são rebombeados para o interior das bolsas membranosas. Na ausência de íons de Ca^{2+}, a miosina separa-se da actina e os miômeros distendem-se, provocando o relaxamento da fibra muscular.

Energia para a contração

A fonte direta de energia para a contração muscular são moléculas de ATP, produzidas nas mitocôndrias durante a respiração aeróbia ou, em caso de ausência de gás oxigênio, pela fermentação láctica. O estoque de ATP disponível na célula muscular é suficiente para manter a contração por apenas 0,5 segundo. Por isso, os músculos dispõem de um reservatório extra de energia, na forma de **fosfato de creatina**, ou **fosfocreatina**, substância altamente energética, presente nas fibras musculares em uma concentração 10 vezes maior que a de ATP.

À medida que o estoque de ATP vai sendo utilizado, a célula muscular transfere fosfatos energéticos das moléculas de fosfato de creatina para moléculas de ADP, gerando ATP. Quando cessa a atividade da fibra muscular, grupos fosfatos de novas moléculas de ATP geradas na respiração celular são transferidos para moléculas de creatina, repondo o estoque de fosfato de creatina. Essa substância é, portanto, a fonte indireta de energia para a contração muscular. **(Fig. 15.6)**

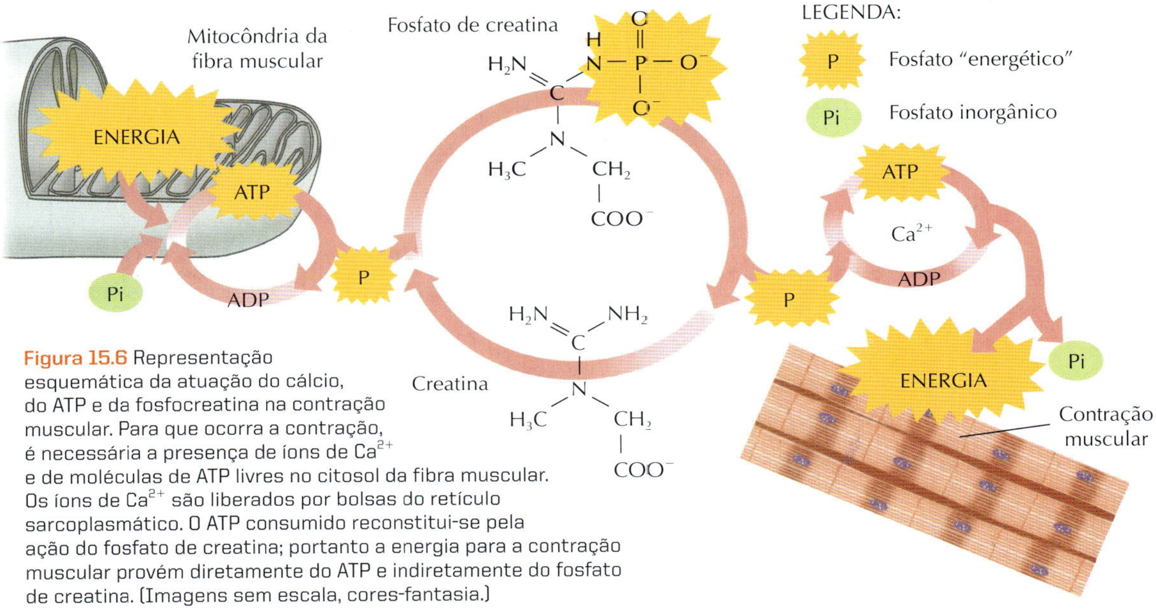

Figura 15.6 Representação esquemática da atuação do cálcio, do ATP e da fosfocreatina na contração muscular. Para que ocorra a contração, é necessária a presença de íons de Ca^{2+} e de moléculas de ATP livres no citosol da fibra muscular. Os íons de Ca^{2+} são liberados por bolsas do retículo sarcoplasmático. O ATP consumido reconstitui-se pela ação do fosfato de creatina; portanto a energia para a contração muscular provém diretamente do ATP e indiretamente do fosfato de creatina. (Imagens sem escala, cores-fantasia.)

As células musculares esqueléticas armazenam grande quantidade de glicogênio, polissacarídio formado por centenas de unidades de glicose unidas em cadeia (relembre no capítulo 3). O glicogênio é um reservatório de energia de médio prazo para as células, pois pode ser transformado em moléculas de glicose, utilizadas na respiração celular para gerar ATP.

Durante um exercício físico muito intenso, a quantidade de gás oxigênio que chega aos músculos pode não ser suficiente para suprir as necessidades respiratórias das fibras musculares. Nesse caso, após se esgotarem as reservas de gás oxigênio ligado à mioglobina, as fibras musculares passam a produzir ATP por meio da fermentação láctica. Esse processo, embora produza bem menos energia que a respiração aeróbia, garante a produção de ATP na situação de emergência. Uma consequência dessa fermentação, no entanto, é a produção de ácido láctico ($C_3H_6O_3$), cujo acúmulo nos músculos causa dor e intoxicação das fibras musculares. O ácido láctico produzido nos músculos é transportado pelo sangue até o fígado e os rins, nos quais é reconvertido em glicose por meio da gliconeogênese.

A **gliconeogênese** (ou **neoglicogênese**) é um processo metabólico em que glicose é produzida a partir de precursores não glicídicos, como ácido láctico, aminoácidos e glicerol. Cerca de 90% da gliconeogênese em nosso corpo ocorrem nas células do fígado; os 10% restantes ocorrem nos rins.

Conteúdo digital Moderna PLUS http://www.modernaplus.com.br
Animação: *Pele, músculo e esqueleto*, veja aba *Músculos*, botão *Fisiologia*, item *Mecanismo de contração*

CIÊNCIA E CIDADANIA Músculos e exercício físico

Pesquisas médicas e biológicas recentes sobre a estrutura e o funcionamento dos músculos têm revelado fatos surpreendentes. Hoje sabemos, por exemplo, que os músculos de um corredor de maratona são bem diferentes dos de um corredor de 100 metros rasos. Sabemos, também, que os diferentes tipos de treinamento físico podem modificar os músculos, aumentando sua força e resistência. Além disso, novas pesquisas têm levado os cientistas a compreender melhor o que ocorre com os músculos ao longo da vida; a partir desses conhecimentos, vemos que é possível prolongar a atividade física e a saúde, mesmo em idades mais avançadas.

Fibras musculares lentas e fibras musculares rápidas

Recentes pesquisas sobre a fisiologia muscular mostraram que há dois tipos de moléculas de miosina (denominados tipo I, ou miosina lenta, e tipo II, ou miosina rápida), relacionados às diferentes velocidades de contração das fibras musculares. Fibras musculares portadoras de miosina do tipo II (rápida) contraem-se cerca de 10 vezes mais depressa que as fibras portadoras de miosina do tipo I (lenta). Fibras musculares com miosina do tipo I, lentas, têm mais mitocôndrias, maior irrigação sanguínea e maior quantidade de mioglobina que fibras de miosina do tipo II. As fibras lentas são mais eficientes na realização de esforço moderado e prolongado, como o necessário em corridas de longa distância, ciclismo e natação. Fibras musculares com miosina tipo II, rápidas, têm pouca mioglobina, menor quantidade de mitocôndrias e são mais eficientes para realizar esforços intensos de curta duração, como corridas de velocidade ou levantamento de peso.

A quantidade de fibras lentas e de fibras rápidas é mais ou menos equivalente na maioria dos adultos saudáveis e ativos. Algumas pessoas, porém, têm maior porcentagem de fibras de um tipo ou de outro. E é exatamente isso que qualifica certas pessoas para atividades atléticas como a maratona, que exige maior quantidade de fibras lentas, e outras para corridas de 100 metros rasos, que exigem maior quantidade de fibras rápidas.

O treinamento é capaz de modificar, até certo ponto, a proporção entre fibras lentas e fibras rápidas em nossos músculos. Já se sabe que, quando uma pessoa se submete sistematicamente a exercícios de levantamento de peso, por exemplo, o número de fibras rápidas em seus músculos diminui. Ao mesmo tempo, as fibras lentas intensificam a produção de proteínas, tornando-se mais grossas, o que faz os músculos aumentarem de tamanho (hipertrofia muscular). (**Fig. 15.7**)

Tônus muscular

Em condições normais, há sempre algumas fibras de um músculo esquelético sendo estimuladas a se contrair. Quando essas fibras se relaxam, outras se contraem em seu lugar, de modo que todo músculo apresenta um estado de tensão muscular sustentado, conhecido como **tônus muscular**. O tônus é responsável pela firmeza dos músculos e é importante na manutenção da postura do corpo.

O tônus muscular depende da inervação por neurônios motores e, além de manter os músculos preparados para a contração, é essencial para a manutenção da atividade vital das células musculares. Pessoas com lesões da medula espinhal, ou portadoras de certas doenças neurológicas, em que há falta de estimulação nervosa dos músculos, podem perder o tônus e sofrer degeneração do tecido muscular, com consequente atrofia da musculatura. (**Fig. 15.8**)

Figura 15.8 Praticar atividades que exercitam o controle do sistema muscular pode restabelecer o tônus normal dos músculos, aliviando o estresse.

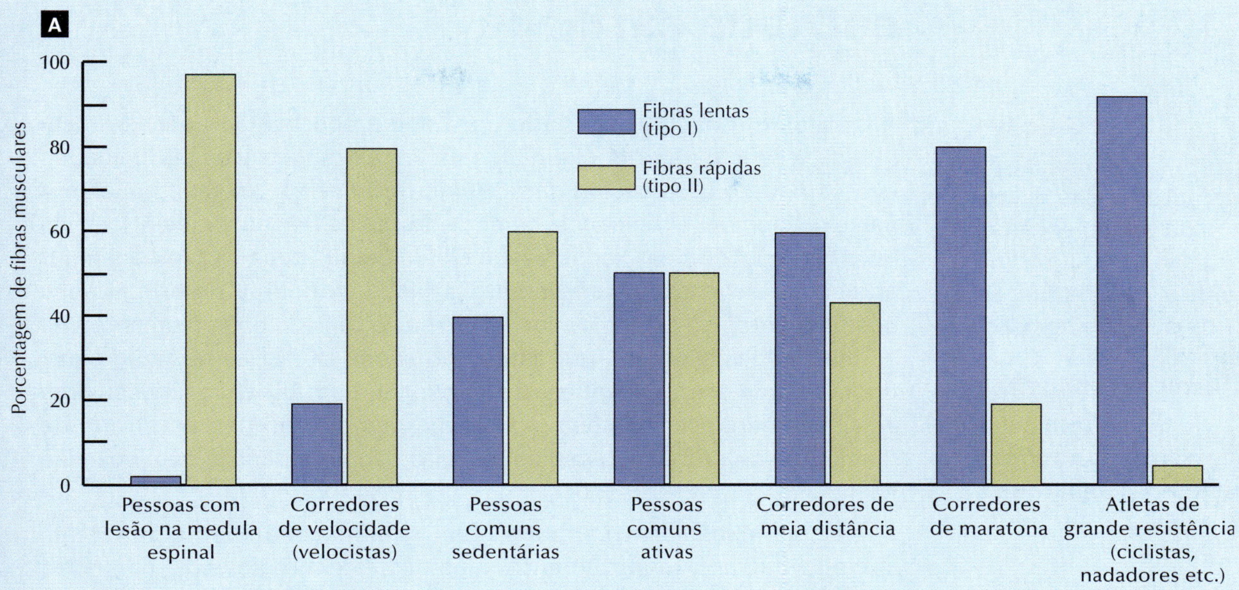

Figura 15.7 **A.** Gráfico que mostra as porcentagens de fibras musculares esqueléticas de tipo I (em azul) e de fibras musculares esqueléticas de tipo II (em ocre), nos músculos das pernas de pessoas com diferentes tipos de atividade física. (Baseado em Andersen, J. e cols., 2000.) **B.** Corredores de curta distância têm, em média, 82% de fibras rápidas e 18% de fibras lentas. **C.** Praticantes de musculação têm, em média, 35% de fibras lentas e 65% de fibras rápidas.

Conteúdo digital Moderna PLUS http://www.modernaplus.com.br
Texto: *Músculo e envelhecimento*

Seção 15.3

Tecido muscular estriado cardíaco

Objetivo

- Conhecer as características gerais do tecido estriado cardíaco e seu papel na estrutura e na função do coração humano.

Termos e conceitos

- tecido muscular estriado cardíaco
- marca-passo cardíaco

O **tecido muscular estriado cardíaco** é encontrado apenas no coração. Apesar de serem chamadas de fibras musculares, as unidades que compõem esse tecido são células dotadas de um único núcleo e não sincícios multinucleados, como as fibras estriadas esqueléticas. As fibras musculares cardíacas assemelham-se às fibras esqueléticas por apresentarem estrias transversais, devidas ao padrão de organização dos filamentos de actina e miosina em seu citoplasma. Os filamentos de actina e miosina, porém, não estão agrupados em feixes formando miofibrilas, como ocorre na musculatura esquelética. As células musculares estriadas cardíacas também são envolvidas por um fino envoltório de filamentos de proteína, o endomísio, mas não há perimísio nem epimísio na musculatura do coração.

Células musculares cardíacas têm ramificações que se conectam umas às outras. A conexão entre elas ocorre em regiões denominadas **discos intercalares**, em que há várias junções tipo *gap* nas membranas celulares (relembre no capítulo 12). Devido a essas junções, um estímulo suficientemente forte em uma região do coração se espalha rapidamente por todas as células musculares estriadas cardíacas, levando todo o órgão a se contrair. Nesse aspecto, também, a fibra estriada cardíaca difere da fibra estriada esquelética, pois esta só se contrai depois de receber um estímulo direto a partir de uma terminação nervosa em contato com ela. (**Fig. 15.9**)

A musculatura cardíaca tem **contração involuntária**, ou seja, contrai-se independentemente de nossa vontade. O número de contrações do coração, por unidade de tempo, é denominado frequência cardíaca e varia de acordo com diversos fatores, dentre eles o grau de atividade física, as condições de saúde e as situações de estresse físico e emocional em que nos encontramos. Em média, a frequência cardíaca oscila em torno de 70 a 80 batimentos por minuto. Durante o sono, o coração pode bater entre 35 e 50 vezes por minuto. Já durante um exercício físico intenso, a frequência cardíaca pode ultrapassar 180 batimentos por minuto. Nesse caso, o aumento da frequência cardíaca leva o sangue a circular mais rapidamente pelo corpo e, com isso, todos os órgãos, e também os músculos, recebem mais nutrientes e gás oxigênio, o que permite o aumento da atividade metabólica.

A frequência de batimentos cardíacos é definida por um grupo de células musculares cardíacas modificadas, localizadas perto da junção entre o átrio direito e a veia que nele desemboca, a veia cava superior. A cada segundo, aproximadamente, esse grupo de células, conhecido como **marca-passo cardíaco**, ou **nó sinoatrial**, gera um sinal elétrico que se propaga pela musculatura cardíaca, provocando a contração do coração. (**Fig. 15.10**)

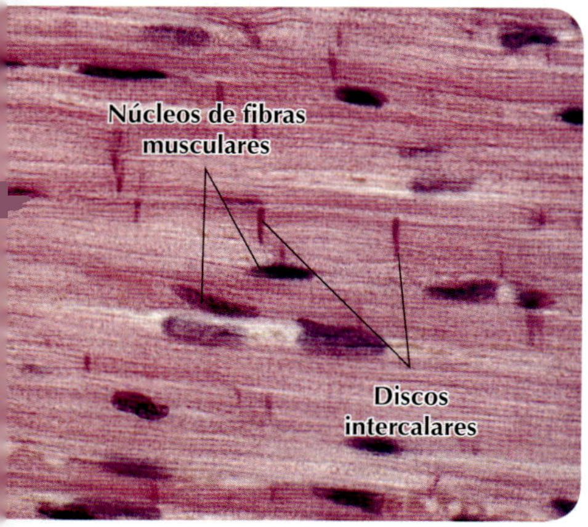

Figura 15.9 Micrografia de um corte de tecido muscular estriado cardíaco ao microscópio óptico. Note as fibras com estrias transversais e seus núcleos (aumento $\simeq 620\times$).

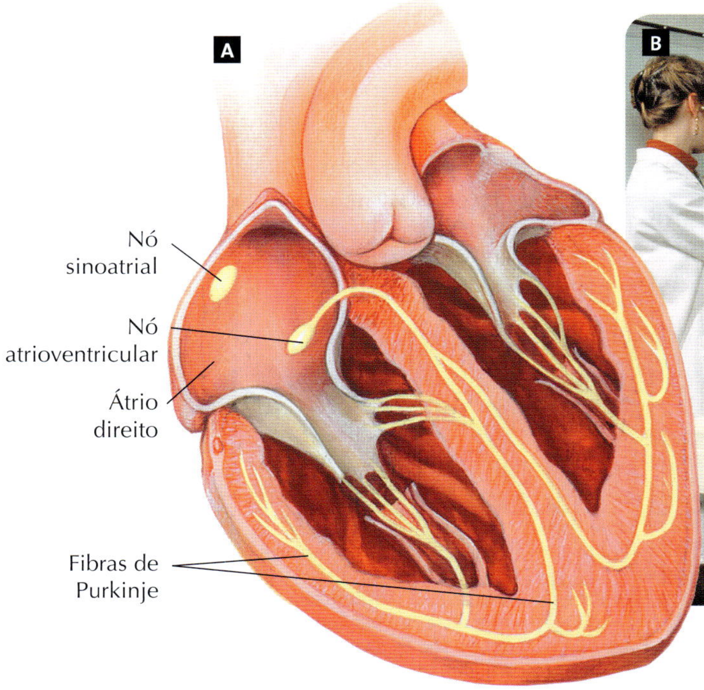

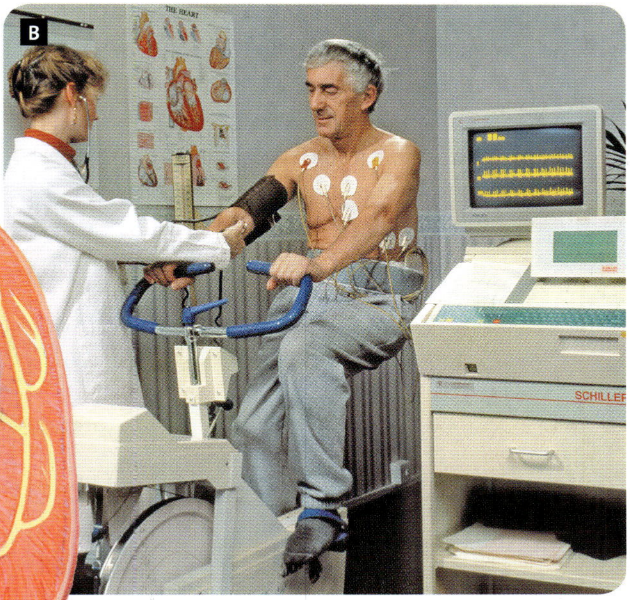

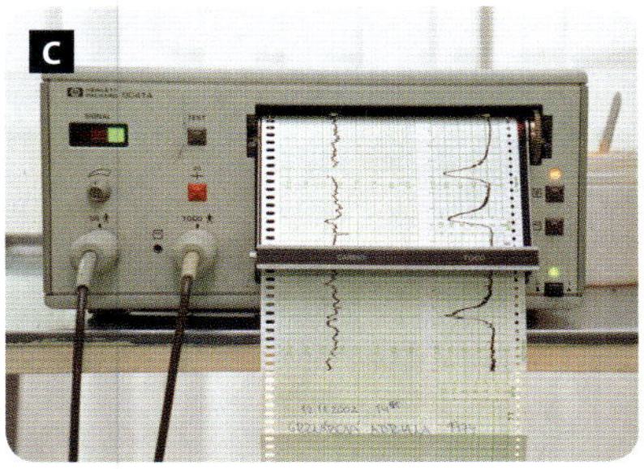

Figura 15.10 **A.** Representação esquemática de coração humano em corte, mostrando os nós sinoatrial e atrioventricular e as fibras de Purkinje (em amarelo) que conduzem os impulsos elétricos à musculatura ventricular. (Imagem sem escala, cores-fantasia.) **B.** Os sinais elétricos que coordenam os batimentos cardíacos se propagam por todo o corpo. Como os tecidos celulares são bons condutores de eletricidade, esses sinais podem ser captados por eletrodos sensíveis colocados sobre a pele. **C.** Um computador gráfico registra os sinais elétricos emitidos no coração, na forma de gráficos conhecidos como eletrocardiogramas.

Seção 15.4

Tecido muscular não estriado (ou tecido muscular liso)

Objetivo

▸ Conhecer as características gerais do tecido muscular não estriado – tecido muscular liso – e seu papel na movimentação de órgãos internos – estômago, intestino, útero, vasos sanguíneos etc.

Termos e conceitos

• tecido muscular não estriado

O **tecido muscular não estriado**, também conhecido como **tecido muscular liso**, ou **tecido muscular visceral**, está presente em órgãos viscerais, como o estômago, o intestino e o útero, em ductos de diversas glândulas e nas paredes dos vasos sanguíneos, tanto das artérias quanto das veias. Ele é formado por células uninucleadas, alongadas e com as extremidades afiladas (fusiformes), cujo tamanho varia de 30 μm a 450 μm de comprimento por de 2 μm a 6 μm de diâmetro.

As células musculares não estriadas não apresentam a estriação transversal característica das células musculares estriadas esqueléticas e cardíacas. Isso porque os filamentos de actina e miosina não se organizam num padrão regular, apesar de estarem orientados de acordo com o eixo maior da célula.

As células musculares não estriadas geralmente estão agrupadas, formando feixes com cerca de 100 μm de diâmetro. Cada célula é envolta por um endomísio com cerca de 60 nm de espessura, constituído por glicosaminoglicanos, glicoproteínas, fibras colágenas e fibras elásticas. As células musculares não estriadas mantêm contato entre si por meio de junções tipo *gap* e de zonas de oclusão. A musculatura não estriada, como a cardíaca, não tem perimísio nem epimísio. **(Fig. 15.11)**

Células musculares não estriadas não apresentam sistema de túbulos T nem retículo endoplasmático bem desenvolvido. Sua contração é mais lenta que a da fibra esquelética, mas fibras musculares lisas podem se manter contraídas por um período de tempo bem maior.

O movimento dos músculos lisos, assim como do músculo cardíaco, é involuntário: na maioria dos casos, esses músculos não estão sujeitos ao controle consciente. Você pode decidir quando levantar suas mãos, mas não controla conscientemente os movimentos de seu estômago ou de seus intestinos.

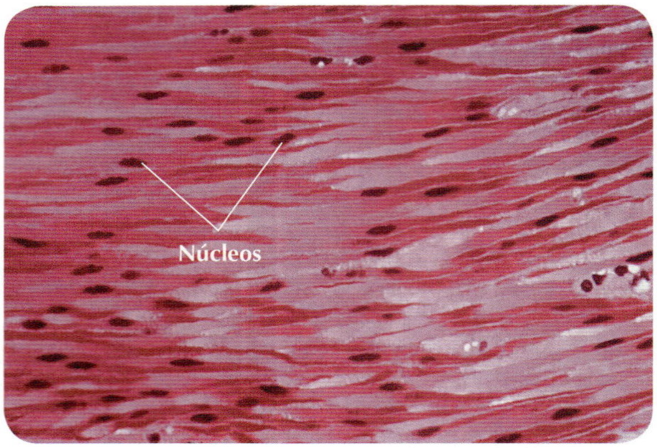

Figura 15.11 Micrografia de corte de tecido muscular não estriado ao microscópio óptico. Note a forma das células, com as pontas afiladas (aumento ≃ 300×).

ATIVIDADES

QUESTÕES PARA PENSAR E DISCUTIR

Questões objetivas

1. As estrias transversais presentes nas fibras musculares estriadas esqueléticas e cardíacas resultam da disposição
   a) lado a lado, das terminações nervosas que inervam cada célula muscular.
   b) lado a lado, das diversas células que formam cada fibra muscular.
   c) ordenada de proteínas ao redor da membrana de cada célula muscular.
   d) ordenada de proteínas no interior de cada célula muscular.

2. Os principais componentes da célula muscular, diretamente envolvidos na sua contração, são as proteínas
   a) actina e miosina.
   b) actina e queratina.
   c) miosina e melanina.
   d) miosina e queratina.

3. A diminuição do tamanho do miômero da fibra muscular esquelética resulta de
   a) estreitamento das linhas Z, pela saída de actina da miofibrila.
   b) estreitamento da zona H, devido ao deslizamento da actina sobre a miosina.
   c) aumento das bandas I e consequente redução das linhas Z e da zona H.
   d) aumento da zona H e redução das bandas I, devido à saída de miosina da miofibrila.

Questões discursivas

4. Em um experimento de fisiologia muscular, um grupo de homens de hábitos sedentários submeteu-se a um programa de treinamento físico para desenvolver resistência muscular. De tempos em tempos, foram retiradas, por biópsia, pequenas amostras dos músculos de suas pernas. Os resultados, apresentados no gráfico a seguir, mostram que houve, durante o treinamento, redução acentuada de um dos tipos de miosina rápida das fibras musculares. Quando o treinamento foi interrompido, a quantidade de miosina rápida se tornou maior que a existente no início do experimento, chegando praticamente a dobrar por volta do terceiro mês de descanso. Utilize essas informações, mostradas no gráfico, para responder às questões propostas.

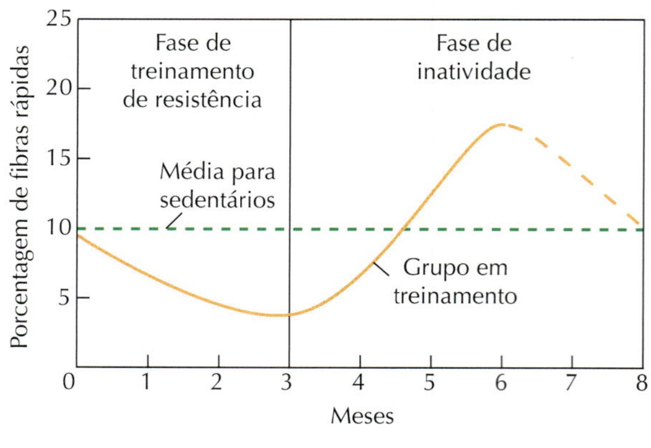

a) Um atleta especialista em corrida de 100 metros rasos precisa ter o máximo de "explosão" muscular no curto período (cerca de 10 segundos) em que dura a corrida. Que tipo de miosina esse atleta precisaria apresentar nos músculos para obter alto desempenho em seu esporte?

b) Imagine que você é o(a) treinador(a) desse atleta. Como você organizaria um calendário de treinamentos de maneira a prepará-lo para uma competição importante que ocorrerá em setembro? Quando iniciaria os treinamentos de resistência? Seria melhor treinar resistência até o dia da competição ou descansar desse tipo de treino antes da corrida?

5. No mapa de conceitos, quais conceitos abaixo substituem cada uma das letras A, B, C, D, E, F e G?

a) ATP
b) fermentação láctica
c) gás oxigênio
d) íons de Ca^{2+}
e) miosina
f) respiração celular
g) miômeros

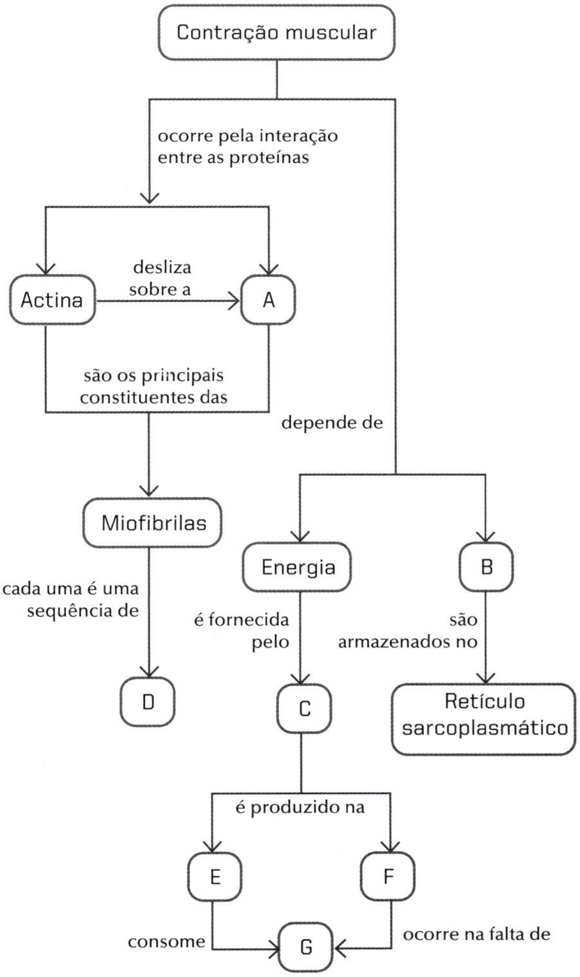

VESTIBULARES PELO BRASIL

Brasil – Regiões

Região Norte
Região Centro-Oeste
Região Sul
Região Nordeste
Região Sudeste
Brasil

Questões objetivas

1 (Ufac) "... As células desse tecido têm origem mesodérmica, mostram diversas estriações ao microscópio óptico, suas células têm aspecto de fibras e um aglomerado dessas fibras forma um feixe que é envolvido por uma bainha de tecido conjuntivo. As células organizam-se formando um sincício que permite a rápida resposta a estímulos."

A descrição refere-se ao

a) tecido epitelial, de fato sua origem é mesodérmica.
b) tecido adiposo, e a organização em sincício é sua característica marcante.
c) tecido muscular esquelético, já que as fibras organizam-se formando feixes.
d) tecido muscular liso, porque suas células são envolvidas por tecido conjuntivo.
e) tecido conjuntivo, dado que ao microscópio óptico suas células mostram um padrão estriado.

2 (Ufac) Miofilamentos são filamentos proteicos contráteis encontrados em células musculares (fibras musculares). São de dois tipos: actina e miosina. A contração muscular ocorre pelo deslizamento desses filamentos entre si. Para que ocorra o processo da contração muscular, é necessário, nos miofilamentos, a presença de

a) íons de cálcio e ATP.
b) hormônio e sinapse.
c) estímulo e potencial de ação.
d) adrenalina e acetilcolina.
e) ácido úrico e neurotransmissores.

3 (UEPB) Durante um esforço muscular intenso, pode ocorrer uma fadiga muscular. A musculatura fica dolorida e enrijecida por alguns dias. Esse processo se deve basicamente

a) ao acúmulo de ácido láctico no músculo.
b) ao excesso de ATP.
c) ao armazenamento de creatina fosfato.
d) à reserva de glicogênio.
e) ao acúmulo de ácido pirúvico no pâncreas.

4 (UFC-CE) A liberação dos íons de cálcio e de magnésio no processo de contração de uma fibra muscular estriada esquelética envolve diversos componentes celulares, exceto o

a) lisossomo.
b) retículo endoplasmático.
c) sarcoplasma.
d) sistema T.
e) retículo sarcoplasmático.

5 (Unifor-CE) Em um centro de atletismo, há o interesse em monitorar os atletas para detectar em que ponto os músculos começam a funcionar anaerobicamente. Isso pode ser feito avaliando-se o aumento de

a) oxigênio.
b) mioglobina.
c) ácido láctico.
d) ATP intracelular,
e) dióxido de carbono.

6 (Uespi-Adaptado) Sobre o tecido muscular, qual é a afirmativa **incorreta**?

a) A fibra muscular estriada apresenta vários núcleos periféricos, forma filamentar e contração rápida e voluntária.
b) A fibra muscular lisa apresenta um núcleo central, forma fusiforme, contração lenta e involuntária.
c) A fibra muscular cardíaca apresenta vários núcleos periféricos, forma fusiforme e contração lenta e involuntária.
d) A fibra muscular lisa forma camadas envolvendo órgãos e não apresenta discos intercalares.
e) A fibra muscular cardíaca tem forma ramificada com núcleo central e discos intercalares.

7 (UEMS) O tecido muscular de origem mesodérmica, sendo caracterizado pela propriedade de contração e distensão de suas células, pode ser dividido em três tipos. Quais são?

a) liso, estriado e cardíaco
b) liso, estriado e pulmonar
c) estriado, cardíaco e pulmonar
d) liso, frouxo e fibroso
e) cardíaco, fibroso e frouxo

8 (UFV-MG) Considerando o esquema dos sarcômeros representados abaixo e suas características durante a contração, assinale a afirmativa **incorreta**:

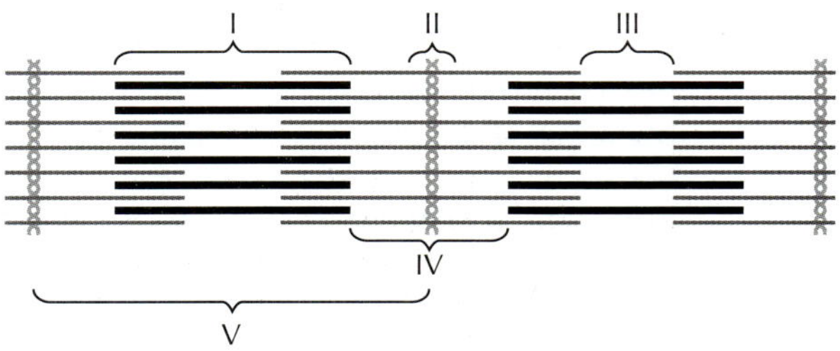

a) I contém miofilamentos e corresponde à banda A, que não se encurta.
b) IV contém actina e corresponde a uma banda que se encurta.
c) II delimita o sarcômero e corresponde às linhas Z, que se aproximam.
d) III contém miosina e corresponde à banda H, que se estreita.
e) V contém miofibrilas e corresponde ao sarcômero, que não se encurta.

9 (Fatec-SP) Se as células musculares podem obter energia por meio da respiração aeróbia ou da fermentação, quando um atleta desmaia após uma corrida de 1.000 metros, por falta de oxigenação adequada de seu cérebro, o gás oxigênio que chega aos músculos também não é suficiente para suprir as necessidades respiratórias das fibras musculares, que passam a acumular

a) glicose.
b) ácido acético.
c) ácido láctico.
d) gás carbônico.
e) álcool etílico.

10 (PUC-SP) Nos esquemas abaixo, estão representadas as reações básicas de dois importantes mecanismos fisiológicos:

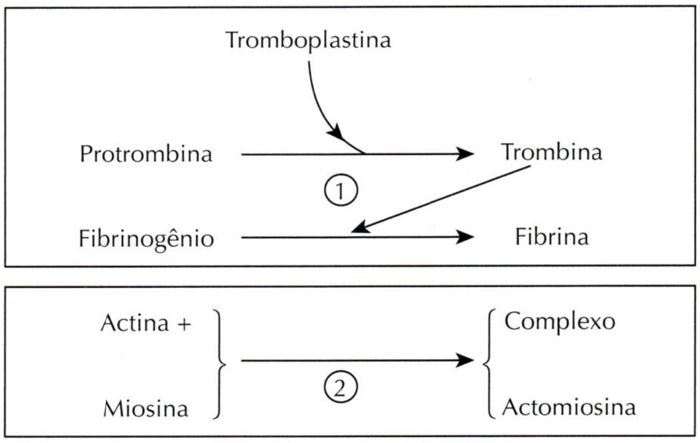

As etapas 1 e 2 apresentam em comum dependência de

a) ATP.
b) fosfocreatina.
c) íons de cálcio.
d) íons de magnésio.
e) oxigênio.

11 (Fuvest-SP) Um atleta, participando de uma corrida de 1.500 metros, desmaiou, depois de ter percorrido cerca de 800 metros, devido à oxigenação deficiente de seu cérebro. Sabendo-se que as células musculares podem obter energia por meio da respiração aeróbia ou da fermentação, nos músculos do atleta desmaiado deve haver acúmulo de

a) glicose.
b) glicogênio.
c) monóxido de carbono.
d) ácido láctico.
e) etanol.

12 (Cesgranrio-RJ) A energia imediata que supre o processo de contração muscular é derivada de ligações ricas em energia provenientes de
a) trifosfato de adenosina.
b) creatina-fosfato.
c) ácido fosfoenol pirúvico.
d) difosfato de adenosina.
e) Nenhuma das anteriores.

13 (UFRGS-RS) Na fibra muscular esquelética, as miofibrilas são constituídas por filamentos de actina e miosina, na disposição apresentada no esquema. O que acontece quando ocorre a contração muscular?

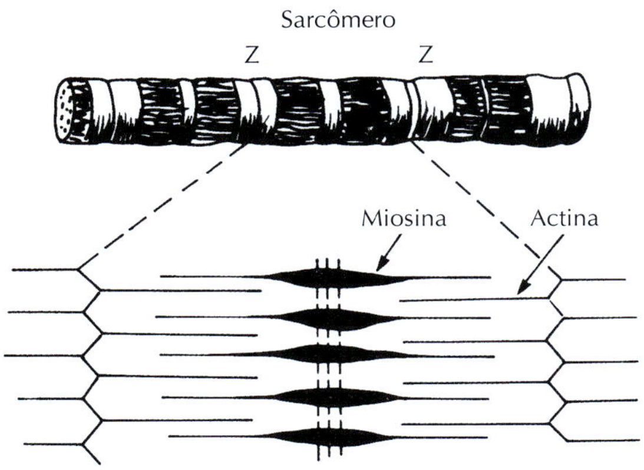

a) Diminuem os filamentos de actina e miosina.
b) Diminuem os filamentos de miosina.
c) Diminuem e se espessam os filamentos de miosina.
d) Os filamentos de actina deslizam entre os de miosina.
e) A linha Z torna-se mais espessa, englobando os filamentos de actina.

Questões discursivas

14 (Unicamp-SP) *Ciência ajuda natação a evoluir*. Com esse título, uma reportagem do jornal *O Estado de S. Paulo* sobre os jogos olímpicos (18/09/00) informa que:

"Os técnicos brasileiros cobiçam a estrutura dos australianos: a comissão médica tem 6 fisioterapeutas, nenhum atleta deixa a piscina sem levar um furo na orelha para o teste do lactato e a Olimpíada virou um laboratório para estudos biomecânicos — tudo o que é filmado embaixo da água vira análise de movimento".

a) O teste utilizado avalia a quantidade de ácido láctico nos atletas após um período de exercícios. Por que se forma o ácido láctico após exercício intenso?
b) O movimento é a principal função do músculo estriado esquelético. Explique o mecanismo de contração da fibra muscular estriada.

15 (Unicamp-SP) As pessoas são incentivadas a praticar atividades físicas visando a uma vida saudável. Especialistas em fisiologia do exercício determinaram a porcentagem de fibras do tipo I e do tipo II encontradas em músculos estriados esqueléticos de quatro grupos de pessoas: atletas maratonistas (*), atletas velocistas (**), pessoas sedentárias e pessoas com atividade física moderada. Os resultados desse estudo são mostrados na figura a seguir. As características funcionais de cada uma das fibras estão listadas na tabela.

(*) corredores de longas distâncias; (**) corredores de curtas distâncias (ex.: 100 metros rasos)

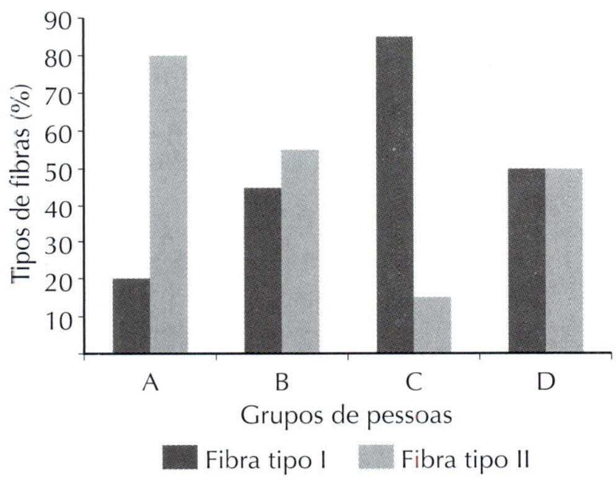

Fibra muscular tipo I	Fibra muscular tipo II
Contração lenta	Contração rápida
Metabolismo aeróbio	Metabolismo anaeróbio
Alta densidade de mitocôndrias	Baixa densidade de mitocôndrias

Figura e tabela adaptadas de Fox, E. L.; Mathews, D. K. *Bases fisiológicas da educação física e dos desportos*. Rio de Janeiro: Guanabara, 1986, p. 72-74.

a) Analise as informações da tabela e indique, entre os quatro grupos de pessoas (A, B, C ou D) mostrados na figura, qual grupo corresponde aos maratonistas e qual grupo corresponde aos velocistas. Justifique.
b) Se os dois grupos de atletas não fizerem um treinamento adequado, pode ocorrer nesses atletas dor muscular intensa durante ou após uma competição. A que se deve essa dor muscular? Explique.

16 (Fuvest-SP) A tabela abaixo apresenta algumas características de dois tipos de fibras musculares do corpo humano.

Fibras musculares		
Características	Tipo I	Tipo IIB
Velocidade de contração	Lenta	Rápida
Concentração de enzimas oxidativas	Alta	Baixa
Concentração de enzimas glicolíticas	Baixa	Alta

a) Em suas respectivas provas, um velocista corre 200 metros, com velocidade aproximada de 36 km/h, e um maratonista corre 42 quilômetros, com velocidade aproximada de 18 km/h.

Que tipo de fibra muscular se espera encontrar, em maior abundância, nos músculos do corpo de cada um desses atletas?

b) Em que tipo de fibra muscular deve ser observado o maior número de mitocôndrias? Justifique.

17 (Unesp) A realização dos jogos pan-americanos no Brasil, em julho de 2007, estimulou muitos jovens e adultos à prática de atividades físicas. Contudo, o exercício físico não orientado pode trazer prejuízos e desconforto ao organismo, tais como as dores musculares que aparecem quando de exercícios intensos. Uma das possíveis causas dessa dor muscular é a produção e o acúmulo de ácido láctico nos tecidos musculares do atleta.

Por que se forma ácido láctico durante os exercícios e que cuidados um atleta amador poderia tomar para evitar a produção excessiva e o acúmulo desse ácido em seu tecido muscular?

18 (UFRJ) Os gráficos a seguir representam duas características de fibras musculares de jovens saudáveis, medidas antes e depois de realizarem, por algumas semanas, exercício físico controlado, associado a uma dieta equilibrada. Marcante melhoria no condicionamento físico desses jovens foi observada.

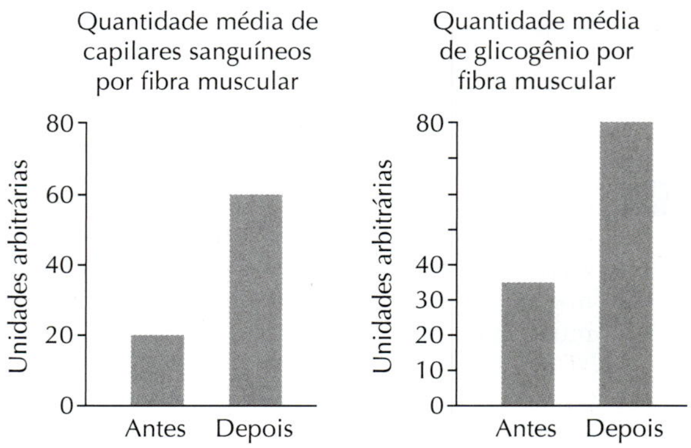

Explique, com base nos gráficos, a relação entre a melhoria no condicionamento físico dos jovens e as variações dos seguintes fatores:

a) quantidade de capilares sanguíneos por fibra muscular.

b) quantidade de glicogênio por fibra muscular.

Capítulo 16
Tecido nervoso

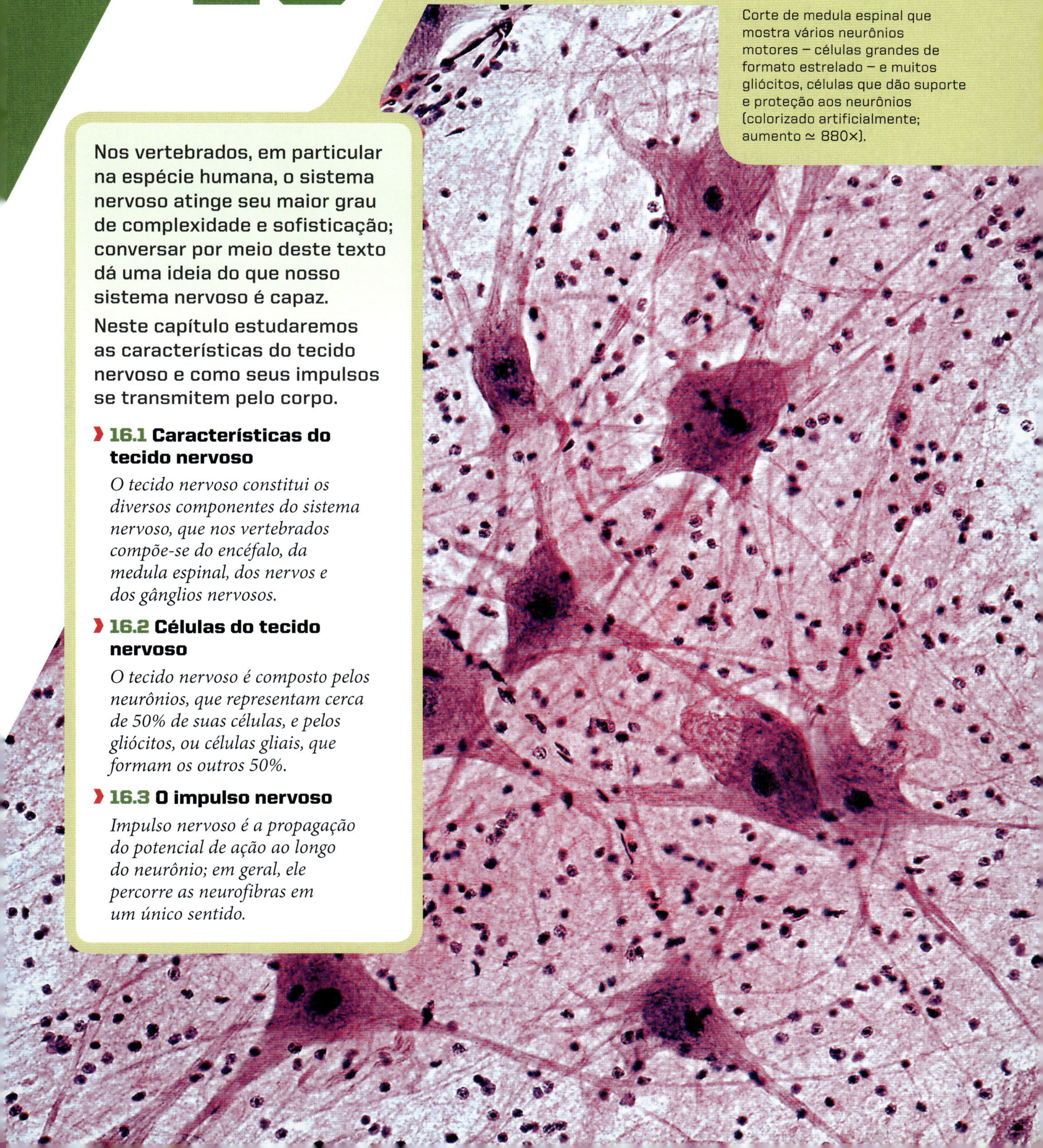

Corte de medula espinal que mostra vários neurônios motores – células grandes de formato estrelado – e muitos gliócitos, células que dão suporte e proteção aos neurônios (colorizado artificialmente; aumento ≃ 880×).

Nos vertebrados, em particular na espécie humana, o sistema nervoso atinge seu maior grau de complexidade e sofisticação; conversar por meio deste texto dá uma ideia do que nosso sistema nervoso é capaz.

Neste capítulo estudaremos as características do tecido nervoso e como seus impulsos se transmitem pelo corpo.

16.1 Características do tecido nervoso

O tecido nervoso constitui os diversos componentes do sistema nervoso, que nos vertebrados compõe-se do encéfalo, da medula espinal, dos nervos e dos gânglios nervosos.

16.2 Células do tecido nervoso

O tecido nervoso é composto pelos neurônios, que representam cerca de 50% de suas células, e pelos gliócitos, ou células gliais, que formam os outros 50%.

16.3 O impulso nervoso

Impulso nervoso é a propagação do potencial de ação ao longo do neurônio; em geral, ele percorre as neurofibras em um único sentido.

Seção 16.1

Características do tecido nervoso

Objetivos

▶ Valorizar conhecimentos sobre a estrutura e sobre o funcionamento do corpo humano, reconhecendo-os como importantes para cuidar melhor da própria saúde.

▶ Conhecer a organização geral do sistema nervoso humano: sistema nervoso central e sistema nervoso periférico.

Termos e conceitos

- tecido nervoso
- sistema nervoso central (SNC)
- sistema nervoso periférico (SNP)
- nervo
- gânglio nervoso

Organização do sistema nervoso

O **tecido nervoso** forma os diversos componentes do sistema nervoso, que, nos vertebrados, é composto pelo encéfalo, pela medula espinal, pelos nervos e pelos gânglios nervosos. O encéfalo e a medula espinal constituem o **sistema nervoso central (SNC)**; os nervos e gânglios nervosos constituem o **sistema nervoso periférico (SNP)**. (**Tab. 16.1**)

Tabela 16.1 Divisões do sistema nervoso humano

Divisão	Partes	Funções gerais
Sistema nervoso central (SNC)	Encéfalo	Processamento e integração de informações
	Medula espinal	
Sistema nervoso periférico (SNP)	Nervos	Condução de informações entre órgãos receptores de estímulos, o SNC e órgãos efetuadores (músculos, glândulas etc.)
	Gânglios	

O **encéfalo** humano tem cerca de 1,4 kg nas pessoas adultas e preenche totalmente a caixa craniana. Ele está ligado à **medula espinal**, um cordão cilíndrico, com cerca de 1 cm a 1,7 cm de diâmetro, que percorre o meio de nossas costas, alojado no interior do canal formado pelas perfurações das vértebras da coluna vertebral. Tanto do encéfalo quanto da medula partem os **nervos** – fios esbranquiçados e finos que se ramificam e atingem todas as regiões do corpo. **Gânglios nervosos** são aglomerados de células nervosas, envoltos por uma cápsula de tecido conjuntivo fibroso, que ocorrem em certos nervos. (**Fig. 16.1**)

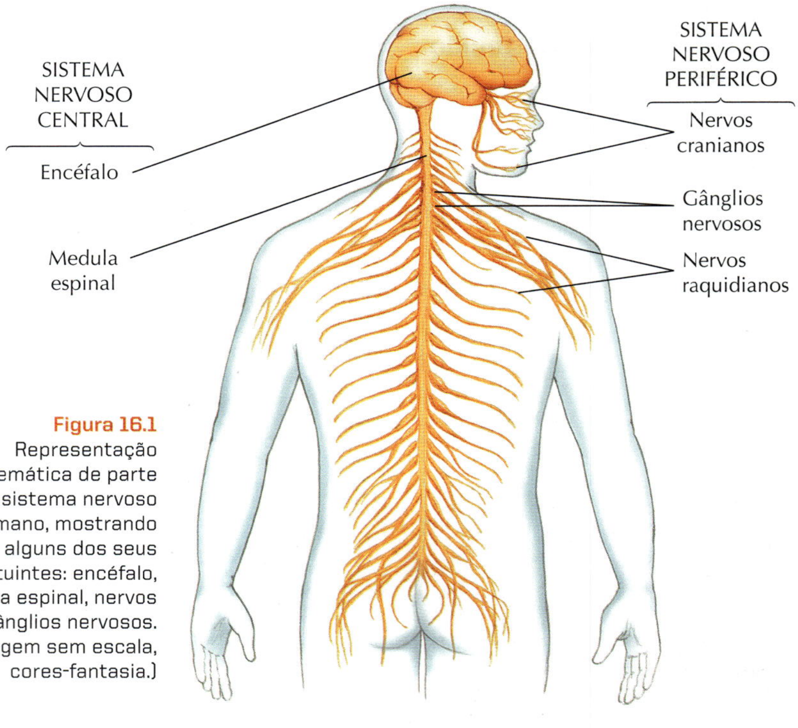

Figura 16.1 Representação esquemática de parte do sistema nervoso humano, mostrando alguns dos seus constituintes: encéfalo, medula espinal, nervos e gânglios nervosos. (Imagem sem escala, cores-fantasia.)

Seção 16.2

Células do tecido nervoso

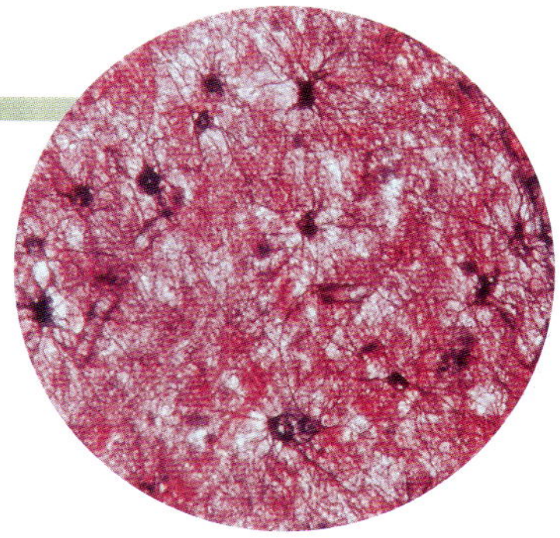

Figura 16.2 Micrografia de um corte de tecido do cérebro humano ao microscópio óptico. As células ramificadas, coradas em escuro, são astrócitos, um tipo de célula glial que nutre e protege os neurônios (aumento ≃ 350×).

Objetivos

- Conhecer os componentes de um neurônio – dendritos, corpo celular e axônio – e identificá-los em esquemas e ilustrações de um neurônio típico.
- Reconhecer o papel dos diferentes tipos de gliócitos ou células gliais – astrócitos, oligodendrócitos, micróglias e células de Schwann – na estrutura e na função do tecido nervoso.

Termos e conceitos

- neurônio
- corpo celular do neurônio
- axônio
- dendrito
- gliócito

O tecido nervoso é composto pelos neurônios e pelos gliócitos, ou células gliais (anteriomente denominadas neuróglias). Em 2005, os pesquisadores Suzana Herculano-Houzel e Roberto Lent, da Universidade Federal do Rio de Janeiro (UFRJ), derrubaram o mito de que o sistema nervoso contém 10 vezes mais gliócitos que neurônios. Eles demonstraram que o cérebro humano tem 86 bilhões de neurônios e número equivalente de células gliais. (**Fig. 16.2**)

1 Neurônios

Neurônios são células especializadas na condução de impulsos nervosos. Eles apresentam uma parte mais volumosa, o **corpo celular do neurônio**, com diâmetro variando entre 5 μm e 100 μm, onde se concentram o citoplasma e o núcleo celular. Do corpo celular, partem inúmeros prolongamentos citoplasmáticos finos, as **neurofibras**, ou **fibras nervosas**. Em geral, um desses prolongamentos, o **axônio**, é muito mais longo que os demais, os **dendritos**. Estes conduzem impulsos nervosos em direção ao corpo celular, enquanto o axônio os conduz em sentido inverso (para fora do corpo celular).

Classificação morfológica dos neurônios

De acordo com o número e o arranjo de suas neurofibras, os neurônios podem ser classificados em três tipos básicos: multipolares, bipolares e pseudounipolares. **Neurônios multipolares** apresentam vários dendritos, geralmente ramificados; constituem o tipo mais comum de neurônio e estão presentes no encéfalo e na medula espinal. **Neurônios bipolares** apresentam um só dendrito, localizado em posição diametralmente oposta ao axônio; são os principais responsáveis pela transmissão das informações sensoriais (olfato, visão, audição e equilíbrio) ao sistema nervoso central. **Neurônios pseudounipolares** (ou falsamente unipolares) apresentam uma só neurofibra, às vezes chamada dendraxônio, que se divide em duas, uma correspondente ao dendrito e outra ao axônio. Nesses neurônios, o impulso gerado no dendrito pode seguir diretamente para o axônio sem passar pelo corpo celular. Neurônios pseudounipolares estão presentes em certos gânglios nervosos e levam informações de sensores da pele ao sistema nervoso central. (**Fig. 16.3**)

Figura 16.3 **A.** Representação esquemática de um neurônio mostrando suas partes principais. O axônio apresenta-se recoberto por um envoltório de células de Schwann, constituintes do estrato mielínico (bainha de mielina). **B.** Tipos de neurônio (as setas indicam o sentido do impulso nervoso). (Imagens sem escala, cores-fantasia.)

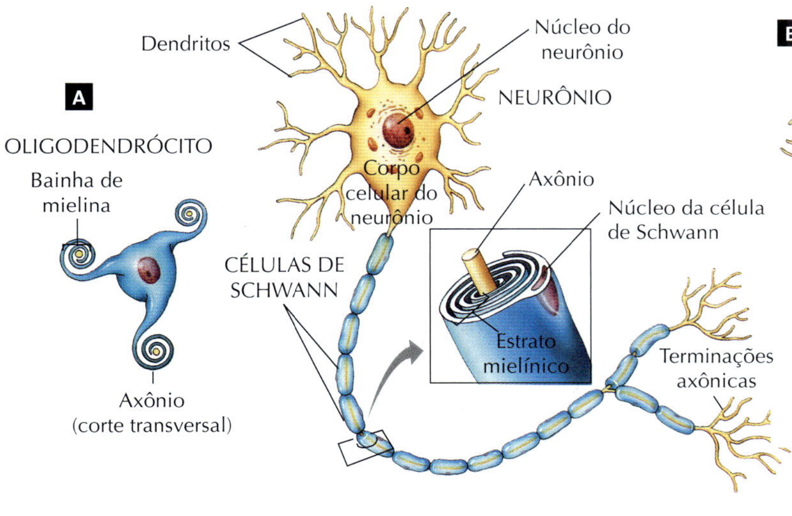

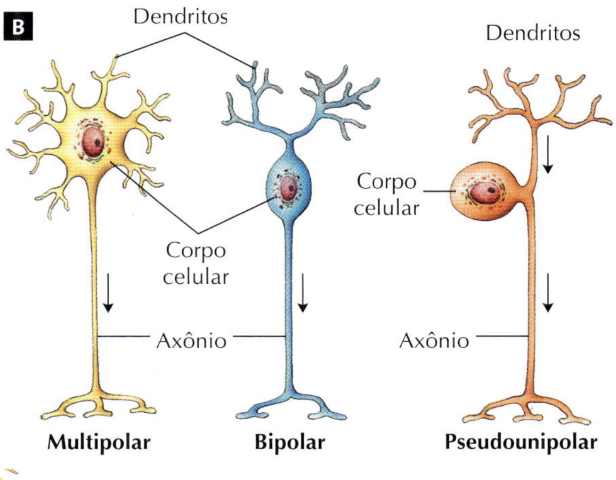

Classificação fisiológica dos neurônios

Quanto à sua função geral, os neurônios podem ser classificados em sensitivos, motores e associativos. **Neurônios sensitivos**, também chamados de **sensoriais** ou **aferentes**, são os que conduzem impulsos nervosos de órgãos dos sentidos e de células sensoriais para o sistema nervoso central. **Neurônios motores**, ou **eferentes**, são os que conduzem impulsos do sistema nervoso central para os órgãos que efetuam a resposta (efetores, ou órgãos efetuadores), geralmente músculos ou glândulas. **Neurônios associativos**, ou **interneurônios**, localizam-se no encéfalo e na medula espinal e fazem a conexão entre diversos tipos de neurônios.

Um nervo pode conter: a) apenas neurofibras de neurônios sensitivos, sendo chamado de **nervo sensitivo**; b) apenas neurofibras de neurônios motores, sendo chamado de **nervo motor**; c) neurofibras tanto de neurônios sensitivos como de neurônios motores, sendo chamado de **nervo misto**. Neste último, neurofibras sensitivas conduzem impulsos das diversas partes do corpo para o sistema nervoso central e neurofibras motoras conduzem impulsos nervosos em sentido inverso.

Em certas respostas rápidas denominadas ações reflexas, como as que ocorrem quando tocamos sem querer um objeto muito quente, o neurônio sensitivo responde ao calor, transmitindo impulsos nervosos a um neurônio associativo localizado na medula espinal; este retransmite a informação ao neurônio motor, que estimula os músculos do braço a reagir afastando rapidamente a mão do objeto quente. Além de estimular os neurônios motores responsáveis pela ação, o neurônio associativo também estimula neurônios que conduzem impulsos ao encéfalo, permitindo-nos tomar consciência do ocorrido. (**Fig. 16.4**)

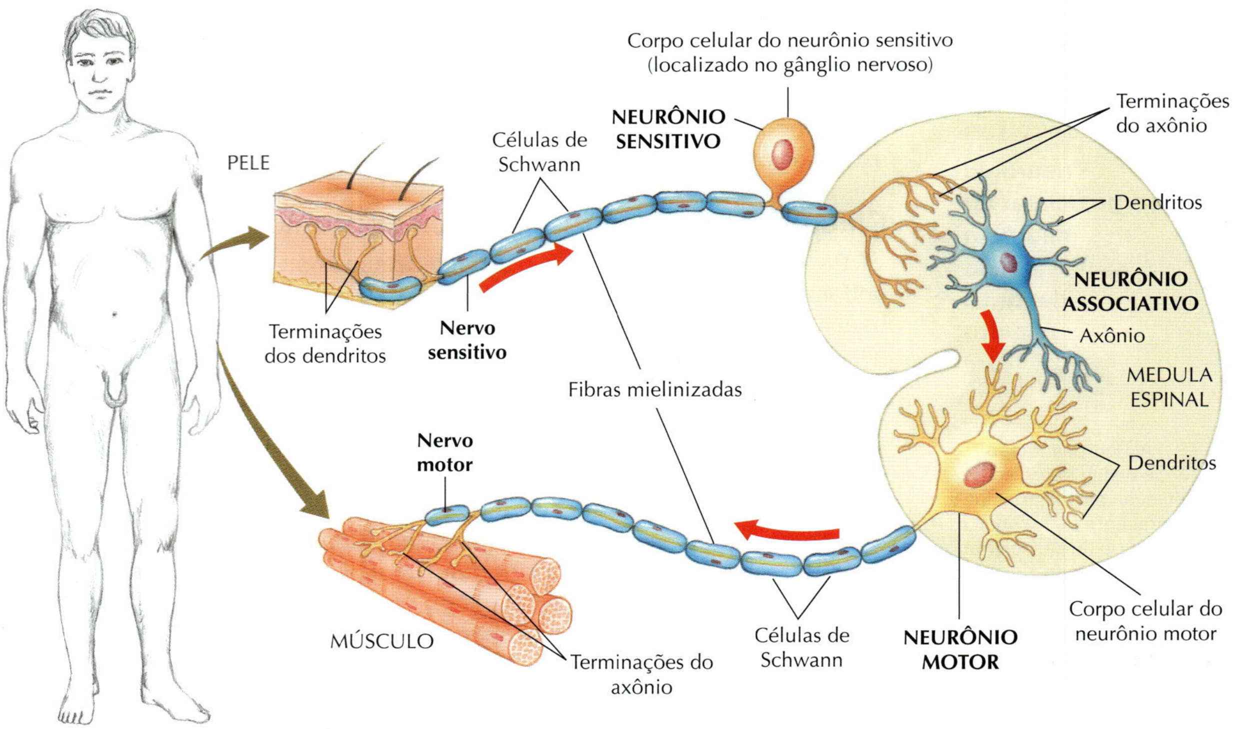

Figura 16.4 Representação esquemática de um arco reflexo. Certas respostas reflexas podem envolver três tipos de neurônio: sensitivo, associativo e motor. Note que o neurônio sensitivo é do tipo pseudounipolar, enquanto os neurônios associativo e motor são multipolares. As setas vermelhas indicam o sentido de transmissão do impulso nervoso. (Imagem sem escala, cores-fantasia.)

Localização dos neurônios no SN

A maioria dos corpos celulares dos neurônios localiza-se no encéfalo e na medula espinal. Os poucos corpos celulares de neurônios presentes fora do sistema nervoso central ficam agrupados em pontos específicos de certos nervos, formando os **gânglios nervosos**.

As neurofibras estão geralmente agrupadas em feixes. Quando esses feixes estão no interior do sistema nervoso central, são chamados de **tratos nervosos**. Fora do encéfalo e da medula espinal, os feixes de neurofibras, envolvidos por tecido conjuntivo fibroso, constituem os **nervos**, que atingem todas as partes do corpo e são responsáveis por sua comunicação com o sistema nervoso central.

Substância cinzenta e substância branca

Observando um corte de encéfalo humano a olho nu, pode-se perceber nitidamente uma camada externa de cor acinzentada, com espessura entre 1 cm e 2 cm, e uma região mais interna esbranquiçada. Na camada acinzentada mais externa, concentram-se os corpos celulares dos neurônios encefálicos e certos tipos de gliócitos, formando a chamada **substância cinzenta**. A porção interna do encéfalo, de cor esbranquiçada e, por isso, denominada **substância branca**, é constituída principalmente por neurofibras revestidas por envoltórios mielínicos de gliócitos, como veremos mais adiante.

Na medula espinal, as disposições da substância cinzenta e da substância branca invertem-se: a substância cinzenta se situa internamente à medula e a substância branca se situa externamente. (**Fig. 16.5**)

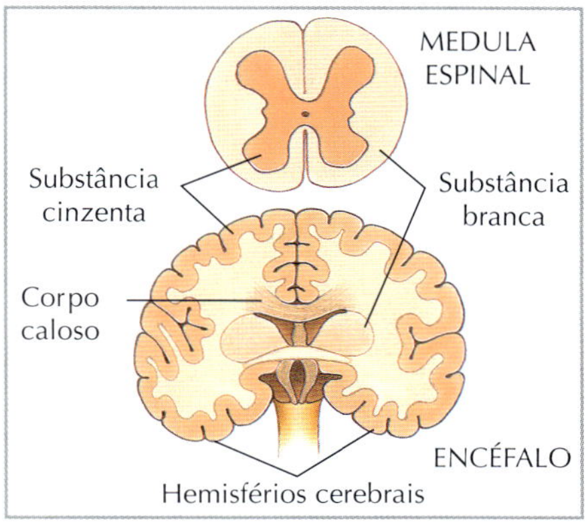

Figura 16.5 Representação esquemática do encéfalo humano, em corte frontal, e da medula espinal, em corte transversal, mostrando a disposição das substâncias cinzenta e branca. (Imagem sem escala, cores-fantasia.)

2 Gliócitos

Gliócitos ou **células gliais** (anteriormente denominadas **neuróglias**) são componentes do tecido nervoso cuja função é envolver, proteger e nutrir os neurônios. O termo glia, em grego, significa cola, em alusão ao fato de essas células darem sustentação física ao sistema nervoso, mantendo os neurônios unidos.

Estudos recentes têm mostrado a grande importância dos gliócitos; acredita-se, por exemplo, que sem essas células os neurônios não conseguiriam estabelecer conexões uns com os outros. Nos primeiros anos de vida, o tamanho do encéfalo aumenta pela multiplicação dos gliócitos, já que o número de neurônios permanece o mesmo desde o nascimento. Há quem correlacione esse aumento de gliócitos durante a infância com o grande aumento do número de conexões (sinapses) entre neurônios, fundamental ao desenvolvimento físico e mental do ser humano.

Existem dois grupos principais de células da glia, classificados de acordo com a origem: macróglias e micróglias. As macróglias originam-se da placa neural do embrião, paralelamente aos neurônios, e constituem a maioria dos gliócitos; elas são de três tipos principais: astrócitos, oligodendrócitos e células da neurilema (ou células de Schwann). As micróglias são células bem menores e originam-se do tecido hematopoiético. (**Fig. 16.6**)

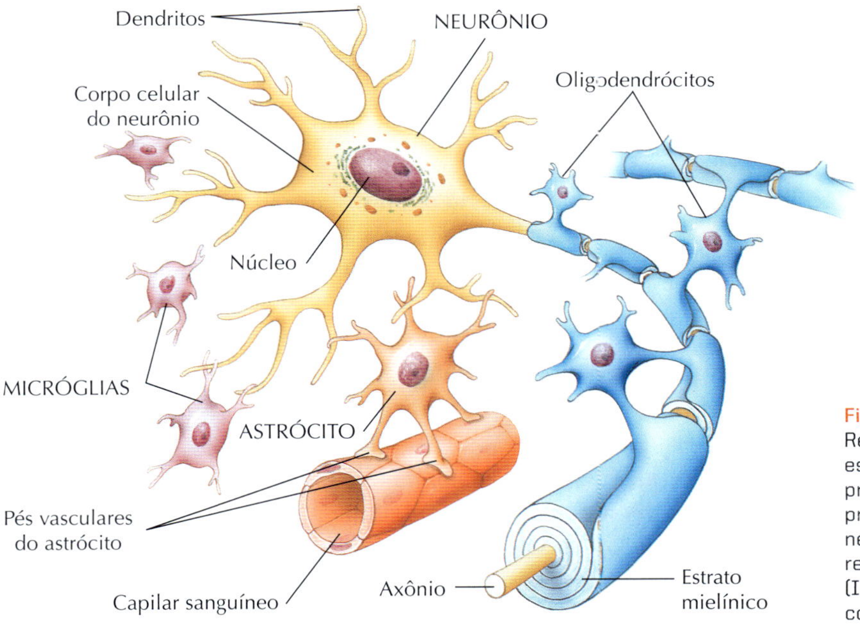

Figura 16.6 Representação esquemática dos principais gliócitos presentes no sistema nervoso central e sua relação com o neurônio. (Imagem sem escala, cores-fantasia.)

Astrócitos

Astrócitos são os gliócitos de maior tamanho e apresentam grande número de prolongamentos citoplasmáticos. Alguns desses prolongamentos ligam-se a neurônios, enquanto outros ligam-se a capilares sanguíneos por meio de uma porção terminal expandida, denominada pé vascular. Estudos recentes indicam que as substâncias vindas do sangue para nutrir os neurônios passam primeiro pelos astrócitos. Além de estabelecer essa ponte nutritiva entre o sangue e os neurônios, os astrócitos dão sustentação física ao tecido nervoso e participam da recuperação de lesões. Se eventualmente ocorre morte de neurônios, os espaços que eles ocupavam são preenchidos por um tecido de cicatrização resultante da multiplicação de astrócitos.

Oligodendrócitos

Oligodendrócitos são células menores que os astrócitos dotadas de menor quantidade de prolongamentos celulares. Certos prolongamentos especiais dos oligodendrócitos enrolam-se sobre neurofibras do sistema nervoso central, envolvendo-as com camadas concêntricas de membrana plasmática. Esse envoltório membranoso constitui o **estrato mielínico** ou **bainha de mielina**, que protege o neurônio e o ajuda a desempenhar suas funções.

Células de Schwann

Células de Schwann ou **células da neurilema** são gliócitos presentes no sistema nervoso periférico, onde desempenham papel semelhante ao dos oligodendrócitos no sistema nervoso central. Seus prolongamentos enrolam-se sobre as neurofibras que constituem os nervos, formando ao redor delas estratos mielínicos protetores (bainha de mielina) que auxiliam o funcionamento dos neurônios.

Micróglias

Micróglias são células pequenas, com poucos prolongamentos e geralmente muito ramificadas, cuja função é fagocitar detritos e restos celulares presentes no tecido nervoso. Elas podem ser consideradas um tipo especializado de macrófago (relembre no capítulo 14).

3 Neurofibras mielinizadas e não mielinizadas

As neurofibras, dependendo de sua função, podem ou não apresentar revestimento mielínico (bainha de mielina); no primeiro caso, elas são chamadas de neurofibras mielinizadas e, no segundo, de neurofibras não mielinizadas. O estrato mielínico, como dissemos, é um conjunto de camadas concêntricas de membrana de células gliais que envolve grande parte das neurofibras de nosso corpo. No sistema nervoso central, os estratos mielínicos se originam de oligodendrócitos; no sistema nervoso periférico, eles são produzidos pelas células de Schwann.

As membranas que constituem o estrato mielínico, assim como as demais membranas celulares, são formadas basicamente por uma bicamada de fosfolipídios (relembre no capítulo 5). No entanto, as membranas do estrato mielínico apresentam alguns componentes específicos, como certos **proteolipídios** e a **proteína básica da mielina**, que participam da união entre as camadas de membrana enroladas, dando consistência ao envoltório. Este atua como um isolante e evita que o impulso se propague entre neurofibras adjacentes, além de contribuir para aumentar a velocidade de propagação dos impulsos nervosos pelo neurônio.

Ao longo de seu comprimento, uma neurofibra mielinizada apresenta interrupções no estrato mielínico, os **nós neurofibrosos**, ou **nódulos de Ranvier**, que correspondem aos pontos de separação entre células gliais vizinhas que formam o estrato mielínico.

Nas neurofibras não mielinizadas, o impulso propaga-se continuamente ao longo da membrana do neurônio. Nas neurofibras mielinizadas, de maior calibre e isoladas pela bainha de mielina, a propagação dos impulsos nervosos é muito mais rápida que nas fibras não mielinizadas e tem característica saltatória, passando de um nó neurofibroso para o seguinte, devido à presença da bainha de mielina. Vejamos um exemplo da velocidade de propagação do impulso nervoso em nosso corpo.

No organismo humano, os corpos celulares dos neurônios motores que inervam as pernas localizam-se na medula espinal e seus axônios têm cerca de 1 metro de comprimento. Pelo fato de esses axônios serem revestidos pelo estrato mielínico, o impulso nervoso se propaga neles com grande rapidez, levando apenas cerca de 0,01 segundo para ir dos corpos celulares da medula aos músculos da perna e estimular sua contração. Se esses axônios não fossem mielinizados, a velocidade de propagação do impulso nervoso seria de cerca de 1 m/s e os estímulos enviados pela medula levariam cerca de 1 segundo, ou seja, 100 vezes mais tempo, para chegar aos músculos. Nesse caso, a coordenação de movimentos, como os necessários para correr, seria impossível. **(Fig. 16.7)**

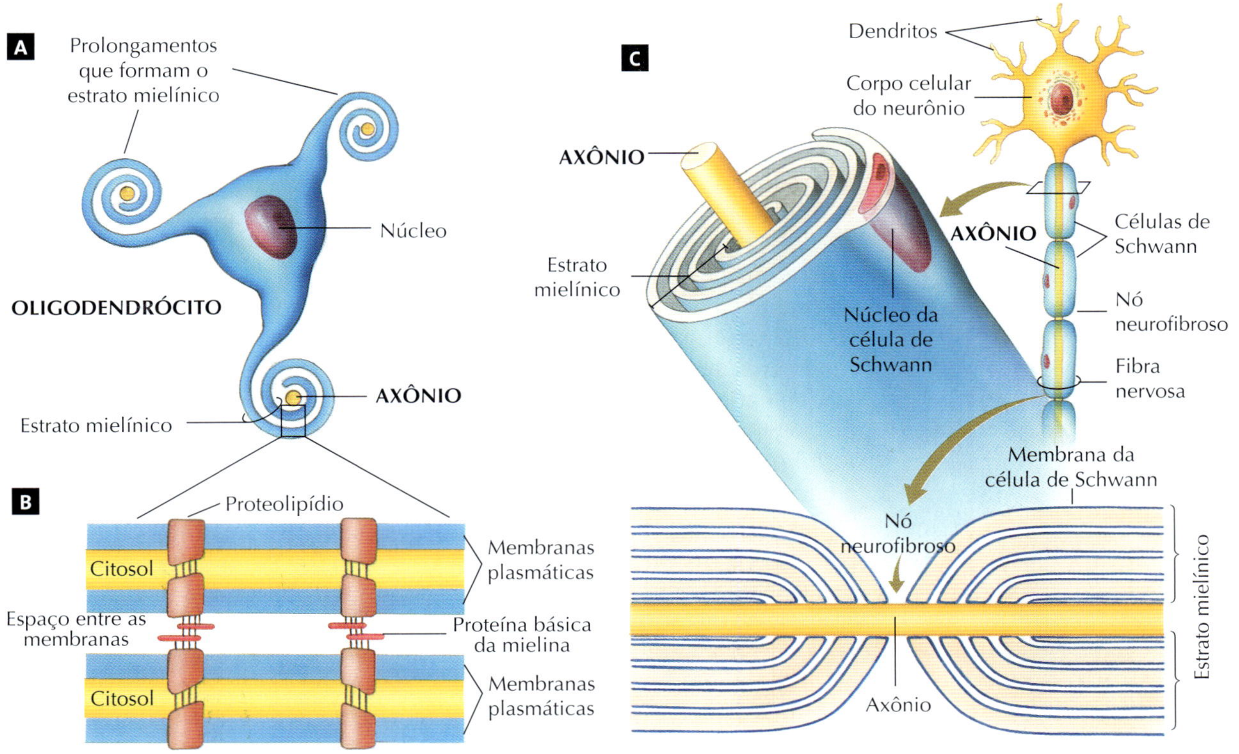

Figura 16.7 **A.** Representação esquemática de um oligodendrócito associado a três neurônios (axônios cortados transversalmente). **B.** Detalhe do estrato mielínico formado pelos astrócitos, presentes na substância branca do encéfalo e da medula espinal. **C.** Neurônio envolvido pelas células de Schwann, que só ocorrem no sistema nervoso periférico. Observe o nó neurofibroso (nódulo de Ranvier) entre as células de Schwann. Na parte inferior da imagem, corte longitudinal do neurônio com estrato mielínico e nó neurofibroso. (Imagem sem escala, cores-fantasia.)

Cada neurofibra, mielinizada ou não, juntamente com os gliócitos que a envolvem, é revestida por um delicado envoltório de tecido conjuntivo, denominado **endoneuro**. Um conjunto de neurofibras, cada uma com seu endoneuro, é revestido, por sua vez, por outro envoltório de tecido conjuntivo, o **perineuro**. Finalmente, diversos conjuntos de neurofibras, cada um deles envolto pelo perineuro, podem se reunir para formar nervos relativamente grossos, os quais são revestidos por outra camada de tecido conjuntivo, o **epineuro**. Esses envoltórios de tecido conjuntivo contêm, além de filamentos de proteína, vasos sanguíneos, que alimentam e oxigenam as neurofibras.

Na doença conhecida como **esclerose múltipla**, ocorre degeneração gradual do estrato mielínico, com perda progressiva da coordenação nervosa. As causas da esclerose múltipla ainda não são totalmente conhecidas, mas acredita-se que seja uma doença autoimune, isto é, em que as defesas corporais se voltam contra o próprio organismo, no caso, atacando e destruindo o estrato mielínico das neurofibras. A esclerose múltipla começa a manifestar-se, em geral, por volta dos 25 a 30 anos de idade, sendo mais frequente nas mulheres. Os primeiros sintomas são alterações de sensibilidade e fraqueza muscular; a pessoa pode perder progressivamente a capacidade de andar e apresentar distúrbios emocionais, incontinência urinária, quedas bruscas da pressão arterial, sudorese intensa etc. Quando o nervo óptico é atingido, pode ocorrer diplopia (visão dupla).

Conteúdo digital Moderna PLUS http://www.modernaplus.com.br
Animação: *Tecidos animais*, veja aba *Tecido nervoso*

Seção 16.3

O impulso nervoso

Objetivos

- Definir sucintamente potencial de ação, potencial de repouso e impulso nervoso e explicar como este último se propaga pelo neurônio.
- Conceituar sinapse nervosa e seu papel na transmissão do impulso nervoso.

Termos e conceitos

- potencial de repouso
- potencial de ação
- impulso nervoso
- sinapse nervosa
- neurotransmissor

Em um neurônio em repouso, isto é, que não foi estimulado, a superfície interna da membrana plasmática se mantém eletricamente menos positiva que a externa, o que equivale a dizer que o interior da célula é eletricamente negativo em relação ao exterior (relembre no capítulo 5). No neurônio em repouso, a diferença de potencial elétrico entre as duas faces da membrana plasmática é da ordem de −70 mV (milivolts), sendo chamada de **potencial de repouso**.

Quando o neurônio é devidamente estimulado, ocorre uma onda de alterações elétricas que percorre a membrana do neurônio, quase sempre em um único sentido: dos dendritos para o axônio. A alteração elétrica, chamada **despolarização**, consiste em uma inversão brusca da situação das cargas elétricas em uma pequena área da membrana plasmática. Nesse local, a superfície interna da membrana torna-se momentaneamente mais positiva que a externa, com a diferença de potencial passando dos −70 mV da situação de repouso para +40 mV. Essa inversão de potencial dura apenas cerca de 0,0015 s naquele local, e a situação de repouso é rapidamente restabelecida, fenômeno conhecido como **repolarização**. No entanto, a área que se despolarizou estimula a área seguinte a se despolarizar e o fenômeno se repete, propagando-se até as extremidades do axônio como um impulso nervoso. A diferença de potencial entre as duas faces da membrana plasmática durante a despolarização (de −70 mV para +40 mV) é chamada **potencial de ação**.

As alterações elétricas na membrana plasmática do neurônio durante o impulso nervoso ocorrem devido a mudanças temporárias em sua permeabilidade aos íons de sódio (Na^+) e aos íons de potássio (K^+). Nos neurônios, como em qualquer célula, o citoplasma e o ambiente extracelular apresentam diferença de concentração de íons Na^+ e K^+. Essa diferença é mantida pelo bombeamento ativo de íons pela membrana plasmática (transporte ativo), em que os íons Na^+ são forçados a sair da célula e os íons K^+ são forçados a nela entrar (relembre no capítulo 5). É esse transporte ativo de íons que faz com que a superfície interna da membrana plasmática se mantenha menos positiva em relação à superfície externa, ou seja, é ele que mantém o potencial de repouso.

Um estímulo adequado (um toque, a presença de uma substância etc.) é capaz de causar uma alteração momentânea na permeabilidade em uma pequena área da membrana plasmática. Com isso, os canais proteicos na membrana, na área estimulada, abrem-se e permitem a rápida entrada, na célula, de grande quantidade de íons Na^+. Essa entrada brusca de íons Na^+ faz com que, durante alguns instantes, a face interna da membrana, no local, se torne mais positiva que a face externa. **(Fig. 16.8)**

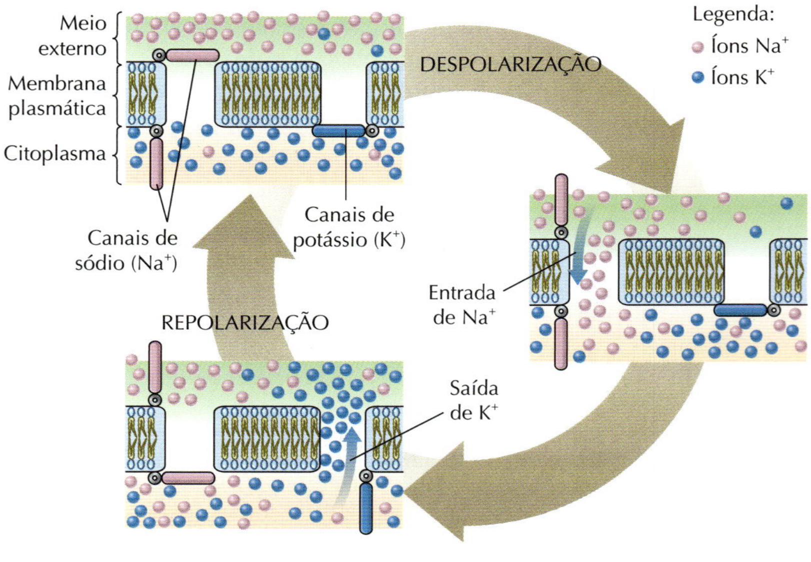

Figura 16.8 Representação esquemática da despolarização e repolarização da membrana plasmática de um neurônio. O estímulo provoca a abertura de canais de passagem para íons Na^+, permitindo que estes afluam em grande quantidade na célula. Em seguida, abrem-se os canais para íons K^+, permitindo sua saída da célula. (Imagem sem escala, cores-fantasia.)

1 Propagação do impulso nervoso

Como já dissemos, a despolarização de uma área da membrana causa alteração de permeabilidade na área vizinha à sua frente, gerando nela um novo potencial de ação. Ou seja, enquanto uma área despolarizada da membrana está se repolarizando, outra imediatamente à sua frente está se despolarizando. Desse modo, o potencial de ação propaga-se como uma onda elétrica ao longo do neurônio.

O **impulso nervoso** é a propagação do potencial de ação ao longo do neurônio; esse impulso ocorre, de modo geral, em um único sentido em uma neurofibra. Nos dendritos, propaga-se das extremidades dendríticas para o corpo celular; no axônio, propaga-se de sua junção com o corpo celular para a extremidade axônica. Os estímulos são captados pelos dendritos ou pelo próprio corpo celular (algumas vezes até mesmo pelo axônio), gerando um impulso nervoso que percorre todo o axônio até chegar a suas extremidades. Os cientistas calcularam que a velocidade de propagação do impulso nervoso em certos neurônios mielinizados pode atingir até 200 m/s (aproximadamente 720 km/h). (**Fig. 16.9**)

2 Sinapses nervosas

O sistema nervoso humano é formado por uma complexa rede de neurônios interligados. A estrutura altamente elaborada dessa rede nervosa garante a comunicação eficiente entre todas as partes do corpo e o sistema nervoso central.

Ao atingir a extremidade de um axônio, o impulso nervoso deve ser transmitido a uma outra célula, em geral, a um outro neurônio. A região de proximidade entre a extremidade de um axônio e a célula vizinha, por onde se dá a transmissão do impulso nervoso, é chamada **sinapse nervosa** (do grego *synapsis*, ação de juntar).

Em nosso sistema nervoso central, um único neurônio faz entre 1.000 e 10.000 sinapses com mais de 1.000 outros neurônios. As sinapses nervosas geralmente ocorrem entre o axônio de um neurônio e o dendrito de outro, mas também pode haver sinapses entre um axônio e um corpo celular, entre dois axônios, ou entre um axônio e uma célula muscular, nesse caso chamada **sinapse neuromuscular**.

Há dois tipos básicos de sinapse nervosa: sinapse elétrica e sinapse química.

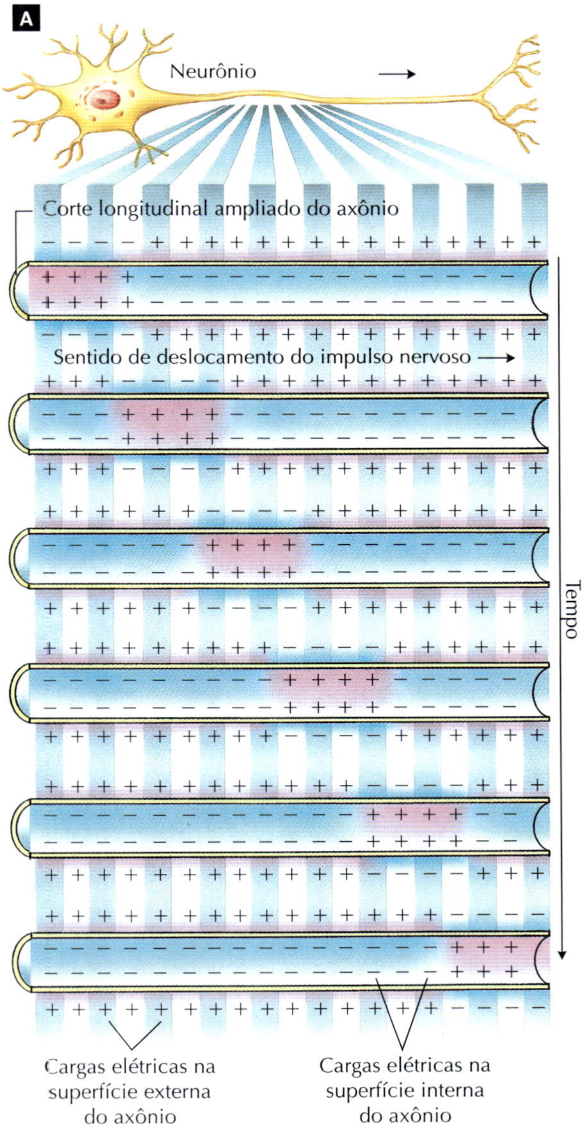

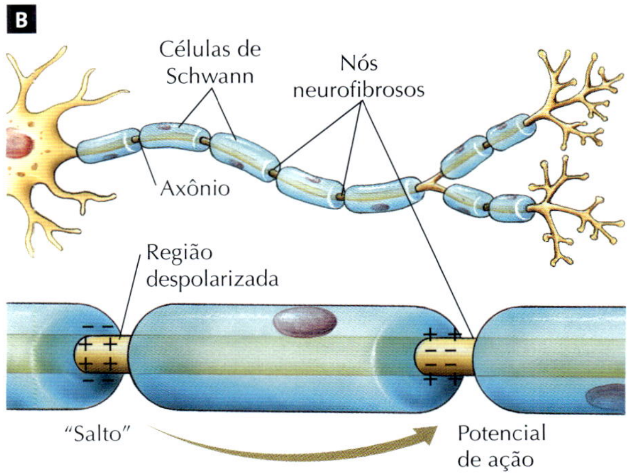

Figura 16.9 **A.** Representação esquemática da propagação de um impulso nervoso em um axônio não mielinizado. **B.** Propagação do impulso nervoso em um axônio mielinizado do SNP, no qual as alterações das cargas elétricas (despolarizações) da membrana do axônio "saltam" pelos nós neurofibrosos. (Imagens sem escala, cores-fantasia.)

Sinapse elétrica

Sinapses elétricas entre neurônios são raras; nos vertebrados, elas ocorrem em regiões do sistema nervoso central relacionadas com a produção de movimentos rápidos e repetitivos. Nesse tipo de sinapse, as membranas das células que se comunicam unem-se por meio de junções tipo *gap*, que permitem a transmissão do potencial de ação diretamente de uma célula para outra.

Sinapses elétricas ocorrem também entre células da musculatura não estriada e entre células da musculatura cardíaca. Nesses casos, o impulso elétrico recebido por uma célula muscular pode se propagar rapidamente para as demais células musculares, ocasionando a contração do músculo. No coração, por exemplo, o estímulo gerado no nó sinoatrial é transmitido rapidamente de uma célula para outra através de sinapses elétricas, permitindo a contração sincrônica do órgão no batimento cardíaco.

Sinapse química

O tipo mais comum de sinapse nervosa, a **sinapse química**, caracteriza-se pela ausência de contato físico entre os neurônios nos locais de passagem do estímulo nervoso. Um espaço estreito, com cerca de 10 nm a 50 nm, denominado espaço sináptico, separa a extremidade axônica de um neurônio e a superfície da célula com que ele faz sinapse. **(Fig. 16.10)**

As extremidades axônicas são dilatadas e seu citoplasma apresenta bolsas (vesículas) membranosas repletas de substâncias denominadas **neurotransmissores**, ou **mediadores químicos**. Quando o impulso nervoso chega a essa região, algumas das bolsas se fundem à membrana plasmática, liberando os neurotransmissores no espaço sináptico.

Os neurotransmissores liberados no espaço sináptico por exocitose ligam-se a proteínas receptoras da membrana da célula pós-sináptica. Se esta for outro neurônio, poderá ser originado um novo impulso nervoso, que se propagará até a sinapse seguinte. Os neurotransmissores liberados pelo neurônio são rapidamente destruídos por enzimas, o que evita que eles continuem a estimular a célula pós-sináptica além do necessário.

Os cientistas já identificaram mais de dez substâncias que atuam como neurotransmissores; dentre elas, destacam-se a **acetilcolina**, a **adrenalina** (ou **epinefrina**), a **noradrenalina** (ou **norepinefrina**), a **dopamina** e a **serotonina**.

Conteúdo digital Moderna PLUS http://www.modernaplus.com.br
Texto: *Medula óssea gera novos neurônios*
Animação: *Integração e controle*, veja aba *Impulso nervoso*

ATIVIDADES

QUESTÕES PARA PENSAR E DISCUTIR

Questões objetivas

1. Qual das alternativas associa corretamente o sistema nervoso central (SNC) e o sistema nervoso periférico (SNP) aos respectivos componentes (relacionados na primeira linha)?

	Encéfalo	Gânglios nervosos	Medula espinal	Nervos
a)	SNC	SNC	SNC	SNP
b)	SNC	SNP	SNC	SNC
c)	SNC	SNP	SNC	SNP
d)	SNP	SNC	SNP	SNC

2. A célula responsável pela condução dos impulsos nervosos no corpo é o
a) gliócito. b) axônio. c) dendrito. d) neurônio.

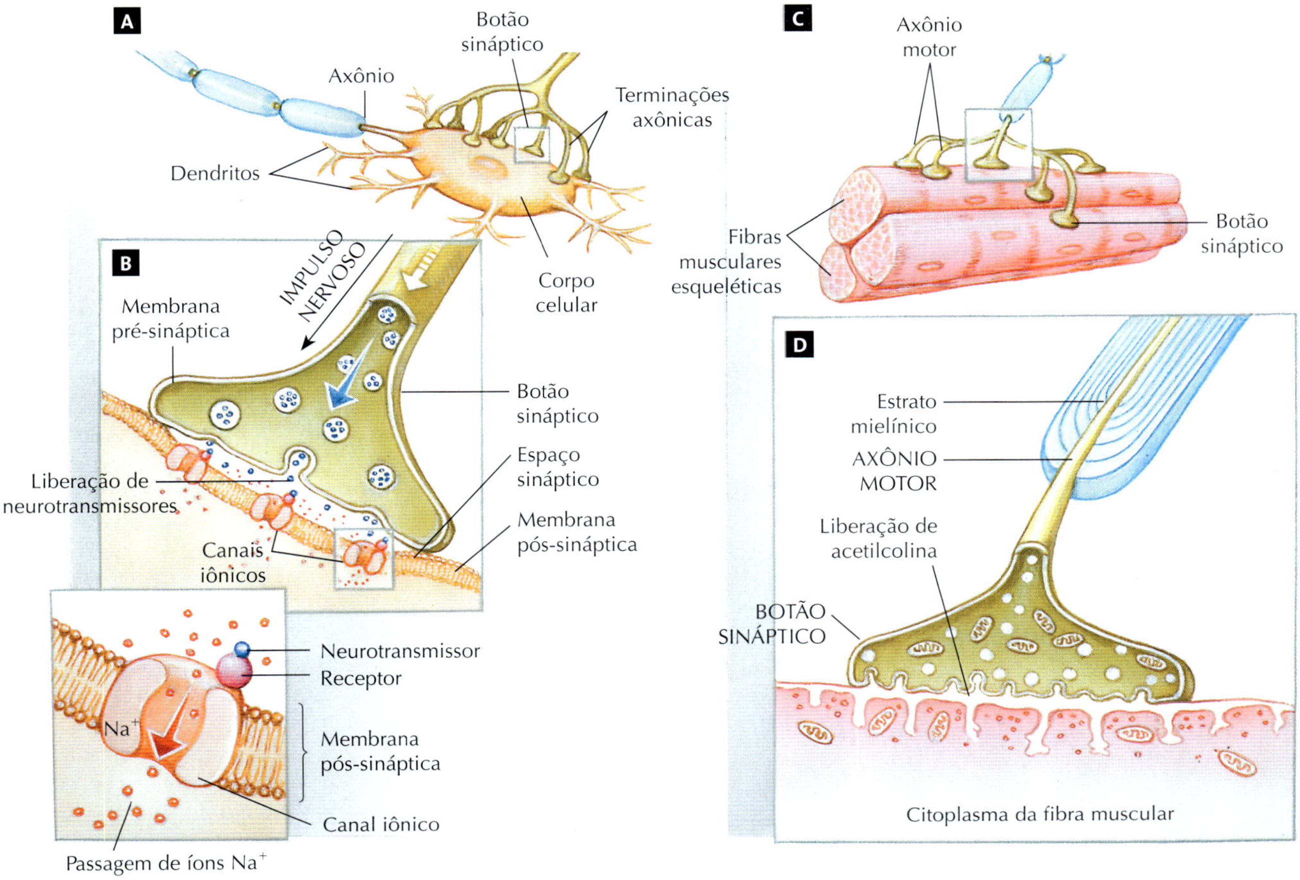

Figura 16.10 **A.** Representação esquemática de sinapses entre as terminações axônicas de um neurônio e o corpo celular de outro. **B.** Extremidade axônica (botão sináptico) em corte; os neurotransmissores ficam armazenados em bolsas membranosas (vesículas). **C.** Terminações axônicas de um nervo fazem sinapse com fibras musculares esqueléticas. **D.** Sinapse neuromuscular em corte mostrando o botão sináptico e a superfície da fibra muscular. (Imagens sem escala, cores-fantasia.)

3. Considerando que a ilustração abaixo representa um neurônio típico, as setas 1, 2 e 3 indicam quais partes da célula nervosa? Responda analisando o significado dos números no quadro.

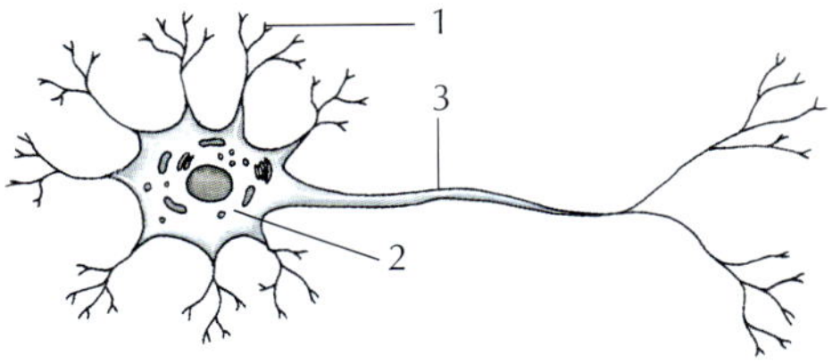

	1	2	3
a)	axônio	gânglio nervoso	dendrito
b)	axônio	corpo celular	dendrito
c)	dendrito	gânglio nervoso	axônio
d)	dendrito	corpo celular	axônio

4. Os principais componentes da substância cinzenta e da substância branca do sistema nervoso central são, respectivamente,
   a) corpos celulares e neurofibras.
   b) gânglios nervosos e neurofibras.
   c) neurofibras e corpos celulares.
   d) neurofibras e gânglios nervosos.

5. A propagação de um impulso nervoso, isto é, da alteração elétrica na membrana plasmática de um neurônio, é causada pela rápida
   a) entrada de íons de sódio na célula.
   b) entrada de íons de cloro na célula.
   c) entrada de neurotransmissores na célula.
   d) saída de neurotransmissores da célula.

6. “Em relação ao potencial de repouso de um neurônio, a superfície interna da membrana em que está ocorrendo um potencial de ação terá (1) concentração de íons de sódio e será (2) em relação à superfície externa.” Qual alternativa contém os termos que substituem corretamente os números (1) e (2)?
   a) 1 = maior; 2 = negativa.
   b) 1 = maior; 2 = positiva.
   c) 1 = menor; 2 = negativa.
   d) 1 = menor; 2 = positiva.

7. Qual das alternativas apresenta o sentido correto de propagação do impulso nervoso em um neurônio?
   a) Axônio → corpo celular → dendrito.
   b) Corpo celular → dendrito → axônio.
   c) Dendrito → corpo celular → axônio.
   d) Dendrito → axônio → corpo celular.

8. Qual das afirmações a seguir, referentes ao estrato mielínico (bainha de mielina), é correta?
   a) Envolve neurofibras, protegendo-os e aumentando a velocidade de propagação do impulso nervoso.
   b) Envolve o encéfalo e a medula espinal, protegendo-os contra traumas.
   c) Reveste os gânglios nervosos, isolando-os do sistema nervoso central.
   d) Une a extremidade dos axônios aos dendritos, permitindo a passagem do impulso nervoso através das sinapses.

9. Os neurotransmissores são liberados na sinapse quando um impulso nervoso
   a) chega à extremidade do axônio.
   b) chega ao corpo celular do neurônio.
   c) se propaga pelo dendrito.
   d) se propaga pela célula muscular.

10. Qual dos eventos a seguir **não** ocorre durante o processo de transmissão do impulso nervoso na região sináptica?
   a) Liberação de neurotransmissores contidos nas bolsas (vesículas) localizadas na extremidade do axônio pré-sináptico.
   b) Difusão de neurotransmissores através do espaço sináptico.
   c) Penetração e difusão dos neurotransmissores no citoplasma da célula pós-sináptica.
   d) Destruição dos neurotransmissores após a geração de um novo impulso na célula pós-sináptica.

Questões discursivas

11. Um pesquisador da fisiologia nervosa realizou a seguinte experiência: isolou um longo neurônio de vertebrado, cujo axônio tinha 3 cm de comprimento.

Em condições adequadas, instalou um par de microeletrodos conectado a um voltímetro no axônio, perto do corpo celular. Instalou outro par de microeletrodos e outro voltímetro a exatamente 2 cm do primeiro, próximo à terminação axônica. Em seguida, aplicou um forte estímulo (supralimiar) nos dendritos do neurônio. O que ele observou está mostrado no esquema abaixo.

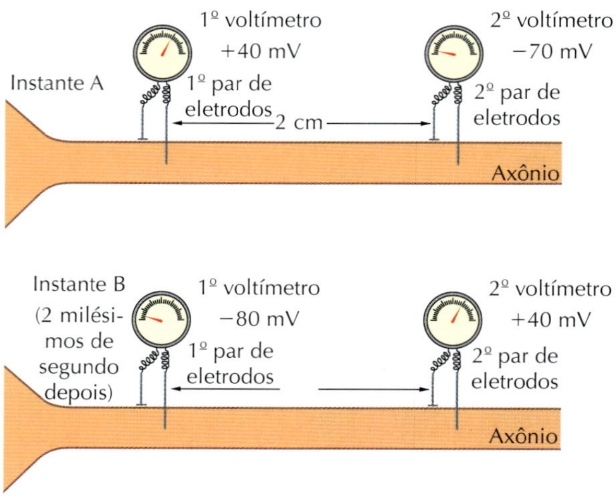

   a) Interprete os resultados observados quanto aos potenciais medidos nos voltímetros.
   b) Represente a situação das cargas elétricas dentro e fora da membrana do axônio nos instantes A e B.
   c) Calcule, com os dados disponíveis, a velocidade, em quilômetros por hora, de propagação do impulso nervoso nesse neurônio.

12. Um impulso nervoso, ao chegar à extremidade de um axônio na região de uma sinapse neuromuscular, induz a liberação da acetilcolina, um neurotransmissor que desencadeia um potencial de ação na fibra muscular, provocando sua contração. Índios da América do Sul envenenam suas flechas com a resina de plantas que contém o curare, substância capaz de se combinar de modo estável com os receptores de acetilcolina das células musculares. Com base nessas informações, proponha um mecanismo plausível para explicar como a injeção de curare paralisa e mata um animal.

VESTIBULARES PELO BRASIL

Questões objetivas

1 (UFRR)

“O *ecstasy* é uma das drogas ilegais mais utilizadas atualmente. Conhecida como a ‘pílula do amor’, possui uma substância chamada MDMA — metilenodioximetanfetamina — que atua sobre três neurotransmissores: a serotonina, a dopamina e a noradrenalina. O mais atingido é a serotonina, que controla as emoções e também regula o domínio sensorial, o domínio motor e a capacidade associativa do cérebro. O MDMA provoca uma descarga de serotonina nas células nervosas do cérebro para produzir os efeitos de leveza e bem-estar; porém, a serotonina também é reguladora da temperatura do corpo, podendo causar hipertermia ou superaquecimento do organismo, sendo essa a principal causa de morte dos usuários."

Adaptado de: *Superinteressante*, set. 2000.

Em relação aos neurotransmissores, analise as afirmativas abaixo:

I. Os neurotransmissores são transportados através dos neurônios e liberados na fenda sináptica, onde dão origem ao impulso nervoso da célula.

II. Nos neurônios, o impulso nervoso tem sentido unilateral e invariável — dendrito → corpo celular → axônio —, não ocorrendo nunca em sentido contrário.

III. Os neurotransmissores são transportados pela corrente sanguínea e atuam em órgãos específicos denominados órgãos-alvo.

Marque a opção que julgar **verdadeira**.

a) I está correta.
b) I e III estão corretas.
c) III está correta.
d) I e II estão corretas.
e) I, II e III estão corretas.

2 (UFMA) A figura abaixo esquematiza um neurônio, célula do tecido nervoso. Sabe-se que, geralmente, a propagação nervosa é unidirecional. Indique o sentido do impulso nervoso, relacionando a estrutura

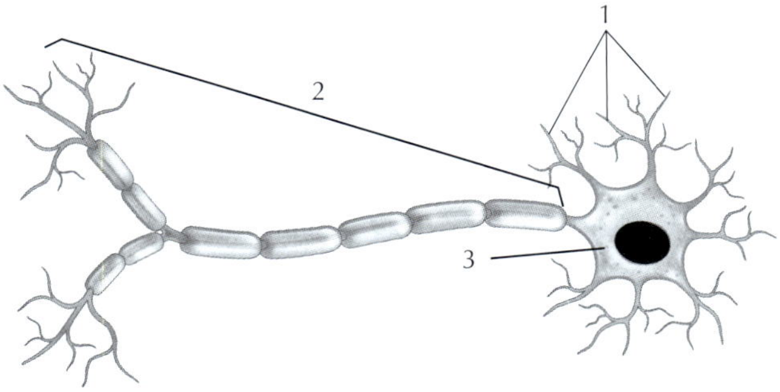

celular ao número correspondente na figura.

a) 1 — dendrito → 3 — corpo celular → 2 — axônio
b) 2 — dendrito → 3 — corpo celular → 1 — axônio
c) 2 — axônio → 3 — corpo celular → 1 — dendrito
d) 3 — corpo celular → 1 — dendrito → 2 — axônio
e) 1 — axônio → 3 — dendrito → 2 — corpo celular

3 (Uece) Com relação às celulas nervosas, é correto afirmar:

a) nos vertebrados, além dos neurônios, o sistema nervoso é constituído por células gliais, cuja função é dar sustentação aos neurônios.
b) os dendritos são prolongamentos dos neurônios cuja função é transmitir para outras células os impulsos nervosos produzidos pelo corpo celular.
c) os axônios são genericamente chamados de fibras celulares, cuja função é conectar os corpos celulares.
d) o impulso nervoso, ou sinapse nervosa, é transmitido de um neurônio para outro com o auxílio dos mediadores químicos.

4 (UFPE-Adaptado) Qual é a alternativa que completa corretamente a afirmação? "O impulso nervoso apresenta duas etapas chamadas de despolarização e repolarização, causadas, respectivamente, por

a) entrada de íons de sódio e saída de cloro."
b) entrada de íons de potássio e saída de sódio."
c) entrada de íons de cloro e saída de sódio."
d) entrada de íons de potássio e saída de cloro."
e) entrada de íons de sódio e saída de potássio."

5 (Uespi) Foi Galvani (1780) quem constatou, pela primeira vez, a natureza elétrica da atividade nervosa. Sabe-se que, em repouso, a membrana do axônio tem carga elétrica positiva externamente e negativa, internamente. Na figura abaixo, mostra-se

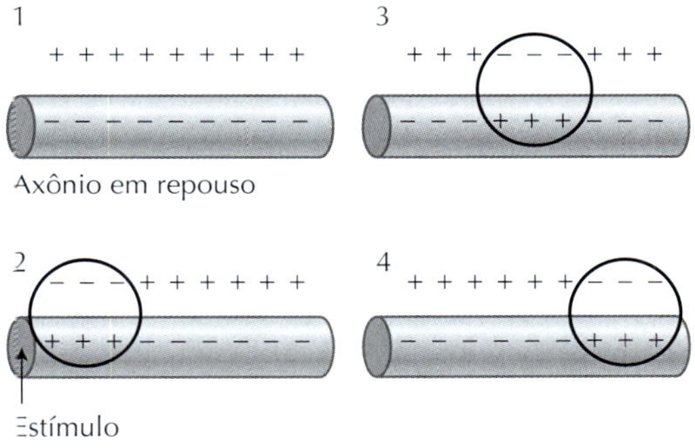

a) o impulso nervoso em um axônio mielinizado.
b) o impulso nervoso em um axônio amielínico.
c) a condução saltatória do impulso nervoso.
d) a ação de neurotransmissores.
e) o limiar de excitação neuronal.

6 (Uece) Sabe-se que a deficiência na produção de serotonina pode ser uma das causas do estado depressivo dos adolescentes, conforme indicam pesquisas no campo da psiquiatria. Esta substância é um neurotransmissor, sendo liberada na seguinte região do neurônio, para que o impulso nervoso se propague:

a) terminal sináptico do axônio.
b) corpo celular.
c) terminal sináptico do dendrito.
d) bainha de mielina do axônio.

7 (UFMS) As cinco afirmativas a seguir estão relacionadas às características dos tecidos animais. Assinale a(s) afirmativa(s) correta(s). [Dê como resultado a soma dos números associados às proposições corretas.]

001) Os tecidos conjuntivos são constituídos por vários tipos de células, entre as quais se destacam as mesenquimatosas, os fibroblastos, os macrófagos, os mastócitos e os plasmócitos.

002) O tecido nervoso é constituído pelos neurônios (células nervosas) e por uma variedade de células condutoras de impulsos nervosos denominadas neuróglias.

004) Além de revestir e proteger as superfícies dos organismos, os epitélios têm ainda o papel de secretar determinadas substâncias. Pode-se, então, identificar dois tipos básicos de tecidos epiteliais: os de revestimento ou protetores e os glandulares ou secretores.

008) O tecido ósseo é constituído de uma matriz rígida, formada basicamente por fibras colágenas e sais inorgânicos, e é menos resistente que o tecido cartilaginoso.

016) O tecido muscular estriado esquelético é constituído por fibras cilíndricas com núcleos periféricos que organizam o músculo esquelético. A contração desse tipo de tecido é rápida e voluntária.

032) O tecido responsável pela formação de células sanguíneas vermelhas (tecido hematopoiético mieloide) é o baço.

8 (Unemat-MT) Nos animais, existe uma variedade de tecidos que são constituídos por diferentes formas e funções celulares. Julgue os itens.

a) O tecido nervoso participa da organização do sistema nervoso central (SNC), formado pelo encéfalo e pela medula espinal, e do sistema nervoso periférico (SNP), formado pelos nervos e gânglios nervosos.

b) Há três tipos de tecidos musculares: liso, estriado esquelético e estriado cardíaco.

c) O revestimento e a proteção são funções do tecido epitelial formado por células alongadas e arredondadas.

d) Os glóbulos brancos estão associados ao mecanismo de defesa dos organismos; os glóbulos vermelhos, que contêm moléculas de O_2, viabilizam o transporte e a distribuição do oxigênio; e as plaquetas, conhecidas como monócitos, possuem enzimas que participam da coagulação do sangue.

9 (UFMT) Um menino descalço pisou em uma farpa de madeira que provocou um ferimento em seu pé. A lesão atingiu alguns tecidos, causando danos e reações neles. Sobre essa situação, julgue os itens em Verdadeiros (V) ou Falsos (F).

a) As plaquetas, pertencentes ao tecido conjuntivo hematopoiético ou sanguíneo, participam do processo de coagulação do sangue após a lesão.

b) Os glóbulos vermelhos, também denominados eritrócitos, fagocitam os microrganismos invasores que penetraram no ferimento.

c) A farpa, ao penetrar no pé, induz a condução de impulsos nervosos pelos neurônios, provocando uma resposta involuntária de contração muscular.

d) No processo de cicatrização, os fibroblastos pertencentes ao tecido epitelial de revestimento iniciam intensa produção de fibras e substâncias amorfas, restaurando os tecidos lesados.

10 (UCG-GO-Adaptado) A figura abaixo serve de subsídio para as proposições a), b) e c). Quais alternativas são verdadeiras (V) e quais são falsas (F)?

I

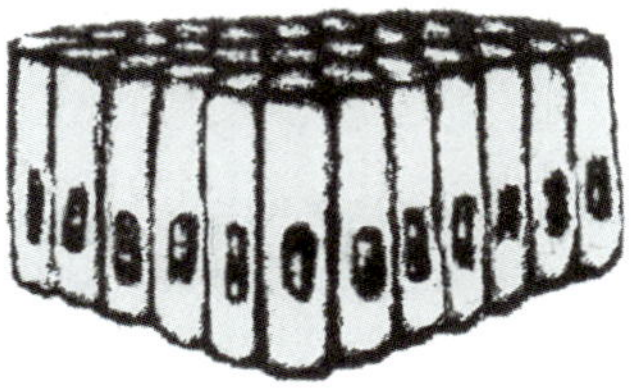

II

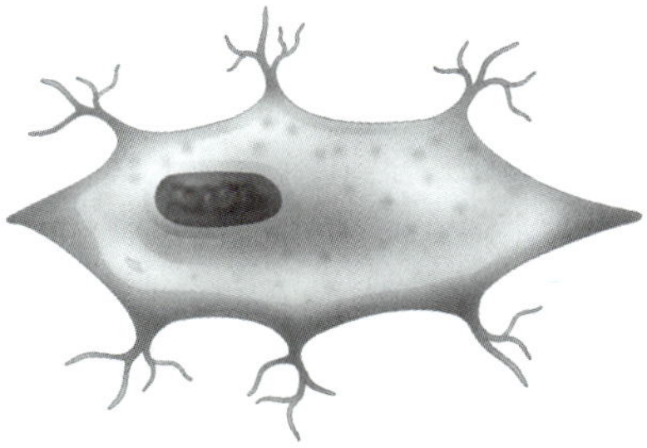

III

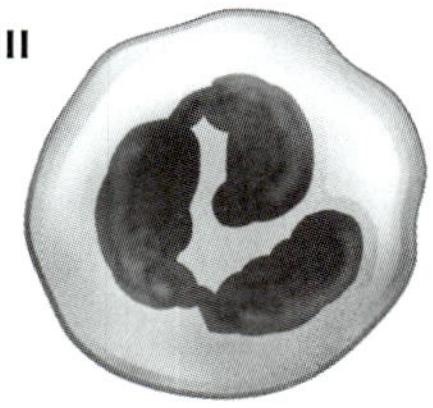

IV

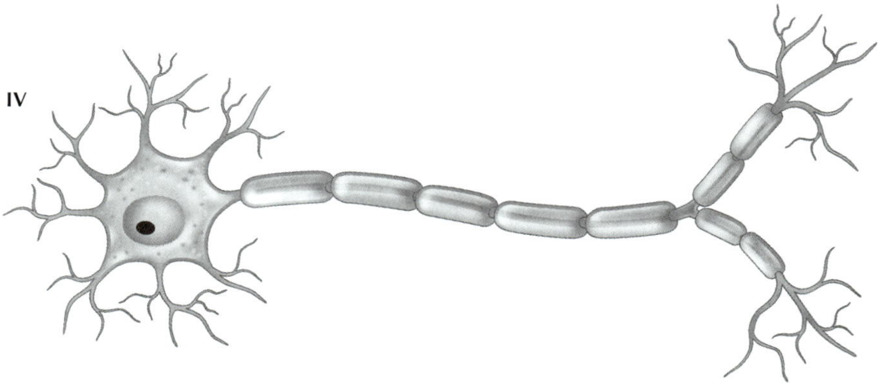

a) Na figura, temos células com funções especializadas de
I. revestimento;
II. sustentação;
III. defesa;
IV. impulsos nervosos.

b) Na figura, podemos observar, com total clareza, o núcleo e o citoplasma, em todas as células representadas.

c) O desenho IV da figura mostra-nos, com clareza, a parede celular, que é responsável pela sustentação estrutural desse tipo de célula, estando bem evidente no axônio do neurônio.

11 (PUC-RJ) Atualmente, existem inúmeros estudos sobre o desenvolvimento dos tratamentos de indivíduos com células-tronco, principalmente para tecidos cujas células não são capazes de se multiplicar, regenerando parte do tecido morto de um órgão afetado pela morte dessas células. Dentre os tecidos animais que **não** se regeneram porque suas células adultas e maduras não são capazes de reproduzir, encontramos os tecidos

a) nervoso e muscular.
b) nervoso e epitelial.
c) sanguíneo e ósseo.
d) ósseo e muscular.
e) epitelial e muscular.

12 (PUC-RJ-Adaptado) As células que constituem os organismos dos metazoários foram se especializando no decorrer do processo evolutivo, agrupando-se em tecidos, que formaram os órgãos, os quais, por sua vez, formaram os sistemas. Qual é a alternativa que apresenta as afirmativas corretas?

I. Nos animais, os estímulos do ambiente são captados por órgãos sensoriais, como o olho e o ouvido. Nesses órgãos, encontramos neurônios sensitivos, encarregados de receber os estímulos e transformá-los em impulsos nervosos.

II. O tecido epitelial reveste o corpo humano, forra as cavidades internas e forma as glândulas. Apesar de não possuir terminações nervosas, esse tecido é nutrido por vasos sanguíneos.

III. O sangue pode ser considerado um tecido muito especial, porque possui uma substância intercelular no estado líquido, o plasma. Nele, estão mergulhadas as células do sangue, os glóbulos sanguíneos.

IV. O músculo liso possui fibras mononucleadas, sem estrias transversais. É encontrado na parede dos órgãos ocos (tubo digestivo, útero, artérias e brônquios) e apresenta contração involuntária.

a) Todos os itens estão corretos.
b) Os itens I e II estão corretos.
c) Os itens II, III e IV estão corretos.
d) Os itens I, II e III estão corretos.
e) Os itens I, III e IV estão corretos.

13 (Unip-SP) Considere os seguintes elementos do sistema nervoso:
I. encéfalo;
II. medula;
III. nervos cranianos;
IV. nervos raquidianos.

O sistema nervoso central (SNC) é constituído por
a) II e III.
b) III e IV.
c) I e II.
d) I e III.
e) II e IV.

14 (Fuvest-SP) Em acidentes em que há suspeita de comprometimento da coluna vertebral, a vítima deve ser cuidadosamente transportada ao hospital em posição deitada e, de preferência, imobilizada. Esse procedimento visa preservar a integridade da coluna, pois em seu interior passa

a) o ramo descendente da aorta, cuja lesão pode ocasionar hemorragias.
b) a medula óssea, cuja lesão pode levar à leucemia.
c) a medula espinal, cuja lesão pode levar à paralisia.
d) o conjunto de nervos cranianos, cuja lesão pode levar à paralisia.
e) a medula óssea, cuja lesão pode levar à paralisia.

15 (Uniube-MG) Quando se estuda o tecido nervoso, é frequente que se mencione a célula de Schwann, que vem a ser

a) um tipo de neurônio sensorial periférico.
b) um tipo de neurônio existente apenas no sistema nervoso central.
c) célula que circunda o axônio de determinados neurônios.
d) as células nervosas dos artrópodes.
e) os neurônios polidendríticos.

16 (PUC-SP) O esquema abaixo representa um arco reflexo simples. O conhecimento sobre reflexos medulares deve-se a trabalhos pioneiros feitos, no início deste século [XX], pelo fisiologista inglês C. S. Sherrington.

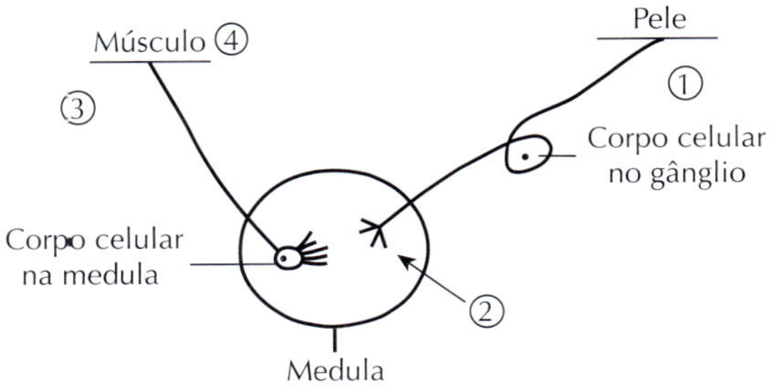

No esquema, 1, 2, 3 e 4 indicam, respectivamente:

a) neurônio aferente, sinapse, neurônio sensorial e órgão receptor.
b) sinapse, neurônio aferente, neurônio motor e órgão efetuador.
c) neurônio motor, sinapse, neurônio aferente e órgão receptor.
d) neurônio aferente, sinapse, neurônio motor e órgão efetuador.
e) neurônio motor, neurônio aferente, sinapse e órgão receptor.

17 (Unesp) Quando uma pessoa encosta a mão em um ferro quente, ela reage imediatamente por meio de um reflexo. Nesse reflexo, o neurônio efetuador leva o impulso nervoso para

a) a medula espinal.
b) o encéfalo.
c) as terminações sensoriais de calor na ponta dos dedos.
d) as terminações sensoriais de dor da ponta dos dedos.
e) os músculos flexores do braço.

18 (PUC-Minas) Observe o esquema da célula nervosa representada.

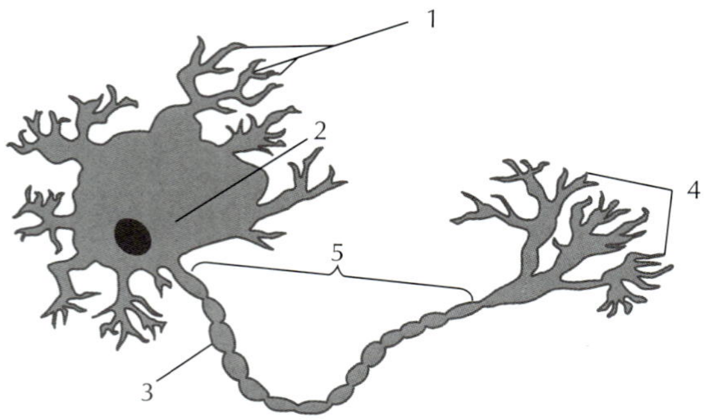

Assinale a afirmativa **incorreta**.

a) Nas partes 1 e 4, podem ocorrer sinapses químicas, dependentes de moléculas neurotransmissoras como a acetilcolina.
b) Moléculas produzidas em 2 podem ser transportadas até 4 através do citoesqueleto.
c) Em 3, observa-se um envoltório membranoso chamado de bainha de mielina, presente apenas em axônios dos neurônios do sistema nervoso central.
d) A parte 5 é responsável pela condução do impulso nervoso, que é unidirecional e dependente dos íons de sódio e de potássio.

19 (FCC-SP) Considere o seguinte esquema de dois neurônios:

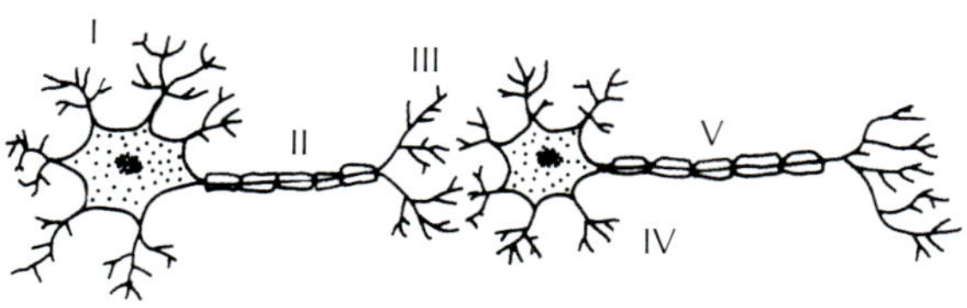

A sinapse está representada em

a) I. b) II. c) III. d) IV. e) V.

20 (Ufes) A esclerose múltipla é uma doença causada pela perda da bainha de mielina (desmielinização) dos neurônios. Essa alteração dos neurônios tem como consequência

a) o aumento das expansões da membrana plasmática do axônio, na tentativa de repor a bainha de mielina.
b) a diminuição do espaço entre os nódulos de Ranvier, dificultando a transmissão dos impulsos nervosos nesses neurônios.
c) a diminuição da velocidade de propagação dos impulsos nervosos nos neurônios afetados pela doença.
d) o aumento da produção de neurotransmissores para facilitar a condução do impulso nervoso nos nódulos de Ranvier.
e) a propagação do impulso nervoso nos dois sentidos da fibra nervosa, causando, assim, um colapso do sistema nervoso.

21 (Vunesp) Considere as afirmações seguintes.

I. A membrana do neurônio é positiva por fora e negativa por dentro, invertendo-se no momento da passagem do impulso.
II. A condução do impulso nervoso nos neurônios sensorial e motor se dá do dendrito para o corpo celular e deste para o axônio.
III. A transmissão do impulso nervoso, através da sinapse, deve-se à continuidade das terminações nervosas dos neurônios.

Dessas afirmações,

a) apenas I está correta.
b) apenas II está correta.
c) apenas I e II estão corretas.
d) apenas I e III estão corretas.
e) I, II e III estão corretas.

22 (Fazu-MG) A região de encontro entre os neurônios e entre neurônios e órgãos, onde ocorre a transmissão química de impulsos elétricos, é denominada

a) desmossomos.
b) axônio.
c) neuróglia.
d) bainha de mielina.
e) sinapse.

23 (UFPR) "[...] Zé-do-Burro [...] pousa sua cruz, equilibrando-a na base e num dos braços [...]. Está exausto. Enxuga o suor da testa [...]

— Andei sessenta léguas — meu pé tem calo d'água [...] *(Num ricto de dor, despe uma das mangas do paletó.)* — Acho que meus ombros estão em carne viva [...]. Eu prometi trazer a cruz nas costas, como Jesus [...]."

Dias Gomes. *O pagador de promessas*. 38. ed. Rio de Janeiro: Bertrand Brasil, 2003.

Esse texto faz referência a diferentes tecidos que constituem nosso organismo, os quais desempenham funções específicas. Sob o ponto de vista histológico, é correto afirmar:

( ) Para Zé-do-Burro poder andar sessenta léguas e carregar a cruz, foi necessária a integração de pelo menos três tipos de tecido: muscular, ósseo e nervoso.

( ) As glândulas sudoríparas e sebáceas são responsáveis pela produção do suor.

( ) A expressão "em carne viva" significa que ocorreu uma lesão nas camadas da pele (epiderme e derme).

( ) Para que Zé-do-Burro pudesse andar as sessenta léguas e carregar a cruz, o tecido muscular liso foi muito exigido.

( ) O tecido conjuntivo, responsável pela nutrição do tecido epitelial, é que faz a reposição das células da epiderme.

24 (UFPel-RS) O tecido nervoso é um dos quatro tipos de tecidos presentes no corpo humano; ele é fundamental na coordenação das funções dos diferentes órgãos. As células responsáveis pelas suas funções são os neurônios (Figura 1).

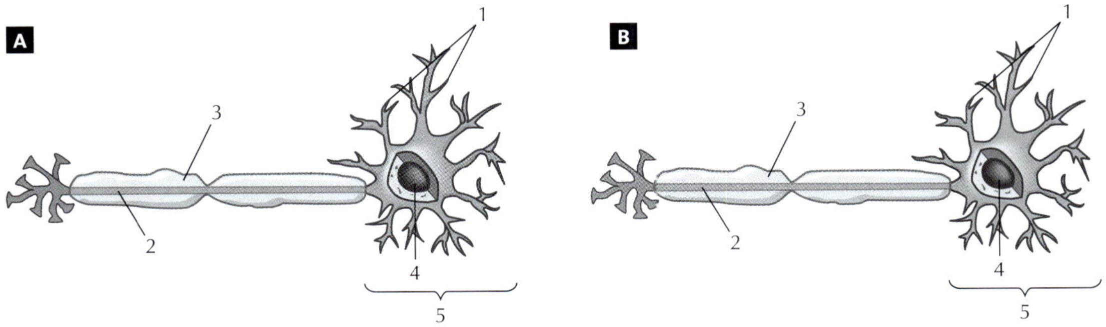

Figura 1 — Esquema dos neurônios. (Adaptado de: http://macosa.dima.unige.it/diz/n1/neurone.gif)

Com base nos textos e em seus conhecimentos, é **incorreto** afirmar que:

a) Geralmente, o sentido da propagação do impulso nervoso é de A para B, e por isso a estrutura 1 é especializada na transmissão do impulso nervoso para um outro neurônic ou para outros tipos celulares.

b) Tanto a estrutura representada pelo número 1 quanto a representada pelo número 2 são ramificações do neurônio, sendo que geralmente a 2 é única e mais longa.

c) A estrutura número 3 pode ser formada pela célula de Schwann. Ela desempenha um papel protetor, isolante e facilita a transmissão do impulso nervoso.

d) A estrutura número 4 está no centro metabólico do neurônio, onde também se encontra a maioria das organelas celulares.

e) Considerando o sistema nervoso central, a região número 5 está presente na substância cinzenta e ausente na branca.

25 (UFSC) Em relação à condução do impulso nervoso e considerados os desenhos abaixo, assinale a(s) proposição(ões) **correta(s)**. [Dê como resultado a soma dos números associados às proposições corretas.]

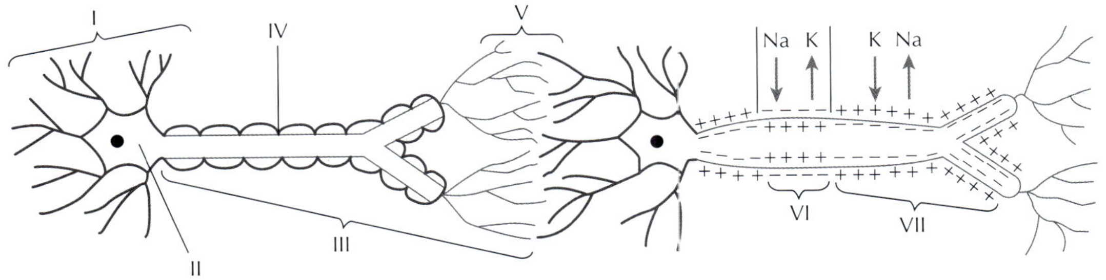

01) As regiões I, II e III do desenho representam, respectivamente, o axônio, o corpo celular e o dendrito.

02) A região V do desenho é o local onde ocorre a sinapse.

04) A região VI do desenho indica que aquela parte da fibra está polarizada.

08) A região VII do desenho mostra que aquela parte da fibra está em potencial de ação.

16) A propagação do impulso nervoso em um neurônio ocorre sempre no sentido III, II, I.

32) A região IV do desenho representa um nódulo de Ranvier. Tais nódulos são vistos somente nos neurônios mielinizados e são responsáveis pelo aumento da velocidade do impulso neles. Como a inversão da polaridade na fibra ocorre somente nesses nódulos, o impulso se propagará "saltando" de nódulo em nódulo e aumentando sua velocidade na fibra.

26 (Acafe-SC) Os mediadores químicos na sinapse são
a) adrenalina, proteínas.
b) adrenalina, acetilcolina.
c) acetilcolina, insulina.
d) acetilcolina, proteínas.
e) adrenalina, insulina.

27 (Cefet-PR) Analise o esquema da propagação de um certo impulso nervoso. Qual é a alternativa **incorreta**?

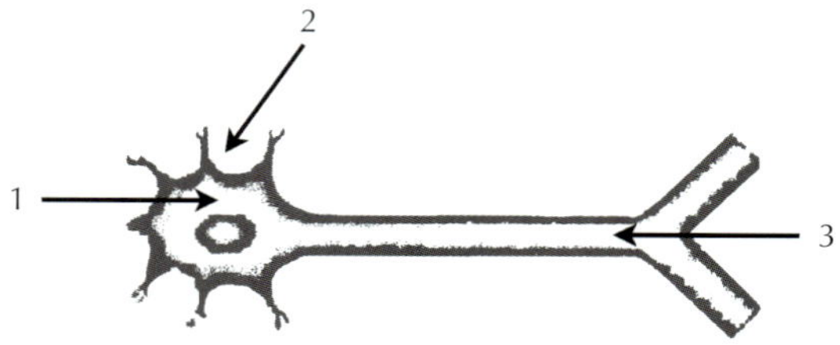

a) Em 1, observamos o corpo celular, responsável pelo metabolismo celular, e em 2, os dendritos, que permitem estabelecer as conexões entre os neurônios.
b) Em 3, a propagação de um impulso ocorre pela presença de potássio no meio externo da célula e sódio no meio interno.
c) Quando o neurônio encontra-se em repouso, o conjunto iônico do lado externo acumula uma positividade maior do que o conjunto iônico situado no lado interno.
d) À medida que o impulso nervoso se propaga, ocorrem inúmeras inversões de polaridade e sucessivos retornos ao potencial de "repouso".
e) O fenômeno da propagação do impulso nervoso depende diretamente da permeabilidade da membrana plasmática.

Questões discursivas

28 (UFBA) A figura representa uma fibra nervosa mielinizada e um gráfico que registra a velocidade do impulso nervoso em fibras mielinizadas e desmielinizadas. Com base nesses dados, analise a importância da mielinização na transmissão do impulso nervoso e relacione a velocidade dessa transmissão em função do diâmetro das fibras mielinizadas e desmielinizadas.

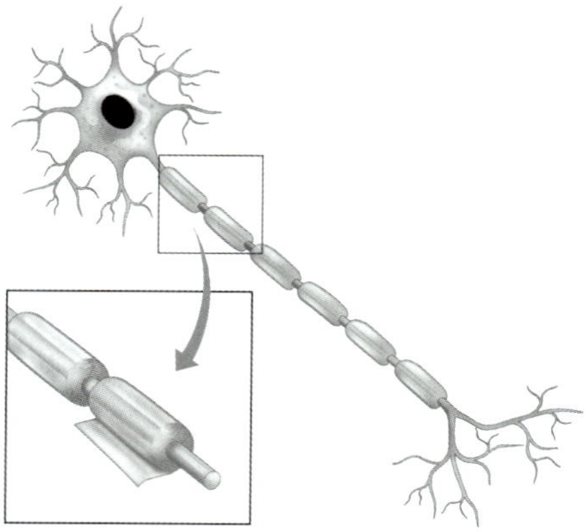

Bainha de mielina

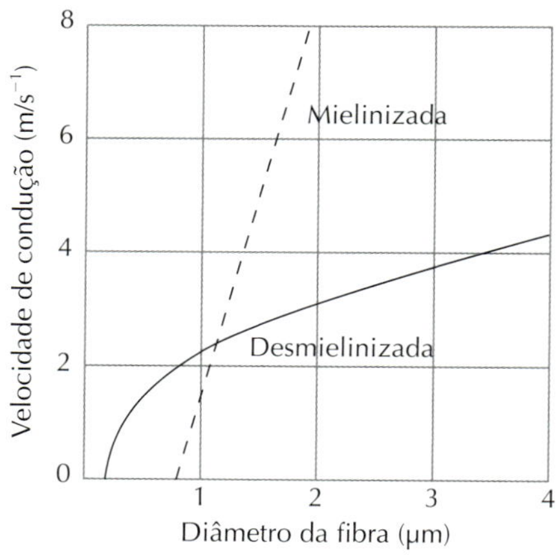

29 (UFRRJ) Um biólogo, ao estudar um determinado tecido de animais vertebrados, fez algumas descrições de suas observações.

É formado por células dotadas de extensos prolongamentos, os quais liberam substâncias químicas que permitem a comunicação entre as células do tecido.

Identifique esse tecido e o tipo de célula à qual se referiu o biólogo, justificando como você chegou a essa conclusão.

30 (Fuvest-SP) Diferencie um neurônio de um nervo.

31 (Fuvest-SP) Explique como o impulso nervoso

a) se propaga através da célula nervosa.

b) se transmite de uma célula para outra.

32 (Fuvest-SP) O esquema representa dois neurônios contíguos (I e II), no corpo de um animal, e sua posição em relação a duas estruturas corporais identificadas por **X** e **Y**.

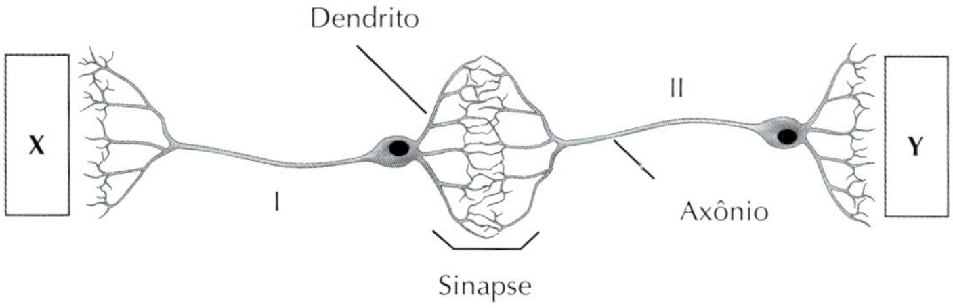

a) Tomando-se as estruturas **X** e **Y** como referência, em que sentido se propagam os impulsos nervosos através dos neurônios I e II?

b) Considerando-se que, na sinapse mostrada, não há contato físico entre os dois neurônios, o que permite a transmissão do impulso nervoso entre eles?

c) Explique o mecanismo que garante a transmissão unidirecional do impulso nervoso na sinapse.

PARTE III

Unidade E

Reprodução e desenvolvimento

Capítulo 17 - Reprodução e ciclos de vida, *426*

Capítulo 18 - Noções de embriologia animal, *462*

Capítulo 19 - Desenvolvimento embrionário de mamíferos, *496*

PARTE III

Capítulo 17 Reprodução e ciclos de vida

Desde que a vida surgiu na Terra, há mais de 3 bilhões de anos, ela vem se mantendo por meio da reprodução. No início havia apenas a reprodução assexuada, em que um único indivíduo dá origem a outros. Mais tarde surgiu a reprodução sexuada, que possibilitou compartilhar heranças genéticas de indivíduos diferentes por meio do sexo.

Neste capítulo apresentamos os principais tipos de reprodução assexuada e a reprodução sexuada na espécie humana.

17.1 Tipos de reprodução

A perpetuação da vida na Terra deve-se à característica mais típica dos seres vivos: a reprodução, a capacidade de produzir descendentes semelhantes a si mesmos.

17.2 Tipos de ciclos de vida

Ciclo de vida é a série de alterações pelas quais um organismo passa, desde sua origem até o momento em que ele próprio se reproduz e fecha o ciclo.

17.3 Reprodução humana

Os conhecimentos sobre a reprodução humana têm permitido que muitos casais solucionem eventuais dificuldades biológicas para procriar.

Desova do polvo-gigante do Pacífico (*Enteroctopus dofleini*) mostrando embriões dentro dos ovos e alguns pequenos polvos recém-nascidos.

Seção 17.1

Tipos de reprodução

Objetivos

- Reconhecer a reprodução como a característica mais fundamental dos seres vivos.
- Conceituar reprodução assexuada e reprodução sexuada, compreendendo as contribuições dos gametas feminino e masculino para a formação do zigoto.

Termos e conceitos

- reprodução assexuada
- divisão binária
- esporulação
- brotamento
- estolão
- estaquia
- reprodução sexuada

Há evidências de que todas as espécies atuais descendem de primitivos seres que povoaram a Terra mais de 3,5 bilhões de anos atrás. A perpetuação da vida na Terra deve-se à característica mais típica dos seres vivos: sua capacidade de produzir descendentes semelhantes a si mesmos, ou seja, de se reproduzir.

Os cientistas concordam em que a primeira forma de reprodução a surgir no planeta foi a reprodução assexuada, processo pelo qual um único genitor dá origem a descendentes geneticamente idênticos a si mesmo. Bem mais tarde, surgiu a reprodução sexuada, processo em que duas células, de dois genitores diferentes ou de um mesmo genitor, se fundem para gerar um novo indivíduo, com características derivadas da combinação daquelas presentes em cada um de seus pais.

1 Reprodução assexuada

Chamamos de **reprodução assexuada** ao processo em que uma célula ou um conjunto de células se desprende do corpo de um ser vivo e se desenvolve em um novo indivíduo geneticamente idêntico ao genitor. Os biólogos costumam distinguir diversos modos de reprodução assexuada, dentre os quais se destacam: a divisão binária, a esporulação e o brotamento.

Divisão binária

Nos organismos unicelulares, a reprodução assexuada consiste na divisão da própria célula. O organismo unicelular duplica seu material genético e divide-se, originando duas células geneticamente idênticas, dois novos indivíduos. Esse tipo de reprodução é chamado de **divisão binária**, ou **cissiparidade**, ou ainda **fissão binária**. (Fig. 17.1)

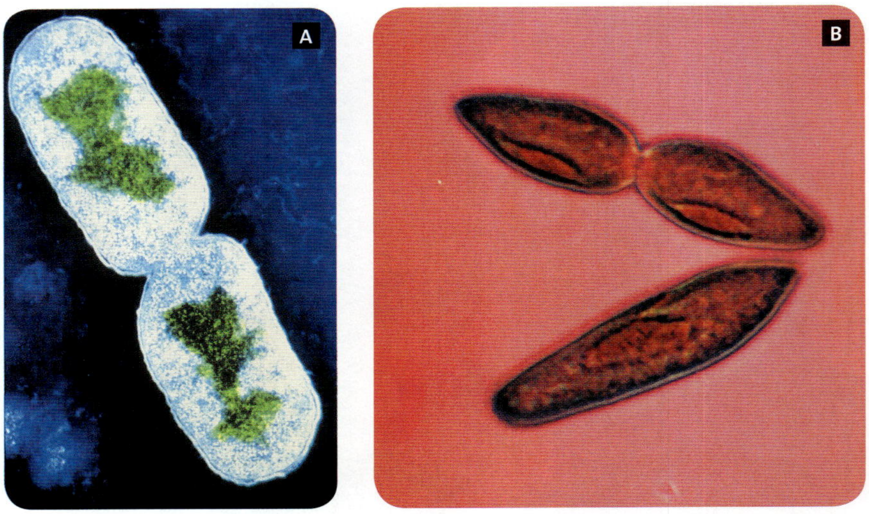

Figura 17.1 Reprodução assexuada por divisão binária. **A.** Micrografia da bactéria *Escherichia coli* em divisão (microscópio eletrônico de transmissão; colorização artificial; aumento ≃ 38.000×). **B.** Micrografia de protozoários ciliados do gênero *Paramecium*. Acima, um protozoário em divisão binária; compare com o que não está se dividindo, abaixo. (microscópio óptico; aumento ≃ 350×).

Conteúdo digital Moderna PLUS http://www.modernaplus.com.br
Animação: *Algas, fungos e protozoários*, veja aba *Algas*

Esporulação

Certos fungos e certas algas formam células especializadas, denominadas **esporos assexuais**, que são liberadas no ambiente e germinam ao encontrar condições favoráveis. Multiplicando-se por meio de divisões celulares sucessivas, o esporo origina um novo organismo geneticamente idêntico àquele que o produziu. Esse tipo de reprodução assexuada é chamado de **esporulação**. (**Fig. 17.2**)

O termo esporulação também designa um processo que ocorre em certas bactérias e é responsável por sua capacidade de resistir a condições ambientais desfavoráveis. Por exemplo, a bactéria causadora do tétano humano, *Clostridium tetani*, produz esporos altamente resistentes, que sobrevivem por muito tempo em estado de repouso nos meios mais desfavoráveis. Entretanto, se penetrar em um ferimento, um esporo pode entrar em atividade e se multiplicar, dando origem a milhares de bactérias causadoras do tétano. Mais informações sobre esporos bacterianos podem ser encontradas no volume 2 desta série.

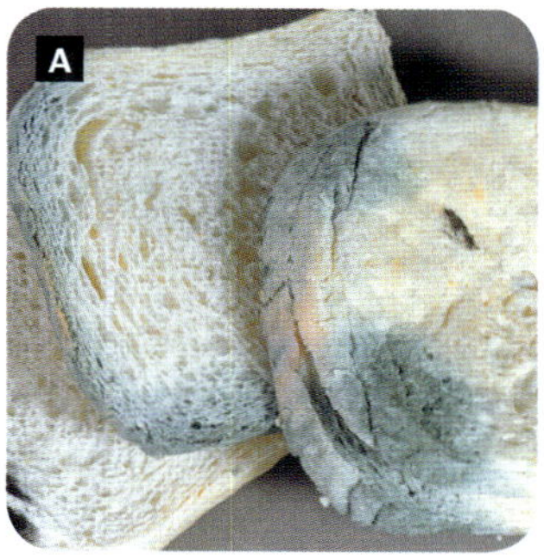

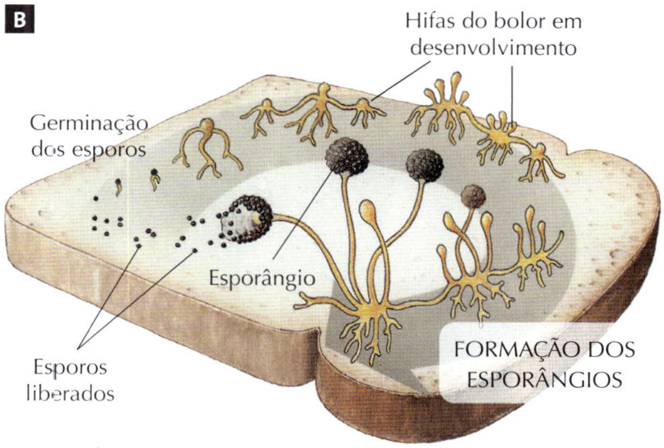

Figura 17.2 **A.** Os diferentes tipos de bolor que surgem no pão provêm, na maioria das vezes, de esporos assexuais de fungos presentes no ar. **B.** Representação esquemática da esporulação do bolor negro do pão, o fungo *Rhizopus* sp. (Imagem sem escala, cores-fantasia.)

Brotamento

Certos fungos, alguns animais e muitas algas e plantas apresentam uma forma de reprodução assexuada conhecida como **brotamento**. Nesse processo, o indivíduo forma brotos, que, ao se separarem do corpo do genitor, passam a ter vida independente, constituindo novos indivíduos.

Nas plantas, ocorrem processos especiais de reprodução assexuada que podem ser considerados tipos de brotamento. O morango, certas samambaias e algumas espécies de grama, por exemplo, formam caules chamados **estolões** (ou **estolhos**), nos quais se desenvolvem brotos que originam novos indivíduos. (**Fig. 17.3**)

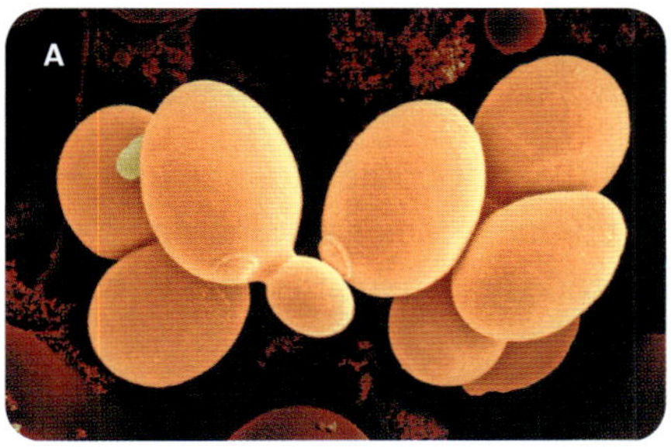

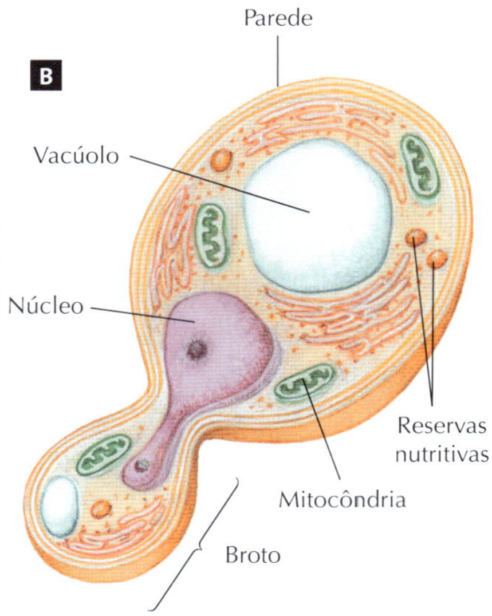

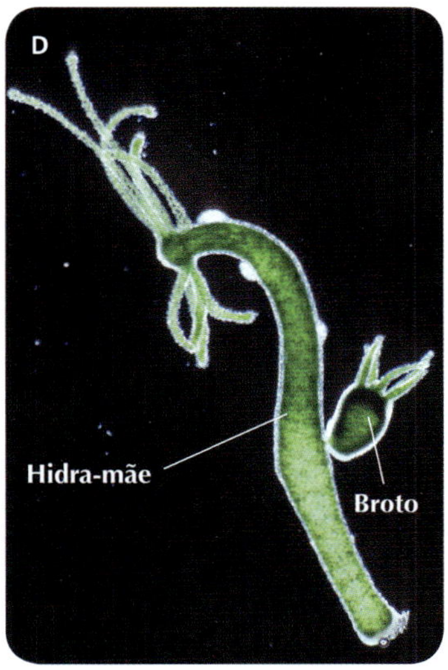

Figura 17.3 **A.** Micrografia de leveduras da espécie *Saccharomyces cerevisiae* (fermento biológico); note um dos indivíduos com um pequeno broto em formação (microscópio eletrônico de varredura, colorizado artificialmente; aumento $\simeq$ 2.000×). **B.** Representação esquemática da estrutura interna de célula da levedura em brotamento. (Imagem sem escala, cores-fantasia). **C.** No morangueiro, o estolão (um tipo de caule) origina assexuadamente novos indivíduos. **D.** Fotomicrografia óptica de *Hydra* sp., pequeno animal que vive em lagos e rios, e pode se reproduzir por brotamento (aumento $\simeq$ 14×).

Estaquia

A humanidade tem aproveitado a grande capacidade de regeneração das plantas para propagá-las assexuadamente. Uma forma comum de propagação muito utilizada por agricultores e jardineiros é a **estaquia**, ou propagação por estacas. **Estaca** é um pedaço de caule retirado de uma planta adulta que, em certos casos, pode ser plantado diretamente no solo ou deixado por um período mergulhado em água, até formar raízes. Roseiras, por exemplo, são quase sempre multiplicadas por meio de estacas. Em certas plantas, até mesmo uma folha separada da planta original, em condições adequadas, pode formar raízes e originar assexuadamente novos indivíduos. Esse tipo de propagação é muito utilizado na agricultura e na produção de plantas ornamentais. (**Fig. 17.4**)

Figura 17.4 A violeta-africana pode propagar-se a partir de uma única folha cujo pecíolo foi mergulhado em água durante alguns dias. A folha à direita, mais acima, teve o pecíolo mergulhado em uma solução aquosa de auxina, hormônio vegetal que estimula o enraizamento. A folha mais abaixo foi mergulhada apenas em água.

2 Reprodução sexuada

A **reprodução sexuada** envolve fusão e mistura de material genético de duas células – os gametas –, originando descendentes que podem apresentar combinações variadas das características dos pais. Esse tipo de reprodução ocorre em quase todos os organismos eucarióticos, tanto nos unicelulares como nos pluricelulares.

Além da perpetuação da espécie, a reprodução sexuada é importante porque promove a variabilidade genética da descendência. Enquanto os descendentes produzidos de modo assexuado são geneticamente idênticos entre si e ao genitor, os originados por reprodução sexuada são geralmente variados do ponto de vista genético. Produzir descendência variada constitui uma vantagem, pois aumenta a chance de haver indivíduos capazes de sobreviver e de se adaptar às diferentes condições, passando suas características adaptativas aos descendentes. Essa é a base da evolução biológica.

A variabilidade genética resultante da reprodução sexuada ocorre devido às recombinações entre cromossomos maternos e paternos durante a meiose. Além de possibilitar a recombinação genética, a meiose leva à redução do número de cromossomos nas células gaméticas, compensando a "soma" de cromossomos que acontece durante a união dos gametas na fecundação. É exatamente essa compensação que permite manter constante o número de cromossomos das espécies ao longo das gerações.

Seção 17.2

Tipos de ciclo de vida

Objetivo

▶ Conceituar ciclo de vida e caracterizar os três tipos fundamentais de ciclo: haplobionte diplonte, haplobionte haplonte e diplobionte.

Termos e conceitos

- ciclo de vida
- gameta
- zigoto
- haplobionte diplonte
- haplobionte haplonte
- diplobionte

1 O conceito de ciclo de vida

Nos seres com reprodução sexuada, pode-se definir **ciclo de vida** como a série de alterações pelas quais passa um organismo, desde sua origem a partir da união de dois **gametas** (do grego *gamos*, casamento) até o momento em que ele próprio forma gametas, fechando o ciclo. Na espécie humana, por exemplo, o ciclo de vida tem início com a união do óvulo materno e do espermatozoide paterno, originando o **zigoto** (do grego *zygos*, junção, união), ou **célula-ovo**, a primeira célula de cada pessoa. Quando adulta, a pessoa produz gametas e um deles, ao se unir a um gameta do parceiro de sexo oposto, origina uma nova pessoa.

Em certas espécies, o indivíduo formado a partir da fusão de gametas não é aquele que completa o ciclo. Nas samambaias, por exemplo, o indivíduo proveniente dos gametas é a planta que conhecemos e utilizamos para ornamentar nossas casas. Entretanto, essa planta não produz gametas e sim esporos; são estes que, ao germinar, dão origem a pequenas plantas formadoras de gametas, os prótalos, que fecham o ciclo de vida. É possível que você já tenha notado os prótalos, pequenas plantinhas folhosas que crescem geralmente aderidas aos vasos de samambaias.

Os ciclos de vida podem ser haplobiontes ou diplobiontes. Nos ciclos **haplobiontes** (do grego *haplos*, único, *bios*, vida, e *onte*, ser), há apenas um tipo de organismo quanto à ploidia (número de conjuntos de cromossomos) das células; se o organismo for diploide, o ciclo haplobionte é chamado de **diplonte**; se o organismo for haploide, o ciclo haplobionte é chamado de **haplonte**. Nos ciclos **diplobiontes** (do grego *diplos*, duplo), alternam-se organismos haploides e diploides.

2 Ciclo haplobionte diplonte

Animais apresentam ciclo de vida **haplobionte diplonte**. Nesse tipo de ciclo, um novo ser surge pela fusão de dois gametas haploides, com formação do zigoto diploide.

A divisão do zigoto por mitoses sucessivas leva à formação de um indivíduo diploide que, na maturidade, passará por meiose, produzindo gametas e fechando o ciclo.

No ciclo haplobionte diplonte, a meiose ocorre, portanto, no processo de formação dos gametas, sendo por isso denominada **meiose gamética**. Na espécie humana, por exemplo, a meiose ocorre nos testículos dos homens, levando à formação dos espermatozoides, e nos ovários das mulheres, levando à formação dos óvulos. A união de um óvulo e de um espermatozoide resulta em um zigoto, que se desenvolve formando uma nova pessoa, diploide.

Em algumas espécies, os dois gametas que se fundem para constituir o zigoto são morfologicamente indistinguíveis, apresentando tamanho e forma semelhantes. Nesse caso, fala-se em **isogamia** (do grego *iso*, igual, e *gamos*, casamento). Na maioria das espécies, no entanto, ocorre **anisogamia** (o prefixo grego *a* ou *an* significa negação), isto é, os gametas que se fundem diferem morfologicamente entre si.

Na anisogamia, o gameta masculino quase sempre é uma célula pequena, que se movimenta ativamente, enquanto o gameta feminino é uma célula muito maior, sem mobilidade própria. (**Fig. 17.5**)

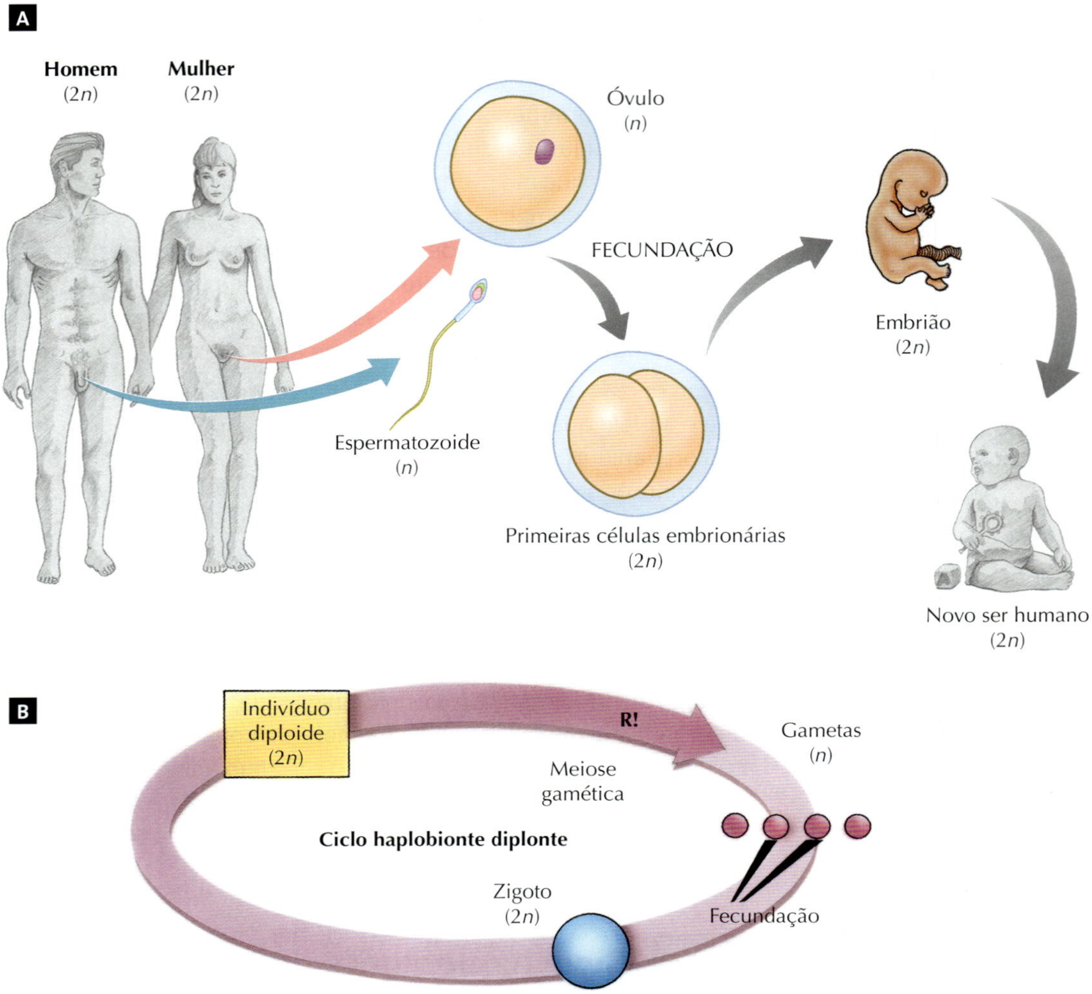

Figura 17.5 **A.** Representação esquemática do ciclo de vida na espécie humana (haplobionte diplonte). A meiose é gamética e só há um tipo de indivíduo quanto à ploidia: homens e mulheres são diploides. **B.** Representação esquemática desse tipo de ciclo. O símbolo R! representa a meiose, processo em que ocorre redução da ploidia, isto é, do número de cromossomos. (Imagens sem escala, cores-fantasia.)

3 Ciclo haplobionte haplonte

Grande parte dos fungos, alguns protozoários e algumas algas apresentam ciclo **haplobionte haplonte**. Nesse tipo de ciclo, os adultos são **indivíduos haploides**. Ao atingir a maturidade, os indivíduos haploides formam gametas por divisão mitótica de algumas de suas células; a união de dois gametas dá origem a um zigoto diploide, que imediatamente se divide por meiose e origina células haploides, as quais se desenvolvem em novos indivíduos haploides, fechando o ciclo. Neste caso, como a meiose ocorre no zigoto, fala-se em **meiose zigótica**.

No ciclo de vida da alga verde unicelular do gênero *Chlamydomonas*, por exemplo, as formas adultas são haploides e dotadas de dois flagelos para a natação. O próprio organismo atua como gameta, fundindo-se a outro e originando o zigoto diploide. Em seguida, o zigoto passa por meiose e dá origem a quatro células haploides, que ficam inicialmente contidas em um envoltório protetor, onde se desenvolvem. Essas células libertam-se do envoltório e cada uma constitui um novo indivíduo, que na maturidade repetirá o ciclo. (**Fig. 17.6**)

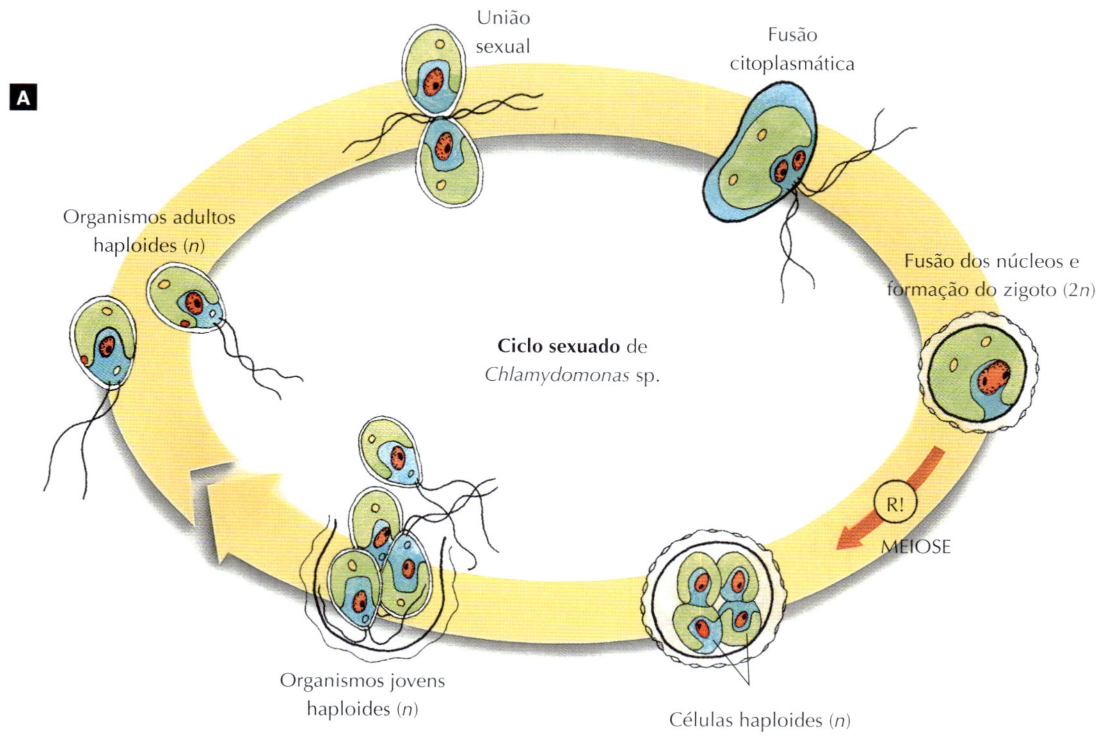

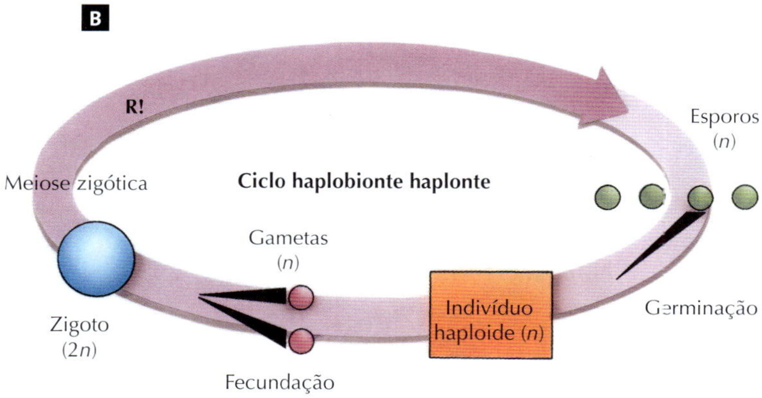

Figura 17.6 **A.** Representação esquemática do ciclo de vida da alga verde unicelular *Chlamydomonas* sp. (haplobionte haplonte). Os organismos adultos são haploides e atuam como gametas, unindo-se dois a dois para originar o zigoto diploide. Este sofre imediatamente meiose (meiose zigótica), com formação de células haploides que se desenvolvem em formas adultas. **B.** Representação genérica desse tipo de ciclo. (Imagens sem escala, cores-fantasia.)

4 Ciclo diplobionte

As plantas e diversas algas apresentam ciclo de vida **diplobionte**, em que se alternam gerações de indivíduos haploides e de indivíduos diploides. Esse tipo de ciclo de vida ocorre, por exemplo, nas samambaias. Estas são organismos diploides que apresentam, na parte inferior de algumas folhas, estruturas geralmente de cor marrom denominadas soros. Os soros contêm esporângios, no interior dos quais há células que realizam meiose e originam células haploides, os esporos. (**Fig. 17.7**)

Um esporo, ao cair em local onde a luz e a umidade são favoráveis, divide-se por mitoses sucessivas, originando uma planta haploide, o prótalo, bem diferente da samambaia que lhe deu origem. Os prótalos medem, em geral, menos de 1 centímetro de diâmetro, são hermafroditas e produzem, por mitose, gametas masculinos móveis, os anterozoides, e gametas femininos sem mobilidade, as oosferas. A fecundação de uma oosfera por um anterozoide origina um zigoto, que se divide por mitoses sucessivas, produzindo uma nova samambaia diploide, fechando o ciclo.

No ciclo diplobionte, a meiose ocorre no processo de formação de esporos, sendo por isso denominada **meiose espórica**.

Conteúdo digital Moderna PLUS http://www.modernaplus.com.br
Animação: *Algas, fungos e protozoários*, veja aba *Algas*

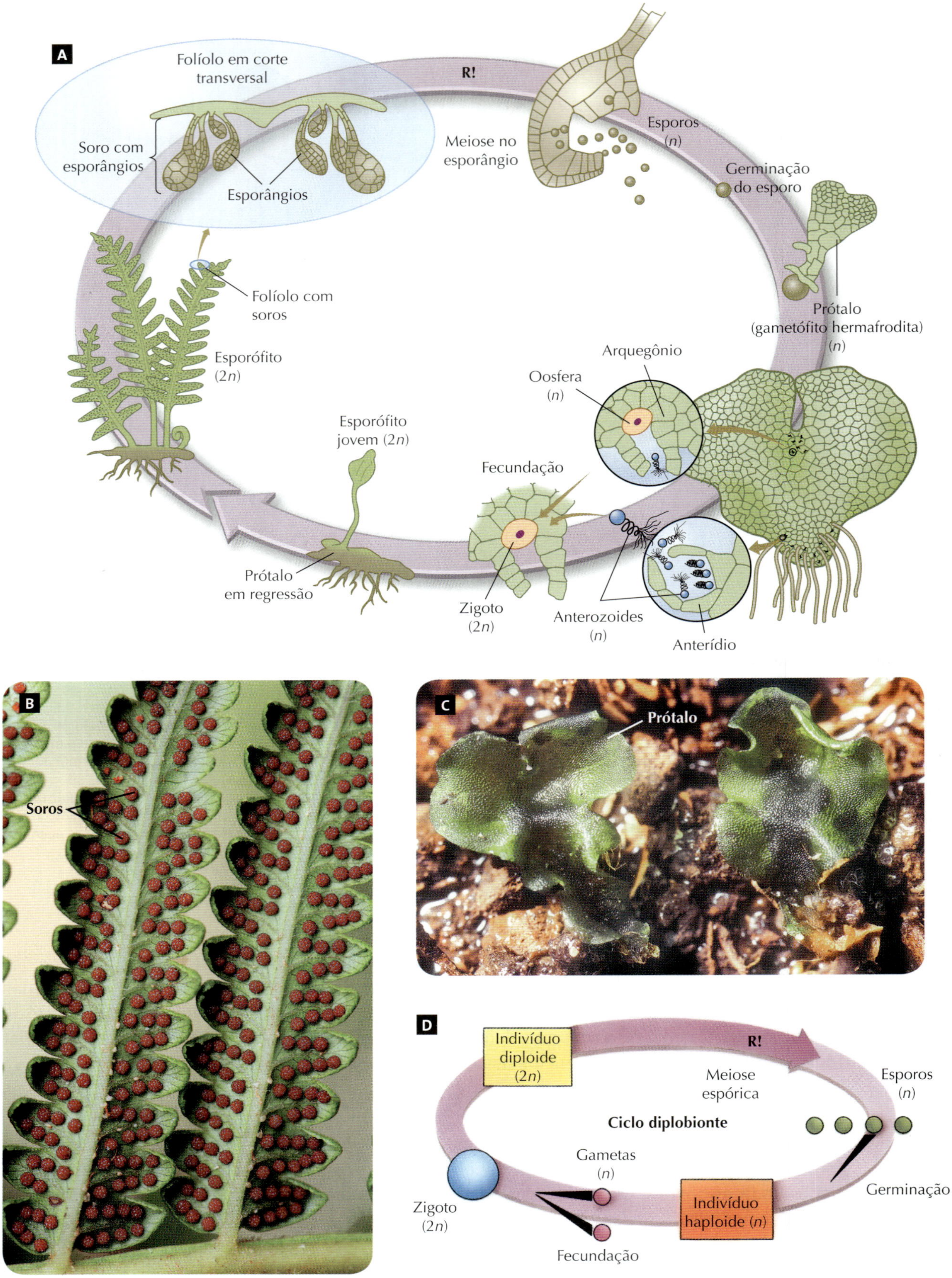

Figura 17.7 **A.** Representação esquemática do ciclo de vida da samambaia (diplobionte). Nesse ciclo, alternam-se gerações diploides produtoras de esporos (esporófitos) e gerações haploides produtoras de gametas (gametófitos). (Imagem sem escala, cores-fantasia.) **B.** Soros na face inferior de uma folha de samambaia. **C.** Prótalos de samambaia (aumento ≃ 4×). **D.** Representação genérica do ciclo diplobionte.

Reprodução humana

Objetivos

- Conhecer os fundamentos celulares da reprodução e a anatomia dos sistemas genitais masculino e feminino de modo a encarar com naturalidade temas como reprodução e sexualidade humanas.
- Aplicar conhecimentos sobre sistema genital e reprodução para decidir a respeito da própria reprodução, compreendendo os princípios de funcionamento dos diversos métodos contraceptivos.
- Aplicar conhecimentos sobre sexualidade humana e sobre doenças sexualmente transmissíveis (DSTs) para a manutenção da própria saúde.

Termos e conceitos

- sistema genital feminino
- vagina
- útero
- endométrio
- ciclo menstrual
- ovário
- óvulo
- sistema genital masculino
- pênis
- testículo
- espermatozoide
- esperma
- ejaculação
- fecundação

1 Sistema genital feminino

O **sistema genital feminino** compõe-se de órgãos situados externamente ao corpo da mulher (pudendo feminino) e de órgãos localizados no interior do abdome (vagina, útero, um par de tubas uterinas e um par de ovários).

Pudendo feminino

O **pudendo feminino** (anteriormente chamado de vulva) localiza-se na região baixa do ventre, entre as coxas, sendo constituído pelas estruturas denominadas lábios maiores, lábios menores, clitóris e vestíbulo vaginal. Os **lábios maiores** são duas dobras grossas de pele que se estendem paralelamente desde a região inferior do púbis até as proximidades do ânus. Internamente aos lábios maiores, há duas pregas de pele menores e mais delicadas, os **lábios menores**, que delimitam a entrada da vagina, região denominada **vestíbulo vaginal**.

Na região anterior do pudendo feminino, perto da junção dos lábios menores, localiza-se o **clitóris**, um órgão com cerca de 1 centímetro de comprimento, constituído por tecido erétil, que se enche de sangue e fica intumescido durante a excitação sexual. O clitóris é considerado um órgão homólogo ao pênis, mas, diferentemente deste, não contém a uretra. (**Fig. 17.8A**)

A uretra das mulheres abre-se como uma pequena fenda no vestíbulo vaginal, entre o clitóris e a abertura da vagina. No vestíbulo, nos lados da abertura vaginal, desembocam os condutos de um par de glândulas (glândulas vestibulares maiores, ou glândulas de Bartholin) produtoras de secreção lubrificante, que facilita a penetração do pênis durante o ato sexual. Nas mulheres virgens, isto é, que nunca tiveram relação sexual vaginal, o orifício da vagina é parcialmente recoberto pelo **hímen**, uma membrana mucosa de função ainda desconhecida que, em geral, se rompe no primeiro ato sexual.

Vagina e útero

A **vagina** é um tubo de paredes fibromusculares, com cerca de 10 centímetros de comprimento, que vai do pudendo feminino à base do útero, com o qual se comunica. As paredes da vagina dilatam-se durante a excitação sexual e as grandes glândulas vestibulares secretam substâncias com função lubrificante que facilitam a penetração do pênis.

O **útero** é um órgão muscular, oco, de tamanho e forma parecidos com os de uma pera. Em mulheres que nunca engravidaram, ele mede cerca de 7,5 centímetros de comprimento por 5 centímetros de largura. A porção mais afilada do útero, conhecida como **cérvix uterino**, ou **colo uterino**, é rica em tecido conjuntivo fibroso e tem consistência mais firme que o restante do órgão. A parede uterina, com cerca de 2,5 centímetros de espessura, é constituída por músculos e pode expandir-se muito durante a gravidez. O cérvix uterino projeta-se para o interior da vagina, comunicando-se com ela por meio de uma pequena abertura que, durante o parto, dilata-se e permite a saída do bebê. (**Fig. 17.8B**)

Conteúdo digital Moderna PLUS http://www.modernaplus.com.br
Animação: *Reprodução humana*, veja aba *Sistema genital humano*, botão *Sistema genital feminino*

O interior do útero é revestido pelo **endométrio**, um tecido rico em glândulas, vasos sanguíneos e vasos linfáticos. A partir da puberdade, o endométrio torna-se periodicamente (a cada 28 dias, aproximadamente) mais espesso e mais rico em vasos sanguíneos, preparando o organismo da mulher para uma possível gravidez. Se esta não ocorrer, parte do endométrio que se desenvolveu é eliminada, juntamente com o sangue resultante da degeneração dos vasos sanguíneos, em um processo chamado de **menstruação**. O período entre uma menstruação e outra é chamado de **ciclo menstrual**.

A porção superior do útero, mais rombuda que o colo uterino, conecta-se a dois canais, as tubas uterinas, anteriormente denominadas trompas de Falópio, cujas extremidades situam-se próximas dos ovários, as gônadas femininas. **(Fig. 17.8C)**

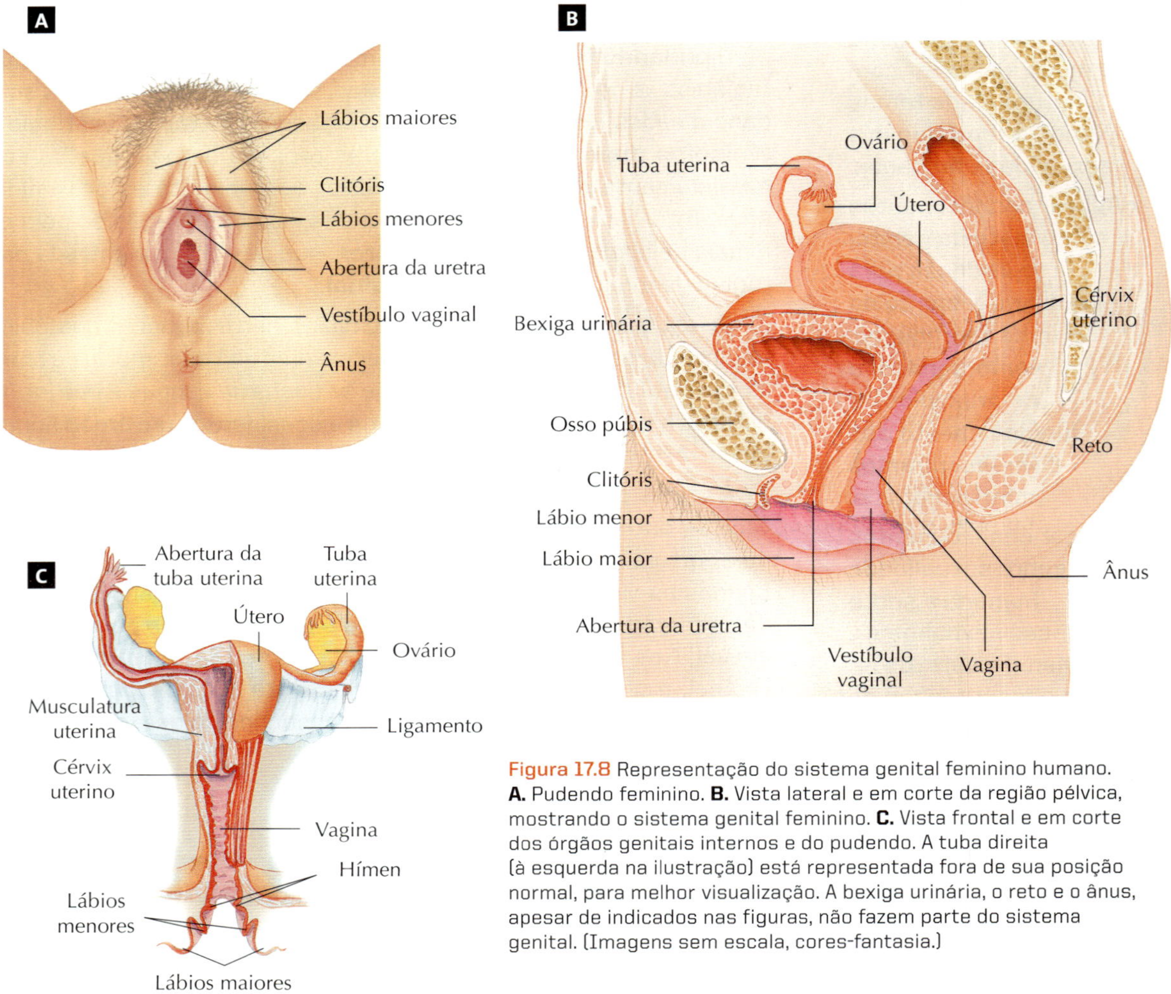

Figura 17.8 Representação do sistema genital feminino humano. **A.** Pudendo feminino. **B.** Vista lateral e em corte da região pélvica, mostrando o sistema genital feminino. **C.** Vista frontal e em corte dos órgãos genitais internos e do pudendo. A tuba direita (à esquerda na ilustração) está representada fora de sua posição normal, para melhor visualização. A bexiga urinária, o reto e o ânus, apesar de indicados nas figuras, não fazem parte do sistema genital. (Imagens sem escala, cores-fantasia.)

Tubas uterinas (ovidutos) e ovários

As **tubas uterinas** (ou **ovidutos**) são dois tubos curvos, com cerca de 10 centímetros de comprimento, ligados à parte superior do útero. A extremidade livre de cada tuba uterina é alargada e franjada, situando-se próxima de um dos ovários. O interior das tubas é revestido por células dotadas de cílios, cujos batimentos criam uma corrente de líquido em direção ao útero, que ajuda o deslocamento do óvulo liberado pelo ovário.

Os **ovários** são estruturas ovoides com cerca de 3 centímetros de comprimento, localizados na cavidade abdominal, na região das virilhas. Na porção ovariana mais externa, chamada córtex ovariano, localizam-se as células que dão origem aos óvulos.

Formação dos óvulos: ovulogênese

O processo de formação dos gametas femininos é chamado **ovulogênese** e tem início antes do nascimento da mulher, em torno do terceiro mês de sua vida intrauterina.

As células precursoras dos gametas femininos, as **ovogônias**, multiplicam-se por mitose durante o início da fase fetal. Por volta do terceiro mês de vida, elas param de se dividir, crescem, duplicam os cromossomos e entram em meiose, passando então a ser chamadas de **ovócitos primários**, ou **ovócitos I**. Estes permanecem estacionados em prófase I da meiose até ser ativados pelo hormônio estimulante do folículo ou FSH (do inglês, ***f****ollicle* ***s****timulating* ***h****ormone*) produzido pela hipófise.

Descobertas recentes sugerem que os óvulos talvez não se formem apenas dessa maneira; alguns cientistas acreditam que os gametas femininos podem se originar na vida adulta, diretamente de células-tronco presentes no organismo. Como já vimos, as células-tronco são capazes de produzir diversos tipos de células de nosso corpo, permitindo que ocorram os processos regenerativos.

Cada ovócito primário é envolvido por algumas camadas de células (células foliculares); o conjunto constitui o **folículo ovariano**. Ao nascer, a mulher tem cerca de 500 mil folículos em cada ovário; mais da metade deles, porém, degenera antes da puberdade. Aproximadamente a cada 28 dias, cerca de 20 folículos são estimulados a se desenvolver por ação do FSH e, destes, em geral, apenas um completa o processo de amadurecimento, enquanto os demais regridem. Durante o amadurecimento do folículo, as células foliculares se multiplicam e ocorre acúmulo de líquido intrafolicular. Enquanto isso, o ovócito primário termina a divisão I da meiose e produz duas células de tamanhos diferentes: uma grande, o **ovócito secundário** (ou **ovócito II**), e outra pequena, o **primeiro glóbulo** (ou corpúsculo) **polar**, ou **glóbulo polar I**. O ovócito secundário inicia imediatamente a segunda divisão da meiose, mas estaciona em metáfase II, enquanto o glóbulo polar geralmente degenera logo depois de se formar.

Ovulação

O acúmulo de líquido no interior do folículo acaba por causar sua ruptura e a libertação do ovócito secundário, fenômeno denominado **ovulação**. O ovócito libertado está revestido por uma malha de glicoproteínas, denominada **membrana pelúcida**, e por células foliculares. Na espécie humana, o que chamamos de **óvulo** é, de fato, um ovócito secundário, cuja meiose somente se completará se houver fecundação.

Se o ovócito secundário não é fecundado, ele degenera aproximadamente 24 horas depois de liberado, sem concluir a meiose. Se a fecundação ocorre, porém, o ovócito secundário termina a segunda divisão meiótica e libera o **segundo glóbulo** (ou corpúsculo) **polar**, ou **glóbulo polar II**; este, assim como o primeiro glóbulo polar, geralmente degenera logo depois de se formar. No ovário, as células que constituem a "cicatriz" do folículo rompido desenvolvem-se, formando na superfície ovariana o **corpo-amarelo**, ou **corpo-lúteo**. Este é uma estrutura amarelada em virtude do acúmulo de um carotenoide amarelo, a luteína. O corpo-amarelo passa a produzir o hormônio progesterona, cuja função será estudada no capítulo seguinte. (**Fig. 17.9**)

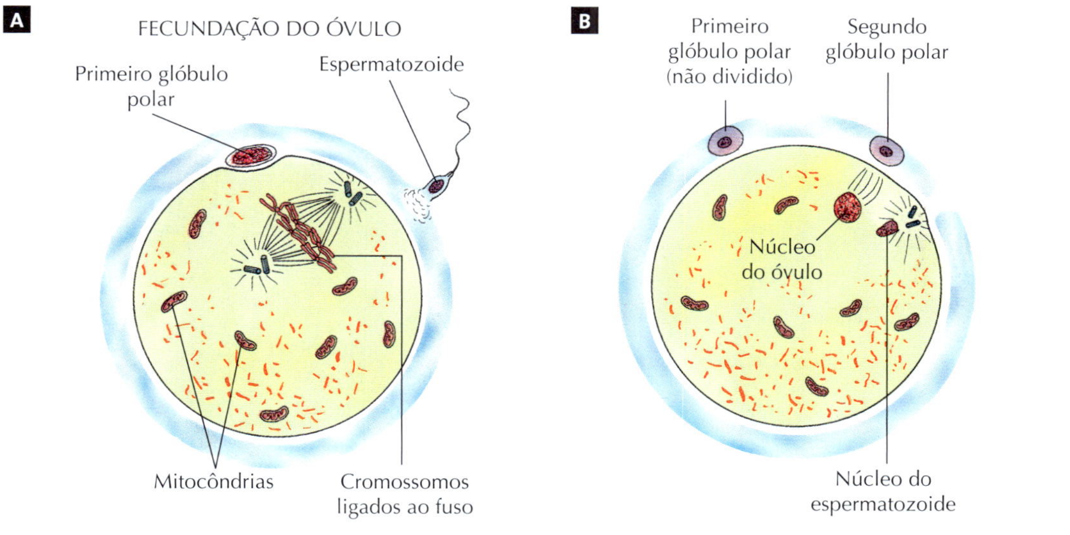

Figura 17.9 **A.** Esquema que representa um ovócito secundário, o óvulo, sendo fecundado por um espermatozoide. Até o momento da fecundação, o óvulo encontrava-se estacionado na metáfase II da meiose.
B. Esquema que representa o gameta feminino logo após a fecundação. A meiose II encerrou-se e, em breve, o núcleo feminino e o núcleo masculino se unirão, originando o zigoto. (Imagens sem escala, cores-fantasia.)

2 Sistema genital masculino

O **sistema genital masculino** humano compõe-se de órgãos externos, o pênis e o escroto, e de órgãos internos, entre os quais se destacam os ductos (ou canais) deferentes, as glândulas seminais e a próstata. (**Fig. 17.10**)

Pênis, escroto e testículos

O **pênis** é o órgão copulador masculino. Em seu interior há três massas de tecido erétil: dois corpos cavernosos, localizados lateralmente ao pênis, e o corpo esponjoso, localizado medianamente ao redor da uretra. Esses três corpos intumescem durante a excitação sexual devido ao acúmulo de sangue em seu interior, o que promove a ereção do pênis e possibilita o ato sexual. Próximo à extremidade do pênis, o corpo esponjoso expande-se, formando a **glande**, que apresenta grande sensibilidade à estimulação sexual e é protegida por uma prega de pele, o prepúcio. Em certos casos, o prepúcio é removido cirurgicamente por meio da circuncisão.

O pênis é percorrido longitudinalmente pela **uretra**, um canal que faz parte dos sistemas urinário e genital, e serve tanto para eliminar urina como esperma.

O **escroto** é uma bolsa de pele situada entre as coxas, na base do pênis; em seu interior alojam-se os testículos, as gônadas masculinas.

Um **testículo** é constituído por milhares de tubos finos e enovelados, os **túbulos seminíferos**, e por camadas envoltórias de tecido conjuntivo.

No interior dos túbulos seminíferos são produzidos os **espermatozoides**, os gametas masculinos. Entre os túbulos seminíferos situam-se as **células intersticiais**, responsáveis pela produção de testosterona, o hormônio sexual masculino.

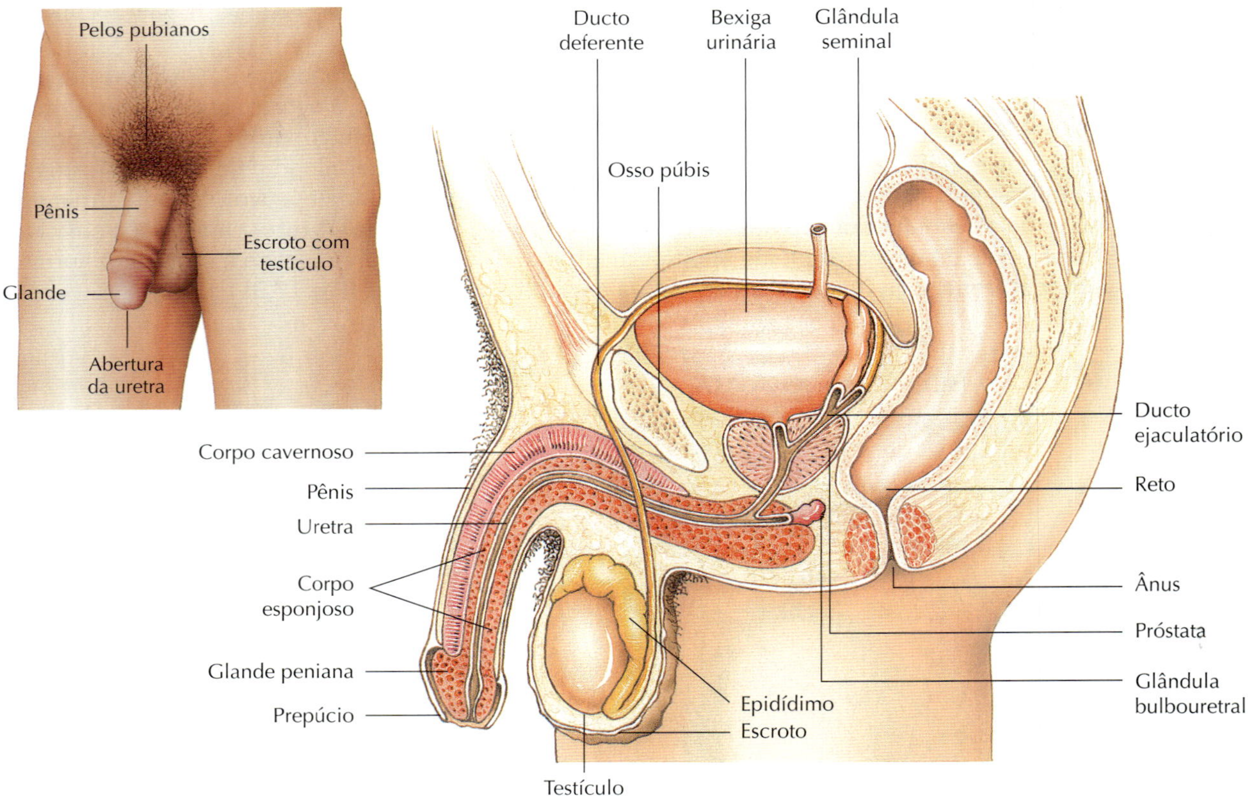

Figura 17.10 Representação do sistema genital masculino humano. À esquerda, vista externa. À direita, vista lateral e em corte transversal mostrando órgãos internos. A bexiga urinária, o reto e o ânus, apesar de indicados na figura, não fazem parte do sistema genital. (Imagens sem escala, cores-fantasia.)

Conteúdo digital Moderna PLUS http://www.modernaplus.com.br
Animação: *Reprodução humana*, veja aba *Sistema genital humano*, botão *Sistema genital masculino*

Formação dos espermatozoides: espermatogênese

Espermatogênese é o processo de formação de espermatozoides a partir de células precursoras, as **espermatogônias**, localizadas nas paredes dos túbulos seminíferos. As espermatogônias multiplicam-se lentamente, por mitose, até a puberdade. A partir daí, elas passam a se multiplicar com intensidade, fenômeno que continuará a ocorrer praticamente até o fim da vida do homem, embora se torne menos intenso em idades avançadas. Enquanto algumas espermatogônias se multiplicam, outras crescem, duplicam seus cromossomos e transformam-se em **espermatócitos primários**, ou **espermatócitos I**. Cada espermatócito I passa pela primeira divisão meiótica (meiose I) e origina dois **espermatócitos secundários**, ou **espermatócitos II**. Estes passam pela segunda divisão meiótica (meiose II) e originam, cada um, duas **espermátides**. Cada espermátide passa, então, por um processo denominado espermiogênese, no qual se transforma em um espermatozoide. **(Fig. 17.11)**

Os espermatozoides recém-formados são transportados para o epidídimo, um tubo enovelado com 6 a 7 centímetros de comprimento, localizado sobre o testículo. Aí, os espermatozoides completam seu amadurecimento e ficam armazenados até sua eliminação. **(Fig. 17.12)**

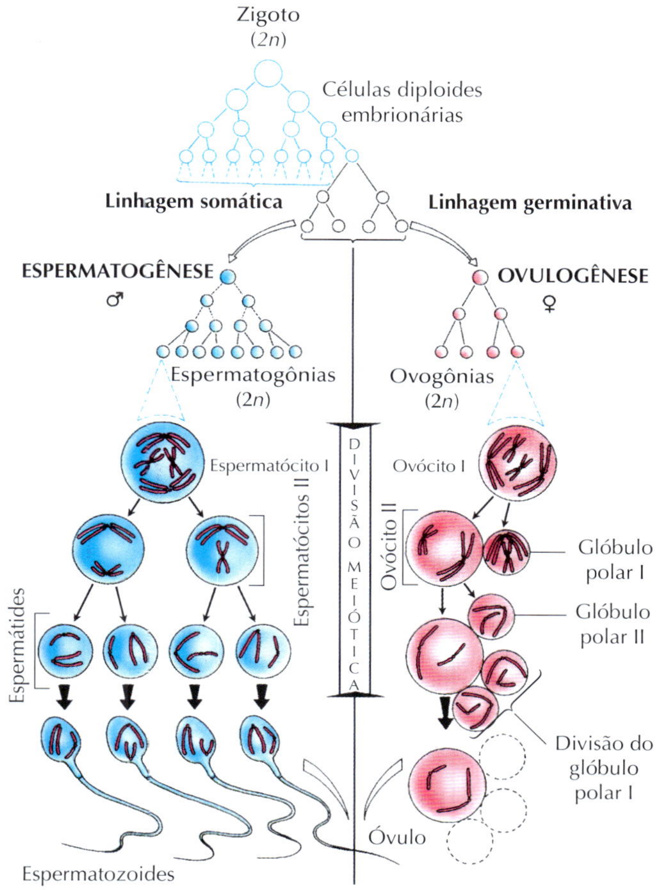

Figura 17.11 Representação esquemática em que se compara a espermatogênese (à esquerda) e a ovulogênese (à direita) nos animais vertebrados.

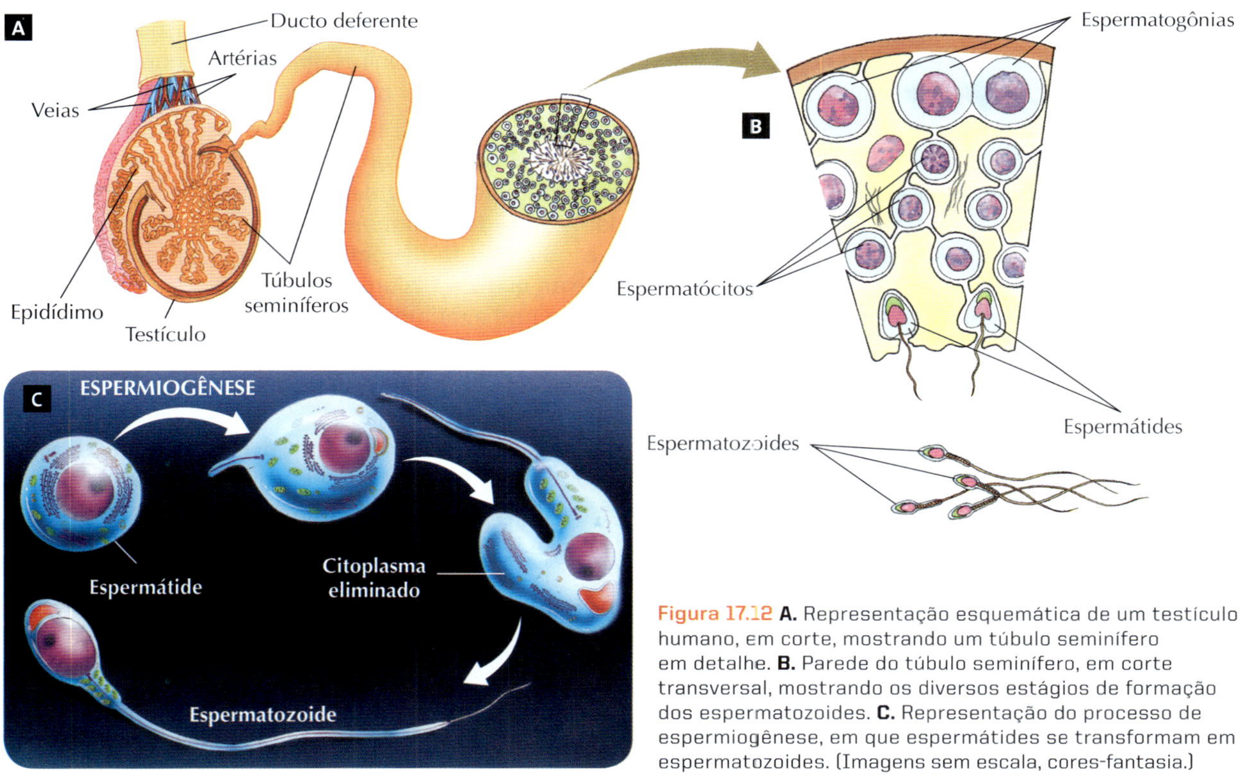

Figura 17.12 A. Representação esquemática de um testículo humano, em corte, mostrando um túbulo seminífero em detalhe. **B.** Parede do túbulo seminífero, em corte transversal, mostrando os diversos estágios de formação dos espermatozoides. **C.** Representação do processo de espermiogênese, em que espermátides se transformam em espermatozoides. (Imagens sem escala, cores-fantasia.)

Ductos deferentes, glândulas seminais e próstata

Dos epidídimos de cada testículo, os espermatozoides passam para os **ductos deferentes** (antes denominados canais deferentes). Estes são dois tubos musculares (um proveniente de cada testículo) com cerca de 45 centímetros de comprimento, que contornam a bexiga urinária e, embaixo dela, fundem-se em um conduto único, o ducto ejaculatório, que desemboca na uretra.

As **glândulas seminais** (ou **vesículas seminais**), localizadas atrás da bexiga urinária, produzem uma secreção viscosa que é lançada no ducto ejaculatório, no clímax da excitação sexual. Essa secreção constitui até 85% do volume total do **esperma**, ou **sêmen**, como é chamado o fluido leitoso formado por espermatozoides e por líquidos nutritivos.

A **próstata**, localizada embaixo da bexiga urinária, é uma glândula com cerca de 4 centímetros de diâmetro que envolve a porção inicial da uretra. A secreção prostática, que constitui entre 15% e 30% do esperma, é lançada na uretra e no ducto ejaculatório através de uma série de pequenos canais.

Embaixo da próstata e desembocando na uretra, há um par de **glândulas bulbouretrais**. Durante a excitação sexual, essas glândulas liberam um líquido que contribui para a limpeza do canal da uretra antes da passagem do esperma.

Eliminação dos espermatozoides: ejaculação

No clímax da excitação sexual masculina, ocorre a **ejaculação**, processo de eliminação do esperma através da uretra. Inicialmente, os espermatozoides vão dos testículos e dos epidídimos até o começo da uretra; nesse trajeto, eles são impelidos por contrações rítmicas dos músculos que envolvem os epidídimos e os ductos deferentes. Em um segundo momento, que é a ejaculação propriamente dita, o esperma é impelido até a extremidade da uretra e eliminado. A expulsão do esperma dá-se por contrações espasmódicas dos músculos que envolvem o corpo esponjoso em torno da uretra. O volume de esperma eliminado em cada ejaculação é de aproximadamente 5 mililitros e contém cerca de 350 milhões de espermatozoides.

3 Fecundação

Fecundação ou **fertilização** é a fusão de um par de gametas, com formação do zigoto. Na espécie humana, a fecundação ocorre no terço inicial do oviduto, geralmente nas primeiras 24 horas após a ovulação.

Como já comentamos, o óvulo humano é um ovócito secundário, revestido por uma grossa camada de glicoproteínas aderidas à membrana plasmática ovular, a **membrana pelúcida**, **zona pelúcida**, ou **envelope vitelínico**. Esse envoltório é recoberto por algumas camadas de células foliculares ovarianas, que nutriram o ovócito durante seu desenvolvimento no folículo. Os envoltórios ovulares constituem um eficiente revestimento protetor do gameta feminino, mas exigem que o espermatozoide seja dotado de um sistema perfurador capaz de vencer os obstáculos à fecundação.

Segundo diversas experiências, os gametas femininos exercem forte atração química sobre os espermatozoides, que, ao se aproximar de um óvulo, nadam na direção dele. Em geral, dezenas de espermatozoides cercam o gameta feminino e inserem-se pelos espaços entre as células foliculares, até atingir a membrana pelúcida. Ali, um dos componentes do envoltório ovular, a glicoproteína ZP3, une-se ao espermatozoide e induz seu acrossomo a liberar o conteúdo enzimático. A ação das enzimas acrossômicas, dentre as quais a hialuronidase, abre um canal na zona pelúcida por onde o espermatozoide penetra e atinge a membrana plasmática do óvulo.

Nos mamíferos, a membrana plasmática do espermatozoide apresenta proteínas denominadas fertilizinas, por meio das quais ela se une a proteínas receptoras presentes na membrana do óvulo. Quando esses dois tipos de proteína se associam, as membranas dos gametas masculino e feminino fundem-se. A fusão causa uma alteração na permeabilidade da membrana ovular aos íons Na^+ e K^+, gerando uma onda de despolarização que se propaga por toda a superfície do óvulo. A alteração de carga elétrica na superfície da membrana plasmática ovular impede que outros espermatozoides se unam a ela. Assim, esse mecanismo garante que apenas um espermatozoide fecunde o óvulo.

Imediatamente abaixo da membrana plasmática do óvulo há pequenas bolsas membranosas repletas de enzimas digestivas, os **grânulos corticais**. Com a entrada do primeiro espermatozoide e consequente despolarização da membrana ovular, os grânulos corticais fundem-se a ela, eliminando seu conteúdo enzimático para o exterior por exocitose. As enzimas dos grânulos corticais atuam sobre a membrana pelúcida, alterando os receptores ZP3, que perdem a capacidade de se ligar a espermatozoides. Com isso, nenhum outro espermatozoide tem condições de atravessar a membrana pelúcida. **(Fig. 17.13)**

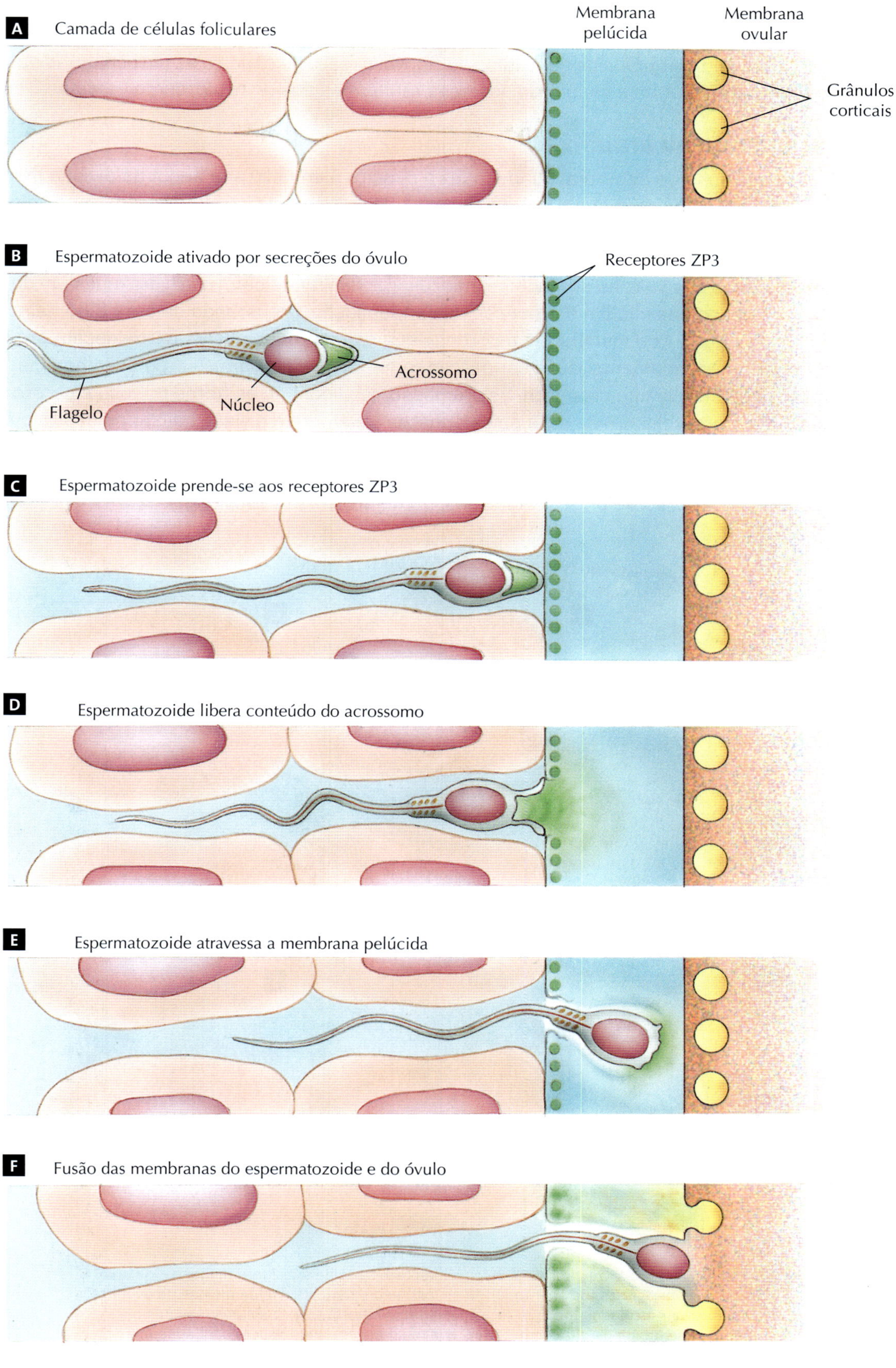

Figura 17.13 A a F. Representação esquemática de uma pequena reg ão da superfície do óvulo, mostrando as principais etapas da fecundação em mamíferos. (Imagens sem escala, cores-fantasia.) (Baseado em Gilbert, S., 2000)

Na região de fusão entre a membrana do espermatozoide com a do óvulo, surgem feixes de filamentos de actina, que conduzem o conteúdo do espermatozoide – núcleo, mitocôndrias e flagelo – para dentro do gameta feminino. No citoplasma ovular, os corpos basais do flagelo do espermatozoide originam os centríolos do zigoto; o resto da cauda e as mitocôndrias do gameta masculino degeneram e seus cromossomos reúnem-se aos do óvulo, como veremos a seguir.

Cariogamia ou anfimixia

A penetração do espermatozoide induz o ovócito a completar a segunda divisão meiótica, o que origina o segundo glóbulo polar e o núcleo do ovócito. Este é chamado de **pronúcleo feminino** e está pronto para se encontrar com o núcleo do espermatozoide, que aumenta de volume e passa a ser chamado de **pronúcleo masculino**. Cerca de 15 horas após a penetração do espermatozoide no óvulo, os pronúcleos masculino e feminino ficam muito próximos um do outro e seus cromossomos iniciam o processo de condensação, preparando-se para a primeira divisão celular do zigoto. Nos mamíferos, os pronúcleos não se fundem; eles permanecem próximos e, em determinado momento, suas cariotecas rompem-se e liberam os cromossomos maternos e paternos no citoplasma do zigoto. Os cromossomos ligam-se às fibras do fuso e ocorre a separação das cromátides-irmãs para polos opostos (relembre a divisão celular no capítulo 8). Cada polo do fuso recebe um lote de 23 cromossomos maternos e um lote de 23 cromossomos paternos. Após a mitose se completar, cada uma das duas primeiras células embrionárias apresenta 46 cromossomos, 23 de origem materna e 23 de origem paterna. **(Fig. 17.14)**

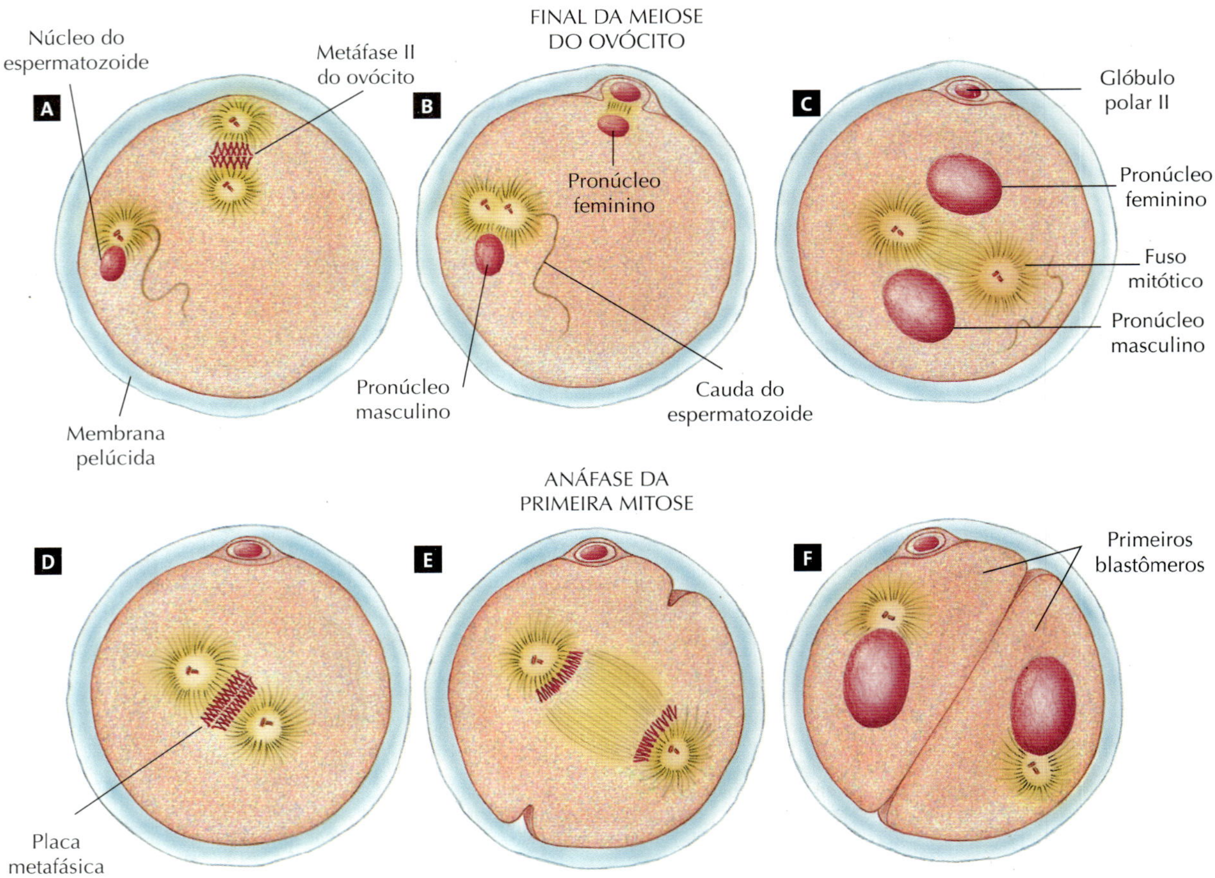

Figura 17.14 Representação esquemática das etapas da formação de um zigoto humano e de sua primeira mitose. **A.** Espermatozoide no interior do ovócito secundário. **B.** Fim da meiose do ovócito, com formação do segundo glóbulo polar e do pronúcleo feminino. **C.** Os pronúcleos masculino e feminino dispõem-se próximos do fuso mitótico, com os cromossomos já bem condensados. **D.** Os envoltórios nucleares dos dois pronúcleos se desfazem e os cromossomos condensados espalham-se nas proximidades do fuso, unindo-se às fibras. **E.** Separação de cromátides-irmãs para polos opostos do fuso, onde se originam dois núcleos-filhos, cada um com dois conjuntos de cromossomos (um materno e outro paterno). **F.** Citocinese e formação dos dois primeiros blastômeros. (Imagens sem escala, cores-fantasia.) (Baseado em Gilbert, S., 2000.)

AMPLIE SEUS CONHECIMENTOS — Bebês de proveta e clonagem humana

Os conhecimentos sobre a reprodução humana têm permitido que muitos casais solucionem dificuldades biológicas para procriar. Os tratamentos podem variar, desde injeções de hormônios e correção cirúrgica de órgãos genitais até a fecundação em laboratório e a implantação de embriões no útero.

Em julho de 1978, nasceu, em Londres, Louise Brown; ela foi o primeiro "bebê de proveta", a primeira criança concebida *in vitro* com sucesso. A Sra. Brown, mãe de Louise, tinha tubas uterinas obstruídas e, por isso, não podia engravidar. Em um procedimento inédito, o ginecologista Dr. Patrick Steptoe primeiramente aplicou injeções de hormônios na Sra. Brown, o que induziu o amadurecimento de óvulos em seus ovários e preparou o útero para uma gravidez. Em seguida, o Dr. Steptoe retirou cirurgicamente alguns óvulos dos ovários da Sra. Brown, passando-os para um frasco com meio nutritivo, onde eles foram fecundados por espermatozoides do marido. Cerca de seis dias depois, cada óvulo fecundado tinha se transformado em um pequeno embrião. Alguns dos embriões foram implantados no útero da Sra. Brown, onde um deles se desenvolveu e gerou Louise.

O sucesso na concepção de Louise, atualmente uma senhora normal e saudável, tem levado milhares de mulheres com problemas de infertilidade a implantar embriões concebidos *in vitro*, isto é, fora do corpo. Crianças nascidas por esse método ficaram conhecidas popularmente como "bebês de proveta" para ressaltar o fato de terem sido concebidas em um recipiente de laboratório. (**Fig. 17.15**)

A fertilização *in vitro*, embora seja cada vez mais utilizada, ainda desperta polêmicas. Em cada tratamento, geralmente são fecundados de 10 a 15 óvulos, a maioria dos quais se desenvolve e origina embriões. Alguns dias depois, cerca de quatro embriões selecionados são implantados no útero da mulher, tendo em vista que a chance de sucesso nessa etapa é da ordem de 25%. Os demais embriões são congelados em nitrogênio (N_2) líquido, a uma temperatura aproximada de 196 °C negativos, para serem utilizados no caso de a primeira operação não ter sucesso ou se o casal desejar ter outros filhos mais tarde.

O que fazer com os embriões não utilizados? Eles devem permanecer congelados indefinidamente ou podem ser descartados? Podem ser doados ou vendidos a outra pessoa? Podem ser utilizados para a obtenção de células-tronco embrionárias? Afinal de contas, todos os embriões que se desenvolvem em um processo de fertilização *in vitro* são irmãos daquele que se desenvolveu. Descartá-los não seria equivalente a um aborto? Essas são apenas algumas das questões éticas que se apresentam quando o assunto é reprodução humana. E as polêmicas tendem a se intensificar com um novo tema em pauta: a **clonagem reprodutiva**.

O nascimento da ovelha Dolly (atualmente já morta), originada a partir de uma célula extraída de uma ovelha adulta, abriu a possibilidade de se fazer o mesmo com seres humanos. Teoricamente, um homem poderia contratar os serviços de uma mulher que doasse óvulos, dos quais seriam eliminados os núcleos; uma célula retirada desse homem seria, então, fundida a um desses óvulos "anucleados", formando um zigoto com o núcleo (e, portanto, com os genes) exclusivamente do homem. O desenvolvimento desse zigoto originaria um embrião que, implantado no útero de uma "mãe de aluguel" ou da própria doadora dos óvulos, se transformaria em uma criança geneticamente idêntica ao homem que doou a célula adulta: seria seu próprio "clone".

Muitos defendem a clonagem de animais domésticos. Por exemplo, espécimes com características favoráveis poderiam ser clonados, com o objetivo de preservar essas características nos descendentes. Animais transgênicos, ou seja, que receberam implantes de genes de outra espécie, também poderiam ser clonados, de modo a reproduzir em grande escala uma determinada combinação gênica bem-sucedida. Pensa-se, ainda, em usar a clonagem para produzir tecidos e órgãos humanos em laboratório, o que supriria a enorme necessidade de órgãos para transplante; nesse caso fala-se em **clonagem terapêutica**.

A ciência e a tecnologia criam possibilidades práticas antes inimagináveis. Com isso, valores éticos e morais antigos têm de ser repensados. As discussões prosseguem e ninguém pode ficar fora delas.

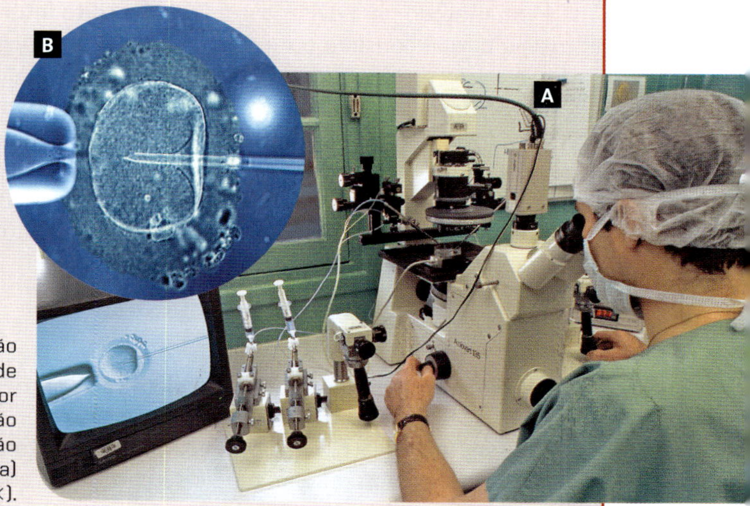

Figura 17.15 **A.** Equipamento de micromanipulação utilizado para injetar um espermatozoide diretamente no citoplasma do óvulo. No monitor de vídeo pode-se ver o óvulo, preso por aspiração à ponta de uma micropipeta. **B.** Detalhe da injeção de um espermatozoide (dentro da microagulha) no óvulo (aumento ≃ 190×).

Conteúdo digital Moderna PLUS http://www.modernaplus.com.br
Texto: *Clonagem de mamíferos*

CIÊNCIA E CIDADANIA
O controle da reprodução humana

A sexualidade e a reprodução da espécie humana são temas apaixonantes e polêmicos. A partir da adolescência, a taxa dos hormônios sexuais aumenta no sangue das pessoas, fazendo com que corpo e mente se modifiquem e a sexualidade passe a desempenhar um papel muito importante na vida.

O conhecimento científico sobre a reprodução humana vem garantindo às pessoas a possibilidade de controlar conscientemente sua reprodução. Além do método natural de controle, baseado apenas no conhecimento do ciclo reprodutivo, há também vários métodos anticoncepcionais eficazes, como a pílula, a camisinha, o diafragma, o DIU (dispositivo intrauterino) etc. Em uma sociedade democrática, espera-se que a utilização ou não de métodos anticoncepcionais seja uma livre escolha de cada um, de acordo com seus valores e crenças.

Conhecer os fundamentos da reprodução humana é importante para exercer a cidadania, não apenas por permitir à pessoa maior controle sobre sua própria reprodução, mas também por possibilitar reflexões mais aprofundadas sobre o crescimento populacional humano, em um mundo já tão intensamente povoado e com tantas questões por resolver.

Métodos contraceptivos

Contracepção é a prevenção deliberada da gravidez. A maneira mais óbvia e mais segura de prevenir a gravidez é a abstinência de relações sexuais, pelo menos durante o período fértil da mulher, isto é, em que existe a possibilidade de haver ovulação.

Ao longo da história, a humanidade tem desenvolvido diversos métodos para evitar a gravidez, genericamente denominados **métodos contraceptivos**, ou **métodos anticoncepcionais**.

Os métodos contraceptivos podem atuar em diferentes etapas do processo reprodutivo. Alguns impedem que os gametas masculinos e femininos se encontrem; outros impedem que a mulher produza gametas; outros, ainda, impedem a implantação do embrião recém-formado na mucosa uterina ou removem o embrião já implantado. (**Fig. 17.16**)

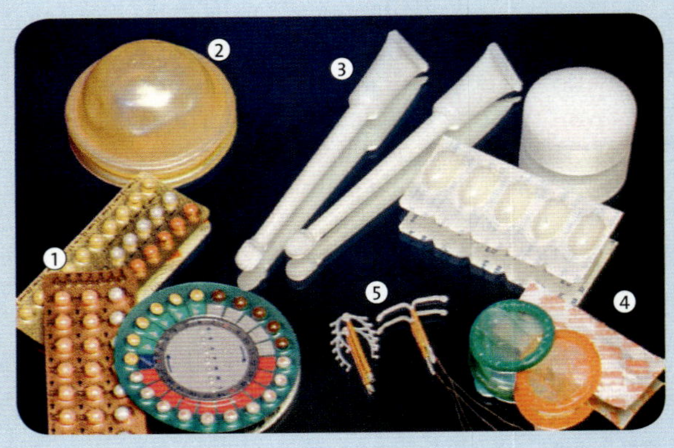

Figura 17.16 Alguns contraceptivos. **1.** Pílulas anticoncepcionais. **2.** Diafragma. **3.** Cremes e geleias espermicidas. **4.** Camisinhas. **5.** Tipos de DIU.

Coito interrompido

Um método para evitar a gravidez é o **coito interrompido**, que consiste em retirar o pênis da vagina antes que a ejaculação ocorra. O coito interrompido é pouco eficiente, pois as secreções masculinas eliminadas antes da ejaculação podem conter espermatozoides. Outro motivo para o grande índice de falhas do método é a demora na retirada do pênis, que pode resultar na ejaculação parcial ou total ainda dentro da vagina.

Método do ritmo ovulatório ou da tabelinha

Pode-se evitar a gravidez abstendo-se de relações sexuais apenas durante o período fértil do ciclo menstrual. Esse método, conhecido como **método do ritmo ovulatório**, ou da **tabelinha**, baseia-se no fato de que o óvulo estará presente nos ovidutos, em condição de ser fecundado, apenas durante um curto período do ciclo menstrual, chamado de **período fértil**. A mulher normalmente produz, a cada 28 dias, um único óvulo, que sobrevive durante, no máximo, dois dias nos ovidutos, até degenerar e ser eliminado.

O principal problema é justamente determinar qual é o período fértil da pessoa. O dia em que ocorre a ovulação pode variar, dependendo da duração do ciclo e de outros fatores.

Pode-se estimar o dia provável da ovulação, com algum grau de acerto, a partir da análise do gráfico de temperatura corporal. Na maioria das mulheres, a temperatura do corpo eleva-se cerca de 0,5 °C logo após a ovulação. O acompanhamento criterioso da temperatura corporal diária pode fornecer evidências de que a ovulação ocorreu. As estatísticas mostram que mulheres que determinam a época da ovulação por meio da tabela, com o auxílio da construção de gráficos de temperatura diária, têm uma elevada porcentagem de sucesso ao evitar uma gravidez indesejada, desde que sigam rigorosamente os princípios do método. (**Fig. 17.17**)

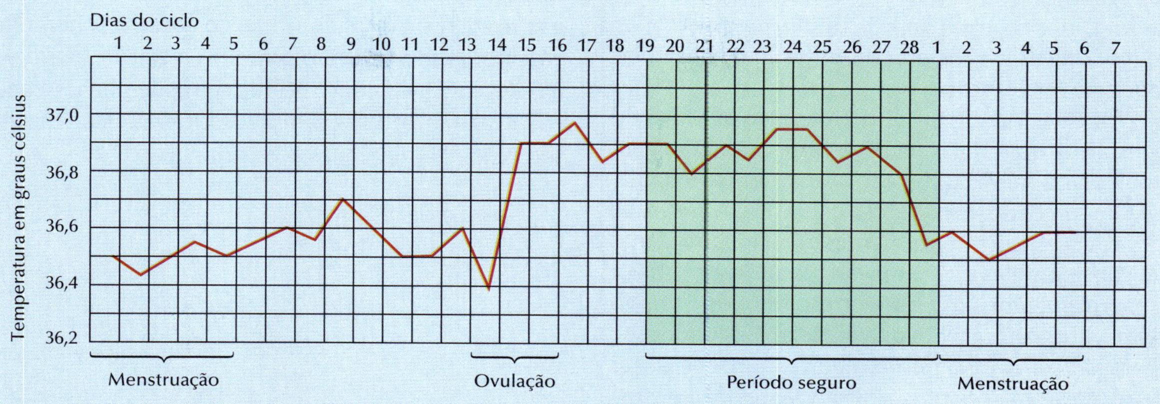

Figura 17.17 Gráfico que mostra as variações da temperatura corporal de uma mulher ao longo do ciclo menstrual; esse acompanhamento permite avaliar o período de menor risco de gravidez (período seguro), representado em verde.

Camisinha

Entre as práticas anticoncepcionais mais difundidas, destaca-se o uso de barreiras mecânicas, que evitam o encontro dos gametas. O **preservativo**, popularmente chamado de **camisinha**, é um protetor de látex utilizado para envolver o pênis durante o ato sexual, de modo a reter o esperma ejaculado, evitando que ele seja depositado na vagina. O preservativo feminino, que a mulher introduz na vagina antes da relação sexual, tem a mesma finalidade. Além de atuar como anticoncepcional, a camisinha é também eficiente na prevenção da aids e de outras doenças sexualmente transmissíveis (DSTs).

Diafragma

O **diafragma** é um dispositivo de borracha que deve ser colocado no fundo da vagina, de modo a fechar o colo do útero e impedir a entrada de espermatozoides. É comum aplicar no diafragma uma geleia contendo substâncias espermicidas, que matam espermatozoides e aumentam o índice de segurança do método. (**Fig. 17.18**)

Pílula anticoncepcional

A **pílula anticoncepcional**, um dos métodos contraceptivos mais utilizados no mundo, consiste geralmente em uma mistura de hormônios sintéticos (progesterona e estrógeno), que a mulher deve ingerir todos os dias, a partir do 5º dia após a menstruação. Depois de 21 dias, suspende-se a pílula por uma semana e recomeça-se um novo lote de 21 pílulas. A menstruação costuma ocorrer cerca de três dias após a suspensão da ingestão das pílulas.

Os dois hormônios presentes na pílula anticoncepcional inibem a secreção de FSH e de LH pela hipófise. Na falta desses dois hormônios, não ocorre ovulação. A manutenção de níveis altos de estrógeno e de progesterona no sangue induz o crescimento da mucosa uterina, a qual se descama quando o nível desses hormônios se reduz, no período de uma semana em que a pílula deixa de ser ingerida.

A chamada **pílula do dia seguinte**, também conhecida como método contraceptivo de emergência, é um composto hormonal utilizado para prevenir uma gravidez indesejada dentro de 72 horas após uma relação desprotegida ou acidental.

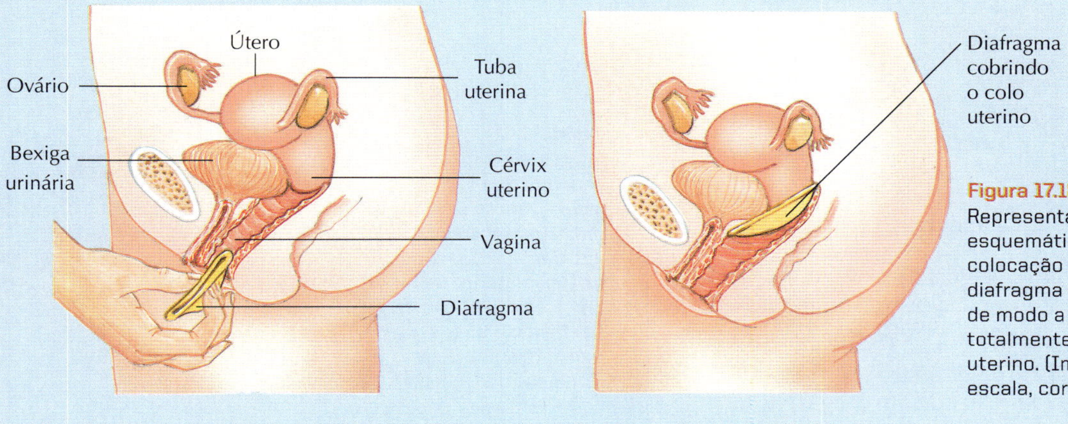

Figura 17.18 Representação esquemática da colocação correta do diafragma na vagina, de modo a cobrir totalmente o colo uterino. (Imagens sem escala, cores-fantasia.)

Os hormônios constituintes dessa pílula atuam basicamente de duas formas: impedem a ovulação (se ainda não ocorreu) e não permitem que o embrião se implante na parede uterina, entre cinco e seis dias depois da fertilização.

Pesquisas científicas têm procurado avaliar se a ingestão de hormônios pode ser responsabilizada por problemas à saúde, tais como alterações na coagulação sanguínea, arteriosclerose e infartos. Um estudo verificou que mulheres fumantes e usuárias de pílulas anticoncepcionais apresentavam risco 10 vezes maior de morte por problemas cardiorrespiratórios. É importante que os contraceptivos orais sejam utilizados sob rigoroso acompanhamento médico, a fim de evitar efeitos colaterais prejudiciais decorrentes da ingestão de hormônios. Particularmente, a utilização da pílula do dia seguinte exige cuidados especiais.

Dispositivo intrauterino: DIU

DIU é a sigla de **dispositivo intrauterino**, nome pelo qual são conhecidos os dispositivos de plástico e metal introduzidos no útero com o objetivo de evitar a concepção. O DIU deve ser implantado por um médico especialista e, a menos que cause problemas colaterais evidentes, pode permanecer no útero até que a mulher deseje engravidar.

O modo de ação do DIU ainda não é totalmente compreendido. Acredita-se que sua presença no útero cause uma pequena inflamação, atraindo macrófagos que destroem os embriões que tentam se implantar na mucosa uterina. Por isso, alguns consideram a utilização do DIU um método abortivo, uma vez que, indiretamente, causa a morte do embrião, por impedir que este se fixe ao útero. (**Fig. 17.19**)

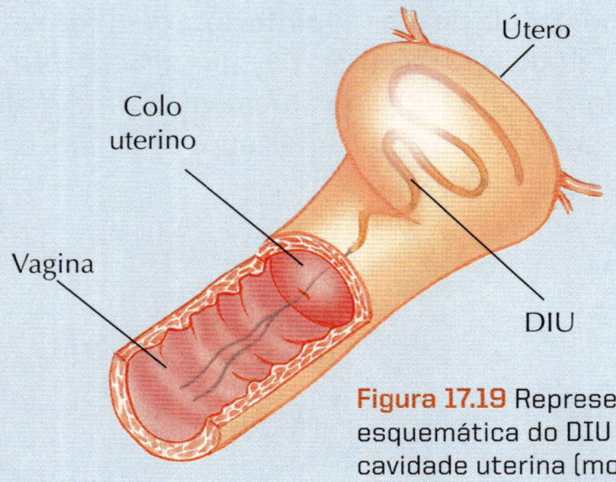

Figura 17.19 Representação esquemática do DIU na cavidade uterina (mostrado por transparência).

Vasectomia

Esterilização é qualquer processo que impede definitivamente a concepção. No caso do homem, o processo utilizado na esterilização é a **vasectomia**, que consiste no secionamento dos ductos deferentes de modo que os espermatozoides não possam chegar à uretra.

Como não afeta a produção de testosterona pelos testículos, a vasectomia não tem nenhum efeito negativo sobre a atividade sexual do homem. O homem vasectomizado atinge o orgasmo e ejacula normalmente, com a diferença de que seu esperma não contém espermatozoides, sendo constituído apenas pelas secreções das glândulas acessórias. (**Fig. 17.20**)

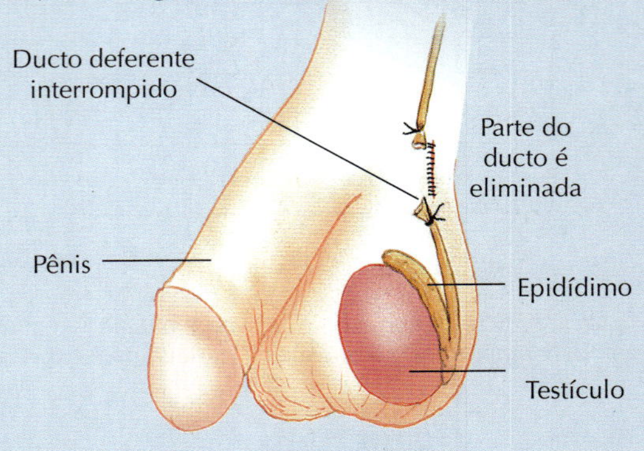

Figura 17.20 Representação esquemática da vasectomia, cirurgia em que os ductos deferentes são secionados. Embora a cirurgia possa ser revertida, nem sempre há sucesso em recuperar a fertilidade. Entretanto, homens vasectomizados que querem ter filhos podem coletar espermatozoides diretamente do testículo e utilizá-los na fecundação *in vitro*.

Laqueadura tubária

A esterilização feminina é denominada **laqueadura tubária** e consiste no secionamento das tubas uterinas. Assim, os espermatozoides são impedidos de chegar até os óvulos. (**Fig. 17.21**)

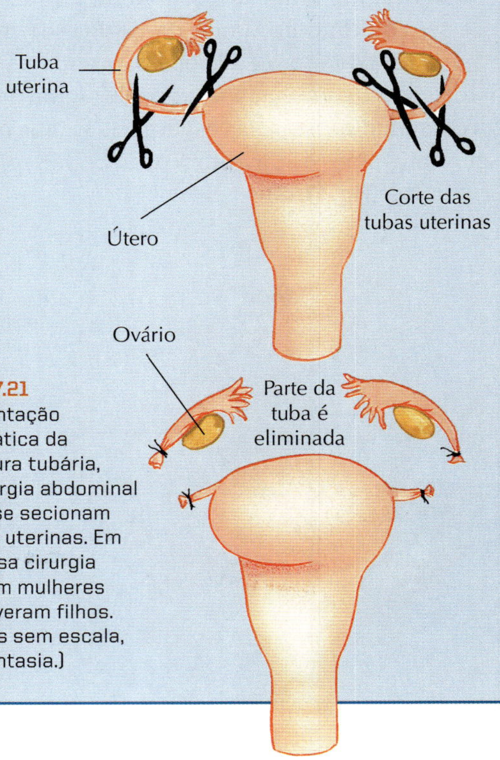

Figura 17.21 Representação esquemática da laqueadura tubária, uma cirurgia abdominal em que se secionam as tubas uterinas. Em geral, essa cirurgia é feita em mulheres que já tiveram filhos. (Imagens sem escala, cores-fantasia.)

CIÊNCIA E CIDADANIA Doenças sexualmente transmissíveis (DSTs)

As **doenças sexualmente transmissíveis** (**DSTs**) constituem um dos grandes problemas de saúde pública mundial nos dias de hoje. É direito e dever de todo cidadão manter-se informado sobre as doenças transmissíveis e evitar sua transmissão, uma vez que sua disseminação afeta toda a sociedade.

Há diferentes tipos de doenças sexualmente transmissíveis (DSTs), causadas por diversos tipos de agentes infecciosos, entre eles vírus, bactérias, fungos, protozoários e artrópodes. Esses agentes são geralmente transmitidos de uma pessoa a outra pelo contato sexual e, exceto no caso da pediculose pubiana (popularmente conhecida por "chato") e de algumas viroses, todas essas doenças podem ser prevenidas pelo uso de camisinha durante a relação sexual.

Algumas DSTs são difíceis de curar, mas em todos os casos há tratamentos que amenizam os sintomas ou podem evitar a progressão da doença. Outras DSTs são curáveis, desde que se procure rapidamente ajuda médica.

Aids

A mais temível das DSTs é a síndrome da imunodeficiência adquirida, ou **aids** (do inglês, **a***cquired* **i***mmuno***d***eficience* **s***yndrome*), doença até o momento incurável, embora já existam formas de tratamento que podem melhorar a condição de vida dos doentes. A aids é causada pelo vírus da imunodeficiência humana, ou **HIV** (do inglês, **h***uman* **i***mmunodeficience* **v***irus*), que ataca células do sistema imunitário, entre elas o linfócito T auxiliador (célula CD4). Os linfócitos T auxiliadores são os "comandantes" da defesa imunitária do organismo: são eles que estimulam os linfócitos B a produzir anticorpos e os linfócitos T citotóxicos (células CD8) a destruir células estranhas ao organismo.

O HIV ataca e destrói os linfócitos CD4, diminuindo a capacidade do organismo de reagir às infecções mais comuns. Com isso, a pessoa infectada pelo HIV pode ser atacada por diversos tipos de microrganismos que, em condições normais, não representariam perigo. (**Fig. 17.22**)

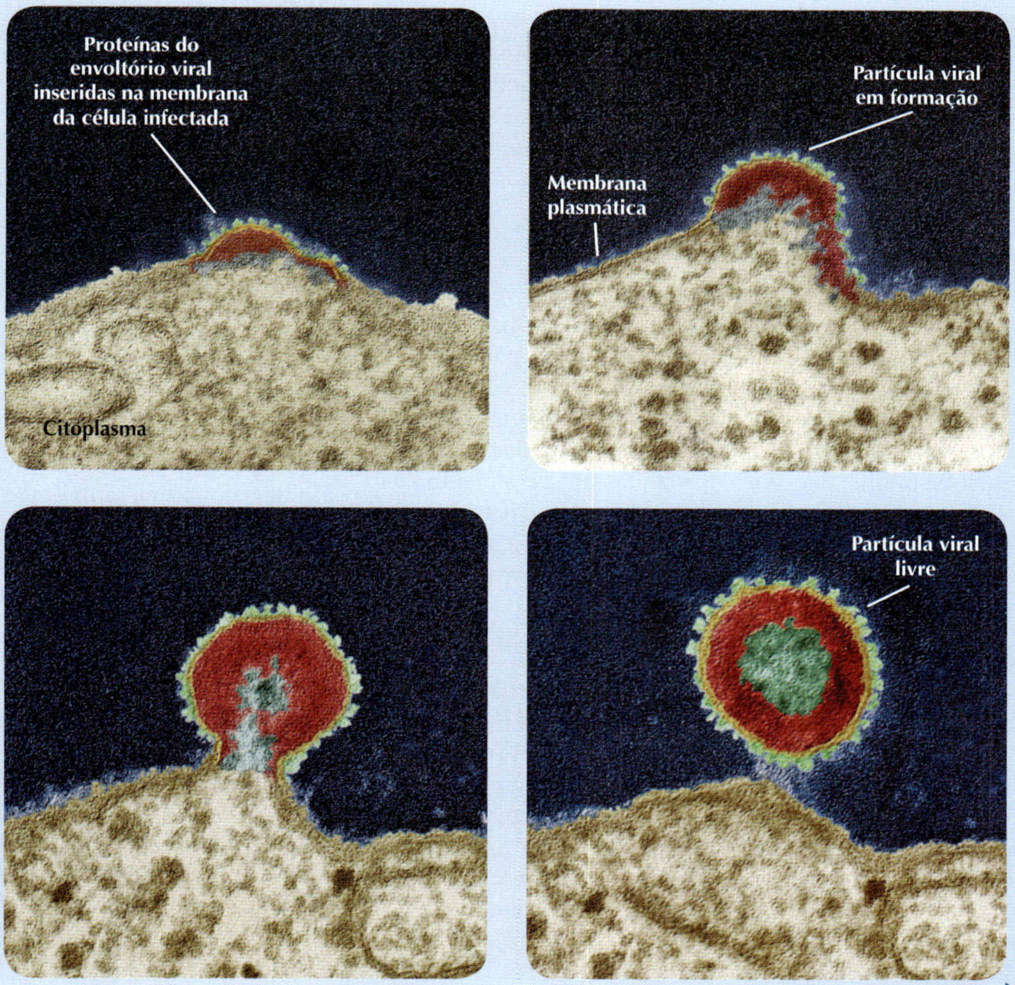

Figura 17.22 Vírus HIV saindo de célula contaminada (aumento ≃ 200.000×).

Na fase inicial da doença, a pessoa infectada não apresenta sintomas, mas a presença do HIV já pode ser detectada por exames de sangue, no qual aparecem anticorpos contra o vírus. Pessoas com anticorpos contra o HIV são chamadas de **soropositivas** e podem disseminar o vírus pelo ato sexual, se não for usada a camisinha.

A evolução da doença leva à queda no número de linfócitos CD4 e a pessoa começa a manifestar os primeiros sintomas da aids: inchaço dos linfonodos, fraqueza, febre, emagrecimento, suores noturnos e diarreias infecciosas. No estágio avançado, aparecem problemas neurológicos e a pessoa é seriamente afetada pelas chamadas "infecções oportunistas", que levam a pneumonias (frequentemente causadas pelo fungo *Pneumocystis carinii*) e a câncer de pele (o mais comum é o sarcoma de Kaposi, causado pelo vírus KSHV).

A aids é transmitida pelo contato sexual com pessoas infectadas e também pelo sangue, principalmente pelo compartilhamento de seringas no uso de drogas injetáveis ou por transfusões de sangue contaminado. Recém-nascidos filhos de mães portadoras do HIV podem adquirir o vírus durante o parto ou ao ser amamentados com o leite materno.

Embora ainda não haja cura para a aids, os tratamentos quimioterápicos, denominados terapias antirretrovirais, evoluíram muito. O uso combinado de diversas drogas antivirais, os chamados "coquetéis antivirais", compostos por inibidores da síntese de ácidos nucleicos e de enzimas importantes para a formação das partículas virais, tem conseguido prolongar a vida de muitos doentes.

Cancro mole

Cancro mole (também chamado cancro venéreo simples ou "cavalo") é uma DST causada pela bactéria *Hemophilus ducreyi*, transmitida exclusivamente por via sexual. Caracteriza-se por lesões, geralmente dolorosas, nos órgãos genitais, sendo mais frequente no homem. O período de incubação da bactéria, durante o qual os sintomas ainda não se manifestam, geralmente é de três a cinco dias, mas pode durar até duas semanas. O tratamento é feito com antibióticos e a pessoa deve abster-se de relações sexuais até a doença estar completamente curada.

Condiloma acuminado

O **condiloma acuminado** (popularmente chamado de "crista de galo" ou de verruga genital) é uma DST causada pelo papilomavírus humano ou **HPV** (do inglês, **h***uman* **p***apilloma* **v***irus*), transmitido por via sexual ou adquirido da mãe durante a gestação. Caracteriza-se pelo aparecimento, nos órgãos genitais, de lesões em forma de verrugas altas, que apresentam um "cume", ou crista, bem pronunciado (daí o nome condiloma acuminado). Um grande problema do contágio pelo HPV é que ele pode causar também câncer nos órgãos genitais e no ânus.

O tratamento consiste em remover as lesões condilomatosas (com o uso de substâncias químicas ou com cirurgia), mas ainda não se sabe como eliminar o vírus do organismo. Por causa disso, costuma haver recorrências depois da infecção primária.

Gonorreia

A **gonorreia** (também conhecida por **blenorragia**) é uma DST causada pela bactéria *Neisseria gonorrhoeae* (gonococo), transmitida exclusivamente por via sexual ou adquirida pelo recém-nascido na hora do parto. O diagnóstico da doença é fácil nos homens, que manifestam sintomas como ardor ao urinar e produção de uma secreção uretral de cor amarelada, poucos dias após a infecção. Nas mulheres, porém, os sintomas são pouco evidentes, o que representa um grande risco de a infecção evoluir para o que se denomina DIP (doença inflamatória pélvica), com comprometimento das tubas uterinas. Em muitos casos, a inflamação das tubas pode levar à esterilidade. Nos bebês, a infecção gonocócica pode provocar cegueira.

A gonorreia pode ser curada com antibióticos, que devem ser ingeridos, com acompanhamento médico, tão logo os sintomas se manifestem. É importante que um homem, ao perceber os sintomas iniciais da doença, abstenha-se imediatamente de relações sexuais e informe suas parceiras ou parceiros sobre o problema, para que eles também iniciem o tratamento com antibióticos. Esse alerta, aliás, é válido para qualquer tipo de DST.

Herpes genital

O **herpes genital** é uma DST causada pelo herpes-vírus tipo 2 ou **HSV-2** (do inglês, **H***erpes* **s***implex* **v***irus type* **2**)*. Os sintomas são lesões nos órgãos genitais, no início caracterizadas por bolhas cheias de líquido que, depois, transformam-se em pequenas feridas. O período de incubação da doença é de 3 a 14 dias, no caso de ser a primeira infecção. Em muitos casos, o herpes é recorrente, isto é, volta a atacar a pessoa aparentemente curada.

O tratamento consiste em limpar as lesões com solução fisiológica ou água boricada e aplicar pomadas antibióticas para evitar infecções secundárias, isto é, causadas por outros agentes infecciosos. A dor pode ser aliviada com analgésicos e anti-inflamatórios. Embora alguns medicamentos possam reduzir a duração e a frequência das infecções recorrentes, ainda não há cura definitiva para o herpes genital. Um dos riscos dessa DST é a contaminação dos bebês ainda no período de gestação. O herpes pode ser grave nos recém-nascidos e nesses casos exige cuidados médicos especializados.

* O HSV-1 é um vírus que ataca geralmente a mucosa da boca e não é transmitido por contato sexual.

Linfogranuloma venéreo

O **linfogranuloma venéreo** (conhecido popularmente por "mula") é uma DST causada pela bactéria *Chlamydia trachomatis*, que se transmite exclusivamente por via sexual. Os sintomas iniciais são pequenas bolhas ou feridas nos órgãos genitais, que geralmente desaparecem logo. Mais tarde, após um período de incubação entre 3 e 30 dias, ocorre grande inchaço nos linfonodos das virilhas (bubão inguinal), mais frequente nos homens.

Os principais sintomas do linfogranuloma venéreo são: febre, indisposição, dores no corpo, suores noturnos, perda de apetite e emagrecimento. Se não for tratada a tempo, a doença pode deixar sequelas como perfurações (fístulas) no reto e na vagina. O tratamento é feito à base de antibióticos, que melhoram rapidamente os sintomas, embora não revertam as fístulas.

Sífilis

A **sífilis** é uma DST causada pela bactéria *Treponema pallidum*, transmitida exclusivamente por via sexual ou da mãe para o feto durante a gestação. A doença apresenta três estágios distintos, separados por períodos "latentes". (**Fig. 17.23**)

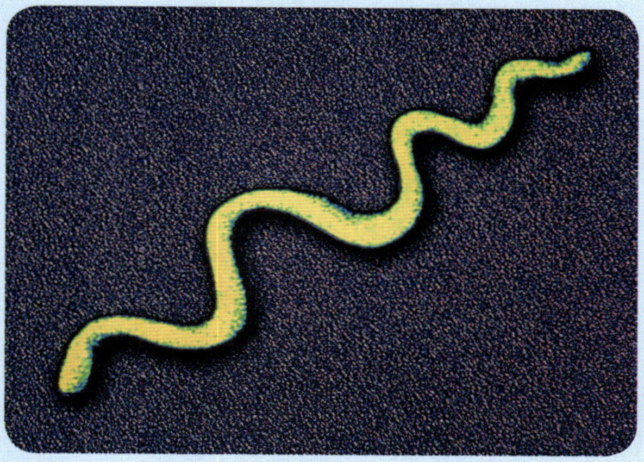

Figura 17.23 Micrografia da bactéria *Treponema pallidum*, causadora da sífilis (microscópio eletrônico de transmissão; colorização artificial; aumento ≃ 20.000×).

O primeiro estágio caracteriza-se pelo aparecimento do "cancro duro", uma lesão nos órgãos genitais de consistência endurecida e pouco dolorosa. A lesão cancroide manifesta-se, em média, cerca de 20 dias após a contaminação. No homem, o cancro duro aparece com maior frequência na glande do pênis; na mulher, aparece nos lábios menores, nas paredes da vagina e no colo uterino.

No segundo estágio, que geralmente ocorre cerca de seis a oito semanas após o cancro duro, surgem lesões escamosas na pele e nas mucosas. Lesões nas palmas das mãos e nas plantas dos pés são fortes indicativos de sífilis secundária. Outros sintomas são dores no corpo, febres, dores de cabeça e falta de disposição.

No terceiro estágio, a sífilis pode afetar o sistema nervoso, causando problemas mentais, dificuldades de coordenação motora e cegueira. O tratamento é feito com antibióticos, específicos para cada estágio da doença. Naturalmente, quanto mais cedo a doença for diagnosticada, maior o êxito do tratamento e menores as sequelas.

Tricomoníase

A **tricomoníase** é uma DST causada pelo protozoário *Trichomonas vaginalis*. Na mulher, os sintomas são corrimento vaginal e ardor ao urinar. No homem, pode haver ardor e corrimento uretral, mas a doença permanece assintomática em muitos casos.

O tratamento consiste na administração de drogas que matam os protozoários. Como sempre, todos os parceiros sexuais também devem se tratar, para evitar recontaminação. (**Fig. 17.24**)

Figura 17.24
Micrografia do protozoário *Trichomonas vaginalis*, causador da tricomoníase (microscópio eletrônico de varredura; colorização artificial; aumento ≃ 3.000×).

ATIVIDADES

QUESTÕES PARA PENSAR E DISCUTIR

Questões objetivas

Considere as alternativas a seguir para responder às questões de 1 a 5.

a) Endométrio.
b) Folículo ovariano.
c) Ovócito I.
d) Ovócito II.
e) Primeiro glóbulo polar.

1. Onde ocorre o processo de ovulogênese?

2. Qual é o nome da célula em que se inicia a primeira divisão da meiose, e que origina duas células de tamanho desigual?

3. Como se chama o revestimento interno do útero?

4. Quais são os produtos da divisão I da meiose de uma ovogônia?

5. Qual é o nome da célula correspondente ao gameta feminino e que, ao ser fecundada, dá continuidade à meiose?

6. "O óvulo humano estaciona na (1) da meiose e somente dá continuidade a esse processo de divisão se ocorrer (2)."
Qual é a alternativa que substitui corretamente os números 1 e 2 entre os parênteses?
a) 1= prófase I; 2= ovulação.
b) 1= metáfase II; 2= ovulação.
c) 1= prófase I; 2= fecundação.
d) 1= metáfase II; 2= fecundação.

7. Durante a ovulogênese, a sequência de células que leva à formação do óvulo é
a) ovócito I $\rightarrow$ ovócito II $\rightarrow$ ovogônia.
b) primeiro glóbulo polar $\rightarrow$ ovócito I $\rightarrow$ ovócito II $\rightarrow$ ovogônia.
c) ovogônia $\rightarrow$ primeiro glóbulo polar $\rightarrow$ ovócito II.
d) ovogônia $\rightarrow$ ovócito I $\rightarrow$ ovócito II.

8. Na ovulação, o caminho natural do óvulo, após ser liberado pelo ovário, é penetrar
a) na vagina.
b) na tuba uterina.
c) no colo uterino.
d) no folículo ovariano.

Considere as alternativas a seguir para responder às questões de 9 a 12.

a) Espermátides.
b) Espermatócitos I.
c) Espermatócitos II.
d) Espermatogônias.

9. Qual é o nome das duas células originadas pela divisão I da meiose masculina?

10. Como se denominam as células testiculares que, a partir da puberdade, multiplicam-se ativamente por mitose, e que dão origem aos espermatozoides?

11. Em que célula precursora dos espermatozoides ocorre a primeira divisão da meiose?

12. Como é chamada a célula originada pelo processo de meiose e que se diferenciará formando o espermatozoide?

13. Em cada ejaculação, o número médio de espermatozoides eliminado é da ordem de
a) 350.
b) 1.000.
c) 200.000.
d) 350.000.000.

14. A pílula anticoncepcional é composta por hormônios sintéticos, cuja função é
   a) impedir a formação do endométrio.
   b) induzir a menstruação.
   c) reduzir o impulso sexual.
   d) suprimir a ovulação.

15. Entre os métodos anticoncepcionais a seguir, qual também previne doenças sexualmente transmissíveis (aids, sífilis, gonorreia etc.)?
   a) Camisinha.
   b) Diafragma.
   c) DIU (dispositivo intrauterino).
   d) Pílula anticoncepcional.

16. Um dos métodos anticoncepcionais consiste em colocar, na cavidade uterina, um instrumento que supostamente impede a fixação do embrião ao endométrio.
   Esse instrumento é conhecido como
   a) camisinha.
   b) diafragma.
   c) DIU (dispositivo intrauterino).
   d) laqueadura tubária.

17. O dispositivo utilizado para vedar o colo uterino, durante e após a relação sexual, é conhecido por
   a) camisinha.
   b) diafragma.
   c) DIU (dispositivo intrauterino).
   d) laqueadura tubária.

Questões discursivas

18. A sexualidade humana é um assunto polêmico, que envolve tabus e regras de conduta diversas. Lembre-se de que, na área do comportamento sexual, há grande diversidade de práticas e de opiniões. Nossa sugestão é que você tente organizar, com seus colegas, um grupo de pesquisa para verificar a opinião das pessoas sobre as seguintes questões: o sexo pode (ou deve) ser desvinculado de reprodução? Ou, sexo deve ter sempre finalidade reprodutiva? Entreviste diversas pessoas, de diferentes idades e graus de instrução. Não se esqueça de anotar ou gravar suas entrevistas. Discuta o assunto com seus pais, colegas e professores.

19. Na fertilização *in vitro*, o médico retira um grupo de 10 a 15 óvulos do ovário da mulher, os quais são fecundados em laboratório e originam embriões. Alguns deles são implantados e, geralmente, um ou dois se desenvolvem, gerando bebês. Outros embriões, guardados congelados durante anos, podem ser implantados e produzir novos bebês. Crianças nascidas de um mesmo grupo de embriões fecundados *in vitro* serão gêmeas, mesmo que nasçam anos depois?

20. O conhecimento dos fenômenos que ocorrem no ciclo menstrual, bem como da época aproximada em que a ovulação acontece, permitem estimar os períodos férteis e não férteis de uma mulher. O dia em que ocorre a ovulação depende de diversos fatores, por isso, não é fixo; a ovulação ocorre, em geral, entre o 10º e o 18º dia do ciclo. Esse dia pode ser determinado com base na descoberta de que a temperatura corporal (basal) da mulher aumenta em cerca de 0,5 °C logo após a ovulação. Assim, se medir a temperatura basal todos os dias, de preferência pela manhã, antes de se levantar, e detectar a elevação da temperatura média de seu corpo, ela pode determinar o dia em que sua ovulação ocorre.
   Observe, no gráfico da figura 17.17, a temperatura corporal de uma mulher ao longo do ciclo menstrual. Suponha que um casal deseje evitar filhos sem a utilização de anticoncepcionais, considerando apenas o ritmo biológico de ovulação. Lembre-se de que o óvulo está apto a ser fecundado apenas nas primeiras 24 horas após a ovulação e que os espermatozoides sobrevivem com capacidade fecundante até cerca de 72 horas no corpo da mulher. A partir desses dados, estabeleça:
   a) No caso de uma mulher que não construiu a curva de temperatura basal, para ter boa margem de segurança de que não engravidará, em que período deve evitar relações sexuais (lembre-se de considerar que, para diferentes mulheres, o período de ovulação apresenta variações)?
   b) No caso de uma mulher que construiu a curva de temperatura basal e detectou aumento da temperatura no 12º dia do ciclo, para ter boa margem de segurança de que não engravidará, em que período deve evitar relações sexuais?

Em seu caderno, copie os dois esquemas abaixo, A e B, em que se considera um ciclo menstrual de 28 dias (também há variações na duração do ciclo). Marque, nos dois casos, os dias férteis em que as relações sexuais devem ser evitadas.

a) Sem construção do gráfico de temperatura.

Menstruação ↓ (dia 1) — Período suposto da ovulação (para a média das mulheres) ↓ (dia 14) — Menstruação ↓ (dia 28)

1	2	3	4	5	6	7	8	9	10	11	12	13	14	15	16	17	18	19	20	21	22	23	24	25	26	27	28

b) Com construção de gráfico, detectando aumento da temperatura a partir do 12º dia.

Menstruação ↓ (dia 1) — Ovulação provável (deduzido a partir do gráfico) ↓ (dia 12) — Menstruação ↓ (dia 28)

1	2	3	4	5	6	7	8	9	10	11	12	13	14	15	16	17	18	19	20	21	22	23	24	25	26	27	28

VESTIBULARES PELO BRASIL

Brasil – Regiões

- Região Norte
- Região Centro-Oeste
- Região Nordeste
- Região Sudeste
- Região Sul
- Brasil

Questões objetivas

1 (UFPA) Os óvulos e espermatozoides são formados a partir de um processo de divisão celular, no qual uma célula diploide origina

a) quatro outras células, cada uma com o mesmo número de cromossomos da célula inicial.

b) duas outras células, cada uma com o mesmo número de cromossomos da célula inicial.

c) quatro outras células, cada uma com metade do número de cromossomos da célula inicial.

d) duas outras células, cada uma com metade do número de cromossomos da célula inicial.

e) duas outras células, cada uma com o dobro do número de cromossomos da célula inicial.

2 (Cesupa-PA-Adaptado) A produção dos espermatozoides no homem inicia-se durante o desenvolvimento embrionário. Este processo, que recebe o nome de espermatogênese, pode ser separado em períodos, de acordo com os eventos característicos de cada um deles. A partir da puberdade, na etapa denominada de maturação, é que ocorre(m)

a) o acúmulo de substâncias de reserva nas espermatogônias, originando os espermatócitos primários.

b) a diferenciação das espermátides em espermatozoides.

c) um grande número de mitoses das células germinativas primordiais, resultando nas espermatogônias.

d) as divisões meióticas, dando origem às espermátides que são haploides.

3 (Unir-RO) Comparando-se a ovulogênese (I) com a espermatogênese (II), todas as alternativas abaixo estão corretas, **exceto**:

a) Nos dois processos ocorre meiose.

b) Ambos são importantes para manter constante o número de cromossomos típicos de cada espécie.

c) I ocorre nos ovários e II, nos testículos.

d) Há maior produção de gametas em II do que em I.

e) Em I e II, as células formadas são diploides.

4 (UFPA) Em relação à reprodução humana, considere as seguintes afirmativas.

I. Os espermatozoides são produzidos nos túbulos seminíferos que se distribuem no interior dos testículos.

II. A vasectomia é um método contraceptivo que consiste em secionar os túbulos seminíferos, impedindo a produção do líquido espermático.

III. Os gametas femininos são produzidos continuamente durante toda a vida da mulher.

A(s) afirmativa(s) correta(s) é(são)

a) somente a I.
b) somente a III.
c) I e III.
d) II e III.
e) I e II.

5 (Unifor-CE) O esquema a seguir representa, de forma simplificada, o ciclo de vida de uma samambaia.

Nesse ciclo, surgem por reprodução sexuada e por reprodução assexuada, respectivamente, o

a) esporófito e o gametófito.
b) gametófito e o esporófito.
c) esporófito e os esporos.
d) gametófito e o zigoto.
e) zigoto e o esporófito.

6 (Unifor-CE) Os esquemas abaixo representam ciclos de vida dos seres vivos.

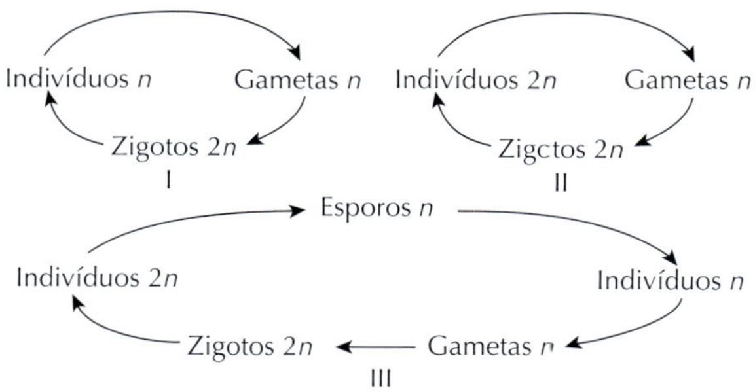

Meiose do tipo gamética ocorre em

a) I, somente.
b) II, somente.
c) I e II, somente.
d) II e III, somente.
e) I, II e III.

7 (UFPI) Sobre reprodução humana, assinale V (verdadeiro) ou F (falso).

1. ( ) A espermatogênese é o processo de formação de espermatozoides a partir de células precursoras, as espermatogônias.
2. ( ) A enzima hialuronidase é uma enzima produzida pelo óvulo para facilitar a penetração do espermatozoide na fertilização.
3. ( ) O miométrio é o músculo constituinte do útero feminino.
4. ( ) A menstruação consiste na descamação e eliminação parcial do endométrio.

(Fesp-PE) As questões 8 e 9 estão relacionadas com o esquema a seguir, que representa diferentes fases da gametogênese.

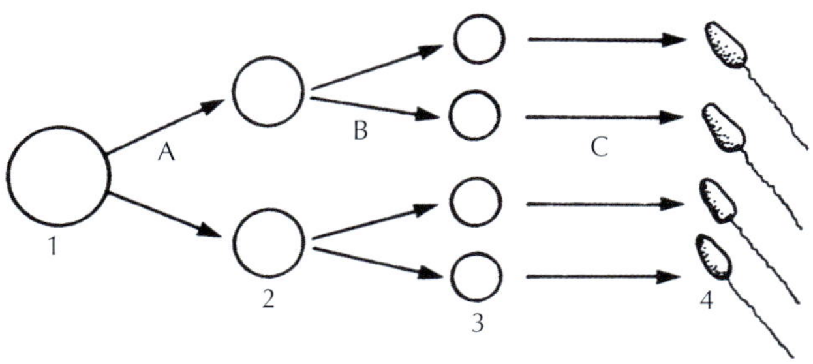

8 Identifique as células envolvidas, conforme a ordem em que estão no esquema (1, 2, 3, 4).

a) Espermatogônia, espermatócitos, espermátides e espermatozoides.
b) Espermatogônia, espermatócitos I, espermatócitos II e espermatozoides.
c) Espermatócito I, espermatócitos II, polócitos e espermatozoides.
d) Ovogônia, ovócitos, óvulos, ovótides.
e) Espermatócito I, espermatócitos II, espermátides e espermatozoides.

9 Identifique os fenômenos indicados no esquema, conforme a ordem apresentada (A, B, C).
a) Mitose, meiose e espermatogênese.
b) Meiose I, meiose II e espermiogênese.
c) Meiose, mitose e espermatogênese.
d) Divisão reducional, divisão equacional e mitose.
e) Divisão reducional, divisão equacional e espermatogênese.

10 (UFMA) Com relação à gametogênese humana, é **correto** afirmar que
a) cada ovócito I produz 4 ovócitos II.
b) ovogônias e ovócitos primários são formados durante toda a vida da mulher.
c) espermatogônias são formadas apenas durante a vida intrauterina.
d) cada espermatócito I produz um espermatozoide.
e) a ovulogênese só é concluída se o ovócito II for fecundado.

11 (Unifor-CE) Um menino e uma menina de 5 anos foram expostos a um agente que atua sobre células em meiose, destruindo-as. O efeito dessa exposição será
a) definitivo em ambos, pois suas células já estão determinadas.
b) observado apenas na menina que já nasce com seus ovócitos.
c) indiferente em ambos que ainda não entraram em puberdade.
d) temporário em ambos, já que a gametogênese é contínua.
e) observado apenas no menino, pois ele já apresenta testículos.

12 (UFMA) Dentre os métodos anticoncepcionais usados por seres humanos, as pílulas que contêm análogos sintéticos de estrógeno e progesterona agem
a) impedindo que o útero se prepare para receber o óvulo fecundado.
b) impedindo que o óvulo se encontre com o espermatozoide.
c) impedindo que o zigoto formado se implante no útero.
d) impedindo o processo de espermatogênese.
e) impedindo o processo de ovulação.

13 (UnB-DF-Adaptado) Avalie as afirmações como falsas ou verdadeiras.
( ) Nos organismos com reprodução sexuada, a produção de gametas ocorre por mitose.
( ) O processo de espermatogênese é diretamente regulado pelo sistema nervoso.

14 (UFMT) Os métodos contraceptivos são recomendados para o controle da natalidade, sendo um deles, a camisinha, também um meio seguro de proteção contra a aids. São métodos anticoncepcionais exclusivos, respectivamente, do homem e da mulher:
a) diafragma e camisinha.
b) vasectomia e DIU.
c) ligadura de tuba e pílula anticoncepcional.
d) tabela e coito interrompido.
e) camisinha e vasectomia.

15 (Uerj) Existem organismos capazes de apresentar duas formas diferentes de reprodução: quando em situações favoráveis, reproduzem-se assexuadamente, mas, sob condições ambientais estressantes, a reprodução torna-se sexuada.
Nessa situação, a reprodução sexuada pode ser considerada vantajosa por
a) demandar menor quantidade de energia.
b) desenvolver seres com fenótipos idênticos.
c) produzir um grande número de descendentes.
d) gerar indivíduos com novas combinações de genes.

16 (Cesgranrio-RJ Adaptado) Esta questão apresenta duas afirmações, podendo a segunda ser uma razão para a primeira.

1ª afirmação		2ª afirmação
Numa população de indivíduos que se reproduzem assexuadamente ocorre, normalmente, uma grande variabilidade de características genéticas, favorável à evolução.	**porque**	a reprodução assexuada se caracteriza por uma divisão desigual do material genético entre os descendentes, dando origem a linhagens com grande variação do genótipo.

Qual é a alternativa correta?

a) As duas afirmações são verdadeiras e a segunda é uma justificativa da primeira.
b) As duas afirmações são verdadeiras e a segunda não é uma justificativa da primeira.
c) A primeira afirmação é verdadeira e a segunda é falsa.
d) A primeira afirmação é falsa e a segunda é verdadeira.
e) A primeira e a segunda afirmações são falsas.

17 (Fatec-SP) Considere os seguintes processos:

I. Uma planária fragmenta-se em três pedaços, originando três novas planárias.
II. Uma população de microcrustáceos é formada somente por fêmeas que põem ovos dos quais se desenvolvem novas fêmeas.
III. Um rato macho acasala-se com uma fêmea, produzindo seis filhotes.

Pode-se afirmar, com certeza, que a variabilidade genética é uma das características dos descendentes resultantes somente de

a) I.
b) II.
c) III.
d) I e II.
e) I e III.

18 (UFRRJ) Da fusão dos gametas masculino e feminino, ambos haploides, surge a célula-ovo ou zigoto, em que se restabelece o número diploide. Comparando-se a quantidade de DNA encontrada no núcleo das células somáticas de um camundongo, podemos afirmar que é igual

a) à quantidade de DNA encontrada no núcleo dos espermatozoides desse animal.
b) a duas vezes a quantidade de DNA encontrada no núcleo dos espermatozoides desse animal.
c) à metade da quantidade de DNA encontrada no núcleo dos espermatozoides desse animal.
d) a quatro vezes a quantidade de DNA encontrada no núcleo dos espermatozoides desse animal.
e) à quarta parte da quantidade de DNA encontrada no núcleo dos espermatozoides desse animal.

19 (UniFMU-SP) O caminho dos espermatozoides produzidos nos testículos é

a) próstata, vesícula seminal e uretra.
b) túbulos seminíferos, epidídimo, canal deferente e uretra.
c) túbulos seminíferos, próstata e vesículas seminais.
d) epidídimo, túbulos seminíferos, uretra e canal deferente.
e) canal deferente, túbulos seminíferos e uretra.

20 (UFMG) Desenhos representativos dos sistemas genitais masculino e feminino. Qual a alternativa **errada**?

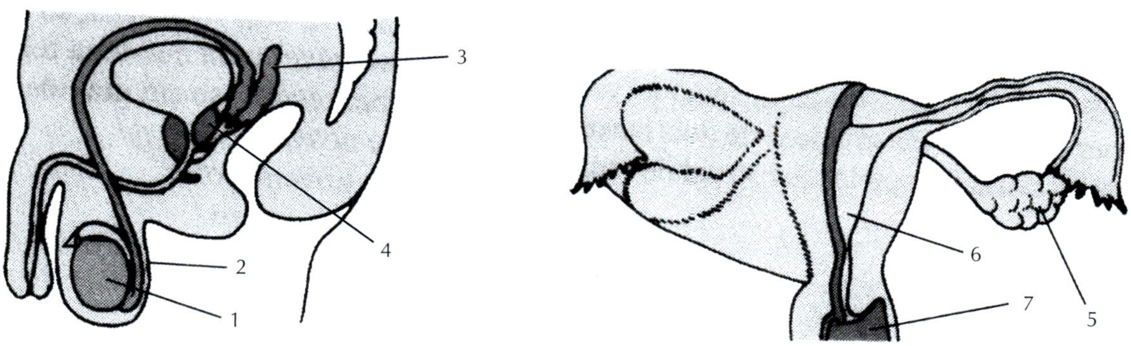

a) Em 2 há armazenamento de espermatozoides.
b) 3 e 4 produzem secreção para o sêmen.
c) 1 e 5 constituem as gônadas.
d) Em 6 ocorre fecundação.
e) 7 é constituinte do canal do parto.

21 (Osec-SP) No esquema abaixo, que mostra parte do aparelho genital feminino, em geral os fenômenos de nidação, fertilização e segmentação do ovo ocorrem, respectivamente, nas regiões indicadas por

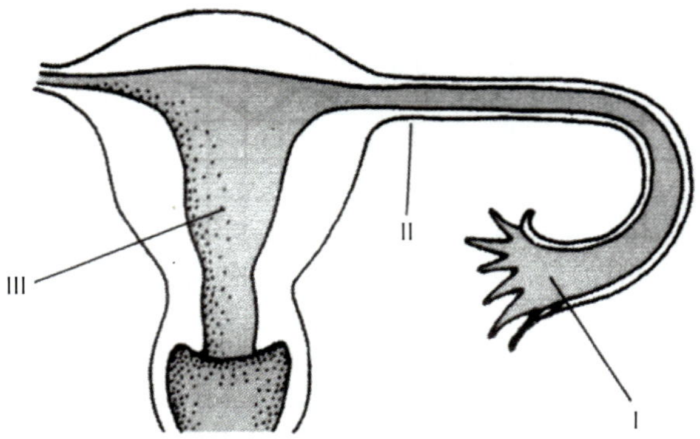

a) III, I e II.
b) I, II e III.
c) I, III e II.
d) III, II e I.
e) II, I e III.

22 (Fuvest-SP) Com relação à gametogênese humana, a quantidade de DNA

I. do óvulo é a metade da presente na ovogônia.
II. da ovogônia equivale à presente na espermatogônia.
III. da espermatogônia é a metade da presente no zigoto.
IV. do segundo corpúsculo polar é a mesma presente no zigoto.
V. da espermatogônia é o dobro da presente na espermátide.

São afirmativas corretas apenas

a) I e II.
b) IV e V.
c) I, II e V.
d) II, III e IV.
e) III, IV e V.

23 (Unesp) O esquema representa a espermatogênese humana, processo no qual, a partir de divisões e diferenciações celulares, serão produzidos os espermatozoides que darão origem aos indivíduos da geração seguinte.

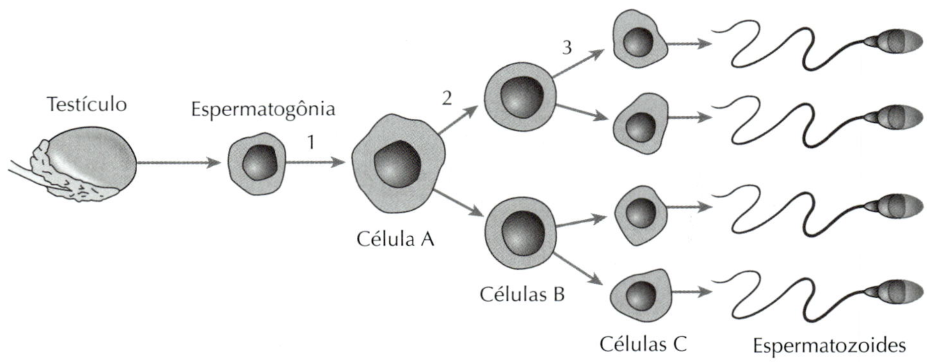

Pode-se dizer que:

a) A seta de número 1 indica mitose.
b) A célula A é chamada de espermátide.
c) Nas células B, cada cromossomo tem duas cromátides.
d) A partir da puberdade, ocorrem apenas os eventos representados pelas setas de números 2 e 3.
e) As células A, B e C são haploides.

24 (Unesp) Em relação ao esquema seguinte, relacionado com o ciclo de vida de um animal de reprodução sexuada,

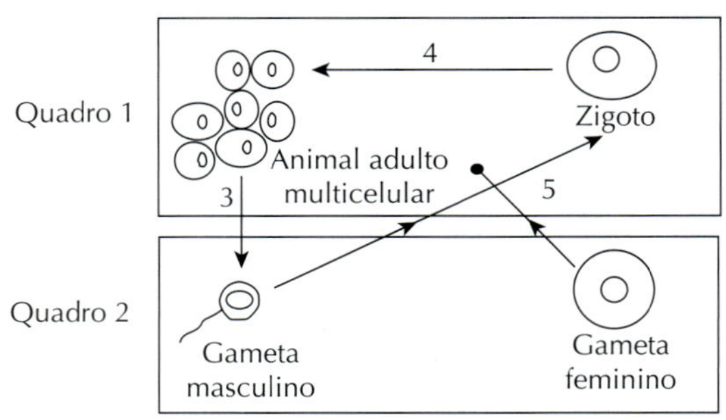

são feitas as seguintes afirmações:

I. Os quadros 1 e 2 correspondem, respectivamente, aos estágios haploide e diploide.

II. O número 3 corresponde à meiose e esta favorece um aumento da variabilidade genética.

III. O número 4 corresponde à mitose e esta ocorre somente em células germinativas.

IV. O número 5 corresponde à fertilização, onde ocorre a combinação dos genes provenientes dos pais.

Estão corretas as afirmações

a) I e II, apenas.
b) I e IV, apenas.
c) II e IV, apenas.
d) I, II e III, apenas.
e) II, III e IV, apenas.

25 (Unesp) Considere a tabela seguinte, que contém diversas formas de contraceptivos humanos e três modos de ação.

Modos de ação		
IMPEDE O ENCONTRO DE GAMETAS	IMPEDE A IMPLANTAÇÃO DO EMBRIÃO	PREVINE A OVULAÇÃO
I Camisinha masculina	Dispositivo intrauterino (DIU)	Pílula comum
II Coito interrompido	Laqueadura tubária	Camisinha feminina
III Diafragma	Pílula do dia seguinte	Pílula comum
IV Dispositivo intrauterino (DIU)	Laqueadura tubária	Camisinha feminina
V Vasectomia	Camisinha masculina	Diafragma

A relação entre os tipos de contraceptivos e os três modos de ação está correta em

a) I, apenas.
b) I e II, apenas.
c) I e III, apenas.
d) III e IV, apenas.
e) III e V, apenas.

26 (UFMG) O uso da camisinha é considerado um método eficaz para a prática do sexo seguro.
Entre as finalidades desse método, **não** se inclui

a) impedir a formação do zigoto.
b) bloquear a passagem do sêmen.
c) evitar o contágio de doenças sexualmente transmissíveis.
d) dificultar a formação do gameta masculino.

27 (FGV-SP) A vasectomia é um método contraceptivo masculino com grande grau de eficácia. Alguns consideram que se trata de um método de esterilização. Sobre a vasectomia, é correto afirmar que

a) impede que os espermatozoides cheguem ao canal ejaculatório e sejam expelidos.
b) reduz a produção de testosterona, inibindo a produção de espermatozoides.
c) reduz o índice mitótico, inibindo a formação de espermatogônias.
d) reduz o índice meiótico, inibindo a formação de espermatócitos e de espermátides.
e) reduz o volume do ejaculado, impedindo que o esperma alcance a tuba uterina, local onde ocorre a fertilização.

28 (Unifesp) Um homem dosou a concentração de testosterona em seu sangue e descobriu que esse hormônio encontrava-se num nível muito abaixo do normal esperado. Imediatamente buscou ajuda médica, pedindo a reversão da vasectomia a que se submetera havia dois anos. A vasectomia consiste no secionamento dos ductos deferentes presentes nos testículos. Diante disso, o pedido do homem

a) não tem fundamento, pois a testosterona é produzida por glândulas situadas acima dos ductos, próximo à próstata.
b) não tem fundamento, pois o secionamento impede unicamente o transporte dos espermatozoides dos testículos para o pênis.
c) tem fundamento, pois a seção dos ductos deferentes impede o transporte da testosterona dos testículos para o restante do corpo.
d) tem fundamento, pois a produção da testosterona ocorre nos ductos deferentes e, com seu secionamento, essa produção cessa.
e) tem fundamento, pois a testosterona é produzida no epidídimo e dali é transportada pelos ductos deferentes para o restante do corpo.

29 (FGV-SP) ANUNCIADO: o nascimento da primeira égua clonada. Prometea, como foi batizada, nasceu da mesma égua da qual foi retirado o material para clonagem.

Veja, 13 ago. 2003.

Em 2003, a clonagem de mamíferos já não é mais novidade. O primeiro mamífero clonado a partir de uma célula adulta, a ovelha Dolly, nasceu em 1996. Contudo, o experimento que resultou na égua Prometea mereceu destaque por introduzir uma novidade metodológica que trouxe novos conhecimentos sobre o processo de clonagem e gestação de clones.

Sobre os procedimentos metodológicos que resultaram na Dolly e na Prometea, pode-se dizer que

a) a ovelha Dolly desenvolveu-se no útero de um animal de uma espécie diferente da sua, enquanto Prometea desenvolveu-se no útero de um animal de sua própria espécie.

b) a ovelha Dolly desenvolveu-se no útero de um animal de sua espécie, com o qual não tinha parentesco genético, e não herdou desse animal nada de seu material genético. A égua Prometea desenvolveu-se no útero de um animal de sua espécie, porém geneticamente aparentado, e herdou desse animal 50% de seu material genético.

c) tanto a ovelha Dolly quanto a égua Prometea desenvolveram-se no útero de animais de suas espécies e cada uma delas herdou desses animais 50% de seu material genético.

d) a ovelha Dolly e a égua Prometea desenvolveram-se no útero de animais de suas espécies. Por serem clones, ambas herdaram desses animais 100% de seu material genético.

e) a ovelha Dolly desenvolveu-se no útero de um animal de sua espécie e não herdou desse animal nada de seu material genético. A égua Prometea desenvolveu-se no útero de um animal de sua espécie e herdou desse animal 100% de seu material genético.

30 (Fuvest-SP) A égua, o jumento e a zebra pertencem a espécies biológicas distintas que podem cruzar entre si e gerar híbridos estéreis. Destes, o mais conhecido é a mula, que resulta do cruzamento entre o jumento e a égua. Suponha que o seguinte experimento de clonagem foi realizado com sucesso: o núcleo de uma célula somática de um jumento foi transplantado para um óvulo anucleado da égua e o embrião foi implantado no útero de uma zebra, onde ocorreu a gestação. O animal (clone) produzido em tal experimento terá, essencialmente, características genéticas

a) de égua.
b) de zebra.
c) de mula.
d) de jumento.
e) das três espécies.

31 (UPF-RS) A figura abaixo mostra uma ameba em divisão. Escolha a alternativa que apresenta o tipo de reprodução deste protista.

a) divisão múltipla
b) conjugação
c) esporogonia
d) fissão binária
e) brotamento

32 (Udesc) Um dos processos de reprodução dos organismos ocorre na produção de gametas, nas gônadas ou glândulas sexuais, e é chamado de gametogênese.

Analise as afirmativas abaixo.

I. Tanto na espermatogênese quanto na ovulogênese ocorrem etapas de multiplicação, crescimento e maturação.

II. Na gametogênese, que é uma reprodução assexuada, são originados filhos com uma grande variedade genética.

III. Na ovulogênese, a primeira divisão da meiose de cada ovócito primário produz uma célula grande (ovócito secundário) e uma atrofiada (primeiro glóbulo polar).

IV. Na fase de especialização, ou espermiogênese, as quatro espermátides se diferenciam em quatro espermatozoides.

Assinale a alternativa **correta**.

a) Somente as afirmativas II, III e IV são verdadeiras.
b) Somente as afirmativas I, II e III são verdadeiras.
c) Somente as afirmativas I, III e IV são verdadeiras.
d) Somente as afirmativas I e III são verdadeiras.
e) Somente as afirmativas III e IV são verdadeiras.

33 (UEL-PR) Abaixo estão esquematizados núcleos de um gametócito de primeira ordem, de um gametócito de segunda ordem e de uma tide (ovótide ou espermátide), de uma mesma espécie animal. Durante a gametogênese, as fases esquematizadas ocorrem na seguinte ordem:

A

B

C

a) A B C
b) A C B
c) B C A
d) B A C
e) C A B

34 (UFPR) Usualmente, denomina-se a célula liberada pelas mulheres durante a ovulação de "óvulo", mas o termo correto é "ovócito secundário", pois a meiose ainda não foi completada. Sobre o assunto, considere o relato a seguir.

Quatorze dias após a última menstruação de Maria, um ovócito secundário foi liberado de um de seus ovários, seguindo pela tuba uterina. Como Maria tivera relação sexual há alguns minutos, havia uma quantidade considerável de espermatozoides no interior da tuba uterina.

Considerando que o ovócito e os espermatozoides não apresentam nenhum tipo de alteração morfológica ou genética, assinale a alternativa correta.

a) Poderia ocorrer fecundação, havendo a fusão dos núcleos diploides do ovócito secundário e do espermatozoide, formando um zigoto triploide.
b) Poderia ocorrer fecundação, formando o zigoto, que iniciaria uma série de divisões mitóticas, denominadas clivagens, para formar um embrião multicelular.
c) Não ocorreria a fecundação, pois isso só acontece quando óvulo e espermatozoides se encontram no útero.
d) Não ocorreria fecundação, pois o ovócito secundário não está ainda pronto para receber o espermatozoide.
e) Poderia ocorrer a fecundação, se o espermatozoide penetrasse completamente no ovócito secundário e seu flagelo fosse a seguir digerido pelos lisossomos do ovócito para a formação do zigoto.

35 (UFPR)

Cientistas sul-coreanos anunciaram a clonagem bem-sucedida de um cachorro. Eles utilizaram a mesma técnica que permitiu a clonagem da ovelha Dolly, para criar um clone a partir de um galgo afegão de três anos. O clone, que recebeu o nome de Snuppy, é geneticamente idêntico ao pai, de acordo com testes de DNA.

Extraído de: *O Estado de S. Paulo*, 3 ago. 2005.

Os testes de DNA mencionados no texto acima apenas confirmaram que Snuppy e seu pai são idênticos geneticamente. Isso já era esperado, pois no processo de clonagem

a) o núcleo de uma célula somática do pai de Snuppy foi transferido para o óvulo receptor.
b) o núcleo de uma célula germinativa do pai de Snuppy foi transferido para o óvulo receptor.
c) o núcleo de uma célula somática do pai de Snuppy foi fundido ao núcleo de uma célula somática receptora.
d) o núcleo de uma célula germinativa do pai de Snuppy foi fundido ao núcleo do óvulo receptor.
e) uma célula germinativa do pai de Snuppy foi implantada no núcleo de uma célula somática receptora.

36 (UFSC) As DSTs (doenças sexualmente transmissíveis) constituem um dos grandes problemas de saúde pública mundial. É direito e dever de todo cidadão manter-se informado sobre as doenças sexualmente transmissíveis, de forma a se proteger do contágio e evitar a sua transmissão.

Sobre elas, é **correto** afirmar que:

[Dê como resposta a soma dos números associados a proposições corretas.]

01) Caso uma gestante tenha DST, seu filho não corre perigo de contrair a doença, pois não há contato entre o sangue da mãe e o do bebê.

02) A aids (em português, síndrome da imunodeficiência adquirida) sempre causa lesões nos órgãos genitais.

04) A maioria das DSTs pode ser prevenida com o uso de preservativo (camisinha) durante a relação sexual.

08) As DSTs ocorrem apenas em pessoas que mantêm relações sexuais.

16) Toda DST causa lesão nos órgãos genitais.

32) A aids pode ser transmitida através do contato direto com o paciente, como um aperto de mão, ou através do contato indireto, como o uso dos mesmos pratos, copos e talheres.

64) A aids é causada pelo vírus HIV (em português, vírus da imunodeficiência humana), que ataca as células do sistema imunológico diminuindo a capacidade do organismo de reagir às infecções mais comuns.

Questões discursivas

37 (UFRRJ) Observe abaixo.

a) Que fenômeno está representado?

b) Descreva os principais processos relacionados a esse fenômeno.

38 (Fuvest-SP) As algas apresentam os três tipos básicos de ciclo de vida que ocorrem na natureza. Esses ciclos diferem quanto ao momento em que ocorre a meiose e quanto à ploidia dos indivíduos adultos. No esquema abaixo está representado um desses ciclos.

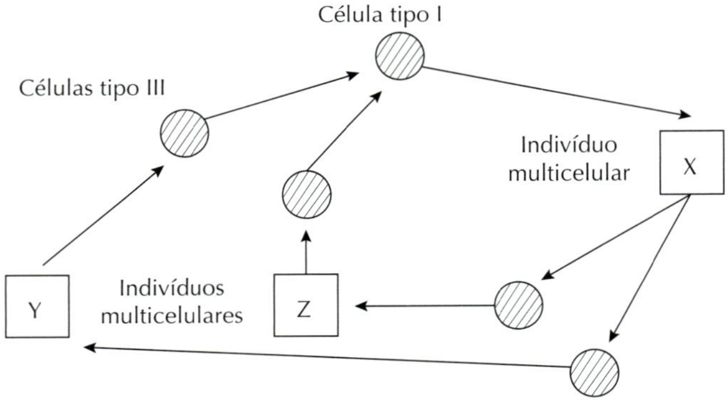

a) Identifique as células tipo I, II e III.

b) Considerando que o número haploide de cromossomos dessa alga é 12 ($n = 12$), quantos cromossomos os indivíduos X, Y e Z possuem em cada uma de suas células?

39 (Fuvest-SP) O esquema abaixo representa um espermatozoide humano e algumas das estruturas que o compõem. Qual é a importância de cada uma das estruturas numeradas de 1 a 4 para a reprodução?

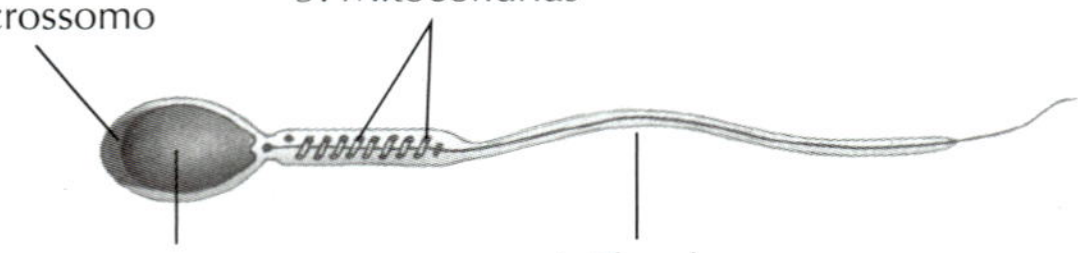

40 (UFV-MG) Podemos imaginar a fecundação, na espécie humana como um verdadeiro "rallye" em decorrência de vários obstáculos presentes na trajetória dos espermatozoides até o óvulo. À semelhança de um "grid" de largada, os gametas masculinos depositados na vagina começam a "subir" pelo útero e ovidutos, em função de sua extraordinária motilidade (I). Transpõem várias barreiras como pH ácido, densas secreções mucosas, dobras e invaginações, até alcançar o oviduto, onde literalmente deverão continuar "nadando contra a maré". Ao encontrar o óvulo, têm ainda que sobrepor mais uma barreira, uma vez que este é envolvido por uma camada de células (II). Por fim liberam uma enzima chamada hialuronidase, efetivando assim a fecundação.

a) Cite o local onde, normalmente, ocorre a fecundação.

b) Qual é a organela celular responsável pela função indicada no texto por I?

c) Qual o nome da camada de células indicada no texto por II?

41 (UFRRJ)

"CIENTISTAS DA UNIVERSIDADE DO HAVAÍ
CLONAM MAMÍFERO ADULTO DO SEXO
MASCULINO

A clonagem deixou de ser uma técnica aplicável exclusivamente às fêmeas. Cientistas da Universidade do Havaí clonaram o primeiro mamífero adulto do sexo masculino. Trata-se de um camundongo batizado de Fibro, uma brincadeira com a palavra fibroblasto, tipo de célula usada na criação do animal [...] Agora, os pesquisadores Ryuzo Yanagimachi e Teruhiko Wakayama mostram que um macho adulto também pode ser replicado, segundo trabalho publicado na revista *Nature Genetics*. Em vez de utilizar células relacionadas ao sistema reprodutivo feminino para preencher os óvulos, como havia sido feito até agora, os cientistas criaram Fibro a partir de um pedaço do rabo de um camundongo. Eles colheram 700 óvulos, produzidos por ratas, e descartaram seus núcleos. O material foi substituído por células extraídas da cauda do doador. Apenas 274 embriões resultaram dessa operação e foram implantados em 25 ratinhas que funcionaram como 'mães de aluguel'."

Adaptado da Revista *Época*, ano II, n. 55, 7 jun. 1999, p. 89.

Por que os cientistas extraíram os núcleos dos óvulos antes de inserir as células da cauda do doador?

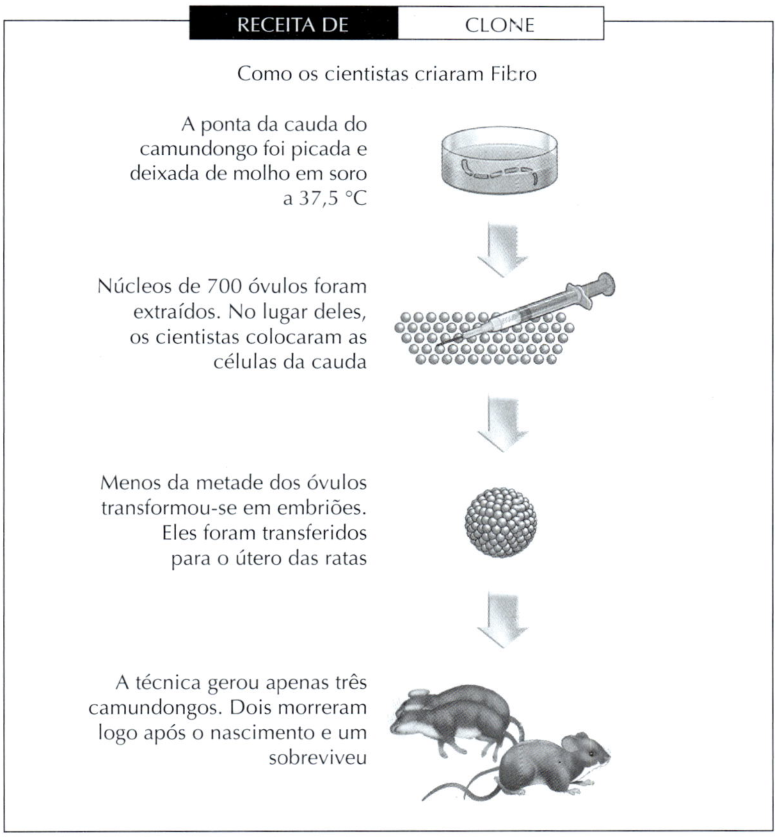

UNIDADE E

Capítulo 18 Noções de embriologia animal

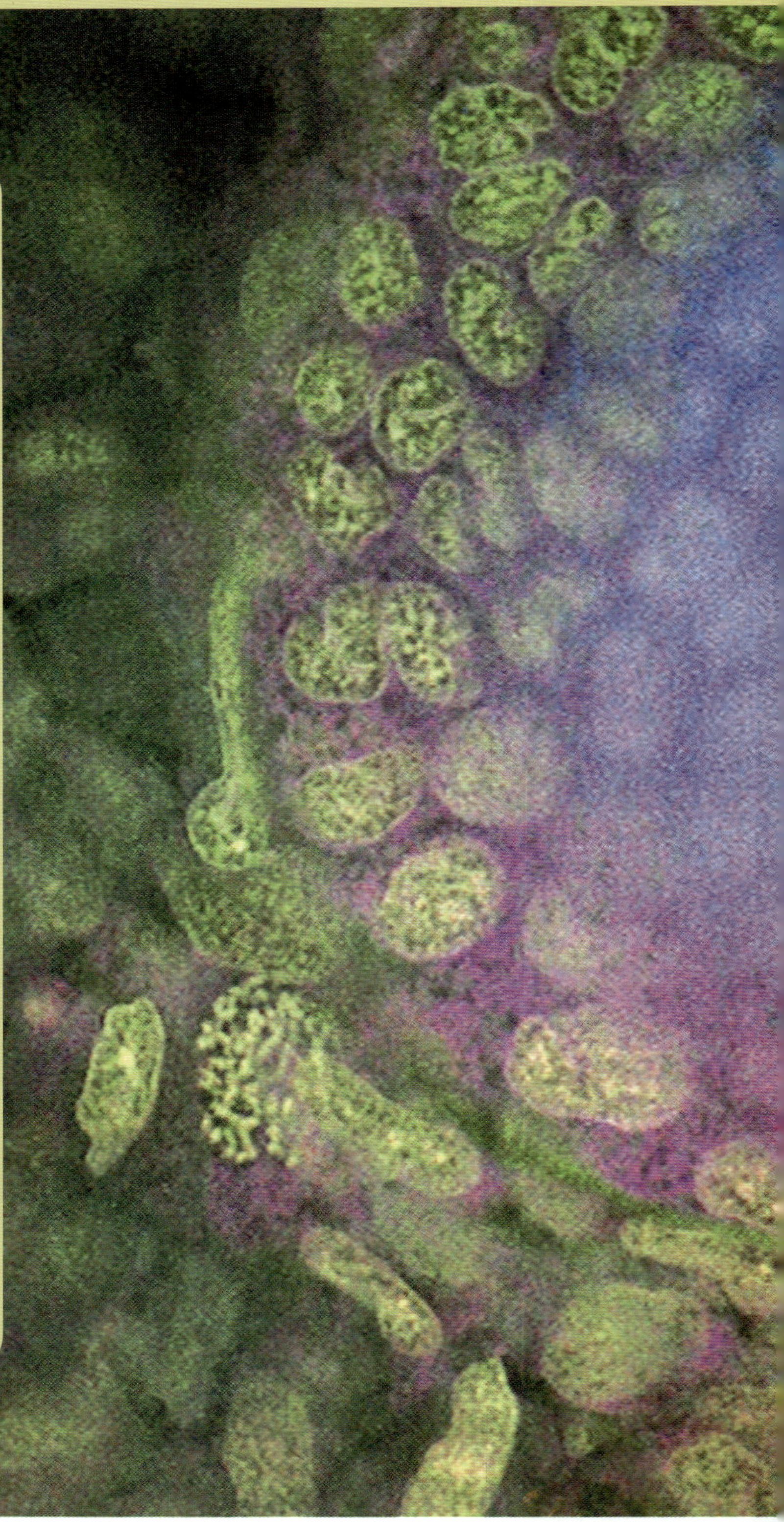

A união de dois gametas forma o zigoto, que se multiplica e origina um animal multicelular com milhões de células de muitos tipos diferentes. Esse processo é o desenvolvimento embrionário, objeto de estudo da Embriologia.

Neste capítulo, estudaremos os processos básicos do desenvolvimento embrionário dos animais.

18.1 Aspectos gerais do desenvolvimento embrionário

O desenvolvimento embrionário tem início com a primeira divisão mitótica do zigoto e pode ser dividido em três etapas principais: segmentação, gastrulação e organogênese.

18.2 Segmentação e formação da blástula

A divisão rápida e contínua das células originadas do zigoto leva à formação do estágio embrionário denominado blástula.

18.3 Gastrulação

Na gastrulação, surge o esboço do tubo digestório e definem-se os tecidos embrionários, dos quais se originarão todos os tecidos do animal adulto.

18.4 Formação de tecidos e órgãos

Nos animais cordados, o último estágio do desenvolvimento embrionário é marcado pela formação do tubo nervoso e da notocorda. Nesse estágio, ocorrem a histogênese — formação dos tecidos — e a organogênese — formação dos órgãos.

Fotomicrografia ao microscópio a *laser* confocal do olho em formação no embrião do peixe-zebra, ou paulistinha (*Danio rerio*). Note a lente do olho em formação na região central (em azul). (Coloração fluorescente).

Seção 18.1

Aspectos gerais do desenvolvimento embrionário

Objetivos

- Valorizar conhecimentos sobre o desenvolvimento embrionário dos cordados, que permitem identificar padrões no mundo natural e refletir sobre as relações de parentesco entre os diferentes grupos de organismos.
- Reconhecer que o desenvolvimento embrionário envolve multiplicação, crescimento e especialização – diferenciação – de células.

Termos e conceitos

- desenvolvimento embrionário

1 Primeiras ideias sobre desenvolvimento

Desenvolvimento embrionário é o período em que o zigoto, a primeira célula do indivíduo multicelular, transforma-se em um jovem organismo semelhante aos pais. O filósofo grego Aristóteles (384-322 a.C.) foi um dos primeiros a se interessar pelo desenvolvimento embrionário. Observando as diferentes maneiras pelas quais os animais podiam nascer, ele os classificou em: **ovíparos**, que se desenvolvem dentro de ovos (aves, répteis, anfíbios e a maioria dos invertebrados); **vivíparos**, cujo desenvolvimento ocorre dentro do organismo materno (a maioria dos mamíferos); **ovovivíparos**, que se desenvolvem dentro de ovos retidos no interior do corpo materno (certos tipos de peixes e de répteis).

Observando ovos de aves desde o início da incubação, Aristóteles concluiu que o pintinho surgia a partir de substâncias que se organizavam gradualmente para formar as diversas partes de seu corpo. Para ele, a matéria-prima contida no ovo representava o "princípio feminino", que se desenvolvia quando encontrava o "princípio masculino", representado pelo esperma. No caso dos seres humanos, Aristóteles acreditava que o fluxo menstrual, retido durante a gravidez, era o material formador do embrião; o esperma do pai atuaria sobre esse material, dando-lhe forma e animação.

Foi somente em 1651 que o médico inglês William Harvey (1578-1657), famoso por seus estudos sobre a circulação do sangue, concluiu que todos os animais, inclusive os mamíferos, originam-se a partir de ovos. Em 1672, o cientista italiano Marcello Malpighi (1628-1694) publicou o primeiro estudo microscópico sobre o desenvolvimento do embrião de galinha. A partir de então, começou um grande debate entre os estudiosos do desenvolvimento: estariam os órgãos embrionários presentes, em miniatura, dentro do ovo ou do espermatozoide ou seriam eles formados, reincidentemente, a cada nova geração? A primeira hipótese foi denominada **pré-formação**, e a segunda, **epigênese**.

Vejamos algumas reflexões sobre elas. Em primeiro lugar, se admitimos que todos os órgãos já estão prontos, em tamanho reduzido, dentro dos gametas, o desenvolvimento embrionário passa a ser apenas uma questão de crescimento e não há muito o que discutir a respeito. A hipótese da pré-formação, ou pré-formista, foi muito popular no século XVIII porque correspondia às ideias da época, adequando-se ao contexto científico, religioso e filosófico. Caso adotemos a hipótese epigenética, porém, temos de explicar como um ser vivo completo e organizado pode surgir a partir da massa de substâncias que constitui o ovo.

Em segundo lugar, quando se admite a existência de um adulto em miniatura dentro do gameta, chega-se à conclusão de que uma geração já está definida de antemão dentro da outra, desde a primeira, o que é conveniente para explicar por que as espécies mantêm suas características constantes ao longo das gerações. **(Fig. 18.1)**

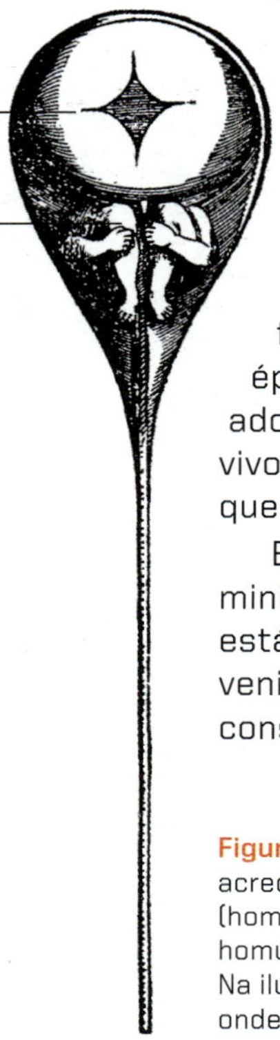

Figura 18.1 Espermatozoide desenhado em 1694 por defensores do pré-formismo, que acreditavam ser possível ver no interior dos gametas um novo ser humano em miniatura (homúnculo). Entre os adeptos dessa ideia havia os espermistas, segundo os quais o homúnculo estaria no espermatozoide, e os ovulistas, segundo os quais estaria no óvulo. Na ilustração, homúnculo no espermatozoide em posição fetal, com uma grande cabeça onde se vê a moleira, um espaço entre os ossos presente nos recém-nascidos.

Embora alguns microscopistas afirmassem ter visto no interior dos gametas um pequeno ser humano (homúnculo) completamente formado, as ideias epigenéticas prevaleceram. A partir da metade do século XIX, com o estabelecimento da teoria celular e a demonstração irrefutável de que óvulos e espermatozoides eram células, não havia mais como defender a pré-formação. Os estudos citológicos que se seguiram levaram à descoberta da divisão celular, o que consolidou a ideia de que, nos seres com reprodução sexuada, a vida de um organismo tem início com o zigoto e implica três processos básicos: multiplicação, crescimento e diferenciação celulares para formar os diversos tecidos e órgãos do adulto.

Na tentativa de compreender o mais desafiador desses processos – a diferenciação celular –, muitos biólogos dedicaram suas habilidades de observação e de experimentação ao estudo do desenvolvimento embrionário. Cientistas pioneiros fizeram verdadeiras microcirurgias em embriões em desenvolvimento, partindo-os com laços de fios de cabelo ou transplantando partes de um local para outro, com embriões de mesma idade e de idades diferentes. Em 1929, o embriologista alemão Walther Vogt (1888-1941) desenvolveu um método interessante para mapear embriões de sapo. Ele aplicava pequenos discos de gelatina contendo corantes vitais (isto é, corantes que não matam as células) na superfície do embrião quando esse ainda era uma bolinha oca de células chamada blástula. Depois que as células absorviam o corante, ele retirava os discos de gelatina e acompanhava o destino das células coradas. Esses e outros estudos mostraram que, no embrião em desenvolvimento, há uma intensa migração de células, cujos caminhos podem ser acompanhados com precisão, gerando verdadeiros mapas embrionários. **(Fig. 18.2)**

A partir da década de 1960, passou-se a usar substâncias radioativas e substâncias fluorescentes para marcar as células embrionárias, de modo a poder seguir seu desenvolvimento. Mais recentemente, os estudos embriológicos têm-se beneficiado do grande desenvolvimento da Genética Molecular. Hoje, é possível produzir embriões com genes propositalmente inativados, por meio de uma técnica conhecida como "nocaute genético", e determinar o papel de cada gene na diferenciação das células e no desenvolvimento do embrião.

A

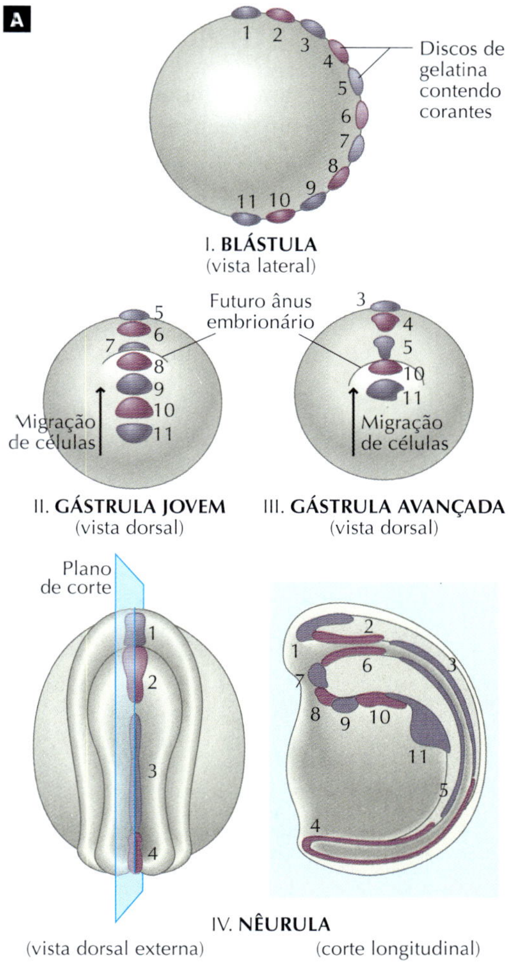

B

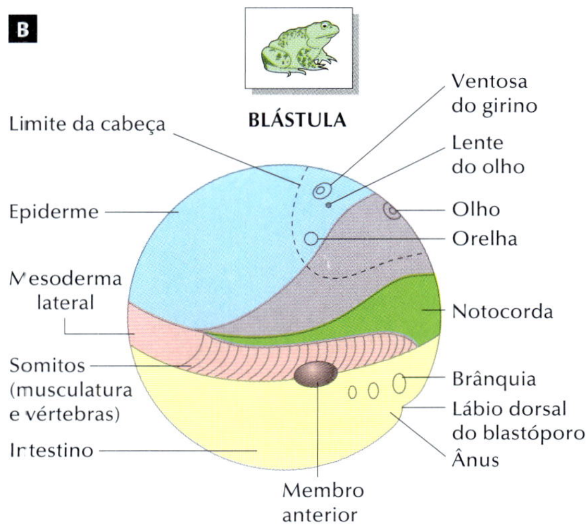

Figura 18.2 **A.** Representação do experimento de Vogt, em que pequenos discos de gelatina embebidos em corantes foram aplicados sobre embriões de sapo no estágio de blástula. Note, pela numeração, o rearranjo das células coradas. **B.** Mapa embrionário de um anfíbio, mostrando as áreas da blástula que originam diferentes partes do corpo do animal. (Imagem sem escala, cores-fantasia.) (Baseado em Gilbert, S., 2000.)

Conteúdo digital Moderna PLUS http://www.modernaplus.com.br
Texto: *Pioneiros da embriologia experimental*

2 Do zigoto ao organismo: visão geral do desenvolvimento

O desenvolvimento embrionário tem início com a primeira divisão mitótica do zigoto e pode ser dividido em três etapas principais: segmentação, gastrulação e organogênese. A fase de **segmentação** (também chamada fase de clivagem) é o período que vai desde a primeira divisão do zigoto até a formação de um aglomerado de células com uma cavidade interna, a **blástula**. Durante a fase seguinte, a **gastrulação**, as células embrionárias continuam a se multiplicar e organizam-se formando a **gástrula**, estrutura caracterizada pela presença de um primeiro "esboço" do tubo digestório e pela diferenciação dos três folhetos germinativos – ectoderma, mesoderma e endoderma. A **organogênese** é a fase em que, a partir dos três folhetos germinativos, diferenciam-se os diversos tecidos e órgãos que existirão no organismo adulto. (**Fig. 18.3**)

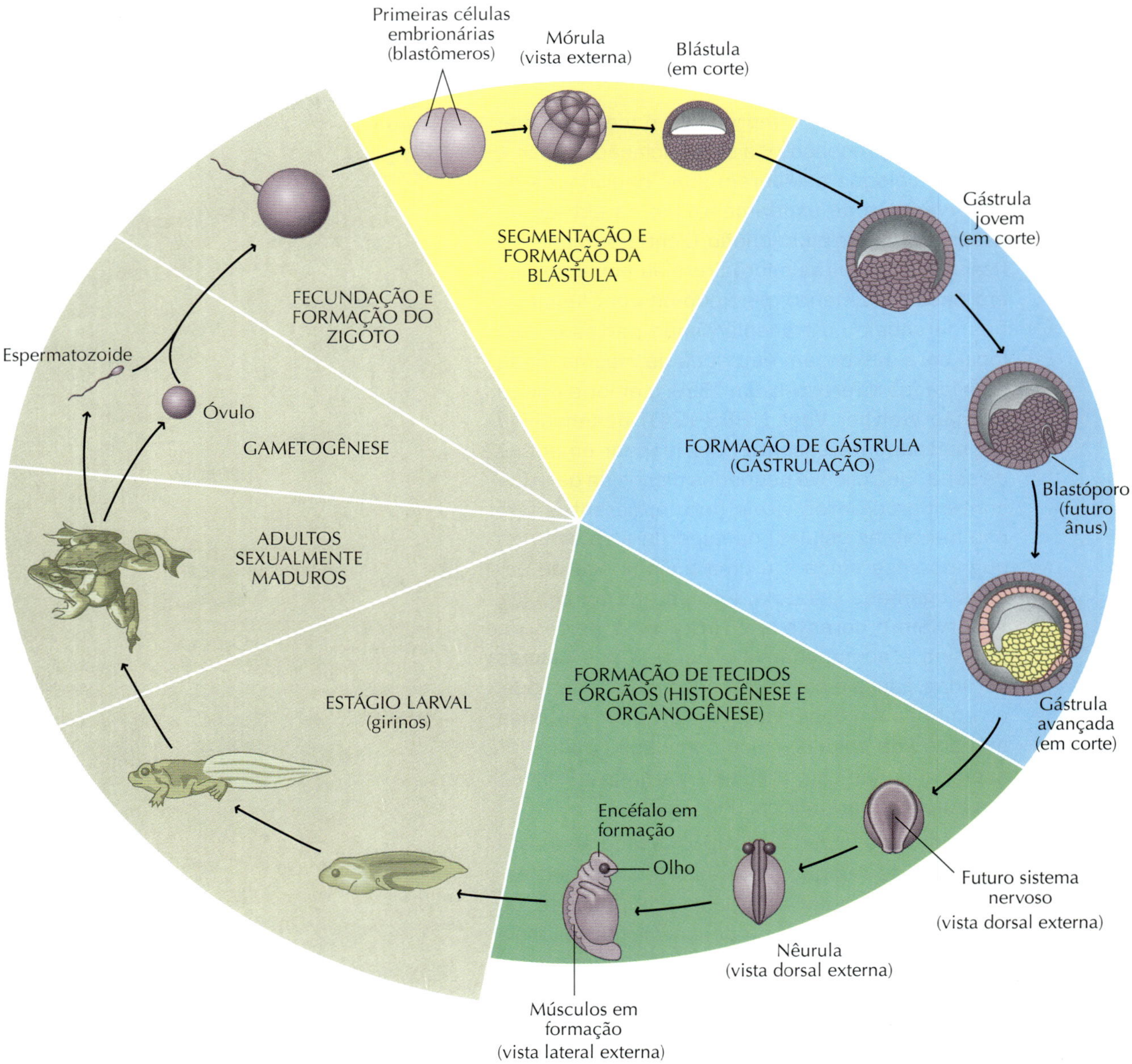

Figura 18.3 Representação esquemática do ciclo de vida de um sapo, mostrando as diferentes fases do desenvolvimento. As áreas coloridas à direita mostram três etapas básicas do desenvolvimento embrionário. No caso dos anfíbios, ao desenvolvimento embrionário segue-se um estágio larval, durante o qual os girinos vivem na água e respiram por brânquias. Os adultos têm respiração aérea, por pulmões. (Imagem sem escala, cores-fantasia.)

Conteúdo digital Moderna PLUS http://www.modernaplus.com.br
Animação: *Reprodução e desenvolvimento*, veja aba *Desenvolvimento embrionário*

Segmentação e formação da blástula

Objetivo

▸ Conceituar segmentação e relacionar o tipo de ovo ao tipo de segmentação que ocorre.

Termos e conceitos

- segmentação
- blastômero
- mórula
- vitelo
- blástula
- blastocela

1 As primeiras divisões do zigoto

A primeira manifestação exterior de que o desenvolvimento embrionário tem início é a divisão do zigoto, fenômeno denominado **segmentação** ou **clivagem**. A segmentação, como vimos, nada mais é que a citocinese, divisão citoplasmática que ocorre ao final da mitose e leva à formação de duas células-filhas.

As células resultantes da divisão do zigoto são chamadas **blastômeros**. A primeira divisão celular origina dois blastômeros, que logo se dividem, formando quatro, que se dividem novamente originando oito e assim sucessivamente. As divisões celulares que ocorrem nessa fase do desenvolvimento embrionário são extremamente rápidas; logo, o embrião é um aglomerado compacto de dezenas de células. Esse estágio do desenvolvimento é conhecido como **mórula** (do latim *morula*, amora), pelo fato de o embrião apresentar forma semelhante à de uma amora microscópica (reveja a figura 18.3). Para se ter uma ideia da rapidez com que ocorrem as divisões celulares nessa fase inicial, basta dizer que após 12 horas do início do desenvolvimento o embrião de uma mosca drosófila tem nada menos que 50 mil células; e um embrião de rã, com apenas 43 horas de vida, é constituído por cerca de 37 mil células.

2 Distribuição de vitelo nos ovos

As células-ovo (zigotos) de praticamente todas as espécies animais possuem substâncias nutritivas armazenadas no citoplasma na forma de grânulos de **vitelo**, anteriormente denominado lécito (do grego *lekithos*, gema de ovo ou vitelo), constituídos por uma mescla de proteínas e lipídios. Os componentes do vitelo nutrirão as células embrionárias no início do desenvolvimento. O tipo de segmentação que ocorre na célula-ovo está diretamente relacionado à sua quantidade de vitelo, que pode dificultar ou mesmo impedir a completa divisão do citoplasma. Com base na quantidade e na distribuição do vitelo, os ovos são classificados em quatro tipos: isolécitos, heterolécitos, telolécitos e centrolécitos.

Ovos isolécitos (do grego *isos*, igual), também chamados de **oligolécitos** (do grego *oligos*, pouco), apresentam quantidade relativamente pequena de vitelo, distribuída de forma mais ou menos homogênea no citoplasma. Esse tipo de ovo está presente em cordados, equinodermos, moluscos, anelídeos, nematódeos e platelmintos. Em muitos mamíferos, a quantidade de vitelo nos ovos é tão reduzida que eles são chamados de alécitos (do grego *a*, negação).

Ovos heterolécitos (do grego *heteros*, diferente, desigual) apresentam quantidade relativamente grande de vitelo, distribuída de forma heterogênea no citoplasma ovular. Um dos polos do ovo tem maior quantidade de grãos de vitelo, sendo chamado de **polo vegetativo**; o polo oposto, que tem menos vitelo, é denominado **polo animal**. Nesse tipo de ovo, próprio dos anfíbios, a densidade do vitelo faz o núcleo celular deslocar-se para o polo animal.

Ovos telolécitos (do grego *telos*, extremidade) apresentam grande quantidade de vitelo, que ocupa quase totalmente a célula; o citoplasma, contendo o núcleo, resume-se a um pequeno disco, restrito a uma região superficial, encostada na membrana plasmática. Esse tipo de ovo está presente em aves, répteis, peixes e moluscos cefalópodes (polvos e lulas).

Ovos centrolécitos (do grego *centro*, meio, centro) apresentam quantidade relativamente grande de vitelo concentrada na região central do ovo. Esse tipo de ovo ocorre na maioria dos artrópodes. (**Fig. 18.4**)

TIPOS DE CÉLULAS-OVO

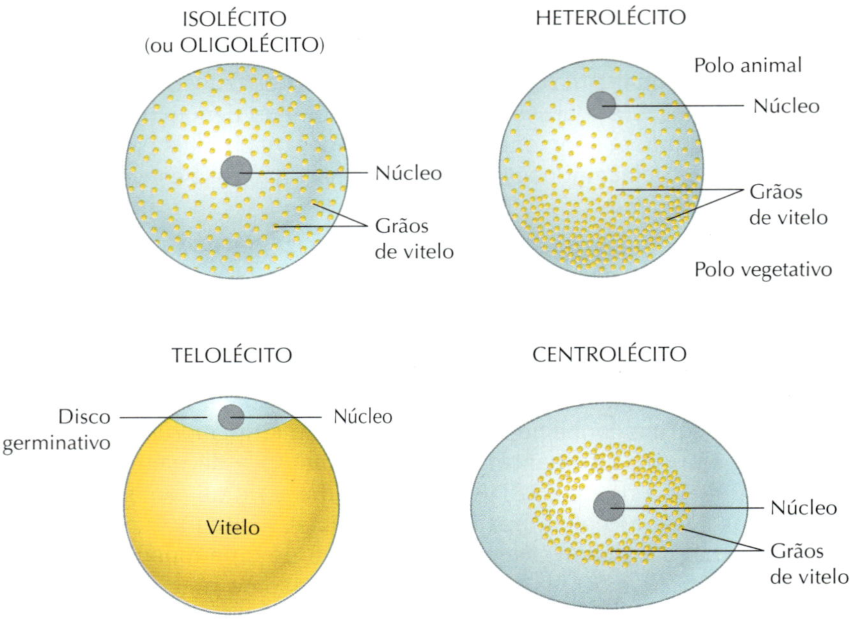

Figura 18.4 Representação esquemática de tipos de ovos quanto à distribuição do vitelo. (Imagem sem escala, cores-fantasia.)

3 Tipos de segmentação

Segmentação holoblástica (total)

Nos ovos isolécitos, em que o vitelo está distribuído de forma relativamente homogênea, as segmentações originam blastômeros aproximadamente de mesmo tamanho. Por isso, diz-se que esse tipo de ovo apresenta **segmentação holoblástica** (do grego *holos*, inteiro, total) e **igual**.

O padrão de segmentação não é definido apenas pela quantidade de vitelo, mas também por controle genético. Por esse motivo, grupos animais diferentes podem ter padrões de segmentação diversos, apesar de apresentarem o mesmo tipo de ovo. Nas espécies que possuem ovos isolécitos, por exemplo, é possível distinguir quatro padrões distintos de segmentação holoblástica e igual – radial, espiral, bilateral e rotacional –, os quais não serão discutidos em detalhe neste livro.

Nos ovos heterolécitos, que também apresentam segmentação holoblástica (total), as duas primeiras clivagens ocorrem ao longo do eixo que passa pelos polos animal e vegetativo. Essas duas segmentações são perpendiculares entre si e dividem o ovo em quatro blastômeros de mesmo tamanho. Seria como se puséssemos uma laranja "em pé", fazendo dois cortes perpendiculares de alto a baixo, de modo a obter quatro partes iguais. A terceira segmentação do ovo heterolécito ocorre em plano transversal aos dois primeiros, mas deslocado para o polo animal. Essa divisão origina quatro células pequenas no polo animal, os **micrômeros**, e quatro células maiores no polo vegetativo, os **macrômeros**. Ovos heterolécitos têm, portanto, **segmentação holoblástica** (total) e **desigual**. (**Fig. 18.5**)

Conteúdo digital Moderna PLUS http://www.modernaplus.com.br
Animação: *Reprodução e desenvolvimento*, veja aba *Tipos de segmentação*

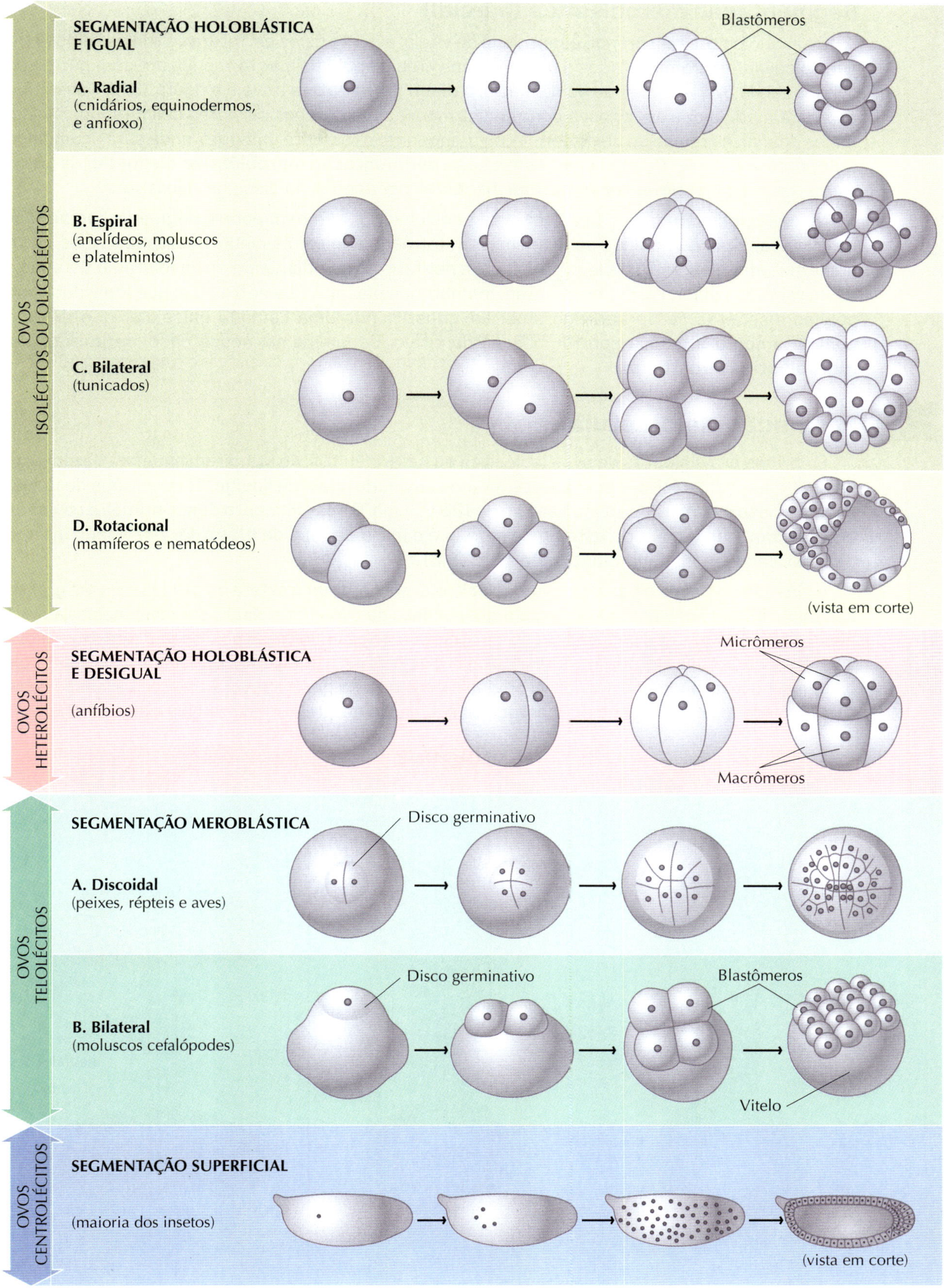

Figura 18.5 Representação esquemática que compara a segmentação da célula-ovo em diferentes tipos de organismos. Excetuando-se duas ilustrações assinaladas como "vista em corte", todas as outras representam os embriões em vista externa. (Imagem sem escala, cores-fantasia.) (Baseado em Gilbert, S., 2000.) Analise a figura acompanhando as explicações no texto.

Segmentação meroblástica (parcial)

Ovos telolécitos têm grande quantidade de vitelo, a ponto de as estruturas citoplasmáticas e o núcleo celular ficarem limitados a uma pequena área do polo animal, formando um pequeno disco superficial de 3 a 4 milímetros de diâmetro, o **disco germinativo** (reveja a figura 18.4). Nesse tipo de ovo, à medida que as mitoses ocorrem, formam-se membranas celulares delimitando células-filhas apenas na região do disco germinativo, enquanto o restante do zigoto, onde está acumulado o vitelo, não se divide. Denomina-se, nesse caso, **segmentação meroblástica discoidal** (do grego *meros*, parte), ou **segmentação parcial discoidal**, por ocorrer no disco germinativo.

No caso dos artrópodes, que têm ovos centrolécitos, também ocorre segmentação parcial. De início, apenas os núcleos se dividem, sem formação de células individualizadas. Após certo número de mitoses, os núcleos migram para a periferia do ovo, dispondo-se imediatamente abaixo da membrana ovular. Formam-se, então, membranas plasmáticas entre eles, que individualizam células dispostas na periferia do embrião, constituindo uma camada unicelular que reveste completamente a massa central indivisa de vitelo. Denomina-se, nesse caso, **segmentação meroblástica superficial**.

4 Formação da blástula

Embriões provenientes de ovos isolécitos ou heterolécitos, ao atingirem algumas dezenas de células, começam a formar em seu interior uma cavidade cheia de líquido. Em embriões de rã, por exemplo, isso é bem evidente no estágio de 128 células. O aparecimento dessa primeira cavidade embrionária marca o fim do estágio de mórula e o início da fase de **blástula**; a cavidade interna da blástula é denominada **blastocela**. (**Fig. 18.6**)

A blástula originada a partir de ovos isolécitos é, em geral, uma esfera de células com um grande oco central, cheio de líquido, enquanto a proveniente de ovos heterolécitos é mais maciça, com a blastocela relativamente pequena e restrita à região correspondente ao polo animal. Nos ovos telolécitos, a blástula consiste em uma diminuta calota de células, o **blastodisco**, localizado na superfície da gema, no local onde se encontrava originalmente o disco germinativo. A blastocela, nesse caso, é uma cavidade achatada entre o blastodisco e a massa de vitelo imediatamente abaixo dele.

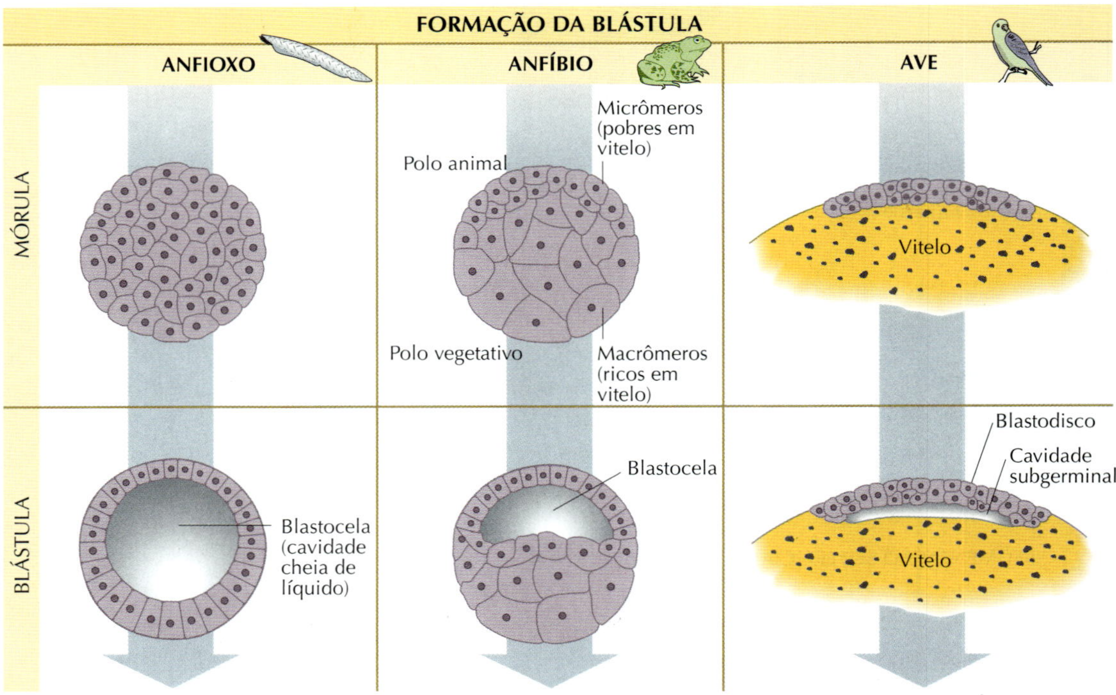

Figura 18.6 Representação esquemática, em corte, de tipos de blástula. No anfioxo (ovo isolécito e segmentação total e igual), a blástula apresenta uma blastocela grande e central. Nos anfíbios (ovo heterolécito e segmentação total e desigual), a blástula é mais maciça, com a blastocela deslocada para o polo animal. Nas aves (ovo telolécito), a segmentação é meroblástica e discoidal. (Imagem sem escala, cores-fantasia.) (Veja mais informações sobre aves e répteis no quadro **Amplie seus conhecimentos**: "Desenvolvimento embrionário em alguns grupos animais".)

Gastrulação

Objetivos

- Conceituar gastrulação e compreender que é nesse estágio do desenvolvimento que têm origem o arquêntero e os folhetos germinativos.
- Caracterizar animais protostômios, deuterostômios, diblásticos e triblásticos.

Termos e conceitos

- gástrula
- arquêntero
- blastóporo
- deuterostômio
- protostômio
- folheto germinativo
- diblástico
- triblástico

1 Características gerais da gastrulação

Gastrulação é o processo em que as células embrionárias passam por um profundo rearranjo, originando uma estrutura totalmente remodelada em relação à blástula: a **gástrula**. É nessa fase que se define o plano corporal do futuro animal. Células que darão origem a músculos e órgãos internos migram para o interior do embrião, enquanto células precursoras da pele e do sistema nervoso dispõem-se na superfície. A migração de células para dentro do embrião faz com que a blastocela desapareça, surgindo uma nova cavidade, o **arquêntero**, ou **gastrocela** (do grego *gastros*, estômago, e *cela*, cavidade). O termo arquêntero (do grego *archeos*, primitivo, e *enteron*, intestino) indica que essa cavidade embrionária é o "esboço" do tubo digestório do futuro organismo.

O arquêntero comunica-se com o meio externo através de uma abertura denominada **blastóporo**. Nos vertebrados e demais cordados, assim como nos equinodermos (por exemplo, no ouriço-do-mar), o blastóporo dá origem ao ânus; a boca forma-se posteriormente, no lado oposto. Esses animais são, por isso, chamados de **deuterostômios** (do grego *deuteros*, segundo, e *stoma*, boca). Em todos os outros animais com tubo digestório completo, como nematódeos, moluscos, anelídeos e artrópodes, o blastóporo origina a boca; o ânus aparece posteriormente no decorrer do desenvolvimento embrionário. Esses animais são por isso, chamados de **protostômios** (do grego *protos*, primeiro, e *stoma*, boca). (**Fig. 18.7**)

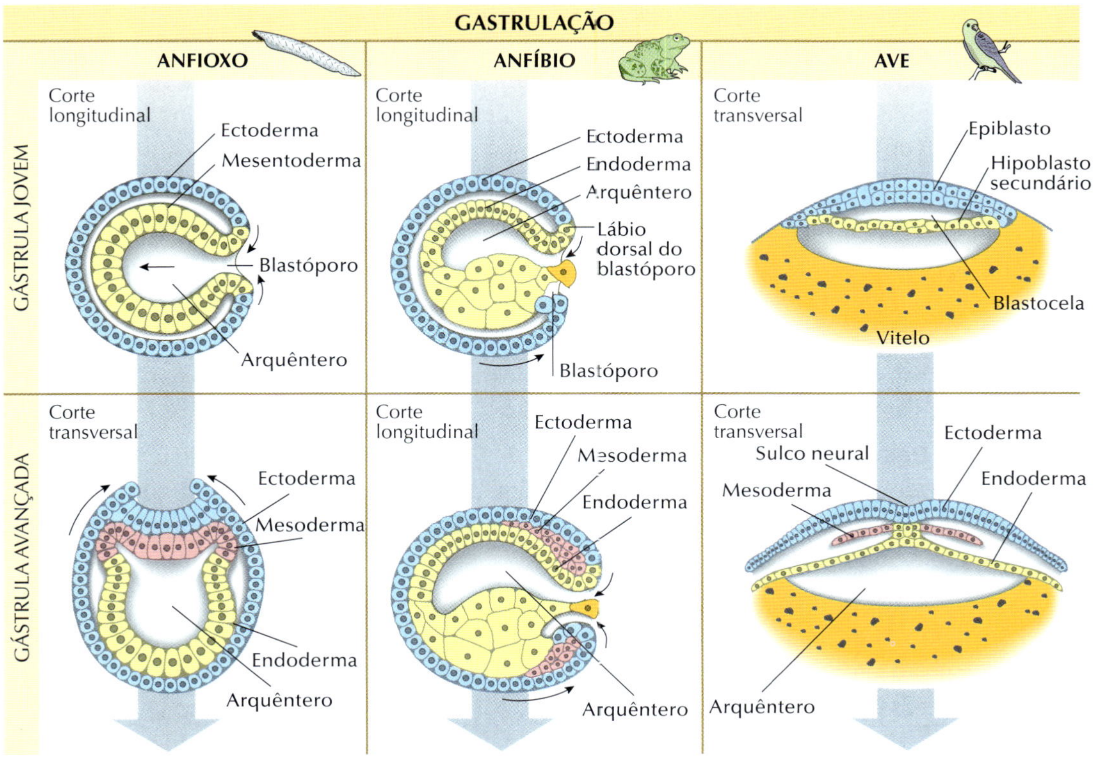

Figura 18.7 Representação esquemática em que se comparam os processos de gastrulação de anfioxo, anfíbios e aves. No anfioxo, as células de um polo da blástula parecem ser empurradas para dentro da blastocela. Nos anfíbios, a gastrulação ocorre pela migração de células do lábio dorsal do blastóporo para o interior da blastocela e, também, pelo crescimento de células da camada externa, que penetram pelo lábio inferior. Nas aves, formam-se lâminas transversais de células, que originam os três tecidos embrionários básicos. (Imagem sem escala, cores-fantasia.)

2 Tipos de movimentos celulares na gastrulação

A Embriologia moderna distingue cinco modos de migração de células no processo de gastrulação: embolia (ou invaginação), involução, epibolia, ingressão e delaminação (ou recobrimento). No mesmo embrião podem ocorrer um ou mais desses tipos de migração celular. **(Fig. 18.8)**

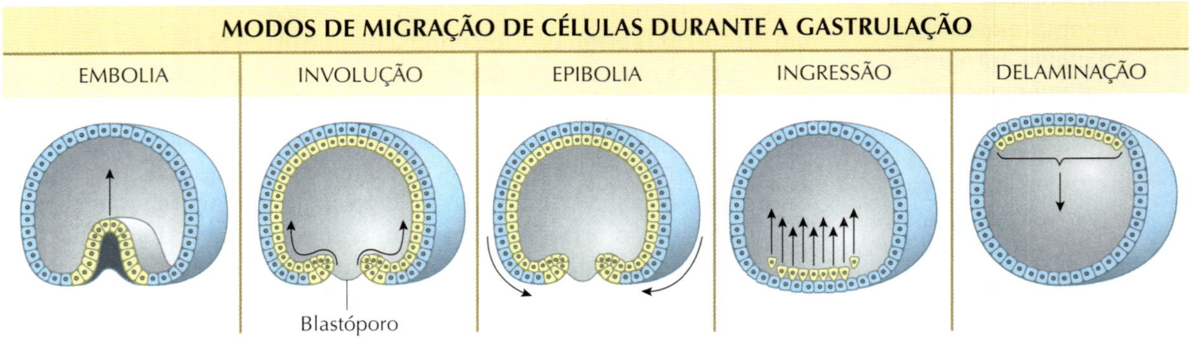

Figura 18.8 Representação esquemática mostrando os principais movimentos celulares embrionários responsáveis pela gastrulação nos animais. (Imagem sem escala, cores-fantasia.) (Baseado em Gilbert, S., 2000.) Analise a figura acompanhando as explicações no texto.

Embolia, também conhecida como **invaginação**, consiste no dobramento de uma região da blástula para o interior do embrião, em um processo semelhante ao de esvaziar uma bola de borracha espremendo-a com o punho fechado. Nos embriões de ouriço-do-mar e de anfioxo, cuja embriologia é apresentada em detalhe no quadro **Amplie seus conhecimentos**: "Desenvolvimento embrionário em alguns grupos animais", a camada celular que reveste o arquêntero, o endoderma, origina-se por embolia.

Involução consiste na expansão de uma camada celular para o interior do embrião através de um pequeno orifício, o blastóporo, que surge na superfície da blástula. A nova camada celular expande-se pelo interior do embrião, em contato com a camada de células que o reveste externamente. O mesoderma dos anfíbios, tecido embrionário que origina músculos, ossos e alguns órgãos internos, forma-se por involução.

Epibolia, ou **recobrimento**, é a expansão de uma camada celular epitelial sobre outras camadas celulares que, ao serem recobertas, passam a se localizar no interior do embrião. Esse processo ocorre, por exemplo, na formação da camada celular externa (ectoderma) que reveste a gástrula de anfíbios e de ouriços-do-mar.

Ingressão é o nome dado à migração de células da camada celular na superfície do embrião para sua parte interna. O mesoderma do ouriço-do-mar e as células nervosas da mosca drosófila, por exemplo, originam-se por ingressão.

Delaminação designa o processo de formação de duas ou mais lâminas celulares paralelas a partir de uma camada celular inicial. É por meio desse processo que se forma a gástrula de mamíferos e aves (veja no quadro **Amplie seus conhecimentos**: "Desenvolvimento embrionário em alguns grupos de animais").

Diversas experiências têm demonstrado que as células dos tecidos embrionários definem seu destino durante a fase de gástrula. Antes desse estágio, todas as células se comportam mais ou menos da mesma maneira. A partir da gástrula, elas começam a se transformar em células nervosas, musculares ou glandulares, conforme a posição em que se localizam. É também na gástrula que ocorre a diferenciação de uma linhagem celular especial, a **linhagem germinativa**. As células dessa linhagem, denominadas **células germinativas primordiais**, migram para as regiões em que se formarão as gônadas e mais tarde dão origem aos gametas (relembre a gametogênese, no capítulo 17). Todas as demais células do corpo de um organismo multicelular constituem a **linhagem somática**.

3 Eixos corporais

Os cientistas concordam que um dos mais importantes fenômenos do processo embrionário é o desenvolvimento dos eixos corporais. Com exceção das esponjas e dos cnidários (águas-vivas, anêmonas e corais), todo embrião animal desenvolve três eixos embrionários, que definem a estrutura corporal do futuro organismo: o **eixo anteroposterior**, definido por uma linha imaginária que se estende da extremidade anterior até a porção terminal do embrião; o **eixo dorsoventral**, uma linha imaginária que se estende do dorso ao ventre; o **eixo direito-esquerdo**, a linha imaginária que une as duas laterais do corpo. (**Fig. 18.9**)

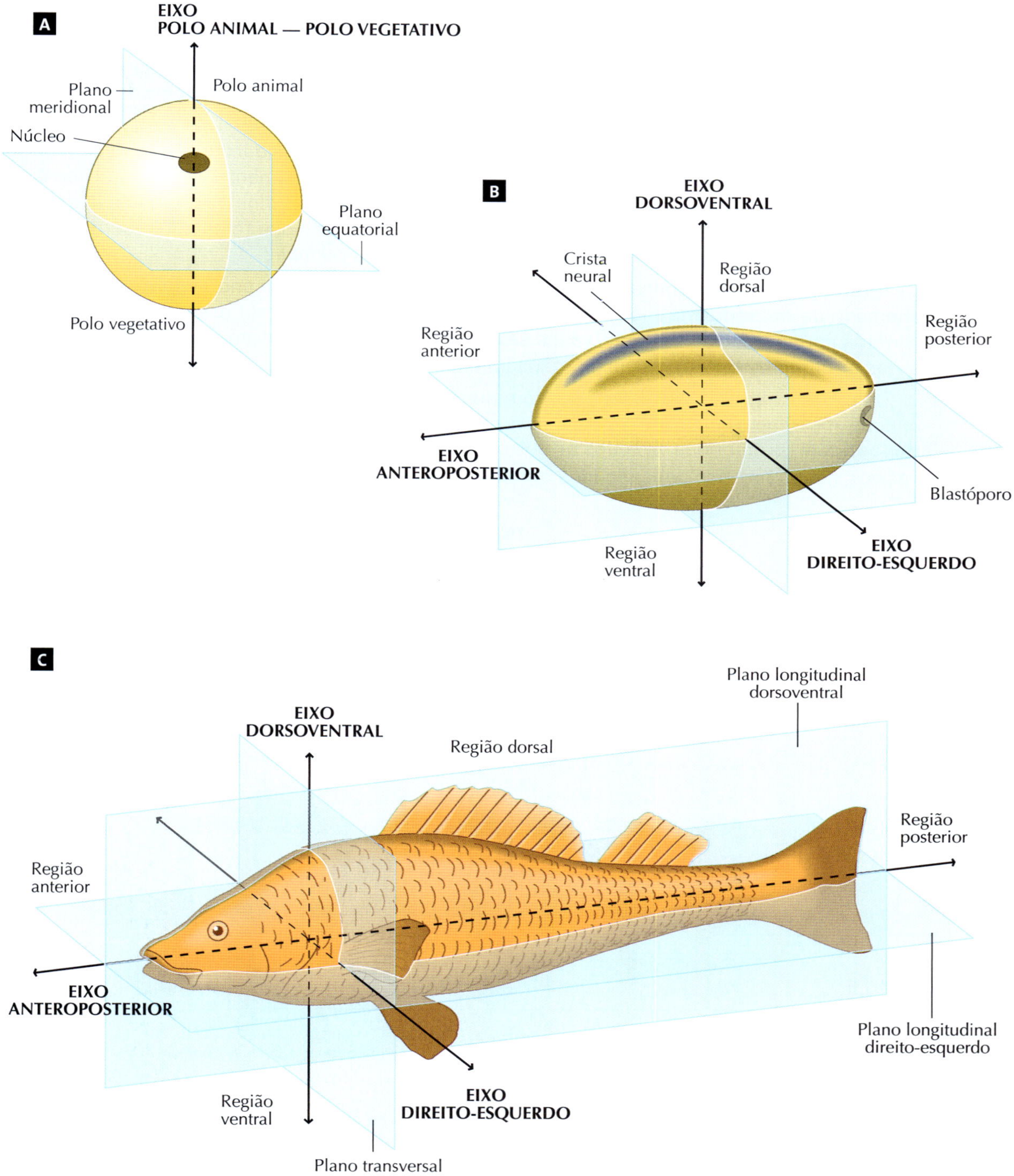

Figura 18.9 Representação esquemática dos principais eixos corporais de um animal com simetria bilateral. A partir dos eixos, podem ser traçados três planos de divisão corporal.

Em diversos organismos, como nos insetos, por exemplo, os eixos corporais são definidos durante a formação do óvulo. Determinadas substâncias químicas, em geral moléculas de RNA, ocupam locais específicos no citoplasma ovular, definindo o destino das células formadas nesses locais. Os cientistas já identificaram diferentes substâncias que se distribuem ao longo dos eixos anteroposterior e dorsoventral do ovo da drosófila, definindo a posição de cada estrutura do corpo do inseto. Nos mamíferos, os eixos corporais são definidos na gastrulação.

4 Formação dos folhetos germinativos

No estágio de gástrula da maioria das espécies, os blastômeros diferenciam-se em três conjuntos de células: ectoderma, mesoderma e endoderma. Esses conjuntos celulares são também chamados de **folhetos germinativos**, por serem lâminas celulares e por gerarem todos os tecidos do corpo.

O folheto mais externo, que reveste o embrião, é o **ectoderma** (do grego *ecto*, fora), ou a ectoderme; ele origina a epiderme (camada externa da pele) e estruturas associadas a ela: pelos, unhas, garras, glândulas sebáceas e glândulas sudoríparas. Além disso, o ectoderma também dá origem ao sistema nervoso.

O folheto germinativo mais interno é o **endoderma** (do grego *endo*, dentro), ou a endoderme, que delimita a cavidade do arquêntero. Além de originar o revestimento interno do tubo digestório, o endoderma forma as estruturas glandulares associadas à digestão: glândulas salivares, glândulas mucosas, pâncreas, fígado e glândulas estomacais. Esse folheto também origina os sistemas respiratórios, representados pelas brânquias ou pulmões.

O terceiro folheto germinativo se localiza entre o ectoderma e o endoderma, sendo por isso chamado de **mesoderma** (do grego *meso*, meio), ou mesoderme; ele origina músculos, ossos, sistema cardiovascular (coração, vasos sanguíneos e sangue) e sistema urogenital (rins, bexiga e vias urinárias), para citar alguns órgãos importantes. **(Fig. 18.10)**

Os únicos animais cujos embriões têm somente dois folhetos germinativos - ectoderma e endoderma - são os cnidários (águas-vivas, anêmonas e corais); por isso, eles são chamados de **diblásticos**. Os embriões de todos os outros animais, exceto esponjas, têm três folhetos germinativos, sendo por isso denominados **triblásticos**.

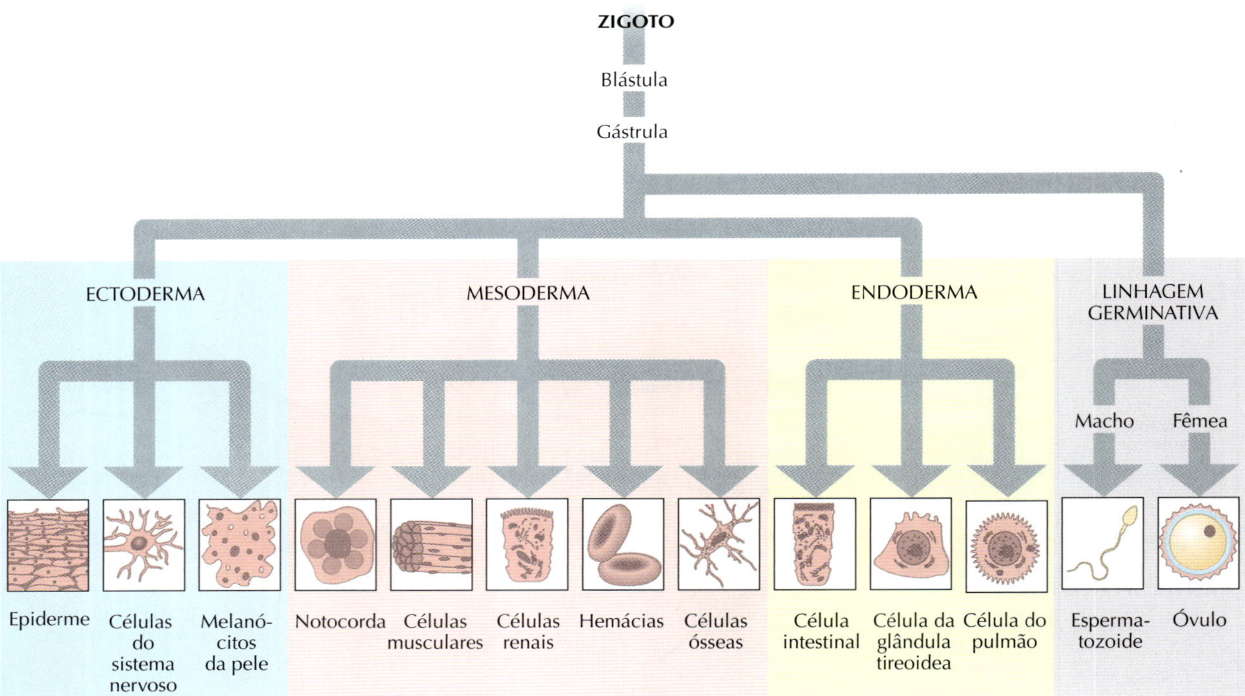

Figura 18.10 Os folhetos germinativos formam todos os tecidos corporais. A figura mostra tipos de células originadas de cada folheto. (Imagem sem escala, cores-fantasia.)

Conteúdo digital Moderna PLUS http://www.modernaplus.com.br
Animação: *Reprodução e desenvolvimento*, veja aba *Desenvolvimento embrionário*

Formação de tecidos e órgãos

Objetivos

- Conhecer os aspectos gerais da formação do tubo nervoso, da notocorda e dos diferentes tecidos embrionários.
- Identificar, em esquemas e ilustrações, estágios e partes básicas de embriões de animais, tais como: blastômeros (micrômeros e macrômeros), blastoderme, blastocela, arquêntero, folhetos germinativos, tubo nervoso, notocorda, somitos e celoma.
- Estar informado sobre a existência de anexos embrionários em répteis, aves e mamíferos e compreender, em linhas gerais, a importância dos seguintes anexos: saco vitelínico, âmnio, alantoide e cório.

Termos e conceitos

- tubo nervoso
- nêurula
- notocorda
- celoma
- anexo embrionário

1 Formação do tubo nervoso e da notocorda

Nos animais cordados, o eixo anteroposterior do embrião define a formação de duas importantes estruturas cilíndricas, dispostas ao longo do dorso do embrião: o tubo nervoso e a notocorda, também chamada corda dorsal.

Tubo nervoso

A formação do **tubo nervoso** tem início quando as células do mesoderma dorsal e do endoderma anterior liberam substâncias que induzem as células ectodérmicas acima delas a se diferenciarem. O ectoderma dorsal adquire o aspecto de uma placa achatada, a **placa neural**. O processo progride ao longo do eixo anteroposterior do embrião, de modo que a placa neural vai se estendendo em direção à extremidade posterior do embrião. À medida que se forma, a placa neural se dobra, tomando progressivamente o aspecto de uma calha ao longo do dorso embrionário.

A placa neural continua a se dobrar até que suas bordas laterais (chamadas cristas neurais) se tocam e se fundem, isolando um tubo de células ao longo do dorso do embrião, o tubo nervoso, e regenerando o revestimento ectodérmico dorsal. O fechamento do tubo nervoso ocorre de maneira diferente nos diversos grupos de animais. Nas aves, por exemplo, ele progride lentamente desde a cabeça até a cauda. Nos mamíferos, ele começa em diversos pontos ao longo da placa neural; alguns tipos de malformação congênita neurológica são causadas por falha no fechamento de uma ou de outra parte. Por exemplo, se ocorre uma falha de fechamento na região posterior do tubo nervoso, em torno do 27º dia de vida do embrião humano, surge uma condição patológica conhecida como espinha bífida, cuja gravidade depende do quanto da medula espinal permanece aberta. A falha de fechamento da região anterior do tubo nervoso causa a anencefalia, uma condição fatal. Defeitos de formação do tubo nervoso na espécie humana, considerados em conjunto, são relativamente frequentes, da ordem de 1 caso para cada 500 nascimentos.

Nos embriões de vertebrados, a região anterior do tubo nervoso se dilata muito e forma o encéfalo. O restante do tubo permanece relativamente fino e dá origem à medula espinal. As cristas neurais originam certos gânglios nervosos, os oligodendrócitos e os melanócitos da pele, dentre outros tipos de célula.

O estágio de desenvolvimento embrionário em que ocorre a formação do tubo nervoso é denominado **nêurula** (do grego *neuron*, nervo). **(Fig. 18.11)**

Notocorda

Ao mesmo tempo em que o tubo nervoso está se diferenciando, um conjunto de células se isola do mesoderma e forma um bastão sólido ao longo do eixo anteroposterior do embrião: a **notocorda** (do grego *notos*, dorso, costas), também chamada de **corda dorsal**.

A notocorda é uma estrutura típica dos cordados e está presente em algum estágio do desenvolvimento de todos eles, desaparecendo na fase adulta da maioria das espécies. Hoje se sabe que, além de dar suporte ao tubo nervoso, o principal papel da notocorda é orientar a diferenciação do sistema nervoso. Ela libera substâncias que induzem as células do tubo nervoso a se diferenciarem em sistema nervoso central e a controlarem a diferenciação dos nervos ligados à musculatura do futuro animal.

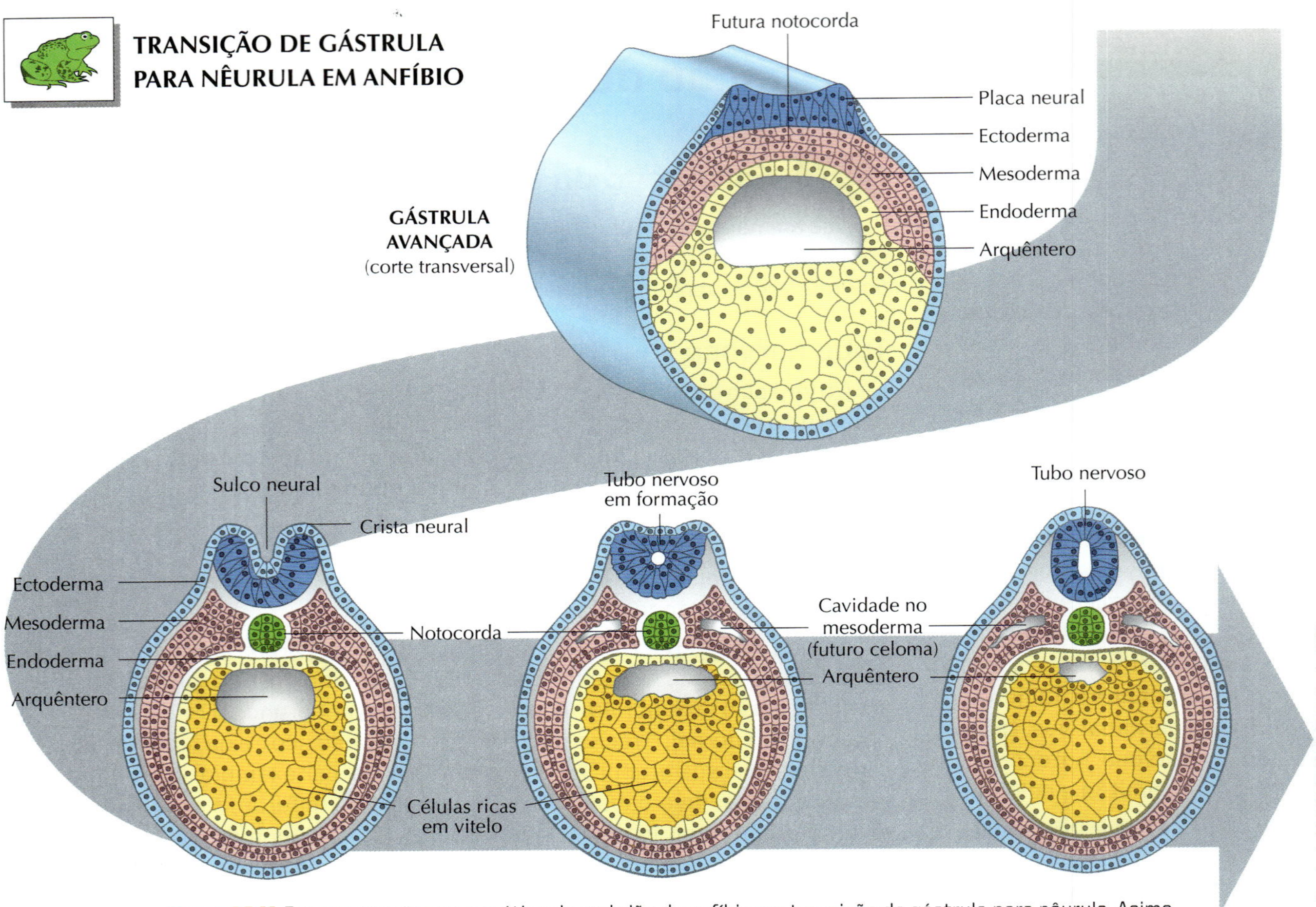

Figura 18.11 Representação esquemática de embrião de anfíbio em transição de gástrula para nêurula. Acima, gástrula avançada em que se vê a placa neural, formada pela especialização do ectoderma dorsal, que dá origem ao tubo nervoso. Embaixo, representação de três estágios da formação do tubo nervoso; simultaneamente, o mesoderma se diferencia, formando a notocorda e dois blocos mesodérmicos, um de cada lado do corpo. (Imagem sem escala, cores-fantasia.) (Baseado em Gilbert, S., 2000.)

2 Diferenciação do mesoderma e do endoderma

Enquanto o tubo nervoso está se formando, o mesoderma desenvolve-se e passa a preencher todos os espaços entre o ectoderma e o endoderma.

Epímero e somitos

O mesoderma localizado ao longo do dorso do embrião, dos lados do tubo nervoso e da notocorda em formação, chama-se **epímero** (do grego *epi*, acima, superior, aqui no sentido de dorso), ou **mesoderma dorsal**, e divide-se em blocos transversais, denominados **somitos**. A segmentação transversal do epímero em somitos determina a formação das vértebras, dos nervos e dos músculos ao longo do corpo. Embora todos os somitos pareçam iguais, eles dão origem a estruturas diferentes nas diversas partes do corpo. Por exemplo, as costelas originam-se dos somitos a partir dos quais se formam as vértebras torácicas; somitos que originam vértebras cervicais (pescoço) e vértebras lombares (abdome) não formam costelas.

Cada somito diferencia-se em três partes básicas, denominadas esclerótomo, miótomo e dermátomo. O **esclerótomo** é constituído pelas células da porção mediana ventral dos somitos, perto do tubo neural. Essas células diferenciam-se em condroblastos, que originam a cartilagem constituinte inicial das vértebras e das costelas, e em osteoblastos, que originam os ossos. O **miótomo**, formado por células da porção mediana dos somitos, diferencia-se em células musculares estriadas, que originam os músculos da caixa torácica, da parede do corpo, da língua, dos braços e das pernas. O **dermátomo**, constituído pelas células mais externas dos somitos, diferencia-se nos componentes celulares da derme dorsal. (**Fig. 18.12**)

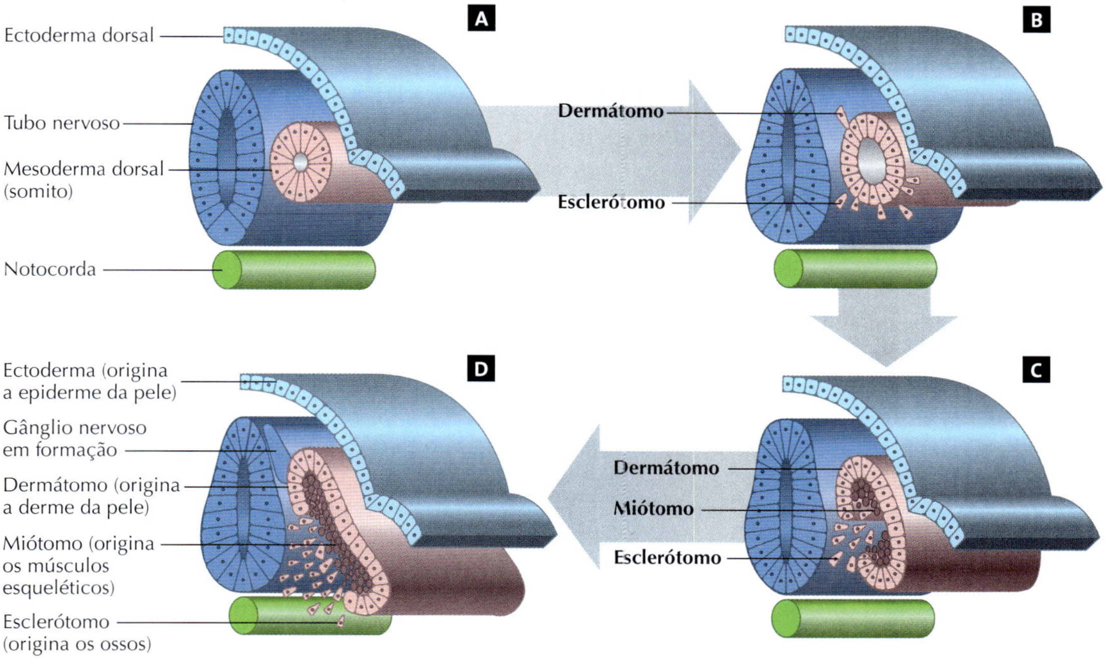

Figura 18.12 Representação esquemática da diferenciação do mesoderma dorsal, que forma os somitos. A diferenciação do somito leva à formação de três grupos celulares: dermátomo, que origina a derme da pele das costas; esclerótomo, que origina as vértebras e costelas; miótomo, que origina a musculatura esquelética e a da língua. (Imagem sem escala, cores-fantasia.) (Baseado em Gilbert, S., 2000.)

Mesômero e hipômero

Durante o estágio de nêurula, as regiões laterais e ventral do embrião também são ocupadas por mesoderma, que, diferentemente do epímero, não se divide em segmentos transversais.

O mesoderma das laterais do embrião, denominado **mesômero**, ou **mesoderma intermediário**, origina o sistema urogenital embrionário, constituído pelos rins, pela parcela não germinativa das gônadas e por seus respectivos ductos.

A região ventral do mesoderma, ligada ao mesômero de ambos os lados do embrião, constitui o **hipômero**, ou **mesoderma ventral**. Ao longo do desenvolvimento, o hipômero separa-se em duas lâminas de células, uma mais externa, em contato com o ectoderma, a **somatopleura**, e outra mais interna, em contato com o endoderma, a **esplancnopleura**. O espaço entre essas duas camadas mesodérmicas é o **celoma**. Ao longo do desenvolvimento dos mamíferos, o celoma divide-se em três compartimentos: **cavidade pleural**, em que ficam alojados os pulmões; **cavidade pericárdica**, em que se aloja o coração; e **cavidade peritonial**, em que se alojam os órgãos abdominais. O hipômero origina o sistema cardiovascular (coração e vasos sanguíneos) e a musculatura não estriada de órgãos internos. (Fig. 18.13)

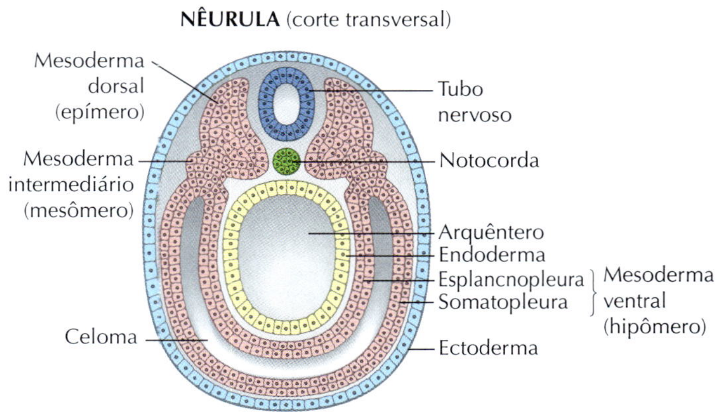

Figura 18.13 Representação esquemática de um embrião de cordado em estágio de nêurula. Note o celoma, a cavidade no mesoderma que surge neste estágio. (Imagem sem escala, cores-fantasia.) (Baseado em Gilbert, S., 2000.)

3 Endoderma

O endoderma dá origem ao revestimento interno do tubo digestório, além das estruturas que se formam a partir dele: glândulas salivares, pâncreas, fígado e vesícula biliar. Ele forma também o revestimento das brânquias de peixes e anfíbios, e o revestimento dos ductos respiratórios e dos pulmões em anfíbios, répteis, aves e mamíferos.

AMPLIE SEUS CONHECIMENTOS

Desenvolvimento embrionário em alguns grupos de animais

Desenvolvimento embrionário no anfioxo

O anfioxo (gênero *Branchiostoma*) é um animal marinho que vive semienterrado em praias de areia no sublitoral raso, abaixo da linha das marés. Esse organismo é muito abundante no sul da China, onde é utilizado como alimento; também é encontrado em nossas praias. O anfioxo lembra um peixinho com cerca de 5 centímetros de comprimento, sem cabeça definida nem nadadeiras. As extremidades de seu corpo são afiladas: daí a denominação "**anfioxo**" (do grego *amphi*, duas, e *oxus*, ponta, cauda). Por seu desenvolvimento embrionário relativamente simples, que veremos a seguir, esse animal é muito usado como exemplo didático em Biologia. (**Fig. 18.14**)

No anfioxo, os sexos são separados e machos e fêmeas eliminam gametas na água do mar, onde a fecundação ocorre (fecundação externa). O ovo é do tipo oligolécito e apresenta segmentação holoblástica e praticamente igual. No estágio de oito blastômeros, há no polo animal quatro micrômeros ligeiramente menores que os quatro macrômeros do polo vegetativo. A partir daí, as clivagens vão se sucedendo em planos perpendicularmente alternados.

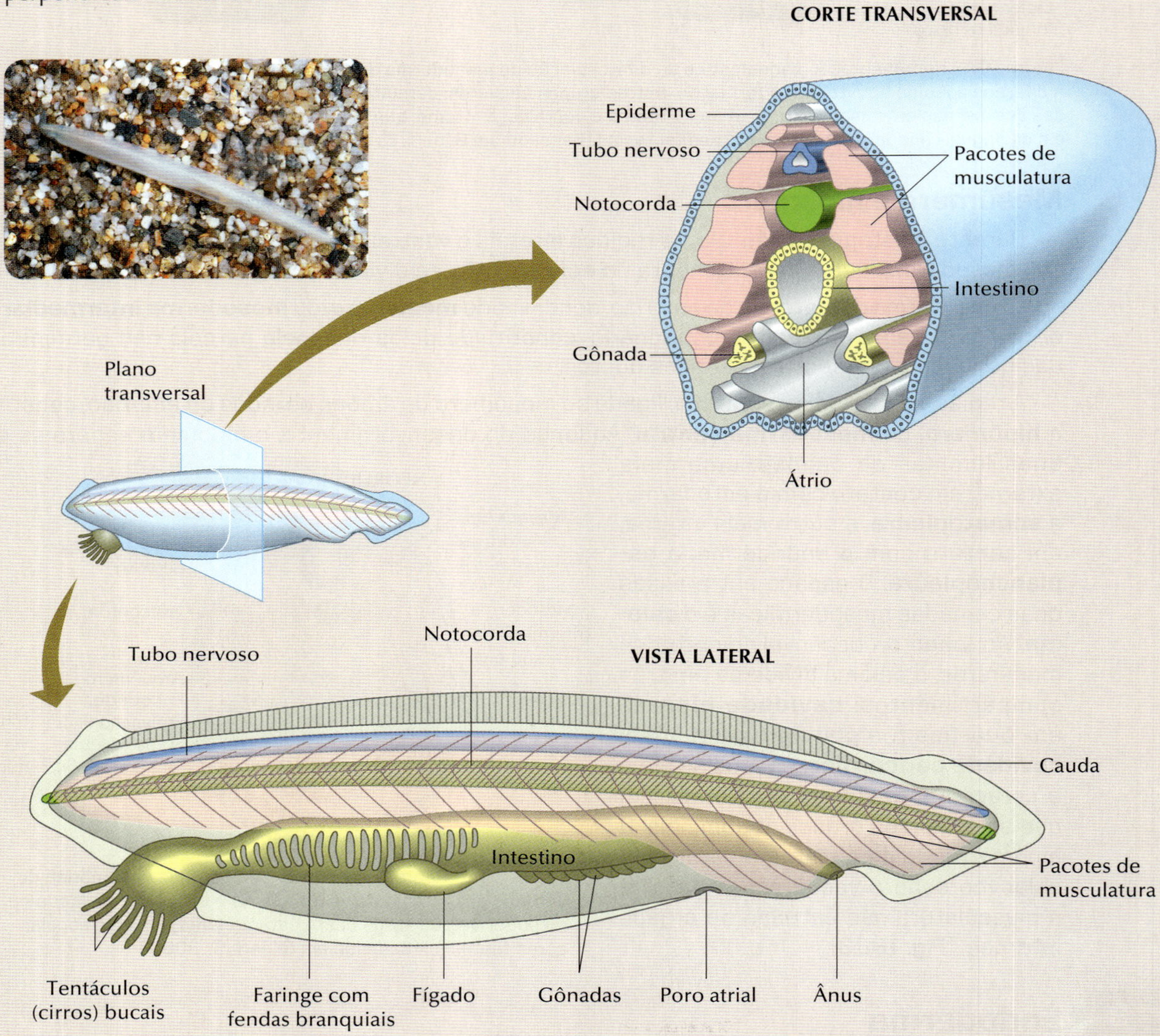

Figura 18.14 Acima, foto de um anfioxo. Nas representações esquemáticas, corte transversal da parte mediana do corpo e vista lateral do anfioxo mostrando alguns de seus órgãos internos, por transparência. (Imagem sem escala, cores-fantasia.) (Baseado em Sherman, I. e Sherman, V., 1970.)

A gastrulação no anfioxo ocorre por embolia; as células da região correspondente ao polo vegetativo são empurradas para dentro, espremendo a blastocela. A gástrula ligeiramente alongada tem inicialmente duas camadas celulares, uma mais externa, o ectoderma, outra mais interna, que alguns autores denominam mesentoderma, para ressaltar o fato de que ela originará, em seguida, o endoderma e o mesoderma. A cavidade revestida pelo mesentoderma é o arquêntero, e o orifício que o comunica com o exterior é o blastóporo. (**Fig. 18.15**)

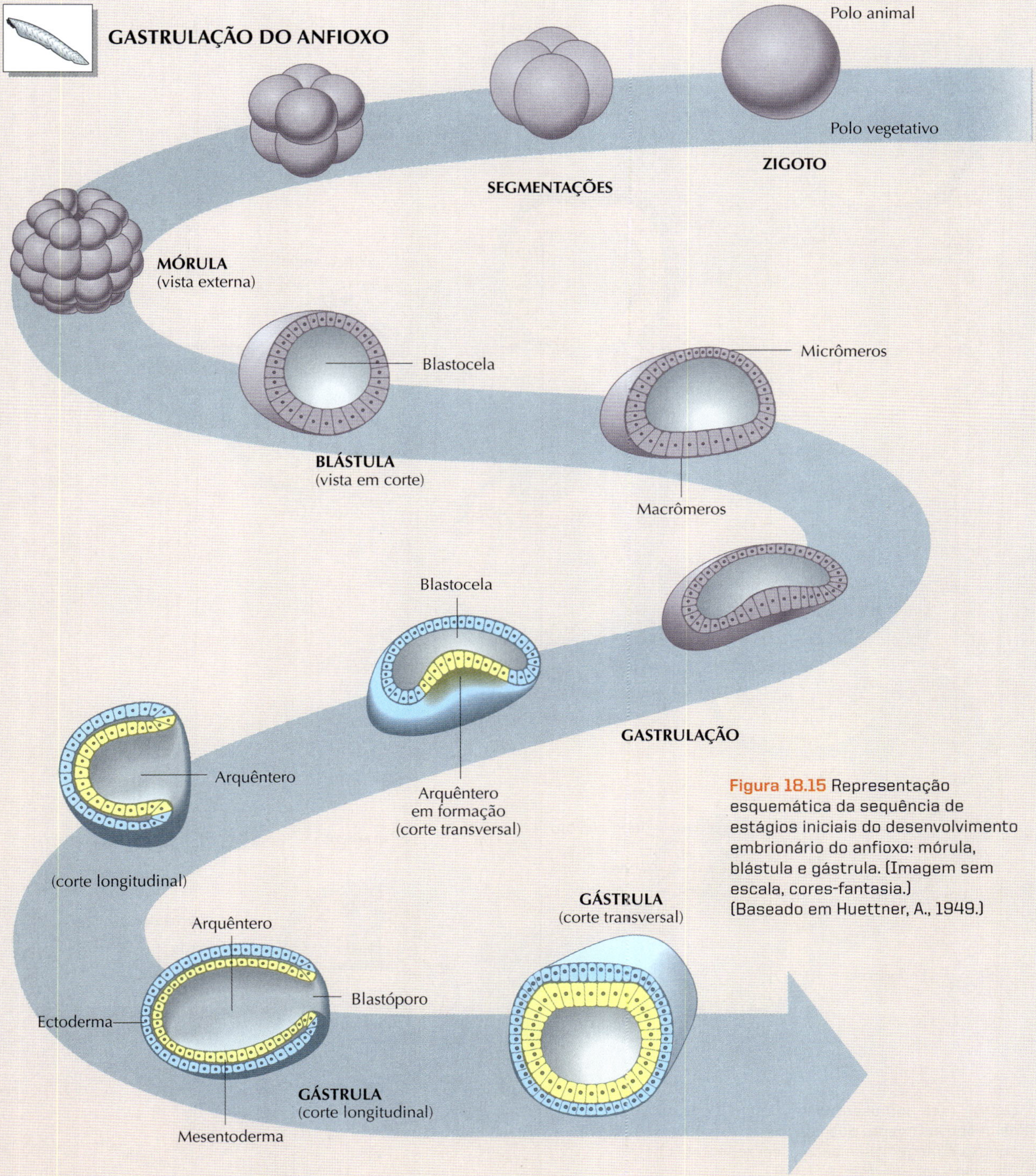

Figura 18.15 Representação esquemática da sequência de estágios iniciais do desenvolvimento embrionário do anfioxo: mórula, blástula e gástrula. (Imagem sem escala, cores-fantasia.) (Baseado em Huettner, A., 1949.)

Na fase de nêurula, o ectoderma situado ao longo da região dorsal forma o tubo nervoso. O mesentoderma da região dorsal do arquêntero origina a notocorda e duas bolsas mesodérmicas, que se diferenciam em epímero (dividido em somitos), mesômero e hipômero, no qual se forma a cavidade celômica. A epiderme do anfioxo adulto é proveniente do ectoderma que revestia o embrião e seu sistema nervoso deriva do tubo nervoso, também de origem ectodérmica. O intestino com suas glândulas (fígado, por exemplo) e as brânquias derivam do endoderma. Toda a musculatura e órgãos internos provêm do mesoderma. (**Fig. 18.16**)

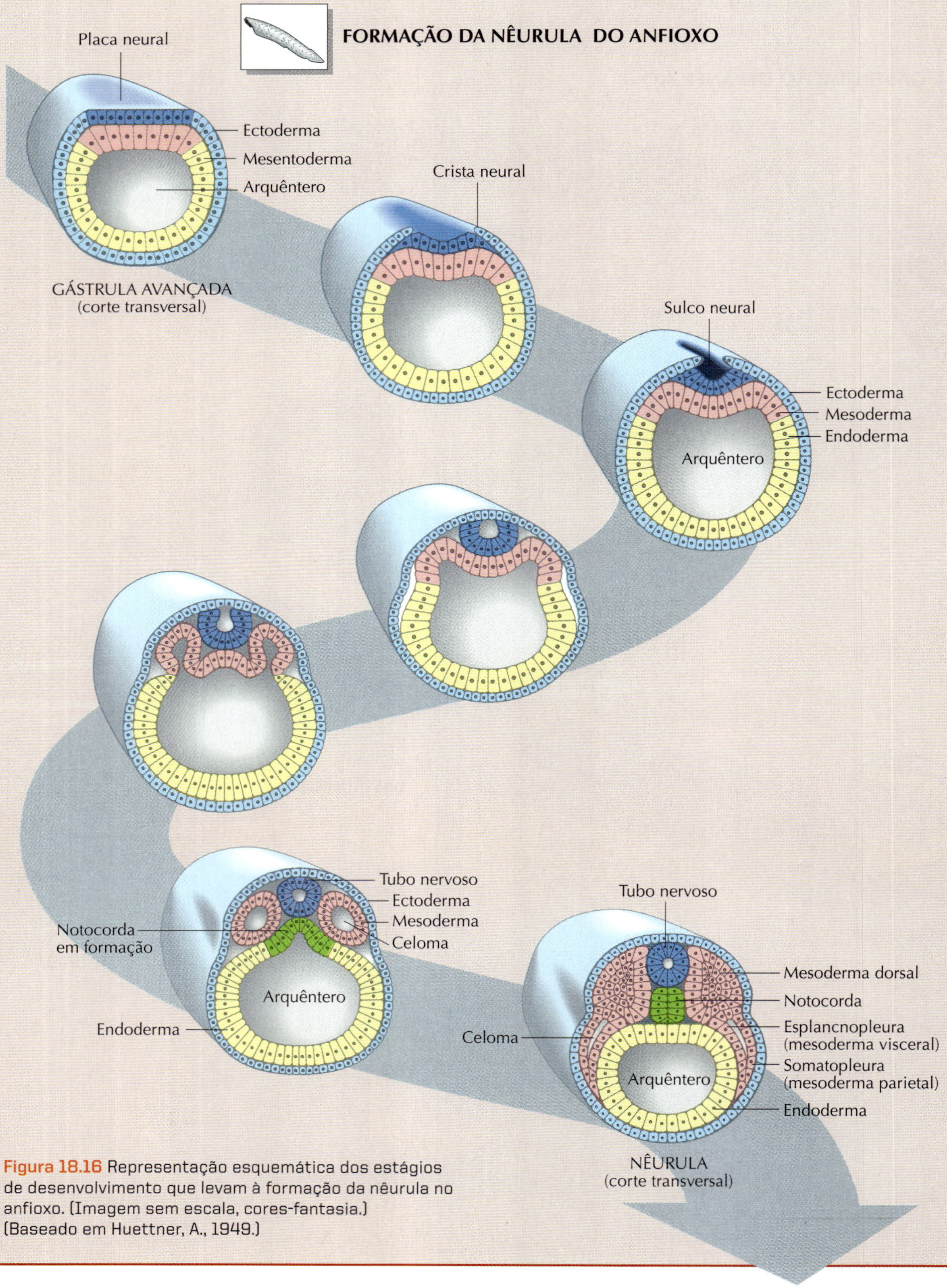

Figura 18.16 Representação esquemática dos estágios de desenvolvimento que levam à formação da nêurula no anfioxo. (Imagem sem escala, cores-fantasia.) (Baseado em Huettner, A., 1949.)

Desenvolvimento embrionário em anfíbios

Os anfíbios (sapos, rãs e salamandras) apresentam sexos separados. Em certas espécies de sapos e rãs, o macho abraça a fêmea pelas costas, no chamado amplexo nupcial, e a estimula a eliminar os óvulos, que saem envoltos por uma secreção gelatinosa. À medida que a fêmea expele seus gametas, o macho elimina sobre eles os espermatozoides. A fecundação ocorre nessa massa gelatinosa (fecundação externa) e o desenvolvimento ocorre dentro da água. (**Fig. 18.17**)

O ovo dos anfíbios é heterolécito, com segmentação holoblástica e desigual. A partir da segunda clivagem, as seguintes se sucedem em planos perpendicularmente alternados, originando micrômeros cada vez menores no polo animal, e macrômeros progressivamente menores no polo vegetativo. (**Fig. 18.18**)

À medida que o desenvolvimento embrionário prossegue, vai se formando uma cavidade central, a blastocela. Nos anfíbios, a blástula é uma esfera mais maciça de células que no anfioxo e sua blastocela é relativamente menor e deslocada para o polo animal. (**Fig. 18.19**)

Figura 18.17 Casal de sapos em amplexo nupcial.

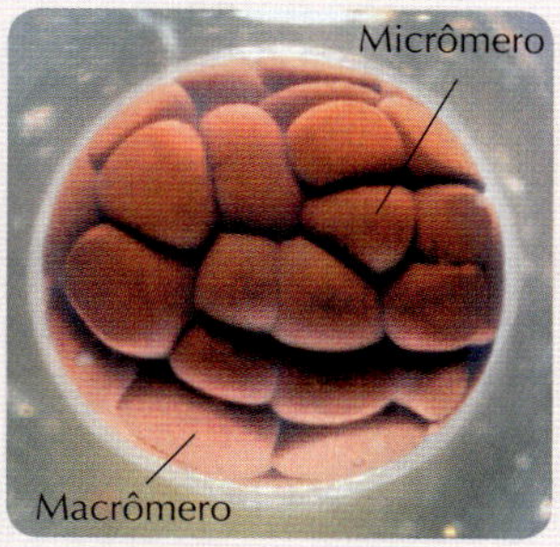

Figura 18.18 Fotografia em lupa estereoscópica de um embrião de anfíbio em estágio de mórula, com vista para o polo animal.

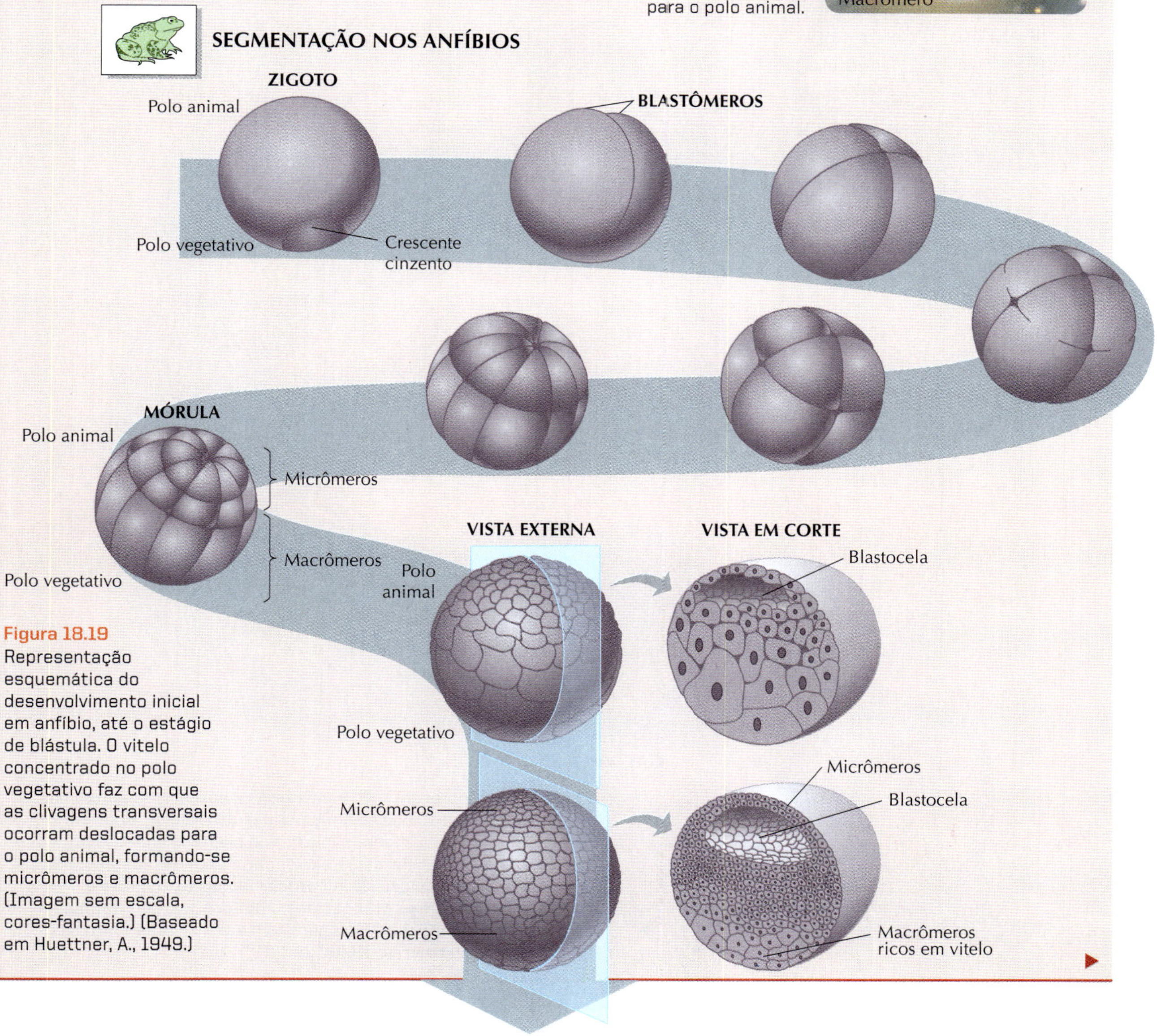

Figura 18.19 Representação esquemática do desenvolvimento inicial em anfíbio, até o estágio de blástula. O vitelo concentrado no polo vegetativo faz com que as clivagens transversais ocorram deslocadas para o polo animal, formando-se micrômeros e macrômeros. (Imagem sem escala, cores-fantasia.) (Baseado em Huettner, A., 1949.)

Nos anfíbios, a formação da gástrula envolve dois tipos de movimentos celulares: involução e epibolia. Em certa região da blástula, surge uma fenda, denominada **lábio dorsal do blastóporo**, na qual as células se multiplicam e migram para o interior do embrião, ocupando gradualmente a blastocela; esses movimentos correspondem ao processo de involução. Ao mesmo tempo, células da superfície da blástula multiplicam-se e recobrem o embrião, forçando a entrada dos antigos blastômeros superficiais para o interior embrionário, através de todo o blastóporo; esses movimentos celulares correspondem ao processo de epibolia. (**Fig. 18.20**)

A formação da nêurula nos anfíbios é semelhante à do anfioxo. O ectoderma dorsal forma a placa neural, que se dobra e se funde pelas bordas, produzindo o tubo nervoso. O ectoderma que reveste o embrião origina a epiderme da pele do anfíbio, com suas glândulas. O mesoderma da região dorsal origina a notocorda e o epímero (com somitos), enquanto os mesodermas lateral e ventral formam o mesômero e o hipômero; este, por sua vez, divide-se em duas lâminas, a somatopleura (mais externa) e a esplancnopleura (mais interna). O endoderma originará as diferentes partes do sistema digestório e o sistema respiratório. (**Fig. 18.21**)

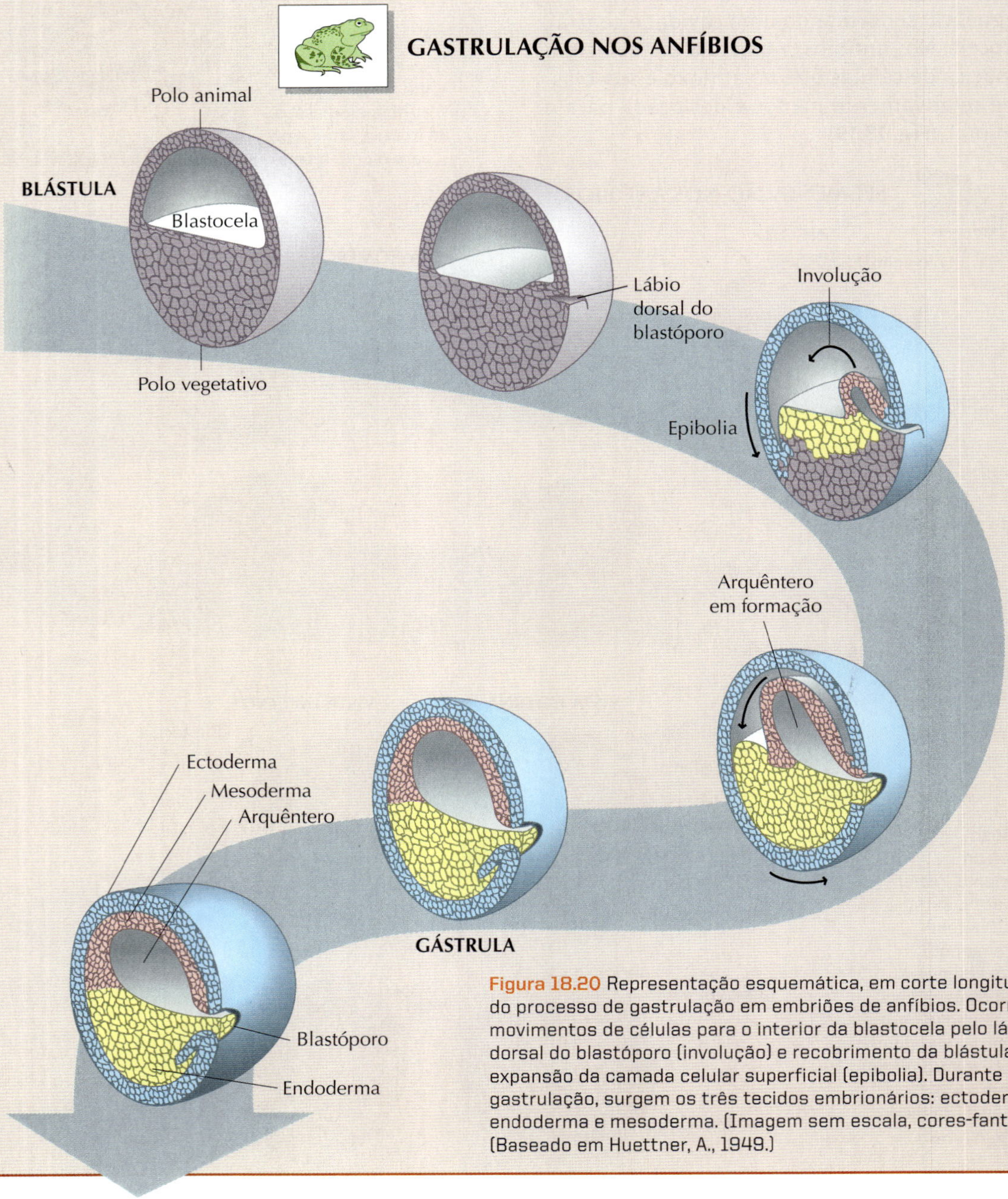

Figura 18.20 Representação esquemática, em corte longitudinal, do processo de gastrulação em embriões de anfíbios. Ocorrem movimentos de células para o interior da blastocela pelo lábio dorsal do blastóporo (involução) e recobrimento da blástula pela expansão da camada celular superficial (epibolia). Durante a gastrulação, surgem os três tecidos embrionários: ectoderma, endoderma e mesoderma. (Imagem sem escala, cores-fantasia.) (Baseado em Huettner, A., 1949.)

FORMAÇÃO DA NÊURULA NOS ANFÍBIOS

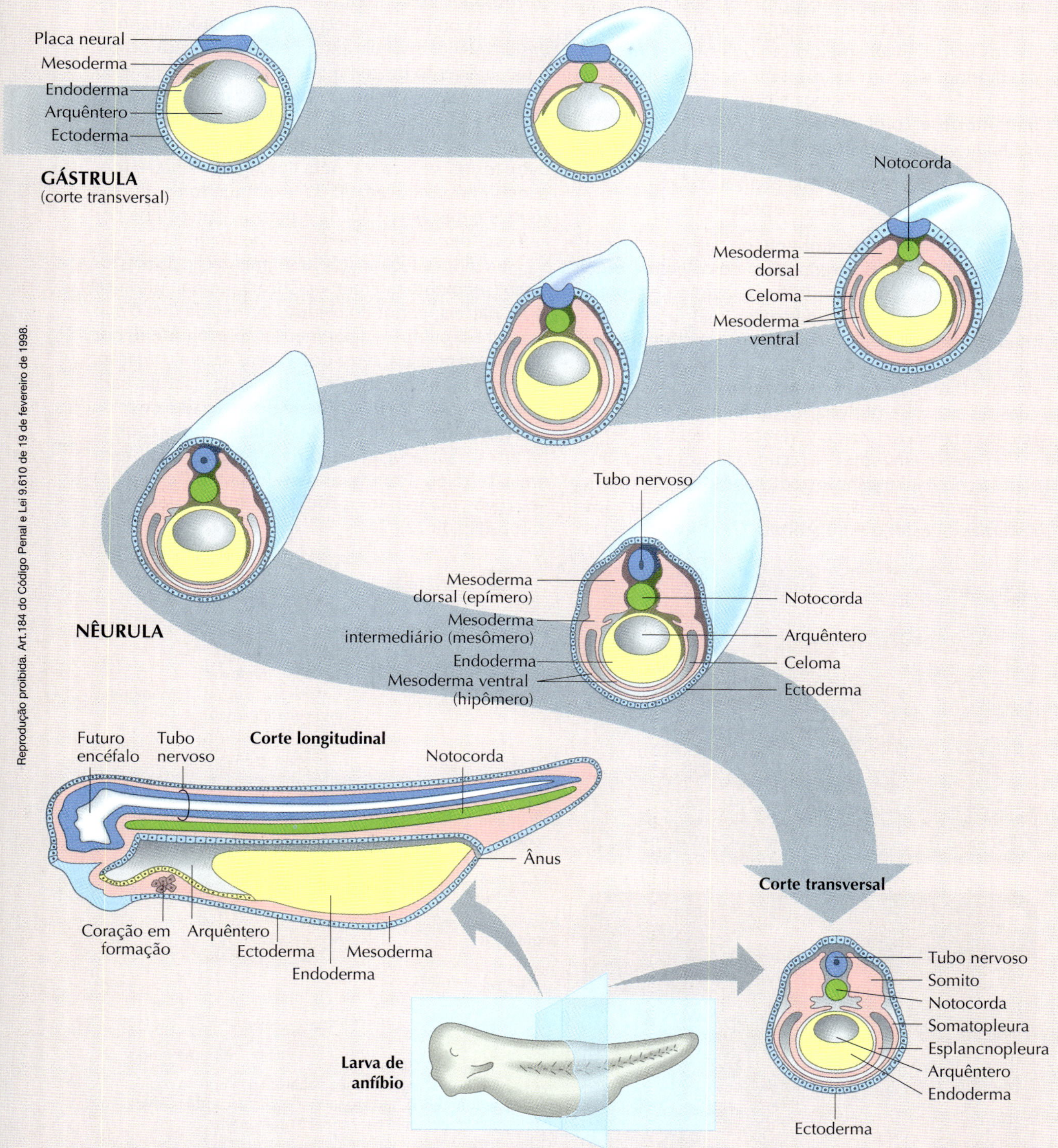

Figura 18.21 Representação esquemática do desenvolvimento da gástrula de um anfíbio levando à formação da nêurula. A sequência mostra cortes transversais de embrião até um estágio avançado de nêurula, em que diversos órgãos começam a ser delineados. O último estágio também está representado em corte longitudinal (mais à esquerda). (Imagem sem escala, cores-fantasia.) (Baseado em Huettner, A., 1949.)

O desenvolvimento embrionário dos anfíbios é relativamente rápido. Em certas espécies de rã, de 3 a 4 dias depois da fecundação, o embrião já abandona o envoltório gelatinoso, transformando-se em um pequeno girino, nome da fase larval do ciclo dos anfíbios. Cerca de dois meses depois, os girinos começam a desenvolver membros posteriores e, logo em seguida, membros anteriores. Os próximos passos do desenvolvimento são o desaparecimento das brânquias, a formação dos pulmões e a regressão da cauda (no caso de sapos e rãs), que compõem a **metamorfose**, como é chamada a transformação da forma larval para o estágio adulto.

Desenvolvimento embrionário em aves e répteis

O desenvolvimento embrionário de aves e de répteis é semelhante, ocorrendo fora do corpo materno e no ambiente aéreo. Embriões de aves e de répteis desenvolvem quatro conjuntos de membranas extraembrionárias, denominados **anexos embrionários**, cujas funções são a proteção, a respiração, a obtenção de nutrientes do vitelo e o armazenamento das excreções. Os anexos embrionários também estão presentes nos mamíferos, como veremos no capítulo 19.

Em aves e em répteis, a fecundação é interna. Durante a cópula, o macho introduz os espermatozoides na fêmea através da cloaca, uma abertura comum aos sistemas digestório e urogenital. Os espermatozoides deslocam-se no muco que recobre os condutos internos da fêmea, podendo fecundar um ou mais óvulos, logo que estes são liberados dos ovários. O zigoto de aves e de répteis é telolécito, com enorme quantidade de vitelo, suficiente para alimentar o embrião durante todo o desenvolvimento. No ovo da galinha, o vitelo corresponde ao conteúdo da gema.

Tenha ou não acontecido fecundação, durante o deslocamento do óvulo entre o ovário e a cloaca, ocorre o recobrimento da gema por albume, uma secreção aquosa rica em albumina produzida pelas células da parede do oviduto, o canal que conduz os ovos. Em seguida, sobre o albume (que constitui a clara do ovo), forma-se a casca, que, em alguns répteis, tem consistência coriácea e flexível, enquanto em outros répteis e nas aves é sólida e porosa, constituída por carbonatos e fosfatos de cálcio e de magnésio.

Se ocorrer a fecundação, a segmentação do blastodisco (segmentação meroblástica discoidal) inicia-se já na parte superior do oviduto. À medida que o ovo percorre o oviduto, a segmentação progride e, por ocasião da postura, cerca de 24 horas após a ovulação, o embrião já se encontra em estágio de blástula. Para que o desenvolvimento prossiga, os ovos têm de estar em temperatura adequada. Répteis como cobras, lagartos e tartarugas costumam cobrir os ovos com areia, terra ou detritos; as aves incubam ("chocam") seus ovos, mantendo-os aquecidos com o calor de seu corpo. (**Fig. 18.22**)

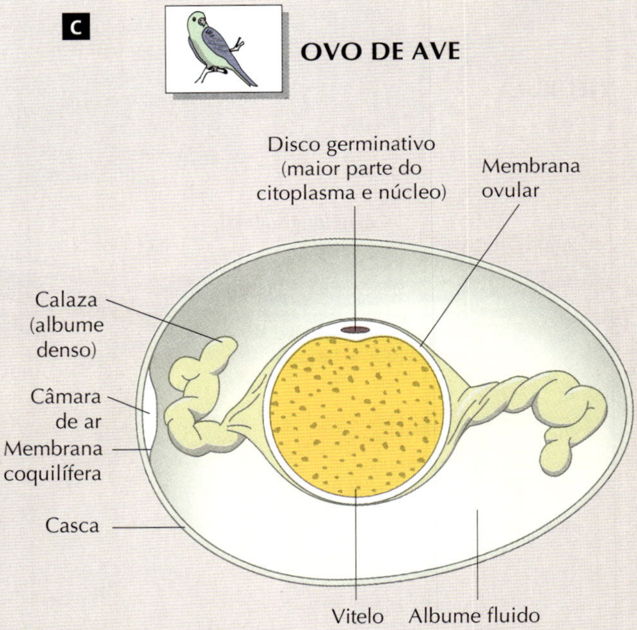

Figura 18.22 **A.** Mergulhão, ave aquática que põe os ovos em ninhos flutuantes. **B.** Tartaruga-marinha colocando os ovos em um buraco, que depois será coberto com areia. **C.** Representação esquemática das estruturas que compõem o ovo de galinha. A calaza é uma estrutura albuminosa enrolada e consistente, que se forma quando o ovo passa pelo oviduto espiralado da galinha. A calaza e o albume protegem o ovo de choques mecânicos e são consumidos como alimento pelo embrião. (Imagem sem escala, cores-fantasia.)

Formação dos folhetos germinativos

A segmentação dos ovos telolécitos é meroblástica, ocorrendo apenas na região do blastodisco. As clivagens têm início logo após a fecundação e, à medida que o ovo em desenvolvimento percorre o oviduto, as sucessivas divisões celulares originam uma calota de células sobre o vitelo, o blastoderma. Sob o blastoderma, surge um espaço, a cavidade subgerminal, que separa a calota de células, exceto nas bordas, do vitelo abaixo dela.

A linha primitiva

Quando a galinha bota o ovo, o blastoderma já é um disco constituído por mais de 20 mil células. Sua região central, que tem, abaixo dela, a cavidade subgerminal, é chamada **epiblasto** (ou membrana pelúcida); ela é circundada por células apoiadas no vitelo, que constituem a área opaca. Do epiblasto, destacam-se diversos aglomerados de 5 a 20 células, que ficam na cavidade subgerminal e constituem o **hipoblasto primário**.

Na sequência do desenvolvimento, células originadas em um local específico da borda do epiblasto, conhecido como **foice de Koller**, começam a ingressar na cavidade subgerminal, fundindo-se aos aglomerados celulares do hipoblasto primário. A partir dessa fusão, forma-se uma lâmina celular contínua na cavidade subgerminal, entre o epiblasto e o vitelo, chamada **hipoblasto secundário**. O epiblasto e o hipoblasto secundário estão unidos nas bordas do disco de blastoderma, deixando entre eles uma cavidade cheia de líquido, isolada do resto do ovo, a **blastocela**.

A ingressão de células do epiblasto na blastocela, que ocorre a partir da foice de Koller, forma a chamada **linha primitiva**. A região anterior da linha primitiva apresenta uma intumescência, conhecida como nó de Hansen, ou nó primitivo, correspondente ao lábio dorsal do blastóporo no embrião dos anfíbios. (**Fig. 18.23**)

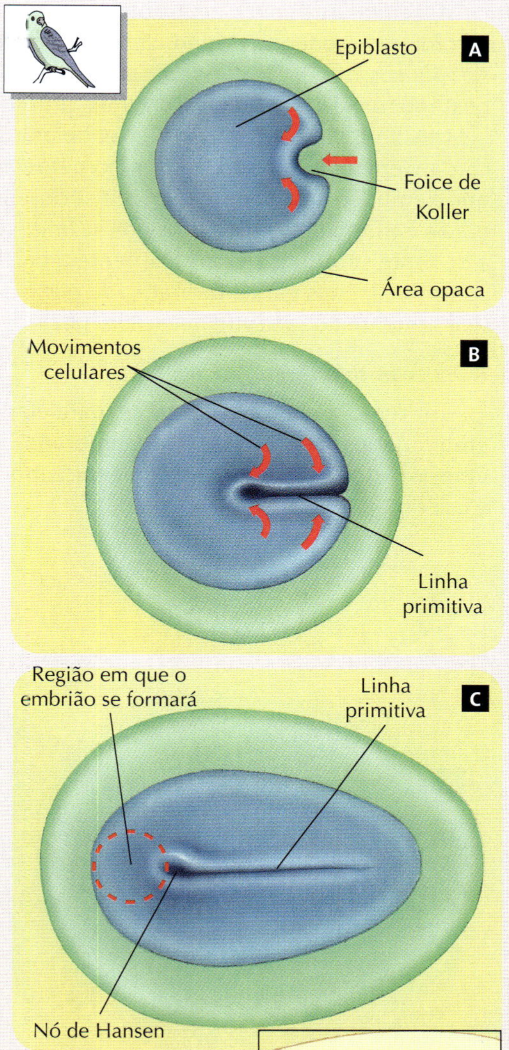

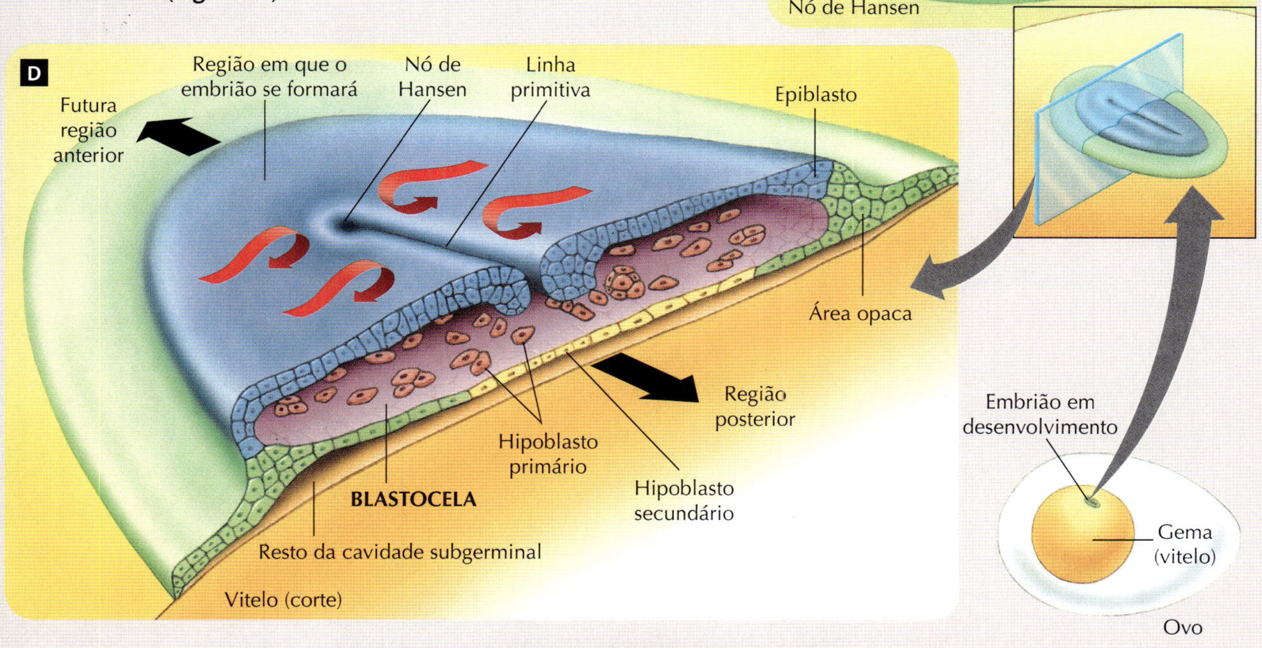

Figura 18.23 De **A** a **C.** Representação esquemática das etapas de formação da linha primitiva e do nó de Hansen. **D.** Representação esquemática, em corte transversal, do blastoderma, mostrando a linha primitiva e a formação da blastocela. (Imagem sem escala, cores-fantasia.) (Baseado em Gilbert, S., 2000.)

As células que penetram na blastocela, na região do nó de Hansen, originam a notocorda, o mesoderma e o endoderma. O ectoderma diferencia-se a partir do epiblasto. Aos poucos, o embrião que se desenvolve empurra o nó de Hansen para a extremidade posterior do disco de células, e a linha primitiva vai desaparecendo.

Nas aves, como nos demais vertebrados, os folhetos germinativos originam a notocorda, o epímero com somitos, o hipômero com o celoma e assim por diante. À medida que o embrião das aves e dos répteis se desenvolve, o nó de Hansen vai se deslocando para a extremidade posterior, onde se originará o ânus do animal. O embrião de aves e de répteis forma-se exclusivamente a partir de células do epiblasto. O hipoblasto contribui apenas para a formação de parte das membranas extraembrionárias, particularmente do saco vitelínico. (**Fig. 18.24**)

Anexos embrionários

Em répteis, aves e mamíferos, paralelamente ao desenvolvimento dos tecidos embrionários, desenvolvem-se membranas celulares extraembrionárias, os **anexos embrionários**. Estes são: o saco vitelínico (ou vesícula vitelínica), o âmnio, o alantoide e o cório.

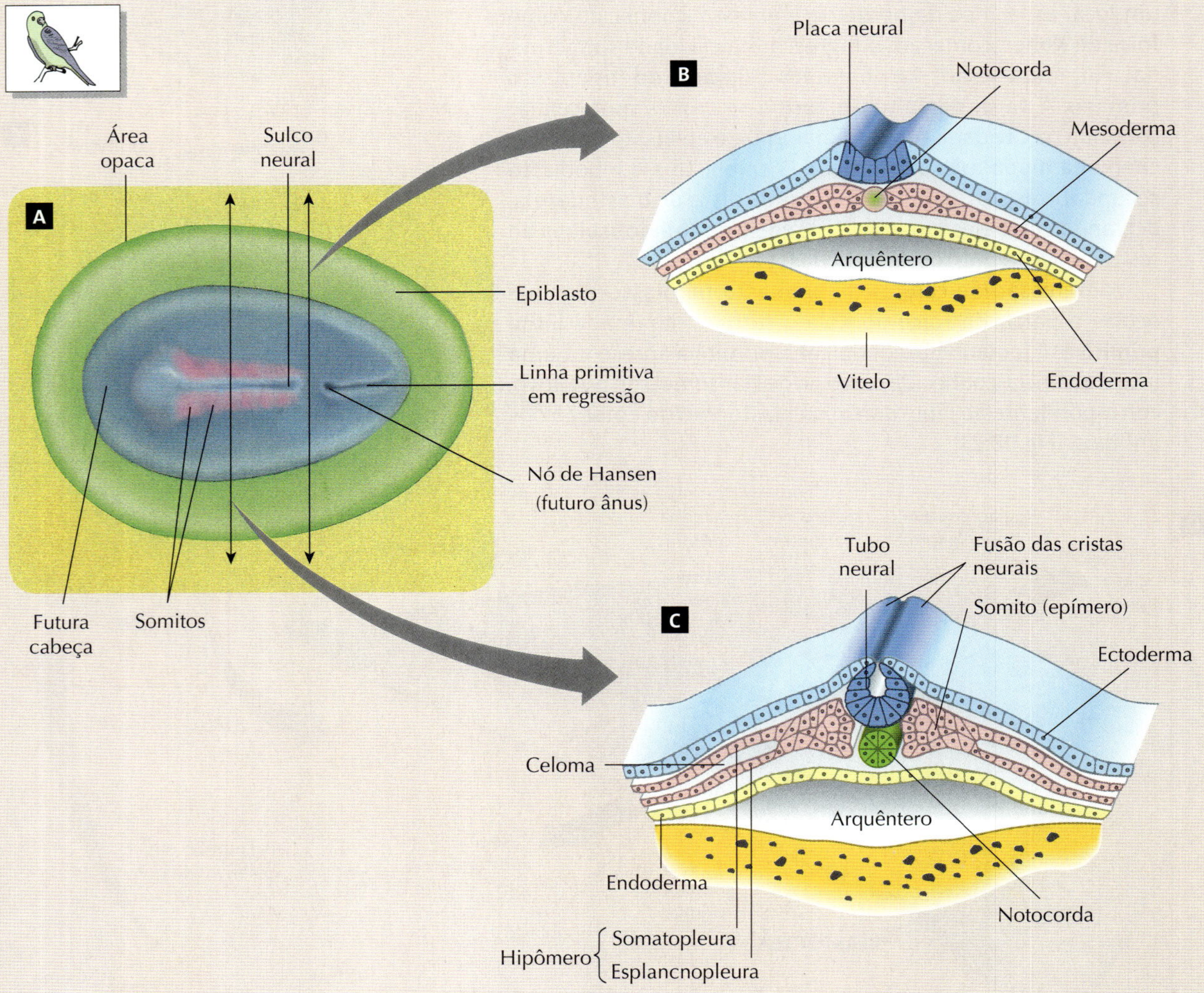

Figura 18.24 **A.** Representação esquemática de um embrião de ave visto de cima mostrando a linha primitiva e os somitos em formação. **B.** Corte transversal do embrião próximo ao nó de Hansen, onde ocorre a diferenciação dos folhetos germinativos. **C.** Corte transversal do embrião na região mediana, no qual se podem ver a formação do tubo neural, a diferenciação dos somitos e do endoderma. (Imagens sem escala, cores-fantasia.) (Baseado em Gilbert, S., 2000.)

Saco vitelínico

O **saco vitelínico**, ou **vesícula vitelínica**, é a primeira membrana extraembrionária a ser formada. Ela origina-se pelo crescimento conjunto do endoderma e da esplancnopleura (mesoderma) sobre o vitelo, constituindo uma bolsa membranosa que termina por envolver completamente a massa vitelínica. Assim, o embrião passa a ter uma bolsa de material nutritivo estrategicamente ligada ao seu futuro intestino. A porção mesodérmica do saco vitelínico desenvolve vasos sanguíneos, tornando-se ricamente vascularizada. As células endodérmicas em contato com a massa vitelínica secretam enzimas, que digerem os grãos de vitelo e absorvem os nutrientes resultantes. Estes são transportados pelos vasos sanguíneos, indo nutrir todas as células do embrião.

Mamíferos também apresentam saco vitelínico e outros anexos embrionários. Entretanto, os ovos de mamíferos placentários e marsupiais são pobres em vitelo e o saco vitelínico é pouco desenvolvido. O embrião desses mamíferos desenvolve-se no interior do organismo materno, do qual obtém alimento. A explicação para a presença de saco vitelínico, aparentemente de pouca utilidade para os embriões desses mamíferos, é que se trata de um resquício evolutivo; tais estruturas eram importantes nos ancestrais ovíparos desses animais. (**Fig. 18.25**)

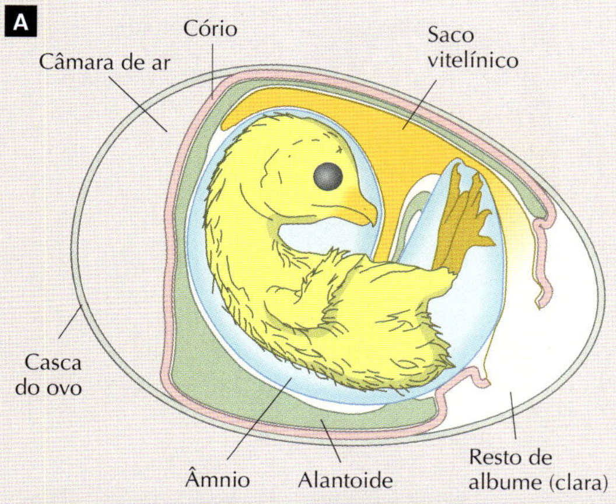

Figura 18.25 **A.** Representação esquemática de um embrião de galinha com 13 dias de incubação (a 8 dias do nascimento), mostrando a localização dos anexos embrionários. **B.** Radiografias colorizadas artificialmente de ovo de galinha em desenvolvimento e foto de um pinto recém-nascido. À esquerda, ovo com 6 dias de incubação; no centro, com 12 dias de incubação, mostrando o início da formação dos ossos; à direita, com 18 dias de incubação, faltando 3 dias para o nascimento. (Imagens sem escala, cores-fantasia.)

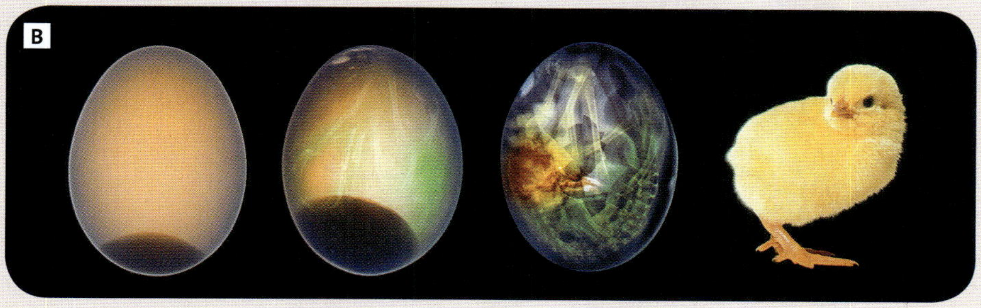

Âmnio

O **âmnio** é uma membrana formada pelo crescimento conjunto do ectoderma e da somatopleura (mesoderma) ao redor do embrião, constituindo uma bolsa membranosa, a **bolsa amniótica**, que o envolve completamente. Essa bolsa é repleta de líquido e tem por função manter o embrião em um ambiente líquido, prevenindo a dessecação e amortecendo choques mecânicos.

Alantoide

O **alantoide** é uma evaginação membranosa da parede do arquêntero, formada pelo crescimento conjunto de endoderma e esplancnopleura. Esse anexo embrionário tem, portanto, a mesma constituição da membrana do saco vitelínico. A principal função do alantoide é armazenar as substâncias excretadas pelos rins do embrião, principalmente ácido úrico. Além disso, o alantoide participa da respiração do embrião em parceria com outro anexo embrionário, o cório.

Cório

O **cório**, ou **serosa**, é uma membrana formada pelo crescimento conjunto da somatopleura e do ectoderma, constituindo uma bolsa membranosa que envolve todos os outros anexos embrionários, inclusive a bolsa amniótica que contém o embrião. O cório se desenvolve e encosta-se à membrana junto à casca. Ao mesmo tempo, o alantoide também cresce e ocupa todo o espaço disponível, de modo que sua face externa entra em contato com o cório junto à casca. O conjunto formado pela associação entre o cório e o alantoide, o **alantocório**, ou **corioalantoide**, é ricamente vascularizado, o que permite uma eficiente troca de gases entre os tecidos embrionários e o ar ao redor da casca. (**Fig. 18.26**)

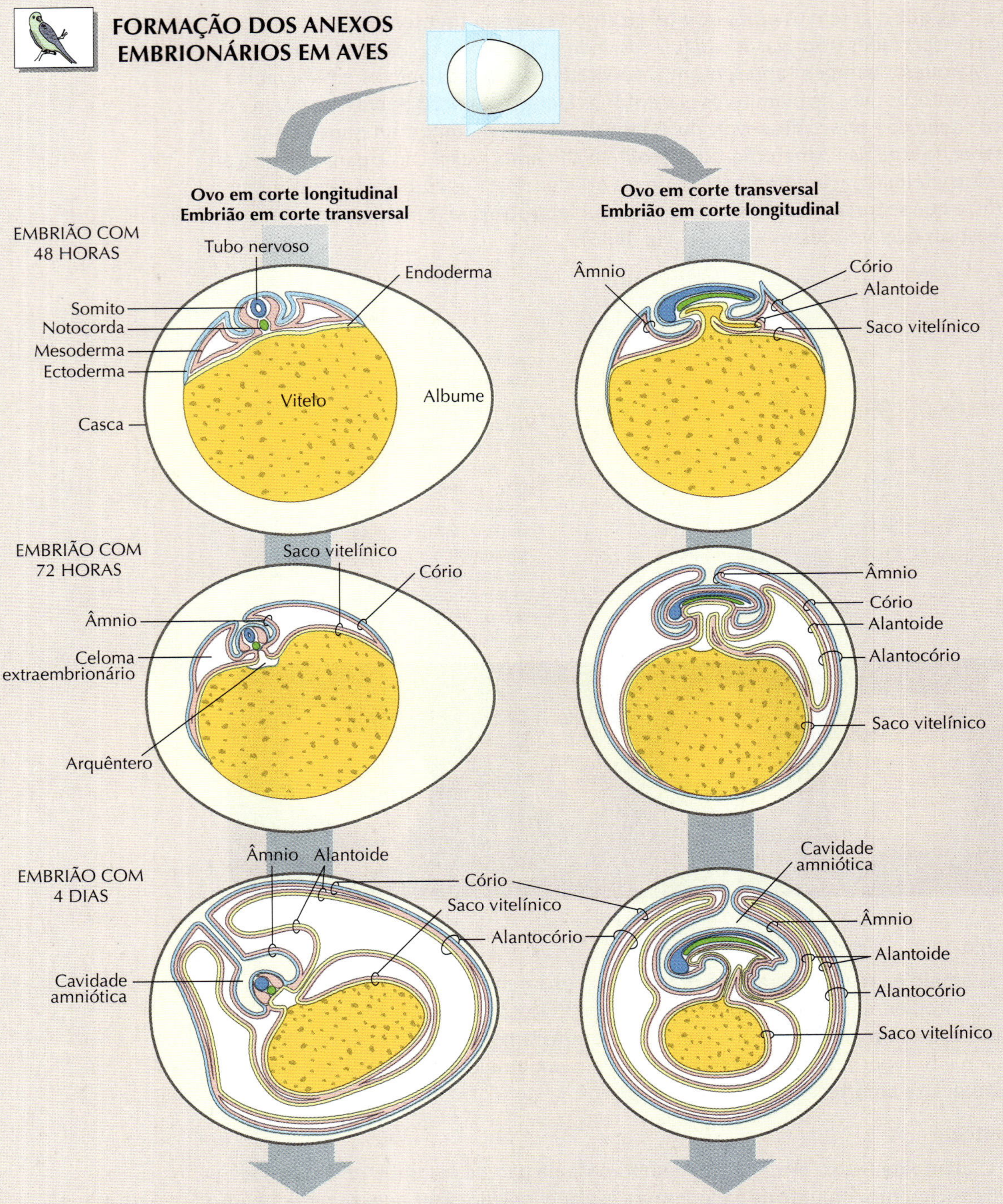

Figura 18.26 Representação esquemática do desenvolvimento dos anexos embrionários em galinha. À esquerda, três estágios do desenvolvimento de um ovo, em corte longitudinal; o embrião aparece cortado transversalmente. À direita, estágios correspondentes do ovo em corte transversal; o embrião aparece cortado longitudinalmente. (Imagem sem escala, cores-fantasia.) (Baseado em Houillon, C., 1972.) Analise a figura acompanhando as explicações no texto.

ATIVIDADES

QUESTÕES PARA PENSAR E DISCUTIR

Questões objetivas

Considere as alternativas a seguir para responder às questões 1 e 2.
a) Blástula.
b) Gástrula.
c) Mórula.
d) Nêurula.

1. Como se denomina a fase do desenvolvimento embrionário em que o embrião é uma esfera compacta de células?

2. Em que estágio do desenvolvimento embrionário dos vertebrados se formam os somitos?

3. Os três folhetos germinativos característicos dos embriões de animais triblásticos são
a) mórula, blástula e gástrula.
b) ectoderma, mesoderma e endoderma.
c) micrômero, blastômero e macrômero.
d) blastocela, arquêntero e celoma.

4. Qual é o nome da cavidade totalmente revestida por mesoderma, presente no corpo de animais triblásticos e cuja função é acomodar os órgãos internos?
a) Arquêntero.
b) Blastocela.
c) Blastóporo.
d) Celoma.

5. Um embrião de vertebrado em fase de nêurula apresenta, do dorso para o ventre, as seguintes estruturas:
a) tubo nervoso, tubo digestório e notocorda;
b) tubo nervoso, notocorda e tubo digestório;
c) notocorda, tubo nervoso e tubo digestório;
d) notocorda, tubo digestório e tubo nervoso.

Questões discursivas

6. As sequências de figuras, abaixo, representam estágios do desenvolvimento inicial de anfioxo (A) e de anfíbio (B).

A
B

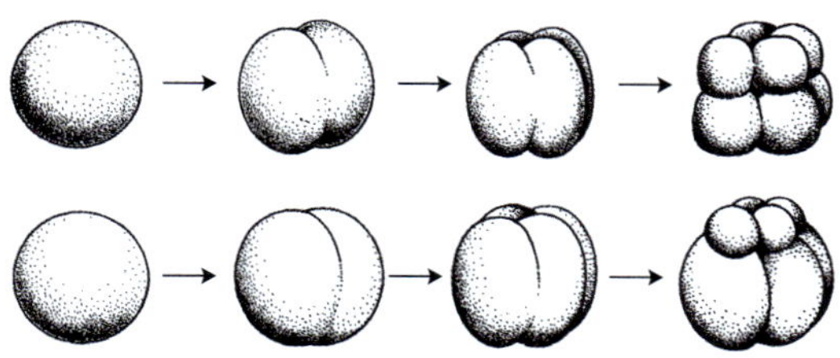

Em que diferem os processos que ocorrem em A e B? Como se explica a diferença?

7. Os esquemas a seguir representam dois momentos de embriogênese do anfioxo (1 em corte longitudinal e 2 em corte transversal).

①

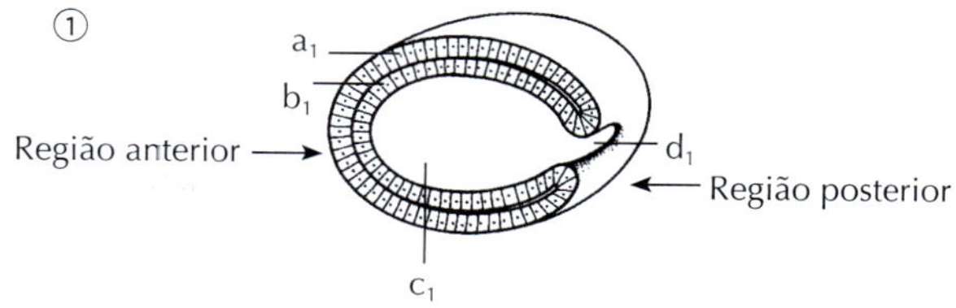

②

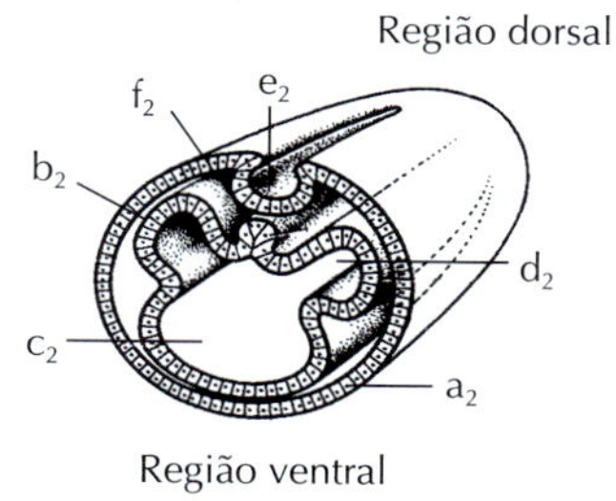

Com relação ao esquema 1, responda:
a) Em que fase de desenvolvimento se encontra o embrião representado?
b) Qual é o nome das partes indicadas?

Com relação ao esquema 2, responda:
a) Que estágio de desenvolvimento está se iniciando?
b) Quais são os nomes das partes indicadas?
c) O esquema 2 representa um embrião em que vários processos estão se iniciando. Utilizando o mesmo tipo de desenho, represente o embrião em um estágio mais avançado, no qual os processos iniciados em 2 estejam finalizados. Coloque legendas.

VESTIBULARES PELO BRASIL

Questões objetivas

1 (Cesupa-PA) A figura abaixo esquematiza, de modo simplificado, a continuidade celular através das gerações. Células germinativas masculinas e femininas fundem-se para formar o zigoto, que se multiplica sucessivamente, originando as demais células que compõem o corpo do novo indivíduo.

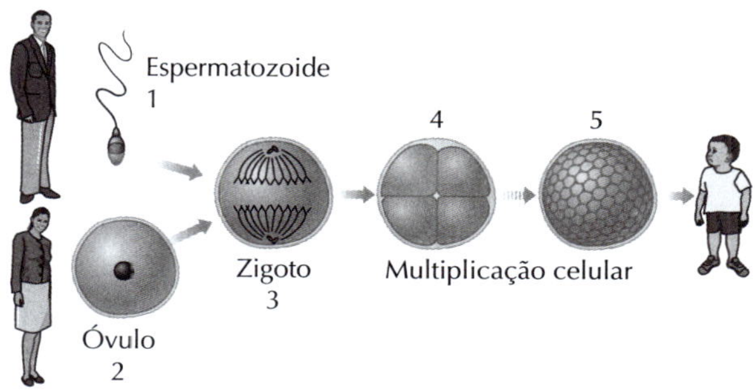

Sobre as fases dos processos de fecundação e desenvolvimento embrionário em questão, identificadas na figura pelos algarismos 1, 2, 3, 4 e 5, pode-se dizer que

a) as células **1** e **2** são diploides.

b) a célula **3** sofrerá clivagem do tipo completa e igual.

c) a célula **4** está constituída por macrômeros e micrômeros.

d) a célula **5** representa, seguramente, a fase de gastrulação.

2 (Unifap) As células-ovo da maioria das espécies animais apresentam substâncias nutritivas denominadas vitelo, sendo este formado por uma mistura de proteínas e gorduras. Considerando a quantidade e distribuição do vitelo, as células-ovo são classificadas em quatro tipos, conforme agrupadas a seguir. [Dê como resposta a soma dos números associados às proposições corretas.]

01) Ovos telolécitos apresentam grande quantidade de vitelo, distribuída de forma heterogênea no citoplasma. Possuem um polo vegetativo com maior concentração de vitelo e um polo animal que apresenta menos vitelo.

02) Ovos heterolécitos possuem grande quantidade de vitelo, que ocupa praticamente a totalidade da célula.

04) Ovos isolécitos mostram uma pequena quantidade de vitelo, distribuída de forma homogênea no citoplasma.

08) Ovos centrolécitos apresentam pequena quantidade de vitelo presente no centro do zigoto.

3 (Ufac) Observe a sequência de ovos abaixo e assinale a alternativa correta.

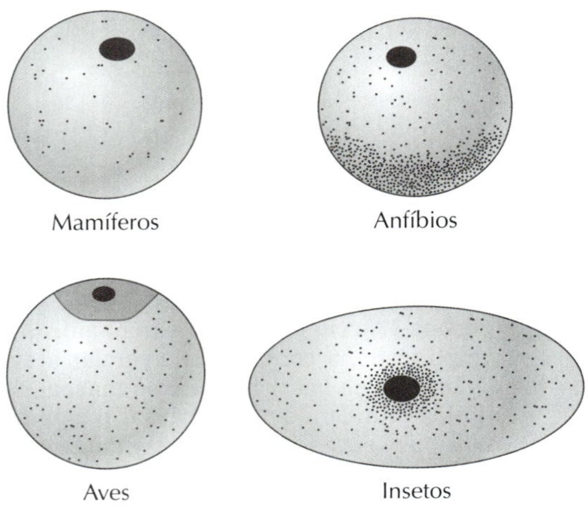

I. O ovo pertencente aos mamíferos é o tipo oligolécito. Esse ovo apresenta bastante vitelo e sua clivagem é holoblástica desigual. A fase de gástrula desse ovo apresenta uma estrutura denominada blastóporo que originará a futura boca do animal em desenvolvimento.

II. O ovo pertencente aos anfíbios apresenta clivagem holoblástica desigual e sua fase de gástrula apresenta o fenômeno de epibolia, um fenômeno no qual os micrômetros penetram na blastocele.

III. O ovo dos insetos denomina-se centrolécito e apresenta clivagem em toda a sua superfície (clivagem superficial). Em uma fase mais adiantada do desenvolvimento, forma-se uma camada de células na periferia circundando o vitelo.

IV. O ovo das aves apresenta clivagem holoblástica total de modo que todos os blastômeros têm o mesmo tamanho.

V. O ovo heterolécito pertence aos anfíbios enquanto o ovo oligolécito pertence aos mamíferos. Ambos têm padrão de clivagem holoblástica total originando blastômeros de tamanho igual.

a) As afirmações I, II e II são corretas.

b) A afirmação I é incorreta, enquanto as afirmações II e IV são corretas.

c) As afirmações IV e V são corretas e II, incorreta.

d) Somente as afirmações I e V são corretas.

e) Somente as afirmações II e III são corretas.

4 (Uespi) O zigoto que se forma após a fecundação normal inicia um processo de divisão celular conhecido como

a) gastrulação.

b) celomação.

c) meiose.

d) clivagem.

e) compactação.

5 (Unifor-CE) Um zigoto de sapo dividiu-se em duas células que se separaram e cada uma delas originou um embrião completo. O fenômeno que produziu esses gêmeos iniciou-se na fase de

a) fecundação.

b) clivagem.

c) blástula.

d) gástrula.

e) nêurula.

6 (UFPI) O desenvolvimento embrionário nos animais pode ser dividido em três etapas principais: segmentação, gastrulação e organogênese. Sobre essas etapas do processo, coloque V (verdadeiro) ou F (falso).

1. ( ) Na segmentação holoblástica desigual, formam-se blastômeros de tamanhos diferentes (micrômeros e macrômeros) e ocorrem em ovos isolécitos.

2. ( ) A segmentação normalmente ocorre em duas fases: mórula e blástula, e a cavidade central que se observa na blástula recebe o nome de blastocele.

3. ( ) Na organogênese, ocorre a diferenciação de tecidos a partir dos folhetos germinativos e a diferenciação de órgãos e sistemas, a partir da interação entre tecidos distintos.

4. ( ) Na gastrulação, inicia-se a diferenciação dos folhetos embrionários que darão origem aos tecidos e órgãos: ectoderma, endoderma e mesoderma. Animais como poríferos e moluscos são classificados como diblásticos e triblásticos, respectivamente.

7 (UFPE) Considerando as estruturas abaixo, relacionadas ao desenvolvimento embrionário de cordados, analise a figura e as proposições apresentadas. [Assinale as opções corretas.]

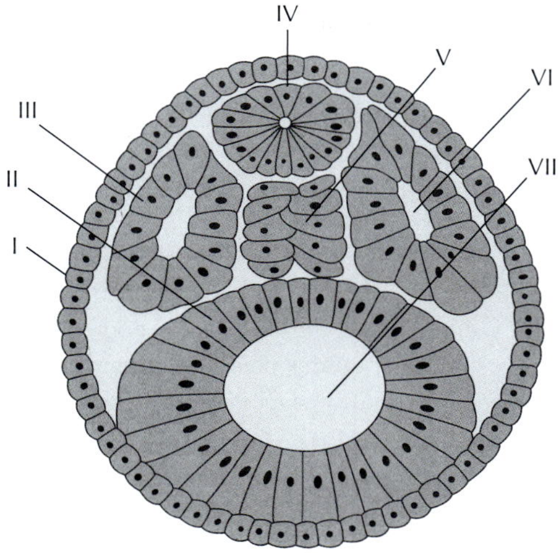

0-0) O ectoderma (I) forma o tubo neural (tubo nervoso) (IV).

1-1) O endoderma (II) delimita o celoma (VI), estrutura presente nos platelmintos e outros animais.

2-2) O mesoderma (III) é diferenciado a partir de células da notocorda (V) e dá origem ao arquêntero.

3-3) Os cordados são animais que possuem notocorda (V), a qual é substituída pela coluna vertebral em diferentes animais, como anfíbios, répteis, aves e mamíferos.

4-4) O arquêntero, mostrado em (VII), representa o intestino primitivo do animal.

8 (Fesp-CE-Adaptado) Para que o trecho abaixo apresente sentido correto, os algarismos I, II, III e IV devem ser substituídos por palavras que se encontram no quadro de alternativas.

Na fase de mórula, o ovo do anfioxo é constituído de células menores, denominadas (I), e células maiores, denominadas (II). A seguir, entre essas células surge uma cavidade que aumenta durante as divisões seguintes.

Essa cavidade é denominada (III) e caracteriza a fase do desenvolvimento chamada (IV).

Qual alternativa apresenta as palavras que substituem corretamente os algarismos I, II, III, e IV?

	I	II	III	IV
a)	glóbulos polares	ovogônias	blastóporo	fetal
b)	micrômeros	macrômeros	blastocela	blástula
c)	espermatogônias	blastômeros	antro	somítica
d)	espermatócitos	ovócitos	arquêntero	nêurula
e)	espermatozoides	óvulos	celoma	gástrula

9 (Uece) Na embriogênese, durante o processo de formação dos tecidos e órgãos, os condroblastos — células que originam a cartilagem constituinte inicial das vértebras e das costelas — são diferenciados a partir da seguinte parte de um somito:

a) esclerótomo.
b) miótomo.
c) dermátomo.
d) mesômero.

10 (UFC-CE-Adaptado) Quais são as alternativas em que estão relacionados, corretamente, a estrutura definitiva do homem adulto e o folheto embrionário que lhe deu origem?

	Estrutura definitiva	Folheto
a)	Epiderme	Ectoderma
b)	Coração	Mesoderma
c)	Musculatura lisa	Ectoderma
d)	Epitélio do tubo digestivo	Endoderma
e)	Cérebro	Ectoderma

11 (UEPB) Após a fecundação, o zigoto, célula totipotente, sofre sucessivas divisões até formar os tecidos embrionários. Os animais triblásticos apresentam, na sua fase embrionária, ectoderme, mesoderme e endoderme, que originarão todos os tecidos definitivos do ser. Os tecidos que apresentam a mesma origem embrionária são:

a) epiderme, receptores sensitivos, glândulas anexas ao tubo digestório e vasos.
b) sangue, esqueleto apendicular, derme e coração.
c) medula espinal, anexos da epiderme, esqueleto axial e peritônio.
d) cérebro, medula espinal, coração e crânio.
e) revestimento da bexiga urinária, revestimento do sistema respiratório, epiderme e esmalte dos dentes.

12 (Uece) O aparecimento do âmnio foi uma apomorfia (característica derivada) que possibilitou aos vertebrados deixarem a água para viverem em terra. Podemos afirmar corretamente que, além de possibilitar o meio líquido para o desenvolvimento embrionário, outra fundamental função do saco amniótico é

a) armazenar substâncias nutritivas.
b) proteger o feto contra choques mecânicos.
c) nutrir o embrião.
d) acumular excreções embrionárias.

13 (FCC-BA) A proteção mecânica do embrião dos mamíferos é realizada fundamentalmente

a) pelo alantoide.
b) pela placenta.
c) pelo saco vitelínico.
d) pelo cordão umbilical.
e) pelo âmnio.

14 (UFPI) Embriões de peixes, anfíbios, répteis e mamíferos durante seu desenvolvimento apresentam estruturas anexas a partir dos folhetos germinativos, conhecidas como anexos embrionários, que são estruturas fundamentais para a manutenção da integridade do embrião, garantindo seu desenvolvimento. Assinale a alternativa correta com dois (2) representantes em relação à presença de bolsa amniótica e dois (2) em relação à ausência de cório, respectivamente:

a) peixes, aves; anfíbios e répteis.
b) mamíferos, aves; répteis e peixes.
c) aves, répteis; peixes e anfíbios.
d) anfíbios, aves; peixes e aves.
e) peixes, mamíferos; aves e anfíbios.

15 (UFMS) Em relação aos folhetos embrionários, também denominados folhetos germinativos, que durante o desenvolvimento do organismo darão origem a diferentes tecidos, assinale a(s) proposição(ões) correta(s). [Dê como resposta a soma dos números associados a proposições corretas.]

001) Animais diploblásticos apresentam apenas o ectoderma e o endoderma.
002) Os músculos apresentam origem endodérmica.
004) Os ossos e o sistema urogenital apresentam origem mesodérmica.
008) A fase de segmentação (clivagem) do embrião é caracterizada pela formação de uma cavidade denominada blastocele e pelo início da formação do endoderma e do ectoderma.
016) O sistema nervoso apresenta origem ectodérmica.
032) Animais triploblásticos apresentam somente o mesoderma e o ectoderma.

16 (UEMS) Nos vertebrados, ao longo do desenvolvimento embrionário, a notocorda é substituída

a) pelo cordão nervoso.
b) pela coluna vertebral.
c) pelo tubo neural.
d) pelo tubo digestivo.
e) pela placa dorsal.

17 (UCG-GO-Adaptado) Avalie a afirmação como verdadeira ou falsa.

( ) Considerando o desenvolvimento embrionário das aves, a segmentação do ovo é do tipo meroblástica e os anexos alantoide e saco vitelínico apresentam, respectivamente, as funções de trocas gasosas e de nutrição.

18 (Uerj) A partir de um ovo fertilizado de sapo, até a formação do girino, ocorre uma série de divisões celulares. A distribuição percentual dos tipos de divisão celular, nesta situação, é a seguinte:

a) 100% mitose.
b) 100% meiose.
c) 50% meiose — 50% mitose.
d) 75% mitose — 25% meiose.

19 (UFF-RJ) Os computadores estão se tornando ferramenta de ensino, permitindo o acesso de um alto nível de informação oriunda de biblioteca e *sites* especializados de universidades e escolas. Entretanto, na internet, encontram-se diversas informações oferecidas por *sites* não especializados, contendo erros graves, inclusive na área de biologia.

Suponha que a figura abaixo tenha sido encontrada em uma pesquisa sobre o tema embriologia na internet.

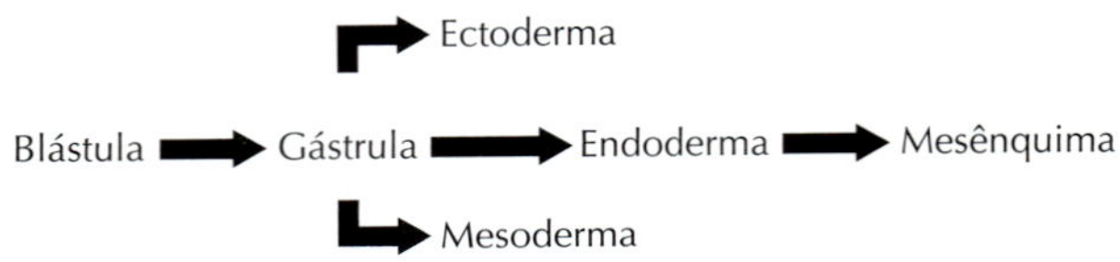

Após uma análise, conclui-se que houve um equívoco na elaboração da figura, equívoco esse que se refere à posição do

a) ectoderma, pois ele se origina do mesoderma.
b) endoderma, pois ele se origina do ectoderma.
c) mesênquima, pois este se origina do endoderma.
d) mesênquima, pois ele se origina do mesoderma.
e) mesênquima, pois este se origina do ectoderma.

20 (Uerj) Em uma experiência que procurava estudar a participação dos tecidos embrionários na formação dos órgãos primitivos, um embriologista transplantou o lábio dorsal do blastóporo de uma gástrula para a região ventral de outra, conforme demonstra o esquema abaixo:

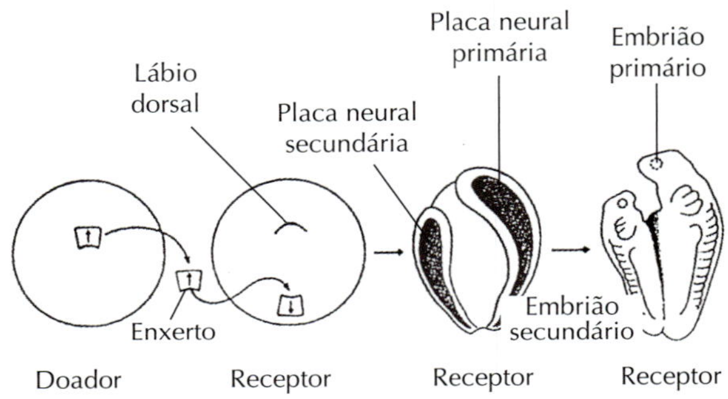

A partir do implante, um novo embrião se desenvolveu.

Esse resultado pode ser atribuído ao seguinte fator:

a) existência da placa neural no lábio dorsal transplantado.
b) presença de célula germinativa já fecundada no transplante.
c) atuação do lábio dorsal sobre os tecidos do organismo receptor.
d) fornecimento de abundante material nutritivo pelo tecido transplantado.

21 (UFSCar-SP) Observe o corte de um embrião, a seguir esquematizado.

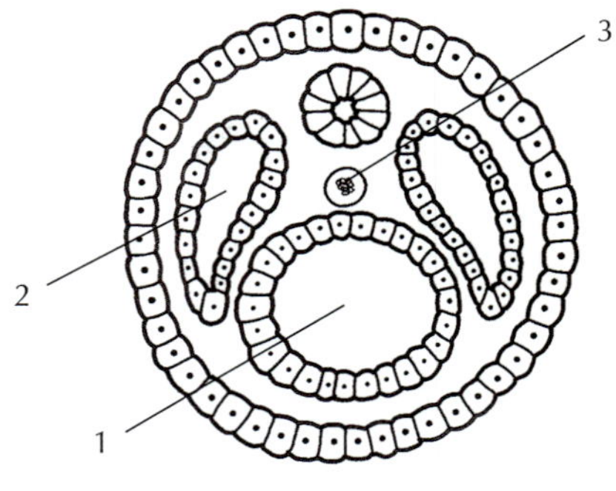

Os algarismos 1, 2 e 3 representam, respectivamente,

a) o arquêntero, o celoma, o tubo neural.
b) o arquêntero, a mórula, o tubo neural.
c) a mórula, a blástula, a notocorda.
d) o arquêntero, o celoma, a notocorda.
e) o celoma, o arquêntero, a notocorda.

22 (UFV-MG-Adaptado) Observe o esquema do embrião de um cordado, em corte transversal, e analise as afirmativas seguintes.

I. A letra D representa o endoderma.
II. Os pulmões originam-se a partir do folheto C.
III. O folheto indicado por B dá origem ao cérebro.
IV. O coração forma-se a partir do folheto indicado pela letra A.
V. Alterações no folheto D não podem afetar as glândulas do tubo digestório.

Assinale a alternativa que contém apenas afirmativas **verdadeiras**.

a) I, II e III.
b) III, IV e V.
c) I, III e IV.
d) II e III.
e) IV e V.

23 (PUC-Campinas-SP-Adaptado) O esquema representa o corte transversal de gástrula adiantada. Quais são os termos que substituem, respectivamente, os algarismos I, II, e III de forma correta?

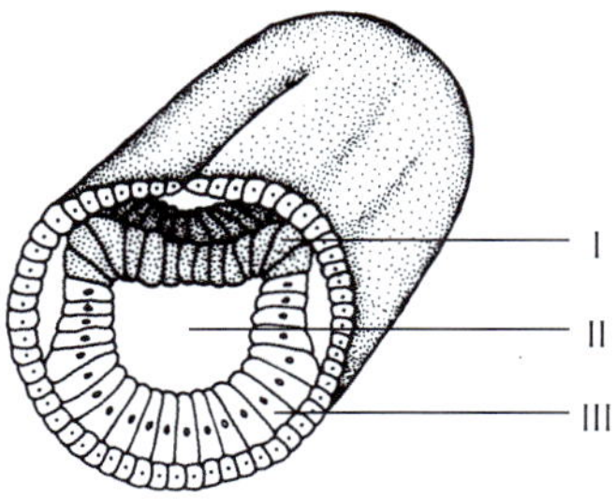

a) Mesoderma, arquêntero e endoderma.
b) Ectoderma, endoderma e mesoderma.
c) Mesoderma, endoderma e ectoderma.
d) Endoderma, endoderma e ectoderma.
e) Ectoderma, mesoderma e ectoderma.

24 (Unifal-MG) Durante o desenvolvimento embrionário dos vertebrados, o conjunto de células que se diferenciam dos blastômeros forma os folhetos germinativos e, posteriormente, as diversas células do corpo. Com relação a esse processo, analise as afirmativas a seguir.

I. O mesoderma origina as fibras musculares.
II. O ectoderma origina as células nervosas.
III. O endoderma origina as células do epitélio intestinal.

É **correto** o que se afirma em

a) I e II apenas.
b) II e III apenas.
c) I e III apenas.
d) I apenas.
e) I, II, e III.

25 (FGV-SP) Se houver problemas no desenvolvimento embrionário da mesoderme ou do mesênquima de um mamífero, este poderá apresentar posteriormente defeitos em quais dos seguintes três órgãos ou tecidos?

a) Tecido conjuntivo, sistema nervoso, esqueleto.
b) Esqueleto, epitélio do tubo digestivo, glândulas da epiderme.
c) Esqueleto, musculatura, tecido conjuntivo.
d) Epiderme, tecido conjuntivo, musculatura.
e) Epitélio do tubo digestório, sistema nervoso, tecido conjuntivo.

26 (UFVJM-MG) Observe o desenho abaixo, que representa um ovo de ave em desenvolvimento embrionário.

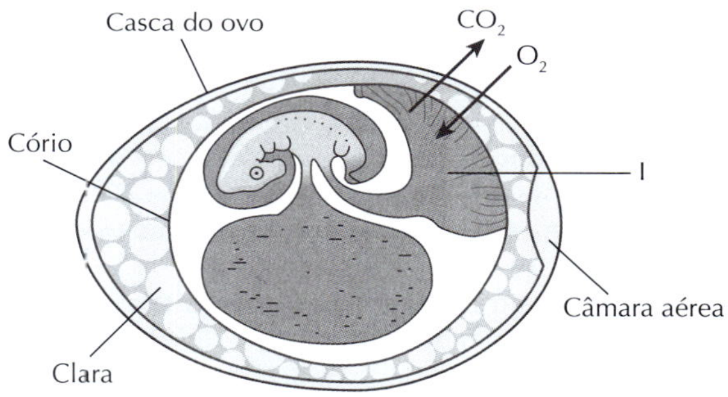

Com base nessa observação, é **correto** afirmar que a estrutura indicada em I representa

a) o âmnio, que acumula o líquido amniótico, no qual se encontra o embrião.
b) o saco vitelínico, que é uma estrutura que impede a desidratação do embrião.
c) o âmnio, que armazena as substâncias nutritivas para o embrião.
d) o alantoide, onde são armazenados os produtos nitrogenados da excreção.

27 (UFPR) Por "diferenciação celular", entende-se:

a) a evolução das células que determinam a formação do óvulo humano.
b) a sequência de formação das primeiras fases embrionárias.
c) a transformação celular para formação dos espermatozoides.
d) a formação, a partir dos blastômeros do embrião, dos diversos tipos de células e a disposição desses tipos em diferentes tecidos.
e) o mecanismo celular que dá formação aos meristemas vegetais.

28 (UFPR) Fase do desenvolvimento embrionário caracterizada pelo estabelecimento dos três folhetos germinativos (ectoderma, mesoderma e endoderma) e por intensos movimentos morfogenéticos:

a) Gastrulação.
b) Clivagem.
c) Morfogênese.
d) Fecundação.
e) Apoptose.

29 (UEL-PR) Analise a figura abaixo que representa um dos estágios do desenvolvimento embrionário do anfioxo em corte transversal.

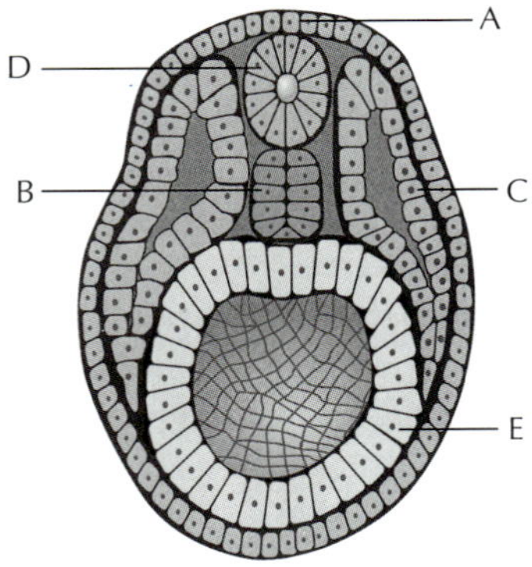

Com base na figura e nos conhecimentos sobre a embriologia do anfioxo, considere as afirmativas a seguir.

I. A figura representa um embrião no estágio de nêurula.
II. As setas A, B, e C apontam respectivamente o endoderma, a notocorda e o mesoderma.
III. As estruturas apontadas pelas setas B e D darão origem, respectivamente, à coluna vertebral e ao sistema nervoso central.
IV. As estruturas apontadas pelas setas A e E darão origem a tecidos epiteliais de revestimento.

A alternativa que contém todas as afirmativas corretas é:

a) I e IV.
b) II e III
c) I, II e III.
d) I, III e IV.
e) II, III e IV.

30 (Udesc) Em uma determinada fase o embrião é formado por duas camadas de células: a ectoderme e a endoderme e, mais tarde, surge uma terceira camada, a mesoderme. Essas camadas originam os tecidos do organismo.

Em relação a isso, assinale a alternativa **incorreta**.

a) A mesoderme origina os tecidos conjuntivos, os musculares e o sangue.
b) Os tecidos cartilaginoso, adiposo, ósseo e hematopoiético originam-se das células mesenquimais, que são um grupo de células da mesoderme.
c) A ectoderme origina o tecido que reveste externamente o corpo (a epiderme) e o sistema nervoso.
d) O sistema reprodutor e o excretor originam-se da ectoderme e endoderme.
e) A endoderme origina o tecido que reveste internamente o corpo (revestimento de tubo digestório e respiratório).

31 (UFRGS-RS) Os folhetos embrionários, através de processos de desenvolvimento e diferenciação, darão origem a diferentes estruturas nos indivíduos adultos. Considere as afirmações abaixo relacionadas ao desenvolvimento embriológico.

I. A ectoderme origina a medula espinal.
II. A mesoderme origina o tecido muscular e ósseo.
III. A endoderme origina o tecido urogenital.

Quais estão corretas?

a) Apenas I.
b) Apenas I e II.
c) Apenas I e III.
d) Apenas II e III.
e) I, II e III.

32 (UFRGS-RS-Adaptado) A figura representa um embrião típico de vertebrado. Na coluna abaixo, estão relacionadas estruturas (1, 2, 3, 4, 5, 6) derivadas dos folhetos A, B, C e D no adulto.

1. Epiderme da pele
2. Músculos
3. Revestimento do sistema digestório
4. Ossos
5. Cérebro
6. Esmalte dos dentes

Considerando a relação folheto e respectiva estrutura, qual das alternativas apresenta a sequência correta?

a) 1 — A; 2 — C; 3 — D; 4 — C; 5 — B; 6 — A.
b) 1 — A; 2 — B; 3 — B; 4 — D; 5 — A; 6 — B.
c) 1 — B; 2 — A; 3 — C; 4 — A; 5 — B; 6 — A.
d) 1 — C; 2 — D; 3 — B; 4 — A; 5 — A; 6 — D.
e) 1 — C; 2 — D; 3 — A; 4 — D; 5 — C; 6 — B.

Questões discursivas

33 (Unicamp-SP) As fases iniciais do desenvolvimento embrionário do anfioxo estão representadas nas figuras abaixo.

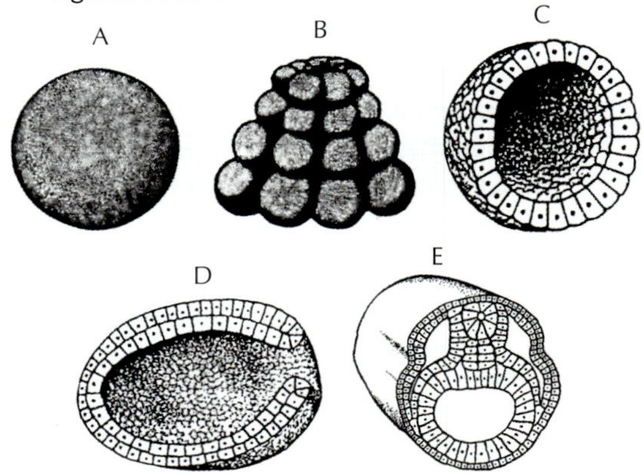

a) Identifique essas fases.

b) Descreva as diferenças de cada uma delas em relação à fase anterior.

34 (UFSCar-SP) "As mais versáteis são as células-tronco embrionárias (TE) isoladas pela primeira vez em camundongos, há mais de 20 anos. As células TE vêm da região de um embrião muito jovem que, no desenvolvimento normal, forma as três camadas germinativas distintas de um embrião mais maduro e, em última análise, todos os diferentes tecidos do corpo."

Scientific American Brasil, jul. 2004.

a) Quais são as três camadas germinativas a que o texto se refere?

b) Ossos, encéfalo e pulmão têm, respectivamente, origem em quais dessas camadas germinativas?

35 (Unesp) A figura representa o esquema de um corte transversal de um embrião de cordado na fase de nêurula.

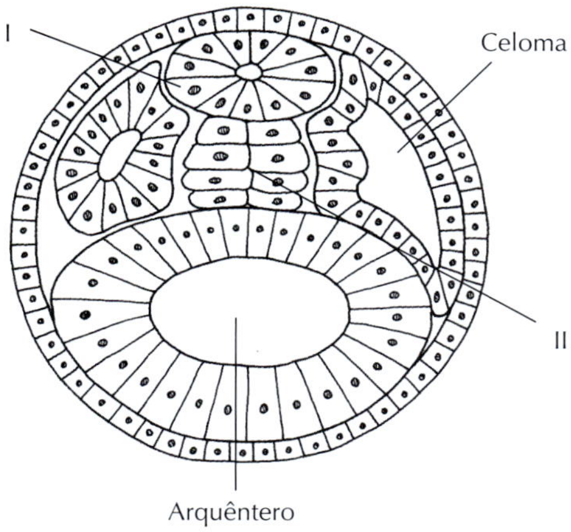

Observe o esquema e responda.

a) Que estrutura se originará da porção embrionária apontada pela seta I, e que denominação receberá, nos mamíferos adultos, a estrutura indicada na seta II?

b) Quais as fases da embriogênese que antecedem a fase de nêurula?

36 (Fuvest-SP)

a) Qual a função desempenhada pelo âmnio no desenvolvimento embrionário?

b) Quais os grupos de vertebrados que apresentam essa estrutura?

37 (Unicamp-SP) Os primeiros vertebrados a ocupar o ambiente terrestre foram os anfíbios, que, porém, ainda necessitam retornar à água para a reprodução. A independência da água foi conseguida posteriormente através de novidades evolutivas, como as relacionadas ao ovo.

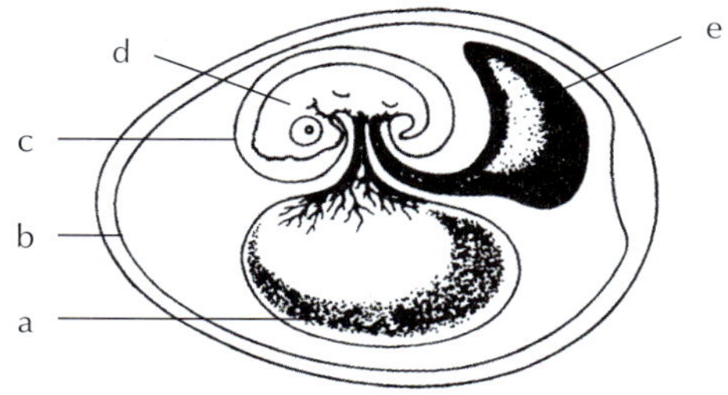

a) Indique as letras do esquema que correspondem às estruturas que aparecem só a partir desse tipo de ovo. Identifique as estruturas indicadas.

b) Cite outra adaptação reprodutiva para a vida animal em ambiente terrestre.

UNIDADE E

Capítulo **19**

Desenvolvimento embrionário de mamíferos

De uma célula a seis toneladas

Por incrível que possa parecer, um elefante de 6 toneladas começa a vida como uma célula-ovo de apenas 0,15 mm de diâmetro. Esse notável desenvolvimento ocorre graças à ação conjunta de três processos: multiplicação, crescimento e diferenciação celulares.

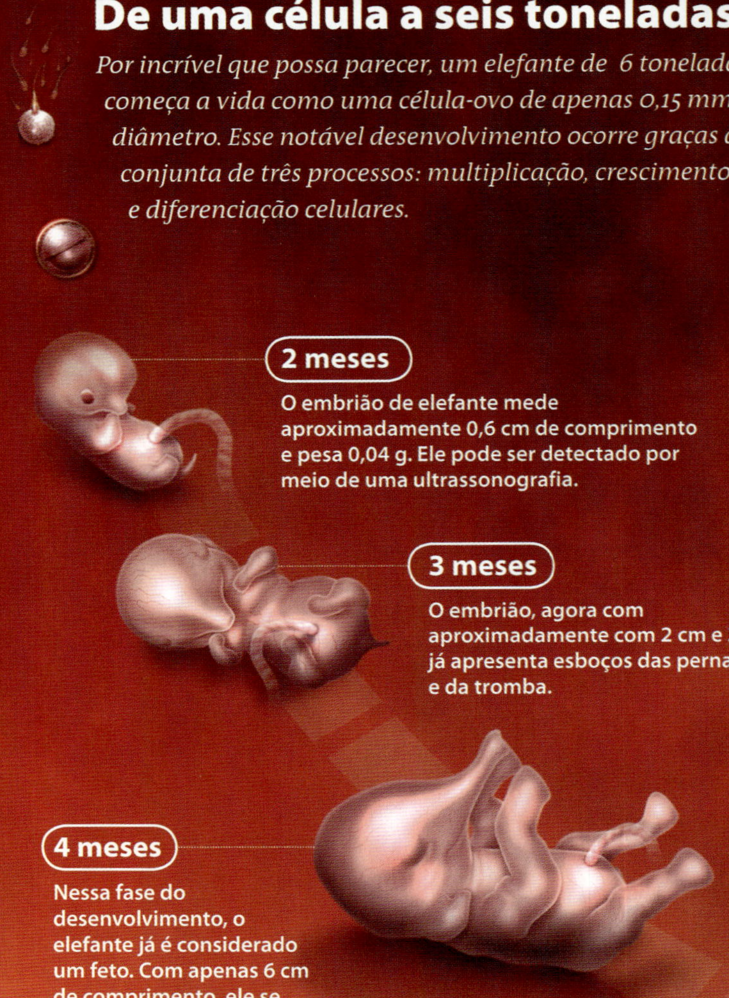

2 meses

O embrião de elefante mede aproximadamente 0,6 cm de comprimento e pesa 0,04 g. Ele pode ser detectado por meio de uma ultrassonografia.

3 meses

O embrião, agora com aproximadamente com 2 cm e 2 g, já apresenta esboços das pernas e da tromba.

4 meses

Nessa fase do desenvolvimento, o elefante já é considerado um feto. Com apenas 6 cm de comprimento, ele se assemelha aos pais, mas a cabeça é muito grande, correspondendo a cerca de 40% do tamanho.

5 meses

Nessa fase, o feto tem aproximadamente 10 cm de comprimento e 100 g. Diversos órgãos corporais estão se desenvolvendo, entre eles os pulmões.

Diferentes períodos de gestação

Nos mamíferos placentários, o tempo de gestação geralmente está relacionado ao tamanho do animal.

O surgimento de um novo animal é um acontecimento surpreendente; em primeiro lugar, as células haploides dos genitores se fundem e originam uma célula diploide, o zigoto. Este dá início ao monumental conjunto de transformações que origina uma nova pessoa, única no mundo.

Neste capítulo estudaremos o desenvolvimento embrionário dos mamíferos e, em particular, o desenvolvimento humano, desde a fecundação até o parto.

19.1 Aspectos gerais do desenvolvimento em mamíferos

Os primeiros estudos do desenvolvimento embrionário dos mamíferos eram limitados pelo pequeno tamanho do zigoto desses animais. Atualmente, a sofisticada tecnologia à disposição dos cientistas tem permitido avançar no estudo do desenvolvimento embrionário, em particular o da espécie humana.

19.2 Embriologia dos mamíferos placentários

Nos mamíferos placentários, o desenvolvimento embrionário ocorre dentro do útero. O embrião liga-se ao organismo materno por meio da placenta.

19.3 Parto

Na espécie humana, o parto natural consiste na expulsão do feto por contrações rítmicas da musculatura uterina e ocorre ao fim do nono mês de gravidez, cerca de 266 dias após a fecundação.

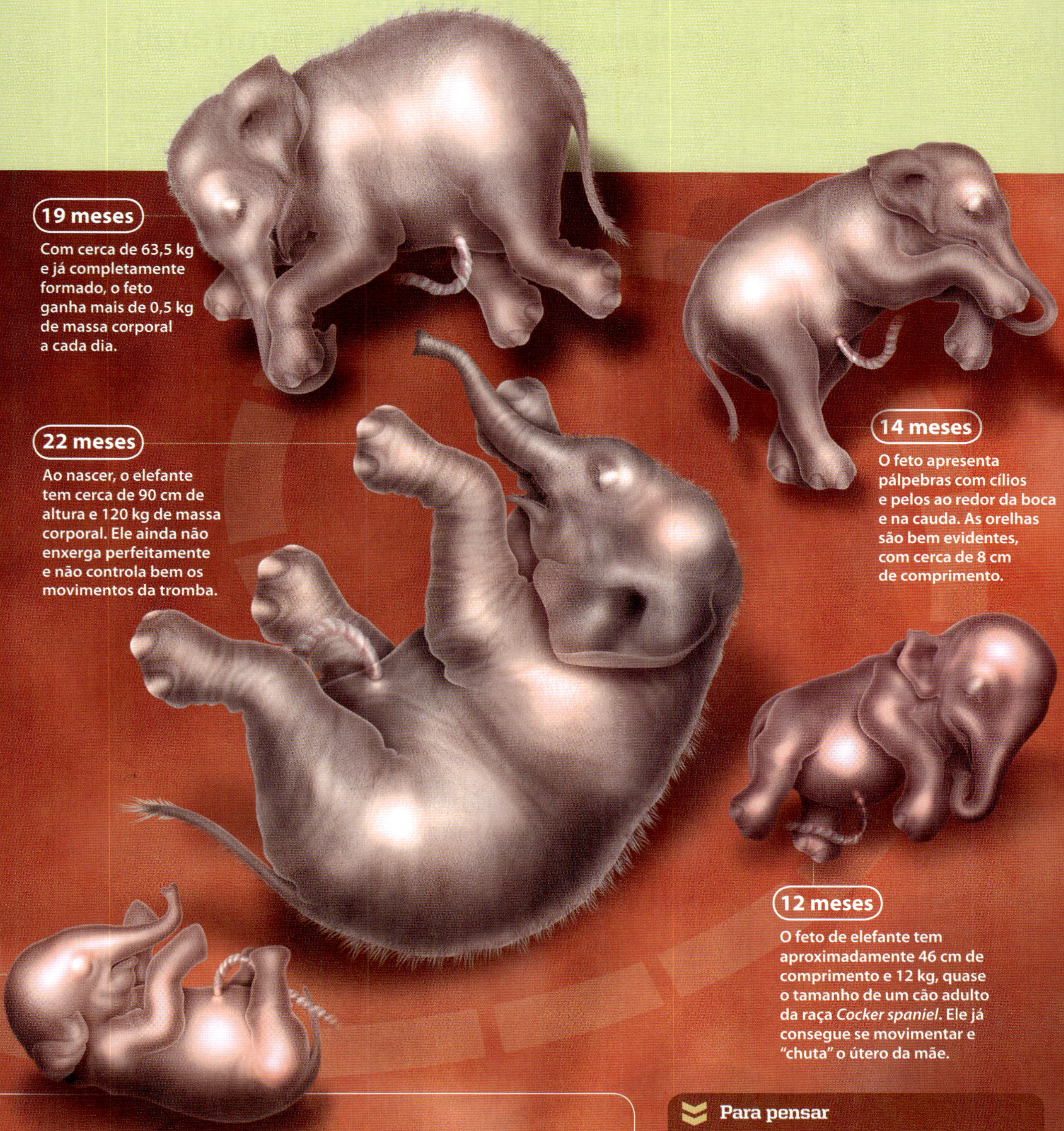

12 meses

O feto de elefante tem aproximadamente 46 cm de comprimento e 12 kg, quase o tamanho de um cão adulto da raça *Cocker spaniel*. Ele já consegue se movimentar e "chuta" o útero da mãe.

14 meses

O feto apresenta pálpebras com cílios e pelos ao redor da boca e na cauda. As orelhas são bem evidentes, com cerca de 8 cm de comprimento.

19 meses

Com cerca de 63,5 kg e já completamente formado, o feto ganha mais de 0,5 kg de massa corporal a cada dia.

22 meses

Ao nascer, o elefante tem cerca de 90 cm de altura e 120 kg de massa corporal. Ele ainda não enxerga perfeitamente e não controla bem os movimentos da tromba.

A baleia-azul é uma exceção; seu período de gestação é relativamente curto.

Os elefantes têm um filhote por vez e o período de gestação mais longo entre os mamíferos.

Para pensar

Um ovo telolécito de ornitorrinco, um mamífero ovíparo, tem cerca de 1 cm de diâmetro, enquanto um ovo de elefante, um mamífero placentário, tem aproximadamente 150 micrometros de diâmetro. Que relação se pode fazer entre o tipo de ovo e o tipo de desenvolvimento nesses animais?

Seção 19.1

Aspectos gerais do desenvolvimento em mamíferos

Objetivos

▸ Utilizar os conhecimentos sobre a reprodução humana na formação do pensamento crítico sobre assuntos polêmicos de cidadania, tais como controle da reprodução, aborto, fertilização *in vitro*, clonagem etc.

▸ Identificar as diferenças básicas entre os desenvolvimentos embrionários de monotremados, marsupiais e placentários.

Termos e conceitos

- monotremados
- marsupiais
- placentários

Os primeiros estudos do desenvolvimento embrionário dos mamíferos, no final do século XIX, eram dificultados pelo pequeno tamanho dos zigotos desses animais. O zigoto humano, por exemplo, tem apenas 100 μm (0,1 mm) de diâmetro, sendo cerca de 100 vezes menor que o zigoto de um anfíbio.

Outra dificuldade era a obtenção dos zigotos para estudo, pois as fêmeas de mamíferos produzem um número de óvulos incomparavelmente menor que fêmeas de sapo ou de ouriço-do-mar, animais classicamente usados em estudos embriológicos. E, para complicar ainda mais, os embriões da maioria dos mamíferos desenvolvem-se dentro do organismo materno, o que torna mais difícil seu estudo. Atualmente, a sofisticada tecnologia à disposição dos cientistas tem permitido superar parte dessas dificuldades e grandes avanços já foram feitos no estudo do desenvolvimento embrionário dos mamíferos, em particular o de nossa espécie.

Desenvolvimento embrionário nos diferentes grupos de mamíferos

Todos os mamíferos têm fecundação interna, mas o tipo de desenvolvimento embrionário varia entre os grupos de mamíferos, Prototheria (monotremados), Metatheria (marsupiais) e Eutheria (placentários), sendo esta uma das principais características que os diferencia.

Monotremados

Monotremados (clado Prototheria) são mamíferos encontrados atualmente apenas na Austrália e na Nova Guiné. Seus principais representantes são os ornitorrincos e os equidnas, que têm ovos telolécitos semelhantes aos dos répteis e, como estes, são ovíparos. O desenvolvimento embrionário dos monotremados é praticamente idêntico ao dos répteis.

Fêmeas de ornitorrinco fazem um ninho subterrâneo junto a rios, com entrada submersa, onde põem dois ou três ovos dotados de casca coriácea, cada um medindo entre 1 e 1,5 centímetro de diâmetro. Se os ovos tiverem sido fecundados, no momento da postura já conterão um embrião em estágio de nêurula, com os anexos embrionários em processo de diferenciação. A fêmea incuba os ovos até a eclosão, quando a casca se rompe e nascem os filhotes, ainda imaturos. Estes se alimentam de leite produzido por glândulas mamárias localizadas no ventre da fêmea que, no entanto, não tem mamilos: o leite escorre entre os pelos e é lambido pelos filhotes. (**Fig. 19.1**)

Figura 19.1 Mamíferos monotremados: abaixo, à esquerda, ornitorrinco e à direita, equidna. Esses animais têm características consideradas "primitivas", como cloaca (abertura única comum aos sistemas digestório e urogenital) e ovos que se desenvolvem externamente ao corpo da mãe. Entretanto, como os demais mamíferos, têm glândulas mamárias e pelos.

Marsupiais

Marsupiais (clado Metatheria) são mamíferos típicos da Austrália; seus representantes mais conhecidos são os cangurus, os coalas e os lobos-da-tasmânia. Na América do Sul, há poucas espécies de marsupiais, representadas pelos gambás e cuícas. As fêmeas desse grupo em geral possuem uma bolsa de pele no ventre – o **marsúpio** – onde os filhotes completam o desenvolvimento após serem expelidos ainda imaturos do útero materno.

O embrião dos marsupiais começa o desenvolvimento no interior do corpo da mãe, inicialmente nutrindo-se do pouco vitelo armazenado no ovo, do tipo oligolécito. No decorrer do desenvolvimento, forma-se um saco vitelínico que entra em contato com a parede uterina, originando uma placenta rudimentar, a chamada placenta vitelínica, por meio da qual o embrião passa a nutrir-se, a respirar e a eliminar as excreções. Após um curto período de gestação, entre 12 e 14 dias no gambá sul-americano e entre 38 e 40 dias nos cangurus australianos, nascem filhotes ainda incompletamente formados.

Na maioria dos marsupiais, o filhote recém-nascido agarra-se aos pelos da mãe e desloca-se até o marsúpio, que cobre os mamilos, onde desembocam glândulas mamárias. O filhote abocanha um dos mamilos e permanece preso a ele, sugando leite, até completar o desenvolvimento embrionário. (**Fig. 19.2**)

Figura 19.2 Mamíferos marsupiais. **A.** Cuíca, um marsupial sul-americano, com filhotes. **B.** Canguru com filhote no marsúpio.

Placentários

Os **placentários** (clado Eutheria) compreendem 95% das espécies de mamíferos; são os cães, gatos, girafas, cavalos, elefantes, coelhos, ratos, dentre outros, além de nossa própria espécie. O ovo dos mamíferos placentários quase não tem vitelo, sendo por isso chamado de **alécito** (do grego *a*, não, e *lecitos*, referente ao vitelo), em vez de oligolécito. A segmentação é holoblástica e apresenta algumas particularidades, mencionadas adiante.

O desenvolvimento embrionário ocorre no interior do **útero** materno. Os embriões em desenvolvimento ligam-se à parede uterina por meio da **placenta**, órgão formado pela conjugação de tecidos maternos e embrionários. Pela placenta, o embrião recebe nutrientes e gás oxigênio do sangue da mãe e elimina gás carbônico e excreções resultantes de seu metabolismo. (**Fig. 19.3**)

Figura 19.3 Gnu em trabalho de parto. O desenvolvimento embrionário dos placentários ocorre inteiramente no útero materno.

Embriologia dos mamíferos placentários

Objetivos

- Compreender a formação de folhetos germinativos e anexos embrionários no desenvolvimento embrionário de mamíferos.
- Explicar, em linhas gerais, o processo de nidação e o papel da membrana pelúcida.
- Conceituar placenta e explicar sua função.

Termos e conceitos

- membrana pelúcida
- blastocisto
- nidação
- gonadotrofina coriônica
- placenta
- cordão umbilical

1 Segmentação e formação do blastocisto

Nos mamíferos, o que chamamos de "óvulo" é, na verdade, um ovócito secundário estacionado na metáfase II da meiose. Como já foi mencionado no capítulo 17, a meiose se completa somente se houver fecundação.

O ovócito secundário, liberado do ovário, encontra-se revestido por um envoltório glicoproteico, a **membrana pelúcida** (ou **zona pelúcida** ou **envelope vitelínico**), e por células foliculares ovarianas. Junto ao ovário encontra-se a extremidade alargada e geralmente franjada da tuba uterina, onde o ovócito penetra. Para que haja gravidez, a fecundação deve ocorrer logo que o ovócito é liberado, em geral, na porção superior do oviduto. Se a fecundação ocorre, a meiose do ovócito chega ao final e surge o zigoto, primeira célula do futuro mamífero. O desenvolvimento inicia-se ainda durante o trajeto do zigoto em direção ao útero (veja na figura 19.10).

A segmentação nos mamíferos é holoblástica e igual, isto é, o zigoto divide-se totalmente e os blastômeros formados têm aproximadamente o mesmo tamanho. A orientação das segmentações é **rotacional**; isso quer dizer que o plano de divisão de um dos dois primeiros blastômeros é longitudinal, como o da que dividiu o zigoto, e perpendicular a ele, mas o outro blastômero divide-se segundo um plano transversal. Os blastômeros não se dividem sincronicamente, como ocorre na maioria dos animais. Por isso, o número de células dos embriões de mamífero não aumenta em progressão geométrica (2, 4, 8, 16, 32...) como ocorre no anfioxo e em anfíbios, por exemplo. **(Fig. 19.4)**

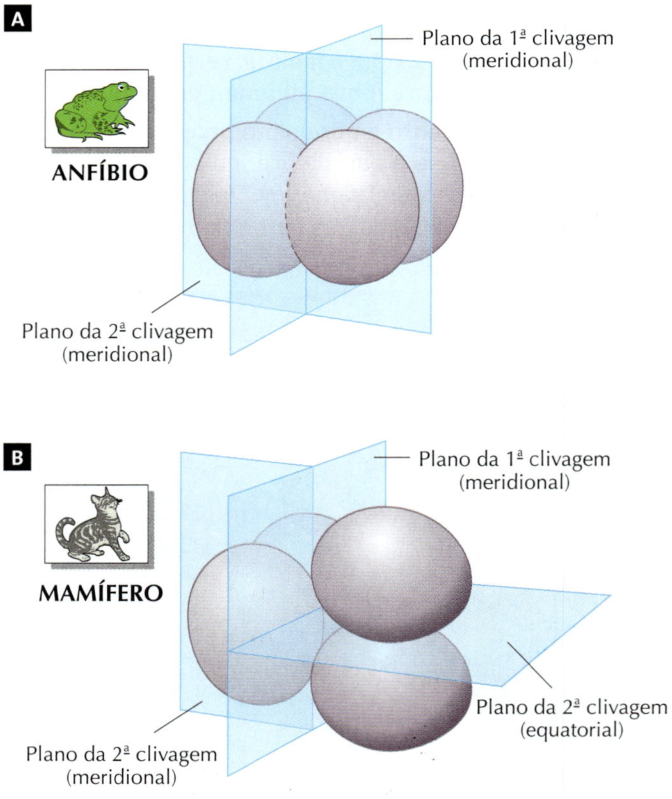

Figura 19.4 Comparação entre as duas primeiras clivagens em anfíbios (**A**) e em mamíferos (**B**). Nos anfíbios, as duas primeiras clivagens são meridionais e perpendiculares entre si. Nos mamíferos, a primeira clivagem é meridional e a segunda é meridional em um dos blastômeros e equatorial no outro. (Imagens sem escala, cores-fantasia.)

Até o estágio de oito células, os blastômeros estão unidos frouxamente entre si; a partir daí, as células embrionárias que surgem passam a estabelecer contato mais íntimo, o que transforma o embrião em uma bola compacta de células, a mórula. As células mais externas da mórula desenvolvem junções celulares fortes, do tipo zonas de oclusão, que as colam firmemente umas às outras, de modo comparável às costuras entre os gomos de uma bola de futebol. As células mais internas desenvolvem junções tipo *gap*, que facilitam o intercâmbio de íons e de pequenas moléculas entre elas (relembre as junções celulares no capítulo 12).

O aparecimento de uma cavidade cheia de líquido no interior do embrião, a blastocela, marca o início do estágio de blástula, que na espécie humana ocorre por volta do quarto ou quinto dia depois da fecundação. A blástula dos mamíferos, denominada **blastocisto**, é delimitada por uma camada de células, o **trofoblasto** (ou **trofectoderma**), e apresenta um aglomerado celular que forma uma saliência na parede interna, chamada **embrioblasto**, ou **botão embrionário**.

O embrião chega ao útero 3 dias após a concepção, já no estágio de mórula. Por volta do 7º dia após a concepção, em estágio de blastocisto, ele se implanta na mucosa uterina, fenômeno chamado de **nidação**. Com a nidação do blastocisto tem início a **gravidez**, ou **gestação**, que se encerrará com o parto, a expulsão do bebê do útero materno. Na espécie humana, a gravidez dura aproximadamente nove meses ou 40 semanas. (**Fig. 19.5**)

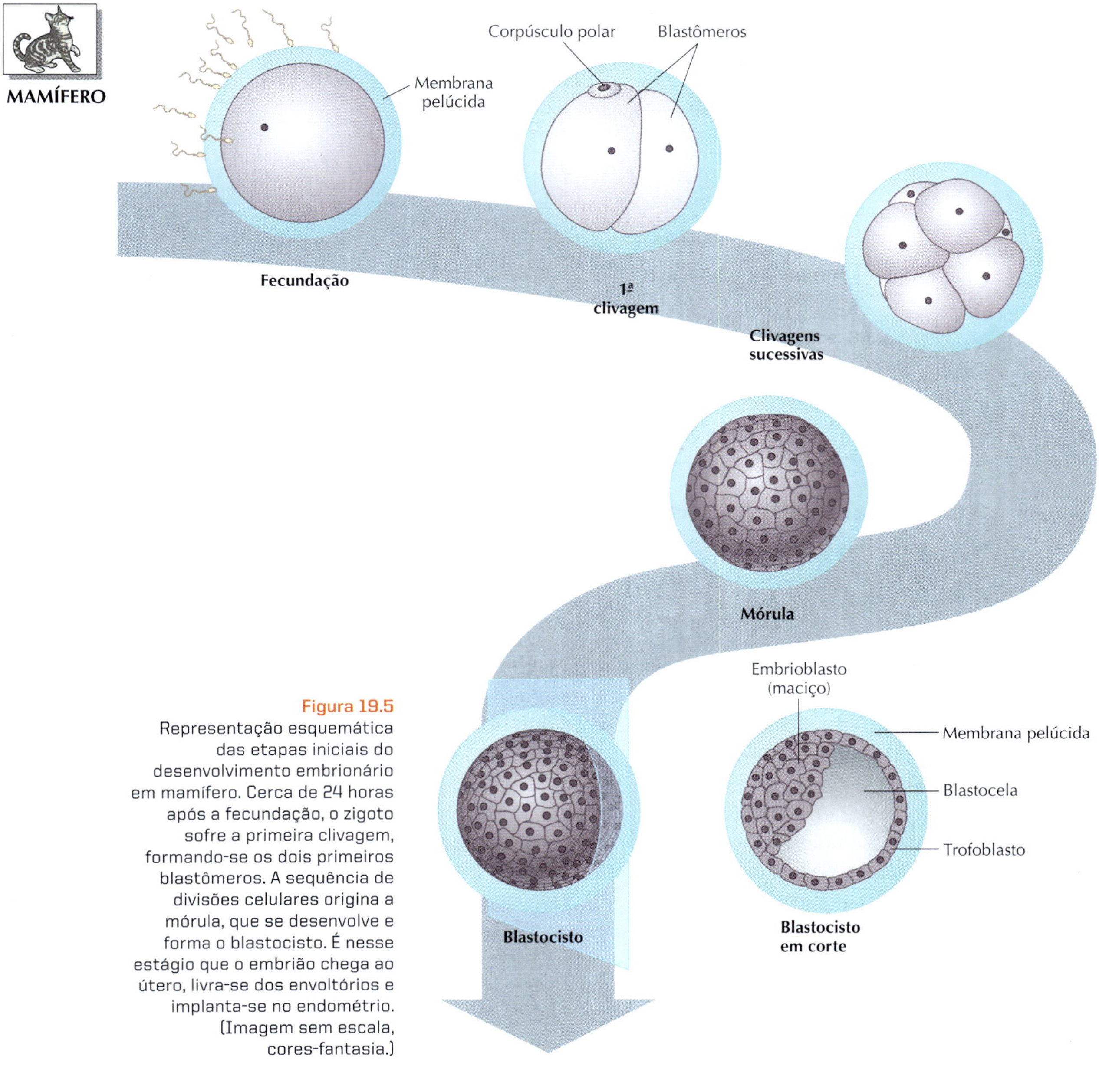

Figura 19.5
Representação esquemática das etapas iniciais do desenvolvimento embrionário em mamífero. Cerca de 24 horas após a fecundação, o zigoto sofre a primeira clivagem, formando-se os dois primeiros blastômeros. A sequência de divisões celulares origina a mórula, que se desenvolve e forma o blastocisto. É nesse estágio que o embrião chega ao útero, livra-se dos envoltórios e implanta-se no endométrio. (Imagem sem escala, cores-fantasia.)

2 Formação dos folhetos germinativos e dos anexos embrionários

O desenvolvimento embrionário nos mamíferos foge ao padrão geral dos outros vertebrados que têm ovos oligolécitos. Uma explicação para isso é a herança evolutiva: muitas das características embrionárias dos mamíferos foram herdadas de ancestrais répteis que tinham ovos telolécitos com desenvolvimento externo, semelhante ao dos répteis e aves atuais. Os tipos de movimentos celulares da gastrulação, que em répteis e aves são adaptações à grande quantidade de vitelo dos ovos, estão presentes também nos mamíferos, apesar de seus ovos terem pouco vitelo. Pode-se imaginar o desenvolvimento embrionário dos mamíferos placentários como o de um ovo de ave ou réptil que, hipoteticamente, não tivesse vitelo. Entretanto, uma característica particular do desenvolvimento dos mamíferos placentários é que os anexos embrionários tiveram de ser readaptados para a vida intrauterina, com formação da placenta.

O desenvolvimento do embrião dos mamíferos ocorre simultaneamente à sua implantação no útero. Entretanto, por razões didáticas, estudaremos os dois processos separadamente, descrevendo primeiro a formação do embrião para em seguida acompanhar o processo de sua implantação no útero. (**Fig. 19.6**)

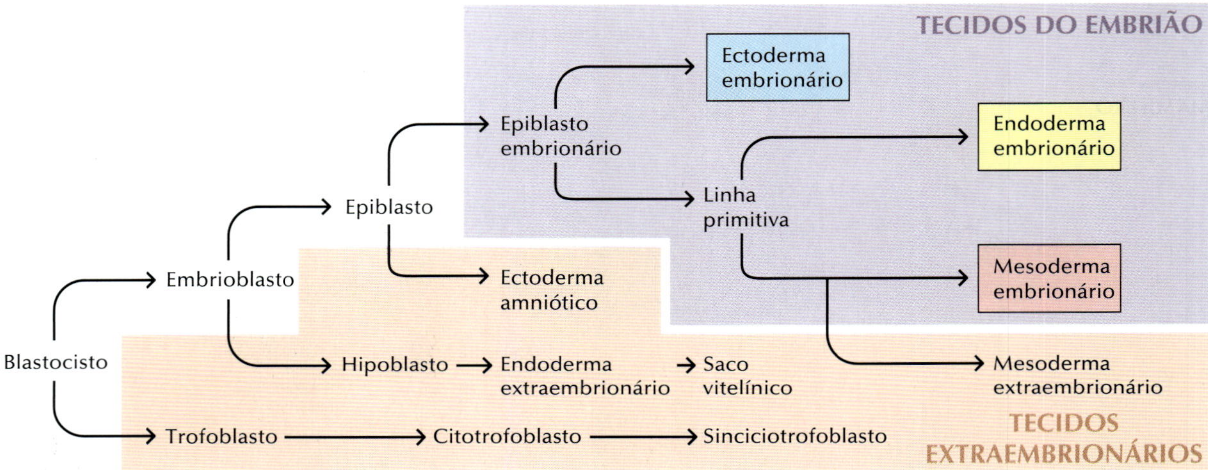

Figura 19.6 Quadro-resumo do desenvolvimento embrionário humano, apresentando a origem dos tecidos embrionários e extraembrionários. (Baseado em Gilbert, S., 2000.)

Formação dos folhetos germinativos

Ao se implantar no útero, o embrião de mamífero é uma bola de células, com uma massa celular interna e uma cavidade cheia de líquido. Como já dito anteriormente, a parede da bola é chamada trofoblasto, a massa celular interna é o embrioblasto e a cavidade interna é a blastocela.

O primeiro tecido a surgir no desenvolvimento embrionário de um mamífero é o **hipoblasto**, ou endoderma primitivo, formado por delaminação da camada celular em contato com a blastocela. As células do hipoblasto crescem e delimitam toda a blastocela, originando o saco vitelínico; nos mamíferos, essa estrutura praticamente não tem função, uma vez que o ovo tem pouco vitelo.

O restante do embrioblasto, após a diferenciação do hipoblasto, passa a ser chamado de **epiblasto**, ou ectoderma primitivo. Em seu interior aparece uma cavidade, a cavidade amniótica, preenchida por um fluido, o líquido amniótico. A porção de células entre as bolsas que revestem a cavidade amniótica e o saco vitelínico é o **epiblasto embrionário**, ou **disco embrionário**, a partir do qual se formam todos os tecidos.

A gastrulação tem início em uma região periférica do disco embrionário que dará origem à porção posterior do corpo do animal. Nessa região surge a fenda (ou linha) primitiva com uma intumescência na porção anterior, semelhante ao nó de Hansen das aves. Como em aves e répteis, ocorre intensa migração de células para o interior do embrião pela fenda primitiva, originando diversos tipos de tecido. Nos mamíferos, assim como nas aves e répteis, o ectoderma também se forma por epibolia.

Formação dos tecidos extraembrionários

À medida que o desenvolvimento progride, o embrião dos mamíferos é gradativamente envolvido pela bolsa amniótica, que o mantém hidratado e protegido de eventuais choques mecânicos. Na parte ventral do embrião, ao lado do saco vitelínico, forma-se uma pequena bolsa, o alantoide, cuja membrana tem a mesma constituição que a do saco vitelínico (endoderma e mesoderma extraembrionário). O alantoide, que em aves e répteis tem a função de acumular as excreções embrionárias até a eclosão do ovo, é pouco desenvolvido nos mamíferos placentários; nestes animais, as excreções embrionárias são eliminadas diretamente na corrente sanguínea materna. Em muitos mamíferos, incluindo nossa espécie, o alantoide contribui na formação da placenta. O crescimento do mesoderma extraembrionário, juntamente com o trofoblasto, origina o cório, anexo embrionário que envolverá o embrião e os outros anexos e formará a maior parte da placenta.

O desenvolvimento embrionário que acabamos de descrever ocorre na parede uterina, uma vez que o embrião se implanta nesse órgão ainda na fase de blastocisto. Vejamos agora como ocorre essa implantação, processo denominado nidação. (**Fig. 19.7**)

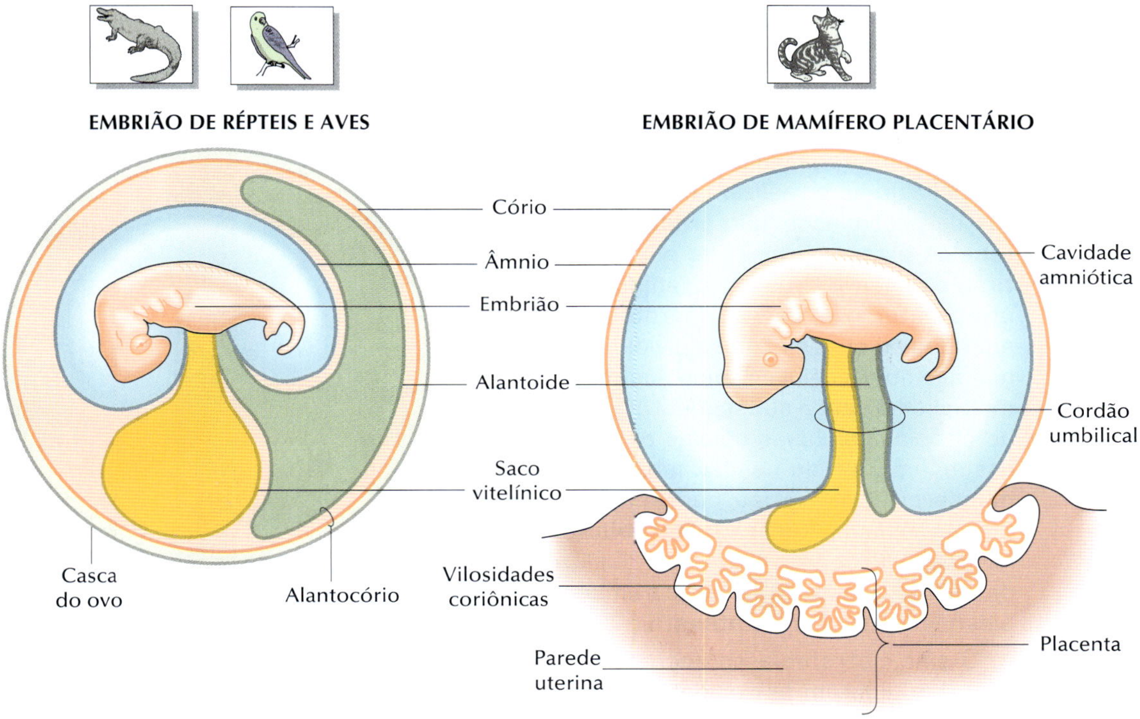

Figura 19.7 Representação esquemática em que se compara o embrião de aves e répteis, que se desenvolve no interior de ovos, com o de mamíferos placentários, que se desenvolve dentro do organismo materno. Note as semelhanças entre os anexos embrionários, o que se explica pelo parentesco evolutivo desses animais. (Imagens sem escala, cores-fantasia.)

3 Nidação

Para que ocorra a implantação do embrião no útero, processo chamado **nidação**, o embrião precisa abandonar o envoltório de glicoproteínas no qual se encontra, a membrana pelúcida. Dois processos contribuem para isso: o aumento da pressão osmótica do fluido que preenche a blastocela e a digestão da membrana pelúcida pelo próprio embrião.

O aumento da pressão osmótica ocorre pelo bombeamento de íons de sódio (Na^+) para a blastocela por meio de bombas iônicas, presentes nas membranas das células que revestem essa cavidade. A digestão da membrana pelúcida ocorre por ação da estripsina, enzima semelhante à tripsina que age em nosso intestino, produzida por células do trofoblasto.

O enfraquecimento da membrana pelúcida, causado pela digestão de parte de seus componentes, e o aumento de volume do embrião, em decorrência da absorção de água pela blastocela, provocam o rompimento da membrana pelúcida e a saída do embrião de seu interior. Agora em contato direto com as células do revestimento uterino (endométrio), o embrião é capturado por uma rede de proteínas fibrosas (colágeno, laminina e fibronectina).

As células do trofoblasto, por sua vez, aderem ao endométrio por meio de outras proteínas, as integrinas, constituintes de sua membrana plasmática. (**Fig. 19.8**)

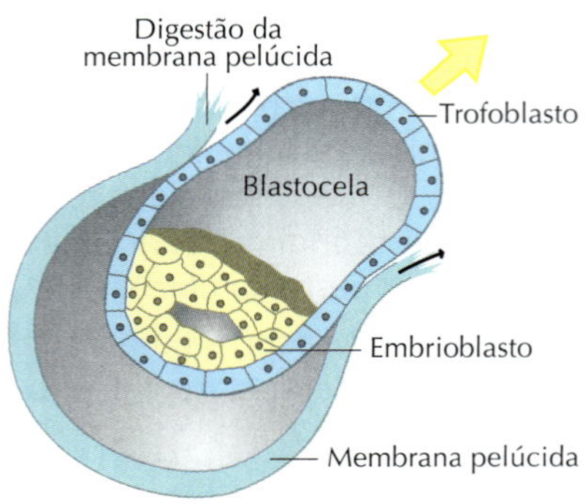

Figura 19.8 Representação esquemática de embrião em corte, mostrando blastocisto saindo da membrana pelúcida. (Imagem sem escala, cores-fantasia.)

Enquanto as células do embrioblasto multiplicam-se e realizam os movimentos de gastrulação, são produzidos os tecidos extraembrionários que permitirão o desenvolvimento do embrião no útero materno. As células do trofoblasto aderidas ao endométrio se dividem, originando novas células, cujos núcleos se multiplicam sem a subsequente divisão do citoplasma. Essas células originam, assim, um sincício celular, isto é, uma massa citoplasmática contendo inúmeros núcleos, o **sinciciotrofoblasto**. A camada de células ainda individualizadas do trofoblasto que envolve o embrião é denominada **citotrofoblasto**.

O sinciciotrofoblasto secreta enzimas que digerem os tecidos do útero, abrindo cavidades no endométrio, por onde se infiltra e cresce, ramificando-se e ocupando as cavidades abertas. Como reação a essa invasão pelo sinciciotrofoblasto, a parede uterina promove a proliferação de vasos sanguíneos na região, originando uma estrutura altamente vascularizada, a **decídua uterina**. As enzimas secretadas pelas projeções do sinciciotrofoblasto destroem as paredes dos vasos sanguíneos ao seu redor, formando lacunas de sangue na decídua uterina, por onde passa a circular sangue materno, em contato íntimo com o tecido embrionário. (**Fig. 19.9**)

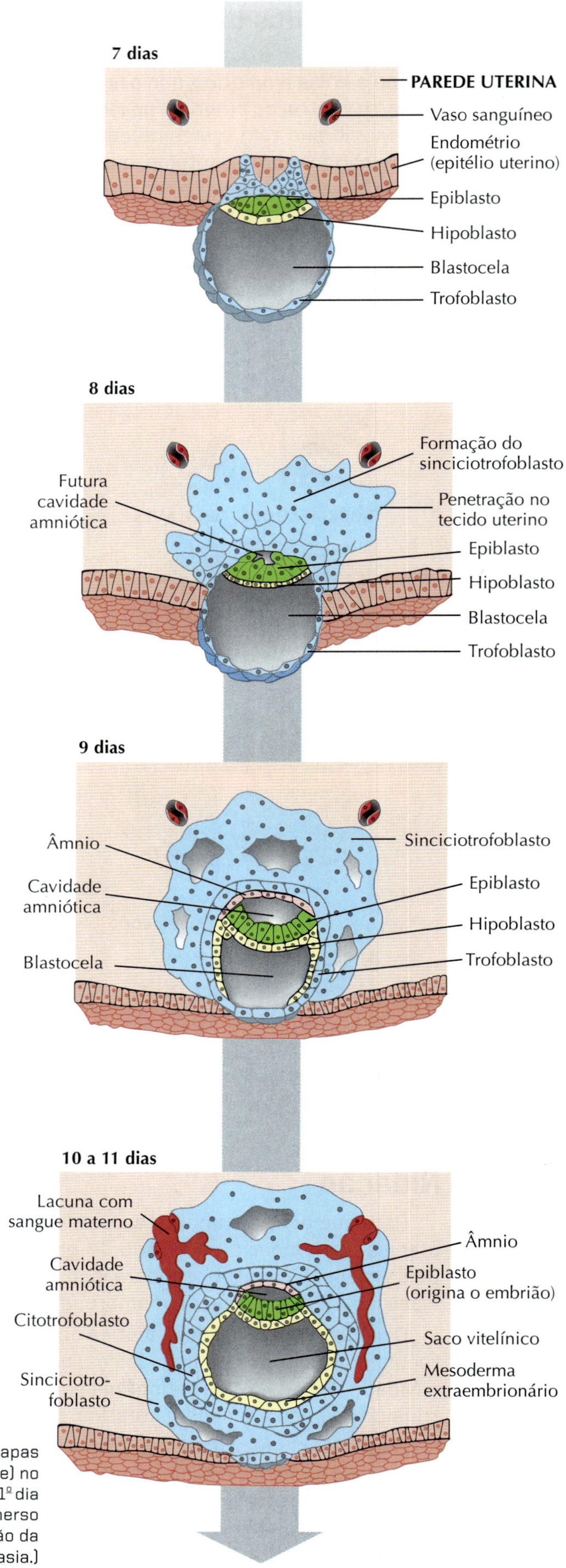

Figura 19.9 Representação esquemática das etapas de implantação do blastocisto humano (em corte) no útero, processo denominado nidação. Por volta do 11º dia ou 12º dia de vida, o embrião já está totalmente imerso na parede uterina. A próxima etapa é a formação da placenta. (Imagens sem escala, cores-fantasia.)

Células mesodérmicas originárias da parede do saco vitelínico e do hipoblasto invadem as projeções trofoblásticas e produzem, no interior destas, os vasos sanguíneos que levarão nutrientes das lacunas sanguíneas maternas para o corpo do embrião. O órgão extraembrionário constituído por tecido trofoblástico e pelos vasos sanguíneos de origem mesodérmica é o cório. Suas projeções que se ramificam para dentro da parede uterina são denominadas **vilosidades coriônicas**. A associação entre o cório e a decídua uterina é a **placenta**, cuja formação estudaremos no item seguinte. (**Fig. 19.10**)

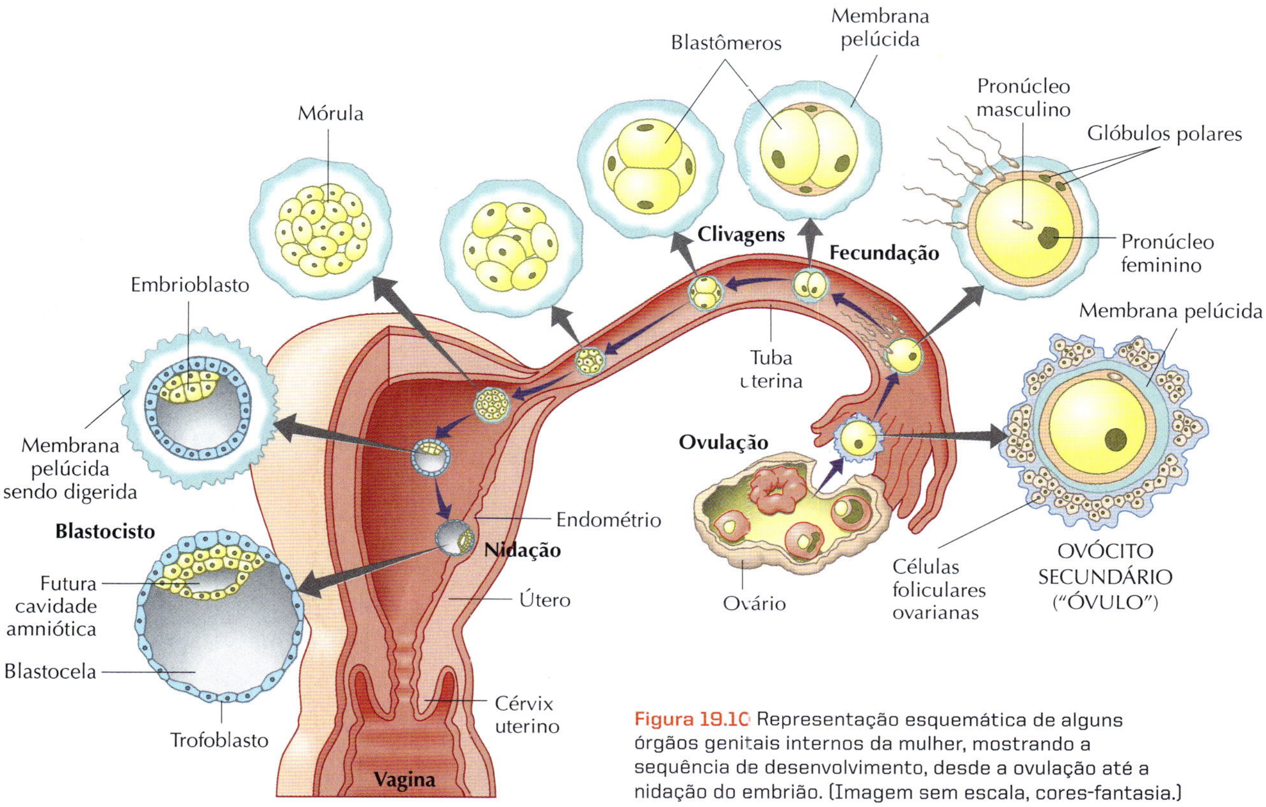

Figura 19.10 Representação esquemática de alguns órgãos genitais internos da mulher, mostrando a sequência de desenvolvimento, desde a ovulação até a nidação do embrião. (Imagem sem escala, cores-fantasia.)

Gravidez ectópica

Em condições anormais, o blastocisto pode se implantar fora do útero, o que é chamado de **gravidez ectópica**. Em casos raros, o embrião escapa da tuba uterina e começa a se desenvolver nas membranas da cavidade abdominal. Em 98% dos casos, a gravidez ectópica ocorre na parede da tuba uterina, sendo chamada de gravidez tubária. A causa da gravidez tubária é a saída precoce do embrião da membrana pelúcida. A gravidez ectópica pode causar hemorragias na gestante e, em certos casos, gerar complicações mais sérias.

Gonadotrofina coriônica

O embrião recém-implantado secreta um hormônio, a **gonadotrofina coriônica**, produzido pelo cório. A presença da gonadotrofina coriônica no sangue da mulher estimula a atividade do corpo-amarelo ovariano, mantendo elevadas as taxas de estrógeno e progesterona no sangue da gestante, hormônios que normalmente diminuem no final do ciclo menstrual. Assim, a menstruação não ocorre, o que constitui um dos primeiros sinais de gravidez.

No início da gestação, a concentração elevada de gonadotrofina coriônica no sangue da mulher faz com que parte desse hormônio seja eliminada na urina. Muitos testes de gravidez comercializados atualmente detectam a presença de gonadotrofina coriônica na urina, sinal inequívoco de gravidez.

A partir do quarto mês de gravidez, o corpo-amarelo ovariano regride. O endométrio, entretanto, continua presente e em crescimento graças à produção dos hormônios estrógeno e progesterona pela placenta, agora já completamente formada. A placenta continuará a produzir estrógeno e progesterona em quantidades crescentes até o fim da gravidez.

4 Formação da placenta

Placenta é o órgão formado pela decídua uterina e pelas projeções coriônicas mergulhadas nela. É por meio dela que se dá a comunicação nutricional entre a mãe e o filho, durante o desenvolvimento deste no útero. As projeções altamente vascularizadas do tecido extraembrionário ficam mergulhadas nas lacunas sanguíneas produzidas pela digestão dos vasos sanguíneos da decídua uterina, em contato íntimo com o sangue materno que circula por ali. O sangue do embrião circula sempre dentro dos vasos existentes nas projeções do componente embrionário, de modo que não há contato direto entre o sangue da mãe e do filho. No entanto, através da fina parede que separa a circulação embrionária da materna ocorre intensa troca de substâncias: alimento e gás oxigênio passam do sangue da mãe para o do filho, enquanto excreções e gás carbônico fazem o caminho inverso.

O embrião está ligado à placenta pelo **cordão umbilical**, uma estrutura tubular constituída por mesoderma extraembrionário revestido por epitélio amniótico. No início da formação do cordão umbilical, o mesoderma em seu interior origina duas artérias e uma veia, por meio das quais o sangue do embrião vai e volta da placenta. As artérias ramificam-se intensamente na região das vilosidades coriônicas, originando capilares pelos quais o sangue proveniente do embrião circula em grande proximidade do sangue materno presente nas lacunas que banham as vilosidades. Como já vimos, não há, em condições normais, mistura entre o sangue do embrião e o sangue materno na placenta. É a proximidade entre as circulações embrionária e materna que permite a difusão de substâncias entre mãe e filho. (**Fig. 19.11**)

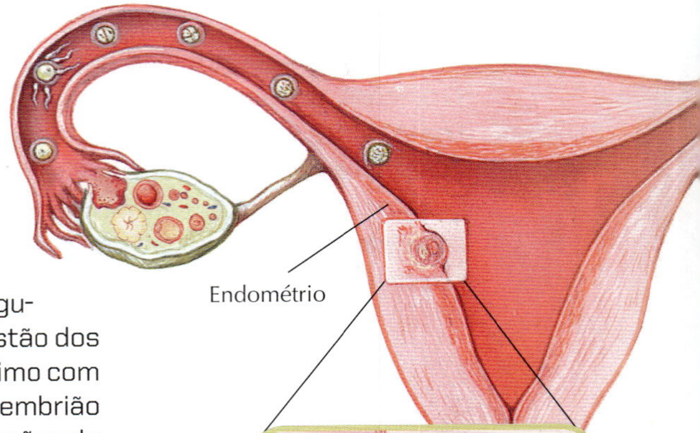

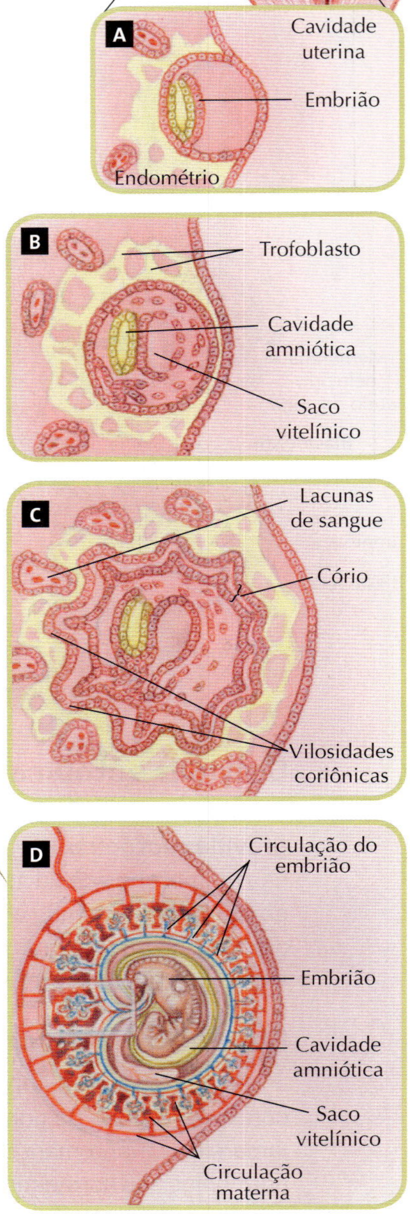

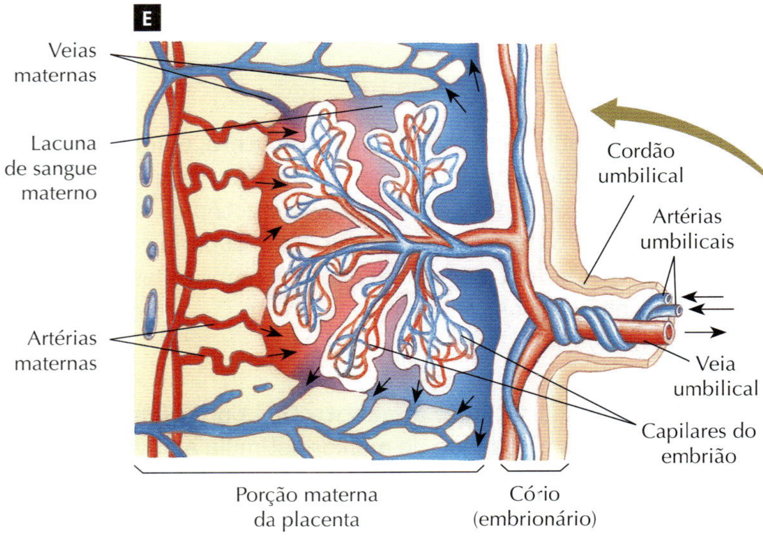

Figura 19.11 Representação esquemática do caminho percorrido pelo embrião até sua implantação no útero e formação da placenta. **A** a **D.** Etapas posteriores à nidação, que levam à formação da placenta. **E.** Detalhe da região da placenta, um órgão compartilhado entre mãe e embrião. (Imagens sem escala, cores-fantasia.) (Baseado em Campbell, N. e cols., 1999.)

Cerca de cinco semanas após a fecundação, os braços e pernas do embrião humano já são evidentes e começam a apresentar contrações musculares. Na nona semana de vida (isto é, no final do segundo mês), o embrião já tem cerca de 2,5 centímetros de comprimento e aparência tipicamente humana. Nessa época surgem células ósseas (osteoblastos) em suas cartilagens, indicando o início do processo de ossificação, e o embrião passa a ser chamado de **feto**. (**Fig. 19.12**)

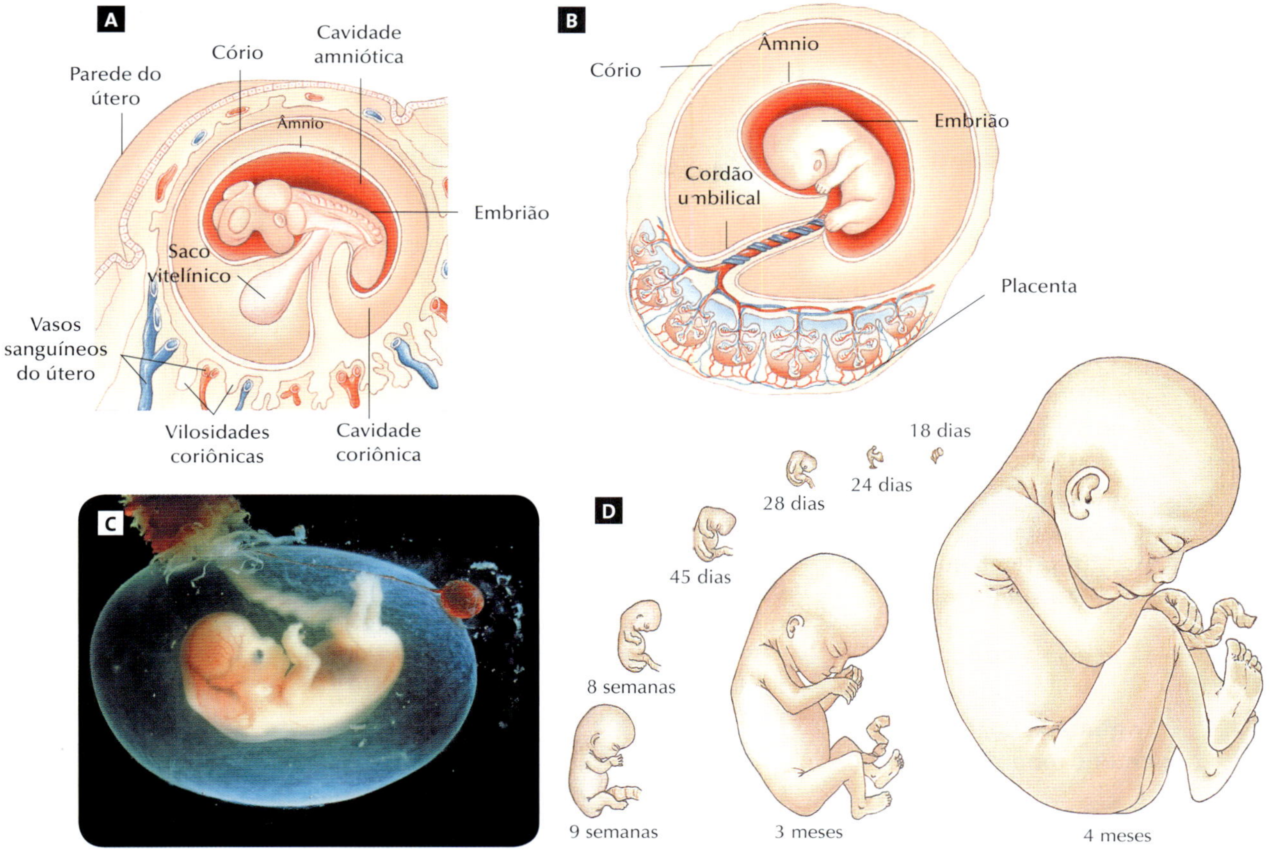

Figura 19.12 **A.** Representação esquemática de corte de um embrião humano com cerca de 27 dias e seus anexos embrionários. **B.** Representação em corte de um embrião de 45 dias, com a placenta e o cordão umbilical formados. **C.** Fotografia de feto humano com 56 dias, envolto pelas membranas transparentes do cório e do âmnio. **D.** Representação esquemática em que se compara o tamanho relativo de embriões humanos de diferentes idades. (Em **A**, **B** e **D**, imagens sem escala, cores-fantasia.)

Aos cinco meses, o feto humano tem cerca de 20 centímetros de comprimento e pesa aproximadamente 500 gramas. Aos sete meses, ele já apresenta boas chances de sobrevivência, se porventura ocorrer seu nascimento prematuro. (**Tab. 19.1**)

Tabela 19.1 **Ocorrências marcantes no desenvolvimento embrionário humano**

Idade do embrião	Evento
24 horas	Primeira divisão do zigoto, com formação de duas células.
3 dias	Chegada do embrião à cavidade uterina.
7 dias	Implantação do embrião no útero.
2,5 semanas	Organogênese em curso. Início da formação da notocorda e do músculo cardíaco; formação das primeiras células sanguíneas, do saco vitelínico e do cório.
3,5 semanas	Formação do tubo nervoso. Primórdios de olhos e orelhas já são visíveis; diferenciação do tubo digestório, com formação das fendas na faringe e início de desenvolvimento do fígado e do sistema respiratório; o coração começa a bater.
4 semanas	Aparecimento de brotos dos braços e pernas; formação das três partes básicas do encéfalo.
2 meses	Início dos movimentos. Já é possível identificar a presença de testículos ou ovários; tem início a ossificação; os principais vasos sanguíneos assumem sua posição definitiva.
3 meses	O sexo já pode ser identificado externamente; a notocorda degenera.
4 meses	A face do embrião assume aparência humana.
3º trimestre	Os neurônios tornam-se mielinizados; ocorre grande crescimento do corpo.
266º dia	Nascimento.

Parto

O nascimento de um ser humano

O **parto** natural consiste na expulsão do feto por contrações rítmicas da musculatura uterina e ocorre ao fim do nono mês de gravidez, aproximadamente 266 dias após a fecundação. Nessa época, o feto humano mede cerca de 50 centímetros de comprimento e pesa, em média, entre 3 e 3,5 kg.

No momento do parto, o colo do útero se dilata e a musculatura uterina contrai-se ritmicamente com frequência cada vez maior. A bolsa amniótica se rompe e o líquido nela contido extravasa pela vagina. O feto é gradualmente empurrado para fora do útero pelas fortes contrações da musculatura uterina. A vagina se dilata e permite a passagem do bebê.

A parte fetal da placenta desprende-se da parede uterina e é também expulsa através da vagina, juntamente com o sangue proveniente do rompimento de vasos sanguíneos maternos. Nesse momento, no parto assistido, o cordão umbilical que liga o feto à placenta é cortado e amarrado.

Com o desprendimento da placenta, o gás carbônico acumula-se no sangue do recém-nascido, o que estimula os centros cerebrais que controlam a respiração. Esses centros induzem o sistema respiratório do recém-nascido a funcionar e, pela primeira vez, ele respira com seus próprios pulmões. **(Fig. 19.13)**

Se o parto natural não for possível, devido à falta de contrações uterinas ou porque o feto é muito grande para passar pela pelve da mãe, recorre-se a uma intervenção cirúrgica conhecida por **cesariana**. Nessa cirurgia, é feita uma incisão na parte baixa do abdome da gestante, de modo a expor o útero; este é aberto e a criança é retirada, juntamente com o cordão umbilical e a placenta. Em seguida, os cortes cirúrgicos são fechados por suturas.

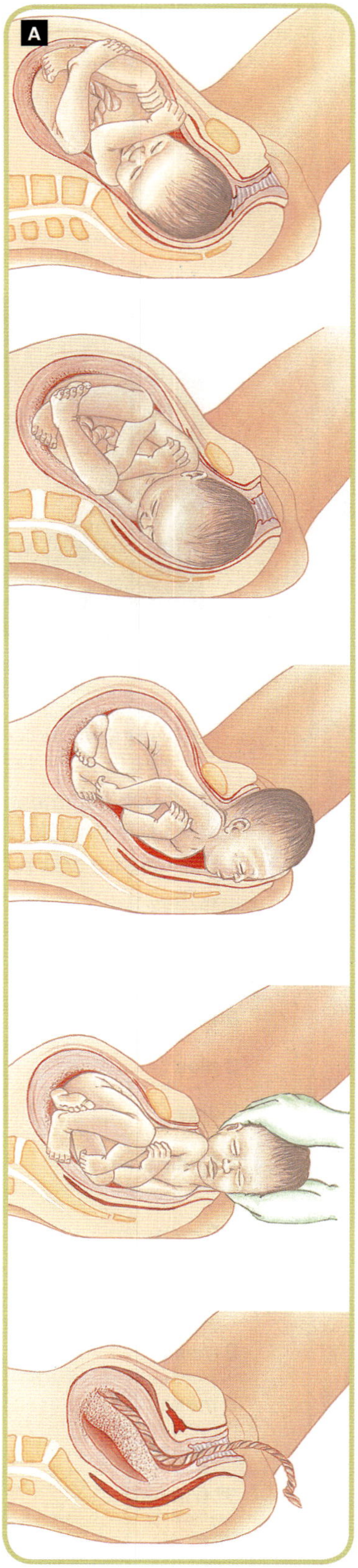

Figura 19.13 **A.** Representação esquemática de etapas do parto. **B.** Orientação correta do feto em relação à pelve da mãe para que ocorra parto normal. **C.** Modificações do útero durante o parto. **D.** Expulsão da placenta após o parto. (Imagens sem escala, cores-fantasia.)

Objetivos

- Compreender, em linhas gerais, os principais processos relacionados ao parto: contrações uterinas, ruptura da bolsa amniótica, expulsão do feto e eliminação da placenta.
- Distinguir gêmeos fraternos e gêmeos monozigóticos quanto às suas origens.

Termos e conceitos

- parto
- gêmeos dizigóticos
- gêmeos monozigóticos

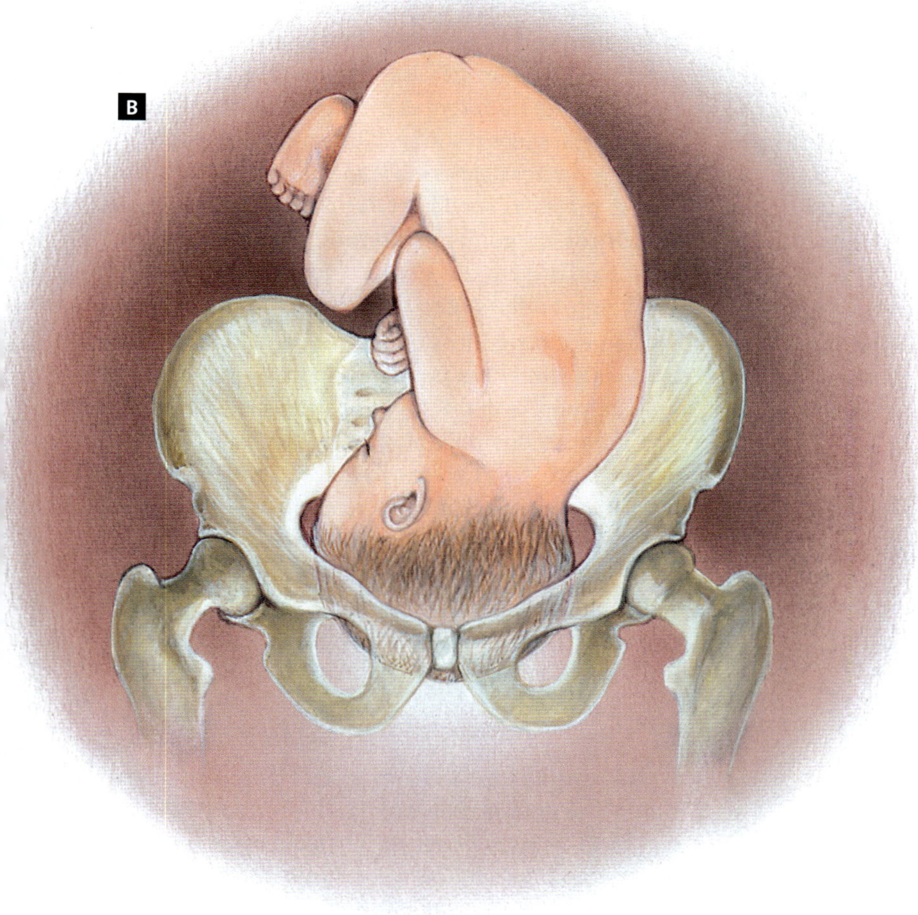
B

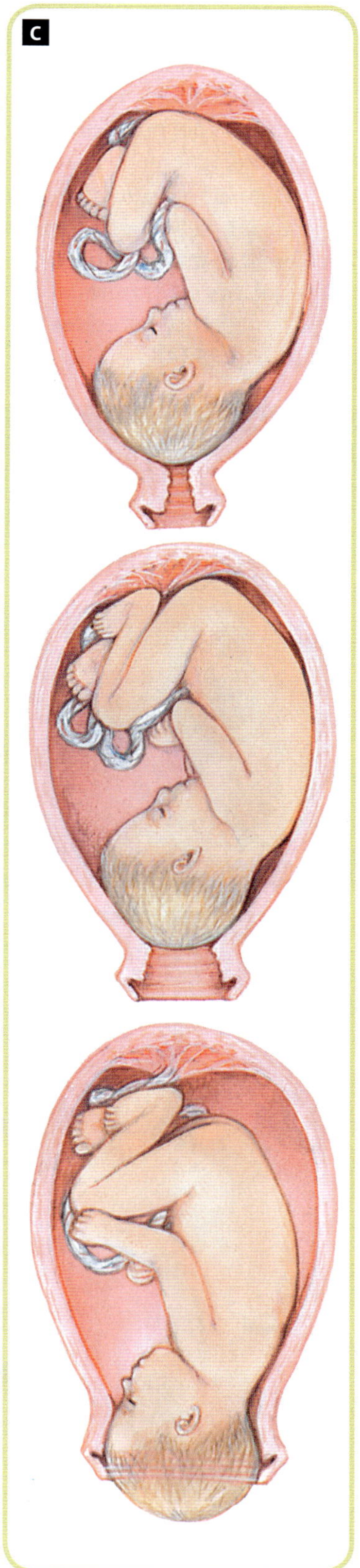
C

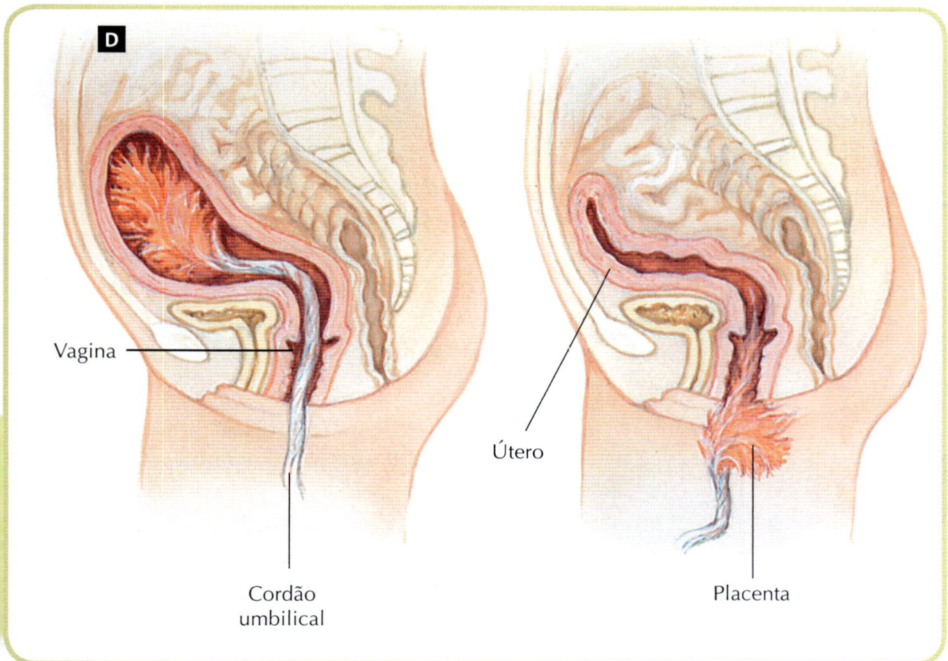
D
Vagina
Cordão umbilical
Útero
Placenta

AMPLIE SEUS CONHECIMENTOS — Gêmeos humanos

Na espécie humana quase sempre se desenvolve apenas um embrião por gestação. Outros mamíferos podem dar à luz ninhadas com diversos filhotes; cães, por exemplo, têm em média seis filhotes por vez, geralmente todos diferentes entre si, embora em uma ninhada possa haver filhotes idênticos. Os tatus são conhecidos por produzirem ninhadas de filhotes todos idênticos, fenômeno chamado de poliembrionia.

Quando nascem duas ou mais crianças em uma gestação, fala-se em **gêmeos**. Estes podem ser tão diferentes quanto dois irmãos quaisquer (gêmeos dizigóticos ou fraternos) ou ser de mesmo sexo e extremamente parecidos fisicamente (monozigóticos). (**Fig. 19.14**)

Figura 19.14 **A.** Gêmeas monozigóticas originadas do mesmo zigoto; apesar de apresentar genes idênticos em suas células, essas gêmeas podem exibir diferenças devidas à interação entre os genes e os fatores ambientais, ao longo do desenvolvimento. **B.** Gêmeos dizigóticos formados de dois zigotos distintos e, portanto, de diferentes pares de gametas.

Gêmeos dizigóticos (ou gêmeos fraternos)

Normalmente a mulher libera apenas um ovócito ("óvulo") a cada ciclo menstrual. Eventualmente, porém, pode liberar dois ovócitos (ou mais) e, se ambos forem fecundados, formam-se dois zigotos; se ambos se desenvolverem, nascerão duas crianças na mesma gravidez, portanto gêmeas. Nesse caso, as crianças podem ser tão diferentes quanto quaisquer irmãos, podendo ter sexos distintos. Gêmeos desse tipo são, na verdade, irmãos de mesma idade que compartilharam o útero materno, sendo por isso chamados de **gêmeos dizigóticos**, ou **gêmeos fraternos**. O termo dizigótico enfatiza a origem dos gêmeos, formados a partir de dois zigotos diferentes.

Gêmeos dizigóticos podem se implantar no útero em locais distantes um do outro, originando cada um sua própria placenta. Em certos casos, porém, a implantação dos dois blastocistos ocorre em áreas uterinas próximas e eles parecem apresentar uma única placenta. O exame microscópico revela, porém, que a placenta tem dois córios distintos, entre os quais há trofoblasto e vilosidades coriônicas atrofiadas, resultado do desenvolvimento de uma placenta junto da outra. Cada embrião desenvolve seu próprio âmnio e seu próprio cordão umbilical. (**Fig. 19.15**)

Gêmeos monozigóticos

Na espécie humana, um único zigoto pode eventualmente originar dois ou mais indivíduos, idênticos do ponto de vista genético; consequentemente, têm mesmo sexo e costumam ser muito parecidos fisicamente. Esses são os **gêmeos monozigóticos**, bem menos frequentes que os dizigóticos: de cada quatro pares de gêmeos nascidos, apenas um é monozigótico.

Em aproximadamente 30% dos casos, os gêmeos monozigóticos formam-se até o terceiro dia após a fecundação, quando o embrião ainda se encontra no estágio de mórula. Nesses casos, a mórula divide-se em dois grupos de blastômeros, que prosseguem o desenvolvimento independentemente um do outro, originando dois blastocistos com o mesmo patrimônio genético, uma vez que são provenientes do mesmo zigoto. Cada um desses embriões desenvolve sua própria placenta, âmnio e cordão umbilical; se as implantações forem muito próximas, pode ocorrer uma aparente fusão das placentas, como já foi mencionado no caso de gêmeos dizigóticos.

Em 70% dos casos, a formação dos gêmeos monozigóticos ocorre entre o quarto e o décimo quarto dias de vida embrionária. Nesses casos, a divisão do embrioblasto ocorre de tal maneira que os gêmeos, apesar de desenvolverem âmnios e cordões umbilicais próprios, compartilham um único cório e uma única placenta.

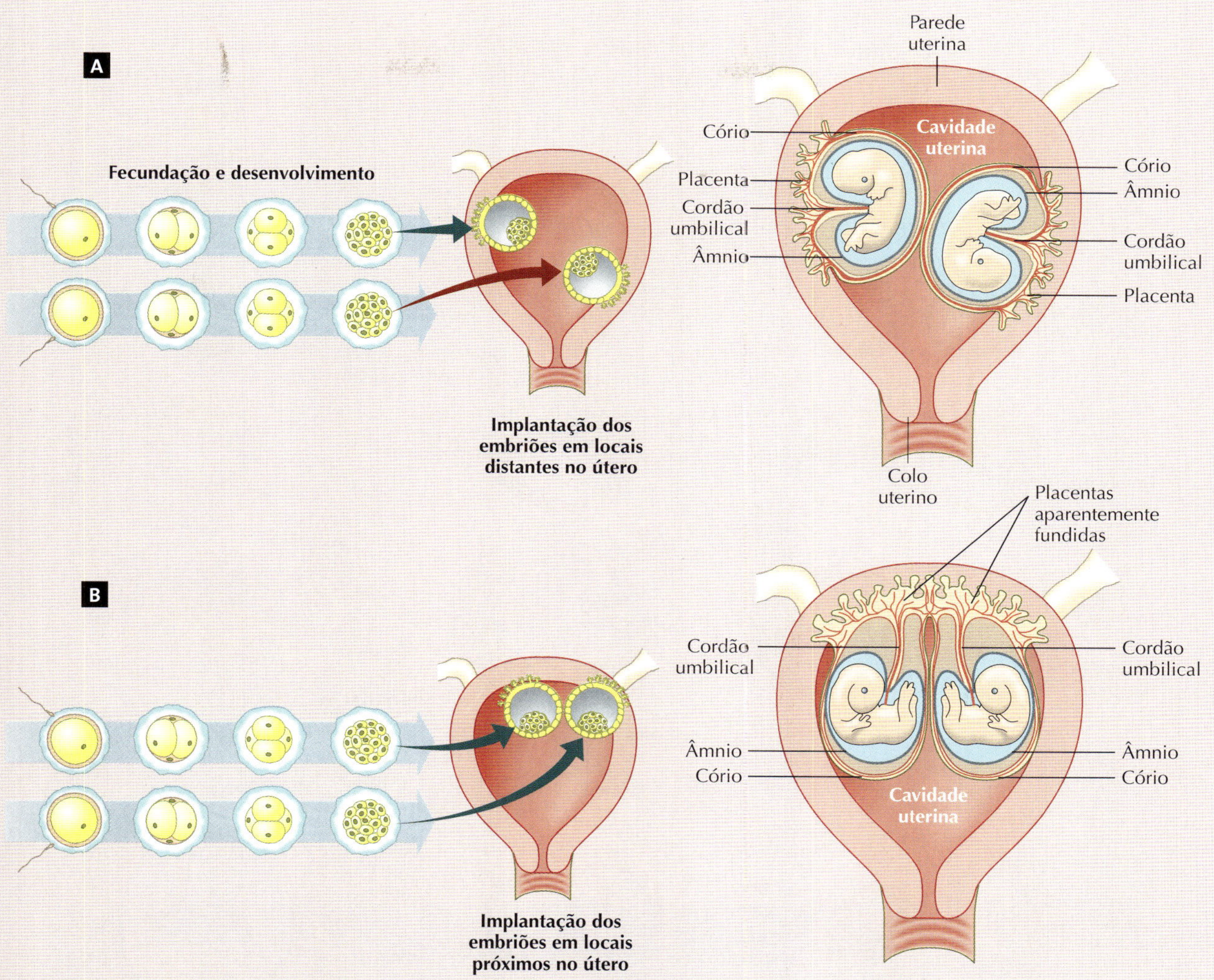

Figura 19.15 Representação esquemática da formação de gêmeos dizigóticos. **A.** Os gêmeos implantam-se em regiões afastadas no útero, desenvolvendo cório, placenta, âmnio e cordão umbilical separados. **B.** Os gêmeos implantam-se muito próximos um do outro no útero e suas placentas aparentemente se fundem; entretanto, a análise microscópica revela que elas estão separadas. (Imagens sem escala, cores-fantasia.)

Há casos em que os gêmeos monozigóticos surgem quando o disco embrionário já está presente, ou seja, quando o hipoblasto e o epiblasto já se formaram. A divisão do disco embrionário origina dois embriões, cada um com seu cordão umbilical, mas que compartilham uma mesma bolsa amniótica, um mesmo cório e uma mesma placenta. (**Fig. 19.16**)

Gêmeos unidos

Em raros casos, gêmeos monozigóticos podem nascer ligados por uma parte do corpo. Uma denominação para esse tipo de gêmeo – teratópago – carrega uma conotação negativa. O termo vem do grego *teras*, monstro, e *pagos*, unido; preferimos utilizar o termo "gêmeos unidos". Os mais famosos gêmeos unidos foram os irmãos Chang e Eng, nascidos em 1811 na atual Tailândia (antigo Sião), que eram ligados pela região torácica. Eles ficaram conhecidos como "irmãos siameses" e ganharam a vida exibindo-se para plateias nos Estados Unidos, onde moraram e se casaram com duas irmãs. Ao morrerem, em 1874, a autópsia revelou haver ligação entre seus fígados.

Há diversos graus de compartilhamento de tecidos e órgãos entre os gêmeos unidos. Em alguns casos, a separação cirúrgica é possível, permitindo a sobrevivência dos dois gêmeos. Em outros casos, a cirurgia leva necessariamente ao sacrifício de um deles; em outros, ainda, a separação é impossível, pois levaria ambos à morte. Essa questão tem sido motivo de grande debate entre médicos e religiosos, em virtude das questões éticas e morais envolvidas. (**Fig. 19.17**)

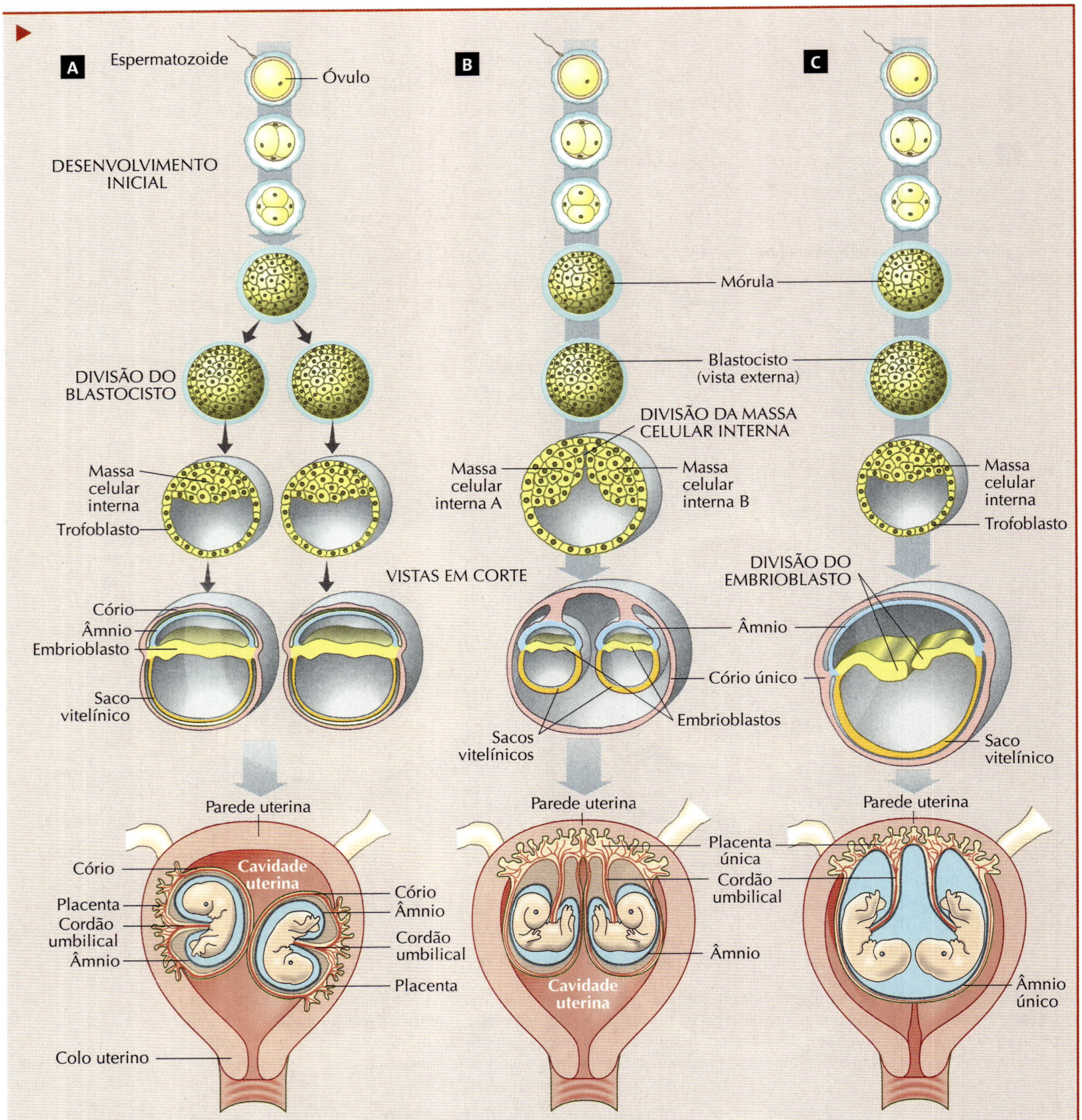

Figura 19.16 Representação esquemática das diferentes maneiras de formação de gêmeos monozigóticos. **A.** Gêmeos formados precocemente pela divisão da mórula em dois blastocistos distintos; eles podem se implantar em regiões distantes do útero ou compartilhar a mesma região uterina da placenta. **B.** Gêmeos formados pela divisão do embrioblasto têm âmnio e cordão umbilical separados, compartilhando o cório e a placenta. **C.** Gêmeos formados tardiamente a partir da divisão do embrioblasto compartilham o cório, o âmnio e a placenta; apenas seus cordões umbilicais são separados. (Imagens sem escala, cores-fantasia.)

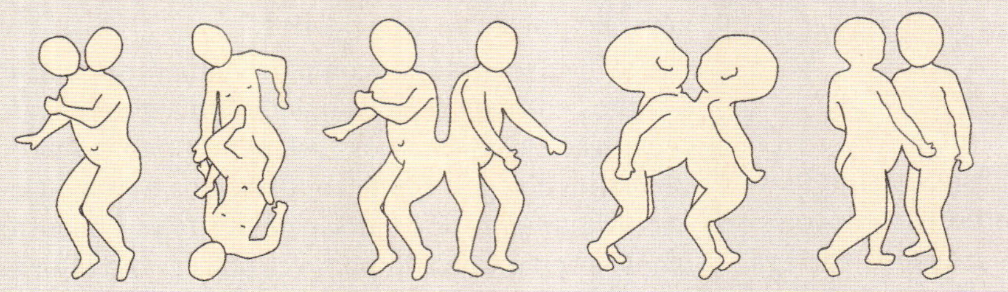

Figura 19.17 Representação esquemática de diferentes tipos de gêmeos unidos. (Imagens sem escala, cores-fantasia.) (Adaptado de Beiguelman, B., 2003.)

Conteúdo digital Moderna PLUS http://www.modernaplus.com.br
Texto: *Um estranho dentro de você*

ATIVIDADES

QUESTÕES PARA PENSAR E DISCUTIR

Questões objetivas

Considere as alternativas a seguir para responder às questões de 1 a 5.

a) Marsupiais (Metatheria).
b) Monotremados (Prototheria).
c) Placentários (Eutheria).

1. Em que grupo o ovo praticamente não tem vitelo, sendo por isso chamado de alécito?

2. Em que grupo se encontra ovo telolécito semelhante ao de répteis e aves?

3. Em que grupo os filhotes se desenvolvem inicialmente no interior do organismo materno, nascem imaturos e terminam o desenvolvimento em uma bolsa no ventre da mãe?

4. Que grupo de mamíferos se caracteriza pela presença de uma estrutura altamente eficiente no intercâmbio de substâncias entre mãe e filho, durante todo o desenvolvimento embrionário?

5. Quais são os mamíferos ovíparos?

6. Sobre o blastocisto de mamíferos foram feitas as seguintes afirmações:
   I. Corresponde ao estágio de gástrula dos outros vertebrados.
   II. Sua cavidade interna é o alantoide.
   III. Quando está na tuba uterina encontra-se no interior da zona pelúcida.
   IV. Sua camada celular externa é o trofoblasto.

   Quais afirmações são corretas?
   a) I e II, apenas
   b) I, III e IV, apenas.
   c) II e III, apenas.
   d) III e IV, apenas.
   e) I, II, III e IV.

7. A gravidez tubária resulta da implantação anormal do blastocisto na parede da tuba uterina. Qual das estruturas a seguir está diretamente relacionada a esse problema?
   a) Âmnio.
   b) Alantoide.
   c) Blastocela.
   d) Botão embrionário.
   e) Zona pelúcida.

Considere as alternativas a seguir para responder às questões de 8 a 10.

a) Alantoide.
b) Âmnio.
c) Cório.
d) Saco vitelínico.

8. Qual anexo embrionário produz projeções em forma de dedo que se implantam na parede uterina, constituindo a parte embrionária da placenta?

9. Qual anexo embrionário tem por função proteger o embrião contra perda de água e choques mecânicos?

10. Que anexo embrionário parece não ter quase função em mamíferos placentários, uma vez que o ovo destes praticamente não armazena substâncias nutritivas?

Questões discursivas

Analise a figura abaixo e responda às questões de 11 a 13.

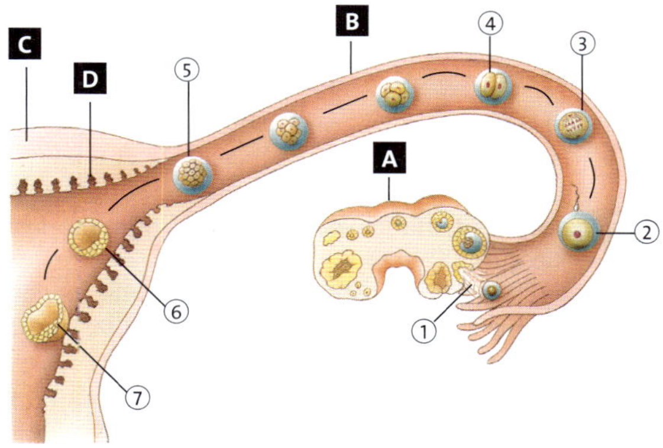

11. Quais são os nomes das partes apontadas pelas letras A, B, C e D?

12. Identifique os estágios do desenvolvimento apontados pelos números de 1 a 7.

13. Em que momento ocorre a liberação do embrião da zona pelúcida? Explique brevemente.

Analise a figura abaixo e responda às questões de 14 a 16.

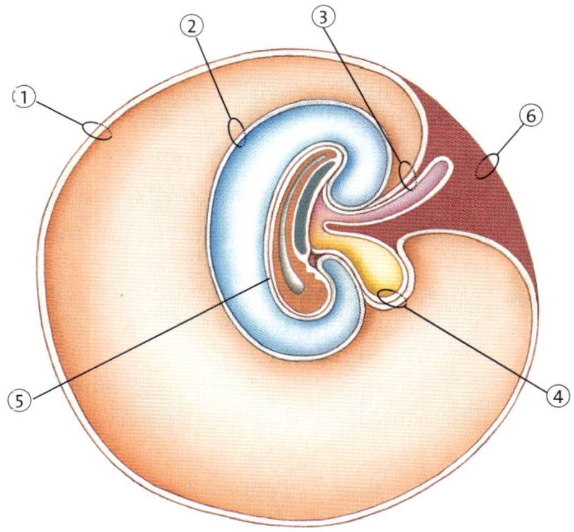

14. Identifique as estruturas apontadas pelas setas 1, 2, 3 e 4.

15. Qual seta aponta o embrião propriamente dito?

16. O que representa o local apontado pela seta 6?

VESTIBULARES PELO BRASIL

Brasil – Regiões

- Região Norte
- Região Centro-Oeste
- Região Sul
- Região Nordeste
- Região Sudeste
- Brasil

Questões objetivas

1 (Ufam) Na ovulação, o primeiro caminho natural do óvulo, após ser liberado pelo ovário para ser fecundado, é

a) o colo uterino.
b) a vagina.
c) a tuba uterina.
d) o folículo ovariano.
e) a uretra.

2 (Uepa-Adaptado) Sobre o embrião humano, afirma-se que:

I. É originado, logo após a fecundação normal, por um processo de divisão celular chamado meiose.
II. As estruturas denominadas anexos embrionários, que auxiliam no seu desenvolvimento, permanecem até a fase adulta do indivíduo.
III. É formado, logo após a fecundação normal, por uma série de divisões sucessivas denominadas mitoses, a qual origina células somáticas.

De acordo com as afirmativas acima, a alternativa correta é

a) I.
b) II.
c) III.
d) I e II.
e) II e III.

3 (Unifap) A diferença marcante entre o embrião de aves e répteis e o embrião de mamíferos é

a) ausência de alantoide nas aves e répteis.
b) ausência de cório nos mamíferos.
c) ausência de placenta nas aves e répteis.
d) ausência de saco vitelínico nos mamíferos.

4 (Ufam Adaptado) Em condições normais, quais são as funções da placenta humana? Assinale a alternativa correta.

a) Permitir o fluxo direto de sangue entre a mãe e o filho e a eliminação de excretas fetais para o exterior da placenta.
b) Proteger o feto contra traumatismos, permitir a troca de gases e sintetizar as hemácias do feto.
c) Proteger o feto contra traumatismos, permitir a troca de gases e sintetizar os leucócitos do feto.
d) Permitir a troca de gases e nutrientes e a eliminação de excretas fetais.
e) Não permitir trocas gasosas, não permitir a eliminação de excretas fetais.

5 (UFPA) O desenvolvimento embrionário humano é constituído pelas fases de segmentação, gastrulação e organogênese, sucessivamente. A fase de segmentação inicia-se na tuba uterina e termina no útero, e a gastrulação ocorre após a implantação do embrião na parede uterina. Durante a segmentação e a gastrulação são originados, respectivamente:

a) a mórula e a blástula.
b) os anexos embrionários e a mórula.
c) a blástula e os folhetos germinativos.
d) o arquêntero e o blastóporo.
e) a notocorda e os anexos embrionários.

6 (Uepa-Adaptado) Na figura abaixo, destacam-se estruturas que se formam durante as etapas relacionadas com o processo de desenvolvimento embrionário. Observe atentamente a figura e assinale a alternativa correta.

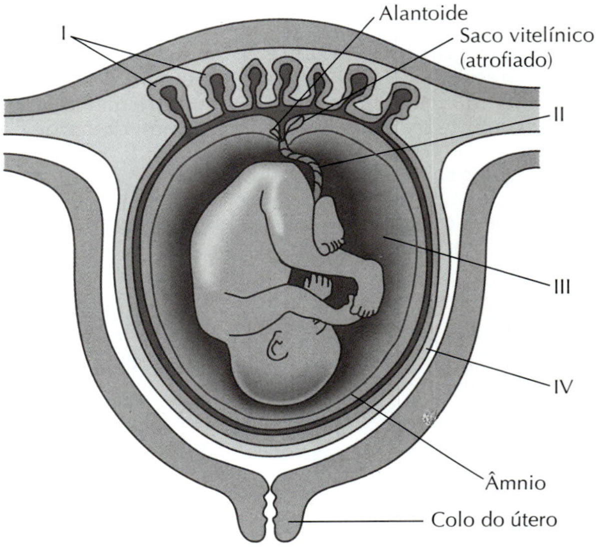

Estruturas	Funções
I	É responsável pelas trocas de substâncias entre o sangue materno e fetal.
II	Participa da formação da estrutura I.
III	É ocupada pelo líquido amniótico que impede o dessecamento do embrião.
IV	Participa da formação do cordão umbilical.

De acordo com as afirmativas acima, a alternativa correta é

a) II.
b) I e II.
c) I e III.
d) II e III.
e) III e IV.

7 (UFCG-PB) Para que ocorra a fecundação na espécie humana, os espermatozoides precisam transpor uma série de barreiras até que possam encontrar o ovócito e, por fim, fecundá-lo.

Em relação a esse processo, leia as alternativas e escolha a **incorreta**.

a) A quantidade de microtúbulos no flagelo e a produção de substâncias lubrificantes que facilitam o deslocamento dos espermatozoides são as princiais condições para que um espermatozoide fecunde o ovócito.

b) A motilidade dos espermatozoides se dá graças aos movimentos dos flagelos e esse movimento ocorre utilizando a energia produzida a partir de reações metabólicas sediadas nas mitocôndrias.

c) No trajeto percorrido pelos espermatozoides rumo ao encontro com o ovócito, há fatores dificultantes, a exemplo do pH ácido e secreções mucosas da vagina.

d) As enzimas presentes no acrossomo do espermatozoide (ex. hialuronidase) são úteis na transposição da zona pelúcida que envolve e protege o ovócito.

e) Após a entrada do espermatozoide no ovócito, ocorre um bloqueio à poliespermia, onde mecanismos são desenvolvidos para impedir a entrada de outros espermatozoides.

8 (Uespi) O momento da implantação do embrião no útero ocorre aproximadamente

a) 3 dias após a fecundação no estágio de mórula.

b) 5 dias após a fecundação no estágio de gástrula.

c) 6 dias após a fecundação no estágio de blastocisto.

d) 12 dias após a fecundação no estágio de blástula.

e) 2 dias após a fecundação no estágio de mórula.

9 (UFCG-PB) Na espécie humana, logo após a fecundação, dá-se início ao desenvolvimento embrionário, com sucessivas divisões da célula-ovo, caracterizando a fase de mórula. As fases seguintes, blastulação e gastrulação, respectivamente, consistem na formação da blastocela e dos três folhetos germinativos. Baseado nessas informações, julgue os itens verdadeiros (V) ou falsos (F).

( ) A implantação ocorre na fase de blástula, aproximadamente uma semana após a fecundação.

( ) A pílula do dia seguinte pode atuar impedindo a ovulação, a fecundação ou mesmo a nidação.

( ) Durante a gastrulação, são formados o endoderma, o mesoderma e o ectoderma.

( ) A placenta, um anexo embrionário que inicia a sua formação na fase de gástrula, é responsável pela produção de nutrientes para o feto.

A sequência **correta** é:

a) V, V, V, F.

b) V, V, V, V.

c) F, F, V, V.

d) F, F, F, F.

e) V, V, F, F.

10 (UFPE) Na figura, que ilustra um embrião humano com oito semanas, analise as estruturas numeradas de 1 a 4 e assinale a alternativa que indica o alantoide, a vesícula vitelínica, o cório e a cavidade amniótica, nessa ordem.

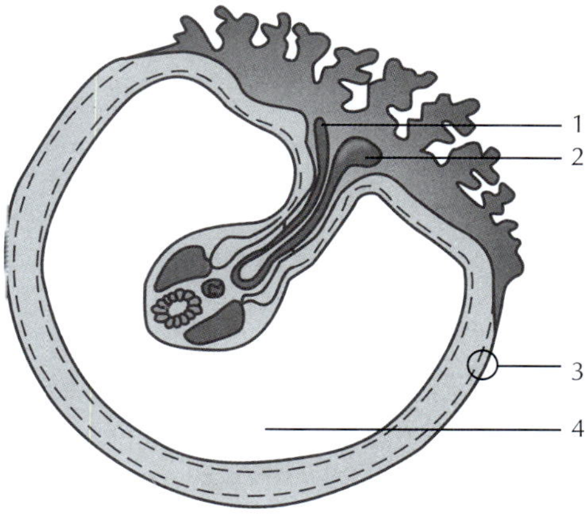

a) 2, 1, 4 e 3.

b) 4, 3, 2 e 1.

c) 3, 1, 2 e 4.

d) 4, 3, 1 e 2.

e) 1, 2, 3 e 4.

11 (FCC-BA) A proteção mecânica do embrião dos mamíferos é realizada fundamentalmente

a) pelo alantoide.

b) pela placenta.

c) pelo saco vitelínico.

d) pelo cordão umbilical.

e) pelo saco amniótico.

12 (Urca-CE) As funções da placenta de trocas gasosas e nutrição exercem funções de anexos embrionários encontrados em aves e répteis. Quais são esses anexos?

a) Alantoide e âmnio.

b) Saco vitelínico e casca do ovo.

c) Alantoide e saco vitelínico.

d) Âmnio e saco vitelínico.

e) Cório e alantoide.

13 (Cesesp-PE) Com relação a gêmeos univitelinos, é correto afirmar que

a) são resultantes da bipartição de óvulos não fecundados e desenvolvidos partenogeneticamente.

b) são resultantes da fecundação de dois óvulos por dois espermatozoides, podendo resultar indivíduos de ambos os sexos.

c) são resultantes da bipartição de um só óvulo, fecundado por dois espermatozoides, dando indivíduos masculinos e femininos ao mesmo tempo.

d) são resultantes da bipartição de um só óvulo, fecundado por um só espermatozoide, dando indivíduos masculinos e femininos ao mesmo tempo.

e) são resultantes da bipartição de um só óvulo, fecundado por um só espermatozoide, resultando indivíduos do mesmo sexo.

14 (UFRN) Durante o ciclo menstrual, ocorre o espessamento do endométrio, a camada interna do útero. Esse espessamento é necessário para a gravidez porque

a) fornece nutrientes para os espermatozoides.

b) aumenta a produção do hormônio ocitocina.

c) garante o ambiente adequado para a fecundação.

d) proporciona um local para implantação do embrião.

15 (UFMS) Os anexos embrionários são de fundamental importância para o desenvolvimento do embrião. Em relação a esses anexos, assinale a(s) proposição(ões) correta(s).

001) O alantoide é mais desenvolvido nos mamíferos do que nas aves e nos répteis.

002) O âmnio apresenta-se em forma de um saco membranoso repleto de líquido com função de hidratação e proteção do embrião (proteção contra choques mecânicos externos).

004) Apenas os mamíferos apresentam o anexo embrionário âmnio.

008) O saco vitelínico é mais desenvolvido em répteis e em aves do que em mamíferos.

016) A placenta é encontrada em mamíferos e aves.

032) Aves, répteis e mamíferos possuem o anexo embrionário cório.

16 (UFRRJ) Abaixo estão indicados os anexos embrionários que se formam durante a embriogênese da maioria dos mamíferos. O anexo embrionário exclusivo dos mamíferos e que possibilita um período mais longo de desenvolvimento do embrião no interior do organismo materno é

a) o saco vitelínico.

b) o âmnio.

c) o cório.

d) a placenta.

e) o alantoide.

17 (Unimontes-MG) Com a conquista do meio terrestre, algumas modificações tornaram-se necessárias aos seres vivos. Os répteis, as aves e os mamíferos desenvolveram mecanismos de adaptação para assegurar o desenvolvimento de seus embriões no ambiente terrestre. Essas adaptações estão representadas nas alternativas a seguir, **exceto**:

a) A vesícula vitelínica, nos répteis e aves, fornece o alimento.

b) Os mamíferos não precisam ter uma vesícula vitelínica desenvolvida.

c) A bolsa amniótica irá amortecer os choques térmicos e mecânicos.

d) O alantoide, nos mamíferos, regula as excreções do embrião.

18 (PUC-SP) Encontram-se a seguir um esquema de embrião humano com aproximadamente 5 dias e um trecho sobre clonagem.

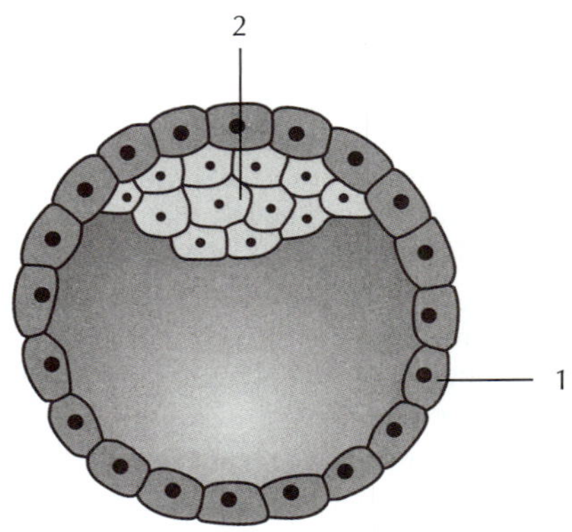

A clonagem terapêutica oferece a possibilidade de repor tecidos perdidos por acidente ou pelo passar dos anos e de tratar doenças neuromusculares, infartos, derrames cerebrais, Alzheimer e outras demências, cegueira, câncer e muitas outras.

VARELLA, Drauzio. Clonagem humana. *Folha de S.Paulo*, 1º maio 2004.

Na clonagem terapêutica são utilizadas células-tronco, indicadas no esquema pelo número

a) 1, capazes de se diferenciar em vários tipos de células.

b) 2, capazes de se diferenciar em vários tipos de células.

c) 1, com o objetivo de gerar um novo ser.

d) 2, com o objetivo de gerar um novo ser.

e) 1, que têm capacidade limitada de diferenciação.

19 (UFMG)

Esquema de um embrião de vertebrado com os respectivos anexos embrionários.

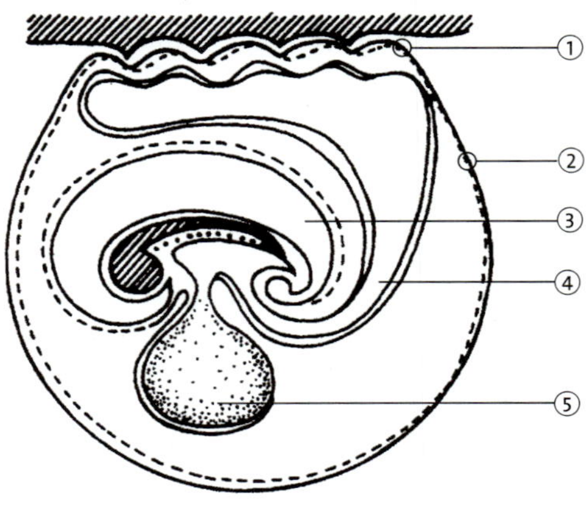

Em relação ao esquema, é **errado** afirmar que

a) nos anfíbios, 4 tem função de excreção e de respiração.

b) nos répteis, 2 e 3 protegem o embrião contra desidratação.

c) nas aves ocorrem todos os anexos da figura, exceto 1.

d) nos mamíferos placentários, 5 é uma estrutura reduzida cuja função passa a ser desempenhada por 1.

e) o aparecimento de 5 precedeu o aparecimento de 2 e 3 na evolução dos vertebrados.

20 (PUC-Minas) A figura representa sequências de eventos de parte do desenvolvimento embrionário de um mamífero eutério.

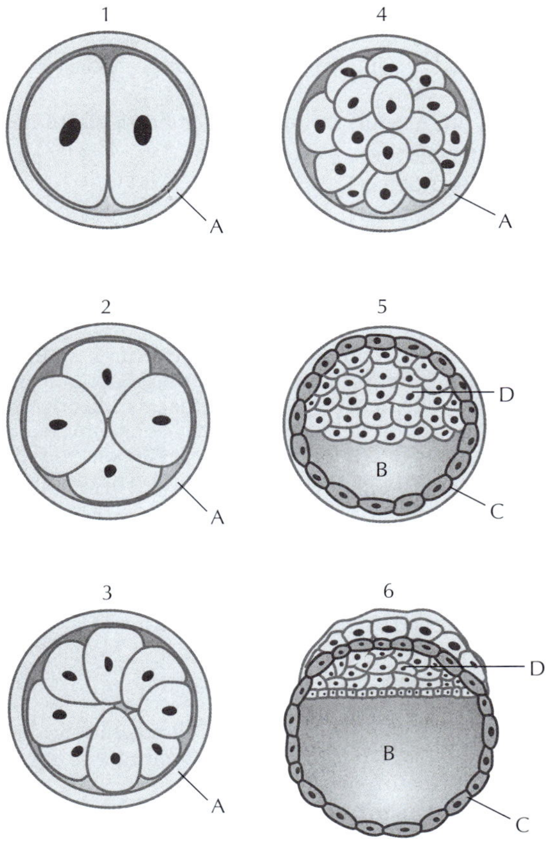

Com base em seus conhecimentos, assinale a afirmativa **incorreta**.

a) Nas etapas 5 e 6, pode ocorrer a formação de gêmeos monozigóticos através da separação e desenvolvimento independente da massa celular D.

b) Na etapa 5, a letra B representa blastocela que dará origem ao intestino primitivo.

c) O componente A representa uma barreira que foi transposta pelo espermatozoide para fecundar o ovócito.

d) Na etapa 1, a separação das células pode levar à formação de dois indivíduos idênticos genotipicamente.

21 (Fuvest-SP) Durante a gestação, os filhotes de mamíferos placentários retiram alimento do corpo materno. Qual das alternativas indica o caminho percorrido por um aminoácido resultante da digestão de proteínas do alimento, desde o organismo materno até as células do feto?

a) Estômago materno → circulação sanguínea materna → placenta → líquido amniótico → circulação sanguínea fetal → células fetais.

b) Estômago materno → circulação sanguínea materna → placenta → cordão umbilical → estômago fetal → circulação sanguínea fetal → células fetais.

c) Intestino materno → circulação sanguínea materna → placenta → líquido amniótico → circulação sanguínea fetal → células fetais.

d) Intestino materno → circulação sanguínea materna → placenta → circulação sanguínea fetal → células fetais.

e) Intestino materno → estômago fetal → circulação sanguínea fetal → células fetais.

22 (UEPG-PR) Durante o seu desenvolvimento, os embriões dos vertebrados apresentam algumas membranas anexas, originadas dos folhetos embrionários, que desempenham importantes funções, como proteção, nutrição, excreção e respiração. A respeito dessas estruturas, chamadas de anexos embrionários, assinale o que for correto. [Dê como resultado a soma dos números associados a proposições corretas.]

01) Nos mamíferos, a placenta é o anexo responsável pela fixação do embrião no útero e por todas as trocas metabólicas entre a mãe e o embrião. A placenta é uma região especial do cório, com aspecto de uma grande esponja, dotada de muitas vilosidades, ricas em capilares, que garantem uma grande superfície de trocas de água, gases respiratórios, hormônios, enzimas e muitas outras substâncias que circulam no sangue materno e no do embrião.

02) O âmnio é uma membrana que envolve completamente o corpo do embrião, delimitando uma câmara cheia de um líquido aquoso. Ele protege o embrião contra choques mecânicos, além de lhe proporcionar um meio interno mais ou menos constante em condições físico-químicas.

04) O alantoide é uma espécie de vesícula ligada ao intestino do embrião. Nas aves, além de servir de depósito dos excretas produzidos pelo embrião, o alantoide possui uma rede de vasos sanguíneos que permite a troca de gases respiratórios através da casca porosa do ovo.

08) O saco vitelínico é o único anexo embrionário de répteis, peixes e anfíbios. Ele envolve todo o vitelo, material nutritivo dos ovos e, através de seus vasos sanguíneos, absorve os nutrientes que serão consumidos pelo embrião em desenvolvimento.

23 (UPF-RS) Os embriões de anfíbios, peixes, répteis, aves e mamíferos, durante o seu desenvolvimento, criam estruturas anexas a partir dos folhetos germinativos que não fazem parte de seu corpo, mas ali estão para auxiliá-los em sua nutrição, proteção, respiração e excreção. O alantoide e o córion são anexos embrionários encontrados **exclusivamente** em

a) mamíferos, aves, répteis.
b) peixes, anfíbios.
c) aves e mamíferos.
d) peixes e mamíferos.
e) mamíferos.

24 (UFRGS-RS) Durante o processo de formação do embrião dos mamíferos, formam-se também vários anexos que, embora não fazendo parte do corpo do embrião, são importantes para o desenvolvimento deste. O anexo responsável pelas trocas gasosas e metabólicas na relação fetomaternal é

a) a bolsa amniótica.
b) a placenta.
c) o cório.
d) a vesícula vitelínica.
e) o cordão umbilical.

25 (Unicuritiba-PR)

Escambo reprodutivo

O artigo 15 da Lei 9.434/97 estabelece que comprar ou vender tecidos, órgãos ou partes do corpo humano é crime, com pena mínima de três anos de reclusão. A mesma pena é prevista para quem promove, intermedeia, facilita ou aufere qualquer vantagem com a transação. Portanto, a troca de óvulos por exames ou outros procedimentos médicos e a ovodoação compartilhada, em que uma paciente doa parte de seus óvulos para outra mulher, que custeará todo ou parte de seu tratamento, são consideradas práticas ilícitas por se configurarem como comércio de células reprodutivas. A doação de qualquer parte do corpo humano deve ser totalmente gratuita. Não pode estar vinculada a pagamento em espécie ou a qualquer meio que gere benefício.

Com base no texto e em conhecimentos sobre reprodução, avalie as afirmativas.

a) ( ) No caso da ovodoação compartilhada, um único óvulo é fecundado por dois espermatozoides distintos, originando primeiramente um zigoto e em seguida dois embriões.
b) ( ) Independentemente da origem dos espermatozoides, num caso de ovodoação compartilhada, pode-se afirmar que todas as crianças geradas a partir dos óvulos de uma mesma mulher doadora são consideradas irmãs por parte de mãe.
c) ( ) Só as mulheres doadoras de óvulos é que conseguem formar os anexos embrionários; por essa razão é que as crianças geradas no útero da "mãe receptora" precisam de um acompanhamento médico ao longo de todo o período gestacional.
d) ( ) A criança, fruto de uma ovodoação compartilhada, passa a ter duas mães biológicas: uma que lhe cedeu os óvulos e outra que a gerou ao longo de nove meses.
e) ( ) Em se tratando de ovodoação compartilhada, dois ou mais óvulos isolados, fecundados cada um por um espermatozoide distinto, dão origem a dois ou mais embriões.

26 (UFRGS-RS) Em 2006, pesquisadores conseguiram contornar o principal argumento postulado por entidades religiosas contra a utilização de células-tronco embrionárias em experimentos científicos. Foi desenvolvida uma nova metodologia, que consiste na retirada de uma única célula de um embrião humano de dois dias.

Considere as seguintes afirmações sobre essa nova metodologia.

I. Ela permite o desenvolvimento de cultura de células-tronco embrionárias sem destruir o embrião.
II. A célula retirada provém do botão embrionário.
III. A célula retirada denomina-se blastômero.

Quais estão corretas?

a) Apenas I.
b) Apenas III.
c) Apenas I e III.
d) Apenas II e III.
e) I, II e III.

27 (PUC-RS) Um gameta oriundo de uma mulher (ovócito) foi fertilizado por outro gameta oriundo de um homem (espermatozoide), dando origem a um zigoto, o qual se desenvolveu como embrião, depois como feto, até que, nove meses depois, você nasceu. Assim, sua vida biológica iniciou antes do parto, e seu coração começou a bater no ____________ mês após a fecundação.

a) primeiro
b) terceiro
c) quinto
d) sétimo
e) nono

28 (UCS-RS) Os gêmeos univitelinos são formados

a) após a fertilização, com a entrada de dois espermatozoides no ovócito I.
b) devido à divisão de um único zigoto e não do óvulo.
c) durante a fertilização, com a entrada do espermatozoide no ovócito secundário.
d) pela disjunção do ovócito I na gametogênese feminina.
e) devido à presença de um espermatozoide contendo a informação hereditária de formar duas placentas.

Questões discursivas

29 (UFG-GO) O exame de paternidade através da comparação de DNA sequenciado vem sendo utilizado para determinar progenitores. É possível determinar o pai de um recém-nascido quando a dúvida sobre a paternidade desse recém-nascido está entre gêmeos univitelinos? Justifique sua resposta.

30 (Fuvest-SP) Durante o desenvolvimento embrionário das aves, o embrião é nutrido graças à grande quantidade de vitelo presente no ovo. Já nos mamíferos o ovo é pobre em vitelo. Como a grande maioria dos embriões de mamíferos consegue obter os nutrientes necessários para seu desenvolvimento?

31 (UFSCar-SP) Considerando situações hipotéticas, Maria manteve relações sexuais com dois irmãos, gêmeos dizigóticos, nascendo destas relações Alfredo. Em outra situação, também hipotética, Paula engravidou ao manter relações sexuais com dois irmãos, gêmeos monozigóticos, nascendo Renato. Abandonadas, ambas reclamaram na Justiça o reconhecimento de paternidade, determinando o juiz a realização dos testes de DNA. Após receber os resultados, a justiça pronunciou-se sobre a paternidade de uma das crianças e ficou impossibilitada de pronunciar-se sobre a paternidade da outra criança. Responda:

a) sobre a paternidade de qual criança o juiz pronunciou-se?

b) por que não pôde o juiz se pronunciar sobre a paternidade da outra criança?

32 (UFRRJ)

Britânica tem um gêmeo negro e outro louro

Num acontecimento raro, irmãos nascem de cores distintas, mas geneticistas explicam que fenômeno é possível

Londres. Os gêmeos Layton e Kaydon são, estatisticamente, dois em um milhão, já que um nasceu negro e outro branco. Num evento genético considerado raríssimo, segundo especialistas, os gêmeos têm características distintas: um é louro como o pai, enquanto o outro se parece com a mãe, descendente de nigerianos.

O Globo, 26 out. 2006.

O trecho da reportagem acima trata de um evento bastante raro, entretanto a gravidez gemelar pode resultar em bebês com características diferentes.

a) Que processos geram gêmeos em seres humanos?

b) Qual deles originou o caso descrito acima?

SIGLAS DE VESTIBULARES

Sigla	Nome oficial
Acafe-SC	Associação Catarinense das Fundações Educacionais
Cefet-MG	Centro Federal de Educação Tecnológica de Minas Gerais
Cefet-PR	Centro Federal de Educação Tecnológica do Paraná
Cesesp-PE	Centro de Seleção ao Ensino Superior de Pernambuco
Cesgranrio-RJ	Fundação Cesgranrio (UFRJ, UFF, Un rio, Cefet, Uerj, PUC, UGF, USU, UCP e Cesva)
Cesmac/Fejal-AL	Centro de Estudos Superiores de Maceió/Fundação Educacional Jayme de Altavila
Cesumar-PR	Centro Universitário de Maringá
Cesupa-PA	Centro de Ensino Superior do Pará
Eaesp	Escola de Administração de Empresas de São Paulo
Efoa-MG	Escola de Farmácia e Odontologia de Alfenas
Emescam-ES	Escola Superior de Ciências da Santa Casa de Misericórdia de Vitória
Enem-MEC	Exame Nacional do Ensino Médio
F. Visconde de Cairu-BA	Fundação Visconde de Cairu
Faap-SP	Fundação Armando Álvares Penteado
Faee-GO	Faculdades Integradas da Associação Educativa Evangélica (Anápolis e Ceres)
Fatec-SP	Faculdade de Tecnologia de São Paulo (Ceeteps-SP)
Fazu-MG	Faculdade de Agronomia e Zootecnia de Uberaba
FCC-BA	Fundação Carlos Chagas da Bahia
FCC-SP	Fundação Carlos Chagas de São Paulo
FCM-MG	Fundação CefetMinas
FCMSCSP-SP	Faculdade de Ciências Médicas da Santa Casa de São Paulo
FEI-SP	Faculdade de Engenharia Industrial
Fesp-PE	Fundação do Ensino Superior de Pernambuco
FGV-SP	Fundação Getúlio Vargas
FMTM-MG	Faculdade de Medicina do Triângulo Mineiro
FMU/Fiam-Faam/Fisp-SP	Vestibular integrado FMU, Fiam-Faam e Fisp (ver UniFMU)
Fuvest-SP	Fundação Universitária para o Vestibular
Mackenzie-SP	Universidade Presbiteriana Mackenzie
Osec-SP	Organização Santamarense de Ensino e Cultura (mantenedora da Unisa)
PUC-Campinas-SP	Pontifícia Universidade Católica de Campinas
PUC-Minas	Pontifícia Universidade Católica de Minas Gerais (em uso a partir de 2002)
PUC-PR	Pontifícia Universidade Católica do Paraná
PUC-RJ	Pontifícia Universidade Católica do Rio de Janeiro
PUC-RS	Pontifícia Universidade Católica do Rio Grande do Sul
PUC-SP	Pontifícia Universidade Católica de São Paulo
U. São Judas-SP	Universidade São Judas Tadeu
UCB-DF	Universidade Católica de Brasília

UCG-GO	Universidade Católica de Goiás
UCS-RS	Universidade de Caxias do Sul
Udesc	Universidade do Estado de Santa Catarina (antiga Uesc)
Uece	Universidade Estadual do Ceará
UEG-GO	Universidade Estadual de Goiás
UEL-PR	Universidade Estadual de Londrina
UEMG	Universidade do Estado de Minas Gerais
UEM-PR	Universidade Estadual de Maringá
UEMS	Universidade Estadual de Mato Grosso do Sul
Uepa	Universidade do Estado do Pará
UEPB	Universidade Estadual da Paraíba
UEPG-PR	Universidade Estadual de Ponta Grossa
Uerj	Universidade do Estado do Rio de Janeiro
Uesb-BA	Universidade Estadual do Sudoeste da Bahia
Uesc-BA	Universidade Estadual de Santa Cruz
UEMS	Universidade Estadual de Mato Grosso do Sul
Uespi	Universidade Estadual do Piauí
Ufac	Fundação Universidade Federal do Acre
Ufam	Universidade Federal do Amazonas
UFBA	Universidade Federal da Bahia
UFC-CE	Universidade Federal do Ceará
UFCG-PB	Universidade Federal de Campina Grande
Ufes	Universidade Federal do Espírito Santo
UFF-RJ	Universidade Federal Fluminense
UFGD-MS	Universidade Federal da Grande Dourados
UFG-GO	Universidade Federal de Goiás
Ufla-MG	Universidade Federal de Lavras
UFMA	Fundação Universidade Federal do Maranhão
UFMG	Universidade Federal de Minas Gerais
UFMS	Fundação Universidade Federal de Mato Grosso do Sul
UFMT	Fundação Universidade Federal de Mato Grosso
UFPA	Universidade Federal do Pará
UFPB	Universidade Federal da Paraíba
UFPE	Universidade Federal de Pernambuco
UFPel-RS	Fundação Universidade Federal de Pelotas
UFPI	Fundação Universidade Federal do Piauí
UFPR	Universidade Federal do Paraná
UFRGS-RS	Universidade Federal do Rio Grande do Sul

UFRJ	Universidade Federal do Rio de Janeiro
UFRN	Universidade Federal do Rio Grande do Norte
UFRR	Fundação Universidade Federal de Roraima
UFRRJ	Universidade Federal Rural do Rio de Janeiro
UFSC	Universidade Federal de Santa Catarina
UFSCar-SP	Fundação Universidade Federal de São Carlos
UFSM-RS	Universidade Federal de Santa Maria
UFS-SE	Fundação Universidade Federal de Sergipe
UFT-TO	Universidade Federal do Tocantins
UFU-MG	Fundação Universidade Federal de Uberlândia
UFV-MG	Fundação Universidade Federal de Viçosa
UFVJM-MG	Universidade Federal dos Vales do Jequitinhonha e Mucuri
UMC-SP	Universidade de Mogi das Cruzes
Unama-PA	Universidade da Amazônia
UnB-DF	Fundação Universidade de Brasília
Uneb-BA	Universidade do Estado da Bahia (antiga Ueba)
Unemat-MT	Universidade do Estado de Mato Grosso
Unesp	Universidade Estadual Paulista
Unicamp-SP	Universidade Estadual de Campinas
Unicuritiba-PR	Centro Universitário Curitiba
Unifacs-BA	Universidade Salvador
Unifal-MG	Universidade Federal de Alfenas
Unifap	Fundação Universidade Federal do Amapá
Unifenas-MG	Universidade de Alfenas
Unifesp	Universidade Federal de São Paulo
UniFMU-SP	Faculdades Metropolitanas Unidas
Unifor-CE	Universidade de Fortaleza
Unigranrio-RJ	Universidade do Grande Rio
Unimontes-MG	Universidade Estadual de Montes Claros
Unioeste-PR	Universidade Estadual do Oeste do Paraná
Unip-SP	Universidade Paulista
Unir-RO	Fundação Universidade Federal de Rondônia (antiga UFRO)
Uniube-MG	Universidade de Uberaba
UPE	Universidade de Pernambuco
UPF-RS	Universidade de Passo Fundo
Urca-CE	Universidade Regional do Cariri
USJ-SC	Centro Universitário Municipal de São José
Vunesp	Fundação para o Vestibular da Unesp

BIBLIOGRAFIA

ALBERTS, Bruce *et al.* *Molecular Biology of the Cell*. 3. ed. Nova York: Garland, 1994.

ALLÈGRE, Claude J.; SCHNEIDER, Stephen H. The Evolution of the Earth. *Scientific American*, v. 271, n. 4, p. 44-51, 1994.

ALVES, Rubem. *Filosofia da ciência: introdução ao jogo e suas regras*. 18. ed. São Paulo: Brasiliense, 1993.

ANDERSEN, Jesper L.; SCHJERLING, Peter; SALTIN, Bengt. Muscle, Gene and Athletic Performance. *Scientific American*, v. 283, p. 30-37, set. 2000.

BEIGUELMAN, Bernardo. *O estudo de gêmeos*. Disponível em: <www.desvirtual.com/bbeiguel/ebook.htm>, 2001. Acesso em: maio 2009.

BERNSTEIN, Max; SANDFORD, Scott A.; ALLAMONDOLA, Louis J. Life's FarFlung Raw Material. *Scientific American*, v. 281, n. 1, p. 26-33, 1999.

BRENNAM, Richard. *Gigantes da Física: uma história da Física através de oito biografias*. Trad. Maria Luiza X. de A. Borges. Rio de Janeiro: Zahar, 1998.

CAMPBELL, Neil A.; REECE, Jane B.; MITCHELL, Lawrence G. *Biology*. 5. ed. Menlo Park (CA): Benjamin/Cummings, 1999.

COOPER, Geoffrey M. *The Cell: A Molecular Approach*. 2. ed. Sunderland (MA): Sinauer, 2000.

COPLEY, Jon. Proof of Life. *New Scientist*, v. 177, n. 2.383, p. 28-31, 2004.

De DUVE, Christian. Lisossomo. In: KENNEDY, Donald *et al.* *A célula viva: textos do Scientific American*. Trad. Ana Clara Schemberg Frascino *et al.* São Paulo: Polígono/Edusp, 1969.

DUNBAR, Robin I. M. *The Trouble with Science*. Cambridge (MA): The Harvard University Press, 1995.

EHRLICH, Paul R.; EHRLICH, Anne H. *População, recursos, ambiente: problemas de ecologia humana*. Trad. José Tundisi. São Paulo: Polígono/Edusp, 1974.

EL-HANI, Charbel N.; VIDEIRA, Antônio A. P. (orgs.). *O que é vida?: para entender a Biologia do século XXI*. Rio de Janeiro: Relume Dumará, 2000.

FARREL, Jeanette. *A assustadora história das pestes e epidemias*. Trad. Mauro Silva. Rio de Janeiro: Ediouro, 2003.

FOUCAULT, Michel. *As palavras e as coisas*. São Paulo: Martins Fontes, 1987.

FREIRE-MAIA, Newton. *A ciência por dentro*. 2. ed. Petrópolis: Vozes, 1992.

GILBERT, Scott F. *Developmental Biology*. 6. ed. Sunderland (MA): Sinauer, 2000.

GOULD, Stephen J. *Quando as galinhas tiverem dentes*. Trad. João Palmeiro e João Minhoto Marques. Lisboa: Gradiva, 1989.

GRIFFITHS, Anthony J. F. *et al.* *Modern Genetic Analysis*. Nova York: Freeman,1999.

HARRIS, Henry. *The Birth of the Cell*. New Haven/Londres: Yale University Press, 1999.

HOAGLAND, Mahlon; DODSON, Bert. *The Way Life Works*. Nova York: Times Books/Random House, 1995.

HOUILLON, Charles. *Embriologia*. Trad. Marcos Guimarães Ferri. São Paulo: Edgard Blücher/Edusp, 1972.

HUETTNER, Alfred E. *Fundamentals of Comparative Embriology of the Vertebrates*. ed. rev. Nova York: Macmillan, 1949.

JACOB, François. *A lógica da vida: uma história da hereditariedade*. Trad. Ângela Loureiro de Souza. Rio de Janeiro: Graal, 1983.

JUNQUEIRA, Luiz Carlos; CARNEIRO, José. *Citologia básica*. Rio de Janeiro: Guanabara Koogan, 1972.

KOPPEL, Tom. Learning How Bacteria Swim could set New Gears in Motion. *Scientific American*, v. 265, n. 3, p. 168-169, 1991.

KRUIF, Paul. *Caçadores de micróbios*. Trad. Maurício de Medeiros. Rio de Janeiro: José Olympio, 1939.

LODISH, Harvey *et al. Molecular Cell Biology*. 5. ed. Nova York: Freeman, 2004.

MADER, Sylvia S. *Biology*. 6. ed. Boston: McGraw-Hill, 1998.

MARGULIS, Lynn; SAGAN, Dorion. *Microcosmos: Four Billion Years of Microbial Evolution*. Londres: Allen & Unwin, 1987.

MAYNARD SMITH, John. *The Problems of Biology*. Oxford: Oxford University Press, 1986.

MAYR, Ernst. *The Growth of Biological Thought: Diversity, Evolution, and Inheritance*. Cambridge (MA): Cambridge University Press/The Belknao Press, 1982.

ORGEL, Leslie O. The Origin of Life on the Earth. *Scientific American*, v. 271, n. 4, p. 53-61, 1994.

PARECER, Surindar; AHMADJIAN, Vernon. *Symbiosis: An Introduction to Biological Associations*. 2. ed. Nova York: Oxford University Press, 2000.

PERONSE, Lionel S.; SMITH, George. F. *Down's Anomaly*. Boston: Little, Brown, 1966.

POSTGATE, John. *Microbes and Man*. 3. ed. Cambridge (MA): Cambridge University Press, 1992.

RAVEN, Peter H.; EVERT, Ray F.; EICHHORN, Susan E. *Biology of Plants*. 6. ed. Nova York: Freeman, 1999.

RAW, Isaias; MENNUCCI, Lélia; KRASILCHIK, Myriam. *A Biologia e o homem*. São Paulo: Edusp, 2001.

RAWN, J. David. *Biochemistry*. Burlington: Neil Patterson, 1989.

SCOTT, Andrew. *Piratas da célula*. Trad. Maria Georgina Segurado. Lisboa: Edições 70, 1987.

SHERMAN, Irwin; SHERMAN, Vilia G. *The Invertebrates: Function and Form*. Laboratory Guide. Nova York: Macmillan, 1970.

STANDRING, Susan (org.). *Gray's Anatomy: the Anatomical Basis for Clinical Practice*. 39. ed. Nova York: Elsevier Churchill Levingstone, 2005.

STORER, Tracy; USINGER, Robert. *Zoologia geral*. Trad. Cláudio Gilberto Froehlich *et al*. São Paulo: Companhia Editora Nacional, 1977.

TORTORA, Gerard J.; FUNKE, Berdell R.; CASE, Christine L. *Microbiology: An Introduction*. 5. ed. Menlo Park (CA): Benjamin/Cummings, 1995.

VINES, G. Mass Extinctions. *New Scientist*, v. 164, n. 2.216. Inside Science, n. 126, p. 1-4, 1999.

VOLGELSTEIN, Berte; KINZLER, Kenneth W. The multistep Nature of Cancer. *Trends in Genetics*, n. 9, 1993, p. 138-141.

WALKER, Gabrielle. Ice Magic. *New Scientist*, v. 178, n. 2.390, p. 30-34, 2003.

ZIMAN, John. *Conhecimento público*. Trad. Regina Regis Junqueira. Belo Horizonte/São Paulo: Itatiaia/Edusp, 1979.

CRÉDITOS DAS FOTOS

PARTE I

Pág. 15 - Steve Gschmeissner/Science Photo Library/Photo Library/Latinstock

CAPÍTULO 1

Pág. 16 - Hulton Archive/Getty Images
Pág. 18 - Una Woodruff
Pág. 19 - AKG/Latinstock
Pág. 20 - CCI Archives/Science Photo Library/Latinstock; Hulton Archive/Getty Images
Pág. 21 - Sheila Terry/Science Photo Library/Latinstock
Pág. 22 - Municipal Hospital, Delft, The Netherlands/Giraudon/The Bridgeman Art Library/Keystone; Reprodução
Pág. 23 - Sheila Terry/Science Photo Library/Latinstock
Pág. 24 - Biblioteca Nacional-RJ-Divisão de Iconografia
Pág. 26 - Jean-Loup Charmet/Science Photo Library/Latinstock
Pág. 28 - John Foxx Images
Pág. 29 - Reprodução
Pág. 30 - A. Barrington Brown/Science Photo Library/Latinstock
Pág. 31 - AKG-Images/Latinstock; Javier Larrea/AGB Photo
Pág. 33 - Coneyl Jay/Science Photo Library/Latinstock; Philippe Psaila/Science Photo Library/Latinstock
Pág. 36 - Petra Wallner/Other Images
Pág. 37 - Fotos: Fabio Colombini
Pág. 38 - Laguna Design/Science Photo Library/Latinstock; Peter Arnold/Other Images; Blickwinkel/ Alamy/Other Images
Pág. 39 - Fabio Colombini

CAPITULO 2

Pág. 45 - NASA
Pág. 46 - Steve Munsinger/Photo Researchers/Latinstock
Pág. 47 - Museum University of Oxford, UK; Erich Lessing/Album/ LatinStock/Capela Sistina, Vaticano
Pág. 48 - Mark Garlick/Science Photo Library/Latinstock
Pág. 50 - The Bridgeman Art Library/Keystone – Museu Municipal, Soissons, França
Pág. 51 - Biophoto Associates/Photo Researchers/Latinstock
Pág. 52 - Ed Darack/Science Faction/Corbis/Latinstock
Pág. 54 - AKG/Latinstock/Museu d'Orsay, Paris; Schaarwächter, Berlim/AKG/Latinstock
Pág. 56 - Fotos: David A. Hardy/Science Photo Library/Latinstock; Lynette Cook/Science Photo Library/Latinstock
Pág. 57 - Bettmann/Corbis/Latinstock
Pág. 63 - Bernhard Edmaier/Science Photo Library/Latinstock

CAPÍTULO 3

Pág. 79 - Gaetan Bally/Corbis/Latinstock
Pág. 88 - Fabio Colombini; Phil Degginger/Alamy/Other Images; Robert Harding Picture Library/Alamy/Other Images
Pág. 89 - Adrian Bicker/Science Photo Library/SPL DC/Latinstock; Delfim Martins/Pulsar Imagens
Pág. 93 - Iara Venanzi/Kino
Pág. 94 - Fabio Colombini; John Foxx Collection; Niall McDiarmid/Alamy/Other Images
Pág. 95 - Iara Venanzi/Kino
Pág. 99 - Dave Pattinson/Alamy/Other Images; Roberto Loffel/KINO
Pág. 103 - Images of Africa Photobank/Alamy/Other Images; Peter Menzel/Science Photo Library/Latinstock
Pág. 106 - Bubbles Photolibrary/Alamy/Other Images

CAPÍTULO 4

Pág. 121 - Photo Researchers/Latinstock; Photo Researchers/Latinstock
Pág. 122 - Bettmann/Corbis/Latinstock; Biophoto Associates/Photo Researchers/Latinstock
Pág. 123 - Dave King/ Dorling Kindersley/Getty Images; Bettmann/ Corbis Latinstock; Reprodução/Adam Hart-Davis/Science Photo Library/Latinstock
Pág. 124 - Ilustrações: Walther Flemming
Pág. 125 - Eye of Science/Science Photo Library/Latinstock
Pág. 128 - Tom Grill/ AGE/AGB
Pág. 129 - A - Fabio Colombini; B - Mike Danson/ Science Photo Library/Latinstock; C - Jason Edwards/National Geographic/ Getty Images; D e E - José Mariano Amabis
Pág. 130 - Astrid & Hanns-Frieder Michler/Science Photo Library/Latinstock; A, B, C - José Mariano Amabis
Pág. 131 - M. I. Walker/Photo Researchers/Latinstock; Manfred Kage/Science Photo Library/Latinstock
Pág. 133 - Chad Ehlers/Alamy/Other Images; Manfred Kage/Science Photo Library/Latinstock; R. Maisonneuve, Publiphoto Diffusion/Science Photo Library/Latinstock
Pág. 134 - Alberto Ribeiro
Pág. 135 - Déborah Tosi/CID
Pág. 136 - Health Protection Agency/Science Photo Library/Latinstock

CAPÍTULO 5

Pág. 142/143 - Science Photo Library/Latinstock

Pág. 149 - Dr. David Patterson/Science Photo Library/Latinstock

CAPÍTULO 6

Pág. 171 - TPG/AGB Photo

Pág. 173 - A - Dr. Gopal Murti/Science Photo Library/Latinstock; B - Dr. Golpal Murti/Science Photo Library/Latinstock

Pág. 174 - Biophoto Associates/Photo Researchers/Latinstock

Pág. 175 - Prof. Alberto Ribeiro/IBUSP

Pág. 179 - Prof. Alberto Ribeiro/IBUSP

Pág. 181 - A - Simon Belcher/Alamy/Other Images; B - Steve Allen/Science Photo Library/Latinstock

Pág. 184 - Dr. Torsten Wittmann/Science Photo Library/Latinstock

Pág. 186 - Eye of Science/Science Photo Library/Latinstock

Pág. 187 - Dr. Gopal Murti/Science Photo Library/Latinstock

Pág. 188 - Profs. P. Motta & T. Naguro/Science Photo Library/Latinstock

Pág. 189 - A - M. I. Walker/Photo Researchers/Latinstock; B - Dr. Jeremy Burgess/Science Photo Library/Latinstock

CAPÍTULO 7

Pág. 205 - Dr. Gopal Murti/ Science Photo Library/Latinstock

Pág. 208 - Gregory G. Dimijian, M.D./Photo Researchers/Latinstock

Pág. 209 - Prof. Alberto Ribeiro/IBUSP

Pág. 211 - A - Andrew Syred/Science Photo Library/Latinstock

Pág. 215 - Fotos: CNRI/Science Photo Library/Latinstock

Pág. 216 - Photo Researchers/Latinstock

Pág. 217 - Dept. of Clinical Cytogenetics, Addenbrookes Hospital/Science Photo Library/Latinstock; Biophoto Associates/Photo Researchers/Latinstock

Pág. 219 - Photo Researchers/Latinstock

CAPÍTULO 8

Pág. 233 - A, B, C, D, E - Thaïs Botelho/CID; F, G, H, I, J, K Déborah Tosi

Pág. 243 - Thaïs Botelho/CID; Thaïs Botelho/CID; A, B, C, D, E, F, G, H José Mariano Amabis

PARTE II

Pág. 257 - Eye of Science/Science Photo Library/Latinstock

CAPÍTULO 9

Pág. 258/259 - Andrey Yurlov/Shutterstock

Pág. 259 - Andrey Yurlov/Shutterstock

Pág. 265 - Thomas Deerinck, NCMIR/Science Photo Library/Latinstock

Pág. 274 - Michael Mahovlich/Masterfile/Other Images; Dorling Kindersley/Getty Images

CAPÍTULO 10

Pág. 281 - Eye of Science/Science Photo Library/Latinstock; Dr Jeremy Burgess/Science Photo Library/Latinstock

Pág. 285 - Fabio Colombini

Pág. 288 - Daniel Beltra/Getty Images

Pág. 292 - Indiana University

CAPÍTULO 11

Pág. 307 - Sciencephotos/Alamy/Other Images

Pág. 314 - Andrew Syred/Science Photo Library/Latinstock

CAPÍTULO 12

Pág. 334 - Dave King/ Getty Images; E.R. Degginger/ Science Photo Library/ Latinstock; Albert Lleal/Minden Pictures/Latinstock; Igor Bier Pessoa/SambaPhoto

Pág. 335 - AGB PHOTO/TPG; Lester Scalon; Peter Anderson/Dorling Kindersley/ Getty Images; J & C Sohns/Keystone; Eye of Science/Science Photo Library/Latinstock; Lester Scalon; Jason Edwards/National Geographic/Getty Images; Dr. Keith Wheeler/Science Photo Library/Latinstock

Pág. 337 - Fotos: Déborah Tosi/CID

Pág. 340 - Fotos: Déborah Tosi/CID

Pág. 341 - Fotos: Déborah Tosi/CID

Pág. 345 - Astrid & Hanns-Frieder Michler/Science Photo Library/Latinstock

Pág. 351 - Kevin Dodge/Masterfile/Other Images

CAPÍTULO 13

Pág. 355 - Susumu Nishinaga/Science Photo Library/Latinstock

Pág. 357 - TPG/AGB; Andreas Kuehn/Taxi/Getty Images

Pág. 359 - Déborah Tosi/CID; Profimedia International s.r.o./Alamy/Other Images; Ann e Steve Toon/A amy/Other Images; Steve Gschmeissner/Science Photo Library/Latinstock

Pág. 361 - Dr. Gopal Murti/Science Photo Library/Latinstock; Chassenet/BSIP/AGB; NIBSC/Science Photo Library/Latinstock

Pág. 362 - TPG/AGB; George Mattei/Photo Researchers/Latinstock; Science Photo Library/Latinstock
Pág. 363 - Dr. P. Marazzi/Science Photo Library/Latinstock
Pág. 364 - Fabio Colombini; Fotos: Déborah Tosi/CID
Pág. 365 - Steve Gschmeissner/Science Photo Library/Latinstock
Pág. 367 - Science Photo Library/Latinstock; Biophoto Associates/Photo Researchers/Latinstock
Pág. 368 - Science Photo Library/Latinstock

CAPÍTULO 14

Pág. 371 - Steve Gschmeissner/Science Photo Library/Latinstock
Pág. 373 - Deborah Tosi/CID
Pág. 375 - Andrew Syred/Science Photo Library/Latinstock
Pág. 377 - Alfred Pasieka/Science Photo Library/Latinstock
Pág. 378 - Fotos: Lester V. Bergman/Corbis/LatinStock; Visual Unlimited/Corbis/Latinstock
Pág. 380 - Dr. P. Marazzi/Science Photo Library/Latinstock
Pág. 383 - Eye of Science/Science Photo Library/Latinstock

CAPÍTULO 15

Pág. 389 - Steve Gschmeissner/Science Photo Library/Latinstock
Pág. 390 - René Shenouda/Corbis/LatinStock
Pág. 392 - Fotos: Fabio Colombini; R-P/Kino
Pág. 396 - TPG/AGB
Pág. 397 - Tipp Howell/Taxi/Getty Images; ACE Stock Limited/Alamy/Other Images
Pág. 398 - Manfred Kage/Science Photo Library/Latinstock
Pág. 399 - Damien Lovegrove/Science Photo Library/Latinstock; AllOver Photography/Alamy/Other Images
Pág. 400 - Science Photo Library/Latinstock

CAPÍTULO 16

Pág. 405 - Manfred Kage/Peter Arnold/Other Images
Pág. 407 - Kenneth Eward/BioGrafx/Photo Researchers/Latinstock

PARTE III

Pág. 425 - Andrew Syred/Science Photo Library/Latinstock

CAPÍTULO 17

Pág. 426/427 - Fred Bavendam/ Minden Pictures/Latinstock
Pág. 427 - Nigel Cattlin/Photo Researchers/Latinstock
Pág. 428 - CNRI/Science Photo Library/Latinstock; Lester V. Bergman/Corbis/Latinstock
Pág. 429 - SciMAT/Photo Researchers/Latinstock; M. I. Walker/Photo Researchers/Latinstock; Fabio Colombini
Pág. 430 - Fotos: Fabio Colombini
Pág. 434 - Fotos: Fabio Colombini
Pág. 443 - TPG/AGB
Pág. 444 - TPG/AGB
Pág. 447 - Fotos: Eye of Science/Science Photo Library/Latinstock
Pág. 449 - Pasieka/Science Photo Library/Latinstock; Eye of Science/Science Photo Library/Latinstock
Pág. 458 - Fernando Gonsales
Pág. 480 - Fernando Gonsales

CAPÍTULO 18

Pág. 462/463 - Stefanie Reichelt/Science Photo Library/Latinstock
Pág. 478 - Daniel L. Geiger/SNAP/Alamy/Other Images
Pág. 481 - A - Hugo Willcox/Foto Natura/Minden/LatinStock; B - Wil Meinderts/Foto Natura/Minden/LatinStock; Dr. Keith Wheeler/Science Photo Library/Latinstock
Pág. 484 - A - Roger Wilmhurst/Foto Natura/Minden/LatinStock; B - Morales/AGE/AGB
Pág. 487 - Hugh Turvey/Science Photo Library/Latinstock

CAPÍTULO 19

Pág. 498 - Hauke/Blickwinkel/Alamy/Other Images; Schmidbauer/Blickwinkel/Alamy/Other Images
Pág. 499 - Haroldo Palo Jr./Kino; Schmidbauer/Blickwinkel/Alamy/Other Images; Joe McDonald/Corbis/Latinstock
Pág. 507 - Dr. G. Moscoso/Science Photo Library/Latinstock
Pág. 510 - Josu Altzelai/AGE/AGB; John-Francis Bourke/Photographer's Choice/Getty Images

CRÉDITOS DE INFOGRAFIA

Cap. 1 - *Ilustração*: Firmorama
Cap. 3 - *Ilustração*: Estúdio Mopa
Cap. 8 - *Ilustração*: Sattu
Cap. 12 - *Ilustração*: Estúdio Mopa / *Fotos*: Dave King/Getty Images, Albert Lleal/Minden Pictures/Latinstock, E.R. Degginger/Science Photo Library/Latinstock, Igor Bier Pessoa/SambaPhoto, AGB PHOTO/TPG, Eye of Science/Science Photo Library/Latinstock, Lester Scalon, Lester Scalon, Peter Anderson/Dorling Kindersley/Getty Images, Jason Edwards/National Geographic/Getty Images, J & C Sohns/Keystone, Frans Lanting/Corbis/Latinstock
Cap. 19 - Ilustração: Erika Onodera